HaffmansTaschenBuch 1

# ARNO SCHMIDT

# FOUQUÉ

*und einige
seiner Zeitgenossen*

*Biographischer Versuch*

EINE EDITION DER
ARNO SCHMIDT STIFTUNG
IM HAFFMANS VERLAG

# EDITORISCHE NOTIZ

Die beträchtlichen Vermehrungen in der »2. verbesserten und beträchtlich vermehrten Auflage« der FOUQUÉ-Biographie bestanden vorzüglich in den »Zusätzen und Anmerkungen« auf den Seiten 619–688 der Ausgabe von 1959. – Bei einer künftigen Neuausgabe sollten diese Zusätze und Anmerkungen in den laufenden Text eingearbeitet werden. Dazu ist es zu Lebzeiten Arno Schmidts nicht mehr gekommen, somit auch nicht zu des Autors Schlußredaktion, die hier für entsprechende Überleitungen und Ergänzungen gesorgt hätte. – Die vorliegende, vollständig neu gesetzte Neuausgabe hat nicht nur alle Korrekturen berücksichtigt, sie unternimmt es auch, die »Zusätze und Anmerkungen« – gewissermaßen als dem Grundtext gleichberechtigte Fußnoten – an die richtige Stelle zu rücken. Da sich eine regelrechte Einarbeitung wegen der daraus folgenden Eingriffe in den Text verbietet, ist dies als ein editorischer Versuch anzusehen, der zu keinen vorausschauenden Rückschlüssen auf die FOUQUÉ-Textgestalt innerhalb der III. Werkgruppe der »Bargfelder Ausgabe«, die nicht vor dem Frühjahr 1990 beginnen kann, Anlaß geben sollte.

G. H.

VERÖFFENTLICHT ALS
HAFFMANS TASCHENBUCH 1, FRÜHJAHR 1988
KONZEPTION UND GESTALTUNG:
URS JAKOB
UMSCHLAGABBILDUNG:
FOUQUÉ, ZEITGENÖSSISCHER STICH
REGISTER:
LIOBA HAPPEL-SCHLÜTER

ALLE RECHTE VORBEHALTEN
COPYRIGHT © 1987 BY
ARNO SCHMIDT STIFTUNG, BARGFELD,
UND HAFFMANS VERLAG AG ZÜRICH
SATZ: JUNG SATZCENTRUM, LAHNAU
HERSTELLUNG: EBNER ULM
ISBN 3 251 01001 8

1 2 3 4 5 – 92 91 90 89 88

*Meiner Frau
zur Erinnerung an 1 Myriade Stunden
gemeinsamer Materialsammlung*

*Inhalt*

*Vorworte zur 2. und 1. Auflage*

I. BUCH :
KINDHEIT IN GÄRTEN UND SCHLÖSSERN
13

II. BUCH :
BEI DEN WEIMAR-KÜRASSIEREN
95

III. BUCH :
FEUER ÜBERM MOOR
165

IV. BUCH :
DER NAPOLEONISCHE KRIEG
245

V. BUCH :
WIDER DEN ZEITGEIST
303

VI. BUCH :
FÜR THRON UND ALTAR
421

VII. BUCH :
DAS SECHSTE ALTER
499

ANHANG
575

*Danksagung*
691

*Register*
693

## VORWORT ZUR 2. AUFLAGE

*Rascher als erwartet hat sich die Möglichkeit ergeben, dem vorliegenden Bande weitere 150 Druckseiten wertvollen Materials hinzufügen zu können. Alle Rücksichten – sei es auf Ästheten oder abgeklärte Historiker – hatten vor der einen entscheidenden zu schweigen : einem etwaigen künftigen Arbeiter auf diesem Spezialgebiet das Möglichste an kondensiertem Stoff weiterzureichen, ja, zu erhalten; denn die Aussichten auf ein Überdauern auch nur der Urkunden sind ja infolge der bekannten verhängnisvollen politischen Entwicklung, zumal auf deutschem Boden, wiederum wesentlich geringer geworden.*

*Indem ich diese Arbeit – vermutlich für immer – aus der Hand lege, möchte ich noch einmal betonen, daß ich mit dem, was mir an Zeit und Mitteln zur Verfügung stand, mehr nicht leisten konnte. Ich wollte dem kommenden besseren Mann vorarbeiten : das habe ich getan. –*

*Bargfeld, den 10. Oktober 1959*                          *Arno Schmidt*

## VORWORT ZUR 1. AUFLAGE

*Dieses Buch soll ein Anfang sein : der Anfang der Fouqué-Forschung; nicht mehr.*

*Es kann bei der betrüblichen Vernachlässigung des Gegenstandes zunächst nichts anderes sein, denn niemals bisher sind ausgedehnte Vorarbeiten oder auch nur Materialsammlungen, geschweige denn der Versuch einer Lebensbeschreibung, unternommen worden. Daß Fouqué eine ‹Selbstbiographie› hinterlassen hat, ist kein Einwand; sie hat die Vorzüge aller solcher ‹Erinnerungen› – d. h. ohne sie wüßten wir über seine Kindheit und Jünglingsjahre so gut wie nichts; aber auch nach Art aller Selbstbiographen verwechselt oder verfälscht, vergißt oder verdrängt er Fakten, Namen und Daten. Von seiner Korrespondenz ist vor hundert Jahren ein unzulänglicher Band mit Briefen an ihn veröffentlicht worden; von seinen eigenen sind rund 100 durch den Druck bekannt, aber auch diese nach Jahr und Ort ihrer Veröffentlichung so weit zerstreut, daß ihre Zusammenstellung, zumal angesichts der Verheerungen in unseren Bibliotheken, schwierig und zeitraubend ist. Die einzige brauchbare Teilstudie bietet O. E. Schmidt, ‹Fouqué, Apel, Miltitz›, die allerdings wieder nur einen sehr kleinen, und längst nicht den wichtigsten, Ausschnitt aus des Dichters Leben abhandelt. An anderweitiger Urkundenforschung ist so gut wie nichts geleistet worden; Fouqué hat nicht, wie ETA Hoffmann, das Glück gehabt, einen Hans v. Müller zu finden. Einige wenige Dissertationen beschränkten sich auf stilkritische Untersuchungen von zweitrangigen Stücken. Eine Gesamtausgabe der Werke steht noch aus; eine Anzahl Dichtungen – darunter bedeutende – liegen ungedruckt und ungekannt noch im Manuskript; sogar eine ganze Reihe der publizierten Stücke sind den Bibliographen fremd geblieben.*

*Ich fand mich also, nachdem ich in jugendlichem Eifer den Plan zu meiner Arbeit entworfen und begonnen hatte, in der teils beneidenswerten, teils fatalen Lage des Pioniers. Nur in Nebenstunden konnte ich, langsam, unter Zugrundelegung des damals eben erschienen ‹Frels›, die Bausteine für solch Unternehmen zusammentragen – dieses, zum Teil heute nicht mehr in den Archiven vorhandene Material ging in Schlesien verloren.*

*Nach dem Kriege, wiederum unter erschwerten Bedingungen, begann ich die Arbeit noch einmal – was ich in öffentlichen und privaten Bibliotheken, Archiven und Sammlungen erraffen konnte, faßte ich zusammen, und gebe es hier, bevor die nächste Große Zeit es endgültig verweht.*

*Auf Rechnung dieser verzweifelten Entstehung setze man also die Ungleichheit der Ausführung mancher Partieen, die Disparität des Tones, die Lückenhaftigkeit der Belege. Man vergesse außerdem nicht, wie schwer es ist, belastet mit der gußeisernen Auflage einer ersten wissenschaftlichen Materialdarbietung, gleichzeitig ein einigermaßen lesbares Buch zu schreiben. Niemand kann seine Schwächen besser kennen als ich; meine Rechtfertigung sei der Vergleich dessen, was vor mir da war – mit dem, was ich hier vorlege.*

*Ich befolgte im Einzelnen diesen Plan:*

*Indem ich zunächst Goedekes bekanntes Verzeichnis zugrunde legte, machte ich mich mit den Werken Fouqués vertraut; mehrfach ergaben sich im Lauf der Arbeit Berichtigungen und Erweiterungen. Die Manuskripte verfolgte ich an Hand des ‹Frels›; hier sind der größte Verlust 300 Briefe der berliner Sammlungen, die bisher noch nicht wieder aufgetaucht sind. Dafür fand ich mehr als die gleiche Anzahl nicht bei Frels verzeichneter Briefe, hunderte von Urkunden, sowie ein bisher unbekanntes vollständiges Schauspiel. Genealogische Daten wurden, soweit möglich, kirchenbuchmäßig überprüft; viele mußten neu festgestellt werden. Handschriftlich erhaltene Memoirs, Tagebücher und Nachlässe wurden reichlich ausgewertet. An gedruckten Büchern sind rund 2.500 durchgesehen worden – ich erlasse mir hier, wie so Vieles andere mehr, auch deren Verzeichnis; in einem Kleinoktavband habe ich den Raum mit wichtigerem zu füllen.*

*Dennoch gebe ich natürlich gern zu, daß ich einerseits manche abgelegene Veröffentlichung übersehen haben mag; und mir andererseits etwa 50 lange gesuchte Bände immer noch nicht zugänglich geworden sind (womit ich mir nicht etwa eine breite Hintertür für Entschuldigungen offen halten will : Erstbiographien haben ein Recht auf Lücken und Irrtümer !).*

*Ich habe, nach dem vorläufigen Abschluß meiner Arbeiten, allerdings zu der Überzeugung kommen müssen, daß eine wirklich erschöpfende und befriedigende Biographie Fouqués nicht mehr möglich ist : weil eben frühere Jahrzehnte – vor allem die um 1900, wo doch wirklich viel für die Romantik geschah – es ganz einfach versäumt haben, das Rohmaterial dafür sicherzustellen; oft weise ich im Text, und vor allem im Anhang, auf empfindliche Lücken hin. Berichtigungen, zumal durch die Lokalhistoriker, werden mir stets willkommen sein. Da die Forschung auf diesem Gebiet völlig im Anfangsstadium begriffen ist, besteht durchaus die Möglichkeit, daß sich noch in manchem Familienbesitz wertvollstes, von der Literaturgeschichte bisher unberührtes Urkundenmaterial, befindet : Aufgaben für Spezialisten die Hülle und Fülle. – Für nähere Einzelheiten und Hinweise sei auf die Vorbemerkungen zum Anhang verwiesen. –*

*Ich danke Allen, die mir im Lauf der Jahre ihre Beratung und Hilfe zuteil werden ließen; zumal den Nachkommen des Dichters, die mir die Restbestände des Familienarchivs in rückhaltloser Weise zur Verfügung stellten; und gebe die Namen der Helfer im Anhange, ihnen und mir zur Erinnerung an eine weitschichtige und undankbare Arbeit.*

*Darmstadt, den 23. Februar 1958*                          *Arno Schmidt*

I. BUCH

# KINDHEIT
# IN GÄRTEN UND SCHLÖSSERN

> *»Schlaf umschließt mich,*
> *Traum umtönt mich,*
> *will mich leicht und lachend lehren,*
> *was die Weisen wissen,*
> *Künste mit Wolken und Klippen,*
> *Listen mit Wellen und Lichtern.«*

§ 1

Fast aller Adel der französischen Normandie stammt, wie auch der Name des Landes, von den Nordmännern ab; ein Wikinger war der erste »Folko«, der das Land von Norden her ansteuerte; noch die älteren französischen Urkunden pflegen den Namen »Foulque« zu schreiben, mag er nun letzten Endes von »Falke« oder »Volker« herkommen. Der Zusatz »la Motte« gehört vielen französischen Ritterfamilien gemeinschaftlich zu, und bedeutet eigentlich eine kleine Erderhöhung mit einer Burgumwallung (»Ringstetten« hat sich der Dichter in der Undine übersetzt), entspricht also nur dem deutschen -burg oder -berg in unseren Adelsnamen, und deutet keine Blutsverwandtschaft weiter an.

Noch 1825 sollen die Trümmer der alten Burg la Motte Fouqué auf einem Hügel der Normandie gestanden haben, über dem Tor das eingehauene Familienwappen : ein goldener Querbalken und darunter eine goldene Kugel im blauen Felde. Nach der in der Familie noch heute fortlebenden schönen poetischen Tradition bedeutet der »Balken« den Bord des Drachenschiffes, die »Kugel« das Loch, durch welches das Ruder gesteckt wurde. Aus einem »Extrait des registres de la recherche de la noblesse de la province de Limosin« – dies fünffach-unbeholfene »de« ist ein nachdenkliches Beispiel für die vorgebliche »Musik« romanischer Sprachen – faite par Mr. d'Aquesseau, intendant et commissaire, vom November 1666, geht jedoch hervor, daß diese »Kugel«, wie in vielen ähnlichen Fällen, ein »Besan« ist, ein »Bezant« oder »Byzantiner«, also ein Goldstück. Die Kreuzfahrer nämlich, die im 4., dem sogenannten »lateinischen«, Kreuzzuge 1204 Byzanz eroberten, machten dort so große Beute (»... und dies bezeuget hiermit Gottfried von Villehardouin, der Marschalk von Champagne, wie es denn die Wahrheit ist, daß seitdem die Welt erschaffen worden, keine so große Beute gemacht worden ist, in keiner Stadt...«), daß sie zur Erinnerung und aus Dankbarkeit die »Bezants« in ihre Wappen aufnahmen; tatsächlich ist ein guter Teil ihrer unheimlichen Steinanhäufungen von Ritterburgen von jenem Gelde gebaut worden. Jedenfalls bezeugt der Bezant, daß schon 1204 ein Fouqué an jenem Kreuzzuge teilnahm, und daß nicht etwa dieser erst den Adel errungen hatte, sondern bereits aus einem anerkannten Rittergeschlecht abstammte, und bedeutend genug war, um bei der vorher sorgfältig vereinbarten Teilung der Beute seinen Part in Gold zu erhalten (es gibt nämlich bei andern Familien auch Bezants d'argent). – Dieser erste Familienbesuch in Konstantinopel sollte nicht der letzte gewesen sein.

Die älteste urkundlich verbürgte Zahl ist der 7. 11. 1267, wo ein Guillaume de la Motte Fouqué eine Jeanne le Maréchal heiratet. 1415 fällt ein Guillaume, von den Engländern erschlagen, wohl bei Azincourt: »il y finit glorieusement sa vie.« 1452 heiratet Jean ein Fräulein von St. Maure und erwirbt dadurch zusätzlich die Baronie St. Surin. 1589 heiratet Charles das Fräulein Elisabeth de la Cassagne und kommt dadurch in den Besitz der großen Baronie Thonnayboutonne, an den Ufern der Garonne, unweit von Bordeaux. Seitdem heißt der volle Titel der Familie, wie ihn auch der Totenschein des Dichters noch gibt : Baron de la Motte Fouqué, Baron de Thonnayboutonne, Baron de Saint Surin, Seigneur de la Greve. Und jahrhundertelang hielt es die Familie so : der älteste Sohn hieß nach der bedeutendsten Besitzung Baron de Thonnayboutonne; der zweite Baron de la Motte Fouqué; der dritte Baron de St. Surin; und wäre ein vierter dagewesen, er hätte Seigneur de la Greve geheißen; und alle wären Brüder gewesen; man wird den Fall eintreten sehen. Deshalb geben die Urkunden dem Unkundigen viel zu raten auf; erst von dem Dichter ab tragen alle Familienmitglieder einheitlich den Namen de la Motte Fouqué.

Von den genannten älteren Gliedern der Familie ist wenig bekannt; wir sehen sie nur noch in ihrer letzten, sublimiertesten und leuchtendsten Emanation, dem großen Enkel, dem Sängerkönig.

Noch ist dieses wichtig, weil die Geschicke des Geschlechts weit voraus bestimmend : schon früh trat die Familie zum Protestantismus über, sie waren Hugenotten.

1684 hob Ludwig XIV., im Alter auch noch bigott geworden, das Edikt von Nantes auf, welches fast hundert Jahre zuvor den französischen Protestanten Duldung, wenn auch längst nicht Gleichberechtigung, gewährt hatte. Da man nach der allezeit geübten eiskalt-schurkischen Raison der Staatsmänner nicht Hunderttausende fleißiger Bürger durch Auswanderung verlieren, andererseits aber auch die Katholisierung erzwingen wollte, wurden die Grenzen gesperrt, und im Innern die »dragonnades« und jene anderen schändlichen Zwangsmittel angewendet, über die jedes Historienbuch Auskunft gibt. Dennoch fanden viele Hugenotten Mittel und Wege, unter größten Opfern und Gefahren die Grenzen Frankreichs zu überschreiten, und in die Freiheit zu gelangen, nach England, Holland, und vor allem auch Preußen, wo die Réfugiés freudig aufgenommen, ja gerufen wurden; denn man schätzte ihren Gewerbefleiß und die teilweise neuen Industrien, die sie mitbrachten.

Damals lebten in Frankreich 3 Geschwister Fouqué.

Hector, der älteste Bruder, versuchte, der Familie die Güter zu erhalten; er blieb im Lande, erduldete die Dragonnaden, starb aber schon am 27. 5. 1692 unverheiratet und kinderlos in Bordeaux.

Die jüngste Schwester, Marie, wurde des Glaubens halber ins Gefängnis geworfen; es gelang, wahrscheinlich durch mächtige Fürsprecher, sie zu befreien, und ihr zur Flucht zu verhelfen; sie starb, ebenfalls unverehelicht, 1689 bei ihrem geliebten jüngsten Bruder Karl in Amsterdam.

Auch dieser hatte, durch das aufgeschreckte Land und über die besetzten Straßen, eine abenteuerliche Flucht hinter sich; am Montag, den 24. 9. 1685 war er von la Greve aufgebrochen, und kam nach Monaten über Genf (16. 10.), Zürich (29. 10.), Heidelberg (7. 11.), Frankfurt (12. 11.), Cleve (23. 11.), Rotterdam (27. 11.), am 28. 11. in den Haag an, wo er seine künftige Wohnung nahm. Auf einer Reise zu anderen emigrierten Freunden in England traf er 1687 in Chichester auch Suzanne de Robillard de Champagné, die Tochter eines Freundes.

Dieses tapfere Mädchen war, erst siebzehnjährig, soeben mit noch 5 ihrer jüngeren Geschwister zu Schiff aus Frankreich geflohen; im Alter schrieb sie selbst ihre Erinnerungen an jene Zeit nieder: »Kurtze Nachricht von meiner Flucht«, ein historisch interessantes und menschlich sehr anziehendes Stück Urkunde.

Am 14. 12. 1692 fand die Heirat der beiden Flüchtlinge in den Haag statt. In vielfachen Briefen aus Frankreich bittet man ihn nun, nach dem ja eben erst erfolgten Tode seines Bruders, zurückzukehren, ein paarmal zum Schein die Messe zu besuchen; noch seien die Familiengüter intakt, das Bargeld – 200 Louisdor, damals eine bedeutende Summe – beisammen. Er lehnte die Zumutung ab, und starb schon am 20. 10. 1701 in den Haag; aus der nur neunjährigen Ehe waren 3 Söhne hervorgegangen, mit denen die 31jährige Witwe fast mittellos zurückblieb. Gleich darauf finden wir sie in Celle wieder, wahrscheinlich durch Vermittlung von Eleonore d'Olbreuse, der hugenottischen Gattin des letzten Herzogs von Lüneburg, Georg Wilhelm; wofür auch die nahe Verbindung der hannöverschen Höfe mit Großbritannien spricht; denn Suzannes Vater, Josias de Robillard, war 1690 in englischen Diensten in Irland gefallen, ihr ältester Bruder diente in jenem Heere. Noch am 3. 5. 1768 wird in einem Briefwechsel dessen Sohn, ein »Cousin d'Irland« als lebend erwähnt, und von den Zinsen gemeinsamer deutscher und englischer Kapitalien mit dem General gehandelt. Hier in Celle hat sie noch viele Jahre gelebt; in der Nacht vom 28. zum 29. September 1740 starb sie, nach längerer Krankheit erblindet, gepflegt von ihrer unverehelichten Schwester Marianne († 17. 5. 1755 in Celle), mit der sie einst aus Frankreich geflohen war, und der treuen Dienerin Dortlieschen.

## § 2

Die 3 Söhne erfuhren das Schicksal aller armen Adligen jener Zeit: sie wurden sämtlich »Pagen« an verschiedenen Höfen; d.h. also: ein Fürst erzog sie schlecht und recht auf seine Kosten, um sie später in seiner Armee zu verwenden.

Der Älteste, Charles Henry, Baron de Thonnayboutonne (geb. etwa 1695 – die holländischen Stellen in den Haag antworteten mir nicht), kam so an den dresdener Hof, dann als Offizier in die sächsische Armee, und starb am 21. 7. 1742 als Oberstleutnant zu Eisleben an den Blattern. – Nach den Briefen, welche die Brüder untereinander wechselten, scheint er ein stiller, unverheirateter Sonderling gewesen zu sein, – »der Mönch« wird er scherzhaft mit stehender Redewendung tituliert – der den größten Teil seiner Freizeit damit verbrachte, sich in Zörbig (wo er meist in Garnison stand) unter Beihilfe seines Freundes Clairambault der Erforschung und Fixierung der Familiengeschichte zu widmen; noch heute besitzt die Familie die kalligraphischen Stammbäume auf Pergament, die wir seinem Fleiß zu verdanken haben. –

Der jüngste der Brüder, Henry Charles Frederic Baron de St. Surin (geb. 1699 in den Haag), wurde Page am Celler Hofe; der Dichter weiß von ihm, daß er »sein Leben als hannöverscher Offizier ehrbar und heiter fortführte, bis er endlich als pensionierter Obristleutnant wiederum Celle zu seinem Wohnsitz erkor, und dort die Achtung und Liebe seiner Bekannten im hohen Alter mit zu Grabe nahm.« – Davon stimmt aber nur, daß er in Celle wohnte, und 80 Jahre alt geworden ist; denn er starb unverheiratet am 27. 1. 1779 am Podagra; ansonsten war sein Lebenslauf ungewöhnlich bunt und munter, und er ein echter Zeitgenosse der Neuhoff, Ripperda und Benjowski: wir wollen ihn den »Türken« nennen.

Damals, in den Jahren 1730–40 nämlich, unter der Kaiserin Anna, war in Rußland die eigentliche Zeit der Deutschenherrschaft, zumal der

Braunschweiger; Münnich, Ostermann, Korff, Bevern, Kaiserlingk, Biron selbst, L'Estocq und viele andere sind die bezeichnenden Namen jener Periode. Hierhin ging auch der Baron de St. Surin, und avancierte rasch in der Armee. Er nahm an den Türkenkriegen 1737–39 im Nowgoroder Regiment teil, focht in der Ukraine mit James Keith, Laudon und dem veritablen Freiherrn von Münchhausen, stürmte Oczakow mit, und ging dann sogar – in der damaligen Zeit eine unerhörte Reise! – mit der russischen Friedensdelegation nach Istanbul. Hier, während seines monatelangen Aufenthaltes, von welchem er den Brüdern die artigsten Präsente an Wasserpfeifen, Dolchen und Pferdeschabraken sandte, machte er auch die Bekanntschaft eines entfernten Cousins, des Marquis Claude Alexandre de Bonneval (1675–1747), der, als Achmed Pascha von 3 Roßschweifen zum Islam übergetreten, als General und Reorganisatior der Artillerie eine wichtige Stelle im türkischen Heer, und einen Harem »avec des belles Grecques« innehatte.

Späterhin ist »der Türke« in Kurland bei Reval stationiert, und tötet in einem Duell einen Major Stein; noch im Juli 1743 finden wir ihn als Obristleutnant im kaiserlich russischen archangelsk'schen Regiment.

Durch die Deutschfeindlichkeit von Annas Nachfolgern, und wohl auch durch das schnelle Avancement seines Bruders beim jungen Preußenkönige, Friedrich dem Großen, veranlaßt, tritt er ebenfalls in preußische Kriegsdienste, und wird Oberst und Kommandant des 1743 neu erbauten Forts »Preußen« bei Neisse (NW der Stadt, kurz vor Heidersdorf); scheidet aber schon bald, wohl durch Krankheit gezwungen, ganz aus dem Dienst; die Entlassungsorder der kgl. preuß. geheimen Kriegskanzlei ist vom 25. 11. 1749.

Er nimmt nun zwar seine Wohnung in Celle, hält jedoch weiter Verbindung mit den früheren Gönnern, den Herzögen von Braunschweig; zumal aber mit dem Bruder des Preußenkönigs, dem Prinzen Heinrich und dessen Kreis, wird sogar Kammerherr bei ihm, und reist alljährlich zu dieser frondierenden Gruppe. Zeitlebens bleibt er voll Unrast; noch 1764 schlägt er dem Bruder vor, nach Irland auszuwandern; aber der, schon gebrechlich und greis, lehnt still ab. –

Nur dieser mittlere Bruder, Henry Auguste Baron de la Motte Fouqué, geboren am 4. 2. 1698 in den Haag, pflanzt die Familie fort. Zwei Biographien, die allerdings im Einzelnen manche Fehler aufweisen, beschreiben sein Leben; die dürftige seines Sekretärs Büttner (1788), und die leidliche seines Enkels (1824); ich kann mich also hier kurz fassen.

Er wird, einem Bruder der Mutter folgend, Page am Hof zu Anhalt-Dessau, beim »alten Dessauer«, einem General, der neben einigen Verdiensten (allerdings nur ums Militär), auch an Roheit und Gemeinheit seinesgleichen suchte; er war es, der z. B. 1715 mit dem Landgrafen Karl von Hessen-Kassel einen offiziellen Vertrag über Menschenhandel abschloß : er lieferte Biber, und erhielt für jeden derselben einen »langen Kerl.«

Mit 17 Jahren, anläßlich des pommerschen Feldzuges und der Belagerung von Stralsund, wird Fouqué Fähnrich im Regiment des Fürsten Leopold, das in Halle garnisoniert; 1719 Leutnant, 1723 Hauptmann. Durch seine Freundschaft mit Friedrich dem Großen, damals noch Kronprinz, den er sogar nach Küstrin begleiten durfte, zieht er sich den Unwillen des »vieux routier« zu, und kommt, um die drohende Abschiebung in eine einsame ostpreußische Garnison zu vermeiden, nach vorheriger Beratung mit seinem Gönner, um seinen Abschied ein : er war 17 Jahre lang Hauptmann gewesen.

Da die preußischen Könige, brutal-klug, grundsätzlich nur ganz wenigen ihrer Offiziere eine Heirat gestatteten (da sie sonst zu weichlich würden !), wählte man damals allgemein diesen Ausweg : man ging mit dem Mädchen seiner Wahl ein freies Verhältnis ein, hatte ganz offen Kinder mit ihr, und heiratete sie und legalisierte die Erben, wenn es der König dann eben, oft erst nach Jahrzehnten, erlaubte. So auch Fouqué, er gewann Elisabeth Madeleine Masson, ein Réfugiéskind wie er selbst (geb. 18. 5. 1696 in Berlin, als Tochter eines emigrierten Perückenmachers – damals ein durchaus gehobenes und angesehenes Gewerbe), und hatte mit ihr 8 Kinder, von denen jedoch 5 früh wieder starben. Die 3 Überlebenden waren : Heinrich Karl, geb. 15. 8. 1727, der Vater des Dichters; Henriette, geb. 30. 7. 1729; und Heinrich Aug. Friedr. Ludw., geb. 4. 2. 1731; alle waren in Halle geboren, wo dann endlich auch am 8. 5. 1733 die Hochzeit stattfinden konnte.

Nach seinem Abgang aus dem preußischen Heer verschaffte ihm Friedrich Geldmittel und Empfehlungsbriefe; Fouqué brachte Frau und Tochter zu seiner Mutter nach Celle, während der Kronprinz für die Söhne sorgte; er selbst ging in dänische Dienste, wo er rasch Oberstleutnant wurde; er stand in Kopenhagen und Helsingör, zuletzt sogar als Marinesoldat. Sogleich nach seiner Thronbesteigung am 31. 5. 1740 rief Friedrich ihn zurück, beförderte ihn zum Obersten im Regiment von Camas, und schenkte ihm die Einkünfte von zwei Amtshauptmannschaften. Im Sommer 1742 wurde er Kommandant der Festung und Gouverneur der Grafschaft Glatz, und blieb dies bis zu seiner Gefangennahme durch die Österreicher bei Landeshut, 23. 6. 1760; er war indessen zum General avanciert.

Nach der Überrumpelung von Glatz durch die Österreicher am 26.

Juli desselben Jahres, folgten ihm sein ältester Sohn und die Tochter mit ihren 2 Kindern nach Bruck a. d. Leitha und Karlstadt in die Gefangenschaft; seine Frau war schon am 3. 4. 1753 gestorben.

Nach dem Frieden von Hubertusburg schied er krankheitshalber, und da er gelobt hatte, keinen preußischen Degen mehr anzurühren, aus dem Heeresdienst aus: Friedrich hatte ihn in einem seiner Anfälle fürstlicher Tyrannenlaune gegen jede Vernunft in die Stellung von Landeshut zurückgezwungen, und ihm unter beleidigenden Ausdrücken befohlen, sie um jeden Preis zu halten, ein Vorspiel von Stalingrad etwa. Da die anderen Jugendgenossen des großen Königs nun gestorben oder gefallen waren, blieb Fouqué der Einzige, dem sich das bißchen Syndetikon im königlichen Blut zuwenden konnte; man sprach also von beiden Seiten nicht mehr über das Mißverständnis, das immerhin 10 000 Mann das Leben gekostet hatte, sondern der König beschenkte den Alten mit der Domprobstei in Brandenburg, wo er dann am 3. 5. 1774 nach jahrelanger schwerer Hinfälligkeit starb. –

Auf Anregung Fouqués stiftete Friedrich der Große, noch als Kronprinz, den »Bayards-Orden«, der, abgesehen von dem bei solchen Verbindungen anscheinend unvermeidlichen Opernzeremoniell, nebenbei auch militär-wissenschaftliche Studien pflegte; Großmeister des Ordens war lebenslänglich Fouqué. Da über diesen berühmten und oft zitierten Orden herzlich wenig bekannt ist, gebe ich im Folgenden aus den bisher unausgewerteten Briefen des »Großmeisters« an seinen Bruder, den »Türken«, und aus Briefentwürfen an Friedr. d. Großen, diese Darstellung:

Der Orden umfaßte stets 24 Mitglieder (nicht, wie bisher überall behauptet, nur 12), und zwar 12 »Chevaliers« und 12 »Bacheliers«, sämtlich aktive Soldaten. Bisher kannte man die Namen folgender Mitglieder: Fouqué (Le Chaste); Friedrich der Große (Le Constant); der Herzog v. Bevern (Le Chevalier du Carquois d'or); Prinz Ferdinand von Braunschweig (Ordensname unbekannt); General v. Saldern (Ordensname unbekannt); außerdem die preußischen Prinzen Wilhelm (den Hamilton fälschlich »Le Sobre« nennt) und Heinrich (Le Gaillard). Heinrich zum Beispiel heißt ausdrücklich »Bachelier«, also erst Page und Anwärter. Aus einem Briefe Fouqués vom 20. 7. und 8. 8. 1740 – einem umfangreichen und in jeder Beziehung ungewöhnlich wichtigen Dokument – gibt er dem Bruder ausführlich Nachricht vom »Orden«, und nennt dabei noch folgende weitere, bisher ungekannte Teilnehmer: Graf Keyserlingk (dieser hieß »Le Sobre«; zweimal bestätigt es der Brief, so daß Hamiltons oben zitierte Angabe auf einem Irrtum beruhen muß; es sei denn, daß

Prinz Wilhelm evtl. nach dem ja früh erfolgten Tode Keyserlingks – 13. 8. 1745 – unter diesem Namen aufgenommen wurde). La Chétardie (Chevalier Le Discret); Graf Rondoffsky (wohl Rutowsky; Chevalier Le Preux); Graf Truchseß (Chevalier Le Sincère); außerdem wird noch ein weiterer Bachelier »Le Vaillant« genannt, dessen bürgerlicher Name mir aber fremd ist.

§ 3

Von den erwähnten 3 Kindern des Generals starb der jüngste Sohn, zwar mit Henriette von Knobelsdorff verheiratet, aber kinderlos, 1792 auf seinem Gute Lieben bei Krossen.

Die Tochter Henriette heiratete am 15. 11. 1753 den Obersten und Kommandeur im Regiment ihres Vaters, Christoph Wilhelm von Nimscheffsky, im siebenjährigen Kriege Führer eines Freibattaillons, und hatte mit ihm 2 Töchter. Ihr Mann starb jedoch schon am 10. 10. 1764 in Glatz, und auch sie selbst lassen der »Gothaer« und andere »Quellen« 10 Tage später verscheiden; das ist aber falsch. Am 11. 2. 1765 erwähnt sie nämlich der General in einem Brief an den König als bei ihm in Brandenburg wohnend, und 1774 steht sie noch munter Pate bei einer der kleinen v. Posern; auch versichert der Dichter (geb. 1777), sie habe noch im Greisenalter Spuren hoher Schönheit gezeigt; er hat sie sehr wohl gekannt, sie hat sogar seine Kinderjahre mit überwacht, und ist vermutlich erst um 1808, anscheinend in Halle bei Karl von Madai gestorben (vergl. »Abfall und Buße«). – Ihre Töchter heirateten beide, die erste einen Herrn von Wulffen, die jüngere einen v. Klitzing; das Nähere hierüber ist den – leider noch sehr unvollständigen – genealogischen Tabellen im Anhang zu entnehmen.

Im Jahre 1766 hatte der General mit einer Wirtschafterin einen letzten unehelichen Sohn erzeugt; »il s'appelle Henry comme nous tous« schreibt er am 24. 9. 1766 an den Bruder in Celle, und setzt Jenen, zusamt seinen beiden eigenen Söhnen, als Vormünder des Nachkömmlings ein, hinterläßt ihm auch 4000 Taler, d. h. nach heutiger Währung etwa 50 000 DM. Nach dem Tode des Generals wird dieser Sohn in Celle vom »Türken« erzogen, dann verschwindet jede Spur von ihm. Dennoch scheint auch von hier eine Linie auszugehen, denn ein Herr Rittmöller in Hamburg gibt glaubwürdig an, von den Fouqués herzustammen; leider ist seine interessante Tradition, die über Amerika und Dänemark führt, noch nicht ausreichend mit Urkunden unterstützt, doch zweifle ich persönlich nicht daran. –

Ehe ich auf das Elternpaar des Dichters eingehe, bleibt noch übrig, kurz die Familie der Mutter darzustellen.

Die v. Schlegells, ebenfalls ein sehr altes Geschlecht, das zuerst 1222 urkundlich erscheint, führen im Wappen einen roten Pferdekopf samt Hals auf silbernem Grunde, und leiten dies wie ihre Herkunft überhaupt von einem Wolf Schlegell her, den der Dichter auch in einer kleinen Ballade, sowie in seinem Schauspiel von Ludwig dem Springer verherrlicht hat.

Ich gebe im Anhang die Genealogie der Familie, soweit sie der Zeit des Dichters angehört, genauer: die Jahre von 1700–1850; leider ist noch einiges unvollständig; auch mögen einzelne Angaben ungenau sein; was ich bei Pfarrämtern und Archiven verifizieren konnte, habe ich getan.

Ich bin in der Akribie der Sammelarbeit keinesfalls zu weit gegangen; und gebe ein Beispiel statt vieler ähnlicher:

Sophie Friederike, eine Schwester von Fouqués Mutter (vergl. Schlegell 3/5) heiratete einen Herrn v. Posern; kein Adelslexikon, keine gedruckte Quelle gibt bisher über diese Familie befriedigende Auskunft. (Die dürftigen Zeilen bei Kneschke und Siebmacher sind nicht zu rechnen.) Abgesehen von den menschlichen Tragödien, die in den wenigen Zahlen zum Ausdruck kommen, ist folgendes für Fouqué und seine eigentümliche Kombination von Dichtung und Wahrheit bezeichnend:

In seinem großen Roman aus der Völkerwanderung, den »Vier Brüdern von der Weserburg«, tritt ein thüringischer Ritter auf: Wilmfried von der Thierbachsfeste. – Sein Vetter, *Fried*rich *Wilh*elm Christoph von Posern ist am 20.6. 1768 in *Thierbach* geboren und war Herr auf Thierbach, wie sein Vater; er ist auch der »halberwachsene Vetter«, den der Dichter in seiner Selbstbiographie von 1840, S. 6/7 erwähnt. Denn alle die in den Tabellen Aufgeführten sind ja irgendwie Vettern und Basen, Nichten und Neffen, Muhmen, Tanten und Oheime des Dichters, und kommen bei seinem stark entwickelten Familiensinn immer wieder vor in Briefen und Büchern und sonst oft unverständlichen Anspielungen.

Den wichtigsten Platz darunter nimmt die Familie von Madai ein; ihr gehörte sein frühester Freund und Spielgefährte, der »Vetter Karl« an, dem er bis an sein Lebensende innig befreundet blieb.

## § 4

1777 – die Welt sieht damals anders aus, jugendlicher, trotz des Puders und der Zöpfe, trotz der Perücken und der ehrsamen Bibelfestigkeit. Sie ähnelt noch immer mehr dem buntgewirkten Bilde, das der Grieche hatte, als unserer heutigen schnellen Sachlichkeit; sie hat noch Geheimnis, sie hat noch unentdeckte Außenränder.

Cook, der große Reisende, fährt kraus und quer im stillen Ozean, besucht Tasmanien, ankert vor Neuseeland, Australien ist ein zerbrochener Umriß ohne Namen, zum erstenmale erfährt die rousseauisch entzückte Welt von Tahiti und den Unschuldsparadiesen des Südmeeres; an der amerikanischen Küste steuert er bis 44°30′ nach Nordwesten: Niemand hat erwartet, daß sich dieser Kontinent soweit in Richtung Asien erstreckt; sollte doch, irgendwo hoch im Norden dort, eine Landbrücke bestehen? Für Japan ist der alte Kämpfer die Hauptquelle; für China die Berichte der Jesuiten; wer sich im Orient ergehen will, liest Karsten Niebuhr und Pococke. Von Afrika ist eigentlich nur der maurisch-arabische Nordrand leidlich bekannt; von Allem, was südlich davon liegt, weiß fast Herodot noch mehr. Das Innere der großen Kontinente ist dunkel, wie seit Jahrhunderten.

Am Ostsaum Nordamerikas hat sich eine Handvoll ungeschlachter Hinterwäldler gegen das Mutterland England erhoben, man kann eigentlich nur den Kopf schütteln; dennoch schlug der unerschütterliche Washington eben wieder General Howe bei Princeton, und wenn Benjamin Franklin, der typische ehrbargerissene Yankee, mit seinem einfachen Bürgerrock und dem kunstvoll-einfältigen runden Hut in Versailles auftritt, ist Alles enchantiert, das ist doch einmal etwas Neues, und er weiß den Enthusiasmus geschickt für sein Land zu nützen. – Andere deutsche Kleinstaaten nützen ebenfalls die herrliche Konjunktur, und verkaufen fleißig ihre Untertanen an England: Menschenhandel, ganz offiziell. Großbritannien setzt dies Material in Ostindien ein, und vor allem gegen die »aufständischen« Nordamerikaner.

Der Herzog von Braunschweig, der bekannte Feldherr der Koalitionskriege und von Jena-Auerstädt, verschachert so 5723 Mann (= mehr als ein Sechstel der jungen Männer seines Landes) für 45 Taler das Stück. Landgraf Friedrich II. von Hessen-Cassel gar 19400 (= ein Zwanzigstel der Gesamtbevölkerung): es kamen die englischen Kommissarien nach Kassel, und besichtigten die verkauften Stücke auf dem Markte, wie sie die Neger in Amerika zu besichtigen gewöhnt waren. »Es gab in Hessen keine Familie, die nicht den Verlust wenigstens eines Mitgliedes betrauert hätte : daher die großen Hände und Füße, die vergilbte Haut, der glanzlose Blick der hessischen Frauen, die dadurch Arbeitstiere werden mußten; auf Generationen hinaus war die Schönheit eines ganzen Volksstammes durch die Habsucht eines gekrönten Tieres vernichtet« (Bancroft). Der Vermittler für diese Transaktionen war, auch dies verdient beiläufig festgehalten zu werden, der »große« Landgraf Wilhelm von der Lippe, der so erfolgreich den go-between machte.

In Europa ist die Lage – eigentlich wie immer – gespannt. In Frankreich trippeln König und Hof auf dem Vulkan, den sie in unglaublicher Selbstsucht, in jahrhundertelangem Hochmut, in irrsinniger Überheblichkeit, selbst angeheizt haben : lesen Sie nur wieder einmal die »Tale of Two Cities« des großen Charles Dickens ! Zehn Jahre haben sie noch Zeit; dann kommt das bedeutendste unserer geschichtlichen Ereignisse : die große heilige Revolution – Messieurs : wir erheben uns von den Plätzen ! In Österreich reformiert Joseph II.; auch er ein bestmeinender klarer Mensch, der am stumpfen Widerstand seiner Phäaken, nicht zuletzt des Klerus, erstickt; ein Fels im Sumpf.

Im Osten ist Rußland zur entscheidenden Weltmacht herangewachsen, schon damals, ja ! (Trotz Leibnitzens Warnung). Nur der Tod der Kaiserin Elisabeth hat 1762 den »großen« Friedrich gerettet, der sonst unweigerlich, mit bankerottem Land, zerstörtem Volksvermögen, wankender Armee, dem Untergange geweiht war; Projekte wie im Fiebertraum hat er damals entworfen : an den Tartarenkhan, weit hinten in der Bucharei, hat er Gesandte geschickt, dazu seinen Leibarzt Fraise : sie möchten doch Rußland von hinten angreifen. Bei Kunersdorf und Zorndorf hatte er die Russen kennengelernt, und war vorsichtig geworden. In den Koalitionskriegen gab Suworoff mit seinen Heeren stets den Ausschlag; Europa war genug gewarnt; aber nur 1 Zeitgenosse erkannte damals Gegenwart und Zukunft, Sie werden Massenbach später kennen und würdigen lernen. –

In Preußen herrscht, kalt und steril, Friedrich II., den seine Zeitgenossen den Großen nennen, und der sie für ihre Verehrung derb Steuern zahlen läßt. Er ist selbst Aufklärer, Religionsspötter, und man kann unter ihm erträglich frei schreiben (was z. B. Kant zugute kommt); aber ansonsten wird das Leben im Preußenstaat wenig beneidet. Lessing schreibt am 25. 8. 1769 aus Hamburg an Nicolai »Sie werden bald die Erfahrung machen, welches Land bis auf den heutigen Tag das sklavischste Land in Europa ist.« Und ein andermal »Was hätte ich auf der verzweifelten Galeere (Berlin) zu suchen ? – Alles, was man da sieht, muß Einem ja die Galle ins Blut jagen.« Wieland an Merck (16. 6. 1780) : »König Friedrich ist zwar ein großer Mann, aber vor dem Glücke, unter seinem Stock (sive Szepter) zu leben, bewahre uns der liebe Herrgott!« Vergleichen Sie weiter hiermit das entsetzte Urteil Alfieris von der »ununterbrochenen Wachtstube«; die Berichte der unbestochenen englischen Gesandten, Sir Charles Hanbury Williams (»Ich denke, Hamlet nennt irgendwo Dänemark ein Gefängnis: das ganze preußische Land ist eines im buchstäblichen Sinn des Wortes!«), oder des klugen und scharfblickenden James Harris, Lord Malmesbury; und der englische Reisende Moore resümierte: »Der gewöhnliche Zustand der Sklaven in Afrika, oder der Zustand worin sich Bürgersleute in den despotischen Ländern befinden, ist gegen die Art preußischer Soldatensklaverei gehalten, noch ein Stand der Freiheit.« Man rühmt am Könige, daß er die Folter abgeschafft habe; aber welches Licht fällt auf die »fortschrittliche« Justiz seiner Zeit, wenn man bei Williams liest »Seit meiner Ankunft in diesem verdammten Lande wurde ein altes Weib lebendig geviertailt, weil sie die Entweichung von zwei Soldaten befördert hatte.«; oder bei Gubitz, wie noch in den letzten Wochen von Friedrichs Regierung ein Brandstifter lebendig verbrannt wird! Von den scheußlichen Berichten über Menschenfängerei für sein Heer nicht zu schreiben, bei denen Morde als etwas alltägliches mit unterliefen; oder der Tyrannei der Offiziere, die den Soldaten ungestraft Augen ausschlugen, und noch dafür befördert wurden. Selbst das gewiß unverdächtige, 1912 vom Großen Generalstabe veröffentlichte Werk, über »Das preußische Heer der Befreiungskriege«, muß zugeben, daß die Zahl der Selbstmorde in der Armee ungewöhnlich groß war: »Von dem ersten Bataillon Garde wurden während Friedrichs des Großen Regierung, in den 14 Jahren, wo es ein Oberst Scheel kommandierte, die Leute so barbarisch behandelt, daß sich allein von diesem Batl. 96 Mann das Leben nahmen. Dies geschah unter den Augen des großen Königs, denn jeder Fall mußte ihm gemeldet werden. – In Berlin nahmen sich jährlich, wie die Akten des General-Auditoriats ergeben, 22 bis 26 Soldaten das Leben. Preußischer Soldat zu sein wurde in ganz Europa als eine Lage betrachtet, an die man nur mit Schrecken denken konnte.« Was halten Sie von dieser Kabinettsorder vom 14. 6. 1785: »Kein Mensch bürgerlichen Standes soll mehr die Erlaubnis haben, adelige Güter an sich zu kaufen, sondern alle Rittergüter sollen bloß für die Edelleute sein und bleiben...« Nur Adlige wurden Offiziere; zwei oder drei Ausnahmen, wie z. B. Rohdich, nannte der König im Gespräch immer »von Rohdich«. Nehmen sie zu diesen Zügen, die beliebig vermehrt werden könnten, seine typische Königshalbbildung, seine künstlerische und wissenschaftliche Impotenz (muß ich erst an sein Urteil über das Nibelungenlied erinnern, das er für

»keinen Schuß Pulver wert« hielt, und in seiner Bibliothek »solches Zeug nicht dulden, sondern herausschmeißen« würde ? während die größten Männer Bodmers Unternehmen begeistert begrüßten), und es ergibt sich das übliche Bild des gekrönten Lemuren, wie es in tausendfacher Spiegelung und Variation aus dem Werk des unverächtlichen Historikers Eduard Vehse aufsteigt, den ich hier ausdrücklich einmal empfohlen haben möchte.

Deutschland selbst, der bekannte geographische Begriff, besteht aus rund 300 Territorien mit Landeshoheit, in deren jedem ein kleiner principion sitzt; man hätte in der Bürgerkunde allerlei zu lernen – wenn es etwas wie Bürger gäbe; aber es gibt nur Untertanen, ein großer Teil davon noch Leibeigen – dem Zweifler empfehle ich die einschlägigen Beschreibungen bei dem großen Bürger Johann Heinrich Voß nachzulesen – die, körperlich stumpf und unbeholfen, auch geistig in konstantem Halbschlaf versenkt sind; denn die Schullehrer sind gewöhnlich ausrangierte Unteroffiziere. Die Meisten bekommen, wie Herder, den nur ein gnädiges Augenübel vom ehrenvollen »Wehrdienst« rettet, schon in die Wiege die rote Binde (»Das rote Halsband« nennt er es, abscheugeschüttelt) hineingelegt.

Natürlich geht es auf den Gütern der reichen Adligen – schon damals nicht unbedingt ein Synonym – oft auch menschlich und ohne das jus primae noctis zu; man hat von Frankreich zu oft gehört, daß auch die bête rudimentäre menschliche Empfindungen habe. Denn man ist, nach dem Beispiel des großen Königs, durchaus französisch gebildet.

An deutscher Dichtung ist in jenen Kreisen wenig bekannt (im gebildeten Bürgertum pflegt man sie am meisten); Wieland kennt man in seinen frivoleren Stücken; Klopstocks »Messias« langweilt gebührend; der Hainbund, die Avantgardisten, beginnen sich zu regen : Voß, Hölty, die Stolbergs. Ein junger Frankfurter Advokat hat zwei bestseller geschrieben : einen »Götz« in Nachfolge Shakespeares, und einen Briefroman »Werther«; aber der ist gut : in leidenschaftlich bewegter Prosa, die auch vor ernsteren sozialen Problemen nicht zurückweicht. Wezels und Klingers Romane erregen Aufsehen, und sie verdienen es; Bürgers »Lenore«, Lessings »Minna«.

Mozart schreibt die ersten Opern. »Die Entführung aus dem Serail«; vergessen Sie bitte nie, daß das ein ganz bitter aktuelles Thema ist, und gar nicht von orientalisierender Romantik umkleidet ! Die Korsarenschiffe der Barbareskenstaaten kreuzen durch alle Meere, und mancher Belmonte kann seine Konstanze suchen; noch 1817 (sic !) erscheinen die Piraten vor der Emsmündung im Jadebusen, und die zur See ganz machtlose preußische Regierung hat arge Scherereien mit ihnen; also ein ganz »moderner« Stoff; genau, wie man heute von irgendeiner Gestapo entführt und verschleppt werden kann, kann man 1780 über Nacht Christensklave, Giaur, in Algier werden. Die Jahrhunderte haben einander nichts vorzuwerfen. In Wien kommt Haydn zur größten Wirkung; und über Paris erkämpft sich der unvergleichlich viel tiefere Gluck europäischen Ruhm. Aber die bekanntere volkstümlichere Kost liefern Hiller mit seinen »Jägern«, Benda mit der »Medea«, oder André.

In den Wissenschaften arbeitet man sich langsam und unmethodisch, aber zähe vorwärts; natürlich prädominieren noch bei weitem die humanistischen Studien, alte Philologie, Theologie, Jura etc., und die Naturwissenschaften beginnen erst zögernd. Noch tragen die Apotheken »Zu den 7 Planeten« (inklusive Sonne und Mond) ihren ehrwürdigen Namen zu recht; denn erst 1781 wird Herschel den Uranus entdecken. Aber Dampf- und Spinnmaschinen gibt es schon, wenn auch freilich noch in grotesken Formen und geringer Zahl; die Entdeckung des Sauerstoffs beginnt die alte Phlogiston-Theorie zu stürzen, und binnen kurzem wird die erste Montgolfière aufsteigen. Noch betrachtet man solche Experimente neugierig und angeregt; noch sieht man nicht in der Technik den avernischen bombensprühenden Dämon, der die Menschheit einst durch sich selbst vernichten wird.

Denn die Welt ist noch dünn bevölkert; es ist keine Gefahr, daß man sich schon um den reinen Lebensraum schlagen muß; Preußen hat rund 6 Millionen Einwohner, Berlin 150.000, und es ist die bei weitem größte Stadt. Noch bedecken Wälder den größten Teil des Staates, und es gibt verrufene Forste und Haiden darunter, wo ganz reale Räuberbanden ihr Wesen treiben. Die Straßen sind erbärmlich; denn Friedrich tut nichts dafür : eigentlich aus strategischen Gründen; und dann, um die Fuhrleute zum längeren Verweilen und ergo größeren Verzehr zu zwingen, wie er es in seiner haarsträubenden Art motiviert. Rumpeln die Postkutschen an Dörfern vorbei, die tief in Wiesen und Wald gebettet liegen; gleiten Irrlichter über die Feuchtungen, und der Reisende kann sich bekreuzen, oder sie lichtenbergisch-neugierig begutachten; im Herbst ziehen tagelang die riesigen Schwaden des Heerdrauches durchs Land, und nicht jeder ist mit dem Erklärungsversuch des Göttinger Professors einverstanden, der das Phänomen auf die Moorbrände in Norddeutschland zurückführen will.

Im Winter heizt man Holz, und hat dürftiges Licht aus Öllampen; die Möbel sind alt aber solide und sollen noch lange halten; Porzellan wird jetzt, wo Friedrich selbst in Berlin welches brennen läßt, häufiger. Kaffee kann man offiziell nur in den Staatsbrennereien des »großen« Königs kaufen, wo er sechsmal teurer ist, als beim Kaufmann: das Landvolk soll sich überhaupt nicht an den Kaffee gewöhnen, damit nicht so viel Geld aus dem Lande geht; auch der Zucker ist recht rar, denn die Rübe wird noch nicht ausgewertet, obwohl man schon weiß, daß sie das begehrte Süß enthält. Im allgemeinen lebt man einfach und kräftig, und auch der Arme hat sein erträgliches Auskommen; obgleich man mit der Kartoffel eben erst mißtrauisch zu experimentieren beginnt, und Hungersnöte schrecklich häufig sind: erst 1772 sterben in Kursachsen daran 150.000 Menschen. Am schlimmsten aber sind die sanitären Verhältnisse; richtige Ärzte gibt es nur wenige, die meisten sind Quacksalber oder hoffnungslos in vorsintflutlichen Theorien festgefahren. Wenn Seuchen, Epidemien ausbrechen, sind sie fast nur gut, die Sterbefälle zu bescheinigen. Ein anderes Übel ist die rücksichtslose Ausnutzung der Frauen als Gebärmaschinen: bei Hoch und Niedrig sind ein oder zwei Dutzend Geburten an der Tagesordnung, und das Ergebnis ist auch danach: zumeist überleben 2 oder 3; die anderen sterben im zartesten Alter oder sind gleich Fehlgeburten.

Gut geht es eigentlich nur den Offizieren und höheren Beamten, also dem Adel, und allenfalls noch den Geistlichen (die anderen haben halt Pech); glücklich also, wer diesen privilegierten Ständen angehört.

§ 5

Brandenburg ist eine ganz kleine Stadt, dem heutigen Begriff nach sogar winzig; was hat sie an Auszeichnendem? Einen alten Dom, dessen Krypta noch aus dem 11. Jahrhundert stammt, und um den die »Curien« der Domherren liegen; zwei alte Rathäuser; die 1703 gegründete Ritterakademie; und, für uns wichtig, auf dem Markt die 20 Fuß hohe Rolandssäule, »und zwar die edelste, welche mir noch vor Augen gekommen ist. In riesengroßer, geharnischter Gestaltung, ganz gerade, die Schenkel zusammengestellt, gleich den altägyptischen Bildsäulen, völlig geschwärzt durch Wind und Schnee und Sonne, das ungeheuer lange Schwert senkrecht emporgehalten, auf dem unbedeckten Haupt eine Mooskrone, oder vielmehr ein Moosbarett, die Gesichtszüge feierlich, seltsam, altertümlich, ohne Künstelei, aber sorgfältig festgehalten, daß man dabei versucht wird, an Porträtähnlichkeit zu denken, – so steht der Roland vor dem Brandenburger Rathause da, und so war er eingeprägt in des Knaben Geist...«

Die vornehmste Familie der Stadt sind die Fouqués; der alte General hat als Dompropst die Aufsicht über die Ritterakademie, der Schulanstalt für junge Edelleute; und er übt sie gewissenhaft, mit der Technik des alten Soldaten. Oft, selbst schon fast bewegungsunfähig, läßt er sich noch in die Reitbahn tragen, und beaufsichtigt die Übungen der Eleven; gebückt, aber mit fester Andacht, sitzt er noch täglich im Chor der Kirche, im veilchenblauen Samtmantel, ein Barett auf dem Haupt. Nicht selten, zumal auf seinen Durchreisen zur großen magdeburger Revüe, spricht Friedrich der Große bei ihm ein »auf einen Teller Suppe«; denn Fouqué ist der Einzige der Getreuen, aus der Rheinsberger Zeit her, der noch lebt, und das bißchen Sympathie des allerhöchsten Gemütes hat sich ihm rührend zugewendet.

Die andere interessante Familie sind die Schmettaus; in den Sturz des bekannten Prinzen August Wilhelm verwickelt, verbringt ein bedeutendes Glied der Familie, zur Untätigkeit verdammt, seine reifsten Mannesjahre im Exil, als Infanteriehauptmann.

Am 3. 5. 1774 ist nun der alte General Fouqué gestorben; kalt, Soldat und Mann, hat er noch seinen Sarg betrachtet, und die notwendigen Anordnungen gegeben. Die große Erbschaft ist durch drei geteilt worden – drei Kinder sind ja da – einige Erinnerungsstücke (und den letzten unehelichen Knaben) hat der »Türke« in Celle erhalten; und nun ist der älteste Sohn des Generals allein im Spukhaus, der alten Curie.

Denn »es geht drin um«; daran ist kein Zweifel; manchmal ist es ein Mann in rotem Mantel; manchmal schwebt ein Frauenkopf vorbei, die Hände vors Gesicht geschlagen; selbst die unbelebten Teile des Hauses nehmen daran teil. Niemand will später einziehen in jene Domherrenwohnung, welche deshalb abgebrochen wird. »Auch davon gehen im Volke noch mancherlei wunderliche Sagen um. Namentlich soll ein Balken, der das Gemäuer zusammenhalten half, stehen geblieben sein, Jahre hindurch, weil sich daraus bei jeglichem Axthiebe der Zimmerleute zorniges Klagetön vernehmen ließ, und Niemand sich mehr an die Arbeit des Abbrechens wagen wollte, bis er endlich von selbst darniederstürzte.« Auch hatte diese Curie lange Zeit leer gestanden, ehe sich die Fouqués darin niederließen, und es gab »ein unbegreiflich seltsames Treiben dort«. »Viel Rittergeister schwebten um die Wiege dir, Ernst auf den abgeklärten Philanthropen-Schwarm, Der dich zu elevieren dacht, herniederschaund.« (Parcival, 2. Buch, VII).

Dort also wohnt Heinrich August Carl de la Motte Fouqué mit seiner Frau, und der großen Familie. Er selbst ist klein, unansehnlich, durch einen Sturz vom Arme der Wärterin im frühesten Kindesalter für zeitlebens verwachsen, so daß er vergeblich versucht, die traditionelle Offizierslaufbahn einzuschlagen; nach jedem anstrengenderen Ritt versagt sein Körper. Wohl hat er einige Jahre als Leutnant im damaligen Dragonerregiment Rothenburg (später v. Schönaich und Truchseß, bzw. Nr. 3) gestanden; doch nötigten ihn die Brustkrämpfe bald, um seinen Abschied nachzusuchen, der ihm auch als Sekondeleutnant gewährt wurde; der König bewilligt ihm die Erlaubnis zum Tragen der Regimentsuniform und läßt ihm bis ans Ende seiner Tage das Leutnantsgehalt, als Anerkennung für seine Bemühungen. (Der Sohn schildert seinen Charakter als liebenswürdig heiter und sanft, doch mit Aufwallungen des französischen Feuers; aus dem feinen Gesicht sprachen die großen dunklen Augen.) – Während im 7-jährigen Kriege der Vater ein Korps führte, hütete ihm dieser Sohn in Glatz das Haus; es war das repräsentativste der Grafschaft, das Haus des Gouverneurs, und ein günstiges Geschick hat uns das genaue Inventar aufbehalten: am 26. 7. 1760 überrumpelten die Österreicher die Festung, plünderten die Stadt, beschlagnahmten auch das ganze Eigentum des Generals und führten es auf Lastwagen hinweg. Ein Aktenstück von 50 Folioseiten zeugt noch heute von dem Kampf der Familie um ihr Eigentum; 16 Seiten enthalten, Stück für Stück, Beschreibung und Preis der einzelnen Gegenstände.

Von 1763 an lebt die Familie, mit Ausnahme des jüngsten Sohnes, in Brandenburg zusammen. Dort lernt auch Heinrich August Karl die älteste Tochter des anhalt-dessauischen Hofmarschalls von Schlegell, Marie Louise\*, kennen, und vermählt sich mit der armen aber »ausgezeichnet schönen und holdseligen Frau« am 1. 5. 1767. Sie war am 14. 4. 1740 in Magdeburg geboren, und, nach den Worten des Dichters eine »weiche, stillfromme Frau«; ganz im Gegensatz zu ihrem Vater, dessen Tollkühnheit bei Parforceritten an seinem kleinen Hofe sprichwörtlich war. Zur stillen Bekümmernis zumal des alten Generals ist die Ehe bisher kinderlos geblieben.

Außerdem leben mit ihnen in der verwunschenen Curie die einzige Tochter des Generals, die »schöne Henriette«, die Witwe des Obersten von Nimscheffsky, mit ihren beiden Töchtern, von denen die Jüngste, Wilhelmine Dorothea, allerdings schon am 11. 9. 1774 den Wilhelm von Klitzing auf Demerthin heiratete; die Ältere, Henriette nach der Mutter

---

\* In einem ‹Traumfragment›, gesehen in der Nacht vom 27. auf den 28. Februar 1828, erwähnt Fouqué einen – ihm übrigens persönlich nicht bekannten – Offizier, der seine Mutter vor ihrer Verlobung geliebt hätte; und mit dem er sich nun, in diesem Nachtgesicht, unterhielt.

geheißen, bleibt noch bis 1783 im Familienkreise. Als in der unglücklichen Familie des Herrn von Posern, der eine Schwester der Frau von Fouqué geheiratet hat, 1776 vier Kinder an der Ruhr sterben, im Sommer 1778 wieder ein Kind und der Vater selbst, und schließlich am 6. 12. 1780 bei ihrer anderen Schwester Madai in Halle, auch noch die Mutter, da nehmen die Fouqués um Gottes willen die zwei verbleibenden Waislein bei sich auf; der Sohn, Friedrich Wilhelm von Posern, wird auf die Ritterakademie in Brandenburg gesteckt; die Tochter, Leopoldine Christiane Dorothea, wächst einem schweren Schicksal entgegen.

Mit Dienstboten ist der Haushalt vornehm-reichlich versehen; es gibt da Lakaien, Zofen, die alte Wegnern macht die Kinderfrau; der brave Trautschke, der Reitknecht des Generals, der diesem in der unglücklichen Schlacht von Landeshut das Leben rettete, hat einen auskömmlichen Acciseposten in Brandenburg erhalten, und wird noch dem Dichterenkel später gezeigt. Besuch kommt häufig; manchmal noch der podagrische »Türke«, wenn er nach Rheinsberg reist; öfter die Madais, die Verwandten von Halle; auch in Havelberg sitzt noch der Zollinspektor und kgl. preußische Kriegsrat a. D. Julius Hubertus von Schlegell, ein Onkel der Mutter; einer ihrer Brüder, der beim König in Ungnade gefallene Leopold Leberecht, der sogar eine Gräfin Schmettau geheiratet hat, sitzt gar in Brandenburg; zumal in seiner Linie zeigt sich ein unheimliches Symptom der schlegellschen Familie : Trübsinn; der sich bis zum Wahnsinn steigern kann.

Und wieder taucht der Name auf : Schmettau ! Eine der wichtigsten Figuren im Fouquéschen Kreise ist nämlich der schon erwähnte Friedrich Graf Schmettau (1741–1807), der in jedem beliebigen Sinne des Wortes der »Hausfreund« ist. Das ist nicht zu ändern; es ist das Kismet der Schmettaus : der junge dänische Diplomat Hennings, der Berlin in den Jahren 1772 und 73 sah, berichtet von einem Bruder des großen Königs, dem geistig von der Natur sehr stiefmütterlich bedachten Prinzen Ferdinand : »Er zeichnet sich weder durch sein Äußeres noch durch seinen Geist aus; er ist Großmeister des Johanniterordens und sammelt Schätze für die Kinder, mit welchen seine Gemahlin ihn beschenkt, und denen Friedrich der Große offiziell den Ehrennamen der ‹abscheulichen Rasse Schmettaus› beilegt.« (Dies war ein anderer Graf Friedrich Schmettau, der 1806 bei Auerstädt fiel). Zu dieser besagten »maudite race de Schmettow« gehören unter anderem der ominöse Prinz Louis Ferdinand und seine Schwester, die durch ihre Memoiren bekannte Luise, spätere Fürstin Radziwill; beide hier wichtig, weil Fouqué sie recht gut gekannt und oft erwähnt hat. Nach dem Tode des alten Generals siedelt sich also der besagte Graf Schmettau ganz in der Familie Fouqué an »die Landwirtschaft des kränkelnden Hausherren mit aufopfernder Treue und Rüstigkeit besorgend, ein praktischer Christ« wie der Dichter ihn charakterisiert.

In diesem Hause und in dieser Umgebung wird am 12. 2. 1777 der zehn Jahre lang sehnlichst erwartete Sohn geboren : Friedrich Heinrich Carl, der größte der Familie und einer der größten und interessantesten deutschen Dichter überhaupt; huldreich übernimmt der große König die Patenschaft für den Enkel des alten Freundes.

Bald nach seiner Geburt erkaufte die Familie ein neues freundlicheres Haus in dem ihr liebgewordenen Brandenburg »Eine breite sonnige Straße nach vorn heraus, seitwärts der Blick nach dem Tore, auf der anderen Seite ein von der Stadtmauer begrenzter Garten mit regelrechten Beeten und Gängen nach damaliger Weise, ein Pförtlein in der Mauer nach dem freien Felde hin, im Innern der Wohnung lichte hohe Gemächer – das sind die ersten Bilder äußerlicher Umhegung, die sich dem kindlichen Geiste nach dessen Erwachen darboten, und die noch vorhalten in dem Bewußtsein des nun greisenden Mannes, und zwar nach gewaltig großen Dimensionen, wie sie von späterer Anschauung in der Wirklichkeit öfter zusammengeengt worden sind, ohne doch innerlich ihr seltsam ausgedehntes Recht zu verlieren.« Immer hat dieser Aspekt im Dichter sein Recht behauptet; oft erscheinen in seinen Dichtungen ummauerte Gärtchen und die Pforten, die ins freie Feld führen. Und daran knüpft sich auch eine andere älteste Erinnerung :

Am 30. 12. 1777 stirbt unerwartet Maximilian Joseph, Kurfürst von Baiern, und zwar durch die Ungeschicklichkeit eines Arztes, der die Kennzeichen der Kinderblattern nicht zu erkennen verstand; ohne eheliche Erben zu hinterlassen. Mit ihm erlischt der Stamm eines der ältesten deutschen Fürstenhäuser, das von Otto von Wittelsbach abstammt, dessen zwei Hauptzweige, der eine die Pfalz am Rhein, der andere Bayern und die Oberpfalz, Jeder auch seit dem westfälischen Frieden eine Kurwürde, besaß. Nach dem Gesetz des deutschen Lehnsrechtes folgte in den vom gemeinsamen Ahnherrn eines Geschlechtes für alle seine Nachkommen erworbenen Besitzungen, bei dem Erlöschen des einen Stammes, sofort der noch übrig bleibende. Der pfälzische Stamm blühte beim Ableben des Bayrischen noch in mehreren Linien, und die Häupter beider Stämme hatten sich auch, auf den möglichen Fall des unbeerbten Ablebens, gegenseitig von ihnen unterzeichnete Patente zur Besitzergreifung von allen erledigten Landen anvertraut. Der Fall lag also klar genug; dennoch versuchte Österreich, trotz des felix Austria nube unersättlich, sogleich wieder im Trüben zu fischen, und besetzte einen Teil Bayerns. Friedrich der Große, der einer solchen Machtvergrößerung des unruhigen Nebenbuhlers nicht untätig zusehen wollte, ließ ebenfalls marschieren, und so begann im Juli 1778 der bayrische Erbfolgekrieg, der sogenannte »Kartoffelkrieg«, weil nämlich an offiziellen Heldentaten nichts darin geschah; man beschränkte sich auf Plünderungen und strategische Aufmärsche. Erwähnt muß hier werden, daß der bedeutende und sympathische Bruder des Königs, Prinz Heinrich, der »Feldherr ohne Fehler«, auch hier wieder vorbildlich für seine Truppen und das besetzte Land sorgte; während der große Friedrich anordnete : »Die Leute sollen fühlen, daß sie den Feind im Lande haben«, und sogar die Sauvegarden wegbeorderte, damit die Truppen, und ausdrücklich die berüchtigten Soldatenweiber, plündern könnten; ich berichte solche Züge nicht aus Klatschsucht, sondern um der Gerechtigkeit willen, genau nach Dohms »Denkwürdigkeiten«. Das Ergebnis des tragisch-lächerlichen Krieges fixierte am 13. 5. 1779 der Friede von Teschen : Bayern blieb ein Ganzes, und die Erbfolge Zweibrücken; aber Österreich erhielt das Innviertel, und Sachsen 6 Millionen Taler. »Keine Schlacht, überall nichts Entscheidendes war vorgefallen. Dennoch brachte dieser Krieg unsägliches Unglück hervor. Das Ungemach unter welchem die Krieger, vorzüglich die preußischen, erlagen, war vielleicht größer, als das in manchem tatenreichen Feldzug erduldete, und wieviel Elend kam nicht über die schuldlosen Bewohner der Lande, sowohl derer, welche die Streiter hergaben, als derer, welche Schauplatz des Krieges waren ... Beide Staaten vergeudeten Kräfte, die, im Frieden verwandt, den Wohlstand der Untertanen erhöht haben würden.« (Dohm.) Mit anderen Worten : das übliche Ergebnis der allerhöchsten Streitigkeiten.

Und aus tiefer Ferne der Zeiten erzählt es tastend Fouqué : wie er mit seiner alten Wärterin in dem geschilderten Garten steht. »Da reitet der Onkel Schmettau in den Krieg«, sagt die Wärterin zu dem Kinde : immer ist es das alte Lied : die Kinder aller Jahrhunderte sehen die erwachsene Generation auf die Schlachtbänke ziehen ! »Und die ummantelte Gestalt, sich beugend auf dem Roß in der niedrigen Pforte, und der Garten mit seinen Gängen und Beeten und Alleen – das steht noch immer vor meinem inneren Auge, wenn gleich wie überzogen von einem Flor oder Nebel.« –

Einmal kommen wieder die Madais aus Halle zu Besuch, und Fritz schläft mit zweien davon in der Kinderstube »Da kam ihm ein entsetzlicher Traum, und eines leisen Schauders kann sich der Sechziger noch jetzt beim Aufschreiben nicht erwehren, so kindisch auch die Erscheinung herauskam. Eine nach damaligem Geschmack ehrbarlich geputzte Madam war es, die hereintrat, einen Strick in der Linken, ein Messer in der Rechten, und ganz gelassen sagte : ‹Nun haltet Euch hübsch ruhig Kinder; denn erst muß ich Euch binden und nachher Euch schlachten›. Eben die äußere Gewöhnlichkeit war es, welche dem kleinen Träumer die bedrohliche Kunde so überaus schrecklich machte, und weshalb er so entsetzt aus seinem Schlaf emporfuhr. Ich meine sogar, er habe das wunderliche Ding mehr denn einmal im Traume gesehen. Als er's den Spielgenossen wiedererzählte, waren auch die seltsamlich ergriffen davon, aber auch bald ebenso seltsamlich damit vertraut. Eine ‹Bind-Madam› hieß in der kleinen Genossenschaft jene Erscheinung, und ward fortan – freilich in gar ungeschickter Plastik – häufig aus Papier oder Spielkarten mit der Schere nachgebildet. Wie man etwa zu fragen pflegte : ‹Soll ich Dir ein Pferd ausschneiden ? – Oder einen Hund ? usw.› fragte man auch ganz unbefangen, ob eine ‹Bind-Madam› ausgeschnitten werden sollte.«

Der heranwachsende Friedrich Wilhelm von Posern kommt oft von der Ritterakademie, auch in den Ferien, und neckt sich gern mit dem lieben kleinen Fritz. »Fritz, um des ihn störenden Eindrucks los zu werden, sah auf einen an der Wand hängenden Kupferstich in großem Format, worauf neben den Wappenschildern des Havelberger Domkapitels, zu welchem sein Vater gehörte, die zwei bärtigen Schutzheiligen desselben abgebildet waren. Mit eins überkam ihn eine seltsame Rührung. Tränen drangen in seine Augen. Der fröhliche Vetter sagte mit unwilligem Lachen : ‹Schäm dich, Fritz ! Du heulst, weil ich mit Dir spaße !› ‹Ich weine nicht über Dich› antwortete Fritz : ‹Ich weine über das heilige Bild !› Er ist noch oftmal darüber geneckt worden, als sei das nur eine alberne Ausrede gewesen. Dennoch war es wahrhaftig wahr. Mache daraus ein Psycholog was er kann.«

Reichlich geht es in dem brandenburger Herrenhause zu; die umfangreiche Hinterlassenschaft des Generals, an Gut wie an Geld, erlaubt nicht nur ein volles bequemes Leben : man kann auch größere Pläne machen ! Ein schönes geräumiges Landgut schwebt der Frau vor, nahe der Hauptstadt, wo das Kind – vielleicht später die Kinder – im weiten Grünen aufwachsen können, und durch einen günstigen Zufall trifft es sich, daß eben einer der großen Herrensitze bei Potsdam von dem verärgerten Besitzer zum Verkauf ausgeboten wird.

## § 6

Nur wenig nördlich von Potsdam, der bekannten Pfaueninsel westlich gegenüber, liegt inmitten der breiten blauen Havelseen Sacrow. Noch 1750 war es nach dem Ausdruck des alten Chronisten »elend« und ein »Ratzenloch«; dann kam, wegen Teilnahme an einer Verschwörung aus seinem Vaterlande flüchtig geworden, der schwedische Graf Hord. Er hat bei Friedrich dem Großen reüssiert und ist im Laufe der Jahre kgl. preußischer Generalleutnant und Gouverneur von Spandau geworden; denn er ist – erstes Erfordernis beim Könige – aus vornehmster Familie; seine Frau ist die Gräfin Ulrike Wachtmeister, die Tochter des schwedischen Großadmirals. Die Ehe ist mit 4 Kindern gesegnet; aber 3 davon starben bald, und am 13. 7. 1777 in Potsdam auch die Frau. Damit verliert Graf Hord die Freude an dem schönen Besitz, der praktisch sein Werk ist; denn er hat das Gut damals für 15 000 Taler gekauft, viel gebaut; das schöne Herrenhaus; der Plan des Gehöftes, des Parks, ja des Dörfleins, rührt von ihm her; jedes Jahr hat er dort im Sommer und Herbst zur Erholung geweilt. Hinzu kommt noch, daß er, im bayrischen Krieg als Chef eines Freiregiments mit zu Felde, sich mit dem König überworfen hat (was gar leicht geschehen kann, auch wenn man pünktlich seine Befehle ausführt; man denke nur an Schmettau und die Übergabe von Dresden). So entschließt er sich, auch räumlich eine gewisse Entfernung zwischen sich und den Monarchen zu legen, und verkauft im Herbst 1779 den stattlichen Herrensitz an den Baron Fouqué (oder Baron de Thonnayboutonne, wie jener sich, als Letzter noch den alten Brauch beibehaltend, bis zu seinem Tode nennt). Er verkauft es inklusive vielen Meublements, und behält sich auch vor, daß das Zimmer der seligen Gräfin unverändert in seinem alten Zustande bleiben soll; der Preis ist 23 000 Taler, oder in heutiger Valuta eine gute Viertelmillion Mark. Das Haus in Brandenburg wird als Winteraufenthalt noch nebenbei behalten.

Schön ist Sacrow, vor allem für ein aufwachsendes Kind: »Den märkischen Sand abgerechnet, wars ein kleines Paradies: als Halbinsel umflutet von der Havel, dorten sehr breit und silberblau, ein Blick drüberhin aus den Fenstern des schönen wohnlichen Hauses nach der fernen Zugbrücke, welche über einen mächtigen Arm des Stromes hin von Potsdam nach Berlin führt.« Drüben sieht man Potsdam liegen; Schwäne ziehen vorbei; im Winter wimmelt der gefrorene Stromspiegel von Schlittschuhläufern und Stoß- oder sogenannten Pik-Schlitten, ergötzlich vom warmen Stubenfenster aus zu besehen. Da sind bei jedem Besuch in Potsdam die Fahrten auf der Plätte übers Wasser; reizvoll besonders, wenn bei hochgehendem Strom und hereinbrechender Dunkelheit der nun unsichtbar gewordene mächtige Spiegel sich atmend hebt und senkt. Dann die Anschauung der Königlichen, durch den großen Friedrich im wundersamen Stil erbauten Gärten und Schlösser, die man, besuchenden Freunden zu Gefallen, öfters mit dem Kinde durchwandelt. Und ein guter Zufall hat uns zum unschätzbaren Vergleich mit den Erinnerungen Fouqués bis heute die schon von Theodor Fontane verwertete »Fahrlander Chronik« des damaligen Pfarrers Johann Andreas Moritz, der Sacrow als Filialkirche von 1774–94 mit verwaltete, erhalten, und die mit ihren nörgelig-redlichen Eintragungen die unerläßlichen Schattierungen zum Bilde gibt. Er verkehrt »in den letzten Jahren sehr freundschaftlich« im Herrenhofe, und da er sich für seine Aufzeichnungen rücksichtsloseste Wahrheitsliebe zur Pflicht gemacht hat, (die nebenbei auch die unzähligen kleinen verbitterten Tagesnotizen peinlich eindringlich belegen), macht seine Schilderung einen merkwürdigen und grellen Abstich mit der pietätvollen Rückschau des Dichters.

»Ich habe in Nachstehendem, avec pardon, immer nur von der Baronesse zu sprechen. Dès lors règne la baronne. Monsieur est Ens Simplex. Monsieur le Comte de Schmettau est l'aide de l'économie et – du reste –«. Ich verweise hier ganz absichtlich auf die Fontanesche Redaktion, der übersetzt »Der Gemahl bedeutet wenig«; während Moritz ja kalt sagt »Ein Einfaltspinsel ist er!« »Unter Hord war Sacrow fromm, denn er war zu der Zeit bigott. Unter Fouqué ward es leichtsinnig, endlich frech ... Das Verständnis der Baronin mit dem Grafen Schmettau wirkte schädlich auf die Sitten ...« hier bricht Fontane, der notorische Leisetreter in Adelssachen und sogar Falsifikant, geschmeidig ab, während Moritz derb weiter spricht »... und die Huren wurden geschätzt«. – Wessen Fontane als Chronist fähig ist, und wie er nach Belieben Fakten fälscht, verdreht und inventiert, davor kann nicht genug gewarnt werden; als einziges Beispiel führe ich hier nur noch die Episode des Eskimo Kajarnak aus seinem Roman »Vor dem Sturm« an, die man nach Belieben mit der Quelle, d. h. dem Bericht des David Crantz in dessen »Historie von Grönland« vergleichen mag. –

Hier also, in Parks und weiten Wiesenlandschaften, zwischen Wald und Wasser, Herrenhäusern und Schlössern nahe, empfängt Fouqué die ersten tiefen Kindheitseindrücke, und »welche Kampfes- und Helden- und Geisterträume dort am heimlich-ernsten Wogengeräusch, in den Umschattungen stiller Haine, vor dem kindlichen Geist emporstiegen, davon wäre viel zu erzählen, und vielleicht Hübsches, wie er sich einbildet.«

Noch steckt er im Kinderröckchen, da wird schon von den sorglichen und wohlhabenden Eltern für einen Hauslehrer gesorgt, oder, wie es damals heißt, einen »Hofmeister«. Das sind zu jener Zeit fast grundsätzlich junge Kandidaten der Theologie, die soeben ihr Studium beendet haben, und sich durch die Jahre bis zur ersehnten »Parr und Quarr« solchermaßen durchschlagen müssen. Und für die Fouqués bietet sich gewissermaßen organisch dieser Weg dar : die bedeutendste Universität ist in Halle; dort wohnen die doppelt Verschwägerten und Verwandten, die Madais, und durch ihre Vermittlung und Empfehlung erscheint in den ersten Tagen des Jahres 1782 der Herr Hofmeister, zum Glück die liebenswürdigste Persönlichkeit : »Sein erster Hauslehrer gewann ihm das ganze Herz«, schreibt der Dichter in dankbarer Rückschau.

Wilhelm Heinrich Albrecht Fricke – dank einiger unwahrscheinlich glücklicher Funde kann ich Ihnen ein kurzes Biogramm des Mannes geben:

Am 15. 2. 1759 wird er in Hildesheim als Sohn eines Schusters geboren, das vierte Kind von sieben. Mühsam wird ihm der Besuch des Gymnasiums ermöglicht, und am 11. 10. 1779 läßt er sich in Halle bei der theologischen Fakultät immatrikulieren. Nach absolviertem Studium kommt er, wie bereits gesagt, als Hauslehrer nach Sacrow; aber schon anläßlich der weihnachtlichen Urlaubsreise nach Hause ergibt sich der für ihn glückliche Fall, daß das Konrektorat im benachbarten Peine vakant wird. Natürlich sind gleich 3 Bewerber da, aber Fricke wird nach sorgfältiger Prüfung durch die Ortsbehörden einstimmig erwählt, »wo einiges aus den prolegominis Theologiae vorgenommen, einige Verse aus dem griechischen Testament und zwar aus dem 1. Cap. der 1. Epist. Johannes analytice durchgegangen, sodann ein Pensum aus dem Cicero de officiis und erdlich eine Ode aus dem Horatio expliciret, womit dieser actus abends um 7 Uhr, am 9. jan. 1783 beschlossen wurde.« Am nächsten Tage, »da sich die Herren Prediger nebst dem vorsitzendem Rat, denen sich die aus dem nachsitzenden zugesellten, in der Kirche versammlet und in procession hieher verfüget; so wurde von den Schülern ein Stück musicieret, und von dem hrn. pastor prim. Marheineken eine lateinische Anrede gehalten. Sodann tat der neue Konrektor Fricke einen kleinen lateinischen Vortrag, und ich übergab darauf demselben in einer Anrede in nämlicher Sprache den Schlüssel, als ein Zeichen des ihm würklich übergebenen Amtes.« So ist er denn glücklich im Brote. Aber – der seltene Fall, daß auch ein guter Mensch quick promoviert, tritt hier ein – schon nach genau einem Jahre, am 8. 1. 1784, kann er an den Herrn Senator Öckermann schreiben »Mein lieber Herr Senator ! Gewisser Ursachen wegen muß ich Ihnen iezt eine Bitte vortragen, und zwar die, daß Sie so gut sind, und resignieren in meinem Namen.« Und stolz unterzeichnet er sich schon »Pastor in Limmer« (bei Alfeld); denn am gleichen Tage hat ihn der Graf von Kameke dort ins Amt eingeführt; der ist auf ihn aufmerksam geworden, ähnlich wie beim Kügelgen der Pastor Roller vom Grafen zu Dohna erzählt, und in jener Zeit hatten die Gutsherren fast immer das Recht, sich den Pastor in »ihrem« Ort selbst zu wählen.

Ein rechter Pastor muß aus repräsentativen, und vor allem aus menschlichen Gründen verheiratet sein : nil humani ...; und so ehelicht auch Fricke am 26. 2. 1784 die um 6 Jahre ältere Jugendgeliebte, Johanna Sophie Willerding, die Tochter seines Paten, des Münzmeisters zu Hildesheim. Zunächst lebt er einige Jahre glücklich in Limmer, und 3 Kinder werden ihm dort geboren. Dann, im Herbst 1788 bewirbt er sich um die freigewordene Pfarrstelle in dem wesentlich größeren Elze (westlich von Hildesheim, bei Gronau), und wiederum begibt sich das Erstaunliche – er muß wirklich ein selten liebenswürdiger und fähiger Mann gewesen sein – aus 27 Bewerbern wird er einstimmig zum Pastor diaconus zu Elze und Mehle gewählt; am dritten Advent 88 wird er vom Bürgermeister und Rat in sein Amt eingeführt. Auch hier wieder werden ihm nach der barbarischen, die Frauen rücksichtslos ruinierenden Sitte jener Zeit, 3 Kinder geboren, als Letzte am 22. 4. 1792 eine Tochter : drei Tage nach der Geburt stirbt die Frau an den Folgen der Entbindung. Fricke selbst hat dann anscheinend nicht mehr geheiratet; bereits 5 Jahre später, am 24. 4. 1797, stirbt er, erst 38 Jahre alt, in Elze und wird am 27. 4. morgens dort begraben. Einmal noch, völlig unerwartet und unerkannt, wird er in Fouqués Leben später auftreten.

§ 7

Mit dem verständnisvollen Fricke wird es ein munteres Leben in Sacrow : »es war ein weicher, inniger, poetisch empfindender junger Kandidat der Theologie ... welcher seinen kleinen Zögling in dessen ahnungsreichen Anklängen von Ritterlichkeit und Liedeslust gar wohl verstand. Schon dazumal stammelte der kindliche Geist an den Gedichten der zwei Gebrüder Stolberg und Bürgers. Das Lesen hatte er sehr früh fertig erlernt, so auch das Schreiben, er weiß selbst nicht mehr so recht, wie. Diese Fähigkeiten erschienen – und erscheinen noch jetzt – ihm so natürlich wie das Gehen; ja, wie das freie Bewegen der Arme. Sein Lieblingslied – Friedrich

Stolbergs Lied eines deutschen Knaben – hatte der sinnige Lehrer ihm in Musik gesetzt, und er sang es fertig und endlos, nach der fast rezitativischen Weise, die er noch heutigen Tages inne hat, wo die 6 Jahre sich zu 63 aufzusummieren im Begriff stehn. Ihm war dazumal schon zuweilen, als müsse er selbst Lieder dichten; nur blieb es damit noch immer beim Anfange, oder bei einzelnen Stellen aus der Mitte. Seine Spiele allzumal jedoch bildeten ein kleines fortgesetztes Ritterepos. Als einstmal in solchem Sinne mit dem Lehrer ein ritterliches Gefecht beginnen sollte, worauf sich dieser heitern Sinnes einließ, schlug er dem Knaben, wohl ganz unabsichtlich, das kleine Holzschwert aus der Hand. Fritz brach in lautes Weinen aus, das sich gar nicht wollte stillen lassen. Es war keine Ungezogenheit dabei, auch keine Weichlichkeit; es war – um 30 Jahre später las ichs in einem Werke meines Freundes Franz Horn – ‹der unsägliche Schmerz des Überwundenseins›. Und erst vor diesen Worten ward das Gefühl des Knaben von da herüber mir völlig klar. Glücklicherweise war auch dem Lehrer ein zarter Sinn darüber aufgegangen; jetzt ein Wort des Scheltens oder gar der Verhöhnung hätte unermeßlich viel verderben können. So aber wußte der Sieger den Besiegten freundlich wiederum zu ermuntern, auch durch Hinweis auf etwa künftige beglücktere Gefechte, und gewann dadurch eine umso schönere Gewalt über ihn.«

Bei seiner Lehrmethode – soweit von dergleichen bei einem Fünfjährigen schon die Rede sein kann – muß Fricke vielerlei berücksichtigen : eben die zarte Frühreife des Kindes; die kriegerische Tradition der Familie; Kenntnisse soll er auch vermitteln, fast wie im Spiel noch. Das geschieht wohl am besten durch angemessene Lektüre mit einfachen Erläuterungen, und einmal liest er ihm Stellen aus dem Epos »Leonidas« des Engländers Richard Glover vor. Soeben ist die deutsche Übersetzung von Ebert in Hamburg erschienen, und »Fritz war ganz hingerissen von der heroischen Schilderung. Nun aber gedachte Fricke noch einen rechten Heldenfunken aus dem Knaben hervorzulocken, indem er fragte : Welcher von den Beiden möchtest Du gewesen sein, Fritz ? Xerxes oder Leonidas ? – Das Experiment schlug um; denn bei aller Ehrenfreude über Leonidas wog die Siegeslust in dem kecken Burschen vor, und er antwortete unbedenklich : Xerxes ! – Aber auch da wiederum gab sich Fricke als ein echt Wissender, oder doch richtig Fühlender in der Erziehungskunde zu erkennen. Statt sich in einen Tadel der Wahl einzulassen, oder auch nur in eine Widerlegung, fand er sich geruhig darein, und arbeitete wohl nur fortan im Stillen auf die Erweckung einer höheren Erkenntnis los. Jedenfalls mochte ihm die grundehrliche Unbefangenheit in des Knaben Äußerung schon recht sein.«

Auch praktisch übt Fritz die Tugenden des Ritters: auf einem kleinen Zettel steht wichtig: »Mein liebes Mütterchen! Bin ich nicht ein tapfrer Held? Sieh den Faden, und was daran hängt! / Ich bin / Dein Fritze.« Er hat sich nämlich heldenmütig ein Milchzähnchen selbst gezogen.

Aber auch Veranlassungen ernsterer Art ergeben sich im Familienkreise; am 15. 4. 1782 wird ein Brüderchen geboren, und am 26. 4. auf die Namen Carl Heinrich August getauft, (unter den vielen Paten befinden sich Frl. v. Nimscheffsky, Major v. Anhalt aus Potsdam, Rittmeister v. Arnim von den Gardes du Corps, Baron von Monteton auf Priort). Aber ein paar Wochen später stirbt der Kleine wieder. »Fritz, nach seiner angeboren lebhaften, nur allzuoft in Heftigkeit ausartenden Weise, konnte sich über den Verlust der kleinen lieblichen Erscheinung nicht zufrieden geben. Milde Zusprache wollte nichts helfen; da sprach Fricke mit an ihm ungewohnt strengem Ernst: ‹Fritz, versündige Dich nicht durch Dein wildes Gejammer!› Ein furchtbar heilsames Erschrecken griff in die Seele des Knaben, er weinte sanft und still fortan um das entschwundene Brüderlein. Fricke dichtete für das einfache Denkmal des Kleinen eine Grabschrift, in den damals geltenden unregelmäßigen Maaßen, die also anhub

Du welktest früh, noch unentwickelte Knospe,
Nahmst Kräfte zu herrlichen Tugenden mit ins Grab!

und schloß mit den allzuschwermüthigen, aber mich stets unaussprechlich rührenden Worten:

Was hilft es denn also, allhier mit Tagen und Sünden zu wuchern,
Und jener Ewigkeit unwert zu sein!

So sollte denn doch ein Andenken an Fricke zurückbleiben in Sacrow.«

Und noch spät, im 1824 erschienenen Roman »Der Réfugié« (II. Teil, 22. Kap.) spiegelt sich ihm das Ereignis wieder: »Rechts von der Brücke, die nach der Potsdamer Halbinsel hinüberführt, liegt am andern Ufer der breiten seeähnlichen Havel ein Dörfchen, Sakrow geheißen. Von dort schiffte soeben ein Fischermädchen auf den sonnigblauen Fluten in einem kleinen Nachen herüber, und während Robert auf der langausgedehnten Brücke sein Pferd in ruhigen Schritt setzte, hörte er sie folgende Worte singen:

In Sakrow ist der Kirchhof / Von bunten Blumen voll! / Heut just ists an dem Tage, / Wo man sie streuen soll. / Da starb vor manchen Jahren / ein kleines Jungherrlein. / Dem streun sie noch mit Blumen / sein letztes Bettchen fein. / Sein letztes Rasenbettchen, – / Man nennts auch wohl ein Grab. / Die Andern aus dem Stamme, – / Fern sind sie, ganz weitab. / Wies ihnen geht, – man weiß es nicht! – / Manch einer wohl reitet noch Trab. / Am Besten doch hats das Jungherrlein / Im blumenbestreueten Grab.

Das Lied hatte unsern Robert mit einer süßen Wehmut durchdrungen, so daß er oft sein Auge gar nicht von dem stillen Giebel des Sakrowschen Herrenhauses abwenden konnte, wo einst recht heiße Tränen geflossen sein mußten, um das so still und früh geborgene Kind. Jetzt freilich mochte die neue Herrschaft wohl gar nichts davon gehört haben. Das Fischermädchen aber wußte noch davon, und alle die guten Dörfler und Dörflerinnen, welche dem kleinen Grabe seine Blumenehre antaten, wie das Lied es meldete...«

Völlig verwebt sich hier wieder Wahrheit und Dichtung; denn, wie er weiter in seinen Erinnerungen schildert: »Die kleinen Dörflerinnen verhießen, die Rosenhecke um sein Grabesmal, wie bisher, auch immer noch künftighin achtsam zu pflegen. Und sie haben Wort gehalten: zu Frauen und Müttern und Bräuten erwachsen, haben sie noch voll heitern Selbstbewußtseins mir, dem zum Kürassieroffizier Gediehenen, bei einer Wallfahrt dorthin, wie ichs wohl nennen mag, die wohlgehegten Sträucher und Blüten nach vielen Jahren gezeigt.« – »Ihre (der Baronin) Niederkunft und der bald darauf erfolgte Tod des Kindes brachten mir viel ein«, bemerkt Pastor Moritz gefühlvoll – aber richten Sie nicht zu hart: wer ständig von drückendster Armut gepeinigt wird, erscheint oft unmenschlich, wo er doch nur zu bedauern ist. –

Und es ist auch Zeit, von einem »Andenken« an den geliebten Lehrer zu reden; denn schon im Dezember 1782, nach noch nicht ganz einem Jahre verschwindet er für immer von dort. »Erst sollte es nur eine Besuchsreise bei seiner Familie gelten, aber daraus ward ein Ehebündnis, und der Antritt jener Predigerstelle. Wohl mochte ihm das Nichtwiederkommen ahnen; denn in der Morgenfrühe seiner Abreise hub er heißweinend den Knaben aus seinem Bettchen, setzte ihn liebkosend auf seine Knie, und konnte sich nur kaum von dem nun auch bitterlich weinenden Kinde losreißen.« (Die Irrtümer Fouqués berichtigen Sie bitte nach den bereits gegebenen biographischen Einzelheiten.)

Gleich nach Weihnachten erkrankt das Kind auf den Tod am Keuchhusten. »Der aus Potsdam herbeigerufene Leibarzt des Königs sagte dem Grafen Schmettau im Vertrauen: Der Kleine ist rettungslos verloren; ich wiederhole meine Besuche nur noch, um die armen Eltern nicht allzusehr zu erschrecken.« Aber der Junge ist fast kränklich-glücklich. »Während man die Krankheitsleiden des gefährdeten Knaben voll schmerzlicher Teilnahme beklagte, war ihm selbst – er kann sich jenes Zustandes noch deutlich genug, wenn gleich fast nur wie eines bedeutsamen Traumes erinnern – bei weitem mehr wohl, als wehe zu Mut. Man schaffte herbei, was sein Herz verlangte: Bilder und Bilderbücher und Farben und Pinsel, womit er die Kupferstiche und Holzschnitte – der kolorierten von solcher Gattung gab es damals nur ausnahmsweise wenige – unbarmherzig anstrich, oder, wie mans mildernd zu benennen pflegte, illuminierte. Voll eines Anfluges kritischer Ahnung benannte das eine Kinderwärterin: Lümmelieren. Seltsamlicherweise verlangte dabei das krankende Kind nach einem gewissen, oder vielmehr sehr ungewissen ‹alten Buche›, was er eben nicht näher zu bezeichnen wußte. Ihm schwebte dabei ein Bild vor, wo eine Frau hoch auf eines kegelförmigen Berges Gipfel saß; zu beiden Seiten unten standen zwei langbärtige Mannsgestalten, und schauten nach ihr hinauf: ob als ihre Wärter, ob als ihre Verfolger, ob als sie Anbetende? – Wahrscheinlich das Letztere, denn es mochte wohl ein katholisches Andachtsbuch gewesen sein, eine Heilige auf dem Titelblatt illustrierend, und wer weiß wie, eben unter die weibliche Dienerschaft nach Sacrow geraten. Denn dort hatte es der Knabe früher gesehen. Aber Fritz knüpfte daran seltsamlich romantische Träume, wie etwa an jenes Kapitelbild in der brandenburger Kinderstube, und wollte sie nun im fiebrigen Zustande entziffern. Unter der dunklen Rubrik Altes Buch ward ihm Vieles zugetragen, sein Begehr zu stillen. Unter anderm auch eine gute alte Ausgabe von Reynicke de Voss, deren Holzschnitte er dann wiederum rastlos illuminierte, und sie noch in dieser Entstellung vor sich hat. Aber das rechte Alte Buch war es nicht; das wußte er wohl, und es fand sich auch nicht. – Oder war es mit dem rechten echten alten Buche vielleicht überhaupt nur eine Vision, die sich durch andere alte Bücher bei dem nachher aufgesproßten Jüngling und Mann wunderbar erfüllt hat?« Noch 50 Jahre später heißt es im Parzival: »Zur lieben Mutter sprach ein krankes Kind: / Wo ist das große Buch? Ich möchte bildern! / Sie: Welches? Er: das, dran die Hefte sind / von Gold! Das mit den großen goldnen Schildern...«

Aber Fieberträume sind nur selten wohlwollend und klar; oft erscheint jetzt, ein Zeichen, wie tief er sich dem Knaben eingeprägt hat, der gigantische Roland vom brandenburger Rathause vor dem Kinderbett, »keineswegs unfreundlich, aber angestrengt willens, das ungeheure Schwert in des Kindes Hand zu geben. Und Fritz ächzte bangend: Ach, Du großer Roland, laß ab von mir! Dein riesengroßes Schwert zu tragen, bin ich ja noch viel zu klein.

Die Umstehenden hattens gehört, und habens nachher mir vielfach wiedererzählt. Hätt' es aber auch Niemand vernommen oder neuberichtet : was ich in jenem Traum, und in manchen seinesgleichen auch, vernommen habe, weiß ich unvertilgbar gewiß...«

Aber gerade dem resignierenden Arzt – es ist der Leibmedikus Fraise; eben der, den Friedrich damals mit an den Tartarenkhan gesandt hat, und ebenfalls ein Réfugié – gelingt es, das Kind zu retten; er gewinnt es lieb während der Behandlung, und schenkt ihm einmal einen tartarischen Rohrpfeil mit eckig geformter Stahlspitze, »der sich vor seiner Phantasie zur Ritterlanze gestaltete, und dessen Trümmer er noch anjetzo aufbewahrt.« Er läßt sich auf sein Wiegenpferd heben, ein kleines Bräunchen ist es, und man gibt ihm den geträumten Heldenspeer in die Hand : »Aber wie sorgfältig man den kleinen Holzgaul auch nur in leise Bewegung bringen mochte, und den kleinen ermatteten Reiter unterstütze, dessen leibliche Entkräftung – vielleicht auch dessen phantastische Aufregung mit – war zu gewaltig, um in dem Tartarenpfeil ihm nicht einen allzugewichtigen Riesenspeer erscheinen zu lassen, in dem Wiegengaul ein allzumächtiges Kampfroß. Nach wenigen Schwingungen wandelte es ihn wie Ohnmacht an, und man mußte ihn ins Bette zurückbringen, den über seine Schwäche schmerzlich Weinenden.«

Dennoch schritt die Genesung jetzt rasch vor, und »bald nachher war Fritz vollkommen wieder hergestellt, und saß bei einem heiteren Festmahl am Oberende der Tafel, seinem sonst gebührenden Kinderplätzchen entgegengestellt, mit einem breiten glänzenden Atlasbande über die Schulter, einem Ordensbande ähnlich, auf welchem der billig triumphierende Freund Fraise einige Jubelverse hatte abdrucken lassen.«

Waffen und Wiegenpferd gehorchen wiederum den gekräftigten Gliedern; aber stärker ist das Ahnen von seltsam ungekannten Mächten geworden, das wird sich sogleich noch deutlicher zeigen.

Im Frühjahr sind aber die Eltern erst einmal um einen neuen Hofmeister besorgt; wieder vermitteln ihn die hallenser Freunde, Sachse soll er heißen, und im Juni kommt er auch persönlich an. Bevor jedoch Fritz mit dem neuen Lehrer nähere Bekanntschaft macht, nehmen die Eltern den Knaben zur völligen Erholung erst einmal auf eine Badereise nach *dem* preußischen Bade der Zeit, nach Lauchstädt, mit; anschließend ist noch ein kurzer Aufenthalt bei den Verwandten in Halle vorgesehen, und der Lehrer bleibt indessen in Sakrow zurück.

## § 8

»Lauchstädt mit seinem heiteren damals sehr besuchten Baumgange und seinem hohen, von Gästen wimmelnden Tanz- und Speisesaal hat manchen lebendigen Eindruck in die Seele des Knaben gelegt und in ihr hinterlassen, wie sich denn auch dieser Badeort bei später wiederholtem Besuch des Jünglings und Mannes ihm jegliches Mal eigentümlich bedeutsam erwies.«

Zum ersten Mal erfährt das Kind das seltsam Anziehende weiblicher Schönheit: »Ein anmutig blühendes Fräulein war es, die den knospenden Troubadour mit magischer Gewalt, natürlich höchst unbewußt, an sich zog, wozu denn eben wohl auch bei dem auf Wunderbares gern gestellten Kinde ihre fast magisch zu nennende periodische Stummheit mit beitrug, sie jedesmal um eine bestimmte Abendstunde – ich meine: um 7 Uhr – befallend, und bis zur nächsten Frühstunde anhaltend.« Denn es ist ja die Zeit der Empfindsamkeit, und die bei jeder Aufregung leicht und gern was weniges erblindenden Elfen Jean Pauls sind nicht mehr fern; und Fouqué schildert sie weiter: »Weder ihre Jugendblüte litt darunter, noch ihre Jugendlust am Tanz, worin sie höchst anmutig einherschwebte. Auch fehlte es der plötzlich Erstummenden nie an den edelsten und zierlichsten Tanzgenossen. Ein schöner preußischer Husarenoffizier in glänzender Uniform zeichnete sich unter diesen und überhaupt als der wunderbaren Dame entschiedener Verehrer aus. Wie nun der kleine Fritz ihr immer auf allen Schritten und Tritten nachging, sagte einstmal ein Jemand – weiß ichs, wer es war? – Du, Fritz, nimm Dich in Acht vor dem preußischen Husaren! Der wird Dich herausfordern, wenn Du seiner Dame so nachfolgst. – Fritz nahm das Ding ernsthaft genug, wie es denn überhaupt, bei aller Fröhlichkeit, vielleicht auch mitunter einem scheinbarlichen Flattersinn, seine Weise war, die Dinge ernsthaft zu nehmen. Aber just erschreckt fand er sich von der Warnung nicht, minder noch abgeschreckt von seinem Nachwandern der schönen Dorette. Vielmehr gewann jetzt erst für den kindischen Ritter das ganze Verhältnis – wenn mans ein solches nennen darf und will – einen ganz eigentümlichen Reiz durch den bedrohlichen Husaren im Hintergrunde des magisch verstummenden Engels.« Ich komme noch späterhin auf diese Erinnerung zurück, und möchte hier nur einflechten, daß Fouqué nicht selten in seinen Büchern die Kindesliebe zu Erwachsenen dargestellt hat, dabei manches Thema und manche Feinheit Storms vorwegnehmend.

Natürlich ist mit Sakrow verglichen die Badewohnung eng, und die Bewegungsfreiheit des Jungen behindert; da muß denn wieder die Phantasie helfen, und er spielt mit der geduldigen Mutter eine Lieblingsszene durch, endlos und unermüdlich dieselbe: »Es ward nämlich angenommen, Fritz sei als Erwachsener wiederum mit der Mutter in Lauchstädt... Nun handelte sichs im Spieldrama von der wichtigen Frage für den jungen Herrn: Heut nach der sogenannten Allee (dem Sammelplatze der Badegesellschaft) gehen, oder nicht? Selbiger bezeigte zu Anfang wenig Lust dazu; die Mutter aber regte ihn an, und dann ging er, – nämlich ab wie auf der Bühne – um gleich wieder aufzutreten, und zu versichern, er danke dem Mütterchen unaussprechlich, ihn nach der Allee dirigiert zu haben, denn dort seien eben heut die zwei Dichterbrüder Stolberg lustwandeln gegangen, und er habe sie nun kennen lernen, und sehr Vieles mit ihnen gesprochen, und sei ihnen sehr lieb.« Fünfunddreißig Jahre später soll er an dieses Traumspiel denken. –

Aber er ist nicht etwa allein und verlassen unter den Erwachsenen; ab und zu kommt vom nahen Halle herüber die Schwester der Mutter, Frau von Madai, und bringt ihre Kinder mit, und drängt zum baldigen Besuch.

Die Familie von Madai hat in Halle eine bedeutende Rolle gespielt. Ihr Begründer ist David Samuel von Madai, ein Ungar, gewesen, der, arm aber geschickt, 1729 nach Halle kommt, um dort Medizin zu studieren, und rasch Karriere macht. Er war Leibarzt der Prinzessin von Sachsen-Merseburg-Zörbig und des Fürsten von Anhalt-Köthen geworden, Hofrat dazu, Mitglied der Kaiserlich römischen Akademie der Naturerforscher, und ein berühmter Numismatiker, dessen »Vollständiges Thaler-Cabinett«, 1765–74 in drei Bänden erschienen, noch heute seinen Wert hat. Erst vor drei Jahren, ist er auf seinem Gute Benkendorf bei Halle gestorben.

Sein einziger Sohn Karl August tritt in Laufbahn und Praxis des Vaters ein, und auch er, praktisch und tätig, mehr Bürger und Gelehrter als Adliger, wie alle Madais, hat tüchtigen Erfolg; ein Jahr vor dem Baron von Thonnayboutonne hat er Henriette von Schlegell geheiratet. Die Ehe ist mit zehn Kindern gesegnet, von denen nur das erste eine Totgeburt ist; das für uns wichtigste davon ist Nummer 7: Karl Wilhelm Samuel von Madai\*, der gleichaltrige Vetter und treueste Freund unseres Dichters, bis

---

\* Der unersetzliche Briefwechsel der beiden Freunde ist fast mit Sicherheit als verloren zu betrachten; 1 einziger ‹Geburtstagsgruß› Fouqué's an den Freund hat sich vom 25. Dezember 1832 erhalten:

»Du wardst am ersten Weihnachtstag / einst für dies Erdenleben wach; / Du, lieber Eltern liebes Kind, so treu und fromm wie sie gesinnt. / Doch trieb's Dich aus dem stillen Haus / bald ritterlich in's Feld hinaus; /

zu dessen Tode. »Die brüderlichste Innigkeit fand und findet noch jetzt, da beider Locken ergrauen, zwischen ihnen statt. Es ist etwas Herrliches um liebevolle Treue, so durch ein Halbjahrhundert fest unter allen abwechselnden Stürmen und Strömungen des Geschicks nach dezennienlanger Trennung stets wiederum aufleuchtend in jugendlicher Frische.«

Und dann, in Halle, beginnt eine neue Wunderwelt: »Obenan steht ein Ritterharnisch, im Naturalienkabinett des Waisenhauses aufbewahrt, drüber an der Wand ein großes zweihandiges Schwert. Dergleichen, wie der Knab' es bisher nur in Abbildungen und in Träumen erschaut hatte, nun auf einmal wahr und leibhaftig vor sich zu sehen! Ein wirkliches Gewaffen, in welchem einst ein kühner Leib gewaltet hatte, hervorgeschauet aus diesem Visier ein Ritterangesicht! ... Er durfte des Eisenhandschuhs gelenkige Schuppenfinger berühren, wie zum Handschlag: o des Überglücklichen!«

Er wird in der Buchdruckerei des Waisenhauses herumgeführt, und der Meister setzt im Scherz seinen Namen, und druckt ihn auf ein Großoktavblatt, das der Knabe behalten darf: zum ersten Mal sieht er seinen Namen gedruckt!

Die Halloren, dazumal noch sehr eigen- und altertümlich, erfüllen ihn mit Interesse, ihre merkwürdige Zunft, ihre Gebräuche, wie sie für Geld von den Brücken heruntertauchen; selbst die Saale ist ihm merkwürdig, wegen der vielen Wehre darin, dergleichen er bei der Havel noch niemals gesehen hat.

Am meisten jedoch zieht ihn die Burg Giebichenstein an, und die dort lokalisierte Sage von Ludwig dem Springer, die er später immer wie-

---

bis der Dragoner – ohne Bart / annoch – mit eins zum Doctor ward. / Zum Doctor medicinae! Ja! / Doch weil's nach Gottes Wink geschah, / – nach Gottes schmerzlich ernstem Wink – / hielt sich der Exdragoner flink. / Blieb treu und flink und kühn im Sinn; / trat mutig vor den Riß stets hin. / Und gab ihm Gott fortan kein Schwert, / gab doch ihm Gott manch wildes Pferd. Das hat er dann mit Rittermuth / getummelt, keck, verständig, gut; / daß manch erprobter Ritter sprach: ‹Dem Doctor thun's nur Wen'ge nach !›. / Nun, Doctor und Dragoner Du, / wir hielten stets uns treulich zu. / Du hältst es fürder treu mit mir, / dem Dichter, Jäger, Kürassier. / Und ich mit Dir? – Du weißt fürwahr, / uns hat getrennt nicht Raum, nicht Jahr. / Fest halten wir im Sattel Sitz: / treu Fritz dem Karl, und Karl dem Fritz!« –

Abgesehen von dem lustigen Gruß gleichzeitig ein nettes Endchen Biografie.

der, in Balladen, Erzählungen, Sage und Epos zu gestalten versucht. Die unterirdischen, vorsichtigerweise vermauerten Gewölbe der alten Veste lassen den kleinen Träumer die Schauer der Unterwelten ahnen, so daß er hinterher im Amtshausgarten hinter den regelrecht geschorenen Hecken und Lauben fast eine Falle – in die Alltäglichkeit – wittert, und nicht traut. Als er später beim Shakespeare, im »King Lear« von der himmelhohen wolkennahen Meeresklippe liest (IV. Akt, 6. Szene), da kann er sie sich nur unter dem Bilde jenes ersten Blickes vom Giebichensteiner Felsen herunter vorstellen. – Zu den älteren Vettern findet er, wie billig, kein so nahes Verhältnis; auch zu dem als Waise dort aufwachsenden Christian August Gottlob Eberhard nicht, dem späteren beliebten Schriftsteller, der doch einst sein treuer Freund werden soll.

Aber immer, durch allen Kinderlärm, durch all das Gespräch der Erwachsenen, bricht eine tiefe Schwermut; denn Fouqué ist der geborene Melancholiker, der nicht vom Glück und strahlenden Erfolgen träumt, sondern – später liest er das Gleiche vom Gordon Pym des großen Edgar Poe : »My visions were of shipwreck and famine; of death or captivity among barbarian hordes; of a lifetime dragged out in sorrow and tears, upon some grey and desolate rock, in an ocean unapproachable and unknown : such visions or desires – for they amounted to desires ! – are common, I have since been assured, to the whole numerous race of the melancholy among men.«

In Lauchstädt führt ihn Karl von Madai in einen sogenannten Irrgarten, ähnlich dem in Hampton Court, eine buschige Pflanzung, absichtlich so angelegt, daß sie dem Unkundigen das Wiederherausfinden erschwert. Der Vetter weiß Bescheid darin, führt den Arglosen immer tiefer in die verfänglichen Pfade hinein, und fragt ihn endlich mit gespielter Unruhe : »Nun, Fritz, wie kommen wir wieder hinaus ?« Vergeblich sucht Jener nach dem Rückwege; eine wunderliche Angst bemächtigt sich seiner, und als nun vollends ein leichter Sprühregen dazu kommt, der Himmel sich grau und verloren umzieht, da weiß er's : Zwei verirrte Kinder im Walde, weitab von den Ihrigen, und ein Unwetter ereilt sie ! Das innere Bild ist stets bei Fouqué stärker als die Wirklichkeit; auch jetzt fängt er bitterlich an zu weinen, und der lachende Gefährte muß nur zusehen, wie er ihn rasch wieder in die lustige Umgebung der Badegesellschaft zurückleitet. Furcht ist es nicht, obwohl grobe Narren es vielleicht so nennen möchten; es ist, wie er es recht präzise selbst definiert : »Die Ahnung eines unaussprechlich trüben Verlassenseins.«

Man kann ihm nichts vormachen : er weiß, daß es »Verirrte« gibt ! In seinen kleinen Erzählungen und Schauspielchen, die er ernsthaft hinschreibt, handelt es sich meist um ein ritterliches Wüstenleben, wohin der Held jedesmal durch ein »Verirrtsein« geraten ist. Das ist ihm der plausibelste Weg, in eine Wunder- und Kampfeswelt überzugehen. Auf dieser und den späteren Reisen nach Halle muß man durch den damals noch sehr öden Fleming und dessen weite dichte Waldungen, zumal eine, an der sächsisch-preußischen Grenze gelegene, und »Brand's Haide« geheißen. Die dient, eben wegen ihrer Grenzlage, manchem Schmuggler- und Raubgesindel zum nach seiner Art bequemen Aufenthalt; beim Durchzug pflegt man die Waffen hervorzuholen, auch wohl, wenn bei sinkendem Abend sich manchmal unheimlich im Frost irrende Lichter wahrnehmen lassen, absichtlich lautes Gespräch zu führen, um die Räuber durch die Meinung einer größeren Anzahl von Reisenden abzuschrecken. Dann wird auf dem »Bergfrieden«, einem Gasthaus mitten in der verrufenen Haide, übernachtet. Einmal verirrt man sich in den wunderlichen Schatten, und sogleich erwartet Fritz nichts minder, als man müsse sich nun dorten eine Hütte bauen, und somit Herrschaft und Diener das Leben seiner »Verirrten« beginnen.

Immer wieder treffen wir später in seinen Romanen oder Schauspielen auf solche szenarische Anweisungen: »Wilder Wald«; »Einsame Heide«; »Wüste Klippengegend«; immer wieder irren seine Ritter und Wanderer durch verwachsene Forste, »so dicht, daß kein Vogel durchfliegen kann« : »Der Wald der Welt« hat er später ein Gedicht genannt. –

Durch »Brands Haide« geht die Fahrt zurück nach Sakrow, wo Herr Sachse auf den Zögling wartet.


§ 9


Ein größerer Unterschied ist kaum denkbar, als der zwischen dem milden und gewinnend-klugen Fricke, und seinem Nachfolger; zumindest kommen einem Zweifel an der Methode, nach der die Madais die Lehrer auswählten.

Ditherich Arnold Friederich Sachse ist am 18. 3. 1762 in Soest als Sohn des dortigen Konrektors getauft worden (das Geburtsdatum habe ich nicht ermitteln können). Er wächst unter den vielen Kindern auf; besucht, als seine Zeit gekommen ist, das Archigymnasium der Stadt; und geht dann zum Studium der Theologie nach Halle, die Immatrikulierung erfolgt am 31. 10. 1780. Wie schon erwähnt, ist er im Sommer 1783, kurz vor der Badereise, in Sakrow eingetroffen, und bereits der erste Eindruck ist nicht ohne einen Beigeschmack von Absonderlichkeit: Fritz ist gewohnt, durch ein zierliches Fernrohr die große Glienicker Brücke und die Havelufer mit ihren regsamen Gestaltchen abzusuchen, und ergötzt sich immer wieder an dem ihm wie magisch vorkommenden Instrumentlein; nichts billiger also, als daß er den mit der regulären Post in Potsdam Eintreffenden, der vielleicht so manches Jahr bei ihm leben soll, schon von weitem sehen will: »Endlich hieß es bei den abwechselnd durch das Fernrohr Blickenden: Der neue Hofmeister kommt! Fritz eilte hin, und die Reihe kam billig bald an ihn. Nun aber kam es ihm vor, als ob an dem warmen Sommerabend der Erwartete mit einer Pelzmütze auf dem Kopfe einhergehe, und ein unauslöschliches Gelächter, beinahe dem der homerischen Götter vergleichbar, ergriff und erschütterte den Knaben. Im Näherkommen ergab sichs nachher: die vermeintliche Mütze war nur das nach damaliger Sitte wohlpomadierte und gepuderte Haar des Kandidaten gewesen, der, eben des warmen Wetters wegen, mit abgenommenem Hute baarhaupt am Ufer heranwandelte, die Kühlung des Stromduftes zu genießen. Der Gedanke an Wunderlichkeit hatte sich indessen einmal mit dem Bilde des neuen Lehrers verwoben«.

Und, wie sich rasch ergibt, durchaus mit Recht.

Mittelgroß, breit und kräftig kommt der Westfale einher, von derbem handwerklichem Geist, allem Praktischen, Brauchbaren ungestüm zugewandt; zum Theologen paßt er gar nicht. Und er macht auch kein Hehl daraus: als der Pfarrer Moritz dem künftigen Kollegen sein Leid klagt, »Die Exempel Deiner Vorgesetzten haben Dich verdorben, Sakrow! Der Küster hat oft nur 3 Zuhörer!«, da antwortet Jener, und Moritz kann es gleich als weiteres Beispiel pikiert beifügen: »Das wäre so eine Pfarre für mich! Hier brauchte gar kein Prediger zu sein!«

Mutig ist er bis zur völligen Unbesonnenheit; wenn man ihn reizt und hänselt, kann man ihn zu allem bringen: er springt auf halbwilde Pferde, bloß weil ein paar Pagen vom Hofe an seiner Reitkunst zweifeln – und sie ist weiß Gott nicht weit her; nur ein gütiges Geschick rettet ihn vor Knochenbrüchen.

Nörgelig ist er und nüchtern: er tut das Unglaublichste, was ein Hauslehrer nie tun sollte – er untersucht und kritisiert mit Fritz weitläufig alle Äußerungen, Entschlüsse und Handlungen der Eltern und Bekannten; gewiß mag für seinen geraden tüchtigen Bürgersinn hier Vieles hohl und voller Vorurteile sein; aber das bespricht man ja nicht mit Einem um die Zehn herum!

Der Unterricht nimmt ihn nur von 9 Uhr an bis zur Tischzeit in Anspruch; das ist für Sachse, der sich rastlos weiter ausbildet, nur erwünscht; er steht sogar absichtlich sehr früh auf, um noch einen langen Morgen für sich zu haben, um Lesen und Basteln, Zeichnen und Klavierspielen zu können.

Platt und phantasielos sind sein Unterricht und seine Rede; wenn er nach dem Wertvollsten hierherum fragt, will er hören »Das Luch« – also der gute Boden. Später, als er das protzener Kirchensiegel entwerfen läßt, wählt er, in religiöser Hinsicht natürlich absoluter Rationalist, dafür die Umschrift »Natur und Vernunft«, und oft klagen seine späteren Konfirmanden darüber, daß er im manchmal bis zu zwei Stunden währenden Betunterricht mehr Welt- und Naturgeschichte, als Religion behandelt habe.

Das verhängnisvollste aber für den kleinen Fritz ist, daß Sachse auch absolut amusisch war; als der ihn ablösende feurig-geistvolle Hülsen, ein Schüler Wolfs und glühender Verehrer aller Poesie und Metrik, ihm einmal auf einem Spaziergange davon vorschwärmt, fährt Sachse entsetzt vor ihm zurück, und ruft aus : »Nä, Freund, sind Sie verrückt geworden?« Auch sein Klavierspiel ist nur Fertigkeit und Handgaukelei, und Fritz lernt's widerwillig und also unvollkommen.

An Positivem gewinnt Fritz bei ihm die Anfangsgründe des Lateinischen, und gar geringe mooskrause Kenntnislein in Geographie und Geschichte, in Rechnen und Mathematik – diese beiden Letzteren ihm bezeichnenderweise »das Abstoßendste unter dem Abstoßenden« –, außerdem ein bißchen auf dem Papier stricheln und die Klaviertasten hämmern; noch der Greis muß es so resümieren : »Was Fritz unter der Leitung des Lehrers gewonnen hatte, war ... nicht viel ... Verloren dagegen hatte der Knabe unermeßlich.«

Verloren durch das ewige bodenlose Opponieren gegen Eltern und Bekannte; noch mehr durch die jahrelange furchtlose und sogar hemmende Bevormundung durch eine, zumindest als Erzieher völlig ungeeignete Persönlichkeit. Doppelt ungeeignet als Pfleger und Nährer des unirdischen Seelenfeuers, vor dem der dicknackige Bauer verständnislos und verächtlich steht; Einer, dem Schmetterlinge nur zum Sammeln und Aufspießen gut waren – von Grauen geschüttelt hat es der Knabe geschildert, wie er die bunten Lüftegaukler sich auf seinen langen Nadeln zu Tode zappeln ließ –; Einer, dem Wolken und Winde nur zum Mühlentreiben, Sterne als Uhren, der Mond zur Lichtersparnis taugten.

Von den schätzenswerteren Seiten des Lehrers – seiner trotzigen Männlichkeit, dem rastlos zähen Fleiß, der unbeugsamen Rechtlichkeit, der massiven sassischen Diesseitigkeit – kann das Kind natürlich nichts profitieren. Der eigenen gewaltigen Individualität noch nicht inne und sicher; also auch nicht imstande, lächelnd und selbstbewußt die Persönlichkeit einzusetzen und unverletzt zu behaupten, bleibt einem kleinen Jungen nur übrig, abzulehnen, und wieder ganz in die Welt seines Inneren zu emigrieren. Er sehnt das Ende jeder Lehrstunde herbei; nachmittags wollen die Eltern aus Grundsatz keinen Unterricht für ihn, und mit unaussprechlicher Sehnsucht und Heiterkeit sieht Fritz dieses freie Paradies eines ganzen Nachmittags und Abends vor sich liegen:

»Was für schöne Abende das waren, wenn er hinaus durfte in das blühende Tal, und die wundersamsten Geschichten spielte mit der umgebenden Natur und sich selbst! Die Blumen wuchsen zu schönen Frauen empor, feindlich umdrängt von den alten riesigen Eichen, deren Äste sich als so viele Arme gegen den kühnen Ritter ausstreckten, der zu der Damen Befreiung vordrang. O Sturm, wie bliesest Du schlachtdrommetend drein, und ihr, glühende schattende wechselnde Abendgewölke, wie seltsame Drachen und Greifen sandtet ihr den Riesen zu Hilfe. Hinten drohten und grauten die Felsen als herrlich magische Burgen. Flieg nun, du Rohr in des Knaben Hand, flieg, ein gewaltiger Wurfspeer, gegen die Eichenriesen an, oder brich vor ihnen als mächtige Lanze im Anlauf! Kiesel schleudert er kühn gegen die wolkigen Drachen hinauf, und sein Stab, ein ritterlich Schwert, trifft auf den Waldstrom, die große schäumende Silberschlange des Tales. Dann ist der Sieg erfochten, und der Ritter lagert sich neben den befreiten Mägdlein, den milden Vergißmeinnichten, oder zu den Füßen der Rosen, der hohen entzauberten Schönheit. O süßes Schmiegen, o wonniglich Liegen, o mildes Umfangen, o labe noch eins die glühenden Wangen«. So läßt er später im »Todesbund« seinen Reidmar noch einmal erleben.

Und, angerührt von so viel Schwung und Kinderglück, kann selbst der nieselige Lehrer nicht widerstehen; jeden Weihnachten fertigt er ihm, obwohl unterdessen ständig dagegen protestierend, Ritterlanzen und Helme aus Gold- und Silberpapier.

Erst nach sechs langen Jahren wird für Beide die Erlösung kommen. Anläßlich eines Besuches bei Gustav von Kleist (allgemein »Johanniter von Kleist« genannt), Gutsherr in dem dann benachbarten Protzen, macht Sachses derbhäutige praktische Persönlichkeit einen solchen Eindruck auf den Gastgeber, daß er, der Patronatsherr, beschließt, dem jungen Kandidaten die Pfarrstelle seines Dorfes zu übertragen. Im August 1789 zieht Sachse dort ein, heiratet bald, wird nach dem ersten Kinde Witwer, heiratet zum zweitenmale, und überlebt auch diese Frau noch, die ihm in langer Ehe vier weitere Kinder schenkt. Nach einem ersten warnenden Schlaganfall 1826, stirbt er am 9. 5. 1829, noch bis zum Tode mit

Fouqué in, wenn auch rarer, Verbindung : der Zufall will es, daß die letzten Zeilen, die seine schon unsichere Hand schreibt, ein Brief an den ehemaligen Schüler sind; der Sohn überbringt sie dem nun auch schon alternden Dichter. –

Der Herr von Kleist sollte nebenbei seines selbstgewählten Pfarrherrn nichts weniger als froh werden; denn als dieser sich erst einmal fest eingerichtet hatte, führte er Prozeß auf Prozeß gegen seinen Patron, »und stand auch den Dorfbewohnern mannhaft gegen die Gutsherrschaft bei«, wie die Chronik des Dorfes Protzen zu berichten weiß. Hinter der Protzener Kirche, gegenüber der Steintreppe, wird er bei seinen beiden Frauen begraben.

§ 10

Sommer und Winter, in Brandenburg oder Berlin oder Sakrow : die Fouqués machen ein großes Haus, und der Besucher sind viele, die benachbarten Gutsherrschaften, Offiziere der umliegenden Garnisonen, und sogar – die traditionelle Freundschaft des großen Königs mit dem Hause des Generals erlaubt es – häufige Prinzenbesuche. –

Im benachbarten Glienicke sitzen die von Winnings; auf Marquardt der Herr von Münchow; auf Paretz Oberst Hans von Blumenthal; auf Wust die Kattes, unseligen Angedenkens; in Priort die Montetons; meist sind sie kinderreich, und es mangelt Fritz nicht an Spielgefährten, wenn sie kommen.

Da wird dann gejagt, getollt, auch Reitstunden werden gehalten; denn schon mit sieben Jahren hat man den Kleinen auf das erste Pferd, ein geduldiges kleines deutsches Bräunchen, gesetzt, das eigentlich zur heilsamen Bewegung für die Mutter erkauft wurde; aber die scheut sich vor dem Reiten, ist überhaupt gegen das Militär, und sieht es im geheimen ungern, daß ihr Fritz schon jetzt so langsam zum Soldaten vorbereitet wird; ihr schwebt vielmehr eine Gelehrtenlaufbahn vor, oder ein hoher Posten bei der Regierung – nun, man wird ja sehen. Das zweite Pferd ist dann schon ein kleiner polnisch-wilder Schimmel, den die Tante Henriette von einem Besuch bei den Verwandten ihres verstorbenen Mannes ihm mitbringt, und einmal geschieht fast ein Unglück damit : »Dem kleinen Ritter fiel es ein, seine aus dem Fenster zuschauende Mutter mit ehrerbietig abgezogenem Hütchen zu grüßen. Das aber nahm Schimmel, an solche Höflichkeiten noch nicht gewöhnt, übel, weil ihm dabei der schwarze Filz vor das Auge kam. Er prellte seitwärts, und der unbeholfene Eifer eines mit dabeistehenden Freundes, der den wildgewordenen Gaul, ihm gerade entgegenlaufend, aufhalten wollte, hätte diesen fast zum Bäumen, und somit, bei der Ungeschicklichkeit des kleinen Reiters, auch ohne Zweifel zum Überschlagen gebracht, wo dann das freudige Reiterspiel zu sehr tragischem Ausgang hätte führen können.«

Mit einem Spielgefährten gründet er den »Orden des Rothen Löwen«, der alle möglichen Rittertugenden und Geheimeleien befördern soll, typisch in jener Illuminaten- und Maurerzeit; und während sich der Freund »Graf Don Fiesko der Unüberwindliche« nennt, wählt sich Fritz den einfacheren Beinamen »Malwend der Tapfere« (Klopstocks Bardiet »Hermann und die Fürsten« entnommen). Und er tut es ganz bewußt : »Weil der Knabe überhaupt eine vorzügliche Anregung für solche Namen empfand, die eigentümlich waren, germanisch, aber noch nicht im leuchtenden Ruhmesglanz funkelnd, eben wohl, damit der jungen Seele was von künftiger Herrlichkeit zu ahnen und zu ersinnen bleibe«. Jeder Name, jedes Ereignis, soll eben eine Pforte sein, zu schöneren, verworrenen, luftigen Reichen, endlosen, in die hinein man sich »verirren« kann. Ein anderer dieser Jugendgespielen, und zwar der älteste und geliebteste, wie er viele Jahre später sagt, ist der etwas jüngere Jakob Friedrich von Kleist, der oft von Segenthin herüberkommt, und auch später durch seine Heirat mit der Tochter des Generals Rüchel neue Beziehungen zu Fouqué anknüpft.

In einem der Pagen, die den Kandidaten Sachse aufs Wildpferd spotteten, findet er eine hochbedenkliche Ähnlichkeit mit dem schönen Husarenoffizier von Lauchstädt her, dem Ritter der holden Dorette, und setzt sich in den Kopf, das sei Einer und Derselbe, nur jetzt in Pagenverkleidung : ob er sich in Sakrow nicht nur eingeschlichen hat, um die am Badeort erwähnte Ausforderung jetzt hier zustand zu bringen ? »Man urteile demzufolge, wie seltsamlich ihm zu Sinne ward, als ihm eines Tages der Page, zum Mittagessen eingeladen, gleich nach seinem Eintreffen heimlich sagte : Komm einmal herunter mit mir, Fritz, in die Grotte (so hieß ein Eintrittszimmer, seiner Wandmalerei wegen), ich habe Dir was allein zu sagen. Fritz sah ihn groß an und stutzte, wenig Lust bezeigend zu dem verfänglichen Gange. Als aber der Page nicht abließ, dachte der kleine Wunderling bei sich : ‹Ei, sei es meinethalb der Husar, und komme, was da kommen mag ! Einmal doch muß das Ding ausgemacht werden !› Und so ging er kecken Schrittes mit hinunter zu dem Stelldichein. – Einen Zweikampf zwar gab es nun nicht in der Grotte, wohl aber eine Waffe : einen ausnehmend hübschen kleinen Hirschfänger zum Geschenk, mit wirklicher Stahlklinge, worauf ein Pandur eingegraben war, mit der zwar nicht sonderlich weder orthographisch, noch poetisch geratenen Inschrift : »Ich halte Graffetät / Marschire Schritt vor Schritt. / Komm ich vor meinen Feind, / So mach ich einen Schnitt.« Aber Fritz war entzückt, und das nur ihm bekannte Bewußtsein, er sei dem erwarteten Kampfe mit ehrbarem Entschluß entgegen gegangen, erhöhete den Wert der Gabe.« Auch hier wieder – wie immer – finden wir das Übergewicht der Phantasie, die Fouqué auch das kleinste Erlebnis »verfälscht«; präziser, die es aus der Sphäre der Gewöhnlichkeit und Alltäglichkeit, in eine erhöhte, reinere, poetischere und gerechtere Welt hinaufhebt; und wenn sein ganzes Leben hindurch diese beiden Welten immer wieder aufs Groteskeste kollidieren, so ist es nicht jedes Mal Fouqué, der Unrecht hat. –

Die vornehmsten, und auch wichtigsten, unter den vielen Besuchern stellt jedoch das preußische Königshaus; vor allem sind es die Söhne des künftigen Königs Friedrich Wilhelm II.; Prinz Friedrich Wilhelm (selbst ein Thronfolger, der spätere König Friedrich Wilhelm III.), und sein jüngerer Bruder Ludwig, nach damaliger Manier Louis genannt (um ihn von diesem jung verstorbenen Prinzen zu unterscheiden, erhält ein anderer Louis den Beinamen des Vaters : Louis Ferdinand). Beide sind zwar etwas älter als Fritz, aber sie sind so froh, dem steifbeinigen Hofleben auf ein paar Stunden zu entrinnen, daß sie gern mit den Kindern des Hauses herumtollen, und sie sind ja selbst auch noch Kinder. In seiner »Denkschrift über Friedrich Wilhelm III.« hat Fouqué selbst eine Anzahl von Anekdoten über jene Besuche festgehalten :

»Wir spielten einst mit mehreren Kindern das bekannte Spiel ‹Kämmerchen vermieten›. Als nun der Zuruf : ‹Büchsen rührt Euch !› Alles durcheinander rief, Plätze mit Plätzen zu wechseln, rannte ich mit Prinz Friedrich nach einem und demselben Stuhl, und hätte diesen, weil näher und flinker als der Prinz, vielleicht früher erreicht. Aber im unwillkürlichen Zusammenprellen erlag ich der weit gewaltigeren Kraft, flog seitwärts zu Boden und mit dem Kopfe gegen ein, nach damaliger Art, in der Ecke stehendes mannshohes Uhrgehäuse an. Natürlich ein lautes Jammergeschrei des Kleinen, schmerzlich Gestürzten ! Da sprang eine meiner kleinen Kusinen herzu, und stieß den Prinzen auf so ungebührliche Weise zurück, daß ich mich doch in meinem Lamento plötzlich gehemmt fühlte vor dem ungewohnten Auftritt. Prinz Friedrich aber, obgleich im ersten Augenblick zornflammenden Antlitzes – ich sehe ihn noch vor mir – nahm es alsbald gütig hin und hob mich liebkosend empor, die Entschuldigung jener Derbheit zurückweisend mit der eigenen Bitte um Entschuldigung, froh nur, daß dem kleinen Spielkameraden kein ernstlicheres Leid widerfahren sei.«

Im Speisesaal jagen sie sich um den Tisch, und balgen sich, daß bald der, bald jener oben liegt; aber oft kommt auch schon das königliche Blut in den Herrlein zum Durchbruch:

»Beim Versteckspiel war einstmal an den Prinzen die Reihe des Suchens gekommen, und er hatte die Andern allzumal aufgefunden, nur immer noch mich nicht. Ungeduldig rief er endlich: ‹Nun, Fritz, so kommen Sie doch hervor, wo stecken Sie denn?!› – Ich kicherte still und unhörbar in mich hinein, und blieb auf meinem Posten, denkend: ‹Ei, suche Du nur!–› Da rief er zornig: ‹Kommen Sie heraus! Im Augenblick! Wissen Sie nicht, daß ich Ihnen zu befehlen habe?›

Nun aber erst fühlte ich mich vollends wie trotzig gebannt in mein Versteck, denn ich wußte, oder ich empfand doch gar wohl: hier im Spiele galt gar kein Befehl.

Als er mich nun endlich auffand, gab es einen Kampf, denn ich wehrte mich wider den Unwilligen.«

Auch die düstere Erscheinung des Prinzenerziehers Benisch hat ihm einen tiefen Eindruck gemacht; er kann sich nicht erinnern, daß er den hageren calvinisch-strengen Genfer jemals hätte lächeln oder gar lachen sehen, und jedesmal wieder schnürt ihm der Anblick das Herz ein.

Als dann Friedrich der Große stirbt, und sein Neffe ihm folgt, Prinz Friedrich nun also der Kronprinz wird, da hören die nunmehr unstandesgemäß gewordenen Besuche auf; dennoch erinnert man sich in der königlichen Familie später daran, noch der Bischof Eylert weiß in seiner Biographie Friedrich Wilhelms III. davon zu berichten, und der König hat stets gern von seiner Pfaueninsel nach dem »Hohen Walde« von Sakrow hinübergeschaut.

Das waren zwar die standesmäßig höchstgestellten der Besucher; die für sein späteres Leben bedeutsamsten sind jedoch Andere. Durch ihre Bekanntschaft vor allem mit Schmettau, der den Knaben nicht nur Reiten lehrt, sondern ihn auch mit einem kleinen Gewehr das ganze preußische Infanterieexerzitium durchmachen läßt, kommen zahlreiche Offiziere in das gastfreie ländliche Haus.

Da ist der spätere General Rüchel, dessen Biographie Fouqué einst schreiben wird; und der erste Eindruck auf den Knaben ist schon bleibend: »Ein frischer rüstiger Mann, mit feinen fast weiblich kleinen Zügen, aber heldenblitzenden Augen; das Haar wider alle damalige preußische Soldatenvergunst ihm zopflos kraus den Kragen der glänzenden Uniform umwallend ... Die damals ganz ungewohnte Tracht erweckte mir, indem ich so etwas nur in Taschenbüchern bei Washington oder Seinesgleichen gesehen hatte, den Gedanken : Das ist gewiß ein amerikanischer Offizier. – Und so wunderbar überhaupt kam mir die ganze Erscheinung vor, daß ich es gar nicht begreifen konnte und auch nicht gern begreifen mochte, als ich erfuhr, er sei Major.« So charakteristisch auch die Beschreibung ist, so falsch ist sie allerdings in diesem Falle; denn Rüchel war einer der übelsten Gamaschenhengste; ein Mann von solchem Offiziershochmut und solcher Bürgerverachtung und -tyrannei, daß sogar der milde Eylert starke Worte für ihn findet. Dazu auch militärisch so unfähig, daß er dann 1813, wo doch wirklich fast alle alten Berufstotschläger wieder hervorgesucht wurden, nicht mehr im Heere dienen darf; trotz seiner unermüdlichen Gesuche an seine Majestät den König. Er ist es, der einem ehrbaren Bürger, der sich bitterlich bei ihm beklagt, daß einer seiner untergebenen Offiziere auf Grund einer Wette seine Tochter auf offener Straße angefaßt und abgeküßt habe, und diese nun bei seinen Standesgenossen verrufen sei, antwortet : »Sei Er froh, daß ein hübscher Adliger seine Tochter küssen mag !« Zuweilen kommt er an den Richtigen; als er in Hamm den Regierungspräsidenten von Rappard anbrüllt, welches Rindvieh ihn denn zum Präsidenten gemacht habe, hört er »Derselbe, der Sie zum General machte !« Kurz, er ist ein echter Repräsentant der Offizierskaste.

Die gewaltigste Erscheinung aber, und eine der gewaltigsten des Jahrhunderts überhaupt, ist der sehr große Christian von Massenbach, damals Quartiermeisterleutnant im Generalstabe, in Allem der Antipode Rüchels, zu dem er denn auch verachtungsvoll Abstand wahrt. »Dem Knaben Fritz erschien er als herrliches Vorbild, ein dazumal etwa dreißigjähriger Mann, mit hoher Heldenstirn unter früh kahl werdendem Haupte, flammenden Augen, edlen, stets von irgend einer inneren Bewegung leuchtenden Gesichtszügen, aus dessen Lippen wohl kaum je ein völlig unbedeutendes Wort hervordrang, abstoßend wo er nicht anzog, aber holdgewaltig in seiner Anziehungskraft, Vielen ein Rätsel, unwichtig Keinem. Als er sich bald nachher in Fritzens Stammbuch auf dessen dringendes Bitten einzeichnete, schrieb er neben andere gleichgültigere Worte die charakteristischen : Manus haec inimica tyrannis !« Noch oft wird sich die Bahn des Knaben und Jünglings und Mannes mit der Massenbachs kreuzen, und Sie werden kennenlernen : den ersten großen Europäer ! –

## § 11

Der Kreis der inneren Bilder erweitert sich in jenen Jahren mächtig.

Die erste Berührung mit dem Tode hat das sterbende Brüderchen gebracht; bald danach verliert Fritz auch die unermüdliche Wärterin, an der er sehr gehangen hat : am 12. 9. 1783 stirbt, dreiundsiebzigjährig, die alte Frau Wegner; seine Mutter führt ihn zu der scheinbar lächelnden Toten, und prägt ihm somit ein erträgliches Bild des letzten Schlafes in die weiche Seele.

Seine einsamen Spiele sind oft schelmisch genug; zwar hat er vom superklugen Lehrer bereits von den Antipoden gehört, und deren Dasein theoretisch sogar gebilligt; dennoch kommt es ihm bisweilen im Übermut ein : »Heute sollen einmal die Leute in Amerika nicht spazieren gehn; es soll regnen dort !« Und dann gräbt er mit seinem kleinen Gärtnerspaten, womit er das ihm abgezäunte Gärtchen zu bebauen angewiesen ist, eine möglichst tiefe Grube in den märkischen Sand, und gießt aus seiner Gießkanne derb Wasser hinein. Je schneller nun das durstige Erdreich die Befeuchtung einsaugt, desto mehr ist er überzeugt, es regne in Amerika in Strömen. »Ihm kamen die Leute dorten wie im Erdgeschoß wohnend vor, während wir Europäer das obere Stockwerk inne hätten.«

Einmal wird ihm auch die Erziehungstechnik Herrn Sachses fragwürdig, als die etwas ältere Tochter einer Dienstbotin ihn beim Spiele gekränkt hat, und er ihr nun, getreu der philanthropistischen Taktik des Lehrers ihr Unrecht vor Augen rücken will : unter der Maske zweier Kinder aus Afrika erzählt er ihr eine ähnliche betrübliche Geschichte, und schließt mit der gütig-hinterhältigen Frage : »Nun, Lotte, was würdest du vor diesem Kinde halten ?« Aber die derbe kleine Märkerin hat natürlich längst die Falle gewittert, oder auch gar nicht recht hingehört und entgegnet unwirsch : »Was soll ick davon hallen ? Ick halle nischt von !« Und auch Fritz hält seitdem nicht mehr viel von dergleichen akademischen Experimenten.

Unvergeßlich kommen die Weihnachtsabende. »Dies süße sehnsüchtige, zuversichtliche Harren, den ganzen Tag hindurch, auf die abendliche Bescheerung, sich zum Entzücken steigernd, wenn nun mit einbrechender Dämmerung die Kinder in ein entferntes Zimmer geführt wurden, wissend : jetzt beginnen Eltern und Freunde, die Lichtertische mit dem grünen Festbaum, und den von zartester Liebe erlesenen Gaben aufzuputzen ! – Und endlich, nach froher Erwartungen jubelnd schwellender Steigerung, die helle Silberschelle in der Mutter Hand klingelnd : Herein ! – Und nun die Gaben, wie schwimmend im Lichtmeer, Eine nach der Andern durchgemustert, Jedwede eine neue selige Entdeckung, teilnehmend verglichen mit den Herrlichkeiten der Genossen, wir alle ein gemütlicher Jubelchor ohne Dissonanzen! Und aufsteigend vor den kindlichen Geistern die kommenden Stunden des Spieles mit diesen leuchtenden Spenden allzumal!«–Und er fügt später diesen Erinnerungen hinzu: »Wahrlich, es gibt annoch paradiesische Stunden im Leben, wenngleich nur aufleuchtend als Oasen staubiger Wüste, oder als Inseln im brandenden Meer.« Die Bemerkung ist wichtig; denn sie zeigt eindeutig, daß auch in diesem Dichterleben das Paketchen Glück das kleinste Gepäckstück auf der großen Reise dargestellt hat. Weit mehr überwiegt bei ihm, auch damals schon, Düsternis und Schwermut. Seit frühester Kindheit weiß er, daß er bald sterben wird, und wird allmählich so vertraut mit dem Gedanken, daß er dann als Jüngling die allen »Selbstmördern« (im Sinne von Hermann Hesses »Steppenwolf«) bekannte Trostvorstellung daraus zieht: Ich will doch sehen, wie weit ich es so auszuhalten vermag; der letzte Weg steht mir ja immer offen! Manchmal beginnt er, seine Spielsachen wie etwas Fremdes, gar nicht ihm Gehöriges zu durchmustern. Ein Verhältnis zur Religion hat er nicht, wie ja überhaupt nie ein Kind; es gibt gar keine »frommen Kinder«! Wohl aber fühlt er sich von großen unbekannten Mächten und Schicksalen umgeben, weitmanteligem Gestaltlosem, das im dämmernden Zimmer herrscht wie im windbewegten Dickicht im Park, auf den abendlichen stillen Fahrten über den nachtbreiten Strom, und nach dessen Winken Mauern stürzen und seine Bauklötzchen fallen: die Mächte befehlen, und er gehorcht: »Es war, als müsse der Knabe diese oder jene, an sich weder schlimme noch gute, weder kluge noch dumme Bewegung machen – etwa den Ofen berühren, und dann den nahe stehenden Lehnstuhl, und solches Zeug ins Unendliche mehr. Wenn das nicht geschehe, könne ein geheimnisreich-unermeßliches Unglück darüber und just deshalb hereinbrechen – nicht allein über den widerspännigen Burschen, auch über Familie und Haus. Warum man denn also nicht lieber nachgeben solle in dieser Kleinigkeit?« Es ist letzten Endes das gleiche Bewußtsein, das Schopenhauer schreiben läßt: »... weil eben selbst der kleinste Zufall notwendig eintritt, und alle Begebenheiten, so zu sagen, mit einander Tempo halten, mithin Alles in Allem widerklingt«; wie es dann Poe in der »Power of words« genial erläutert, und mit dem erschütternden Bilde schließt, wie durch ein hier gesprochenes leidenschaftliches Wort, oben ein wilder Stern entsteht.

Einmal ist ein Potsdamer Tapezierer in Sakrow beschäftigt, ein langer hagerer Gesell, mit seltsamen scharfgezeichneten Gesichtszügen und skurril in die Höhe gezerrten Augenbrauen. Ein Mensch, immer gern bereit, über Andere zu lachen, und eben so gern bereit, Andere über sich lachen zu lassen. Solche Leute sind dem Kinde ebenso unheimlich anziehend, wie grell zuwider – immer aufs Neue tauchen sie später in den Romanen wieder auf, in der sublimiertesten Gestaltung noch als Agathyrsus und Monika in der »Wilden Liebe« – und zum Entsetzen steigert sich die Empfindung, als Jemand beiläufig hinwirft : »Der Kerl ist ein Narr !« – »Fortan nun schauerte Fritz zusammen, wo ihn jener Spaßvogel etwa flüchtig anredete, oder nur überhaupt in seine Nähe kam, und eben, weil er das nie ganz vermeiden konnte, überkam ihn ein Scheuen, vor einem unheimlich mächtigen Anspruch an ihn mit Bezug auf jenen Menschen. Ihm fiel ein : Wenn nun Der behaupten wollte, du gehörtest ihm als sein eigenes Kind an, und man dürfte Dich ihm nicht vorenthalten, und er führte dich von hinnen in den Kreis seiner gewiß eben so abscheulich närrischen Familie ! – Insbesondere kam ihm dabei vor die Seele, als ob nach jedem Mittagessen der skurrile Hausvater spreche : Nun laßt uns unser gewohntes Tänzchen halten ! Und man hüpfe dann im Ringelreihen mit albernen Geberden und noch albernerem Gesinge um den kleinen Rundtisch her, und zwischen äffischen Gestalten der seiner edlen Umgebung abgerechtete Knabe gezwungen mit –. Furchtbar erschien es ihm, wie nur irgend je seither eine danteske Vision, vielleicht gar furchtbarer noch, eben der in dieser Verzerrung vorschlagenden Albernheit willen. Zwar sah er mit gesunden Sinnen ein, das Alles sei ganz unbedenklich, – aber das entsetzliche : Wenn nun doch ! – und zwar unterstützt durch eine in solchen Anfechtungen erschrecklich zu nennende Obmacht der Phantasie über die anderen Geisteskräfte.«

Einmal macht ein umstreifender Hanswurst seine Späße auf dem Vorplatze des Hauses in Sakrow, und man meint den munteren Knaben recht damit zu ergötzen; aber Fritz empfindet anstatt der Lachlust nur ein ungeheures Grauen, etwa wie vor einem Tollen, mit vom Feuer verkrüppelten Händen, der sich kurze Zeit zuvor in den Garten geschlichen hatte, und an einem Lavendelbeete sitzend mit verwilderter Stimme in einemfort sang : »Ich heiß Meieran, und bewach den Thymian !«. –

Abends, wenn ihn die Mutter auszieht und zu Bett bringt, hört sie oft seine schweren Seufzer, und kann auf ihre freundlichen Fragen keine Antwort erhalten : auch sie kann ja die Träume nicht bannen ! Jetzt ist es nicht mehr der riesige Roland mit seinem ellenlangen Schwert; »Winzigklein, wie er in der doch so vorlängst schon beiseit gelegten Bilderfibel zu sehen war, stieg König Xerxes auf; oder es kamen auch zwei moderne Wildfänge, bei Wein und Spiel erzürnt die Degen auf einander zückend, wie sie ein Taschenkalender zur moralischen Warnung dargestellt hatte, ebenfalls die Erscheinungen im kleinen Format geblieben. Und die allzumal wollten ein gewisses geisterhaftes Anrecht auf den Knaben geltend machen, und das ihm recht Entsetzlichste dabei war eben ihre schauerliche Kleinheit. Eine Zeitlang fast allnächtlich kamen diese Traumgesichter wieder, fast ohne alle Variation dieselben, und just um ihrer Einförmigkeit willen fürchterlich, weil ihnen eben das einen Anspruch auf die Realität der Erscheinungen des wachenden Zustandes zu verleihen schien.« Es sind dieselben Bilder, die später in der »Sophie Ariele« der gemütskranke Oberst Gyllenskiold seinem marseiller Arzt schildert.

Die eigentliche Eröffnung der inneren Welt bewirkt das Theater, zu dem man den Knaben schon sehr frühe mitnimmt; das geschieht immer während des Winteraufenthaltes der Familie in Berlin; es ist das alte Döbbelinsche Theater in der Kleinen Behrensstraße.

Die erste Vorstellung, die Fritz mit ansieht, ist das Melodrama »Medea« von Gotter, die musikalische Begleitung von Georg Benda. Die rasche Erregbarkeit des Knaben ist den Seinen bekannt, und man hält es für nötig, ihn vorzubereiten, die Medea werde ihre beiden Söhnchen ermorden, und er müsse sich dann sehr hüten, ja nicht dort in ein ungeziemliches Weinen oder Rufen auszubrechen, wie weiland Don Quijote, verwandten Geistes : und späterhin geschieht es den Fouquéschen Helden oftmals, daß sie aus dem Parterre mit gezücktem Schwert auf die Bühne springen, Thiodolf der Isländer, oder im ungedruckten »Griechischen Feuer«, getreu dem naiven und großen Sinne ihres Schöpfers. »Und nun der damals nur mäßig erhellte Schauspielsaal, – keine späterhin so vielfach gesehene glänzende Erleuchtung hat je mir die Schauer dieses Helldunkels ersetzen mögen, – das Stimmen der Instrumente im Orchester, eben so vielen mystischen Echorufen vergleichbar, – die mehr und mehr still anwachsende Zahl der Zuschauer, – die im Proscenium aufleuchtenden Lampen, dahinter der wie von geheimnisreichen Zuglüften aus einer unbekannten Welt wallende Vorhang. Endlich der feierlich beginnende Chor der Instrumente, mit harmonischen Donnern anklingend : Merkt auf !« (Eine Beschreibung jener Theaterabende hat später auch Tieck gegeben; interessanterweise sogar mit fast genau den gleichen Worten.) Noch einmal, 1822, hat Fouqué dann das Stück in Dresden genossen, mit der berühmten Schröder in der Titelrolle, aber selbst dieser mächtige Eindruck ist wieder untergesunken, und das Bild aus der Kindheit hat dominiert.

Als nächstes sieht er Bretzners Märchenoper »Der Irrwisch, oder das wütende Heer« – Bretzner ist damals ein beliebter Romanschriftsteller und Textdichter, der z. B. auch das Libretto zur »Entführung aus dem

Serail« schreibt – die Musik ist von dem Liederkomponisten Johann André, zu dem man Goethe, »Wahrheit und Dichtung«, zu Anfang des 17. Buches vergleichen mag. Und hat ihm die »Medea« eine Ahnung der klassischen Antike aufgehen lassen, so erscheint ihm hier in den einzelnen Szenen die Romantik : Die Fischerin am Meeresstrand, umtanzt von den Irrlichtern; deren eines ein verzauberter Prinz ist; späterhin gilt es den Gang in eine mächtige geheimnisreich vergitterte Höhle, auch das Aufsteigen und wiederum Verschwinden eines Goldschatzes in schöngetriebenem Erzkessel. – Die meisten der folgenden Theaterabende bringen dann allerdings gemäß dem Schillerschen Epigramm fast nur noch »Fähnriche, Sekretärs oder Husarenmajors«; einmal allerdings auch Hamlet in der Eschenburgischen Übersetzung und gebührend bearbeitet.

Und jetzt hilft es Herrn Sachse Alles nichts mehr : die geschickten Bastlerhände müssen sich herablassen, dem Knaben ein Puppentheater zu bauen, und ein paar Männerchen dazu zu schneiden; zuerst wird natürlich das Geschehene noch einmal aufgeführt, aber bald sind es die Gestalten der eigenen inneren Welt, und alle hohen Ritter sehen aus wie der große Tragöde Fleck. Vor mir liegt das unschätzbare Blättchen des Siebenjährigen, das ein huldreicher Zufall uns aufbehalten hat:

»*Beschreibung des künstlichen Maschinenwerkes, so sich in Sakrow präsentieren wird.*

Zuerst wird ein schöner künstlicher Berg sich zeigen, welcher sich öffnet, und aus welchem Schäfer, Ritter, Einsiedler, Zauberer, Nimphen und Zauberinnen herausgehen. Sie tanzen hierauf eine Weile zusammen, gehen hierauf wieder in den Berg, welcher sich zuschließet. Der Berg fällt zusammen und wird zu Wasser; ein Schiff in vollen Segeln erscheint hierauf, worin Ritter und zwei Trompeter, welche unter Trompeten und Pauken vorbei segeln; das Meer wird stürmisch, und aus dem Schiffe entspringt ein belagertes Schloß mit Wällen, Graben und Thoren. Drei Damen sehen zu den Fenstern heraus, worauf Ritter erscheinen, welche die Burg belagern, über welcher geschrieben stehet : *Unüberwindliche Burg.* Die Ritter reiten auf die Burg los, und als sie bald heran gekommen sind, steigen sie ab, stürmen die Burg und nehmen sie weg. Die Damen kommen heraus und tanzen mit den Rittern. Hierauf wird sich darstellen : ein Sturm, in welchem ein Schiff mit großer Gefahr fährt, welches von einem anderen Schiffe attaquiert, geentert und dann gefangen fortgeführt wird. – Dieses wird zu sehen sein bei

*Friedrich von Fouqué.* «

Alle Elemente der späteren großen Ritterromane sind hier bereits vorweggenommen, obschon natürlich ein himmelweiter Abstand ist zwischen dem kindlichen Menageriebilde und den gläsern glühenden Visionen des Mannes. – Auch die Mühmchen führen Spiele von eigener Erfindung auf, und eines derselben hat den plastischen und alles erklärenden Titel : »Wie ein Mensch vom Baume fällt, und im Angesicht der ganzen Königlichen Familie begraben wird.« : und eine Löwenerscheinung kommt darin auch noch vor!

Andere Stoffe bieten ihm Höltys elegisch-gespenstische Ballade »Adelstan und Röschen«; oder er entwirft ein Trauerspiel »Albrecht der Bär und Primislas«; es behandelt die Sage, dieser Wendenkönig habe eben hier, bei Sakrow, auf der Flucht vor dem anhaltischen Helden mit seinem Roß die Havel durchschwommen, und sich nachher mit dem Sieger versöhnt. »Ja, ich erinnere mich's aus früher Knabenzeit, wenn ich so eine meiner wunderlich nach Ahnungsbildern hingekritzelten poetischen Schöpfungen meiner gütigen Mutter und etwa noch einem Paar von Hausfreunden vorgelesen hatte : mir genügte der nachsichtig im Ganzen gespendete Beifall nicht. Ich hätte gern etwas kritische Würze – meinethalb auch scharfe – dazu gehabt. Hatte ich's doch nach Vorlesungen von gedruckten Werken wirklicher Autoren (ich war nur noch ein geträumter) vernommen, wie in unserm geselligen Kreise bei dankbarlicher Anerkennung des Ganzen oft einzelne Szenen oder Situationen strengen Tadel erfuhren. Mir war dabei mehrst immer, als habe eigentlich der Autor heimlich Recht, und wenn er nur zugegen wäre, könne er Das gewiß auch sehr leicht in's Klare stellen. Ja, mir wurden oftmals solche angegriffenen Punkte ganz vorzüglich lieb, ohne deutlich zu wissen, warum. Es mochte dabei ein mir angeborner Respekt vor dem Eigentümlichen zu Grunde liegen, zugleich aber wohl auch meine Lust am Geheimnisreichen und Rätselhaften mit. Nur soviel erinnre ich mich klar : es gab mir ein erquickliches Gefühl, wenn ich mir's vorträumte, die Erwachsenen sprächen untereinander, so daß ich es zufällig hören müßte, – denn die Gemeinheit absichtlichen Lauschens blieb immerdar meinem Wesen abscheulich und fern, – über mein etwa zuletzt vorgelesnes Poema, und fänden alsdann Einzelheiten darin ganz unbegreiflich, ja entsetzlich, meinethalb : verwerflich gar. Daß ich zu einem also wunderlich ersehnten Genusse nie gelangen konnte, versteht sich von selbst. Denn teils war mein erwachsnes Publikum dafür zu nachsichtig gegen mich gestimmt, teils aber auch fand es bei aller gütigen Gesinnung weder hinlänglich Zeit noch Trieb für eine detaillierte Kritik meiner poetischen Werke.« Gozzis Märchenspiele werden ihm, in usum delphini redigiert, von der Mutter wiedererzählt, und das »Blaue Ungeheuer« erscheint im Puppenspiel. Susette von Béville, ebenfalls eine Réfugiéstochter, späterhin als verehelicht Baronin Danckelmann, und eine Lieblingsfreundin der Mutter, schenkt ihm ein Bändchen Bürgerscher Gedichte.

Störend sind nur die wirklichen Schaustückchen, zu denen die Kinder zu Geburtstagen oder dergleichen, langwierig abgerichtet werden, und bei denen die dramaturgischen Anweisungen der Dresseure jeden Zauber zerstören : »Jetzt mußt Du tun, als seiest du betrübt, – jetzt, als seiest Du unwillig, – jetzt, als freutest Du Dich –« heißt es ohne Ende, und wenn nachher das Ganze maschinenhaft abläuft, wird höchstens die Eitelkeit durch das Beifallklatschen der befriedigten Zuschauer und das nichtswürdige Lob gekitzelt; das sollte man lieber lassen. –

Eine große Anschauung noch kommt von Außen : der alte König.

## § 12

Freilich sieht er ihn, obzwar er offiziell sein Pate ist, nur von weitem, beim aljährlichen Aus- und Einrücken der Berliner Garnisonen zur großen Potsdamer Revue, wenn er in einiger Entfernung an dem Wagen, in dem Fritz mit der Mutter sitzt, vorbeireitet : »Die Mutter stand alsdann, nach damaliger ehrerbietiger Sitte, von ihrem Sitz auf, und neigte sich tief, beinahe kniebeugend. König Friedrich, wie er es immer vor Damen zu tun pflegte, nach galanter Rittersitte, zog den Hut, ihn dabei etwas seitwärts in die Höhe hebend ...« Nach »galanter Rittersitte« würde man ja allerdings heute eine Dame nicht zuerst grüßen lassen; aber ein König – das war damals eben noch etwas !

Tief eingeprägt hat sich ihm die Gestalt, »der kleine, alternd vornüber gebeugte Mann, auf seinem hohen engländischen Roß, und dennoch just in dieser Eigentümlichkeit so wunderbar imposant.«

Denn im Fouquéschen Hause darf keinerlei Kritik an dem Großtyrannen laut werden; zu fest ist seit dem General unbedingte Bewunderung Pflicht und Gesetz, und der Hausherr duldet kein Gemurr, »womit es anderwärts jedoch viel trüber aussah«, gibt der Dichter zögernd zu.

Man hat nämlich im Volke, und teilweise selbst im Offizierskorps, schon seit Jahren den Krückstock und das ewige »Er« gründlich satt; das Bürgertum, die arbeitende Klasse, der »dritte und vierte Stand«, seit der Steinzeit ja unwidersprechlich das Mark jedes Staatsgebildes, – während Alles andere : Königtum, Adel, Soldatenspiel, nur Luxus und Belastung darstellen; lesen Sie wieder einmal »Soll und Haben«, und zwar nur von diesem Gesichtspunkte aus, und Sie werden entdecken, daß es der schärfste Tendenzroman ist! – dieser Bürger- und Arbeiterstand – denn sie gehören zusammen und sollten nie ihre Einheit vergessen – hat nämlich auch geistig begonnen, sich zu fühlen. Man fängt an, sich zu erinnern, daß nicht nur jedes Sozialprodukt, sondern auch jede große und kleine künstlerische und wissenschaftliche Leistung aus dem Volke herkommt, daß das Meer das Große ist, und nicht die hauchdünne uniformbunte schillernde Ölschicht, die es so lange kunstvoll glatt gehalten hat. Zwar sind solche Gefühle in Preußen erst schwach (die Konsequenzen wird sogleich Frankreich ziehen, sein größtes geschichtliches Verdienst bisher) – noch heute erliegt ja der Deutsche unfehlbar der dröhnenden Kalbfellpropaganda, – aber die Unzufriedenheit ist doch spürbar und sie findet auch Zungen.

Schon 1777 ist für den König keine Liebe mehr da, höchstens Respekt und Furcht; dies bestätigen unwiderleglich der englische Tourist Wraxall, oder der bekannte weimarer Prinzenerzieher, Major von Knebel, der nach dem hubertusburger Frieden zehn Jahr lang in preußischem Dienst stand; und Mirabeau berichtet über die Stimmung nach Friedrichs Tode: »Alles war totenstill; aber Niemand war traurig. Alles war beschäftigt; aber Niemand war betrübt. Nicht ein Bedauern, nicht einen Seufzer, nicht ein Lob bekam man zu hören.« Und wer in der Fülle seines Patriotismus diese Tatsache leugnen möchte, dem kann ja die oben angeführte Äußerung des doch wirklich hyperloyalen Fouqué zu denken geben.

Am 16. 8. 1786 sind die Fouqués bei einer befreundeten Familie zu Besuch; schon sickert die Nachricht durch, daß keine Hoffnung mehr sei: Der alte Fritz – der Marchese di Brandeburgo, wie ihn im gleichen Jahre immer noch hochmütig der römisch-vatikanische Staatskalender nennt, – hat nicht mehr lange zu leben! hört der junge Fritz im Gespräch. »Still und betrübt fuhren wir über die Havel wieder zurück.«

Ob auch somit aufs Bestimmteste vorbereitet, schlägt es doch wie ein Blitz aus heiterem Himmel in Aller Herzen ein, als man am nächsten Morgen im Gesellschaftssaal beim Frühstück zusammensitzt, und plötzlich ungestüm Sachse hereintritt, die Flügeltüren heftig weit aufreißend: »Der König ist tot!«

Am 18. wird der Leichnam in Potsdam öffentlich ausgestellt; die Familie eilt sogleich dorthin, um den letzten Anblick des großen Friedrich nicht zu verlieren, und Fouqués ausführliche Schilderung hat auch historisch ihr Interesse:

»In einem großen Gemach des Potsdamer Schlosses unter dem

Thronhimmel lag auf einem Ruhebette der rückgebliebene Leib des entschwebten Geistes, gekleidet in seine gewöhnliche Kriegstracht, ernste Ruhe auf den erhabenen, fast unveränderten Gesichtszügen. Nur die sonst gerade mit der Stirn fortlaufende Nase war etwas an der Wurzel eingesenkt, in der Mitte gehoben, nun schier Adlernase geworden, und die Lippen fester zusammengeschlossen als im Leben. ... Jetzt standen neben ihm als Ehrenwacht Einige seiner Adjutanten, zu seinen Häupten ein Kammerhusar, mit einem Pfauenwedel die Fliegen von dem verfallenden Körper scheuchend. Der Zutritt war für jedermann offen, nur so, daß eine schöngeformte Brüstung in Halbmannshöhe das Gemach teilte, und die außen Annahenden genötigt waren, im Vorübergehen zu bleiben, um den Nachfolgenden Raum zu geben. Doch war es keinem verwehrt, sich vor der Ausgangstür wiederum rückzuwenden, abermal nach der Eingangentür hin, und so dem Zuge sich aufs Neue anzuschließen. Zu Denen, welche man in den inneren Raum einließ, um den edlen Leichnam ruhiger und länger zu betrachten, gehörte billigerweise die Familie La Motte Fouqué, dem Abgeschiedenen durch die Beziehung auf dessen vorangegangenen Feldherrn und Freund genähert, und so konnte denn auch Fritz den Eindruck dieses großen Trauermomentes tief unverlöschlich erfassen.

Auch das blieb ihm unvergeßlich, wie so viele der Vorüberwandelnden wieder und immer wieder kamen, nimmer gesättigt von dem schmerzlich erhabenen Anblick; zwischen ihnen hervorragend, fast wie Standarten zwischen den Scharen, die hohen Gestalten alter bärtiger Grenadiere, helle Tränen in den mutigen Augen. Und wenn sie dann in die Nähe ihres gestorbenen Kriegsherrn kamen, nahmen sie streng kriegerische Haltung an, wie zum Parademarsch, mit ‹Augen rechts!› aber eben dann perlten die Tränen in den Bart hernieder. Und dennoch zuckte keine Miene. Das wär ihnen wie gegen den Dienst vorgekommen.«

Gerührt wird das Sterbezimmer besichtigt: »Hinter einer vergoldeten Erz-Balustrade stand in einer Art von Alkoven das kleine, aus Eisenstangen zusammengesetzte Feldbett des Helden, wie er es auf allen seinen Kriegs- und Siegeszügen mitgeführt hatte. Im Gemache selbst zeigten zwischen zierlich geformten und kunstreichen Tischen und anderen Gerätschaften die Sophas und Stuhlkissen, mit himmelblauem Atlas überzogen, die Spuren der zerreißenden Krallen und Zähne von Friedrichs lustigen Windspielchen, seinen täglich untrennbaren Gefährten, denen Alles erlaubt war, weshalb der kostbare Stoff in Fetzen umherhing ... Mit heiligem Schauer erfüllte unter diesen Umgebungen den Knaben vornehmlich eine Stutzuhr, den über einen wirkungslos verlebten Tag trauernden Titus darstellend, seinen bekannten Ausruf als Inschrift dabei:

Diem perdidi! Das kunstgerechte Uhrwerk, sonst immer im tadelfreien Gange, war just um die Todesstunde des Großen Friedrich stehen geblieben, und steht noch immerdar so. Niemand hat seither gewagt, es wiederum in Gang zu bringen.« Also auch der beliebte zerreißende Tempelvorhang fehlt nicht zur modernen Mythenbildung; wahrscheinlich hat nach alter Volkssitte die Hand eines Kammerhusaren die Zeiger angehalten.

Das große Uhrwerk jedoch geht munter, sogar sehr munter, weiter: le roi est mort, und den vakanten Hohenzollernthron besteigt der Nachfolger, Friedrich Wilhelm II., der noch heute sprichwörtliche »dicke Willem«: vive le roi!

Friedrich hat keine Kinder hinterlassen, warum ist egal, und nach dem Erbfolgegesetz müßte ihm sein ältester Bruder folgen, Prinz August Wilhelm; aber den hat er 1758 zu Tode geärgert – er versteht sich überhaupt nicht gut mit der Familie, ausgenommen vielleicht mit seiner Nullität, Prinz Ferdinand; vor allem der kluge Heinrich haßt ihn wie den Tod: schon im siebenjährigen Kriege hat er vorgeschlagen, Friedrich, der das Land ruiniert, in Eisen legen zu lassen! – also sind jetzt die Söhne dieses verliebten und empfindsamen August Wilhelm an der Reihe. Zuerst richtet sich die Hoffnung Friedrichs regelwidrig auf den Jüngeren, Heinrich, dem er seine besondere Sorgfalt zuteil werden läßt; aber der stirbt bereits, zwanzigjährig, 1767, während einer militärischen Übung im Hause des schon im Kapitel Sachse erwähnten Herrn von Kleist in Protzen; pietätvoll bleibt dort im Giebel das »Prinzenzimmer« unverändert eingerichtet, und Fritz wird es später oft zu besehen Gelegenheit haben.

Nun muß also doch der bisher vernachlässigte legale ältere Bruder, Friedrich Wilhelm, heran, der bisher als Oberst und nomineller Chef eines Infanterieregiments, verdrossen und untätig, übersehen und wenig ausgebildet, auf die einem reichen Müßiggänger fast allein übrigbleibenden Genüsse des Harems angewiesen ist.

Er ist von riesiger Gestalt, zwei Meter groß, und herkulischer Kraft; schon wegen dieser gewalttätigen Körperlichkeit ist er moralisch mit eigenem Maße zu messen, zumindest kann er »mildernde Umstände« beanspruchen. Er ist nicht etwa dumm – mit seiner Mätresse, der bei näherer Bekanntschaft durchaus gewinnenden »Gräfin« Lichtenau, liest er Shakespeare, und Rousseaus »Heloise«; er liebt leidenschaftlich Musik, und spielt selbst mehrere Instrumente – aber sein Geist ist durch die jahrelange Vernachlässigung der Knaben- und Jünglingsjahre schlaff geworden; er lebt wie in einem phantastischen bunten Nebel dahin, träge immer den Weg des geringsten Widerstandes suchend, Jedem dankbar, der ihm

Arbeit abnimmt, selbst zum Unterschriften-Geben ist er fast nicht zu bringen.

Außerdem hat er mit seinen offiziellen Frauen Unglück; die erste wird ihm untreu – nach der Maxime »wie Du mir ...« – und nach Stettin verbannt; die zweite, Friederike Luise von Hessen-Darmstadt, ist, wie Marwitz (als Überpreuße gewiß ein unverdächtiger Zeuge), berichtet: »eine höchst seltsame Person. Sie sah Gespenster und Geister, schlief bei Tage, wachte bei Nacht, hatte immer zu große Hitze, so daß sie des Nachts im Sommer und Winter im Hemde am offenen Fenster saß, – wurde vor der Zeit häßlich und krumm, so daß sie sich, erst einige 40 Jahre alt, schon den Kopf mit der Hand in die Höhe halten mußte, wenn sie Jemand ansehen wollte. ... Die Gespensterfurcht war in ihrem Hause, dem darmstädtischen, eine Familientollheit ... Ihr Vater, der Landgraf, welcher 1790 starb, hatte in seinem Schlosse in allen Zimmern eine große Anzahl Trommeln. Alle seine Hofleute, Wachen und Bedienstete, mußten trommeln können, und zwar wegen zweier Geister, mit denen er in Verbindung stand, Orlofix und Minkepinke. Wenn nun Orlofix, der böse, erschien, um ihn zu plagen, welches häufig geschah, so ergriff der Landgraf eine Trommel und fing an zu schlagen; Jeder, der es hörte, mußte herbeieilen, die erste beste Trommel, die ihm allenthalben im Wege standen, ergreifen und trommeln. Wenn dann vielleicht hundert Trommeln durch das Schloß rasselten, so entfloh Orlofix, der diese Musik nicht vertragen konnte, und Minkepinke, der gute Geist, erschien dem Landgrafen. Dann mußten ihn Alle verlassen, und er unterhielt sich tagelang mit seinem lieben, andern unsichtbaren, Minkepinke.« – Diese, auch an sich recht amüsante Anekdote führe ich absichtlich an, um auf den erblich belasteten Fouqué-König, Friedrich Wilhelm IV., den wahnsinnigen Enkel jener Dame hinzuweisen, und ihn zum Teil zu entlasten. Jedenfalls wird es wiederum weniger verwerflich, und entschuldbarer, daß der König sein Glück bei anderen Geliebten sucht.

Zwei Männer, denen er blindlings vertraut und alle Entscheidungen überläßt, regieren unter ihm den Staat: Wöllner erledigt hauptsächlich die innere Verwaltung; Bischoffswerder die Leitung des Äußeren; Beide sind typische Vertreter ihrer geheimnissüchtigen rosenkreuzerischen Zeitrichtung, gemeinsam führen sie dem urteilsunfähigen, jedem Aberglauben offenen König, mit Schröpfers Geisterapparat Gespenster vor. Wöllner ist im Grunde ein bigotter, dabei gewissenloser, Parvenü. Bischoffswerder ist kein schlechter Mensch; gewandt, wenn auch beleibt; der beste Reiter, Jäger und Fechter auf Hieb und Stich; und ein nicht tot zu machender Zecher, ein sogenannter »six-bottle-man«; auch müht er sich redlich, wird zwar bei der nächsten Thronbesteigung sogleich entlassen, kann aber, da ihm nichts ehrenrühriges nachzuweisen ist, seinen Lebensabend unangefochten auf seinen Gütern beschließen.

Der neue König ist leutselig, redet Jeden mit »Sie« an, hebt sofort die drückende und unsinnige Kaffee- und Tabakregie auf; dafür erläßt er schon im ersten Jahr seiner Regierung das berüchtigte »Religionsedikt«, nach welchem jede von der orthodoxen abweichende Lehre mit sofortiger Kassation geahndet wird.

Die Sittenlosigkeit der Hauptstadt erscheint unter ihm auffällig groß, obgleich sie sich wahrscheinlich, ermutigt durch das Allerhöchste Beispiel, nur etwas offener als sonst hervorwagt; jedenfalls berichtet der olle ehrliche Schadow in seinen Erinnerungen, daß Berlin damals nur ein großes Bordell war – was natürlich cum grano salis zu nehmen ist, es betraf meist nur die oberen Gesellschaftsschichten. Mirabeau urteilt schon 1787: »Einkünfte vermindert; Ausgaben vermehrt. Genies zurückgesetzt; Dummköpfe am Ruder ... Dieses Preußen ist die Fäulnis vor der Reife.« (Das muß allerdings ausgerechnet er, der Franzose, sagen!) –

Gleich im Anfang der Regierung Friedrich Wilhelm II. tritt Preußen in der europäischen Politik mit starkem Selbstvertrauen auf. Der Erbstatthalter Hollands, Wilhelm V., ist mit der Schwester des Königs, Wilhelmine, vermählt; 1786 hat ihn die antioranische Partei genötigt, seine Würde niederzulegen, und er ist vom Haag nach Nijmwegen gezogen. Als seine Gemahlin eine Reise nach den Haag unternimmt, wird sie von den »Patrioten« angehalten, und wie eine Verhaftete unter Begleitung von Bürgermilizen nach Nijmwegen zurückgebracht. Der in seiner Familienehre gekränkte – und persönlich nebenbei sehr tapfere – Friedrich Wilhelm läßt sofort 24 000 Mann Preußen unter dem Konnetable des Staates, dem Herzog Karl Ferdinand von Braunschweig, in die Niederlande einmarschieren. Sie finden nur geringen Widerstand und rücken binnen Monatsfrist in Amsterdam ein; in vier Wochen ist dem König von Preußen gelungen, was ihrerzeit Philipp II. von Spanien und Ludwig XIV. von Frankreich mit aller ihrer Macht nicht hatten erreichen können. Der Erbstatthalter wird restituiert, und Preußen schließt mit Holland und England 1788 das Defensivbündnis von Loo.

Mancherlei hört die Familie Fouqué von dieser »Campagne«, zumeist durch Briefe der im Einsatz befindlichen befreundeten Offiziere; einmal schreibt auch aus einem holländischen Lazarett der verwundete Massenbach; und Fritz lauscht begierig den Kriegskunden, sehr zum Kummer der ängstlichen Mutter.

Und auch in anderer Hinsicht macht man sich im Hause ernstliche

Sorgen um den Sohn : man hat bisher gut gelebt, fast zu gut; Sakrow ist ja schön, aber gar nicht das, was man einen praktischen Kauf nennen könnte, mit seinem weiten Park, den nicht kleinen Waldstücken, und den wenigen Äckern auf dem kargen Sandboden; dazu kommt noch das nebenbei stets beibehaltene Haus in Brandenburg, und die vielen Winteraufenthalte in den Residenzen – es wird immer offenkundiger, daß man vom Kapital lebt, und nicht von den Zinsen; das vom General überkommene große Vermögen wird langsam aber unaufhaltsam kleiner.

Das muß anders werden; in der Meinung, Fritzens künftige Lebensumstände dadurch sicherer und fester zu begründen, entschließt man sich, sich nach einem anderen, ertragreichen Gut, auf bestem Boden, umzusehen; das ist die sicherste Kapitalanlage, muß jeder Unvoreingenommene zugeben.

Gerade um diese Zeit macht man in Berlin die Bekanntschaft des Majors im Regiment des Königs, von Döberitz, der seine große Besitzung in Lentzke, einem kleinen Dörfchen 5 km westlich von Fehrbellin, zu veräußern nicht abgeneigt ist. Graf Schmettau, l'aide de l'économie et du reste, macht sich zur Besichtigung auf, und kann nur günstig über die Qualitäten zumal des Bodens berichten. Auch für Sakrow findet sich schnell ein Käufer : der frühere Besitzer, Graf Hord, hat längst wieder Sehnsucht nach dem alten wellenumrauschten Gestade, und er nimmt es unbesehen; das Haus in Brandenburg ersteht der Kammerhusar des großen Königs, Neumann, ein Bruder Lustig, und wohlhabend genug, wie der Pastor Moritz zu berichten weiß.

Am Johannistag, dem 24. 6. 1787, ist die Übergabe von Sakrow. »Die kleine Dorfgemeinde begleitete voll wehmütiger Liebe insgesamt ihre scheidende, ihnen stets freundliche Herrschaft – man hätte das Verhältnis mit vollem Recht ein Patriarchalisches nennen dürfen – bis an das Ufer des hier sehr breiten Havelstromes, wo der Reisewagen in die Fähre einfuhr, und man noch im Fürderrudern immerfort das Nachwinken der Männer, Frauen und Kinder sah, und ihr Nachrufen hörte. Tränen quollen aus den Augen der Fortziehenden, Tränen aus den Augen der Rückbleibenden. – Segen immerdar über dir, du liebes Sakrow !«

Das neu erkaufte Landgut wird erst im Frühling des nächsten Jahres übergeben, und die Familie bezieht solange eine Stadtwohnung in Potsdam. Dann beginnt in neuer Umgebung ein neuer Lebensabschnitt.

§ 13

Die Dreivierteljahre in Potsdam gehen stiller als sonst vorüber; die Residenz ist sommerlich verödet, die im Winter zahlreich erscheinenden Adelsfamilien verbringen die heiße Jahreszeit auf ihren Gütern.

Nur einmal wird Fritz in einer Gesellschaft mit einem gleichaltrigen Knaben bekannt, der ihn trotz seines unbehilflichen Äußeren sehr anzieht, und nach rascher Kinderweise schließt man Freundschaft. Aber die Eltern sind unzufrieden über das unpassende Verhältnis, und weisen jenen, als er seinen Gegenbesuch machen will, unter einem Vorwande ab, und er ist billigerweise zu stolz um wiederzukommen; andererseits darf Fritz nicht zu ihm gehen, und das ganze Verfahren nagt ihn in tiefster Seele: es ist seinem weichen und treuen Gemüt so zuwider, daß er sich noch als Sechziger unruhig mit dem Vorkommnis auseinandersetzen muß. Er hat nie einen Freund im Stich gelassen, und wohl kann er hinter den Bericht des einfach-unbedeutenden Ereignisses, es ins für ihn typisch-bedeutende hebend, schreiben: »Empfangen hab' ich die schmerzliche Wunde oftmal, ausgeteilt aber noch nie.«

Nun ist er also wieder ganz in seine Spiel- und Traumwelt zurückgewiesen, – zwei Hündchen pflegt und verwöhnt er mit besonderer Liebe, wie er denn überhaupt sein ganzes Leben hindurch Tieren und Pflanzen brüderlich begegnet ist – und eines Abends ergreift ihn der Zauber des friedlichen Familienlebens und -webens so wundersam tief, daß er, scheinbar ohne allen äußeren Anlaß, der ihn zu Bett bringenden Mutter die Arme um den Hals legt und mit bewegter Stimme verspricht: »Mütterchen, ich weiß wohl, Du sähest es nicht gern, wenn ich Soldat würde: nun gut, ich will bei Dir bleiben; ich will studieren.« Entzückt umarmt die Mutter den Liebling, und von da an gilt die Sache für abgemacht; während früher nur immer von der Waffengattung die Rede gewesen ist, bei welcher Fritz eintreten werde. Im väterlichen Hause soll er sich von nun an zum Studium in Halle vorbereiten, – so wird rasch der neue Lebensplan fixiert, – den sogenannten Kameralwissenschaften obliegen, um nachher mit Vorteil das väterliche Gut verwalten, und anschließend etwa Landrat werden zu können. – So vergeht die erzwungene Wartezeit, und im Frühjahr 1788 kann man endlich das erkaufte Rittergut beziehen: es ist schon ein Gegensatz zu dem vornehmen Sakrow, etwa wie ein Ackergaul gegen ein Rennpferd absticht; aber eben das war ja einerseits beabsichtigt.

Ein kleines einstöckiges Gebäude ist es, einfach getüncht, obwohl innen wohnlich genug; ein kleiner Park mit wunderlich gewundenen

Gängen durchhin dicht hinter dem Hause, bis hin zum munter geschlängelten, obschon ungewohnt schmalen, Flüßchen Rhin, wo die Rasenbank unter den schönen schattigen Silberpappeln steht; vor dem Gutshause, zwischen den breiten Anfahrtswegen, der Rosenhügel.

Und der Boden ist hier tatsächlich weit üppiger als in der Streusandbüchse: nicht nur die weit ausgedehnten bis an den Horizont reichenden umbüschten Wiesenflächen, weidende Rosse darauf und buntere Rinder, erfreuen den Knaben; auch das nützliche Korn prangt reich und goldig, und manche Stunde verlebt er in einer sehr großen alten Buchenwaldung, ein halbes Stündchen vom Dorfe entfernt, in deren Mitte, tief drinnen gar noch ein alter Rundwall aus der Schwedenzeit zu sehen ist; wie denn überhaupt schon die Nähe des Städtchens Fehrbellin viele Erinnerungen an den großen Kurfürsten wachruft, die späterhin im Werke des Mannes mehrfach Gestalt gewinnen sollen. »An dem Posthause, vor welchem Du absteigst, ritt ich oft auf meinem kleinen Schimmel vorbei, in fröhlicher Vorahnung künftiger Ritterthaten« (12. 7. 1815, an den aus Europa scheidenden Chamisso).

Dennoch: »Das neue Besitztum erwies bei naher Beschauung und Erfahrung sich keineswegs so vorteilhaft, als man es erwartet haben mochte, und manche trübe Wolke zog deshalb über die sonst so heitere Stirn der für ihren Liebling und seine Erdenzukunft sorglichen Mutter.«

Das ist nicht, obgleich den an gesellschaftlichen Umgang gewöhnten Fouqués unangenehm genug, die Spannung mit dem anderen großen Gutsbesitzer des Dorfes, dem Herrn von Lentzke, der selber gern seinen Besitz arrondiert hätte, und nun noch 40 Jahre warten muß, ehe sein Sohn endlich 1826 auch diese Ländereien an sich bringen kann. Das ist nicht, obgleich den an »patriarchalische« Verhältnisse gewohnten Fouqués ungemein befremdend, der Trotz der wohlhabenden bäuerlichen Bevölkerung; die, in jahrhundertelanger herber Schulung gewitzigt, keinem »Herren« trauen, und sogar die wohlmeinend angebotenen Krankenbesuche und Arzneien mißtrauisch zurückweisen, weil sonst »ein rechtlicher Anspruch« darauf begründet werden könnte. Sogar »Widerspruch und frechen Trotz«, wie Fouqué es unwillig nennt, muß die Baronin zuweilen erfahren; noch im Alter kann er sich nicht genug darüber wundern, und kommt nicht auf die ja wohl naheliegende Schlußfolgerung, daß dies vielleicht etwa die Ernte aus alter junkerlicher Saat sein könnte.

Nein, das ist es alles nicht; sondern merkwürdigerweise scheinen weder der Baron Fouqué noch der aide de l'économie die glückliche landwirtschaftliche Hand zu haben: trotz des vorzüglichen Bodens geht es rückwärts mit den Finanzen!

Die Begründung steht wiederum beim alten Gustav Freytag, so passend, daß ich sie nur abzuschreiben brauche : »Diese Leute sind gewöhnt, wenig Arbeit zu haben und viel Vergnügen, alles wird ihnen zu leicht gemacht im Leben von klein auf. ... Ist so Einer höchstens zweimal im Tage durch seine Wirtschaft gelaufen, so denkt er, er hat gearbeitet, während der Amtmann das Beste tut, und manchmal noch die Dummheiten des Herrn ausbessern muß.« Sie werden im weiteren Bericht sehen, wie typisch auch dieses Beispiel für den Verfall der großen adeligen Vermögen verläuft, bis zum bitteren Ende : in 15 Jahren ist die Gefolgschaft des bekannten Grafen von Luxemburg um einen Namen reicher. –

Indessen wird mit den Gutsbesitzern der Umgebung Bekanntschaft gemacht, zumal mit den schon erwähnten Kleists auf Protzen, und der Familie von Byern; und der märkischen Namen ist kein Ende : Alvensleben, Bredow, Jagow, Ingersleben; sogar bis zu den Briests auf Nennhausen fährt man zuweilen : man kennt sich ja grundsätzlich von den winterlichen Bällen und Soireen in Berlin her.

Einmal, eben von Protzen heimgekehrt, es ist schon spät und nach einem schwülen Tage, ballt sich ein furchtbares Gewitter zusammen, würdig, in der Dorfchronik fixiert zu werden; und so tief geht der Eindruck, daß Fouqué die Schilderung in seinem Epos »Bertrand du Guesclin« festgehalten hat : »Knabe noch war ich, da zog einst auf ein dräuend Gewitter / über dem heimischen Sitz. Nacht schon bedeckte die Flur. / Blitz auf blendenden Blitz und Donner auf krachenden Donner / leuchtete, rasselte wild ob dem erbebenden Haus. / Anfangs hoffte man wohl : es zieht das Gewitter vorüber ! / Siehe ! der heulende Wind jagt es gen Westen davon ! / – Aber Gewölk an Gewölk ! Stets neu her zog das Entsetzen ! / Manch ein Auge, sonst kühn, senkte sich scheu an den Grund ! / Manche Wange, sonst frisch, erbleichte im fiebrigen Bangen, / oder leuchtete wild, wie schon gerötet von Glut ! – / Fort und fort das Geroll der furchtbar schmetternden Schläge ! / Fürder und fürder das Licht zackigen Blitzes darein ! – / Kindisch dacht ich bei mir : das endet nur mit Zerstörung ! / Tagender Himmel und Thau ? Leuchtendes Friedensgewölk ? / Gibt es dergleichen denn noch im ganzen Reigen der Schöpfung ? / Nein; ach die Losung ist Blitz ! Donner die Antwort darauf !« Und es ist eine ganz bezeichnende Fouqué-Reaktion, daß ihm die Phantasie sogleich eine Welt ewigen Blitzes und Donners zeigt – ein grandioses Bild : wie würden die tappenden Menschen im Gezucke durch Länder und Städte irren ! Lange nachher läßt Jules Verne, in seiner »Voyage au centre de la terre«, einem Buch von glänzender Erfindung, seinen Helden Axel den gleichen Gedanken äußern : »Warum sollte auch der Zustand der Atmosphäre, einmal modifiziert, nicht dauernd so bleiben?«

Und es ist, als wäre das Unwetter unheilverkündend genug gewesen; bald darauf erkrankt die Mutter – wieder einmal, heißt es zunächst – und, richtig, bald kann sie das Bett verlassen. Schon hat man das Genesungsfest gefeiert, und Fritz sie mit einem kleinen Liede begrüßt; denn hier, im dörperlichen Lentzke, ist ihm jetzt das erste leidlich gereimte Gedichtchen gelungen, natürlich noch angelesener Reminiszenzen voll – wie sollte es auch anders sein –, aber die Ältern haben doch rechte Freude daran, und er noch mehr, und er übt die neue Kunst fleißig.

Noch am Abend des 27. 11. 1788 halten sich die beiden Ärzte überzeugt, die Gefahr sei für dasmal vorüber, und heiteren Mutes geht Fritz zu Bett; aber in der Morgenfrühe rüttelt ihn die Hand des Grafen Schmettau hoch, und als Jener schlaftrunken fragt : »Nun, wie geht es mit Mütterchen?« kann er nur antworten : »Du armer, armer Fritz! Schlimm geht es; sehr schlimm! In der Nacht hat sich alles trüb verändert : Du wirst Dein Mütterchen nicht lang auf Erden mehr haben.«

Schon erkennt sie den ans Bett stürzenden Sohn nicht mehr; staunend und gleichgültig wendet sie die rehbraunen Augen auf den Schluchzenden und fragt : »Was willst Du von mir?« Den darob erschreckt aufschreienden Knaben zieht man besonnen aus dem Zimmer; zwei Stunden später ist sie tot, gestorben, wie die Hand des Pfarrers Kriele auf Seite 357 des Lentzker Kirchenbuches unter Nr. 2 einträgt : »am hitzigen Faulfieber.« Und er fügt hinzu : »Eine seltene, ungemein gute und teilnehmende Frau, die von jedem der sie kannte, geliebt, und deren Tod allgemein betrauert wurde.« Und er hat sie gut gekannt; denn er verkehrt stark im Hause und hat den unheilvollsten Einfluß; leider.

So sehr Fritz auch begehrt, die Mutter noch einmal zu sehen, zeigt man ihm doch die Leiche nur dicht verschleiert; vernünftigerweise wahrscheinlich, weil die Verwesung ungewöhnlich rasch und entstellend einsetzt. Die Folge davon ist, so gut man es auch gemeint hat, daß eben diese saismäßige Verhüllung bei dem phantastischen Kinde neue Komplexe auslöst. »Ihm träumte nämlich, er schleiche sich in tiefster Dunkelheit einsam nach dem Sterbelager der Mutter hin. Und dann richte sich die Leiche auf, und fasse nach ihm mit langen kalten Armen, und erfasse ihn, und ziehe ihn grauenvoll gewaltsam an ihre kalte Brust. Im Sträuben sich frei zu ringen, warf er dann etwas, das ihm in die Hand kam, nach dem plötzlich unheimlich gewordenen, spukhaft verschleierten Wesen. Und was war es, das er geworfen hatte? Ein überaus zierliches buntbemaltes

Döschen, ihm vor wenigen Wochen durch die Mutter geschenkt, ob seines ganz absonderlichen Wohlgefallens daran, als er es einst unerwartet unter ihren Schmucksächlein fand. Und nun hatte er es nach der lieben Leiche geschleudert voll wahnsinnigen Entsetzens, und erwachte darüber, und zwar unter den furchtbarsten Schauern der Selbstanklage. – Dreimal in drei auf einander unmittelbar folgenden Nächten kam dieser aus sehnsüchtiger Liebe und tollem Grauen zusammengewobne Traum wieder, und das noch schrecklichere Erwachen daraus zu Gewissensbissen« ... Nach der dritten Wiederkunft des Nachtgesichtes bricht die ohnehin zarte Gesundheit des Knaben völlig zusammen; er verwelkt körperlich und geistig, so daß man anrückenden Blödsinn befürchtet, und andererseits wieder vor den poetischen Ergüssen des Kindes erschrickt, die zwischen albernem Getändel und den furchtbarsten Gestaltungen der nordischen Sage, die er eben zuvor bruchstückweise kennen gelernt hat, hin und her schwanken : Hel und ihr Kreis vor allem; die dunklen eisigen Ströme, die Leichen, Schwerter und Giftschlangen wälzen; Eisen und Nebelwände. Eines Abends, im Lehnstuhl sitzend, überfällt ihn die erste plötzliche Ohnmacht, und die erschreckten Umstehenden kommen endlich zu dem erlösenden Einfall : für eine Zeit, bis das gefährdete Kind sich erholt haben wird, den Wohnort zu wechseln; damit er nicht jede Minute, durch alle Gegenstände, immer wieder an die Verlorene erinnert wird.

Schaurig sieht es aus vor den Fenstern und in den Dorfstraßen : riesige Schneefälle und Verwehungen, daß man sich ständig frei schaufeln muß, haben den Ort fast ganz von der Außenwelt abgeschnitten, und Bilder grimmigster Kälte schrecken das kränkelnde Kind. Denn der große Winter von 1788/89, der schwerste des ganzen Jahrhunderts, ist angebrochen; der Bodensee friert zu, selbst die Ostsee zum Teil; am 16.12. erlebt man einen Tagesdurchschnitt von $-22°$; den Rekord hält der 28.12. mit $-29°$; am 4.1. registriert man in Berlin den bis dahin höchsten Barometerstand 785 mm. Es werden zwar nicht die Temperaturen unseres Rekordwinters 1928/29, wo das Quecksilber bei mir in Lauban auf $-36°$ fiel, erreicht; aber wenn man liest, daß im Ganzen 81 Tage unter Null waren, davon 27 unter $-10°$, und 13 gar unter $-15°$, kann man sich einen ungefähren Begriff machen. Es war schon ein rechter Winter !

Und selbst das wird zum Problem : wie soll man die rund 50 km bis Potsdam zurücklegen ? Der erprobte, sonst kühne und gewandte Kutscher, bekennt sich unfähig, einen Wagen mit Sicherheit durch die meterhohe pfadlose Schneedecke hindurchzulenken; so muß sich also die Familie einem großen, mit einer Plane überwölbten Schlitten, anvertrauen; und den ganzen Tag geht es durch die endlose weiße Dämmerung, tief im

Hintergrunde des unbehilflichen Fuhrwerkes der sorgsam eingepackte kränkelnde Knabe : das kommt ihm so gespenstisch, so kimmerisch und grauenhaft vor; und als man spät abends in die gleichfalls tief verschneiten, im matten Lampenschimmer flimmernden Straßen der Residenz einfährt, wird aus der Wehmut des Kindes fast Schwermut : denn man zieht ausgerechnet wieder in die früher schon gemietete, von der Mutter sonst stets mit belebte, Wohnung, die jetzt an Öde nichts zu wünschen übrig läßt.

Stundenlang sitzt er in einem Winkel, und spielt, wie vor Jahren, mit Püppchen; Schauspiele und Kriegstaten werden nicht mehr dargestellt, sondern seltsamerweise am liebsten Jagden auf wilde Tiere, woran er doch weder vorher noch nachher wieder Gefallen findet. Auch eine stumpfsinnige ungewöhnliche Eßlust hat sich seiner bemächtigt, und bezeichnenderweise schmecken ihm am besten die von den Andern getadelten und seufzend belachten dünnen Fleischbrühen, mageren Braten und saftlosen Gemüse, die man – man kocht lustlos nicht selbst – aus einem nahen Speisehaus holen läßt.

Nur langsam löst sich, in Tränenströmen und unter der heilsamen Einwirkung von lindernder Zeit und zunehmendem Licht, der schreckliche Schock; gegen Frühlingsanfang kann die Familie mit dem wieder genesenen Knaben das Landgut beziehen.

§ 14

Hier erwartet ihn eine neue wichtigste Veränderung : wie schon erzählt, hat sich der Herr von Kleist den Hofmeister Sachse zum Dorfpfarrer erlesen, und wieder wird von Halle ein neuer Hauslehrer verschrieben. Diesmal ist es eine der merkwürdigsten und konsequentesten – dabei am wenigsten bekannten – Gestalten der Frühromantik : August Ludwig Hülsen.

Am 2. 3. 1765 ist er in Aken an der Elbe als Sohn des dortigen Rektors geboren worden; dessen Vater, Paul Gottfried, mit der Tochter des Zerbster Hofbildhauers Stutz, Johanna Dorothea, verehelicht, wird kurz darauf Pfarrer in Premnitz bei Rathenow; denn es ist wieder einmal eine alte Pfarrersfamilie : schon der Großvater war Prediger, und ein Bruder unseres Hülsen sitzt später ebenfalls als Pfarrer in Stechow.

Da ist es denn auch weiter kein Problem, was August zu studieren hat; am 5. 5. 1785 wird er in Halle als Theologe immatrikuliert. Aber es ist die alte Geschichte : das störrische Kamel Vernunft will sich wieder einmal nicht durch das Nadelöhr Dogma treiben lassen; er frequentiert anstatt dessen die philosophischen Vorlesungen, lauscht angeregt dem großen Homerkritiker Wolf, und lehnt es am Ende dem Vater rundweg ab, auch nur nominell weiter bei der Theologie zu bleiben. Und er ist ganz der Mann dazu, seinen eisernen Willen gegen jeden Widerstand durchzusetzen; denn er ist dazu geboren, und wird es später auch verwirklichen, noch einmal das alte griechische Ideal des bedürfnislosen Weisen vorzuleben; monatelang ernährt er sich von Brombeeren und Wurzeln, wenn es sein muß, und schreibt mit den ausgefallenen Federn von Raben. Immer erkennbarer wendet sich im Laufe der Jahre sein Geist – über kleine Ausbiegungen zu Fichte oder Schelling – der eigentlichen Religion aller germanischen Denker zu : dem Pantheismus.

Äußerlich altert er unter Entbehrungen und Widerständen früh; so beschreibt ihn 1795 – also ein Jahr, nachdem er Fouqué wieder verlassen hat – sein Freund Johann Georg Rist (dessen heute fast vergessene »Lebenserinnerungen« ich nur immer wieder empfehlen kann : voilà un homme; er begegnet uns später noch einmal) :

»Hegekern (nur unter diesem Namen kannte man ihn damals) ist mir von jeher erschienen, wie man sich die alten Philosophen, etwa den Plato und Aristoteles, denkt; seine eiserne vierkantige Gestalt ragte hoch über den anderen hervor; seine Gliedmaßen muskulös und trokken; sein schlichtes schwarzes Haar hing auf seine Schultern herab ... und gab dem tiefen Ernst seines gefurchten Antlitzes, auf dem ein dichter schwarzer Bart strotzte, von fern eine furchtbare Strenge. Aber ein mildes Auge, und bald ein freundliches Lächeln herrschten über diesen Zügen und besänftigten sie.« Und Rist, der ihn damals eben erst kennen gelernt hatte, fügt in schüchterner Schätzung hinzu : »Sein Alter mochte 40 sein.«; dabei war Hülsen eben erst 30 geworden (!), die gefurchten Züge seines Gesichtes waren eben »die Narben, die darein geschlagen die Gedanken«. Und es ergänzt das Bild aufs biederste, wenn er weiter berichtet : »An demselben Manne rühmte man, daß er bei lustigen Gelagen einer der Lautesten und unerschöpflich an Schwänken und alten Liedern sei. Wer ihn näher betrachtete, wurde wohl gewahr, daß Trübsal und manche bittere Erfahrung ihren Teil an den Furchen seines Antlitzes hatte, ohne die fromme Einfalt seines Wesens zu trüben.« Tiefe Kenntnisse hat er in Philosophie, alten Sprachen, Mathematik, älterer Literatur; er bemüht sich, das zu sein, was jeder gute Schriftsteller sein sollte : ein geistiger Zehnkämpfer. Auch ist er ein trefflicher Zeichner, und »kein Mädchen habe ich zierlicher und sinnreicher Blumen handhaben und Kränze und artige Kleinigkeiten zu Stande bringen sehen.«

Als er, sechs Jahre früher, bei den Fouqués eintrifft, beschreibt Fritz ihn so : »Die Hauptbegabung des Mannes offenbarte sich allerdings weit schöner im gesprochenen Wort, unterstützt durch das mildbegeisterte Glühen seiner großen dunklen Augen, und den Gesamteindruck seines blühend-kräftigen Antlitzes.« Oft nimmt an den Unterrichtsstunden auch Fouqué's Mühmchen, die jetzt schon fünfzehnjährige Leopoldine von Posern teil; das wird bedeutsam für die kommenden Ereignisse.

Wie in Schwung und Rausch erlernt der begeisterte Knabe jetzt das Griechische. Während Latein durch die gelahrten Formeln und juristischen Ausdrücke für ihn einen rechten Anstrich von Pedanterie, ja Perükkenhaftigkeit, bekommen hat, und aus Klopstocks Dichtungen zusätzlich noch ein Element des Römerhasses in die junge Seele gedrungen ist, liegt über der hellenischen Dichtung der holde Schleier des Frührotes, und Hülsens begeisternder Unterricht weiß ihm den unvergänglichen Goldgrund hinter den Homer zu stellen. Auch in deutscher Grammatik füllt er die Lücken aus, und befreit die Sprache des Jungen für immer von Berlinismen und der Mich- und Mir-Not. In der Mathematik ist bei Fritz nicht viel zu machen (wie denn überhaupt dieses spezielle Fach, um anziehend zu werden, einen ganz ungewöhnlichen Lehrer erfordert), und er lernt mit Mühe bis zum Pythagoras.

Auch in des Zöglings kindliche Dichtungsversuche geht Hülsen liebevoll ein, indem er sie eingehend rezensiert, und jenem wiederum frühere eigene Erzeugnisse zur Beurteilung vorlegt. Antikritiken und Repliken sind nicht nur vergönnt, sondern erwünscht; und die Heftlein nehmen allmählich die Physiognomie einer kritischen Zeitschrift an, eine Kampfesübung, der Fouqué, wie er später gern zugibt, viel Tüchtiges verdankt.

Ansonsten allerdings paßt Hülsen in die Adels- und Soldatenfamilie wie Pontius ins Credo. Wie Steffens einmal andeutet, hat er sich früh seiner Militärpflicht entzogen – Faust in Uniform kann höchstens Gegenstand einer Parodie sein –; und als überm Rhein die französische Revolution losbricht, bereits da beginnt die Spaltung zwischen Lehrer und Schüler, zwischen dem Bürger und dem adligen Emigrantensohn. Die Abschaffung der Adelstitel; die rauhe Beseitigung der alten Zwingherren; die »beleidigende Unsitte des triumphierenden Packs gegen die schöne Königin und den duldenden König«, wie sich Fouqué ausdrückt – ohne an die jahrhundertelang geübte beleidigende Unsitte des schmarotzenden

Hofklüngels gegen das arbeitende Volk zu denken –, das alles genügt natürlich, um bei dem romantischen Knaben alle Hülsenschen Empfehlungen über den Haufen zu werfen, und in ihm den bittersten Haß gegen die »revoluzischen Schlächter« zu erwecken und zu schüren.

Nie darf bei Fouqué dies außer Acht gelassen werden :

Für ihn sind Könige stets die geharnischten Helden höchster Sinnesart, nach Körper und Geist als Vorkämpfer hoch über und vor ihrem biederen Volke stehend; nicht die viehisch sinnlichen, groben, dabei unfähigen und tyrannischen Kreaturen, wie sie für Deutschland Vehse in seinen 48 Bänden so köstlich porträtiert hat.

Für ihn ist der Adel der Mittler zwischen diesen hypothetischen Königstypen und dem einfältigen Volk, etwa, wie zwischen Gott und den Menschen die Engel eingeschaltet sind – ganz naiv braucht er in der »Sängerliebe« dieses Bild, und findet erfreut auch bei ihnen die verschiedenen »Dienstgrade« : »Erzengel, Thronen und andere Herrlichkeiten«, also etwa Grafen, Baronen, etc. entsprechend ! Er sieht überhaupt nicht, daß kein Adliger sich seinen Besitz und sein Vermögen erarbeitet, sondern stets nur »Beute gemacht« oder Königsgeschenke erhalten hat, und ansonsten munter auf Kosten seiner Hintersassen praßt; dazu noch nicht einmal das also ihm Zugefallene zu behaupten, geschweige denn zu mehren, versteht – dabei brauchte er sich nur umzusehen. Vergebens ruft Massenbach : »Wenn es unser Adel noch länger so treibt, läßt sich jeder gescheute Adlige bürgerlich taufen !« Vergebens leben ihm die doch auch »von« Madais vor, wie man sich einem bürgerlichen Berufe widmet, und fleißig durch Generationen hindurch floriert.

Für ihn ist das Volk endlich das, was treu für »den Herrn« lebt und stirbt; seine »einfachen Leute« sind zum Schreien komisch, wenn man vergißt, daß Fouqué im geistigen Raume von 1177–1243 lebt : da gehört er hin, dort ist er eine ewige rein poetische Gestalt; aber ansonsten natürlich vollkommen unvernünftig.

So gibt es hier die ersten schweren Entfremdungen zu Hülsen, und dieser muß, was dem aufrechten Manne schwer fällt, sehr vorsichtig steuern, und dabei doch zusehen, wie sich sein Einfluß von Tag zu Tag vermindert.

Daß Fouqué der Realität so ungewöhnlich entfremdet wird, ist auch gar kein Wunder; denn wieder, beim jedesmaligen Winteraufenthalt in den beiden Residenzen, verkehrt er viel und häufig in der preußischen Königsfamilie : damals wird der Grund zu dem späteren wunderlichen Verhältnis gelegt. Ich werde nachweisen, wie nun andererseits er die Regierenden zutiefst und in verhängnisvoller Weise beeinflußt hat, obwohl völlig absichtslos.

Diesmal ist es vor allem die Familie des Prinzen Ferdinand und dessen Kinder – die »maudite race des Schmettau« – der älteste Sohn, Prinz Heinrich; der bekannte Prinz Louis Ferdinand; und deren Schwester Luise, die spätere Fürstin Radziwill. Heinrich will sich im Scherz den muntern Knaben für sein Regiment Gensdarmes anwerben, in dem er selbst mit seinen 16 Jährchen schon Oberst ist – »die haben ihr sunderlich Wesen bereits in der Wiegen« –; und Fritzens Soldaten- und Kriegslust wird durch solche Anstöße nicht wenig angeregt.

Früh zeigt sich auch die andere Leidenschaft des Mannes: er ist leicht entflammt, und erliegt, ob es gleich fast immer nur kurze, vorübergleitende Erwärmungen bleiben, leicht dem Zauber weiblicher Schönheit und Anmut: »Wohl gestaltete sich dabei manch hübsches Bild oder Bildchen von edlem Knappen- oder Pagendienst, holden Frauen gegenüber, und namentlich Eine derselben übte den holdesten Einfluß auf den Knaben, ihre anmutige Aufgabe als Meisterin edler Sitte und würdiger Zier vollkommen verstehend und lösend.« Er selbst nennt, wie er nebenbei fast nie Namen oder Daten gibt, auch diesen Namen nicht: es war Fräulein von Retzow, nachher die Gattin des späteren Feldmarschalls, des Grafen von Kleist-Nollendorf.

Neben vielen anderen Nachteilen hat dies Debut in der großen Welt auch den: er wird bodenlos eitel, fast über das billige Maß junger Menschen hinaus, und zwar vor allem hinsichtlich eleganter Kleidung: wieder wird der Spalt zu dem einfachen, unermüdlich an sich arbeitenden, Hülsen breiter.

Die Zeit der Konfirmation naht heran. In Lentzke bereitet ihn zunächst der muntere Kriele auf die heilige Handlung vor; er ist zwar lutherischer Konfession, und die Fouqués sind reformiert, wie auch Graf Schmettau, während die Mutter wieder lutherisch war; aber vom Glauben ist bei dem ehemaligen spandauer Feldprediger im flotten Infanterieregiment Prinz Heinrich ohnehin nicht groß die Rede, und ein paar Formeln sind schnell gelernt. Der Aktus selbst wird während des Winteraufenthaltes 1792 in Potsdam durch den französisch-reformierten Geistlichen der Réfugié-Gemeinde, Erman, vollzogen; er findet auch nicht in der Kirche statt, sondern im Hause vor einer Familiengesellschaft. Während der vorbereitenden Stunden hat sich der freundliche Erman mit Fritz geeinigt: jener solle Deutsch, er wolle Französisch sprechen, und der seltsame Unterricht ist ohne Mißhelligkeiten vonstatten gegangen; jetzt, bei der Feier selbst, wird alles im allerhergebrachtesten Französisch erledigt.

Bei der Erwähnung der toten Mutter wird gebührend geweint; auch faßt Fritz mannhaft einige tugendhafte Entschlüsse; aber – bezeichnend für seine kindliche Sinnesart – will er an die Tugend immer denken, wenn er den kleinen Facardin, sein Windspielchen, das schlafend unter dem Tisch liegt, ansieht. (Und der Name mag Ihnen Anlaß sein, einmal die graziösen Märchen des Grafen Hamilton zu lesen). Hierbei, wie überhaupt bei jeder Konfirmation, kommen Einem Zweifel, ob es nicht prinzipiell falsch ist, Kinder mit religiösen Formeln, Dogmen und Feierlichkeiten zu behelligen : sie denken entweder gar nichts dabei, oder machen sich ein wunderlich-schamanenhaftes Gebäude zurecht, das besser nicht wäre; denke Jeder einmal vorurteilsfrei an die eigene Kindheit.

§ 15

Während so die Winter durch Lustbarkeiten aller Art für den Heranwachsenden ausgefüllt sind, bleiben für den ländlichen Sommer die Spiele – und er spielt lange, bis ins sechzehnte Jahr hinein, obschon meist schamhaft vor aller Augen verborgen – Ritte über Land, fast immer mit Schmettau, der sich seiner väterlich annimmt, und ihn sorgfältig-hinterhältig für eine vielleicht doch später sich eröffnende Soldatenlaufbahn schult; und endlich in immer steigendem Maße die Lektüre.

Zuerst hat Fritz bei dem Sohn eines Nachbarn die »Lieder Sineds des Barden« gefunden und von dem Gleichgültigen für immer entliehen; wenn das poetische Talent des klopstockisierenden Paters Denis aus Wien auch nicht übermäßig zu nennen ist, so hat er doch das Verdienst, darin einige Übersetzungsversuche aus der Edda mit erklärenden Anmerkungen zu bringen, und zum ersten Male liest Fritz ausführlich von dem ihm bisher nur in Fragmenten bekannt Gewordenen : das ganze nordische Göttersystem wird ihm jetzt im Zusammenhange klar, und den tiefsten Eindruck macht ihm, neben Sigurd, die Gestalt Baldurs des Guten, mit der er sich später immer wieder auseinander setzen wird.

Die Bekanntschaft mit der modernen Literatur vermittelt geschäftig und gern der schon mehrfach erwähnte Pfarrer Daniel Friedrich Kriele (1752–1797), dem es anläßlich des Todes der Baronin gelungen ist, sich in den Familienkreis hineinzuschlängeln, und der bald allabendlich erscheint, und als gewandter Gesellschafter gern gesehen und langsam unentbehrlich wird; daß er, mit scharfem Blick alle Verhältnisse des Haushaltes, dem jetzt die Schwester des Barons, Henriette von Nimscheffsky, vorsteht, durchschauend und benützend, sein eigenes Plänchen dabei verfolgt, braucht er ja Niemandem auf die Nase zu binden. Er muß wirklich ein außergewöhnlich unangenehmer Mensch gewesen sein; denn selbst der milde, Manches verstehende, Vieles verzeihende Fouqué, findet noch nach 50 Jahren ungewöhnlich scharfe Worte der Kritik für ihn; umso bemerkenswerter, als er ja sein Verwandter wurde.

Und da erscheint nun nach und nach – Hochwürden liest meistens vor – der ganze Wieland, auch die schmierigeren Sachen; Voltaire außer der »Pucelle«; Veit Weber, den Fouqué später persönlich unter seinem wahren Namen Wächter in Hamburg kennen lernt, mit seinen »Sagen der Vorzeit« wird mit Begeisterung angehört; Schlenkerts und Spießens Schauerromantik; Meißners schlüpfrige Geschichten, den er 1792 auf einem großen Ritt mit Schmettau zum Onkel in Lieben bei Krossen, und weiter Oderaufwärts bis Stettin, zurück über Pansin und Rheinsberg, kennen gelernt hat.

Bedeutender sind schon Hermes »Sophiens Reise von Memel nach Sachsen«, ein ausgezeichneter Zeitroman, der heute, wo noch der unleugbare kulturhistorische Wert hinzukommt, nur empfohlen werden kann, oder einige Bekanntschaft mit Moritz, dem Verfasser des unsterblichen »Anton Reiser«. Und endlich, last not least, der merkwürdige Romanschreiber Cramer.

Der verdient aus literaturhistorischen Gründen ein Wort der Erwähnung, ganz abgesehen davon, daß er großen Einfluß auf Fouqué gehabt hat : Carl Gottlob Cramer, ein Sachse aus der Freiberger Gegend, und auch ein mißratener Kandidat der Theologie, später Lehrer an der herzoglich-meiningischen Forstakademie zu Dreißigacker, wo er 1817 starb, hat etwa 60 Romane geschrieben, die ein ungeheures Lesepublikum fanden. Und nicht nur, weil er die durch Goethes »Götz« angefachte Ritterromantik vergröberte und verschauerlichte; sondern vor allem auch dadurch, daß er demjenigen einen Ausdruck verlieh, was der von seinen kleinen Höfen, Kabinettsjustizen und Adelsprivilegien gepreßte und geplagte Deutsche wohl schüchtern zu denken liebte, aber kühn, wie die Franzosen oder Engländer, zu tun, sich gewaltig fürchtete : Fürsten absetzen, Minister hängen, Raubritter köpfen, Mätressen ins Spinnhaus und geknechtete Patrioten wieder zu Ehren bringen – »Aus Cramer« bemerkt Wolff in seiner Geschichte des Romans sehr richtig »hat sich mancher arme Mensch mehr Trost geholt, als von seinem Pfarrer.«

Nimmt man hinzu, daß in seinen – relativ – besten Stücken kecke Erfindung, heroisch gewalttätige Sprache, und die unverwüstlichste Räuberromantik anzutreffen ist, so erscheint er durchaus als bisher zu gering bewertet, und verdiente wohl einmal eine genaue Untersuchung. Natürlich sind die meisten seiner Produkte »Paul Ysop, eines gewesenen Hofnarren, Leben«, »Erasmus Schleicher«, »Karl Saalfeld«, »Hermann von Nordenschild« etc. »wilde rohe Erfindungen aus der heutigen Welt, mit buhlerisch frechen Szenen durchwoben«, wie sie Fouqué entrüstet nennt, und für Jugendliche sind sie ja wirklich nicht geeignet; aber »Adolf, Raugraf von Dassel«, der »Domschütz und seine Gesellen«, und vor allem der überkühne »Hasper a Spada« verdienen durchaus Beachtung und lassen das unverächtliche, wenn schon verwüstete, Talent erkennen. Wie groß die Wirkung auf das Lesepublikum war, kann man aus dem einzigen Beispiel in Hauffs »Memoiren des Satan« ersehen, wo dieser der nächtlichen Lektüre seiner Knabenjahre das unsterbliche Denkmal gesetzt hat.

Wie groß die Faszination auch für Fouqué war, belegt er noch 1824 im »Réfugié«, wo er den greisen Rittmeister Fadrop, der sogar ein Pferd auf den Namen »Bomsen« getauft hat, vom »Hasper a Spada« ausrufen läßt : »Ein Kapitalbuch, auf Ehre !« – Und vorweggenommen sei es hier, daß später, bei den Weimar-Kürassieren ein gewisser Fouqué in Kameradenkreisen den Namen »Hasper« führen wird, und der Spezialfreund jener Tage, Karl Columbus von Hagen, den des zweiten Helden aus jenem Buche, des derben, unwiderstehlich volkstümlichen »Bomsen«.

Ein Gutes kommt doch aus des Predigers Bibliothek : Shakespeares Werke, wenn auch nur in der Eschenburgischen Übersetzung. Vorgelesen wird er freilich nicht; aber Fritz holt sich Band auf Band davon herüber, und erlebt zum ersten Male unter begeisterten Schauern den großen Briten.

Natürlich ruht unter solchen Einflüssen seine eigene Feder nicht, selbst nicht während der Winteraufenthalte in der Stadt. Während der alte General noch fast nur französisch konnte, – abgesehen von deutschen Kommandos und Flüchen, und Marginalien in Stil und Orthographie seines Königs –, und auch der Vater, nach Fouqués eigenem Bericht, immer noch viel besser Französisch als Deutsch spricht, tritt im Dichter die Sprache der Réfugiéväter mehr und mehr in den Hintergrund. Ganz selten, und nur als junger Mensch, hat er sich auch in französischer Prosa versucht.

Jetzt schreibt er nach wielandschem Vorbilde, »wahrhaft abscheulich nämlich; zwar nicht eben unsittlich, aber albern, auch wohl geradehin dumm«, wie er es später selbst aburteilt; und sicher mit vollem Recht; jedem Nachahmer Wielands ist es so gegangen. In dialogisierten Romanen versucht er sich, die damals viel gelten; besonders erinnert er sich einer Dichtung, Gallus' Geschichte der Mark Brandenburg entnommen, »Werner von Walbeck«, in vier Büchern. Sie selbst ist verloren gegangen; aber den Namen hat er noch einmal aufgenommen: einer der Helden des »Zauberringes« trägt ihn weiter: Archimbald von Walbeck. Von den Mysterien von Eleusis hat ihm Hülsen im Laufe des Unterrichts viel berichten müssen; das alte Geheimnis zieht auch ihn wieder an, und lange trägt er den Plan mit sich herum. Als Greis erst führt er ihn aus; am 17.1. 1829 bietet er Cotta brieflich eine Tragödie in 3 Akten, »Kallias und Psycharion, oder die Mysterien«, zum Druck an: »Seit meinen Knabenjahren begleitet, ja verfolgt beinah der Gedanke mich, die geheimnisreiche Wunderwelt von Eleusis in einer Dichtung zu gestalten, im Verein mit dem Untergang des alten Korinthos, als den letzten Akt jenes welthistorischen großen Trauerspiels, in welchem und in welches die antike Hellas versank. Auch hatte meine damalige kindische Muse sich bereits zu einer Erzählung dieser Art erschwungen, die freilich nur den Prologos des ganzen enthielt, aber deren Verlust – ich verbrannte es einst samt allen früheren Arbeiten im kritischen Jünglingshochmut – ich dennoch bedaure.« Und er gibt ganz kurz den Inhalt des Trauerspiels an: »Die 3 Akte bewegen sich in den letzten Geschicken Altgriechenlands fürder, durchwoben mit Kallias' und Psycharions, aus attischem Blütengetändel zu heroischer Kraft erwachsenden, sich im Tode verklärenden Liebe. Als Zwischenspiel erscheinen die Mysterien ‹Herakles und Psyches Erdenbahn› in Beziehung auf höheres Ahnen darstellend. Der Sturz Korinths und weissagende Anklänge für die jetzt sich schließende Zeit, beschließen das Gedicht.« Ich habe die spätere Notiz deshalb ausführlich hier eingeschaltet, weil auch diese Bearbeitung des Gegenstandes ungedruckt und verschollen geblieben ist; das Manuskript wird nirgends mehr erwähnt, und ist wahrscheinlich – wie manche andere seiner späteren Arbeiten – verloren gegangen. Andere Stoffe für seine Dichtungen holt er sich aus Herodot: Pythagoras mit seinen Seelenwanderungs-Ahnungen soll in einem Mythenspiel erscheinen; der pfeilgetragene Skythe Abaris; und vor allem »die Romas-Anschauung eines kriegsgefangenen jungen Deutschen, bald nach der Hermannszeit«, die »wackere Züge« getragen haben soll. Die Geschichte vom »falschen Waldemar« und dessen geheimnisvollem Auftauchen wird wiederholt geprobt. Ansonsten bilden die ihm im Geiste bekannt gewordenen Gegenden des Nordlands, oder auch der südlichen Haine zu den Zeiten des Kreuzrittertums, den Hintergrund seiner romantischen Novellen und Idyllen; er legt, wie man sieht, schon jetzt ein tüchtiges Grundgewebe zu dem seine reiferen Schöpfungen auszeichnenden Weltgobelin.

Den ersten lebendigen Dichter sieht er leibhaftig 1791 bei Gelegenheit der Hochzeit seines ehemaligen Lehrers Sachse; unter den geladenen Gästen befindet sich auch Friedrich Gedicke, der ziemlich hölzerne und herbe Erfinder des Abiturs, und Verfasser vielbenützter Lesebücher und Chrestomathien; im übrigen beamtenhaft fleißig und als Schulmann nicht ohne Verdienst, und Fritz verschlingt ihn mit den Augen. Später wird Fouqué über seinen Freund Franz Horn, der eine Tochter Gedickes heiratet, mit der hinterbliebenen Familie in Berührung geraten.

Aber einmal soll auch der jugendlich schwungvolle und schon leicht berühmte Franz von Kleist zu seinem Onkel nach Protzen auf Besuch kommen; die Felder und Wiesenauen der Familien stoßen ja aneinander, und Fritz wird sogleich lächelnd und verständnisvoll mit zu Tisch geladen. Aber durch irgend eine Zufälligkeit bleibt Franz von Kleist ganz und gar aus, und Fouqué hat den bald danach Verstorbenen nie persönlich gesehen, »aber teuer blieben ihm, geweihet möchte man sagen, die Orte, namentlich die ziemlich altfränkisch gezogenen Hecken, Berceaus und Alleen des Gartens, wo er dem Dichter fast begegnet wäre. Sie üben noch jetzt ein süßes Recht magischer Erinnerung über ihn.« Wahrscheinlich ist es, sagt er sich später selbst, gut, daß er nicht die Bekanntschaft des Dichters erfuhr; denn ein Lob hätte ihn zu stolz, ja hochmütig, gemacht; und ein herber oder gar spottender Tadel – ein werdender Dichter ist ja für die Umwelt eine komische Figur – hätte ihn sicher zutiefst verstört; er fühlt hier unbewußt dasselbe, was zum Beispiel Walter Scott ganz bewußt tat, daß es am besten ist, gar keine Kritik zu fordern und zu lesen. – Sei mir die Bemerkung vergönnt, daß mir Franz von Kleist zwar sehr formgewandt, aber eben viel zu glatt und unbestimmt erschienen ist; über sein Talent zu urteilen ist, da er nicht zur Reife gelangte, jedoch immer mißlich. –

So geht das Leben eine zeitlang seinen ruhigen Gang im lentzker Herrenhause, bis auf einmal ein wilder Luftzug von außen die künstlich zurückgedrängte Waffenlust in Fritzens Seele hell aufflammen läßt: Krieg hat begonnen; Krieg mit Frankreich!

§ 16

Krieg mit Frankreich! – Wie war es dazu gekommen? –

Solange der unruhige Joseph II. von Österreich mit seinen Vergrößerungs- und Teilungsplänen bezüglich der Türkei oder Bayerns lebte, hatte Preußen kein Auge von dem Todfeind von gestern gelassen; schon

Friedrich der Große hatte im Kartoffelkrieg und durch den Fürstenbund Österreichs Absichten paralysieren können; auch Friedrich Wilhelm II. seine Armeen drohend in Schlesien und Polen aufmarschieren lassen.

Als aber Joseph Anfang 1790 starb, wollte sein Nachfolger Leopold II. freie Hand gegen Frankreich und Ruhe im Rücken haben; die Minister Bischoffswerder und Fürst Kaunitz schlossen vorläufige Abkommen, bis endlich die berühmte Zusammenkunft der beiden Herrscher in Pillnitz 1791 stattfinden konnte, auf der man sich sogar verbündete, um den König von Frankreich wieder einzusetzen. Von dieser Pillnitzer Convention an ging die Politik Österreichs und Preußens scheinbar ganz Hand in Hand bis zum Baseler Frieden 1795, den Preußen einseitig schloß, nachdem es sich erschöpft hatte – und zumal auf die Entdeckung gekommen war, daß Österreich ebenfalls höchst einseitig und egoistisch mit Rußland um Polen, und sogar auch mit Frankreich traktierte!

Wie anders würden sich die Weltverhältnisse gestaltet haben, wenn Preußen damals statt der Allianz mit Österreich die mit Frankreich eingegangen wäre! Damals wäre ein geeinigtes Europa unter Frankreichs Hegemonie gegen den Osten noch keine Utopie gewesen, wie heute; noch war es Zeit. Und die Westallianz war so unsinnig gar nicht; von Preußen konnte mit einigem Recht angenommen werden, daß es Österreichs unversöhnlicher Gegner sein und bleiben müsse; und seitdem die nur für den siebenjährigen Krieg geschlossene unnatürliche Union Österreich-Frankreich sich aufgelöst hatte, war vielfach Preußen als der natürliche Alliierte des Westens bezeichnet worden. Auch erachtete in Preußen das Volk die Ideen und Taten der großen Revolution so verwerflich nicht; Viele fanden sie gar nicht verdammlich und wünschten ihnen im Geheimen allen Fortgang. Aber in Preußen regierte nicht das Volk, sondern die Adels- und Offizierskaste; noch immer stand ein Fähndrich im Rang über allen Legations- und anderen Räten.

Das Heer war es, das aus Sympathie mit den hochadligen Emigranten – mehr noch: aus Selbsterhaltung; es hätte ihnen ja sonst eventuell jeden Tag auch so gehen können – und aus purer Lust am ruhmvoll-leichten Siege über den Rhein drängte. Jeder Beruf will ja wohl florieren; und wo Berufstotschläger sind, werden sie also auch den Totschlag wollen.

»Den Herzog von Braunschweig an der Spitze« hieß es: »Wie wollen die Advokaten in Paris widerstehen? Es wird ein Treibjagen geben, wie bei Roßbach!« Selbst Bischoffswerder äußerte zu Massenbach – diesmal nicht in der »Bauchsprache« sondern verständlich: »Kaufen Sie nicht zu viele Pferde; die Komödie dauert nicht lange; im Herbst sind wir wieder zu Hause.« So war denn also der Krieg gegen Frankreich beschlossen.

(Und ich will nicht ungerecht gegen Adel und Offiziere sein, 1813 und 70, 1914, 39 undsoweiter, ist es ja eben so leicht gelungen, »das Volk« mit ein paar keck geschwungenen Fahnen und Propagandaphrasen in die gewünschte nationale Wallung zu versetzen !)

Ende Mai 1792 setzen sich die preußischen Truppen in Bewegung : 45 000 Mann unter dem Herzog von Braunschweig; Österreich stellte 56 000 Mann — sarkastisch merkt Massenbach dazu an : »Mit 100 000 Bajonetten wollte man den unsterblichen Feuergeist der Freiheit niederstoßen !« Und er meint gleichzeitig dies damit : Schon 1784 hatte Frankreich 25 Millionen Einwohner, und war gleichzeitig das industriell leistungsfähigste Land des Kontinentes — und dagegen 100 000 Mann ? ! Aber die Alliierten sahen die transrhenanischen Zustände ganz in dem Lichte, in dem die adligen Emigranten sie ihnen zu schildern beliebten — daß man sie mit Blumen und frisch gewaschenen Jungfrauen empfangen, und sich ihnen überall jubelnd anschließen würde; daß, wo nicht die ganze, so doch der größte Teil der Armee sofort übergehen, und sich ein allgemeiner Volksaufstand zu Gunsten Ludwig XVI. erheben würde...

So trifft denn der König in Mainz mit dem am 14. Juli in Frankfurt gekrönten neuen Kaiser, Franz II., zusammen; am 25. Juli erläßt der Herzog von Braunschweig von Koblenz aus das unglückliche Manifest, wo er den Franzosen, die sich zu verteidigen wagen sollten, die Strafe der Rebellen nach den Kriegsgesetzen androht : wenn sie nicht sofort zur alten Unterwürfigkeit gegen den angestammten Herrscher zurückkehren, wird Paris dem Erdboden gleich gemacht werden !

Am 1. 8. Rheinübergang, und — bezeichnend für die völlig ungenügende Vorbereitung des Feldzuges — erst am 19. 8. wird hinter Trier die eigentliche französische Grenze überschritten; einmal muß man tagelang anhalten, weil man versäumt hat, ausreichend Brot zu backen — man hatte auf die Begeisterung der Bewohner gerechnet. Zwar werden im ersten Anlauf — Ankriechen wäre korrekter — die Festungen Longwy und Verdun erobert; aber gleich im ersten Gefecht rufen die Franzosen nicht »Vive le roi«, sondern »Liberté et égalité« und »Les aristocrats à la lanterne !«, und die aus Verdun abziehende Garnison empfiehlt sich mit den Worten: »A revoir aux plaines de Châlons !«

Am 20. 9. steht man bei Valmy den »Patrioten« wie man sie im preußischen Heer verächtlich nennt — Pazifisten wird bei den Deutschen ja zuweilen auch als Schimpfwort gebraucht — unter General Kellermann gegenüber; an diesem Tage ging die hohe Meinung, die die Franzosen von den Soldaten Friedrichs des Großen hatten, auf immer verloren. Man hat viel gerätselt und geschrieben, warum der Herzog damals nicht angegriffen hat; die Erklärung ist die allereinfachste : die Vorräte waren nahezu erschöpft, auch die Munition; und für rechten Nachschub in keiner Weise gesorgt; man mußte zurück. Neun Tage noch blieben die Preußen auf dem Schlachtfelde stehen, während welcher die Nachricht kam, daß Frankreich in eine Republik verwandelt worden sei; dann schließt der Herzog mit Dumouriez einen kurzen Waffenstillstand, bis er über die Maas zurück sein wird. Der Rückzug beginnt; es ist kein Rückzug mehr; es ist eine Katastrophe, oder ein Großnotstand, wie Goebbels die Bezeichnung gar nicht uneben befohlen hat.

Seit Longwy hat der Dauerregen die Wege grundlos gemacht; die nasse Kälte läßt die halbe Armee an der Ruhr erkranken; vier Tage lang ist das Heer einmal ohne Brot, da trinkt man das trübe Regenwasser und kocht sich Getreidekörner; die Geschütze müssen zurückgelassen werden, weil keine Pferde mehr da sind; die Kavalleristen marschieren zu Fuß, bald fehlen den Menschen die Schuhe, den Pferden die Eisen : »Da konnte man uns sehn / wie die Zigeuner gehn : / Halb barfuß und zerrissen, / den Kuhfuß weggeschmissen, / die Wagen meist verbrannt : / So zogen wir durchs Land !« singt grimmig der Musketier Lauckhardt, und selbst den Herrn von Goethe in seiner Kalesche schaudert es noch. Über Trümmer und Leichen geht der Rückzug in Richtung Trier; am 23. Oktober, nach einem Monat, verläßt man französisches Gebiet; in kleinsten Märschen schleicht die Armee nach Koblenz zurück, dort über den Rhein, und reorganisiert sich mühsam in den Winterquartieren. Unterdessen erobern die Franzosen Mainz, Speyer, Worms, Trier und sogar für kurze Zeit Frankfurt; selbst Königstein im Taunus, die kleine Festung, muß man nachher wieder lange belagern. Es wäre den Franzosen ein leichtes gewesen, das ganze Heer bis zum letzten Mann aufzureiben; Massenbach erkennt das ganz klar, und bedankt sich schön, gibt auch den eigentlichen Beweggrund der Franzosen an : noch immer hofft Dumouriez, Preußen von Österreich trennen zu können; nach solchem Anschauungsunterricht *muß* man in Berlin doch seinen wahren Vorteil einsehen !

Aber die am 21. 1. 1793 erfolgte Hinrichtung Ludwigs XVI. hat allzugroßes Entsetzen ausgelöst; man denke, wenn solches Verfahren üblich würde ! So beginnt man denn mit frischer Kraft den Feldzug von 1793.

Nach langer Belagerung und Zernierung wird Ende Juli Mainz wieder genommen, und das Heer rückt in die Pfalz vor; nach einem Siege bei Pirmasens, beschließt man zögernd – es ist schon wieder September geworden – die Einschließung der Festung Landau. Am 13.10. stürmt auch der österreichische Feldherr Wurmser die sogenannten Weißenburger Linien – das heißt, seine Leute tun das – und am 30.11. wird bei Kaiserslautern ein französisches Entsatzheer unter Hoche geschlagen; aber im Dezember verliert man die Weißenburger Linien wieder an die Franzosen, und die Blockade von Landau muß überstürzt aufgehoben werden; um ein Haar wäre die Stadt nebenbei von den Preußen genommen worden, schon unterhandelte man, und nur die unsinnig strengen und übertriebenen Forderungen des geizigen leitenden Generals von Knobelsdorff vermochten die schon eingeschüchterten Einwohner zum letzten erfolgreichen Widerstand; wie ein mir handschriftlich vorliegender Bericht des Obersten von Brixen, Adjutant beim General Rüchel, der diese Tage ausführlich schildert, angibt. – So geht man denn in den letzten Tagen des Jahres in die Winterquartiere. –

Mit brennenden Augen liest Fritz die Berichte vom Kriegsschauplatz, und folgt mit Schmettau jeder Truppenbewegung auf den Karten, jubelt bei jedem Sieg; ergrimmt bei jeder Niederlage der preußischen Waffen, und »immer schroffer und weiter erschloß sich somit eine Kluft des Nichtverstehens zwischen seinem Geiste und dem des einst so innig geliebten Lehrers Hülsen. Die beiden Menschen sahen sich mit jedem Tage staunender, leider auch zugleich entfremdeter und entfremdender an. Der fromme Hausvater hatte nur Grauen und Tränen für die ehemaligen Landesgenossen, der ritterliche Schmettau nur Abscheu für die modernen Kannibalen.« Da hätten die Jakobiner es auch merkwürdig treiben müssen, wenn sie den Beifall von Thron und Altar hätten ernten wollen!

Und der Zwiespalt in Fouqués Seele wird jetzt fast unerträglich; er schreibt Hohn- und Spottgedichte wider sich selbst, den zum weichlichen unkriegerischen Leben Bestimmten, während doch schon viele der Jugendgespielen gegen den verabscheuten Feind mitfechten; meist sind es poetische Episteln im Stile Göckings et hoc genus omne, die fast satirisch sein ländlich stilles Leben mit dem Waffenlärm draußen vergleichen.

Man kann getrost diese Zerrissenheit seines Gemütes sehr ernst nehmen; denn ein durchaus, und im besten Sinne, ritterlicher Geist wie der seine muß an der, dazu noch selbstgewählten, Untätigkeit furchtbar leiden. Ganz präzise kann ich es nur mittelhochdeutsch – der Epoche, wohin der von mir sehr Verehrte gehört – umschreiben: er fürchtet zu »verligen« und will doch so gern »ze Bresiljane in den walt« reiten.

Einmal kommt ihm der Gedanke, sein Leid zu klagen; und da ist es ganz bezeichnenderweise Fricke, der ehemalige Lehrer, an den er schreibt. Nichts charakterisiert so sehr die Wichtigkeit dieses Mannes für Fouqué, als solch ein Zug; und es wird »gar ein verwunderlicher Brief, mit welchem es so herauskam, als stehe der junge Mensch nicht sowohl am Anfang, als vielmehr am Ziel seiner Bahn; und ruhe bereits von überstandnen Mühseligkeiten aus am Ufer eines Silberbaches, und im Schatten eines Friedenshaines.« Fricke antwortet nicht; erhalten hat er den Brief, aber verständlicherweise nichts darauf zu sagen gewußt.

(Zum Zeugnis, wie dieses – allen Dichtern bekannte – Bedürfnis nach ländlicher Stille und Einsamkeit organisch bei Fouqué auftritt, also ein Grundzug seines Wesens war, zitiere ich gleich hier aus einem Brief an Chamisso vom 20. 4. 1812 : »Du hast mich sehr ergriffen mit Deiner Sehnsucht nach einem stillen dunklen Leben, wo die Musen nur alle zu den Fenstern herein sähen, aber niemals oder selten hinaus. Weißt Du, wie wir einmal an einem stillen Abend – mich dünkt, es war Herbst, oder die Gegend sah doch wenigstens so herbstlich aus – nebeneinander auf dem Hügel am Gräningersee saßen ? Wie ich es Dir da aussprach, daß ich eigentlich recht gut mit dem Werneucher Schmidt sympathisieren könnte, mich beim Abendbrot darüber freuend, daß sich den ganzen Tag Niemand um mich bekümmert habe, als Weib und Kinder und höchstens ein paar Freunde ? Wie es mir endlich noch in der kleinen Celebrität des Druckenlassens viel zu viel werden könnte ? – Seitdem hat mir die gelehrte Welt, und bisweilen auch die andere, manch einen Kranz geflochten, worüber ich auch nie ermangelt habe, mich sehr, bisweilen unmäßig, zu freuen; aber jene Stille Sehnsucht lebt noch immer mit voller Kraft in meinem Herzen; und wenn ich alt würde – daraus wird aber nichts – sollte eine von allen Seiten verwachsene Friedenslaube das liebste, verheißendste Bild aller meiner Träume sein, das irdische Ziel meines ganzen Lebens. Wer weiß, gehe ich nicht doch noch vor meinem Ende hinein : Merlin in seiner unzugänglichen Grotte war mir immer ein so anmutiges Bild, und mich würden sie nicht einmal mit Fragen belästigen!« Hier spricht das gute Gegenteil einer Reporternatur.)

Jedenfalls kommt im Herbste des Jahres 1793 eine Mittagsstunde – und sie kommt so unaufhaltsam wie das Schicksal selbst –, wo die Familie bei Tisch sitzt, und wieder werden »wenn auch just nicht Glücks- und Siegeskunden für die Verbündeten, doch preußische Ehrenkunden von den Kampffeldern am Rhein herüber verlesen.« Und heute ist Fritzens Bewegung allzu gewaltig, um sich länger verbergen zu können. Aus tiefster Seele ruft er aus : »O, daß ich an ihrer Seite wäre ! Ja, nun fühl ich es : das Schwert ist mir angeboren !« Der Hausherr wendet die großen dunklen Augen erst noch einmal nach dem Bilde des Vaters, des Generals, des Helden von Landshut, das, vom Meister Antoisne Pesne gemalt, von der Wand herniedersieht; dann richtet er den Blick auf Fritz und erwidert :

»Ja, freilich wär es Deinem Großvater lieber gewesen, säh' er Dich zu einer Zeit, wie diese, unter den Waffen!« Und Schmettau, heimlich erfreut – man kann ihm nicht zürnen, wo Fouqué ihm in der »Sängerliebe« als dem alten Ritter Gautier von Vergi, ein so schönes Denkmal gesetzt hat – verspricht, seinen ganzen, nicht unbedeutenden Einfluß für den Jüngling einzusetzen. Nur eine Voraussetzung ist Allen dabei selbstverständlich: daß Fritz nicht erst, immerhin schon 16 Jahre alt, und also fast zu alt für die gewöhnliche adelige Kriegslaufbahn, als Fahnenjunker eintreten kann, sondern sogleich als Kornett aufgenommen werden muß.

So hat sich also mit einem Schlage der ganze Lebensplan des Jünglings geändert; oder genauer: es ist endlich Alles wieder ins Gleiche gebracht! Aber Eines stört ihn doch ein wenig dabei: Während es allen Andern am Mittagstisch schon ziemlich als gewiß erscheint, daß Fritz nunmehr bald preußischer Offizier sein werde, sieht er das Gesicht Hülsens, als er sich zu ihm wendet, um ihm gehorsam »Gesegnete Mahlzeit« zu wünschen, und »eine solche Verwandlung in dessen Zügen, daß ihn eine tiefe Wehmut anwandelte. Er fühlte es: nun hatte ihn der einst so geliebte und liebende Lehrer ganz aufgegeben!« Und im Augenblick kommt es Keinem der Beiden schelmisch zu Sinne, daß vielleicht ja Beide recht haben könnten; es ist ja nicht der erste Fall, daß »ein Ritter so gelehret was, daß er an den buochen las!«

Für Hülsen ist die Enttäuschung freilich sehr groß; denn es war verabredet, daß er als Mentor mit Fritz zur Universität gehen sollte; so wäre er, der sonst rastlos Umgetriebene, doch einmal finanziell gesichert gewesen (und Keiner spotte über solche Überlegung: man muß es selbst jahrelang erlebt haben, was es heißt, mittellos und ein Spiel jedem Druck der Luft, als geistig Schaffender preisgegeben zu sein!); aber zur Zeit hätte der alte Lebensplan, konsequent durchgeführt, wohl ebenso böse Früchte zwischen dem humanistisch-bürgerlichen Lehrer und dem adelig-widerspännigen Schüler getragen, und Halle wäre ihnen kein Paradies geworden. Schon daß Hülsen so ganz und gar nicht eitel und dem Leben in der großen Welt zugetan ist, bildet zu jener Zeit, wie Fouqué, ehrlich bis zum Letzten, zugibt, eine unverrückbar trennende Grenze zwischen den beiden Geistern.

Und der Unterricht geht auch nur der Form halber weiter. Verdrießlich werden jetzt die Schlachtbeschreibungen bei Livius gelesen, und das Planzeichnen geübt, wozu Hülsen, nur der reinen Mathematik zugetan, keinerlei Geschick zeigt, während Fritz, der schon weit früher eine brauchbare Flurkarte der lentzker Gemarkungen gezeichnet hat, doch so gern etwas von mathematischer Geographie hören würde. Aus einem

Brief an Heinrich Voß jun. vom 3. 5. 1816 erfahren wir hierzu noch folgende interessante Einzelheit : »Als Knabe hatte ich einmal die Vermessungskarte eines Landgutes zu kopieren; ein Feld darin hieß ‹das Schauerfeld›. Darüber stiegen wunderliche Bilder in mir auf, und sind in mir umhergezogen, bis ich sie etwa in meinem fünfunddreißigsten Jahre zu Tage förderte. – Mein ‹Schauerfeld› ist mir nun noch einmal so lieb, seitdem es dem Vater Voß Freude gemacht hat.« – Aber jetzt geschieht alles so lustlos, daß er später tragikomisch vermutet, damals seien die Flüsse des öfteren bergan gelaufen.

Doch nun ist die Zeit Schmettaus gekommen ! Er, der verhinderte höhere Offizier, hat sich eine umfangreiche, erlesene militärwissenschaftliche Bibliothek gesammelt, und Fritz sitzt jetzt jeden Abend bei ihm im Zimmer und liest das Leben des großen Condé, oder den Polybius mit dem Folardschen Kommentar, oder zeichnet Vaubansche Fronten; immer geleitet und beraten durch den kriegserfahrenen Soldaten, der gleichzeitig in Berlin und Potsdam seine zahlreichen Beziehungen spielen läßt.

Manche Hoffnung taucht auf, und zerschlägt sich; eine Anstellung im Regiment des Kronprinzen, schon fast abgemacht, wird wieder unmöglich, weil ein dienstälterer Fahnenjunker dazwischenkommt. Wieder droht Halle, die Universität, und die Madais, als das unausweichbare, obschon jetzt schreckliche Ende. Denn mit jedem Tage erscheint ihm der stille Gelehrten- oder Beamtenstand widerlicher : gerade jetzt erlebt er die Ankunft und Vermählung der beiden mecklenburgischen Prinzessinnenschwestern mit den preußischen Prinzen. Der Kronprinz heiratet die »tolle Luise«, und sein Bruder Ludwig die engelschöne und teufelskokette Friederike, die spätere Fürstin Solms und noch spätere Königin von Hannover. Am 24. und 26. 12. 1793 ist die Doppelhochzeit in Berlin; der Konsistorialrat Sack vollzieht die Trauung im weißen Saal des Schlosses, zweiundsiebzig Kanonen werden im Lustgarten abgefeuert, um neun Uhr ist großes Bankett im Rittersaale –, anschließend Fackeltanz, Trompeten und Pauken, und am 28. dirigiert Righini die Premiere seiner eigens dazu komponierten Oper »Armida«. Gegen den Lichterglanz so vieler Festlichkeit muß ja nun allerdings dem Pseudooffizier – oder soll man Pseudogelehrten sagen ? – Halle und die künftige ruhige Laufbahn wie ein Exil vorkommen; denn auch der Hoffnungsschimmer einer Anstellung im Infanterieregiment von Knobelsdorff hat sich indessen zerschlagen.

Eines Abends – es ist der 17. Februar 1794 – betritt er das Kasino, wo Schmettau bei der abendlichen Whistpartie sitzt, Halle wie einen Alp auf dem Rücken tragend. Der winkt mit der Hand, und ruft ihn heran; nicht wie sonst vertraulich ihn Fritz nennend, sondern mit dem Familiennamen »Fouqué«; und begrüßt den trübe Näherkommenden – oh, es ist schon ein entscheidender Augenblick; man versetze sich nur richtig hinein – mit den gewichtigen Worten : »Du bist Offizier, Fouqué !«

## II. BUCH

# BEI DEN WEIMAR-KÜRASSIEREN

*»Ein weiches Herz im Busen,
ein krieg'risch glüh'nder Sinn,
manch holder Wink der Musen :
das ward mir zum Gewinn.«*

§ 17

Das Kürassierregiment »vacant Weimar« – damals haben die Regimenter noch keine sachlichen Nummern, sondern werden nach ihren jeweiligen Chefs genannt; man spricht also vom Infanterieregiment Romberg; von Lottum-Dragonern oder Wolfradt-Husaren – hat die übliche bewegte Geschichte.

1689 wird es bei Cleve aus Mannschaften des alten Regiments Briquelmault aufgestellt, und nimmt bis zu seiner Auflösung bei der Kapitulation von Anklam, 1. 11. 1806, – Reste werden später ins Brandenburgische Kürassierregiment Nr. 6 übernommen – an allen größeren Kriegen und Einsätzen teil.

1689 Belagerung von Namur; 1702 Kaiserswerth; im spanischen Erbfolgekrieg kämpft es 1704 bei Höchstädt (wo es eine Standarte erobert, allerdings auch 2 verliert), 1705 bei Cassano; bei Malplaquet erobert es 1709 zwei silberne Kesselpauken, die Fouqué gleich in Aschersleben gezeigt werden; 1715 Feldzug in Pommern; dann beginnen die schlesischen Kriege, 1740–42; 1744 nimmt es an der Belagerung von Prag teil; bei Kesselsdorf erobert es wieder eine feindliche Fahne. Auch im siebenjährigen Krieg ist seine Laufbahn zunächst recht ruhmvoll : Lobositz, Prag, Kolin, Schweidnitz; bei Leuthen wird es vom König gelobt; ein Glanztag ist Hochkirch, wo das Regiment eine ganze Linie Infanterie über den Haufen wirft, 500 Gefangene macht, wieder eine Fahne einbringt, und dann noch den Rückzug deckt; dann kommen noch Breslau und die Belagerung von Olmütz. Aber 1759 hat es das Unglück, bei Maxen mit in Gefangenschaft zu geraten, der »Finkenfang« war vorbildlich geglückt; und seit der Zeit war es bei Friedrich dem Großen in Ungnade gefallen; bei den magdeburger Revuen besah er es gar nicht mehr, und winkte schon dem nächsten Regiment zu. Es wurde zwar bereits 1760 wieder neu aufgestellt, und nahm in Pommern und Polen weiter am Kriege teil, sowie 1762 an der Schlacht bei Reichenbach und der Einschließung von Schweidnitz; aber die Scharte von Maxen konnte es nicht wieder auswetzen. 1778 manövriert es im Kartoffelkrieg unter dem Prinzen Heinrich; 87 ist es in Holland eingesetzt; und jetzt, seit 1792, gegen die »Patrioten« in Frankreich. –

Von seinen vielen Chefs, unter denen sich einmal zwei Prinzen des Hauses Anhalt-Dessau befunden haben, hat es jetzt den vornehmsten, den Herzog Karl August von Sachsen-Weimar; den Goethe-Herzog, den die Regierung seines Westentaschenländchens und der »Bettsprung« nicht mehr ausfüllen, und den, zu Goethes großem Ärger, nun die Lust am Soldatenspielen unwiderstehlich überkommen hat, »die wie eine Art Krätze unsern Prinzen unter der Haut sitzt.« Am 16. 12. 1787 ist der neue Generalmajor Chef des Kürassierregiments geworden, 1790 auch Inspekteur der gesamten magdeburgischen Kavallerieregimenter, und er widmet sich, wie aus seinen zahlreichen Mémoires und Eingaben unwidersprechlich hervorgeht, der Sache mit Lust und großem Eifer; er kümmert sich um Monturen und die Farben der Pferde; er führt das Regiment bei der Revue vor, überwacht den Reitunterricht; und tut, kurz gesagt, Dinge, die schön und gut wären, wenn er weiter nichts Wichtigeres zu schaffen hätte. (Vgl. Novalis' ‹Reisejournal›.)

So hat er auch 1792 sein Regiment in die »Campagne in Frankreich« geführt, und Goethe hat in seinem Buche manch schätzenswertes Detail über jenen Feldzug und die Weimar-Kürassiere mitgeteilt (sein besonderer Freund vom Regiment war der gleich näher zu beschreibende Leutnant von Oppen). Wie billig für ein schweres Reiterregiment hat es beim Einmarsch die Vorhut, bei der Retirade die Nachhut gebildet, und ist in seinem Bestand an Menschen und Pferden böse mitgenommen worden; allein vom Offizierskorps haben 5 wegen Krankheit und Erschöpfung ihren Abschied nehmen müssen, darunter auch der Kommandeur, der alte Friedrich Raphael von Gotsch, der am 19. 12. 1792 seinen Abschied als Oberst erhält, und den Rest seiner Jahre in der alten Friedensgarnison Aschersleben verbringt. An seine Stelle ist mit Wirkung vom gleichen Datum der bisherige Kommandeur der Katte-Dragoner, der Oberst von Froreich, getreten. (Man unterscheide streng zwischen »Chef« und »Kommandeur« eines Regimentes; der Chef gibt den Namen und leitet das Regiment im Einsatz und bei Manövern etc.; er ist zumindest vom Range eines Generalmajors. Dem »Kommandeur« liegt die taktische Schulung und Ausbildung des Regimentes, und überhaupt der sogenannte »kleine Dienst« ob; er ist fast immer ein Oberst, oder wird es doch bald. – Zum Teil überschneiden sich aber die Wirkungsbereiche der Beiden, und ein energischer Kommandeur versteht es manchmal, dem Chef die Zügel unmerklich aus der Hand zu winden; auch kann ein geschickter Untergebener die Beiden gegeneinander ausspielen.) –

1793 hat das Regiment an der Belagerung von Mainz aktiv Anteil genommen, und dabei 2 Offz., 4 Uffz., 1 Trompeter und 20 Reiter verloren – verwundet wurden 3 Uffz., 1 Trompeter und 11 Reiter – und 5 der Offiziere haben den Pour le mérite erhalten; anschließend war das Regiment dem Rüchelschen Korps zugeteilt, das die Blockade von Landau unternahm, und hat den Dezemberrückzug gedeckt; dann hat man Winterquartiere um Koblenz bezogen; wieder mußten 3 Offiziere wegen Überanstrengung den Abschied nehmen. Auch der »Chef«, der Herzog von Weimar, hat, verärgert, weil er scheinbar in der Beförderung »übergangen« wurde, am 5. 2. 1794 seine Demission eingereicht, und das Regiment heißt jetzt offiziell »vacant Weimar«; der bisherige Kommandeur, der schon erwähnte Oberst v. Froreich, führt es einstweilen.

Und wenn er so die Rangliste seines Regiments zur Hand nimmt, kann er nur zufrieden sein : alle von Adel (der einzige bürgerliche Schandfleck, der Major Heiligenstädt, ist 1789 gottlob auch nobilitiert worden); alte gute Namen sind darunter, Kalckreuth, Itzenplitz, Wedell, Puttkamer, die Grafen Wartensleben und Schulenburg. Allerdings hat der Krieg böse Lücken gerissen; die Schwadronen werden teilweise schon von den ältesten Premierleutnants geführt; und so liest er denn mit verkniffenem Lächeln den überdevoten Brief, den Fouqué an ihn submissest gerichtet hat : ihn doch nicht erst ein ganzes Jahr lang im Rekrutendepot ausbilden zu lassen, sondern gleich zum Einsatz zu berufen; und nun folgen Versprechungen exzellentester Aufführung und unermüdlichen Fleißes – na ja; und der Name hat immer noch guten Klang in der Armee. So läßt er denn vom Regimentsquartiermeister Schultz die nötige Ordre ausfertigen, und trägt selbst in seine Liste ein : Lfde. Nr. 42 / Dienstgrad : überkompletter Kornett / Datum des Diensteintritts : 17. 2. 94 / Lebensalter : 17 Jahre / Name : Friedrich Baron de la Motte Fouqué. –

Und in Berlin stürmt ein junger, kaum mittelgroßer, schmächtiger Mensch die Schneiderateliers; denn die zahlreichen Uniformen müssen wie angegossen sitzen, das ist die Hauptsache (gibt es doch, laut dem Prinzen Louis Ferdinand, viele Offiziere im Heer, die die Uniform ohne Hemd auf dem bloßen Leib tragen, bloß, damit sie ganz schlank und eng sitzen möge !). Und was muß da gleich an Ausrüstung, Bekleidung und diversen Garnituren geschafft werden ! 3 Pferde nimmt er mit an den Rhein; das schönste darunter ist der neue lichtbraune Engländer, ‹Apollo› geheißen; auch der alte Reitknecht, der schon beim Vater gedient hat, wird ihn begleiten : es ist eine recht kostspielige Laufbahn, die Fritz da einschlägt; wir werden sehen.

Noch einmal fliegt er nach Lentzke, Abschied vom Vater zu nehmen; der gibt ihm den Segen, und zeichnet sich, nach alter Weise, wo es etwas recht Mahnendes gelten soll, mit roter Tinte, in's Stammbuch des scheidenden Sohnes ein : »Heute hat mein Sohn als Krieger seine Laufbahn angetreten. Gott ! Ich rufe Dich inständig an, Du wolltest darin ihm immerdar zur Seite gehn, aus aller vorstehenden Gefahr ihn retten, und, wenn er Deines Rates bedarf, ihm mit solchem beistehen, damit er sehen möge, daß Du diejenigen nicht verläßt, die Dich darum bitten. Dieses sei von Herzen zur Erinnerung Dir gegeben. Eingeschrieben zu Lentzke bei Fehrbellin, den 9. März 1794. – Heinrich Karl de la Motte Fouqué, Baron de Thonnayboutonne.« Und die Tante ruft ihm, Salis variierend, pathetisch zu : »Ruhm und Unsterblichkeit sei Dein Geleit ! / Zeichne mit Taten die schwindenden Gleise / unserer flüchtig entrollenden Zeit !« – Alle scheinen nur den künftigen Achill in ihm zu sehen; und Keinem kommt der doch auch wohl nahe liegende Gedanke, daß man ohne Homer wohl ziemlich wenig von Generalmajor Achilles, Minister Nestor und Bundeskanzler Agamemnon mehr wissen würde; aber das ist wohl in allen »alten Offiziersfamilien« stets so. –

Der Abschied von Hülsen ist »dunkel wie Nebel, und kalt wie Eis«. Hülsen, wie billig, entschädigt für die vergebliche Erwartung, seinen Zögling auf einige Jahre nach der Universität zu geleiten, und dadurch im Besitz eines kleinen Kapitals, läßt sich gegen Niemanden über seine Zukunftspläne aus; man scheidet, knapp und überförmlich mit einigen Redensarten, »etwa, wie wenn beide Herren zugleich zu niesen beliebt hätten.«

Bis nach Aschersleben begleitet ihn sorglich noch Schmettau; dann ist der Kornett zum ersten Male auf sich ganz allein gestellt. –

Bei der Verteilung der Kantone – das heißt, der Gebiete, aus denen der Mannschaftsersatz zu ziehen ist – hat das Regiment Teile der Kreise Osterwieck, Halberstadt, Aschersleben und Oschersleben zugewiesen erhalten; die größeren Orte darin sind Aschersleben, wo im Frieden Stab, 1. (= Leibschwadron), sowie die 3. und 5. liegen, Oschersleben (2. Schwadron), Kroppenstedt (4. Schwadron), außerdem Osterwieck, Schwanebeck, Dardesheim und Ermsleben.

Jetzt im Kriege ist Alles in Aschersleben zusammengezogen, wo im Depot der Rittmeister von Seelhorst Rekruten ausbildet, und die Verwundeten wieder felddienstfähig macht. So meldet sich denn auch Fouqué in der alten Stadt, in der er so manches Jahr verbringen soll.

Interessiert mustert er Alles : die alten schönen Kirch- und Tortürme; das Rathaus; die drei gotischen Kirchen und die Häuser der alten Ratsgeschlechter am »Tie«, in der »Hohenstraße«, und »Über den Steinen«. In Nr. 5 wohnt der Major von Schubaert, der dienstälteste Offizier des Regimentes nach dem Kommandeur, wird ihm erläutert, und gleich dahinter kommt der »Graue Hof«, noch aus der Frühgotik stammend : Freundliche Regimentskameraden führen ihn auf die alte Askanierburg, wo man eine gute Aussicht über die ganze Stadt hat: unten rinnt die Eine, erst zwischen Gebüschen und Wiesen aus gewundenen Tälern hervor, und weiter durchs sparsame Häusergewirr; an die alte Schatzessage des Ortes erinnert er sich, und wie Gottfried August Bürger – selbst ein aschersleber Stadtkind, wie man ihm stolz rühmt – sie besungen hat. Am meisten ziehen den knospenden Strategen die hohen dichtgemauerten Warttürme auf den die Stadt umgebenden Hügeln an; jeder ist mit seinem Nachbar durch Signale in Verbindung, und kann auch den Posten auf der Stadtmauer Nachrichten geben, eine wohl erhaltene mittelalterliche unverächtliche Befestigung, und er stellt ausführlich Betrachtungen über ein solches Verteidigungssystem an.

Ein paar Tage lang verkehrt er in den Häusern der ortsangesessenen Offiziere; der schon schneeweiße Obrist von Gotsch († 4. 2. 03), ein kleiner Mann mit etwas südpreußischem Akzent, legt ihm zum Abschied beide Hände auf die Schultern, und spricht wehmütig und mit feuchten Augen : »Mein Sohn, Sie sind noch sehr jung und zart, und reiten vielleicht schweren Kriegserschöpfungen, schlimmeren Dingen viel, als den Kampfgefahren unseres ehrenwerten Standes entgegen. Aber Gott ist in den Schwachen mächtig : Halten Sie sich fest an ihn !«; er weiß es : er hat 92 lange am Krankenbett des eigenen Sohnes gesessen, der sich nur langsam von der schweren Ruhr erholt. Auch bei der Frau von Schubaert macht er seine Aufwartung, und lernt die Kinder des Hauses kennen : ein Sohn, erst 14 Jahre alt, dient schon über ein Jahr im Regiment draußen; die Töchter sind noch jung, obwohl sich die Älteste, die elfjährige Marianne, durch sanfte Grazie schon in Erinnerung zu bringen weiß; ja, er wird die Grüße ausrichten, den Brief übergeben.

Freundlich bewilligt ihm Seelhorst noch ein paar Tage Urlaub nach dem nahen Halle, zum Fahrwohl für die Verwandten dort; von da aus soll er sich sogleich nach Hornburg zum Ersatzkommando begeben, das ein älterer Offizier dann nach dem Rhein führen wird.

Hier in Halle trifft Fouqué wieder mit dem geliebten Vetter, Karl von Madai, zusammen, und Beide ergötzen sich an Reitübungen auf des Kornetts Pferden; denn Karl ist ein wilder Reiter, noch im hohen Alter für seine Künste berühmt, und der Anblick des Freundes bestimmt auch ihn zum Entschluß, die Soldatenlaufbahn einzuschlagen – den Reiterdienst natürlich. Zwar hat der Vater angeordnet, daß einer der Söhne Arzt zu werden habe, und so die Familientradition weiter führt, aber das tut ja schon der älteste, David, und so kann Karl bei den Dragonern eintreten.

(Die Freude ist kurz; denn bereits 1796 stirbt der erwähnte David früh, und der unerbittliche – vernünftige ! – Vater zwingt Karl, dem Militärdienst zu entsagen, und sich dem Arztberufe zu widmen.)

Auf den Ritten begleitet die Beiden manchmal der um 8 Jahre ältere A. G. Eberhard, der ihnen unermüdlich die Arien der eben uraufgeführten »Zauberflöte« anmutig vorzusingen weiß; und der Gang Taminos durch Feuer und Wasser kommt dem jungen Kriegsmann ungemein symbolisch für seine eigene Zukunft vor. Ansonsten bemüht man sich, dem Scheidenden noch einige ungetrübte Stunden zu bereiten, gibt Bälle und kleinere Gesellschaften, von deren einer er das Bild der Blancheflour für den »Zauberring« mitnimmt. Aber die muntern Kampfrosse stampfen schon vor der Tür draußen, Freund Karls Pferd mit, der ihm noch das Geleit bis Hornburg gibt. Von da an beginnt die Ritterfahrt. –

»Da weckt uns in der ersten Morgenfrühe der Trompetenruf, der die Reiter mahnt, ihre Rosse zu pflegen; dann kommt der zum Satteln; eine Stunde später der zum Ausrücken ... Nun zu Roß, und wo man hingehört; frische Kameradengesichter morgenlich einander grüßend; Abmarsch; die Trompeten wohl auch ein fröhliches Stück dreinblasend oder einen feierlichen Marsch, zum Nachtquartier hinaus. Unter manchem Dache war freundlichere Bekanntschaft gemacht worden, und es winken teilnehmende Gesichter oder Gesichtlein uns nach, wohl auf Nimmerwiedersehn ... Draußen nun im Freien heben die Reiter abwechselnd Gesang an und fröhliches Gespräch; ihre Lieder nimmer mißlautend, weil ein Sinn für Harmonie und Melodie dem Volke niemalen ganz entsteht, am wenigsten unsern Norddeutschen. Immerdar findet sich eine zweite Stimme, richtig auffassend; wohl auch noch einige andre wohllautende Anklänge, sollte auch dabei in die sogenannte Fistel mit eingegriffen werden ...« Und die Lieder sind alle volkstümlich neueren Datums; da hört Fouqué und summt es schon mit »Da kam Prinz Bernadott / Wir machten einen Choc / auf grüner Haide. – / Da ward auch gleich der Berg so rot / von lauter Patriotenblut : / sie mußten laufen.« Und am Ende heißt es nach uralter Sitte : »Wer hat dies Liedlein denn erdacht ? / Ein Kürassier auf der Feldwacht, / auf grüner Haide.«

Und wie wirkt erst die Landschaft auf den der Poesie Desertierten : er sieht die ersten richtigen Hügel und Berge, und am erfreulichsten unter allen Naturgestaltungen ist es ihm, wenn das nackte wilde Felsgestein zutage tritt, wie er es im Wartburgtal sieht; denn der Zug geht über Eisenach, Hersfeld, Friedberg, zunächst nach Frankfurt :

»Da, wo der Mainstrom seinen silberblauen Spiegelstreif nach der alten freien Reichstadt Frankfurt hinlenkt und von den ebenen milden

Ufern einander Lusthäuser und helle Dörfer hinüber und herüber zuwinken, lebt es sich ein ergötzliches Leben. Vorzüglich wer im beginnenden Frühling dort Atem schöpfen darf und ein junger Kriegsmann ist, seinen ersten Gefechten und Abenteuern voll wunderlichen Hoffnungen entgegenreitend, kostet einen Becher der Freudigkeit und Herzenslust, wie er ihm nachher im Leben nicht leicht so schön wieder vor die Lippen kommen möchte.« heißt es im »Zauberring«, als der junge Ritter Otto von Trautwangen zum erstenmale ausreitet; und wer mag, kann weiter die Erinnerungen an das »rebenumlaubte Hochheim« in jener dichterischen Verklärung nachlesen. – Im Februar 1811 noch schreibt er sehnsüchtig an den damals dort weilenden Varnhagen : »Das mir sehr liebe Frankfurt, das mir von langer Zeit wie ein freundliches Weihnachtsbild herüber sieht. Der silberblaue Main mit seinen milden Ufern ! Zuletzt habe ich das Alles auch im Winter gesehen, und es war dennoch so schön. Doch will ich freilich nicht mit Sicherheit behaupten, wie viel des eignen Lichtes von den Gegenständen ausging, und wieviel auf sie hinstrahlte aus meiner Jünglingsseele ... Ich dichtete auch wenig und schlecht, weil ich mir mein Leben selbst zu einem wunderbaren höchst prahlenden Epos ausspann; aber eben deshalb leuchteten die wirklichen Umgebungen wie goldne Feenschlösser mit Demantengehängen verziert, und, wie gesagt, ich weiß nicht, ob Alles so schön war, als es mir in der Erinnerung mit hellen Farben aufsteigt, sobald Einer sagt : Frankfurt am Main !«

Für Mainz sind nur ein paar Stunden Zeit, zu einem hastigen Ritt hinein, und die älteren Waffenbrüder erläutern ihm kurz die wichtigsten Punkte : wo sie Friedrich Wilhelm beim Überfall von Marienborn heraushieben; wo Prinz Louis Ferdinand beim Sturm auf die Philippsschanze verwundet wurde; wo Itzenplitz ihn rettete. Aber sie müssen weiter, immer auf dem rechten Rheinufer entlang – und Apollo tanzt unter dem seligen Reiter, wie es in Abendduft und Stromhauch durch immer schönere Talgewinde geht, durch Rüdesheim und Kaub. Noch am Vorabend des Eintreffens beim Regiment machen sie Nachtquartier im anmutigen Städtchen Braubach, über ihren Häuptern die altväterliche Marxburg.

»Gegen die Mitte des anderen Tages tat sich vor der kleinen fürderziehenden Schar abermal der Rhein auf und fernher die Mosel, zu seiner Umarmung heiter herbeiströmend, frische Auen und Wiesen und freundliche Dörfer ringsher als in buntherrlicher Teppichweise ausgebreitet, hart am Rhein der alte Ehrenbreitstein auf mächtigem Felsen gegründet, gegenüber das in aller Zier und Anmut der Gegenwart leuchtende Koblenz. Dort ward der Strom auf der Schiffsfähre, der sogenannten fliegenden Brücke, überschritten, und freudig ritterliche Kameraden kamen uns entgegen gesprengt, und jenseits der Stadt nahm uns der feierlich gestrenge Obrist und Regimentskommandeur in Empfang.«

Ein kleiner, alternder feierlich-steifer Mann ist der Obrist Carl Ulrich von Froreich, fünfundfünfzig Jahre alt; im siebenjährigen Kriege hat er an den meisten Schlachten teilgenommen, Prag, Kolin, Roßbach, Leuthen, Liegnitz, Torgau, und ist mehrfach verwundet worden; beim Ausscheiden des alten Gotsch ist er, der Kommandeur der Katte-Dragoner, am 19. 12. 1792 zu den Weimar-Kürassieren versetzt worden. (1798 wird er dann noch Generalmajor, und bekommt am 15. 6. 99 ein eigenes Kürassierregiment, das er bis zu seinem Tode, 1801, inne hat). Er hat eine eigentümliche Gabe, auch den jüngeren vorlauten Offizieren zu imponieren; und weil er sich angewöhnt hat, in gewissen angenommenen Fällen – im wirklichen Dienst lobt er selten oder nie – das Wort »Bon« zu gebrauchen, heißt er im Regiment »der kleine Bon« oder auch, wegen seiner unbeweglichen Haltung »der alte Taler«. Als bemerkenswert sei noch hervorgehoben, daß er, was in jener Zeit durchaus ungewöhnlich ist, kein Französisch versteht, und auch in dieser Hinsicht wird er Fouqué als Dolmetscher verwenden.

Vor ihn also wird das greenhorn geführt, und er übergibt ihn wortkarg dem Führer der Leibschwadron zur Abrichtung, dem Premierleutnant von Oppen, der ihn sogleich mit hinaus nach dem Dörfchen Metternich nimmt, wo diese Schwadron noch jetzt, Mitte April, im Winterquartier liegt. Auf dem Schlosse »des von Obstblüten wie selig eingeschneiten Dorfes Metternich« wird er untergebracht; jetzt hat die Leibschwadron wieder ihre 7 Offiziere.

Der Anführer ist, wie gesagt, Oppen. 1,90 Meter groß, und herkulisch gebaut, mit Donnerstimme, und alter Soldat, nimmt er sich des neuen Pflänzchens an; noch im Greisenalter, als er, längst Generalleutnant geworden, Fouqué in Berlin wiedertrifft, erkennt er ihn gern als seinen alten Waffenschüler. Ihn hat seine Gemahlin, die Ungarin Katharine von Faggyas, in die Winterquartiere begleitet, und Fouqué ist bei der »Elfengestalt, geschmückt mit aller Zier der erlesensten Bildung« gern gesehen. Von den anderen Offizieren der Schwadron werden zwei Weimaraner seine besten Freunde, die etwas älteren Freiherren von Fritsch und von Bechtolsheim, deren schon Goethe in seinem Kriegsbuche Erwähnung getan hat. Auch die Offiziere der anderen Schwadronen besehen sich das neue Kornettchen, und besonders ist hier des Einen zu gedenken, den

Fouqué mit einem Decknamen Hotspur nennt; zuerst etwas spröde und herb gegen den Neuankömmling, später wechseln sie, obzwar sparsam, ihre Briefe. Es ist dies der rüstige, mit Narben bedeckte August Heinrich Friedrich von Itzenplitz, der am 9. 5. 1793 vor Mainz den sich übermütig zu weit vorwagenden Prinzen Louis Ferdinand aus den Feinden herausgehauen hat, und dabei selbst mit sechsfacher schwerer Verwundung, in Gefangenschaft geraten ist; er hat zwar dafür den Pour le mérite erhalten; aber Louis Ferdinand war, nach Fouqués Bericht »nicht eben dankbar« – ihm war wohl die Erinnerung peinlich, daß ihn ein Anderer hatte retten müssen und zwar aus einer Lage, in die er sich wieder einmal mutwillig begeben hatte.

Einige Wochen noch kann Fouqué neben dem anstrengenden Exerzierdienst die Freuden des Quartiers genießen: in Koblenz ist eine Operntruppe, die gern besucht wird; auch am Fürstenhof zu Neuwied will man das neue Kornettlein »vorreiten«; da kommt, Anfang Mai, der Befehl zum Abmarsch: »längst heiter erwartet, jetzt frisch und freudig empfangen. Nur ein edles Herz trauerte in unserm Kreise: das jener anmutigen Dame. Aber auch diese Trauer war durchleuchtet von jener wehmütigen Begeisterung, die den ritterlichen Kriegsberuf des geliebten Gatten voll hoher Ahnung anerkennt und liebt.«

Es ist Sitte, daß jede Schwadronsstandarte durch den jüngsten Offizier aus der Wohnung des Kommandierenden abgeholt wird, zu Marsch, Übung oder Gefecht, und ebenso dahin unter Trompetenruf zurückgebracht, und von nun an trifft dieses Ehrenamt Fouqué. Draußen spricht noch einmal Oppen zur Schwadron, dann ertönt das Signal zum Abmarsch.

§ 18

Ich gebe zunächst die große Übersicht über den Verlauf des Feldzuges von 1794.

Nachdem sich die Truppen aus den Winterquartieren im nördlichen Rheinhessen konzentriert haben, setzt Feldmarschall Möllendorf – der am 31.1. den bisherigen Oberkommandierenden, den Herzog von Braunschweig, abgelöst hat – seine 53 Bataillone und 48 Eskadronen in 4 Kolonnen in Bewegung:
die *erste* unter Kalckreuth stößt von Cusel über Ramstein nach der Vogelweh (eine Stunde vor Kaiserslautern);

die *zweite* unter Romberg von Meisenheim über Schallodenbach nach Katzweiler;

die *dritte* unter Knobelsdorff von Kirchheimbolanden über Winnweiler nach Moorlautern;

die *vierte* unter Rüchel von Göllheim über Alsenborn direkt auf Kaiserslautern hin.

Außerdem ist der Oberst Blücher mit 5 Schwadronen und 4 Batl. vom Hohenloheschen Korps detachiert worden, um von Grünstadt aus nach dem Hochspeyertal zu marschieren, und die Verbindung zwischen Kaiserslautern und Neustadt a. d. Hardt zu unterbrechen. Am Morgen des 23. 5. 1794 zwischen 8 und 9 Uhr stehen sämtliche Korps in den befohlenen Stellungen.

Am 22. 5. ist aber auch schon, zur mittelbaren Unterstützung des Angriffs auf das Ambertsche Korps, die Abteilung des Erbprinzen von Hohenlohe-Ingelfingen mit 35 Schwadronen und 16 Bataillonen – hierbei Fouqué, der sich fast ständig beim Korps Hohenlohe befindet – von Pfeddersheim gegen Neustadt a. d. H. marschiert, und ebenso das österreichische Korps des Fürsten Hohenlohe-Kirchberg bei Mannheim über den Rhein gegangen und bis an den Rehbach vorgerückt.

Der Stoß kommt mit solcher Übermacht, daß sich Ambert nur mit den Resten seines Korps nach Pirmasens retten kann, nachdem er 2000 Mann und 17 Geschütze verloren hat; den Erfolg bringen die 4 Kolonnen Möllendorfs.

Denn das österreichische Korps, das am 23. 5. ebenfalls angegriffen hat, hat beim Rehbach von Seiten der französischen Division Desaix den heftigsten Widerstand gefunden; und sich, als Desaix zum Gegenstoß vorgeht, sogar gezwungen gesehen, eine rückgängige Bewegung zu machen, und zwar mit solcher Vehemenz, daß man erst zwischen Mundenheim und Oggersheim wieder feste Stellungen einnimmt.

Das preußische Korps Hohenlohe ist am 23. ebenfalls bis zum Marlachgraben bei Deidesheim (der gleich dahinter beginnt, und rechts von Ruppertsberg in Richtung Meckenheim und Hochdorf weiter läuft) vorgegangen, und kanoniert in Erwartung der österreichischen Fortschritte lebhaft mit der Division Ferino. Auf die Nachricht vom Zurückweichen der Österreicher muß sich das Korps jedoch, da solchermaßen eine Frontlücke entstanden ist, bei einbrechender Nacht bis Ungstein zurückziehen (½ Stunde von Dürkheim).

Möllendorfs Sieg bei Kaiserslautern aber veranlaßt die Franzosen, ihre Stellungen am Rehbach und Marlachgraben schon am nächsten Tage zu räumen, und sich auf die zwei Linien vor der Queich von Frankenweiler bis Lingenfeld und hinter der Queich von Annweiler bis Germersheim zurückzuziehen. Am 28. 5. macht Desaix noch einen Versuch, von Neustadt wieder Besitz zu nehmen, wird aber mit großem Verlust durch die Husarenregimenter Wolffradt und Blücher zurückgeworfen.

Obgleich also die Alliierten durch die Erfolge eines einzigen Tages das französische Heer vom Hardtgebirge abgedrängt und auf die Vogesen zurückgeworfen, Kaiserslautern und Umgebung gewonnen, und fast dieselben Stellungen wieder erobert haben, die sie 1793 vor den Unfällen bei Weißenburg innehatten, so verfolgt man dennoch nicht die errungenen Vorteile, sondern begnügt sich damit, die Linie Speyer–Edenkoben–Trippstadt–Kaiserslautern–Kübelberg (zwischen Homburg und Cusel)–Wadern bis in die Gegend von Trier zu besetzen, und diesen »Cordon« während der nächsten 4–5 Wochen in einigermaßen haltbaren Zustand und Zusammenhang zu bringen. – Dagegen sind die Franzosen umso aktiver, und verstärken laufend ihre Mosel- und Rheinarmeen. Daß Möllendorf seinen ‹hübschen Sieg› nicht ausnützt, hat politische Ursachen.

Die Verstimmung zwischen dem wiener und berliner Kabinett ist immer größer geworden; das ist zumeist die Schuld Österreichs, das hinter dem Rücken Preußens mit Rußland geheime Abmachungen über die Teilung Polens und andere zarte Gegenstände der großen Politik getroffen hat. Außerdem hat Friedrich Wilhelm durch eben diese zweite Teilung Polens Südpreußen erworben, die Gebiete von Posen und Gnesen, und die Städte Danzig und Thorn; infolge dieser Teilung ist die Revolution in Polen ausgebrochen, die russischen und preußischen Behörden sind weggefegt worden, und Kosciuszko hat den Oberbefehl übernommen. An der Spitze von 40.000 Mann ist Friedrich Wilhelm nach Polen gezogen und hat 2 Monate lang Warschau belagert – vergeblich; am Ende wird er gar durch die Dombrowskysche Insurrektion in Südpreußen zur Umkehr gezwungen : was nun ?

Das ist gar nicht so schwer; Europa erhält wieder einmal – ich sage »wieder«; denn ich rechne Pultawa und Zorndorf schon – seine Warnung : die russische Kaiserin Katharine II. schickt »die unerhörte Mischung von Genie und Narrheit, von Scharfsinn und Grimasse«, eine Dostojewskifigur, wenn je eine war, den Feldmarschall Suworow, aus der Ukraine nach Polen. Von Cherson rückt er in Eilmärschen heran; mit verzweifeltem Mute versuchen die Polen die offene Feldschlacht, müssen sich jedoch, zweimal geschlagen, und ohne den gefangenen Anführer, mit den Resten ihrer Truppen nach dem stark befestigten Warschau werfen. Auf dem rechten Ufer der Weichsel liegt die Vorstadt Praga, durch 3 befestigte, mit 100 schweren Geschützen gespickte Linien gedeckt; in einem verschanzten Lager davor hat sich noch der größte Teil der Insurgenten eingegraben. Suworow hat rund 30.000 Mann und nur leichte Feldartillerie; aber er zögert keine Sekunde; am 24. 10. 1794 nimmt er das polnische Lager mit Sturm, wobei 1000 Polen in die Weichsel gedrängt, 2000 niedergemacht, 2000 gefangen werden. Als er hört, daß nun auch die Preußen wieder, durch seine Siegesnachricht ermutigt, langsam heran ziehen, läßt er, um ihnen auf jeden Fall zuvorzukommen, schon am 4.11. den Sturm auf die Werke von Praga unternehmen. »Nach einem fünfstündigen mörderischen Kampfe waren die Russen Herren der Schanzen, zu deren Verteidigung alle waffenfähigen Männer Warschaus herbeigeeilt waren. Sie hatten unmittelbar darauf in den Straßen von Praga einen neuen furchtbaren Kampf zu bestehen, und erlaubten sich dabei ein so gräßliches Morden, daß die näheren Angaben über ihre Greueltaten jedes menschliche Gefühl empören. 8000 Polen wurden kämpfend niedergehauen, Kinder, Weiber und Greise gemordet ...« Am nächsten Tage schon kapituliert Warschau; am 6.11. rückt Suworow ein. Von Praga aus noch hat er diesen Brief an den preußischen König geschrieben : »Praga raucht. Warschau zittert. – Auf den Wällen von Praga : Suworow.« – Genügts ? –

Dieser Zweifrontenkrieg aber hat Preußen, zusammen mit der liederlichen Hofwirtschaft, finanziell an den Rand des Staatsbankerotts gebracht : schon die Mobilmachung der Rheinarmee muß 1794 England bezahlen; sonst, erklärt der preußische Unterhändler Hardenberg in Frankfurt dem Lord Malmesbury, könne Preußen nicht länger bei der Allianz verharren. Schon unterhandelt man heimlich durch Agenten mit Frankreich, und es ist an den Fingern auszurechnen, daß *noch* eine Campagne zu den unmöglichen Dingen gehört. *Deshalb* also bleibt Möllendorf mürrisch auf seiner Speyerbachlinie stehen, untätig, bis zum 13. Juli. An diesem Tage nämlich machen die Franzosen, nach sorgfältiger Erkundung der Schwächen der gegnerischen Stellung, und ansehnlicher Verstärkung ihrer Verbände, den Versuch, die alliierte Stellung zu durchbrechen.

Der schwächste Punkt jener Stellung sind die Gebirgsposten : auf dem Schänzel, am Erlenkopf, auf dem Steineck usw. bis hinüber zum Johanniskreuz und Trippstadt. Diese Posten sind vom Hauptkorps und untereinander zu weit entfernt, und zu schwach besetzt und ungenügend befestigt; außerdem zum Teil der Gefahr ausgesetzt, ohne viel Zeitverlust umgangen zu werden. Diese Umstände fordern förmlich dazu heraus, die

Linie zu durchbrechen, und die beiden preußischen Korps von einander zu trennen.

Die Alliierten stehen nämlich so (von Norden her gesehen) : Im Zentrum Prinz Hohenlohe zwischen St. Martin, Edenkoben und Venningen, seinen rechten Flügel durch das Schänzel gedeckt. (Hierbei also Fouqué.)

Auf dem linken Flügel die Österreicher von Speyer bis Böbingen; auf dem rechten Möllendorf mit der preußischen Hauptarmee.

Am 2.7. erfolgt ein erster Probeangriff auf die Österreicher und Hohenlohe, der aber von Beiden zurückgeschlagen wird. Schon am 10.7. bringt Blücher die Meldung von bedenklichen Truppenkonzentrationen beim Feinde; und am 13./14. 7. bricht der Großangriff auf die Bergstellungen los; nebenbei durchaus nicht mit Übermacht ! Die »aufgelöste Ordnung«, die Tirailleurschwärme, der Franzosen ließen ihre Kontingente stets zahlreicher erscheinen, als sie wirklich waren; dies ist ein Punkt, den man immer bei Truppenschätzungen jener Zeit mit in Anschlag bringen muß; auch Fouqué verfällt stets in den – bei Niederlage wie Sieg gleich schmeichelhaften – Fehler, von der »Übermacht« der Feinde zu reden. Die Sprengung des Kordons gelingt, zumal am »Schänzel«, und noch um Mitternacht müssen die Alliierten zurückweichen. Hohenlohe geht über Neustadt, am 14. nimmt er Stellung hinter dem Speyerbach ein, weicht weiter nach Deidesheim; in der Nacht vom 15./16. 7. über Dürkheim, bis das Korps schließlich am 19. hinter der Eisbach bei Pfeddersheim endgültig in Stellung geht.

Wieder bleiben die Preußen zwei Monate abwartend stehen, bis man sich, diesmal auf österreichische Aufforderung, zu einer Unternehmung gegen Trier entschließt. Am 17.9. marschiert Hohenlohe aus der Pfeddersheimer Position ab, ins Gebirge.

Bei dieser Unternehmung ist das Unglaubliche geschehen : vom preußischen Hauptquartier aus sind die Franzosen von dem bevorstehenden Angriff unterrichtet worden ! : man will sich so kurz vorm Frieden nicht mehr wehe tun. Aber, um »den Österreichern blutigen Sand in die Augen zu streuen« wie sich Massenbach grimmig ausdrückt, macht man pro forma deren Bewegungen mit. Und das Tragikomische geschieht : der hiervon nicht informierte Hohenlohe marschiert etwas zu schnell, greift am 20. 9. bei Kaiserslautern den linken Flügel der Franzosen unter Meunier an, und schlägt ihn bedeutend; als er ins Hauptquartier eilt, den Sieg zu melden, ist sein Empfang eisig; seinen Stabschef Massenbach würdigt man keines Blicks !

Unterdessen haben die Franzosen, geführt von Pichegru, sich in Belgien zwischen die Österreicher einerseits und die Engländer und Holländer andererseits geschoben, und die Gefahr der Überflügelung von Westen her ist so groß geworden, daß sich die Alliierten immer mehr auf den Rhein konzentrieren müssen. Sofort nach der gewonnenen Schlacht ist Hohenlohe in die alten Stellungen zurückgegangen, und weicht im Laufe des Oktober langsam durch Rheinhessen zurück. Als dann Jourdan die Österreicher zwingt, ihm das linke Rheinufer von Koblenz bis Mainz zu überlassen, sind auch die Tage der Preußen dort gezählt; am 23.10. geht das Korps Hohenlohe bei Oppenheim über den Rhein zurück in die Winterquartiere.

§ 19

Aber durch den Mai reitet erst einmal der Kornett Fouqué.

Das Wetter ist fast durchgängig schön, wie denn überhaupt der Sommer 1794 ungewöhnlich warm und heiter war. Dazu der Zug den Rhein entlang – diesmal auf der linken Seite –, Burgtrümmer auf den Höhen, Reben an den Hängen; die groben Arbeiten trägt ja der Reitknecht; und dazu siebzehn Jahre : »ist es doch wie ein steter Festritt« schreibt er in der Erinnerung.

Von allen heimisch bewahrten Büchern geleitet ihn nur ein Bändchen mit Salis' Gedichten\*; lange hat er zwischen diesem und Matthisson geschwankt, und kann über 30 Jahre später dem Letzteren davon erzählen.

Beinahe jedoch hätte Fouqués kriegerische Laufbahn ein frühes Ende gefunden. Dicht unterhalb Bingens sitzt er während einer Marschpause mit Fritsch und Bechtolsheim auf dem Rasen; zwischen ihnen eine Flasche Wein; erzählt wird von Bischof Hattos Mäuseturm drüben, Matthis-

---

\* In den ‹Alpenrosen› auf das Jahr 1828, dem schweizerischen Almanach, hat Salis es ihm dann vergolten; es finden sich darin 2 Sonette ‹An Friedrich von la Motte Fouqué› :
 »... es ehrt der Schweizer fest und bieder
 den Freyheitssinn, vereint mit Rittermuth !«
‹Rittermuth› meinethalben (obwohl bereits W. v. Schütz einmal, angesichts der phantastischen Schilderung eines militärischen Nachttrittes, schelmisch ihn fragte, ob er nicht doch »mächtig die manchetten gehabt« hätte. Aber ausgerechnet ‹Freyheitssinn› ? –

son zitiert man; das Binger Loch, der damals noch recht gefährliche Rheinstrudel, wird erwähnt. Und, angeregt durch das jugendliche Geprahle von Wasserfahrten auf der Havel einer- und der Ilm andererseits, sitzen sie, fast ehe sie sichs noch selbst versehen, in einem Nachen, und schwimmen darin den Rhein hinunter, nach ihrer Meinung die Ruder gar wohl und kunstgerecht gebrauchend. Aber der Vater Rhein scheint wesentlich anderer Meinung zu sein; denn er führt die Übermütigen stetig und unaufhaltsam nach dem Strudel hin. Schon schlagen die Wellen in den Nachen, daß nur noch die Spitzen hervorsehen; wenigstens so viel Besonnenheit haben die Abenteurer behalten, daß der stämmige Fritsch im Heck bleibt, die beiden Leichtgewichte Bechtolsheim und Fouqué am Bug. Einen Hilferuf hielten sie für unmännlich, und machen sich also, sämtlich des Schwimmens unkundig, zum Untergang fertig. Und bezeichnenderweise denkt Fouqué bei sich : »Die Beiden anderen habens gut!« (sic!) Und warum denkt er das ? – Weil sie bereits rühmlich gefochten und »einen Namen« haben.

Die sich zufällig am Ufer ergehenden Reitknechte und Bedienten der jungen Offiziere werden des Malheurs inne, und können eben noch in einem Kahn zu Hilfe kommen; so bleibt es bei der Durchnässung, und sie tragen nicht einmal eine Erkältung davon. – Das ist nebenbei so ziemlich das letzte intime Zusammensein für dieses Jahr mit Fritsch gewesen; er kommt als Adjutant in die Umgebung Hohenlohes, und wird im September endgültig dorthin versetzt.

Auch Fouqué wird Adjutant : aber nicht, wie Jener, ausgezeichneter und erprobter Fähigkeiten halber, sondern wegen annoch vorwaltender Unerprüftheit. Froreich mag wohl gern mit eigenen Augen sehen wollen, wen man ihm da eigentlich zugeschickt hat, und befehligt ihn zu sich als zweiten Adjutanten oder ‹Galopin›.

Am 22. 5. rücken die Weimar-Kürassiere in Grünstadt ein, die roten Blücher-Husaren, die weiter vor nach Landau in Vorpostenstellungen gehen, ablösend. Abends trifft Fouqué Bechtolsheim auf der Straße, und der teilt ihm mit, daß am nächsten Morgen der Angriff auf die französische Division Ferino – 20.000 Mann macht Bechtolsheim gleich daraus – stattfinden werde. Dazwischen liegt aber noch der Nachtmarsch bis Meckenheim.

»Voll unaussprechlicher Heiterkeit ritt er an dem schönen Maiabend in die still aufdunklende Nacht hinein ... so ein Nachtmarsch trägt den Charakter einer gar edlen Feier, – wenn er sich nämlich nach vorwärts richtet. Das Rasseln des Geschützes, der Huftritt der Rosse, das stille und doch wie geisterhaft hörbare Einherziehen des Fußvolkes – es gibt eine ernste Begleitung zu den Erwartungen, die sich regen im Busen des sieghoffenden Kriegers.«

Zunächst friert der sieghoffende Krieger etwas; denn er reitet aus Grünstadt nur im weißen goldbetreßten Kollet – kann nicht auf dem nächsten Fußpfad schon ein Franzos schleichen ? – und da wäre es ihm unpassend vorgekommen, einen schnöden Mantel zu tragen. Da sein beträchtlich weniger blutdürstiger Reitknecht damit ins Hintertreffen verschwunden ist, muß er sich nun freilich 24 Stunden lang ohne die wärmende Hülle begnügen, und weiter hinter dem sehr langen Zopf des Herrn Obristen herreiten. Lange kommt vor all dem Neuen keine Müdigkeit in seine Augen, und als spät nach Mitternacht doch so einige morpheische Körner hineinfliegen wollen, weichen sie wieder vor dem Anblick der ersten französischen Wachtfeuer, die fernher aus der Finsternis vor ihnen aufgehen »wie feindlich sprühende Gestirne«. »Mir kam die Unbewußtheit der Leute dorten von unserm bedrohlichen Heranrücken schauerlich, ja beinahe tragisch vor; denn hätten sie irgend was gemerkt, so wäre uns ja schon das Anrufen ihrer äußersten Posten laut geworden, und sichtbar das Bewegen von Mann und Roß vor den leuchtenden Flammen, wie mir meine kriegserfahrenen Kameraden es deuteten. Sie saßen also ruhig beisammen, sich gesichert wähnend an der wärmenden Stätte, und wohl mehr an die Stunde der nahenden Ablösung denkend, als an den anrückenden Feind. Oder auch Mancher in dämmernde Gedanken versenkt an die holde Heimat, oder in ein traulich flüsterndes Gespräch von Freund zu Freund« : wenn das nur immer Jeder berücksichtigen, und den Wahnsinn von Kriegen einsehen wollte !

Einmal reitet im Dunkeln eine hohe Jünglingsgestalt an den Fouqué täglich imposanter vorkommenden Obersten heran, und bespricht sich mit ihm sehr ungezwungen über die Notwendigkeit, das Fußvolk voraus zu lassen; nennt auch wohl den Kommandeur ganz leger »mein Lieber« – und das dem kleinen donnernden Zeus gegenüber ! Als Fouqué dann allerdings erfährt, das sei der Prinz Louis Ferdinand gewesen, mindert sich seine Verwunderung so ziemlich.

Allerdings wäre es wesentlich besser gewesen, wenn Louis dem Obersten seinen Willen gelassen hätte – wie so oft bei den Unternehmungen des jungen Herrn –; denn das Fußvolk ist zu langsam, um die Franzosen im Dorfe zu überraschen, was die Kavallerie viel leichter gekonnt hätte. Freilich ruft man nunmehr das Regiment im Trabe vor; aber da nur ein langer schmaler Damm durch den Moorgrund nach der Ortschaft führt, kann sich die Reiterei nicht nach ihrer Weise entwickeln, und man bleibt im Geschützfeuer halten.

Nun hat Fouqué eines seiner zentralen Erlebnisse : der Tod kommt.

Noch während des Vorrückens trägt man ihnen die Leiche des Lieutenants von Schipp, eines der Adjutanten Hohenlohes, entgegen. Und wie sie so im Geschützfeuer halten – wohlgefällig sieht der Obrist, wie der Junge neben ihm nicht zuckt – und immer neue Verletzte vorbeihumpeln, wird ihm doch etwas unheimlich; denn auf lebenslängliche Verstümmelung hat er sich noch nicht gefaßt gemacht. Sie werden später sehen, wie der Gedanke des Todes ihm zum eigentlichen Bußprediger und christlichen Erwecker geworden ist.

Das Gefecht dieses Tages besteht nun eigentlich im Kanonieren, und wenn einmal Pausen eintreten, sieht man im schon hohen Korn fern und schattenhaft die feindlichen Tirailleurs und hört ihre Kugeln, die nicht wie gewohnt pfeifen, sondern fast nach Bienenweise summen. Die erfahrenen Reiter belehren ihn, daß die drüben wieder einmal mit »gehacktem Blei«, also etwa Dum-dum-Geschossen, arbeiten, schon damals »wider alle redliche Kriegsmanier.«

Dann beginnt der Maiabend kühler zu tauen – wer doch seinen Mantel da hätte – und es heißt »Abgesessen!«. Den Zügel um das Handgelenk geschlungen legt sich Fouqué ins Korn, und schläft sogleich tief und fest ein. Als sein Reitknecht ihn mit den Worten weckt : »Es wird hohe Zeit, Herr Kornett! Die Reiter sitzen schon auf!«, da steht die Sonne dicht am Erdrande; der nicht sonderlich orientierte Kornett meint, es sei ihr Aufgang, und reitet zwischen den Kürassieren umher mit Kraft- und Ehrenworten, und der Ermunterung, nun heute zu stande zu bringen, was gestern nicht gelungen sei. Es mag den Männern verwunderlich genug geklungen haben; und allmählich merkt dann auch Fouqué an der verschwindenden Sonne, daß er sich geirrt hat. Der Rückzug nach Grünstadt wird angetreten, »nicht ohne Murren über den (österreichischen) Bundesgenossen«, der seine Stellung nicht gehalten, und somit den Rückmarsch verschuldet hat. Immerhin drücken die Franzosen nicht nach, und der einzige Feind ist die übergroße eigene Ermüdung nach nun fast 40-stündigem Wachen. Zum erstenmale lernt er jene Grenzzustände des Bewußtseins zwischen Schlaf und Wachen kennen, und schildert sie eindringlich genug :

»Da ist es, als führe die Bahn uns durch Stadtgassen hin, von hohen schönen Gebäuden auf beiden Seiten umgränzt, und habe man einen behaglichen Ruhepunkt erreicht; oder es stehe doch mindestens in den Türen eine Menge gastlicher Menschen, bereit, uns mit einem Trunk Wassers zu laben, denn just nach dieser Labung verlangt es den kampferhitzten Kriegsmann, wohl auch den recht ermüdeten Wanderer, vor allen denkbarlich irdischen Erquickungen zu allermehrst. Und nun blickst Du genauer hin, und gedenkst schon, die Leute dorten anzureden; da blinken durch die Häuser Lichtlein hervor, aber nicht durch die Fenster, sondern durch das Gemäuer, – Sterne sind es am umwölkten Firmament, – in Duft zerrinnen die Häuser, in Duft auch deren Bewohner, – um dich her offenbart sich, an der Häuser statt, wilder Wald, oder schauerlicher noch, weites Feld ohne irgend einen bezeichnenden Gegenstand...« Manchmal meint er, einen Schimmel vor sich her reiten zu sehen, und reißt den eigenen Gaul plötzlich zurück; oder das Pferd geht mit dem Reiter seitab auf ein Hügelchen, und bleibt mit ihm, selbst einschlafend, stehen, bis der lachende Warnungsruf der Kameraden ihn weckt. –

So kommen sie gegen Morgen in Grünstadt an; wie bereits berichtet, ziehen sich unterdessen die Franzosen zurück. – Am 25. 5. besetzt das Regiment Neustadt a. H., und schlägt in 2 glänzenden Reitergefechten bei Kirrweiler und Edesheim am 28. 5. die abziehenden Franzosen; 2 Fahnen, 6 Geschütze, 300 Gefangene werden erbeutet. Im wohlhäbigen Pfälzer Dorfe Biel wird für längere Zeit Quartier genommen.

Zuweilen ist Fouqué als Befehlsempfänger ins Hauptquartier abkommandiert; dann muß er jedesmal bei Massenbach wohnen, mit dem er weiter im vertraulichen Duzverhältnis geblieben ist; und hier erhält er manchen – zumeist bitteren – Einblick in Lage und Lauf der Dinge, der militärischen wie der politischen. Denn Massenbach ist der Generalstabschef des Korps Hohenlohe, um ihn versammeln sich gern die angesehensten Offiziere – Graf Forstenburg, und den Hauptmann von Boguslawski (1758–1817) nennt Fouqué besonders –, und der Kornett hört manches wichtige Wort.

Eine Anekdote möge hier stehen, weil Fouqué sie später wörtlich in den »Zauberring« aufgenommen hat, und sie also, der ‹Spiegelung› halber, wichtig geworden ist:

»Ein edelheroischer Kriegsmann, in den Zwanzigern seiner Lebensjahre schon als russischer Stabsoffizier erprobt, und jetzt eine Zierde unserer Geschwader, sagte einstmal bei Massenbach, mich lächelnd anschauend: Was soll man nun solch einem jungen Rittermännlein anraten, wenn sichs von dem Umgange mit Frauen handelt! Sein Herz muß ihm ja doch auch schlagen. Mit leichtfertigen Dirnen sich einlassen, – das wäre Verderben an Leib und Seel'. Ein reines Mädchen mit Liebesversicherungen betören, die ihm nachher weder Ältern, noch Onkel, noch Tanten zu erfüllen gestatten, auch das eine Sünde! – Nach der Liebe einer verheirateten Frau werben, wo ihm eben der freundlich gestattete Zutritt für das freundschaftliche Vertrauen des Ehemannes bürgt ... Da unterbrach ihn

das edelgereizte Gefühl des aufblühenden Jünglings mit den Worten :
O pfui doch ! Wäre das ja ein niedriger, den eigenen Sinn entadelnder Verrat ! / Der erprüfte junge Ritter sahe den Knaben seltsam an; Andre wiederum seltsam den Ritter; während dieser mit ungewohnter Feierlichkeit sagte : Halten Sie ihr Bewußtsein fort und fort so rein, wie in dieser Stunde, junger Mensch. Es wird Ihnen immerdar wohltun. – Dann brach er das Gespräch ab, und verschwand bald nachher aus der Gesellschaft.«

Wichtiger sind die Geheimschreiben aller Art, von denen Massenbach ihm dann und wann mitteilt; und halb staunend, halb ungläubig und fast verächtlich, liest Fouqué von den »Aërostiers«, den Ballontruppen der Feinde; denn die Franzosen sind modern, nicht steif veraltet wie die Preußen : sie schlagen bereits Schlachten mit Luftlenkung !

Einmal – es ist am 2. Juli, anläßlich des erwähnten Probeangriffs der Franzosen – fragt Massenbach ihn, ob er nicht rasch einen Brief an Schmettau schreiben wolle; gleich könne ihn ein Kurier mitnehmen. Vertrauensvoll zeigt Fritz ihm, was er schrieb; und mit wehmütigem Nicken liest der Wissende die Feuerworte von Siegeshoffnung und Zuversicht. Dann spricht er : »Du hast geschrieben wie ein Jüngling soll. Nun will ich was hinzuschreiben, wie ein Mann schreiben muß !« Und auch er hält ihm das Blatt zur Einsichtnahme hin : »Furchtbarliche Worte waren es . . . « In 20 Zeilen skizziert Massenbach die Zukunft, die nur er allein in Europa sieht und weiß; und erbleichend sieht ihn das eben noch so frische Jünglingsantlitz an. »Es ist eine schwere Zeit, der Du entgegenreifest, Fritz«, murmelte Jener noch : »Gewöhne Dich immerhin an spartische Eurotasbäder. Wer die nicht zu ertragen vermag, ist am besten dran, wenn er frühe untergeht. Du aber sollst es hoffentlich überstehen.« –

Christian von Massenbach : am 16. 4. 1758 ist er zu Schmalkalden geboren; wird auf der Karlsschule mit Schiller und Cuvier erzogen; ist später Mathematiklehrer daselbst; und flieht endlich vor dem tyrannischen Herzog – wie Schiller – aus Württemberg zu Friedrich dem Großen. Nach kurzer Prüfung nimmt dieser ihn unter seine persönlichen Schüler auf; allgemein wird man auf ihn aufmerksam, als er artilleristische und mathematische Werke zu veröffentlichen beginnt. Er wird Lehrer an der neu errichteten Ingenieurschule; im holländischen Feldzug verliert er 3 Finger; danach ist er kurze Zeit Flügeladjutant, und zieht 1792 als Stabschef (oder Quartiermeister, wie man damals sagt) Hohenlohes mit nach Frankreich.

Nach dem Kriege wird er in Berlin das Haupt der sogenannten »französischen Partei«, die um jeden Preis eine Allianz mit dem Westen gegen Rußland will. Er spricht es in zahllosen vorzüglich fundierten

Memoires ganz offen aus : Einigung Europas unter Frankreichs Hegemonie. Denn mit Frankreich, mit den neuen Ideen, ist die Zukunft; mit seinem genialen Feldherrn Napoleon der Sieg. Preußen, erstarrt und veraltet – »nur gut als Werkzeug« sieht er ganz klar – könnte in seiner Hand das Größte leisten. England – ganz bewußt und modern – wird aus dieser europäischen Föderation ausgeschaltet; denn es will, wie immer schon, nur die Manufakturen des Kontinentes beseitigen, und selbst der Lieferant der Welt werden : England steht *gegen* den Kontinent. Er arbeitet unermüdlich, jetzt allmählich der zweite Mann im Generalstab geworden (der Nächste unter ihm ist Scharnhorst, der Superpreuße aus Hannover); er entwirft die detailliertesten Pläne für die Ostbefestigungen : die Franzosen sollen durch Österreich-Ungarn am Schwarzmeer entlang vorstoßen, während Preußen die Nordflanke hält, und von dort her eingreifen wird. Jedes Wort ist überlegt, Pläne beigefügt; nichts an den Arbeiten von Rednerei oder dunklem Orakelton. Er muß erleben, wie einerseits durch die Teilung Polens, Rußland bis an die Weichsel vorschreitet; andererseits durch den Baseler Frieden der französische Koloß an den Rhein rückt. Er sagt die Teilung Deutschlands zwischen Ost und West voraus; er definiert die »Wüste Europas«, wenn die Kultur nach Amerika ausgewandert sein wird. Die letzte Chance Europas ist : bedingungslose Allianz Preußens mit Napoleon; Angriff auf Rußland, das jetzt, noch nicht voll entwickelt, vielleicht zu schlagen wäre. – Und dann neue westliche Reiche an den Ufern des Schwarzmeeres – »Lasset uns nicht müde werden, das Reich der Ideen zu erweitern«, schreibt er unter eine Eingabe – ganz unpreußisch.

Aber er muß zusehen, wie Preußen, und mit ihm Europa, dem Untergange zueilen; noch einmal verlebt er in Bremen, bei dem Astronomen Olbers, die glücklichsten Stunden seines Lebens – dann geht es unaufhaltsam auf Jena und Auerstädt zu, und Sie werden noch vor der Dämonie des Schicksals und dieses Mannes erstaunen. –

Jedenfalls nimmt Fouqué aus dem Hauptquartier diesmal die Ahnung eines schlimmen Ausganges mit; sie wird noch verstärkt, als er in einer Gefechtspause mit seinem Freunde, dem derben Kornett von Hagen, in einem Gutshofe Wasser verlangt, und sie gleich aus dem Eimer trinken, während die zutunlichen Pfälzer wortreich bedauern, wie zwei so hübsche junge Offiziere derartig Durst leiden müssen; dabei hören sie auch, daß nebenan auf dem Friedhof ein paar Soldaten begraben werden sollen, und entschließen sich, mit zu gehen : ein Dragoner ist's und ein blutjunger Husar, und tiefe Schwermut befällt die Beiden. –

Nach der Sprengung des Gebirgsriegels kommen die Weimarkürassiere zunächst in ein Zeltlager zwischen Pfeddersheim und Worms, und dann sogar in feste Kantonierungen; aber es ist nichts rechtes mehr bei den ewigen Rückzügen.

Einmal, am 12. 8., erfährt er einen absonderlich tiefen Eindruck; ein Kamerad, der Leutnant Friedrich von Brösicke, einem Piket (d.h. einem Reitervorposten) zugeteilt, wird während eines Überfalles von den Franzosen erstochen. Bisher ist er fast wunderbar allen Fährnissen entkommen; ein einfacher stiller Mensch, der allgemein für etwas wunderlich gehalten wurde, weil er sich oft aus dem geselligen Kreise der Kameraden losriß, unaufhaltsam eilig, und dann immer versicherte, er müsse dringend Briefe schreiben; dabei bringt ihm die Feldpost nur ganz selten etwas. – Jetzt, als die Kameraden seine Papiere durchsehen müssen, erhalten sie Einblick in die rätselhafte Korrespondenz : »Briefe an seine zwei liebsten Freunde im Regimente, aber auf viele, viele Jahre voraus, die er niemals mit leiblichen Augen erschauen sollte. Die Freunde und er selbst hatten da bereits nach erkämpftem Frieden den Abschied genommen, und lebten auf ländlichen Besitztumen, glücklich verehelicht und von lieblichen Kindern umblüht. Sie luden einander ein zu fröhlichen Besuchen, gedenkend der Kämpfe am Rhein, als einer mühevollen, aber nun heiter aufleuchtenden rühmlichen Vergangenheit, sich freuend an zahllosen Heilsbescherungen.« Er war nichts weniger als anmutig, oder gar elegant gewesen, also eigentlich gar nicht nach der augenblicklichen Weise des kleinen Offiziersgecken; aber noch vor dem greisenden Mann steht er in einem wunderlich schwefligen Licht.

Eine völlige Veränderung erfahren Fouqués Ansichten von den Franzosen; während er am Lentzker Ofen sich die Neufranken nur als blutige Rebellen gedacht hat, gefallen sie ihm bei persönlicher Berührung allmählich immer besser. Sie zeigen selbst als verwundete Gefangene »eine kecke Fassung, die man nicht ohne kriegerisches Wohlgefallen betrachten konnte, und eine Anhänglichkeit an ihre Sache, unverkennbares Zeugnis ablegend von der ihnen innewohnenden Überzeugung, auf ihrer Seite sei das Recht.« Allerdings springt seine politische Überzeugung durchaus nicht plötzlich um; jedoch nach und nach söhnt er sich mit dem Gegner aus. Wie weit das geht, werden Sie später sehen. Einmal versucht er sich sogar an einem winzigen französischen Miniaturroman in Briefen, »der nicht eben zum Schlimmsten gehören mochte, was er je geschaffen hat. – Ein junger Emigrant, Louis von Coucy, in der Condéschen Legion dienend, erließ an seine in Frankreich gebliebene Geliebte, Anna von Montmorency, Zeilen, die man wohl Herzensworte nennen mochte, worauf sie lakonisch abweisend erwiderte, im Stil einer modernsten Republikanerin. Dann seine Verzweiflung darüber, einem befreundeten Waffenbruder ausgesprochen. Endlich der Bericht seines Reitknechts vom rühmlichen Kampfestode seines Herrn an eben diesen jungen Ritter. Schließlich ein Brief an die junge Dame, von ihrem republikanischen Bruder, noch lakonischer modern, als deren eigenes Schreiben, und die ich ziemlich fest im Gedächtnis behalten habe. Hier ist er : – Hier les ennemis, en se défendant contre une attaque vigoureuse de notre part, ont été repoussés entièrement. On a trouvé Coucy mort sur le champ de bataille. Je sais, que tu l'aimais, ma soeur. Mais réjouis toi, citoyenne. Il étoit ennemi de la liberté. – Le citoyen Robert Montmorency.« – Man sieht, Fouqué hatte doch schon einige Fühlung mit dem Zeitgeiste aufgenommen.

Während der langen untätigen Stunden in den Kantonierungen versorgt er sich auch mit Lesestoff aus der Leihbibliothek im Hauptquartier. Er erfreut sich an dem auch heute noch lesbaren Roman Bouterwecks »Graf Donamar«; und der Ritterroman der Benedikte Naubert »Walter von Montbarry« erquickt ihn ungetrübt. Den bedeutendsten Eindruck aber machen auf ihn der »Ardinghello« und die »Hildegard von Hohenthal« des genialen Heinse. Freilich wendet er sich im späten bigotten Alter seufzend von ihnen ab; aber noch aus dem Geseufz ist der mächtige Einfluß spürbar; und mehr noch aus Fouqués eigenem Roman »Alwin«, in dem manche Liebeszene, wenn auch entfernt, an jene Lektüre erinnert. Denn Fouqué ist, wie alle Menschen starker Phantasie, durchaus sinnlicher Natur, und er gesteht selbst in dem erwähnten Buch »wie unwiderstehlich die Wollust aus schönen Weibergestalten nach ihm fasse.«

Auch sein bisheriges künstliches Verhältnis zur Religion wird wohltätig gelockert; er wird was er ist : ein frischer unbekümmerter junger Mann, nicht mehr geängstet von muckerischen Skrupeln. Er lernt die tiefe Berechtigung und Poesie des »Aberglaubens« kennen : »Der Kriegsmann hat seinen Glauben daran, wie auch der Jäger, die Beiden, welche am öftersten zu Nacht und Tag, zu Winters- und Sommerszeit draußen sind, Waldwasser an den einsamsten Stellen brausen hören, wilde Gespenster in den schaurigsten Stunden über sich hin. Warnungen aus Wolkenzügen, Sturmwinden, alten Liedern und Vogelflug gelten für unseres Gleichen, und haben von jeher gegolten, wie mans in alten Geschichten erinnert.« sagt er im »Alwin«, der überhaupt jene Zeit, dichterisch verschlüsselt, gut und unerläßlich schildert. Hier liegt die Wurzel zu seiner späteren, unbewußt durchgeführten Dämonisierung des Christentums. –

Als Hohenlohe im Herbst gegen Kaiserslautern zieht, kommen die

Weimar-Kürassiere nicht zum Einsatz; wie so oft sind sie Blücher zugeteilt, und werden tatenlos auf dem Straßenkreuz Inkebach–Fröhner Hof aufgestellt, wie Blüchers Campagne-Journal berichtet; nichts hat man an diesem Tage auszudauern, als die ungeheuren Regenströme. Mißmutig trabt's zurück in die alten Quartiere.

Und nur zu bald geht auch Massenbachs Julius-Prophezeihung in Erfüllung: auf der linken Rheinseite bleibt nur Mainz noch von den Preußen besetzt; die Feldarmee selbst geht über den Rhein zurück.

Das Korps Hohenlohe tut das auf einer nachher zum Abbrechen bestimmten Schiffsbrücke am 23. 10. 1794 bei Oppenheim; den schützenden Brückenkopf bilden die Regimenter Weimar-Kürassier und Katte-Dragoner, und man hofft wenigstens auf ein Abschiedsgefecht, wenn die Franzosen versuchen würden, den Stromübergang zu stören; auch gibt Froreich, der wirklich keine Gespenster zu sehen pflegt, bereits eine vorläufige Gefechtsdisposition aus. Der Gegner indes, des Abzuges gewiß, hat gar nicht mehr nötig, auch nur einen Mann zu wagen, und: »Wir hielten, von herbstlicher Nebelfrühe an, bis gegen Sonnenuntergang da, vergeblich ein Gefecht erwartend. Der Schmerzensgedanke, so ganz unnötigerweise, nämlich was den uns unmittelbar gegenüber unsichtbar bleibenden Feind betraf, die schöne Rheinpfalz verlassen zu sollen, grub sich immer tiefer in die Seelen der braven Reiter ein. Das Fußvolk zog sich hinter uns nach und nach über den Strom ab. Es kam denn auch an uns die Reihe. In der herbstlich schönen Abendstunde rückten wir, die anmutigen Reben- und Fruchthügel hinunter, dem Strome zu. Der Gesang war für dasmal verstummt in unsern Geschwadern. Pfälzische Truppen, die früher an uns hinmarschiert waren, nahmens leichter; sie lachten und sangen, vielleicht hoffend, der Umschwung des Glückes werde sich schon abermal wieder umschwingen, sie zurückführend in ihr schönes Heimatland.« – (An anderer Stelle schreibt Fouqué: »Die Pfälzer sind lustig, dem allersorglosesten Sizilianer die Waage haltend«). – »Als nun endlich der Gesang aus unseren Scharen wieder aufklang, ließ er sich wehmütig vernehmen, Schubarts rührendes Scheidelied für die nach Afrika in fremden Sold gegebenen Württemberger in schmerzlicher Verwandtschaft anklingen lassend: An Pfalzens Gränze füllen wir / mit Erde unsre Hand, / Und küssen sie. Das sei der Dank / für deine Pflege, Speis' und Trank, / vergessnes armes Land. – Nur eine Stimme hatte diesen Klang begonnen, aber mehr denn hundert Stimmen tönten alsbald wiederholend mit ein, und nur wenige Augen blieben trocken.«

»Die Sonne versank, noch ehe wir dem Strome nahe kamen. Da war es in der Dunkelheit, als ob ein lebhaftes Geschieß von jenseits des Flusses aufdonnre. Wie nun? Sollten die Franzosen auf einem andern Punkte durch Umgehung schon vor uns den Rhein überschritten haben, und uns nun bereits vom rechten Ufer feindlich empfangen? Kaum denkbar. Und doch: so groß war die Kampflust, daß, mindestens unter dem jungen Volk, mehr denn Einer diesen wunderlichen Gedanken festhielt, verhoffend, wenn nur der Rückzug irgendwie gehemmt werde, müsse sich auch ein notgedrungenes Gefecht in einen leuchtenden Sieg verwandeln. – Aber was wir für Geschützfeuer genommen hatten, war das dumpfe Widerhallen der Rosseshufe auf der Schiffbrücke. Dazwischen im Näherkommen schauerlich das Rufen der Fährleute, die den Überhinziehenden die Richtung anwiesen, damit nicht das Gleichgewicht der Brücke verderblich gestört werde. Von jenseits flammten feierlich die Wachtfeuer der am rechten Ufer aufgestellten Infanterie und Artillerie empor, bestimmt, nötigenfalls den Abmarsch der Reiternachhut zu decken. Aber es drängte uns kein Feind. Bald war auf dem rechten Ufer unser Zug in die schwarze stille Herbstnacht verschwunden...«

Am nächsten Tage beziehen die Weimar-Kürassiere ihr Winterquartier bei Groß-Gerau, unweit Darmstadt und Frankfurt.

## § 20

Fast wie in absoluten Friedenszustand hinein sieht man sich mit einem Schlage versetzt; keine Furcht vor Feinden ist noch zu den Bewohnern gedrungen; goldig und ruhig färbt sich das Laub und fällt.

Selbst als gegen Neujahr der Winter recht real hereinbricht – der Rhein friert fest zu, so daß man ihn selbst mit schwerem Geschütz passieren könnte – rückt man zwar dem Strome näher; aber, schon aus politischen Ursachen, ist keine französische Invasion zu fürchten.

Seit Dezember unterhandelt Preußen nämlich offiziell in Basel mit Frankreich wegen eines Friedens; zuerst ist der Unterhändler Graf Goltz, dann ein Berufsdiplomat, Hardenberg; die Republik hat ihren schweizer Gesandten Barthélemy bevollmächtigt.

Da können sich also die von allen Seiten aus ihren Kantonnierungen her nach Frankfurt einströmenden Offiziere aufs anmutigste in der alten Reichsstadt belustigen; und der »Zauberring« bewahrt, nach dem eigenen Geständnis des Dichters, viele der Bilder jener Zeit. Glücklicherweise findet er Anhalt und wohl auch sanfte unmerkliche Aufsicht, im Hause eines Verwandten. Zum Militärgouverneur der Stadt ist nämlich der dort mit seinem Regiment einquartierte General von Thadden ernannt worden; und in diesem Regiment, das seine Friedensgarnison in Halle hat, steht als Oberstleutnant Friedrich Christian von Schlegell, der jüngste Bruder von Fouqués verstorbener Mutter. Mehr noch: er hat zusätzlich noch eine Henriette von Madai, die schon als gütige Kusine in des Dichters Kindheit auftaucht, geheiratet, und ist also doppelt mit dem Kornett verwandt. Sie laden ihn sorglich ein, und bewahren ihn vor allem vor dem Spiel, dem Glücksspiel, dem er dann später in Bückeburg nach vornehmer Weise doch seinen Zoll zahlen muß – sehr zum Schaden des Familienvermögens.

Nicht wenig trägt die Frankfurter Bühne zu solchen Winterfreuden bei. Zwar regt ihn in der Kotzebuiade »Die Spanier in Peru, oder Rollas Tod« nicht weniger der langgezogene, unritterliche Dialog auf; aber einige Ritterstücke, darunter die »Johanna von Montfaucon« (wiederum vom fingerfertigen Kotzebue), und Hagemanns »Ludwig der Springer« entzücken ihn »schon um ihrer in der Tat vortrefflichen Kostüme willen.«

Und auch eine kleine Liebelei bleibt nicht aus: in einem der ersten Bankiershäuser lernt er die beiden Töchter, Katharine und Sabine kennen, und obzwar keine echte Liebe sich einstellt, wird es doch ein kitzelndes harmloses Spiel zu Dritt. Reizvoll noch dadurch, daß er sich den notwendigen Stadturlaub dazu erlisten muß, oder auch bisweilen ganz ohne Urlaub seines Obersten nach Frankfurt hineinreitet.

Lange allerdings währt das Idyll nicht; gegen alle hergebrachte Kriegssitte der ruhigen »Winterquartiere« bricht am 27.12. Pichegru, der Befehlshaber der französischen Nordarmee, auf; und es gelingt ihm, mit seinen erschöpften und schlechternährten und -gekleideten Truppen in 4 Wochen ganz Holland in dem berühmten Winterfeldzug zu erobern; am 20. 1. 1795 hält er seinen Einzug in Amsterdam; das Land wird sogleich in einen Freistaat mit dem Namen der »Batavischen Republik« umgewandelt.

Von Berlin erhält nun Möllendorf den Befehl, die preußischen Besitzungen am Niederrhein, Cleve, Mark und Ravensberg, zu schützen; im Geheimen liegt dem Befehl der Gedanke zugrunde, die preußischen Truppen unauffällig aus ihren alliierten Bindungen herauszulösen, und sie zwecks Kostenersparnis schon in die Nähe der Friedensgarnisonen zu führen – aber das wissen die Subalternoffiziere natürlich nicht, viel weniger die Mannschaften; die sterben und fallen noch, wenn's die Staatsraison erheischt.

So setzen sich denn auch gegen den 20. 2. 1795 die Byern-Kürassiere

– so heißen sie jetzt; denn am 29. 12. 94 ist der Generalmajor Carl Wilhelm von Byern von den Garde du Corps zum Regimentschef ernannt worden – in Marsch. Das ganze Heer bricht auf; als Letzter der Nachhut verläßt Blücher am 4. 3. 1795 Frankfurt.

In der Nähe von Cassel – dahin geht der Marsch, über Gießen und Marburg – trifft der neue Chef beim Regiment ein; und für Fouqué ist dies ein überaus heiterer Lichtblick, indem er der Familie von Kindheit her bekannt ist. Die Söhne waren zum Teil seine Spielgefährten, die Töchter ihm in aufblühender Damenhuld gewogen, und Fouqué wird auch sogleich in die Leibschwadron des Generals versetzt. Das ist ihm von unaussprechlichem Wert, schon weil er sich nun bei Tisch wie in der Heimat fühlt, während zuvor, beim alten Taler, Alles noch ein wenig strammer herging, als auf der Parade. Wohl weiß er es zu schätzen, daß der kleine steife alte Herr ihm beim Abschied sagt : »Ich bin Ihnen wohl manchmal sehr herb und wunderlich vorgekommen; aber ich meine es gut mit Ihnen, und habe sie wahrhaftig lieb !« Aber dennoch denkt der Kornett : Procul a Jove, procul a fulmine – und was heißt hier Abschied ? Froreich bleibt ja noch ein paar Jahre Kommandeur !

Auch haben kurz vorher noch einige schlimme Differenzen stattgefunden. Auf einem westfälischen Schlosse muß Fouqué einst den Dolmetsch für den gestrengen Vorgesetzten und ein paar Emigranten machen, die dort gastliche Aufnahme gefunden haben; und da ergibt sich manches Gekichere über den alten herrischen Unfranzosen, das der mißverstehende Zeus denn wieder nur zu böse auf sich bezieht, und somit in sehr düsterer Laune gegen seinen Kornett vom Spieltisch aufsteht.

Der Marsch geht weiter auf »fast grundlosen Wegen« über Warburg, Lippstadt und Hamm, wo das Regiment in den letzten Februar- bzw. ersten Märztagen sich befindet; dann macht es eine große Schleife über die einsamen Heiden der Emslande bis in die Gegend von Osnabrück.

Das ist nun eine ganz neue Anschauung für Fouqué : »die uraltväterlich germanistische Weise in den patriarchalisch einfach gelegenen Bauernschaften. Selbst als ihm noch das vereinzelte Herbergen und Einkehren Anfangs beinahe schauerlich vorkam, wenn so die befreundeten Gestalten über die wüste Fläche dahin und dorthin auseinander zogen, nach fernen buschumkränzten Höfen, wie nach den Oasen eines Wüstenmeeres fort – selbst da schon ward es ihm, als sei er hier ganz eigentlich daheim.« Und seltsam rührend ist es, wie später er, der unverbesserlichste Aristokrat, doch nicht umhin kann, das Leben dieser einzelnen bäurischen »Wehrfester« immer wieder zu preisen und zu verherrlichen.

Ein ihn seltsam ergreifendes Bild trägt noch dazu bei, ihn hier Schicksale ahnen zu lassen:

»Eine andere ehrwürdige Emigrantengestalt erschien uns, als wir an einem einsam gelegenen Bauernhof auf der westfälischen Haide vorüberzogen, an einer (wie es Justus Möser mit uraltgermanischem Ausdrucke schön benennt) Wehrfeste: ein Haus, dessen Tür, eigentlich Torweg, beinahe die Vorderseite einnimmt, zugleich dem vom Hintergrunde des großen Flures – eine Diele heißt man es dort – aufsteigenden Heerdesrauch freien Ausgang bietend, denn von Schornsteinen ist die Rede nicht. Zu beiden Seiten ziehn sich die Viehställe entlang, und hinter dem Heerde gibts noch ein kleines Gemach, eher aber einem Aufbewahrungsort des besseren Hausrates vergleichbar, als einem Wohnzimmer. Die Familie hält sich gewöhnlich um den Heerd versammelt, und schläft in eingetäfelten Betten mit Schiebfächern an den Wänden herum, ähnlich den sogenannten Kojen auf den größeren Strom- und Seeschiffen. Ob nun mein Emigrant sich vielleicht als Heerdesherrn eines also bescheidenen Besitztumes hier angekauft haben mochte, vermittelst einer kleinen Trümmer aus dem großen französischen Schiffbruch, oder sich nur durch ähnliche Mittel hier eingemietet? – Ich vermute beinahe das Erste. Denn er trug, ein ältlich schöner großer Mann, die gewöhnlich westfälische Bauerntracht, einen altgermanischen (Überrock?) von grauem, selbstgewobnem, aber sehr reinlich gehaltenem Tuch, und bewahrte äußerlich die Erinnerung an seinen Ritterstand nur durch ein französisches Ludwigskreuz im Knopfloch. Mit einer vornehm ruhigen Haltung, als lasse ein Obrist sein Regiment vorbeimarschieren, sah er unsern Zug an, und grüßte die Offiziere höflich ernst. Unwillkürlich ergriff Alle ein Gefühl der Ehrfurcht vor der wundersamlichen Gestalt, und erwiderten wir seinen Gruß mit geziemlicher Beachtung...« – Aus ihm ist später der Atahulf in »Welleda und Ganna« geworden.

»Noch sehe ich es mit den Augen verwundernder Erinnerung, als wir zum ersten Mal in einer sogenannten Bauerschaft einquartiert wurden, und, statt eines erwarteten Dorfes, auf unabsehbarer baumloser Heide, nur einzelne Wohnungen in weiter Ferne bemerklich, ein Häuflein Bauern antrafen, bei ihnen unsere Quartiermacher, zwar wie gewöhnlich Quartierzettel verteilend und die Mannschaft aufrufend; aber nur, um sie den Bauern als Führer zuzuteilen, die dann mit ihnen dahin und dorthin, sobald Sammelplatz und Stunde zum Aufbruch für Morgen bestimmt war, von dannen zogen, verschwindend am Horizont, so daß sich höchstens nur die Weltgegenden noch bestimmen ließen, wo man sie nötigenfalls wiederum aufzusuchen habe. Mit den Offizieren ging es eben so:

völlige Vereinzelung bis aufs Zusammentreffen am nächsten Morgen.« – Noch der »Zauberring« bewahrt, zum Beispiel in der eindringlichen Schilderung Heerdegens (13. Kap. 1. Teil), den tiefen Eindruck. –

In der Umgebung von Iburg werden endlich feste Kantonnierungen bezogen, und nicht lange mehr, so kommt die Friedensbotschaft:

Am 5. 4. 1795 hat Preußen mit Frankreich den Frieden von Basel geschlossen; die Artikel sind im wesentlichen von Haugwitz entworfen worden, und geben Holland und das linke Rheinufer den Franzosen. Dadurch werden zwar auch kleinere preußische Landesteile mit abgetreten; aber in geheimen Abmachungen wird schon eine Entschädigung, nämlich an dem bald zu verteilenden Deutschen Reiche, vereinbart; außerdem wird das nördliche Deutschland von dem südlichen getrennt. Am 17. 5. wird nämlich noch ein Zusatzabkommen geschlossen, durch welches das nördliche Deutschland neutralisiert, und von dem weiter Krieg führenden Österreich und Vasallen getrennt werden soll. Eine sogenannte Demarkationslinie wird gezogen, zur Abwechslung diesmal horizontal: längs der Ems und Aa bis Münster; dann über Coesfeld nach Duisburg; von da über Werden längs der Wipper nach Homburg, Altenkirchen und Limburg a. d. Lahn; über Idstein und Höchst, längs dem Landgraben, den Grenzen des Darmstädtischen und der Pfalz nach Eberbach am Neckar; von da nach Wimpfen, Nördlingen usw.; den ganzen fränkischen und obersächsischen Kreis einschließend; an Baiern, der Oberpfalz und Böhmen entlang, bis an die Grenzen Schlesiens. Alles Land nördlich dieser Linie gilt als neutral und soll von keiner der kriegführenden Parteien betreten werden dürfen.

Am 5. 5. 1795 wird dem Regiment nach feierlichem Gottesdienst der also abgeschlossene Friede bekannt gemacht, und den Truppen für ihr tapferes Verhalten gedankt; dumpf rollen die Geschützsalven, und Te Deum laudamus wird gesungen. Aber die Offiziere sehen sich verbittert an: daß Preußen überhaupt Länderstriche abtritt!

Am 7. 5. beginnt der Rückmarsch in die alten Standorte, über Minden – Oldendorf – Elze – Hildesheim – Osterwieck – Halberstadt – Aschersleben, wo sie nach 14 Marschtagen, darunter 4 Ruhetage, Ende Mai 95 eintreffen werden.

In Dissen gibt es noch einige muntere Erlebnisse mit dem sein Pferd wie einen Rock ausklopfenden jungen Pastor, und dessen recht anmutiger Schwester; und überhaupt bei den zahlreichen Einquartierungen in Westfalen keinerlei Mißklang mit den Angesessenen.

Auch das westfälische Stadtleben soll Fouqué im Abziehen noch kennen lernen. Bei Minden verweilt man ein paar Rasttage auf dem linken Weserufer, und ein gewisser alberner Hochmut, »Auch ich war in Berlin, in Potsdam, in Frankfurt am Main«, läßt ihn den Umgang der besseren Gesellschaft eher meiden als suchen : Da schlägt seine große Stunde! :

»In einer frischen Eichenwaldung wars, wo sich die elegante Gesellschaft aus Minden zu einem ländlichen Mittagsmahl versammelt hatte, in der Nähe eines gewöhnlichen Gasthofes, dessen man jedoch völlig entbehren zu können vermeinte auf dem grünfesten Rasen, unter den hochgrünen Baumschatten, durch welche die Juniussonne nur eben so vielen Glanz hereinstrahlte, als zur Vergoldung der Festesanstalten tauglich war, ohne die labende Haineskühle zu stören. Auch unser Offizierskorps war dort eingeladen. Nur eigentlich, weil die Andern hinritten, ritt ich mit hin; aber schon fernher zog mich das Gewimmel der edelgeschmückten Gestalten unter dem laubigen Grün an : Frauen in weißen oder buntfarbig zarten Gewanden, von Gold und Silber leuchtende Uniformen der Kriegsleute, deren edle Rosse und die glänzenden Wagen der Damen umher, – und dann die ländlich einfache Bühne des Festes, durchtönt von Symphonien, Tanzweisen und Marschklängen wohllautender Instrumente, – es trägt das Allzusammen so ein seltsam anmutiges Gepräge an sich, märchenhaft an jene phantastische Idyllenwelt der romantischen Poesie mahnend, – Spanier und Italiener sind vorzüglich reich daran, – wo Ritter und Schäfer, Prinzessinnen und Burggrafen und Hirtinnen so gastlich vertraut miteinander umgehen, als seien sie ein Chorus voll harmonischer Einheit, und das Leben ein fröhliches Spiel...

Hier nun ging dem achtzehnjährigen Kriegsmann die Erscheinung einer zarten, erst eben erblühenden Jungfrau edlen Stammes auf unter den grünen Schatten, ihr Geist fein gebildet, vornehm und einfachst natürlich ihr ganzes Benehmen. Man konnte sie keine glänzende Schönheit nennen, aber eine unaussprechliche Sanftmut war über die holde Gestalt gegossen, wie sie mir niemal anziehender erschienen ist. Meine Seele empfand in leisen innigen Schauern : hier war ihr etwas für das Leben Unvergeßliches erschienen.

Ein plötzlich heraufziehender Sturmregen störte uns den erwarteten Tanz im Freien, und trieb uns in den dörflichen Gasthof. Nie hab ich es deutlicher empfunden : nicht der Ort adelt die Gesellschaft, wohl aber die Gesellschaft den Ort. Es war ein recht erlesener Kreis jugendlicher Gestalten versammelt, und unter anmutiger Musik erhoben sich unsre Reigen in edler Zier, als leuchte ein Pallastsaal um uns her. Man wird bei solchen Veranlassungen leichter bekannt, als bei förmlicheren Festen. Mehr denn einmal ward mir die Ehre zuteil, meiner holdseligen Erscheinung die

Hand zu bieten: sie schwebte wie eine Elfe im Tanz. Da fragte ich meinen zufälligen Nebenmann, den Sohn einer angesehenen Adelsfamilie in Minden, wer meine Tänzerin sei, und hielt meine Worte der zartesten und innigsten Bewunderung nicht zurück. Es ist meine Schwester, erwiderte er wohlgefällig ...« Sparsam, in wenigen wehmütigen Worten stellt der Greis weiter sein »von Schmerzen umhegtes reines Idyllion« dar:

»Eifriger, sich zu den Mindener Tanzgesellschaften einzustellen, war jetzt Niemand, als der von zwei frommen Blauaugen gefangene Kornett; und auch im glänzenden Saale dort versagte ihm so wenig als bei jenem ländlichen Feste die holde Jungfrau jemals ihre zarte Hand. Weiter gingen für jetzt die Wünsche des Achtzehnjährigen nicht, gegenüber der etwa Fünfzehnjährigen; die reine jugendliche Liebe genügt sich im holden Spiegel zarter Erwiderung ...« und man erinnere sich dabei an Wielands Wort: »Wer in dem Augenblick, da er zum ersten Male die Hand der ersten Geliebten küßt, sich mehr wünscht: der hat nie wahrhaftig geliebt.«

Wie aber wird dem Jüngling, als beim nächsten Ball die geliebte Gestalt seine Aufforderung mit kalter Verneinung erwidert?! Noch einmal versucht es der Bestürzte; dann nicht mehr. Vielmehr widmet er jetzt, beleidigt, seine Aufmerksamkeit einer jungen blühenden Witwe, und sucht nicht mehr an die Wankelmütige zu denken: sie scheiden ohne Erklärung, »Der Jüngling unter äußerer Lustigkeit einen herben Schmerzenspfeil im Herzen, einen der herbsten vielleicht, die sein wahrlich nicht schmerzensarmes Leben ihm je geboten hat.« »Was reimt im Deutschen auf Fouqué?: / Ach, fast nur's arme Wörtlein ‹weh!› / Was von der Nymph im Tränensee; / Und noch was von manch schöner Fee / Und endlich das Befehlswort ‹Geh›!«

Was ist geschehen? In seiner Biographie stellt er es so dar, als habe ein Regimentskamerad ihn bei der Geliebten als Leichtentzündlichen und Flatterhaften verleumdet; an anderer Stelle sagt er, daß seine wahrscheinlich zu stürmischen Bemühungen die Eltern veranlaßten, ihm durch den Bruder Einhalt und Mäßigung zu empfehlen.

Wie dem auch immer sei: die Wunde geht tief; und zugleich ist es ihm oft, in seltsamer Bilderverwechslung, als habe die Geliebte über ihn zu klagen, nicht aber er über sie, und er gesteht sein Leid dem mitfühlenden Bechtolsheim in nicht endenden Ergüssen.

Einmal noch, 30 Jahre später, hat er sie wiedergesehen, sie bereits Witwe geworden, er längst verehelicht; wenige Jahre darauf stirbt sie, – eine der großen Geliebten der Weltliteratur – »laßt sie uns Eloisa benennen in diesen Blättern; sie hieß anders in der Zeit ...«

Unsterblich geworden ist sie als »Undine«, eine der ewigen Märchenfiguren der deutschen – nein, der Weltliteratur.

Denn da reitet Herr Huldbrand von Ringstetten – ach, von Huld hat Fouqué, selbst bereuend, nur zu oft gebrannt; und daß »la Motte« im Altfranzösischen eine Burgumwallung bedeutet, also recht eine »Ringstätte«, verrät er selbst in der Biographie seines Großvaters. Zu allem Überfluß gibt er ihm auch noch die eigenen Wappenfarben, Veilchenblau und Gold, (während Pfeiffer in seiner verständnislosen Undinendissertation nur meint, Fouqué habe seinen Ritter nicht bunt genug ausstaffieren können), und läßt ihn, wie er fast sein ganzes Leben auch von sich denken mußte, als den Letzten seines Stammes sterben. Marianne-Caroline-Bertalda hat er schon vorher flüchtig kennen gelernt, »die Pflegetochter eines der mächtigen Herzöge, die in dieser Gegend wohnen« – fragen Sie mal einen Soldaten, ob ihm sein Regimentskommandeur nicht mindestens so wichtig ist, wie ein Herzog ! Aber dann war er erst durch den wilden Wald geritten, als Kriegsmann, so seit Mai 94; und dann trat eben die Erscheinung dieser »Elfe« dazwischen, mit den »Blauaugen«, den »himmelklaren«, wobei man ja sogleich an die »seeblauen Augenhimmel« Undines denken muß; und 15 Jahre ist sie alt, so stehts auch präzisest im Märchen. Allerdings im Gedicht tut Fouqué endlich seinem klopfenden Herzen Genüge; in der süßen sonnigen Einsamkeit auf der Seespitze : weit fort sind die Menschen; mit innigem Wohlbehagen sieht er, wie der Waldstrom sich sein Bette breiter und breiter reißt, – auf der andern Seite schützt sie das mächtige Steinhuder Meer, – und die Abgeschiedenheit auf der Nun-Insel sich für immer längere Zeit ausdehnt. Was ihm das Leben versagt hat, ersetzt ihm schöner, unsterblich, die Phantasie. Wie dann, Schritt für Schritt, das Menschenkind Marianne Jene verdrängt, »man könnte dies Alles, weiß der Schreiber, ordentlich ausführen; vielleicht sollte mans auch. Aber das Herz tut ihm dabei allzuweh; denn er hat ähnliche Dinge erlebt, und scheut sich in der Erinnerung noch vor ihrem Schatten.« Und auch im Märchen kränkt er die Geliebte, daß sie ins Unwiederholbare entschwindet; aber tot ist sie nicht : das müssen die Frauen an den Ufern des Rheins – Verzeihung, der Donau – erfahren; sie selbst beschwören durch ihr Sein und Wesen immer den Vergleich herauf. Zu tief sitzt die Erinnerung.

Schon Poe hat intuitiv erkannt, daß hier ein allerpersönlichstes Erlebnis des Dichters vorliegen müsse; und fügt hellseherisch klar hinzu : »From internal evidence afforded by the book itself, I gather that the author suffered from the ills of a malarranged marriage.« Dabei hat er nur die Undine gekannt !

Aber auch in Fouqués anderen Dichtungen erfolgt immer wieder die Auseinandersetzung mit dem Nichtgeschehenen; denn »Schön Irsa« ist sie wiederum : »Da hegt er (der Dichter) auch mich nun gar lieb / fast mit der Wehmut Spur, / die einst ihn zu Undinchen trieb ...« Und im Märchen selbst, einem der schönen Beispiele deutscher Wald- und Pflanzenbeseelung, fragt er : »Liebhelles goldnes Hoffen, / wo zogst, wo schwandtst Du hin ? / Ein Freudentor stand offen / dem zart erglühten Sinn. / – Das schlug mit einmal, einmal zu ! / Da starrts umher wie Grabesruh ! / Da grüßt der Tod auf Du und Du ! ...« Und er ruft beschwörend : »Bist irgendwo geblieben, / kannst nicht gestorben sein ! / Lebt ja das treue Lieben / noch tief im Herzen mein; / Gewiß, auch Du bist sehnend wach, / und grüßest, ob nur fern und schwach, / Mein Ach mit einem süßern Ach ! ...« und er schließt treu und listig : »Da will ich denn Dich suchen, / mit treuem Liedesgang. / Ihr Linden und ihr Buchen / weist mich die Bahn entlang ! ...« Und auch dies »Schön Irsa« spielt in jenem Winkel, im Weserknie, der für ihn und seine Dichtung so entscheidend geworden ist. Die weiße Emilie des unsterblichen »Alethes«, zuerst am Wasser getroffen, ist es wiederum; und derber und reflektierender, die Swindalieb in »Welleda und Ganna«, wo er die Bückeburg-Mindener Zeit am ausführlichsten noch einmal herauf gerufen hat; ich erinnere auch an »Folko und Isula« in den Gedichten.

»In der Zeit« hieß sie Elisabeth von Breitenbauch.

Ihr Vater ist der königlich preußische Kriegs- und Domänenkammerpräsident zu Minden, Franz Traugott von Breitenbauch, aus einer uralten thüringischen Familie, die schon 1147 zum ersten Male urkundlich erwähnt wird; Ranis, Brandenstein, Lichtentanne, sind ihre Hauptbesitzungen gewesen. Aus seiner ersten Ehe mit Philippine Albertine Winter von Marbach hat er 12 Kinder; das achte davon ist der oben zitierte Bruder, Albert, der die väterlichen Güter in Thüringen übernimmt, und mehrfach im Goetheschen Kreise auftaucht; ein leichtsinniger adliger Verschwender, der als notorisch schlechter Wirtschafter 1805 das Familiengut Ranis an einen Vetter abtreten, und auch später die restlichen Besitzungen, eine nach der andern, verkaufen mußte. Dafür hatte er aber 24 Kinder. – Wichtig ist noch, daß er sich in vornehmer adliger Verlegenheit immer »Breitenbach« nannte, ja sogar oft so unterzeichnete : wahrscheinlich ist hierauf zurückzuführen, daß sich bei Fouqué gleich von Anfang an auch das Bild des »Wassers« eingeblendet hat, wie bei späterer Bekanntschaft das der »Buche.« (‹Bauch ≈ Bauk ≈ Buche›).

Das elfte dieser Kinder ist Friederike Lisette Auguste Eberhardine Ernestine, genannt Elisabeth; am 7. Mai 1780 wird sie in Minden geboren

(»getauft am 17. Mai auf Dero adelichen Hofe«); als Taufzeugen unterschreiben sich Mitglieder der namhaftesten westfälischen Adelsfamilien : Fräulein Spiegel von Pickelsheim, von Hardenberg, von Vincke; sogar der Herr Regierungspräsident zu Cleve, Freiherr von der Reck, ist dabei.

Auch sie hat Fouqué nie vergessen, obgleich sie am 14. Mai 1800 – der Mai ist ihr Schicksalsmonat : geboren; Fouqué kennen gelernt (er sagt aus ungenauer Erinnerung Juni); – den preußischen Hauptmann August von Witzleben ehelicht. Drei Kinder hat sie mit ihm; zwei Töchter, die als kleine Kinder wieder sterben, und den Sohn August, der die Familie fortpflanzt.

Bis zum großen Desaster 1806 und zur Restauration 13 leben sie in Halberstadt; dann gehen sie über Wolmirstedt, den Familienbesitz des Mannes, nach Dresden und Halle. Der Gatte stirbt dort bereits 1821, und läßt die Witwe mit dem halb erwachsenen Sohne zurück, der seine Ausbildung in Potsdam erhält.

1826, anläßlich eines Besuches bei dem Sohn, sieht sie der Dichter zum ersten Male wieder : »Es war ein Wiedersehen wie nach dem seligen Sterben : ohne Wunsch, ohne Schmerz, ohne Erwartungen; aber reich an stiller Freude und fortan störungsloser Freundschaft.« Es kommt nicht unerwartet; denn schon seit 1822 hat er mit ihr, die in Halle den Vetter Karl kennen lernte, korrespondiert. »Er kam zu mir, er sang zu mir / nochmals von Lieb und Treue; / doch als ich frug : ‹Wie geht es Dir ?›, / schwieg er in banger Scheue.« heißt es 1823 unter dem Titel »Undine« im poetischen Tagebuch; und wenig später geht aus dem Distichon »An Elisabeth Witzleben und Marianne Madai« hervor, daß er der alten süßheidnischen Undine jetzt seine »6 Psalmen« offeriert hat, ganz stilecht das »Wässrigste«, was er bis dahin zu bieten hatte.

1832 – wie billig im Mai, am 27. – stirbt zu Glaucha bei Halle die Undine an einem schleichenden Fieber, eben 52 Jahre alt; »im eigenen Herzen geboren; nie besessen; dennoch verloren.«, in einem hohen, schwarzsammtenen, mit Silber beschlagenen Sarge wird sie in die Erde gebettet.

§ 21

Die Rückkehr in die alte Garnison ist von dem üblichen Durcheinander begleitet : erst der begeisterte Empfang – »Und überall, allüberall, / auf Wegen und auf Stegen, / zog Alt und Jung dem Jubelschall / der Kommenden entgegen. / »Gott lob!« rief Kind und Gattin laut, / »Willkommen!« manche frohe Braut.« – dann richtet man sich wieder in seinem alten Bürgerquartier ein (es gibt keine Kaserne damals in Aschersleben; Alle sind in Privatunterkünften untergebracht); dann ist Gerät und Bekleidung umzutauschen, unmäßige Appelle finden am laufenden Bande statt – kurz, jeder Soldat weiß, was eine friedensmäßige Demobilmachung mit sich bringt.

Die älteren Stabsoffiziere, meist am Orte ansässig, in eigenen Häusern und mit eigener Familie, geben Gesellschaften; und Fouqué fehlt bei keiner: er will es sich beweisen, daß nicht Jede ihn verschmäht, wie jenes neblige rätselhafte mindener Geschöpf – denn damals hat er noch keine Ahnung, warum Elisabeth plötzlich so fremd tat: »Meine Mutter hat es gewollt...«

Am liebsten verkehrt er im Hause »Über den Steinen, Nr. 5.«, wo der Oberstleutnant von Schubaert wohnt. Die kleine Marianne, nach der barbarischen Sitte damaliger Zeit schon ganz als Dame zu gebildeten Gesprächen und Konversation abgerichtet, ist nunmehr in ihrem dreizehnten Jahre, und auch ihr gefällt der junge zierliche rot und weiße Kornett mit dem alten vornehmen Namen. Das neue Verhältnis webt sich im Laufe der folgenden Jahre langsam immer fester zusammen, obwohl Fouqué sich manchmal aus dem feinen Netz freizappeln möchte; aber – Sie werden schon sehen; im »Alwin« stehen nachdenkliche Stellen darüber.

Zunächst wird ihm ein zweimonatiger Urlaub in die Heimat gewährt; im Spätsommer 1795 tritt er den Ritt nach Lentzke an; und sein und seines Reitknechts Gaul müssen es empfinden, wie doch der Magnet des heimatlichen Heerdes zieht. Ich sage »heimatlicher Heerd«; möchte jedoch als wichtig herausstellen, daß Fouqué, wie alle dermaßen umgetriebenen Kinder, den vollen Begriff der »Heimat« nie gekannt hat; dazu gehört nämlich, daß man, wenn möglich, die ersten 20 Jahre seines Lebens in unveränderter Umgebung zubringen kann; eine Pflanze, die alle Jahre umgetopft wird, kann nicht mit dem Baum im Walde verglichen werden. 2 Jahre Brandenburg; 8 Jahre Sakrow; 6 Jahre Lentzke; dazwischen immer wieder die vierteljahrelangen Winteraufenthalte in den wechselnden Stadtwohnungen; dann das zigeunernde Soldatenleben – es wäre psychologisch wohl zu begründen und auszuführen, wie das zur Entstehung seiner großen Mosaikromane beigetragen hat, wo ebenfalls die Schauplätze schwermütig rastlos wechseln.

Auf dem Rittergute Nennhausen bei Rathenow übernachtet er noch einmal; der Herr von Briest, der Besitzer, erfreut sich an der Uniform seines alten Regimentes, dem er selbst bis 1774 als Rittmeister angehört hat, und des Fragens nach Kameraden, zumal dem alten Gotsch, ist kein Ende. Noch lebt seine erste Frau; und auch das einzige Kind des Hauses, die Tochter Caroline, etwas älter als Fouqué, ist mit ihren beiden Söhnen anwesend : ihre Ehe mit dem Herrn von Rochow ist nicht glücklich, und man munkelt allerlei.

Schmettau ist dem ehemaligen Zögling entgegengeritten, und unerwartet treffen sich am Morgen des nächsten Tages die Beiden in der Halle. Am Nachmittag reiten sie in Lentzke ein, wo ihnen am Dorfeingang die Tante Nimscheffsky und Kusine von Posern entgegenkommen. Der Vater in seiner wachsenden Altersschwäche ist nicht mit hinausgepilgert, sondern erwartet den Sohn vor dem Hause mit feierlichem Segensgruß und gerührter Umarmung. Im allgemeinen wird der Urlaub still verlebt; nur einmal von einem kurzen Besuch in Potsdam bei den Bekannten und Verwandten unterbrochen, und er versagt es sich nicht, auch über Sakrow zu reiten. Beim Abschied vom Vater ahnt keiner der Beiden, daß sie sich zum letzten Male lebend gesehen haben.

Wiederum zurückgekehrt nach Aschersleben beginnt nun das reguläre muntere Garnisonsleben, wie es untätigen jungen Offizieren wohl wünschenswert erscheint. Vielfach neckt man sich mit den Einwohnern : »Dann wurden weiße Tücher und Hemden übergehängt, daß die Gestalten völlig verhüllt erschienen. Einige nahmen eine Tragbahre auf die Schultern, worauf irgend etwas Hochragendes, gleichfalls weiß verhüllt, ähnlich einem Sarge gelegt ward, während die Übrigen paarweise voran und hintennach gingen, leise und hohl allesamt ein nichtartikuliertes Gemurmel anstimmend, und so ging es im gespenstisch langsamen Zuge durch die dunklen Straßen hin und wieder, voll schauerlichter Ergötzung. Hinter den Fenstern der Häuser lauschten dann die erweckten Bewohner beim Dämmerlicht ihrer Nachtlampen, und solange die Sache noch neu blieb, gingen dann wohl am folgenden Tage Gerüchte durch die Stadt von bevorstehenden Ereignissen, durch jene nächtlich rätselhaften Erscheinungen angedeutet. – Oder auch wir erhoben zur Nacht unter einander neckenden Krieg, mit Wassereimern uns befehdend, die aus den vielen in den Gassen stehenden Brunnen leicht wiederum nach jeglicher Salve gefüllt wurden.« Dann wieder verschafft man sich Schlittenglocken und Hetzpeitschen, und galoppiert auf den eigenen Beinen mit Geknall und Geschell und Geruf, stundenlang durch die Stadt – und das zur Sommerszeit – bis endlich die eigene Ermüdung dem Spiel ein Ende setzt. Gewiß, es sind lustige und harmlose Späße – wenn ich nur nicht immer dabei an die einfachen Soldaten und die irrsinnige Selbstmordquote denken müßte; ich kann nicht vergessen, daß die Mauern der prächtigen und heiteren Gebäude im Blutsumpf stehen, ähnlich der strotzenden Hitlerfassade.

Die Strebenden unter den Offizieren richten allerdings auch wieder ihr Casino ein, ob man im Lesezimmer ernsthaftere Zeitschriften, zum Beispiel Schillers »Horen«, oder die recht wichtigen »Europäischen Annalen« des Historikers Posselt lesen kann – schon vor dem Kriege hat dort auf Veranlassung des Herzogs der Magister Sangerhausen Vorlesungen gehalten, »Über Bestimmung und Würde des Kriegsmannes«, die er dann auch unter dem Titel »Moral für Preußens Krieger« hat drucken lassen, (ob er darin von dem Obersten Ramin erzählt hat, der einem Soldaten das Auge ausschlägt, und ihm dann einen Taler hinwirft : »Hier hast du was fürs zerbrochene Fenster« ?). Auch Fouqué riecht ab und zu hinein, und in den »Horen« gefallen ihm die noch anonymen »Gespräche deutscher Ausgewanderter« am besten; aber er muß doch zugeben : »Irgendetwas ernstsinnig zu studieren war der leicht durchs Leben flatternde Frühlingsvogel durchaus unfähig zu jener Zeit, weil es ihm sogar an gutem Willen fehlte dafür.« Denn jetzt beginnt in Fouqués Leben die allerhohlste Zeit, trotz der äußeren Bocksprünge; jahrelang ist er einfach unfähig, etwas ernsthaftes zu lesen, geschweige denn zu schreiben, bis er selbst mit Erschrecken die Wahrheit von Chamissos, des widerwillig auch den Soldatenrock Tragenden, Ausspruch an sich erfährt : daß der Soldatenstand das verwünschteste Metier sei, was den Geist ausdörren und den Verstand vertrocknen lasse ! Wenn auch er, der geborene Ritter, beileibe nicht dahin gelangt, den Soldatenstand zu verwünschen, – unheimlich wird ihm manchmal doch; und die angeborene Neigung zu Kunst und Wissenschaften wird ihm endlich lächelnd das zu schwere Schwert aus der Hand nehmen. So vergeht fast ein Jahr, währenddessen der Kornett zum Secondelieutenant vorrückt.

Inzwischen sind wiederum bedeutsame Veränderungen in der Politik vor sich gegangen, und sie greifen auch in das Schicksal des Dichters ein. Preußen – immer noch nicht entschlossen, wem es sich anschließen will, und ob überhaupt jemandem ? – scheint auch weiterhin an seiner schwankenden Neutralität ängstlich festhalten zu wollen. Anfang 1796 glaubt man in Berlin Anzeichen dafür zu haben, daß Frankreich eine Besetzung Hannovers plant, und Preußen vereinigt sich mit diesem Lande zur Aufstellung einer kombinierten Observationsarmee an der Weser, die dafür Sorge tragen soll, daß keine der unterdessen pausenlos kriegführenden Mächte die Demarkationslinie von Basel überschreitet. Die Armee wird unter den Befehl des Herzogs von Braunschweig gestellt; ihre Unterbringung und Verpflegung übernimmt der niedersächsische Kreis.

Am 23. 5. 1796 erhält auch das Regiment Byern-Kürassiere den Mobilmachungsbefehl; und die kriegslustigen jungen Offiziere hoffen allen Ernstes, daß nun wieder ein Feldzug beginnen werde; was will man von einem Stande, dessen Beruf der Krieg ist, auch anderes erwarten?!

Am 20. 6. verläßt man Aschersleben – Fouqué doch etwas zögernd, weil »Lieb von Lieb muß scheiden« – und marschiert (zusammen mit dem Depot des Füsil.-Btl. von Wedell) gemächlich nach Westen zur Weserarmee; das Regimentstagebuch gibt den Weg im Einzelnen so an: 20. 6. Hoym – 21. 6. Halberstadt – 22. 6. Ruhetag – 23. 6. Osterwieck – 24. 6. Beinum – 25. 6. Ruhetag – 26. 6. Nettlingen – 27. 6. Hildesheim – 28. 6. Ruhetag – 29. 6. Elze – 30. 6. Coppenbrügge – 1. 7. Ruhetag – 2. 7. Oldendorf – 3. 7. Minden. – In Minden, Bückeburg und Umgebung werden die Schwadronen auf die einzelnen dörflichen Kantonnierungen verteilt; (Regimentschef und -stab in Bückeburg; Froreich in Kostedt; der ältere Schubaert in Päpinghausen, usw.); Fouqué kommt mit ein paar Leuten in das Dorf Röcke, 3 km westlich von Bückeburg: diese kleine Residenz und ihre Umgebung wird für die nächsten drei Jahre sein Lebensraum. –

Obzwar »Hauptstadt« ist es doch ein stiller Ort. »Kein reger Verkehr, kein Leben;« schreibt Justus Gruner in seiner ‹westfälischen Wallfahrt› kurz vor 1800: »obwohl hier keine drückende Etikette eingeführt ist. Aber das Städtchen hat keinen Handel; der größere Teil der Einwohner besteht aus Beamten oder Professionisten, die der Erwerb einsperrt; und der übrige Teil ernährt sich von Ackerbau. Äußere Schönheiten kann Bückeburg nicht aufzeigen; indes ist es hell, freundlich, gut gepflastert – kurz man befindet sich mit einigem Behagen darin, wenn man auch an dem gotischen Schloßgebäude nichts zu sehen bekommt, und das meiste Interesse in den wohlgewählten Anlagen um die Stadt her finden muß.« Über das Fürstentum selbst weiß er viel Schmeichelhaftes zu sagen: »Bückeburg ist ein herrliches Ländchen, das in jeder Hinsicht zu den angenehmsten Distrikten Westfalens gehört. Reich an malerischen Gegenden, durch eine stete Abwechslung von Höhen und Tälern, ist es zugleich durch Natur und Industrie fruchtbar. Seine Berge tragen in dichten Waldungen eine erquickende Ansicht und ein dauerndes Holzmagazin. Seine Ebenen bestehen aus fruchtbaren Äckern und fetten Weiden. Die Kultur hat diese natürlichen Vorteile noch höher getrieben, und Wohlhabenheit belohnt die fleißigen Bewohner für ihre Tätigkeit. Sie führen einen Teil des gewonnenen Getreides aus, verkaufen die aus Flachs und Hanf verarbeiteten Produkte und werden durch den inneren Reichtum der Gebirge an Steinkohlen, Salzquellen und Steinbrüchen noch mit mancherlei Erwerbsmitteln bereichert.«

Wichtig wie für den Historiker diese ökonomisch-statistische Schilderung bleibt, sind für Fouqué doch die landschaftlichen Schönheiten das weitaus Anziehendere.

Da ist einmal der mächtige Binnensee, das Steinhuder Meer, das Urbild des Undinensees; damals wesentlich größer noch als heute (seitdem durch die fortschreitende Moorbildung auf die jetzigen 3.500 Hektar reduziert). Dem wißbegierigen Soldaten ist darin der Wilhelmstein, die 1761–65 erbaute Miniaturfestung, besonders interessant, den damaligen militärischen Machtmitteln unüberwindlich. (Einmal hat er das tatsächlich auch dargetan : als 1787 der Landgraf von Hessen-Kassel das Ländchen schlucken wollte, schützte der Kommandant, Hauptmann Rottmann, mit seinen 40 Mann den »Staatsschatz« und das Archiv so lange, bis der Reichshofrat den für Schaumburg-Lippe entscheidenden Ausspruch tat). Es ist eine Sternschanze mit 6 Spitzen, jede von einem Außenwerke auf einem besonderen Inselchen gedeckt (alle diese Inseln sind künstlich angelegt !); in der Mitte erhebt sich das Schlößchen, auf dessen plattem Dach sich ein kleines astronomisches Observatorium befindet. (Bezeichnend für den Erbauer, den Grafen Wilhelm zur Lippe, ist, daß er sein Schlafzimmer über dem Pulvermagazin einrichten ließ). Hierhin rudert Fouqué oftmals; einmal stürmt der See, als sie heimfahren; und in solchem Sturm läßt er auch den Pater Heilmann zu den Fischersleuten kommen (»Undine«) : der aber wieder stammt nach eigenem Bericht »aus Kloster Mariagruß von jenseits des Sees« – bei Mariensee besteht noch heute ein, freilich säkularisiertes, Kloster; und vom Bückeburg Fouqués aus gesehen, liegt es genau »jenseits des Sees«!

In einer dichten Waldung, eine Stunde nördlich der Stadt, steht das Landschloß, der Mindner-Baum, zuerst bewohnt vom Grafen Wilhelm (1724–77), seiner Gattin Marie und seinem Intimus, dem Major Riepen; gleich daneben hat er sich auch sein merkwürdiges Mausoleum errichten lassen : es ist eine Pyramide mit Wappen, umgeben von Stufen auf allen Seiten, oben eine Sphäre, und das Ganze ist mit Pallisaden eingeschlossen. Im Innern der Gruft stehen drei Särge von schwarzem Marmor des Landes, erhellt von einer düsteren Lampe; an der Pyramide befindet sich die Inschrift »Ewig ist die Fortschreitung zur Vervollkommnung, obgleich am Grabe die Spur derselben verschwindet.« Auch dort weilt Fouqué oft, und meint »das Wehen und Weben des Heldengeistes zu vernehmen.«

(Eben jenes Wilhelm; hinsichtlich dessen ‹Heldengeistes› zur Rektifizierung Herder zitiert sei, der ja geschlagene 5 Jahre in Bückeburg diente: »Würde uns der liebe Gott nicht so überflüssig viel und gutes Brot wachsen lassen, so könnten wir von Soldaten und befestigten Inseln leben.« – der hohe Herr brachte das Ländchen nämlich durch seine Soldatenspielereien an den Rand des Ruins!). –

Da ist der hainumschattete Harlberg mit seinen mächtigen Steinbrüchen; da ist der Eilsener Heilquell, die Luhdener Klippen; um seine Bauernwohnung die lichte Buchenwaldung; bei Porta bricht die breite Weser durchs Gebirge – (man vergleiche auch Herders Brautbriefe!) – immer wieder erscheint diese Landschaft in seinen späteren Werken; sie muß den tiefsten Eindruck auf ihn gemacht haben; und ein Wunder ist dies nicht, wenn man bedenkt, daß er jetzt eben, glühend und jung, 19 Jahre alt ist.

Im »Todesbund« läßt er das Bild der Residenz aufleuchten, romantisch vergeistert; die ewige »Undine« ist schon erwähnt worden; das kleine Schauspiel »Runenschrift« bringt den Wesernix; »Schön Irsa« mit ihrer weißen Kuh ist bei Ahnsen und den Luhdener Klippen lokalisiert; die »Vier Brüder von der Weserburg« zeigen schon im Titel die Landschaft an; und am umfangreichsten hat er die Umgebung der Jugendjahre in dem großen Germanenroman »Welleda und Ganna« gefeiert; wie auch in »Abfall und Buße«, wo der Lokalforscher manche Arbeit fände.

Im Lande herrscht zur Zeit, als Vormünderin ihres Sohnes Georg, die Fürstin Juliane, eine geborene Gräfin von Hessen-Philippsthal, eine sehr kluge, sehr energische, sehr gütige und geschickte Regentin, die einmal volles Lob verdient.

Sie ist noch jung, erst fünfunddreißig, und auch Künsten und Lustbarkeiten zugetan; zwei Töchter, »anmutig« nennt sie Fouqué, beleben den Hof, und mit der einen davon, der jüngeren, Karoline, wird er später korrespondieren, denn sie verspricht ihm Material, Lokalsagen und -beschreibungen für den »Altsächsischen Bildersaal«; dankbar erwähnt er es seinem Freunde Beneke gegenüber. Dabei ist die Fürstin durchaus nicht adelsstolz; also berichtet Gruner: »die nun verstorbene Fürstin Juliane († 1799) hat das Verdienst, diese Geselligkeit in Bückeburg durch ihre edle Humanität und zuvorkommende freundliche Güte eingeführt zu haben. Sie gab wöchentlich ein zweimaliges Konzert im Schlosse, das von ihrer sehr gut besetzten Kapelle zwar aufgeführt, aber zugleich durch die Beihilfe dortiger Dilettanten, oft auch durch die tätige Teilnahme der Fürstin (im Singen und Klavierspielen) verschönt ward. Zu diesem musikalischen Vergnügen hatten alle gebildeten Personen aus Bückeburg und der umliegenden Gegend freien Zutritt, und die Fürstin sah es gern, wenn der Zirkel groß war. Sie pflegte dann nach dem Konzert die Gesellschaft noch ein paar Stunden bei sich zu behalten, und durch allgemeine gesellschaftliche Spiele zu vergnügen, an denen sie stets selbst teilnahm. Sie hatte ein Liebhabertheater eingerichtet, auf dem sie auch oft eine Rolle übernahm, und, wie man mir versicherte, sehr gut ausführte. Kurz, sie war die Seele der Gesellschaft; und nicht bloß in ihrem Hause. Sie ging ebensooft und gern in andere Zirkel der Stadt, auch zu gemeinschaftlich arrangierten Bällen und öffentlichen Vergnügungsorten, wo sie nie mehr als Mitteilnehmerin sein und angesehen werden wollte. Durch diese freie Humanität hat sie vorzüglich seit dem Jahre 1787 (wo ihr Gemahl starb!) die drückenden Zeremonien der Etikette von ihrem gastfreundlichen Hofe gänzlich verbannt und durch ihr Beispiel unter den Bückeburgern eine ächte gesellschaftliche Humanität eingeführt.«

Die eigenste Schöpfung der Fürstin war die 1794 angelegte sogenannte ‹Klus›, ein von einem Park umgebenes Rokokoschlößchen dicht hinter Röcke in der Nähe der preußischen Grenze. Der Park war von vielen verschlungenen Wegen durchzogen und wurde der Irrgarten genannt. Mit dem Schlößchen war der Park durch eine gerade Allee verbunden, die durch das sogenannte Kleppertor ihren Abschluß fand. Im Park ließ die Fürstin einen Teich anlegen, in Form einer 8, so daß zwei Inselchen entstanden, die mit Bänken und Tischen, Blumen und Bäumen ausgestattet waren. Die beiden Inseln waren durch eine Brücke verbunden. Auf der nördlichen Seite des Parkes war ein turmartiger Bau errichtet, welcher der Eulentempel genannt wurde, hier bot sich eine herrliche Aussicht dar. Diese Landschaft war 150 Morgen groß; als das Schlößchen 1796 zur Verpachtung ausgeboten wurde; wird es wie folgt beschrieben: mit 2 Stockwerken in Fachwerk, einem Säulenbalkon, 15 Wohnzimmern und Kammern, einem Tanzsaal, einem Spielzimmer, Küche und Keller. Wir werden dieser »Klus« noch oft im Folgenden begegnen.

So ist die Umgebung beschaffen, in der sich nun das Regiment behaglich genug einrichtet; als sich herausstellt, daß die Aufgabe der »Weserarmee« eine durchaus friedliche ist, läßt man auch, Einer nach dem Andern, die Familien nachkommen: das wird ein buntes Leben!

## § 22

Da ist zunächst der Regierungsrat Christian Friedrich von Ulmenstein (1764–1840), mit dem der Dichter lange nachher noch im Briefwechsel steht; der spätere Oberpräsident von Westfalen, von Vincke (1774 bis 1844), aus Minden, ist sein Duzbruder; aber auch mit den literarischen und gelehrten Notabilitäten des kleinen Hofes ist er gut Freund: der Professor Benzler (1752–1810) oben in der Schul-Straße zieht ihn nicht wenig an – bald wird diese Verbindung ernster werden –; und der eindrucksvollste ist der Leibarzt der Fürstin, der als Persönlichkeit außerhalb seiner engen Heimat noch nicht genug gewürdigte Dr. Faust, (1755–1842), der Beförderer der Schutzblatternimpfung in Deutschland und Verfasser populärer und wirkungsvoller Abhandlungen über Gegenstände der Medizin.

»Wenn so der Dr. Faust ihm gegenüber stand, – sei es in der Hofgesellschaft (denn courfähig war er für die geistvolle Fürstin, nicht nur als ihr Leibarzt, sondern schon vermöge seines ganzen Seins und Wesens, wie alle geistvollen Menschen überhaupt) oder sei es in sonst irgend andrem geselligen Zusammentreffen, – zog den Jüngling die seltsam kräftige Erscheinung des Mannes gleichsam in Magnetenart an. Ich möchte des Bildnergriffels mächtig sein, um ihn darzustellen, in seiner kraftvoll-ruhigen Haltung, sein männlich-scharfes aber nicht schroffes Antlitz heiter harmlos in die Welt hinausblickend, klar durchschauend was vorging, und dabei, – man sah es deutlich – auch ihm schon recht, wenn Andre tief hereinblicken möchten in ihn. Er hatte nichts dadrinnen zu verhehlen. Seine Tracht richtete er einzig und allein nach der Ansicht des heilsam Bequemen ein, wie er sie in einem gedruckten Büchlein als Ratgeber empfohlen hatte: der Hals ohne Binde, das Haar puderfrei und rund abgeschnitten, die Schuhe oder Stiefel nicht über den Leisten geformt, sondern rechter Fuß vom linken gesondert, wie es der Bau der Zehen erfordert ... Er gab nimmer das Mindeste der Mode nach. Doch zeigte er sich dabei nicht unbillig gegen andere; er wußte Jeden nach dessen Art zu erfassen. Der geputzte und geschniegelte Leutnant Fouqué war ihm schon recht, denn er merkte auf dessen besseren Impuls.«

Der erfahrene Diagnostiker merkt gleich, mit wem er es zu tun hat, und durch die glatte potsdamer Hülle hindurch spürt er das Ätherfeuer, dem er gegenübersteht. Er nimmt ihn in Schutz gegen heimliche Verlästerungen, und in einer annähernden Stunde – »gesegnet sei sie mir für immer!« sagt Fouqué dankbar – kommt er mit dem Jüngling in ein ernsthaftes Gespräch, wie Männer sprechen sollen, und sie erkennen einander:

Fouqué ihn als den, der jetzt ihm etwas geben kann; Dr. Faust – welch ein Name! – ihn als den großen Kommenden, den zu fördern es sich lohnen mag. Er empfiehlt ihm Müllers Schweizergeschichte\* zur Lektüre : ein

---

\* Ich konnte zur Zeit der Niederschrift die Beeinflussung Fouqué's durch Müller deshalb nicht exakt belegen, weil ich – wie schon im Vorwort zur 1. Auflage erwähnt – nicht nur meine frühen Vorarbeiten, sondern auch meine gesamte Bibliothek verloren hatte. Inzwischen habe ich die schöne alte Müller'sche Gesamtausgabe des Verlages Cotta, in 40 Bänden (1831 bis 35), wieder zur Hand, die – auch eine beschämend klatschende Ohrfeige für ‹unsere großen Verleger› ! – noch heute, nach 130 Jahren, *die* Ausgabe darstellt. (Wenn ich Müller unten zitiere, so bedeutet 8,263 eben Seite 263 des 8. Bandes dieser beschriebenen Ausgabe.) –

Der wichtigste Gebrauch, den Fouqué von der Schweizergeschichte gemacht hat, war der einer *Namensquelle*. – Es ist nämlich bei Schriftstellern so, daß man oft viele Namen benötigt, bald wohlklingende, bald banale; meist weiß man – bei häufig auftretenden Hauptfiguren, um sie mit einem akustisch-fonetischen Zug sich selbst und dem Leser unverwechselbar zu ‹malen›; bei Nebenfiguren, um sie rasch und ohne Arbeit zu ‹erledigen› –, wieviel Silben der betreffende Namen haben sollte, um in den Rhythmus des Satzes zu passen, und welche davon betont sein muß; auch die Vokalharmonie liegt innerhalb ziemlich enger Grenzen fest : es wäre schon je eine Monografie wert, bei jedem Dichter seine Hilfsmittel in dieser Beziehung zu untersuchen. (Ich will meinem einstigen Biografen die Mühe erleichtern; ich verwende – soll ich die Bosheit besitzen, und hinzusetzen ‹unter anderem› ? – für deutsche Namen das ‹Hannoversche Staatshandbuch für 1839›; für ausländische den ‹Regenhardt : Geschäftskalender für den Weltverkehr, 1927›.) – Aber zurück zu Fouqué, bzw. Müller.

Der Freiherr von ‹Montfaucon› im ‹Zauberring› erscheint bei Müller 9,86 und öfter; der ‹Herdegen› des gleichen Romans in 22,220. / ‹Arnold von Brescia› (‹Sängerliebe›) wird von Müller 8,135 erwähnt; 11,202 kommt das Pendant Schmettaus vor, der Herr von ‹Vergy›. / 21,238 hat die ‹Gräfin Yolande› des ‹Alethes› ergeben; und der dort ebenfalls vorkommende Name ‹Montauban› steht 22,233. / Ganze Titel haben sich ergeben : ‹Burg Aspermont› ragt bei Müller 8,263; 13,15 tritt ein ‹Waldfräulein› auf. / Der Ritter ‹Thüring› aus der ‹Pilgerfahrt›. / 18,172 erwähnt Müller den ‹General Fouquet› – ich habe leider noch nicht feststellen können, ob Fouqué und Müller sich in den Jahren 1804–08, wo der Letztere sich in Berlin aufhielt, irgend näher gekommen sind. Bei der Verehrung

Ratschlag, an den Niemand gedacht hätte; denn das ist ein umständliches schwieriges Buch, und auch heute noch seltsam zu lesen. Jedenfalls erscheint der glatte Leutnant in Zukunft oft im Hause Schloßgartenstr. Nr. 4, und die Gespräche dehnen sich ins sehr Bedeutsame.

Französische Emigranten haben sich viel in Bückeburg eingefunden, und es gibt manche Reibereien mit Einheimischen und den preußischen Offizieren; es ist sehr ergreifend, warum; Sie werden sehen.

Am Hof gibt es Bälle, Empfänge, Soireen; der geschickte Leutnant Fouqué ist gerne gesehen; seine Liebe zum Theater findet reichliche Nahrung, und er betritt das erste Mal die Bretter.

Viele spielen da mit : Ulmenstein und Schwester; der Hofassessor Stölting und Frau; der Dr. Bode; Kantor Waitz; die Herren Deichmann, Warmholz, Meißner, Baum und Zander – die edle Fürstin scheut sich

---

Fouqué's für den historischen Großmeister wäre es doch fast sicher anzunehmen.

Eine wahrhaft frappierende Parallele zu dem S. 62 vom Kind Fouqué veranstalteten ‹künstlichen Maschinenwerk› findet sich bei Müller 35, 89, in einem Brief an Bonstetten vom 8. 5. 1779 : »Ich kann mich nicht enthalten, Dir Arthur, des Prinzen von Wales, Heirath mit Catharina von Aragon zu beschreiben. Heinrich VII. gab dieses Fest : ein Castell auf Rädern, von 2 verkleideten Löwen, einem goldenen und einem silbernen, von einem Hirsch mit goldenen Hörnern, und einem Elke gezogen; 2 Männer in jedem Thier; im Castell 8 Jungfrauen, und in jeder Ecke 1 Thurm mit einem kleinen Kind. Alle singend. Hierauf kam auf Rädern ein Schiff mit einer Jungfrau; aus dem Schiff stiegen Hoffnung und Verlangen als Ambassadoren der edlen Ritter vom Berg der Liebe an die Jungfrauen im Castell. Aber diese wollten durchaus nichts davon hören. Da kam auf Rädern ein Berg, der Berg der Liebe, mit 8 Rittern, und emblematischen Bannern. Da mußte sich das Castell ergeben. Da tanzten sie zuletzt Alle, wie auch der ganze Hof; Heinrich VIII., Arthurs junger Bruder, konnte seinen Staatsrock nicht leiden, warf ihn ab, und tanzte in der Jacket mit Margarethe, seiner Schwester.«

Man halte nun noch S. 182, den mittleren Abschnitt, daneben, um das schnurrige ‹Kontinuum› recht zu erkennen. –

Von der ganz speziellen, selbstgeschaffenen, Sprache Müllers hat Fouqué sogut wie nichts verwendet, es sei denn in den ganz frühen, verlorengegangenen, Stücken; einzelne Wendungen mögen allenfalls übergegangen sein, von größeren zusammenhängenden Partieen, die man parallelisieren könnte, habe ich nichts gefunden.

nicht vor bürgerlichen Namen –, die Frau Regierungsrat König. Außerdem nehmen ständig teil : Demoiselle Riquet, die Gouvernante beim General von Byern; und Herr Hinze, der die Kinder v. Schubaerts unterrichtet (und später selbst Schauspieler werden wird). Von den Offizieren des Regimentes nehmen 2 teil, wie der Theater-Almanach des Herrn Reichardt für das Jahr 1799 berichtet; es sind die Leutnants v. Hagen und der Baron de la Motte Fouqué. Man gibt »Allzu scharf macht schartig« von Iffland; »Bürgerglück« von Babo; »Zwei Onkels für Einen« von Dück; »Der Vormund« von Iffland; »Die beiden Billets« von Octon-Well, und die Meißnersche Kantate : »Das Lob der Musik«. Fouqué wirkt vor allem in französischen Komödienrollen mit, in der voltairschen »Nanine«, und »Le François à Londres«. Abwechselnd wird im Schloß und auf dem Rathause gespielt.

Fast noch reger ist das Leben in der »Klus«, die sich zum Sammelpunkt der Offiziere aller umgebenden Garnisonen ausgebildet hat.

Der prominenteste Gast ist dort Prinz Louis Ferdinand, der, Fouqué bald wieder erkennend, die alten Beziehungen zu ihm aufnimmt; der Spielsaal lockt mächtig, und auch Fouqué unterliegt der Fascination der grünen Tische : fort und fort verliert er – und das väterliche Vermögen vergeht rasch bei dem eleganten Leben des vornehmen Offiziers; Eugen von Rothsattel (in »Soll und Haben«) ist keine erfundene Figur ! – bis endlich einer seiner Kameraden, der damalige Rittmeister von Örtzen, eingreift, und den erlösenden Brief nach Lentzke schreibt. Sein spezieller Freund ist bei allen Streichen der Leutnant von Hagen, mit dem er auch seine Fechtübungen abhält, und der ihm einmal den linken Daumennagel herunterholt. Am 2. 10. 1797 stirbt der Rittmeister von Puttkamer plötzlich am Schlagfluß, und Fouqué reitet mit zum Begräbnis des einem ausgelassenen Lebenswandel Hingegebenen : da liegt er im Sarge, kohlschwarz im Gesicht, und manche Nacht im Traume, »auch bisweilen im Wachen«, ist es Fouqué, »als wolle der verfinsterte Mann ihn besuchen, und ihm klagen sein jenseitig furchtbares Leid« – zuweilen erscheinen in seinen Erzählungen die Männer mit den geschwärzten Antlitzen, im »Galgenmännlein«, und im »Unbekannten Kranken«. Auch mit Ausländern schließt Fouqué Freundschaft : im Hessen-Kasselschen Husarenregiment dient ein junger Engländer, der Herr von Sheldon; einmal setzen sie zum Scherz einen Vertrag über eine Wette auf : Fouqué meint, daß Jener in 5–6 Wochen unweigerlich verheiratet sein müsse, und setzt 6 Louisdor; der Vertrag wird besiegelt und unterschrieben; und noch 1813 ängstet es Fouqué, daß er seine Schuld nicht an den plötzlich Versetzten hat bezahlen können. –

Unterdessen hat sich im Politischen eine rechte Veränderung angebahnt; durch die Siegesflüge Napoleons, und die, wie bereits angedeutet, weit verbreitete Meinung, daß Preußen und Frankreich eigentlich eng Verbündete wären, hat sich auch im Offizierskorps der Weserarmee die Ansicht durchgesetzt, daß »die dort drüben« so schlimm nicht seien. Überall singt man die Marseillerhymne; und Fouqué stimmt sie gern und oft an ! »Allons enfants de la patrie ...«; an den Wänden seines Zimmers hat er die Porträts der jungen Revolutionsgenerale hängen : Pichegru, Jourdan, Moreau.

Und auf der Klus, als dem gesellschaftlichen Zentrum der Gegend, ist ein seltsamer Emigrant erschienen; er hat sich dort als Weinhändler eingerichtet, und ist angeblich – obwohl dem Ansehen nach bereits über die 40 hinaus, – ungarischer »Husarenkadett« gewesen. Ein mittelgroßer, breitschultriger, blatternarbiger Mann, düster und in sich gekehrt; Rolland ist angeblich sein Name. Eines Tages singt man wieder einmal in der Klus das Revolutionslied, und »In einer Fensterbrüstung saß Rolland nachdenklich abgesondert nach seiner düsteren Weise, das rabenschwarzgehaarte Haupt in die aufgestützte Hand gelehnt. Vor den Klängen des Liedes belebten sich seine Züge mehr und mehr, die kleinen dunklen Augen begannen zu blitzen, wie ferne Gestirne durch mitternächtiges Dunkel. Er stimmte in den Chorklang leise mit ein, ganz leise zu Anfang, im Fortgang immer lauter, – es war wie ein aus kleinem Rinnsal entsprudelnder Quell, immer gewaltiger anschwellend und sich verbreitend in kühnerem Rauschen; – endlich sang er in gewaltigen Tönen voll schön männlicher Kraft alle Zeilen mit hindurch, und eine seltsame Freudigkeit strahlte über das nicht mehr trübe – man möchte sagen ‹entfinsterte› – Antlitz.«

Zuerst ist Fouqué gekränkt, daß Jener so unvermittelt in sein Lied – und das als Emigrant, man bedenke ! – mit einfiel, und er fordert, nach der schnurrigen Art der Adligen, eine »Erklärung«; bietet auch dem Einsamen »Genugtuung« mit der Waffe an; aber die gute männliche Art Rollands weiß den jungen Mann zu fesseln, und durch ihn wird der merkwürdige Franzose auch näher in die Kreise der preußischen Offiziere eingeführt.

Und Rolland ist ein Agent Napoleons, bzw. der jungen Republik; denn er hat den Auftrag, über den Zustand der Weserarmee zu berichten, und für günstige Stimmung zu sorgen. Als er bei Fouqué den reinsten Enthusiasmus für Napoleon wahrnimmt, dauert es nicht mehr lange, und er offeriert ihm eine Stellung in dessen Gefolge : als Rittmeister, ja; als Adjutant, meinetwegen; er sichert es ihm zu.

Und Fouqués innerer Zwiespalt ist groß und lange : natürlich würde er nur nach Frankreich gehen, die Einwilligung des Vaters und des Königs vorausgesetzt; aber das scheint wenig Schwierigkeiten zu machen. Auch lockt die Möglichkeit, der Familie den alten Glanz durch die großen Besitzungen in Frankreich wiederzugeben ! Zudem Waffenruhm, fremde Länder, Karriere – bei den Chasseurs à Cheval, denen er im Rheinkriege zumeist gegenübergestanden hat, will er eintreten – Rolland nickt dazu, und findet die Gewährung leicht. Völlig im Gleichgewicht stehen die Schalen jetzt, ob Fouqué Franzose werden, oder Deutscher bleiben soll. Spät noch, in seinem Roman »Abfall und Buße«, hat er das wahrhaft tragische Bild einer solchen Lebensumwandlung ausgemalt; und es ist nicht sein schlechtestes Werk geworden, mit Olivier in der Rolle Rollands, und vielen Bildern aus jener Zeit.

Durch »ein Rosenband« wird er zurückgehalten. –

Sein Vater hat lange schon gekränkelt; langsam wird er schwächer und schwächer; und eines Tages kommt nach Bückeburg der schwarzgesiegelte Brief, der ihm ankündigt, daß am 25. Januar 1798, morgens um 10 Uhr, der 71jährige Alte nach langem Dahinwelken an Entkräftung gestorben ist.

Das ist eine gewaltige Veränderung !

Majorenn ist Fouqué, oder wird es in wenigen Tagen; das Erbe erweist sich als nicht mehr überwältigend, schon muß man, die Schulden und Laufbahn des Sohnes zu decken, einige Felder des Lentzker Gutes verkaufen; es bleibt immer noch das Gutshaus, und genug, um ihn, wenn er sich entschließen könnte, den Dienst sofort zu quittieren, standesgemäß zu ernähren. Aber das erscheint ausgeschlossen : er hat ja auch nichts gelernt, und versteht nichts von Ökonomie; so bleibt er halt beim Militär; noch kann er von den Zinsen knapp leben.

Und das »Rosenband« ist zur haltbaren Kette gediehen : Marianne von Schubaert ist nun fast 16 Jahre alt – jetzt kann geheiratet werden. Am 20. 9. 1798 findet in Bückeburg die Trauung statt.

Die von Schubaerts sind nicht von »altem Adel«; 1728 ist der erste von ihnen, Wilhelm Christoph v. Sch., in den Reichsadelsstand erhoben worden, als gräflich-stolbergisch-wernigerodischer Forst- und Jägermeister.

Seine Enkel sind die bei den Byern-Kürassieren dienenden Brüder Carl und Ernst, und die »Tante Philippine«, die Georg Heistermann von Ziehlberg geheiratet hat. Carl lebt und stirbt als Hagestolz; uns interessiert hier nur der Schwiegervater Fouqués :

Ernst Gottfried Eberhardt von Schubaert, geboren 10. 11. 1744 in

Appenrode; 1773 hat er in Bayreuth Wilhelmine Freiin Künsberg geheiratet, und in langer Ehe 7 Kinder mit ihr erzielt; das vierte davon ist Marianne Charlotte, die am 28. 3. 1783 in Bayreuth geborene erste Frau des Dichters. (Der Vater ist 1807 noch Generalmajor geworden, und hat einen Bericht über das Regiment im Feldzuge von 1806/07 hinterlassen.)

Es ist keine große Leidenschaft. Angeknüpft aus Trotz über die mindener »Elfe«; fortgeführt aus Gewohnheit, und weil es die Tochter des »Kommandeurs« ist; besiegelt, weil der strenge Vater darauf hält, daß die Tochter nicht in Verruf komme – verspricht es von vornherein keine glückliche Ehe. Zwar ist Marianne ein hübsches Kind – mehr kann man ja mit 15½ beim besten Willen nicht sagen – aber sie entzündet die Sinne des Dichters nicht; und vor allem trennt sie die Verschiedenheit der Erziehung und Sinnesart zu sehr.

Sie ist ganz Offizierstochter, ganz auf die Karriere des Mannes bedacht, – sie kennt ja nichts anderes, als Gespräche von Manövern, Beförderungen, Uniformen – seine poetischen Ambitionen sind ihr anstößig oder unverständlich : davon kann man doch nicht leben ! Und was der erste Rausch vielleicht verdeckt haben mag, offenbart sich allmählig als unüberbrückbare Kluft.

Denn in den drei bückeburger Jahren vollzieht sich nach und nach die entscheidende Wandlung im Geiste des Dichters.

Zuerst ist er leichtsinnig, und äußerlich von den anderen Offizieren und Junkern nicht zu unterscheiden; dann überwiegt das immer stärker werdende Gefühl der Hohlheit seines jetzigen Standes : der Geist fängt ihn sich wieder ein. Auch bei Marianne, der Unreifen und nur Abgerichteten, findet er nichts, was ihm etwas geben könnte; und wenn er auch vorher sich künstliche Liebes-Hindernisse und Komplikationen erdacht hat, die ihm gar Selbstmordgedanken eingaben, so erweist sich das alles nur als eigene Fabrikation : in Wirklichkeit ist alles auf das Bürgerlichste hergegangen.

Die wiedererwachende Lust am Geiste zeigt sich zuerst nach der Lektüre von Müllers Schweizergeschichte. Angeregt durch den erfrischenden Hauch eigener Arbeit, und Sheldons Zuspruch, entschließt er sich, bei Professor Benzler Englisch zu lernen. Zwar gleich im Anfang droht die ernsteste Stockung; nicht durch des Lehrers Schuld, wohl aber des Schülers, dem bei seiner Entwöhnung von allem regelrechten Denken die Anfangsgründe dergestalt ermüdend und abschmeckend vorkommen, daß er schon im Begriff steht, sich unter dem Vorwande von Dienstgeschäften mit höflichem Dank wieder zurückzuziehen. Aber da geht ihm doch ein heilsames Erschrecken über seine Erstarrung, sein

»Absterben von Innen heraus«, auf, und er nimmt sich zusammen; in kurzem vermag er schon den »Vicar of Wakefield« und Thomsons »Seasons« zu lesen. Selbst an Kant wagt er sich gleich im neu erwachten Mut; aber dafür ist ihm nie ein Verständnis aufgegangen; auch kann er sich beim Lesen abstrakter Schriften nicht der Versuchung erwehren, Worte in Bilder umzusetzen. Wenn er liest »die Ehre gebietet«, oder »das Gesetz wehrt ab« – gleich sieht er gebietende oder abwehrende Gestalten, und das ganze ehrbare Wortgespinst setzt sich ihm in ein buntes Theater um; »Strenger Wohlstand« : das ist ein Hofmeister wie Sachse; »Sitteneinfalt« ? – gleich geht ein liebliches Hirtenmädchen singend über die Wiese; »Zwang« und »Kunst« : das ist ein meuchelmörderisches Ehepaar, gleich jener berühmten Bindmadam, und ihrem Gemahl in »Vatermördern«.

Jede Woche muß nun der Reitknecht mit mächtiger Bücherlast nach der mindener Leihbibliothek traben – er selbst mag die Stadt und Festung nicht wiedersehen –; und manchen Abend, wo ihn sonst glänzende Gastereien nach der Residenz zogen, verbringt er jetzt im Bauernstübchen in Röcke, »Wenn Burg und Hof mir eingeschneit« (denn der Winter 98/99 ist wieder, nach dem Gesetz der Sonnenflecken, sehr kalt, mit 83 Tagen unter Null, und dem ungewöhnlich niedrigen Jahresmittel von 6,6°. Der kälteste Tag ist der 29. 12. 98 mit −21,1° Durchschnitt); und auch im Sommer ergeht er sich »lesend in dem ersten Buchenhain um meine Wehrfeste her.«

Herders »Briefe zur Beförderung der Humanität« sind neu erschienen und ziehen mächtig an; als Gegengewicht kommen die gemütlichen Erzählungen des Herrn Rochlitz, der später sein intimer Freund werden soll. Von militärischen Werken nimmt er den »Behrenhorst« vor, wie er denn überhaupt zeit seines Lebens viele militärische Fachschriften studiert hat, und oft unverächtliche Kenntnisse verrät. Den größten Eindruck aber macht ihm der helle Stern am literarischen Himmel, einer der größten deutschen Schriftsteller überhaupt : Jean Paul !

Als die »Unsichtbare Loge« und gar der »Hesperus« erscheinen, da ist es ihm, als habe er Flügel bekommen ! »Die ersten Zeilen und Seiten verstand ich nur mit mühelicher, doch bereits gern aufgeregter Anstrengung. Sobald ich aber des Schlüssels zu diesen magischen Pforten einigermaßen mächtig war und ward, zog es mich schier gewaltsam fürder durch die labyrinthischen Säle und Gänge, einem noch unerkannten aber hoch und selig verheißenden Ziele nach.« – Die Musenalmanache jener Jahre werden fleißig gelesen, vor allem der Schillersche und der immer noch lebende Vossische, der dereinst das Organ der Hainbündler war; hier findet Fouqué die meisten der damals großen Namen, aber auch die minder Bedeutenden ziehen ihn an; vor allem entdeckt er mit dem Instinkt des Melancholikers den hypochondrischen Genossen : Samuel Christian Pape, dessen wenige ‹Gesammelte Gedichte› er später sammeln, herausgeben, und mit einer sehr guten kleinen Biographie versehen wird. –

Die Folge von dem Allen ist, daß auch die eigene Muse beginnt, die Fittiche stets anregender um das lauschende Haupt zu schwingen : der Geist hat ihn wieder !

Und – wie das Alles zusammentrifft – im gleichen Augenblick meldet sich von Zürich aus sein Lehrer Hülsen; und zum ersten Male hört Fouqué von der neuen Bewegung, die da in der Dichtung anhebt : ‹Romantik›, heißt es; und ein Schicksalsname fällt : August Wilhelm Schlegel; Novalis; Tieck : Magnus nascitur ordo.

Und es ist auch Zeit, daß er in die Räume des Geistes eingeht; denn draußen sieht es arg durchschnittlich aus. Die Manöver im Frühjahr und Herbst 1797 vor dem Herzog von Braunschweig haben eine kleine Abwechslung gebracht; dann war 6 Wochen Armeetrauer um den verstorbenen »Dicken Willem«; dann die Vereidigung auf den neuen König Friedrich Wilhelm III., eine der traurigsten hölzernen Figuren auf dem daran so reichen Hohenzollernthron. Ansonsten ist das Garnisonsleben ein Musterbild an Eintönigkeit und Langeweile.

Endlich gibt es einmal etwas Apartes : im Frühling 1799 wird der Besuch des neuen Königs angekündigt; eine große Revue der Weserarmee soll bei Petershagen, dicht unterhalb von Minden stattfinden. Schon am 25. Mai wird das Zeltlager auf der petershagener Heide bezogen; leider ist das Wetter miserabel, tagelang gießt es in Strömen. Am 29. trifft der König mit der »tollen Luise« ein, und vom 31. 5. bis zum 2. 6. 1799 ist die große Truppenschau : während der Übungstage selbst ist der gehorsame Himmel rein und helle, und nur der zum Teil grundlos, zum Teil steinhart gewordene Erdboden bietet einige Hindernisse dar. Das wichtigste Ereignis jener Tage aber ist, den Soldaten unbekannt, wohl auch uninteressant, die große politische Konferenz, die zwischen dem Könige, dem Herzog von Braunschweig, seinem Minister Haugwitz, und seinem alten Erzieher, dem Trottel Köckeritz, statthat.

Wieder haben sich Österreich, England etc. gegen Frankreich verbündet, und wieder soll Preußen mit in den Krieg eintreten. Gewiß, der Moment scheint günstig; es wäre vielleicht möglich, im Augenblick einen kleinen Gewinn zu erzielen – vielleicht –; und Haugwitz und der Herzog sind für den Beitritt zur neuen Koalition; aber der König liebt den Frieden – eben beginnen die Kassen sich langsam wieder zu füllen, und das Land erholt sich. Beileibe will er nichts mit Frankreich zu tun haben; es ist nicht etwa hohe staatsmännische Weisheit, die ihn widerstreben läßt : nein, nein : die haben ihren König ermordet : das sind schlechte Gesellen ! Es ist lediglich Gravitation und Zögern, was ihn seine abwartende Stellung einnehmen läßt. Den Ausschlag gibt schließlich Lombard, der ihm kunstvoll-naiv zuredet : Er sei doch der König, und habe die Weisheit von Gottes Gnaden : wenn *er* nicht wolle, sei es Sünde, etwas dawider zu sagen; und das klingt lieblich und bieder in die Ohren des gekrönten Simplex; Preußen wird neutral bleiben ! (Und vergebens mahnt Massenbach zum Bündnis mit Frankreich ! Wieder geht durch Preußens Schuld einer der Augenblicke vorbei, in denen »Europa« im heutigen Sinne hätte geschaffen werden können — wie anders ständen wir jetzt da !) Gleich danach hat Fouqué ein seltsam ernstes Erlebnis.

Als sie das Lager bei Petershagen beziehen, kündet ihm ein Kamerad — William Hektor Bonaventura Freiherr von Danckelmann heißt er, einer der seit dem ersten »König in Preußen« berühmten Danckelmanns; Ostincier von Geburt, Engländer nach seiner frühesten Erziehung, späterhin preußischer Landrat — wie im Scherze an, sie würden bald ein Duell zusammen haben; und als Fouqué sogleich ernster werdend, ihn nach der Ursache fragt, entgegnet der Andere nur, daß ihn ein Wahrtraum davon unterrichtet habe : er sah Fouqué an der linken Seite bluten, und die Fürstin war nicht fern. Zuerst ist es nur Gegenstand des Scherzes zwischen den Beiden fast Befreundeten; aber am 10. Juni geschieht es, daß sie im Gespräch über eine ihnen ganz fremde Zweikampfes-Angelegenheit in einem Gemach des Schlosses beisammen stehen, und im sich mehr und mehr erhitzenden Gespräch entfällt dem rasch gereizten Danckelmann ein Wort, welches Fouqué mit seiner Ehre unvereinbar findet. Der Zweikampf auf den Degen ist alsbald verabredet; und selbst, als am Ende des Gespräches Danckelmann ihm seinen voreiligen Ausdruck von vorhin abbitten will, besteht doch Fouqué auf dem »reinigenden« Duell. »Gleich nach beendetem Hofkonzert und sogenannter Assemblee gingen Danckelmann und Fouqué in die Reitbahn der Hofburg, wo der große Graf Wilhelm von Bückeburg so oftmal edle Reitkünste geübt hatte, auch vor den Augen der Damen ... und waren des bedeutsamen Turnierplatzes froh. Sie standen heiter plaudernd am Eingange, während die im hellen Sommerabendlicht aus der Burg heimwandelnden Damen und Männer an ihnen vorübergingen, und warteten, bis der freundlich begrüßte Zug vorüber war; damit nicht etwa das Klingengeklirr verrate, man sei diesmal nicht zum Rossebändigen hier.« Dann ein kurzes heftiges Gefecht : »und Fouqué blutete aus zwei tiefen Armwunden. Danckelmann war mit einem Hiebe in den glücklicherweise neu eleganten Hut davon gekommen, abwehrend die Schneide, die bis dicht auf den Kopf gedrungen war, und somit blieb ein tragischer Ausgang verhütet. Die nicht mehr feindlichen Freunde lagen einander in den Armen, und der Friede war geschlossen, unverbrüchlich fortan für ein ganzes Erdenleben.« Sie haben einander später wiedergesehen – 1822 in Dresden; und Anfang 1833 in Halle –, und in der Biographie seines Großvaters, des Generals, hat der Dichter die Armwunden deutlich genug erwähnt. Und der Traum Dankkelmanns ist redlich in Erfüllung gegangen; ein weiterer Beleg zu Donnes »Experiment with Time«.

Damit, sommerlich und blutig, geht auch die Bückeburger Zeit zu Ende; während der großen Heerschau hat sich ergeben, daß die Byern-Kürassiere ein Stück nach rückwärts verlegt werden. Während Fouqué zunächst seine Armwunden auskuriert, und anschließend den großen zweimonatigen Heimaturlaub erhält, rückt das Regiment schon in die neuen Kantonnierungen ab; Ende Juni verläßt der Leutnant Fouqué mit seiner jungen Frau die unvergeßliche Weserlandschaft.

§ 23

Ende Juni trifft er in Lentzke ein, und der erste Brief geht an Ulmenstein in Bückeburg : noch ists ihm wie ein Traum, daß er die Freunde nicht mehr wiedersehen soll. So schreibt er (am 29. 6. 1799, fortgesetzt am 1. 7.) : »Freilich bietet uns die flache Mark nicht so liebliche Aussichten dar, als uns sonst jeder Blick durch die Buchen des Harrels gewährte; aber doch windet sich ein freundlicher Bach durch Wiesen und Felder und näßt hinter meinem Hause die Ufer eines kleinen freundlichen Gärtchens.« Tausend liebe Erinnerungen sprechen ihn im schönen Gedränge an; und in einem Augenblick selten klarer Bewußtheit sieht er den schwachen Punkt seines Jugendlebens – wir können hinzufügen, seines ganzen Lebens überhaupt –, »von Jugend auf verweist man uns auf die Hilfe der Mutter, der Tante und der ganzen Sippschaft; und späterhin empfiehlt man uns gar im Namen Gottes Devotion und Ergebung in alles, was Zufall und schwache Menschen mit uns anfangen wollen : es ist nicht so ganz leicht, sich nachher dieses Gängelbandes zu entledigen!«

Er hat sich dieses Gängelbandes nie entledigt; denn er gehört nicht zu den gewaltigsten Naturen, die auch in jedem äußerlichen Verhältnis die Grenzen der Bürgerlichkeit durchstoßen. Er weiß nicht, daß es ihm gut ist, äußerlich gelenkt und beherrscht zu werden; daß er unpraktisch und eigentlich »lebensuntüchtig« ist; er weiß nicht, daß seine Freiheit nur in den Räumen des Geistes zu suchen und zu finden sein wird. Allein und mittellos auf sich selbst gestellt, wäre er zugrunde gegangen; denn »ein leichtbewegtes Herz ist ein elend Gut auf der wankenden Erde!«

In Lentzke trifft er Einen, der, reinster Geistigkeit voll, aber auch mit eisernem Charakter und Körper begabt, seinen eigenen Weg zu den Sternen geht: Hülsen.

30 Jahre alt, hat er nach dem Übertritt des Schülers zur Ungeistigkeit nicht das getan, was die Familie von ihm verlangte: noch einmal hat er, Alles, selbst den eigenen Namen, von sich werfend, – Hegekern nennt er sich; noch in der Lüge wahrhaft – begonnen, die Enkyklopaideia, den Kreis des menschlichen Wissens, zu durchlaufen. Vergebens ringt der Vater die Hände über den unverständlich-Ungehorsamen, der, nach so viel Jahren unermüdlicher Arbeit an sich selbst, noch einmal anfangen will. Er geht, ins Ungreifbare verschwindend, erst nach Kiel zu Reinhold; dann nach Jena, und dort trifft ihn ehrerbietig der junge Rist, der vor ihn hin tritt, wie vor den Genius seiner Jugendjahre: er verehrt den Konsequenten, wie der begabte Inkonsequente tun soll. (Denn Rist selbst, widmet sich der »angewandten« Wissenschaft; er wird Diplomat und Bürger – aber nie verlöscht in ihm der ewige Funke, und das geheime Wissen, daß der Andere, der arme Titan, der Größere war). Und kein ehrwürdigeres Verhältnis gibt es, als wenn ein Jüngling sich an einen älteren sonst unnahbaren Geist anschließen kann; eines der schönsten Schauspiele auf Erden.

In Jena lehrt Fichte, und das hat Hegekern hingezogen; aber er bewahrt sich durchaus die Freiheit des eigenen Gedankens: das sei alles gut und schön, meint er einmal zu Rist und Berger; aber den rechten Nagel habe Jener (Fichte) doch noch nicht getroffen. Und Rist merkt an: »Hülsen, der erfahrenere und kindlichere Mann, dem jener (Berger) seine Bildung verdankte ...«; denn auch der spätere Professor Berger in Kiel, ebenfalls ein Freund Fouqués, – so verschlingen sich die Kreise – hängt wesentlich von Hülsen ab.

Hülsens Lehre ist, wie schon gesagt, der Pantheismus, dessen Weg durch die Jahrhunderte zu verfolgen so nachdenklich und anziehend ist, und dessen letzte große Stufen, Poes »Heureka« und Schmidts »Leviathan«, hoffentlich auch nur Durchgangs-Stadien zu weiteren Formen sein werden.

Und Hülsen hat, wie es in seiner Natur, der Natur eines Gewaltigen, unabänderlich liegt, versucht, seine Ideen zu realisieren. Zuerst will man eine philosophische Kolonie in der Schweiz gründen, auf rousseauisch-pantheistischer Grundlage; Böhlendorff und Herbart gehen als Erzieher, Berger und Hülsen als freie Betrachter, dorthin. »Wir genossen die letzten Stunden recht aus«, schreibt Rist – der Jünger, der vom Meister scheidet, »Berger und Hülsen ließen ihre Betten in mein Zimmer tragen, und so ward ein großer Teil der Nacht mit herzerhebenden Gesprächen hingebracht. Es war in der Schelle am Markt (in Gotha), wo wir uns am folgenden Morgen trennten.« (Das ist etwa Ende März 1796 gewesen; denn am 3. 4. ist Rist schon in Hamburg).

Wie billig scheitert das akademische Unternehmen. »Er (Berger) und sein weiser Genosse Hegekern hatten viele schöne Stunden in dem Lande der Freiheit verlebt; aber ganz idealisch war doch alles auch nicht gewesen. Sie hatten beide lange an Zahnweh in Zürich laboriert und gefroren, und manchen Tag gefunden, wo ihnen nichts gelingen wollte, und sie weder sich noch andere Menschen leiden mochten.«

Noch ein anderes Herzweh drückt Hülsen: er hat, ein ausgesprochener Mann des »geistigen sex-appeal«, die größte Wirkung ausgeübt auf Fouqués Kusine, die junge Dorothea von Posern, und es mag schon ein seltsames Verhältnis gewesen sein. Nach seinem Fortgang hat sie, enttäuscht und der ewigen Waisenstellung müde, dann den berufenen Prediger Kriele in Lentzke geheiratet (13. 9. 1795); anderthalb Jahre später ist der geistliche Luftikus gottlob gestorben, und allmählich knüpft sich das alte Verhältnis wieder. Im Herbst 1797 kommt Hülsen erst zu seinem Bruder zu Besuch, darauf als Lehrer nach Nennhausen, dem Gut des schon erwähnten Herrn von Briest, um dort dessen Enkelkinder zu erziehen.

Schon von der Schweiz aus hat er Verbindung mit Fouqué aufgenommen, und mit Behagen mag er aus dessen Briefen vernommen haben, wie er sich doch in dessen geistiger Richtung nicht geirrt habe. Nach des Vaters Tode offeriert ihm Fouqué, Lentzke als Sitz für eine Erziehungsanstalt einzurichten – so sorgt er, der Unpraktische, gleichzeitig äußerlich für Hülsen, den Unpraktischen –, und Hülsen nimmt mit Freuden an. Zwar hat er nur 3 Eleven – 2 davon sind, für die betreffende Mutter bezeichnend, die Hosenmätze Gustav und Theodor von Rochow, der letzte erst 4 Jahre alt – aber er weiß sich zu beschäftigen: »dann karre ich in Frieden meine Erde zum Rosenhügel, und erweitere die Rasenbank unter den schattigen Silberpappeln an den Ufern des Rhins«, schreibt er am 3.10. 99 an Schleiermacher.

Und er ist glücklich dort mit seiner jungen Frau; denn am 3. 3. 1799 hat er doch endlich Dorothea von Posern heimgeführt; er genießt eine kurze Spanne der Ruhe.

So trifft ihn Fouqué; und wieder wird das schöne Verhältnis von Lehrer und Schüler erweckt; philosophische Studien treibt man (obwohl Hülsen bald genug gemerkt haben mag, daß des originalen Schülers Weg nach anderen Reichen führt); das Wichtigste aber ist die Lektüre der neuen Zeitschrift, des »Athenäums«, und die Grundsätze der Brüder Schlegel gehen dem künftigen Romantiker lieblich ein. Und er wird nicht nur mit der Theorie der neuen Schule bekannt; er sieht auch die schönen praktischen Ergebnisse, in den Werken des großen Ludwig Tieck. Zumal der »Franz Sternbald« des Letzteren »schaute voll romantisch tiefer Bedeutsamkeit herein.« Man halte sich doch immer gegenwärtig, daß damals die »neue richtung«, die Romantik, wie ein Meteor vor den erstaunten Zeitgenossen aufging; am besten vergleichen wir Heutigen sie mit der uns geläufigen, gleich revolutionären, Bewegung des Expressionismus (dem sie nebenbei, zumal in ihren formalen Bestrebungen, mehr ähnelt, als man zuerst meinen möchte).

Und auch durchaus romantische Weltnachrichten treffen in Lentzke ein: Fouqués Heros Napoleon ist in den fernen ägyptischen und syrischen Wüsten verschwunden; und in Italien dringt der Eisenkopf Suworow immer siegreicher vor – wieder geben Rußlands Heere den Ausschlag in den europäischen Händeln; wieder übersieht alles die Schrift an der Wand.

In den ersten Septembertagen verläßt Fouqué, erfüllt von den Lehren der neuen poetischen Schule, die alte Heimat.

Er findet das Regiment in Kantonnierungen in der Nähe von Hildesheim und Hannover; der Stab liegt in Elze; er selbst mit seinem Detachement in Gronau. Und wieder beginnt, schon kritischer betrachtet, das Kasino- und Offiziersleben.

Einmal sitzt er mit einer jungen Dame zu Tisch, einer Bock von Wülfingen, in Elze, und während des Tischgespräches berichtet sie ihm auch von ihrem vor kurzem verstorbenen geistlichen Lehrer, und der Konfirmation: Fricke hat er geheißen. Und nach einigen hastigen Fragen fällt es Fouqué wie Schuppen von den Augen: am 17. 2. 1797 hat er nämlich unbewußt den alten Lehrer wiedergesehen; und es ist schon eines der rührendsten Erlebnisse; so berichtet er aus der Erinnerung:

»Es war auf einer, sein Herz mit den süßesten Hoffnungen belebenden Urlaubsreise, daß er nach mühsamwinterlichem Tagesritte durch abscheuliche Wege eines Spätabends in der Stadt Hildesheim ankam. – An der wenig besetzten Wirtstafel kam der ermüdete Rittersmann einem freundlichem Manne gegenüber zu sitzen, an dessen Seite seine Ehegattin: Pfarrer und Pfarrfrau vom Lande, wie sichs vermuten ließ und bald aus einigen zufälligen Äußerungen deutlich kundgab. Der junge Soldat, nach seiner ihm angeborenen offenen Weise, und just noch auf dieser mühevollen Fahrt überaus heiter gestimmt (Grund: das sich eben erfüllende Verhältnis zur Marianne. Anm. d. Verf.), ließ sich bald mit den Beiden in ein Gespräch ein, eben, wie sichs denken läßt, nicht gar tiefen, aber doch gefällig anziehenden Gehaltes. Vorzüglich die beiden Männer besprachen sich voll stets inniger gefühlter Teilnahme mitsammen. Nach und nach begann die Frau, ihren Ehemann freundlich, aber mit wachsender Dringlichkeit zu mahnen zum Aufbruch für die tiefer hereindunkelnde Nacht, im heftig aufsteigenden Sturm- und Schlackerwetter, nach ihrer doch nicht ganz nahe gelegenen Heimat. Auch der Kriegsmann sahe die Notwendigkeit ein des früheren Schlafes für den zu morgen bevorstehenden raschen und weiten Ritt. Aber immer und immer wiederum fiel irgend ein trauliches Wort zwischen Pfarrherrn und Ritter, das aufs Neue sie aneinander knüpfte zum fürdern Gespräch ... Fouqué sahe freundliche liebe Züge vor sich, die er schon vor langer lieber Zeit — man möchte sprechen: uralter, wäre nicht der junge Soldat zu jung dafür gewesen — erblickt hatte. Den Pfarrer schien ein ähnliches Gefühl ergriffen zu haben. Und doch brachte Keiner von Beiden das Wort über die Lippen: ‹Wie heißest Du, Genoß?› Es schien überflüssig; also auch zudringlich; also auch vom Übel.«

Jetzt erfährt er es in Elze, und er sieht nun: das war Fricke gewesen!

Und die junge Dame weiß zu berichten, wie oft Jener von dem kleinen Jungen in der fernen Mark erzählt hat; auch von jenem Brief berichtet, den er ihm in seiner Angst manche Jahre später schrieb, und der vor allem deshalb unbeantwortet geblieben war, »weil der Lehrer seinen mit der Eierschale auf dem Kopf aus dem Neste davon gelaufenen Kiebitz im Strom der Welt nicht mehr äußerlich wiederzufinden wußte.«

(Die »Ehefrau«, die Fouqué hier erwähnt, habe ich nicht mehr identifizieren können, in Elze ist nichts darüber bekannt; vielleicht ist es auch nur eine der zahlreichen Schwestern Frickes gewesen). —

Wieder beginnt hier das alte bückeburger Leben: Übungen, Geselligkeiten, Leerheit. Zwar liegt auch noch ein Infanterieregiment — Musketiere — gleichzeitig mit in der Gegend; aber es ist alles nichts gegen die erregende neue Lehre, die er in den paar Wochen mit Hülsen vernommen hat. Das Gefühl der Hohlheit und Nichtswürdigkeit seines jetzigen Standes nimmt heilsam in ihm zu.

Am 18. 11. 1799 schreibt er wieder einmal an Ulmenstein aus Gronau : »Ich möchte Sie zu meinem Hülsen führen, dem hohen Menschen.« Und, immer neu gestört durch den »kleinen Dienst«, durch das große Mai-Manöver vor dem Herzog von Braunschweig, durch den wiederum exemplarisch strengen Winter 1799/1800, wächst in ihm die Gabe der Poesie erneut empor : »Lieder strömten wie Regen, und blühten auf wie Blumen.« Noch wagt er sich an nichts Größeres, und das Studium überwiegt.

Wieder stürzt er sich ins schwierige Griechisch, zumal die Odyssee liest er mehreremale (so daß er sich später, trotz Voß und Stolberg, an eine Homerübersetzung wagen kann); Klinger, ihm von Massenbach empfohlen, sagt ihm wenig zu; an Philosophischem versucht er sich aufs Neue an Kant und Fichte, wenn auch mit geringem Erfolg; Militärschriftsteller werden fleißig weiter gelesen; zumal der Befestigungs- und Belagerungskrieg nach Struensee studiert.

Die Entfremdung Marianne gegenüber wächst; nur mit gerunzelter Stirn hat sie in Lentzke Kenntnis von dem merkwürdigen Umgang ihres Mannes genommen : wer sind schon dieser Hülsen, oder die gleich obskuren Schlegel und Tieck ? Obschon noch Halbkind, ahnt sie instinktiv, daß hier etwas Störendes, völlig Fremdes, in den ihr gewohnten Lebenskreis eindringen will.

Und da werden ihr auch – völlig mit Recht nebenbei – die phantastischen Einfälle des jungen Ehemannes verdächtig :

»So lag eine verfallene Kapelle unweit Gronau, Leichensteine mit uralt ausgehauenen Gestalten der Begrabnen ringsumher, oberhalb eines schroffen Abhanges, wohin Fouqué seine träumerischen Wanderungen zu richten pflegte, mit ihm unterweilen auch einige Waffenbrüder. Beim Einbruch einer dunklen Sommernacht ward einstweilen dort ein kleines geheimnisreiches Fest verabredet im engeren Kreise. Etwa fünf bis sechs Genossen saßen um ein vor dem Eingang angezündetes Feuer her und besprachen sich von alten Sagen und von Träumen der zukünftigen Lebensbahn. Dazwischen klangen mitunter Lieder an, aber nur leisen Tones. Durchaus war es diesmal auf keine Mystifikation Anderer abgesehen, sondern man freute sich nur an der eigenen schauerlichen Lust. Die Kapelle jedoch stand seit längerer Zeit schon im Rufe gespenstigen oder doch geisterhaften Besuches; und so vernahm denn, einige Tage nachher, die Genossenschaft zu ihrem stillen Ergötzen auch das Gerücht, es sei wieder von seltsamen Visionen rege geworden an dem schauerlichen Orte.« Für die Anderen ist es nur eine Art Theater; für ihn aber der Eingang zu einer höheren Art von Wirklichkeit; er lebt und webt in den Gefühlen; ihm ist die flammenbeleuchtete Kapelle mehr als ein Bild : er tastet sich an solchen Spuren in sein eigenes Reich. (Noch ist das Gedicht erhalten, in dem er jene Tage gefeiert hat.) – Eine anderweitige nicht unwichtige Anregung gibt ihm auch bei mehrfachen Besuchen auf Schloß Söder bei Hildesheim die große und wertvolle Gemäldesammlung des alten Grafen Brabeck.

Kurz vor dem Scheiden aus den Gronauer Kantonnierungen tritt noch ein ernster Zwischenfall ein : der Chef des Regimentes, General von Byern, stirbt ganz unvermittelt an einem Schlaganfall am 5. 6. 1800; Keiner kann es glauben : vor einer Viertelstunde hat er doch noch aus dem Fenster mit dem Veterinär gesprochen; und man läßt dem Regimentsarzt Voß keine Ruhe, bis er nicht das Äußerste versucht, den Leichnam in ein Bad bringt, ihm zur Ader läßt – es hilft alles nichts mehr; der Chef ist tot. Noch im gleichen Monat ersetzt ihn der Generalmajor Heinrich Christian von Quitzow – Quitzow-Kürassier muß man zukünftig sagen. Und der Schwiegervater ist auch Oberst und Regimentskommandeur geworden, wie er es der Tätigkeit nach schon seit dem Ausscheiden Froreichs im Juni 99 gewesen ist.

Im Herbst 1800 ist das Regiment wieder in Aschersleben. Aber, wenn es vorher erträglich war, sogar lustig, in der altväterischen Stadt, so beginnt es jetzt dem erwachenden Dichter langsam widerlich zu werden. »Das Drückende des Garnisonsdienstes, durch wenn auch nur wenige Friedensjahre hinzuschleppen, ist ein Opfer, wodurch man dem Vaterlande viel bringt; und oft einen sehr schönen Teil seines eigenen Selbst zerstört, oder doch gefährdet«, wird er noch 20 Jahre später einen jungen Bekannten warnen, der den Soldatenberuf einschlagen will.

Ein großer Teil der Rekruten ist ständig beurlaubt – »Das Regiment umfaßte 5 Schwadronen als taktische Einheiten, war aber für die Verwaltung und Ausbildung in 10 Kompanien gegliedert. Die Mannschaft jeder Schwadron bestand aus 66 Ausländern, die für 12 Jahre angeworben wurden, und 99 ausgehobenen Einländern, deren Dienstzeit nicht begrenzt war. Diese wurden aber nach 2 Rekrutenjahren zur Ausübung ihres bürgerlichen Berufes beurlaubt und nur noch zum Frühjahrsexerzieren – ausnahmsweise auch einmal zu den Herbstmanövern – eingezogen. Von den Ausländern durfte gleichfalls ein erheblicher Teil als sogenannte Freiwächter beurlaubt werden, jedoch mußten sie auch an den Herbstübungen regelmäßig teilnehmen. – Diese Massenbeurlaubung, ein Erfordernis der Sparsamkeit, war für den ganzen Dienstbetrieb entscheidend. Nur im Frühling wurde die gesamte Mannschaft für 6 Wochen versammelt, die Ausbildung aufgefrischt, und das Regiment zu Pferde exerziert. Dann besichtigte der König oder der Inspekteur die Truppe bei der sogenannten Revue, an die sich einige schulmäßige Manöver anschlossen. Gleich darauf zogen die Urlauber wieder ab, die Pferde wurden für 2 Monate auf Grasung gebracht, und der Dienst schlief fast völlig ein. Im Herbst rückte das Regiment für 1–2 Wochen in Dorfquartiere, wo Felddienstübungen gehalten wurden, an denen ... die Freiwächter teilnahmen ... Den Winter über waren ein paar Rekruten auszubilden und einige Remonten einzureiten. Im Übrigen wurden die Pferde geschont; man hätte ja auch mit den wenigen Leuten, die vorwiegend zum Stalldienst nötig waren, nicht viel anfangen können ... für die 37 Offiziere des Regiments gab es also recht wenig zu tun« : so resümiert kurz Bahls.

Welcher Gegensatz zu dem äußerlich so stillen, innerlich aber so bewegten und erfüllten Leben in Lentzke! In einer Nacht, wo er die Hauptwache, unten am Markt, befehligt, macht Fouqué sich den Spaß, Aschersleben nach dem romantisch durchgeisterten Sizilien zu versetzen, und ergötzt sich nicht wenig an dem Gegensatz der Kohlbauern und der Reitbahnhelden, zu den »Blumenfeldern« und den »feiernden Lorbeerwäldern«; an dem ewigen Abstich zwischen Blütengeweben und Krautgärten.

Das ist mehr als ein Scherz; es ist symptomatisch.

Und das Unglück will es, daß er in Aschersleben zwei Männer trifft, die dort das Fünklein Geist glimmend erhalten, ganz im Geheimen, und Beide schon 20 Jahre älter sind als der gleichgesinnte Junge. Dreimal in der Woche treffen sich die Zwei in der »Wage«, Außenseiter, stille Trinker über zerbrochenen Idealen, der Rektor des Gymnasiums Johann Daniel Burkhardt (1759–1830) und der Stadtphysikus Johann Gottlieb Michaelis (1763–1828). Burkhardt, wenngleich auch seine poetischen Produkte nur der Nichtbeachtung seiner äußeren Umgebung gewürdigt werden – etwa Gelegenheitsgedichte abgerechnet, die er mit ironischem Lächeln auch verfertigt; und in denen das heitere Funkenspiel doch auffällt – ist auch Mitarbeiter an Schillers Musenalmanach; er schreibt geistreiche Kritiken für die Jenaer Literaturzeitung; einmal hat er sogar eine Tragödie »Maria Stuart« mitzuteilen – aber als er erfährt, daß der von ihm verehrte Schiller den gleichen Gegenstand bearbeitet, da vergräbt er sein eigenes Gedicht tief im Schreibtisch. Nur unter dem Siegel tiefster Verschwiegenheit erfahren die Freunde Michaelis und Fouqué davon. Noch 1826 sendet Fouqué ihm mit einem Gedicht sein »Erdmann und Fiametta«; leider hat sich von dem Briefwechsel all der dazwischenliegenden Jahre nichts auffinden lassen.

So stellt er sich dem stirnrunzelnden Schwiegervater dar, den lächelnden Regimentskameraden, der unglücklichen jungen Frau; denn auch sie hat kein leichtes Los, wenn man dieses bedenkt:

Sein Geist weilt bei der mindener Elfe; der Leib sitzt in der »Wage«, am einsamen beleuchteten Tischrund mit Burkhardt und Michaelis.

§ 24

Und auch er selbst hat wieder begonnen zu dichten.

Zwar denkt er an keinerlei Veröffentlichung; aber er meint doch, »über seinem Grabe könne dergleichen vielleicht in die Höhe blühen«; und er kann es nicht so sorgfältig verbergen, als daß es nicht lächelnd die Freunde, philiströs-besorgt die erheirateten Verwandten, beobachten würden.

Da entsteht erst ein »Richard und Blondel«, ein Thema, das ihn seit seiner Kindheit beschäftigt hat, und immer wieder in Balladen und Erzählungen auftaucht (z. B. »Taschenbuch der Sagen und Legenden«, II. Teil). So selbstverständlich erscheint ihm dabei das verschwiegene Schaffen, daß »ich oft wildfremde Leute mir darauf ansah, meinthalb während einer langweiligen Whistpartie : Was mag wohl Der oder Jener jetzt an Poesiegebilden unter der Feder haben ?«; denn Fouqué denkt gern immer das Beste von den Menschen; wohl ihm, daß er selten erfuhr, was sein Gegenüber unter dem Gefieder verbarg!

Ein dramatisches Gedicht heißt »Guglielmo«; »Ein sicilischer Fischerjüngling war es, in ein wehmütiges Fatamorgana-Märchen träumerisch ahnungsvoll versenkt. Ein junger Ritter, Fernando, hatte eine zeitlang in idyllischer Lust unter den Fischern gelebt, und sich vornehmlich mit Guglielmo befreundet. Dann, plötzlich verschwindend, hatte er den Stachel verletzter Freundestreue in des Fischers ohnehin zur Schwermut geneigtem Sinne zurückgelassen. Nun kehrt Fernando wieder, doch eben nur weil überwältigt von Leidenschaft zu des Freundes Braut, vor welcher bedrohlichen Glut er geflüchtet war. Die Braut schenkt ihre treulose Mitgunst dem treulosen Freunde. Da landen räuberische Araber an der Insel, und entführten das neuverlobte Paar. Guglielmo fliegt zu ihrer Befreiung an der Spitze seiner Genossen herbei, und erringt Beider Errettung durch seinen sieghaften Tod.« – Man sieht, daß vielfach Motive aus dieser (wie alle hier Besprochenen nicht erhaltenen) Dichtung in seine spätere Novelle »Fata Morgana« übergegangen sind.

Bezeichnend auch die Klage, die er während der Arbeit daran ausstößt: »Ach, Guglielmo, entschwinde mir nicht! Mit irdischer Klugheit / drängt ein geschäftiger Schwarm mich ins gewöhnliche Gleis. / Kaum, daß in friedlicher Nacht mir Götter und Helden erscheinen, / und mich ein seeliger Traum aus dem Gewirre befreit. / Suche denn Du auch mein Lager; zwar wird der Tumult mich erwecken, / aber ich trete gestärkt unter das Menschengewühl...«

Eine andere Dichtung jener Tage singt von Artus, dem fernen Inselkönig : »Es sollte sich hier, nach Gibbon, von seinem Untergange durch seinen verräterischen Vetter Mordred, zugleich aber auch diesen mit in den Tod reißend, handeln. Schon als Knabe hatte Fouqué ein ähnliches Drama in der Arbeit gehabt. Nun aber sollte es sich schöner und reicher gestalten, und zugleich manch eine seither eigens erlebte Herzensempfindung spiegeln, die Königin Genievra als tragisch zarte Erscheinung heraufbeschwörend, den Ritter Lanzelot als einen ihr in edler Sehnsucht rein dienenden Helden, leidend um ihre Irrungen, rühmlich untergehend im Kampf, erst mit dem letzten Hauch das Bekenntnis aushauchend: Ich habe Genievren sehr geliebt...« – Später hat er in den »Vier Brüdern« auch hier die Fäden wieder aufgenommen; der Knappe des Artus sollte ‹Alpin› heißen: so heißt noch jetzt der Balladenkranz im Herbstheft der »Jahreszeiten«. Einen Roman »Die Minnesinger« schenkt er nach der Vollendung einem Freunde, und er entgeht somit dem unbarmherzigen Autodafé, das Fouqué später über alle seine früheren Arbeiten verhängt hat; aber aufgetaucht ist auch er bisher nicht. Außerdem beginnt er eine Übersetzung von Xenophons »Anabasis« mit militärwissenschaftlichen Anmerkungen.

Von fremden Dichtungen erfährt er um diese Zeit zumal Schiller – »Wallenstein«, »Maria Stuart«, »Jungfrau« –, aber zugleich ziehen ihn die Gebrüder Schlegel mehr und mehr an, und der große Anreger der Jüngeren, und selbst einer unserer größten Dichter: Ludwig Tieck. Auch von Novalis (mit Betonung auf der zweiten Silbe, wie aus den bei Haym aufgeführten Epigrammen Schlegels unwidersprechlich hervorgeht) kennt er einige Gedichte.

Wohl hat er schon manchen Zuspruch erfahren durch Hülsen, Burckhardt, Michaelis; auch A. G. Eberhard in Halle, den Fouqué bei seinen häufigen Besuchen dort zum Vertrauten gemacht hat, und der selbst bereits zum gern gelesenen Schriftsteller gediehen ist; aber wer mag sagen – so scheint es ihm – wieviel an deren Lob der freundschaftlichen Zuneigung zu ihm zuzuschreiben ist? Und ein mittelmäßiger Poet will er nicht sein; lieber gar keiner!

So sagt er sich endlich selbst in einem mächtigen Entschluß : Du mußt vor die rechte Schmiede gehen; und da gibt es für ihn gar keine andere Stätte in Deutschland als Weimar, genauer noch : Goethe.

Er beantragt bei dem Herzog Karl August – als dem Vorgesetzten; denn er ist ja Inspekteur der magdeburgischen Kavallerie – Urlaub nach Weimar; 14 Tage werden genehmigt, und das ist ja überflüssig Zeit zur Entscheidung, meint der stürmische junge Mann.

Ende Januar 1802 reitet er nach dem gefeierten Musensitz an der Ilm.

Am 29.1. sieht er zum erstenmal während eines Maskenfestes Goethe : eine schwarze Larve liegt über dem ersehnten Gesicht; aber die herrlichen Augen blicken hindurch, und sehen ihn – so scheint es dem Jungen – freundlich an. Formelle Fragen : Wie es ihm hier gefalle ? Wie das Fest ihm zusage ? – Fouqué nennt es »freundliche Worte«. Und es soll noch besser kommen : »In einem Nebenzimmer bald nachher hatte sich Goethe mit seinem fürstlichen Freunde, dem Herzog Karl August von Weimar, bei einer Flasche edlen Weines niedergelassen, beide nun entlarvt, und in der phantastischen Dominotracht dennoch so eigentümlich enthoben der gewöhnlichen Welt.« Und Goethe bemerkt den ehrerbietig ins Nebengemach herein Lugenden, und steht auf, und spricht einige Worte zu ihm, die auf künftige Bekanntschaft hindeuten (also für jetzt den Überflüssigen entfernen sollen). Aber Fouqué ist selig; und es ist ja auch eine Lust, einen großen Mann zu sehen !

Am 1.2. 1802 ist er zur Hoftafel geladen, und just mit der »Muse von Lesbos«, d.h. mit der damaligen Hofdame Amalie von Imhof, »auch« einer Dichterin, im Gespräch : da tritt in das Versammlungszimmer ein ältlicher Herr im damals noch üblichen, aber doch schon etwas unmodisch gewordenen gestickten Hofkleid, Galanteriedegen an der Seite, dazugehörigen Hut unter dem Arm; gelassen tritt er zu Fouqués Dame heran; sie anredend, als sei der andere Gesprächspartner gar nicht da – und Fouqué tritt verletzt zur Seite. Er erkennt den ältlichen Dikasterianten nicht; aber ein Blick auf die geehrt lächelnde Amalie – und er sieht : es ist Goethe ! Und Fouqué, der Gute, schämt sich tief, daß er den Sängerkönig so hat verkennen können, und fragt sich, ob er noch wert sei, je von ihm beachtet zu werden; dabei hat er eben selbst eines der fragwürdigen Beispiele goethescher Arroganz miterlebt. Am übernächsten Tage sieht er »Turandot« in der Schillerschen Bearbeitung; am Nachmittag des gleichen Tages auch in den Straßen der Stadt den zurückgezogen lebenden Herder. Mit Schiller führt ihn ein günstiges Geschick in einer Abendgesellschaft bei Goethe zwar in ein flüchtiges Gespräch; aber es bleiben eben nur konventionelle Worte. Wieland sieht er nicht, und setzt keck hinzu : er bedaure es auch nicht; – er ist für Wieland noch nicht reif; wird es nebenbei auch nie; obwohl er, zumal was die Handhabung von Prosaformen anbelangt, von dem Alten mehr hätte lernen können, als von allen Anderen zusammen genommen.

Freundschaft schließt Fouqué damals noch mit dem Schriftsteller Friedrich Majer.

Oft ist er bei der schon erwähnten Amalie von Imhoff; er darf sie in ihrem »kapellengleichen« Gemach besuchen, und ist bezaubert von der literarischen Dame, die so artige schmelzende Verslein fabriziert, in die sogar Goethe zuweilen hineinzukorrigieren sich herabläßt – er wird schon wissen, warum. Die Bekanntschaft hält lange vor; bis zu Amaliens Tode 1831 werden Briefe gewechselt; sogar 1812 und 1817 eine Gemeinschaftsproduktion, der »Almanach der Sagen und Legenden« zusammen herausgebracht, »ein Windey« (Goethe), das seinen größten Wert durch die Illustrationen von Cornelius erhalten hat. Amaliens beste Leistung ist die später durch ihre Heirat initiierte Übersetzung von Tegnérs »Fritjofs Saga« – ihr Mann ist nämlich der schwedische General Helvig –; ansonsten ist sie ein so hohles Geschöpf, als jemals eines Worte zu feinsinnigen Büchern zusammensetzte; der Freiherr von Malsburg schildert sie einmal an Ludwig Tieck so : »Die Dualität meiner Lebenserscheinungen führte mir in Kassel 2 geniale Weibsleute vorbei. Primo die Helvig, die auf die Galerie lief, um kein einzig Bild anzusehen, sondern über ihre eigenen zu schwatzen, und sich einen Abend durch bei Fräulein Calenberg mit untermischten Klagen über ihre Halsschwindsucht absprach ... Auf dringendste Selbstempfehlung der Helwig haben wir ihre ‹Helene von Tournon› hier gelesen; die arme Person wird ohnmächtig, weil sie der Amant nicht auf die richtige Art ansieht, und stirbt, weil er sie nicht auf die richtige Art anredet, das ist die ganze Geschichte auf 165 Seiten ...« und er fügt noch hinzu : »der gespreizte schnörkelige Stylus, der in ellenlangen heckerlingartig geschnitzelten Perioden tausend Abgeschmacktes zu Markte trägt, macht das Büchelchen gewaltig widerwärtig.« Wie gesagt : Fouqué, stets Kavalier vom Scheitel bis zur Sohle, bewundert die Kunstfigur ungemein, und macht sogar ein eigen Gedicht auf sie, »Der Pilger«, vom 3. 2. 1802 datiert; er schließt ritterlich-verbindlich : »Pilger, die ihr rein das Ewge suchet, / wandelt hoffend zu der heilgen Stätte, / daß ihr neu belebt von hinnen scheidet.« – Das Ganze ist deswegen symptomatisch, weil er gleich danach entscheidend an eine Andere der gleichen Gattung gerät – schicksalhaft.

Jedenfalls zerschlägt sich irgendwie die eigentliche Absicht des Besuches; nämlich dem Großmeister Goethe einiges von den eigenen Dichtungen zur Beurteilung vorzulegen; und es ist sehr wahrscheinlich gut so. Denn ein Tadel hätte ihn vernichtet; ein Lob übermäßig gebläht; so kehrt er nach Aschersleben zurück, mit dem unvergeßlichen Bilde fürstlich geehrter Geistigkeit im Herzen : es lohnt sich, so meint er, ein großer Dichter in einem geistreichen Kreise zu leben!

Wie im Traume wandelt er in Aschersleben umher. Die Kluft zur Alltäglichkeit ist ins Unüberbrückbare gewachsen : weh Dem, der Klüfte birgt!

Die Tagträume – die Bezeichnung ist falsch; denn wer sie von einem Menschen alle wüßte, kennte ihn bis zum Letzten – führen ihn grundsätzlich in Ferne und Fremde; hinaus aus dem soldatisch-engen Kreise (man verwechsle ja nicht Soldatentum mit Rittertum : Fouqué ist *Ritter;* kein Soldat!) in entzückend labyrinthische Welten; in eine Freiheit, die er äußerlich zu hoffen vermeint, und die er nur innerlich finden kann : wie bunt kommt das Alles!

Hölderlins »Hyperion« hat er gelesen (eigentlich müßte jetzt alles in Klammern stehen; denn wir flüstern von Geheimstem!); und da will der Reiteroffizier-Ritteroffizier nach Bresiljane in den walt – nein : nach Griechenland will er; eisenfest ist unter den preußischen Offizieren die Ansicht, daß der tatkräftige Ali-Pascha von Janina ein ehemaliger Preußischer Kavalleriemajor sei, durch Unglücksfälle aus dem Vaterlande vertrieben, und nun die befreiende Wiederbelebung der alten Hellas versuchend : »Wohl mochte dort heitern Empfang der jugendliche Reiteroffizier Fouqué finden, nicht ungeübt in ritterlicher Waffenlenkung und strategischer Wissenschaft, glühend für Freiheit und hellenische Herrlichkeit.« Dermaaßen plausibel kommt ihm die Sache vor, daß er tatsächlich versucht, sein Vermögen frei zu machen, um in die Welt der Dichtung einzugehen; denn dahin will er ja : nicht zum Folterknecht und Brutaliker Ali-Pascha!

Oder : Irgend ein Prinz verletzte den Träumer dergestalt, daß ein Zweikampf notwendig, und dann siegreich bestanden wird. Nun zwingt die Strenge der Militärsubordination zur ehrenhaften Flucht, ja endlich zum völligen Verschwinden : da nimmt er denn notgedrungen einen fremden Namen an, wenn's sein mag, einen hinlänglich wunderlichromantischen, und übt sein Schauspielertalent – hat man es nicht in Aschersleben genugsam gepriesen, wenn er in Ifflands »Jägern« auftrat, oder dem »Deserteur« ? Und los ist er aller ihm stets verhaßter werdenden Wirklichkeit; allabendlich ein Anderer, zumehrst ein Held, oder ein edel untergehender Liebender, oder ein geheimnisreicher Fremdling, oder ein wundersamer Einsiedler – überhaupt aber ein seliger Proteus.

Immerdar seelig : denn auch den außen prosaischen Tag füllen ihm ernste Studien für die Magie des bevorstehenden Abends. Und die Ruhe der Nacht beleben ihm holde Erinnerungen der ersiegten Künstlerumkränzungen und ahnende Gesichte für die neu zu gewinnenden.

So frisch leben und laben diese Künstlervisionen, daß auch die unmittelbare Anschauung einer wandernden in Aschersleben mondenlang weilenden Künstlergesellschaft ihn nicht davon »heilt«. Ihr Sorgen und ihr Leid; ihr Borgen; ihren Streit und Zank und Neid inmitten kaum papier'ner Herrlichkeit ungeniert zur Schau tragen, kann ihn nicht losmachen von seinen Einbildungen.

Die angeführten Beispiele zeigen unheimlich deutlich, wie es um ihn steht : in solcher Umgebung, militärisch-hohl und verständnislos kann es einfach nicht weitergehen : der »Edelknabe«, der »Mann nach der Uhr«, der »Clavigo« – und er steckt im Uniformfutteral, und die Gattin redet Hausbackenes?!

Drei Monate lang erhält er Urlaub; diesmal fährt er allein nach Lentzke und in die Hauptstädte; Sommer ist es; und die Straßen sind öde, und verschweigen die Schicksale, die sie sehen.

Eines erfaßt ihn in Lentzke, oder Nennhausen, wenn man will. Bereits am 7. 5. 1800 hat Hülsen an Schleiermacher geschrieben : »Meine arme Frau kann schon seit 8 Tagen das Bett nicht mehr verlassen«, am 8. 10. 1800 stirbt sie in den Armen des Mannes : eifersüchtig, wie ein rechter Liebender sein soll, läßt er sie im Lentzker Park beerdigen; nicht an der Seite des ersten Mannes, des nichtswürdigen Kriele, auf dem Friedhof!

Lange hält Hülsen es nicht mehr in Lentzke aus; er findet leicht und organisch wiederum eine Hauslehrerstelle in Nennhausen, der Heimat seiner beiden bisherigen Zöglinge. Aber Nennhausen ist ein gefährlicher Ort. Dem alten Briest ist ebenfalls 1800 die Frau gestorben, und die Familie Luck bewegt sich dort schon wie daheim; auch Hülsen, gefangen vom Liebreiz des jüngsten Fräulein, Ulrike von Luck, denkt sich ein neues Glück zu gründen; und muß erfahren, daß man den verkrachten Studenten, den Mann der nichts ist, durchaus nicht überall schätzt : die Familie der Geliebten versagt ihm die Zustimmung zur beabsichtigten Heirat. Wieder verläßt Hülsen die nun ungastliche Stätte : wo soll er hin ? Seine schriftstellerischen Leistungen verschaffen ihm höchstens das bekannte Schloß im Mond; und er irrt bei den Freunden, Fichte, Schlegel, Tieck, umher. Die sammeln Geld, dem Umgetriebenen endlich eine Heimat zu schaffen – das Meiste geben Fouqué und Berger – und man beschließt, mit durchaus richtiger Einfühlung, dem Peripatetiker ein winziges

Stückchen Land zu kaufen : da mag er schaffen, und knapp aber sorglos selbständig sein.

Fouqué bringt ihn zu Berger nach Seekamp (bei Kiel). Zwar lautet sein Urlaubsschein nur für preußisches Gebiet; aber unter falschem Namen fährt er mit dem gebrochenen müden Freunde nach Norden. Der bedarf der Aufsicht; denn er ist schwer innerlich getroffen, und mehr ein Bündel Mensch als ein Mann. In Seekamp angelangt, führt Berger Fouqué zum ersten Mal in seinem Leben ans Meer. Zwar ist es nur die Ostsee – und von der Karte her stört der Begriff des »Binnenmeeres« wohl immer etwas –, aber für Fouqué ist es eine der ganz großen Anschauungen, auf die er als Bildervorrat immer wieder zurückgreift; er hat nichts als die Ostsee gesehen, auch bei seiner zweiten Reise von 1815 nicht.

Noch duldet es Hülsen nicht im Norden; noch einmal bricht er aus, nach Premnitz; nach Görzke bei Ziesar; in Stechow beim Bruder taucht er auf, alle Wanderungen zu Fuß machend, omnia sua secum portans; zeitweilig sogar (der nennhauser Verhältnisse wegen) mit Fouqué gespannt; bis er endlich doch, im November 1803 nach Schleswig geht, wo die Freunde ihm eine Hufe bei Wagersrott gekauft haben; darauf lebt er in großer Stille und Einfalt mit seiner zweiten Frau, einer geborenen Wibel; ein Kind ist eine Fehlgeburt. Dort trifft ihn Rist, und seine Schilderung ist redlich und tiefsinnig : »wo wir unter dem wirtschaftlichen Strohdach neue Gespräche anknüpften, und den alternden Weltweisen in der einfachen Umgebung von Knecht und Magd, von Kühen und Pferden nicht weniger mit den Problemen der Philosophie und Mathematik, mit Plato und Homer, beschäftigt antrafen. Damit vertrugen sich lustige Schnurren, Handwerksburschenlieder und Blumengewinde gar wohl; besonders als sich der Nachbar Tilemann Müller mit seiner Christiane zu uns gesellte, die wir dann im nächsten Dorfe, in ihrem Bauernhause auch besuchten ... eine Nüchternheit und Entsagung, vor der mir hätte bange werden mögen ...«; so sagt Rist; denn er weiß es noch nicht : daß das innere Feuer am besten ohne Störung von außen gedeihrt.

Noch in anderer Beziehung war der dreimonatige Urlaub folgenschwer : Fouqué hat in Berlin wieder zu den Füßen der Schlegel gesessen, und neue Anregung zum Widerstand gegen das aschersleber Gesimpel gesogen. Eine schöne und elegante Frau ist ihm oft dort begegnet : Caroline von Rochow. Oh, man kennt sich gut : es ist die Tochter des Herrn von Briest auf Nennhausen; eine große schöne Erscheinung, Apollon ins weibliche übersetzt, voller Vitalität und geistreich genug – man nähert sich – Herr Huldbrand ist stets bereit, und nun mehr als je, da ihm die Neue Richtung und eine schöne Frau in Eins verschmelzen. Zwar kursieren seltsame Gerüchte über das bewegliche Geschöpf; aber das ist sicher nur Neid und Verleumdung. Sie ist ein paar Jahre älter als Fouqué; aber auch ihr gefällt der junge feurige Dichter, trotz seiner unzulänglichen Körperlichkeit; denn Schlegel sagt ihm eine große Zukunft voraus.

So kehrt er angeschlagen, und noch um einen Grad unwilliger nach Aschersleben zurück. Was die Götter wollen muß geschehen : als die Herbstmanöver 1802 beginnen, kommandiert das Regiment zwei Offiziere zur Teilnahme nach Potsdam-Berlin, und Einer davon ist natürlich Fouqué. Unvergeßlich die Erscheinung des Königs auf dem lichtbraunen Pferde, gewiß; aber ansonsten erscheinen ihm jetzt die ängstlichen Manöver in all ihrer bunten Hohlheit; augusteischer Friede scheint ja für viele Jahre über Preußen-Europa zu liegen, und »Wer hörte ja von raschen Heldentaten, / wo man des Marsches Takt erst recht erworben ? / Wo der Vandalen Kinder und der Sorben / um Tritt und Richtung klüglich sich beraten ?«

Wohltuend – mehr noch : bezaubernd ! – ist nur das Wiedersehen Carolinens; und als er ihr eines Abends, traulich allein, sein Sonett vorliest : »Mich hatte streng Geschick von Dir vertrieben ...« – da geht Beiden, wie vor einem Zauberblitze das gegenseitige Gefühl auf : der Seelenbund ist geschlossen. Zumindest was ihn anbelangt; bezüglich Carolinens hege ich derbe Zweifel.

Jedenfalls schreibt also am 20. 9. 1802 der große A. W. Schlegel an Ludwig Tieck : »Noch muß ich melden, daß wir einen Besuch von einem Leutnant von Fouqué gehabt haben, einem Zögling Hülsens, der schon einmal einige Gedichte von ihm an Friedrich geschickt hat. Er ist ein großer Verehrer von Dir, und hat, nach einer Szene, die er uns mitgeteilt hat, ‹Der gehörnte Siegfried in der Schmiede›, zu urteilen, welche uns allen recht gefallen, Deine Sachen nicht ohne Frucht studiert. Einige andere Gedichte, die er mitgeteilt, gefallen mir nicht so; doch habe ich geglaubt, ihn mit gutem Gewissen aufmuntern zu können. Er liegt in Aschersleben in Garnison, und ist also sehr isoliert, wobei es ihm natürlich doppelt hoch angerechnet werden muß, wenn er das Rechte findet. Er scheint noch sehr jung, und hat uns auch persönlich gut gefallen.« und er fügt, als er auf Hülsen zu sprechen kommt, noch hinzu : »Frau von Rochow, die Tochter des Herrn von Briest, die uns zugleich mit Herrn Fouqué besuchte ...«, denn Caroline ist überall dabei, wo es Geselligkeit und feinen Trubel gilt; auch Jean Paul hat sie während seines Aufenthaltes in Berlin kennen gelernt.

Mehr noch geschieht in jenen Manövertagen : als Fouqué nach Aschersleben zurück kehrt, teilt er seiner Frau mit, daß er ihr untreu geworden ist : es geht nicht länger ! Er trägt alle Verantwortung; er reicht gleichzeitig seinen Abschied ein. Denn bei Schlegel hat es sich entschieden, daß er künftig, an der Seite Carolinens, sein Leben ganz der Dichtung widmen will.

Marianne, ebenfalls eisig und enttäuscht – ohne zu ahnen, daß ein Teil der Schuld auch an ihr liegen könnte, in ihrer knospenhaften Selbstzufriedenheit, ihrer standesgebundenen Einseitigkeit – willigt sogleich ein. Fouqué nimmt alle Schuld auf sich. Sein ganzes angeerbtes Vermögen, Geld und Gut Lentzke, überläßt er der Gekränkten – völlig »frei« (wie er denkt), völlig arm und mittellos stößt er vor, in die Freiheit.

Und es ist auch kein Irrtum; obwohl sie nicht dort liegt, wo er meint : im Äußerlichen.

Am 8. 11. 1802 erhält er den Abschied; Anfang Dezember trifft er in Nennhausen ein : wieder einmal eine neue Welt.

## III. BUCH

## FEUER ÜBERM MOOR

*»Sprüche lern' ich sprechen,*
*Worte lern' ich wenden,*
*walten über Dunkel und Licht,*
*. . . . . . . . . .*
*Wer widersteht mir?!«*

## § 25

Caroline von Rochow, geb. von Briest, ist am 7. 10. 1774 in Berlin geboren worden; sie ist also gute 2 Jahre älter als Fouqué, dazu schon sehr früh in die »große Welt« eingetreten, so daß sie erfahren und kalt genug ist.

Eine eindrucksvolle Erscheinung; Varnhagen beschreibt sie als »Groß und schön gewachsen, kräftig und ausdrucksvoll, in der Gesichtsbildung dem Apollo von Belvedere ähnlich«; und noch 1815 nennt sie ETA Hoffmann »noch recht hübsch – grande e maestosa«. Sie ist also auch körperlich dem kaum mittelgroßen, nicht eben schönen Dichter weit überlegen. Von Kindheit an umworben, und im lockeren Berlin Friedrich Wilhelms II. groß geworden, ist sie gewöhnt, sich nichts zu versagen; sie erkennt für sich keine moralischen Bindungen an; sie hält sich für ein höheres Wesen; sie herrscht.

Auch geistig will sie stets die erste Rolle spielen, witzig und geistreich tun; es versteht sich von selbst, daß sie literarische Zirkel um sich versammelt, und selbst solche frequentiert – »sie erinnert sich mit der lebhaftesten Freude der schönen Stunden, welche sie in Ihrer Gesellschaft verlebte. Sie hieß damals Frau von Rochow, und sah sie in Berlin bei Herrn von Winterfeld, wo Sie viel Güte für ihr kleines Töchterchen, Clara geheißen, bewiesen« erinnert Fouqué am 6. 5. 10 den großen Jean Paul. Als sie die Technik erlernt hat, verfaßt sie auch selbst Romane und Erzählungen, zierliche Mythologien »Für die Töchter gebildeter Stände« und Ratgeber »zum Eintritt in die große Welt.« Was von dieser Seite ihrer Tätigkeit zu halten ist, hat ETA Hoffmann in seinem Tagebuch fixiert: »30. 1. 1815 – Nachmittags Frau von Fouqué, die mich durch Vorlesung eines schlechten Romans schändlich ennuyierte und verstimmte. – In der gräßlichsten Laune zu Manderlöh gegangen; sich aufgeheitert.« Und kurz darauf urteilt er an Kunz in Bamberg: »Sie ist als Hausfrau besser, als sich literarisch drucken lassend.« – Ich habe zehn ihrer Bücher gelesen und kann dem nur beistimmen; das Beste sind der Roman »Roderich« und die Erzählung »Der Delphin«, wenn auch stark nach bekannten Vorbildern gearbeitet; manches darin – z. B. die Gedichte in ihrer »Frau des Falkensteins« – ist dazu noch von Fouqué.

1791 hat sie als Ersten einen Herrn von Rochow geheiratet, einen flotten, dabei ziemlich grobschlächtigen Lebemann und Spieler; der Ehe entstammen zwei Söhne, Gustav (geb. 1792) und Theodor (geb. 1794), die noch vielfach im Leben des Dichters, ihres Stiefvaters, auftauchen werden. Die Ehe zerbröckelt bald vollständig; Beide gehen durchaus ihre eigenen Wege; endlich wird die Scheidung eingeleitet, aber noch vorher, 1799, macht Rochow seinem Leben durch einen Pistolenschuß in der Jungfernheide ein Ende : wegen Unglück im Spiel, sagt Varnhagen; wegen der Frau, sagt seine Familie. Denn Ende 1796 hat Caroline einer Tochter, Klara, das Leben geschenkt, und es ist ein offenes Geheimnis in der Gesellschaft, daß nicht ihr Mann, sondern Graf Lehndorff, der größte Grundbesitzer Ostpreußens, der Vater ist; aber diesmal ist sie an den Richtigen gekommen, Kres pros Aiginetes, nur auf Grund einer Wette im Offizierskasino hat er sich ihr genähert, und reagiert später auf nichts mehr, weder Wort noch Briefe, wie sich deren einer im Original in der Sammlung Varnhagen findet. Auch während der Ehe mit Fouqué versagt sie sich keine Liaison, auf die sie gerade Appetit hat : 1813, während ihr Mann im Felde steht, ist der bei ihr einquartierte russische Fürst Czernitscheff ihr Geliebter (»ein weites Herz will ich erlauben, aber das ist mir zu toll; so 20 in einem Abend« urteilt Prinzeß Marianne am 11. 11. 15. von ihm), und zwar treibt sie's derart, daß selbst die Alles verstehende, Vieles verzeihende Rahel sich diesmal aufregt. Man mag es groß und genial finden, wenn Caroline, die Vierzigerin dann miauend von ihrem Knäs schreibt : »Sagen Sie mir : gibt es etwas größeres für ein stolzes Frauenherz, als Freundin, Vertraute eines Helden (sic !) zu sein ? Könnte ich die blühende Jugend beweinen und die schwindenden Reize, so wäre es, den Blick eines solchen Mannes nicht mehr anziehen zu können !«; im Grunde ist es nur widerlich, wenn man die geistige Hohlheit der großen glatt gedrechselten Puppe, die solches schreibt, bedenkt : Die hat nichts von einer Titanide an sich ! Den eigentlichen großen Mann führt ihr eben, unverdienterweise, der Zufall zu; und es ist eine rechte Feinheit des strafenden Schicksals, daß die eitle Verspiegelte ihn nicht erkennt. »Seine (Fouqués) Frau sprach mir einmal offen von ihren Sünden, von allem, mit 1000 Tränen, und dann auch von ihres Mannes Liebe zu mir« berichtete die Prinzessin Marianne am 3. 2. 1817; und ein paar Monate später fällt ihr ein : »Was mich Frau von Fouqué plagt, das geht immer weiter; dann soll ich mehr als höflich sein mit ihrem Mann ... die Frau (sie ist weltlich, obgleich sie mir in einer Unterredung wohl gefiel), will mich doch am Ende dazu gebrauchen, ihn zu zerstreuen, *damit sie ungehinderter ist − −*« ein immerhin recht bemerkenswerter Einfall, und vielleicht nicht halb so abwegig, als die Schreiberin aus Anstand annimmt.

Denn aus dem eben Vorhergeschickten folgt ja logisch, daß die Ehe zwischen dem parzivalischen Fouqué (dem »Dummen Peter«) und der geschäftigen Halbweltdame totunglücklich sein muß; und es ist bezeichnend sowohl für den menschlichen Takt, als auch für die Schnellfertigkeit unserer Germanisten, wenn sie Alle, Alle, von der »wundersam glücklichen Ehe« schwadronieren, die da am 9. 1. 1803 im Gutshause zu Nennhausen geschlossen worden ist.

»In keiner Weise konnte der kränkliche, nur im Schreiben rüstige Dichter ihr genügen«, flüstert das alte Klatschmaul Varnhagen; und »Für das wirkliche Leben erschien ihr in der Tat Fouqué nur wie ein Kind, das entweder gar nicht, oder doch ohne Bedeutung mitredet; an dessen Spielen man Anteil nimmt, aber mit Lächeln, und ohne sie weiter gelten zu lassen, als es der Laune beliebt ... Sie hatte dies nicht Hehl, nahm sich offen jede Freiheit und die volle Herrschaft ...« In ihrem Testament ist dann auch Fouqué fast enterbt, und zwar auf so ungewöhnliche Weise, daß ihm selbst das Gericht empfiehlt, Einspruch zu tun.

Es erhebt sich unwillkürlich bei solcher Lage der Dinge die Frage : warum Caroline überhaupt den Dichter geehelicht hat ? Vielleicht ist die Erklärung die 8 Monate später geborene Tochter Marie (geb. 13. 9. 1803); ich möchte hier jedenfalls bewußt alle Möglichkeiten offen lassen.

Gewiß, in seiner Biographie von 1840 spricht der Dichter, diskret und Gentleman, oder richtiger : Ritter, wie er Frauen gegenüber immer war, von dem »wundersamen Glück«, das ihm in der Ehe mit Caroline aufblühte; aber zweimal früher, in Briefen an Vertraute, ist ihm die Wahrheit entschlüpft – von den Gestaltungen in großen Romanen noch ganz zu schweigen : er ist nichts weniger als blind gewesen ! Anfang 1833 klagt er der Vertrauten und Freundin seiner späteren Jahre, der Prinzessin Marianne von Hessen-Homburg (verehelichte Prinzessin von Preußen), wie er immer völlig unter Carolinens Herrschaft gestanden habe, und von ihr nur als Phantast und Unpraktischer bezeichnet und wie ein Kind behandelt wurde : die ganze Familie, selbst die eigene Tochter, sah ihn nur so an; Jedermann, auch die Stiefsöhne und deren Frauen (sic !) waren gewöhnt, daß er wegen allem um Erlaubnis zu fragen hatte. Dennoch beherrschte Caroline den weichen Mann so, »daß selbst ihr späteres kaltes oft gänzlich herbes Abwenden von mir, mich nicht aus meiner süßwehmütigen Sklaverei lösen konnte ... Wie unglücklich und gepreßt ich durch ein Dezennium – o länger, viel länger – in meiner angeheirateten Familie gelebt habe ! Hätten nicht höhere Sterne hereingeleuchtet, ich wäre vergangen ... Mögen sie mich doch nur aus meinem bisherigen Kerker von hinnen gehen lassen!« (Und Marianne bestätigt es durch eine Eintragung ihres Tagebuches vom 23. 1. 33, in welcher sie Caroline als »herrschsüchtig« charakterisiert.)

Das zweite Mal schüttet er dem Freunde Hitzig sein Herz aus – und wer die Handschrift Fouqués kennt, der erschrickt vor den zerfahrenen hölzernen Zügen, wie sie vorher nur einmal noch, während der Lähmung des Schlaganfalles 1818, auftauchen – : »Das hätte ich nimmer gedacht, als ich dies Holzpüppchen an meinem Herzen aufzog, als ich es mit mir nahm nach Hamburg, Windebuy, Lübeck, Bremen, um es edleren Duft einatmen zu lassen, als die erstickende Nennhauser Luft!« – und die Holzpuppe : das ist die erwähnte Tochter Marie!

Am treffendsten und rücksichtslosesten hat er aber Carolinens Bild im »Alethes von Lindenstein« entworfen : denn das ist die schöne »Yolande«, mit all ihrem Ehrgeiz, mit ihrer »Vergangenheit«, mit ihrer Kälte und Herrschsucht; so rücksichtslos war ihm diesmal das Bild gelungen, daß er, erschreckt vor sich selbst, zunächst sogar in seinem letzten Willen, ausdrücklich anordnete, »dies Fragment solle nie gedruckt werden dürfen«. Leider hat Fouqué die ursprüngliche Lösung des Knotens später vernichtet, »einen dort vorhandenen sündlichen Flecken hinausgetilgt«, so daß wir nicht mehr wissen, wie er auf höchster Ebene mit Caroline abgerechnet hat; aber auch in der jetzigen Gestalt mit dem ziemlich unorganisch darangesetzten vierten Buche, bleibt der »Alethes« Fouqués Meisterwerk, und eines der Meisterwerke der Romantik überhaupt. – Noch oft hat er die Gattin nachgebildet, die Gabriele im »Zauberring« ist es, und auch die Bertalda der »Undine« trägt deutliche Züge von ihr; die Parallelen ließen sich sehr weit noch in andere Werke fortsetzen, und mögen dem Monographen überlassen sein.

Der Vater Carolinens ist der alte Herr von Briest, ein großer hagerer Mann, ehemals Rittmeister in Fouqués Regiment, aber seit 1774 schon, wo er klug den Abschied nahm, nur noch mit der Bewirtschaftung seiner großen Besitzungen beschäftigt. Und er versteht etwas von Landwirtschaft; die Anwesen gedeihen, und zumal Nennhausen selbst ist unter seinen Händen ein durchaus schöner Aufenthalt geworden. Varnhagen schildert den »herrlichen Park, den der alte Briest noch täglich mit Liebe pflegte, ein Wald schloß sich an, ein dunkelblauer See breitete sich aus, (der »Libellensee« erinnert Fouqué am 24. 11. 14 Hitzig), die geringen Anhöhen waren wohlbenutzt, und so gab Nennhausen ordentlich den Eindruck einer schönen Gegend.« »Auf der Wiese. / An der Gartenecke. / An der Urne. / An der Stolbergsbank. / An den Gräbern. / Im Priestergang.« sind die Untertitel eines Gedichtzyklus über den nennhauser Park; auch »Borkenbank« und »Borkenhütte« müssen Begriffe für die Besucher gewesen sein.

Auch das 1737 erbaute Schloß ist groß und geräumig, und es wimmelt ständig darin von Besuchern; denn Caroline, die jetzt die Frau des Hauses repräsentiert – Briests erste Gattin ist 1800 gestorben; und erst 1804 heiratet er zum zweiten Male: ein Fräulein von Luck, mit der er dann noch zwei Töchter erzeugt – liebt großen Hintergrund für sich und ihre Gaben.

In den folgenden Jahren muß man sich also als ständige Bewohner von Nennhausen immer im Hinter- oder Vordergrund vorstellen:

Fouqué selbst; dann Caroline mit ihren 4 Kindern, der Reihe nach: Gustav, Theodor, Klara, Mariechen; dann der alte Briest mit der zweiten Frau Friederike, und den beiden kleinen Nachkömmlingen: Caroline und Friederike; dann lebt im Hause die ganze große Verwandtschaft der Lucks; im Stuhle sitzt, behaglich sein Pfeifchen schmauchend, der greise Laßberg, ein Kriegskamerad des alten Briest, der seit 1778 schon, Invalide von Torgau her, und Keinem im Wege, bis 1821 seinen Lebensabend dort verbringt: kegeln tut er gern! Die beiden Pfuels – Sie werden sie später kennen lernen – gehen aus und ein; Graf Schmettau kommt von seinem nahen Gut, wo er jetzt mit einer v. Rüchel vermählt lebt, oft zu Besuch. Noch sei der getreue Diener Fouqués erwähnt: Gottfried Ribbe (geb. 1784), der später noch mehrfach in Erscheinung treten wird.

Der alte Briest, gewohnt jeden Wunsch der Tochter zu erfüllen, akzeptiert also auch diesen neuen Schwiegersohn; er kennt ihn ja von Jugend auf, schon die Uniform war eine Empfehlung; und daß er völlig mittellos bei ihnen erscheint, spielt keine Rolle: Caroline hat für Beide genug. Er schenkt Fouqué sogleich 10.000 Taler, die er ihm aber vorsichtshalber verwaltet und mit 4% verzinst; nur muß Fouqué seinen Bedienten davon besolden; bei außergewöhnlichen Anlässen darf er mit Genehmigung auch das Kapital angreifen, so z. B. im Kriege von 1813. »Ein kleines Kapital, auf die Güter meiner Frau eingetragen, verbunden mit meinem schriftstellerischen Erwerb, sichert mir, was ich unmittelbar für meine eigentümlichsten Bedürfnisse, für Ärmere als ich bin, und allenfalls für meine Launen brauche. Ich übrigen geht Alles, was zum täglichen Leben im hinlänglichen Verhältnis gehört, aus dem bedeutenden Vermögen meiner Frau seines geregelten Ganges fort. *Wie* diese Anordnung sich im Laufe der Zeiten gestaltet hat, und daß Dein Fouqué auch *dabei* im Licht eines Ehrenmannes stehen bleibt, erzähle ich Dir noch einmal im Verlauf einer vertraulichen Stunde... Nur für jetzt: ich kann nicht wohl so einen Eingriff in die Generalkasse machen.« vertraut er noch am 13. 11. 1828 einem Freunde. – Also auch hier steht er unter Aufsicht.

Man kann natürlich brutal sein, und so sagen : ihre Unfähigkeit mit Geld umzugehen hatten die Fouqués sattsam bewiesen, und auf die beschriebene Weise hat der Dichter wenigstens 30 Jahre ohne finanzielle Sorgen schaffen können; und auch die durch die Umstände seiner unglücklichen Ehe erzwungene »Emigration nach Innen« ist für die deutsche Dichtung durchaus fruchtbar gewesen ! So *kann* man sagen; aber es bleibt für den Betroffenen immer ein schmerzhafter Prozeß.\*

»Wohl tatst Du, Freund, entfremdet äußerm Glanze, / vom Staat verliehne Waffen abzulegen. / Doch angeerbt bleibt treu Dir Sporn und Degen : / Du schwingst im Lied nun alter Ritter Lanze !« So redet ihn beglückwünschend der »Meister«, August Wilhelm Schlegel, zur Hochzeit an; er selbst hat, durch seine berliner Vorlesungen abgehalten, nicht persönlich zur Trauung kommen können; aber Freund Bernhardi unterschreibt sich als Zeuge.

Im Sommer wird die Hochzeitsreise nach Dresden, Lauchstädt, Halle, unternommen. Zum ersten Male sieht Fouqué begeistert die alte schöne Residenz, die prachtvollen Bauten, und die herrliche Gemäldegalerie. Die Rüstkammer, die er noch in »ihrem alten Graus« sieht, hat ihm reichen Stoff für die Waffenausstattung seiner späteren Ritter, vor allem im »Zauberring« gegeben; man lese die Schilderung des Lokales bei Kügelgen nach.

An bekannten Zeitgenossen lernt er in Dresden Falk kennen; den hamburger Maler Philipp Otto Runge, mit dem »Fischer un syner Fru«; bedeutenden Eindruck macht ihm Heinrich von Kleist, der eben »Die Familie Schroffenstein« anonym veröffentlicht hat : prüfend sehen sich die beiden jungen Männer an, Kleist der wielandischen, Fouqué der schlegelschen Schule angehörend – so unterhalten sich denn die beiden kommenden großen Dichter über ein neutrales Gebiet : die Kriegskunst. Jahre später erst kommen sie sich näher.

Die bedeutendste Persönlichkeit für ihn ist in Dresden Ludwig Tieck; aber nur 24 Stunden bleibt das Verhältnis ohne Trübung : dann

---

\* Eine weitere kopfschüttelnde Probe seiner Geschicklichkeit in Geldangelegenheiten gibt er später, anläßlich der S. 496 erwähnten Erbteilung : da schenkte er seiner Tochter Marie, amtlich und mit voller Unterschrift, 1.000 Thaler mehr, als er überhaupt besaß ! Als der Irrtum dann herauskam, hat man nur resigniert abgewinkt, und ihm alle Weiterungen erspart – man war es von ihm nicht anders gewöhnt.

erfährt Fouqué, daß der Andere sich abfällig über sein Talent geäußert habe. Hinzu kommt noch, daß die Jenem sehr ähnliche Schwester Sophie mit Fouqués Freunde Bernhardi verheiratet ist, und bald darauf unter bösen Umständen von Diesem geschieden wird – seit der Zeit mag Fouqué die Gesichter nicht mehr sehen. »Von Tieck weiß ich gar nichts«, heißt es kurz und abweisend in einem Brief vom 7. 3. 1810 an Büsching. – Auch hier kommt erst 1816 wieder eine Annäherung zustande.

In Lauchstädt ist ihm das Glück günstiger; eben verlebt auch Schiller dort seinen Badeaufenthalt, und Fouqué schließt sich dem Gefolge an »bestehend aus jüngeren Dichtern, Schriftstellern sonst, und Schauspielern, das dem großen feierlich einherschreitenden Manne nachschritt, und ihm auch in ein kleines Kaffeehaus zu folgen pflegte, wo es alsdann wohl zu interessanten Diskussionen kam.« Während aber die Andern sich dem abschließenden Machtspruch Schillers zu unterwerfen pflegen, ist dies mit dem kleinen schlegelschen Ketzer durchaus nicht immer der Fall, so daß durch ihn die Debatten erst recht lebendig werden. Einmal sogar darf er mit dem großen Manne bis zu dessen Wohnung gehen, und legt die Erinnerung daran kostbar beiseite. Über Halle geht es dann nach Nennhausen zurück, wo sie am 10. 7. eintreffen und Caroline am 13. 9. 1803 der kleinen Marie Louise das Leben gibt; der Pfarrer Lympius, der noch oft als Seelsorger und Berater in die Familienereignisse eingreifen wird, tauft sie am 23.10. auf die Namen von Fouqués Mutter. Am 15.9. hat der junge Vater begeistert an Schlegel geschrieben : »Seit vorgestern Abends bin ich Vater einer gesunden Tochter«; und Jener ist auch zur Taufe als Pate in Nennhausen. Hier schließen Fouqué und er – genauer : er und Fouqué – Brüderschaft.

Denn weit folgenreicher für uns sind die inneren Ereignisse, und unlöslich verknüpft mit dem Namen : August Wilhelm Schlegel.

§ 26

Klein und ziemlich häßlich; aber mit ausdrucksvollen Augen und ein glänzender Erzähler – so beschreibt die Frau von Staël 1804 ihren Cicisbeo und Deutschlehrer August Wilhelm Schlegel. Zweifellos ein großer Mann; wer ihn recht würdigen lernen will, betrachte ihn als theoretischen Begründer der Romantik, als Kritiker, und bewundere seine unerhörte Meisterschaft im Übersetzen, und nicht nur des Shakespeare; damit sind allerdings seine Verdienste erschöpft : zu einer eigenen auch nur mittelmäßigen dichterischen Leistung hat er es nie gebracht. Über seine menschliche Unzulänglichkeit, zumal seine Eitelkeit, hat schon Heine genug gespottet; wir haben mit ihm hier als »Meister« zu tun, wie es Fouqué dankbar nennt – zeit seines Lebens hat er ihm dafür gegolten; in einem Gedicht von 1820, »Vor einer Abbildung von Albrecht Dürers Grabmal«, singt er noch : »Wie ich, Denkmalsbild, dich schaute, / wars als sängen leise Geister / in das Herz mir leise Laute, / die einst sang mein edler Meister. / Er, der einst in Dichtungshallen / mich gelehrt hat Maaß und Regel, / hülfreich mir vor Andern allen : / Meister August Wilhelm Schlegel.« Und, wenn auch später einmal eine vorübergehende Spannung zwischen den Beiden eintrat, hat doch auch Schlegel seinerseits anerkannt (4. 4. 1809 an Tieck) : »Der einzige dankbare Schüler, den ich gehabt, ist Fouqué !«

Ich würde für Schlegels Tätigkeit das moderne Wort »Trainer« vorziehen; denn ein positiver »Meister« ist er, wie gesagt, nicht, und kann also in dieser Hinsicht selbst nicht Vorbild sein. Aber er macht Fouqué »die Hand leicht«; er erweitert sein Sprachvermögen, seine Wortfindigkeit; bringt ihm ein untrügliches Gefühl für Vers- und Satzrhythmus bei; macht ihn mit den großen Formkünsteleien Südeuropas ebenso bekannt, wie mit der älteren deutschen Literatur; er läßt ihn solange systematisch nachahmen und übersetzen, bis die Hand die Schwere des Werkzeuges nicht mehr fühlt – die meisten »Dichter« mögen aufmerken, welch strenge Schule Fouqué durchlaufen hat; wie er übte und arbeitete, lernte und feilte, ehe er seine bleibenden Werke schuf, und das bis ins späte Alter hinein.

Ich wage den Satz : Fouqué ist der romantische Dichter, der am meisten gelernt und wissenschaftlich gearbeitet hat ! Trotz der scheinbaren »Wissensleere« seiner großen Dichtungen, (die unter solchen Umständen nur desto bewundernswerter ist; denn sie zeigt, daß er den Stoff vollkommen zu assimilieren pflegte, ehe er an die Ausführung ging). Und wenn Varnhagen hämisch sagt, daß Fouqué seine »Sachen, Lyrisches und Dramatisches, und gleicherweise epische Prosa, fast ohne auszustreichen, ununterbrochen hin, so schnell die Feder laufen mochte,« schrieb; so möchte ich dazu feststellen, daß ich mehr seiner Manuskripte in der Hand gehabt habe, als Varnhagen; und vor allem auch die immensen Vorstudien dazu kenne : die Zahl der Korrekturen und Ausstreichungen, Verbesserungen und Anmerkungen ist Legion : Varnhagen lügt gern !

Verfolgen wir als Beispiel einmal Fouqués sprachliche Ausrüstung : Deutsch schreibt er, wir werden noch untersuchen, wie gut ! Französisch ist ihm geläufig von Kind auf, und nicht nur die moderne Sprache, auch

Altfranzösisch und Provenzalisch, das versteht sich; (übersetzt hat er Racine's »Athalia«.) Griechisch und Latein hat er bei den Hauslehrern gelernt – Sie sahen schon, daß er den Xenophon zu übertragen begonnen hat; später nimmt er Homer dazu; in den »Bildern, Gefühlen und Ansichten« steht eine noch heute schätzenswerte Untersuchung über die »Germania« des Tacitus. Englisch studiert er bei Benzler in Bückeburg; später wird er außer zahlreichen Einzelgedichten auch noch Thomas Moores großes Epos »Lalla Rukh« übertragen, und Shakespeares »Coriolan«. Jetzt erlernt er auf Schlegels Geheiß Spanisch, Italienisch und Portugiesisch; daß er es recht gelernt hatte, beweisen seine Übertragungen der »Numancia« des Cervantes, Manzonis, und der Anfang der »Lusiaden«. Wenig später kommen im Zuge seiner verdienstvollen germanistischen Arbeiten Dänisch, Schwedisch, Isländisch und Gotisch hinzu; Sie werden sehen, wie er der eigentliche große Erneuerer und Popularisator der altdeutschen Dichtung wird – der »Sigurd« erscheint noch vor Grimm's Arbeiten! – von seiner Übersetzung der »Spader Dame« des genialischen Klas Livijn, oder Andersens »Bilderbuch ohne Bilder« noch ganz abgesehen. Und ich habe immer nur *ein* Großbeispiel seiner Übersetzertätigkeit erwähnt; sie ließen sich vermehren.

Über seine historischen und literaturgeschichtlichen Arbeiten, sowie die Vorstudien zu seinen Büchern, spreche ich später.

Gleichzeitig läßt ihn Schlegel die schwierigen und im Deutschen manchmal fast unnachahmlichen Maaße der Romanen üben : Sonette, Terzinen, Espinelen, Glossen, assonierende Vierfüßler, Octaven, Triolette; Romanzen und dramatische Szenen verstehen sich von selbst. Man muß sich das buchstäblich wie Schulaufgaben vorstellen : »Die poetischen Arbeiten Fouqués glichen um diese Periode den Schulexerzitien auf ein Haar,« gesteht er selbst, und »auch war er sich dessen ziemlich klar bewußt, und hatte nichts Wesentliches darwider einzuwenden. Lobte der Meister, so fühlte er sich entzückt. Tadelte der Meister, so fand er es in der Ordnung.« Eins ist bezeichnend für den »Feldherrnblick« des großen Erspürers Schlegel; wie wohl auch dem Schüler unter den neu erschlossenen Blumenbeeten der Südlandswelt wird – »Gleichsam betäubt baute er in diesen Zaubergärten Hütten, von gar keinem Rück- und Vorwege mehr wissen wollend aus dem blendend kunstreichen Gewimmel. Es mag etwa den Rittern in Armidens Zaubergärten auf ähnliche Weise zumute gewesen sein...« – so sagt Jener ihm doch oftmals ganz ruhig und bestimmt : daß der Norden es sei, dem Fouqué angehöre ! Und das Nibelungenlied wird ebenso fleißig studiert, wie die große Liederhandschrift. »In den manessischen Minnesingern studiere ich fleißig, und finde nur zu oft Tiecks Bemerkung über die Verworrenheit und Unordnung mit welcher man die gesammelten Gedichte aufgezeichnet, bestätigt. Vorzüglich ist dieses unter dem, was ich bis jetzt gelesen habe, den Liedern des Grafen Otto von Botenlauben begegnet. Anfang, Mitte und Ende dreier Gedichte ganz verschiedenen Inhalts sind auf die seltsamste Weise durcheinander gemengt. Ein Ritter nimmt Abschied von seiner Dame zu einer Pilgerfahrt, er kehrt wieder zurück; und ein andrer kommt zu einer heimlichen Zusammenkunft nachts bei der Geliebten an, wo ihn der Wächter bei anbrechendem Morgen warnt und weckt. Das alles ist stückweise durcheinandergewirrt. Den letzten unter den erwähnten Gegenständen finde ich von mehreren Sängern behandelt, und immer mit absonderlicher Liebe und Süßigkeit. Ich hätte wohl Lust, einmal ein solches Lied zu versuchen. Von mir übersende ich Ihnen hierbei ein ritterliches Gedicht; eine Frucht meiner näheren Bekanntschaft mit der altdeutschen Poesie, und meiner innigen Liebe zu ihrer Herrlichkeit. –

Den alten Martin Opitz habe ich nun wirklich erhalten. Wegen des Heldenbuches schrieb ich am letzten Jahrestage nach Halberstadt, ohne jedoch viel auf den Erfolg zu rechnen. Bekämen wir es aber auch doppelt, so könnte man doch des Guten nicht zu viel haben, da es wohl oft an mehreren Orten zugleich gebraucht werden möchte. Das Lied der Nibelungen habe ich noch nicht erhalten, sehe ihm aber täglich entgegen. Bis jetzt hat daher meine Lektüre im epischen fast nur aus der wunderlieblichen Geschichte von Flore und Blancheflour bestanden. Diese zarten Kinder verdienen ihre Blumennamen recht. Es geht in dem Buche von ihnen zu, wie in einem schönen Garten, wo die Blüten Sprache hätten, und den Leuten ihre kindliche Liebesgeschichte zu vernehmen gäben.« Oder (in einem Briefe vom 13. 2. 1804, der auch nicht in der sonst sehr verdienstvollen Körnerschen Sammlung steht): »Daß ich den alten Roman Hugh Schaper, von welchem ich Dir vor einiger Zeit schrieb, mit der Geschichte zusammengehalten und meine anfängliche Meinung, als sei Hugo Capet der Held des Buches, doch durchaus befestigt gefunden habe ... Heinrich von Veldeckes Eneit habe ich vor einigen Tagen zu lesen angefangen, und finde sehr viel Tröstliches darin; vor allem ist viel für den naiven und galant-witzigen Dialog daraus zu lernen, vorzüglich, wo man sich ähnlicher Silbenmaaße bedient; denn auf kurze jambische Zeilen ist die ganze Manier besonders berechnet. Die Reime klingen so lustig zwischen den längeren Reden durch, und bezeichnen die kurzen Fragen und Antworten auf so piquante Weise, daß ich mich nach einer Gelegenheit, eine Nachbildung davon zu versuchen, recht innig sehne.«*

* Unter den Fouqué-Autografen des Goethe- und SchillerArchivs in Weimar befindet sich auch ein, dort als ‹an Unbekannt› bezeichneter, Brief, den ich im Folgenden ganz gebe, weil er zu den sehr seltenen Stükken vor Jena-Auerstädt gehört, als F. noch ein recht unbekannter Mann war:

»Nennhausen bei Rathenow, am 12. 9. 1806.

Hochehrwürdiger Herr, Sehr geehrter Herr Prediger.

Euer Hochehrwürden Anzeige im Julius-Stücke 1806 der Jenaischen Allgemeinen Literaturzeitung ist mir erst vor Kurzem zu Gesichte gekommen, und erweckt bei mir die Besorgnis, ob nicht vielleicht auch mein Beitrag für den Ulfilas durch irgendeine Unordnung der Posten, wie sie in jener Zeit nicht ganz selten war, unter die noch restierenden gehören möchte. Zwar habe ich meine Zahlung, gleich nach Empfang des Werks durch die Barth'sche Buchhandlung, an diese abgesandt, und wäre auch allenfalls imstande, den Beweis darüber zu führen. Höchst empfindlich aber würde es mir sein, unter den Namen der Nichtbezahlenden auch den meinigen zu sehen; noch empfindlicher fast, in Euer Hochehrwürden Meinung selbst unter Diejenigen gerechnet zu werden, die ein so verdienstvolles Unternehmen als das Ihrige, mit gänzlicher Achtlosigkeit belohnten. Ich möchte daher auch der Möglichkeit eines solchen Mißverständnisses zuvorkommen, und ersuche Euer Hochehrwürden um bestimmte Nachricht über den Empfang meines Beitrages, damit ich auf den ärgsten Fall die etwanige Irrung der Posten wieder gut machen könnte.

Rechnen Sie mir diese Anfrage nicht als Unbescheidenheit zu. Ich bitte nur um wenige Zeilen, und fühle mich durch das lebhafte Interesse dazu getrieben, welches mir alles, auf die altdeutsche Literatur Bezughabende, einflößt. Wie abschreckend, wenn solche Unternehmungen dann dem fleißigen Forscher selbst zu Nachtheil und Verlegenheit ausschlagen sollten! Wenigstens möchte ich überzeugt sein, nicht an meinem unbedeutenden Theile Mitveranlassung zu Ihrer gerechten Unzufriedenheit gegeben zu haben.

Mit vieler Achtung verharre ich ...« usw.

\*

Der Empfänger ist natürlich Johann Christian ZAHN, weiland Prediger in Delitz a. d. Saale, ‹bey Weißenfels in Sachsen›, der sich in dem betreffenden ‹Intelligenzblatt› vom 14. 7. 1806 nur so noch gegen seine säumigen Schuldner zu helfen wußte. Seine Ausgabe des »Ulfilas« war 1805 in Weißenfels erschienen, und kostete – je nach Papiergüte – 6, 8, oder sogar

Damals, in durchaus verständlichem und ehrenwertem jugendlichen Feuer geschieht es auch, daß Fouqué seine bisherigen Produkte sämtlich den Flammen übergibt – wer ein neues höheres Leben anfängt, sieht sich ungern an frühere Unzulänglichkeit erinnert. Das ist nur billig, und – zum Entsetzen aller Literaturhistoriker will ich die Ketzerei wagen – auch durchaus richtig ! Die Handübungen brauchen nicht erhalten oder gar gedruckt zu werden; die widerlichen Übertreibungen der Goethe- oder Nietzsche-Philologie können nur abschreckend wirken. Und sogar was die offiziellen Fouquéschen Leistungen dieser schlegelschen Schülerperiode anlangt, hätte die Welt an ihrem Untergange nichts verloren.

Denn langsam beginnen die Schlegels, den Neuling auch der Öffentlichkeit gegenüber in die offizielle »Schule« aufzunehmen : das erste Mal sieht Fouqué sich gedruckt – und er betrachtet es selig; war er doch dazumal »wie besessen von einer albernen Lust, sich gedruckt zu wissen.« – In Friedrich Schlegels »Europa«, 1803, II., Heft 2, Seite 82–94 : da steht die winzige volksbuchhafte Szene vom »Gehörnten Siegfried in der Schmiede«, und noch zwei kleine Gedichte. Nicht etwa unter seinem eigenen Namen, sondern Schlegel hat ihm in Anlehnung an Petrarcas Zeile »Dolce parole, oneste e pellegrine« den Dichternamen »Pellegrin« gegeben; und damit ist auch dem Leser die Unterscheidung leicht gemacht : Alles, was unter dieser Firma erscheint – den Roman »Alwin« ausdrücklich ausgenommen ! – ist, wie Schopenhauers Welt, etwas, das besser nicht wäre !

Das sind im Wesentlichen die 1804 erschienenen 6 »Dramatischen Spiele« – das erste eigene Buch –; dann die »Romanzen vom Thale Ronceval«; dann die drei Schauspiele »Der Falke«, »Das Reh«, »Die Zwerge«; und endlich die zweibändige »Historie vom edlen Ritter Galmy und einer schönen Herzogin aus Bretagne«.

Alle sind durch die bereits geschilderte Art ihrer Entstehung durchaus charakterisiert : belangloser, tapetenbunter Inhalt; überzierliche Ritter und Frauenautomaten; italienisch unmotivierte Wunder- und Geistererscheinungen dazwischen. Bewundernswert ist die Sprachkünstelei, die wahrhaft Unglaubliches fertig bringt; es macht ihm gar nichts aus, 22 mal einen Reim auf »al« zu finden, oder dieselben Reimworte seitenlang mit immer wechselndem Zeileninhalt zu verwenden; ein wahrhaft erschrek-

---

10 Reichsthaler in Gold; d. h. nach heutigem Kurs 100 Mark. Ob er seine Drohung, späterhin jene böse Liste zu veröffentlichen, wahr gemacht hat, kann ich nicht sagen; zumindest der Jahrgang 1806 enthält sie nicht mehr.

kendes Beispiel von musikalischer dichterischer Leere; fast nie taucht ein poetisches Bild auf. Das Beste, was man mit gutem Willen davon sagen könnte, wäre etwa, daß es wahrscheinlich die besten Nachbildungen belangloser spanischer Entremeses sind, die wir im Deutschen haben; aufrichtig muß man urteilen, daß es sich nur um süße Nichtigkeiten handelt.

Vollkommen unverständlich wirkt daher Zacharias Werners Urteil, der am 13. 11. 1804 aus Warschau an Scheffner schreibt : »... Auch Pellegrins ‹Dramatische Spiele› sind schön. Es ist ein Schüler der Schlegels (ein berlinischer Offizier), der unter dem Namen debütiert, und diese Spiele sind, besonders für den ersten Debüt, so schön, daß es kaum zu glauben ist, wie Jemand, der nicht homme de lettres von Profession ist, so schön debütieren kann. Ich kann nicht leugnen, daß diese trefflichen Arbeiten mir doch ziemlich den Mut zum Fortschreiten auf der Dichterbahn rauben.« Der Ausspruch ist umso bemerkenswerter, als Werner doch schon seine wirklich bedeutenden »Söhne des Thals« geschrieben hatte; wahrscheinlich hat ihn die so überaus künstliche und geleckte Form betroffen gemacht; denn das gilt damals viel, Calderon und Genossen. Andererseits ist interessant, wie Werners kühne Gebilde – hat man ihn eigentlich schon genug gewürdigt ? – wiederum Fouqué beeinflußt haben, besonders die gigantische Gestalt des Königs Waidewuth; im »Réfugié« (1. Teil, Kap. 29) läßt er zwei Landleute am Ostseestrand eine alte Ballade vom Waidemuth singen; und in der Harzburg im »Alwin« lebt der greise Ritter Rudolph mit Frau, Sohn und Knecht, und dem Hund Waidewuth. Und im Juli 1810 urteilt Fouqué einmal enthusiastisch genug an Hitzig : »Werners 24. Februar halte ich nicht nur für den Gipfel seiner Kunst, sondern überhaupt für ein göttliches Trauerspiel.« (Fouqué hatte es schon im Manuskript kennengelernt.)

Wesentlich besonnener weiß Brentano (Heidelberg, Februar 1806, an Arnim) den Wert der Fouqué'schen Erstveröffentlichungen abzumessen : »Nimm die modernen Dramen, etwa Pellegrin, Bernhardi – was eine Menge, was eine Pracht ! Aber wie leer und tot !«

»Ritter Galmy« ist eine in Verse gebrachte Geschichte nach des alten Jörg Wickram »Goldfaden«, und hinlänglich ermüdend und einförmig dazu; ebenfalls durchaus noch Lehrlingsarbeit. Interessant daran ist aber, daß wir hier das erste Beispiel antreffen, wie Fouqué sich – auch hierin der getreue Spiegel seiner eigentlichen Zeitgenossen, der großen mittelalterlichen Epiker – von fremden alten Fabeln anregen läßt; die Lust am labyrinthischen Ausspinnen, am Schmücken und unendlichen Andeuten, ist einer seiner Hauptwesenszüge. Nach einem Lais der Marie de France und einer Erzählung Gottfrieds von Monmouth schreibt er später einmal seinen »Ritter Elidouc«; die »Sängerliebe« hat ihre Keimzelle in den Liedern des provenzalischen Troubadours Arnald von Maraviglia; der »Gunlaugur« entsteht nach der Lektüre einer Islandssaga. – Die wenige Seiten umfassende »Schillers Totenfeier« wird einmal durch den Titelnamen interessant; und dann dadurch, daß es eine der damals so beliebten Gemeinschaftsarbeiten ist, diesmal mit Bernhardi, dem anderen alten Berliner Freund. Auch zu dem berufenen Roman »Die Versuche und Hindernisse Karls«, an dem Neumann und Varnhagen gemeinschaftlich arbeiten, trägt Fouqué einige Kapitel bei; natürlich bleibt es ein ziemlich zusammenhangloses Produkt, an dem nur Einzelheiten ergötzen können, zumal die ausgezeichneten Parodieen, die Neumann von J. H. Voß, Jean Paul und Johannes Müller geliefert hat; auch hier hat sich Bernhardi eingeschaltet, dessen Bambocciadenstil man unschwer im 13. Kapitel erkennt. Dazwischen entsteht dann noch einmal ein ganz steifes kunstmäßiges Poem von des »Heiligen Bonifacius Berufung, Sieg und Martyrtod«; ebenfalls stark hispanisierend, und dem kräftigen Apostel der Friesen wahrscheinlich sehr unangemessen. –

Das ist damals die »berliner Schule« außer Fouqué : Bernhardi, Neumann, Wilhelm von Schütz; später kommen dann dazu Robert, Varnhagen, Chamisso; und Nennhausen ist der gegebene Vereinigungspunkt, mit seiner Gastfreiheit, seiner verhältnismäßigen Nähe an der Hauptstadt, und dem literarischen Haushalt. Natürlich gleicht das Häuflein, zumal nachdem die Staël mit Schlegel durchgegangen ist, so ziemlich einer ecclesia pressa; aber man ist nicht nur jung, sondern auch keck, und beißt sich gegen alle Angriffe durch.

Einmal sieht Fouqué in Berlin auch den in Fachkreisen verabscheuten Kotzebue mit eigenen Augen; doch der ist wie überall im Publikum so auch dort wohl gelitten : sieht doch der König nichts lieber als seine Stücke ! Überhaupt : der König ! Und erst die Königin ! Fouqué natürlich ist arg kritiklos, und verehrt das »hohe Paar« wie Heiligenbilder; während doch die Wirklichkeit ganz anders aussieht. Schon Varnhagen wundert sich, über die Königin Luise, »wie sich durch Übereinkunft und blindes Nachreden ein so falsches Bild festsetzen konnte, als das jetzt gang und gäbe von dem Charakter der Königin; wer sie gekannt hat, der weiß recht gut, daß sie nicht der harmlose liebevolle Engel gewesen, sondern äußerst selbstsüchtig, verschlagen, und daher versteckt, wie die mecklenburgische Familie überhaupt ... Der König hat sie öfters rüdoyiert; aber sie gab Anlaß dazu.«; und auch der Superpreuße Marwitz bemerkt abfällig, daß die ideale Ehe zwischen dem König und seiner Luise nichts weniger als so war; wie denn bei Marwitz überhaupt Friedrich Wilhelm III. als völlig vertrottelt erscheint. Ich füge noch kurz Schadow bei : »Wo hat der Herr je einen seiner Brüder geliebt?! Ach, du lieber Gott: keinen einzigen hat er je leiden können, auch keine seiner Schwestern, die waren ihm höchst gleichgültig! Nein, das war kein angenehmer Herr!«

Neben Kotzebue liest man in der königlichen Familie nur August Lafontaine – wer ihn kennt, weiß, was das heißen will –, den rührenden Wassermann mit seinen moralisierenden Familiengemälden; jeder Versuch, König oder Königin zu ernsterer Lektüre zu bewegen, scheitert: sie sind unwillig und einfach auch unfähig, selbst zum leichtesten Studium, von eigener schöpferischer Tätigkeit ganz zu schweigen. Und da fragt Friedrich Wilhelm nach der Mittagstafel noch erstaunt seinen Köckeritz, was denn Massenbach schon wieder gehabt habe: der habe ihn immer mit Tränen in den Augen angesehen, und den Kopf geschüttelt; und er erklärt es sich dann mit der übermäßigen Ergebenheit des exaltierten Menschen. Aber so sieht auch Marwitz den Charakter des Königs: »Liebe der Ruhe, und Furcht vor allen Geschäften; sodann aber : Eigensinn und Despotie ... Er war jederzeit entschlossen, nichts zu tun. Man hat ihn den Gerechten genannt, aber außer einigen bürgerlichen Ansichten im Kleinen hatte er keinen Begriff von Recht.«

So bekannt ist des Königs Geschmack, daß selbst Fouqué auf Hitzigs Vorschlag, ihm ein Exemplar seines »Waldemar« zu senden, zögernd antwortet: »... Ich weiß nicht. Er ist ein trefflicher Mensch, und mein Gut und Blut gehört ihm; aber ein Dichter ist er nicht, und auch kein Dichterleser.«; aber dem *Kronprinzen* hat Luck ein Exemplar übergeben; typisch. –

Für den Sommer 1804 ist ein längerer Besuch Schlegels in Nennhausen verabredet, wo denn Fouqué eine rechte Förderung seiner Studien durch den Meister erhofft; da tritt, wie schon angedeutet, die Erscheinung der Frau von Staël dazwischen, bis dann endlich die Reise nach Coppet ihn den Augen der trauernden Jünger gänzlich entführt, und zwar unter Umständen, die einige Entfremdung veranlassen. Zuerst geht noch der Briefwechsel fleißig weiter; doch hat sich das Verhältnis – sehr zum Nutzen Fouqués, der endlich selbstständig werden soll – merklich gelockert. Am 30. 9. 1808 schreibt er darüber an Hitzig: »Ich nehme keinen Anstand Ihnen zu sagen, daß meine früheren Verhältnisse zu ihm (Schlegel) durch fremde Schuld nicht verstört, aber doch verwirrt sind; und eine so herzliche Liebe und Achtung ich auch immer für diesen meinen teuren Meister bewahren werde, stehn wir doch so, daß ich wohl ohne Unbilligkeit die erste Wiederannäherung von seiner Seite erwarten kann.« Wohl schickt er ihm noch seine Bücher, so den »Ritter Galmy«; aber der kommt durch die Tücke des Schicksals auch wieder verspätet beim Meister an, so daß sich neue Mißverständnisse ergeben können. Dennoch ist Körners (des Herausgebers von Schlegels Briefwechsel) Behauptung, daß Schlegel seit 1806 nicht mehr an Fouqué geschrieben habe, falsch; so existiert z. B. ein Schreiben Schlegels an Fouqué vom 17. 8. 1813, wo er aus dem Gefolge Bernadottes von Charlottenburg aus einige Zeilen an ihn gerichtet hat.

Ansonst verläuft das Leben recht still; der Winter 03/04 hält sie lange auf dem Landgute fest, doch hat Caroline am 10. 4. 1804 die Genugtuung, daß man zu dem großen Hoffest eingeladen wird, das im Schauspielhause stattfindet; die Beschreibung bei Eylert (oder Klöden) ist ganz amüsant zu lesen : Kostümquadrillen; die erste, nur von Mitgliedern des königlichen Hauses ausgeführt, zeigt Meder, Skythen und Ägypter in ihren Trachten, um den siegreichen Alexander (der alte Prinz Heinrich) zu empfangen. Stateira (die Königin Luise), Tochter des Dareios, bringt ein Opfer für das Leben Alexanders. Er bietet ihr seine Hand. Ihre Gefährtinnen (Hofdamen) bekränzen ihn. Sein Admiral Nearchos (Prinz Wilhelm, der Bruder des Königs) erscheint mit Kapitänen und gefangenen Indern. Alexander vermählt die Hofdamen mit den Kapitänen; den Gefangenen schenkt Stateira die Freiheit, worauf dann die verschiedenen Völker ihren Dank durch Nationaltänze ausdrücken. – Dann kommt, ziemlich unvermittelt, ein Zug von 64 Bergschotten, die der Königin unter Gesang und Tanz ein Gedicht überreichen. Mohren tragen einen Korb, aus dem ein preußischer Adler auffliegt. Raupen verwandeln sich in glänzende Schmetterlinge und gaukeln umher. Ein Tempel, in dem Priester für die Königin opfern. Ein Tanz der Horen, die sie mit Blumen bestreuen. Zum Schluß eine Kegelquadrille : aus den neun Kegeln kommen ein Tanzmeister, Gärtner, Incroyable, Koch, Venus, Harlekin, Amor, Nachtwächter. – Ist es nicht, wie das künstliche Maschinenwerk, das bei Friedrich von Fouqué zu sehen sein wird ?–

Der Winter von 04/05 ist wieder – diesmal außer der Reihe – sehr streng : 95 Tage zeigt das Thermometer unter Null; ein Grund mehr, zu Hause zu bleiben, und fleißig zu dichten. Fouqué beginnt die Laufbahn Kaiser Heinrichs IV. in einem großangelegten Zyklus von 4 Trauerspielen zu behandeln; bekennt jedoch selbst : »Sie wurden auch fertig, erlagen aber dem großen Gegenstande, und sollen das Licht der Welt nie schauen.« Bisher ist auch keine Spur davon aufgetaucht. – Das Jahr 1805 bringt außer einem exemplarisch nassen und kalten

Sommer noch 5 Sonnen- und 2 Mondfinsternisse, was seit über 1000 Jahren nicht mehr der Fall gewesen war (734).

Innerlich muß sich Fouqué in jeder Epoche noch immer als einen »gutmeinenden Heiden« bezeichnen. Zwar hat auch er, echt romantisch, und bei dem Studium von so viel bunter Ritterlichkeit und südlichheißer Mirakel eigentlich selbstverständlich, mit dem Gedanken des Übertritts zur katholischen Kirche gespielt – viele Angehörige der romantischen Schule haben ja dann Ernst damit gemacht; ich erinnere nur an Werner und Fr. Schlegel. So berichtet er : »Zunächst aber zogen mich die Herrlichkeiten des katholischen Kirchendienstes an, und die Legendenwunder, allzumal im edelsten Glanze dargestellt durch die Dichtungen der neuromantischen Schule, der ich angehörte mit Seel und Leib. Mein erster Gedanke, bei jener durch die zweite Heirat völligen Umgestaltung meines Lebensganges, war es denn auch, mit der Geliebten zugleich wiederum einzutreten in die Gemeinschaft der alten Kirche. – Und was ich dabei träumte von Andachtsstätten, zu errichten an den geheimsten Stellen des Forstes in der neuen Heimat, – von Reisefahrten nach Italien, – von weit wunderlicheren Dingen noch sonst...«, das kann man sich beliebig ausmalen. Klar genug geht jedenfalls daraus hervor, wie solchen Konversionen kein inneres Bedürfnis, sondern nur die Lust am bunten Gegaukel zugrunde lag.

Die schon seit Jahren begonnene Bekanntschaft mit Jakob Böhme hat bisher auch nur dazu gedient, seltsame Historien zu ersinnen, und nach poetischen Anregungen zu suchen; erst nach der politischen Katastrophe von 1806/07 beginnt er ihn auch im christlichen Sinne zu lesen – durchaus nicht zum Vorteil seiner Dichtung und seines Wesens, aber immerhin noch ohne sonderlichen Schaden für das anschließende Jahrzehnt.

§ 27

Während Fouqué – stets unbekannt mit den wahren politischen und sozialen Verhältnissen seiner Zeit – noch 1802, als er den Abschied nahm, von einem endlosen »augusteischen Frieden« träumte, der nun angebrochen sei, und der ihm den Entschluß die Waffen abzulegen noch leichter machte, ballen sich von allen Seiten her die Wetterwolken gegen sein geliebtes Preußen zusammen.

Man hat oft und gern über die Schwäche und Charakterlosigkeit der damaligen preußischen Politik und die ewige Neutralität gewettert; dabei gab es aber für den Staat nur zwei Möglichkeiten : nämlich entweder das Bündnis mit Frankreich – aber die Hohenzollern von Gottes Gnaden hätten ja über den eigenen Schatten springen müssen, wenn sie mit Jakobinern paktiert hätten! – oder eben diese Neutralität. Denn ein Bündnis mit dem standhaft gegen Napoleon kriegführenden Österreich und dessen Alliierten war deswegen ein Unding, weil Preußen sogleich auch hätte Hilfstruppen stellen müssen – und dazu war kein Geld vorhanden.

Das nämlich ist das ganze Geheimnis der damaligen preußischen Außen- und Innenpolitik : der chronische Geldmangel.

Die 72 Millionen Taler, die Friedrich der Große im Staatsschatz hinterlassen hatte, waren in dem einen Feldzuge des Jahres 1792 draufgegangen; ebenso hatte Friedrich Wilhelm II. nicht nur das laufende Einkommen des Staates verpraßt, sondern bei seinem Hintritt gar noch 50 Millionen Schulden hinterlassen. Der bürgerlich-ehrliche Friedrich Wilhelm III. sah es als seine Pflicht an, sie so schnell wie möglich zu tilgen; aber obgleich man bei Hofe relativ einfach lebte, waren doch die Staatsausgaben – z.B. für die Weserarmee, oder die Entwicklung der neuen südpreußischen Provinzen – immer noch so groß, daß sich kein neuer Schatz bilden wollte. So griff man denn bald zu dem fragwürdigen Mittel der Geldverschlechterung : schon 1800 hatte Gubitz, wie er berichtet, Matrizen für den Notendruck herstellen müssen; am 1. 6. 1806 wurde endlich offiziell das erstemal Papiergeld in Preußen ausgegeben, die sogenannten Tresorscheine (Karikaturen erschienen, wo man den kranken Adler mit Papier füttert); die Idee dazu war von Stein ausgegangen – wieder einmal eine falsche. Denn in Not- und Kriegszeiten gibt es nur *ein* Mittel, den Staat bei den plötzlich anschwellenden Ausgaben gesund zu erhalten : direkt das Vermögen des Einzelbürgers anzugreifen! Natürlich leidet darunter ungemein der »Wehrwille« und die »vaterländische Gesinnung«, wenn die Zerstörung des Volksvermögens – und das heißt ja »Krieg« auf gut Deutsch – sofort von Anfang an so brutal spürbar wird; und deshalb wird zumeist, wie z.B. von Deutschland in den ersten beiden Weltkriegen, die selbst bedenklichste Mittel nicht verschmähende nationale Propaganda vorgezogen, und die Verschleierung des unaufhaltsamen Staatsruins durch hemmungslose Notenemission; am Kriegsende – heiße es Sieg oder Verlust – wird dann umso ungeschminkter offenbar, welche Früchte die jahrelange fleißige Zerstörung, oder Herstellung von Zerstörungsmaschinen, getragen hat : die Überlebenden stehen dann barfuß in Ruinen mit bunten rechteckigen Papierstückchen in den Händen. – Das kluge England ist meist den vernünftigeren Weg gegangen. –

Jedenfalls ist die damalige Finanzklemme der Hauptschlüssel zu dem merkwürdigen Gange, den die preußische Außenpolitik nimmt. Das große Heer kann unmöglich auf dem Kriegsfuße erhalten werden : ja, es macht Schwierigkeiten, den Friedensstand beizubehalten. Groteske Erscheinungen treten auch da schon auf : einmal berechnet Jemand, daß man einige hunderttausend Ellen Leinwand ersparen würde, wenn die Westen der Soldaten ohne Rückenteil innen an die Uniformen genäht würden – und sogleich wird diese seltsame Montierung in der gesamten preußischen Armee befohlen !

Man bleibt also zwangsläufig – denn Bündnis mit Frankreich rät Massenbach noch immer vergeblich – bei der Neutralität, die übrigens auch dem Charakter des Königs am besten zusagt; und manchmal hat diese sogar ihr Gutes.

Schon im Februar 1795, als sich die preußische Armee vom Mittelrhein nach Westfalen zog, hat man sehr richtig angemerkt, daß es Frankreich ein Leichtes gewesen wäre, diesen Train zu vernichten; aber es bestand eben damals tatsächlich allgemein das Gefühl, daß die beiden Staaten natürliche Verbündete seien. Das wird noch deutlicher in den folgenden Jahren. So hat bei dem berüchtigten Rastatter Gesandtenmord, wo die Österreicher auch geheime Dokumente der Republik zu erbeuten hofften, der französische Gesandte vorher seine Akten beim preußischen deponiert; und ein Preuße ist es auch, der Gesandtschaftssekretär Jordan, dem der einzig Überlebende jenes schändlichen Überfalles, Jean de Bry, seine Rettung verdankt hat. Ebenso hat man es in Frankreich nicht vergessen, daß Preußen auf der Petershagener Konferenz sich für die Neutralität entschied – man hat es als hoffnungsvolle Zeichen der Vernunft gewertet –, und diese scheinbare Anhänglichkeit an Frankreich ist Preußen denn auch beim Reichsdeputationshauptschluß sehr zu Gute gekommen : es hat damals, 1803, für das abgetretene Geldern, Cleve und Mörs, am meisten von den reichen Tischen der säkularisierten Bistümer, Klöster und Reichsstädte erhalten, statt 42 Quadratmeilen 241; und statt 172 000 Einwohnern 600 000; und statt 300 000 Talern Einkünften 1½ Millionen. Es hat namentlich die 3 großen Bistümer Hildesheim, Paderborn und Münster erhalten, dazu 6 große Abteien, die Städte Mühlhausen, Nordhausen und Goslar, und endlich das äußerst wichtige mainzische Erfurt, den Hauptplatz in Mitteldeutschland mit dem Eichsfeld.

Man sollte ja eigentlich meinen, daß Preußen nun mit Händen greifen kann, wo sein praktischer Vorteil liegt, und wem es sich anschließen muß. (Jetzt, 150 Jahre zu spät, will es um jeden Preis der westliche Alliierte sein : damals hat es die welthistorische Schuld auf sich geladen,

Paneuropa verhindert zu haben – und Massenbach sich ewigen Ruhm erworben!)

Aber wieder, wie 1792, verkennt man auch in Preußen die wahren Machtverhältnisse; und dabei ist die Lage schon ganz eindeutig: Napoleon hat sich den Rheinbund geschaffen, Preußen ihn anerkannt; Österreich hat die deutsche Krone niedergelegt, Napoleon sich eine aufgesetzt. Frankreich ist einig und stark und wird täglich stärker; Preußen ist erstarrt und bankerott (in Magdeburg kapitulieren nachher 19 Generale die zusammen 1300 Jahre alt sind); aber immer noch erklären die Gardelieutenants – bekanntlich der Stolz und die Blüte jedes Landes – laut in Berlin und Potsdam: »Mit den Österreichern kann Napoleon schon fertig werden: aber mit uns Preußen soll er nur anbinden, da wird er schön ankommen!« Und man wetzt die Säbel auf den Treppenstufen der französischen Gesandtschaft.

Im Sommer 1805 trifft Fouqué beim alten Freunde Schmettau wieder einmal mit dessen jetzigem Schwager, dem General Rüchel, zusammen; der spricht nur vom Kriege mit Frankreich, denn er ist eines der Häupter der Franzosenfresser, wie etwa Louis Ferdinand oder die politisch gleich naive Königin Luise. Und es bedarf Fouqués ganzer Liebe zum neuen Herd, zu Weib und Kind, und vor allem auch seine so schön eben begründete poetische Stellung, um sich nicht dem General als Adjutant anzubieten. Hätte Rüchel damals gefragt, wäre Fouqués »Ja« sicher gewesen; glücklicherweise wartet der seinerseits auf ein Wort des Dichters, und so bleibt alles beim Alten. Preußen besetzt Hannover, wie immer schwebend zwischen Franzosenhaß und Staatsbankerott; und der Friede ist noch auf ein Jahr gesichert.

Im ungewöhnlich kalten und nassen Sommer 1806 – noch am 24. 6. sieht der Dichter schweren Reif auf den Nennhauser Pflanzungen – beschließt man, eine Badereise zu unternehmen. Früher wäre das kein Problem gewesen; man hätte einfach »das« preußische Bad, also Lauchstädt, gewählt. Aber Fouqué hat indessen die große Welt gesehen, und es drängt ihn auch, wieder einmal auf den Spuren seiner Jünglingsjahre zu wandeln; so entschließt man sich für das eben einen Ruf bekommende Bad Nenndorf, 20 km westlich von Hannover, rund 10 km südlich des Steinhuder Meeres gelegen. Schon auf der Hinreise hat er ein seltsam anregendes Erlebnis:

»Bei guter Zeit zum Übernachten in Helmstädt eingetroffen, kam es mir in den Sinn, den von Vielen fast für einen Magus angesehenen – von Andern fast zum Gaukler hinabgewürdigten – Hofrat Beireis aufzusuchen. Er war nicht daheim, aber sein Diener, des rätselhaften Greisen gleichaltriger Gefährt, empfing mich freundlich, und meinte, ich möge nur binnen eines Stündleins wiederkommen. Dann werde ich seinen Herrn finden, müsse aber ihn nicht allzulange aufhalten, damit er noch beizeiten zu dem Kindtauffeste eines Kollegen gelange, denn der Herr Hofrat pflege sich sonst wohl mit Fremden festzusprechen. Aber er selbst wolle mir dann schon einen Wink geben, wenn es an der Zeit zum Aufbruch sei. Mir gefiel diese Treuherzigkeit des alchymistischen Knappen gar wohl, von dem die Sage berichtete, er sei des Meisters Gefährt gewesen in jenen schlaflos geheimnisreichen Nächten, wo man den Stein der Weisen gesucht und gefunden habe. Und habe sich daraus kein Gold ergeben, so sei doch mindestens Karmin herausgekommen, und daher ein gewaltiger Reichtum. Vielleicht gar habe man auch ein Lebenselixier bereitet, hinlänglich zur irdischen Unsterblichkeit. Der greise Zauberknapp sahe schon mythisch genug aus für dergleichen Fahrten; und als er mich, indem ich wiederkehrte, in ein Gemach führte, mit dem Bedeuten, der Hausherr werde gleich hereintreten, sahen auch die Umgebungen magisch genug aus : das Zimmer mit alter schöner Haut-Lice tapeziert, schien, obgleich geräumig, sehr eng, wegen seiner ungewöhnlichen Höhe. Drin standen physikalische Instrumente umher, zum Teil mir ganz unbekannter Art, alle leuchtend blank. An der Erde lehnte gegen die Wand ein Gemälde, etwa ein Viertel Manneshöhe, von sehr untergeordnetem Wert, mutmaßlich aus den Zeiten der Caracci, einige Apostel oder sonst Heilige darstellend. Der Alte, bemerkend, daß ich meine Aufmerksamkeit – es waren sonst keine Bilder im Gemach – dorthin wendete, sprach : Dies ist ein überaus köstliches Gemälde. Der Herr hat es erst neuerdings bekommen und kann sich noch gar nicht von ihm trennen, um es in der Sammlung aufzustellen. – Kennen Sie den Namen des Malers ? fragte ich. – Und er versetzte mit großer Zuversicht : O freilich. Es ist von dem berühmten Caroluccio. –

Erfreut über die höchst unerwartete Bekanntschaft einer so funkelnagelneuen Berühmtheit, konnte ich meine Gesichtsmuskeln eben kaum nur in dem geziemenden Ernst erhalten, während zu meiner Linken die Wand sich langsam von Oben bis Unten auftat. Und durch die Tapetentür – denn bald ergab es sich als eine solche, aber dergestalt eingefügt, daß man bisher nichts hatte von ihr bemerken können, und ihrer wunderlichen Höhe wegen imposant, – hereintrat feierlich ein kleiner, hagerer, totbleicher Mann mit scharfen, bedeutsamen Gesichtszügen, die Augen wie dunkle Funken leuchtend, seine galonierte Sammetkleidung nach altfränkischer Hofsitte, den Galanteriedegen an der

Seite, das hochauffrisierte Haar stark gepudert und in einen Haarbeutel auf dem Rücken zusammengefaßt. Ich hätte fast an eine Erscheinung des berühmten Caroluccio selbst gedacht, der seine Realität gegen meine Zweifel in Anspruch nehmen wolle. Aber für diesmal war es der Hofrat Beireis, der mich, den ihm völlig Unbekannten, – denn von Pellegrin hatte er, ungeachtet seines Vielwissens, begreiflicherweise nie etwas vernommen – mit der höflichsten, ja liebenswürdigsten Gastlichkeit empfing. Er fragte, was ich in der kurzen ihm und mir für dasmal beschiedenen Zeit zu sehen wünsche, und mein Wunsch nach altdeutschen Bildern schien ihn zu erfreuen. So brachte er denn Stück auf Stück herangetragen, eifrig und rüstig hin und wieder laufend: Bilder von unwidersprechlicher Echtheit und großem Kunstwert, nur jegliches seltsam auf der Rückseite mit einem lateinischen Distichon von des Besitzers Hand bezeichnet, voll der unmäßigsten Anpreisungen, somit auch auf das Tüchtige und Schöne einen Anstrich des Lächerlichen durch Übertreibung werfend. Aber wir kamen dennoch gut mit einander zurecht, und nur auf wiederholt mahnende Winke des mystischen Greisenknappen schieden wir, wie es mir denn auch jetzt noch schwerfällt, von dieser angenehm seltsamen Erinnerung zu scheiden.«

Der Aufenthalt in Bad Nenndorf selbst ist »langweiliges Ringen nach Kurzweil« wie er es geschickt formuliert; dazu das abscheuliche Wetter. Lediglich mit zwei dänischen Schwestern freundet man sich an. In der Zwischenzeit macht Fouqué Ritte nach den alten Stätten: nach Bückeburg zu Ulmenstein; und einmal auch über Röcke nach Minden – von den Breitenbuchs ist Keiner anzutreffen: der Vater tot, der Bruder auf Reisen, die Undine seit 1800 bei ihrem Mann in Halberstadt – da reitet er gedankenvoll wieder nach Nenndorf zurück.

Eine wichtige Bekanntschaft macht er hier. Zweimal kommt von Hameln, wo er als preußischer Infanterielieutnant steht, Chamisso herüber; so berichtet er am 23. und 28. 7. 1806 an Varnhagen: »Von dem ehrenfesten edlen Degen, dem Kernmenschen, dem Barden Pellegrin, von Fouqué, kehr ich zurück. Er hatte mich gerufen, er umarmte mich mit Kraft und Liebe, bot mir den Brudernamen an, und ein Gespräch von vier Stunden und ein anderes von sechs Stunden, worin Alles Heilige getauscht ward unserer Seelen, müßte ich Dir schreiben können, um Dir und mir ein Genüge zu leisten.« Und der fünfundzwanzigjährige trocken-geniale Franzose hat unsern Dichter genau genug erkannt: »Pellegrin ist mir eine merkwürdige Erscheinung, und ich müßte mich über sie entsetzen; es ist ein ätherisch entsendetes Feuer über dem Moor hinwallend –«. Und damit ist eine Freundschaft geschlossen, die, obwohl von leichten Störungen zuweilen getrübt, bis zum Tode des Weltumseglers andauert.

Dies soll für lange Jahre die letzte Reise sein, die Fouqué unternehmen kann. Nach Berlin zurückgekehrt, wo jetzt ganz offen gegen Napoleon gerüstet wird, sagt den Siegesgewissen einmal ein Réfugié, der preußische Ingenieurmajor von Bousmard (damals bekannt durch seine Werke über Befestigung »Essai général de la fortification« und »Mémorial de cormontaigne«), behutsam die Wahrheit : »Eins kann ich Euch sagen«, warnt er : »Die Leute uns gegenüber jubilieren in gleicher Siegeszuversicht. Wie der Würfel nun auch zu liegen komme : *Eine* Partei von beiden wird sich unmäßig verwundern !« Ein halbes Jahr danach ist er selbst im eingeschlossenen Danzig gefallen.

Wer sich verwundern wird ist ganz klar : bei Jena und Auerstädt geschlagen, übergibt Massenbach bei Prenzlau die Reste des Heeres den nachdrängenden Franzosen – im Interesse Europas darf Napoleon nicht weiter geschwächt werden ! Hoffentlich sieht man nun in Preußen, was allein die Rettung sein kann ? Man sieht sie natürlich nicht; erst muß das Land völlig verheert, die Ehre gerettet sein, ehe man den Tilsiter Frieden schließen kann, in dem Preußen auf die Hälfte seines bisherigen Besitzstandes reduziert wird. –

Der Oktober ist im Allgemeinen sonst der froheste Monat in Nennhausen : Alles hat Geburtstag ! Am 1. Gustav von Rochow; am 3. der alte Briest; am 7. Frau Caroline; und um das Glück voll zu machen, wird am 13. 10. 1806 dem alten Briest noch eine Tochter geboren; auch Schmettau ist mit Gattin zu Besuch gekommen. Dazu laufen unheimliche Siegeskunden um : Marschall Soult ist mit 60 000 Mann völlig vom Fürsten Hohenlohe besiegt worden; – erst langsam gehen reellere Nachrichten ein.

Zuerst die Zeitung vom Tode Louis Ferdinands am 10.10. bei Saalfeld, und Fouqués Schmerz um ihn ist echt und tief; er hat als getreuer Untertan immer nur die Lichtseiten der königlichen Familie gesehen.

Am Morgen des 14. Oktober geht Fouqué durch die schönen duftigen Frühnebel im nennhauser Parke spazieren; da vernimmt er – zur selben Zeit, und genau, wie es der kleine Kügelgen erinnernd schildert – das dumpfe Rollen der fernen Schlacht von Jena; und wehmütig empfindet er, wie da unten nun die Kameraden allein ohne ihn gegen den Feind stehen ! Allmählich entfernt sich der Kanonendonner, und Alle hoffen auf Sieg; man weiß noch nicht, daß die vernichtend geschlagenen Preußen bereits umgangen und von den nächsten Rückzugsstraßen abgedrängt sind.

Drei Tage später, in denen keinerlei Nachrichten eingelaufen sind, stehen am heiteren Nachmittag Schmettau und Fouqué allein im Versammlungszimmer, und besprechen den Plan zu dem leider nicht erhaltenen, obwohl fertig gewordenen Trauerspiel »Francesco Sforza« – da erblaßt mit einem Male der feste Schmettau und weist nach der Flügeltür: »Dort, in der weitaufgerissenen Tür stand ein wackerer junger Offizier, des Hauses Freund, jetzt Adjutant eines ausgezeichneten Generals, aber totenbleich und seine Züge verstört, einem unheilkündenden Gespenste ähnlich. Dabei sagte er mit beinah tonloser Sprache: Alles ist verloren. Wir sind in zwei Schlachten erlegen. Binnen acht Tagen werden die Franzosen in Berlin einrücken.« Fouqué nennt den Namen des Offiziers nicht; es war der spätere General Ernst von Pfuel, ein Original, oder besser ein exzentrischer Kopf; ich werde ihn im weiteren Verlaufe den »Schwimm-Pfuel« nennen, zum Unterschied von seinem jüngeren Bruder, denn beide werden noch oft in Nennhausen auftauchen. Dieser hier hat, weil er Alles für ohnehin verloren hielt, sich direkt vom Schlachtfelde bei Auerstädt nach Nennhausen begeben, wo er denn vom alten Briest, der ohnehin stets die Querzüge des Burschen in Ordnung bringen mußte, recte wieder zur Armee zurückgeschickt wird.

Fouqué denkt sogleich an eine Levée en masse; aber dazu ist es viel zu spät: in der flachgelegenen Priegnitz und Mittelmark fehlt es an festen Vereinigungspunkten; alle Wälder sind seit langem gelichtet, alle feuchten Wiesen trocken gelegt, jeglicher Zugang dem Feinde offen; und dazu treten die französischen Heere mit so reißender Schnelle in die Fußstapfen der weichenden preußischen, daß für jetzt aller Widerstand vorbei ist.

Nacht für Nacht wacht Fouqué zur Beruhigung der Familie, um für etwaige plötzliche Einquartierung oder Plünderung begütigend und vermittelnd zur Hand zu sein, und manche Lieder und Erzählungen werden ihm in den wunderlichen Nachtstunden – leider ist nur sehr wenig davon erhalten geblieben.

Eines Mittags dagegen kommt wirklich ein Schwarm von – Fouqué sagt 200 – Infanteristen angezogen, aus dem Rathenow'schen Biwak ausgesandt, um Lebensmittel zu beschaffen. Hier kann Fouqué mit seinem »frisch militärischen Wesen und seinem raschen Französisch-Reden« eingreifen; und es geht alles ohne bedeutenden Schaden ab. »Das Nennhauser Kirchenbuch bewahrt ein dankbares Andenken davon, eingezeichnet durch die Hand des ehrwürdigen Pfarrherrn (Lympius), wie ich das nach Jahren ... mit tiefer Rührung erblickte« – hier ist jene Eintragung:

»Im Herbste des für die preußischen Staaten so verhängnisvollen Jahres 1806, nach jener unglücklichen Schlacht bei Jena, hatte Nennhausen das Unglück, von 50 Mann französischen Soldaten, welche zu dem bei Rathenow campierenden Soultschen Corps gehörten, an einem Novembernachmittag plötzlich heimgesucht zu werden. Furcht und Schrecken wurden dadurch allgemein verbreitet, und Jeder machte sich schon im Voraus auf einen ansehnlichen Verlust seines Eigentums, besonders seiner baaren Gelder, gefaßt. Zum Glück aber suchte der hiesige Gutsherr durch die Bemühungen seines Schwiegersohnes, de la Motte Fouqué, welcher der französischen Sprache mächtig ist, einige dieser Marodeure durch Versprechungen zu gewinnen und als Sauvegarde anzustellen. Durch diese Vorkehrung wurden nun zwar gewaltsame Erpressungen und andere bei derartigen feindlichen Überfällen gewöhnliche Excesse verhütet, allein da die Sauvegarde nur auf dem herrschaftlichen Hof befindlich war, so konnte dadurch nicht verhindert werden, daß nicht einige dieser Menschen von Haus zu Haus im Dorfe herumgingen, und dadurch Vieles mit Gewalt den hiesigen Einwohnern wegnahmen. Besonders waren diesem Schicksale diejenigen Häuser ausgesetzt, welche, entfernt vom adligen Wohnhause, teils nicht wußten, daß eine Sauvegarde daselbst vorhanden sei, teils die Hilfe derselben wegen der Entfernung nicht sogleich suchen konnten. Dies war denn insonderlich der Fall mit mir. Ich sehe meine Pfarrwohnung plötzlich mit 4–10 solcher Marodeure angefüllt, welche anfänglich mit Güte, zuletzt mit Drohungen, aber Gott sei Dank doch ohne Mißhandlungen mir einen großen Teil meiner Wäsche, besonders Hemden, meinen sämtlichen Weinvorrat, 20 Taler baren Geldes und eine silberne Taschenuhr abnahmen.« Dies ist wieder ein schönes Beispiel, wie Fouqué später aus dem »Schatz« seiner persönlichen Erfahrungen schöpfen konnte; man vergleiche hiermit die Seiten 264–280 der »Mandragora«, wo er eine völlig gleiche Szene geschildert hat, natürlich mit ein wenig Überhöhung der von ihm gespielten Rolle. Daß er gleich wieder 200 Franzosen dort sah, wo sich der einfältige Pfarrer mit 50 begnügt, lag wahrscheinlich wiederum an der schon zitierten »aufgelösten Ordnung« der Feinde. –

Dann, nach geschlossenem Frieden, kommen für viele Jahre reguläre Einquartierungen. Den Husarenobristen Lempérière, dem er später mit vollem Namen im »Réfugié« sein Denkmal gesetzt hat, erwähnt er selbst in seiner Biographie. Am 22. 4. 1812 schreibt er einmal entschuldigend an den Freund Stechow : »Ein Teil der Verzögerung kommt auf Rechnung des Durchmarsches unserer neuen Alliierten, oder vielmehr eines vierzehntägigen Kantonnements, während dessen sie sich bei uns ausruhten, und wir den Etatsmajor eines ehemals holländischen Infanterieregiments, i. e. 1 Obersten, 1 Bataillonschef, 1 Regimentschirurgen, 1 Officier payeur, 1 Adjut. Major, 1 Offc. porte aigle, und noch 2 andere Offiziere im Dorf hatten; davon lagen nur Dreie außerhalb unseres Hauses, und natürlich nicht die Drei vornehmsten. Sie haben uns aber die Last auf keine Weise erschwert; ihr Betragen war bescheiden, ihre Manneszucht gut.« Und es sei die Anmerkung gemacht, daß eben dieses korrekte Benehmen, wie es die Franzosen damals fast durchweg zeigten, als besonders raffinierte Bosheit empfunden wird, als schlangenkluge Verführung und weit ausschauende Berechnung: Tugend kann es nicht sein, es sind ja Feinde!

Ein anschauliches Bild hat Varnhagen aus dem Jahre 1807 hinterlassen:

»Im Anfange des Oktobers wanderten Neumann und ich nach Nennhausen, wo wir, ungeachtet französische Einquartierung das Dorf wie das Schloß belästigte, die beste Aufnahme fanden. Ich hatte bei Frau von Fouqué in der Zwischenzeit sehr gewonnen, und sie bezeigte mir gern die dankbare Neigung, die ich mir durch streitbare Fürsorge für eines ihrer Bücher bei ihr verdient hatte. Neumann und ich lebten mit Fouqué im schon gewohnten Stil unserer freundschaftlichen und literarischen Angelegenheiten, und lebten eigentlich nur mit ihm; wenig bekümmert um alles andere, was neben uns vorging. Auch fand ein wackerer Offizier und ehemaliger Kamerad Fouqués, der Rittmeister von Welck, sich ein ... Als der wichtigste Gast aber, durch seine Verhältnisse wie durch seine Person zur ersten Rolle berechtigt, stand der französische Husarenoffizier vor Augen, der mit seiner Schwadron hier einquartiert lag. Er hieß Jules de Canouville, und war von altadeliger Herkunft, welches ihm nicht nur in Nennhausen, sondern auch im neuen Kaisertum, das noch von Freiheit und Gleichheit getragen war, zu merklicher Begünstigung diente; er brannte leidenschaftlich für Napoleons Sache, und setzte auf sie alle Hoffnungen seines Ehrgeizes; übrigens war er von kräftig schöner Jugend, ungestümer Lebhaftigkeit und leichtsinnigem Übermut. Man mußte ihm einige Ungezogenheiten schon verzeihen, um so mehr, als ihm nicht zu verdenken war, daß er sich aus dieser Einöde in die glänzende Hof- und Damenwelt von Paris wünschte, und es als eine Art Ungnade bejammerte, daß man ihn, der als Ordonnanzoffizier Berthiers eigentlich diesem zu folgen Anspruch hatte, so lange beim Regimente ließ, wo es nichts zu tun gab; seine Sehnsucht äußerte sich mit einer Ungeduld, die für seine Umgebung wenig Verbindliches hatte, aber freilich seiner Lage natürlich war. Wir kamen aber leidlich genug mit ihm zurecht, und der Beziehung, daß wir Briefe aus Vertus und St. Menehould empfingen, und von dorther sogar einen Freund erwarteten, konnte er seine Teilnahme nicht versagen. Bernhardis Traum, daß ich mit der französischen Einquartierung in Streit geraten würde, erfüllte sich nicht; aber durch diese wurden wir doch des Aufenthalts früher überdrüssig, und waren herzlich froh, als endlich unser Aufbruch durch Chamissos Ankunft sich festsetzen ließ ... Nach kurzem Beisammensein, da die Jahreszeit täglich mahnender wurde, ergriffen Chamisso und ich den Wanderstab, (und) empfingen von Fouqué und Neumann, der am nächsten Tage nach Berlin zurückkehren wollte, noch das Geleit bis halbwegs Rathenow.«

Kein Wunder, wenn Fouqué sich auch dichterisch immer wieder gedrängt fühlt, sich mit Frankreich auseinanderzusetzen, und vor allem mit dessen Exponenten: dem Kaiser; umso mehr, als jede äußere Tätigkeit in Preußen erstorben und wenig sinnvoll erscheint. Und so zieht sich auch Fouqué gänzlich in die nennhauser Stille zurück, in der festen Überzeugung, es sei nun einmal sein Schicksal, »sich in die Poesie zu flüchten, wie in unantastbare Eilande der Seligen, und keine Notiz mehr zu nehmen von dem Wogengebrüll um ihn her.«

Er ist jetzt Anfang der Dreißiger: er hat die Welt gesehen, ist Soldat gewesen, hat geliebt; dazu hat er sich durch alle Ödnisse noch das »ätherische Feuer« bewahrt, selbst durch die lange und mühselige Lehrlingszeit hindurch; die Einsamkeit des ländlichen Aufenthaltes und die Stagnation der Zeit verweisen ihn gewaltsam auf seine inneren Quellen; und dazu lebt er sicher und sorglos, nicht unter dem ewigen Fluch der meisten deutschen Schriftsteller, die schreiben *müssen,* um nur leben zu können; kurz, alle Voraussetzungen für eine wahrhaft große Dichtertätigkeit sind gegeben, – siehe: sie kommt!

## § 28

Im Winter 1806/07 wählt er zum ersten Male für eine Dichtung die Form, welche noch vor der des lyrischen Dramas die ihm gemäßeste geworden ist – es ist der Roman »Alwin«.

Er bezeichnet bei Fouqué die wichtige Entwicklungsstufe der dichterischen Auseinandersetzung mit der jüngsten Vergangenheit; also auch die Ablösung davon, die Phase der inneren Befreiung.

Der Dichter hat die Fabel in die Zeit des dreißigjährigen Krieges verlegt; räumlich agieren die Gestalten von Südfrankreich bis zur Ostsee. Leicht erkennbar gehen die Bilder der Vergangenheit durch das Werk:

Beatrix-Marianne; Mathilde-Caroline; zuweilen wird er überdeutlich: Raimund ist AW Schlegel; Walter-Jakob Böhme; Florismarte, der die Künstlerkolonie im Tale Ronceval ver- und endlich zerstört, der schlimme Napoleon; als Reisling erscheint Nicolai; selbst den Rezensenten Aal, der ihm einst die »Romanzen vom Tale Ronceval« heruntermachte, läßt er in Person auftreten. Biographisch wichtig ist, wie er sein Verhältnis zu Caroline damals auffaßt: ja, er weiß, daß sie früher stolz und herrschsüchtig, flatterhaft und ehrgeizig, hohl und weltzugewandt war; aber er hofft – und es ist recht wehmütig; dies immer wieder zu lesen – auf eine Wandlung, die er durch den Einfluß der Liebe herbeiführen wird, und die das Paar in ein stilles kunsterfülltes Leben führen soll; so ziehen sich auch am Ende Alwin und Mathilde nach Rügen, wie dasmal seine »Insel der Seligen« heißt, zurück.

Aber das ist Alles nicht das Wichtige an diesem Werk des »Überganges«; entscheidend ist, daß er hier zum ersten Male die Bildergewalt entfesselt, die Kunst der Sprache und der »Schlagworte«, wie sie Jean Paul an Fouqués Beispiel definiert, und wie sie, fast gleichlautend, der große Edgar Poe empfunden hat.

»Die Nacht wird kalt, sagte der alte Rudolph. Von dem Wetterfähnlein kreischt es herunter, die Eichen fangen zu rauschen an. Lege mehr Holz an den Herd, Alwin ...«, so fängt das Buch an, in herrlich ausgewogenem Prosarhythmus.

So gelingt ihm der Gegensatz der Schilderung der ersten Liebesstunde mit der verführerischen Flaminia, und ihrer Störung durch den Lärm des beginnenden Gefechtes: »Alwin schwankte, wie im Traum, die Steigen hinab, drauf die Lichter schon größtenteils erloschen waren. Ungewiß tappte er öfters an den Wänden umher; als er die Tür nach dem Garten zu aufstieß, wars draußen neblich und finster, der Mond stand ganz bleich über den nördlichen Gebürgen, die Gänge und Gebüsche sahen unbekannt und seltsam aus. Feuchte Morgenkühle hauchte über sein glühendes Gesicht; an der Pforte wartete Clotilde, vom Froste halb erstarrt, und nahm mit schläfriger Gebärde und eiskalter Hand das Gold, welches er ihr darbot. Darauf schlug sie hinter ihm die Türe zu, und er hörte sie mit schnellen Tritten nach dem Schlosse zurückfliehen, durch ein inneres Grausen gejagt. Fernher tönte das dumpfe Schießen von der Gegend des Berges heran ...« Das sind schon Stellen, wie sie sich nachher in den großen Werken zu Hunderten »ergeben«, und schon den Fouqué vorausverkünden, wie er in unsere Literatur einzugehen hat (abgesehen von astronomischen Zumutungen, wie, daß der Mond in Deutschland »über nördlichen Gebürgen stehen« könne – ‹südlich› zu sagen, wäre allerdings völlig wider den Stimmungsgehalt der betreffenden Szene gewesen). – Interessant ist noch, daß sich hier die erste Andeutung zu einem später erst ausgeführten Werke, der »Sängerliebe« findet.

Der Roman, der noch unter dem Namen Pellegrin veröffentlicht wurde, fand einen warmen und verständnisvollen Lobredner an Jean Paul; er erwartet für die Zukunft noch Manches von dem unbekannten Verfasser, und hat wenig später auch andere Bücher Fouqués freudig angezeigt. Noch 1814 grüßt er ihn ganz besonders »als Dichter und Krieger« in seinem Aufsatz »Ein deutscher Jüngling«, und am 17. 10. 1818 berichtet der jüngere Voß aus Heidelberg, wie der eben bei ihm gewesene Jean Paul Fouqué so sehr schätze.

Der Dichter denkt in diesen Jahren bei seiner Produktion wenig an Veröffentlichung; er kann auch die Achseln darüber zucken; ab und zu erscheint doch hier und da Eines, und die anderen Manuskripte liegen manchmal zehn Jahre da, ehe sie gedruckt herauskommen. Gerade bei Fouqué kann man nie aus der Jahreszahl des gedruckten Bandes auch auf die Zeit der Entstehung schließen; ich habe deshalb im Anhange eine mit Daten belegte Tabelle gegeben, aus der die Zeit der Niederschrift etc. der meisten seiner Bücher zu ersehen ist.

Auch im Schauspiel gelingen ihm schon freiere Töne; die »Pilgerfahrt«, erst neun Jahre später von Franz Horn, dem der Dichter das Manuskript geschenkt hatte, herausgegeben, bezeichnet für die dramatische Form ebenso die ersten selbständigen Laute, wie der »Alwin« für den Roman. Besonders verweise ich hier noch auf die in jener Zeit entstandene kleine dramatische Szene »Burg Geroldseck«, die, obwohl Moscherosch nachgeahmt (II. Teil, 1. Gesicht), typisch für seine damalige Grundstimmung ist. –

Ende 1807 beginnt er mit der Niederschrift des »Alethes von Lindenstein«. Wieder wählt er die Zeit des dreißigjährigen Krieges; aber diesmal ist das Thema dichter und schöngeschlossen. Die allzudeutlichen Anspielungen sind gefallen; kein reflektierendes Getändel im Sinne der überspitzten Romantik findet man mehr; auch die biographischen Verhältnisse klingen leiser und verhüllter, obwohl dem Kenner seines Lebens noch hinreichend deutlich, an : unerbittlich scharf schon ist Yolande-Caroline gezeichnet – sie wird sich nicht mehr ändern ! Und, noch mit zögernder Hand, beginnt er das alte große Erlebnis zu formen : die sanfte Gestalt am Wasser, Emilie, klagt ihm zum ersten Mal ins Ohr : »Sollt ich doch dich missen : / Ach, warum Dich schaun ? / Ach, warum zerrissen / mir mein Dämmrungsgrau ?« Und sie kennzeichnet seinen jetzigen Zustand : »Weh, gingst mir verloren, / bliebst mein Eigen nicht; / hast

Dir Glut erkoren / für das stille Licht!« Aber alle diese Züge sind, obgleich biographisch wichtig, doch unwesentlich vor der Dichtergewalt, die sich hier ganz und aufs Schönste offenbart; fast mit hypnotischer Kraft zwingen sich dem Leser die Bilder auf. Oft ist es Nacht in lampenhellen Schlössern oder finster rauschenden Waldnissen; das windpfeifende nachtöde Paris wandelt sich mit der Stimmung des Schreitenden; in den eisigen Ardennenhöhlen horstet der wahnsinnige Greis, mit dem Alethes\* tanzen muß. Nach drei Büchern bricht Fouqué, erschöpft vor

---

\* Bezüglich einer der Hauptgestalten des Buches, dem alten ‹Baron Thurn, alias Rainald von Montalban› zitiere ich einen Brief an den Verleger J. L. Schrag, vom 24. 9. 1818 aus Nennhausen datiert, der gleichzeitig auch noch weitere, in der Biographie aufgeführte Fakten ‹urkundlich belegen› kann:

»Die 12 ordinairen Lieferungen des Taschenbuches sind gestern eingelaufen, samt Ihrem Schreiben.« F. dankt für »die auch diesmal sehr liberale« Ausstattung des Werkleins. / »Freilich hat Hensel's Zeichnung von Alethes und seiner Geliebten am Bette des alten Freiherrn im Stich so große Unbilden erlitten, daß die Ähnlichkeit, die ich – wie die Erklärung erwähnt – früher mit einem geehrten Freunde fand, auf das Trübste einer ganz fremden Erscheinung Platz gemacht hat. Dagegen halte ich die Darstellung aus Sämundurs Sage für ein ganz vollendetes Blatt, daß vor jedem reinen Auge den Frieden ausströmen muß, welchen ich in jener Dichtung darzustellen mich bemühte. / Aber in dem Büchlein selbst hat mir mancherley recht innig weh getan. Zuerst das Wegbleiben von Stolbergs Ode an mich, von Halems und Klamer Schmidt's Beiträgen! Mußte denn gerade *das* ausfallen, was ich unseren Lesern mit ganz vorzüglich freudigem Stolz vor Augen zu bringen dachte?! Die Blüten solcher Veteranen unserer Poesie, durch deren Beitritt eben unser Taschenbuch einen ganz eigentümlichen Charakter gewinnt! (Ebeneben! Man lese hierzu S. 398, den ersten Abschnitt, nach. – A. d. V.). Das hat mich recht sehr betrübt, und verpflichtet mich zu ausführlichen, mir schmerzlichen Berichtigungen gegen jene ehrwürdigen Freunde und Genossen. / Sodann giebt es zwei furchtbare Druckfehler in meinen Beiträgen:

S. 255:

‹O Tod, den edle Dichter rufen, / Du könntest lieblicher es mir! – / Doch, ach, die an des Grabes Stufen, / Wir lebten Dir! Wir weinten Dir!›

Wo es im Manuskript hieß:

‹O Tod, den edle Dichter rufen, / Du könntest lieblicher es nie! /

den eigenen Abgründen, den Faden ab : denn, wie er später zugibt, die ursprünglich geplante Lösung barg einen »allzusündigen Flecken«; und so streicht er dann, überfromm, die Ansätze des vierten Buches, und fügt das jetzt allein vorhandene trüb-milde hinzu, das wenigstens nicht allzustörend geraten ist.

Mir ist bisher kein Urteil über den »Alethes« bekannt geworden, viel weniger eines, das dem großen Buche gerecht geworden wäre. So möchte ich denn ganz besonders auf dieses beste Stück unter den Fouquéschen Romanen hingewiesen haben. (Der schnellfingrige Zschokke hat das schöne Stück später in seiner ‹Hermingarde› mächtig benützt; und gleichzeitig – war es doch ein Aufwaschen – noch das ‹Galgenmännlein› mit hineingearbeitet).

Gleich danach beginnt er, angeregt durch die Freunde, die beiden Germanisten Büsching und von der Hagen, seine große Trilogie »Der Held des Nordens«, worin er dem Volke zum ersten Male wieder das Nibelungenlied in moderner Form näher bringt; und zwar wählt er für seine Arbeit nicht die (jetzt) allbekannte mittelhochdeutsche Fassung, sondern die nordische nach Torfaeus und anderen Quellen. Im Juli ist der erste Teil »Sigurd der Schlangentöter« fertig, und Hitzig, der vielgewandte Verleger bringt es sogleich groß heraus; der 2. Teil, »Sigurds Rache« – obwohl ebenfalls bereits im September beendet – muß mit dem 3., »Aslauga«, zusammen warten; bis dann 1810 die ganze Trilogie geschlossen erscheint.

---

Doch, ach, die an des Grabes Stufen, / wie bebten die ! Wie weinten die !›
Jenes giebt absoluten Unsinn; und das gerade in einem Lied, das so ganz aus meinem Herzen entquollen ! / Auch S. 451, Zeile 2 v. u. steht ‹huldreich erblassen› für ‹huldreich entlassend› – ich bitte Sie dringend, diese Druckfehler, sämtlich von ganz sinnzerstörender Art, möglichst bald und in den gelesensten Blättern anzeigen zu lassen. / Einen Theil der Schuld in Hinsicht der weggebliebenen Dichtungen trage ich freilich, und werde künftig das allenfalls Auszulassende bezeichnen ! aber daß gerade Stolberg, Halem und Klamer Schmidt wegbleiben würden, konnte ich doch auch nicht denken ! Ihnen, mein verehrter Freund gebe ich nicht die Schuld; wohl aber dem Dirigenten des Druckes in Leipzig. Halten Sie mir diese Klage zugute, sie fließt aus einem wirklich verletzten Herzen, da es ein mögliches Verletztsein edler Freunde gilt ...« Das S. 398, Z. 13–16 v. o. gegebene Zitat stammt aus dem, am gleichen Tage noch geschriebenen, oben erwähnten, Entschuldigungsbriefe an Halem.

Obwohl sicher nicht Fouqués beste dichterische Leistung ist es doch ein ganz gewaltiges Werk, voll mächtiger dramatischer Kraft, die freilich teilweise in der alten Fabel liegt; noch bemerkenswerter ist die sprachliche Seite. Nicht die ihm meist nur allzugut gelungene Nachahmung sämtlicher Edda- und sonstiger erforderlicher Maaße – schrieb doch der, Fouqué überhaupt nicht holde, Jakob Grimm 1811 erbost : »Fouqué weiß nur manche Regeln nicht genau, sonst würde er sie, bei seiner sündlichen Gewandheit, die er im Versmachen hat, schon alle herausbringen« – sondern die dichterischen Bilder, und der tiefe Herzensklang mancher Zeilen, wie sie der begeisterte Jean Paul so verständnisvoll rühmt.

Denn Fouqué kann diesmal des Grimmschen Beifalls entraten : Die Stolbergs, Chamisso, ETA Hoffmann, JH Voß, spenden ihm uneingeschränktes Lob, und es ist bezeichnend für die Unwissenheit selbst der damaligen Schriftsteller, was das Mittelhochdeutsche anbelangt, daß noch 1815 Rückert und Truchseß tiefsinnig darüber debattieren können, ob Fouqué die Waberlohe erfunden habe; oder das heroische Bild aus seinen Quellen übernahm; oder der sehr deutsche Fr. Stolberg zaghaft anfragt, was der »heilige Graal« wohl sein könnte ? Wie tief die Wirkung war, bezeugt ein Brief der Rahel an Varnhagen, (die sonst allerdings ziemlich stumpf über Fouqué geurteilt hat; am 20. 11. 1811 schreibt sie z. B. an ihn, sie habe von ihm gelesen »Den Todesbund«, die »Undine« und den »Ixion« : *den* halte sie für das Gelungenste – das muß sich Einer mal vorstellen !) : »Gestern Abend habe ich den Sigurd gelesen, den mir Chamisso gestern Morgen brachte; es tat mir in der Seele leid, daß ich Dir nicht, als ich die Hälfte und Dreiviertel davon gelesen hatte, gleich schrieb ! Lange, lange nicht hat mir etwas so gefallen ! So schön kam es mir vor, so fest, so eigen, so ächt, so still ersonnen, frisch mit Gesundheit ausgeführt; so wenig Überflüssiges gesagt darin : zusammenhängend und neu, von einem neuen Menschen endlich glücklich gefertigt. ... Seine Runen kamen mir bis in den innersten Sinn, mit ihren Reden; und die erste Geliebte Sigurds, die da nichts traut, und das Ganze; wie ich nur Lady Macbeth und einmal Juden die lange Nacht habe weinen sehen, so mußt ich das Buch weglegen, und Schleusen eröffneten sich innen, laut reden und ächzen mußt ich dabei ...« ETA Hoffmanns Urteil steht gegen Ende des ‹Berganza› zu lesen, von Dem, »der mit seltner Kraft die nordische Riesenharfe ertönen ließ ..., daß sein Glanz all die matten Dämmerlichter der Zeit überstrahlte, und vor seinem mächtigen Tritt all die Harnische, die man sonst für die Helden selbst gehalten, hohl und körperlos umfielen ... Er herrscht als unumschränkter Herr im Reich des Wunderbaren, dessen seltsame Gestalten und Erscheinungen willig seinem mächtigen

Zauberrufe folgen.« An Mörike sei erinnert, der sich um Urach eine ganze Fouqué-Landschaft ersann, mit einer ‹Sigurds-Heide› – seinem damaligen Lieblingshelden; (und wieweit »Fouqué wohl auch das Wunderkind Orplid mit aus der Taufe heben half« (Maync), und die Schiffer- und Nixenmärchen à la ‹Mummelsee› beeinflußt hat, bleibe den Spezialisten zu untersuchen überlassen).

(Der oben erwähnte »Ixion« – und *das* wahrscheinlich hat die genialklatschsüchtige Rahel angezogen ! – ist freilich als ausgesprochene Bekenntnisdichtung zu werten, in der Fouqué wieder einmal auf die schreckliche Enttäuschung in seiner Ehe mit Caroline angespielt hat : wie sie die zuerst besprochenen, rührenden Ideale eines stillen, zurückgezogenen, nur der Liebe und Dichtkunst gewidmeten Zusammenlebens nur als poetisches Gedankenspiel eines kurzen Augenblicks aufgefaßt hatte, mit dem ein »vernünftiger« Mensch natürlich in praxi niemals Ernst machen könne.)

Und dann schreibt er Anfang 1809 die unsterbliche »Undine« – das eine seiner zentralen Themen : der Mann zwischen 2 Frauen, von denen die Eine stets die Undine ist; vom »Alethes« an hat er es immer wieder neu gestaltet, und nicht lassen können.

Ich kann es mir nicht versagen, an dieser Stelle auf Pfeiffers Dissertation über die »Undine« ausdrücklich hinzuweisen : eines der entsetzlichsten Beispiele germanistischer Literaturbehandlung ! Da wird mit dem erforderlichen Zitatenapparat »nachgewiesen«, daß eine Handvoll Zeilen bei Paracelsus und außerdem die Stauffenbergersage Fouqués »Quellen« waren; und als endlich das Bekenntnis des Dichters, daß es sich ihm um ein Herzenserlebnis handelte, nicht mehr übersehen werden kann, da wird in einer Zeile gesagt, daß Fouqué wahrscheinlich an die Trennung von seiner ersten Frau gedacht habe. Sonst nichts; und man weiß nicht, ob man sich mehr über die Gefühllosigkeit des Verfassers, oder seine durch vorhergegangene Jahrhunderte großgezogene »Methode« mehr entsetzen soll. Dabei erkannte der so weit entfernte, aber kongeniale Poe sofort nach der ersten Lektüre, daß es sich um eine ausgesprochene Bekenntnisdichtung handeln müsse; und wirklich hätte ja nach dem angeführten ausdrücklichen Geständnis des Dichters jeder nun zuerst einmal Fouqués *Leben* auf den Ursprung der Dichtung hin untersucht. Ja, als Fouqué die Dichtung ausdrücklich »Die Liebesblüte« seiner Muse nennt, da erklärt Pfeiffer das nur lächelnd für spätere Reflexion, die sich erst aus dem sogleich einsetzenden ungeheueren Beifall ergeben habe; in Wahrheit sei die »Undine« genau so eilig-belanglos und blumenhaft aufgesproßt, wie die übrigen Erzählungen des schreibseligen Fouqué. – Man halte daneben die wahre »Quelle« des ewigen Gedichtes.

Das Echo war, als das Märchen endlich 1812 erschien, wirklich mächtig, und ist lange so geblieben. Selbst der steife Goethe rang sich dafür die – nebenbei reichlich flache – Bezeichnung »allerliebst« ab; Walter Scott fand die »Undine« hinreißend, und hat sie später – wie er in der Einleitung zu dem Roman ausdrücklich angibt – in der Gestalt des ‹Weißen Fräulein von Avenel›, obwohl mit wenig Glück, kopiert (und, als Zeichen seiner Verehrung, später durch einen jungen Schotten ein Reis aus Abbotsford an Fouqué gesandt). Heine schwärmt spät davon; am letzten Abend seines Lebens las sie der sehr stark von Fouqué beeinflußte Richard Wagner seinen Angehörigen vor. Die gewichtigste Stimme, das bedeutendste Urteil, gibt ein Ausländer; der Amerikaner Edgar Allan Poe.

»There lives no man feeling a deeper reverence for genius than myself« kann er von sich sagen; und er endet nach ausführlicher Besprechung des Märchens so : »We will here only call to the readers mind ... most especially the ‹Sensitive Plant› of Shelley and the ‹Undine› of de la Motte Fouqué. These two latter poems (for we call them both such) are the finest possible examples of the purely ideal ... With each note of the lyre is heard a ghostly, and not always a distinct, but an august and soul-exalting echo. In every glimpse of beauty presented, we catch, through long and wild vistas, dim bewildering visions of a far more ethereal beauty beyond.« An anderer Stelle schließt er eine Rezension mit den Worten : »For lesser purposes there are humbler agents. There are puppets enough, able enough, willing enough, to perform in literature the little things ... *For one Fouqué there are fifty Molières.*«

Und der große Mann hat Recht ! Vom *rein poetischen* Standpunkt aus – und welcher andere wäre wohl bei der Beurteilung dichterischer Werke einzunehmen ? – ist Molière nur ein bedeutender Charakterzeichner; Fouqué aber ein großer Dichter, ein Zauberer, der aus Buchstaben unirdisch glühende Bilder weben kann, elfischerer Gebärden und Worte mächtig, als unser irdenes Gestirn vermag – das ist es, was auch Poe zuweilen konnte, und was er, die Seltenheit einer solchen Erscheinung zu bezeichnen, mit seinem viel angegriffenen Machtspruch sagen wollte. »How delicate and graceful are the transitions from subject to subject ! – a point severely testing the authorial power – as, when, for the purposes of the story, it becomes necessary that the knight, with Undine and Bertalda, shall proceed down the Danube. An ordinary novelist would have here tormented both himself and his readers in his search for a sufficient motive for the voyage. But in a fable such als ‹Undine›, how all sufficient, how well in keeping, appears the simple motive assigned: ‹In so erlabenden Verhältnissen war der Winter gekommen, und vorüber gegangen, und der Frühling sah mit seinen hellgrünen Sprossen und seinem lichtblauen Himmel zu den fröhlichen Menschen herein. *Was Wunder, daß seine Störche und Schwalben auch in ihnen die Reiselust anregten!*› « –

Zwischendurch gelingen dem Dichter kleinere Gebilde, wie die muntere Erzählung vom »Galgenmännlein«, die bezeichnenderweise ETA Hoffmann so gut gefiel; oder das märchenhaft anmutige Spiel von »Eginhard und Emma«, das Jean Paul als ein »tragbares Stückchen Altdeutschland« bezeichnete, und worin er dem Freunde Büsching\*, dem

---

\* Auch so ein Komplex, der nur aus Lücken besteht! – Vom Vater, Anton Friedrich B. an, dem großen Geografen, bis zu seinen beiden interessanten Söhnen Johann Gustav Gottlieb (1783–1829), und Johann Stephan Gottfried (1781–1833) mitsamt ihren Familien, ist so gut wie nichts Solides bekannt. Ich gebe deshalb wenigstens 1 kompletten Brief, aus der Zeit, wo Büsching sich noch mit Fouqué siezte:

»Am 7. März 1810

Vielen Dank, mein sehr geschätzter Freund, für die gütige Mittheilung des günstigen Geschickes, welches über das Galgenmännlein waltet. Es ist mir nun umso erfreulicher, daß dieser Aufsatz in einem Journal steht, welches mir so sehr werth ist, als das Pantheon. Wenn mich das erste Stück desselben schon höchst lieb und gemüthlich ansprach, so wird mir dieser Eindruck durch das zweite Stück, zufolge seines ganzen Inhaltes und des Sinnes, der sich in der Vorrede kund giebt, noch erhöht. Ihre Reisebeschreibung hat mir lebhaftes Vergnügen gemacht, und ich freue mich sehr auf deren Fortsetzung. Es steht Alles darin dem Leser herzlich, wahrhaft, lebendig vor Augen, man reist mit dem Erzähler, und wer ihn auch nicht schon so lieb gewonnen hat, wie ich, muß es doch nach dieser Bekanntschaft gewißlich thun. – Kannegießers Spanier ist ein höchst vortreffliches Gedicht. Ich habe mich schon vor einigen Tagen in einem Brief an unsern Freund Hagen weitläuftiger darüber ausgesprochen. Aus demselben Briefe werden Sie nun bereits von dem Vorschlage wegen Ludwig Uhlands Mitarbeit unterrichtet sein. An meinen alten Freund, Fr. Majer, hatte ich schon vor einigen Monaten geschrieben, ob ich Ihnen etwa Beiträge von seiner Hand anbieten solle? Es muß aber meinem Briefe gegangen sein, wie dem Ihrigen an Tieck. Ich habe keine Antwort und halte ihn für verloren. Vor zwei Posttagen nun habe ich abermals geschrieben, mit derselben Anfrage, worauf ich ehestens Erwiderung zu erhalten denke.

‹Köhler Büsching›, dem »Sagenmunde«, der stets das große Gedicht von den Nibelungen im Munde führt, ein Denkmal gesetzt hat.

Der kleine Roman »Der Todesbund« führt wieder den gegenwärti-

---

Von Honorar hatte ich, da mir ein Auftrag von Ihnen fehlte, noch nichts gesagt. Bleibt mir Majers Antwort zu lange aus, so schreibe ich bald wieder an ihn, und theile ihm alsdann Ihre Eröffnung mit.

Durch die Herwarar-Saga haben Sie mir große Freude gemacht; meinen besten Dank dafür. Ich bin fast am Ende derselben, lese sie aber, wenn Sie mir deren Benutzung so lange vergönnen, noch einmal durch. Zu einer Übersetzung hätte ich große Lust.

Zu dem Vaterländischen Museum bin ich bereits durch Hitzig eingeladen. Ich lasse aber gern meine Beiträge erst zur Auswahl für das Pantheon, welches mir vor allen Zeitschriften lieb ist, in Ihre Hände kommen. Senden Sie von dem, was Sie jetzt haben, nach Gutdünken ab. Hitzig wird Ihnen noch ein Gedicht dazu einhändigen, oder doch zur weitern Bestimmung vorzeigen, ehe er es abschickt. Ich möchte auch ein Gedicht, das ich früher an Hagen richtete, und das noch in seinen Händen ist, – dafern er seinen Willen dazu giebt, – in das Vaterländische Museum einrücken.

Von Tieck weiß ich gar nichts. – Verzeihen Sie die Flüchtigkeit dieser Zeilen, und entschuldigen Sie selbe mit meinem Wunsche, Ihnen recht schnell durch meine Frau, die morgen nach Berlin reist, zu antworten. Ich wünsche ihr die Freude, während ihres dortigen achttägigen Aufenthaltes Ihre Bekanntschaft zu machen. Vorläufig trägt sie mir auf, Ihnen viele Empfehlungen auszurichten. Leben Sie wohl, und erhalten Sie mir Ihre Freundschaft.

Ganz der Ihrige, / Fouqué.«

\*

Das hier erwähnte ‹Pantheon› war eine der guten Zeitschriften jener Jahre; ab 1810 sind von ihr 2 Bände erschienen, und das erste Stück eines dritten. In ihr sind mehrfach Erstdrucke Fouqué'scher Arbeiten erschienen; eben das ‹Galgenmännlein›; dann auch noch die ‹Gebrochene Burg›. Büsching gab sie zusammen mit Kannegießer heraus – *nicht* der Kannegießer (Peter Friedrich, 1774–1833) mit der ‹Tartaris›; sondern Karl Ludwig Kannegießer (1781–1864; Brümmer hat 61); der erwähnte ‹Spanier› findet sich in seinen 1810 zusammen mit A. Bode herausgegebenen, ‹Dramatischen Spielen›. Das ‹Vaterländische Museum› war das, schon auf S. 314, oben, erwähnte, von Perthes geschaffene Sammelbecken für Nationalismen und Chauvinismen, besonders die Letzteren.

gen häuslichen Zwiespalt aus : wie schön und gut und heimlich könnte man leben, wie Reidmar und Godwine, am stillen Heerd; und wie bitter ist es, der Prinzessin Diona folgen zu müssen, der Ehrgeizigen, an die man durch ein unlösbares Gelübde gekettet ist ! Die Szenerie ist zum guten Teil nach Bückeburg, in die kleine Residenz an der Weser verlegt (nicht an den Rhein, wie Ziesemer wissen will !); der weitere Verlauf führt ins wilde Schottland; überall sind unheimliche Sagen eingestreut, und verstärken noch den düsteren Eindruck des Ganzen.\*

»Karls des Großen Geburt und Jugendjahre«, ein kleines und ziemlich wertloses Epos, entsteht noch in jener Zeit; außerdem werden schon zwei Teile des später bei Cotta veröffentlichten »Helgi« fertig.

Durchaus noch in die Reihe der damaligen großen Dichtung gehört der 1811 entstandene »Zauberring« : »Außerdem habe ich nun vor, nächstens einen großen Ritterroman anzufangen, wo deutsche, altfranzösische, spanische und italiänische Ritter, auch nordische Seekönige, Seeritter und Amazonen, ja mohrische Gazuls und Muzas nicht ausgenommen, sich in einen gewaltigen Teppich verweben sollen. Mir ist dabei fast so feierlich zu Sinne, wie als ich mich dem Sigurdsliede nahete.« (14. 2. 1811, an Chamisso). Hier zum ersten Mal betritt Fouqué das Gebiet des eigentlichen »Ritterromans«, des romantischen und damals so beliebten Mittelalters. Aber unter den Händen des Melancholikers wird etwas ganz anderes daraus, als bisher die Gebilde Cramers, oder der Naubert, oder auch Goethes Götz : es wird das Bild der Welt überhaupt.

Einer labyrinthisch verworrenen Welt, an deren Außenrändern wilde Länder und Völker als Übergang zum Chaos lauern. Im Süden die staubdunstende Wüste mit giftigem Zeug; im Norden in eisigen Felsklüften und verflochtenen struppigen Wäldern heidnische Zauberfinnen; im Westen wellt sich das graue Meer. Und die Söhne des Herrn Hugh, Eines nur in vielfacher Brechung, dringen durch die Gänge des Labyrinthes, fallen aus nach allen Richtungen, verwirren sich im »Wald der Welt«, wie es Fouqué später einmal formuliert. Das

---

\* Die dort, S. 72–84 (2. Aufl., 1815), erzählte Schauergeschichte von der ‹Entführung der toten Nonne› ist einwandfrei der ‹Entführung› des Musäus nachgebildet; nur mit dem Unterschied, daß Dieser den Stoff nach seiner gewohnten Art ironisch behandelt, während F. in Lenoren-Poesie schwelgt. – Es dürfte vermutlich noch weitere Querverbindungen hier geben; denn der S. 179, Zeile 17 v. u. erwähnte Name ‹Waidewuth› kommt ebenfalls schon bei Musäus, im ‹Dämon Amor› vor.

sollte man bei der Lektüre des Buches nie vergessen, daß es, ähnlich wie die ‹Insel Felsenburg›, ein Weltbild gibt; nur, daß bei Fouqué das strahlende, fast mythisch beruhigende Gegenbild der seligen Insel fehlt. (Noch einmal nur, in den »4 Brüdern«, ist ihm Ähnliches gelungen).

Die harmloseren Zeitgenossen erfreuen sich vielfach an der scheinbar gobelinbunten Manier, ohne die tiefe Schwermut, ohne das Gefühl der absoluten Exponiertheit zu empfinden; Einer erfreut sich sogar an dem »Christentum« des Werkes!

Hierzu ist Einiges zu sagen. Fouqué ist später betont, und sogar widerlich überbetont, Christ gewesen, d. h. theoretischer Christ im unerfreulichsten doktrinären Sinne jener an evangelischen Stänkereien so reichen Zeit. Die Traktätchen dieser Art, die er zu schreiben sich gedrängt fühlte, sind tatsächlich unerträglich süß, und haben ihn auch die meisten Freunde gekostet. Man kann die Ehrlichkeit und Einfalt seiner gottergebenen Seele schätzen; aber leider hat er vielfach direkt bigotte Anfälle. Wie sehr er trotz aller zeitweiligen psychologischen Einsichten doch im Grunde sich selbst falsch deutet, beweist sein Brief an H. Voss junior vom 3. 6. 1817, wo er über eine Meinungsverschiedenheit, die zwischen Jenem und dem Kirchenfreund Truchseß über eine Gestalt des »Sintram« ausgebrochen war, schreibt: »Sie sehen daraus, wie weniges von meinem Dichten mir eigen gehört; sondern wie Alles, oder doch gewiß das Beste von mir Ausgesprochene ein auf unbegreifliche Weise Gegebenes ist, wobei mein Verstand mühsam hinterdrein hinkt und nach dem Schaffen das einmal aus der Seele gegebene Bild wie ein ganz fremdes Wesen beschaut und bisweilen sich darüber wundert.« Er ist tatsächlich ganz naiv der Ansicht, daß er nur eine Art Mundstück Gottes sei, und hält die selbstverständliche Entfremdung des Dichters dem fertigen Werk gegenüber für einen Beweis solcher Hypothese – dem Frommen wird eben Alles Beweis Gottes; mir Alles Fußspur des Leviathans; jeder hält halt seinen Esel für ein Pferd.

Ein ganz anderes ist es aber, sobald er zu schreiben beginnt; denn er ist von Natur aus, im Unterbewußtsein ein guter Heide. Gewiß, er bemüht sich, auch in seinen Dichtungen streng orthodoxe Helden zu schaffen; aber fast immer gelingt ihm nur dieses: den Christenzauber als überlegen darzustellen! Es wäre ein durchaus lohnendes und dabei sehr amüsantes Unternehmen, einmal ausführlich zu untersuchen, wie bei ihm nur die Dämonisierung des Christentums auftritt. Wenn alle Stränge reißen, drehen seine Ritter das Schwert um, und gebrauchen es als Kreuz – ein Trick, auf den die wilden Zaubergegner nie vorbereitet sind, und dem sie regelmäßig unterliegen. So zaubern Frau Minnetrost und die wilde Gerda gegeneinander; denn auch der Heidenzauber ist eine rechte Realität, und gar nicht zu unterschätzen.

Fouqués Weltbild ist durchaus dämonisch, und wenn er im Leben nicht religiös genug sich gebärden kann – in echter Furcht vor dem Tode und der Hölle zumeist – ordnet sich in seinen Dichtungen die Weiße Lehre in einen größeren Rahmen ein : den der Zaubermittel gegen Angst und Unheil überhaupt. Fouqué ist gar kein Christ.

Die Aufnahme des »Zauberringes« ist recht günstig; Stolberg, Fr. Schlegel, Uhland, Truchseß (der ihn sich dreimal hintereinander vorlesen ließ), Helmina von Chézy, Chamisso – die Reihe ist lang – rühmen alles, und besondere Einzelschönheiten; die Kaiserin von Österreich, Maria Ludovika Beatrix, ist davon »ganz hingerissen«. Kerner nennt ihn »ein überreiches Füllhorn«. Ich möchte vor Allem noch auf seine gar nicht hoch genug anzuschlagende Wirkung auf die Jugend auch der folgenden Jahrzehnte hinweisen; so scherzhaft Hauff's Zeilen in den »Memoiren des Satans« formuliert sind, so ernsthaft ist die Tatsache; und der Kulturhistoriker mag sich danach richten. – Bald wird eine 2. Auflage notwendig an der er fast nichts verändert hat; neu aufgenommen wird nur »die nähere Schilderung seiner selbst, als Ring meine ich ... Sie ward von manchen Seiten her gewünscht, und manche wirkliche Ringe für edle Hände sind seither ihr nachgebildet worden« (1. Buch, Ende d. 2. Kap.). Als ziemlich bedeutungslose Stimme, aber lustig in ihrer Wandlung, gebe ich ein paar Auszüge aus dem Tagebuch des Wiener Dichters und Dramaturgen Josef Schreyvogel : »3. 5. 1813 : Nachts : Ich las vor, den Zauberring von la Motte Fouqué; es ist ein seltsames Mischmasch von Gemütlichkeit und Faselei. Die Literatur scheint wirklich eine wahre Revolution zu erfahren. / / 5. 5. Unsere Lektüre, der Zauberring, fängt an, interessant zu werden. Es ist eine große Erfindungskraft und eine nicht gemeine Kunst der Komposition darin sichtbar. / / 7. 5. Morgens : Nur etwa 6 Stunden Schlaf. Jetzt les' ich in de la Motte Fouqués Zauberring. Die üppige Sprache ausgenommen, unstreitig ein vorzügliches Werk, und die sittlich religiöse Stimmung verdient Achtung und Lob. / / 8. 5. Nachts : Fouqués Roman zieht auch meine Zuhörerinnen mächtig an. Es ist unstreitig eine wichtige literarische Erscheinung, und die neueste Literatur fängt an, mir achtungswürdiger zu werden. / / 9. 5. Nachts : noch beschäftigt mich meine Lektüre, die sehr interessant ist. Solch eine Erfrischung der Einbildungskraft tut mir wohl. Und die edle religiöse Gesinnung des Ganzen erwärmt das Herz. / / 10. 5. Morgens : Ich endigte meine Lektüre. Unter all dem wilden Zauberwesen blickt eine große moralische Absicht durch. Und die dunkle Verflechtung der Menschen, Liebe und

Treubruch ! Wie Gespenster wandeln die Sünden, und bestrickend, durch die Welt.« Selbst der Fouqué sonst gar nicht günstig gesinnte Brentano schreibt diesmal, daß er während der Lektüre stets »wie von einer edlen, interessanten, bedeutungsvollen Prozession umwandelt« war; freilich auch – noscitur ex socio – »Tebaldo war die einzige Gestalt, die mir lieb geworden und geblieben.« Auf »den edlen Freiherrn Friedrich de la Motte Fouqué, und dessen einst vom 10jährigen Knaben angebeteten Zauberring« beruft sich noch 1860 Karl Gerok, anläßlich einer redaktionellen Kontroverse über den Ausdruck ‹das Gewaffen›.

Der »Zauberring« ist ein bedeutendes Buch, und nicht nur sprachlich voll großer zahlreicher Schönheiten; bewundernswert auch die Kunst, mit der zwar die Haupterzählung auf einen kleinen, obwohl wandernden Ort fixiert wird, eben so weit der nähere »Gesichtskreis« geht – aber *um* diesen Ort wehen Wiesen, Lichter blinken aus fernen Waldbergen, Wege winden sich in einsamere Täler – immer bleibt im Unterbewußtsein des Lesers dieses »inselhafte« Gefühl wach, immer weiß er um die stark akzentuierte Landschaft hinter der Haupterzählung; immer regt der Dichter katalysatorisch die Phantasie des über dem Text Träumenden an.

Und die Freunde sehen erstaunt oder bestürzt oder gar neidisch die plötzliche Fruchtfülle.

## § 29

Denn Fouqué hat viele Freunde; so viele wie ein Gutmütiger hat, ein Argloser hat, ein Wohlhabender und ein berühmter Schriftsteller hat; Einige sind ihm zunächst sogar echt zugetan, jahrelang; bis dann etwa den Klaren seine ins süßlich-unglaublich wachsende Bigotterie zu viel wird; den Verständigen und Zeitoffenen seine politische und soziale Beschränktheit; den Künstlern seine maniriert sich wiederholende Einförmigkeit. Einen Freund in der vollen Bedeutung des Wortes hat Fouqué nie gehabt; er reitet allein durch den Wald der Welt, wie seine Ritter, in erhabene und lächerliche Träume vertieft. – Karls von Madai, des Vetters und Jugendgespielen wurde schon gedacht; er tritt auch später vielfach noch helfend und berichtigend auf; er ist Verwandter und wohlwollender Altersgenosse; Verständnis für Fouqués Wesen, dessen Leben und Dichtung, hat er nicht.

Das Verhältnis zu Schlegel hieß : Lehrer und Schüler; da ist keine Freundschaft möglich.

Der dicke Bernhardi, der älteste der langen »Freundesreihe«, ist der witzige Dialektiker, Satiriker und Spötter, immer zu Mystifikationen und doppelbödigen Unternehmungen aufgelegt; ein launiger Erzähler, Disputierer und Wortbastler; aus seinen »Bambocciaden« sieht der ganze Schalk heraus. Dabei ist er ohne eigentliche schöpferische Begabung, wie es einem so talentierten Schulmanne wohl ansteht. Das Verhältnis bleibt bis zu Bernhardis Tod immer das Nämliche, wie es durch die Verschiedenheit der Charaktere gegeben ist; am 21. 5. 1820 schreibt Fouqué wehmütig an die Prinzessin Marianne vom Sterbebett seines »ältesten Freundes, noch aus den Zeiten der schlegelschen Lehrschaft her«. Er verspricht dem Todkranken, die Vormundschaft über dessen Sohn Wilhelm zu übernehmen, und hat sein Wort, über ihn zu wachen, in seinem Sinne redlich gehalten. Noch haben wir 4 fromme Briefe aus den Jahren 1821–23 an den jungen Studenten, die im hochkirchlichsten Stile Fouqués ihm alle möglichen quietistischen und greisenhaften Tugenden rekommendieren, und die natürlich ohne jeglichen Widerhall bleiben; auch durch Rochlitz läßt er den »armen Verwirrten« »liebevoll überwachen«; am Ende antwortet der Bevormundete gar nicht mehr, der ewigen Ermahnungen und des Tugendstiles herzlich satt. Später ist er dann doch noch ein munterer und angesehener Theaterkritiker und Journalist geworden.*

---

\* Zur leichteren Ablesbarkeit aller Beziehungen und Querverbindungen, die übliche, immer-nützliche, Kurz-Stammtafel:

### BERNHARDI :

A. Johann Christian, \* Magdeburg 27. 9. 1783; † Berlin 1815; Justizkommissar. – Heiratet . . . . . . . . mit Christine Hilke, \* Magdeburg 1748; † Berlin, 13. 4. 1817. – Sohn :

1. August Ferdinand Johann Christian, \* Berlin 24. 6. 1769; † Berlin 2. 6. 1820; Gymnasialdirektor und Konsistorialrat; Freund Fouqués. – Heiratet Berlin 1799 mit Anne Sophie Tieck, \* Berlin 28. 2. 1775; † Reval 23. 9. 1833; Schwester Ludwig Tieck's.
   2 Söhne :
   1/1. Wilhelm Johann Ferdinand, \* Berlin 15. 6. 1800; † Berlin 24. 8. 1878; Mündel Fouqués, Dr. phil. und Schriftsteller. – Heiratet Meuselwitz etwa 1838 mit Sophie Johanna Geitel, \* Meuselwitz 17. 9. 1807; † Berlin 11. 10. 1891. – Sohn :

1/1/1. Wolfgang Adolf, * Meuselwitz 31. 3. 1840; † Berlin 1. 6. 1896; Dr. phil. und Verlagsbuchhändler.

1/2. Theodor Felix, * Berlin, 6. 2. 1803; † Cunnersdorf, Krs. Hirschberg 12. 2. 1887; preuß. Diplomat u. Historiker. – Heiratet etwa 1848 mit Charlotte Friederike Julie v. Krusenstern, * Loal (Estland) 27. 3. 1816; † Cunnersdorf 3. 4. 1881. – 2 Kinder :

1/2/1. Friedrich, * St. Petersburg 22. 9. 1849
1/2/2. Julie, * 1854

\*

Als Sophie Tieck sich von Bernhardi scheiden ließ, nahm sie ihren jüngsten Sohn, Theodor, (den Marianne Thalmann ‹Felix› nennt; obwohl fast alle gedruckten Quellen ihn Th. heißen lassen), trotz aller Proteste des Vaters mit sich; er nahm auch an der von ihrem nächsten Verehrer v. Knorring finanzierten Italienreise teil, und begleitete sie später ins russische Reich; sodaß Th. v. Bernhardi – er wurde 1873 nobilitiert – wohl kaum bewußt Fouqué begegnet sein dürfte. (Auch in den 8 Bänden seiner ‹Erinnerungen› findet sich der Name nicht.)

Wilhelm dagegen wuchs bei seinem Vater auf – und hier schließt sich meine S. 207f. an. Auf der Wiener Stadtbibliothek findet sich hierzu noch folgender Brief Adam v. Müllers, auf den Prof. J. Baxa mich aufmerksam machte, und der 1926 in der katholischen Wochenzeitung ‹Das deutsche Volk› abgedruckt ist; da er den Fall Bernhardi noch einmal beleuchtet, gebe ich ihn in extenso wieder :

»Leipzig, den 19. Oktober 1822. –

Mein hochverehrter Freund !

Ich benachrichtige Dich nur in aller Eil, daß ich heut eine zweistündige Session mit Deinem Mündel gehabt habe, und daß sowohl seine ökonomischen als seine Studienangelegenheiten zwischen uns ziemlich gründlich besprochen worden sind. Seinen Ausgabeetat von 310 Thalern halbjährig habe ich nicht genehmigt. Er muß mit höchstens 250 Thalern auskommen, und auf dieser Basis einen neuen Etat entwerfen, den ich diesen Nachmittag erwarte und unterzeichnen werde, damit er nur Geld erhält, dessen er sehr bedürftig ist.

Mehr Zeit (d. h. noch 8 Tage) erfordert die Berathung des Studienplanes, da der junge Mensch in großer geistiger Unordnung ist, und noch überdies an einer solchen Nervenschwäche leidet, daß er schwer zur raison zu bringen ist. Er will ungefähr alle freien Künste, soviel ihrer sind, zugleich treiben, und meint doch auch wieder, daß alle Gegenstände seiner Neigung nur Nebel und Traum wären.

Ich gestehe Dir, mein theuerster Freund, daß mich das Schicksal des Jünglings ebenso schmerzt, als es mir unheilbar scheint. Er spielt den Dichter und verachtet das Mark der Poesie, den Gehorsam gegen die Außenwelt, die man ihn in seinem 12. Jahre schon verachten gelehrt hat; er affektiert ein romantisches Studentenleben mit einem Troß roher Gesellen, und glaubt sich dabei in ironischer Belustigung und in der Überlegenheit seines Verstandes zu gefallen, wie Heinrich v. Dabey ist er sich selbst zur Last, und in einem jämmerlichen Gemüthszustande.

Was ist zu thun ? Mir blieb nichts übrig, als ihn über dem Gedanken : Geschichte gründlich zu studieren, fest zu halten. Darauf wird nun der Plan gegründet seyn, den er vorlegen wird. Indes müßt Ihr ihn auch von dort aus (ohne Lieblosigkeit) ja recht kurz halten, daß er nur leidlich bey der Stange bleibt. Leipzig ist der unglücklichste Ort, den er für sein Studium wählen konnte. In Göttingen wäre seine affichirte Genialität in den ersten 4 Wochen lächerlich geworden, und die positive und fleißige Luft des Orts hätte ihn vielleicht curirt. Dazu waren ja 500 Thaler des Jahres mehr als hinlänglich.

Gott zum Gruß, mein theurer vortrefflicher Freund ! Ich freue mich herzlich, Dich in diesem Winter zu Berlin zu sehn. Inzwischen habe ich noch meine kleinen Höfe heimzusuchen. Daher verzeihe, wenn mein Abschluß über den Studienplan des Bernhardi erst in 4 Wochen an Dich gelangt.

Dein innig ergebener Adam Müller. «

Der Brief, mit dem Fouqué, wie S. 207 erwähnt, Rochlitz in die Affäre einschaltet, deutet auf weitere unbekannte Verwicklungen :

»Nennhausen, den 5. 2. 1822 :

Du lieber treuer Freund und Helfer – ja, *Du lieber Schutzgeist,* muß ich sagen, in Bezug auf meinen armen verwirrten Wilhelm. Wußtest Du ja doch so holde Genien zu beschwören, um dem armen, sich im Dunkel äußerer und innerer Verwirrung Umtreibenden wieder auf die rechte Bahn zu helfen. Gott segne es Dir, und Deiner Frau Gemahlin, und den Genien, die Du noch sonst in den rettenden Kreis hineinberiefest. Glaube mir, ich fühle mit schmerzender Wahrheit, wie manches an dem armen Einsamen den edlen Frauen und Fräulein störend, *ja verletzend,* sein muß. Aber auch die unsichtbaren Engel scheuen sich wohl vor manchem, was sie an uns gewahren, uns sünd'gen Erdenkindern – und lassen dennoch in holder Treue nicht ab, ihren hohen Beruf zu erfüllen ... Ich bitte Dich, im allerunbedingtesten Vertrauen auf einen mir so von Gott ins Leben gesandten Freund : lies Dir die anliegenden Zeilen an Wilhelm, ehe Du sie

Bald danach gesellen sich hinzu : Neumann, Varnhagen, Chamisso, Schütz. Durch die Zerstörungen des zweiten Weltkrieges sind leider die reichen Berliner Briefsammlungen verloren gegangen, so daß Fouqués Beziehungen zu Neumann und Varnhagen (wie auch die späteren zu Helmina von Chézy und Rochlitz, Maltitz etc.) nicht mehr ausführlich dargestellt werden können.

Mit Neumann hat er bis zu dessen Tode, 1835, noch Briefe gewechselt; aber die fröhliche Zeit, wo er mit ihm an den »Versuchen und Hindernissen Karls« arbeitete, oder mit ihm die »Musen« herausgab, verging rasch; der bürgerliche Intendanturrat verstummte als Dichter bald, und hegte auch politisch so gründlich andere Ansichten, als der »Letzte Ritter«, daß ihre Beziehungen sich allmählich immer mehr auf den Austausch von Erinnerungen beschränkten.

Chamisso, der redlich-düstere und Männliche, entwuchs bald der Zeit des »Grünen Almanaches«; er hatte eine weit härtere Schule durchzumachen als der in seinen äußeren Lebensumständen vom Glück doch recht verwöhnte Fouqué, und glücklicherweise war auch sein Charakter von weit härterem Stoffe. Wer Chamisso war (und nebenbei auch, was er konnte), sieht mit ernsten Augen aus seinem großen Gedicht Salas y Gomez hervor – es war ein weiter Weg gewesen, vom Schloß Boncourt bis zur Felsenklippe im Südmeer ! Nur zu bald müssen sich die beiden »Freunde« zurufen : »Du hast an meinen Liedern / wohl oft nicht Deine Lust.« Dennoch sind sie in leidlichem Auskommen miteinander alt geworden; und dem heutigen Beschauer gibt es einen nachdenklichen

---

ihm zukommen lässest; und was Dir irgend daran der Modification bedürftig erscheint, das bessere durch mündliche Commentare. Du fühlst ohne weiteres Erläutern gewiß mit mir, wie tief und schmerzhaft mich die ganze häßliche Historie bewegen mußte. Aber nach meiner besten Überzeugung steht sie doch nicht schlechter, als ich sie in der Beilage beurteilt habe; und ich rate dem jungen Freund mit echt väterlicher Überzeugung, was ich meinem eigenen Sohn, hätte ich einen, raten würde : bei ruhigstem Erdulden dennoch die festeste und unbeugsamste Entschlossenheit gegen jeden Verhöhner, der das Schwert zu führen versteht ...« (Dann noch eine Anspielung auf die ‹Affäre Wildenhain› vor 1 Jahr.)

*

Eine spätere Leistung Bernhardis sei noch ausdrücklich hervorgehoben : er hat eine Anzahl guter Biogramme und geschichtlicher Artikel für das damals mit Abstand beste Konversationslexikon, den Pierer, geliefert.

und erschütternden Gegensatz, wie die letzten 4 Briefe des früh müde gewordenen »Schlehmihl«, gedrungen und erhaben-trocken, in der Sammlung neben dem Gesäusel Jung-Stillings stehen – diese Wendung Fouqués konnte auch er nicht mitmachen!

Höchst bedauerlich ist vom psychologischen Standpunkt aus, daß die 76 Briefe an Varnhagen wohl als verloren betrachtet werden müssen; so werden wir nie mehr das groteske Verhältnis in den einzelnen Stadien seiner Entwicklung verfolgen können. – Die Bekanntschaft wurde vermittelt durch Chamisso, der Jenem ein Exemplar des »Ritter Galmy« überbrachte; Pfingsten 1807 besucht Varnhagen zum ersten Male Nennhausen, und gibt davon dieses Bild:

»In Gesellschaft Bernhardis, der trotz seiner außerordentlichen Dickleibigkeit sehr gut zu Fuß war, machte ich mich frühmorgens auf den Weg, und mit Hülfe einer für die letzten Meilen genommenen Postfuhre kamen wir noch bei guter Zeit daselbst an. Schon unterwegs hatte Bernhardi, der mehrmals dort gewesen und dem ganzen Hause wohlvertraut war, mich mit den Personen und Verhältnissen bekannt gemacht. Der Besitzer von Nennhausen war Herr von Briest, ein vortrefflicher, in jedem Betracht ehrwürdiger Mann, von großer hagerer Gestalt, milder Freundlichkeit und wohltuendem Ernst. Er hatte noch im 7-jährigen Kriege mitgefochten, dann als Rittmeister seinen Abschied genommen und sich auf das Land zurückgezogen, wo er in geistiger und wirtschaftlicher Beziehung ein tüchtiges und ertragreiches Leben führte ... Seine Tochter, Frau von Fouqué, war eine hohe glänzende Erscheinung, die äußere Schönheit ordnete sich gleichsam als Zugabe dem noch reicheren Glanze des inneren Lebens bei; solche Begabung des Geistes und solche einnehmende Gemütsfülle finden sich nur selten vereinigt ...« So schreibt Varnhagen in seinen sorgfältig retuschierten »Erinnerungen«; und es ist bezeichnend, wie er sich im Geheimen, seiner Rahel gegenüber, ausspricht: »Über die Frau (Fouqué) bin ich nicht mit Dir einverstanden, die ist und bleibt mir zuwider, ihre Sinnlichkeit, ihr Verstand, ihr Geist, alles ist wie ein Gipsabguß mit wohl erhaltenen Nähten, der von der Marmorstatue ... so verschieden bleibt, gerade wie Gips von Marmor.« Das ist vom 7. 2. 1812; in den dreißiger Jahren lobt er sie wiederum – immer, wie es ihm paßt, und immer mit einer verschwiegenen Absicht. Wenn er Caroline und Fouqué vergleicht, geschieht dies immer, um den Letzteren herabzusetzen und lächerlich zu machen; an und für sich hält er, wie wir gesehen haben, auch die Frau nur für eine Gipsfigur. Ähnliches läßt sich fast buchstäblich bei allen Bekannten Varnhagens nachweisen: Tettenborn lobt er wie unsinnig, weil er damit sich selbst lobt – in Wahrheit war es nur ein verantwortungsloser Avanturier. Von Fouqués »Arbeiten« urteilt er : »sie waren leicht glatt und gefällig, aber schwach an Gehalt, ohne strenge Gedanken und tiefe Richtung; seine Poesie drückte im Ganzen ein schattenhaftes unwirkliches Leben aus«; ihn persönlich hält er für der Frau weit unterlegen, und überhaupt für ein durchaus mediokres Wesen. Dennoch rechnet er ganz eiskalt mit ihm, wie mit einem Werkzeug; am 20. 1. 12, als er, fast mittellos, zu Rahel nach Berlin kommen will, da kalkuliert er wiederum : »... Fouqué, bei dem ich auch Monate lang umsonst leben kann ... und andere Freunde ...«

Denn das ist das Geheimnis dieses seelenlosen glattzüngigen Automaten, daß er nur einen großen Mann kennt : Karl Varnhagen von Ense; und den zu erhalten ist jedes Mittel recht. Als er dann später doch in der bedachtsam gewählten Diplomatenkarriere nicht floriert, zieht er sich verächtlich-verbissen ins Privatleben zurück, und zeichnet voller Rachsucht allen Klatsch auf; macht den doppelzügigen go-between zwischen Hohen und Niederen; stiftet Unfrieden wo er kann, und weiß sich wie ein Ohrwurm in jedes Geheimnis hineinzuwinden. Dadurch, daß er Vieles weiß und erfahren hat, und durch seine unheimlich großen Brief- und Autographensammlungen ist er für das Studium jener Zeit unerläßlich geworden, und hat sich also immerhin so eine fragwürdige Unsterblichkeit gesichert. Ich sage fragwürdig; denn er ist mit großer Behutsamkeit zu benützen ! Rist kennzeichnet ihn vollkommen so : »Da war Varnhagen von Ense ... ein feiner geschmeidiger leiser Mann von vielem Talent ... Ich hatte ihn früher in Hamburg wenig gekannt ... und habe seitdem Mühe gehabt, zu entscheiden, was mehr an ihm zu verwundern, seine glatte Zunge, seine gleißnerische Darstellung, oder die über alle Maaßen zierliche und reinliche Federschrift auch seiner flüchtigsten Aufsätze.« Selbst seine »exakten« historischen Arbeiten sind mit größter Vorsicht zu genießen; die Veröffentlichungen des gewiß unverdächtigen »Großen Generalstabes« über den Herbstfeldzug 1813 sprechen grundsätzlich nur – und mit vollem Recht ! – von dem »vielfach unzuverlässigen Varnhagen«, und den »Erfindungen des als unzuverlässig bekannten V.« Selbst aus seiner ostentativ zur Schau getragenen Liebe zu Goethe blickt der Pferdefuß heraus, wenn er sich einmal mit Behagen eingestehen muß, wie sehr er doch mit Jenem identisch sei, und ihn verstehe.

Und so ist das Verhältnis zu Fouqué von Anfang an festgelegt; wie könnte der kalte Egoist ihn lieben ?

Das erkennt ausnahmsweise auch Fouqué einmal recht bald; seit 1815 taucht im Briefwechsel mit Perthes häufig der »bewußte Legationsrat« auf : »Wie würde Freund Runge (der Bruder des Malers) den Legationsrat, den ohnehin schon so sehr geliebten, mit kräftiger Hand für dergleichen Lieblichkeiten erfassen«; denn wieder hat Varnhagen »Fatalien« mitgeteilt, und am 15. 8. 1815 spricht Fouqué schon klar vom »zerrissenen Freundschaftsbund«. Auch Hitzig gegenüber kommt er am 13. 7. 1815 vom »glühenden Freunde Chamisso« auf den »erfrorenen« Varnhagen; lehnt aber, auch hier gütig und richtig, das »Manöver« ab, das Hitzig gegen Jenen vorgeschlagen hatte.

Am 24. 1. 1843 trägt denn auch Varnhagen, wenigstens konsequent bis zum Ende, in sein Tagebuch ‹unter anderem› ein : »... Zwei Neuigkeiten wurden mitgeteilt, daß der Königsberger Jacoby hier vom Kammergerichte freigesprochen worden, und daß Fouqué gestern gestorben sei.«

Nicht viel anders geht es mit der berühmten »Rahel«; zuerst liebt sie den »Sigurd«; zieht dann den »Ixion« der »Undine« vor. Schon 1808 steht sie verständnislos der allerdings recht unglücklichen ersten Schrift Fouqués über den Adel, dem »Gespräch zweier Edelleute« gegenüber. Sobald sie ihn aber persönlich recht kennen lernt – leider ist das erst 1812, wo er bereits bedenkliche Zeichen unduldsamsten Christentums und reaktionärer Borniertheit an den Tag legt – muß sie sagen : »Fouqué sah ich viermal : er veralbert sich ganz ... Äußerte sich über Goethes Leben so gegen mich, daß er eine unverständliche Welt zwischen uns schob, und auch ich perplex in Stummheit versank. Er habe keine Religion, Goethe. Er spräche von Abrahams *Göttern*, nicht von Gott. Dann sprach mir Fouqué von seinem Christentum : das muß ihm Herr Jesus verzeihen, denn er denkt es im Ernst zu meinen. Noch erzählt er mir, er habe mit Fichten eine halbe Nacht über diesen Gegenstand gesprochen; der sei, dem Kopfe nach, anderer Meinung darüber als er; die Herzen wären aber einig ! Dafür habe ein Höherer gesorgt ! ... Fouqué bringt in der Beweisangst den Magnetismus darunter; und auf Fragen von mir sagte er mir : es wären allerdings auch vor Christus Menschen erlöst gewesen, aber aus bloßer Ahndung und Vorgefühl seines Kommens.« Davon erzählt auch befremdet die Prinzessin Marianne von Hessen-Homburg in ihrem Tagebuch vom 27. 4. 1814 : »Eine Sache sagte er mir – als wenn er mir's nur sagen möchte – wir sprachen vom Magnetismus und er mit Schauder und großem Respekt davon; und da offenbarte er mir, daß er das Abendmahl für einen Magnetismus halte und daher Brot und Wein nicht für eine Andeutung, sondern wirklich, verwandelt in Leib und Blut halte, und daß seit dieser Überzeugung er es noch viel lieber nähme. Mir war diese Andeutung widerlich.« – Mir auch.

Das gibt gleichzeitig eine nachdenkliche Probe von Fouqués Konversation in seinen späteren Jahren; und wie man wirklich viel Spaß verstehen mußte, um mit ihm persönlich auszukommen.

Mit Ludwig Robert, dem Bruder Rahels, wird das Verhältnis nie recht warm; am 22. 4. 1812 charakterisiert Fouqué ihn Stechow gegenüber so: »Einer meiner literarischen Freunde, Robert geheißen, ein Sohn Israels, aber geistvoller Schriftsteller ...«. Wohl verkehren sie jahrelang miteinander; Jener besucht ihn auch einmal mit Hitzig in Nennhausen, jedoch bleiben die Beziehungen mehr oder weniger konventionell.

Interessant ist die Freundschaft mit Otto Heinrich Graf von Loeben; weil hier nämlich einmal Fouqué an einen so romantisch verschwommenen, und dabei ihm so fatal ähnlich frömmelnden, Dichter gerät, daß es unwiderstehlich belustigend wirkt, ihren Briefwechsel zu verfolgen.

Zuerst liebt man sich überschwänglich, etwa von 1808 an: »Und dürftest wohl Du unter den Gestaltungen seiner Lieben fehlen, Du, ihm damals in glühender Bruderliebe verbundener Heinrich Graf Loeben, mit Deinem Dichternamen Isidorus Orientalis geheißen?« Und monatelang verweilt Jener in Nennhausen (Frühjahr bis Herbst 1811; am 14. 2. heißt es einmal: »Loeben ist hier und schreibt einen herrlichen Schäfer- und Ritterroman, ‹Arkadien› genannt.«). Aber so seicht und verworren ist sein Gespräch und seine Poesie, daß es in kürzester Frist selbst unserem Dichter zu viel wird; und wer jemals die Werke des Isidorus zur Hand genommen hat, wird ihn verstehen. Von seiner Lyrik gibt die beste Vorstellung die treffliche Parodie ETA Hoffmanns, der in den »Serapionsbrüdern«, zumal im gefällig verselnden Amandus von Nebelstern der »Königsbraut«, Loeben sein sprechend ähnliches Denkmal gesetzt hat.

Der männlich gerade Miltitz fällt unerbittlich gerecht sein Urteil über ihn in seinem Brief vom 24. 1. 1813: »Löben kann ich – verzeih es mir – für keinen Dichter halten. Nicht daß seine Dichtungen keine sind – wiewohl das für den Musiker und Maler, wenn er einer werden wollte – schon entschiede; – aber daß in seinem ganzen Wandel, Sprechen, Schreiben, Wünschen, sich überall nur Unnatur, Manier, – also durchaus etwas ganz Unkünstlerisches äußert, das däucht mir, ist es, was ihm den Eingang in diese heiligen Hallen verschließt. Seine Irrgänge sind gar nicht etwa, wie Du zu glauben scheinst, Irrgänge des Genies, Träume eines Fieberkranken; sondern ein bloßer gemachter Rausch, wobei man ganz nüchtern ist, den Trunkenen spielt, darüber döselig wird, und am Ende – Wasser bricht: *und das sind seine Gedichte*. Indem ich dieses schreibe, kommt es mir sehr hart vor; wenn ich aber an Alles denke, was ich schon von ihm gelesen habe, von seiner ersten Tragödie Arminius an, bis durch den Guido und die Gedichte hindurch und zu seinem Arcadien wieder hinaus, so lasse ich es stehn, denn es erscheint mir nur als eine etwas breite Paraphrase des nüchternen und kurzen Ausspruches: er ist und wird nie ein Dichter! Womit verharre.«

Loebens äußere Erscheinung gibt Friedrich Strauß in den süßen »Abendglockentönen« so : »Seine stattliche Persönlichkeit, mehr groß als klein, der reine, lautere, tief sich einsenkende Blick, der Ton der Stimme in großer Herzlichkeit mit einem feinen Durchtönen des sächsischen Dialekts, und dann im Gange die edle Haltung, nicht nachlässig, und noch weniger gekünstelt. So sollte ein gräflicher Ritter in unserer Zeit sein ! Das Frische und Unmittelbare seines Wesens, das Freundliche und Wohlwollende in seinem Benehmen, das Gefühl einer großen, mit Demut bei ihm innig verbundenen Superiorität ... Auch habe ich Dich weinen gesehen, und Du weintest nur, wo vom Heilande und der Seligkeit des Glaubens die Rede war.« Da wirkt Brentanos Schilderung dann unwiderstehlich : »Der Graf Löben ist ein so sächsischer Sachse, daß weder Reetzensteen noch der Schneider Jonas von der Funkenburg es mit ihm aufnehmen können.« (Das ist also das von Strauß gerühmte »feine Durchtönen« der Dreesdner Beenkleeder). »Er ist klein, und Wichmann und Malsburg sind Helden und Wüteriche im Ton gegen ihn.« (Strauß : »die stattliche Persönlichkeit«). »Er liebt ... alle Menschen, ist überhaupt in sich unendlich glücklich und in seiner Seele wunderbar reich, *wie er mir sagt*«. (Strauß : Demut + Superiorität). »Er sieht jetzt, da er sich einen ungeheuren Backen- und Schnurbart hat wachsen lassen, einem schlimmlichten limburger Käse gleich«; usw. Und darauf wieder Varnhagen : »... ein zarter edler Jüngling, kaum ein Jahr jünger als ich, ein liebevolles weiches Gemüt, ein schönes leicht flüssiges Talent ... Wie ich ihn so vor mir sah, seine schmächtige Gestalt prüfend, mußte ich unwillkürlich denken : Armer, Du wirst nur allzubald Dich aufreiben !« Wirklich starb der früh an unheilbaren Krämpfen erkrankte Loeben mit 39 Jahren. Auch Fouqué muß Miltitz zugeben : »Daß Luise von Watzdorff (die Kusine von M.s Frau) ihr Leben nicht mit einer Kur beschließen und keinen Patienten hat heiraten wollen, kann Keiner ihr verdenken; selbst der Patient nicht – Loeben !«

Wie befremdlich wirken solche Klagen unter Männern : »Im Grunde liebst Du doch wohl andere mehr als mich ! Oder liebtest mich einst viel romantischer als jetzt. Die mich am meisten und ausschließlich liebten auf der Welt, nannten und nennen mich stets Isidorus; der andere Name ist ihnen winterlich : Nenne mich Isidorus, damit ich sehe, daß Du mich wieder liebst.« Und so geht es seitenlang weiter; bis Fouqué endlich nur noch ganz selten, dann gar nicht mehr, antwortet. (Die Angabe des Goethe-Jahrbuchs, daß Loeben auch im Juli 1819 wochenlang in Nennhausen gewesen sei, und von da – z. B. am 28. 7. 19 – geschrieben habe, beruht auf einer Namensverwechslung; der betreffende Brief ist aus Groß-Neuhausen datiert.) – Nach Empfang der Todesnachricht (3. 4. 25) schwärmt Fouqué dann aber doch wieder margarinen : »Ottoheinrich muß eine sehr rührende Leiche gewesen sein !« (usw.; an Friedr. Kind).

Ende 1806 macht Fouqué durch Bernhardis Vermittlung die nähere Bekanntschaft Fichtes. Wohl hat er schon vorher ihn gesehen; auch neben ihm gesessen; ‹Guten Tag und guten Weg› mit ihm gewechselt – aber dabei ist es bisher geblieben. Jetzt werden sie vertrauter; ein regelmäßiger Briefwechsel spinnt sich an; und nie sei übersehen, daß Fichte es ist, dem Fouqué seinen ‹Held des Nordens› in drei stark- und schlichten Vorsprüchen widmet.

Am 23. 1. 1812 besucht er wieder einmal den Verehrten : »Ich fand ihn mit Weib und Sohn – dieser damals noch in den Knabenjahren – allein, und um so rücksichtsfreier gestaltete sich das Gespräch zwischen ihm und mir, also auch umso tiefer. Bald gerieten wir an den Hauptpunkt : Erlösung. Durch den Gott-Menschen ? Durch die sittliche Kraft in dem Menschen selbst ? Die trennenden Gegensätze zwischen uns Beiden traten ans Licht hervor, ernst, redlich, und je schroffer, je mehr Fichte mir im Disputieren überlegen war. Das Gefühl des Unterliegens schärfte die Geistesstimmung bis zur Herbigkeit, und meine angeerbte französische Heftigkeit blies in die Kohlen. Zudem war ich zwar im Innersten meines Daseins fest überzeugt von der Sache, die ich verfocht, aber zur eigentlichen Tat – um mich eines trefflichen Fichteschen Ausdrucks zu bedienen – war die Überzeugung in mir nicht gereift. Ich wußte vom Licht, aber noch hatte ich es nicht erlebt. Sonst – Dialektik hin, Dialektik her – wäre ich durch nichts aus jener demütigen Festigkeit der Verteidigung gekommen, die einem christlichen Bekenner ziemt, namentlich einem so erhabenen Widersacher gegenüber. Nun jedoch regte sich das Ringen beinahe zum Streit an, und die kräftigen Stimmen beider Kämpfer hoben sich mehr und mehr. Hausfrau und Sohn, außerdem an eine bürgerlich sittige Stunde des Schlafengehens regelrecht gewöhnt, blieben staunend und wohl nicht sonder aller Sorglichkeit wach, bis endlich die Glocke Ein Uhr anschlug. Das brachte den jüngeren Streiter zur Besinnung, und er brach auf, mit herzlicher Bitte um Verzeihung wegen der verstörten Nachtruhe, mehr noch wegen seiner ungeziemenden Heftigkeit im Gespräch mit einem solchen Mann. Lächelnd entgegnete Fichte : Meinen Sie denn, junger Freund, ich könnte Sie lieb haben, wenn Sie nicht aller sogenannten Rücksichten vergessen könnten im Ringen für Etwas, Ihnen von Herzen teuer ? Holen Sie mich morgen zum Spaziergange ab, und seien Sie dann mein Gast zum Mittagessen in der deutschen Tischgesellschaft. – Gesagt, getan; Auch Gneisenau und der kunstgesinnte Fürst

Anton Radziwill waren zufällig Genossen, und machten sich voll ehrender Freundlichkeit mit dem Dichter Fouqué bekannt, ein inniges Verhältnis anknüpfend, das erst mit dem Tode beider trefflichen Männer für die Zeit aufgehört hat, für die Ewigkeit nimmermehr. Die Aussicht auf den heranziehenden Befreiungskrieg regte sich in aller Herzen, und klang an mitunter aus deutungsreichen Worten der Gespräche. In dieser Stimmung kam man darauf, die herrliche Ode Ramlers für des großen Friedrich bescheidne Siegesheimkehr aus dem 7-jährigen Kriege vorzulesen, die anhebt: Schäme Dich, Camill, / daß Du mit vier Sonnenpferden / in Dein errettetes Rom einzogst! Fouqué ward aufgefordert, den Vortrag zu übernehmen; ihn aber hatte eine gewaltige Heiserkeit bei dem nächtig kalten Heimgange von jener glühenden Disputation befallen, und ich mag hinzusetzen: glücklicherweise. Denn nun las Fichte, und zwar so herrlich donnernd, daß wohl nur der homerische Zeus im Stand gewesen wäre, ihm den Preis streitig zu machen. Eine tiefe Begeisterung, stark und ernst wie die Zeit, ergriff durchdringend die Genossen des Mahles. Als dieses zu Ende ging, füllte Fichte seines Gastes und sein eigenes Glas mit dem Rest des edlen Champagnerweines, und sprach: Wohlan, auf Du und Du! – Staunend erwiderte der also hoch Geehrte: Wie wäre das denkbar? – Auf Fichtes ernsten, fast unwilligen Frageblick hinzusetzend: Ein Du aus Ihrem Munde lieber verehrter Freund, wird mich erheben und kräftigen. Aber ich vermag es, Ihnen gegenüber, nicht herauszubringen. – Da sprach der geistige Heros in all der unwiderstehlichen Gewalt seiner feurigen Milde: Mein Sohn, hast Du Deinen Vater nie Du genannt?! – Ja, wohl, Du herrlicher Vater! rief ich aus. Und der Bund stand in Kraft.«

Dem väterlichen Freunde hat Fouqué dann nach dessen plötzlich erfolgtem Tode ein Denkmal gesetzt: Altarbol – schon der Name bezeichnet ihn hinreichend – in der »Sängerliebe« trägt das Bild des großen Redners und Philosophen, wie ihn Fouqué sah, weiter.

Äußerlich gebe ich die Schilderung, die Rist von Fichte entworfen hat: Klein und breitschultrig kommt er einher, auf stämmigen Beinen, in seinem gefurchten Gesicht sind die Züge eines Adlers und einer alten Frau seltsam gemischt; seine Gattin ist »von allen Grazien verlassen.«

Ein anderer enger Freund jener Zeit ist der deutsche Schriftsteller und Literaturhistoriker Franz Horn. Völlig irrig hat ihn seinerzeit Nicolai als unruhigen Kopf mit gefährlichen Grundsätzen verdächtigt: er ist der allerkonventionellste Mensch; zwar von großer Belesenheit, aber in den eigenen Produktionen geradezu läppisch frömmelnd – man versuche selbst, den »Verlorenen Sohn« zu genießen. Bekannt wird er als Kommentator Shakespeares – seltsamer Widerspruch, der den schwächlichen

Romantiker ausgerechnet zu dem Titanen hinzieht! – aber das fünfbändige Buch ist auch danach: er sucht sich nur die Stellen aus, die »Sonnenflecken«, die in seine kränkliche Häuslichkeit hineinpassen, und zieht ihn ganz auf das eigene gedrückte Niveau herab. (Bekanntlich muß, laut Grabbe, dann in der Hölle umgekehrt Shakespeare die Werke Franz Horns kommentieren).

Er ist Fouqué aufrichtig ergeben, und sich vollkommen klar darüber, daß dieser der »größte Dichter des Jahrhunderts« sei; auch tut er unermüdlich das Seinige, um die Manuskripte Fouqués zum Druck zu befördern. Er gibt die »Pilgerfahrt« und »Karl den Großen« heraus; er bemüht sich um Verleger, allerdings oft erfolglos. Das Verhältnis ist, seit 1811 zum Bruderbund gediehen, bis zum Ende Horns, 1837, ziemlich ungetrübt geblieben; nur im Religiösen ergeben sich manchmal kleine Differenzen, nach der ewigen Melodie »Dies ist mein Leib« und »Dies bedeutet meinen Leib«, deren Dissonanzen ja leider auch in praxi allzuoft böse Auswirkungen gehabt haben.

Die Hausgenossin Horns, Karoline Bernstein, hat uns eine umständliche Personalbeschreibung des Mannes hinterlassen, aus der ich nur die wichtigsten Momente auswähle: mittelgroß, eher schlank als stark, ist er; mit mächtigem Schädel: der Hut kann nicht leicht weit genug gefunden werden; vergißmeinnichtblaue milde Augen; die Gesichtsfarbe und ganze Haltung verriet Krankheit und tieferes körperliches Leiden: die letzten 30 Jahre seines Lebens ist er ständig krank gewesen. Die Freunde treffen ihn gewöhnlich in Büchern und leinenen Taschentüchern vergraben; im Gespräch wird der starke Schnupfer leicht lebhaft und belehrt gern. Widerspruch erträgt er nicht; als der sonderbare Halling, damals noch Student, ihn 1829 besucht, und einiges gegen Goethe vorzubringen wagt, donnert Horn ihn an, die Frau weist ihm die Tür: »Ich ging; er ließ mich gehen, und ich freue mich heute, daß der Nebel, in den Dankbarkeit mir den Mann hüllte, fallen durfte, um mich noch früh genug über die geistige Größe des Mannes belehren zu lassen.« Wer in den Almanachen jener Zeit blättert, wird des öfteren auf seinen Namen stoßen, und sich überzeugen können, daß Horn das Mittelmaß nie überschreitet, meist sogar nicht einmal erreicht. –

Der Letzte der damals Vertrauten ist Isaak Elias Itzig, oder, wie er sich später nennt Julius Eduard Hitzig, der bekannte Jurist und Verleger. Bis 1807 ist er mit ETA Hoffmann in Warschau zusammengewesen; nach der großen Katastrophe gehen Beide nach Berlin, wo Hitzig kurze Zeit bei Reimer den Buchhandel erlernt, und gleich darauf einen eigenen Verlag eröffnet. Und er ist so tätig und unermüdlich, daß selbst graubärtige

Konkurrenten binnen kurzem vor Neid erblassen; er »arbeitet« mit allen Autoren, gibt literarische Gesellschaften, gründet Vereine, – an Fouqué hat er den rechten Verfasser von bestsellern gefunden : gleich der »Sigurd« kommt groß heraus; der ganze »Held des Nordens«, »Numancia«, die »Vaterländischen Schauspiele«, »Dramatische Dichtungen für Deutsche«, der »Waldemar« und die »Bauern und der Ritter«; am Ende auch noch die »Jahreszeiten« und drei Bände der gesammelten »Kleinen Erzählungen«. »Ich müßte übrigens blind sein, wenn ich meinen gewachsenen, und, so Gott will, noch wachsenden literarischen Ruhm – denn ich kann es nun wohl schon so nennen – nicht großenteils auf Rechnung der Treue, Liebe und Besonnenheit unseres trefflichen Eduard schreiben wollte« urteilt der allzuleicht dankbare Fouqué am 14. 2. 11 an Chamisso. Bis er 1814 wieder in den Staatsdienst als Jurist eintritt, macht er so in Literatur – wer sein Porträt ansieht, weiß, mit wem er es zu tun hat; milde noch charakterisiert ihn Ellinger so : »Hitzig war eine jener beneidenswerten Naturen, die in der felsenfesten Überzeugung von ihrer Vortrefflichkeit unangefochten auf schnurgerader Straße durchs Leben wandeln. Aus dem Vollgefühl des eigenen Wertes kam ihm die Überlegenheit, mit der er gönnerhaft anerkannte oder sittlich aburteilte. Da diese ehrenfeste Tüchtigkeit Hand in Hand ging mit einer allmählich immer ausschließlicher und ängstlicher sich gebärdenden hochkirchlichen Gesinnung, so wurde er schon in verhältnismäßig jungen Jahren das Urbild eines fleckenlosen Biedermannes.« Auch aus den großen Stoffsammlungen Hans von Müllers sieht man den »Esel, Schuft, Windbeutel und aufgeblasenen Bierschwitzer« (Brentano) schon näher.

Ja, er ist peinlich gerecht; aber nur im Sinne von Gottfried Kellers »Kammacher« : »Es ist aber hier nicht die himmlische Gerechtigkeit gemeint oder die natürliche Gerechtigkeit des menschlichen Gewissens, sondern jene blutlose Gerechtigkeit, welche aus dem Vaterunser die Bitte gestrichen hat : Und vergib uns unsre Schuld ... weil sie keine Schulden macht und auch keine ausstehen hat; welche Niemandem zu Leid lebt, aber auch Niemandem zu Gefallen ... solche Gerechte werfen keine Laternen ein; aber sie zünden auch keine an, und kein Licht geht von ihnen aus; sie treiben allerlei Hantierung, und eine ist ihnen so gut wie die andere, wenn sie nur mit keiner Fährlichkeit verbunden ist; am liebsten siedeln sie sich dort an, wo viele Ungerechte in ihrem Sinne sind.« Es trifft zum Erschrecken zu ! Man lese nur nach, wie sich der Selbstgerechte über den »Lebenswandel« des »Freundes« Hoffmann entrüstet; und in dessen Biographie sich immer wieder diskret in den Vordergrund zu spielen weiß als »auch so Einer«; dabei versteht er den Teufel etwas von Poesie, und kann nie und nimmer begreifen, was Hoffmann an der »Prinzessin Brambilla« findet oder dem »Klein Zaches«, wo doch solche »Meisternovellen« wie »Doge und Dogaressa« oder »Martin der Küfner« vorliegen ? (Und wenn er bei solchen Urteilen auch W. Alexis vorgeschoben hat, so spreizt sich die goldige Stumpfheit eben bei Beiden !).

Dennoch war er mit Allen bekannt, und hat über Alle Biographien hinterlassen : von Hoffmann, von Werner, von Chamisso; von Fouqué wenigstens einen biographischen Abriß – er, der Allerweltsfreund –, und er hat es ja denn auch glücklich erreicht, wie der Esel des Asmus : sie haben ihn mit sich genommen »in die große schöne Ewigkeit : da wär' er gar zu gerren.«

Seine Bedeutung für uns hier ist lediglich, daß er ein paar Jahre lang der Hauptverleger Fouqués war, und vor allem noch die rund 100 Briefe, die Jener an ihn geschrieben hat, in München aufbehalten sind.

Oft – so oft sein erfülltes Leben es zuläßt – erscheint Hitzig in Nennhausen, küßt der Baronin die Hand, bringt Klara eine allerliebste Taschenbibliothek mit, besorgt ein Puppentheater für die kleine Marie, schließt neue Verträge mit Fouqué ab – verschwindet lächelnd wieder nach Berlin. Als er Kriminaldirektor wird, gibt er seine Autoren an andere Verleger weiter – Fouqué zum Beispiel an Cotta – er erledigt getreulich auch diesen Posten, ehe er wieder zum angeborenen Jus zurückkehrt, die schwindelnde Bahn führt ihn bis zum Roten Adlerorden dritter Klasse; noch einmal betätigt er sich literarisch : mit Häring (sive Willibald Alexis) gibt er den »Neuen Pitaval« heraus, eine Sammlung der interessantesten Kriminalgeschichten alter und neuer Zeit; – 1849 schließt er würdig die Augen, seines Platzes im Himmel und auf den Seiten der deutschen Literaturgeschichte gewiß.

§ 30

Doch lichtet sich auch der Kreis der Vertrauten.

Zuerst stirbt der väterliche Freund und Erzieher, Graf Schmettau, ganz plötzlich, am 8. 6. 1807, an einem Schlaganfall. »Fouqué vernahm nur erst noch von bedrohlichem Erkranken; er eilte hin im Fluge. Spät abends trat er in die erst jüngst bezogene, ihm noch völlig unbekannte Wohnung des Freundes ein. Auf dem ganz dunklen Flur umhertappend, noch immer einiges Hoffen auf günstigere Wendung im Herzen, fragte er in die Finsternis hinein : wohnt hier nicht der Graf Schmettau ? – Der ist ja

tot ! antwortete gleichgültig eine fremde Stimme. – Ich trat ins Gemach :
da lag die Hülle des lieben Abgeschiedenen, sanft, freundlich, in volle
preußische Uniform sorgfältig gekleidet. Neben ihm saß die edle Witwe
in tiefen Trauergewanden, unter ihren heißen Tränen lächelnd, bald zu
dem teuren Leichnam hernieder, bald empor zu Gott. – Einen Schleier
über meinen Jammer!«

Ihm widmet er später die »Gedichte aus dem Mannesalter« : »Ein
Held aus Friedrichs Zeiten, früh und oft / glorreich geprüft auf blutgem
Feld; sein Blick / des Ruhmes Sonnenpfade kühn durchfliegend, / doch
klar auch messend stets Gang, Richtung, Abstand, – / Oh welch ein Feldherr lag in ihm verhüllt! / . . . Dem Beet der Blumen, die er treu gepflegt, /
gehört auch Eures Dichters Seele an.«

Sein Bild erscheint im Zwiegespräch zwischen dem alten Ritter und
dem Knappen im Gedicht »Der alte Held« – »In einem der Sprechenden
wirst du mich wohl erkennen«, schreibt er bei der Übersendung an Stechow, »bei dem anderen schwebte mir das Bild meines verewigten Erzie-
hers und Freundes Schmettau vor.«

Am ausführlichsten und wärmsten hat er ihn im alten Ritter Gautier
von Vergi in der »Sängerliebe« dargestellt. –*

---

* Da hier an Funden noch vielerlei zu wünschen übrig ist, gebe ich ein
Stammtäfelchen :

Karl Christoph Graf Schmettau, get. 15. 6. 1696, † 26. 10. 1775 Brandenburg, (preuß. Generalleutnant; 1742 Reichsgraf). – Heiratet 19. 12.
1740 Maria Catharina Emerentia v. Corrado (Tochter d. k. u. k. General-
feldzeugmeisters v. C.), * 25. 11. 1708; † Brandenburg 16. 3. 1771. –
6 Kinder :
1. Friedrich Heinrich Ferdinand, get. 30. 11. 1731 Berlin, † 21. 3. 1807
   Potsdam, (preuß. Hauptmann). – Heiratet 7. 4. 1799 Henriette Louise
   Christiane v. Rüchel (Tochter des Generals R.), * 10. 4. 1765 Stendal;
   † 8. 6. 1818 Potsdam.
2. Wilhelm Karl; get. 7. 2. 1743, † 24. 11. 1743 Berlin.
3. Albertine Felicie; geb. Berlin 21. 1. 1744; † 3. 12. 1802 Potsdam. – Heiratet 3. 7. 1774 mit Leopold Leberecht v. Schlegell (siehe Schlegell
   3/4.)
4. Caroline Marianne, * 12. 2. 1745; † 5. 5. 1795 Potsdam. – Heiratet
   15. 1. 1770 Johann Heinrich Albrecht v. Döberitz (preuß. Gen.-Maj.);
   * Stargard 24. 8. 1730; † Rahmwerder 11. 4. 1811.
5. Antonie, * Berlin 9. 11. 1746; † Berlin 22. 2. 1749.

Der Zweite, den er unerwartet verlieren soll, ist Hülsen.

Nach 40 Jahren der Umgetriebenheit hat er endlich Ruhe gefunden, in seinem kleinen schleswigschen Dorf; Anfang 1807 besucht ihn dort sein Jugendfreund Rist mit Berger und schildert ihn also : »Unter denen, die mich in der Tür begrüßten, war mein alter teurer Hülsen gewesen, der von seinem Dorfe Wagersrott in Angeln herübergekommen war, mich zu empfangen; seine Haare waren mit einigen grauen untermischt, und das ernste Gesicht hatte noch einige Falten mehr bekommen. Er hatte ... in der Nähe der Freunde eine Hufe..., wo er in großer Stille und Einfalt mit seiner zweiten Frau, einer Holsteinerin (geb. Wibel) lebte; sie hatte ihm ein Kind geboren, das nicht vor langem gestorben war.« Unseligerweise bekommt jetzt Berger die Masern; er infiziert die Häuser der Freunde, und 14 Tage später, am 3. 3. 1807, stirbt Hülsen auch diese Frau daran.

Im nächsten Jahre besuchen sie ihn wieder, und »auf dem Rückwege vertrauten wir uns die Bemerkung, daß unserm Hülsen wahrscheinlich noch eine Umwandlung bevorstehe : eine wunderhübsche und liebliche

---

6. August Wilhelm, * Berlin 19. 3. 1748; † Berlin 2. 4. 1749.

*

Also scheint der S. 70, Zeile 15 v. o. erwähnte Döberitz entweder mit dem o. a. 4. identisch, oder aber doch verwandt zu sein; so daß die Vermittlung des Kaufes von Lentzke dadurch ‹organischer› wird.

*

2 für den praktisch noch ganz unbekannten Lebenslauf Schmettaus wichtige Notizen wurden aufgefunden bei Welck (siehe S. 684); sowie in einem Brief des Befreiers Lafayettes aus Olmütz, Justus Erich *Bollmann*, der am 6. 6. 1791 aus Kassel nach Hause schreibt : »Daß mein Geschmack (an 2 hübschen schlesischen Frauen) nicht unrecht sei, bewies mir unter anderem Folgendes : daß nemlich ein Berlinischer Graf Schmettau, welcher auch den Weißenstein (= Schloß Wilhelmshöhe) besah, sie eben so niedlich fand, wie ich, ob er gleich schon über 50 hinausreichte, und sie nach Berlin zu sich einlud, um die dortigen Merkwürdigkeiten ihnen zu zeigen.« (Kapp, ‹Bollmann›, S. 15.)

*

Bezüglich des Todesdatums Schmettau's – laut obiger Übersicht der 21. 3. 1807 – hat sich ein Dilemma erhoben. Ich gab auf S. 220 den 8. 6. an, weil die Kirchenbücher seinerzeit nichts ergaben, und andererseits Fouqué seine ‹Totenklage› von diesem Tage datiert hat – was er eigentlich grundsätzlich nur an Jubiläen tat. Ich lasse die Frage vorsichtshalber noch offen.

Predigerstochter, die seiner verstorbenen Frau im Hause beirathig gewesen und es ihm geblieben war, hing, wie alle jungen Mädchen, die früher in seine Sphäre gekommen, mit leidenschaftlicher Verehrung an ihm, und wie wir vermuteten, so kam es auch. Das schöne Mädchen wurde Hülsens dritte Frau, die erste mit der er, obzwar in späterem Alter, eigentlich ein reines ungetrübtes Glück der Liebe – auf kurze Zeit – genossen. Diesmal folgte er uns bald, und brachte die letzten Tage in Seekamp (dem Gut Bergers) mit uns zu.«

Im Juli 1809 tritt er mit seiner schwangeren Mine (= Caroline Sophia Thormälen, * 1790), eine Reise nach der Mark an, wo sein Bruder, Christian Gottfried, seit 1777 als Pfarrer in Stechow lebt; die Fahrt geht über Siebeneichen bei Lauenburg; dort macht man beim Schwiegervater – ebenfalls einem Pfarrer (Hinrich Thormälen, 1789–1825 dort amtierend) – einige Wochen Pause. In Stechow angelangt, wird ihm ein Töchterchen geboren: diesmal bleibt es am Leben. Er besucht die alten Stätten, Nennhausen, Lentzke; auch mit Fouqué ist er oft zusammen, aber wenn sie auch die Erinnerungen aneinander binden, so scheinen sie sich doch weltanschaulich völlig von einander entfernt zu haben; Fouqué steht just im Begriff, sich theoretisch dem starrsten evangelischen Doktrinismus zu ergeben – Hülsen, jetzt durch manches Jahr in Wiesen und Wäldern, mit Wolken und Meerwind, mit Pflanzen und Tieren noch mehr vertraut geworden, ist entschiedener unbekehrbarer Pantheist.

»Eines Abends, wo der jüngere Freund den älteren eine Strecke weit heimgeleitete nach dessen nahe gelegenem einstweiligen Wohnort« berichtet Fouqué, »und sie durch eine sandige Fichtenwaldung wandelten, sprang die Rinde von Beider Herzen. Man kam auf Natur-Abgötterei zu sprechen. Meinst Du denn, sagte Hülsen, ein seeliges Leuchten aufgehend aus seinen großen dunklen Augen, meinst Du denn wirklich, diese sogenannt wirkliche, diese endliche Natur sei es, die ich preise? Ihre Idee ist es, worauf mein ganzes Ringen sich stellt. Nicht dieser Sand der unsre Schuhe füllt, setzte er lächelnd hinzu, nicht dieser Harzgeruch aus Kiefernstämmen und Kiefernadeln, – nicht das und Ähnliches ist es, was ich Natur nenne. Was da war vor aller Zeit, was da schwand in der Zeit, was da wiederkommen wird in alle Ewigkeit – aber wir stammeln allesamt nur an dem Mysterium, und für heute trennt uns das tiefer hereinschattende Dunkel. Die Deinigen mögen sich ängstigen über Dein allzulanges Ausbleiben. Zudem wolltest Du ihnen ja den Anfang Deiner Dichtung von Karls des Großen Geburt und Jugend noch heut Abend vorlesen. Also wende Dich zum Heimgang. Aber auf Morgen komme herüber zu mir; da wollen wir einander die Herzen vollends erschließen. – Wir schieden voll seliger Rührung. Tages darauf kam ich mit hochklopfendem Herzen. Aber ich fand den Freund erkrankend und sehr matt; er schob die verheißenen Mitteilungen auf ein ander Mal hinaus, und dies Andermal ist für das Diesseit niemal gekommen. Er fiel in eine schwere Krankheit, und das Ansteckende derselben veranlaßte den Arzt, jeden Verkehr zwischen den beiden Familien streng zu untersagen. Nur als Leichnam durfte ich den Freund wiedersehen, aber als einen schönen Leichnam, das Lächeln des besiegten Schmerzes auf den Lippen.« – Abgesehen davon, daß Fouqué wahrscheinlich an den Eröffnungen Hülsens wenig christliches Wohlgefallen gefunden hätte, ist seine Bemerkung vom »schönen Leichnam« und dessen »seligem Lächeln« decouvrierend für die Kurve, um die er geistig gegangen ist – und deutlicher : welcher angsterzeugten Schönfärberei er sich in Bezug auf den Tod hingegeben hat. Noch im »Alwin« kann er ihm fest ins Auge sehen, wie ein Mann soll, und natürlich dabei empfinden, wie ein Mensch soll : »Einige Schritte von sich«, heißt es dort, »unter einer verwitterten Eiche glaubte Alwin die rote goldgestickte Schärpe Hartwalds zu bemerken; erschreckt ging er darauf zu, und fand wirklich den toten Körper seines Freundes. Eine tiefe gräßliche Hiebwunde ging in den Hirnschädel hinein, geronnenes Blut war durch das schwarze Haar gedrungen, und starrte auf dem bleichen Angesicht. Alwin stand in stummen Entsetzen davor ... Blick einmal recht scharf hin, Alwin«, fragt ihn Emilie, die Geliebte Hartwalds, »ob du (Ruhm, Ehre und) dergleichen gewahrst ? Da müssen wir Alle mit; auf tausendfache Weise faßt uns das alte Gerippe, plötzlich den bunten Schleier wegreißend, den wir über sein häßliches Grinsen gedeckt hatten ! Du, Du, der Du mich hörst; ich, ich, die ich zu Dir rede : wir werden so gräulich aussehen, als Hartwald eben vor uns liegt, wir werden verwesen, und bei den Würmern liegen, ihr Fraß, in der dumpfen Erdenluft fest, die uns jetzt aus einem Keller schon im Vorüberstreifen furchtbar anhaucht. Wir sind alle blödsinnig, daß wir uns auf einen Augenblick von diesem Entsetzen losmachen können !« Und sie scheidet von dem mächtig Bestürzten so : »Ich wollte Euch wohl die Hand zum Abschiede reichen, aber was soll Gebein und Gebein so schauderhaft aneinander streifen ? Sterbt wohl !« Das ist »The Conquerer Worm« wie es Poe zutiefst empfunden hat; und der sagt uns auch die Wahrheit über das Lächeln der Toten : da liegt Lady Usher »the mockery of a faint blush upon the bosom and the face, and that suspiciously lingering smile upon the lip which is so terrible in death.«

Am 24. 9. 1809 ist August Ludwig Hülsen zu Stechow an der Havel gestorben, »hinweggerafft, ohne von sich und seinen seltenen Eigenschaften ein Denkmal hinterlassen zu haben«, wie Rist traurig hinzufügt.

»In weltlichen Dingen war er ein Kind«; und auch das versteht sich von selbst, und ist eine Auszeichnung für Menschen vom Typ des Verstorbenen; mit Recht hatte Schopenhauer ein tiefes Mißtrauen gegen Alle, die sich gar zu früh und gut und erfolgreich in der Welt zurechtfinden.

Hülsens bißchen »Nachlaß« gibt Fouqué 1813 in Schellings »Allgemeine Zeitschrift von Teutschen für Teutsche« heraus; seine früheren Essays – eine Kritik der Preisfrage der berliner Akademie über die Fortschritte der Metaphysik seit Leibniz und Wolff; »Über Popularität in der Philosophie«; »Über den Bildungstrieb«; »Über die natürliche Gleichheit der Menschen«; »Naturbetrachtungen auf einer Reise durch die Schweiz« – muß man sich mühsam aus den damaligen Zeitschriften zusammensuchen. Ein Gedicht »An Hülsens Witwe« steht in Fouqué's »Totenklagen«; die Freunde haben sie noch zuweilen durch Geldzuwendungen unterstützt; am 8. 3. 1812 schreibt Fouqué an Fichte : »Berger nimmt unsern Beitrag für Hülsens Witwe mit dankbarer Rührung an.« (Hülsen und Berger waren Paten von Fichtes Sohn.)

Auch eine nahe Kusine und Wächterin der Kindheit stirbt 1808 : Wilhelmine von Nimscheffsky, jetzt verehelichte v. Klitzing.

Nicht weniger bewegt den loyalen Fouqué der Tod der Königin Luise am 19. 7. 1810 : er ist nicht der Mensch, um Kritik irgendwelcher Art an regierenden Häuptern zu üben, und man fährt ja wohl auch stets besser dabei. Er singt ihr, der »Engelschönen« das »Brandenburgische Erntelied« nach, und bemerkt in seiner Biographie : »Als ich um diese Leidenszeit aus einem Briefe vernahm, Jemand habe den König im Charlottenburger Schloßgarten allein gehen sehen, ergriff mich dies ‹Allein› mit von Wehmut überquillender Gewalt. Unter meinen einsam strömenden Tränen brachen mir die Gelübdesworte laut hervor : Verlasse mich Gott, wenn jemal ich Dich verlasse, mein edler schwergeprüfter König !« Die Wahrheit erfordert es, hier aber auch die Hofdame Caroline v. d. Marwitz anzuführen, die schreibt : »Man war stets von ihm gewohnt (Fr. W. III.), daß er irgend eine kleine Kurmacherei in der Gesellschaft hatte. Ein hübsches, nicht zu bedeutendes Mädchen, womöglich etwas lustig und unbefangen geschwätzig, fand sich gewöhnlich vor, mit der er eine Polonaise tanzte oder sich unterhielt bei Soupers an kleinen Tischen, die er vorzüglich liebte, weil er sich mit ‹toujours famille› ennuyierte. Dies gab längst zu Bemerkungen Anlaß.« – Rührend ist nur, daß der trockene, höchst durchschnittliche Mann, solche ergebenen kritiklosen Diener und Lobsänger wie Fouqué fand; aber das ist ja wohl die Voraussetzung für Obrigkeit überhaupt, daß es so viele Untertanen gibt, »die tief im Herzen getragen die Treu, / und auf dem Hintern ein Wappen«, wie Heine singt. –

Ernster kommt schon der Selbstmord Heinrichs von Kleist (21. 11. 1811). Am 15. 8. 1811 trifft Fouqué sich mit einigen anderen literarischen Freunden am Wannsee, und Ludwig Robert überbringt ihm dabei einen Briefgruß Kleists, der nach einigen freundschaftlichen Anfangszeilen auch die seltsame Andeutung enthält, es werde sich bei einem verheißenen Besuche in Nennhausen eine ganz wunderbare, bis jetzt noch völlig verschwiegne »prästabilierte Harmonie« zwischen beiden offenbaren. »Was damit gemeint war? Lange blieb Fouqué in völliger Ungewißheit darüber. Erst viel später vernahm er, daß Heinrich Kleist in seiner tiefen Schwermut, zunächst jetzt über den drohenden Untergang Deutschlands, überhaupt jedoch seinem Wesen eigen, schon vorlängst mit Selbstmordgedanken umgegangen war ... Er hatte schon zweimal den Antrag befreundeten Menschen ausgesprochen, ihn auf dem ernsten Entdeckungsgange zu begleiten, und sich durch ihr Zurückweisen nicht nur verletzt gefühlt, sondern sogar entfremdet. Mochte ihm nun eine Ahnung aufgestiegen sein, von den Schwindelgängen, welche Fouqué, wie schon angedeutet, früherhin an solchen Abstürzen bestanden hatte?« Wenige Monate danach erschießt Kleist an der gleichen Stelle, wo Fouqué den Brief empfing, erst Frau Vogel, dann sich selbst. Erschüttert vernehmen es die Bekannten, und Frau Caroline schüttet ihren Schmerz in einem kunstvoll wilden Brief an Adam Müller\* aus.

---

\* Die Beziehungen Fouqué-Müller werden einigermaßen befriedigend erst darzustellen sein, falls die umfangreichen Briefkonvolute der ehemaligen berliner Staatsbibliothek, aus den frühen berliner Jahren Fouqué's noch einmal auftauchen sollten. Sie werden einander relativ früh kennen gelernt haben – möglicherweise noch zwischen 1803 und 05, ehe Müller nach Wien ging. Daß sie Duzbrüder waren, besagt nicht viel: Fouqué gehörte zu jenen Naturen, die dergleichen innerhalb der ersten 5 Minuten einer Bekanntschaft zu schließen fähig sind (man vergleiche die kuriose Szene, die etwa Hendrik Steffens in seinen Lebenserinnerungen geschildert hat). Wenn Prof. Baxa in seinem (auch S. 207 f. benützten) Artikel angibt, daß Fouqué Mitglied der ‹Christlich-deutschen Tischgesellschaft› gewesen ist, so beruht das auf einem Irrtum. Jedenfalls hat die Verbindung anhaltend gedauert; noch am 27. Oktober 1823 sendet Fouqué aus Nennhausen ein Gedicht an Müller:

Du lieber Adam Müller! – / Der fromme Mond, – verhüll' er / auch unter Wolken dicht / einmal sein Botenlicht, / das er von ew'ger Sonne / uns bringt als Mahnungswonne – : / er leuchtet doch, ob dunkelfern, / viel schöner als manch kecker Stern.

Obgleich nun der Selbstmord derb gegen alle christlichen Dogmen verstößt, (und sich zum Beispiel der fast ausfällig fromme Jung-Stilling am 2. 1. 12 gegen Fouqué schön orthodox darüber empört), hat Dieser doch hier einen höheren, menschlicheren Standpunkt eingenommen – es mag ihm schwer genug geworden sein, und ist ihm hoch anzurechnen – ; als Cotta ihn zur Mitarbeit am »Morgenblatt« einlädt, erwidert er ihm am 28. 12. 1815 : »Gern würde ich zum Morgenblatt Beiträge liefern, wenn mir nicht bis jetzt ein persönliches Verhältnis entgegenstände. Ich gehörte zwar nicht zu Heinrich von Kleists nächsten und vertrautesten Freunden, aber ich war ihm doch nahe und innig befreundet – ich muß daher – in Hinsicht auf frühere Ereignisse bitten, daß mein erster Beitrag ein Aufsatz über den Dichtercharakter des edlen Unglücklichen sein dürfe; alle Rück- und Seitenblicke würde ich dabei gern weglassen. Es genügt, daß in einer Zeitschrift, wo sein Grab durch einen schlimmen Angriff verunreinigt wurde, auch eine Stimme zu seinem Preise laut wird. Können Sie mir dies bestätigen, so wird es mir eine Freude sein, mich so vielen geehrten Mitarbeitern des Morgenblattes anzuschließen.« (Einer der Mitredakteure, Weißer, hatte zu Kleists Tod »Öffentliche Seligsprechung und Vergötterung des Mordes und Selbstmordes in Deutschland« geschrieben, eine Überschrift, aus der die Tendenz des Artikels hinreichend hervorgeht. Fouqués Beitrag erschien pünktlich 1816 im »Morgenblatt«). –

Dafür finden sich zahlreiche neue Bekannte ein, mit denen er zum Teil später Freundschaft schließen wird, und die ich hier zunächst nur flüchtig behandle.

Da ist der Novellist Contessa; der Arzt Koreff, halb Genie, halb Charlatan : da ist der »auch« Dichter und Apostel des Magnetismus, der Dr. Wolfart; da ist der Mann mit dem ominösen Namen Schleiermacher; der Schriftsteller Wilhelmi. Ein junger Adliger, Alexander Freiherr von

---

Daß Nacht zum Taglicht werde, / hat ihn gestellt zur Erde / das liebe, heil'ge Wort, / dem Alles fort und fort / sich liebend soll gestalten : / das Neue zu dem Alten ! / Man ahnt, wenn Gottes Wort man kennt, / warum der Mond nur strahlt, nicht brennt.

Was man von Blitzespfeilen / erwartet, die da theilen / Gewölk im raschen Licht – / vom Mond erwart' es nicht. / Jedweder bringt das Beste / dem Freund im Kreis der Gäste. / Der Eine schweigt. Der Andre singt. / Nimm hin, was Freundesherz Dir bringt.

Gustav von Rochow hat späterhin noch viel mit Müller korrespondiert.

Blomberg, tritt in halbe Schülerstellung zu ihm (1820 gibt Fouqué dann den Nachlaß des sehr jung Gefallenen heraus; ein herzlich unbedeutendes Trauerspiel, »Konradin von Schwaben«). Die beiden Chézy, Frau und Mann, treten in nähere Beziehung zu ihm; er ist ein fleißiger und bedeutender Orientalist; sie eine eitle schriftstellernde Törin, Enkelin der »Karschin« – sie zu bezeichnen genügen wenige Zitate. Ihr Äußeres beschreibt sie selbst in ihren Erinnerungen »Unvergessenes« bescheiden so : »Mein Haar vom feinstem Golde; meine hellblauen Augen, mein schlanker Wuchs, mein rosiger Mund mit sanftgerundeten Lippen, meine schneeweiße Haut, waren für mich Schmucks genug«, über ihre Gedichte und »Übersetzungen« aus dem Orient urteilte Jakob Grimm, daß die einen so schlecht wären wie die anderen, während Helmina ihrerseits der Ansicht war, daß »die Krone des Genius ein Kunkellehn in der ganzen Familie« sei. Der Operntext zu Webers »Euryanthe« ist von ihr. Mit Fouqué zerfiel sie – wie nebenbei mit den meisten ihrer literarischen Bekanntschaften – recht bald; häufig spottet sie in ihren Briefen über seine Vielschreiberei, nachdem sie allerdings zuerst den »Zauberring« recht anerkannt hatte.

Stets enger wird das Verhältnis mit den Germanisten von der Hagen und Büsching; besonders mit dem Letzteren verknüpft ihn später enge brüderliche Freundschaft; trotzdem – oder richtiger : weil ! – sie räumlich meist getrennt sind, und nur in größeren Zeitabständen, obwohl regelmäßig, korrespondieren.

Der Verkehr in Nennhausen ist meist auf den Kreis der adligen Gutsnachbarn und Freunde beschränkt : von der Reck; sein ehemaliger Regimentskamerad Welck stattet ihm einen Besuch ab, den Fouqué 15 Jahre später erwidern wird; mit den Pfuels, die in österreichischen Diensten stehen, wird fleißig korrespondiert – eine nähere Schilderung gebe ich erst später, wenn der tägliche intim-persönliche Verkehr einsetzen wird. Eine verwandte Familie sind die Wangenheims, obwohl ich gestehen muß, daß ich noch nicht imstande war, die Art der Verwandtschaft zu verifizieren; ich gebe deshalb nachstehend die zu einer evtl. weiteren Nachforschung notwendigen Daten : Fouqué nennt in einem Brief ‹Karl von Wangenheim› seinen Verwandten; und bezeichnet ihn unverwechselbar dadurch, daß er dessen Vater als bei Auerstädt gefallen, und ihn selbst um 1809 als Schüler in Berlin angibt; es ist also mit hoher Gewißheit Karl Heinr. Ludw. v. W., \* Potsdam 28. 10. 1797, † Neu-Lobitz 28. 8. 1853. – Heiratet 21. 6. 1828 mit Auguste Lobeden, \* Kottbus 2. 4. 1809; † Stargard 5. 11. 1895. – (4 Söhne). / (Sein Vater war Aug. Friedr. v. W., \* 1754, und vorschriftsmäßig gefallen bei Auerstädt ! Er hatte 1792

Friederike Luise Kath. v. Döberitz geheiratet. Und auch die Frauen seiner nächsten Vorfahren in dieser Stammreihe der Wangenheims haben nie in Fouqué'sche Verwandtschaft geheiratet, soweit ich zu überprüfen imstande bin. – Jedenfalls ersieht man hieraus wieder einmal mehr, wie fragwürdig unsere Kenntnis des Stoffes noch ist : wenn man nicht einmal die Verwandten des Dichters einzuordnen weiß !). *

Ein Duzbruder ist der halb in Schlesien, halb in Brandenburg beheimatete »Prälat« und spätere Verwaltungsbeamte Ferdinand Friedrich von Stechow, an den noch 9 interessante Briefe Fouqués erhalten sind; sie kennen sich seit ihrer Kindheit (Stechow liegt bei Nennhausen), und auch 1813 trifft Fouqué ihn in Breslau; nur langsam schläft der Briefwechsel zwischen ihnen ein; der mir bekannte letzte ist von 1819, obgleich Stechow erst 1852 im schlesischen Lähn gestorben ist. Ich werde im nächsten Abschnitt mehrfach Zitate aus diesen Briefen bringen.

Auch mit den wenigen lokalen Notabilitäten aus dem benachbarten Städtchen wird auf dem Lande gern vorlieb genommen : mit Dr. Meier aus Rathenow; oder dem Musiker Schneider; und dem Maler Meier, der dann bei Belle-Alliance fällt. Auch ein benachbarter Postmeister ist da, »der für das Extrablatt Hexameter macht.«

Der Briefverkehr schwillt mehr und mehr an, und es ist recht nachdenklich, was Fouqué so alles am Tage geschrieben haben muß, denn er ist auch ein eifriger Korrespondent, und läßt Niemanden lange warten.

---

* Das Verwandtschaftsverhältnis Fouqué-Wangenheim konnte inzwischen mit sachkundiger Hilfe geklärt werden – es war schon ein typischer Cousin à la mode de Bretagne; nämlich :
Fouqué's *Mutter*, Louise Marie von Schlegell, hat einen
*Bruder*, Leopold Leberecht v. Schl., der eine
*Schwester* des oft erwähnten väterlichen Freundes und Jugenderziehers, des Grafen *Schmettau* heiratet.
Eine *andere Schwester Schmettaus*, Caroline Marianne v. Schm., heiratet am 15. 1. 1770 einen Johann Heinrich Albrecht von *Döberitz* (1730–1811); und hat u. a. mit ihm
eine *Tochter*, Louise Katharine, die nun ihrerseits 1792 einen Heinrich Julius Karl von *Wangenheim* heiratet; jenen ebenfalls S. 228 schon erwähnten Wangenheim, der bei Auerstädt fiel :
und *dessen Sohn, schließlich und endlich,* ist der, in dem erwähnten Brief an Hitzig genannte ‹Verwandte› Fouqués.

Jean Paul schreibt ein paarmal, und macht – darin liegt neben seinen Rezensionen seine besondere Bedeutung für Fouqué – außerdem den Vermittler der Bekanntschaft mit dem nürnberger Verleger Leonhard Schrag, auf den ich zurückkomme, und der sogleich den »Zauberring« übernimmt. Das geht auf eine Bitte Fouqués selbst zurück, der am 6. 5. 1810 gefragt hatte (und es ist amüsant, die besonders korrekte Sonntagshandschrift dieses Briefes zu lesen; an Büsching schmiert er anders) : »Nun komme ich noch mit einer Bitte, die ich nur in der Voraussetzung tue, daß es Ihnen nicht unlieb sein würde, noch manches Gedruckte von einem Sänger zu lesen, den Sie so höchst ehrenvoll bekränzt haben. Hitzig kann nicht Alles drucken, was von mir noch vorrätig liegt, und hat mir daher geraten, mich an Cotta zu wenden. Nun würde mein inliegender Brief an diesen unfehlbar den gewünschten Erfolg haben, wenn Sie ihn mit einigen empfehlenden Zeilen begleiten wollten ...« Mit Cotta wird es nun freilich nichts; aber »In Nürnberg ist ein neu angehender Buchhändler, Schrag, zugleich reich und brav, welchem Sie mit einem Manuskripte Freude machen würden«, wie Jean Paul postwendend antwortet.

Friedrich Schlegel und Frau Dorothea melden sich von Wien her, und loben den »Zauberring«; später ziehen sie ängstlich Erkundigungen nach dem widerspenstigen Stiefsohne, dem Maler Philipp Veit, ein – siehe 1813.

In Leipzig sitzen der Advokat und Schriftsteller Apel, den Fouqué auch persönlich kennen lernen wird; und Adolph Wagner, der Onkel Richards, angesehen als Schriftsteller und Übersetzer : er überträgt auch die »Undine« ins Italiänische, und ist ein begeisterter Verehrer der Fouquéschen Muse; durch ihn wird Fouqué näher mit dem merkwürdigen verquollenen Arnold Kanne bekannt, und »ringt« nun oft auch mit dieser befremdlichen Erscheinung, die auch wieder – ach, es ist zu ärgerlich ! – ihr spezifisches Christentum hat.

Von Süden her melden sich, um Beiträge für ihre Almanache plagend, oder als Mitarbeiter an solchen, Justinus Kerner und der schweigsame Uhland; Schelling bittet ihn um seine Mitarbeit; und der Briefwechsel mit Jung-Stilling muß jedes gläubige Herz erbauen – mir sind der gespenstisch kimmerische Ton der Episteln, die unsinnigen chiliastischen Theorien, und die mit bibelforscherischer Selbstsicherheit vorgetragenen Begründungen zu wesensfremd. Amüsant dabei ist z. B., wie Jung das ganz nahe Weltende voraussagt und begründet und Fouqué das ablehnt – aber wiederum mit solch unsinniger Argumentation, daß man sich nur schwer klar wird : daß alle diese Leute gar keine Witzbolde sind, sondern es in ihrer Weise ernst meinen; und die grauenvollste Intoleranz lugt

durch all das Genebel dräuend hervor : wie gut, daß Die nicht mehr an
»der Macht« sind ! – (Nachtrag 58 : Irrtum !)

Von Hamburg her nähert sich der Verleger Perthes mit seinem
Freund Beneke, und durch die Vermittlung des Erstgenannten erhält
Fouqué auch die ersten Zuschriften der verehrten Stolberge und des alten
Wandsbecker Boten, Matthias Claudius.

Aber in diese sich immer reicher und ehrenvoller entwickelnden
Beziehungen zieht wieder das politische Unwetter auf : schon 1811 stand
drohend die Feuerrute des großen Kometen am Himmel – das bedeutet ja
wohl unweigerlich Krieg – und im Laufe des Jahres 1812 ziehen in end-
loser wohlgeordneter Folge die Kolonnen Napoleons nach Osten :
»Noch schweben mir die langen dunkeln Züge der alten Garde mit ihren
stolzen Adlern, hohen Bärenmützen und martialischen Gesichtern wie
düstere Traumgebilde vor; vorweg der kriegerische Lärm der Trommeln
und Pfeifen, dann die gespenstischen Gestalten der Sappeure mit blinkenden Äxten und langen schwarzen Bärten, und hintennach endlose Reihen
von Trossen. – So ging es täglich unter unsern Fenstern durch, Mann an
Mann, und Brigade an Brigade. Ich bekam fast alle Waffengattungen des
großen Heeres zu sehen, die hohen Kürassiere mit beschweiften Helmen
und goldenen Panzern, die leichtberittenen Chasseurs, Ulanen, Dragoner, Husaren, Voltigeurs, alle Gattungen von Infanterie und Artillerie mit
guter Bespannung, endlich lange Züge von Pontons und Kriegsgerät. Es
war eine gar treffliche Armee, wie sie die Welt noch nicht gesehen, wohl-
versorgt und ausgerüstet mit allem Nötigen; sogar an Winterschuhe hatte
man gedacht und an grüne Brillen gegen die Blendungen des Schnees.
Endlich sahen wir noch ein ganzes Geschwader von jungen Nähterinnen
auf kleinen Pferden folgen.« – so sieht sie der kleine Kügelgen durch
Dresden ziehen; und so sieht sie ganz Deutschland : es ist die letzte Chance
Westeuropas gegen Rußland.

§ 31

Aber der Staat, auf den es jetzt ankäme – Preußen – will »seine« Freiheit
wiedererringen, die »Schmach« der Besatzung nicht länger dulden; im
höheren europäischen Sinne, im Sinne dessen, was Massenbach und verwandte Geister auch jetzt noch unaufhörlich, verzweifelt, predigen, versagt Preußen. Versagt im letzten, ja einzigen Moment, wo ein vereintes
Westeuropa keine Utopie mehr wäre, wo Rußland noch nicht überstark

wäre, wo der geniale Feldherr da ist, wo alle Vorbedingungen bis auf die eine, eine erfüllt sind – eben die freiwillige begeisterte Mitarbeit Preußen-Deutschlands; allerdings in der zweiten Rolle; aber daß es die erste zu übernehmen nicht fähig ist, hat es 1792 und 1806 bewiesen, und dem Kenner der damaligen Machtverhältnisse in Europa kann es auch kein ernstlicher Zweifel sein, daß Frankreich die einzige Kontinentalmacht war, industrialisiert genug, bevölkerungsreich genug, schwungvoll genug, um hier die Führung zu übernehmen.

»Der Unwille gegen die Fremdlingsherrschaft, ein an sich notwendiges, ja lobenswertes Gefühl«, sagt der brave Fouqué, »verbunden mit der schmerzenden Unmöglichkeit, unmittelbar Befehle von dem fernen, unaussprechlich geliebten Landesvater zu empfangen, hatte allerlei geheime Verbündungen erzeugt, die sich naturgemäß mehr und mehr untereinander verzweigten ... Als Fouqué durch einen – seither auf dem Siegesfelde bei Kulm rühmlich gefallenen – Ehrenmann aufgefordert ward, sich der bereits sehr zahlreich angewachsenen Verbündung anzuschließen, stellte er dabei für sich folgende Bedingungen:

Kein Meuchelmord des Feindes oder sonst Überfall und Überwältigung desselben unter gastlichem Dach, mißbrauchend sein Vertrauen. Das feierliche Ehrenwort jedes Vorgesetzten: Alles was geschehe und geschehen solle, geschehe im Namen und auf ausdrücklichen Befehl des Königs unseres Herrn.

Der ehrenwerte Bote nahm die Bedingungen an, und sprach: Ich sehe, Sie versprechen schwer. Doch eben deshalb auch fühl' ich: man kann fest bauen auf das Halten Ihrer Versprechungen. – Hätten Sie noch irgend eine Privatbedingung hinzuzufügen?

Fouqué erwiderte: Nicht Bedingung, wohl aber Wunsch: Gern wüßt ich einen sicheren Zufluchtsort für Weib und Kind, wann nun der blutige Reigen anhebt. Aber wie gesagt: es ist nur Wunsch, keineswegs Bedingung: ich kann auch auf den Gott, welcher die Liebe ist, alle Sorge legen für meine Lieben, auf ihn ganz allein.

Recht, sagte der Ehrenbote. Aber glücklicherweise kann ich Ihnen auch dieses Wunsches Erfüllung zusichern. Es sind zuverlässige Anstalten getroffen, gleich in des Unternehmens Beginn eine Festung zu überrumpeln, und Ihre Lieben sollen eine sichere Zuflucht dort finden. – Der Vertrag war geschlossen!« – Im »Alethes« hat er laufend ähnliche Szenen nachgebildet.

Das waren die Vereinigungen von der Art des »Tugendbundes«, in dem sich vor allem die ehemaligen verabschiedeten Offiziere und Beamten zusammenfanden, und allerlei planten.

Es kann nicht deutlich genug herausgestellt werden, daß der Gedanke der »Befreiung« zuerst eigentlich nur in den »höheren«, »gebildeten« Schichten entstand; das Volk war still, und trug die französischen Lasten geduldig, wie ehedem die preußischen; bis es endlich, gedanken- und also wehrlos wie immer, der pausenlosen nationalen Propaganda erlag. Bezeichnend für diese Stimmung des Volkes ist sein Widerstand gegen das damals erfundene »Krümpersystem« – ich zitiere im folgenden häufig die Veröffentlichungen des »Großen Generalstabes« über die Jahre 1813–15 – der sich oft gewaltsam Luft machte : Im Dezember 1811 flohen aus Silberberg in 6 Tagen 54, aus Cosel 20 Krümper; Zahlen, die im Laufe des Monats auf 81 bzw. 104 Mann anwuchsen. In den Ämtern Pelplin und Bordzisken hatten sich die Kantonisten der Aushebung mit Gewalt widersetzt, waren entwichen und hatten Banden gebildet. Vom Februar 1809 bis einschl. Dezember 1811 desertierten allein von einer Brigade, der oberschlesischen, 1241 Mann. Selbst im Jahre 1813 hält diese Gesinnung des Volkes zum Teil noch an : Die Landwehrleute müssen teilweise gefesselt nach Glatz und Neiße eingeliefert werden; und am 19. 4. 13 berichtet der Polizeidirektor Flesche aus Potsdam über bedenklichen »Mangel an vaterländischer Gesinnung« so : »Nicht allein, daß ein großer Teil der zur Eidesleistung zusammengerufenen Landwehrmänner ausblieb, nicht allein, daß das Betragen der Erschienenen von der Beschaffenheit war, daß die Zusammenstellung zur Ungebühr verzögert werden mußte und nicht beendet werden konnte, daß man sich während der Vorlesung der Kriegsartikel einen Mißvergnügen verkündenden Lärm erlaubte und zu befürchten stand, daß die Zusammengekommenen wieder auseinander gehen oder die Eidesleistung verweigern würden, so haben sich Einige der Erschienenen sogar in der Kirche ein der Heiligkeit des Ortes und der feierlichen Handlung unpassendes Benehmen zuschulden kommen lassen, den Eid selbst nicht abgeleistet und ihre Umgebung während des Schwures zu einer ähnlichen Handlungsweise ermuntert.« Noch mehr Schwierigkeiten fand man in den Städten, z. B. Berlin oder Frankfurt a. d. Oder. –

Dennoch gelingt es allmählich, etwas wie »Nationalen Unwillen« erst zu pflanzen und dann zu schüren; und Fouqué tut das Seinige redlich dazu; allerdings vorsichtig, da er immer erst auf den Befehl des Königs wartet, ohne den er nichts denkt und unternimmt.

Als das neugebildete Brandenburgische Kürassierregiment – ein Teil davon sind alte Kameraden noch von den Weimar-Kürassieren her – in Spandau einrückt (später steht es in Brandenburg), geben die Stände des havelländischen Kreises ihm ein Festmahl; der eigentliche Veranstalter ist der Landrat, Herr von Bredow auf Sentzke. Am 18. 1. 1809 findet es statt, und als besondere Ehrengäste sind außer Fouqué auch Graf Chazot und der bekannte Schill eingeladen. Schill, ein durchaus mediokrer Mann, nur durch die Umstände zu einer etwas ungewöhnlichen Rolle bestimmt, hat es Fouqué gegenüber selbst ausgesprochen : diese Rolle schwindle ihn an ! Als er bald danach zu der bekannten kopflosen Unternehmung aufbricht, da hofft Fouqué zuerst aufs Nachrücken mit ganzer Macht und hält sich dazu bereit – aber der König spricht ausdrücklich seine Mißbilligung der ganzen Affaire aus, und »für Fouqué gab es nun keine Frage mehr.« Die Nachricht vom Erliegen der unglücklichen verlockten Schar in Stralsund erhält er zugleich mit einem ersehnten Brief von Jean Paul. –

Seine Dichtungen der zwei Jahre vor den letzten Napoleonischen Kriegen zeigen die nationale Wendung bereits deutlich.

Neutrale, rein poetische oder schriftstellerische, Unternehmungen sind noch die beiden Zeitschriften, die »Musen«\*, die er mit Neumann zusammen herausgibt (die aber nicht übers vierte Quartal hinauskommen, und auch nur unbedeutende Beiträge von ihm bringen; einer der interessantesten Mitarbeiter ist, neben Fichte, Uhland, Rückert, Görres, Varnhagen, der alte Afrikareisende Lichtenstein). Und die schönen und wichtigen »Jahreszeiten«, in denen im Frühling 1811 die »Undine« zum ersten Male erscheint; auch die folgenden 3 Hefte enthalten bedeutende und charakteristische Beiträge : das Sommerheft gibt »Die beiden Hauptleute«, eine bildkräftige Erzählung aus Spanien und der Sahara – also dem südlichen Grenzbereich der Fouquéschen Ökumene – die auch sprachlich durchaus unverächtlich ist. Im Herbstheft kommen »Aslaugas Ritter«

---

\* Ein insofern wichtiges Urteil, als es die Meinung eines ganzen Kreises, nämlich des Goethe-Kreises, wiederspiegelt – die Gruppe Reinhard war ja nur eine Filiale davon –, findet sich in einem Brief Christine Reinhards (geb. Sieveking aus Hamburg; erst die Freundin Justus Erich Bollmanns aus Hoya) vom 30. 7. 1812 aus Kassel : »Wie wir vor einigen Tagen die Neuen Musen von Fouqué – darin die Nachrichten über die Sündfluth das modernste, und gewiß das Palmblatt der Taube das poetischste war – durchblätterten, sagte Reinhard : ‹Kann mans glauben, daß dies in demselben Berlin herauskommt, wo Friedrich II. regierte, wo Nicolai lebte, wo Biester seine Monatsschrift schrieb !›«.

Die 20jährige Tochter, Sophie Reinhard, war dagegen derartig von Fouqué begeistert, daß sie öffentlich ein Gedicht an ihn richtete; was er auch sogleich verbindlich beantwortet hat.

(später von Thomas Carlyle übersetzt), und der Balladenkranz von »Alpin und Jucunde«. Das Winterheft bringt den kleinen Roman »Sintram und seine Gefährten«, der, angeregt durch Dürers Kupferstich vom »Ritter, Tod und Teufel« entstanden, eines der besseren prosaischen Stücke unseres Dichters darstellt, und am Nordrand seiner Bilderwelt, in Norwegen angesiedelt ist. Zwei der Hauptgestalten sind dem »Zauberring« entnommen : er kann sich noch nicht von der eigenen großen Schöpfung trennen.

Angeregt durch ETA Hoffmann, mit welchem Hitzig die Verbindung hergestellt hat, schreibt er im Herbst 1812 den Operntext zur »Undine«, den Jener komponieren wird; ich komme später noch darauf zurück.

Neutral sind auch seine Beiträge zum »Taschenbuch der Sagen und Legenden«, das er mit der schon erwähnten Amalie von Helvig zusammen herausbringt und das der berühmte Cornelius illustriert hat. (»Kühn trink aus röm'scher Quelle ! / Dich läßt gesund die Welle, / die Du im Becher schwingst. / Du kehrst als fromm und bieder / deutschmalend zu uns wieder, / so wie Du von uns gingst.« ruft Fouqué im Oktober 1811 dem eben in Italien Befindlichen zu.) Aber hier stößt er zum ersten Male schon auf den Widerstand selbst näherer Freunde, die sich von dem überfrommen Ton mancher der Legenden und Szenen abgestoßen fühlen. »Er soll nordisch dichten !« schreibt Friedrich Schlegel entrüstet : »diese Gegenstände sind ihm sehr heilsam, um ihn in der Männlichkeit und im Ernst zu erhalten !«

Und er begibt sich ja auch wieder an germanische und nordische Stoffe. Sein Heldenspiel »Alboin« behandelt die bekannte Rosamunden-Affaire; schon hierin klingt manchmal bedenklich bloßes Bardengebrüll, und die Freude an Schildbeißerei und Berserkerwut; obwohl ich ausdrücklich hervorheben will, daß das Drama auch gelungene Auftritte besitzt. Zum erstenmal begibt er sich hier ins Langobardenreich, das er später noch häufig schildern wird, in der »Theudelinde«, der »Wilden Liebe« oder dem »Verfolgten«.

Noch manirierter geberdet er sich im nächsten großen Roman, den »Fahrten Thiodolfs des Isländers«. Der sieben Fuß hohe Recke besteht nacheinander seine »geuerlichkeiten« in Island, Italien, Afrika, und endlich in Byzanz und den Bulgarenkriegen; es ist der Riese Asprian in natura, der nicht ansteht, einen der größten afrikanischen Löwen als schönen gelben Hund zu bezeichnen : »der soll uns jagen helfen !« Ein Pferd tötet er, ganz Shatterhand, mit einem Schlage seiner »beerzten« Faust vor den Kopf; Berserkerwut tritt an gut gewählten Stellen ein, etc. etc. Vielleicht hat er das gemeint, wenn er am 27. 7. 12 an Wagner schreibt, daß er im »Thiodolf« die »heitre, oft lustige, beinahe drollige Seite« seines Wesens hervortreten lassen wolle. (Vergl. auch Brief an Cotta vom 9. 8. 10 : »Ich hätte noch keinen humoristischen Ritter geschrieben ? Ist denn mein Thiodolf ein Bauer, ein Knecht ? da würde er ein schönes Spektakel erheben, wenn er so was hörte, und wohl gar in eine gelinde Berserkerwuth geraten«). Wenige poetisch schöne Stellen – wie z. B. die Beschreibung des Lebens auf Island im ersten Teil – können dem mißlungenen Ganzen nicht aufhelfen; es bleibt bloße Tapetenbuntheit, ein schwachfarbiger Fries ohne tieferen Sinn. Das ist nicht ganz allein Fouqués Schuld : er hat das Werk auf der Jahreswende 1812/13 geschrieben, die beiden letzten Bücher buchstäblich schon mit dem »Fuß im Bügel«; Campe in Hamburg hatte er das Manuskript versprochen, und er wollte sein Wort halten.

Zur eigenen Lektüre hat er um diese Zeit wenig Muße; wohl hält er sich über die bedeutendsten Erscheinungen der neueren Literatur auf dem Laufenden, liest Goethes »Hermann und Dorothea« oder Vossens »Luise«; Jung-Stillings Bücher, und neben Kanne auch Ernst Meyers »Reisen in die Heimat«; aber die eigene vaterländisch sich erregende Produktion steht doch durchaus im Vordergrunde, zumal er auch noch die Tochter Marie selbst unterrichtet : es wird kein Hauslehrer angenommen; unter seiner Leitung soll sie heranwachsen, und ganz seinen weiblichen Idealen nachgebildet werden.

Der Plan zu einem Epos über die »Tartarenschlacht« 1241 bei Liegnitz, zu dem er lange, vor allem mit Stechows Hilfe, Material gesammelt hat, beschäftigt ihn manches Jahr; es ist allerdings nie ausgeführt worden. (Stechow, Ferdinand Friedr. v., * Langenbielau 15. 5. 1774; † Lähn 29. 12. 1852; Herr auf Stechow, Arnoldsmühle, Schönwaldau u. Eisendorf, Prälat v. Kolberg, kgl. preuß. Landrat. – Heiratet Langenbielau 2. 5. 1797 mit Karoline Fried. Charl. Gräfin Sandrecky, * 1777; † Schönwaldau 21.12. 1824. – (2 Söhne : Hermann, * 1798 und Karl Bernhard, * 1811). Und die Debatte mit dem Freunde in Schlesien führt Fouqué oft zu für uns wichtigen theoretischen Erörterungen. »Daß er (Kanngießer*) in der Wahl des

---

* Es ist schwer, sich ein einigermaßen richtiges Urteil über Peter Friedrich Kanngießer zu bilden. / Äußeres Leben : 1774 zu Glindenberg, 10 km nördl. von Magdeburg, geboren. Dann Studium in Halle; anschließend Lehrer am dortigen Waisenhaus. 1799–1805 Lehrer in Bunzlau (Schlesien). 1805–17 erst Lehrer, dann Privatdozent in Breslau. 1817–33 Ordi-

hexametrischen Silbenmaßes einen großen Mißgriff begangen hat, davon fühle ich mich ganz überzeugt. Diese Form führt fast unvermeidlich kühn zusammengesetzte, hochläutende Beiwörter mit sich, die der griechischen Sprache natürlich waren, der unseren aber immer anstehen, wie eine Art Maskeradenputz. Daher denn auch in den volksmäßigsten Hexametergedichten die wir haben, in Goethes ‹Hermann› und Vossens ‹Luise›, das Versmaas zu einer gewissen gutmütigen Ironie über die beschränkte äußere Lage der Personen und ihre alltäglichen Amtstitulaturen im Verhältnis zu den prächtig klingenden Worten und Anreden Veranlassung gibt. Hier aber bei einem durchaus ernsten Stoffe fühlt man sich gestört, die schlichten und sittigen ernsten Frauen in so hochbeinig vornehmen Redensarten einherschreiten zu sehen. Ja selbst die Familien- und Ortsnamen, sonst eine rechte Zier in Darstellungen der vaterländischen Sagen und Geschichten, scheuen sich vor dem Hexameter und wollen

---

narius für Geschichte an der Universität Greifswald; wo er auch am 7. 4. 33 gestorben ist. / Seine Arbeiten sind von zweierlei Art:
1. *Wissenschaftliche Schriften* : Grundriß der Alterthumswissenschaft, 1815. / Die alte komische Bühne zu Athen, 1817. / Mittheilungen aus Greifswalde und Pommern, 1821. / Geschichte von Pommern bis auf das Jahr 1129, 1824. / Übersetzung des Procopius v. Cäsarea, 1827–31. / Und mehrere kleinere Schriften.
2. *Poetische Werke* : Der fliegende Ritter, 1803. / Die Gräfin von Rosenberg, 1804. / Der Palmenhain, 1805. / Tartaris, oder das befreite Schlesien, Breslau 1811. / Der Püsserkrug, 1832. – Und vieles andere mehr; z. B. auch 2 Bücher ‹Oden› (1814).

Ich habe – was keinen Kenner verwundern wird – bisher nur ganz wenige der ältlichen Bändchen einsehen können; und bereue es auch nicht, il ne vaut pas la peine. Die von Fouqué so unnötig-eifrig studierte ‹Tartaris› ist ein dürftiges, an vielen Stellen sogar unterdurchschnittlich elendes Produkt; dazu ausgesprochen ‹konjunkturell bedingt›, wie auch Kleist's ‹Hermannsschlacht›, u. a. w. g., mit den immer wiederkehrenden schielenden Seitenblicken auf die ‹Gottesgeißel› (lies ‹Napoleon›) und die ‹Mongolenhorden› (lies ‹Franzosen›) – heute, im Besitz der Erkenntnis, daß eben damals ein Groß-Europa mit westlicher Kultur durch dergleichen preußische Scharfmacher und ihr engstirniges an-den-Schild-Schlagen für immer vereitelt wurde, besonders peinlich zu lesen. Ich habe ja bereits S. 399–401 ein kräftig Wörtlein darüber gesagt – es wird noch eine ganze Anzahl der Jetzt-Lebenden sich des Studiums der Russischen Sprache befleißigen müssen : *eben dank jener ‹Großen Zeit› von 1813!*

nicht gern hinein; mit Recht, denn sie stehen darin doch nur immer wie in einer fremden Gesellschaft, wo man sie aus Höflichkeit duldet und zu Worte kommen läßt, ohne daß sie doch je in den rechten Ton der Umgebung hineinkommen könnten. Der Name des Edlen von Wilczek z. B. in einem Hexameter klingt nicht besser, als sich der Edle von Wilczek selbst als Opferknabe bei einem Tempelfeste zu Delphi vermutlich benommen haben würde. Stelle aber den Namen in ein eigentümlich deutsches, altväterliches Silbermaaß, und den Junker selbst in eine ehrenwerte Ritterburg, oder in ein harnischleuchtendes Ritterlager –: so werden sich Beide ausnehmen und benehmen, wie es tüchtigen Deutschen geziemt.« (31. 7. 1811 an Stechow).

1811 erscheinen die schon betont so genannten »Vaterländischen Schauspiele«, die zwei Schauspiele enthalten: »Waldemar« und »Der Ritter und die Bauern«. Im ersten versucht Fouqué nachzuweisen, daß der sogenannte »falsche« Waldemar – einer der vielen obskuren Prätendenten, wie sie die Geschichte kennt – in Wahrheit der »Richtige« gewesen sei, und er fügt außerdem noch eine Prosaabhandlung über den gleichen Gegenstand hinzu, der ihn ja schon seit seinen Knabentagen beschäftigt hat. Vom märkischen Standpunkt aus mag dem Lokalhistoriker interessant sein, daß hier alle die brandenburgischen Adelsnamen vertreten sind: Bredow, Rochow, Byern, Alvensleben i. i., und Fouqué schreibt auch selbst: »Durch den Waldemar habe ich schon ein Publikum unter den alten Generälen, Obersten usw.« Das Stück selbst ist wenig bedeutend. Das zweite, auch poetisch kräftiger, hätte gewichtig werden können, wenn es Fouqué überhaupt gegeben gewesen wäre, die sozialen Konflikte seiner Zeit – aller Zeiten, also – zu durchdenken; so versandet es bald wieder in der alten angestammten Lehnsbiederkeit, obwohl es immerhin bemerkenswert bleibt, daß hier einmal Unrecht durch einen Junker geschieht: das Stück gilt deshalb auch vielfach als zu revolutionär in seinem Bekanntenkreise, und verdirbt wieder einiges, was der »Waldemar« bei den Konservativen gewonnen hatte. Bezeichnend ist, daß die kräftigsten und eindringlichsten Stellen die sind, wo er die unheimlichen heidnischen Lithauer schildert.

Die »Dramatischen Dichtungen für Deutsche« – man bemerke wiederum den Titel – sind zwar 1814 erst erschienen, sämtlich aber früher geschrieben worden, drei davon 1812, die andern beiden noch eher. – Die unbedeutendsten davon sind »Irmensäule« und die »Runenschrift«; letzteres gewinnt ein schwaches Interesse dadurch, daß es wieder einmal an der Porta Westfalica, im alten Lieblingswinkel, lokalisiert ist. Die »Heimkehr des großen Kurfürsten«, mit deutlicher Parallele »Fehrbellin – kommende Befreiung« geschrieben, ist durch die Erwähnung der Familie von

Briest ausgezeichnet. Die »Familie Hallersee« spielt im 7-jährigen Kriege, und ist stofflich recht interessant durch Anspielungen auf den General Fouqué, den Zwist zweier Brüder, den Konflikt zwischen der katholischen Theodora und dem preußisch-protestantischen Wilhelm; lebhaft und recht natürlich sind die Soldaten und Lagerszenen; auch der Freischärler Neribianchi ist gut gezeichnet. Für eine größere Auswahl aus Fouqués Werken wäre das Stück in Betracht zu ziehen.

Das Kleinod des ganzen Bandes ist »Alf und Yngwi«, das altnordische Trauerspiel, dem Margarete Schuchbauer eine fein nachfühlende, wenn auch im faktischen wenig Neues bringende, Dissertation gewidmet hat. Hier ist die zweifellos größte tiefsinnige Konzeption, und dazu die dichterisch eindringlichste Ausführung von allen 5 Stücken der Sammlung zu finden; es ist aber auch in den besten Jahren Fouqués, um 1810, entstanden.

Das richtige Urteil über dessen bisherige Produktion gibt schon Friedrich Schlegel, wenn er am 12. 5. 1813 an Tieck, der den Dichter einen Manieristen gescholten hatte, schreibt: »Daß Fouqué zuviel dichtet, eben darum Einiges auch sehr flüchtig, daß er sich wiederholt, will ich Dir gern zugeben, wenn Du das manieriert nennst; aber wenn dies mit solcher Poesie verbunden sein kann, wer ist denn wohl ganz frei von Manier? *Ich liebe Fouqué sehr!*« (Wie heißt es doch so erleuchtet bei Kerr? : »Der Autor nehme lachend den Vorwurf der ‹Manier› hin. Was ist Manier? : jede Darstellungsform, die ihrem Autor wie die nötigste, beste erscheint. Was ist Manier? : jeder Stil, dessen Melodie im Autor klingt, bevor die Übrigen an ihren Gang gewöhnt sind. Was ist Manier? : *der Defekt im Leser!!*«) Kerners überschwengliches Urteil sei erwähnt, der 1814 anläßlich der »Dramatischen Dichtungen« an Uhland schreibt: »Fouqué ist fast mehr als ein Mensch!« –

Auch wichtige neue Verbindungen und Freunde bringt das Jahr 1812. Den königlichen Kapellmeister Righini lernt er flüchtig kennen; im Juli 1812 macht er in Berlin die Bekanntschaft des hamburger Verlegers Perthes, eine Verbindung, die bis zu Fouqués Tod andauert und von ihm für eng gehalten wird – ich werde noch darauf zurückkommen – ; Perthes erzählt in Hamburg von dem beliebten Dichter; und im Dezember erhält Fouqué den Brief eines ihm bis dahin ganz Unbekannten, eines Herrn Ferdinand Beneke, der in seinem Leben – und dadurch mittelbar in der deutschen Literatur – eine recht wichtige Rolle spielen wird; zunächst bleibt es bei dem je einen Brief hin und her, da sich das Jahr 1813 nähert; erst über zwei Jahre später gewinnt das Verhältnis die besprochene Bedeutung.

Zeune, der Geograph, Leiter der Blindenanstalt am Grauen Kloster, und Stifter der Gesellschaft für deutsche Sprache – er übersetzt z. B. die »Nibelungen« ins Hochdeutsche – kommt ihm um diese Zeit näher (gekannt haben sie sich schon längst durch Hitzig); und es ist bezeichnend für das gewalttätige Deutschtum des Jahres, daß der Purist, wenn je einer war, ihm ganz ernsthaft den Vorschlag macht, seinen Franzennamen abzulegen oder irgendwie zu verdeutschen. In halb komischer Klage berichtet Fouqué es dem Freunde Hitzig; fügt aber hinzu, daß er, falls das allgemein durchgeführt werden sollte, nicht dahinten bleiben würde. –

Eine Freundschaft blüht schon 1812 schön und kräftig auf: die zu dem sächsischen Komponisten und später auch Erzähler Carl Borromäus von Miltitz. Der ist ungefähr in Fouqués Alter, der Sohn des sächsischen Hofmarschalls, und ursprünglich für eine wissenschaftliche oder künstlerische Laufbahn erzogen worden; später mußte er dann doch Soldat werden, hat aber in den paar Jahren in der stillen Lausitzer Garnison sich mehr in Literatur und Tonkunst als den Wehrdienst vertieft; selbst als Hauptmann in der friedlichen dresdener Schweizergarde nimmt er Unterricht im Kontrapunkt beim Kapellmeister Schuster, und scheidet endlich 1811 aus der Armee aus, um sich ganz seinen Neigungen zu widmen. So trifft er 1812 in Nennhausen und Brandenburg mit dem von ihm verehrten Fouqué zusammen, von dem er schon die Lieder im »Alwin« komponiert, und brieflich von ihm die Zusage zum Text eines Oratoriums »Die Frauen am Grabe des Heilands« erhalten hat. Und Fouqué ist nicht der allein gebende Teil; der lebhafte, witzige, dabei männliche und sehr aufrechte Miltitz versorgt ihn mit Sagenstoffen, zumal schlesischen von Burg Greiffenstein und Kynast, und ist später auch selbst literarischer Mitarbeiter an Fouqués »Frauentaschenbuch«.

Ihm verdanken wir weiter eine der seltenen Beschreibungen vom Äußeren des Dichters, die Miltitz am 10. 8. 1812 aus Nennhausen an die Kusine seiner Frau sendet: »Ich kam hier früh um 4 Uhr an. Fouqué, den ich nicht hatte wecken lassen wollen, kam um 8 Uhr zu mir. Er schläft gern und ziemlich lang, aber nicht nach Tisch ... Fouqués Größe ist Ihnen aus dem Augustens Briefe beigefügten Maaße bekannt; sein Gesicht ist ungemein fein und zart, aber bräunlich, nicht ekel weiß. Seine Stimme ist ein sehr angenehmer Tenor, seine Aussprache weich niedersächsisch, aber nicht berlinisch. Fichte in Berlin sagte mir von ihm« – (Fichte war von einem Verwandten Miltitz' erzogen worden und der ganzen Familie befreundet) – »so wie sein Otto von Trautwangen (im Zauberring), ebenso brav, so herrlich ist Fouqué selbst. Er ist ungemein heiter, witzig, kann sich aber auch im miltitzschen schlechten Witze, z. B. Wortspielen,

Wortverdrehungen, lächerlichen Wortbildungen gefallen. Waffen und Waffenklang, Pferde und Hunde liebt er über alle Maaßen; Wurfspieß und Pfeil hat er selbst. Alle männlichen Kraftübungen sind ihm ein hoher Genuß. Er ist ungemein weich. Beim Vorlesen, welches er mit wunderbarer Feierlichkeit tut, treten ihm ungemein leicht die Tränen in die Augen. Sein Anzug ist modern, aber nicht zierbengelhaft ... Er spielt nicht übel Klavier und singt erträglich. Er ist mit einem Worte ein ganz herrlicher hoher Mensch. Daß ihm Adel und Rittertum über Alles gehen«, darf Miltitz nicht verschweigen. Man vergleiche hiermit das nur drei Jahre später von Beneke gegebene Porträt, das gar wunderlich aber nicht etwa unvereinbar mit dem eben gelesenen kontrastiert. (Ich verweise hier einmal ausdrücklich auf die Erwähnung von Fouqués Gefallen an Wortspielen* und -verdrehungen, ein Phänomen, das man häufig bei bedeutenden Dichtern findet; ein Zeichen des rastlos, auch in den Mußestunden, spracherprobenden, klangkostenden, sinneversetzenden Benennergeistes, und dem Verständigen durchaus ehrwürdig).

Bemerkenswert ist die Erwähnung von Fouqués sportlichen Übungen – soweit sie eben gehen; denn es wurde schon angemerkt, daß er nicht schwimmen konnte; am 17. 9. 12 berichtet er dem bereits wieder abgereisten Freunde (und die Stelle ist ganz bezeichnend für die Übertragung der Wirklichkeit ins Werk) : »Was ich Dir jetzt für herrliche Speere zeigen könnte ! Einer ist zwar unschön, aber zur Armesübung unvergleichlich; dagegen gibt es einen andern von braun gebeiztem Holze, einen messingnen Ring unten um die fast fußlange Stahlspitze gelegt, und das ganze um mehr als eine Handbreit höher wie ich, – was der für Schwünge tut ! Und wie herrlich er unter den grünen Blättern im Sonnenblitze leuchtet ! Thiodolf hat ihn nicht schöner gehabt« – : das ist die »Helmfriedslanze«, wie sie im vorletzten Kapitel, (1. Teil, 2. Buch) des »Thiodolf« erscheint ! Zum Überfluß schreibt Fouqué dem Freunde auch noch zwei Stellen aus dem eben in Arbeit befindlichen Roman ab : »Die zweite Stelle betrifft ein

---

* Anläßlich der angeregten Debatten zwischen Caroline Fouqué und Miltitzens Gattin über eine Haube – damals, wie der Kenner der zeitgenössischen Literatur (Hoffmann, Iffland, Lafontaine, i. i.) weiß, eine der gefährlichsten Waffen aus weiblichem Arsenal, und, zumal in Verbindung mit dem entsprechenden Négligé, schlechterdings unwiderstehlich – entfährt Fouqué der Stoßseufzer :

»O, Himmel, des veränderlichen Dams ! / Erst sah es das Gehaub, lobt' es und nahm's; / und findet's aus der Mode nun und häßlich – : / fürwahr, Gedam, Dein Wankelmuth ist gräßlich !«

Gefecht am norwegischen Strande um einen Heldenschild, der auf einem Lindenhügel hoch zwischen den Zweigen hängt : das Urbild des Lindenhügels, mein lieber Genoß im Speerkampfe, ist, wie Du wohl weißt, nicht gar so fern ...« – das ist nämlich im nennhauser Parke; und Fouqué läßt gleich einen wichtigen anderen Namen mit anklingen : »Zeige diese Stelle doch ja auch dem wackeren Speerwerfer Retzsch« – das ist der bekannte Maler und Freund der Beiden, Moritz Retzsch. Auch Thiodolfs Lieblingsschwert hat Fouqué besessen : »Welch eine Waffe nun zu dem in der Stahlscheide klirrenden ‹Rottenbeißer› den Gedanken gegeben hat, weißt du.«

Flink geht der Briefwechsel zwischen Nennhausen und Scharffenberg bei Meißen, dem alten halb verfallenen Wohnschlosse Miltitzens, auf dessen Altan ihn Retzsch in einem seiner prächtigsten Porträts gemalt hat, fürder. Da ist viel zu berichten : Erinnerungen an den noch ganz frischen Besuch, wie man mit den Frauen auf der stillen, silberblauen, abendgeröteten Havel hinfuhr, und den seligen Abend in Brandenburg verlebte; die häuslichen Ereignisse : wie es dem »Gedam« geht – das sind die Gattinnen nach Miltitzens unerläßlichen Wortwitzen – was »Linäken« macht (Caroline) oder »Mietiken« (die kleine Marie); gemeinsame Freunde werden erwähnt, oder dergleichen unter den Bekannten vermittelt, Loeben der »Verirrte«, Apel in Leipzig, Freund Welck auf Oberrabenstein; Gustav von Rochow geht im Oktober zum Studium nach Göttingen.

Und es wird langsam Winter – wiederum einer der berüchtigten Zyklenwinter –; Miltitz klagt, wie man auf Scharffenberg friere, und Fouqué, am 21.12. 1812, fühlt mit ihm : »Zumal, da noch immer der Ostwind scharf auf meine Fenster heult und mir es ordentlich schadenfroh kundgibt, welchen Spuk er um die hochgelegene Miltitzische Veste zu treiben wage. Das ist ein Spuk, der verbeten werden muß, vorzüglich des armen Gedams willen, das mich recht in der Seele dauert ... Gestern gegen Abend spielte ich Deine Melodie zu meinem Narrenliede ganz allein im Saal, denn fast alle Hausgenossen waren ausgeflogen. Mir ward schauerlich bang vor der eigenen Dichtung, wie sie in diesen tiefen Tönen vor mir heraufdrang.« Und für das künftige Jahr wird ein Besuch beim Freunde verabredet : himmlische Tage wollen sie künftigen Frühling verleben – »wenn nicht Gott das Eine dazwischen sendet, was Du wohl weißt...«.

*Das Eine, was Du wohl weißt!* –

Und es ist geschehen; aber wenn ein Gott es gesendet hat, ist es zumindest nicht der Gott Europas gewesen : Napoleon, von dem übrigen

Europa nicht, oder doch nur zögernd unterstützt, hat in den Weiten Rußlands den alten zähen Widerstand von dessen Heeren gefunden – diesen allerdings gebrochen –; aber als er in Moskau eingezogen ist, brennt die Stadt, die als Winterquartier hätte dienen sollen, ab; die furchtbare Kälte bricht herein, und der Rückzug wird zur bekannten Katastrophe.

Das Wunder, auf das Preußen gewartet hat, ist eingetreten; das Volk ist klein genug für den großen Moment geworden : Europa ist verloren; aber Preußen – Preußen wird erst mal gerettet!

Der widerstrebende König, dem seine eigenen Leute durchaus unheimlich und zuwider sind (später beklagt er sich, daß er damals habe den »Jakobiner« (sic) agieren müssen) wird von Berlin nach Breslau manövriert, um von dort aus freie Hand zu haben. Dort auch wird mobilisiert, die reguläre Armee auf den Kriegsfuß gebracht, und die freiwilligen Jäger und Landwehren organisiert.

IV. BUCH

# DER NAPOLEONISCHE KRIEG

*»Frischauf zum fröhlichen Jagen,*
*es ist nun an der Zeit;*
*es fängt schon an zu tagen,*
*der Kampf ist nicht mehr weit!«*

§ 32

»Der König hat gesprochen : / wo sind meine Jäger nun ? ...« –

Am 3. 2. 1813 erläßt Hardenberg im Namen des Königs die
*Verordnung wegen der zu errichtenden Jäger-Detachements*
in der zur Bildung von Verbänden ungeübter Freiwilliger zu Fuß und zu Pferde aufgerufen wird.

Der erste, der sich beim Landrat des havelländischen Kreises, von Bredow auf Sentzke, meldet, ist der 36-jährige Fouqué; der ihm gut bekannte Beamte – später selbst Landwehr-Brigadier – schenkt ihm ein schönes gelbes Pferd für den bevorstehenden Ritt. Auch die übrige Ausrüstung ist bald bereit; am 16. 2. berichtet er an Miltitz : »Ich möchte Dir den herrlichen Pallasch zeigen, mit welchem ich meinem König zuziehe. Solch eine Waffe ! Asmundur hat sie nicht besser gefertigt. Ein langes gerades Ritterschwert, leicht wie eine Feder, und gewaltig wie eine Hünenklinge; die Scheide blau angelaufener Stahl; Alles mit schöner Vergoldung geziert. Ich hätte mirs nicht besser wünschen können. Mit Pferden bin ich auch hinlänglich versorgt, und habe noch heute einen allerliebsten, frischlustigen Rappen von Polnischer Rasse erstanden. Montag, am 22. breche ich auf.«

Als er das Schwert genauer besieht, ist es – ein französischer Reiterdegen!

Fieberhaft werden die Zurüstungen betrieben; im Auftrage des Landrats muß er die Freiwilligen der Umgebung listenmäßig erfassen, und ihnen jede Auskunft und Beratung über Bekleidung und Bewaffnung erteilen; er soll auch die etwa 70, 80 Mann nach Breslau führen.

Rasch werden noch ein paar Besuche in Berlin und Umgebung gemacht; bei der »Tante Schmettau«, bei den anderen Verwandten – sie haben sich unterdessen beträchtlich vermehrt : die Generalin Brause ist eine geb. v. Schlegell; von den Klitzings trifft er einige.

»Fouqué war durch eine auch in weltlicher Hinsicht hoch erhabene Erscheinung zu dem annahenden Entscheidungskampfe nur noch klarer begeistert worden«: am 26. 1. hat er in Berlin die Prinzessin Marianne von Hessen-Homburg, verehelicht mit einem Bruder des Königs, dem Prinzen Wilhelm, zum ersten Male gesprochen (nach dem Tode der Königin ist sie unbestrittene first lady und Vertraute der jungen Prinzen und Prinzessinnen); eine Bekanntschaft, die für ihn von größter Bedeutsamkeit werden soll, denn sie ist in den späteren Jahren Mäzenin für ihn geworden, Muse und Vertraute; andererseits geht vor allem über sie der unerhört große Einfluß, den Fouqué auf die königliche Familie, besonders den Kronprinzen ausgeübt hat. – Dann werden Kerner und die Freunde im Süden kurz benachrichtigt.

Am 15. 2. meldet er Büsching in Breslau: »Wundern Sie sich nicht, wenn in ungefähr 17 Tagen ein reitender Jäger in Ihre Stube tritt, der Fouqué heißt, und Sie bittet, ihn Ihrer Frau Gemahlin vorzustellen. Ich wollte Sie und Hagen erst damit überraschen«; aber unter allem Waffenklang vergißt er die Wissenschaften nicht; im Schlußabsatz fügt er hinzu: »Grimm ist ein zwar gelehrter, aber insolenter und widerwärtiger Patron, und ich gedenke ihm eins zu verreichen, wenn ich wieder einmal statt des Degens die Feder zur Hand nehme,« – man sieht, die Abneigung war gegenseitig. Hitzig, der den Brief weiter leitet, macht zur Erhöhung des Effektes noch eine Buchhändlernotiz in seiner Pinselschrift darauf; business is business.

Am 22. 2. bricht er auf: »Es war ein ernster, aber ein schöner Moment, als Fouqué in der Februar-Morgenfrühe von dem heimischen Heerde schied, von seiner Gattin gesegnet, mühsam nur sich loswindend aus den Armen seines bitterlich weinenden Töchterleins, und nun aufgesessen den paar Jägern, die sich schon in Nennhausen vorläufig zu ihm gefunden hatten, mit freudiger Stimme und feuchten Augen zurief: Hoch lebe der König! In Gottes Namen: Vorwärts Marsch!« Mit ihm reitet sein treuer Bedienter Gottfried Ribbe als Reitknecht.

Zwei Tage später wird die Schar in der Potsdamer Garnisonkirche, an Friedrichs des Großen geöffnetem Grabgewölbe, feierlich durch den Hofprediger Rulemann Eylert eingesegnet; inmitten der jubilierenden Menge reitet man durch den Lustgarten ab, in Richtung Breslau.*

---

* Ein schönes Beispiel, wie sorgfältig das Gewicht einzelner Aussagen immer überprüft werden muß, findet sich bei W. Lang, ‹Graf Reinhard› (Bamberg 1896). Dort berichtet vom gleichen Tage, vom 24. 2. 1813, Frau Christine Reinhard aus Cassel: »Fouqué hat heute bey uns gegessen«; und Lang bezieht das auf unsern Dichter. Da nun gerade Fouqué's Auszug mit seinen freiwilligen Jägern ungefähr 25mal urkundlich gesichert ist, muß die Reinhard'sche Behauptung (falls kein Schreib- oder Lesefehler) auf einem Irrtum beruhen.

Von den ganzen 83 Mann haben nur 3 bisher gedient : Fouqué; dann ein ehemaliger Gardeinfanterist, der Lieutenant von Zieten; und ein Artillerie-Unteroffizier. Beide leisten wesentliche Dienste für Haltung und Ordnung im Zuge, und bei Anlernung der werdenden Kriegsleute.

Der Marsch ist zu jener Zeit nicht ganz einfach. Noch ist der Krieg nicht offiziell erklärt; überall marschieren feindliche Truppen, zumal rheinbündische; auch müssen die Sperrgebiete um die großen Festungen Küstrin und Glogau vermieden werden. So geht es über Lübben, Guben, Sagan, Bunzlau, Liegnitz, Neumarkt, nach Breslau. Noch am Abend des vorletzten Tages werden sie von bairischen Scharen mißtrauisch beobachtet – »Widerstand auf Tod und Leben war in der kleinen Schar bereits feierlich beschlossen« – ; gleich danach treffen sie auf russische Kosacken und werden »mit Jubelruf und Umarmungen« begrüßt.

Am 5. 3. trifft man in Breslau ein; am 12. berichtet von der Hagen an Ludwig Tieck : »Auch Fouqué kam in diesen Tagen mit 80 Mann hier an und geht wieder zu seinem alten Regiment : es ist Volker, der Spielmann, der jetzt den Fiedelbogen mit dem Schwert abwechselt; ich habe ihn ermahnt, den französischen Hunnen wacker zum Tanz aufzuspielen.« Die Schar löst sich auf, und wird auf die gewählten Truppengattungen verteilt; zum Eintritt in das Brandenburgische Kürassierregiment haben sich 12 Mann gemeldet, darunter auch Zieten und Fouqué.

Auf der Ohlauer Gasse, unweit des Schauspielhauses, wohnt Büsching; er läßt es sich nicht verdrießen, täglich zum Quartieramt zu gehen, und seine Wohnung für den Freund freizuhalten; Frau und Kind rücken zusammen und erwarten gespannt den berühmten Gast. 14 Tage ist er dann bei ihnen und schließt in dieser Zeit den Bruderbund mit Büsching. Trotz des anstrengenden Dienstes findet er Zeit, die alten Freunde wiederzusehen, und neue Bekanntschaften zu knüpfen. Selbstverständlich wird Stechow mit Frau und Kindern besucht; von der Hagen (»Volker unde Hagene geschieden sich nie«, schreibt er dem großen Erneuerer des Nibelungenliedes ins Stammbuch); Büsching vermittelt die Bekanntschaft der breslauer Malerin Julie Mihes, die Szenen seines »Zauberrings« dargestellt hat, und ihm nach der Heimkehr aus dem Kriege eine davon – Bertha von Lichtenried, im Begriff von den Mohren entführt zu werden – nach Nennhausen sendet : er dankt ihr in einem auch in die »Gesammelten Gedichte« aufgenommenen Lied, und künftig erscheint ihr Name öfters in den Briefen, die nach Breslau gehen. (Sie war die Tochter eines kgl. preußischen Bergamts-Kanzleidirektors, und hat dann im Sommer 1822 den bekannten Kustoden der berühmten ambraser Sammlungen, Alois Primisser, geehelicht. Man kennt von ihr u. a. 16

lithographierte Umrißblätter von Dürers Bild »Die Anbetung der heiligen Dreifaltigkeit«). –

Das Wichtigste aber ist und bleibt der Dienst. Er ist nicht leicht, denn bei der augenblicklichen Lage geht Alles durcheinander – Paraden, Ausbildung der völlig ungeübten Leute, ständiger Wechsel der Lokalitäten, geheimnisvoller Schreiberkram — und in 14 Tagen soll dazu schon ausmarschiert werden! Man hat auch bedenkliche Mittel der Truppenanwerbung nicht verschmäht: aus den schlesischen Wildschützen wird ein Freiwilligenkorps gebildet; sie erhalten völlige Amnestie, und außerdem für jeden auf den Wällen von Glogau abgeschossenen französischen Artilleristen 3 Thaler! – Kopfgelder: eine ziemlich schmutzige Methode!

Das Brandenburgische Kürassierregiment (Nr. 6) ist in den Jahren 1806–08 aus den Resten der ehemaligen KR 3, 6, 10, 11 zusammengestellt worden; es sind also auch noch Bekannte Fouqués aus der aschersleber Zeit her dabei, zumal der zweitälteste Offizier des Regimentes, der Major von Loebell, hat seit 1794 mit ihm zusammen gedient. Am 20. 3. ist das Jägerdetachement 45 Mann stark; im Juli zählt es 103, und erhält die Benennung Schwadron. Zu ihrer Ausbildung werden Leutnant von Dannenberg und Uffz. Paproth vom Regiment abkommandiert. Während die früheren Leutnants Zieten und Goltz (allerdings mit Beibehaltung ihres Offiziersranges) Unteroffiziersdienste tun müssen, und als Freiwillige betrachtet werden, ernennt der König Fouqué, seiner früheren längeren Dienstzeit als Reiteroffizier eingedenk, zum aggregierten Leutnant des Regimentes – eine Ehre, die nur noch bei der Infanterie dem breslauer Professor, Naturphilosophen und dürftigen Dichter Hendrik Steffens zuteil wurde; es gibt sehr patriotische Gemälde, die ergreifend darstellen, wie er die bekannten glühenden Worte zu den breslauer Studenten spricht: in der Praxis fand er größere Schwierigkeiten; gewiß war es nicht seines Faches, besondere Heldentaten zu verrichten, unnötig aber auch, zumal von solchem Scharfmacher, daß er begründete Ursache zu dem Verslein gab, das man ihm später in Breslau nachsang: »Zu Beginn des Treffens / drückte sich Steffens.« –

Aber es wird Ernst; am 15. 3. ist die große Parade vor den Monarchen, und es wird, vom Soldatenstandpunkt aus gesehen, ein mühsamer Tag: »Wir warteten bis 5 Uhr auf den Zaren, ohne daß die Pferde Speise oder Trank hatten, und um 7 waren wir erst wieder in den neuen Kantonnierungen« berichtet er an Caroline. Im Tagebuch eines Kameraden heißt es noch ausführlicher: »Das KR sollte am 15. 3., Morgens 9 Uhr, vor dem Odertore bei Breslau en parade stehen. Das Wetter war kalt, naß und windig, Menschen und Pferde müde, hungrig, halb erfroren, kurz es gab einen guten Vorgeschmack der Strapazen, die unserer harrten, daß das Regiment so bis 6 Uhr abends im Paradeanzug in steter Erwartung halten mußte, wo denn der Kaiser von Rußland, ihm zur Linken unser König und Herr, mit einer zahlreichen Suite im kurzen Galopp vom linken Flügel die Front herunter ritten, die vom Schlosse aus eine Linie von einer starken halben Stunde bildete. Unter den Truppen befand sich auch ein Bataillon Russen, das neu montiert und aus Kriegsgefangenen formiert war. Der Donner der Geschütze, das Läuten aller Glocken, ein dreimaliges Hurra der Truppen und das frohe Jauchzen der wogenden Menge aller Stände begleiteten die Monarchen. Der Rückmarsch konnte, des von den anwesenden Zuschauern verursachten großen Gedränges halber, nur sehr langsam erfolgen, so daß das Regiment erst um 10 Uhr Abends seine Nachtquartiere in Kattern und Umgegend, 2 Meilen von Breslau in Richtung Ohlau, erreichte. Den 16. war Ruhetag.«

Da ist große Festtafel, zu der man auch Fouqué geladen hat : »Ein feierlicher Moment war es, wo der König hereintrat, voll höchst ritterlicher Schönheit anzuschauen die hohe Heldengestalt im weißen Garde-du-Corps Kollet, worin er eben heute seiner Garde Reiterei die Heerschau abgenommen hatte. Ein kriegerisch ernster Marsch erklang aus dem Nebenzimmer im Augenblick, wo wir uns zur Tafel setzten, und neben den König setzte sich sein zartes ältestes Töchterlein im Beginn eben erst aufblühender Hulden (jetzt Kaiserin von Rußland) ... Mir klang in der Seele das Lied an : Mit seinen Rittern zur Tafel saß der Held ...«

Bei der großen Audienz, wo eigentlich nur Stabsoffiziere diese Ehre haben, stellt der König auch Fouqué dem Zaren persönlich vor.

Später trifft er noch einen Gefährten aus der Jünglingszeit, seinen sächsischen Freund Ludwig von Welck, ihm doppelt vertraut, da er eine Jugendbekannte, Karoline von Byern, eine Tochter des alten Chefs, geheiratet hat, und auch schon in Nennhausen ihn besuchte. Der ist niedergedrückt, da er als Sachse, und vor allem aus Familienrücksichten, nicht mit in den Kampf ziehen kann.

Am 17. marschiert das Regiment nach der Gegend von Leuthen; am 18. ist feierlicher Feldgottesdienst : »Die 3 Linien-Kürassier-Regimenter standen auf dem Schweidnitzer Anger bei Breslau im Viereck um das Tauentziensche Monument. 2 und 2 Eskadrons bildeten hierauf Kreise, worin des Königs Aufruf an das Heer vom 17. 3. verlesen, demnächst Gottesdienst gehalten, der Segen erteilt, und dann ein dreimaliges Hurrah gerufen wurde, worauf die Front wieder hergestellt ward. Der König und der Kaiser ritten dieselbe herunter, und der Kurfürst von Hessen (sic !) folgte in einem offenen Wagen. Nach dem Vorbeimarsch wurde sogleich nach Lissa aufgebrochen.« Das war derselbe Wilhelm IX. von Hessen-Kassel, der, gleich seinem Vater, die berüchtigte Seelenverkäuferei trieb, und der schmutzigste Geizhals seiner Zeit war; durch ihn haben bekanntlich die Rothschilds ihr Glück gemacht: noch der Vater, Amschel, war 1800 in Frankfurt ein kleiner Geldwechsler gewesen; seit 1806 konnte er mit dem riesigen Vermögen des Kurfürsten negotiieren. Einmal fand der gekrönte Verbrecher seinen Mann; Hardenberg pflegte zu erzählen, wie einstmals der alte Heim, der große Arzt Berlins, zu ihm kam, und Jenen bei ihm antraf; sogleich schritt er auf ihn los, und fragte barsch:»Sie sind doch der Landgraf mit dem Zopf?! Drehen Sie sich mal um: tatsächlich! Sagen Sie: können Sie mir nicht auch ein paar Untertanen zu Menschenexperimenten verkaufen?« – – Man habe vor Verlegenheit nicht gewußt, wohin blicken, fügt Hardenberg hinzu.

Auch um solche und ähnliche Herren wieder in ihr angestammtes Erbe einzusetzen geht es also in jenen Jahren. –

Am 19. 3. ist das Regiment in Neumarkt, wo wieder ein Trupp Freiwilliger zu ihnen stößt; unter ihnen befindet sich auch Gustav von Rochow, der Stiefsohn Fouqués. Die genauen Stationen des weiteren Marsches gebe ich im Anhang,* und führe hier nur die durch kleine persönliche Erlebnisse ausgezeichneten auf.

---

* Nach den Angaben des Regiments-Tagebuches waren die Bewegungen des Brandenburgischen Kürassier-Regiments im Einzelnen folgende:

*1. Marsch von Breslau bis Lützen (Mitte März bis Anfang Mai):*
Am 19. 3. nach Neumarkt, wo der aggreg. Lt. v. Monteton dem KR ein Kommando neuer Freiwilliger zuführt (darunter Gustav v. Rochow); er wird damit nach Ohlau zur Reserve-Eskadron geschickt. / 20. 3. Ruhetag. / 21. 3. Marsch nach Kunitz bei Liegnitz. / 22. 3. Durch Liegnitz nach Woitsdorf b. Haynau; hier wird der bekannte Aufruf ‹An mein Volk› verlesen, und die Stiftung des ‹Eisernen Kreuzes› zur Kenntnis gebracht. / 23. 3. nach Groß-Hartmannsdorf. / 24. 3. nach Ottendorf jenseits Bunzlau. / 25. 3. nach Günthersdorf; an diesem Tage die sächsische Grenze überschritten. / 26. 3. en parade durch Görlitz, und weiter bis Gierbigsdorf, am Fuße der Landeskrone. / 27. 3. Ruhetag. / 28. 3. nach Weißenberg. / 29. 3. Marsch der ganzen Kürassier-Brigade en parade durch Bautzen, nach Luttowitz (d. h. nördl. v. B.). / 30. 3. nach Elstra (S v. Kamenz); hier erhält man die Nachricht von der ‹Einnahme› Hamburgs durch Tettenborn. / 31. 3. über Pulsnitz nach Groß-Naundorf. / 1. 4. Ruhetag. / 2. 4. Abmarsch um 2 Uhr früh, und en parade durch Dresden. Hier über-

nimmt Oberst v. Jürgaß das Kommando über die 3 KR. Nachtquartier in Cossebaude. / 3. 4. nach Reichenbach. / 4. 4. nach Alt-Mittweida. / 5. und 6. 4. Ruhetage. / 7. 4. durch Rochlitz (wo sich das Hauptquartier des Korps befindet) nach Roda. / 8.–10. 4. Ruhetage. / am 11. 4., dem ersten Osterfeiertag, Kolonnenmarsch der Reserve-Kavallerie von dem Flecken Kohren bis in die Gegend von Waldenburg. / 12. 4. durch Glauchau nach Tilgen. / 13. und 14. 4. Ruhetage. – Der Übung wegen wurden einzelne Eskadronen alarmiert, Feldwachen ausgestellt, und kleine Rekognoszierungen vorgenommen. / 15. 4. Kolonnenmarsch zurück durch Glauchau, und Quartier in Ehrenberg (1 Stunde von Altenburg; wo sich das Hauptquartier Blüchers befand). / 16.–26. 4. Ruhetage daselbst; in deren Verlauf auch der Stabsrittm. v. Zglinicky mit der in Berlin gesammelten Mannschaft beim KR eintraf; wodurch die Jäger auf über 100 anwuchsen, und nach Münsa ins Quartier gelegt wurden. / Am 27. 4. nachts gaben 3 Kanonenschüsse das Signal zum Aufbruch; um 4 Uhr früh wurde zum Rendezvous bei Altenburg abmarschiert. Man ging auf der Zeitzer Straße bis Rositz vor, und bezog dort das erste Biwak des Feldzuges. / Den 28. 4. blieb das KR selbst stehen; die Jägerschwadron jedoch wurde bis Meuselwitz vorgeschoben, und blieb in der dortigen Stellung bis zur Schlacht bei Lützen. –

*II. Marsch von Lützen bis Bautzen; und weiterer Rückzug bis zum Waffenstillstand (Anfang Mai bis Mitte Juni):*
Nach der verlorenen Schlacht ging das KR oberhalb Droschwitz über die Elster, und biwakierte bei Borna. / Am 4. 5. wurde es der Vorhut zugeteilt; mußte jedoch bei Colditz plötzlich halten bleiben, und ging sogar wieder nach Lausick zur Nachhut zurück. / 5. 5. bis Leisnig. / Am 6. 5. blieb die Reserve-Kavallerie fast allein vom ganzen Heere noch auf dem linken Elbufer bei Meißen, und die Beobachtung sämtlicher Straßen wurde ihr übertragen. / Am 7. 5. wurde auch sie endlich durch Meißen auf das rechte Elbufer zurückgenommen. / 8. 5. bei Meißen. / 9. 5. Biwak bei Adelsdorf. / 10. 5. Aufbruch 2 Uhr morgens nach Königsbrück. / 11. 5. nach Kamenz. / 12. 5. nach Bautzen. / 13. 5. 1 Stunde weiter rückwärts wird eine vorteilhaftere Stellung bezogen. / 14. 5. Graf Hacke trifft wieder beim Regiment ein. / 15. 5. Angriff der Franzosen; die Stellung wird jedoch gehalten; die Reserve-Kavallerie biwakiert anschließend bei Neu-Purschwitz. / 16.–18. 5. zahlreiche kleine Gefechte in dieser Gegend. / 19. 5. noch am gleichen Ort. / 20. und 21. 5.: Schlacht bei Bautzen. – Die Reserve-Kavallerie stand während ihr am Fuße der Spitzberge; das KR kam nicht zum Einhauen. Nachdem die Franzosen die Kreckwitzer

Höhen genommen hatten, mußte die Res.-Kav. einen Angriff dagegen versuchen, der indes nach beträchtlichen Verlusten aufgegeben wurde. Nach Abbruch der Schlacht, am Spätnachmittag des 21. 5., bildeten das Korps Kleist und die Res.-Kav. die Nachhut in Richtung Wurschen. / 22. 5. Rückzug auf der großen Straße über Reichenbach und Görlitz. Gefechte bei Roth-Kretscham und Reichenbach. Weiter von Reichenbach, über Mengelsdorf – Königshain – Ebersbach – Ludwigsdorf (dort über die Neiße; Gefecht). / 23. 5. die Res.-Kav. lagert hinter der Senke von Waldau. / 24. 5. morgens, 3 Uhr, Aufbruch; das KR nimmt Aufstellung bei Siegersdorf am Queis. Der Feind drängt heftig nach, und bei Naumburg entspinnt sich ein nicht unbedeutendes Gefecht. – Hier ging die Kabinettsordre vom 17. 5. ein, nach welcher Goltz und Zieten zu Sec.-Leutnants bei der Jägerschwadron befördert wurden. / 25. 5. die vereinigte Res.-Kavallerie marschiert um 5 Uhr früh über Bunzlau nach Haynau. Der Russe Barclay de Tolly übernimmt den Oberbefehl über die gesamte alliierte Armee. / 26. 5. Überfall von Haynau (vgl. hierzu S. 272); anschließend zieht sich die Res.-Kav. nach Lobendau, vor Liegnitz zurück. / 27. 5. Zwischen 2 und 3 Uhr nachmittags Flankenabmarsch in Richtung Schweidnitz; diese Nacht Biwak in der Nähe von Mertschütz. / 28. 5. Abmarsch 5 Uhr früh; das KR bleibt bei Lüssen, an der Straße Striegau-Neumarkt. / 29. 5. die Res.-Kav. wird bei Jarischau aufgestellt. / 30. 5. Marsch über's Schweidnitzer Wasser bis Puschkau. / 31. 5. die Res.-Kav. geht wieder 1 Stunde zurück, in eine Stellung bei Saarau; und hat dort, neben der russischen Res.-Kav. Ruhe bis zum 3. 6. / 4. 6. Marsch nach Strelitz am Fuß des Zobten; hier Ruhe bis 7. 6. (der 6. 6. ist der erste Pfingstfeiertag). – Hier trifft die Nachricht vom Waffenstillstand ein. / Am 8. 6. nachmittags wird bei großer Hitze durch Zobten marschiert, bis zur Rohmühle, 4 km von Strehlen; dort schlechter Biwak. / 9. 6. durch Strehlen in Kantonnierungen an der Straße von Ottmachau nach Türpitz; der Stab kommt nach Ober- und Mittel-Schreibendorf. Hier endgültige Ruhestellung. – Das KR hatte von Ende April bis jetzt circa 6 volle Wochen hintereinander biwakiert, und man war so daran gewöhnt, daß man sich die ersten Tage unter Dach und Fach garnicht einmal sonderlich behaglich fühlte. –

*III. Herbstfeldzug : Vormarsch auf Dresden; Rückzug; Kulm; und die Teplitzer Ruhestellung. (Anfang August bis Anfang Oktober):*

6. 8. Befehl geht ein, sich zum schleunigen Abmarsch bereit zu halten. / 7. 8. Marschvorbereitungen. / 8. 8. um 7 Uhr 30 morgens verläßt das KR Schreibendorf und Umgegend, und geht über Münsterberg und Fran-

kenstein nach Schönwalde (bei Silberberg). / 9.8. über Silberberg in die Berge; durch Ebersdorf und Eckersdorf nach Scharfeneck am Steinbach und Mittelsteina. / 10.8. Ruhetag. / 11.8. morgens passiert man die österreichische Grenze auf der Straße nach Braunau; weiter über Politz bis Petrowitz. (Die Reserve-Kavallerie marschierte hier stets in Kolonne; und wenn die genannten Orte auch Kantonnements waren, wurden sie doch so stark belegt, daß meist 1 Bauernhof 1 ganze Eskadron aufnehmen mußte, weswegen die Mannschaften in Gärten und Höfen biwakierten, und nur die Offiziere im Hause selbst Unterkommen fanden.) / 12.8. Marsch durch Nachod nach Jessenitz (6 km O v. Josephstadt). / 13.8. vorbei an Josephstadt nach Scriwan und Slobna in ganz vortreffliche Quartiere. / 14.8. Ruhetag. / 15.8. nach Swidnitz und Melada (6 km O v. Benatek). / 17.8. bei Elb-Kostelitz über die Elbe, nach Lobkowitz, wo man biwakiert. / 18.8. Ruhetag. – Mehrere Offiziere besuchen das nur 20 km entfernte Prag. / 19.8. langer Kolonnenmarsch im Regen nach Budin; wo, die Eger vor der Front, ein von österreichischen Truppen verlassenes Lager bezogen wird; das Stroh kann nicht gewechselt werden. – Laut Tagesbefehl wird eingeführt, morgens und abends 1 Gebet zu halten. / Durch die Berge in ein Lager bei Brüx, ohne Stroh und mit nur wenig Holz. / Am 21.8., nachdem Löhnung ausgegeben war, ein kleiner Marsch zum Biwak bei Unter-Georgenthal, am Fuße des Erzgebirges. / Am 22.8. wurde, die Pferde am Zügel, das Erzgebirge überstiegen, und vor Einsiedel, an der sächsischen Grenze, Halt gemacht. Gegen Abend werden vorsichtig Patrouillen in Richtung Sayda vorgeschickt. Biwak unweit von dort. / 23.8. unter mehrfachen heftigen Gewitterschauern langsam weiter; Biwak bei Frauenstein. / 24.8. bei gleich schlechtem Wetter langsam vorwärts. Biwaks zwischen Dippoldiswalde und Reinhardsgrimma. / 25.8. Res.-Kav. marschiert bis auf Maxen vor; das KR trifft dort nachmittags ein. Während der folgenden Nacht weiter Vormarsch nach Dresden. (Hier ist die Schilderung S. 277 f. anzuschließen). – Die verlorene Schlacht muß abgebrochen, und am 28.8. der Rückmarsch angetreten werden. Abends biwakiert man bei Hausdorf, südl. v. Maxen. / 29.8. bei schwerem Regen über Glashütte zur böhmischen Grenze bei Fürstenwalde; dort Biwak. / 30.8. Tragikomödie von Kulm (vgl. S. 279 f.) / 31.8. nachmittags Aufbruch und Marsch durch Teplitz; Biwak in einem lichten Laubholz bei Sedentz (3 km jenseits Teplitz). / 1.–6.9. Ruhetage. / 7.9. Abmarsch auf der Straße nach Altenberg; Biwak am Fuße des Erzgebirges bei Eichwald. Regentag; mangelhafte Verpflegung. / 8.9. Weitermarsch auf der Straße nach Altenberg; bald aber wieder Umkehr, und über Teplitz zurück nach Arbessau; dort Biwak. / 9. 9. Vorrücken auf der Chaussee gegen Nollendorf, und Biwak auf halber Höhe, rechts der Straße. / 10. 9. Gefechte. Die Res.-Kav. wird nach Sebotten zurückgenommen; dort Biwak. / 11.–15. 9. Ruhetage. (Am 12. Nachricht vom Sieg bei Dennewitz und Victoriaschießen). / 16. 9. Wiederum Vorrücken auf der Chaussee gegen Nollendorf; wiederum zurück ins Sebottener Biwak. / 17. 9. Vormittags eine Position bei Kulm; abends wieder nach Sebotten. / 18. 9. ebenso. / 19. 9. Graf Hacke erkrankt; Loebell übernimmt das KR. Unzureichende Verpflegung von Roß und Mann. / 21. 9. Befehl, im Egertal Erholungsquartiere zu beziehen. Mittags Abmarsch; abends Biwak bei Kosel auf der Straße nach Laun. / 22. 9. Einrücken in die zugewiesenen Kantonnierungen; Stab nach Semenkowitz. / 23. 9. die Jäger-Eskadron rückt in Postelberg ein. Hier Ruhe bis zum 3. 10. (Fouqué bis etwa 13. 10.)

IV *Vormarsch auf Leipzig; Schlacht; Verfolgung bis zum Rhein. (Mitte Oktober bis Jahresende)*:

3. 10. Das KR verläßt seine Kantonnierungen bei Laun; und marschiert über Sebastiansberg – Königswalde – Neustädtel – Werdau – Altenburg – Blumerode nach Borna, wo es am 13. 10. eintrifft. Am 14. 10. nimmt es an dem großen Reitergefecht von Liebertwolkwitz teil, wo Gustav v. Rochow eine leichte Hiebverletzung erhält. (Fouqué trifft erst am 10. 10. wieder beim KR ein). / Schlacht bei Leipzig. / 20. 10. morgens Aufbruch zur Verfolgung. Über Rötha nach Bennewitz. / 21. 10. Quartiere in Briestädt und Stössen. / 22. 10. Biwak bei Naumburg. / 23. 10. Aufbruch in der Nacht zur Vorhut. Marsch durch den Kösener Paß, und Biwaks bei Schwerdtstädt und Rödersdorf. / 24. 10. Biwak auf einem ziemlich hohen Berge bei Ulla und Hopfgarten (zwischen Erfurt und Weimar; also wahrscheinlich dem Ettersberg). / 25. 10. Ruhetag. / 26. 10. Mittags Aufbruch. Durch Aßmannsdorf; im Dunkeln an Erfurt vorbei; bei Kühnhausen über die Gera; nachts um 4 Uhr 30 kurz bei Töttelstädt biwakiert; gegen Morgen, also am 27. 10., werden Quartiere bezogen in Gierstädt und Eschenbergen. / 28. 10. zeitig Abmarsch auf Eisenach; dort Biwak, der soeben erst von den Franzosen verlassen wurde. / 29. 10. Biwak bei Berka. / 30. 10. Biwak bei Hersfeld. / 31. 10. Quartiere in Hackerode. / 1. 11. durch Alsfeld; Quartiere in Ober- und Nieder-Breitenbach. / 2. 11. nach Willingen bei Grünberg. / 3. 11. durch Hungen nach Dorheim (bei Friedberg). / 4. 11. Ruhetag. / 5. 11. über Friedberg nach Homburg bis Weißkirch und Steinbach (im Nassau-Using'schen, unweit Frankfurt). / 6. 11. Ruhetag. Das KR liegt in Oberursel, zusammen mit österreichischen

Am 26. 3. geht es en parade durch Görlitz nach Gierbigsdorf am Fuße der Landskrone, wo am 27. ein Ruhetag eingeschoben wird; Fouqué benützt ihn, um auf den Spuren seines geliebten Jakob Böhme zu wandeln : »Den Ort, welchen man jetzt auf der Landskrone als Jakob Böhmes Schatzgrube zeigt, sah der Schreiber dieser Zeilen im Jahre 1813, geleitet von mehreren Waffengenossen, der Lützner Schlacht entgegenrückend; und man bestrebte sich, mit in den Stein gegrabenen Sprüchen und Namen ein Andenken des heiter-ernsten Momentes zu hinterlassen. Behält jedoch die Überlieferung recht, so muß der Platz sich sehr verändert haben, und absonderlich dessen ehemal Sonnen-, Mond- und Sternenlicht abwehrende Wölbung eingestürzt sein. Übrigens jedoch starren Felsenblöcke recht feierlich und schroff als Pfeiler der etwanig magischen Schatzkammer empor, und ein kleiner spiegelheller Teich deckt nicht unpoetisch den Boden des versunkenen Goldgefäßes zu. «

Über Bautzen geht es weiter nach Dresden, wo man durch die vom Feinde gesprengte Elbbrücke nur wenige Stunden aufgehalten wird. Siegesnachrichten aller Art laufen um : Tettenborn hat Hamburg »befreit« – ich komme bei Gelegenheit der Beschreibung des Jahres 15 auf dieses spezielle Heldenstücklein zurück.

In Dresden finden sich Fouqué, Wallmoden, Stein, Wilhelm von Humboldt und der Turnvater Jahn – Fouqués Duzbruder beiläufig – beim Essen, und Jahn berichtet, wie Humboldt in seiner lispelnden Sprache sich zu Fouqué wendet : »Bester Fouqué : wenn ich an dem Gespräch teilnehmen soll, so müssen Sie nicht vom Christentum reden : von Christentum und Musik verstehe ich nichts.« Und das den buchstabengläubigen Fouqué und Stein in die Angesichter : war doch ein großer Mann, der Humboldt!

Von Dresden geht es noch bis Roda; dann marschiert man links ab nach Süden, in die Glaucher Gegend, wo man am 12. 4. eintrifft. Hier werden einige Alarmübungen veranstaltet, und das Regiment bis Altenburg vorgeschoben, wo es 10 Tage, bis zum 26. 4., liegt; die Jägerschwa-

---

Chevaux-légers. / 7.11. Befehl, die Res.-Kav. nach rückwärts zu verlegen. Früh Abmarsch; und über 15 Wegstunden weit zurück, in Quartiere nach Rainrod und Eichelsdorf (W. v. Vogelsberg); dort Ruhe bis 13.11. – Dann, nach einem Feldgottesdienst, nachmittags um 4 Uhr Abmarsch, und Quartiere in Ermenrod und Umgebung. Hier Ruhe bis zum 24.11./25.11. Abmarsch in neue, sehr schöne Kantonnements in Ziegenhain und Umgebung. Hier Ruhe bis zum Ende Dezember.

dron wird gegen Ende dieser Zeit zum Vorpostendienst nach Meuselwitz beordert.

In Altenburg lernt Fouqué den Buchhändler Brockhaus kennen, und Professor Messerschmidt; und freut sich an der anmutigen Gegend nicht minder, als an den treuherzigen Bauersleuten »in ihrer altdeutschen Tracht, wenn sie munter als Boten vor uns hinschritten, oder uns gastlich in ihren stattlichen Häusern empfingen.« Hier stößt auch der Rittmeister von Zglinitzki, der eigentliche Chef der Jägerschwadron, mit neuen Freiwilligen, wodurch die Jäger auf über 100 anwachsen, zum Regiment (insgesamt haben 144 dort gedient).

Da auch das Hauptquartier Blüchers dort in Altenburg ist, hat Fouqué Gelegenheit, die Führer des öfteren zu sehen: den nicht unbegabten, aber körperlich bis zur Dreckigkeit unreinlichen Scharnhorst (Hüser sagt's in seinen Erinnerungen); den später recht nahen Freund, Gneisenau (den York und Müffling wie Gift hassen); und auch den Feldmarschall Blücher selbst. Blücher ist eine Type für sich; nur als volkstümliche Gallionsfigur verwendbar. Von Strategie und Truppenführung hat er keine Ahnung: nie sieht er eine Karte an – außer Preußisches Doppelbild; er ist nämlich ein leidenschaftlicher Spieler; die Schlachtpläne arbeitet lediglich Gneisenau aus – nicht immer zum besten, wie man sehen wird. Blüchers Charakter ist nichts weniger als ehrwürdig: in jedem französischen Schlosse nimmt er sich immer noch »das Eene« als »Andenken« mit, bis er zuletzt eine ganze Ladung voll hat; im Schloß zu Meudon plündert man derartig, daß der Kastellan um Beistand fleht; Blücher schiebt die Vergehen auf des untadeligen Gneisenau Leute, der entrüstet sofortige Untersuchung des Gepäckes verlangt, und von Blücher genehmigt bekommt. Ich gebe jetzt dem späteren General Hüser das Wort: »Gleich darauf, als er sich mit seinem Kammerdiener allein glaubte, und meine Anwesenheit nicht bemerkte, sagte er (Blücher) zu diesem: Willem, nu werd ich gleich die ganze Bagage visitieren lassen: ich will doch nicht hoffen, daß ihr was injesteckt habt?! – Natürlich wurde denn auch nichts gefunden!« Ein Kommentar erübrigt sich. – So sieht ihn ein anderer großer Mann, der Dichter Lord Byron: »Ich erinnere mich, Blücher in einigen londoner Gesellschaften gesehen zu haben,« schreibt er in sein Diarium, »nie sah ich einer Mann seines Alters, der ein so wenig ehrwürdiges Ansehen hatte. Mit der Stimme und den Manieren eines Werbe-Sergeanten macht er Ansprüche auf die Ehre eines Helden. Es ist gerade, als wenn ein Stein angebetet sein wollte, weil ein Mensch über ihn gestolpert ist!« –

Gerührt berichtet Fouqué, wie die tollsten Gerüchte im Heer umlaufen: »Als im Jahre 1813 der Glaube an Alles Hohe und Schöne aus den

Nebeln des Unheildruckes wieder erwachte, verbreitete sich – Gott weiß wie – unter den Kriegern die holde Sage, Königin Luise lebe. Ihr Tod sei nur eine Täuschung gewesen, wofür ein wunderliches Märchen den Grund angab. Wer hätte dem zu widersprechen vermocht! Es lag ja so tief und lebendig in der Sehnsucht eines liebenden Volkes, das, wenn doch alles Gute und Schöne wiedererwachen sollte, auch seine gute schöne Königin Luise wiederhaben wollte.«

Da die bestimmtesten Nachrichten einlaufen, daß die französischen Truppen sich schon ganz nahe, in der Gegend von Groß-Görschen befinden, rückt man nur noch langsam vor; am Vorabende der Schlacht hat Fouqué noch einen lieben unverhofften Besuch : »Damals hatte sich Apel in Begleitung Adolph Wagners und des Kapellmeisters Müller, aus Leipzig in den preußischen Bivouac gewagt, um Fouqué – vielleicht noch zu guter Letzt – mit Wein und Speise zu erlaben. Damals waren die edlen Gäste höchlich erfreut über den frischen Kampfesmut unserer Scharen; denn recht, als hätten sie ein vollständiges Bild davon mitnehmen sollen, gab ein durch die Rekognoszierung General Wintzingerodes bei Weißenfels entstandener Alarm, Gelegenheit zum Kommandoruf: An die Pferde! von den Jägern und Kürassieren mit jubelndem : Hurrah! beantwortet. Es ist das Wallensteinsche Lager in veredelter Potenz! hatte Apel gesagt.«

Aber nur kurze Zeit ist den Freunden gegönnt : denn Napoleon ist nahe!

## § 33

Seit Tagen schon tasten die Spähtrupps von beiden Seiten her die Stellungen der gegnerischen Korps ab; trotz der eifrigsten Rekognoszierung aber bleibt der alliierten – d.h. diesmal der russisch-preußischen – Führung unbekannt, daß sich eine ganze französische Division im »Dörferviereck« (das wird hier ein stehender Begriff) Caja-Klein Görschen-Groß Görschen-Rahna festgesetzt hat. Am 2.5. 1813 beschließt der alliierte Oberkommandierende, der russische General Wittgenstein, den Franzosen hier die Schlacht zu liefern. (Ich gebe eine sehr ausführliche Beschreibung, weil Sie später jeden Zug in der »Sängerliebe« wiederfinden werden; es muß also sein).

Fouqué befindet sich mit seinem Regiment, (das einen Teil der preußischen »Reservekavallerie« unter ihrem Führer, dem Obersten von Dolffs, bildet; sie ist in 2 Brigaden eingeteilt; die Kürassier-Brigade, bestehend aus den 3 Regimentern, führt Oberst v. Jürgasz) auf dem linken Flügel; trotz vielfachen eifrigen Einspruchs, zumal Scharnhorsts, der aus »Prestigegründen« dagegen eifert, ist die Reservekavallerie dem russischen General Wintzingerode unterstellt worden.

In den frühen Morgenstunden des 2. 5. schieben sich die einzelnen Korps in die befohlenen Angriffsstellungen.

Prinz Wilhelm, der Bruder des Königs, der heute die Res. Kav. führt, findet die französische Division Girard noch im Biwak; sie hat eben die Pferde ihrer Kavallerie zur Tränke geschickt, und es ist völlig unverständlich, warum Prinz Wilhelm diesen unvergleichlich günstigen Moment nicht zum Angriff benützt : 3000 Pferde, darunter die »schwersten Waffen« der damaligen Zeit, die Kürassiere, greifen nicht an; er begnügt sich mit einer Kanonade, und der Meldung an die Führung, sowie der gleichzeitigen Bitte um Infanterie. Unterdessen hat Wittgenstein, in der Meinung, es sei leichte Beute, das »Dörferviereck« angreifen lassen; in furchtbaren Nahkämpfen erstürmen die Preußen gegen die langsam zurückgehenden Franzosen drei davon – Caja ausgenommen. Von Westen her erscheint Marschall Marmont; schon gehen seine ersten Bataillone durch das benachbarte Starsiedel : da endlich entschließt sich Prinz Wilhelm, und treibt sie in einzelnen Attacken – aber immer nur mit Teilen seiner Reiterei ausgeführt – zurück, auch trifft allmählich die von ihm angeforderte Infanterie- und Artillerieunterstützung ein; so daß sich Marmont endlich in und hinter Starsiedel eingräbt.

Die Alliierten, immer noch im Unklaren über die wunderbare Disposition Napoleons, beschließen – jetzt im Besitz dreier Dörfer – den Hauptangriff über Caja auf Starsiedel zu führen; aber inzwischen erfolgt um 13 Uhr der erste Gegenstoß der Franzosen : Marschall Ney, le brave des braves, nimmt das »Dörferdreieck« wieder; und damit fällt auch Wittgensteins weitere Angriffsabsicht.

Gegen 14.30 trifft Napoleon selbst auf dem Schlachtfelde ein; »seine Anordnungen und Überblick müssen die höchste Bewunderung erregen« heißt es in den vom deutschen Großen Generalstab herausgegebenen Dokumentenbänden. Kurz darauf erhält Wittgenstein die ersten greifbaren Meldungen, daß »stärkere feindliche Kräfte seine Flanken bedrohen«; aber noch erkennt man nicht die Größe der Gefahr.

Um 16.30 erfolgt der eigentliche alliierte Großangriff auf das »Dörferviereck«, speziell diesmal Caja : hier hält der Tod seine reichste »Ernte« – wie seltsam hat die Sprache hier zwei so divergente Begriffe gepaart ! Schon sind auf preußischer Seite Blücher und Scharnhorst verwundet; auf französischer Ney. Als die Preußen sich in Caja festzusetzen drohen, erfolgt gegen 17 Uhr 30 wieder einmal der welthistorische Befehl : »La Garde au Feu !« – die Preußen werden geworfen – greifen wieder an – um 18.30 Uhr kommt der französische Hauptstoß mit der gewohnten und dennoch immer wieder überraschenden napoleonischen Artillerieballung. 4 Brigaden Garde und 80 Geschütze drängen die Alliierten völlig zurück; nur Gr. Görschen bleibt noch in preußischem Besitz. – So geht der Kampf um das »Dörferviereck«, allmählich immer schwächer werdend, weiter in die Dämmerung.

Und Napoleon nährt jetzt die vielen kleineren Einzelstöße behutsam und zähe : die Zeit arbeitet für ihn. Denn unterdessen hat Lauriston Leipzig besetzt; die Alliierten sind beinahe schon umfaßt; nur dem Umstand, daß Ney nicht wörtlich genau nach dem Befehl des Kaisers verfuhr, verdanken es die Russen-Preußen, daß sie nicht völlig vernichtet werden !

Aber darüber ist man bei den Alliierten durchaus nicht im Bilde : in völliger Verkennung der Lage besteht Gneisenau darauf, die Schlacht am nächsten Tage fortzusetzen; der verständigere Wittgenstein, dem es allmählich unheimlich wird, befiehlt den Rückzug. Doch beschließt man, durch einen letzten Kavallerieangriff die Franzosen von allzu sorgloser Verfolgung abzuschrecken.

Oberst v. Dolffs bringt rasch 9 Schwadronen Reiterei zusammen – darunter auch die Brandenburger Kürassiere – formiert sie in 2 Treffen, und führt sie durch die Nacht auf die Flammen des brennenden Rahna zu. Ein Hohlweg muß überraschend überquert werden; dann trifft man plötzlich auf die leichten Truppen der französischen Division Bonet. Endlich müssen die Schwadronen den Rückweg suchen, und verlieren dabei in der bei Nacht unvermeidlich eintretenden Unordnung und beim neuerlichen Überschreiten des Hohlweges wieder eine größere Anzahl von Leuten.

Dennoch war die ungewöhnliche Maaßregel von großer Bedeutung : sie zeigte dem Feinde, daß man noch immer im Notfall kampfbereit sei; gerade der rechte französische Flügel, der noch in bester Verfassung war, wurde dadurch zur äußersten Vorsicht gemahnt; und das hat den Verbündeten bei ihrem Rückmarsch dann sehr genützt.

Die Schlacht war für die damaligen Zeiten äußerst blutig gewesen; die Alliierten verloren etwa 12 000 Leute, die Franzosen etwas mehr; die im Kampfe befindlichen Truppen waren ungefähr gleich gewesen, obwohl Napoleon dafür gesorgt hatte, daß er im entscheidenden Moment auf dem Schlachtfelde die Übermacht besaß. Der von den Preußen beanspruchte Ruhm, daß ihre jungen unausgebildeten Truppenteile mit beispielloser Tapferkeit gekämpft hätten, trifft genau so auf die in fliegender Eile ausgehobenen und ebenso unerprobten jungen Reserven Napoleons zu; man lese die redliche und naive »Histoire d'un Conscrit de 1813« von Erckmann-Chatrian.

Wenn Fouqué der Ansicht ist, daß »die Schlacht stand ... bis einbrechende Dunkelheit die Heere ablassen hieß vom gegenseitigen Ringen, zuletzt dem Moment vergleichbar, wo zwei gleichstarke Ringer scheinbar bewegungslos just in höchster Kraftanstrengung einander erfaßt halten«, so ist das ein liebenswürdiger Irrtum, der dadurch, daß ihn ja auch Gneisenau teilte, unerheblich wird. Die Schlacht war gründlichst verloren; das stellt auch der Große Generalstab in nüchternen Worten fest, und sagt von den Verbündeten : »Alle Führungsmaßnahmen trugen den Stempel der Halbheit«, und »man kann es sich unmöglich verhehlen : die Kavallerie, auf die man so große Hoffnungen gesetzt hatte, versagte völlig. Ihren Mut hat sie damit bewiesen, daß sie recht erhebliche Verluste durch feindliches Geschützfeuer standhaft ertrug.« Napoleons Anordnungen wird die höchste, allerdings nicht mehr als gerechte, Bewunderung gezollt – Das Ergebnis der Schlacht war, daß den Franzosen Sachsen und die Elblinie wieder in die Hand fielen.

Von der großen Übersicht nun zu den Einzelschicksalen, zunächst des Regimentes. – Am Morgen marschierte es mit der Reservekavallerie durch Pegau, passierte daselbst die Elster und bei Kondorf den Floßgraben; hier wurde abgesessen und gefüttert, aber leider nicht getränkt, was an dem warmen Frühlingstage und nach dem ermüdenden Nachtmarsche sehr nützlich und dem Anschein nach bei der Nähe der beiden genannten Wasserläufe vielleicht ausführbar gewesen sein würde. Die ermüdeten Leute schlafen großenteils ein wenig bei den Pferden. Gegen 11 Uhr steht der linke Flügel hinter dem Landrücken, der ½ Stunde von Gr. Görschen liegt, mit dem rechten Flügel an Werben, mit dem linken an das Dorf Domsen gelehnt. Gegen 11.30 Uhr erhält die Reservekavallerie den Befehl, in Richtung Rahna und Starsiedel vorzugehen. Prinz Wilhelm führt sie in Person an. Ein Regimentskamerad Fouqués schildert weiter : »Eine sanfte Höhe vor Starsiedel erreichend, erblickten wir etwa 800 Schritt vor uns 1 feindliches Bataillon, im Vormarsch von Starsiedel aus begriffen« – (das war also der sich nähernde Marmont) – »Se. Kgl. Hoheit befahlen dem Regiment den Angriff, begannen denselben sofort, und ehe die 3 letzten Eskadrons des Rgt., denen die Jägereskadron als Reserve folgen sollte, zum Deployieren Zeit hatten, ging es, vorzugsweise mit der 1. Eskadron, im vollen Rennen in das formierte Karree hinein, welches sein Feuer zwar spät und mit Ruhe abgab, dennoch aber völlig gesprengt und niedergeritten wurde. Dem Major von Loebell und dem Prinzen Wilhelm wurden im Karree die Pferde erschossen. Lt. v. Podewils war geblieben; Lt. v. Arnim hatte den rechten Arm verloren; Fouqué und Mutius waren die Pferde erstochen oder erschossen worden.«

Unmittelbar nach dieser Attacke war das Regiment gezwungen, sich wegen des heftigen Kartätschfeuers mehrere hundert Schritte rückwärts wieder zu formieren. Ein zweiter Angriff wird auf 2 feindliche Batl. und Batterien unternommen, jedoch ohne viel Erfolg; 1 Geschütz wurde dabei erobert, das die Jäger herauszogen (dies war eines der 5 Geschütze, welche die Alliierten überhaupt an diesem Tage erbeuteten).

Das Regiment zog sich dann links und rückwärts von Starsiedel, und litt zuerst unter starkem Beschuß. Es folgten 2 Stunden relativer Ruhe. Etwa um 17.00 wurde es wiederum weit vorgeschoben, und kam nochmals in heftigstes feindliches Granaten- und Kartätschfeuer aus einer etwa 20 Geschütze zählenden schweren Batterie; in dieser Stellung blieb es bis zum Abend (nur einmal zog es sich 200 Schritte nach links). Hier verlor der Major von Loebell das zweite Pferd an diesem Tage; auch fielen ständig Mannschaften und Pferde.

Gegen 22.00 Uhr beginnt der schon angedeutete abschließende Nachtangriff mit 3 Schwadronen Garde du Corps, 1 vom Opr. Kür. Rgt., und den 5 Schwadronen der Brandenburger Kürassiere; Blücher, obgleich leicht verwundet, führt in Person. Ich gebe wieder dem Lt. Monteton das Wort:

»Das Terrain war coupiert, mit Gräben und Hohlwegen durchschnitten, die Nacht war finster. Bald zog man sich halbrechts, dann wieder halblinks; alles war totenstill, die Kommandos wurden so leise wie möglich gegeben, aber an den hellen Feuern des Feindes erkannte man dennoch, daß er von unserem Herannahen wohl unterrichtet war; denn die feindliche Infanterie stand in langen Linien, das Gewehr in der Hand, aufmarschiert, hinter einem tiefen Graben oder vielmehr Hohlweg, und erwartete uns mit Entschlossenheit. Als wir dem Feinde nahe genug waren, erfolgte unser: ‹Marsch! Marsch!›; aber auch das Feuer der feindlichen Infanterie, und verdeckt aufgestellte Geschütze sprühten Kartätschen und Kugeln ohne Zahl in diese sofort zu einem Knäuel zusammengeballte Masse. Die Vordersten waren in die Gräben gestürzt; alles stockte, mußte zurückweichen und litt bedeutend von den Kugeln des Feindes. In die rückwärts liegenden Gräben und Hohlwege stürzten im Gedränge und in der Finsternis Roß und Reiter hoch übereinander, so daß allerdings ein schnelles Zusammenfinden der Züge und Schwadronen unmöglich war.« In dieser Nachtattacke stürzte auch der Regimentskommandeur, und unter seinem Pferde liegend, ward er von vorbeireitenden an der Stimme erkannt: »Da, in diesem gefahrvollen Augenblick und im dichtesten Kugelregen, saß der Uffz. Maaß von der 1. Schwadron ab, half seinem Kommandeur unter dem Pferde hervor und ließ ihn das seinige besteigen, während er selbst zu Fuß zurückging.«

Dieser Kommandeur, Graf Hacke, hatte bedeutende Quetschungen erhalten, und mußte für 14 Tage vom Regiment gehen; an seiner Stelle übernahm Major Loebell nun die Führung. Die Verluste des Regimentes betrugen: 6 Off. / 12 Uffze. / 4 Tromp. / 106 Mannschaften / 246 Pferde. Von der Jägerschwadron fielen: 1 Uffz. / 1 Mann / 1 Pferd; verwundet wurden: 5 Mannsch. / 2 Pferde; vermißt: 1 Mann / 1 Pferd. Die Offiziere Podewils, Münchhausen und Blumenthal fielen.

Nun zu Fouqués persönlichen Erinnerungen, wie er sie an verschiedenen Stellen, auch in unveröffentlichten Manuskripten, gegeben hat.

»Beim Einbrechen in das feindliche Quarree während der Lützener Schlacht ward dem Leutnant Fouqué das Pferd durch einen Bajonettstoß getötet. Im Kampfgewimmel und Staub bemerkten die Jäger nicht ihren unter dem toten Rosse liegenden Offizier. Erst als sie auf das Appellblasen sich nach dem sieghaften Einhauen wiederum gesammelt hatten, vermißten sie ihn, und schalten einander in Jünglingsraschheit aus, ihn so wenig beachtet zu haben. Da sagte ein tapferer Freiwilliger, Hertel mit Namen, ehedem Ökonom, schon über die Jünglingsjahre hinaus: ‹das Gerede hilft nichts; ich will unsern Leutnant suchen›. – Vorwärts sprengte er, und fand den durch den Sturz in seine eigene Klinge Gefallenen an einer Stirnwunde blutend, ohne Czako, unter dem Schutz eines Donschen Kosaken zurückwankend aus dem Getümmel.« – (»Gib Hand, brav Prußki«, hatte der unbewußte Förderer der deutschen Literatur gesagt, wie Fouqué anderweitig berichtet) – »Der Jäger bot ihm sein Pferd, half ihm hinauf, gab ihm seinen Czako und griff sich ein herrenloses Roß mit russischer Offiziersschabracke, das, eine leichte Streifwunde an der Brust, nahebei herum irrte. Bald aber, nachdem man die Schwadron wiederum erreicht hatte, ward das edle Tier gänzlich matt, und der Jäger mußte zurück. Nicht lange, so war er wieder da. Er hatte auf einem Pachthofe in der Nähe den schönen russischen Schimmel, dessen Wunde leicht geheilt werden konnte, gegen ein harttrabendes Rotroß eingetauscht, und in den Kauf noch einen häßlichen Rundhut zur Kopfbedeckung mit eingehandelt. Jubelnd und lachend begrüßte man ihn. Weil er aber doch schier gar zu wunderlich aussah in seinem breit gekrämpten Filz, und sich im weiteren Vorrücken ein feindlicher Czako am Boden fand, nahm Hertel diesen an des Rundhutes Stelle. Bald jedoch, in einem sieghaften Ansprengen auf feindliches Geschütz, flog der etwas allzuenge kriegerische Kopfschmuck wiederum ab, und nun mußte Hertel auf Befehl seiner sämtlichen Offiziere, ob auch ehrbar widerstrebend, zurückreiten. Man durfte ihn umso weniger einem etwaigen Einhauen auf Reiterei aussetzen, als sein frühe spärlich gewordener Haarbusch ihn gleichsam zur Zielscheibe feindlicher Kopfhiebe gemacht haben würde.« (Für diesen Tag bekam Carl Hertel später das neugestiftete Eiserne Kreuz).

»Das bei jenem Ansprengen eroberte feindliche Kanon übergab der Major und Rgts.-Kdr. Graf von Hacke, den Jägern, um es in Sicherheit zu bringen. Da nun dessen Bespannung davon gejagt war, nur ein verwundetes und zum Ziehen völlig untaugliches Pferd zurücklassend, spannten sich einige rüstige Freiwillige vor das Kanon und zogen es aus dem Feuer zurück.«

»In der Schlacht ward der die Standarte des KR führende Unteroffizier vom Pferde geschossen, und das verwilderte Roß rannte mit dem an den Sattel festgeschnallten Ehrenzeichen davon und gegen den Feind hin. In Dampf und Staub ward niemand sogleich dessen inne, als die beiden Jäger von Zieten und von Rochow, indem die FreiwilligenSchwadron dicht aufgerückt hinter dem Standartenzuge hielt. Sie sprengten dem flüchtigen Gaul nach, und brachten mit ihm die Standarte glücklich wieder zurück.« (Zieten erhielt dafür später das russische Andreaskreuz.)

»So auch am Abend des heißen Tages, wo der Feind vergeblich versuchte, durch einen Hagel von Haubitzgranaten die preußische Reiterei zu sprengen, und ein Gemurmel der Ermüdung – wahrlich aber hatte kein Verzagen den entferntesten Teil daran – durch die Jägerschwadron ging, bedurfte es nur des Wortes, das der Leutnant Fouqué aus einem von ihm gedichteten und vielfach gesungenen Jägerliede ihnen zurief: ‹Der König hat gesprochen: / Wo sind meine Jäger nun?› – Und einstimmig riefen die wackeren Jünglinge: Hier!, und blickten voll frisch erwachter Rüstigkeit in das Feuer.«

»Schon früher erlitt eine leichte Verwundung durch schweres Geschütz der Jäger Graf Westarp: eine ricochettierende Paßkugel setzte unweit vor ihm auf, und fuhr so dicht an seinem Antlitz vorüber, daß ihm der Luftzug zwei Vorderzähne eindrückte und ihn ohnmächtig vom Rosse warf. Man hielt ihn anfänglich für tot, da der Kampf keine nähere Untersuchung der Wunde vergönnte; nach einiger Zeit gab er Lebenszeichen von sich, und man schaffte den noch immer halb Ohnmächtigen zurück. In der Schlacht von Bautzen ritt der kaum noch 16jährige Jüngling schon mutig wiederum mit der Schwadron.« – Den Jäger von Walther und Cronegk erwähnt er wohlgefällig: »Man hieß ihn nur den tapfern Walter«, hießt es mit den Worten des alten Pfeffelschen Volksgedichtes von ihm in der Einheit.

Zu dem Jäger von Mühlheim ist es, daß der russische General Miloradowitsch die mehrfach von Fouqué angeführten Worte später äußerte: »Bei Lützen fochtet wie Engel ihr.«

»In jener düstern Nacht stürzte Fouqué, auf eine nicht unwichtige Botschaft ausgesandt, mit seinem scheu überschlagenden Rappen – (denn, wie er späterhin gesungen hat ‹Auf Lützens Ebnen lag sein treuer Gelber›) – in ein fast grundloses Wasser, und nur der göttliche Schutz rettete ihn vom Ertrinken. Wohl sprach er, wiederum völlig zur Besinnung gekommen, scherzend, für dasmal sei er, wie Tamino in der Zauberflöte, oder auch wie Tiecks gestiefelter Kater, durch Feuer und durch Wasser gegangen. Aber es blieb dennoch bei ihm ein gar ernstes Angedenken für das ganze Leben zurück: die plötzliche Erkältung des aus der Schlacht und dem Nachtkampf her noch Glühenden, und die Unmöglichkeit, seine völlig durchnäßten Kleider für die nächsten Tage zu wechseln, hat seiner Gesundheit eine nie mehr völlig schwindende Erschütterung gegeben.« Wir werden in der Folge mehr davon hören.

Einer seiner Freunde ist bei Lützen geblieben: Wilhelm von der Gröben. Dessen Frau Ida, geb. v. Auerswald, dichtet »auch« und ist dann im Freundeskreise unter dem Namen »Cyane« bekannt; in dieser Eigenschaft hat Fouqué 2 Gedichte an sie gerichtet. Ende Oktober 13 gibt sie noch einem Sohne das Leben, bei dem Fouqué Pate steht, und der »Sigurd« – nach des großen Freundes Schauspiel – genannt wird; er stirbt unlängst darauf.

Noch näher ist ihm der Bruder befreundet: Carl von der Gröben, ein echt romantisch-ritterlicher Mann: »Da kommt schon Einer! rief mein Bruder, und Alles sprang ans Fenster. Von der Elbseite her jagte ein einzelner Reiter die Straße herauf und saß vor unserem Hause ab. Ob Feind oder Freund – wer konnte es wissen. Aber da ging auch schon die Türe auf, und herein trat ein trefflich schöner Mann von ritterlichem Aussehen. Ähnlich den braunschweiger Husaren war er ganz schwarz gekleidet, trug eine breite eiserne Kette um den Hals und ein Schwert an der Seite. Ich glaubte einen Helden aus der Ehrenzeit des weiland deutschen Reiches zu sehen, und empfangen ward er, als wäre er ein solcher. Er wurde Graf Gröben genannt ... wie er sich zu uns gefunden, und ob er überhaupt meine Eltern oder den Onkel schon früher kannte, weiß ich nicht; ich hörte nur, daß er seit Tagen von den Seinigen versprengt, soeben durch die Elbe geschwommen sei. Bei dieser Gelegenheit war nach ihm geschossen worden, auch war sein Pferd verwundet, und er selbst mochte der Erquickung wohl bedürftig sein, welche die Mutter ihm eilig reichte. – Doch war eigentlich er es, der die Übrigen erquickte, denn sein ganzes Wesen trug das Gepräge ungebeugten Mutes und seine Worte waren die eines gottbegeisterten Propheten, der die Ketten seines Volkes fallen sieht, und Gott im voraus preist. Ein herrlicher Mensch, dem unser aller Herzen zuflogen.« (Kügelgen.)

Romantisch-ritterlich ist auch der Bruderbund mit Fouqué : eine alte Münze wird gebrochen, und Jeder trägt seine Hälfte auf der Brust – obwohl mir der Sinn nicht ganz klar ist : in den alten Sagen bekommen das immer zwei Geschwister oder dergleichen umgehängt, die im zartesten Alter auseinandergerissen werden, und sich dann nach langen Jahren der Trennung und Aventiuren daran wieder erkennen – aber es gehört wohl irgendwie dazu. »In einem großen halben Monde von hellpoliertem Stahl trage ich die Hälfte des Schaustückes, das wir in Böhmen mit einander teilten, und einen kleinen Brief von unaussprechlich theuren Händen. Auf der einen Seite des Mondes stehn die Worte ‹Panier, Panier, wir seh'n dich wallen›, und auf der anderen ‹Und immer fragt der Seufzer, wo ?› – Dieses Schild schirmt meine Brust.« schreibt Gröben noch 1815 an Fouqué. – Wir werden ihm öfters begegnen; ich füge nur noch hinzu, daß er später kommandierender General geworden, und, uralt, fast 90 Jahre, erst 1876 gestorben ist.*

---

* Wie sie Alle in ihrem Fouqué lebten und webten, belegt ein Blatt in Marbach, aus Brüssel, vom »13. May« datiert (eine andere Hand hat mit Bleistift 1813 darunter geschrieben; was natürlich 1814 heißen muß), und in dem Carl Gröben vom Feldzug in Frankreich schwärmt : »Der Sieg ist unser ... Ja, mein Bruder, der Sieg ist unser. Unsere Brüder haben am 9. dieses Märzes tapfer ihre Ehrensache ausgefochten, aber noch sind wir nicht am Ende; Siege müssen Siege krönen.« Er hat einen Knieschuß bekommen, ohne daß eine Sehne oder dergleichen beschädigt wurde, »2 Wunden, so glühend, wie Purpurrosen am Stock !« (sic !). – »Ich sage Dir nichts von dem freundlichen Empfang und der Pflege der Damen in Neuilly am 1. März, nichts von der wunderbaren Mauer des Schlosses – ich dachte, hier müßte Folko früher einmal um den Sieg Gabrielens gekämpft haben ... Ach, was sind die Glasmalereien der Kathedrale in Reims herrlich !«

Das Bezeichnende dabei ist, daß ihm sofort der ‹Zauberring› einfiel. (Die oben Z. 17 v. o. angeführte Verszeile stammt übrigens aus einem Gedicht des Georg Schmidt (genannt ‹von Lübeck›; 1766–1849) :

§ 34

Aber für den Augenblick heißt es Rückzug, schleunigen Rückzug in Richtung auf das nächste große verschanzte Lager bei Bautzen!

Oberhalb Droschwitz geht das Regiment über die Elster und biwakiert bei Borna. Am 4. 5. gehört es noch zur Vorhut, hält jedoch bei Colditz und stößt diese Nacht bei Lausnig zur Arrieregarde. Am 5. 5. geht der Marsch bis Leisnig. Am 6. 5. bleibt vom ganzen Heer nur die Reservekavallerie noch allein auf dem linken Elbufer und beobachtet durch Patrouillen alle Straßen; erst am nächsten Tage wird sie durch Meißen aufs rechte Elbufer gezogen, wo sie auch noch am 8. 5. bleibt.

»Jener echte Freund Standfest (= Welck) kam zu uns in den Bivouac, uns erlabend mit köstlichem Wein, uns aushelfend mit Allem, was sein war, und sich freuend an unsrer auch im Mißlingen frisch gebliebenen Kampfeslust. – Du – sprach ich zu ihm – wohl tätest Du am besten, lieber gleich mit uns zu reiten. Weiß ich ja, daß du vollständig ausgerüstet bist, und wenn Du das Nachrücken der Franzosen erwartest, erfahren sie vielleicht, wie gut deutsch Du gesinnt bist, und stellen Dich vor ein Kriegsgericht, also auch vor die Flintenläufe. – Möglich, erwiderte er stark und still. Aber reite ich jetzt mit Euch, ließe man vielleicht meine Anverwandten darunter leiden. Besser, ich bad es allein aus. Und er blieb, der wackere Standfest, und Gottes Hand blieb schützend über ihm, und späterhin ward es ihm dennoch vergönnt, die früher so wohlgeprüfte Klinge abermal umzugürten für das gute deutsche Recht.«

Da dieser erwähnte Welck noch später vorkommen wird, gebe ich hier gleich die Charakteristik mit, die Fouqué von ihm in einem Briefe an Miltitz entworfen hat (Welck's Bruder, Heinrich, war 1809 auf österreichischer Seite gefallen, so daß die Familie vielleicht bei einem neuen Fall mit Recht die berüchtigte »Sippenhaftung« fürchtete); so schreibt er am 25. 1. 1813:

»So hast Du denn den guten Welck gesehen, und auch Dich hat seine schroff prosaische Außenseite zurückgestoßen. Ein poetischer Mensch ist er freilich auch nicht auf die entfernteste Weise; aber es ist doch mehr Kern in ihm, als er offenbart, vorzüglich, wenn er sich in eine gewisse antithetische Stellung setzen will gegen das Höchste und Zarteste im

---

»Ich wandle still, bin wenig froh, / und immer fragt der Seufzer : ‹Wo ?› / Im Geisterhauch tönt's mir zurück : / ‹Dort, wo Du nicht bist, ist das Glück !›–«.)

Leben. Er möchte so gern Alles mit eigenen Händen fassen, und in keinem Dinge irgend zurückstehen, am wenigsten gegen alte Bekannte. Da fehlt es denn nicht, daß er bisweilen kalt und hart aussieht, wie er denn überhaupt der Anmut gar sehr ermangelt. Er hat von Kindheit an für einen höchst unterrichteten, talentvollen, wohl gar genialen Menschen gegolten; nun kann ers noch nicht recht begreifen, und ängstet sich wohl gar darüber, daß sein Treiben nicht das höchste, ja nicht einmal das anerkannteste sein soll, und meint darüber, die Menschenkinder, welche Andres versuchten und liebten, seien unreell und verrückt. Aber unter allen diesen Wunderlichkeiten steckt ein fester Sinn, eine tiefe Liebe, eine Brüderlichkeit, die vor jedweder Prüfung besteht.« Wir werden später beim Besuch des Freundes sehen, daß er der Poesie doch nicht so ganz bar war, und wohl seine Stelle in einem Seiteneckchen der Celebrität verdient.

Im meißener Bivouac findet auch die in den Bestimmungen vorgesehene Offizierswahl statt; auf den Fall, daß Fouqué nicht gewählt würde, hat ihm der König bereits den Dienst in irgend einer Adjutantur zugesichert. Aber wider alles Erwarten – denn er ist streng im sogenannten »kleinen Dienst«, und auch die »angeerbte altfranzösische Heftigkeit« schlägt zuweilen durch – wird er einstimmig zu einem der 4 Offiziere der Jägerschwadron erlesen. – Hier sind die Vier : der Rittmeister von Zglinitzki als Chef; dann die Leutnants Fouqué, Zieten und von der Goltz. (Ende 1813 tritt an Fouqués Stelle ein, der berühmte Maler und Freund des Dichters, Philipp Veit.) So schildert es lustig-gerührt zurückblickend der Dichter :

»Als der beauftragte Rittmeister ans Abstimmen gehen wollte, rief die gesamte Jünglingsschar – ein paar bärtig wackre Genossen darunter mit – : Unser ältester Leutnant soll bei uns bleiben ! – Feurig rief er zurück, lachend und dennoch feuchten Blickes : Ich bin Euer, ihr liebes wunderliches Volk ! – Und durch diese schöne Erinnerung hat ihm Vieles seither sich versüßt im seltsam wechselnden Leben.«

Und es war schon ein wunderliches Volk : in seinem Idyll »Jäger und Jägerlieder« hat er sie geschildert, und nicht minder im »Réfugié«, wie sie – meist gebildete junge Leute, Studenten etc. – bei jedem Befehl erst wißbegierig und geschult fragen : ‹Warum ?› anstatt zu gehorchen, und damit den Ausbilder langsam zur Verzweiflung treiben. Wie sie zum Teil in Erinnerung klassischer Studien mehr lateinisch sprechen als Deutsch. Wie sie – wahrscheinlich nach Vorbildern im verehrten »Zauberring« etc. – hinterrücks auf eigene Faust angreifen wollen, und überhaupt das Ganze mehr einer soliden Oper gleicht als einem Feldzuge – natürlich mit sehr ernsten Einlagen.

Von Meißen aus wird Fouqué zu einem Ritt nach Sagan, zum Nachschubdepot beordert, um von da die wieder dienstfähigen Reiter und Pferde dem Regiment zuzuführen.*

Er übernachtet beim Stadtrichter : der ist auch Dichter und hat ein Epos »Cyane« geschrieben; und die saganer Notabilitäten drängen sich um den gefeierten Sängerkönig. Und hier, am nächsten Morgen, soll Fouqué einen der »wundersamlichst erschütterndsten Momente seines Daseins« erleben :

»Einquartiert in einem edelgastlichen Hause und in der Morgenfrühe noch schlafend in schwerer Mattigkeit nach jenem Wassersturze, ward er durch rasche Tritte, die Treppe herauf eilend, erweckt. Der wackre Militärkommandant des Ortes trat herein, und Fouqué rief aus : Gibts Botschaft von der Armee, Herr Obrist ? und griff bereits nach Waffen und Kleidern. Nicht das, mein Lieber; hieß die Antwort : Bleiben Sie liegen; es ist ein alter Bekannter, den ich Ihnen zuführe. – Und in die offen gebliebene Tür trat ein Greis mit fast gänzlich kahlem Haupte, im langen grauen Oberrock, auf einen hohen Wanderstab vornübergebeugt, die fast erloschenen Augen fest und ernst nach Fouqué herüber gerichtet, ganz einem schwergedrückten Pilgrim vergleichbar. – Kennen Sie ihn nicht ? fragte der Obrist. Fouqué verneinte staunend. Da leuchteten die Augen des Fremdlings plötzlich wie Flammen empor, und mit edelzürnender Stimme rief er machtvoll aus : Kennst Du mich nicht; oder willst Du mich nicht kennen ? ! – Und es war Massenbach !«

Christian von Massenbach, ehemals Oberst im preußischen Generalstabe, der seit der großen Katastrophe von 1807 nicht aufgehört hatte, in Büchern und Schriften zu warnen und zu mahnen, eine Stimme, heute

---

* Fouqué's Auftrag hat sich (falls die Begegnung in jenen Tagen stattgefunden hat) nicht darauf beschränkt, Rekruten und Reservepferde abzuholen. Der recht bedeutende (damals freilich noch so gut wie heut unbekannte) Dichter Leopold Schefer (1784–1862) hat ihn damals kennen gelernt. Sein Biograf Brenning berichtet : »Unter Denjenigen, welche sich längere Zeit in Muskau aufhielten, befand sich auch der Dichter la Motte Fouqué ... Er kam sehr unwillkommen, insofern er eine beträchtliche Kriegssteuer beitreiben sollte; aber er trat mit Schefer, nachdem die geschäftlichen Verdrießlichkeiten überwunden waren, doch in ein freundschaftliches Verhältnis. Eines Abends wurde es, nachdem Schefer seine Dithyramben verlesen hatte, in einem großen Glase Rack besiegelt.« – Wieder einmal mehr ist über die weiteren Beziehungen der Beiden nichts bekannt.

dämonisch und schicksalhaft, unselig und fürchterlich zu hören; der ständig gepredigt hat : für die Allianz mit Frankreich und gegen den Osten – eins der erschütterndsten Schauspiele der Geschichte, soweit ich sie nur weiß!

Und es ist etwas Unheimliches um ihn : er ist gekommen, dem König – dem Verachteten, dem Unfähigen, dem Verlästerten – seine »Hilfe« anzubieten; er rät zu einer unmöglichen Gebirgsstellung in Schlesien. Noch einmal will er das Letzte versuchen : *ich* meine, er will noch einmal die preußische Armee in die Hände des großen Kaisers legen! Denn er ist in den langen Jahren der Vergessenheit und Verzweiflung ein Dämon geworden, wenn je einer war – man kann natürlich auch »Querulant« sagen.

Fouqué rät ihm, sich zunächst in das Hauptquartier des Generals Kleist zu begeben; aber der Monarch ist allzu aufgebracht gegen den Unglücklichen, der nicht verfehlt hat – erst die Wahrheit; dann der Staat! – die königliche Familie in allen Einzelheiten und nackt zu schildern. So heißt denn der allerhöchste Befehl : »Der Obrist von Massenbach ist sogleich von der Armee zu entfernen!«

Ich erledige das weitere Schicksal des großen Mannes hier in ein paar Zeilen : nach dem »Freiheits«kriege macht er, Inhaber eines Sitzes im zaghaften württembergischen Parlament, Front gegen die Regierung nach der alten herrlichen Formel »Friede den Hütten, Krieg den Palästen.« Aus seinem Vaterlande verwiesen, liefert ihn 1817 Frankfurt an die Preußen aus; ein Jahr lang sitzt er in Küstrin : dann endlich erfährt er, warum : wegen der Kapitulation von Prenzlau und wegen Landesverrat (Alle anderen, selbst Hohenlohe, der Befehlshaber von Prenzlau, sind längst amnestiert!). Er wird zu 14 Jahren Festung verurteilt, die er in Küstrin und Glatz, in immer steigender Verdüsterung, absitzt. Ende 1826, schon todkrank, wird er amnestiert, mit der Auflage, sich auf seine polnischen Güter zurückzuziehen. Am 21. 11. 1827 stirbt in Bialokosch der erste Europäer, der einsichtigste Politiker und Stratege seiner Zeit : Christian von Massenbach!

»Ich habe den edlen Unbeglückten seit jener uns Beide tief erschütternden Stunde nie wiedergesehen.« Im »Alethes« trägt die Titelgestalt unverkennbar Züge des alten Waffenmeisters. – (Für alle Einzelheiten verweise ich auf mein Lese-Spiel ‹Massenbach kämpft um Europa›.) –

Die zweitägige Schlacht von Bautzen wird geschlagen, und nach rühmlichem Widerstande der Alliierten ebenfalls verloren.

»Fouqué genoß noch der Ehre, sein Kommando, aus etwa 60 wiederhergestellten Reitern und Pferden unterschiedlicher Regimenter bestehend, im heißesten Momente mit in das Feuer zu führen, und es sahe im frischen Vorwärtstraben darnach aus, als wolle der Sieg uns krönen. Aber der Befehl kam zum Halt. Unlängst darauf auch der zum Abmarsch. Die Brandenburger Kürassiere und ihre Jäger halfen den Rückzug decken mit einer festen Mannhaftigkeit, welche kein uns nachgesandter Haubitzgranatenhagel zu stören vermochte.« Aber zunächst geht der Rückzug weiter auf der großen Straße über Reichenbach nach Görlitz.

»In einem jener Gefechte, mehrst aus Kanonaden bestehend, gereichte es mir zur sonderlichen Erhebung, den Berg, Landskrone geheißen, vor Augen zu haben. Dorten war ja meinem Jakob Böhme als Hirtenknaben seine erste Wundervision aufgegangen. – Triffts mich hier, dachte ich, so triffts mich in heiter ernsten Mahnungen an das Ewige, Hochherrliche.«

»Eines Tages sprach unser Brigadechef, Obrist von Dolffs, an den Jägern vorüberreitend zu mir : Fouqué; die Schwadron hat eine rechte Zierde verloren, seit Ihr schöner Gelber auf dem lützner Schlachtfelde liegt ! – Ach, bald sollte unsre ganze Brigade eine noch weit erhabnere Zier verlieren : unsern edelritterlichen Anführer selbst !«

Das letzte größere Gefecht des Frühjahrsfeldzuges nämlich findet am 26. 5. bei Haynau statt.

Die preußische Nachhut lockt den Gegner auf der großen Straße über Michelsdorf hinter sich her; bei Brockendorf und Schellendorf werden Dolffs mit den Kürassieren und 2 reitenden Batterien in den Hinterhalt gelegt. – Bei den Franzosen bildet die Division Maison die Vorhut; Maison war ein guter und kluger Unterführer, der gleich gegen Ney seine Bedenken aussprach. Nachdem die Franzosen 1500 Schritte über Michelsdorf hinaus waren, gab Zieten durch das verabredete Anzünden der Baudmannsdorfer Mühle das Signal zum Angriff. Leider ließ Dolffs aus Vorsicht zur Beobachtung der feindlichen Kolonnen 2 Kü.Rgt. und 1 Batterie bei Modelsdorf zurück, und griff nur mit 18 Schwadronen an. (Die Brandenburger Kürassiere gehörten zu den zur Beobachtung abkommandierten Regimentern !) Innerhalb einer Viertelstunde hatte Dolffs 500 Gefangene gemacht und 5 Geschütze genommen; die Preußen verloren 19 Offiziere und 239 Mannschaften. – Die Franzosen wurden nach dieser Schlappe noch vorsichtiger; aber der alliierte Oberbefehlshaber, Barclay de Tolly, untersagte für die Zukunft dergleichen Unternehmungen, weil »sie die Kräfte ohne Nutzen schwächten.« – Auf preußischer Seite fiel der Brigadekommandeur Dolffs selbst.

Von da an wird das Nachsetzen auf der einen, der Rückzug auf der anderen Seite nur noch vorsichtiger.

Man sammelt sich in der Gegend von Schweidnitz. Einmal wird Fouqué abkommandiert, um 2 feindliche Offiziere nach dem Hauptquartier zu geleiten; mit dem Auftrag, sich zu stellen, als verstünde er kein Französisch, – sei auch verdrießlich vor Übermüdung und wolle schlafen. »Das erste- und letzte Mal in seinem Leben, daß er sich aufs Belauschen gelegt hat!« Aber die beiden Herren zeigen so wenig militärisches Verständnis, daß er sich bald wieder, befreit, aufrichten kann, und höfliches Gespräch mit ihnen führen.

»Wir kamen tief in der Nacht im Hauptquartier hinter Schweidnitz an, und bei der Unbedeutenheit des Fanges erkannte ich für unnütz, die Ruhe der Befehlshaber zu stören. Am andern Morgen traf ich auf einen wackern jungen Garde-du-Corps Offizier, mir von sonsther schon bekannt, jetzt im Gefolge Blüchers. Er sah trüb und niedergeschlagen aus, und auf meine Frage darüber entgegnete er : Ja so; Sie wissens noch nicht : Waffenstillstand ! Ich schrak zusammen : Waffenstillstand ! rief ich : was soll das bedeuten ? ! – Was es bei Napoleon immer zu bedeuten pflegt : Frieden. Und welch ein Friede jetzt ! – Ich fühlte mich gleich dem edlen Jünglinge wie durchdonnert. Im selben Augenblick trat Blücher auf den Vorsaal heraus. Ich stattete ihm meine unbedeutende Meldung ab. Gehn Sie nur dorten hinein, sprach er, und melden Sie's auch dem General Gneisenau; der Gneisenau muß alles wissen, Großes und Geringes. – Ich ging, und ward mit der Herzlichkeit empfangen, die mir der Held von Kolberg schon bei jener ersten Bekanntschaft in Berlin erwiesen hatte, und kräftiger Trost quoll aus der Heldenseele in die meine. – Der Waffenstillstand schadet uns nicht, sprach er in all der frischen Zuversicht, die auch unter den ungünstigsten Umständen stetig ihn belebte, und Andre durch ihn mit : Friede wirds nicht. Dazu ist Jener nun zu hochmütig aufgeschwellt, und unser König und Kaiser Alexander sind zu groß, um sich in demütigende Bedingungen zu schmiegen. Zieht Jener neue Heerscharen aus Frankreich und Spanien heran, so üben wir unsere Landwehren vollkommen ein, und auch Österreich gewinnt Zeit, einen bestimmten Entschluß zu fassen, ohne Zweifel einen edlen Entschluß. Im Übrigen weiß ich offiziell nicht mehr als Sie; aber so zeigt sich mirs im Sinn, und ich meine, mit vollem Recht. – In dem Augenblick trat Blücher herein, und ich wollte mich zurückziehen. Gneisenau winkte mir zu bleiben. Nachdem die beiden erhabnen Genossen Einiges mitsammen besprochen hatten, sagte Gneisenau, mich mit Namen vorstellend : Sehen Sie, Ew. Exzellenz, das ist der Heldensänger unseres Heeres. Held Blücher sagte sehr freundlich zu mir : Schön, mein Sohn, das ist mir lieb. Gneisenau sprach, mich entlassend : Halten Sie fest, was ich Ihnen mitgeteilt habe, und breiten Sie's nach Kräften aus unter den Waffenbrüdern. – Wie aus einem Stahlbad entstiegen, trabte ich wiederum frisch zum Regimente zurück.«

Der Waffenstillstand wird am 4. 6. geschlossen, für die Franzosen unterzeichnet ihn der Marschall Caulaincourt; für die Preußen Kleist; für die Russen Schuwalow. Er geht zunächst bis zum 20. 7. (später verlängert bis zum 10. 8. 1813), und legt ein Sperrgebiet fest, in dem sich keine der kriegführenden Parteien aufhalten darf; bis zum 12. 6. muß jede der Armeen die ihr vorgeschriebene Stellung eingenommen haben; die Überwachung der Einhaltung der Bedingungen erfolgt durch je 2 Generäle, die in Neumarkt, im neutralen Gebiet, zu Besprechungen zusammen kommen.

Während des Waffenstillstandes erhält Fouqué Heimaturlaub : erinnern Sie sich an Ihre eigene Soldatenzeit, um zu verstehen, was das bedeutet!

So reitet er also Ende Juni wieder nach Nennhausen zu Frau und Kind – die Frau hat eben die Liaison Cernitscheff im Sinn, das Kind ist kalt und klug, wie die Mutter; aber er ist harmlos, und genießt den Urlaub, wie ein Soldat soll; auch hat er lieben Besuch : der Lützower Jäger Philipp Veit, schon ein berühmter Maler, ist bei ihm in Nennhausen zu Gast – seit dem 3. 7. – und er hat ein Porträt Fouqués gezeichnet. So begeistert ist er von seinem Wirt, daß er sich von den Lützowern zum Brandenburger Kür.-Rgt. ummelden will : am 17. 7. hat er schon seinen Abschied genommen, und wird mit Fouqué nach Böhmen reiten.

Aber noch etwas Wichtigeres ist geschehen : »Während jenes raschen Maifeldzuges hatte mir die Muse ... auch noch gar ein wundersames Bild offenbart. Zuerst war es mir in einer, kurz vor des Kampfes Beginn zu Berlin aufgestellten Gemäldegalerie erschienen : das Ölgemälde einer schönen, seltsam aussehenden Frau, ihre Tracht zwischen dem Europäischen und Orientalischen mitten inne; ihr Blick anziehend und abstoßend, herb und mild. Aus der altitalischen Schule schien das kleine Bild herzustammen, aber Niemand konnte den Meister nennen, oder überhaupt Näheres davon berichten. Auf mich machte es einen fast magischen Eindruck, so daß die Freunde es nur ‹die Hexe› zu benennen pflegten, weil immer und immer wiederum davor sie mich antrafen, wie einen Gebannten, wie ich denn in der Tat von den andern vielgepriesenen Bildern dieser Ausstellung – bei meinem sonst eigentümlich scharfen Gedächtnis, namentlich für Gegenstände der bildenden Kunst, – mich auch keines

Einzigen mehr zu erinnern weiß. Die ‹Hexe› dagegen, obgleich ich das Gemälde nie wiedersah, nicht einmal wissend wohin es geschwunden ist, lebt noch jetzt vor meinem geistigen Auge, und hat sich nach und nach zur ‹Corona› gestaltet, der magischen Heldin meines unter diesem Namen bekannten Rittergedichtes. In der heimatlichen Ruhe begann ich, an die Darstellung meiner Zauberin zu gehen.« –

»Schau diese dunklen Brauen, finstren Locken / und dieser Augen mondlich trüben Schein, / wie jeder Zug, als tönten Grabesglocken, / sich hüllt in tiefe Todesnebel ein, / daß bang davon des Lebens Pulse stocken, / und jedem Hoffen sichs entgegnet : Nein ! / Dennoch : ein leises lindes Liebesthauen / bebt ahnend nieder durch das strenge Grauen.« –

Rasch werden im Urlaub einige kurze Billets – nicht allzuviele : als Soldat hat man in den paar Tagen besseres zu tun – an die Freunde geschrieben; viel ist im Freien nicht zu genießen, denn der Sommer ist allgemein naß und kalt. Am 14. 7. trägt die Prinzessin Marianne in ihr Tagebuch ein : »Den Fouqué sah ich wieder, dem gings besser, der erlebte in der Realität seine Rittergeschichten.«

Einmal »ging ein Ritter in des Abends Schimmern / mit dem einzgen Töchterlein spazieren; / fast wards allzuweich dem braven Degen / um das Herz, dieweil ers recht bedachte, / rückgekehrt zur Rast in seine Heimat, / wie so hold und froh das Kind ihn liebe, / und wie Kampf ihm bald zurück berufe, / wohl vielleicht zum Nimmerwiederkommen. / Da hub Kindlein also an zu sprechen : / Vater, weißt ja wohl, wie ich Dir gut bin ? / Weißt auch aber, was ich herzlich wünsche ? / – Nun, mein Kind ? – Daß noch nicht Friede würde; / treiben müßt den Feind bis an den Rhein ihr, / jauchzen müßt ich über Vaters Siege. / Vater, hau sie ja recht brav zusammen !« Na ja. –

In den ersten Augusttagen reitet Fouqué wieder zum Regiment.

## § 35

Er trifft es in den Kantonnierungen an der Straße von Ottmachau nach Türpitz; der Stab, bei dem er sich meldet, liegt in Ober- und Mittel-Schreibersdorf.

Unterdessen sind wichtigste Veränderungen im Heer wie in der Politik vor sich gegangen :

Österreich, Schweden und England sind den Verbündeten beigetreten, und der am 12. 7. in Trachenberg beschlossene Operationsplan hat die jetzt vorhandene große Truppenmasse in 3 Armeen aufgeteilt, die fürs erste getrennt von einander operieren werden. Es ist dies die Nordarmee (135.000 Mann) unter Bernadotte, dem Kronprinzen von Schweden, dem Renegaten; die schlesische Armee unter Blücher (100.000 Mann); und endlich die böhmische oder Hauptarmee (230.000 Mann) unter Schwarzenberg; bei der letzteren befinden sich auch die drei regierenden Herren, was die Leistungen dieses Heeres ungemein erschwert und herabsetzt. – Andererseits ist Hamburg wieder verloren gegangen, und Scharnhorst gestorben.

Da sich bei jeder dieser 3 Armeen starke preußische Korps befinden, hat man gleichzeitig am 12.7. auch das preußische Heer neu geordnet; und 3 Armeekorps gebildet unter Bülow (Nordarmee), York (schlesische Armee) und Kleist (Hauptarmee).

Bei dem Letzteren befindet sich auch die Reservekavallerie; bei dieser das Brandenburgische KR.

In der Jägerschwadron sind während des Waffenstillstandes ebenfalls kleine Veränderungen eingetreten; Gustav von Rochow, der zuvor schon meist Ordonnanz beim Kommandeur gewesen war, ist jetzt ins Offz. Korps des Regimentes selbst übernommen, und zum Secondeleutnant befördert worden. – Der liebste Freund, den Fouqué beim Regiment hat, ist der Graf August Münster-Meinhövel, und die Bekanntschaft soll auch literarisch fruchtbar werden: sie bleiben später im eifrigen Briefverkehr, und aus den Stammesssagen, die der Graf dem Dichter mündlich und schriftlich mitteilt, ist dann 1824 ein Büchlein entstanden: »Der Bischof und der Ritter«, das unter dem Decknamen ALT. Frank (= Altfrank, wie Fouqué sich im Gegensatz zu den revolutionären Neufranken gern nannte) erschienen ist (und nicht bei Goedeke steht; das Anonymenlexikon versieht seine Notiz mit einem Fragezeichen; aber Fouqué hat sich brieflich zweimal ausdrücklich als Verfasser bekannt; auch sind Stil und Gesinnung des Buches unverkennbar.)

Philipp Veit hat sich schon im Juli umschreiben lassen, und reitet mit ihm nach Schlesien; in Breslau schließt sich ihnen Joseph von Eichendorff an (der dann aber doch nicht bei der Jägerschwadron bleiben kann); und auch Max von Schenkendorff ist fast immer in der Nähe.

Aber der Waffenstillstand läuft ab, ohne daß Frieden geschlossen worden wäre. Am 6.8. geht beim Regiment der Befehl ein, sich unverzüglich zum Abmarsch fertig zu machen: am 8.8. um 7.30 Uhr morgens, verläßt man Schreibersdorf und Umgebung und marschiert in Richtung Silberberg auf die österreichische Grenze zu, die am 11.8. passiert wird. Wenn auch die Ortschaften meist Hausunterkunft bieten sollen, ist es doch bei der starken Truppenkonzentration unvermeidlich, daß auf jeden Bauernhof eine ganze Schwadron (etwa 120 Mann) kommt, und fast Alle biwakieren im Freien. Zum Glück spricht einer der Kürassiere böhmisch, sonst würde das Auffinden der richtigen Wege vom 13.8. an, wo das Regiment meistens auf Nebenwegen für sich allein marschierte, sehr schwer gewesen sein; der Weg führt über Elbkostelitz und Budin in Richtung Dresden.

Am 19.8. – so kommt der Tagesbefehl durch – ist morgens und abends ein Gebet zu halten: alle kämpfenden Parteien haben ja von jeher »Gott mit Uns« auf den Koppelschlössern stehen, und ER müßte wohl in Verlegenheit kommen, wäre er nicht, wie der große Friedrich erkannt hat, immer mit den stärksten Bataillonen.

Das Wetter ist unbeschreiblich schlecht; es regnet Tag und Nacht; nachts wird man von Mäusen in unglaublicher Menge geplagt, die selbst die Kleidungsstücke der Schläfer zernagen. Die Pferde am Zügel, wird auf elenden Pfaden das Erzgebirge überstiegen; dann tastet man sich weiter auf die sächsische Hauptstadt vor, wo, man weiß es, Napoleon sich im Augenblick nicht befindet: da will Schwarzenberg eine Schlacht riskieren; denn er gibt ganz offen zu, daß er den Empereur für 100.000 Mann rechnet. Und sein Eintreffen während der Schlacht nachher, wirkt dann auch zauberhaft ermutigend auf Besatzung und Bürger; denn durch eine bemerkenswerte Verkettung von Umständen erscheint Napoleon fast allen Bewohnern Sachsens als Befreier und Erretter, die Alliierten als der von Allen zu fürchtende Feind: man weiß genau, daß Preußen den sächsischen Staat auslöschen, noch präziser: sich assimilieren will! Es geht also für Sachsen um Sein oder Nichtsein; Sie werden späterhin noch interessante Einzelheiten von der Spannung zwischen den beiden Mächten hören.

Nachts marschiert man auf Dresden vor; in den frühen Morgenstunden des 26.8. beginnt die Schlacht:

Die Preußen greifen den »Großen Garten« an, und können ihn im Laufe des Vormittags bis zum Verhau besetzen; gegen 17.00 Uhr haben sie ihn ganz genommen und setzen nun zum Stoß auf die etwa 400 Meter entfernte Vorstadt an. (In Dresden befindet sich zur Zeit ETA Hoffmann, und er hat lebendige Berichte über die Ereignisse gegeben). Der Angriff führt bis dicht an die Stadtmauer heran; aber der sofort anschließende französische Gegenstoß drückt sie wieder bis in den Großen Garten, ja, gegen 19.00 Uhr müssen sich die Preußen in dessen östlichen Teil zurückziehen – etwa um 20.00 Uhr hört der Kampf hier auf.

Das Kürassierregiment ist zwischen Torna und Leupnitz aufgestellt, und kommt während dieses ersten Schlachttages überhaupt nicht zum Einsatz, bleibt sogar außerhalb des französischen Artilleriefeuers.

In der Nacht zum 27. setzt ein schwerer Landregen ein; ab Mitternacht gießt es in Strömen; der Boden, schon infolge der vorhergehenden nassen Witterung schwer genug, ist bald völlig durchweicht, so daß Bewegungen außerhalb der Straßen so gut wie unmöglich sind. Es fehlt an Lebensmitteln für Mensch und Tier : einmal will der Brigadechef im Trabe angreifen; aber russische Husaren erreichen den Feind eher : die Kürassierpferde sind so ermüdet, daß sie kaum noch im Schritt vorwärts zu bringen sind. Während an diesem Tage Napoleon den linken österreichischen Flügel schlägt, steht das KR zwischen Leibniz und Reik. Um 8.00 Uhr früh muß es heftigen und ziemlich wirksamen Beschuß durch sächsische Infanterie und Artillerie aushalten. Der Regen wird immer heftiger; Nebel steigt auf, und die Luft wird so dick, daß sich der Horizont auf ein paar hundert Schritte verengert; die Orientierung wird zur Unmöglichkeit. Im Laufe des Tages wird die Reservekavallerie nach rechts gezogen, und findet sich bei Einbruch der Dunkelheit nahe Lockwitz, den vorbeifließenden Bach vor der Front. Alles ist so desorientiert, daß mehrere Feldwachen, wie sich bei anbrechendem Tage ausweist, nicht gegen Dresden, sondern nach rückwärts ausgestellt worden sind. Diese Nacht bietet das schwerste Biwak des ganzen Krieges : ohne Holz, ohne Stroh, ohne Lebensmittel; Alles ist bis auf die Haut durchnäßt, fast sind die Mäntel zu schwer. Die Nacht wird kalt, und der Regen hört nicht auf; man muß die Pferde am Zügel halten, und diese wie die Menschen stehen fußtief im Schlamm.

Die alliierte Armeeleitung muß die Schlacht als verloren abbrechen; es fehlt sogar an Artilleriemunition.

Das Kleistsche Korps marschiert über Glashütte und Maxen bis in die Gegend von Fürstenwalde und Liebenau (bezeichnend, daß man beim Stabe noch die 1721 erschienene sogenannte Müllersche Karte, die schon Friedrich der Große benützt hatte, verwendet !). Man weiß, daß Napoleon nachstößt; schon hält sich Kleist für eingekesselt oder doch in äußerster Gefahr; wörtlich schreibt er an den König : »Die Lage in der ich mich befinde, ist verzweiflungsvoll ... Ich habe mich entschlossen, am morgenden Tage auf Nollendorf zu marschieren, und mich mit dem Degen in der Faust durchzuschlagen.«

Dabei ist das eine absolute Verkennung der Lage ! Napoleon hat zwar Truppen, zumal Vandamme, in Eilmärschen abgeschickt, Teilen des verbündeten Heeres den Rückweg nach Böhmen zu verlegen; die anderen französischen Korps haben aber die Verbindung mit Jenem nicht aufrecht erhalten, und tatsächlich ist Vandamme der im Talgrund von Kulm Eingeschlossene. Es ergibt sich der groteske Tatbestand, daß Kleist sich für umzingelt hält, und mit dem Mute der Verzweiflung nach Süden »durchbricht«.

Am 30. 8., kurz nach 10.00 Uhr hat man die erste Feindberührung; in schweren Einzelgefechten wird das Kleistsche Korps von dem eingeschlossenen Vandamme, der sich seinerseits wirklich durchschlagen muß, zum großen Teile zersprengt; aber die zahlenmäßige Übermacht der Alliierten ist doch zu groß; der Franzose muß die Waffen strecken. Kleist persönlich hat sich vor einer Gefangennahme nur dadurch gerettet, daß er sich ins Gebirge warf, und auf Umwegen zur Nachhut Zietens gelangte. So berichtet der Große Generalstab : »Der eigentümliche Gang der Schlacht hatte auch von dem Korps Kleist große Teile völlig versprengt. Ohne Nachrichten von den Verbündeten, ohne Überblick über den Verlauf des Kampfes, bei den eigenen Angriffen ohne Erfolg (sic !), vom Feinde durchbrochen und mit sich fortgerissen, glaubte Jedermann an eine Niederlage, man suchte sich in Sicherheit zu bringen, ohne zu wissen, wohin man sich wenden sollte. Einzelne Abteilungen irrten im Gebirge umher, ohne ein bestimmtes Ziel, viele der Landwehrleute flohen auf Tetschen, um sich hier auf das andere Elbufer setzen zu lassen. Die Mehrzahl der Versprengten fand sich in später Stunde bei befreundeten Truppenkörpern wieder ein, andere überfiel die Nacht im Walde. Freund und Feind untermischt befanden sich auf gemeinschaftlicher Flucht, lagerten gruppenweise durcheinander, und trafen mehrfach in aller Ordnung das Übereinkommen, daß die Besiegten der Anderen Gefangene sein sollten, sobald sich am folgenden Tage die Lage der Dinge aufklären würde. Auch General Kleist war abgedrängt worden, und stieß bei Nollendorf auf General Zieten : hier erfuhr er die überraschende Kunde von dem erfochtenen glänzenden Siege.« – Nun kehrte er natürlich sofort auf das Schlachtfeld als Sieger zurück; die Ironie der seltsamen Viktorie sollte sich aber bis zum Letzten bewähren : er verfehlte nunmehr den ihn jetzt anderswo suchenden König, der ihm den Schwarzen Adlerorden persönlich überreichen wollte. Er wurde zwar für seine »überlegene« Leitung der Schlacht befördert und Graf dazu : jedoch wurde der Name des selig-unseligen Ortes – streng aber gerecht – auf immer dem seinigen hinzugefügt : Kleist-Nollendorf mußte er bis zu seinem Tode heißen !

Fouqué sieht das Ganze natürlich naiv anders : »Kaum 48 Stunden später, so wetterte die schöne Siegesschlacht von Kulm los, wo wir unter Kleist-Nollendorf in den Rücken des trotzig vorgedrungenen Vandammschen Korps einbrachen, und nach dessen verzweiflungstrotzigem Widerstande der glänzendste Sieg um unsre Scharen flog.« Man vergleiche mit seinen strotzenden Worten den obigen amtlichen Bericht.

Bei Kulm fiel sein Freund Wilhelm von Röder, dem er in den Gedichten aus dem Jahre 1813 einen poetischen Nachruf gewidmet hat. Das Regiment selbst ist auch bei Kulm nicht zum Einsatz gekommen.

Am nächsten Tage, dem 31., biwakiert man in einem lichten Laubholze bei Sedentz, eine halbe Meile jenseits der Stadt; noch während des Marsches dahin treffen die Siegeskunden von Groß-Beeren und der Katzbach ein. Auch das Wetter ist, in strammer preußischer Symbolik, schön geworden : »einen großartigen Anblick gewährte es in den Abendstunden, die unübersehbaren Biwaks mit ihren zahllosen Feuern zu überblicken«.

Noch einmal nähern sich in den nächsten Tagen die französischen Vorhuten; es gibt einige Gefechte mit der in Graupen und Kloster Mariaschein verschanzten Infanterie Kleists; aber kein allgemeiner Angriff findet mehr statt. Die Reservekavallerie wird je nach Bedarf vorsichtshalber hin und her in die Nähe dieser Gefechte geschoben, aber zum Einhauen kommt sie nicht. – Am 12. 9. feiert man mit großem Dankgottesdienst die erwähnten alliierten Siege, denen sich am 6. 9. noch Dennewitz angereiht hat.

In dem mit Truppen durchaus überlegten Gebiet wird wieder die Verpflegung knapp, und Leute und Pferde kommen herunter; Ruhranfälle häufen sich, und das, was man damals hilflos-unwissend als »Lagerkrankheit« bezeichnete, was aber nichts anderes als unser wohlbekannter ehrlicher Typhus ist. Am 21. 9. kommt deshalb der Befehl, im Egertal Erholungsquartiere zu beziehen, die Jägerschwadron in Postelberg. Hier wird ihr größter Teil unter Zglinitzki zur Streifschar Colombs abgeordert; zurückbleiben nur : Fouqué, Zieten und Kunow als Offiziere, Bredow und Veit als Fähnriche; außerdem 2 Oberjäger und 18 Jäger. (Auch von diesen werden nach und nach immer wieder Einzelne zu anderen Dienststellen versetzt; so daß nachher in Frankreich nur noch 8–10 Mann, dann dem Stabe beigegeben, anwesend sind).

Hier nun beginnt die lieblichste menschlichste Zeit, und er hat es selbst immer wieder beschrieben, »wo Getümmel des Kampfs oder des Marsches verscholl, / und wir am duftigen Abend im Kreis auf moosigem Boden / traulich saßen umher, und statt des kecken Signals / sanft anhub die Trompet' in frommen Weisen zu klingen, / lieblich tönend : Nun ruh alle die Wälder umher !« – Da kann man endlich um das abendliche romantische Biwakfeuer sitzen : »Drei Dichter : Fouqué, Schrötter\* und

Schenkendorf lebten einmütig nebeneinander in einem Kreise alter oder neugewonnener Freunde. Überall wo während des Krieges im Lager ein paar Tage verweilt wurde, da taten sie sich zusammen, ließen Wein bringen, so gut er zu beschaffen war, und auf dem Boden oft um ein Wachtfeuer gelagert, gaben sie sich einer Freudigkeit hin, die kein Ende finden konnte; singend und plaudernd stachelten sie sich gegenseitig zu losen Scherzen und Witzen an. Fouqué und Schenkendorf waren die Gesprächigsten, nur ein kleiner Teil der sich hinzudrängenden Zuhörer gehörte zu den Mitsprechenden, die Übrigen lauschten und lachten nur. Um die Liegenden pflegte sich ein Kranz von Stehenden zu bilden, die sich als Gäste und Zugelassene betrachteten. Einer unter diesen war ein jüdischer Freiwilliger, der bei aller Gutmütigkeit durch Zudringlichkeit und allerlei üble Gewohnheiten lästig wurde, ohne es zu merken oder merken zu wollen ... Palmachom wurde er genannt, vor den sich Jeder schob, denn : ‹Wenn er schläft so schnorcht er, / wenn er wacht so schwatzt er, / wenn er schweigt so horcht er, / wenn er ißt so schmatzt er, / von Island gibt es bis nach Rom / kein lustger Ding als Palmachom›. – so faßt Fouqué seine Eigenschaften zusammen. So ward in der Arena, in der Jeder seine Laune frei spielen ließ, angegriffen, wer durch Tun und Wesen Stoff zum Lachen gab. Fouqué stellte den Satz auf, es gäbe Keinen, der nicht in einem Punkte toll sei. Er errichtete, soweit seine ausgedehnten Bekanntschaften

---

\* Es handelt sich hierbei um *Ferdinand* Ludwig Dietrich Wilhelm v. Schrötter, \* (Königsberg ?) 20. 6. 1785, † Marienwerder 13. 8. 1863. Schon ETA Hoffmann erwähnt ihn in einem Brief vom 12. 12. 1807 aus Berlin an Hippel : »Von Schroetter und Schenkendorf ist auch in Berlin viel die Rede.« (Hoffmann kannte übrigens die ganze Familie; der Vater, Karl Wilhelm v. Schr., weiland Staatsminister für Ost- und Westpreußen, hatte ihn 1805 in Warschau visitiert : »Der Revisor hat ein gar grimmiges Gesicht ...« Diesen Vater findet man auch in der ADB; über die unter seiner Leitung vorgenommene Triangulation Ost- und Westpreußens berichtet Zach mehrfach.) Nähere genealogische Nachrichten finden sich im Gothaer (z. B. ‹Freiherren› 1911, S. 855 ff.); es ist durchaus möglich, daß sich in Familienbesitz noch Nachrichten über Fouqué, bzw. gar Autografen, vorfinden könnten. –

Von Schrötter's eigenen poetischen Arbeiten kann ich nicht urteilen; ich habe lediglich gelesen : ‹Zwei Gedichte zur Feier des Reformationsfestes› (zusammen mit K. Fr. Ldw. Kannegießer); Prenzlau 1817; und war nicht beeindruckt.

reichten, eine ‹tolle Brigade›, in der Schenkendorf schnell zu hohen Würden gelangte, und deren Feldmarschall zu heißen einem Blücher, wie derselbe lächelnd erklärte, nicht zur Unehre gereichte« – (Noch später tauchte in Fouqués Briefen, vor allem an Perthes, diese Bezeichnung »Brigadestreich« vielfach auf). – »Es läßt sich denken, daß Schenkendorf, der wie er sonst im geselligen Verein behaglich sich auf den Teppich lang hinstreckte, hier, wo der Anstand keine Beschränkung auferlegte, ganz am Orte war, mit seinem Humor und seiner beredten Zunge. Fouqué ehrte ihn mit seinen kerndeutschen Gesichtszügen und mit der lahmen Rechten durch den Namen ‹Götz von Berlichingen›. Und er bemerkte: unsere kleinen Beiwacht- und Lagerfeste im vertrauten Kreise gewannen stets durch Max ihren heitersten Schmuck.« Im »Idyll« »Jäger und Jägerlieder« hat Fouqué viele Erinnerungen festgehalten, auch sich selbst als »Fritz von Greiffenhorst«; das Büchlein beginnt mit seinem eigenen allbekannten Kriegslied: »Frisch auf zum fröhlichen Jagen« und schließt mit Körners Lützow-Lied »Was glänzt dort vom Walde im Sonnenschein« – denn mit dem jungen ehrerbietigen Körner hat er anerkennende poetische Grüße gewechselt, und beklagt den frühen Tod des, als Dichter allerdings nicht sonderlich gewichtigen Freiwilligen sehr.

Kurz nach Kulm hat er auch in Teplitz den Freund Miltitz getroffen, der sich ebenfalls in patriotischer Aufwallung als Freiwilliger zu den Österreichern gemeldet hat; allerdings offenbart sich bald der Unterschied zwischen Beiden – zum ersten Male – in der Auffassung vom Wehrdienst; am 23. 4. 1814 schon schreibt Miltitz an die mehrfach erwähnte Luise von Watzdorff (die mit ihrem großen Vermögen und ihrer steten Hilfsbereitschaft mehr und mehr zum rettenden Engel des – wie bei Künstlern üblich und unvermeidlich – immer in Geldverlegenheiten schwebenden Ehepaares geworden ist): »Das was ich im Kriege suchte – ruhmvolle Gefahr, Poesie, Ritterthum pp. – das ist, Gott weiß es, nicht dort zu finden. Aber Ekel, Graus, Entsetzen und bewußtloses Anstarren fast unvermeidlichen Todes – das sieht man täglich!« So spricht er vernünftig, aufrichtig, menschlich.

Bald soll auch Fouqué sein gerüttelt Maaß mitbekommen; am 29. 9. 1813 berichtet Veit ängstlich an die Mutter: »Fouqué war krank, hat sich aber wieder erholt, und wird wohl bald aufstehen können.« –

Er ist sehr krank!

§ 36

Das schöne Egertal mit dem Städtchen Postelberg – ‹Apostelberg› nennen es jetzt, ihn liebevoll ehrend, die Freunde – und dem fürstlich Schwarzenbergischen Schlosse nämlich »ward die Wiege manch schmerzlicher Prüfung für Viele, auch für mich ... Nach manch kleinen Gefechtsanfängen – so nur kann ichs nennen; denn zum eigentlichen Kampfe gedieh es nicht, wenigstens für uns nicht – ergriff das immer mehr um sich greifende Kranken auch mich. Namentlich kamen fürchterliche Brustkrämpfe dazu, die nicht selten mit augenblicklichem Tode drohten, wohl größtenteils Folgen jenes nächtlichen Wassersturzes nach der Lützener Schlacht. Meine mir sehr wohlwollenden Vorgesetzten hatten mehrmal Entwürfe gemacht, mich dem die angegriffene Kraft völlig erschöpfenden Jägerdienst zu entziehen, durch Anstellung in einem Hauptquartier. Versteht sich: so daß mir das Teilhaben an den Gefechten unverkümmert bliebe. Nun, als ich auf dem nur allzuquellenreichen Boden um Töplitz eines Abends schwer erkrankt in meiner Hütte lag, entrangen sich der gepreßten Brust folgende Reime: ‹Wohlan so sei's! Ich soll erblassen, / den Lieben fern im fremden Land. / Wohlan, ich leist' auch das gelassen, / mein König und mein Vaterland!›« Denn die Dichtung stockt ihm nicht; da ist vor allem die »Corona«, von der immer wieder neue Einzelverse entstehen; aber auch Gelegenheitsgedichte aller Art, zumal Soldatenlieder, wie er es Hitzig verheißen hatte. Da finden wir »Auf dem Marsche. In Böhmen in einer schönen Gebirgsgegend« (Das ist bei Scriwan und Slobna, unweit Josephstadt, geschrieben); oder »In einem verfallenen Fenster der Ruinen des Schloßberges zu Töplitz«; oder »Preußisches Marschlied im Oktober 1813«.

Doch die Schwäche nimmt immer mehr zu: »endlich überfiel die Krankheit mich eines Frühmorgens wiederum dergestalt, daß ich mein Unvermögen, zu Rosse zu steigen, deutlich empfand, und nun den mir so oft vergeblich dargebotenen Antrag annahm. Während man den Wagen zurüstete, der mich von hinnen führen sollte, trat ein so fürchterlicher Brustkrampf ein, daß er mich zu Boden riß. Ich vernahm das leise Weinen eines der trauten Genossen, sonst immer in fester Klarheit des Geistes ruhig gefaßt, und wie er seufzend flüsterte: Nun ist es vorbei. – Seltsamlichstes aller Gefühle!«

Aber für diesmal hat Ferdinand von Stegemann doch Unrecht gehabt – sie haben sich während des Maifeldzuges recht befreundet, und im Waffenstillstand hat Fouqué ihm wie auch Alvensleben über Hitzig ein Exemplar des »Waldemar« zustellen lassen, (dem Letzteren, damit er sich am Namen seines Ahnherrn erfreuen kann) – wenn der Dichter auch in den Wagen gehoben und getragen werden muß, geht die Heilung im Schloß zu Postelberg in der Ruhe und unter Behandlung zweier Ärzte – zuerst des »genialkühnen, der das Ding nach Soldatenweise angriff« Regimentsarztes Petermann; dann des österreichischen Ortsmedikus – langsam aber sicher fürder.

Aber rechte Ruhe hat er dort nicht; denn das Regiment ist am 3.10. aus seinen Kantonnierungen bei Laun aufgebrochen, und zieht mit dem übrigen Heer langsam in Richtung Leipzig, dem allgemeinen Treffpunkt der drei alliierten Armeen. Auch der Arzt erkennt, daß dem ungebärdigen Patienten die Unruhe noch mehr schadet als der beabsichtigte Ritt, und gibt endlich seinen Segen dazu.

»Ich ritt und ritt, und die Bahn schien sich unter meinen Rosseshufen zu verlängern, denn immer bestimmter ward meine Vermutung, bei Leipzig beginne der Entscheidungskampf, oder sei wohl schon losgebrochen gar.«

Unterwegs trifft er noch einmal kurz den Wagen, in dem die beiden Minister Stein und Humboldt sitzen, »ein geistiger Erquickungsgruß« schreibt der gutmütige Fouqué (man erinnere sich an das Dresdener Symposion!)

Am 17. abends trifft er in Altenburg ein; wie früher übernachtet er beim Buchhändler Brockhaus, der ihm »den gastlichsten Empfang« bereitet, und wieder fallen ihm die Schlußworte aus den »Schwestern von Corcyra« der Amalie von Imhof ein – damals im Mai hat Brockhaus ihm die Neuerscheinung geschenkt – »Aber der Glückliche heißet hienieden, welcher in Tatkraft / reine Hände zum Himmel erhebt, und gleich dem Leontes / stirbt für das Vaterland, wie schön er gelebt für die Freundschaft.« Und wie damals erscheinen ihm die Klänge seiner »Lesbischen Muse« – honny soit qui mal y pense – als rühmliche Todesweihe.

Am Frühmorgen des 18. Oktober reitet er von Altenburg ab in die Leipziger Ebenen. Schon begegnen ihm ganze Züge von Verwundeten; mit Einigen kann er während der vielen unfreiwilligen Verkehrsstockungen hastige Worte wechseln und hofft, er werde noch zur rechten Zeit kommen.

»Gegen Abend gelangte ich in den Kreis der von allen Seiten losgebrochnen und noch immerdar unermüdet brüllenden Donner. Wohl mochte man sich versucht fühlen zu meinen, die Erde bebe unter diesen Wettern. In meiner mannigfachen Schlachtenerfahrung hatte ich dergleichen noch nie vernommen. Erfreut, in dem vielverschlungenen Todesreigen endlich Preußen aufzufinden, hielt ich mich einstweilen zu einer

Schwadron brauner Husaren, wo man mich freundlich aufnahm. Schon begann die Abenddämmerung aufzusteigen, als ein Offizier von der Feindesseite her auf edlem Roß langsam gegen uns vorgeritten kam, in welchem wir alsbald einen Sachsen erkannten. Was konnte er wollen, so allein ? Etwa Zweikampf mit einem von uns vor der Schwadron haltenden Offizieren ? Das wäre just nichts unerhörtes gewesen in der neufranzösischen Kriegsgeschichte, wo sich diese altritterliche Sitte, wie zu Trotz dem modernen Revoluzgetriebe, noch immerdar erhalten hatte. Um so eher mochte ein braver Sachse auf solche Gedanken kommen. Wir etwa 5 Offiziere ritten ihm denn langsam entgegen, ihm die Wahl lassend, wen von uns er zum Einzelkampf hervorrufen wolle, falls er aber Neckerei treibe und wiederum zurücksprenge, wars beschlossen, ihn zu jagen gemeinschaftlich. Er aber winkte mit dem weißen Tuch, und rief uns entgegen, er führe uns einige Bataillone zu, übertretend zur deutschen Sache. Morgen würden noch andere Scharen folgen. – Die Schlacht verstummte mehr und mehr. Die Nacht senkte sich tiefer und tiefer vom Himmel hernieder. Da beschloß ich, die Rödersche Kürassierbrigade, zu welcher ich gehörte, aufzusuchen, wäre aber fast zwischen Dunkelheit und Wachtfeuerblendung bei dem Dorfe Probstheida in die Franzosen hineingeraten zu Tod oder Gefangenschaft. Die Warnung eines wackeren Infanteriekameraden hielt glücklicherweise den nächtlichen Reiter zurück. – In der leuchtenden Frühe des 19. Oktober gelangte ich endlich zu meinen Waffenbrüdern.«

Gleich darauf heißt es »Aufgesessen !« und die Brigade rückt langsam feindan in Richtung Probstheida, vor ihnen noch preußische Ulanen. »Feindliche Geschützkugeln begrüßten uns, auf einen ernsten Widerstand deutend. Links von uns in einem sanft eingesenkten Tale hörte man französische Befehlsrufe – ‹Sie wollen uns überflügeln !› ging ein leises Rufen und Winken durch die Reihen : ‹das gibt bald eine Linksschwenkung und ein tüchtiges Drauf !› –. Max (Schenkendorf) kam zu mir heran; er trug einen französischen Dragonerhelm, den er vom Boden aufgenommen hatte, in der Hand, und demonstrierte mir, wie er den wolle zum Pokale bereiten lassen, und hoffte noch daraus manchen Zug edlen Weines zu tun, mit mir und andern Freunden in Gott preisender Erinnerung unserer Waffenfahrten.« – (Vergl. »Frauentaschenbuch« 1819, Seite 253–56). – »In diesem Augenblick kam der König von vorn her mit kleinem Gefolge zwischen den Ulanen durch langsam herangeritten. Max in seiner Ziviltracht ritt seitwärts : ‹Richt Euch !› Scholl das Kommando. Wir hielten gerade die blanken Klingen zur Hand, und der freudige Hurraruf der Kürassiere und freiwilligen Jäger hallte dem geliebten Monarchen entgegen. Seine Hand winkte abwehrend; Alles war still. Der Feind braucht gar nicht zu hören, wo die Kavallerie hält ! sagte er im Näherkommen. Der erwartete Anfall gegen uns unterblieb. Der das KR anführende Offizier (Loebell) ritt zum Rapportieren gegen den König nahe vor mir hinan; da hörte ich die begeisternden Worte des Beherrschers : Ich gratuliere zur gewonnenen Bataille ! und sahe das königliche Antlitz von Siegesfreude leuchten.« Der Berichterstatter erzählt dann, wie Schenkendorf auf seine Frage : Was hat der König gesprochen ? den scherzhaften Bescheid erhielt, er habe sich nur erkundigt, wer die unförmliche Gestalt sei, die, den Dragonerhelm unter dem Zivilmantel bergend, einem Falstaff gleiche. Der Geneckte habe aber die Siegesbotschaft in des Freundes Antlitz gelesen, und voll freudigen Dankes gern den Spaß verziehen.

Am Abend des gleichen Tages noch erhält Fouqué Urlaub nach Leipzig hinein, zu August Apel; der hat es in seinem Tagebuch berichtet : »Als ich zu Hause kam, hielt ein Reiter im weißen Mantel vor meinem Haus ... es war schon Dämmerung, wie ich aber dem Reiter ins Gesicht sehe, erkenne ich meinen lieben Fouqué selbst !« und nun vergeht ihm der Abend »recht so, wie ein Dichter vom Dichter empfangen werden soll« – denn Apel dichtet »auch«; Gespenstererzählungen, ein Buch über Metrik, selbst Lyrisches. Jedenfalls wird Fouqué begeistert empfangen von edlen Männern und geistvollen Frauen; seine Lieder werden gesungen »kurz, es ging ihm fast wie dem edlen Don Quijote auf dem herzoglichen Schlosse« schreibt er schalkhaft, und Apel berichtet später über diesen Abend an den gemeinsamen Freund Miltitz : »Es war ein herrlicher und von vielen Seiten sehr freudenreicher Abend, als ich unserm Freund Fouqué Ihre Compositionen seiner Lieder vorspielte«; (das müssen also vor allem die Lieder aus dem »Alwin« gewesen sein). Und auch Fouqué kann den Freunden etwas Neues vorlesen : den Anfang seiner dramatischen Szene »Die Zauberer und der Ritter«. – Eine wichtige Bekanntschaft des Abends ist auch der Verleger Jaspers, der Inhaber der Weygandschen Buchhandlung.

Am nächsten Morgen schon geht die Verfolgung der zurückflutenden französischen Heeresmassen weiter : »unter unsern Schritten die wahrhaft zahllosen Leichname der erschöpft in den Tod gesunkenen Feinde, zwischen ihren gefallenen Rossen und zertrümmerten Geschützen, neben uns herwankend die Gespenster annoch lebender Flüchtlinge, waffenlos, wahnsinnig, im herben Gefühl des absoluten Besiegtseins und des schmählich zerbrochenen Übermutes, verfolgt von Fluch und Bedräuung, mitunter gar von Mißhandlung der vor Kurzem nur erst durch sie selbst mißhandelten wehrlosen Inwohner der deutschen Gauen.«

Am 24.10. biwakiert das Regiment auf einem hohen Hügel bei Ulla und Hopfgarten; den nächsten ist Ruhetag: da erbittet sich Fouqué einen kurzen Urlaub in das nahegelegene Weimar, um Goethe sein Kompliment zu machen:

»Da stand ich nun wiederum vor dem einfach schönen Hause; etwa 10 Jahre waren seither vergangen. Und welch ein Dezennium! Auch für mich: welch eine völlige Umwandelung! – Auch im Hause freilich sah es gar anders aus: eine starke österreichische Einquartierung hatte notgedrungen alle vorderen Zimmer in Beschlag genommen; Ordonnanzen rannten auf und ab. Das schöne musivische ‹Salve› vor dem Eingange zu den Gemächern den Boden schmückend, war, im Staube der gestiefelten Tritte fast unsichtbar geworden. Mich befiel eine seltsame Wehmut. Dennoch schritt ich im ziemlich kecken Bewußtsein seither mannigfach errungener Selbstständigkeit dem mir noch aus jenem ersten Besuch wohl erinnerlichen, würdig aussehenden Kammerdiener nach, der mir sogleich auf meine erste bescheidene Anfrage versicherte, ich sei willkommen. Es ging nach einem Hinterzimmer, wohin der edle Hausherr zurückgedrängt war, und in einem kleinen Vorgemach beschied mich mein freundlich vorhineingehender Begleiter, ein paar Augenblicke zu warten. / Da stand ich nun, und mein Herz begann höher zu schlagen. Fast mußte ich lächeln dabei, wenn ich an meinen eleganten weißen Uniformanzug in Eskarpins aus jenem Dezennium dachte, und wie nun der bestaubte, vom Wachtfeuer und Pulverdampf durchräucherte, von manchem Regenguß durchsprühte Offizier der reitenden freiwilligen Jäger hier zur Stelle war. Zudem hing über meine Schultern noch, als Rest eines abhandengekommenen ehemaligen Mantels, ein Mantelkragen, am Saum durch Beiwachtgluth angesengt, in der Mitte von einer französischen Flintenkugel durchlöchert. Ein waffenbrüderlicher Scherz hatte dieses Fragment mit dem Namen ‹Leporellokragen› bezeichnet. Heft und Kettlein, die es ehedem zierlich genug am Halse zusammen hielten, waren jetzt längst verloren, – wer weiß wie und wo – und an deren Stelle war ein Bindfaden getreten, derb genug, um Notfalls für einen Strick zu gelten.«

Aber er hat recht: wichtiger ist der Unterschied in der Haltung des bescheidenen unsicheren jungen Mannes von 1802, und dem berühmten romantischen Dichter, der »in poeticis viel Erkleckliches gethan«, wie sich ETA Hoffmann im Lindhorst-Stil ausdrückt. Das Gespräch selbst ist nicht bedeutend; Goethe, allweil verbindlich, wenn sichs irgend machen läßt, spricht ein paar ehrende Worte, »vollkommen dichterisch anerkennende für mich, und auch für meine ... Gattin Karoline« – schon dieses »und« genügt für den Wissenden; Goethes Einstellung zur Romantik war ja stets besonders stumpf und verständnislos; für Hoffmann, Tieck etc. fand er kein Wort der Würdigung; aber »Meier aus Westfalen« (siehe Eckermann), der war ihm ein bedeutendes Talent – der biedere Fouqué aber bekennt ihm, daß »es ein Gipfelpunkt seines Lebens« sei; er scheidet gerührt.

Weiter geht die Verfolgung – wieder einmal durchs Wartburgtal bei Eisenach, wo er voll Grauen die Leichenwälle durchreitet, bis ihm fast übel wird – über Berka und Hersfeld bis in die Gegend von Homburg bei Frankfurt. Stets laufen neue Siegesnachrichten ein: Dresden hat kapituliert, und Fouqué jauchzt naiv, weil nun endlich die schöne Stadt im heiligen Kampfe wieder ersiegt ist – dabei ist gerade dies einer der zahlreichen Schandflecken des Kreuzzuges:

St. Cyr, der französische Oberbefehlshaber, hat, nachdem am 6.11. sein Versuch sich durchzuschlagen gescheitert ist, aus Mangel an Munition und Lebensmitteln kapitulieren müssen; der alliierte Befehlshaber Klenau bewilligt den Abzug der Garnison gegen Ablieferung der Waffen und das Versprechen, 6 Monate lang nicht gegen die Verbündeten zu dienen. Alles wird fein säuberlich unterschrieben. Dann marschieren die 32 Generäle, 1759 Offiziere und 33.744 Mann ab – also eine schöne, allzuschöne Armee für die Begriffe jener Zeit; als sie schon auf dem Marsch sind, werden sie plötzlich umstellt, und ihnen nur die Wahl gelassen, entweder nach Dresden zurückzukehren, oder als Kriegsgefangene nach Österreich abzugehen: Heilige Treue, wie gesagt! – Das hat sich dann später noch mehrfach gerächt, daß man den Alliierten nicht trauen durfte: noch lange nach der späteren Abdankung Napoleons hält Davoust die Stadt Hamburg; Bennigsen, der Alliierte General, unterrichtet ihn davon, und fordert die Übergabe der Stadt; aber Davoust, sich an Dresden erinnernd und ganz sachlich darauf berufend, lehnt ab. Man ist gezwungen, den General Gerard aus Paris deswegen kommen zu lassen; erst dann geht Davoust auf die Verhandlungen überhaupt ein. Wie die Saat, so die Ernte. –

Am 5.11. kommt das Regiment in der Umgegend von Homburg an; in den nächsten Tagen werden die Truppen auseinandergezogen, und in eine Art vorsichtiger Winterquartiere gelegt; die brandenburger Kürassiere kommen nach Eichelsdorf und Rheinrod am Vogelsberg, wo am 13.11. ein großer Dankgottesdienst stattfindet; danach ist Abmarsch in die Ruhestellungen um Alsfeld, später um Ziegenhain.

Unweit Frankfurt wird Fouqué noch einmal mit seinen Jägern beordert, die vielfach herumirrenden Versprengten der Franzosen zu sammeln; in wenigen Stunden hat er auch eine ziemliche Anzahl solcher Unglücklichen beisammen.

Aber seine Widerstandskraft ist völlig erschöpft; der Regimentsarzt erklärt offiziell : »Noch ein Biwak, und der Leutnant Fouqué ist rettungslos verloren !« – Da wird das Abschiedsgesuch vorläufig eingegeben; und der General Röder erteilt ihm zunächst Urlaub nach Weimar. Zwei seiner liebsten Waffenbrüder – es sind Alvensleben und Gröben – begleiten ihn ein Stück zurück »bis zu dem uralten Heldenschlosse Dörnberg«; unterwegs kommt noch durch einen Ordonnanzreiter die Meldung nach, Fouqué sei schon vorlängst, bald nach der Schlacht von Kulm, durch seinen Regimentskommandeur, Graf Hacke, zum Rittmeister vorgeschlagen und auch befördert worden; das ist ihm doch »ein gar labendes Ehrentrünklein«; denn er hat Sinn für militärischen Rang, und muß ihn als »Letzter Ritter« ja wohl haben.

Als er sich in Bischleben, dem Hauptquartier Kleists (von Nollendorf), vor dem belagerten Erfurt meldet, schickt der ihn gleich weiter in die Heimat; und das ist ja auch für den todkranken Mann das Richtigste.

So reitet er denn über Weimar heim, und wiederum spricht er bei Goethe vor. Am 1.12. trifft er dort ein, und geht gleich am Abend zu dem Verehrten, wo er ihn mit dem Kanzler von Müller im Gespräch findet. Neben Goethe auf dem Tisch liegen unterschiedliche kleine Marmorplatten, wohlgeschliffen, von mannigfacher Farbe, und Goethe, den Blick Fouqués bemerkend, erläutert : Bruchstücke aus der Marmorbekleidung des delphischen Tempels – »das sind nun so *meine* Reliquien« setzt er leise lächelnd, »wohl nicht ohne absichtliche Beziehung« fühlt auch Fouqué, hinzu. Herr von Müller, der mit ihm zugleich fortgeht, lädt ihn für die ganze Zeit in sein Haus, und führt ihn auch sogleich dort ein. Alte Bekanntschaften werden erneuert; mit Friedrich Majer schließt er den Bruderbund. Eine andere, viele Jahre später wieder aufgenommene Bekanntschaft macht er mit dem Romanisten Keil. Am 2.12. sieht er im Theater eine Egmont-Aufführung.

Am nächsten Tage ist er zu der Hofrätin Schopenhauer geladen, die »auch« dichtet; zu ihrer Charakterisierung kann ich Niemanden besser als die Tagebücher des Anselm Ritter von Feuerbach zitieren, der 1815 von ihr schreibt : »Hofrätin Schopenhauer, eine reiche Witwe. Macht von der Gelehrsamkeit Profession. Schriftstellerin. Schwatzt viel und gut; verständig; ohne Gemüt und Seele. Selbstgefällig, nach Beifall haschend und stets sich selbst belächelnd. Behüte uns Gott vor Weibern, deren Geist zu lauterem Verstande aufgeschoßt ist. Der Sitz schöner weiblicher Bildung ist allein in des Weibes Herzen. Das Gänschen, ihre Tochter (Adele) : ‹Ich habe für Blumenmalerei das vorzüglichste Talent !› « – Und der große Sohn Arthur, völlig mit den Verwandten zerfallen, setzt 40 Jahre später hinzu : »Die Charakteristik ist nur gar zu treffend. Habe, Gott verzeih mir's, lachen müssen.« – So aber sieht es Fouqué : »Wer die Anmut und feine Gastlichkeit, welche dort unter der Leitung der edlen Herrin waltete, je erfuhr, mag sich von selbst denken, wie ein Abend ... dort verfließen mochte« – Verzweifelt, daß mir bei solchen »ästhetischen Tees« immer die köstlichen Beschreibungen des unverzeihlich früh gestorbenen Wilhelm Hauff einfallen; Hans von Müller mag von ihm sagen, was er will.

Kurz vorher hat er einem anderen Tee im Müllerschen Haus beigewohnt, wo die Wolffs, das Deklamatorenehepaar, ihn durch die Rezitation einer seiner frühen Dichtungen, des »Johannes Nepomucenus Märtyrertod« aus den »Dramatischen Spielen« des seligen Pellegrin, ehren.

Als er dann bei der Schopenhauer mit Goethe ins Gespräch kommt, geht es zuerst über den »Egmont«, angeregt durch die gestrige Aufführung, und die Schillersche »Bearbeitung« des Stückes mit dem härteren Schluß. Dann kommt der alte »Dichterkaiser« auf den unseligen Einfall, Fouqué möge ihnen doch nun auch etwas von seinen eigenen Dichtungen rezitieren.

Die liebe Unschuld schildert nun erst, wie die Jäger nach der verlorenen dresdner Schlacht betrübt am Boden schlummerten, und spricht dann die Trostworte, die er sich damals selbst zugerufen habe : »Herr Gott, Dein Wille soll ergehn. / Ich armes Menschenkind, / ich kann ihn leider nicht verstehn; / ich bin zu blöd und blind. usw.« Und das, um dem verehrten Manne zu gefallen, der gläubig ist wie der Verfasser des Buches de tribus impostoribus ! Der sieht denn auch still und wortlos vor sich nieder, während die Andern Alle ergriffen sind, zumindest so tun, und es auch wortreich aussprechen. Auch die nächste Probe, sein Lied auf den Kulmer Sieg, ist weiß Gott nicht geeignet, ihm besonderen Ruhm zu erwerben; warum muß er denn auch solche sehr durchschnittlichen Belege zum Vortrag sich auslesen ! Das ist der gleiche Abend, von dem Ferdinand Heinke in sein Tagebuch einträgt : »3.12. 1813. – Sehr interessanter Thee. Abendbrot bei Schopenhauers. Goethe und Fouqué dort. Ersterer liest seinen neu gearbeiteten Epilog zum ‹Essex› mit etwas sächs. Pathos. Bei Tische versucht zwar Fouqué durch höchst frommen Vortrag seines ‹Schlachtgebets› eine ernste Stimmung herbeizuführen; aber Lust und Leben sind überwiegend, und bleiben herrschend bis nach Mitternacht.« Schön; das bewußte ‹Schlachtgebet› ist – wie dergleichen peinlich oft – literarischer Bodensatz; und nicht besprochen und auseinandergenommen zu werden, war das Beste, was ihm geschehen konnte. Aber man lasse auch der anderen Seite Gerechtigkeit widerfahren : in einer lustigen und lachenden Gesellschaft nimmt sich der Mann, der eben aus dem Felde kommt – dreckig, müde, krank; die Erinnerung noch voller Leichen und Detonationen – wie ein Fremdkörper aus; selbst dem begeistertsten Soldaten wird der Krieg vielleicht doch manchmal zuviel; also auch Fouqué. – Eines Vormittages läßt er sich dann bei Goethe zum Abschied melden; es wird höflich ausgemacht, Fouqué solle zukünftig alle seine Produktionen dem Altmeister senden – dann fällt die Tür hinter dem kranken Manne ins Schloß : er hat Goethe zum letzten Mal gesehen.

Und ich nehme gleich die weitere Entwicklung des Verhältnisses hier vorweg – wenn man überhaupt dieses Wort auf eine von Anfang an so feststehende Beziehung anwenden will – ; Fouqué schickt also eines nach dem andern ein : am 27.10.14 die »Corona«; später »Sophie Ariele«; dann die Gedichte; den »Sängerkrieg«, die Rüchel-Biographie; 1831 sendet er an Ottilie v. Goethe sein »Musenscherflein« für die Zeitschrift »Chaos« zum Geburtstage des großen Schwiegervaters – jedesmal ohne eine Antwort zu erhalten; »Wer Andern Liebe nicht, nicht Schonung giebt; / wer Herzen, die nach ihm in Sehnsucht lodern, / beschaut, wie Raritäten, die vermodern, – / ja, Raritäten noch den Vorzug giebt ! – / : Wie will nur der noch, daß man selbst ihn liebt ?« notiert sich Fouqué hellsichtig-kurzsichtig beim Erscheinen der ersten Bände von »Dichtung und Wahrheit«; – und als dann 1831 Karoline stirbt, teilt er es dem Verehrten doch lieber nicht mit; »diesmal würde mich sein etwaniges Verstummen tief in der blutenden Seele verletzt haben.«

Wie Goethe über Fouqué gedacht hat, ist bekannt genug; für die »Undine« fand er das Wort »allerliebst«; von den späteren Produkten urteilte er, daß »dieser Dichter sich zeitlebens mit altdeutschen Studien beschäftigt habe, und daß am Ende keine Kultur für ihn daraus hervorgegangen sei«. Damit hatte Goethe allerdings recht : die zwei durchaus divergenten Elemente in Fouqué – Germanentum und Christentum – ließen ihn nur ganz selten künstlerisch reine und große Gebilde schaffen – – und gerade die hat Goethe, die »Undine« ausgenommen, nicht gekannt.

Von Weimar aus geht sein Weg nach Halle; dort wird es nicht ganz leicht für ihn, denn : »mein Vetter und ehemaliger Spielgefährte hat meine geschiedene Frau, gegen die ich vieles Unrecht auf der Seele trage, geheiratet, doch sah ich sie schon bei meiner Rückkehr von der Armee,« schreibt er 1815 an Miltitz : »Sie war englisch gut, und hatte ihren Geist sehr vorteilhaft ausgebildet, wenn gleich von ihrer äußeren Schönheit nicht mehr die Rede sein konnte. Es trat ein mildes geschwisterliches Verhältnis unter uns ein«.

Marianne von Schubaert nämlich hat, etwa um 1806, die Ehe mit dem ihr schon früher bekannt gewordenen Karl von Madai geschlossen, und jetzt, nachdem auch ihr, der Arztfrau, zwei Kinder früh starben, sieht sie zwei Söhne um sich, Guido und Max, die beide die Familie fortpflanzen sollen. Sie lebt still und glücklich, die Familie ist wohlhabend, und unter der geschickten Hand ihres durchaus bürgerlich-praktischen Gatten vermehrt sich das Vermögen ständig. Er richtet ein Braunkohlenwerk ein, das prächtig gedeiht; und bald kann man an den Erwerb eines Gutes im Posenschen denken, Kosten, (wo leider das Familienarchiv verloren ging, und Marianne auch, viele Jahre später, 1862, achtzigjährig gestorben ist. Wir werden ihr noch mannigfach in dieser Biographie begegnen. Jetzt wird sie wohl eingesehen haben, daß es damals ein durchaus richtiger Instinkt war, der den Dichter aus der ruhigen militärischen Bahn riß.)

Im letzten Teil von »Abfall und Buße«, dem 1821 geschriebenen aber erst 1844 nach seinem Tode erschienenen Roman, hat er die Tage in Halle noch einmal nachgefühlt, und in mannigfacher Verhüllung die damalige Umgebung abgebildet (III. Buch, ab Kapitel 14).

Dann trifft er am 10. Dezember wieder in Nennhausen ein: »Mariechens Freude bei meiner Ankunft war himmlisch« berichtet er an Hitzig, und gibt gleich die in Weimar erhaltenen Aufträge durch: 1 »Alwin« soll geschickt werden an die Baronin Bechtolsheim (die Witwe des 1811 verstorbenen Freundes aus der aschersleber Zeit) nach Gotha; ein »Zauberring« an die andere Baronin Bechtolsheim (des Freundes Mutter) nach Eisenach. Auch soll er ihm den ihm von Goethe empfohlenen Roman des Exkönigs von Holland »Marie, ou les peines de l'amour« besorgen. –

Aus dem Feldquartier sendet ihm der König noch den Johanniterorden »für bewiesne hohe Liebe gegen König und Vaterland«, wie die Kabinettsorder sich ausdrückt, nebst dem Rang als Major der Kavallerie und dem Recht die Uniform tragen zu dürfen. »Schön aufgelöst schien das Ringen seines Erdenlebens in einen seligen Akkord.«

Auch erfüllt er jetzt ein vor der Lützener Schlacht getanes Gelübde: noch bis 1945 hing an der Nennhauser Kirchenwand das Schwert, das er im Jahre 13 geführt hat, auf einem herzförmigen Schilde dabei die Inschrift: »Dieses Schwert hat Friedrich Baron de la Motte Fouqué im Jahre 1813 zur Verteidigung des Vaterlandes ehrlich geführt und es zu Gottes Lob und Preis für den Sieg der gerechten Sache hierher geweiht am 13. Januar 1814.« (»Die Stobwassersche Fabrik will für mein Schwertschild in der Kirche genaue Bestimmung wegen der Dimensionen, usw., was ich selbst nicht verstehe. Mir schreibt Eduards [Hitzigs] Gehülfe deshalb. Besprich Dich mit diesem, und ordne alles in meinem Namen. 2 bis 3 Friedrichsdor denke ich daran zu wenden.« 28. 5. 14 an Chamisso). – Und so singt er zum Abschied vom großen Jahr 13 noch viel später : »Wir Jäger sind gewesen; / wir Jäger werden nicht sein. / Doch singen wird man und lesen / von uns Mark aus, Mark ein : / wie *Jener* die Klinge wetzte, / *Der* schoß aus dem blinkenden Lauf / und Einer von uns wird der Letzte, / der tönt noch sterbend : frisch auf !«

Wenige Tage darauf, am 29.1. stirbt Freund Fichte am Nervenfieber; es ist nur eine Mahnung mehr, zu vollenden, was ihm noch an Plänen die kranke Brust füllt. Er rechnet ganz ernstlich – und auch die Ärzte widersprechen nur zögernd – mit seiner langsamen Auflösung; ein, zwei Jahre kann er noch Zeit haben : sie müssen genützt werden.

## § 37

Da ist zunächst die Arbeit an der »Corona«.

Die Anregung durch das Bild der »Hexe« ist bereits geschildert worden; (an Miltitz gibt er einmal Leonardo da Vinci als Meister an); Plan und Erfindung werden noch während des Waffenstillstandes rasch angelegt : 3 Bücher, jedes zu 12 Gesängen; der südlich-romantische Stoff fordert das alte italienische Versmaaß, die Oktave – für einen Schüler Schlegels keine Schwierigkeit. Es sei aber ausdrücklich bemerkt, daß Fouqué das anspruchsvolle Maaß frei und schon ganz souverän behandelt. Gewidmet ist es der Prinzessin Marianne.

Der Stoff ist in seiner gewohnten bunten Art erfunden :

Corona und Blanka, die Schwarze und die Weiße, von uralter Westgotenzeit her schuldhaft aneinandergekettet, und, immer wiedergeboren, sich immer wieder befehdend, jede mit ihrem farbigen Gefolge von Rittern und Anhängern. Auch die Schauplätze liegen sämtlich im »alten romantischen Land« : Italien, Norwegen, die Schluchten des Libanon und der persischen Gebirge oder der rhätischen Alpen; Meer, Wüste und Wald. Die Staffage bilden seine üblichen Ritter, Mohren, Zauberer, Priester, Assassinen, Geister – die ganze »Maschinerie« Ariostos und Tassos ist gekonnt beisammen. Schwebend gehen die Gestalten aus Shakespeares »Sturm« durch das Werk hin : Claribella von Tunis und Ascanio, Alonso und der Luftgeist Ariel – kurz, es ist ein versifizierter Ritterroman, nichts weiter, und Ziesemers Ansicht, daß es sich hier um eine sorgfältig ausgeführte Allegorie des Jahres 13 handele, ist völlig verfehlt: das ist die »Sängerliebe« nachher, nicht die »Corona«; und Keiner der vielen Zeitgenossen Fouqués, die sich, begeistert oder tadelnd, über das Werk ausgelassen haben, ist auch jemals auf den durchaus abwegigen Einfall gekommen, mehr darin zu sehen, als eben ein Rittergedicht. Fouqué hat auch selbst einmal dazu Stellung genommen; am 24. 5. 26 gibt er einem begeisterten Leser, dem Privatbibliothekar der beiden hannöverschen Könige, L. C. Nolte, (etwa 1790 bis 1870; auch ein Freiwilliger von 1813; später Oberrevisor beim Finanzministerium in Hannover, und Redakteur des dortigen »Intelligenz-Comtoirs« – leider ist über den interessanten Mann noch gar nichts bekannt\*), diese Auskunft:

»Der Philostrat in der Corona ist mir beinahe so rätselhaft als Ihnen. In der Geschichte hat er keinen Platz, oder doch nur höchstens insofern, als Seinesgleichen: ein ritterlicher Priester, oder priesterlicher Ritter – wie schon Ihr Schreiben sehr richtig bemerkt – eben in jenen Tagen nicht zu den ungewöhnlichsten Dingen gehörte. Bilden ja die schönen geistlichen Ritterorden in ihrem ursprünglichen reinen Zustande ganze Blumengärten dieser Gattung ... Dies Alles aber ist mir in Bezug auf den Philostrat erst nach der Darstellung des Bildes aufgegangen, und ging mir zum Teil erst in diesem Augenblicke zutraulicher Mitteilung auf. Zuerst war mir Philostrat eben nur ein rätselhaft feierliches, aber irdisch existierendes Wesen, *keineswegs etwa ein allegorisches* ... oder auch ebensowenig ein verhüllter Schutzengel, oder dergleichen sonst. Mir lebte und lebt eine Ahnung von den früheren Helden- und Pilgerbahnen dieses Philostrat in der Seele, die ihn eben zu diesem Standpunkte geführt hätten, und wohl dereinst durch mich oder einen Anderen in einem eigentümlichen Epos dargestellt werden könnten.« – Noch deutlicher kann er es ja nicht sagen, daß es sich hierbei um ein krauses absichtloses Produkt seiner Phantasie handelt. Gewiß, zu Beginn und am Ende jedes Gesanges, erwähnt der Dichter kurz die Zeitereignisse oder Erinnerungen, die sich im Augenblick der Niederschrift gerade

---

\* Ich hatte seinerzeit meine Angaben lediglich aus den Hannoverschen Staatshandbüchern zusammengetragen; inzwischen habe ich die Familie im Bürgerlichen Geschlechterbuch II, S. 284 ff. gefunden. Danach ist Louis Carl Nolte am 13. 3. 1797 als Sohn eines Arztes in Hannover geboren; und dort auch als königlicher Oberbibliothekar am 12. 11. 1879 gestorben; mit seiner Frau, Charlotte Belleville (1796–1869) hatte er 6 Kinder.

darbieten; aber ohne jede Beziehung zum Inhalt, so daß diese »Einlagen« Manchem sogar störend vorkamen.

Uns sind sie aber biographisch durchaus von Wert; denn er setzt vielen der Freunde, den Lebenden und Gefallenen, ihre Denksteine, Zimietzki und Wilhelm von Massenbach, die Schlachten von Lützen und Haynau werden erwähnt, die Englandreise des Königs, und auch der »treue Gelbe«, sein Roß, das bei Lützen fiel, fehlt nicht im Erinnerungsreigen; so daß wir Schritt für Schritt die Entstehung verfolgen können – wozu nebenbei auch die Briefe schon ausreichen.

Das Urteil der Freunde ist überschwenglich günstig. Apel in Leipzig nennt es »ein geniales und glänzendes Werk, dem jeder Vorzug Ariosts und Tassos eigen ist«; Rückert, Truchseß, die Stolberge, und natürlich Franz Horn, der Wassermann, sind entzückt wie die Chézy und die Helvig; Friedrich Schlegel allerdings weiß schon, daß die »Corona« den »Zauberring« bei weitem nicht erreicht; und Jakob Grimms Abneigung ist so groß, daß er das Buch nicht einmal »anlesen« mag.

Und wirklich, wenn man die 11 000 Zeilen überstanden hat, ist es des Oktavenklanges genug; wie ich denn überhaupt oft gefunden habe, daß gerade dieses Maaß Ohr und inneren Sinn ermüdet, wie kaum ein anderes. Ja, es ist mit großer Kunst und viel rhythmischem Geschick gehandhabt, und Fleiß und Feile von fast anderthalb Jahren sind unverkennbar; aber es ist letzten Endes doch weiter nichts geworden, als ein großer Haufen bunter Bilderkacheln, und gezierter Bilder noch dazu; erst nach mehrmaligem angespanntem Lesen findet man den ursprünglichen Plan, der aber in der Ausführung wieder mehrfach zerbröckelt ist, heraus. Friedrich Schlegel hat Recht : es ist gar kein Vergleich mit dem gewachsenen Chaos des »Zauberrings«, und wenn man die beiden, zeitlich einander doch so nahen, Werke zusammen hält, empfindet man recht eigentlich, um wieviel gute Prosa doch bester Verskunst überlegen ist. –

Das Interessanteste am Epos ist die Gestalt der Heldin. Mit aller Macht versucht er, auch die Gegenspielerin, die blonde Blanka, zu erhöhen; aber die bleibt stets im Schatten der Anderen, bleibt stets, – obwohl von Fouqué verzweifelt komplett mit all dem ausgestattet, was er als Kennzeichen »feiner weiblicher Bildung« sich abstrahiert hat – die blasse zweidimensionale Gestalt, zu der ihm leider allzuoft seine Heroinen entartet sind, und die auch, wie ebenfalls immer wieder bei ihm vorkommt, im Kloster endet. Corona dagegen, die temperamentvolle Dunkle – »Schau diese dunklen Brauen, finstern Locken« – ist ihm decouvrierend gut gelungen (soweit seine von Natur aus geringe Fähigkeit der Charakterschilderung dies überhaupt zuläßt); der Vamp war ihm doch wohl einmal eine angenehme Abwechslung zwischen all der ewigen höheren Weiblichkeit; leider schlägt zum Schluß wieder die Orthodoxie durch : sie (wie auch die ähnliche, obgleich blonde, Gerda des »Zauberrings«) wird zum Schluß mitleidslos »gerettet«, bekehrt : »Mein Freund, mein Romuald – kannst Du mich taufen? « – Schade.

Für die Freunde korrekter Texte sei noch hinzugefügt, daß auf S. 385 hinter Zeile 18 (»... Heilend jede Wunde,«) diese einzufügen ist : »Kommt die letzte Stunde,«; in seinem Briefe an Cotta beklagt sich Fouqué bitter über die entstellende Auslassung.

Denn bei Cotta ist die »Corona« erschienen; Fouqué hat jetzt auch den renommiertesten Verlag jener Zeit, bei dem die ganzen »Klassiker« herauskommen, gewonnen; der wird noch allerlei von ihm bringen.

Moritz Retzsch hat eine ganze Reihe von Zeichnungen zum Epos entworfen und gestochen; aber Cotta, dem Fouqué sie in einem Briefe vom 27. 11. anbietet, hat sie nicht gebracht.

Zwischendurch entstehen kleinere Arbeiten. »Aslaugas Ritter« und »Sintram« für die beiden letzten Hefte der »Jahreszeiten« wurden schon erwähnt. Bei Hitzig beginnt er in mehreren Bänden seine bisher in Zeitschriften und Almanachen zerstreuten Erzählungen herauszugeben, und schreibt auch, um die Bände immer zu füllen – der Buchhändler drängt darauf – »mit Siebenmeilenstiefeln« ein Paar Neue; als Hitzig im Oktober 14 wieder in den Staatsdienst zurückgeht, setzt Dümmler die 1818 in 6 Bänden vorliegende Reihe fort. Sie enthält neben viel Spreu auch durchaus unverächtliche Stücke : den 1. Band bildet der »Todesbund«; die »14 glücklichen Tage« sind eine originelle Variante über das Teufelsbündnis mit manchen starken Zügen; die »Köhlerfamilie« ist eine rechte Geistergeschichte; das »Galgenmännlein«, eine wichtige Stufe in der Reihe der Geschichten vom »Flaschenteufelchen«, begeistert ETA Hoffmann so, daß er dafür gern einige Bände voll »Harnischmännern« hingeben wollte; eine rechte Zierde der Sammlung, buchstäblich ein Fouqué in nuce, ist »Adler und Löwe«, das auf geringstem Raume alle Vorzüge und Schwächen seiner Begabung und den Stil der großen Ritterromane vorführt, und in keiner, auch der kleinsten Auswahl aus seinen Werken nicht, fehlen dürfte (veranlaßt durch das Wappen Prinzeß Mariannes; vergl. ihren Brief vom 29. 8. 15 an Marie von Clausewitz); auch die »eifernden Göttinnen« gehören zu den »typischen« Schöpfungen.

Ende 1814 macht er Cotta den Vorschlag, seine »Gesammelten Gedichte« herauszugeben, die dann auch in 5 Bänden von 1816–1827 bei Jenem erschienen sind, und ebenfalls die Ergebnisse früherer Jahre vorführen. Als Lyriker ist Fouqué zweifellos am schwächsten gewesen, wenn auch Eichendorff sich beispielsweise an den »Jugendgedichten mit tiefer Rührung erlabt« hat, und Heine sie »die Lieblichkeit selbst« nennt. Wenn man sie mit wahren lyrischen Leistungen vergleicht, muß man sie sogar »Süße Nichtigkeiten« schelten; obwohl ich ausdrücklich hervorheben möchte, daß sie biographisch eine wahre Fundgrube darstellen; da er praktisch jeden Moment seines Lebens auch mit meist in Tagebücher eingestreuten Versen begleitet hat, und man nur den Lebenslauf daneben zu halten braucht, um oft in wichtigen Fragen klar zu sehen. Am besten sind noch die volkstümlichen Stücke »Siegfried in der Schmiede«, der »Eichbaum in der Mark Brandenburg«, und »Burg Geroldseck«; die ritterlich exaltierten, wie »Die Nordlandshelden im Sandmeere«, ein ebenfalls so bezeichnendes Stück, daß es immer erscheinen müßte; und endlich einige der ebenfalls aufgenommenen dramatischen Szenen und Idyllen, aus deren Unzahl ich nur »Die Zauberer und der Ritter« besonders auszeichnen möchte. Die Lieder aus dem Jahre 13 bilden eine Gruppe für sich; auch in der patriotischen Lyrik sind ihm keine Hochleistungen gelungen – was allerdings bei dem fragwürdigen Wert der sogenannten »zündenden« Lieder solcher Sorte eher ein Lob darstellt. Die »Kosackenlieder« seien hervorgehoben: »Hei, Franzus Kaputt!«, die der alte Johann Heinrich Voß so »durch Mimik und Stimme ins rechte Licht zu bringen« wußte, daß die ganze Familie davon begeistert war. – Die späteren Bände enthalten dann meist schwächliche Epigramme, eine Dichtungsart, für die Fouqué gar nicht veranlagt war; oder durchweg christliche oder Missionslieder, von denen sich manche durch wahren schlichten Herzenston auszeichnen, wie das berühmte: »Wenn Alles eben käme, / wie Du gewollt es hast, / und Gott Dir gar nichts nähme, / und gäb Dir keine Last: / wie wärs da um Dein Sterben, / o Menschenkind, bestellt? / Du müßtest fast verderben, / so lieb wär Dir die Welt!« Aber das sind, wie gesagt, seltene Fälle; zumeist überwiegt die unendliche Wasserflut nichtssagender, wirklich unerträglich frömmelnder Reime, oft gar, völlig unangebracht, in Sonettenform, was dann noch das Element der geziertesten Künstelei hinzufügt, so daß man die Bände wahrhaft erleichtert schließt. Ein drittes Unternehmen wird in diesem Jahre 1814 begonnen: der Verleger Schrag in Nürnberg will auch einen Almanach herausgeben, und einigt sich mit dem populären Fouqué auf den Titel »Frauentaschenbuch«.

Diese »Almanache« jener Zeit sind eine durchaus ehrwürdige, und, zumal vom Standpunkt der Autoren *und* Leser (von den Verlegern noch ganz zu schweigen!), auch recht empfehlenswerte Einrichtung, die z. B. unserer Zeit leider ganz abgeht. Diese Almanache und Taschenbücher –

man sehe nur einmal das Kapitel im Goedeke durch, um von der Fülle und Vielfalt der Titel und Programme einen Begriff zu bekommen – bringen in festen, oft ziemlich umfangreichen, Bändchen im Taschenformat die Lyrik und die Erzählungen der bedeutenden und unbedeutenden Autoren; man vergesse nur nicht, daß die meisten der Erzählungen von Fouqué, Hoffmann, etc. zuerst in solchen Taschenbüchern erschienen sind; zumindest sind die darin enthaltenen Werke schon durch das Buchformat vor den nichtswürdigen Zwecken gesichert, denen unsere Zeitungs- und Zeitschriftenkultur von vornherein geweiht ist. Die wichtigsten und anspruchsvollsten Almanache – »Ort zum Beten« heißt das arabische Wort ursprünglich – sind die »Minerva«, und eben Fouqués »Frauentaschenbuch«, dessen Redakteur er sieben Jahrgänge lang, von 1815–1821, gewesen ist; danach hat es Rückert übernommen.

Da diese Redaktionsarbeiten, und der interessante Briefwechsel mit Schrag über die Stoffbeschaffung zumeist in die anschließenden Jahre fallen, will ich hier nur den Beginn des Unternehmens angedeutet haben. –

Wie er zu allen Geburts- und Feiertagen des allerhöchsten Königshauses schon freiwillig Gedichte liefert – es sind jedesmal rechte Festtage in Nennhausen, und es ist ihm tödlicher Ernst mit solchem »Kaisers Geburtstag« : vom Tode der »tollen Luise« an siegelt er jahrelang alle seine Briefe schwarz ! – so erhält er denn auch offiziell vom Hof schon Aufträge; sein »Thassilo« der Bayernherzog, ist so ein Prolog zum Geburtstag des Kronprinzen (später hat er das Stück dann erweitert und bühnenfähig gemacht; ich komme darauf noch zurück). –

Dann aber beginnt er wieder ein umfangreiches Werk – diesmal nun wirklich die Erlebnisse des Jahres 13 allegorisch verarbeitend – den provenzalischen Roman »Sängerliebe«.

Das Thema hat ihn längst beschäftigt; schon im »Alwin« werden die Lieder Arnalds von Maraviglia an die Gräfin Alearda von Burlas zitiert; nun schließt an diesem Kern die ganze übrige Handlung an. Und hier sei einmal ein Beispiel gegeben, wie er oft bis ins Kleinste die Umwelt in die poetischen Bereiche seiner Werke übertrug.

Alle Personen haben ihr Gegenbild im Erlebten : Arnald ist er selbst, wie billig, Ritter und Sänger; der Vicomte von Bisiers ist der Prinz Wilhelm; die weibliche Idealfigur, im Fouquéschen Sinne, die Gräfin Alearda, ist die Prinzessin Marianne, die er hier zum erstenmale gefeiert hat; Altarbol, der wortgewaltige Prediger unverkennbar Fichte; Gautier von Vergi sein Erzieher, der Graf Schmettau. Auch im Reigen der Nebenfiguren erkennt man jeden Einzelnen : Gryba ist der Freund Carl von der Gröben; Balta-Sebastian der Maler Philipp Veit (der nachher auch unter dem

Namen Sebastian fürs »Frauentaschenbuch« mitbeiträgt); Guy von Hauteroche ist der Leutnant Julius von Dannenberg; und am 17. 6. 1817 meldet er an Miltitz : »Vor einigen Tagen besuchte mich Messire Misura, siehe Sängerliebe, und trank eine Flasche Rheinwein mit mir, und hatte mich ausnehmend lieb !« – das ist nämlich der riesige Wachtmeister Karl Maaß von den Brandenburger Kürassieren, 1. Eskadron, der später, nach sei-nem Ausscheiden, als Executor beim Oberlandesgericht in Magdeburg versorgt wird; und, als er um 1830 stirbt, gibt auch Fouqué sein Scherflein für die Witwe des alten Bekannten.

Bis in die kleinsten Einzelheiten wird die Schlacht von Lützen nachgebildet : der große Einbruch ins feindliche Karree »da wollte er einen Feindeshaufen fassen, der noch unangegriffen stand, und dicht davor schlug sein *Goldroß*, von einem Pfeil der Schiffsmannschaft tödlich getroffen, über ihn hin. Die Seinen bemerkten ihn nicht, und brausten vorüber,« etc. dann der langanhaltende Beschuß durch die feindliche Artillerie (1. Buch, 8. Kap.); der Nachtangriff mit dem Überqueren des Hohlweges, den feindlichen Wachtfeuern, dem Sturz des Kommandeurs im 11. Kapitel. Im 13. dann wird das Treffen bei Haynau angedeutet; später die Siegesfeier in Berlin (19. Kap.).

Wir haben schon gesehen, wie Fouqué seine Liebe zur hohen Herrin Dulzinea-Marianne in immer neuen Tagträumen drapierte und variierte; einem davon verdankt ein ganzer Teil des Buches seine Entstehung; im Tagebuch der Prinzessin ist uns diese unschätzbare Stelle aufbehalten : »Fouqué hat gesagt, daß er um meinetwillen eine steile Wand hinaufsteigen wollte, ohne zu fragen warum, wenn ich es wollte – es ist recht gut von ihm«, (noch platter ließ sichs wohl nicht formulieren ?), und man vergleiche hiermit die ganze Darstellung der Wallfahrt Arnalds zum Heiligenbilde an der bretonischen Küste. Noch einmal bestätigt sie den Schlüsselcharakter des Romans ausdrücklich Mitte Juni 1816 : »Fouqués Sängerliebe las ich eben, es war das, wovon er mal was vorlas (8. 2. 15) was mich so beschämte, ich soll nämlich diese Alearda vorstellen – unbegreiflich ist es mir, wie er so etwas hat können sich unterfangen drucken zu lassen : wenn es auch sonst Niemand wüßte, so ist es doch ordentlich unanständig meine ich, fast kühn, es wegen mir sich zu unterstehen : denn ich, die den Schlüssel kenne, muß das Ganze ansehen wie seine Geschichte mit mir – und das ist mir widerlich daran. Vieles wovon wir sprechen hat er darin angebracht, und *ihn* findet man in jedem Worte wieder, es ist Alles so, wie er mirs vorplaudert ... dabei langweilt es Einen, so die Eingebildetheit von ihm selbst überall so arg durchleuchten zu sehen.« So schlimm ist es nun allerdings nicht, obwohl es ja seltsamerweise immer den Leuten mißfällt, wenn sich ein Dichter für einen Dichter hält; aber wichtig ist die Stelle als Bestätigung für den autobiographischen Charakter des vorliegenden Buches. Und vor allem das anschließende langsame Kränkeln, die Brustkrämpfe und Beängstigungen, die endlich zum seligen Tode führen.

Eine Fouqué-Studie für sich wäre die Art, wie er sich immer wieder mit Napoleon auseinandergesetzt hat. Der große Kaiser hatte ihn – wir haben es bereits gesehen – in der bückeburger und aschersleber Zeit völlig fasziniert, und es ist ja bekannt genug, daß alte Liebe nicht rostet, auch wenn sie sich in Haß verkehrt haben sollte. Schon im »Alwin« war der Korse als Florismarte erschienen; hier heißt er Tarfe, der Mohrenprinz, der die schöne Provence erobern will, und der endlich der gerechten Sache unterliegt. Immer wieder ist er auf ihn zurückgekommen: im »Alethes« drückt der Croatenobrist Dondoni die ehrbare freie Reichsstadt sehr; in den »4 Brüdern« setzt er ihn gleich Attila; im »Réfugié«, dem Zeitroman, erscheint er ja zwangsläufig; und am ausführlichsten tritt er in »Abfall und Buße« in Szene – immer noch hold-unheimlich, immer noch gehaßt und geliebt zugleich.

Ich besitze das MS 8 leider unvollständiger Distichen einer Reihe, die auf die Nachricht von Napoleons Tode auf St. Helena entstanden sind, und in denen er den Vergleich mit der Helena des trojanischen Krieges wacker genug durchführt:

»... Jeder von Euch ja entführte der Welt ihr edelstes Kleinod: / Helena Paris und er frech das geheiligte Recht.

Und es entbot ringsher ein Kreis hochmutiger Helden / Kampf hochmütigem Feind; aber nicht leicht war die Fahrt.

Dir, Alexandros, brach in Schutt die trojische Veste! – / Dir, Alexander, ersteht leuchtend erneuete Welt! –

Du, Alexandros, rissest in deinen erglüheten Armen / Helena fort. – Es umfängt Helena, Korse, Dich fest.

Helena läßt Dich nicht los, Du kühner verschmachtender Korse! / Ob auch Dein Ilion fiel, – Helena läßt Dich nicht los!

Doch ein Höchster befreite den schmachumketteten Erdrund, / und mitleidig auch schaut zu dem Verketter er hin.

Helena laß ihn nur los! Die Macht der Erden entschwand schon. / Höhere Macht ist so mild: Helena laß ihn nur los!

Und, ach, Menschen, die ihr bewohnt noch freundlichen Erdrund, / sendet, ein Xenion, noch milde Verzeihung ihm nach.« –

Aber formal gehört die »Sängerliebe« zu seinen besseren Prosaleistungen, wenn sie auch durchaus nicht die Höhe des »Alethes« oder auch nur des »Zauberringes« erreicht; man darf bei den Produkten der nächsten Jahre nie vergessen, daß man es mit einem körperlich gequälten Manne zu tun hat, von dem man nicht eine vollkräftige Leistung erwarten darf. Wenn auch Loeben am 22. 6. 16 an Kerner urteilte : »Fouqués ‹Sängerliebe› ist eines der höchsten Bücher, die je gedichtet wurden, das bin ich überzeugt«, so ist doch Loebens Lob meist ein solches, das man selbst als Autor lieber nicht hörte; es genügt, zu sagen, daß in eine umfangreiche Auswahl von Fouqués Werken (wie ich sie im Anhang andeute) auch dieser Roman mit hineingehörte.

In manchen Kritiken beginnt bereits ein neuer Ton mitzuschwingen, in den »Kanthariden« (Okens »Isis«, 1818) heißt eines der Distichen : »Sängerliebe : Her, ihr hysterischen Fraun, 's gibt ritterlich-christliche Liebe ! Solch schwindsüchtelndes Zeug heißet bei uns Poesie.« –

Ein amüsantes, die damaligen Zustände recht kennzeichnendes Stückchen sei hier noch erwähnt : an den unschuldigen Fouqué hatte sich ein wiener Buchhändler, Haas, um ein Werk gewandt, und dieser hatte ihm auch eben die »Sängerliebe« erwähnt, worauf der geschäftstüchtige Wiener sogleich das neue Buch anzeigen ließ. In mehreren Blättern erhoben sich sofort entrüstete Stimmen gegen Fouqué, daß er – dem berüchtigsten *Nachdrucker* Österreichs jetzt auch noch Original-Werke hingeben wolle; worauf Fouqué natürlich sogleich öffentlich die Verbindung zu Haas abbrach. Die ganze Affaire ist in seinen Briefen an Cotta ausführlich beschrieben, und läßt einen traurigen Blick in die damaligen juristischen Zustände tun, die das geistige Eigentum nicht im Geringsten schützten. Dieser öffentliche Tadel Fouqués hat Haas nebenbei nicht abgehalten, auch weiterhin unsern Dichter, dessen Bücher gerade in Österreich bestseller waren, wacker nachzudrucken. So ist z. B. Goedekes Nr. 58, »Reidmar und Diona«, weiter nichts als der »Todesbund« mit verändertem Titel, und auch den »Thiodolf« etc. etc. kann man in solchen österreichischen Ausgaben finden. Ich besitze selbst das Exemplar der späteren »Welleda und Ganna«, in dem hinten der Imprimatur-Vermerk der österreichischen Zensurbehörde steht; und auf dem Umschlagdeckel ist ganz kalt vermerkt : »Zum Druck. F. Haas.«

Heute sind die Werke auch dieser Epoche in Fouqués Schaffen völlig vergessen; wehmütig hat er sich am Schlusse der »Sängerliebe« selbst die Prognose gestellt : »Die mehrsten seiner Lieder, / – ach, wohl gar Alle, – / verschwanden in der Zeiten wilden Schwalle, / und kehren nimmer, nimmer zu uns wieder !«

## V. BUCH

# WIDER DEN ZEITGEIST

*»So recht! –*
*Auf allen Land-Tagen feierlich kund*
*der Wille des Königs und Herrn :*
*So recht!*
*Das Schwert des Königs dräut jedem Empörer . . .«*

## § 38

Nun kommen neue, für Fouqué entscheidende Jahre; oder es wäre richtiger zu sagen: entscheidend für das Verhältnis des Publikums zu ihm; er selbst ändert sich nicht mehr.

Von außen gesehen verläuft sein Leben nur leicht bewegt.

Im Jahre 1814 geht es ständig zwischen Nennhausen und Berlin hin und her: da ist die Siegesfeier in der Hauptstadt; oder der Prinzessin Marianne muß die »Corona« überreicht werden; im Sommer ist er auch wieder einmal in Lentzke, das jetzt den Byerns gehört (eine Tochter des Hauses, Karoline Adelheid, hat 1808 Fouqués Freund, den schon erwähnten und noch oft zu erwähnenden »Schwimm-Pfuel« geheiratet, und man besucht sich, als dieser 1818 das Gut übernimmt, häufig): hier hat Fouqué, wie er an Hitzig berichtet, wieder den alten Erinnerungen nachgehangen, »wieder am Denkmal der Mutter gebetet, der Ältern Grab gesehen, auch das der Jugendgespielin, der seligen Leopoldine Hülsen«; lange wird er die Freude nicht mehr haben – in der großen Feuersbrunst von 1824 brennt der ursprüngliche v. Döberitzsche Gutshof ab, und die alten Bilder sind nicht mehr. – Die Wintermonate, Januar – März werden meist in der Metropole verbracht.

Im nächsten Jahr reifen größere Pläne.

Seit langem, seit Ende 1812 schon, ist ja der Besuch bei Miltitz in Scharffenberg fällig, und der Plan liegt vollständig fest: »Dennoch bestehe ich auf meinem Kopf und reise den 23. (Mai) ab, nur statt über Wittenberg usw. für dies mal über Dessau, Halle und Leipzig; in Halle hoffe ich meiner ehrwürdigen Mutterschwester, einer Frau von Madai, mein Kind vorzustellen, und einige ernste, manch stiller Rührung, aber auch manch heitrer Freude geweihete Tage dort zu verleben. Viele Erinnerungen meiner Kindheit werden mir dort entgegenwehen, ach, und viele Erinnerungen meiner Jünglingszeit.« (17. 1. 15 an Miltitz) – Die hier erwähnte Frau von Madai, ist seine Tante, die am 2. 11. 1816 ihre goldene Hochzeit feiern wird – und am 25. 2. heißt es: »Ich habe gestern einmal wieder Mariechen zur Abwechslung den ganzen Reiseentwurf vorrechnen müssen.« Aber am 15. 5. schreibt er dem Freunde plötzlich ab: »Die

Spannung ist zwischen Deinen und meinen Landsleuten in diesem Augenblicke so hoch gediehen, daß ein Preuße voll regen Gefühls und begeisterter Anhänglichkeit für seinen König und sein Volk nicht recht tut, durch Sachsen wochenlang hin und her zu reisen, um Andre und sich selbst immer erneut zu verletzen.« –

Sachsen war nämlich unter den Anhängern Napoleons einer der Treuesten gewesen, ziemlich mit am letzten von ihm abgegangen, und sollte nun hauptsächlich die große Zeche bezahlen. Seine Anhänglichkeit war durchaus echt gewesen – wie nebenbei die vieler deutscher Souveräne – und nun sollte es entweder ganz an Preußen fallen (was z. B. Stein, Hardenberg, Humboldt und Rußland durchaus befürworten) oder doch mindestens die Hälfte des Landes. Lange konnte man sich darüber nicht auf dem Wiener Kongreß einigen; die Alliierten waren wegen dieser und manch anderer Frage fast zerfallen – die ganze Künstlichkeit und Unnatürlichkeit der damaligen Bündnisverhältnisse wird schreiend offenbar, wenn man erfährt, daß am Dreikönigstage 15 zwischen Österreich, England und Frankreich (sic!) einerseits, und Preußen und Rußland andererseits, Schutz- und Trutzbündnisse für den Fall kommender kriegerischer Auseinandersetzungen abgeschlossen wurden! Am 18. 5. 1815 endlich wurde, beschleunigt durch das Wiederauftreten Napoleons, die sächsische Frage entschieden: mehr als die Hälfte des Landes (die sogenannte »Provinz Sachsen«) kam an Preußen, mit ⅖ der Einwohnerzahl und ⅗ der Einkünfte.

Und nicht etwa nur der sächsische König war unbedingt frankophil gewesen: auch die Bevölkerung. Schon während des Feldzuges 1814, wo sächsische Kontingente nun auf alliierter Seite, wie vorher auf französischer, kämpfen mußten, war es zu ärgerlichsten Auftritten gekommen, besonders in Lüttich; am 12. 7. 1815 schreibt Fouqué darüber an Perthes: »Aber bei dieser Gelegenheit etwas über die ‹Lütticher Sachsen›: der schon früher besprochene Aufsatz darüber sagt, ein preußischer General (ohne Zweifel der sehr treffliche Müffling) habe sie ‹sächsische Hunde› gescholten, wenigstens laufe so das Gerücht. Das hat man aber vergessen, das ebenso verbürgte und wohl noch verbürgtere Gerücht mit anzuführen, die Truppen hätten während eines Zusammenlaufes geschrieen: Es lebe Napoleon!« – Man sieht, das deutsche Volk war durchaus nicht einer Ansicht über die Beglückung aus Osten. Jedenfalls war die Stimmung bei einem guten Teil der Sachsen, wie sie Kügelgen so beschreibt: »Diese letztere Partei trug eiserne Ringe mit des Königs Bildnis, Kokarden an den Hüten, verachtete die Andersdenkenden und haßte Preußen wie den Tod«; und er gibt ebenso zu, daß der Rest des Landes »den endlich im Juni zurückkehrenden sächsischen König wie einen vom Tode auferstandenen Vater« empfing.

Jedenfalls muß das kleine Mariechen – das mitkommen sollte – in einem betrübten Postskriptum schreiben : »Wie sehr bedaure ich, lieber Miltitz, daß ich nun nicht nach Sachsen komme, allein Sie werden die Ursache wohl aus Vaterns Brief ersehen.« Zwar urteilt auch Apel leicht befremdet am 25. 7. 15 an Miltitz »Fouqué tat Unrecht, sich durch die politische Rücksicht von seiner Reise nach Sachsen abhalten zu lassen. Indessen müssen Sie ihm deswegen keine Einseitigkeit vorwerfen ... man hat ihm ohne Zweifel wegen der allgemeinen Stimmung in Sachsen bange gemacht.« (Miltitz scheint ihm also »Einseitigkeit« vorgeworfen zu haben); aber die beiden Sachsen vergessen, daß Fouqué in seiner blinden unvernünftigen Verehrung für das, was Gott zuläßt und der König tut, zweifellos die Gelegenheit zum öffentlichen Widerspruch märtyrerstolz sogar gesucht hätte. Zudem denken sie wahrscheinlich auch nicht daran, daß ein Fouqué unbedingt in Uniform reisen muß – ein Ritter, der auch in der Freizeit sich von der Rüstung nicht trennen kann – und das wäre ja nun allerdings bei der gegenwärtigen Lage fast einer Provokation gleichgekommen. Da ist es also nur gut, wenn er Miltitz informiert : »Um Mariechen einigermaßen zu entschädigen ... gehe ich mit ihr auf einige Zeit nach Hamburg zum trefflichen Perthes.«

Und so geht es denn nach Nordwesten, dem Meere zu – rührend ist es noch spät bei ihm zu lesen, und Lucie Marie Ingemann, die Gattin des dänischen Dichters, hat es uns aufbewahrt, wie es in dem Sechziger noch wölkt : nach Norwegen will er fahren, in die alte geistige Heimat, wo so viele seiner Dichtungen »spielen« : Drontheim-Nidaros; die Gigantenlandschaft von Romsdal; Stürme, die den riesigen Wasserleib über ein schlundhaftes Meer blähen – er ist nie dahin gelangt, auch nur einen seiner geistigen Räume mit leiblichen Augen zu schauen.

Am 1. Juni verläßt er Nennhausen, im Wagen die nun 12jährige Marie und den Bedienten Gottfried Ribbe (»Nicht nur Verdienst, auch Treue wahrt uns die Person«). Mit Extraposten geht es die alte Straße entlang, über Kyritz, Ludwigslust, Boitzenburg : am 3. Juni 1815, mittags, steigt er in seinem Hamburger Hotel ab.

Er hat ja schon längst Bekannte in der Hansestadt : da ist der Verleger Perthes, der Verleger Campe; da sind die Stolbergs, die er auf ihren holsteinischen Sitzen aufsuchen will; Halem und Tischbein in Eutin; und er, dessen Name jetzt wohl zum ersten Mal in der deutschen Literaturgeschichte gewürdigt wird : Ferdinand Beneke.

Schon 1812 haben sie je einen Brief miteinander gewechselt, kurz die gegenseitigen Standpunkte erklärt, näher kennt Keiner den Andern, denn der Krieg ist dann gleich trennend dazwischen getreten. Jetzt sehen sie sich, und ich muß ein kurzes Biogramm vorausschicken:

Ferdinand Beneke war am 1. 8. 1774 in Bremen geboren; wuchs in Minden auf; in Göttingen studierte er die Rechte, war 1794/95 Referendar bei der preußischen Regierung in Minden, und kam Anfang 96 von da nach Hamburg als Advokat. Mit dem regsten Enthusiasmus nahm er sogleich an den dortigen Angelegenheiten tätigen Anteil; zunächst wirkte er am Gericht, nahm jedoch während der Zeit der französischen Besatzung kein Amt an. An der Aufstellung der »Hanseatischen Legion« wirkte er eifrig mit, wurde auch sogleich »Major«. Seit 1816 war er dann »Ober-Altensekretär«, welches Amt er »mit ausgezeichneter Sachkenntnis verwaltete.« Am 1. 3. 1848 ist er in Hamburg gestorben. – 1806 hatte er Karoline von Axen, die Tochter eines angesehenen hamburger Beamten geheiratet, und hatte nach und nach 6 Kinder mit ihr. Zur Zeit Fouqués wohnt er »am holländischen Brook 67«. (Ferdinand Beneke, * Bremen 1. 8. 1774; † Hamburg 1. 3. 1848. – Heiratet Hamburg 8. 6. 1806 mit Karoline v. Axen, * Hamburg 1. 11. 1788; † Hamburg 5. 2. 1865. – 6 Kinder:

1. Emma, * Hamburg 22. 11. 1808.
2. Minna, * Hamburg 7. 7. 1810.
3. Otto Adalbert, * Hamburg 5. 10. 1812; † Hamburg 9. 2. 1891; Historiker. (Bekannter Fouqués, der u. a. an seiner Hochzeit mit Albertine Tode teilnahm. In seinem Nachlaß noch interessante Funde möglich).
4. Ida, * Hamburg 1. 7. 1817.
5. Adolf Erich, * Hamburg 27. 2. 1819.
6. Alfred Rudolf, * Hamburg 13. 2. 1822.). –

Ein eigenartiger Mann : hanseatisch fromm, d. h. also immerhin auch dem Gotte Banko ergeben; gebildet; für altdeutsche Geschichte, aber im streng exakten Sinne, schwärmend, und voller Spezialkenntnisse. Seine pedantisch genau geführten Tagebücher sind uns in zahlreichen dicken Mappen noch erhalten : jeden Tag verzeichnet er in seiner kleinen Schrift, mit auch den unbedeutenden Ereignissen; sorgfältig gibt er das Wetter an; ein besonderes Buch ist für die Träume da. Mit einigem Recht nennt ihn Rist »einen der merkwürdigsten Menschen, die mir je vorgekommen sind.« Nicht ohne Poesie : jeden Heiligabend baut er seinen Kindern ein »Weihnachtsheim« auf, eine große Landschaft, zu der er einen kleinen »Führer« verfaßt, den er mit Zeichnungen, poetischen Beschreibungen, und – bezeichnend für das Tüftlige seines Charakters – auch mit einem genauen Kroki ausstattet.

Vieles hat er mit Fouqué gemeinsam : altdeutsch sind sie Beide; fromm auch; und Beneke ist in jener Gegend zwischen Minden und Bückeburg aufgewachsen, in der sich die entscheidenden Jahre Fouqués erfüllten (1819 baut Beneke den Kindern ein ‹Weihnachtsheim› auf, das die bückeburger »Klus« darstellt) – dieser Mann soll der Initiator werden eines der umfassendsten Unternehmen der deutschen Dichtung.

Zunächst macht Fouqué, der sich, groß und naiv wie immer, willig, aufgeschlossen, durchsichtig, ein Mensch wie glühendes Glas, allen neuen Freunden hingibt, einen recht gemischten Eindruck auf den hypochondrischen Juristen; und so schreibt er am 3. Juni 1815 in sein Tagebuch:

»Sonne; kalter Wind; Regen. – ... Als ich endlich (wie der Schiffer nach stürmischer Fahrt) das Ende der Woche in den stillen Sonnabend bei Line (Benekes Frau) freudig begrüßt hatte, siehe, da erschien Perthes und mit ihm der Baron de la Motte Fouqué, der alte Freudenschöpfer eben dieser Sonnabend-Abende, nebst seiner niedlichen 12jährigen Tochter Marie; heute Mittag erst hier angekommen, brachte er ein paar Teestunden (bis 10) bei uns zu. Der Eindruck dieses Besuches auf Line und mich war sehr gemischt, die Freude für jetzt noch mehr in Verstand und Willen als im Gemüte – des Schriftstellers Persönlichkeit hat schon oft ein Herz verwundet. Schon als ich Fouqués Bildnis sah, war mir zumute, wie einem sein müßte, dem unser Herr Christus als Leipziger Magister erschiene. Schlimmer nicht, aber auch nicht viel besser, war mir heute. Die kleinen chinesischen braunen Augen, das häßlich geformte Kinn, der unansehnliche Wuchs, erschienen mir zwar, weil treuherzige gutmütige freundliche Züge das Gesicht belebten, weniger unangenehm, als in jenem Bild; aber die quäkige feine Stimme, das dünne schnarrende Organ, und die fatale meißnische Mundart machtens wieder schlimmer. Was er sprach, war heiteren gutmütig-satyrischen Inhalts, aber höchst gewöhnlich, bloß historisch, obwohl ich bemerken muß, daß Perthes uns Anderen jede freie Wahl des Stoffes unmöglich machte, und Alles in den Strom seines, mir diesmal recht widrigen, mehr scharfen als jovialen, leichtfertigen Tones fortriß – kurz, wir sahen statt einer Mannesgestalt voll Ernst und Würde einen ganz gewöhnlichen Menschen, statt ein paar schwärmerische Augen mit einer Symphonie hoher edler Züge, zwei chinesische, fast drollige Äuglein, neben alltäglichen Gesichtszügen, – wir hörten statt der Anklänge einer gottgeweihten Phantasie irdisch lustige Liedlein – und als der Besuch hinweg war, sahen wir einander traurig an, wie zwei betrübte Kinder, die in der klingelnden Magd ihr himmliches Christkind entmummen; Linens heftige Einseitigkeit zwang mich zur

Gegenpartei ... Ja, sie vergoß Tränen darüber, daß *ihr* Fouqué also eine Lüge gewesen ... Nein, nein, das ist alles peinlicher Wirrwarr, in welchen uns der Verdruß stürzt, daß der geliebte Geist nicht mit der Hülle bekleidet ist, die ihn, unseren Augen klar, auch äußerlich verkündet ...« Und er schließt, nach einer Reihe von Gemeinplätzen wehmütig mit : »... Ich bin und stehe betrübt wie die Linde mit tief herabhängendem Laub im Regen ...«

Dies ist also der erste Eindruck; unschätzbar in der Schilderung, aber auch bezeichnend für den nörglichen Advokaten, der seltsamerweise erwartet zu haben scheint, daß Fouqué nun gleich beim ersten Anblick jedem Fremden den Plan zu einem Trauerspiel mitteilt, und nur in Jamben spricht.

Allmählich würdigt er ihn schon besser :

(»4. Juni 1815 : Gelind, angenehm, wolkig ...«)

»5. Juni 1815 Montags; schwül, heiß ...«, am Mittag hat er die Freude, »La Motte-Fouqué bei uns zu sehen«, dessen inneres Licht, ein Strahl des Himmels, bestehend aus Liebe und kindlichem Frohsinn, uns dieser Dichter gab, und gottergebenst, endlich die irdische Hülle ohne die eigene Tiefe zu verraten, ganz durchdrang, und Alles andre an ihm in Schatten stellte, während in den immer anmutiger werdenden Zügen der Ehrlichkeit, Güte und inniger friedlicher Heiterkeit nur das Gemüt auf seinem Antlitz leuchtete und auch die Rede angemessen wurde durch ihren Inhalt. Leider aber sollte ich auch heute seiner nicht ganz habhaft werden, indem Rist II (der dänische Legationsrat) auch dazu kam. Über Tische indes gings noch so ziemlich. Und das Gespräch berührte manche schöne Seite, in welcher er meiner Erwartung entsprach. In unseren Weltansichten stimmen wir völlig. – Nach Tische schlenderten wir nach der Hamburger Brücke. Abends bei Perthes, wo allerlei heterogene Männer waren. Recht krank wieder (unbeschreiblich matt), im Geist verdrießlich über die Tantalusqual, bei Fouqué zu sein, und ihn doch nicht zu *haben*, nicht *Seele an Seele* setzen zu können, ging ich früh zu Hause. Eine fatale schlaflose Nacht ...«

Und er sucht sich das Phänomen Fouqué auf seine Weise zu erklären :

»(6. Juni : sehr schwül ...)

(7. Juni : ebenso ...)

8. Juni : Donnerstag ... la Motte-Fouqué schickt mir mit einem freundlichen Billet eine kleine Schrift von ihm, treffliche Worte zu ihrer Zeit. – Mittags waren wir mit herzlichem Danke unseres Hochzeitstages eingedenk ... Geld recht knapp ...« – (Diese kleine Schrift ist Fouqués Aufruf gegen Napoleon gewesen, den er kurz zuvor in Nennhausen

abgefaßt hatte : z. B. »nie und unter keinerlei Umständen den losgewordenen Usurpator mit dem Monarchentitel zu ehren«; ein melodramatisches Gelübde, ganz im Stil der »großen« Zeit, welches den Gang der Weltgeschichte nicht sonderlich beeinflußt haben wird; – die Monarchen, die Fouqué ergebenst mit solchem Titel ehrte, waren gegen Jenen gehalten doch nur Nullen.)

»9. Juni 1815 : Freitag. Schwüle bei viel Wolken … La Motte Fouqué mit seiner lieben Marie bei uns; – auch Besser kam. Fouqué ist erstaunlich durchsichtig, und man kann wohl sagen, seine Gabe komme mehr von oben, als aus eigener Tiefe; denn – und das ist das Schönste an ihm – er weiß gar nicht, wie viel er hat; und was er gefunden, das ist ihm ungesucht begegnet. – Wir kommen übrigens gar nicht miteinander zur Zweisprache und zum Namenwechsel; denn immerfort sind Dritte zwischen uns; besonders heute Abend, wo wir mit ihm bei Campes waren; Perthes, Wächter, Horn von Bremen, Frau Sieveking und Karl, und viele andere waren da, kam ich zu nichts; – das Hören würde mich vergnügt haben, wäre es die richtige Melodie gewesen, aber Perthes riß das Gespräch immer nur in den Strudel der gährenden Gegenwart, oder an die zerschellende Klippe der Satire, oder auf den Sand gemeiner Spaßhaftigkeit; mich dürstete auf dem Meere, denn ich mochte das Salzwasser nicht; – die kleine Marie, die bei mir saß, sagte einmal, Perthes hätte auch vom Tebaldo : das ist nicht ganz unrecht, er hat wirklich mit einer Natur zu kämpfen, die seinen religiösen Grundsätzen widerstrebt. Die Züge seines stark durchgearbeiteten Gesichts verraten den inneren Vulkan, und oft fährt auch wohl (besonders beim Weine) unreines Feuer heraus; nichtsdestoweniger ist er ein recht tüchtiger Mann von großem Geiste, aber mir war er heute recht fatal, weil er die leise milde Harmonika des guten Fouqué allezeit überschrie oder durchschrie. Zudem war ich recht krank, matt im Geist, und saß (von innen und außen) wie ein Kruzifix unter den Leuten. Erst nach Mitternacht zu Hause. Die Morgenhelle widerte mir entgegen …« –

Der »Tebaldo«, den das kalte und kluge Kind Marie zitiert, das ist der waschhafte italienische Spaaßvogel aus dem »Zauberring«, von stark kommerziellem und überhaupt zweifelhaftem Charakter; der Vater gibt amüsanterweise Jenem ebenfalls einen Ehrennamen, allerdings aus dem »Thiodolf« : den des tüchtigen, ehrenfesten Kaufmannes Bertram – Sie mögen nachher selbst entscheiden, wer von den Beiden mehr Recht hatte. (Wie sehr Marie ihren Jahren voran ist, bescheinigt ihr Erlebnis »als da in Hamburg im Theater ein pfiffiger Mann – Du wirst Dich noch wohl erinnern – sie für eine erwachsene Person ansah, und in verständiger Conversation von ihr herauslocken wollte, wer ich eigentlich sei.« Brief vom 28. 6. 19 an Perthes.)

Auf den unvermeidlichen Gesellschaften, zu denen der Berühmte reichlich geladen wird, trifft er die Familien von Axen (Benekes Schwiegereltern) und Herzfeld, lernt Sieveking und Frau kennen; Mettlerkamp und Godefroi – zwischen den Beiden vermittelt Fouqué als Fachmann für dergleichen eine »Ehrensache«, die schier zum Duell geführt hätte –; Besser, den Schwager und Compagnon Perthes' lernt er kennen; den hannoverschen Gelehrten und Kantspezialisten Spekter; und endlich auch Philipp Wächter, der ihn in der Jugend als ‹Veit Weber› mit seinen altdeutschen Geschichten so begeistert hatte.

Der Verleger Campe und Frau, bei dem soeben der »Thiodolf« erschienen ist – drei Jahre fast hat er der ungünstigen Zeitumstände wegen im Manuskript dagelegen – sind des Öfteren mit ihm zusammen, und der Brief, den der Dichter, schon wieder daheim, an sie schreibt, ist es wohl wert, aufbehalten zu werden:

»An Frau Elise Campe, Wohlgeboren / Nennhausen, den 11. 7. 1815:

Es ist nicht das erste Mal, daß edle Frauen Seeungeheuern geboten haben, fromme Ritter zu begleiten auf ihren Fahrten, und daß die wunderlichen Tiere das Gebot der reinen Herrinnen in Demut ausrichteten. So ist uns denn auch das von Ihnen mitgesandte Meergeschöpf recht erquickend gewesen, nicht nur leiblich, sondern auch symbolisch, indem es uns durch seine Gestalt an manchen schönen Abend in den edlen freien Hansestädten erinnerte. O, die lieben herrlichen Orte! Immer wird sich mein Auge sehnsüchtig dorthin wenden. – Zu meinen liebsten Erinnerungen gehört unsere fröhlich ernste Wasserfahrt nach Flottbeck; denken auch Sie bisweilen daran, und erhalten Sie mir ein recht freundliches Andenken überhaupt.«

Hier in Flottbeck lernt Fouqué auch Westphalen, den Inhaber eines großen hamburger Handelshauses kennen – Flottbeck war damals die vornehme Villenkolonie, noch fern der Stadt in ländlicher Einsamkeit, wo die upper ten ihre Sommersitze hatten – und vor allem den schon so oft auf diesen Blättern zitierten dänischen Diplomaten Johann Georg Rist, der lange Jahre in Petersburg, Madrid und London Attaché bzw. Gesandter seines Landes gewesen war. 1799/1800 hatte auch er in der »Mnemosyne« eine Erzählung »Der blinde Spielmann« veröffentlicht, die Hülsen ihm damals scharf genug kritisierte; jetzt aber erfährt er, »daß ich mir entfernte und unbekannte Freunde dadurch erworben. Der Dichter Fouqué, Hülsens Zögling, dessen Bekanntschaft ich damals in Flottbeck machte, kam mir gleich mit einem Glückwunsch entgegen, und machte mich alten Diplomaten nicht wenig durch ein reichliches Lob solchen Jugendversuches verlegen.«

Einigemale weilt er in Wandsbeck, bei den Hinterbliebenen des erst ganz kurz zuvor verstorbenen Matthias Claudius, auf den er sich recht gefreut hatte; schon am 2.6. 1811 hatte er an Perthes (der ja Claudius' Schwiegersohn war) geschrieben : »Vorzüglich haben Sie mir das Herz mit dem Gruße Ihres ehrwürdigen Schwiegervaters aufgeschlossen. Das ist mir ein Ehrenzweig, den mir keine Hand aus unsern jüngern Tagen so begeisternd und rührend winden kann. Wie ich schon als Kind den alten Dichter geehrt habe und herzinnig geliebt, und nun sendet mir der alte Held einen freundlichen Händedruck viel besserer Zeit herüber« (Fouqué schätzte besonders die Briefe an Andres und wies immer gern auf sie hin). Hier knüpft er nun die Bekanntschaft wenigstens mit den Hinterbliebenen, Frau Rebekka und den Kindern, an : »In deren frommsinniger Wohnung; dem bunten Treiben der Welt an der Landstraße nah, doch von schattigen Bäumen geschirmt; von der anderen Seite sich wie versenkend in süß ländliches Geträum.«

Auch den Bruder des Malers Runge, der literarisch am »Niederelbischen Merkur« arbeitet, lernt Fouqué jetzt persönlich kennen; er wird sogar Mitarbeiter der Zeitschrift und hält jahrelang durch Perthes Verbindung mit ihm.

Und so erscheint auch immer wieder der Name des zweiten hamburger Freundes, mit dem Fouqué sein ganzes übriges Leben brieflich liiert blieb : Friedrich Perthes.

Friedrich Christoph Perthes ist am 21. 4. 1772 in Rudolstadt geboren, früh verwaist und bei Bekannten auferzogen worden; mit dürftiger und unzusammenhängender Schulbildung ausgestattet, kommt er schon mit 15 Jahren ins Buchhändlerfach nach Leipzig : hier lernt er die »literarischen Bedürfnisse der verschiedenen Gegenden Deutschlands« kennen (Allgem. deutsche Biographie), also ungefähr wie ein künftiger Textilkaufmann sich informiert, wo man Sepplhosen trägt, und wann man Lodenjoppen anbieten darf. 1796 eröffnet er, fast ohne Kapital, in Hamburg eine Sortimentsbuchhandlung : »Durch seine Rührigkeit, die sich besonders in dem richtigen Erkennen des Buchhandels und seiner Bedürfnisse äußerte«, erwarb er sich rasch einen großen Kundenkreis, und, was solchen Konjunkturrittern immer besonders wertvoll ist, ausgedehnte literarische Bekanntschaften. 1797 heiratet er die älteste Tochter, Karoline, des Matthias Claudius; durch einen glücklichen Hauskauf gewann er damals 5000 Taler – es war eben ein Mann, der »mitten im

Leben stand«, wie man wohl sagt. Andererseits wird von seinem »schlechten Zahlengedächtnis« gesprochen; ich stelle mir vor, armen, vorschußbittenden Autoren gegenüber. Ab 1799 gelang es ihm auch, mit dem englischen Buchhandel in London Verbindung aufzunehmen, wobei ihm besonders sein Schwager Besser sehr nützlich war; 1805 schon erwarb er ein großes eigenes Haus; Varnhagen hat ihn geschildert, den »Buchladen meines Freundes Perthes im Jungfernstieg, mit der reizenden Lage, der schönen Einrichtung, den weiten Räumen, und den aufgereihten kauffertigen Vorräten alles Neuen, Wertvollen und Anziehenden In- und Ausländischer Literatur.«

Durch die französische Besetzung wurde zwar der englische Handel völlig lahm gelegt; aber er wußte sich zu helfen : da er die literarischen Bedürfnisse ja so gut kannte, gab er einerseits das »Vaterländische Museum« heraus, was ihm Beifall und viel Freundschaft der »deutschen Männer« eintrug; auf der anderen Seite edierte und vertrieb er einige hundert Bücher in französischer Sprache; zumal, nachdem die Stadt 1810 dem Kaiserreich einverleibt worden war, wußte er sich das Recht zur Herausgabe aller Verordnungen und Gesetzessammlungen zu verschaffen, natürlich auch »le parfait négociant«; Landkarten; die »Jahrbücher für die hanseatischen Departements« – und siehe, Gottes Segen war bei Cohn : »trotz des Druckes gedieh sein Geschäft aufs Beste« (Heute würde man etwa von der »Weite« sprechen, die sein verlegerisches Programm »atmet«).

Im März 1813 hielt er die Zeit für gekommen, sich noch stärker der patriotischen Bewegung zu widmen; denn schon nahten sich die »Befreier« : der Allerweltsgeneral und tatkräftige Förderer der metternichschen Stammreihe Tettenborn (und ich gebe einen ausführlichen Bericht über die damaligen »hamburger Ereignisse«, weil sie aufs köstlichste die fragwürdige und spaßhafte Seite des heiligen Krieges illustrieren). Nun, als Dieser einzog – die Kosacken sanken, berauscht von so viel Liebe und Wein in die Haferberge um die Füße ihrer Rosse; die feierlich überreichten kostbaren Schlüssel der Stadt verschwanden sofort und wurden nicht mehr gesehen – da schien es auch Perthes endgültig an der Zeit, in männlichem Zorn aufzulodern. Er wurde der tätigste Begründer und Organisator der »hamburger Bürgergarde« und der »Hanseatischen Legion.« Einige ehrsame Leute fanden sich wohl auch; aber »daneben lief alles loses Gesindel, das auf lustiges Leben ausging, zusammen, zum Teil Buben von 12–15 Jahren : Alles ward willig eingeschrieben« und »die Offiziere wie man sie fand : ganz nach Verhältnis : Pharaobanker, Cassierte, Pensionierte. So waren die Cadres von ein paar Bataillonen bald voll; der grüne Kaftan und die weiten Hosen bedeckten alle Blößen« (Rist); auf Wilhelmsburg im Süden wurde stationiert »die Artillerie der Hanseatischen Legion – d. h. zwei Feldstücke.« Viele der sich lebhaft befördernden Offiziere gingen ja einfach gekleidet, so der später viel geschmähte von Heß : »der kleine lebhafte Perthes strotzte dagegen in einer gestickten Stabsuniform mit langem Säbel«; er war ja auch »Chef des Generalstabes der Bürgergarde« geworden, der alte Schlachtenlenker, und Tag und Nacht auf den Beinchen.

Vergebens warnte der hier schon so oft zitierte dänische Konsul und deutsche Mann, Rist, der Klare, Besonnene, vor dem vagierenden Freikorpsführer Tettenborn und dessen Trabanten, wie Varnhagen und dem »Schwimmpfuel« : »Ein Parteigänger hatte die Freunde der guten Sache getäuscht, um des Gelingens eines Streifzuges halber das Wohl einer großen Stadt auf das gewagteste Spiel gesetzt, und voreilig veranlaßt, was zu seiner Zeit wahrscheinlich viel unschädlicher erfolgt sein würde : aber der große Haufen rechnete nicht oder wollte nicht rechnen.«

Daß Tettenborn auf gut nowgorodisch den angesehenen Kaufmann P. Godefroi mit dem Kantschu attackierte, war ja nur eine liebenswürdige Schwäche des großen Mannes; daß er selbst das Ehrenbürgerrecht der Stadt verlangte (sic !) und mit einem kleinen Douceur von 5.000 Louisdor (heute ¼ Million DMark !) auch erhielt, war wohl gleichfalls nicht mehr als billig; und wie man erst auf seinen Aufruf zu Geldspenden für die »gute Sache« reagierte, gehört zu den rührendsten Gold-gab-ich-für-Eisen-Zügen jener Zeit :

»Da gaben Reiche und Arme mit löblichem Eifer; da leerten die Kinder ihre Spaarbüchsen; da zog die Jungfrau den Ring vom Finger und opferte das Geschmeide; da ward werter Geschenke nicht geschont; der Knecht und die Magd brachten ihr Erspartes; die Witwe des seligen Mannes silberne Hemdknöpfe. Rührend waren die täglichen Verzeichnisse zu lesen«, berichtet der Augenzeuge Rist. Freilich muß er sogleich hinzufügen : »... aber weiter ist von ihnen auch keine Spur geblieben ... Die Gauner und Schelme, welche in russischer Uniform unter Tettenborns Augen mit der Annahme beauftragt waren, haben nie Rechnung davon abgelegt, und es ist ... zu den widerlichsten Erörterungen gekommen ... Genug : diese heiligen Gaben sind meist gestohlen und verpraßt worden, während die, welche solche opferten, ihrer vielleicht noch mit Sehnsucht und Herzerhebung gedachten.«

Auch waren die Partisanen jetzt das Wühlen und Prassen gewöhnt geworden, und »die Lotterwirtschaft mochte doch manchen Freund der Ordnung mit Kopfschütteln an die Regelmäßigkeit französischer Verpflegung erinnern«. Aber Varnhagen schrieb selig an Rahel: »Tettenborn ist eine Art König hier«, und weiß die Schönheit und Stärke der Bürgergarde und Legion nicht genug zu rühmen. Auch Major Beneke ist nicht dahinten geblieben. Er hat eine kleine Schrift »Heergeräthe für die Hanseatische Legion« verfaßt, »geschichtliche, äußerst zweckmäßige Nachrichten, verbunden mit edlen Ermahnungen« wie Varnhagen mit andächtigem Augenaufschlag verrät.

Als nach zwei Monaten dann Davoust, wie von Rist vorausgesagt, und ja auch bei klaren Sinnen von Anbeginn nicht zu bezweifeln, wieder anrückt, sah der Bürger von seinem »Hanseatischen Fußvolk« »mit Befremden und Unwillen Taten, die den Worten so wenig entsprachen«; auch Ehrenbürger Tettenborn verschwand sogleich wieder im östlichen Unterholz.

Alles ist verloren, und nun entblödet sich Varnhagen nicht, in seinen Erinnerungen also zu schreiben »Es war jetzt, gleichviel durch wessen Schuld (sic!!!) mit Hamburg auf das Äußerste gekommen, wo es nur noch galt, sich bis zur Verzweiflung zu wehren, und lieber unterzugehen, als sich zu ergeben.«; nichts erscheint ihm seltsamer als daß »dennoch Alle vor dem Gedanken schauderten, ihre Stadt den Flammen zu überantworten, und dem Feinde zum Gegenstand seiner Wut nur als eine rauchende Brandstätte zurückzulassen. Als Tettenborn ihnen nichts mehr zu bieten hatte, als rote Fahnen und Pechkränze, zogen sich die Unseligen zurück.« – ganz im Stil seines Lieblingsbuches, der Meyern'schen ‹Dya Na Sore› – es gehört zu dem Widerlichsten bei der an Widerlichkeiten so reichen Lektüre des Varnhagen-Geklatsches, solche Äußerungen eines Elenden zu lesen, der durchaus mitschuldig an der großen hamburger Katastrophe gewesen ist; und gibt gleichzeitig das beste Bild von dem Historiker, der auf einmal nicht mehr weiß, »durch wessen Schuld« es so weit kam! Selbst Perthes muß, wenn auch spät, Varnhagen durchschauen (obwohl sichs aus dem Munde des alten Spekulanten auch amüsant genug anhört): »Varnhagen. – Aber mit Recht ist er schon als Geschichtsverfälscher angeklagt, und bald wird ihm seine geschmeidige Schmeichel- und Heuchelhaut abgezogen sein!« (27.1.39 an Fouqué). –

Dennoch war Davoust ein Ehrenmann, der, obgleich er mit rücksichtsloser Strenge Franzosen wie Nichtfranzosen bestrafte, nachweislich die Befehle Napoleons gemildert hat; über diesen Marschall ist Unverantwortliches gelogen worden, und zwar von Stellen, die es getrost hätten besser wissen können: so entblödete sich selbst ein Moltke nicht, in einer Reichstagsrede vom 14.5.1890 zu sagen »Lasen wir doch im Jahre 1813, wie in Hamburg, einer damals französischen Stadt, ein französischer Marschall zum Abschied die hamburger Bank in die Tasche steckte.« Diese niedrige Verdächtigung hat sich als eine in jeder Beziehung unbegründete Verleumdung erwiesen, und Moltke selbst sah sich endlich genötigt, seine Behauptung öffentlich zu widerrufen (nachdem sie allerdings die Atmosphäre erst einmal vergiftet hatte !). So urteilt selbst der deutsche große Generalstab in seiner Veröffentlichung über Davoust : »Erst eine spätere leidenschaftslosere Zeit erkannte die Ehrenhaftigkeit und Makellosigkeit seines Charakters, und zollte ihm die Bewunderung, die er für die tapfere Verteidigung des ihm anvertrauten Postens in vollem Maaße verdient.« –\*

---

\*  Man irrt sich sehr, wenn man mir Parteilichkeit oder gar Böswilligkeit unterstellt. Ich habe auch den ‹Hanseatischen Departements› intensive Studien gewidmet; und die Lektüre vielbändiger Gesetzessammlungen, ‹Annuaires›, ‹Anweisungen für die Vorgesetzten des aktiven Douanendienstes›, usw. nicht gescheut. Rist habe ich deshalb vorwiegend zu Wort kommen lassen, weil er die Ereignisse am ungeschminktesten darstellt. Interessenten verweise ich auf die ‹Agonien› des J. L. v. Heß – die Fouqué übrigens auch gekannt hat – und aus denen nicht minder deutlich herauszulesen ist, wie einige einsichtige Köpfe des hamburger Senats dem Tettenborn'schen Tollmannstreiben im Stillen soviel Abbruch taten, wie sie nur irgend konnten, zumeist durch Dilation und Obstruction : sehr richtig ! –

Damit man auch eine andere Stimme höre, eine, die ungetrübt in Festesfreude und nationalem Befreiungsrausch sang, zitiere ich Sätze aus Christian Graf zu Stolbergs Gesängen anläßlich dieser Tettenborniade : »Beim Anblick des vom Tode erstandenen Hamburger Correspondenten. Den 20sten März 1813. Sey mir gegrüßt, Wappen Hammonias, / du Mal der Urzeit. Düstere Mitternacht / gebar den schönsten Morgen; prangend / ragen erglühend die freien Thürme ! / / Werft Euch aufs Antlitz, Bürger; es hebe sich / des Dankes Opfer ! Siehe, die himmlische, / die Rettungsstunde schwebt als Erstlings- / tochter des schönsten der Lenze nieder. / / ... / / Auch mich, wo sie sich stürzt in des Elbgotts Bett, / gebar die Alster Nymfe. Mir zucket schon / mein Arm; schon blitzt, gewetzt, das gute / Schwert; und ich spotte des Silberhaares.« – (Stolberg war 1748 in H. geboren; Soldat war er nie, es blieb beim Armzucken.) »Der alte Leiersänger an Hamburgs Krieger. Im April 1813. – Wachst Du, Alter ? Traumgebilde / schmeichelt meinem Wunsch ihr nicht ? / Staat der Geier Hamburgs Schilde ? / Wo der Zöllner Raubgezücht ? / / Frischer Bursche reges Leben / wallt auf Straß' und Markt einher. ... / / Eifer glüht in jedem

Zurück zu Perthes :

Die Franzosen beschlagnahmten bei ihrem Einmarsch auch sein Vermögen; jedoch verlor er sein »Gottvertrauen« nicht. Er fand mit Frau und 7 Kindern Zuflucht beim Grafen Reventlow; später wandte er sich nach

---

Schritte, / sprühend strahlt der Flammenblick. / Kehrt der alten Hansa Sitte / zur bejochten Stadt zurück ? / / Dieser prüft des Säbels Hiebe, / Jener tummelt rasch sein Roß ... / / Fähnlein wehn vor jeder Schwelle, / Jubel schallt und Freudenschuß, / schon der flinke Kriegsgeselle / küßt der Braut den Abschiedskuß. / / ... / / Alles neu und alles anders, / was in Aug' und Ohr mir dringt. – / Füllt die Becher ! Alexanders / Nam' ertöne : Kinder, trinkt !...«

(Mit dem geschmackvollen ‹Geier› meint er den Kaiseradler. Mit dem ‹regen Leben› der ‹Bursche›, deren besondere Force schon darin bestanden haben mag, der ‹Braut den Abschiedskuß› zu küssen, sind die Mitglieder der ‹Hanseatischen Legion› genannt – vgl. S. 314, 3. Absatz. ‹Alexander› : das ist wieder einmal mehr die befremdliche Schwärmerei für den Zaren aller Reußen.)

»Die geweihte Fahne. Im April 1813. – Die Fahne weht, sie dringet vor, / entfaltend ihren Glanz, ... Waffentanz. / / ... / / Ein köstlich Weihgeschenk, gewebt / von edler Frauen Hand ... Vaterland. / / ... / / Ein heil'ger Priester sprach ihn aus, / den Weihspruch über sie. ... / / Der Reigen zog vor's Kirchenthor, / wir standen harrend da, / und flehend Aller Aug' empor / zu Fahn' und Himmel sah. / / Ein holdes Weib, mit edler Schaam / an Wang und Stirn geschmückt, / tritt sittsam vor, das Wort sie nahm, / in Andachtsgluth entzückt : / / ‹Dringt, Brüder, wo sie wallt, ins Herz / dem dichten Feindesschwarm ! / Wenn ernster Will' ihn hebt – ist Scherz / der Sieg dem deutschen Arm ! / / Seid Löwen in des Treffens Graun !... / / Nun Gott mit Dir, Du hehre Schaar ! / Für Weib und Kind und Heerd ... Rächerschwert !›...«

»Wenn ich noch erwähne, daß am 21. April die Weihe der Hanseatischen Fahnen in der großen Michaelis-Kirche vor sich ging, so glaube ich, wir können den Monat April verlassen. ... Diese Fahnenweihe entsprach der Vorstellung keineswegs, die man sich davon gemacht hatte. Ihr fehlte die Würde, die Kürze, das Imponirende des Erhabenen. Wenigstens mir hat die Aufführung des Ganzen ein paar sehr langweilige Stunden gemacht, die nur durch den guten, frommen und patriotischen Willen des Herrn Seniors Rambach, der diese Ceremonie verrichtete, aufgewogen wurde.« : das sagt, im krassen Gegensatz zu Vater Stolbergs Hymnus, wer ? : *der Chef der Bürgerwehr selbst, von Heß !!!*

Mecklenburg, beteiligte sich an der »Hamburger Exilregierung«, und konnte endlich am 31. 5. 1814 das diesmal richtig befreite Hamburg wieder betreten. Die Buchhandlung hatte Besser indessen weiter geführt, und sie florierte bald wieder so, daß die Schulden rasch getilgt werden konnten. Auch die Hamburg-Altonaische Bibelgesellschaft gründete er um diese Zeit mit, in der richtigen Erkenntnis, daß er einen Fürsprech im Himmel wohl nötig haben könnte. 1816 erfahren wir aus einer seiner Broschüren, daß der deutsche Buchhandel »die Bedingung des Daseins einer deutschen Nationalliteratur« ist – und ich hatte in meiner Einfalt immer große Dichter dafür gehalten!

1821 starb seine Frau, und er ging nach Gotha, wo schon zwei seiner Söhne verheiratet waren; hier beschränkte er seine Buchhandlung ganz auf Theologie und Geschichte, und gründete außerdem fleißig Institutionen aller Art; bis ihm denn endlich 1840 die Universität Kiel den Titel eines Ehrendoktors der Philosophie (sic!) verlieh – das war ungefähr um dieselbe Zeit, wo Brockhaus die erste Auflage der »Welt als Wille und Vorstellung« einstampfte; aber Schopenhauer hatte ja auch nicht die »Bedürfnisse« des deutschen Buchhandels oder der dito Menschen erkannt. – Am 18. 5. 1843 muß er schließlich doch dieses Leben verlassen; »fromm« heißt es in seinem Lebensabriß und der Biographie weiter, »tief im Christentume wurzelnd« – nun, aus Rist und den Tagebuchaufzeichnungen Benekes sieht es lärmend anders heraus – wie hatte doch die kleine kluge Marie gesagt?: »Tebaldo – ?«

§ 39

Aber ehe diese Freundschaften sich fruchtbar festigen und entwickeln, kommt noch ein kurzes Zwischenspiel; am 10. Juni 1815 notiert Benekes Tagebuch: »Sonnabend. Schwül, heiß, Sommerwetter ... la Motte Fouqué verreist nach Holstein, kommt aber bald wieder auf hier.« Bei schönstem Wetter also geht es, wiederum die kleine Marie im Wagen, nach Lübeck; am nächsten Tage nach Eutin, wo er bei Gerhard Anton von Halem und »in Vater Tischbeins ernstwitziger Bilderwelt« freundlich aufgenommen wird. »Wie schwand so hold der freundliche Sommertag / in Laubgrün an der sonnigen Wogen Strand, / und dann in Vater Tischbeins Werkstatt, / wo uns die Heldengebilde winkten!« Mit Halem korrespondiert er dann bis zu dessen Tode 1819; auch der Witwe bietet er noch seine Hilfe bei Herausgabe des Nachlasses an.

Von da fährt er nach Kiel, wo er den alten Bekannten – den Freund Hülsens – Berger, auf seinem Gute Seekamp aufsucht; der ist jetzt Professor der Astronomie und Philosophie in Kiel geworden, und empfängt den Dichter, mit dem er seit 1802 unermüdlich Briefe gewechselt hat, aufs herzlichste; bis zu seinem Tode, 1833, dauert die schriftliche Verbindung an; leider sind bisher nur Spuren dieser Korrespondenz aufgetaucht. – Hier lernt er auch den Juristen K. Th. Welcker kennen.

Dann naht sich eine Wunscherfüllung, wie sie selten einem Menschen zuteil wird.

Wir haben schon gesehen, wie er als Knabe die so viel älteren beiden Stolbergs liebte und verehrte; nun war ein Zusammentreffen mit dem älteren der beiden Dichterbrüder, Christian, auf dessen berühmtem Landgut Windebuy bei Eckernförde verabredet:

»... Nur Stolberg wußt' ich zu denken,
nur den weihenden Gruß, nur das gefeierte Haupt.
Und bald stieg mir empor, umschirmt von Buchen, umduftet
reich von Blüten, von froh weidenden Schafen umspielt,
Stolbergs gastliche Burg, und doch fast klösterlich ernsthaft;
freudiges Rittertum, eins mit dem frommen Gesetz.
Und Du tratest heraus, Du schlangst um den Jünger die Arme,
mit demütigem Stolz ging zu den Pforten ich ein.
Ernst und freundlich streng, mit fürstlich gütiger Sitte,
nahm Luise mich auf, Dein erhabnes Gemahl.
O wie manche der Stunden, der holden, begeisternd erhoben
nun den kosenden Reihn; wenige Stunden doch viel! –
Jetzt hinwallend durch Hain und Saatfeld, und an der Meerflut
kühn mir erlabend den Blick, leitetest Du mich hinaus,
kündend vieles zugleich von Dir und dem herrlichen Bruder,
daß Euch Beid ich in Dir sah, dioscurisches Paar! –
Dann, in der räumlichen Halle vereint am ruhigen Abend,
ging ein ernstes Gespräch, Eines im Wechsel, uns auf,
O, wie leuchtete klar Luisens geistiger Lichtstrahl,
O, wie beugt ich das Haupt gern vor der reinen Gestalt! –
Aber den Hohen gesell ich das Kindliche gern und das Lachen;
laß mich gesellen dem Ernst, welcher Luisen belebt,
auch den fröhlichen Scherz, als meinem lächelnden Kindlein
durch die blühende Flur Wagenlenker Du warst.
Rüstig brausten die Schimmel, doch gern dem Zügel gehorchend;
stolz erzählte mein Kind: »Ach, wie so gütig besprach
sich Graf Christian doch, der edle Greis und der Sänger,

welchen mein Vater verehrt, sich mit der Kleinen, mit mir!«
Bald von neuem begannen die Schimmel brausenden Trab nun,
führten mich weg von der Burg, welche der Sänger bewohnt.
Aber noch zog er mit, mich leitend durch andere Burgen,
vielfach wendend den Pfad, steigernd immer die Lust.
Oder auch steigernd nicht, – denn was vor Allem doch pries ich:
Dich am Meeresgestad', schattender Sitz Altenhof?
Dich, du leuchtendes Knoop, wo kühn aufschwellende Segel
durch bachähnliche Flut schiffen von Meere zu Meer?
Dich o Emckendorf, mit deinen erhabenen Bildern,
Allen Zeiten der Kunst sinnig und liebend entführt?...
Als im meerumfluteten Ort, inmitten der Freunde,
Kunde nun drang heran nach unentschiedener Schlacht,
jener Schlacht, die Blücher und Wellington schlugen dem Weltfeind,
Ach, ich bebte, denn ach! war ich doch jetzt nicht dabei!...«
(Die Besitzer von Emckendorf waren die Grafen Reventlow.)

Am 18. 6. schreibt er ein kurzes Billet aus Windebuy an Perthes, den er ab jetzt in jedem künftigen Briefe »Meister Bertram« nennen wird, eben wie jenen klugen und getreuen Kaufmann im »Thiodolf«, der dem Ritterhelden zutraulich und großzügig jeden Griff in ein Kästlein mit Juwelen verstattet – ein reizendes Bild, zumal vom Autor seinem Verleger gegenüber; (Perthes hat auch schon vorsichtig abgewehrt; zwei Tage vorher hat er nach Windebuy geschrieben: »*Ja hätte ich* ein Juwelenkästlein, mein Ritter sollte jederzeit einen freien Griff darein tun können...«) – und aus den wenigen Zeilen erfahren wir Einiges über den künftigen Reiseweg: »Thiodolf hat einen Griff von 20 Frd'ors in Bertrams Juwelenkästlein getan, lieber Perthes; Sie werden es nun wohl schon wissen. – An Horn schrieb ich direkt. Am 24. hoffe ich in Bremen, am 28. spätestens in dem lieben Hamburg zu sein. – Ihr wackerer Brief begrüßte mich gestern – wir kamen vom Lustwandeln heim – in Vater Stolbergs Halle.«

Über Neumünster und Ramstorf geht es im Fluge zurück; diesmal an Hamburg vorbei, mit der Fähre über die Elbe, und weiter durch Tostedt und Rotenburg nach Bremen.

Dort erfährt er auf dem Marktplatz die Nachricht vom Siege bei Waterloo, und Viele halten ihn, den Major in preußischer Uniform, für den Kurier, der sie brachte; da wird er der Gegenstand begeisterter Ovationen, die auch nicht nachlassen, als man erfährt, wer er wirklich ist »und ein fast zügelloser Freudentumult entstand« (Brief an Miltitz vom 31. 7. 15.) Senator Horn – der Bruder des alten berliner Freundes, Franz Horn, – bei dem Fouqué auch während der paar Tage wohnt (sogar noch einen

Tag länger, als eigentlich vorgesehen) hat das Alles in einem munteren Gedicht verewigt. Von bremer Namen taucht später in dem »Hanseatenbriefwechsel« noch der des Bürgermeisters, Smidt, auf. Am 29.6. verläßt er die Stadt wieder. –

Ursprünglich hatten die Hanseaten noch etwas Besonderes mit Fouqué vorgehabt. Auch gegen den Napoleon der hundert Tage sollte die von Rist so peinlich geschilderte »Hanseatische Legion« eingesetzt werden – »3000 Mann, darunter 1 Schwadron Lanzenreiter und 6 Kanonen« gibt Fouqué am 13.7. Hitzig gegenüber an – und deren Anführer, der »Hanseatenchef«, sollte eben der preußische Major Fouqué sein (der »Chef des Generalstabes«, Perthes, hatte ja jetzt wieder lukrativere Unternehmen zu leiten). Glücklicherweise mußte Fouqué ablehnen; denn seine körperliche Schwäche war noch immer so groß, daß er kaum im Sattel sitzen konnte; aber er ärgert sich doch auch wieder unmäßig darüber, daß die kosmopolitischen Hamburger nun ganz unschuldig an seiner Stelle den Engländer Sir Campbell beauftragen wollen. »Über Campbells Ernennung zum Hanseatenführer laß mich nicht reden,« schreibt er am 15.8.15 entrüstet an Perthes : »da möchte ich ein wenig ins Fluchen geraten, und das soll doch nicht sein. Und wenn der Mann auch zu den Engeln gehörte, gehört er doch nicht zu den Deutschen ! O meine Hanseaten ! ! ...« –

Als Folge der glorreichen Nachrichten von Belle-Alliance ist nun auch in Hamburg Alles eitel Jubel und Freude; so vermerkt Beneke am 30.6. im Tagebuch : »Schön heiß. ... Unter den Besuchenden auch la Motte Fouqué, ganz entzückt von Bremen zurückgekehrt. ... Nach dem Mittagessen eilte ich in Uniform« (er war ja auch rasch Major geworden) »nach der harburger Brücke, die unser Bürgerheer heckenweise (?) besetzt hielt. Eine unermeßliche Volksmenge bedeckte ihre Ränder, den Grasbrook, die Brückentürmchen, und ihr Jubel durchdonnerte, das Geschütz durchdröhnte, die Glocken. Mitten durch zogen die abziehenden Jäger; manche Träne floß, manches sonst starre Herz zerfloß in den reinen Silberblick glühender Gefühle ... Auch la Motte Fouqué und mehrere Ratsherren waren auf der Brücke ...« (natürlich kam die formidable hanseatische Legion nicht mehr zurecht; was bei der geschilderten Zusammensetzung des Korps wohl auch besser war; aber's macht sich doch immer wieder hübsch).

Weiter meldet das unschätzbare Buch :

»1. Juli 1815 : Wetter übermäßig heiß. ... Von Mittag an waren Fouqué und seine liebe Marie bei uns; ihnen zu Ehren sammelte sich abends eine Gesellschaft bei uns, die erst gegen zwei Uhr Nachts, nachdem die

Freude im Tanz ausgebraust, wegging. Ich bemerke davon Mehrere aus v. Axens und Herzfelds Hause; Perthes, Besser, Godefroys, Spekter, Runge, Hülsenbeck, Campes, Luise Richert und viele Andere...«

»2.Juli 1815 : Heiß; dann Gewitter; dann kühl. ... Um halb zehn (abends !) da kamen noch Fouqué und von Axens und Perthes; und Abschied von Fouqué : morgen reist er.«

Und hier die Bestätigung von der anderen Seite : am 3.7. schreibt Fouqué aus Boitzenburg an Miltitz : »Nun bin ich schon wieder auf meinem Rückwege, von der Reise ... Dein Brief aber fand mich erst in Bremen. ... In drei Tagen bin ich, so Gott will, wieder in Nennhausen. – Die Reise zwar ist mir erträglich genug bekommen; aber gestern, als ich es versuchte, bei einer hanseatischen Musterung und Siegesfeier ein rasches feuriges Pferd zu reiten, fühlte ich meine Schwäche. Ich bändigte allerdings das edle Geschöpf, und durfte nicht erröten, mich für einen preußischen Reiteroffizier zu bekennen; auch sprengte ich mit hoher glühender Lust die Reihen auf und nieder – nur erst jetzt empfinde ich es in schmerzender Brust : es war dieses fröhliche Spiel zu kräftig für den matten Leib.«

Das war das letzte Mal, daß Fouqué Norddeutschland und das Meer gesehen hat; aber immer nimmt er Anteil an den großen Seestädten im Norden – wie eifrig debattiert er mit Perthes über eine etwaige Befestigung Hamburgs – und fast dreißig Jahre später trifft den Alten die Nachricht vom Großbrande der Stadt aufs Tiefste.

Das wichtigste Ergebnis der Reise aber, zutiefst eingreifend in Fouqués dichterische Pläne und damit in die deutsche Literatur überhaupt, ist der Riesenentwurf des »Altsächsischen Bildersaales«, von dem ich bei Besprechung der Werke des Dichters aus dieser Epoche ausführlich Nachricht geben werde : das Verdienst Ferdinand Benekes !

So sehr hat ihn die Reise körperlich erschöpft, daß er nicht einmal den alten Freund Chamisso, der eben via Hamburg zu seiner Weltreise abgeht, wie doch ursprünglich vorgesehen, in Fehrbellin noch einmal sehen kann : so schlaff und geistig unfähig sei er, klagt er Hitzig, daß es doch nur eine Komödie geworden wäre, und da sei er lieber gar nicht gefahren. (Hinzu kam noch der in der Mark exemplarisch kalte und nasse Juli). –

Die Reise nach Sachsen kommt erst im nächsten Sommer zu stande.

## § 40

In der Nähe von Meißen lebt dort auf Burg Scharffenberg, dem halbverfallenen Schlosse eines Verwandten, der schon geschilderte Freund Miltitz; Moritz Retzsch hat uns in einem seiner besten Bilder ihn und seine Gattin auf dem Burgaltan festgehalten; ich habe selten ein packenderes und lebendigeres Porträt gesehen, und seitdem eine hohe Meinung von Retzsch bekommen. (Im »Cicerone«, Bd. 16, 1924, S. 508 findet man eine Wiedergabe).

Dort trifft Fouqué am 3. Juli 1816 freudig begrüßt ein; tags vorher ist eben Apel abgereist, aber Leipzig ist ja nahe, und auf dem Rückwege will Fouqué ohnehin bei ihm mit vorsprechen. Während Apels Besuch hat sich ein ominöses Vorzeichen ereignet: am 27. Juni ist ein großer Teil der Ruinen von Scharffenberg über dem Flecken zusammengestürzt, wo man mit Fouqué hatte zusammensitzen wollen, wäre nicht dessen ursprünglich für Juni geplante Reise umständehalber verschoben worden!

Aber ein dritter Bekannter und Kunstfreund ist noch da – eben der Maler Moritz Retzsch; und es muß schon einen schönen Klang gegeben haben: Maler, Dichter und Musiker so beisammen! Da wird nicht nur geplaudert, mit Speeren geworfen oder mit der Pistole geschossen; sondern man verabredet auch gemeinsame Werke: Liederbücher, zu denen Fouqué den Text, Miltitz die Musik, Retzsch die Illustrationen liefern soll; oder Fouqué gewinnt die Beiden als Mitarbeiter zum »Frauentaschenbuch«. Eben hat Apel einen schönen Stoff erwähnt; er war kurz zuvor beim Grafen Thun auf Tetschen und hat dort ein Bild gesehen: »ein schönes Mädchen mit eisernem Halsband, wovon aus Ketten an die Hände gehen; der Schloßherr hält das Bild geheim, will es nicht zu achten scheinen, und hat doch ein Grauen dafür« – daraus ist dann später Miltitzens Novelle »Die Bilder des Andrea del Sarto« im »Frauentaschenbuch« geworden. (Apel hat eine dezidierte Neigung für Gespenstergeschichten; hat er doch mit Fouqué und Laun zusammen das »Wunderbuch« herausgegeben, in dem weitere solche Schauerhistörchen stehen).

Aber auch das Umgekehrte ereignet sich; oft phantasiert Miltitz, während man im gelben Abend unter den Bäumen sitzt, auf der Laute; und einmal fallen Fouqué zu den Tonschwingungen diese – wiederum durchaus ominösen – Worte ein: »Wo blieb der Hain, der Bergeshain, / durchsichtig hell im Sonnenschein? / Die Ebne dehnt sich weit umher. / Ich seh den Hain nicht mehr. // Wo blieb die Burg, das Heldenhaus, / durchweht von lieblich ernstem Graus? / Das liegt so fern, so ungesehen, / und meine Seufzer wehn. // Wo hebt der Burgherr Schwert und Schild? /

Wo preist er Gott in Liedern mild ? / Ich hört' ihm zu manch lieben Tag – / nun tön' ichs fernher nach. / / Wo strahlt wie süßes Mondenlicht / der holden Burgfrau Angesicht ? / Das lächelt über ferne Aun. / Im Lied nur kann ichs schaun. / / Das sang der Sänger tändelnd so, / noch auf der Burg recht frisch und froh. / Doch ahnend drang wehmütig Lust / ihm schon durch Herz und Brust. / / Das muß nun so mit Sängern sein. / Rauscht Wehmut uns der Sommerhain, / singt man in Herbstes Scheideblick / herauf entschwundnes Glück«.

Einmal zeichnet Retzsch ein Porträt des Dichters : »Ewr. Wohlgeboren zeige ich an, daß Moritz Retzsch ein sehr ähnliches Bild von mir gezeichnet hat, in Harnisch und Wappenrock, die linke Hand aufs Schwert gestützt, die Rechte in einem altväterlichen Buch schreibend,« meldet Fouqué am 9. 8. 16 an Cotta, und schlägt es zum Titelbild für die gesammelten Gedichte vor; dieser äußert sich aber so ungewiß, daß es dann später Schrag als Einzelblatt angeboten wird. Auch für die »Corona« liefert Retzsch eine Reihe Zeichnungen, und eignet sie der Prinzessin Marianne zu. Zu Fouqués Geburtstag 1814 hat er ihm ein Bild geschenkt, seinen »Sintram« darstellend, »in eine Engelsgestalt verklärt, den Sieg über Tod und Teufel ihm in das nur eben erst aufblühende Jünglingsantlitz herrlich herein blitzend.« – Retzsch ist finanziell in recht angespannter Lage, und hat »unter dem Druck der letzten Zeit ungeheuer gelitten« (Fouqué an Cotta 27.11. 14); da versuchen die Freunde ihm auf jede Art zu helfen; auch Fouqué hat mehrfach Bilder und Zeichnungen von ihm gekauft; 1817, und 1819 für seine Frau einen »Christus in Gethsemane«, und zahlt, was er kann : »Ich bin in diesem Augenblick gleichfalls sehr geldarm; vorzüglich da die bewußten 9 Goldfritzen noch nicht eingelaufen sind. Sobald diese kommen, erhält Retzsch seine 9 Ducaten ... früher ist es mir rein unmöglich.« schreibt er am 1. 3. 17 an Miltitz. Und bei allen ihm bekannten Verlegern versucht er die Bildreihen des Freundes unterzubringen, – freilich meist ohne rechten Erfolg.

Miltitz hat mit seinen Kompositionen zu Fouqué etwas mehr Glück; Einiges kann er bei Breitkopf und Härtel unterbringen. Amüsant ist das Spinnerliedchen, das er für die kleine Marie vertont; wichtig die Musik zu der Romanzenreihe von »Folko und Isula«, an der Fouqué »aus Gründen« immer sehr gehangen hat.

Auch ist er literarisch tätig; er beginnt hier bereits den »Hermann«, auf den ich noch ausführlich zurückkommen werde.

Schon wartet in Leipzig eifersüchtig der andere Freund, Apel; mehrfach mahnt er in Billets (z. B. am 17. 7.) : Fouqué solle nun endlich kommen, und Miltitz gleich mit ! Und er preist sein Gut an, wie ein seiden

Halstuch : 3 Stunden nur liegt Ermlitz von Halle (wo Fouqué ja anschließend auch noch hin will) »dabei führt mein Garten eine Menge Sand und Kies, so daß Sie selbst nach einem Quasi-Wolkenbruch trockenen Fußes darin spazieren können«; satirisch fügt er noch hinzu, daß man für morgen in Leipzig wieder einmal den jüngsten Tag erwarte.

Bei Apels sind unerquickliche Familienverhältnisse : er hat eine allzu junge Frau geheiratet, und muß die Konsequenzen tragen; seine neunjährige Tochter Marie Ottilie hat er vorsichtshalber schon zur Erziehung nach Herrnhut gebracht, um das Kind nicht durch den Anblick der täglichen Zerwürfnisse zu gefährden. Andererseits hat auch er eine junge ihm schwärmerisch ergebene Freundin, Minette von Plötz, bei sich in Ermlitz.

Am 25. 7. trifft Fouqué im Laufe des späten Nachmittags in Leipzig ein, und macht hier schnell noch die Besuche bei den Bekannten, vor allem bei Adolph Wagner, dem »kaum mittelgroßen Mann mit dem pockennarbigen Gesicht, das aber sogleich durch das edle Ebenmaaß der Züge gewann und vor allem durch seine schieferblauen Augen«; auch sieht er wieder die Buchhändler Brockhaus und Jaspers. So berichtet Apel an Miltitz : »Vorigen Donnerstag (25. 7.) fuhr ich, wie sich selbst versteht, mit dem frühesten nach Leipzig, um unsre Freunde zu erwarten. Abends zwischen 5 und 6 schickte mir Fouqué ein paar Zeilen aus dem Hotel de Bavière, wo er abgetreten war. Ich eilte hin, und der prächtige Fouqué versprach mir, sogleich den folgenden Tag mit nach Ermlitz zu kommen, von da seine Höllenfahrt oder Hallefahrt vorzunehmen, und zu bleiben, so lang es seines Reiseplanes wegen möglich wäre. Das war nun freilich bloß bis heut« (29. 7.) fügt er wehmütig hinzu : »heut morgen ist er abgereist, und der Abschied in den letzten Tagen dieses Monats war nicht weniger schmerzlich, als der in den ersten Tagen« (wo Apel am 2. 7. von Miltitz weggereist war).

Am 27. 7. grüßt Fouqué aus Ermlitz zurück nach Scharffenberg : soeben hat er Apel das oben zitierte »Burglied« vorgesungen; und er fügt hinzu : »Es ist sehr hübsch und freundlich hier, aber – nun, das weißt Du ja. Nur muß ich noch zu Deinem Troste hinzufügen, daß Alles mit der Würde und Anständigkeit zugeht, die sich von Apels edlem Sein und Wesen erwarten läßt.«

Beide leben in regem künstlerischem Gedankenaustausch beisammen, und Apel nickt begierig, als Fouqué ihm von dem neuen Riesenplan des »Altsächsischen Bildersaales« erzählt, und ihm gleich das Vorspiel zum ersten Teil desselben, dem »Hermann«, vorlesen kann; hingerissen ruft er : »es müsse sich zu der Aufführung eine große Genossenschaft verbünden, unter fürstlich grandiosem Schutz, und die Bühne kein Brettergerüst sein, sondern ein freies Waldtal, etwa im Harz; keine Zuschauer erforderlich, als die zufällig zusammen strömenden, die Darstellenden aber sich frei genügen lassend, ohne Rücksicht auf Jene, am kindlich kühnen Spiele der Darstellung selbst, von Waffenübungen keck durchwoben ... Oh man hegte dazumal mitunter gar riesig große Gedanken für die Kunst im neu erstandenen Deutschland!«

Aber die häuslichen Verhältnisse sind doch zu prekär, um ein langes Verweilen ratsam erscheinen zu lassen; außerdem hat Fouqué wirklich keine Zeit, denn die Uraufführung der großen ersten Undinenoper steht vor der Tür (3. 8.), und so rollt der Reisewagen denn in der Morgenfrühe des 29. Juli weiter nach Halle, wo er wiederum nur einen Tag bei den Verwandten verweilen kann; dort haben Onkel und Tante im Februar die goldene Hochzeit gefeiert, und Fouqué hat ein solides Jubelgedicht geschickt; dann muß er auch hier weiter und in aller Eile nach Nennhausen zurückkehren. –

Kaum hat er wenige Tage dort und in Berlin verlebt, in Pracht und Erfolg, da fällt der erste Schatten auf die Reiseerinnerungen : eben noch hat er ein Zettelchen von Apel erhalten, des Inhalts: »Nun will ich morgen nach Leipzig, um den Arzt nahe zu haben. Komme es, wie Gott wolle, so wollte ich doch noch von hier aus meinen Abschied Ihnen schreiben, mein herzlich geliebter Fouqué, sei es ein wirklicher, oder ein geahndeter. Aber für heute: Gute Nacht.« (datiert vom 6. 8. 16); es sollen – außer der Testamentsunterschrift – die letzten Worte sein, die er zu Papier bringt.

Zehn Tage, nachdem ihn Fouqué noch gesehen hat, muß Miltitz an seinen Bruder Alexander melden, daß Apel in der Nacht vom 8. zum 9. August gestorben sei : »Er ist hin, und mit ihm die eine Hälfte meiner geistigen Existenz. Sein Beifall war in gelehrtem und ästhetischem Treiben mein Zweck und Lohn. Er war mir fast mehr als Fouqué. Seine Stelle im Herzen bleibt unersetzt. ... Fräulein Plötz, die in Apels Hause lebte, und die Einzige, die dort seiner würdig war, soll nach des Verewigten Wunsch in meinem Hause bis zu anderweitigem Unterkommen bleiben; ich erwarte sie mit Ungeduld.«

Fouqué hat, als er die Nachricht vom Tode des Freundes erhielt, eben begonnen die ersten fatidiken Worte vom 4. Buche des »Alethes« zu schreiben, und ist zutiefst erschüttert : »hätte er sich nur versöhnen können mit jener unglückbringenden, aber doch auch gewiß recht sehr unglücklichen Frau.« – Aber er soll noch mehr Wahrheit in seinem »Burglied« gesungen haben. Zwar besuchen ihn Miltitz und Retzsch noch einmal im März 1817, und Retzsch bringt ihm die bestellte Kopie vom schon beschriebenen Porträt der beiden Eheleute, mit Schloß Scharffenberg im Hintergrund; zwar wird Fouqué Pate bei Miltitzens am 14. 12. 1816 geborenen Sohn Leo; aber das Verhältnis kühlt sich doch schon ab, da Miltitz die unselige religiöse und aristokratisch-monarchische Erstarrung im Wesen des Freundes mit feinem Gefühl wahrnimmt, und wie er immer unduldsamer gegen die freieren – nach Miltitzens Anschauung durchaus beachtenswerten und zum Teil auch berechtigten – Anschauungen des jungen Deutschland wird. Außerdem lernt er jetzt den salbungsvollen Franz Horn in Berlin persönlich kennen; gleich anschließend sendet Fouqué ihm »eine Lieferung meiner teuren Menkenschen Homilien, als das Beste, was ich Euch nächst dem unmittelbaren Gotteswort zu senden weiß« (19. 4. 17). Dann beginnt die Korrespondenz zu stocken; auf einem langen Aufenthalt in Italien lernt Miltitz heiterere Anschauungen, irdischere und freiere Sinnes- und Denkweise kennen; am 7. 2. 1820 schreibt er an seine Frau aus Neapel, daß Fouqués »Unnatur« und »Frömmelei« sie trenne. Die Entfremdung ist vollständig geworden; auf seiner großen Sachsen- und Böhmenreise 1822, fährt Fouqué wehmütig an Scharffenberg vorbei (erinnernd schreibt er später sein Gedicht : »Abschied von Scharffenberg«); 1824 schickt er noch einmal den »Réfugié« – dann tritt Stille ein.

Wer an der Erkältung des Verhältnisses Schuld trug, mag der Leser später selbst abschätzen. – Hier nur noch kurz die weiteren, recht interessanten, Lebensschicksale des Komponisten :

Die Anstellung seiner Gemahlin als Oberhofmeisterin bei dem Prinzen Johann von Sachsen (dem späteren König) führte Miltitz wieder nach Dresden zurück; und als 1824 sein Schwiegervater, der General von Watzdorf, als Gesandter nach Berlin ging, wurde er an dessen Stelle zum Oberhofmeister des Prinzen ernannt.

Dieser Prinz Johann war einer der wenigen wirklich ehrwürdigen Regenten, liebenswürdig und geistvoll, eine Gelehrtennatur, der im Umgang mit Künstlern und Wissenschaftlern Erholung und Ausfüllung seines Lebens fand; er selbst ein unverächtlicher Philologe, der z. B. unter dem Pseudonym Philalethes die bekannte Danteübersetzung herausgegeben hat. (Vernünftigerweise nur den Rhythmus, nicht aber den Reimzwang der Terzinen wahrend, und so unseren anderen zerkünstelten Übersetzungen durchaus überlegen !). Als er später die Regierung seines Landes übernahm, übertrug er seinen unermüdlichen Gelehrtenfleiß und seine Redlichkeit auch auf die Regierungsgeschäfte; daß er außenpolitisch auf die damals »falsche« Karte, Österreich, setzte, war ebenso in der Tradition der sächsischen Diplomatie begründet, wie in seiner persönlichen Abneigung vor dem norddeutschen Militärstaat, und macht ihm in meinen Augen nur Ehre. – Hier, im Umgange mit den gebildetsten Landsleuten seiner Zeit, schrieb Miltitz mehrere Bände Erzählungen, und vor allem eine stattliche Reihe musikalischer Werke.

Mehrere seiner Opern kamen in Dresden zur Aufführung; so 1832 »der türkische Arzt«; »Saul, König von Israel«, Opera Seria, 1833 (der Text stammte vom Prinzen Johann); »Der Condottiere«, romantisch-komische Oper, 1836 (Text von der Prinzessin Amalie), und »Czerny-Georg«, 1839; außerdem komponierte er noch, in Erinnerung früherer Fouqué-Lektüre, »Alboin und Rosamunde«. Er schrieb aber auch selbst Operntexte, z. B. für Wolframs »Bergmönch«, und die bekannte »Felsenmühle« Reißigers, die 1831 in Dresden aufgeführt wurde. – Im Druck erschienen mehrere Liederhefte und vor allem die »Ouverture dans le genre de Poésie de Ossian«.

Am 19. Januar 1845 starb Miltitz in Dresden als königlich-sächsischer wirklicher Geheimer Rat, Oberhofmeister und Kammerherr; seit 1835 war er auch Ehrenmitglied der schwedischen Akademie gewesen.

§ 41

Im Familien- und Verwandtenkreise gehen in dieser Epoche beträchtliche Veränderungen vor sich; Fouqué ist nun einmal in den vierziger Jahren, wo die älteren Generationen sterben, und die jüngeren heiraten, alte Gesichter gehen und neue kommen. –

Oft sind es nur Krankheiten, von denen die Briefe berichten. – Marie laboriert viel an Zahnweh, ausgerechnet um die Zeit, wo sie, im Spätherbst 1819, konfirmiert werden soll (nach sorgfältiger Vorbereitung durch Fouqué selbst, der sie und ihre Gespielinnen, die zwei Töchterchen des alten Briest, auf der Basis von Krummachers Katechismus unterrichtet hat). Dann liegt das jüngste Töchterchen Briests ein paar Wochen; Caroline kränkelt, jedoch nicht ernsthaft. Aber auch der Tod tritt in den großen Nennhauser Kreis.

Zuerst ist es eine Nebenfigur, der Bediente Gottfried Ribbe; Marie ist an Diphterie erkrankt und hat ihn angesteckt; am 5. 5. 1816, noch vor der ersten Sachsenreise, stirbt der Zweiunddreißigjährige, der seinen Herrn seit 1803 betreut hat, und mit ihm im napoleonischen Kriege und in Hamburg war. (Sein Nachfolger wird ein anderer ehemaliger Waffengefährte des großen Krieges, Christian Kemmnitz, der ihn auch während des schweren Schlaganfalles pflegt, bis er dann um 1820 durch Heinrich Wurch, den ehemaligen Bedienten des Feldmarschalls Kalckreuth, ersetzt wird; noch 1822 versucht Fouqué durch seine Beziehungen (z. B. zum Grafen Voß) diesem Kemmnitz eine Zivilversorgung zu verschaffen. Auf ihn folgt dann der Letzte der Reihe, Ilgenfeldt, diesmal wieder ein Nennhauser Kind).

Der nächste ist der alte Onkel Madai in Halle, der im Frühjahr die goldene Hochzeit feiern konnte, und den Fouqué eben noch besucht hat: am 31.10. desselben Jahres stirbt er; gute zwei Jahre später auch die Tante, die Mutterschwester des Dichters, am 24. 7. 1819. – Das bleibt nicht der einzige Todesfall in Halle: im September 1812 muß Fouqué auch dem Freund und Vetter Karl eine Trauerode schicken: ein Töchterlein ist gestorben, alle ärztliche Kunst des Vaters hat sie nicht retten können. – Noch ein anderes Gesicht von den Madais entschwindet aus der Nähe; der Vetter August – ein Bruder Karls v. Madai – wird mit seiner Frau als Steuerrat nach Mohrungen in Ostpreußen versetzt; »wir sehen einander nun wohl lange nicht wieder« klagt er am 13. 5. 17 an Hitzig.

Die nächste ist die »Tante Schmettau«, die Frau des alten Jugendfreundes und -erziehers, die er oft in Potsdam in ihrer Wohnung besucht hat; der spätere Bischof Eylert hat uns aufbehalten, wie interessant die religiösen Debatten zu sein pflegten, die er mit ihr und dem Prediger Jänicke zu halten kam; sie stirbt im Juni 18; und nur einen Monat später, am 24. 7. folgt ihr Friederike, die Gattin des alten Briest, der nun schon die zweite Frau begraben muß. Und am 7. 1. 1822 schließt auch er im hohen Alter die Augen. (»Marie hat sich am Krankenbett ihres Großvaters recht als deutsche Jungfrau und Christin bewiesen« rühmt er am 20. 1. 1822 an Beneke, und »sie erwächst zu einem anmutigen frommen Weibe – falls Gott die Ehe für sie bestimmt hat; vorigen Winter ist sie in die große Welt eingeführt worden.«) Schon vor ihm ist der Freund und Hausgenosse, der greise Laßberg, am 21. 7. 1821 zur Ruhe gegangen; »Wir sind allzumal wohlauf«, heißt es am 24. 5. 1821, »bis auf den armen alten Laßberg, dem ein Fall im Zimmer einen Beinbruch zugezogen hat. Doch trägt er sein Geschick mit solcher Ruhe, und ist mit einer so wunderbar starken Natur begabt, daß er höchstwahrscheinlich genesen wird.« Auch am 21. 6. geht es ihm »den Umständen nach« noch »sehr gut«; aber dann treten doch die bei Brüchen im Greisenalter so häufigen Komplikationen ein; und: »Vorgestern gegen 5 Uhr Morgens rief unser lieber Herr den alten Hauptmann von Laßberg. Mein Schwiegervater, in dessen Armen er starb, ist durch das Scheiden des vieljährigen Freundes – über 40 Jahre lebte der Selige in seinem Hause – sehr erschüttert. Heute wurde er begraben.« (Brief an Böhringer vom 23.7.21). Auch von den Lucks sterben gleich 3 in den Jahren 1818 bis 22. –

Dafür erscheinen neue Gestalten; am 19.3.1818 meldet Gustav von Rochow, zur Zeit nur simpler Gutsherr auf Reckahne, daß er sich mit einer der Hofdamen der Prinzessin Marianne, Caroline von der Marwitz, verlobt habe; am 20.11. desselben Jahres bereits findet im Beisein des Prinzen Wilhelm und der Prinzessin Marianne im königlichen Schloß die Trauung statt (es sei hier erwähnt, daß Caroline v. Rochow Memoiren, wenn auch meist aus späteren Jahren hinterlassen hat).

Im gleichen Monat, am 2.11.1818 hat auch der jüngere Rochow, Theodor, sich in Carow mit Mathilde Gräfin Wartensleben vermählt, einer Verwandten von Fouqués altem Waffenbruder, noch aus der Aschersleber Zeit her; aber wieder greift auch der Tod in dieses Bündnis ein: Anfang November 1820 wird die junge Frau von einem Töchterlein entbunden, das noch in derselben Stunde stirbt. – Es sei gleich hier die Bemerkung eingeschaltet, daß, während die Ehe Gustavs v. Rochow überhaupt kinderlos blieb, auch Theodor nur 2 Töchter gehabt hat, so daß diese Linie der Rochows damit ausgestorben ist.

Zuweilen hat Fouqué anläßlich der großen Kirchenfeste – Pfingsten, Ostern, Weihnachten – in frommen Psalmen oder Oden die Ereignisse der vorangegangenen Zeit noch einmal verarbeitet, und in ganz wenigen Exemplaren für die Verwandten und engsten Freunde drucken lassen; diese Privatdrucke gehören zu den allergrößten Seltenheiten der Fouquébibliographie überhaupt; ich selbst kenne nur 3. – So erscheint auch in den ersten Tagen des Jahres 1821 ein vierseitiges Blättchen »Weihnachtspsalm / von / Friedrich Baron de la Motte Fouqué / Berlin / Gedruckt bei Leopold Wilhelm Krause«, in dem er das vergangene Jahr resümiert hat: »Wer lag da ersterbend, verstummend / auf schmerzlichem Lager des Todes? – / Ich sah mit weinenden Augen hinab / auf den matt mich nur erkennenden Freund...« – das gilt dem alten Kameraden Bernhardi – »Herr, Du sandtest Freud und Trauer, / ließest ein holdes Blümlein aufgehen und verblühn« – das ist der kleinen Tochter Theodors nachgerufen; noch einmal werde ich an wichtiger Stelle auf dieses rare Stück zurückkommen.

In der Zwischenzeit aber ist Fouqué selbst in höchster Gefahr gewesen: Am jährlichen Ordensfeste der Johanniterritter zu Berlin, im Januar 1818, findet in der Domkirche auch ein feierlicher Gottesdienst statt; schon während des Gesanges fühlt Fouqué den fliegenden Kopfschmerz, der sich immer mehr steigert, und so heftig wird, daß er nur noch mit

Aufbietung aller Energie mit den anderen Rittern durch die präsentierenden Truppen hingehen kann; und dann sogleich, schon halb bewußtlos, nach seiner Stadtwohnung eilen muß. Nach Stunden tritt eine scheinbare Besserung ein, und ein paar Tage leidliche Ruhe; dann beginnen schwere, lange Ohnmachten, und die Angehörigen verfolgen mit Entsetzen die beängstigende Vergeßlichkeit bei dem Manne, der sonst für sein Wundergedächtnis fast berühmt ist. Einmal will er durchs Zimmer gehen : da schlägt er plötzlich lang auf den Boden hin – er selbst hält es, schwächlich lachend, zuerst für eine bloße Unbehilflichkeit; aber der Arzt muß feststellen, daß es der zweite Schlaganfall gewesen ist; zum dritten Male kommt er gewaltsam und beängstigend wieder, und mit ihm die fast vollständige linksseitige Lähmung. Bald darauf tritt partieller Gedächtnisschwund ein, aber nur die zuletzt vergangenen Wochen und Monate betreffend; die weiter zurückliegende Vergangenheit strahlt in fast beängstigendem, schwefligem Glanz, und er muß mühselig kritzelnd schreiben und dichten, wenn er nicht dem Andrang »bald furchtbar, bald lieblich auftauchender Träume« erliegen will – und dazu »befindet« er sich noch eben ohnehin geistig in jenem für ihn immer wieder herrlich-verhängnisvollen Weserwinkel, mitten in seinem großen Roman von Welleda und Ganna; und wieder ruft er sie, die ewige Undine, klagend und düster : »Die Schmerzen / im viel zu warmen, viel zu treuen Herzen – / sie lodern, / und können doch kein Licht zurückefodern. / Im Dunkel nur entlang / rollt sich – o Tröstungs-Quelle ! – der Gesang / durchs arme Leben, / beschwört die Furcht, beschwichtigt Angst und Beben.« – »Da wirrte sich schauerlich Traum und Wachen in Eins« heißt es noch in der Erinnerung 1840.

»Fouqué, der Arme, ist so krank, sie sagen heute, er wäre in 4 Wochen tot oder wahnsinnig, Gott wird ihm ja noch helfen«, trägt die Prinzessin Marianne am 17. 2. 18 in ihr Tagebuch ein; und : »Fouqué wurde vor ungefähr 4 Wochen, als er hier war, von einem Rückenmarkschlag befallen und hat den Gebrauch des Piedestals ganz verloren,« meldet ETA Hoffmann am 8. 3. 1818 aus Berlin an den groben Kunz in Bamberg : »wird auch nicht mehr lange leben, wenn nicht besondere Umstände eintreten. Merkwürdig war es«, fügt der scharfe Beobachter, und allem seltsam-Spallanzanischen Zugetane, noch an : »daß in den ersten Tagen seine Fantasie tätig wirkte, aber sein Gedächtnis ganz hin war. So z. B. ließ er Menschen grüßen, die längst gestorben; erzählte Geschichten, die in ihm aufgegangen, und die er bei wiedererlangter Gesundheit schreiben wolle : aber die waren z. B. das Galgenmännlein, der unbekannte Kranke pp. –« und er schließt nachdenklich : »Haben Sie nicht in Fouqués neueren Sachen eine auffallende Schwäche bemerkt ?«

Das wäre ja bei dem Gesundheitszustande des armen Mannes auch kein sonderliches Wunder gewesen; jetzt wenigstens ist er völlig darnieder – unglaublich ist die verworrene krumme Krankenhandschrift, in der er Hitzig berichtet : die Beine seien »Lumpen« (26. 2.).

Die Ärzte mühen sich um ihn; der erste ist Dr. Wolfart, der Apostel des Magnetismus und »auch« Dichter, Fouqués guter Bekannter. Als die Krankheit drohende Formen annimmt, wird noch einer der ausgezeichnetsten berliner Ärzte der damaligen Zeit herbeigerufen, Dr. Heinrich Meyer, ebenfalls vielseitig, auch literarisch, interessiert. Ihren vereinten Bemühungen gelingt es, die Wendung zum Besseren einzuleiten; langsam weicht die körperliche Lähmung – am 27. 4. kann er schon Hitzig melden, daß er mit Unterstützung Treppen zu gehen vermag, und heut schon beim »Kastanienbaum« war und bei der »Kegelbahn«. Dennoch verwirrt sich manchmal noch das Gedächtnis : einen Brief an Perthes datiert er so : »Am 2. Pfingsttage 1811« – dabei ist er vom 11. 5. 1818.

Während des Frühlings und Sommers erholt er sich langsam in der Landluft Nennhausens, und beim Gebrauch »elektrischer Bäder«, wie er schreibt – Dr. Wolfart hat nämlich die Methode entwickelt, seine Kranken in sogenannte »Baquets« zu stecken, warme Bäder, in die Mineralsalze aller Art experimentierend, fast alchymistisch wieder, gemixt sind, und außerdem werden die Wannen mit einem seltsamen Gewirr sich kreuzender stählerner Stangen angefüllt; manche Leute schwören darauf (so der spätere General Hüser, dessen halb gelähmter Fuß dadurch wunderbar geheilt worden ist); und auch im vorliegenden Falle hat es zumindest nichts geschadet; denn während er noch am 29. 3. ernsthaft an Schrag schreiben muß »Ich war sehr ernst krank, mein geschätzter Freund, und leicht hätte es kommen mögen, daß die Sammlungen zum Frauentaschenbuch sowie auch die Arbeit an ‹Welleda und Ganna› Ihnen nur als hinterbliebene Bruchstücke aus der Hand der Meinigen zugekommen wären ...«, kann er später hinzufügen : »Wenn die Ärzte recht behalten, steht mir nach der Krisis ein ziemlich langes Leben bevor, ja ein gesunderes, als ich es seit der Mitte des Jahres 13 kannte«. Wenn diese Hoffnung auch nicht wörtlich in Erfüllung gegangen ist – er kränkelte noch ziemlich oft, und tat stets gut daran, sich zu schonen – so weht ihn doch allmählich »die Genesung mit ihrem wunderlieblichen Hauchen« an, und er kann schon wieder am Stabe durch die schönen Nennhauser Pflanzungen umhertappen, als ein ganzer Zug von Familienleiden über ihn hereinbricht : der Stiefsohn Gustav von Rochow, eben verlobt, erkrankt in Berlin auf den Tod, steckt dabei noch seine zur Pflege herbeieilende Schwester Klara an, so daß endlich Caroline den kranken Mann in Nennhausen allein lassen, und nun ihrerseits nach Berlin gehen muß – ausgerechnet in diesen Wochen stirbt dann, wie bereits beschrieben, die Frau des alten Briest! So daß Fouqué, der selbst Hilfs- und Trostbedürftige, nun seinerseits Trost und Handreichung spenden muß. Dennoch geht auch diese ernste Zeit vorbei, und im Herbst kann der Dichter wieder als genesen gelten. In frommen Knittelversen berichtet er von der ganzen Unfallserie an Halem.*

* Die erwähnten ‹frommen Knittelverse› gingen am 15. 9. 1818 von Nennhausen nach Oldenburg:

»Der Mai sah aus den grünen Feldern, / der Mai klang aus laubdunklen Wäldern / mit Blumenlicht und Nachtigallen, / und wob aus blauer Lüfte Wallen, / drobhin ein anmuthsvolles Zelt; da kam, von holder Kraft geschwellt, / Dein Lied auf duft'gen Blüthenwogen / in mein Gemach hereingezogen, / und nach der Zither griff ich schnell, / und dacht' im Wettklang freudenhell / den Sangespfeil zurückzusenden. / Zwar bebte noch in meinen Händen / des kaum durch Arzt und durch Natur / mit Gott verscheuchten Todes Spur. / Allein die Zither folgt ja gern / dem alten Spielgeselln und Herrn, / und ließ auch damals kühn im Ringen / manch bunten Sang's Gebilde klingen. / Nur dacht ich: ‹Was mir nach Eutin / soll grüßend zu dem Theuren ziehn, / der mir so hold entgegensang, / das sey auch ganz mein eigner Klang, / aus allertiefster Brust entsprossen, / und auch in Freuden aufgeschossen; / sonst brächt' in's theilnahmsvolle Herz / es statt der Heiterkeit ja Schmerz! / So war in heller Stunden Zug, / mir anfangs keine hell genug, – / ich wählte, bis die finstern kamen, / die alle Lust schier von mir nahmen. – / Ach, Freund, es war ein trüber Chor! / Ach, Freund, es lag ein schwarzer Flor, / erhellt nur von dem Licht tief innen, / mir vor der Welt und vor den Sinnen! – / Soll ich Dir's schildern, was geschah? / Was furchtbar drohend sich ganz nah / vor den nur kaum genes'nen Blick / hindrängte, donnernd: ‹Mensch erschrick! / So viele Deiner Lieben kranken; / der Erdenfreuden Vesten wanken, / und reißen wohl in dumpfem Fall / die Liebsten und die Nächsten all' / von Deiner Seite Dir hinab, – / und Du, ach, rollst nicht mit ins Grab!› – / Hast, Lied, Du von den trüben Wochen / – ach, unser Freund kennt herbres Weh! – / nein, nein, schon viel zu viel gesprochen: /

Sag' ihm, daß noch umrankt ich steh, / von Weibes- und von Kindesarmen, / mir Brust und Herz in Freud' erwarmen, / in heißem, frischem

Als dann der alte Briest gestorben, und Caroline nun die Gutsherrin ist, entschließt man sich, zur Ablenkung und Erholung eine größere Reise zu unternehmen, und zwar in die vornehmsten Bäder jener Zeit: Teplitz – Friedrich Wilhelm III. bevorzugt es, und das ist für einen loyalen Untertan genug – und das berühmte Karlsbad. Fouqué und Caroline haben die Reise gemeinsam in einem 1823 erschienenen Bande beschrieben, und ich folge im wesentlichen diesem Bericht, obwohl ich viele Daten anderweitig zu bestimmen und seine beliebten verschlüsselten Namen zu entziffern hatte; eine wichtige Quelle für die Fahrt sind auch seine Briefe an die Prinzessin Marianne. –

Mitte Juli 1822 verläßt man in zwei Reisewagen Nennhausen: Fouqué, Caroline, die nun nicht mehr »kleine« Marie und das Fräulein Briest (Fouqués Schwägerin, aber in Wahrheit noch ein wenig jünger als seine Tochter); auch sein Bedienter sei erwähnt: der Diener des uralten Feldmarschalls Kalckreuth, Heinrich Wurch, der nach dessen Tode (10. 6. 18) wie schon gesagt, zu Fouqué gekommen war. Dies ist die Besetzung der Wagen: im ersten sitzt Caroline mit Schwester und Kammerzofe; im zweiten Fouqué mit Marie und dem Diener.

Glutheiß ist der Sommer: seit 3 Monaten hat es keinen Tropfen mehr geregnet; es staubt und die Ernte dörrt auf den Feldern; selbst die

---

Gottesdank, / zu vollem preisendem Gesang! – / Zwar hallt ein ernstes Grabgeläute / mir mit herein. Als teure Beute / rief sich der Himmel Eine auf, / uns treu und hold im Erdenlauf, / nach der 2 liebe Kinder klagen, / nach der wir Alle schmerzlich fragen. / Mein Schwiegervater steht betrübt / am Grab der Frau, die er geliebt. / Zwar die nicht, die zu Lebensthoren / mir einst mein holdes Weib geboren / und die weit früher uns entschwand; / doch auch mit Dieser wob das Band / getreuer Lieb' uns Herz an Herzen, / weckt uns, zerrissen, tiefe Schmerzen. – / Zerrissen? – Nein! Es webt sich fort, / knüpft ahnend fester uns dem Ort, / wo Jene, sanft aus stürm'gen Wogen / uns winkend, ist vorangezogen. / Ja, fromm und still sind unsre Thränen; / ja, gottgefällig unser Sehnen; / ja, heiter führt uns unsre Bahn / ihr nach, zum ew'gen Blüthenplan! / Wir fühlen's All, mit mehr als Wissen: / ‹Wir finden wieder, die wir missen!› – / Du siehst, es steht um Deinen Freund, / obgleich er manche Thräne weint, / durch Gottes Gnade still und klar; / auch nicht der Erdenfreude baar, / die ihn mit Sangs- und Liebesblüthen / lockt, ihrer fromm und sanft zu hüten. – / Doch hemmt die Zeit mir jetzt das Wort: / so fleuch denn, Liebestaube, fort; / und bringe holden Gruß mir wieder; / dann send' ich neu Dank, Spruch und Lieder! / Fouqué.«

Nächte bringen keine Kühlung, und man ergeht sich italienisch-lustig auf den erleuchteten Straßen.

Die Fahrt geht über Torgau und Oschatz, und hier erzählt der Postillion Martin Blüher dem lauschenden Dichter die Geschichte seiner Familie, die Fouqué in einer Novelle dem Buche vorangestellt hat. Gleich hinter Oschatz hat man einen Unfall : die Pferde von Fouqués Wagen werden scheu, der Postillion verliert die Herrschaft über die Tiere und sie gehen durch. Fouqué kreuzt, als erprobtes Mittel bei Stürzen, die Arme über der Brust, und empfiehlt der Tochter das Gleiche, zusätzlich auch noch das Gebet; aber es geht noch einmal Alles gut; ehe man Klappendorf noch erreicht, ist die Ordnung wieder hergestellt. In Meißen wird in der »Goldenen Sonne« übernachtet, und der nächste Vormittag zu einer Besichtigung der Stadt ausgenützt : das Schloß und den Dom würdigt man vor allem, und der Küster zeigt auch den vermauerten Zugang zum Fegefeuer, den Kügelgen so anschaulich beschrieben hat. Am Nachmittag geht dann die Reise weiter an Siebeneichen und Scharffenberg vorbei, nach Dresden, wo man am 20. 7. eintrifft; 35 Grad zeigt das Thermometer an jenem Tage, an dessen Abend man sich in der »Stadt Berlin« am Neumarkt einlogiert.

In Dresden gibt es ja nun, wie Jeder weiß, mehr als genug zu sehen, und es wird auch erbarmungslos das Meiste durchstürmt : Brühlsche Terrasse, die Frauenkirche, die Gemäldegalerie; sogar Ausflüge nach Tharandt und Moritzburg werden unternommen.

Am Abend hört er in der Oper wieder einmal den »Freischütz« (er hat ihn schon am 18. 6. 21 und öfter in Berlin gesehen); aber diesmal ist es noch feierlicher : Carl Maria von Weber dirigiert selbst das Orchester, und neben Fouqué im Parkett sitzt der Textdichter und spätere Freund, Friedrich Kind ! Mit allen Berühmtheiten der Stadt spricht er : mit dem Historienmaler Professor Wach und dessen Schwester; mit dem alten Archäologen und Tausendkünstler Böttiger (vgl. den Magister Ubiqué in Tiecks göttlicher ‹Vogelscheuche›, wie überhaupt das ganze grandios-fantastische Stück !), der meist in seiner Lehrwirkung unterschätzt worden ist, und eben eine Staaroperation über sich ergehen lassen muß, wird er jetzt persönlich bekannt; die Seelenfreunde Tiedge und Elisa von der Recke spricht er; Kind, mit dem er eine Zeitlang wegen Buchhändlergeschichten entfremdet war, kommt ihm jetzt recht nahe (»Mir ist, als säße ich wieder neben Ihnen auf Ihrem traulichen Sopha, schöne Bilder und Blumen um uns herleuchtend, und der helle Himmel von draußen herein« erinnert er sich lebhaft am 29. 4. 25); und auch der große Ludwig Tieck : beim Heraustreten aus dem Theater sieht man sich, und ist mehrere Stunden zusammen. Moritz Retzsch wird ebenso besucht, wie der berühmte Zirkusreiter Blondin.

Noch einmal steht ihm ein besonderer Theatergenuß bevor; er sieht die berühmte Madame Schröder in der »Medea« Gotters, der Oper, die ihn als Kind so entzückt hatte, anschließend spielt man diesmal noch Houwalds Schauspiel »Fluch und Segen«. Am nächsten Tage sieht er Pärs »I Fuorusciti«.

Nach wenigen Tagen verläßt man die schöne Elbestadt, und fährt schon zwischen Zehiest und Peterswalde dahin, als der zweite Wagenunfall eintritt, und diesmal ernsthafter; Fouqué hat mit der Schwägerin zusammengesessen, der Wagen schlägt um, und Beide liegen im Graben unter der Kutsche, wobei ihm »sein gutes Schwert« fast die Hüfte zerbricht, so daß er den Schmerz noch wochenlang spürt : er ist also anscheinend wieder in voller Rüstung gefahren ! Da der Wagen zerbrochen ist, muß man die Siebensachen zusammensuchen und fürs erste nach Dresden zurück, wo man sich 2 Tage von dem Schrecken erholt.

Dennoch sollte auch dieser Unfall sein Gutes haben : Fouqué macht eben nun die Bekanntschaft eines der ersten Maler seiner Zeit (und aller Zeiten überhaupt) : des großen Caspar David Friedrich. Er beschreibt das einfache Haus an der Elbe, die steile Treppe : es öffnet ein sehr einfach gekleideter Mann in langem grobem Überrock, einem Reisemantel ähnlich (»der es zweifelhaft ließ, ob er sonst noch etwas darunter habe; und wer ihn kannte, wußte, daß dies nicht der Fall war«, verrät Kügelgen). Fouqué fragt nach dem Maler Friedrich; »Ich bins« entgegnet Jener; und trotz aller Einfachheit, ja Ärmlichkeit, ist der Eindruck, den Fouqué von dem hochgewachsenen kosackenbärtigen blondgrauen Künstler empfängt, mächtig. Eine grobe Hand hat er »eher wie ein Ackermann oder ein Zimmerer« schreibt Fouqué betroffen. Eben steht die bekannte »Frau am Fenster« auf der Staffelei, und Friedrich, unwillig, daß er aber auch von Jedem gefragt werde, wer das denn sei, verrät Fouqué seinen Entschluß, von dem ihn Jener nur mit Mühe abbringt : ins Fenster gegenüber dasselbe Haus noch einmal zu malen, aus dem die gleiche Frau, aber alt und sehr häßlich herausgucken solle. Auch den »Schwan« sieht der Dichter hier im kahlen Atelier. »Finden Sie mich denn auch so einförmig« fragt Friedrich ernst : »man sagt, ich könne durchaus nichts malen als Mondschein, Abendroth, Morgenrot, Meer und Meeresstrand, Schneelandschaften, Kirchhöfe, wüste Haiden, Waldströme, Klippenthäler und Ähnliches. Was meinen Sie dazu ?« Und Fouqué entgegnet : »Ich meine, daß man unermeßlich Vieles in dergleichen Gegenständen malt, wenn man denkt und malt, wie Sie !«. »Von Ihnen« setzt Friedrich hinzu : »sprechen die Leute ja auch, Sie könnten von nichts Anderem singen, als von Religion, Ritterthum und Minne: Wollen Sie denn aber von was Anderem singen?« – »Nein.« – »Nun also!« schließt der große Einsame freundlich.

Einmal sieht er an einem Brunnen einen jungen Handwerksmann in einem kleinen Büchlein lesend sitzen: Könnte es wohl meine »Undine« sein? fällt's Fouqué ein – und er kann der Versuchung nicht widerstehen, sich zu nähern, und einmal nachzufragen: da ist es einer der läppischen neueren Romane – und das ist der kleinen Eitelkeit recht! Dennoch empfiehlt er Jenem sein Märchen, und der verspricht auch, sichs aus der Leihbibliothek zu holen.

Dann wird Dresden – diesmal endgültig – verlassen; über Gieshübel–Georgenbad–Peterswalde–Nollendorfer Kapelle–Arbissau–Kulm (welche Erinnerungen verknüpfen sich ihm mit diesen Namen!) führt die Reise nach Teplitz, wo man spät am Sonnabend Abend, dem 27.7., anlangt, und für 10 Tage im »Hirsch« absteigt.

Hier trifft man schon die vornehmste Gesellschaft; sogar ein preußischer Prinz ist darunter; eine sehr annehmliche Bekanntschaft macht man an Karl Graf Clary, der ein begeisterter Verehrer Fouqués ist, und als begabter Dilettant Zeichnungen zur »Undine« und zum »Zauberring« geliefert hat, die er dem Autor jetzt vorlegen kann.[*] Auch eine alte Theaterbekanntschaft von Berlin her trifft er dort: den berühmten Schauspieler Unzelmann, der, wenn er will, aussehen kann, wie der Marschall Davoust, den er auch oft imitiert. Ausflüge werden in die schöne Umgegend gemacht, nach Doppelburg, Graupen, zum Kloster Mariaschein, nach Dux und Osseg.

So bleibt man bis zum 6.8.; am Morgen des nächsten Tages macht man den lange besprochenen Abstecher nach Prag; an der Eger entlang geht es über Laun auf die böhmische Hauptstadt zu; vorüber am »Weißen Berge«, und Fouqué erinnert sich der großen Vergangenheit, des »wilden Thurn« und des »Martinitz«; bei Nacht erst rollt der Wagen über die große Moldaubrücke in die Stadt; übernachtet wird im »Rothen Hause« in der Altstadt.

Leider ist die Zeit nur ganz kurz: zwei arme Tage hat man für die Schönheiten des Goldenen Prag. Hastig werden ein paar Bekanntschaften gemacht: Graf Sternberg, oder die Professoren Wenzel Hanka und Swo-

---

[*] Die erwähnte Arbeit ist übrigens erschienen, als ‹Undine. In 20 Umrissen gezeichnet vom Grafen Clary; gestochen von L. Schnorr. 4°. Leipzig 1816, bei Göschen.›

boda, und der berühmte Sammler und Ordner tschechischer Sprache und alten Brauchtums, der Abbé Dombrowski.

Das Schloß wird besichtigt, ebenso das Elisabetherinnenkloster mit seinem Krankenhaus; das Palais Sternberg; die Prämonstratenserabtei Strahow mit ihrer großen Bibliothek; in der Zeichenakademie lernt er den Direktor Bergler kennen. Abends im Theater sieht er Winters »Opferfest« und eine Travestie der Oper »Zemira und Azor«.

Am 9. 8. nimmt man bedauernd Abschied von den neuen Bekannten, und reist weiter via Schlaun-Krupa-Horschowitz nach Karlsbad, wo man am 11. 8. eintrifft.

Auch hier ist die glänzendste Haute Volée versammelt; als Hauptattraktion die Herzogin von Cumberland, spätere Königin von Hannover, frühere Prinzessin Solms, frühere Prinzessin von Preußen, ursprünglich mecklenburgische Prinzessin, Schwester der Königin Luise, und eine der gesellschaftlichen und erotischen Löwinnen des Jahrhunderts. Da ist natürlich die nun 50jährige Caroline in ihrem Element; und viele Ausflüge werden gemacht nach Hammer, Eiche, Dallwitz usw.

Aber auch diese 14 Tage gehen vorbei, das Wetter ist schlechter geworden, und Ende des Monats schickt man sich zum Verlassen des Bades an; es gilt jetzt, endlich einmal den alten Freund, noch vom Regiment Weimar her, zu besuchen: Ludwig von Welck.

Über Hirschenstand und Wildenthal geht es nach Schneeberg: dicht davor hat man den dritten Unfall dieser Reise; das Rad bricht, aber ohne sonstigen Schaden zu verursachen; eine Übernachtung in der »Sonne« ist die Folge, und ein Tag Verzögerung.

In den letzten Augusttagen trifft man auf Schloß Oberrabenstein ein. Dort werden einige Tage verbracht, bei dem »lieben, vielgeprüften Freunde« und der »jugendlichen Hausfrau« – denn Welck hat 1817 zum zweitenmale geheiratet, nachdem ihm die erste Frau, eine Tochter des Generals Byern, des Regimentschefs, 1803 gestorben war – die »schönsten Kinder« beleben sein Heim. Von der Burg hat man den prächtigsten Ausblick auf das Chemnitzer Tal, von Bergen abgeschlossen; einmal veranstaltet der Schloßherr, dem berühmten Freunde zu Ehren, eine Illumination im weiten Schloßpark: es ist eine Szene aus der »Undine«: der alte Fischer sitzt am Parkteich bei den Netzen. Als Einlage werden Chemnitz besichtigt mit seinen Strumpfwirkereien, und die Kalkbrüche und -höhlen von Draysdorf; in Chemnitz sieht er eben die »Bruchschützen«, die bürgerlichen Armbrustschützen, ihren Umzug halten, und ist, wie billig, begeistert von diesem Stück lebenden Mittelalters.

Aber der Herbst bricht dieses Jahr früh herein, und treibt zur Heimreise: »Mit fast schon herbstlichen Blättern / rauschten die Bäume dich an. Regen ergoß wie ein Strom / aus stets graueren Wolken hernieder sich auf das Erdreich / dunkelumschleiernd dem Blick Häuser und Schloß und Getürm«, heißt es in der Elegie, die er dem alten Bekannten, Professor Messerschmidt in Altenburg, zum Abschied singt. Über Borna und Leipzig geht es der letzten Station, Halle, entgegen, wo noch einmal eine kurze Rast bei Madais eingeschoben wird, und Fouqué seine beiden Frauen nebeneinander zu sehen Gelegenheit hat – fast wäre auch noch die »Undine«, Elisabeth von Witzleben, die Dritte im Bunde geworden; wenige Wochen später lernt Marianne von Madai sie kennen, schließt Freundschaft mit ihr, und ein Briefwechsel beginnt durch ihre Vermittlung zwischen den ehemaligen Liebenden. –

Am 8. September hält die Kutsche wieder vor dem Schlosse zu Nennhausen.

## § 42

Seit den napoleonischen Kriegen gehören dort zu den lebendig eingreifenden Gliedern auch die beiden Pfuels mit ihren respektiven Familien; um sie in Zukunft gehörig von einander zu unterscheiden, will ich den Älteren, Ernst (1779–1866), wie bisher den »Schwimmpfuel« nennen, den Jüngeren, Fritz (1781–1846) den »Jahnsfelder Pfuel« (nach dem Familiengut). Beide haben vielfältigen Einfluß auf Fouqué gehabt.

Ich gebe zunächst eine Schilderung nach den Erinnerungen ihrer Schwägerin, Karoline v. Rochow (Frau des Ministers, Gustav), die jedoch stets mit Vorbehalt gelesen werden müssen, denn sie war eine kalte strenge Natur und verständnisvoll nur ihrem durchaus mediokren Mann gegenüber; gerade sie gehört zu den Mitgliedern des Nennhauser Kreises, die dem Dichter das Leben dort zum Gefängnis gemacht haben; die ihn bevormundete, und die sich gar nichts daraus gemacht hat, ihn als »haltlosen Charakter« zu bezeichnen – ihn, um dessentwillen alle diese Marionetten in die Unsterblichkeit eingegangen sind. So schreibt sie:

»Eine große Anhänglichkeit band die ganze Familie vorzugsweise an den älteren Bruder Ernst Pfuel, dem eine eigentümliche Liebenswürdigkeit, eine ideale Auffassung der Dinge, begleitet von einer gewissen Großmut seines Charakters, beiwohnte, obgleich es wenige Phasen seines Lebens gab, die man nicht berechtigt gewesen wäre, mit Tadel zu belegen. Eine bedeutende Phantasie verband sich mit berechnendem Verstande : alles Außergewöhnliche zog ihn lebendig an, das Mystische und Phantastische ebenso wie die Erfindungen der neueren Zeit ... Jede Art von Fessel war ihm unerträglich, selbst diejenige, die er sich selbst gewählt hatte. –

Hiermit kann man, glaube ich, die ganze Lebensgeschichte dieses Mannes erklären, die sich von frühester Jugend im Außergewöhnlichen bewegte. So findet sich in derselben : ein Verlassen des Dienstes ohne Abschied, weil man ihm diesen oder einen langen Urlaub ins Ausland verweigerte; eine Verlobung, die er dadurch zu lösen trachtete, daß er verschwinden wollte, mit den hinterlassenen Symptomen, als sei er ertrunken – er war von Jugend auf leidenschaftlich mit Schwimmübungen und Leibesübungen überhaupt beschäftigt –; eine zweite, fast ebenso ungeeignete, geschlossen in Bewunderung leichter und graziöser körperlicher Bewegung; ein Verlassen des Schlachtfeldes von Auerstedt bis Nennhausen hin, weil er Alles für verloren hielt : wo er denn vom Großvater direkt zurückgeschickt wurde, wie dieser überhaupt die Querzüge seiner Jugend wieder ins Geleise zu bringen wußte; ein Übergehen von sächsischen in österreichische und russische Dienste, um den Krieg gegen napoleonische Herrschaft aufzusuchen, Frau und Kind in hilflosester Lage zurücklassend, nach tausend Kreuz- und Querzügen heimkehrend, ohne in diesen Kriegen etwas sehr Bedeutendes mitgemacht zu haben ... Die schönsten und begabtesten Kinder (er hatte 1808 in Lentzke Karoline v. Byern, 1786–43 geheiratet, und mit ihr zwei Söhne, Wolf, geb. 1809, und Ernst, geb. 1817); gaben seinem Hause einen eigentümlichen Reiz, als im reiferen Alter eine unbezähmbare, unwiderstandene, geteilte Leidenschaft für eine verheiratete Frau dies alles zerriß. Ohne Grundsätze, dagegen von der Überzeugung durchdrungen, daß die Gefühle der Seele auch die Richtschnur der Taten sein müßten, begann in ihm ein schwerer Kampf gegen die Liebe und das Pflichtgefühl seiner braven, gefühlvollen, ihn brennend liebenden, aber zu ihm nicht passenden, schwerfälligen Frau; bis diese nach Jahren darin erlahmte, und eine doppelte Scheidung mit darauf folgender Heirat mit dem ersehnten Gegenstande, deren Mann auch kein Gegengewicht zu bilden verstanden hatte, den häuslichen Teil seines Lebens abschloß.« (Scheidung 1830; 1832 heiratete er dann Amalie Georg, geb. v. Alvensleben, 1792–34).

Der äußere Rahmen seines Daseins war also entsprechend bunt; ich gebe einige Ergänzungen :

Geboren 1779 zu Jahnsfelde; trat 1797 in die preußische Armee ein, und verschwand aus dem Dienst, um mit seinem Freunde, dem Dichter Heinrich von Kleist, Deutschland, die Schweiz und Frankreich zu bereisen, und evtl. die bekannte Expedition von Boulogne aus zu teilen. Den Feldzug von 1806 machte er als Adjutant im Generalstabe Blüchers mit. Durch den Tilsiter Frieden außer Aktivität gesetzt, ging er 1809 als Hauptmann in österreichische Dienste – Fouqué berichtet viele Einzelheiten über seine dortige Wirksamkeit in den Briefen an Stechow – und errichtete dort, wie auch später in Preußen, große Schwimmanstalten für das Militär (am 17. 9. 1818 weiß die Allgemeine Zeitung, daß anläßlich der Anwesenheit des Zaren Alexander eine große Übung stattgefunden habe, wobei auch von einigen Spezialeinheiten die Spree mit voller Ausrüstung durchschwommen, und der Feind am jenseitigen Ufer angegriffen wurde – auf Pfuels Initiative hin). Varnhagen berichtet von einem Aufsatz Pfuels in Friedrich Schlegels »deutschem Museum« über die Einrichtung öffentlicher Schwimmanstalten, der sich liest »wie die lebhafteste dichterische Darstellung«.

1812 tritt er in russische Dienste, und zwar, seiner ausgesprochenen Abenteurernatur wie auf den Leib geschnitten, in das Streifkorps Tettenborns, wird auch sogleich »Chef des Generalstabes des Streifkorps«, und ist in den hamburger Wirren so recht in seinem Element; wie ehrbar schildert der alte Unfriedenstifter Varnhagen : »hauptsächlich aber stand der Major Ernst von Pfuel in aller Kraft und Tüchtigkeit an Tettenborns Seite, und griff mit den ihm eigenen großen Fähigkeiten in das Ganze dieses bewegten Treibens fördernd ein. Ihm lag besonders die Errichtung des hanseatischen Fußvolkes ob, für welches er auch eine gedrängte Exerzier- und Dienstvorschrift zu entwerfen unternahm«.

In den preußischen Generalstab wieder eingetreten, wird er 1815 unter Blücher zum Obersten befördert, und nach der Einnahme von Paris Kommandant der preußischen Stadthälfte (General Müffling, auch ein persönlicher Bekannter Fouqués, ist Gouverneur; die andere Hälfte der ganz modern »zweigeteilten« Stadt verwalten die Engländer).

1831 wird er, nun bereits Generalleutnant, nach der damals preußischen Enklave Neuenburg in der Schweiz abgesandt, um die dortigen »Unruhen« zu dämpfen, was ihm bei der schwyzerischen Ruhe und an der Spitze eines entsprechenden Truppenkontingentes auch unschwer gelingt; anschließend ist er Gouverneur daselbst.

Allmählich wird er General, und, gerade im großen Jahre 1848 Stadtkommandant von Berlin, wo er allerdings nicht die von oben gewünschte »Energie« entwickelt; dafür unterdrückt er den unvermeidlichen polnischen Aufstand, ohne welchen dem Revolutionsjahre ja gleichsam etwas gefehlt hätte, mit Waffengewalt. Nach der Entlassung des Ministeriums Auerswald erhält er am 21. 9. 1848 den Auftrag, ein neues Kabinett zu bilden, in dem er selbst nicht nur Kriegsminister sondern auch Ministerpräsident ist; aber nun zeigt sich eklatant seine Unfähigkeit zu den Geschäften – es ist nur ein kurzes Glück; denn schon einen Monat später reicht er selbst seine Entlassung ein, und scheidet auch zugleich aus dem aktiven Kriegsdienst. 1858 wird er noch einmal in das Abgeordnetenhaus gewählt, wo er nach Kräften reden und zwischen den Parteien hin- und herschwanken kann; am 3.12. 1866 schließt er in Berlin sein vielbewegtes Leben, in dem er auch einmal die Bekanntschaft Gottfried Kellers gemacht hat.

Noch wichtiger ist der jüngere Bruder, der »Jahnsfelder Pfuel« für das Leben Fouqués geworden; er hat, nach einer ersten kinderlosen Ehe Witwer geworden, 1824 Klara von Rochow, (die Stieftochter Fouqués) geheiratet. Er »blieb mehr auf der ruhigen Lebensbahn als der erstere« schreibt Karoline v. Rochow über ihn, »wenngleich ein gewisses Streben nach dem Außergewöhnlichen, eine Richtung, alle intellektuellen und materiellen Dinge logisch mathematisch zu berechnen, um dabei oft über das Ziel zu schießen, sein Leben nicht so leicht gemacht haben, als es seinem eigentlichen wohlwollenden Charakter nach hätte sein können. Seine Lebendigkeit, sein Interesse für alle höheren Dinge, und eine unerschöpfliche gute Laune machten ihn aber stets zu einem anregenden und belebenden Familiengliede.«

Seine militärische Laufbahn verläuft ohne große Sprünge; zwar nimmt auch er 1812 den Abschied, um nicht unter Napoleon mit gegen Rußland ziehen zu müssen, und erhält ihn als Major; aber 1813 tritt er wieder ein, und rückt langsam aber stetig im Range vor; meist ist er Kommandant oder »Gouverneur« immer bedeutenderer Festungen : einmal soll er sogar nach Saarlouis, und Alles in Nennhausen ist betrübt, denn das kommt ja einer Verbannung in die entferntesten Provinzen des Staates gleich; aber dann wird durch königliche Huld Spandau daraus; am Ende bekommt er als Generalleutnant sogar das wichtige Stettin; während eines Badeaufenthaltes stirbt er am 16.7. 1846 im Karlsbade. – Auf ihn und seine Familie komme ich noch ausführlicher zurück, da Fouqué nach dem Tode Carolinens viele und wichtige Monate bei ihm verbracht hat. –

Die allerbedeutsamste neue Bekanntschaft jener Jahre aber ist eine sehr hochgestellte Frau : die Prinzessin Marianne von Hessen-Homburg; da Beide auf einander großen Einfluß ausgeübt haben – allein über 150 Briefe des Dichters an sie sind noch erhalten – muß ich ihr hier eine ausführliche Schilderung widmen. Leider wird jedes Bild von ihr solange schief und unvollständig sein, bis einmal ihre umfangreichen Tagebücher, die jetzt noch im Schloßarchiv Darmstadt liegen, lückenlos und ohne Retusche veröffentlicht sind. Jedenfalls ist das Bild, das W. Baur in seiner Arbeit von ihr salbungsvoll und mit der Rhetorik und Mentalität des Predigers entworfen hat, durchaus falsch. Ich fasse im Folgenden den Eindruck zusammen, den ich aus den verschiedenen mir zugänglichen Unterlagen von ihr bekommen habe:

Unweit nördlich von Frankfurt liegt eines der kleinsten der deutschen Westentaschenländchen: Hessen-Homburg: es war ursprünglich 120 Quadratkilometer groß und hatte in guten Zeiten 9000 Bewohner; 1815, als die große Landesverteilung aus der napoleonischen Beute vor sich ging, reiste auch der Landgraf Friedrich nach Wien: wo alle »Nachbarmächte« sich vergrößerten, wollte auch er seinen Anteil haben! Und er erhielt die linksrheinische Herrschaft Meisenheim, wodurch sich sein »Gebiet« um 200 % vergrößerte.

Goethe sah den homburger Hof auf seiner Schweizerreise mit dem Herzog von Weimar, 1780, und schrieb am 3.1. an Frau von Stein: »Hier jammern einen die Leute. Sie fühlen, wie es bei ihnen aussieht, und ein Fremder macht ihnen bang. Sie sind schlecht eingerichtet und haben meist Schöpse und Lumpen um sich. Ins Feld kann man nicht, und unterm Dach ist wenig Luft.«

Da die vielen hessischen Dynastien immer wieder unter einander heirateten, war das hessische Erbleiden, die Geisterseherei, auch im Hause Homburg an der Tagesordnung; (Am 21. 2. 1722 beurkundet es die allbekannte Liselotte von der Pfalz, die spätere Herzogin von Orleans: »solche Sachen begegnen mehr den hessischen Fürstlichen Personen als allen anderen Leuten – wo es herkommt mag Gott wissen.«) Schon der durch Kleists Schauspiel bekannte Vorfahr, der »Prinz von Homburg« hatte diese Gabe. Der zur Fouquézeit regierende Landgraf Friedrich v. (1748–1820) hatte nun noch zusätzlich Caroline, eine Tochter Ludwigs IX. von Hessen-Darmstadt, geheiratet – des Herrn, der mit Orlofix und Minkepinke zu konferieren pflegte. »Die Landgräfin«, berichtet der Verfasser der 1847 erschienenen »Vierzig Jahre aus dem Leben eines Toten«, der sich in den neunziger Jahren während der Revolution in Homburg aufhielt, »hatte eine Schwäche ganz besondrer Art: sie sah nämlich Geister; dies war ein Erbstück von ihrem Vater. Sie wollte einmal um die Mitternachtsstunde eine gräßliche Erscheinung, eine weiße Frau mit blutigem Gewande, im homburger Schloß gehabt haben, sie hatte diese Erscheinung sogar nach ihrer Angabe malen lassen. Seit dieser Zeit ging auch sie, wie ihr Vater, nur mit dem Anbruch des Tages zu Bette. Ihre Hofdamen und Kammerfrauen mußten abwechselnd mit ihr die Nächte durchwachen, während ihre Gemächer durch viele Kerzen erleuchtet waren. Aus diesem Grunde hatte sie den Tag völlig zur Nacht und diese umgekehrt zum Tage gemacht, wonach sich der ganze Hof richten mußte, und man setzte sich meistens beim Schein der Kerzen erst zur Mittagstafel.«

Landgraf Friedrich selbst war eine durchaus sympathische Gestalt mit gelehrten Ambitionen; er korrespondierte mit deutschen Dichtern, und war auch ein guter Schachspieler, der in Paris mit Philidor manche Partie erledigt hat. Während der napoleonischen Zeit wurde er mediatisiert und sein Ländchen an Hessen-Darmstadt übergeben; erst beim Wiener Kongreß wurde es wieder souverän und vergrößert.

Dieses Paar hatte zusammen nicht weniger als 15 Kinder; die Söhne gingen in fremde Heeresdienste – das Haus hat ungewöhnlich viele Offiziere gestellt, die teils in allen vier Winden, bis nach Persien hinunter dienten; einer davon, Ludwig Gruno hatte schon einmal die Beziehungen zu den Fouqués hergestellt : er war 1740 mit dem »Türken« zusammen im russischen Heer – und wurden dort Generäle, einer fiel bei Lützen. Nach dem Tode des Vaters tritt das historisch-genealogische Unikum ein, daß 5 von diesen Söhnen aufeinander folgen : Keiner hat Kinder, oder doch zumindest keinen Sohn – mit dem Tode des Letzten, Ferdinand, am 24. 3. 1866, 7 Uhr morgens, fällt das Land nach dem Erbvertrage an Hessen-Darmstadt zurück; von da am 3. 9. 66 an Preußen, da die Hessen im »Bruderkriege« auf die falsche, die österreichische, Karte gesetzt hatten. –

Aber man machte gute Heiraten im Hause Hessen-Homburg. Schon einer der Söhne, der spätere Friedrich VI., hatte eine Schwester des englischen Königs geehelicht. Die Töchter schlossen sich an; zwei heirateten nach Schwarzburg-Rudolstadt; eine nach Anhalt-Dessau; eine wurde mecklenburgische Großherzogin.

Die uns hier hauptsächlich interessierende Marianne wurde am 13. 10. 1785 in Homburg geboren, als dreizehnte der fünfzehn Geschwister. In der Freiheit der ländlichen Residenz und unter dem Einfluß der älteren Brüder wuchs sie ziemlich ungebunden, ja wild, auf; ihre Jugendbildnisse zeigen ein derbes volles hochgewachsenes Mädchen mit blitzenden Augen und blondem Haar.

1803 lernt der Prinz Wilhelm von Preußen, ein Bruder des Königs, sie in Wilhelmsbad kennen, und verliebt sich in das stattliche kräftige Geschöpf. Sie ist kein ganz unbeschriebenes Blatt mehr; einmal hat sie einen »Bataver« de Groot sterblich geliebt, und dann den Herzog von Cambridge ernsthaft in Erwägung gezogen; den steifen, stocknüchternen und etwas beschränkten Prinzen Wilhelm mag sie gar nicht, aber sie gibt der Vernunft und dem Drängen der klugen Eltern nach – für das Ländchen ist es schon eine große Partie, wenn man dadurch wichtige Bindungen zum preußischen Königshause schaffen kann.

In den Briefen an die vertrauten und geliebten Brüder – ein schönes und unverfälschtes Empfinden spricht aus der Korrespondenz der Geschwister – teilt sie sich offen mit : »Ich habe ja auch keine Neigung zu dem Prinzen, bey Gott, die habe ich nicht – aber ich werde mich zwingen« (19. 1. 1803). Oder sie legt dem Bruder Ludwig die Abschrift eines ihrer Briefe an den Prinzen mit bei und merkt an : »Was läßt sich viel schreiben, wenn das Herz nicht spricht ?« – Am 12. 1. 1804 findet die Trauung statt : als man ihr die Krone aufsetzt, wird sie ohnmächtig, und muß mit Wein gestärkt werden; auch die märkische Landschaft ist ihr zuwider : »es war mir ja immer der halbe Tod, dieser Sand« schreibt sie noch 1817. Zwar festigt sich nach und nach das eheliche Band ein wenig; aber von wahrer Liebe ist nie die Rede gewesen; Gewohnheit und gegenseitige Achtung halten die Vernunftehe zusammen. Die damals übliche unselige Kinderproduktion setzt sogleich ein : 10 Geburten übersteht sie; 6 davon sterben wie billig sogleich oder nach wenigen Jahren wieder; 2 Söhne und 2 Töchter überleben.

In solcher trüben Lage ersinnt sich die frustrierte gehemmte Frau den einzig möglichen, rührend anzusehenden, Ausweg : »Sie hatte sich ein eigenes inneres Leben gebildet«, schreibt die schon vorhin zitierte Karoline von Rochow, die jahrelang Hofdame bei der Prinzessin gewesen ist : »das selbst in einer Art Spielerei in geschriebenen Büchern, sinnvollen Bilderchen, aufgehobenen Andenken, vom Blättchen an bis zu Edelsteinen und dergleichen mehr, einen äußeren Ausdruck suchte« (so gibt sie Fouqué einmal ein »köstliches Erinnerungsbuch für den heiligen Krieg, in veilchenfarbenem Maroquin gebunden, mit reichem silbernem Schloß und Beschlägen, auf einer Seite eine Harfe, auf der anderen Schwert und Schild mit meinem Wappen und dem Johanniterkreuze«, 19. 9. 17 an Miltitz). Es folgt die alles aussprechende Stelle : »Sie hatte sich daran gewöhnt, dies Leben von Gedanken und Gefühlen apart zu führen, unbeschadet der Pflichttreue, mit der sie ihre äußere Stellung zu einem sehr ungleichen Gemahl, in einem Lande und in einer Familie, die ihr nicht gefielen, auszufüllen strebte.« Die Unglückliche führt also tatsächlich ein Doppelleben wie nur immer Dr. Jekyll und Mr. Hyde; das eine als »die Prinzessin Wilhelm«, wie man sie im Stile der geschmacklosen Zeit nennt – das andere als Marianne.

Schon durch dieses Schicksal ist sie auf ein dezidiertes Innenleben hingewiesen, und sie neigt denn auch durchaus zu ernster und bedeutender Lektüre – ganz im Gegensatz zu der windigen Königin Luise; hohes Labsal aber bieten ihr die Dichtungen eines Mannes, in denen sie viel von dem findet, was sie braucht : Fouqué!

Hier sieht sie die eigentliche Lösung ihres tragischen Lebenskonfliktes; hier findet sie die wahrscheinlich damals aus ähnlichen Situationen herausgebildete Unterscheidung schon fertig vor : auf der einen Seite untadelige Hausfrau – auf der anderen Gegenstand der (durchaus unanstößigen !) »Minne« : »hätte ich doch geliebt in jener Zeit« (11.–12. Jahrhundert) ruft sie einmal aus. So schreibt die Gräfin Sophie Schwerin in ihren Memoiren : »Die Strenge ihrer Tugend hinderte die ersten Männer (z. B. Carl v. Gröben und Rochow) jener Zeit nicht, sie zur Dame ihres Rittertums zu wählen; sie hat manches Schwert geweiht, und manchen Sänger und Künstler begeistert. Alle Gesänge Fouqués sind nur Kränze um ihr Haupt, und alle seine hohen Herrinnen und Zauberinnen nur Widerschein ihres Bildes in seiner Phantasie. Sie war ganz geeignet, um alle Wunder und Wunderlichkeiten ritterlicher Minne wieder ins Leben zu rufen ... sie glaubte an den reinen und beseligenden Einfluß hoher Ideale, an den rein geistigen und poetischen Kultus, den der Ritter seiner Dame weihte. Gern versetzte sie sich in jene Zeit, ihre Kleidung, ihr Schmuck, ihre Kleinode und Andenken, ihr Geschmack für Kunst und Literatur trug die Farbe frommen Deuschtums.« Die nüchterne Karoline v. Rochow sieht das so : »es endete in einigen etwas verunglückten Kleidern und Kopfbedeckungen, die bald wieder verschwanden; nur die Prinzeß ... wußte ihr Leben lang gewisse Reste davon zu bewahren, die später oft in Unzier ausarteten, als ihre große Schönheit sie nicht mehr überragte.«

Das Verhältnis zwischen Fouqué und ihr ist also gewissermaßen ein prästabiliertes.

Wir sind Marianne schon in der »Alearda« der »Sängerliebe« begegnet; die Widmung der »Corona« zeigt ihren Namen; das Oratorium, das er mit Miltitz zusammen arbeitet, wird ihr ebenfalls dargebracht. Zu seinem später näher zu besprechenden Schauspiel »Die 2 Brüder« gibt sie ihm das Thema; ebenso zu dem Romanzenkreis von »Regner Lodbrog«; »Adler und Löwe« wird angesichts ihres Doppelwappens erfunden.

Am 26. 1. 1813 hat er sie zum ersten Male gesehen, und darf nun öfters in ihrer Gesellschaft sein : »Ich war in Berlin«, berichtet er am 16. 10. 14 entzückt an Miltitz, »um der Prinzessin Wilhelm, oder, wie ich sie lieber nenne, Prinzeß Marianne« – (interessant, wie auch er, obwohl wahrscheinlich unbewußt, die Scheidung vollzieht) – »meine ‹Corona› zu bringen. Es war ein feierlicher schöner Augenblick, einer der Hauptmomente meines ganzen Lebens. Nachher berief sie mich zur Mittagstafel nach Schönhausen, einem Lustschloß, das ihr der König geschenkt hat. Wir saßen unter freiem Himmel und gingen in den erhabnen Baumgängen auf und nieder : die Herrin, ihr trefflicher Hofmarschall Gröben, eine ihrer Hofdamen, deren Bräutigam, ein junger tapferer Offizier von großer Auszeichnung, und ich; Niemand anders. Man konnte alles Würdige und Schöne sprechen, und wer wird etwas Anderes sprechen wollen ! So gestaltete sich einmal das Leben, wie es sollte !« (Vgl. »Sängerliebe«, 1. Buch Kap. 26). Sie nennt er häufig seine »sichtbar gewordene begeisternde Muse« (31. 7. 15 an Miltitz, und nochmals am 6.12. desselben Jahres). Ihr Beifall ist ihm höchster Lohn, usw., und so tut auch er sein Gutes dazu, das Verhältnis romantisch zu idealisieren, obgleich die angeführte Äußerung der Gräfin Schwerin, daß nun »alle« seine hohen Herrinnen ihr Bild zeigten, stark übertrieben ist.

»Strahlend im Purpurkleid, die Stirne kronenbeleuchtet, / strahlet die Herrin, selbst hoheitleuchtender viel« : nach Art der echten Ritterzeit – also auf gut don quichotisch – steigert er ganz für sich die Verehrung bis zur verfeinerten ersonnenen Liebe; am 3. 9. 1814 vertraut die Prinzessin ihrem Tagebuch an : »Von mir sagt er freilich überall zuviel, ich kann es nur entschuldigen, wenn er, wie man behauptet, ein wenig in mich verliebt ist.«; und wieder am 11. 11. 15 : »Der arme Fouqué ist treuer; die Münster, die sonst hart ist, hat er erweicht mit seinen Reden über mich, er soll wie halb verrückt darüber sprechen; sie riet ihm, ja in den Schranken als Dienender nur zu verbleiben – da hatte sie wohl recht.«

Aber allmählich wagt er es auch, naiv und als rechter Dichter, der kunstvoll Angeschwärmten davon zu sprechen (»Es kommt mir immer der Gedanke, daß er sich Tasso dünkt, und ich die Prinzeß« argwöhnt die Hoheit am 8. 3. 16); aber von der »Sängerliebe« urteilt sie entrüstet : »Dergleichen ist keine ordentliche Liebe, wer so allgemein (wohl : vor der Allgemeinheit ?) davon sprechen kann – dabei langweilt es Einen, so die Eingebildetheit von ihm selbst überall so arg durchleuchten zu sehen.«

Hatte sie ihn nämlich zuerst geschätzt – »er selbst gefiel mir so wohl, und seine Religiosität ist so wahr in ihm; er ist so bescheiden und einfach« hat sie am 27. 1. 1813 geurteilt – so ändert sich ihre Einstellung bald genug; »er ist doch eitel; das stört mich« hören wir am 27. 4.14 anläßlich einer Vorlesung der »Corona«; und wieder »sein Verderben ist die Eitelkeit« (19.11.16). Zumal da Fouqué nun recht das Verhältnis dramatisieren will, und sich in eine zünftige »Minne« hineinzusteigern gedenkt : »Fouqué wollte mir gestern eine Szene machen«, schreibt sie verblüfft ins Tagebuch : »behauptet geweint zu haben über mich – ‹ich wendete mich von ihm ab›; wie ärgerlich hat mich das gemacht, was hat er von mir zu erwarten, wie machte ich ihm was darüber weiß – denn er ist auch kein Mensch für mich, wenn er auch in dem Augenblick was Wahres fühlt, vielleicht aufgereizt durch Eifersucht, was seine Eitelkeit kränkt. Sonst ist seine Liebe doch sicher nur eine eingebildete, wie er doch anders mal zu lieben nicht versteht« – wie wahr, wie wahr : bedächte sie auch nur den Grund, warum die Liebe des Künstlers »eine eingebildete« sein muß; denn wenn er sich seine Muse kalt und sachlich besähe, würde er bald die doppelte Dulcinea des tiefsinnigsten Romanes in ihr erkennen müssen ! – »Ich habe gar kein Mitleid gegen ihn, was sonst in solchen Fällen so leicht bei mir rege ist« – sieh da, die alte »Minne-Könnerin«, wie ? – »der Mensch ist schwach, ich sehe auch aufs Äußere, zu meiner Schande sage ich das, und da ist er mir zu unansehnlich, zu klein. Wäre er im Äußern anders, vielleicht machte mir Alles von ihm einen anderen Eindruck.« In diesem Falle ist sie also mit dem Ritter nicht zufrieden : »weil er mich seine Muse nennt, drum soll ich ihn ansehen, als wenn ich verliebt wäre in ihn und mich so stellen – dafür bedanke ich mich, er ist alt genug, um sich raison zu machen, und soll zufrieden sein, mit dem was ich Jedem gebe in Gesellschaft. Ich tue noch mehr, weil er leicht dumm empfindlich ist, was mich ärgert, und ich es drum lieber verhindre, und quäle mich ihn öfters anzusprechen als Andere, was mir schwer wird, weil mich seine Art von imaginairer Liebe zu mir ungeduldig macht, mich ennuyiert, mich embarrasiert und gar nicht interessiert.« (sagt die Schutzherrin der Gesellschaft für deutsche Sprache).*

---

* Eine andere dieser significanten Tagebucheintragungen vom 19.11.1816, Berlin, lautet :

»Über Fouqué und Luck sprachen wir eben. Mich dauert immer Fouqué, daß er so befangen ist im Irrthum, wenn er seine Romane schreibt, und glaubt, darin Gottes reines Wort gepredigt zu haben – gern mögte ich's ihm sagen, aber ich darf doch nicht, er meint es gut, drum wird ihm Gott nichts darüber anhaben. Er macht sich nur lächerlich dadurch – aber heucheln will er nicht, er glaubt es wirklich so. Sagte ich ihm das Gegentheil, weil er viel auf mich hält, so werfe ich ihm sein ganzes Gebäude um, dem Armen, und bin doch nicht genug mit ihm, um ihm helfen zu können, ein neues aufzubauen. Drum ist es besser, ich lasse es; verderben wird es ihn weiter nicht, denn sein Verderben ist die Eitelkeit, ehe er die nicht verliert, ist ihm doch nicht ganz zu helfen. Sein Wesen ist meiner Natur ganz entgegen – wüßte er das, der sich einbildet, mich so einzig zu lieben ! – aber es ist auch einer seiner Irrthümer, welcher Mensch wäre von dem Übel

In späteren Jahren lernt sie ihn dann wieder ein wenig besser schätzen, und am Ende – am 23. 1. 1843 – trägt sie in leichter Trauer um seinen Tod ein: »Es hat mich doch sehr bewegt – wieder Jemand so ganz fort, der sich mir mitteilte im Leben«.

Denn wenn sie ihn auch persönlich nicht lieben kann; seine Bücher sind dennoch das tägliche Brot am Königshofe, und speziell bei ihr: »Diesen Abend begannen unsere Vorlesungen von Delbrück beim Kinder-Thee, die ‹Beiden Hauptleute› von Fouqué waren es heute.« notiert sie am

---

auch ganz befreit! Ein Jeder möge denken an die Irrthümer, die ihn lieben und irreführen – ich will ja erst an meine denken, ehe ich ihn angreifen mag. Ich bin wie auf Schrauben, rede ich mit ihm, nur um mich zu halten – Eitelkeit bey einem Mann auch ist mir schrecklich zuwider – ja unheimlich ist mir bey ihm, bis einmal das Gespräch recht im Gange ist, dann wird mir's wohler erst, denn sein Herz ist gewiß sehr gut, er ist gar gutmüthig. Aber dann wieder der Scherz, fast spöttelnd – das kann ich dann gar nicht leiden, das läßt er aber auch gleich, mir allein gegenüber. Wieviel lieber ist mir der arme Luck, so ungeschickt er sich auch ausnimmt, wieviel tiefer kommt sein Sinn mir vor, wieviel fester und größer, und wie klar ist seine Menschenkenntnis, wenn er auch sonst confus fast erscheint. Wie gutherzig ist er dabey noch, und wie viel leichter komme ich mit ihm ins Gespräch, wir passen offenbar viel besser zusammen – er tief, Fouqué leicht. – Selbst seine oft verworrenen Gedichte, die er mir zum Geburtstag dichtete, waren mir so viel lieber, wie die des Fouqué – wüßte das der arme Fouqué alles – fast jammert es mich, wenn er mich würklich liebt, wo nicht, dann ist es auch ganz gleichgültig – aber ich meine, bey wahrer Liebe, da fehlt doch nie einige Zuneigung, oder doch wenigstens Übereinstimmung; aber auch die mangelt uns – er wollte heut zu mir, ich entschuldigte mich wegen Unwohlsein. . . .«

Auch aus den Briefen an ihre Mutter ergeben sich mehrfach Datierungen: Berlin, 13. 8. 1814: »Seit den paar Stunden, daß ich zu schreiben aufhörte, hab' ich Fouqué, den Dichter, gesehen und gehört; er las mir was vor, was er grade dichtet – (mir und) Hirt, Kiesewetter und Herrn von Bock. . . .«

Berlin, 6. 8. 1815: ». . . Morgen werde ich hier im Theater den Landgrafen mit dem silbernen Bein sehen, und das wird mir viel Spaas machen, sagt es doch auch bitte Papa – es handelt sich um ein Stück von Fouqué . . .«

Man sieht, F. hat grundsätzlich Unglück mit Frauen gehabt – was freilich den Heldinnen seiner Dichtung zugute gekommen ist.

29.1.14. Mitte Februar ist die »Undine« wieder einmal an der Reihe, »mir eins seiner liebsten Werke«, merkt sie dazu an; im April nehmen sie den »Alwin« vor, und : »das Ende auch dieses Buches ist herrlich !«

Die Fouquésche Terminologie ist am Hofe Allen in Fleisch und Blut übergegangen – ich habe schon einmal von des Dichters fast unheimlichem indirekten Einfluß an den Höfen, besonders aber am preußischen, gesprochen ! – mit dem Bruder Ludwig korrespondiert sie in den Freiheitskriegen, und Bernadotte, der übers Meer gekommene Schwedenprinz, heißt bei ihnen nur »Arinbjörn« und der »Seekönig« – man vergleiche nur den »Zauberring«. Oft werden »lebende Bilder« am Königshofe gestellt : »Am Geburtstage des Kronprinzen hat die Herrin auf dessen inständiges Bitten sich zum ersten Male – daß ich ihrem eigenen Ausdruck treu bleibe – entschlossen, die Bretter zu betreten, und zwar, um Frau Minnetrost, in dem Augenblicke, wo sie den Otto für ihren und des starken Hugur Sohn erklärt, in einem lebendigen Gemälde – natürlich nur vor dem engeren Kreise der königlichen Familie – darzustellen. Du fühlst, wie diese Botschaft, aus ihrem eigenen Munde mitgeteilt, mich erquickte« meldet Fouqué am 3. 11. 1816 an Miltitz. Und die Prinzessin berichtet ihrer Mutter am 19. 10. 1816 über das gleiche Ereignis : »Am 13. bin ich auf der Pfaueninsel gewesen, und am 15., dem Geburtstag des Kronprinzen, in Paretz, wo ich das erste Mal (und wahrscheinlich auch das letzte Mal) in einem lebenden Bild mit aufgetreten bin; ich habe eine Gestalt des ‹Zauberringes› dargestellt, die Minnetrost oder Hilldiridur heißt.«

Und seitdem ist Marianne im Kreise der königlichen Prinzen und Prinzessinnen nur noch »Frau Minnetrost« (und man vergleiche deren Rolle im »Zauberring« !); denn : »einer Liebesgeschichte, sie mochte spielen wo und wie sie wollte, konnte sie nicht widerstehen; sie wußte sich immer das Vertrauen der Beteiligten zu verschaffen, und da sie die Liebe als etwas ganz Apartes, im Innern Lebendes betrachtete, gewissermaßen als einen Funken höheren Lebens, den man nicht verlöschen sollte, so trug sie vielmehr dazu bei, sie hervorzurufen.« berichtet Karoline v. Rochow, und daß hauptsächlich sie an den Tränenströmen schuld gewesen sei, die die Prinzessin Charlotte – später, als Kaiserin von Rußland, Alexandra geheißen – bei ihrer Reise ins östliche Exil vergossen habe. Gerade zu ihr war das Verhältnis besonders innig gewesen, und auch sie mußte dem ungeliebten Nikolaus folgen : »Ach, liebe Herzenstante,« ruft sie nach der Verlobung aus : »was ist mir das Herz so schwer ! Wie werde ich es tragen die harte Trennung ! Ich soll alle die treuen Herzen missen, und den Rat meiner Minnetrost und ihre himmlisch süßen Worte nicht mehr hören !«;

noch 1846 schreibt sie aus Palermo in ihrem letzten Brief an Marianne:
»Liebe Herzenstante, liebe Minnetrost ... Gott lohne es Ihnen, liebe
Minnetrost ...« Und als Marianne endlich gestorben ist, schreibt die Kaiserin ihrer Tochter Elisabeth: »Ich schreibe Dir die Zeilen eines Liedes ab,
das ich so liebte, und auf Minnetrost bezog ...«. – Ich werde später auf
diese Stelle, die sehr aufschlußreich ist für die förmliche Durchtränkung
des Lebens und der Denkungsart am preußischen Hofe, mit Fouquéschen Wendungen, zumal aber bei dem Kronprinzen und späteren
König Friedrich Wilhelm IV., zurückkommen.

Eine gute Beschreibung ihres Äußeren aus jener Zeit hat uns das
sichere Malerauge Philipp Veits hinterlassen, der sie porträtieren durfte,
(»Morgen muß ich mich malen lassen, von Einem Namens Veit« trägt sie
am 1. 9. 14 düster ein; das ist das Bild, auf welches ETA Hoffmann im 2.
Abschnitt der »Abenteuer der Sylvesternacht« anspielt), und am 22. 10. 14
seiner Mutter, Dorothea Schlegel, der Gattin Friedrich Schlegels, nach
Wien so berichtet: »Das Bild der Prinzessin ist vorgerückt, und es fehlt
nur noch an der fleißigen Vollendung der Nebensachen. Die Anordnung
ist überaus einfach, um das Auge so wenig wie möglich von der Figur
selbst abzulenken; die Kleidung hat sie sich selbst gewählt und ist äußerst
geschmackvoll im altenglischen Geschmack. Bloßes Haar, ein schwarzseidenes ausgeschnittenes Kleid mit kurzen Ärmeln und ein äußerst reicher herabfallender Kragen von ihrer eigenen Arbeit; ich male sie sitzend,
die Hände im Schoße gefaltet, auf einem schönen blauen Hintergrund. Die
Handgelenke sind mit einem sehr schönen goldenen Schmuck geziert ...
Ihre Gestalt ist groß und schön, ... braunes gescheiteltes Haar in großen
reichen Locken, die auf den Seiten des Kopfes über dem Ohr sich in der
größten Fülle drängen;« (ich merke hier an, daß sie als junges Mädchen
lichtblond gewesen war) »blaue, nicht große Augen; eine etwas gebogene
Nase; ein kleiner weicher Mund und das zarteste Colorit, das sich denken
läßt; der Contour des Halses nach dem Nacken und den Schultern läßt
nichts zu wünschen übrig, und Busen, Arme und Hände sind voll und im
reinsten Ebenmaaß geformt.«

Von Ende der zwanziger Jahre bis zum Tode des Dichters hat sich
das Verhältnis dann in rechter Harmonie gehalten; immer mehr wurde sie
auch die Vertraute seiner kleinen und großen Nöte, der er rückhaltslos
auch intimere Geständnisse macht, wie z. B. die schon angeführten über
seine unglückliche Ehe mit Caroline. Oft berichtet er von seinen Werken,
wenn auch allerdings gegen Ende der Zwanziger Jahre solche Mitteilungen sehr selten werden. Dafür nehmen die pekuniären Sorgen breiteren
Raum ein.

Ein weiteres logisches Band zwischen ihnen ist die immer steigende Religiosität : »Die religiöse Richtung der Prinzessin war eine mystische und sehr feste; sie lockte sie oft zu sonderbaren Predigern und führte sie zur Beschäftigung mit kleinen äußeren Emblemen wie Kränzen, Kreuzen, Bildern; und bis auf Stickmuster konnte sich ein gewisses Suchen nach Bedeutungen erstrecken. Später wurde die Prinzeß die einflußreichste Förderin der pietistischen Richtung« (Karoline v. Rochow). Das geht auch sattsam aus den Briefen Fouqués hervor : da ist laufend von kleineren Geldspenden an bedürftige Fromme – Ungläubige kriegen nichts ! – die Rede, einfachen und höheren Standes; der »Blindenlehrer Knie« taucht ebenso auf wie die »Generalswitwe Bismarck« und das »Institut des Grafen von der Recke«; der Invalide Magnus ebenso, wie Fouqués frühere Schwägerin Betty v. Schubaert; der »fromme Löffler« wird genauso gerühmt wie der Pastor Strauß in Elberfeld, Theremin, Tholuck und Baron Kottwitz.

Als ein Beispiel für die kombinierte Wohltätigkeit Fouqués und der Prinzessin Marianne sei hier kurz der Fall Böhringer geschildert, über den die Akten noch vollständig vorliegen :

August Böhringer, 9. 9. 1792 in Wittenberg geboren, studierte zunächst Medizin; nahm dann 1813 als Chirurgus erst in russischen, später in preußischen Diensten, an den Befreiungskriegen teil; und wartete anschließend einige Jahre auf die den Freiwilligen zu Beginn des herrlichen Kampfes so freigebig versprochenen Vergünstigungen. Natürlich geriet er dabei – von Hause aus nichts weniger als wohlhabend; jetzt noch zusätzlich durch das in jeder Hinsicht verderbliche Soldatentreiben völlig entwurzelt und aller Arbeit entwöhnt – bald in finanzielle Schwierigkeiten. In einer endlosen Reihe von halb kriechenden halb trotzigen Bettelbriefen, verfiel er auch darauf, Fouqués und Carolinens Werke und echt christliche Frömmigkeit zu preisen, sowie auf seine eigenen schlechten Umstände seufzend zu verweisen. Der immer hilfsbereite Dichter bot dem »Candidaten der Medizin in Berlin, Hospitalstraße 85« denn auch am 20. 6. 1820 – solange hatte Böhringer immerhin auf die erwähnte staatliche Förderung schon gewartet – seine Fürsprache und Protektion an. Immerhin mußte auch er den prompt erfolgenden umfassenden Pumpversuch Böhringers erst einmal abwehren, sandte aber statt dessen wenigstens ein Empfehlungsschreiben an Koreff. Gleich im nächsten Brief deutet Böhringer frank und frei an, daß ihm auch ein »längerer Landaufenthalt« nicht übel tun würde, so etwa im schönen Westhavelland; aber auch das widerrät ihm Fouqué : es würde seinem Fortkommen schaden, wenn Jener sich jetzt, wo eben sein Fall der Prinzessin Marianne vorgetragen wird, aus den hauptstädtischen Antichambren allzuweit entfernte. Ab und zu kann er einige Taler dem »Kriegs- und Dichterkameraden« beilegen, dessen Geduld – er hatte sich von Prinzessinnen und Baronen sichtlich Substantielleres versprochen – allmählich brutal zu reißen beginnt; Philipp Bridau in Balzacs »Rabouilleuse« ist keine Erfindung, sondern wieherndste Landsknechtswahrheit; schon radotiert er ungeduldig vom »Auswandern« oder einer Teilnahme an den »Feldzügen der Türken« : vom Arbeiten kein Wort : das kommt dergleichen Heldennaturen nie in den hohen Sinn ! Mit seiner Braut Karoline, Tochter des ehrsamen Kämmerers Kröcher in Nauen, entzweit er sich auch mehr und mehr, da sie und die Schwiegereltern sich gar nicht zu »höherer Geistesbildung« von ihm emporheben lassen wollen. Das gefällt Fouqué nun schon nicht; umso weniger, als Jener, trotz eines endlich herausgeschundenen Aufenthaltes in Nennhausen und dort vorschriftsmäßig erfolgter christlicher Erweckung, ständig stöhnt, was wohl »im Rate der Götter« und »vom feindlichen Schicksal« über ihn beschlossen sein möge : worauf Fouqué ihn jedesmal, rührend unermüdlich, darauf hinweist, daß er doch jetzt »ein Andrer« geworden sei, und besser vom »Ratschluß des einen Gottes« sprechen möge ! Auch der Einfluß einer älteren, ebenfalls »erweckten«, oft kränkelnden Dame, Marianne von Hirsch, bei der Böhringer einige Freitische genießt, reicht nicht aus, den akademisch gebildeten Eckensteher zu bändigen. Und unendlich interessant ist es zu sehen, wie diese Frommen die nützliche Anwendung ihrer Almosen strengstens überwachen; Lustigkeit wird mit sofortigem vierwöchentlichem Entzug oder Kürzung der Subsidien des Unbescheidenen geahndet; wenn Prinzessin Marianne wirklich einmal 12 Taler hergegeben hat, berichtet sofort Freund v. Diest nach Nennhausen wie Böhringer sich verhältnismäßig zu gut kleide, zuviel in Gesellschaften gehe, in seiner äußeren Erscheinung allzu bizarr-modisch auftrete, und vor allem ständig mit seinen vornehmen Konnexionen rennomiere – wahrscheinlich um seinen Kredit bei Gevatter Schneider und Handschuhmacher zu erhöhen. Tatsächlich hat er auch eine persönliche Audienz bei der Prinzessin erhalten.

Im Herbst 1821 dann gelingt es Böhringer endlich, den allzu vertrauensseligen Fouqué zur Bürgschaft für »ein paar hundert Taler« zu bewegen; selbst einen Wechsel über 150 Taler zu unterzeichnen läßt sich der Dichter vom »Kriegskameraden« beschwatzen – im 20. Jahrhundert inserieren ja auch in den »Soldatenzeitungen« die Wursthändler »kauft beim Kameraden« ! Durch seine hohe Protektion war Böhringer indessen Sekretär der berliner Börsenhalle geworden; und plante sogar die Herausgabe eines neuen Taschenbuches oder gar einer Gedichtssammlung (die dann auch 1822 unter dem Titel »Blüten und Früchte« erschienen ist). Von seiner alten Verlobten trennt er sich, und geht eine neue Verbindung ein; teilt auch Fouqué am 16. 4. 1823 die erfolgte Vermählung mit – – – aber inzwischen ist der Wechsel, wie zu erwarten stand, zu Protest gegangen, und Fouqué dadurch in nicht geringe Verlegenheit gesetzt worden (aus der ihn rettend Kriminalrath Hitzig ziehen kann). Und so schreibt, ohne Anrede, dem früher so überschwänglich geliebten »Freund« und »Lieben Freund« und »Herzensfreund« am 11. 1. 1823 der, wieder einmal zutiefst enttäuschte Romantiker:

»Gott verhüte, daß ich um irgend eines Verlustes willen unversöhnlich sein sollte. Ich verzeihe Ihnen die Verlegenheit, der Sie mich ausgesetzt haben, und die mir manche verdrießliche Stunde bereitet hat, ehe mein Freund Hitzig alles ausgleichen konnte. Ich verzeihe Ihnen den Leichtsinn, mit welchem Sie, statt auf Tilgung Ihrer Schuld zu denken, sich noch tiefer in Schulden stürzten, indem Sie sich einen Rock von so teurem Tuch anfertigen ließen, als ich es nicht zu tragen pflege.\* Und doch hatten Sie mir selbst vor wenigen Monaten geschrieben, Sie seien aufs Beste und Vollständigste equipiert. Ich verzeihe Ihnen, daß Sie mich nicht einmal von Ihrer Zahlungsunfähigkeit beizeiten benachrichtigten, sondern geruhig den Tag herankommen ließen, wo Herr Ganzel mir den Verfall des Wechsels meldete. Und doch hatte ich Ihnen schriftlich und mündlich gesagt, gerade in dem nun vergangenen Jahre werde mir die Zahlung sehr beschwerlich fallen. Ich verzeihe Ihnen, daß Sie noch ganz zuletzt darauf dachten, nicht mir das von dem wucherischen Darlehen eines Gläubigers anzuhandelnde Geld zu ersparen, sondern lieber für sich neue Kleidungsstücke in den Kauf zu bekommen. Ich verzeihe Ihnen das Alles und bete für sie. Nennen Sie es nicht ungroßmütig von mir, daß ich Ihnen zugleich Ihr Betragen auseinandersetze. Ihr jüngst nach Nennhausen an mich adressierter Brief besagt, Sie wüßten sich durchaus nicht zu erinnern, wodurch Sie meine Unzufriedenheit auf sich gezogen haben könnten. Da bin ich es denn Ihnen und mir schuldig, die ganze Sache

---

\* Der Meister, bei dem Fouqué seine Maaßanzüge fertigen ließ, hieß übrigens Hieronymus. In einem schwarzgesiegelten Brief vom 8. 9. 1818 an den Verleger Dümmler bittet er Diesen: »Um meine Rechnung mit dem Schneidermeister Hieronymus gehörig zu ordnen, erbitte ich mir gelegentlich dessen Quittung über die ihm gefälligst ausgezahlten 100 Thlr. Gold.« (Was gut 1000–1200 bundesdeutschen Mark entspricht; d. h. 1958; bald wird es mehr sein.)

deutlich vor Ihr Auge hin zu stellen.« – ein Kommentar erübrigt sich wohl.

Böhringer hat sich später als Schreiber und Journalist niedrigsten Ranges, und, angeregt durch das Beispiel des berüchtigten Pius Alexander Wolff, auch als Improvisator – zu deutsch »Schnelldichter« in Tingeltangels – betätigt. Noch haben wir von seiner Feder »Panoramen« verschiedener sächsischer Städte, z. B. Wittenbergs, (wahrhaft grausige Reimereien), wo er denn auch verdientermaaßen am 29. 10. 1846 gestorben ist.

Besonders bemerkenswert ist die Rolle, die der ‹Magnetismus› in der Religion der Prinzessin spielt. Da fragt Fouqué atemlos, ob ihr Professor Wolfart schon die Worte der »Hellseherin« mitgeteilt habe, einer Magnetisierten, die nun die Heilswahrheiten des Christentums ‹beweisen› sollen : »Es lebt im Menschen eine göttliche Kraft ...« beginnen die albernen, unglaublich armseligen Verse; aber immer wieder freuen sich beide der »wundersamen Botschaft des Magnetismus« (Brief 20.10. 1816). – Auch dem krassesten Aberglauben ist die Prinzessin nicht abhold; an ihren Bruder berichtet sie von dem Wahrsager : »Heute machte ich auch die Bekanntschaft des Wahrsagers von Heidelberg, es interessierte mich sehr ... Gott verhüte, daß seine Prophezeihungen eintreffen : er sagt, in 3 oder 4 Monaten werde ein Religionskrieg ausbrechen, Frankreich werde das Kriegstheater bleiben. Zu mir kam er, weil er Papa, die Brüder und Schwester Auguste kennt ... er spricht mit einer Art von Nervenzuckungen, und gewiß ists, daß was Besondres an ihm ist.« – Das ist Derselbe, von dem die schon charakterisierte Helmina von Chézy am 17. 12. 1816 an Ludwig Tieck berichtet (und ich gebe den Auszug gern, denn hier schlagen religiöser Aberwitz und Tränensüchtelei so recht die rollenden Wahnsinnsaugen auf) : »Ich weiß nicht, ob Sie schon von unserm Bauern Johann Adam Müller erfahren, der hier unerwartet angekommen, und neuen Krieg geweißsagt ? Ich kenne den redlichen Mann ... Ich habe Müller diesmal einen Mittag und einen Abend bei mir gesehen, und eine kleine Auswahl meiner liebsten Freunde und Freundinnen um ihn vereinigt. Die Rührung und Anerkennung des Kreises sind mir unvergeßlich, denn dieser schlichte treuherzige Mann, so ganz Natur und Reinheit, so ruhig und still beseligt im Bewußtsein der göttlichen Einwirkung ... Dies Zeichen, daß sich Gott der Welt wiederum unmittelbar naht, das seit 9 Jahren sich schon in den Erscheinungen dieses Mannes bewährt, der zeitlebens nur rechtlich, fromm und einfach war, rührt und beseligt mich, und giebt allen meinen Gedanken ein neues Leben ... Welch ein Trost, wenn die göttliche Offenbarung in das Leben tritt, und es uns vergönnt ist, in die Zukunft zu schauen, um unser Herz vorzubereiten, auf künftiges nahes unerläßliches Weh ... Doch vielleicht sind Ihnen Müllers neue Weissagungen noch nicht bekannt, ich gebe sie Ihnen treu aus seinem Munde : Eh die Baumblüte aufbricht, beginnt der Krieg, er endigt noch im Mai. Wiederum werden es die Preußen ausfechten. Napoleon kommt fort, im Süden von Frankreich bricht die Empörung aus, in Frankreich ist der Krieg, dort findet Napoleon sein Grab in der dritten unermeßlich blutigen Schlacht. Frankreich wird in drei Stücke geteilt. Einen der wichtigsten Punkte der Offenbarung will Müller nur dem König sagen, den er noch nicht gesehen. Mein ganzes Gemüt wird tief von seiner Ruhe erschüttert, mit welcher er ausspricht : Das hab ich gesehen ! Meine Freundinnen wendeten sich weg, und weinten, es sind fromme, sehr in Einklang ausgebildete Frauen und Mädchen. Der begeisterte Blick und die milde Gemütlichkeit dieses Mannes werden selbst von herzlosen Spöttern geachtet.« Gewiß eine unverächtliche Probe von der Urteilsfähigkeit des eitlen Weibes; und der unverbesserlichen Gläubigkeit des Pöbels, der hinter dem Steinzeitschamanen genau so hertanzte, wie hinter dem Gründer der NSDAP. – Die rechte kalte Dusche gibt in diesem Falle Varnhagen : »Ein Bauer in Wiesloch bei Heidelberg, der schon früher mit Weissagungen sich abgegeben hatte, wurde durch dieses Beispiel (der Frau v. Krüdener) aufgeregt, griff nach dem alten Handwerk, hatte in seinem Dorfe nicht Rast mehr, und machte sich auf den Weg nach Frankfurt. Hier fing er an zu prophezeien, was binnen Jahresfrist sich ereignen werde, eine völlige Umkehrung der Welt, vor allem aber den Sturz der Bourbons, und die Teilung Frankreichs; die 4 verbündeten Monarchen würden darauf in Mannheim – sein Flug ließ sich gleich auf der nächsten ihm bekannten, und in die Augen scheinenden Stadt nieder – ein prächtiges Schloß vereint bewohnen und von hier aus die ganze Christenheit gemeinsam regieren ! ... Er hieß Adam Müller. Der Wundermann wurde mir zugeschickt, und trank einen Nachmittag bei uns Kaffee, in Gegenwart Oelsners, den er durch seine Aussagen ungemein ergötzte ... Seine Reden verrieten keinerlei trüglichen Zweck; er gefiel sich nur in dem Aufsehen und Anteil, die sein Prophezeien erweckte; aber die Leute, die er vor sich hatte, schien er ziemlich gut zu durchschauen, und mit ächter Bauernverschmitztheit sprach er ihnen nach dem Munde. Die Reise nach Berlin ließ er sich nicht ausreden; aber er kam wenig befriedigt zurück, und der Geist hatte nun auch für Preußen minder gute Vorhersagen.« – »Ist es möglich«, fragt Karl von Holtei betroffen : »daß derlei Unsinn Aufmerksamkeit erregte bei solchen Hörern ?« Oh ja, lieber Holtei : es war und ist leider immer möglich !

Jedenfalls auch solche weissagenden Witwen, Schuster etc. gehören mit ins Bild der Prinzessin Marianne (und Fouqués !); sie hat also ebenfalls die anscheinend oft unvermeidliche Entwicklung vom wilden fröhlichen Kinde zur romantischen Frau und über diese zur pietistischen, ziemlich engstirnigen »Betschwester« mitgemacht. Am 14. 4. 1846 ist die »Alearda« dann, Mutter der Königin von Baiern, gestorben.

Ausdrücklich soll ihr hier die große Rolle im Leben unseres Dichters bescheinigt werden, eine Rolle, die, wenigstens für ihn meist, schön und erquicklich gewesen ist, und wie wir sehen werden, auch einigen Einfluß auf die deutsche Dichtung gehabt hat.

§ 43

Ein besonders interessantes Verhältnis ist das Fouqués zu dem sehr großen ETA Hoffmann (und ich bin gern bereit, zuzugestehen, daß ETA Hoffmann der Bedeutendere von Beiden, und mir auch der Nähere ist); ihr Verhältnis knüpft sich über den gemeinsamen »Freund«, den geschäftigen Itzig-Hitzig. Denn kaum hat ETA Hoffmann die »Undine« kennen gelernt, da empfindet er mit dem untrüglichen Spürsinn des Genius für seinesgleichen, – ähnlich, wie Poe es für Fouqué bewiesen hat – daß dieses Märchen ein grandioser Opernstoff sein müsse. Auf Hitzigs Drängen erklärt sich Fouqué bereit, den Text selbst zu schreiben, und er gelingt ihm recht leidlich; denn sein Talent neigt – schon im »Sigurd« etc. hat man stellenweise diesen Eindruck – durchaus zum ariosen Effekt der großen Oper. Ich verfolge die einzelnen Stadien und Geschicke dieser Gemeinschaftsarbeit an der »Undinenoper« später noch.

Hier interessiert vor allem das persönliche Verhältnis der beiden Romantiker zueinander. Sie haben sich vielfach getroffen, und sowohl ETA Hoffmanns Tagebücher, als auf der andern Seite Fouqués Berichte, spiegeln die Beziehung ins Genaue wieder : sie kamen nie recht zusammen!

Zwar treffen sie sich oft : im Oktober 1814 veranstaltet – wer ? natürlich Hitzig – ein Festessen, auf dem sich Hoffmann, Fouqué, Tieck, Chamisso und Franz Horn begegnen. Oder im September 1817 sind in Hoffmanns Wohnung diese 3 beisammen : Öhlenschläger, Hoffmann und Fouqué, und Öhlenschläger, der Däne hat das Zusammentreffen humorvoll genug beschrieben.

Frau Caroline wird von dem Rabenauge des genialen Zwergen blitzschnell durchschaut: am 24. 1. 1814 trägt er in das geheime Buch ein: »Vormittags bei Fouqué – die Baronesse kennen gelernt – in miserabler Stimmung«. Am 26.1.: »Um 3 Uhr zu Dietrich gegangen – Fouqué angetroffen; Chamisso, Hitzig.« Am 27.1.: »Bei Dietrich in der Restauration mit Fouqué, Chamisso, Hitzig und Contessa.« Immer wieder sieht das Jahr 1815 diese Großen beieinander; am 4.2. ist auch noch Joseph von Eichendorff dabei; am 5.2. der »Schwimmpfuel« und der »Jahnsfelder Pfuel.«

Die Proben zur Oper bringen Beide enger zusammen; und es ist immerhin ein bemerkenswertes Zeichen der komplizierten und verflochtenen Wechselbeziehungen der Freunde, wenn Hoffmann zu Weihnachten den Kindern des dritten Freundes, Hitzig, die Burg Ringstetten kunstvoll aufbaut: lesen Sie nur die wunderbare Beschreibung in »Nußknacker und Mausekönig«.

Selbst nach Nennhausen kommt Hoffmann mehreremale. Am 23. 12. 1815 berichtet er an den Stier von Bamberg, Kunz: »14 vergnügte Tage habe ich in Nennhausen bei Fouqué verlebt. Sie (die Baronin) ist als Hausfrau besser, als sich literarisch drucken lassend. Sie ist geistreich, witzig und noch recht hübsch – grande e maestosa. Auf mich hält sie viel, und hat mich mit psychischer und physischer Atzung wohl versehen. Man ißt und trinkt vortrefflich, auch darf man mit dem alten Landesdirektor Briest beim Damentee eine Pfeife Varinasknaster rauchen.«

Nun die Schilderung von der anderen, (Fouqués) Seite aus:

1814 lernen sich die Beiden persönlich (vorher schon brieflich) kennen; auch in der warschauer Zeit Hoffmanns hat Fouqué einiges von ihm gehört. Hübsch wird geschildert wie man vor der Premiere der »Undine« nervös umeinander ist; und auch danach, bei der glücklichen Feier wieder. Einmal sind Hoffmann und Hitzig in Nennhausen; nach 2 Tagen fröhlichsten Beisammenseins kommt eine Staffette vom königlichen Theaterintendanten, dem Grafen Brühl: Fouqué soll für den bevorstehenden Geburtstag des Kronprinzen ein Festspiel schreiben! Natürlich wird nicht nur eingewilligt, sondern sich auch geehrt gefühlt; Fouqué wählt dafür den »Thassilo«, den Ahnherrn des Hauses, »eine Vision der Herrlichkeit seiner Nachkommen ihm vorführend.« Gleich am Abend dichtet er den Anfangschor. Brühl hat vorgeschlagen, die Arien auf bekannte Melodien absingen zu lassen; aber Hoffmann erbietet sich, diese selbst zu komponieren; und so berichtet Fouqué: »da fand ich ihn morgens darauf, singend in seinem Schlafzimmer auf- und abschreitend. Im leichten Nachtkamisol und Nankingpantalons, eine weiße Schlafmütze schräg auf den Kopf gestülpt, zur Hand einen hochgeschwungenen mächtigen Stab, womit in dem altertümlichen Landsitz die Fensterladen gegen nächtliche Einbrüche verwahrt wurden, die bereits rüstige Schreibfeder schräg auf die Mütze gesteckt, sang die kleine elfenähnliche Gestalt die Anfangsworte des ersten Waffenreigens aus meiner Dichtung.« Hoffmann, in guter Laune, zeichnet sich selbst auch gleich ab, und Fouqué fügt noch hinzu, daß solche Drolerien bei Hoffmann keineswegs »gestellt« waren, sondern völlig spontan kamen. Tags darauf fahren Alle sogleich nach Berlin – Sechse lang – der Postillion wirft, wie billig, um; aber es geschieht kein Unglück (das Schicksal der deutschen Literatur steht ja auch auf dem Spiel !) lediglich Hoffmann bekommt eine große Schramme an seine mächtige gebogene Nase, was ihm aber nur neue Gelegenheit zu vielen Wortwitzen und Narreteien gibt : wie er doch so geschickt mit der Nase gleich in ein Steinfutteral gefahren sei, etc. etc. (der »Thassilo« ist denn vom 22. 10. 1815 bis 8. 2. 17 dreimal im Opernhaus aufgeführt worden). – Auch noch ans Sterbelager bringt Fouqué dem Bekannten Blumen. Und auf der Subskriptionsliste für Hoffmanns Grabstein stehen sein Name und Beitrag an erster Stelle.

Dennoch ist letzten Endes der Abgrund zwischen Beiden unüberbrückbar : Hoffmann ist der reine phantastische Künstler : Fouqué – leider – vor allem adliger Ritter; und so ist trotz aller Verwandtschaft immer der Mißton zwischen dem freien Künstler Hoffmann, und dem gebundenen Fouqué : »Brühl scheint mit seiner Arbeit unzufrieden zu sein, wenigstens was den Theatereffekt betrifft.« schreibt Fouqué an Miltitz : »Ich glaube, es liegt daran, daß einerseits Brühl vor Hoffmanns satyrischem Wesen ein wenig scheu ist, vielleicht auch befürchtet, dieser ehemalige Theaterdirektor könne zu anmaaßend eingreifen wollen; andererseits aber Hoffmann eine etwas starre, vielleicht mit höflichem Bürgerhochmut versetzte Künstlerlaune bisweilen auf allzuherbe Weise zeigt.« (Und er spielt zweifellos auf Schnurren an, wie das große Panorama, das Hoffmann zu Sylvester 1815 aus seiner neuen Wohnung versandte – und das Fouqué spätestens 1839 kennen lernte ! – : da steht vor manuskriptbeladenen Dichtern Graf Brühl mit Frack und Degen, die Hand am Kinn des stolz zurückgelegten Kopfes; und am rechten Rand braust Fouqué dahin, einen überdimensionalen Federbusch auf dem Dreispitz : dekorativ, wie Wappenlöwen, bäumen sich die Kutschpferde !).

Das ist's : die Beiden anderen, Brühl und Fouqué, haben noch die Adelsmarotte unauslöschlich in ihre Seelen eingefressen, und sträuben sich, zumindest unbewußt, dagegen, den ihnen weit überlegenen Künstler-Bürger anzuerkennen. Sie können zueinander nicht kommen; und es ist ja letzten Endes auch gut so, daß Jeder in seiner splendid isolation bleibt – ships that meet at night. Ich habe das Verhältnis auch nur des literarischen Interesses halber hier angedeutet.

Ansonsten nimmt der Bekanntenkreis Fouqués gerade in diesen Jahren sehr zu; es wäre ein eigenes und nicht uninteressantes Kapitel, einmal Nennhausen als literarisches Zentrum jener Zeit darzustellen.

Da ist einmal der schon mehrfach erwähnte Dr. Karl Christian Wolfart (1778–1832), der große Magnetiseur und Arzt (Koreff und er wurden zu ordentlichen ‹Professoren für Heilmagnetismus› ernannt); außerdem kannten sie sich von der neugegründeten literarischen Gesellschaft her; noch ist im Frankfurter Goethe-Haus ein Gedicht Fouqués an ihn aufbehalten, mit welchem ein Buch über Sprachwissenschaft zurückgesandt wird, (»La langue hebraïque restituée«), und welches von Zeile zu Zeile die Sprache wechselt, am Schluß : »Der Christ dem Christen« ! (datiert vom 8. 5. 1827, morgens 9 Uhr, Berlin).

Der andere Arzt zur Zeit des schweren Schlaganfalles, Dr. Heinrich Meyer, der Schwager seines Freundes Franz Horn, wurde schon erwähnt; auch hier hat der Patient den Arzt überlebt, denn am 18. 8. 1828 hat ihm Fouqué ins Grab nachgesungen : »Meister in ernster Kunst, die schwindenden Funken des Lebens / anzuhauchen, sie neu bannend in sterbliche Brust ! / Freund du lieblicher Kunst, die Herzen besaitet und Bilder / ewigen Daseins erweckt seelig in sterblicher Brust ! / Siehe, Dir kränzet Dein Grab auch Dieser aus Deinen Erhaltnen, / Dieser auch, dessen Gesang oftmal Du heiter vernahmst. / Seegen mit Deinem Gedächtnis, Du Starker, der viel hat erduldet ! / Segen Du forschender Geist, mit Dir, wohin Du auch schwebst !« (Denn Heinrich Meyer war eben der Frömmste nicht; es soll ihm unvergessen sein, daß er Fouqué einst siegend behandelte).

Da sind die Freunde früherer Jahre, Contessa und Houwald – beide eine Einheit, denn der Spreewaldbaron und Dichter beliebter Schauspiele, Houwald, hat dem hirschberger Freunde seit 1816 auf seinem Gute Sellendorf freies Asyl gegeben; nur selten kommen die Beiden noch nach Berlin; einmal, am 11.1. 20 hat ihn Fouqué im Theater getroffen, und vermittelt eine Audienz bei der Prinzessin Marianne; noch liegt ein Originalbrief Houwalds vor mir, in welchem er Fouqué grüßt, und ihm ein altes bebildertes Ritterbuch verspricht.*

---

* Ich habe sein Verhältnis zu Fouqué nur einige Male ganz leicht angedeutet (wie in so vielen anderen Fällen). Houwald hat Fouqué recht geschätzt; immer wieder spielt er an und zitiert; so z. B. als eines Ostern die Abiturienten des Luckauer Gymnasiums entlassen werden, hebt er,

Die jüngeren Dichter, Gaudy und Krug von Nidda, der durchaus fouquéisierende, nähern sich ihm, mit dem Letzteren schließt er gar Duzbrüderschaft. Nidda hatte nämlich eine v. Wulffen, wahrscheinlich eine Verwandte Fouqués, geheiratet – leider ist über das Verhältnis viel zu wenig bekannt. Von allen Seiten lernt er anläßlich der Redaktionsarbeit am »Frauentaschenbuch« die Schriftsteller Deutschlands kennen; Rückert ebenso, wie die interessante unglückliche Luise Brachmann. Alle kommen einmal nach Nennhausen, in die gastfreie künstlerholde Umgebung : der Maler Wilhelm Hensel (der auch ein Porträt von Fouqué hinterlassen hat); der Philologe Passow; Pirch; Pfingsten 1819 sind Wilhelm von Schütz und der schwedische Romantiker Atterbom dort; im August 1815 der Schwabe Gustav Schwab (mit dem sich das Verhältnis später einmal trübt, dann wieder klärt : »ein weltliches Mißverständnis in Hinsicht eines Dritten mir innig teuren Ehrenkameraden hielt ihn und mich seitdem schweigend auseinander«, erklärt er am 17.1. 29 an Cotta.) – Professor Levezow ist ihm ferner bekannt; Caroline Bardua malt ihn. Bei seinen zahlreichen Besuchen in Berlin lernt er Carl Maria von Weber kennen, der vor einer größeren Gesellschaft phantasiert; ebenso den Freiherrn Johann Nepomuk Poißl, den Komponisten der »Athalia«, der im Januar 1817 in Berlin sein Werk dort einstudiert, und im Hotel Wand an Wand mit ihm wohnt.\*\*

---

als Landsyndikus, bei der Abschlußfeier seinen Trinkspruch so an : »Vor alter Zeit in Norwegs Land / war Meister Asmundur gekannt...« – also der Schmied im ‹Zauberring›. In dem guten Märchen vom ‹Rübezahl und seinen Schwestern›, zumal Schlesiern erbaulich zu lesen, nimmt man sich zur Lektüre Fouqués ‹Schauerfeld› zur Hand. Als Houwald 1821 seinen, nun auch sehr rar gewordenen ‹Waisenfreund› herausgibt, (ein Taschenbuch, zum Besten des Waisenhauses in Halle), ist außer dem hauptsächlich daran beteiligten Dresdener Literatenkreis, (den ‹Ledernen› in Tiecks unvergleichlicher ‹Vogelscheuche›) auch Fouqué mit einem ‹Franz und Fritz› vertreten (S. 67–137), einer seiner albernsten ‹Kindergeschichten› – und er hat *nur* alberne geschrieben!
\*\* Aufzunehmen in den Reigen ist auch der unvermeidliche Fürst – damals noch Graf – Pückler (1785–1871); am 9. März 1820 schreibt er seiner Frau, daß sein berliner Tag zur Zeit in folgendes Schema gebracht werden könne:
»Aufgestanden 11 Uhr. Gewaschen und geschrieben, auch gefrühstückt bis 1 Uhr. Singstunde. Angezogen. Promenade zu Pferde oder zu Fuß. Gegessen bei Deinem Vater. (Dem Fürsten Hardenberg. A. d. V.).

Die Theaterbekanntschaften bilden sich reich heraus, und nicht nur zu der lieblichen Undinendarstellerin Johanna Eunicke, sondern auch zu den großen Mimen der damaligen Zeit : Devrient und dem alten Gern, und den Bühnenbildnern der »Undine«, Gropius und Schinkel. – Natürlich sieht er auch den fatalen Weissager Müller – laßt uns den Schleier heidnischer Schonung über solche faulen Stellen ziehen !

Ein sehr bedeutender Dichter und recht verzwickter Mensch, Clemens von Brentano, hat ihn gar nicht gemocht; 1810 haben sie sich auf einer vom Buchhändler Sander veranstalteten Abendgesellschaft flüchtig gesehen : »Diesen Fouqué habe ich neulich kennen gelernt, ein guter ordinari Gesellschaftsknaster, der immer lacht; er hat einen Ansatz zum Buckel und war sonst preußischer Kürassieroffizier ... er fragte mich, wie mir sein Sigurd gefalle, und ich sagte ihm sehr artig : nicht nur gar nicht, sondern noch weniger als seine anderen Sachen, dir mir auch nicht gefielen. Ich stellte ihm dies Urteil bloß als eine spezifische Merkwürdigkeit an mir vor, und er gewann mich sogar lieb darum : ist das nicht ein gut Kerl ?« (an Görres); und wieder an W. Grimm : »Er behauptet, Ihr hättet ihn in der Rezension (des Sigurd) nicht verstanden ... Ja, sagte er, ja, ich habe gebetet dabei, und mit Gott gerungen. Er ist ein kurzer und untersetzter Kerl, spricht seichter, aber mehr und treuherziger als Hagen, und kann einen ungemein ennuyieren; er lacht auch so leer wie Jener, und noch öfter ...« Nun hat Brentano zwar eine notorisch lose Zunge und lästert gern witzig und unerzogen, aber mit der ersten Schilderung Benekes läßt sich die seine hier schon unangenehm vereinbaren. 1816 schreibt er spöttisch an den Freund Tieck : »Fouqué grassiert hier gewaltig bei dem Unverstand; er ist viel besser als seine Leser, die ganz hölzern sind. Er hat ein großes Glück in seiner Theater-Unschuld, und versäumt keiner Vorstellung mit vollkommener Befriedigung beizuwohnen.«; auch aus einem Briefe Hoffmanns an Fouqué scheint hervorgehen, daß er manche Mystifikation mit dem freiherrlichen Don Quijote vorhatte.

Natürlich überwiegen die adeligen Bekanntschaften und Bindungen bei weitem : da ist der Regimentskamerad Monteton, bei dem er öfters zu Mittag speist; der Staatsrat Nicolovius; der alte bückeburger Duzfreund von Vincke (der spätere Oberpräsident von Westfalen); einer der zahllosen unidentifizierbaren Wedells; vor allem auch der Theaterintendant Graf Brühl, den ich bei Fouqués Werken dieser Epoche noch näher

---

7 Uhr zu Stägemann, Fouqué oder zu Haus. Thee getrunken. Geschrieben, gelesen bis 1 Uhr oder 2; dann zu Bett.«

Bis in den Sommer hinein hat Semilasso dergestalt dort vegetiert.

besprechen werde. Aber auch der Turnvater Jahn, mit dem man sich in der »Gesellschaft für deutsche Sprache« trifft; ein interessanter Brief Jahns an Fouqué ist vom 4. 2. 1815 : »Du mußt ja hinkommen, und den Abend als mein Gast bleiben« : man will Beiträge zu einem Denkmal Blombergs, des früh Verewigten, sammeln – was dann auch 1913 wirklich errichtet worden ist.

Wichtige Hinweise geben die Briefe Wilhelm von Humboldts an seine Frau (bzw. umgekehrt) : »Wir waren gestern Abend – es ist dezidiertes Tauwetter –« schreibt Frau Caroline am 4. 2. 1815 : »bei Knobelsdorffs mit Fouqués zum Tee und Abendessen«. Gerade findet ein Fackelzug zu Ehren des gegenüber wohnenden Blücher statt, der auch auf den Balkon tritt und den Studenten dankt. Ich möchte noch besonders darauf verweisen, daß in den Briefen an Miltitz immer wieder diese Familie Knobelsdorff, und besonders »die geniale Ida« (11. 11. 1815) auftritt; hier wäre vielleicht noch Manches zu erkunden. – Oder am 5. 3. 1816 berichtet Caroline Humboldt an ihren Mann : »Gestern waren hübsche Leute bei mir : Graf Solms, Herr von Haxthausen, Nicolovius, Graf Stolberg, Fouqué mit Frau und Tochter, Pfuel mit seiner Frau, die Ramdohr, Koreff, Bombelles usw.« Auch die Generäle der Zeit, Gneisenau und Graf Hacke, Müffling und Rüchel, gehören zu seinem Bekanntenkreise.

Ich gebe noch die Schilderung, die der junge Tholuck in jenen Jahren von ihm gemacht hat, obgleich das Verhältnis erst später seine spezifische – nämlich christliche – Bedeutung gewann. Schon früh hat Tholuck begeistert Fouqués Romane gelesen; 1817 schreibt er an seinen Freund Radecke, er »eile in Fouqués geistige Umarmung.« Ende Juni desselben Jahres lernt er, der noch nicht Neunzehnjährige, den Dichter in Nennhausen kennen, und kommt immer wieder zu ihm (z. B. auch um den 23. 5. 1816). Tholuck ist trotz seiner Jugend ein eifriger und guter Orientalist, und bei ihm hat Fouqué begonnen, Persisch zu lernen, (»Ich bin ganz verpicht geworden aufs Persische«; 7. 8. 1817 an Dümmler), was sich später wieder in seinen Büchern – »Wilde Liebe« etc. – niedergeschlagen hat »teils um ihrer (der persischen Sprache) eigentümlichen Blütenpracht willen, teils auch wegen ihrer anerkannten Urverwandtschaft mit dem Deutschen. Schon war der Verhack der fremdartig krausen Buchstabenreihe durchbrochen – ein Kampf, der in reiferen Jahren weit mehr Schwierigkeiten darbietet, als man es sich denken sollte«; da kommt die große Krankheitsserie von 1818 dazwischen, und die unternommene Aufgabe bleibt liegen. Aber hier die Schilderung Tholucks, der später noch eine wichtige Rolle in der hallenser Zeit des Dichters gespielt hat; so berichtet er 1817 : »Am Sonnabend fuhren wir fort, und gelangten nach manchem kräftigem Sang und langen frohen liebreichen Gesprächen und herzlicher Rede in später Nacht in Nennhausen an. Am Morgen lustwandelten wir zuerst mit dem würdigen greisen Briest, der uns seine Pflanzenverdienste treu und gutmütig erzählte. Darauf sprach ich die Baronin, welche sich um die Sagenwelt des Morgenlandes befragte, sogleich ein mir bequemes Feld erschloß, und mich heimisch machte. Schon hatte ich sein (Fouqués) ganz vergessen, voll Freudigkeit über den geistigen Hochsinn der holden Frauengestalten, als er plötzlich erschien, bewegsam mit männlicher Kraft daherschritt, einem schlachtfertigen Sigurd vergleichbar. Ich ermangelte ihm zu sagen, was ich wollte, weil ich ihn ganz anders sah, als der er war, den ich mir vorstellte. Das Nordland war der erste Berührungspunkt, das Persischlernen der andere, und von hier aus schlängelte sich die Rede durch mancherlei Pfade und Stege hin, bis sie unter dem Vortrag Fouqués eine andere Gestaltung gewann. Bald ward von der Baronin eine Lustwandlung vorgeschlagen, und angetreten. Ich sonderte mich mit dem Mann meines Herzens ab. Wir strichen allein durch astverschlungene Fichten- und Tannen- und Eichengewölbe. Und der Norden und das Christentum stiegen auf unsere Zungen und unsere Geister hernieder.« – Allerdings muß man sich fragen, wie groß (physisch) Tholuck wohl war, wenn ihm der »unansehnliche Wuchs« Fouqués (vgl. Beneke und Prinzessin Marianne) wie der eines »schlachtfertigen Sigurd« erscheinen konnte?

Auch der Kreis der Briefbekanntschaften dehnt sich immer weiter; abgesehen von den Mitarbeitern am »Frauentaschenbuche«, die ich gesondert bespreche, sind es viele der bekannten Namen jener Zeit: Rückert und Immermann, Görres und Welcker, die beiden Voß und Friedrich Rochlitz, der Freund zumal der späteren Lebensjahre; der Österreicher Collin ebenso wie Fanny Tarnow, die Freundin Hitzigs, und bekannte Almanachmitarbeiterin; und die Frau von Montenglaut. Der »Griechen-Müller« (»Am Brunnen vor dem Tore« und wie die unsterbliche Winterreise weiter geht) kommt ihm entfernt näher, obgleich sie ihre politische Richtung für immer trennt. Unbekannte Randfiguren erscheinen und verschwinden, wie der rebellische Bruder des alten Freundes Hülsen, der Bruder des nennhauser Ortspfarrers Lympius, und Oetzel.

Ein besonders merkwürdiges Verhältnis bildet sich noch zu dem Freiherrn von Truchseß (1755–1826), einem fränkischen Literaturmäzen und Original jener Zeit, der dennoch in seiner beschränkten Sphäre Gutes geleistet und junge Talente vielfach unterstützt hat, z. B. Rückert, den jungen Heinrich Voß etc., auch mit Jean Paul und Wangenheim eng befreundet war. Der Briefwechsel mit Fouqué zeigt die typische Entwicklung: der begeisterte Leser, der ebenso begeistert antwortende Dichter, das hält für einige Zeit; dann heißt es schon: Du verstehst mich nicht mehr, mein Truchseß usw. und am Ende verstummen Beide, über den läppischsten theologischen Spitzfindigkeiten, daß es ein Jammer ist.

Einer guten und interessanten Affaire sei hier noch gedacht: 1818 hat Fouqué in Berlin den dänischen Gesandten von Moltke kennen gelernt; am 28. 6. 1820 richtet er nun an Perthes die Bitte: »der jetzige Gouverneur von Island – ein Herr von Moltke,« – (er war nicht Gouverneur, sondern damals nur Stiftsamtmann für Reykjavik und das zugehörige Inselviertel) – »der sich mir vor zwei Wintern als dänischer Chargé d'affaires in Berlin vorstellen ließ – meldet mir aus dem Hauptort seiner Insel, Reykjavik geheißen, daß dort eine Bibliothek durch Begünstigung seines Königs errichtet werde, und ruft mich Islandssänger auf, ihm durch meine Freunde in Deutschland Bücher dafür zu verschaffen.«; er fügt noch hinzu: Jeder Spender und jede Spenderin solle ihren Namen zum Andenken in diese Bücher einzeichnen. Und er wirbt eifrig für seine Trauminsel bei den Bekannten, der »islands Riddari«, wie ihn der hundert Jahre alt gewordene Bjarni Thorarensen, Islands größter Dichter damals, feiernd nennt.* Auch die Prinzessin Marianne ruft er an, und alle diese gestifteten Bücher gibt er über den dänischen Legationsrat Eugenius von Reventlow weiter – er hat ihn 1815 auf seiner Nordreise kennen gelernt, und den »drei jungen Rittern am Ostseestrand« ein paar Distichen gewidmet. Am 30. August 1820 ernennt ihn das Bokmentafjelag zum Ehrenmitgliede der isländischen Gelehrtengesellschaft zu Reykjavik. Als er 1826 sein großes Buch vom »Gunlaugur Drachenzunge und Rafn dem Skalden« herausgibt, bringt ihm der damalige Präsident der Kopenhagener Sektion, Professor Finnur Magnusson, dafür »Thules Gruß«. Noch 1826 und 1827 sendet der Buchhändler Fleischer in Leipzig auf Aufforderung Fouqués je 25 Bände nach Island. – So hat er wenigstens auch einen kleinen Dank des immer wieder besungenen Nordens empfangen.

---

* In einer langen poetischen Epistel vom 22. 5. 1820 redet er ETA Hoffmann als Kapellmeister Kreisler an:
>»... Doch wahrlich, staunenswürdig dringt die Bildung vor! –
>Auf Island auch erbau'n sie jetzt 'ne Bücherei.
>Wollt Ihr ein Buch hinschenken? Lieber Kreisler, thut's!
>Ich hab den Auftrag, bey vernünft'gen Leuten drob
>zu sammeln, und jetzt eben bin ich nicht verrückt.
>Seid auch vernünftigt, guter Kreisler: schenkt ein Buch!«

## § 44

Seine literarische Tätigkeit in diesen Jahren von 1814 bis etwa 1821 läßt sich unschwer in drei große Gruppen einordnen.

Die erste wird durch seine Arbeiten für die Bühne, und seine dramatische Produktion überhaupt gekennzeichnet.

Nach Abschluß der Arbeit an der »Sängerliebe« hat er endlich den schon seit den Kinderjahren gehegten Plan einer Baldursdichtung in Angriff genommen; Ende 1815 liegt »Baldur der Gute« vor, der dann zusammen mit den »Drei Helgis« (von denen die beiden ersten Teile schon 1810 entstanden sind; der letzte jetzt gedichtet wird) in einem Bande als »Heldenspiele« 1818 bei Cotta erscheint. Im »Baldur« sind ihm – wie nebenbei immer – besonders gut die lyrischen Partien gelungen, und eine tiefsinnige ahnungsvolle Stimmung durchzieht alle Szenen, in denen die schwarze Hel und der trübwilde Loki durchhingeistern. Es fehlt auch diesem Stücke durchaus an strenger dramatischer Konzentration, die ja niemals Fouqués Sache war oder der schneidenden Logik und Rhetorik etwa eines Schiller. Aber wer wunderliche und phantastisch anregende Bilder liebt, poetisch und eindringlich im hohen Grade, der wird bei der Lektüre des Bandes immer wieder auf seine Rechnung kommen.

Im »Helgi« greift Fouqué das sinnschwere nordische Thema vom Helden auf, der – siegfriedhaft – allzujung sterben muß, und dafür von den Göttern zwei weitere Inkarnationen verliehen erhält; so gliedert sich dieses zweite Stück des Bandes eigentlich in drei einzelne Schauspiele, die nur durch den immer gleichen Namen des Helden zusammengehalten werden : »Helgi der Hiorwardsohn«, »Helgi der Hundingstöter« und »Helgi der Haddingenheld«. Das bedeutendste der Drei ist das mittlere Heldenspiel, das die Liebe Helgis und Sigruns schildert. Hier sind auch die Nebenfiguren, z. B. Dagi und der wölfisch wilde Sinfiotli, gut und eindringlich charakterisiert, die lyrische Szenerie der öden duftigen Heiden und wilden Felsentäler dichterisch und anregend. – Es ist bezeichnend für Fouqués Art, daß er oftmals, rastlos und fleißig, das gleiche Thema mehrfach zu bearbeiten pflegte, bis er dafür die ihm angemessen scheinende Form gefunden hatte; auch in diesem Fall hatte er nach mannigfachen eingehenden Vorstudien (von denen ich hier nur Torfäus nennen will; er kannte natürlich auch die Arbeiten von Ewald und Öhlenschläger) erst einmal einen Balladenkranz »Totenliebe« versucht.

(Als anderes typisches Beispiel für solche Mehrfachformung bei ihm, will ich auf die Biographie seines Großvaters, des Generals Fouqué, verweisen: erst plant er eine Reihe von Schauspielen darüber; dann gibt er einen kleinen Aufsatz (abgedruckt in den »Bildern, Gefühlen und Ansichten«); dann versucht er es in den Gedichten mit einem Idyll in Jamben »Die Invaliden«, in denen die Schlacht bei Landshut breit erzählt wird; endlich entschließt er sich zur großen wissenschaftlichen Biographie, auf die ich noch später eingehend zu sprechen kommen werde.)

Im Großen und Ganzen ist dieser Band der »Heldenspiele« durchaus zu den gelungeneren Werken unseres Dichters zu rechnen, und gehörte in eine Auswahl mit hinein. –

Das nächste Trauerspiel, »Die zwei Brüder«, verdankt, wie schon zuvor gesagt, seine Entstehung dem ritterlich-romantischen Einfall Fouqués, die »hohe Herrin«, Prinzeß Marianne, um einen Stoff zu bitten. »Zuvörderst«, schreibt er am 11. 11. 1815 an Miltitz, »die Hoheit Marianne hat befohlen, ich soll ein Trauerspiel für unsere unter Brühls Verwaltung wieder aufblühende Schaubühne dichten. Ich glaube nämlich, Dir schon gesagt zu haben, daß die Herrin meine Bitte, bei ihr fragen zu dürfen, was ich schreiben solle und was nicht, mir bereits früher gewährt hat. Nun berief ich mich anfänglich auf ihre Bewilligung zu meinem bevorstehenden Epos vom Heiligen Graal, und sie fand sich auch darin, daß dieses vorangehen müsse; aber als ich noch einmal um ganz ausdrücklichen Befehl nachfragte, erklärte sie sich für das Trauerspiel. Ich werde denn auch daran gehen, sobald sie mir einen Stoff angibt, über welchen sie noch sinnt. Für Dich brauche ich nicht erst hinzuzufügen, daß diese Abhängigkeit und diese Fragen nicht der Prinzessin als Prinzessin gelten, sondern der Prinzessin als sichtbar gewordener begeisternder Muse.« Unterdessen ist die Prinzessin ihrerseits nicht müßig: »Ich beschäftige mich, ein sujet für Fouqué zu suchen«, trägt sie am 28.11. in ihr Tagebuch ein: »*teutsch muß* es sein, und aus den Kreuzzügen oder der Ritterzeit *will* ich es wählen, weil es die poetischste Zeit ist. Da fand ich meine heilige Hildegard, auf deren Ring steht »Ich leide gern«, sie hatte ihn vom Hl. Bernhard; diese Beiden und Conrad III. scheinen mir gut als Symbole dieser begeisterten frommen Zeit. – Ich werde eine Legende noch hinzufügen vom Rhein »Die Brüder«, um es dramatisch mir denken zu können.« Und am 6. 12. 1815 meldet Fouqué wieder: »Jetzt erwarte ich von einem Tage zum anderen, welchen Gegenstand sie mir bestimmen wird für mein nächstes Trauerspiel. Dir leugne ich es nicht, daß eben ihr Wählen und Zögern mir die Brust mit einigem Stolze schwellt. Einem Pagliasso sagt man wohl ohne weiteres Besinnen: das und das Kunststückchen sähe ich am liebsten von Euch! – Welch ein Bild ein Sänger uns beleben soll, kostet aber mehr Überlegen. Oder bin ich allzustolz?« Dieser Brief kreuzt sich mit einem der Prinzessin vom 5. 12. 15, in welchem sie ihm – zaghaft : sie kann sich natürlich nicht so rasch in die Musenrolle finden – eben den Stoff der »Zwei Brüder« vorlegt : er solle aber ja sagen, wenn es ihm nicht gefalle und dann ganz freimütig ablehnen. Dann gibt sie ihm die historischen und sagenhaften Einzelheiten : bei Bornhofen am Rhein stehen heute zwei verfallene Schlösser, Liebenstein und Sternfels, die der Volksmund noch jetzt »Die Brüder« nennt. Auch schickt sie ihm die Bücher mit, aus denen sie die Sage kennt; erwähnt auch, daß sie die Bekanntschaft des Sammlers dieser Sagen selbst gemacht hat; 3 Bände liegen bei : Schmidt; Abt Millet; Schillers Vorrede zur Geschichte des Malteserordens. Am 10. 1. 16 kann er den Fortschritt an Miltitz melden : »Nun aber kommt eine Botschaft, die mich ganz durchglüht mit den Flammen reiner Begeisterung : die Hoheit Marianne hat mir einen Stoff zum Trauerspiel gegeben, einen Stoff, wie nur sie ihn geben konnte, mir Bücher dazu gesandt, und sich in ihren Briefen darüber so sehr als meine sichtbar gewordene Muse bewährt, daß ich nicht Worte finden kann, meine Bewunderung über diese unendliche Tiefe und Klarheit ihres Geistes und Gemütes auszudrücken.« Denn sie haben darüber hin und her debattiert : Fouqué hatte zunächst ein Stück in zwei großen längeren Abteilungen vorgeschlagen, da man seiner Ansicht nach nicht Anfang und Ende des Kreuzzuges in ein und demselben Stück bringen könnte; dagegen hat sich aber Marianne entschieden ausgesprochen, und es kommt zu dem Kompromiß eines Trauerspiels in 4 Aufzügen und einem Vorspiel. (Mariannes Brief vom 29. 12. 15). So kann er dann am 15.1. 1816 an Perthes in Hamburg berichten : »Mein Trauerspiel steht nun schon auf der Schwelle meines Studierzimmers, und schaut mit sehr ernsten Augen zu mir herein. So Gott will, wird es in diesen Tagen zu sprechen und zu schreiten beginnen, und auch sodann wohl bald hinaus schreiten in die Welt ... Es ist ein herrlicher Stoff, den mir die erhabenste und schönste aller deutschen Frauen ausgesucht hat.« Ende Februar kann er schon den Plan und einige vollendete Szenen dem Grafen Brühl in Berlin vorlegen. Aber die Prinzessin hat manchen Einwand : »Mit Fouqué, der mich heute zu seiner Muse erkohr,« trägt sie ein, »hatte ich eine schwürige Stunde wegen unserem Trauerspiel, er ist nicht genug in meinen Sinn eingegangen, und das ist mir fatal (so dürfte ich nicht mehr sagen, denn ich bin jetzt die Schützerin einer deutschen Sprachgesellschaft hier worden !); Alles konnte ich ihm doch nicht sagen, ich begnügte mich also, eine Szene verändern zu lassen von zügellosen Kreuzfahrern, diese schöne Zeit mochte ich nicht entstellt dargestellt sehen«. Fouqué muß also um ihretwillen die historische Treue außer acht lassen – denn diese

Kreuzzüge waren ja im Grunde nur höhere Seeräuberei und religiöser Fanatismus –, und die Mattheit des Schauspiels ist ergo nicht ihm allein zur Last zu legen!

Ende Mai ist es vollendet. Am 27. 6. 1816 bietet er es Cotta zum Druck an: »Können Sie ein Trauerspiel von mäßigem Umfang bald drucken? Es heißt »Die Zwei Brüder« und behandelt eine rheinische Sage. Dies Werk, ein Lieblingskind meiner Muse, gehörte schon der berliner Bühne. Einige Verhältnisse bestimmten mich, es zurückzunehmen, und es einem möglichst beeilten Druck zu übergeben.«; am 8. 7. 1816 wird der Verlagsvertrag geschlossen. Aber nun druckt Cotta nicht so schnell, wie Fouqué es brennend gern gewünscht hätte; immer wieder muß er mahnen, am 27. 9. das erste Mal; am 10. 12. 16 wird er schon dringender: »da mich besondere Gründe veranlassen, dessen Druck möglichst beschleunigt zu wünschen; und Sie gaben mir damals die bestimmte Hoffnung, er solle gleich nach Eingang des Werkes beginnen. Tun Sie nun jetzt für die wenigen Bogen, was Sie zu deren baldiger Förderung noch zu tun imstande sind.« Aber am 17. 6. 1817 sieht er immer noch vergeblich dem Erscheinen des Werkes entgegen, und »steht dadurch jener angedeuteten Verhältnisse wegen in ganz wunderlicher Verlegenheit«; und er wird so ungehalten, daß er jetzt mit anderen verlegerischen Bindungen droht. Einen Monat später wartet er noch immer vergeblich auf die »Zwei Brüder«; endlich, Ende des Jahres, kann er sie der Prinzessin vorlegen.

Und was ist nun das Ergebnis von tant de bruit –: Zwei Brüder, Lothar und Amadeus, lieben die fromme, reine, »hohe« Irene; Lothar nimmt auf Geheiß des Vaters am gerade stattfindenden Kreuzzug teil, während Amadeus das Haus (genauer das Schloß) hüten muß. Beide begehren Irene zum Weibe; die Entscheidung wird jedoch bis zur Rückkehr Lothars hinausgeschoben. Dieser lernt während eines Lazarettaufenthaltes in Griechenland die schöne Helena kennen, und führt sie als Braut mit sich nach Deutschland, begleitet von dem griechischen Sänger Alexis, der seinerseits Helena liebt. Amadeus, über die schändliche »Untreue« des Bruders, der es wagte, einer Irene eine Andere vorzuziehen, entrüstet, kündet ihm Fehde etc. an. Manche Gefechte folgen, in denen meist Amadeus siegt; die Lösung erfolgt, indem einerseits Helena, der ewig beerzten dröhnend kämpfenden Deutschen bald überdrüssig, mit ihrem Alexis flieht; andererseits Irene ins Kloster geht, und die heiligmäßige Äbtissin Hildegardis die streitenden Brüder über dem Grabe Irenens versöhnt und zu Schutzherren der Umgegend einweiht. – Das Stück ist so arm an poetischen Schönheiten, daß es zu den dürftigsten dramatischen Arbeiten des Dichters gehört, und eben nur durch seine Entstehungsgeschichte von einigem Interesse sein kann; gottlob ist dies außer dem kleinen Balladenkranze vom »Regner Lodbrog« die einzige Spielerei mit der hohen Muse und dem Arbeiten auf Bestellung hin gewesen. Den Dank der »hohen Frau« erhält er mit ihrer Tagebucheintragung vom 19. 11. 1816 : (und man beachte das verquollene Satzgefüge der deutschen Dame) : »Hätte er doch bei dem Büchelchen über Fernando, was ich ihm gab, recht beherzt, daß es so war in einem ähnlichen Sinn, wie ich erwartet oder doch gewollt hatte, daß er mein aufgegebenes Trauerspiel auffassen sollte – das hat er mir aber recht unrecht aufgefaßt.« Na ja. –

1817 erscheint das Trauerspiel »Liebesrache«, das die Legende des heiligen Kilian in 3 Aufzügen behandelt, der mit seinen Genossen ermordet wurde, als er die Ehe des von ihm getauften Frankenherzogs Gosbert mit seines Bruders Witwe für blutschänderisch erklärte; damit sind Schwächen und Vorzüge der Behandlung eigentlich schon gegeben : das Stück ist kräftig und eindringlich, wo Fouqué sich seiner eigenen germanischen Phantasie überläßt – so in der Gestalt der Walddrude, und der shakespearisch gestalteten Mörder; süßlich und widerlich bigott, wo er sich an die Legende hält; geradezu ausfällig fromm die Vorrede, die selbst Friedrich Schlegel, der doch auch alle Engherzigkeit des Konvertiten zeigen konnte, zur Entrüstung hinriß. –

Im Sommer 1818 entsteht der »Hieronymus Stauf«, mit dem sich Fouqué an dem Preisausschreiben anläßlich der Eröffnung der münchener Bühne beteiligte; man sagte ihm nachher, das Werk sei nahe daran gewesen, zu siegen. Den Stoff dazu hat er, wie er am 24. 11. 1818 Militz mitteilte, aus Zschokkes »Geschichte von Baiern« genommen; es behandelt das Geschick des ersten Hofbeamten des Herzogs Wilhelm IV. von Bayern. Stauf war vielleicht ein übermütiger, gewiß aber ein patriotischer Mann; er widerriet dem Herzog, der Forderung seines Bruders Ludwig nachzugeben, der der Primogeniturordnung von 1506 entgegen Land und Herrschaft begehrte. Die Stände des Landes, damals noch sehr mächtig und dem Hofmeister Stauf, der strenges landesherrliches Ansehen gegen sie geltend machen wollte, sehr feind, brachten ihn um den Kopf; 1516 wurde er auf dem Salzmarkte zu Ingolstadt hingerichtet. – Das Stück ist sehr regelrecht gearbeitet; aber es gab Fouqué wenig Gelegenheit, seine eigentliche Stärke – lyrische und sprachliche Schönheit – einsetzen zu können, und so ist wenig daran zu bewundern.

Im nächsten Jahre schafft er den »Leibeigenen«; und wer Fouqué nicht kennt, könnte aufatmend hoffen, er habe sich endlich einmal zu einem großen sozialen Thema durchgerungen – alas ! – wer das fünfaktige Schauspiel in die Hand nimmt, wird bald finden, daß es sich wieder um einen seiner blassesten Ritter handelt, der sich – er hat scheinbar seinen Oheim getötet, und muß den Hof seines Herzogsvaters fliehen – bei einem Köhler, halb noch verwirrt und betäubt, halb dessen schöner Tochter zuliebe, als ‹Leibeigener› verpflichtet. Natürlich macht er bald mit seiner Heldenkraft alles wieder gut; der Oheim ist auch gar nicht tot; am Ende fallen sich Falko-Klodion und die schöne Roswitha in die Arme. Das Stück ist ebenfalls höchst durchschnittlich und verdiente keinen Platz in einer Auswahl. –

Fouqués Bindungen zur Bühne selbst sind am stärksten in den Jahren 14–17; hier sind auch seine Stücke mehrfach aufgeführt worden. Ja, 1816 schreibt der spöttisch-neidische Brentano an Tieck sogar : »Man spricht noch immer stark von einem zweiten Theater unter Fouqués Leitung«; ein on dit, das Fouqué am 24.1. 1817 sogar offiziell in einer berliner Zeitung zu dementieren für gut befand : »Das schon seit einiger Zeit bestehende Gerücht, als solle in Berlin ein zweites, der komischen Muse vorzüglich geweihtes Theater errichtet werden, hat zugleich oftmals, sogar in ausländischen Druckblättern, mich als Direktor an dessen Spitze gestellt. Inwiefern jenes Unternehmen heilsam oder auch nur ausführbar sei, geziemt mir nicht, zu beurteilen. Die zu dessen besonderer Leitung nötige Komik der Poesie indes glaube ich in meiner ganzen schriftstellerischen Laufbahn nicht eben bewährt zu haben, und meinte daher, eine so durchaus unbegründete Nachricht werde ganz von selbst in sich zusammen fallen. Weil sie das aber noch immer nicht tun will, erkläre ich hiermit, daß mir weder ein solches Anerbieten geschehen ist, noch ich es auf irgend einen Fall annehmen würde.« Wenn es auch nicht soweit gekommen ist – gottlob muß man sagen; denn sonst hätte Fouqué sich noch mehr zersplittern müssen – so hat er doch manche Stunde bei den Proben seiner Stücke und in Gesellschaft des Intendanten der königlichen Bühnen, des Grafen Karl von Brühl, verbracht. Der versucht auch, ihm Pläne zu Theaterstücken einzureden; so drängt er ihn einmal am 27. 5. 1815 : »Sie, werter Herr Baron, sind der Mann, der meinen vieljährigen Lieblingswunsch ausführen und den Helden aller Helden, den Menschen aller Menschen, den König aller Könige, Gustav Adolf von Schweden, würdig auf die Bühne bringen kann.« und er gibt ausführlich an, wie er sich das so denkt – etwa eine Trilogie – und ergeht sich in weitläufigen Anmerkungen darüber; es ist aber nichts daraus geworden.

Aufgeführt worden sind von Fouqués Bühnendichtungen damals der »Thassilo« : am 22. 10. 1815 zur Säkularfeier des Hohenzollernhauses und zwar mit Hoffmanns Musik. Fouqué hat ihn dann, wie schon berichtet, weiter ausgeführt, so daß er noch zweimal als abendfüllendes Stück gespielt worden ist. Eine Bearbeitung von Shakespeares »Heinrich IV.«, (Teil I und II, nach der Schlegel'schen Übersetzung), ist 1817 von ihm unternommen und aufgeführt worden (das handschriftliche Regiebuch befand sich noch 1950 im Archiv des berliner Schauspielhauses). Die »Heimkehr des großen Kurfürsten« geht mehrere Male mit Beifall über die Bretter; und schnurrig genug sind die Ausstellungen, die Friedrich Wilhelm III. zu einigen Szenen macht: als ein Brandenburger einen Schweden ohne vorherige Warnung niederschießt, beanstandet er, daß er ihn nicht vorher angerufen habe, im Sinne von »Hände hoch«, oder so; Wert oder Unwert des ganzen Stückes, oder psychologische und sprachliche Feinheiten sieht der gekrönte Uniformschneider natürlich nicht.

Auch für das Theater macht er »kritische Arbeiten« wie er Perthes am 15. 1. 16 mitteilt; aber allmählich wird ihm das Intriguenspiel der Schauspieler und überhaupt das unruhige Leben doch zu viel (obgleich manch schöne Komödiantin ihn nicht ganz gleichgültig gelassen hat): »Meine Bühnengeschäfte habe ich so gut als ganz aufgegeben.« schreibt er verdrießlich dem hamburger Freund am 29. 6. 16 : »Es ist auch *damit* nichts.« Oder an Halem (28. 6. 16) : »Von einer dauernden oder gar offiziellen Verbindung mit den Brettern hat mich eine kaum vorläufige Erfahrung gänzlich zurückgebracht, mir die Überzeugung aufdringend, daß meine Geduld für diese Art von Herkules-Arbeit keineswegs ausreiche. Nach allen Seiten hin Front zu machen, gelingt bisweilen einem entschlossenen Kämpfer; aber nur, wenn von allen Seiten *edle* Feinde andrängen. Mit dem Theater scheint es mir anders zu sein. Ich habe mein Trauerspiel von den ‹Zwei Brüdern› – es sollte bald einstudiert werden – zurückgenommen, und will es dem Druck übergeben; denn gerade diese Blüte meines Gartens halte ich für zu zart, um sie Gärtnern wie die Komödianten, und Beschauern wie die gewöhnlichen Theaterbesucher auszuliefern.« Am vernünftigsten sieht er es in einem Brief an Matthäus von Collin (29. 10. 16) : »Was öffentliche Blätter von meiner Einwirkung auf das Berliner Theater erzählten, reduziert sich ganz auf ein freundschaftliches Verhältnis zum Grafen Brühl. Es mag wohl früher von was Ausgesprochnerem und Offiziellerem die Rede gewesen sein. Aber mit einem gewissen, mir angeborenen Fouquéschen Eigensinn wollte ich auch nicht den mindesten Schritt zur Begegnung tun, und so blieb es denn, und ist meiner jetzigen Überzeugung nach mir zu großem geistigen und leiblichen Heil unterblieben !« – Und wir müssen sagen, daß diese Einsicht durchaus richtig war : er hatte mehr und besseres zu tun, als Kritiken zu schreiben, oder anderer Stücke für die berliner Bühne aufzustutzen.

Das Hauptstück der damaligen Zeit aber ist die »Undinenoper«.

Kaum hatte ETA Hoffmann, damals in Bamberg, das Märchen kennengelernt, so empfand er, daß es ein vorzüglicher Opernstoff sei; durch Hitzigs Vermittlung erklärt sich Fouqué selbst bereit, das Libretto zu schreiben. Am 2. 9. 1812 teilt Fouqué einem sonst wohl unbekannt gebliebenen jungen komponierenden Verehrer, Hildebrand, der ihm zwei seiner Lieder zugesandt hat, mit: »Auf Begehren des großherzoglich-würzburgischen Musik- und Theaterdirektors Hoffmann arbeite ich jetzt an der Opernbearbeitung meines Märchens ‹Undine›«. Bereits im November 12 hält es der erfreute Hoffmann in Händen. »Höchst vortreffliches Meisterwerk.« schreibt er in sein Tagebuch, »sie den Freunden vorgelesen; höchst glückliche Stimmung«, und beginnt sofort mit der Kompositionsarbeit. Als dann Hoffmann 1814 wieder nach Berlin kommt, da ist das Werk der Gegenstand ihrer mündlichen und brieflichen Auseinandersetzungen; immer wieder wird etwas geändert, ein Vorspielchen beschlossen, etc.; am 8.5. 1815 kann Johannes Kreisler (wie er sich unterzeichnet) dem Herrn Baron melden: »Ohne meine Composition zu kennen ist die Aufführung beschlossen, und zwar soll sie mit allem nötigen Aufwande, mit neuen Dekorationen usw. gegeben werden.« Am 16. 8. 15 schreibt Hoffmann kichernd: »Nun ist es endlich unter Sängern und Schauspielern bekannt worden, daß ein großes Prachtstück emaniert von uns, und sie stoßen wie gewöhnlich die Köpfe zusammen.« (Da hat er wieder einmal reichlich Stoff und Illustration zu den »Leiden eines Theaterdirektors« gefunden.)

Am 3. August, zu »Königs Geburtstag« erfolgt die große Premiere: ein Text von Fouqué; der Stoff die allbeliebte »Undine«; die glänzende Musik von ETA Hoffmann; die Dekorationen von Schinkel und Gropius; die reizende Johanna Eunike in der Titelrolle; – in den Logen die ganze königliche Familie (»Fouqué hat der Prinzessin Wilhelm sowie dem Kronprinzen von der Oper erzählt; Beide interessieren sich dafür« schreibt Hoffmann am 12. 3. 1815) – es wird also ein ganz großer Erfolg! »Hoffmann hat sie mit einer ganz himmlischen Musik ausgestattet, und Graf Brühl die geschmackvollste und sinnreichste Pracht darauf verwendet; zudem spielten die Schauspieler mit großer Liebe und Anstrengung, und so geschah es denn, daß das Publikum die neue, in vieler Hinsicht wohl sehr fremdartige Erscheinung, mit glänzendem Beifall aufnahm« berichtet Fouqué aus jenen Tagen nach Eutin; und wieder 1828 aus der Erinnerung: »Johanna Eunike sang und spielte das Lieblingskind des Dichters mit hinreißender Anmut. Der Beifall war allgemein, und wie man wohl sagen darf, enthusiastisch«. Auch Carl Maria von Weber bestätigt es; er nennt die Oper : »Eins der geistvollsten Werke, das uns die neuere Zeit geschenkt hat.« Bis zum 29. 7. 1817 wurde die Oper 14 mal gegeben, und wäre zweifellos noch länger auf dem Spielplan geblieben, wenn nicht an jenem Tage das königliche Schauspielhaus samt allen Dekorationen ein Raub der Flammen geworden wäre; damals hat der Schwede Atterbom den unheimlichen Kammergerichtsrat Hoffmann gesehen : »Einmal wurde er mir von ferne gezeigt; es war an dem Abend, da, mitten im Sommer, das neue Schauspielhaus abbrannte, bloß zwei Tage nachdem ich noch die von ihm ebenso romantisch komponierte wie von seinem Freunde Fouqué romantisch gedichtete Oper Undine dort hatte aufführen sehen. Er hatte sich aus dem Fenster der am Gendarmenmarkt gelegenen Wohnung gelehnt, und der Feuerschein beleuchtet das kleine magere Antlitz, unter dessen Larve in jenem Augenblick gewiß einige Dutzend Wunder und Märchen spukten. Es war Abend, und das riesige, nun an allen Enden in Flammen stehende Gebäude glich im Halbdunkel mit seinem stehenbleibenden Gerippe und dessen vielen leuchtenden Fensteröffnungen einem königlichen Salamanderpalast.« (Am 4. 7. 18 ist dann der Grundstein zum neuen Schauspielhaus gelegt worden; am 26. 5. 21 kann es mit der feierlichen Aufführung von Glucks »Iphigenie in Tauris« eingeweiht werden.)

Durch dieses Unglück ist die »Undine« gänzlich von der Bühne verschwunden; der spätere ungeheure Erfolg von Webers »Freischütz« und dann noch später die, wie man sagt, »bühnenwirksamere«, Verarbeitung des Stoffes durch Lortzing haben das Stück in Vergessenheit geraten lassen; nur einmal ist es noch in Prag, unter der Leitung Franz von Holbeins, des reisenden Lautenschlägers Fontano und Gemahls der berühmten Gräfin Lichtenau, zur Aufführung gekommen; das war im Sommer 1821, und es ist damals durchgefallen.

Trotzdem sich die beiden Verfasser überall in ihrem weiten Bekanntenkreise um eine Wiederaufführung bemüht haben, ist ein Erfolg ausgeblieben; am 5.12. 1817 versucht es Fouqué auch in Hamburg : »Eine Frage,« schreibt er an Perthes : »da unser Wassermädchen mit in den Flammen des berliner Theaters verbrannt ist, aber gottlob nicht versiegt, wüßten es Hoffmann und ich gern einmal bei Euch aufgeführt. Eh sich in Berlin Alles dazu wieder herstellt, wird es Weile haben. Gäbe uns die hamburger Bühne etwa 25, allenfalls auch nur 20 Frdors Honorar, so würden wir die Undinenoper gern vollständig mitteilen. Willst Du einmal deshalb anfragen, mein Bertram ?« Aber auch Perthes hat nichts für das Stück tun können. Anfang dieses Jahrhunderts hat dann Hans Pfitzner die Opernpartitur neu herausgegeben (1906), und ist in seiner temperamentvollen Weise recht dafür eingetreten; dennoch ist auch seitdem keine Aufführung mehr erfolgt, nur einmal erinnere ich mich, eine im Rundfunksender Königsberg gehört zu haben.

Später hat Fouqué noch einmal den Text für den danziger Kapellmeister Karl Girschner (1803–60) umgearbeitet, in dieser Gestalt hat sie am 1. 4. 32 eine Konzertaufführung im Berliner Schauspielhause, und am 20. 3. 37 eine Bühnenaufführung im danziger Theater erlebt. »Die beiden jetzt verklärten Kunstgeister Zelter und Fürst Radziwill erklärten bei einer Konzertaufführung die Komposition für ein Meisterwerk«, bemerkt Fouqué zu dieser neuen Vertonung.

Dennoch ist »Undine« auch noch einmal auf der Berliner Bühne erschienen – in einem Ballett, und »es mag dem guten Kinde gar eigen zu Gesicht gestanden haben« sagt er vorsichtig in seinen Erinnerungen : das geschieht am 24.10. 1836, anläßlich der Hochzeit der Prinzessin Elisabeth (einer Tochter der Prinzessin Marianne); der damals hochberühmte Tänzer Taglioni verrenkt sich zur Musik Heinrich Schmidts; und nur dem poetischen Tagebuch jener Jahre, dem »Marienbüchlein« hat Fouqué seine wahren Gefühle anvertraut : »Wehmütig unterm Dach der Meereswogen / rollt ich die Tränenperlen still entlang. / Da fühl ich mich durch Dichterspruch und Sang / aufs neu ans Licht der Welt emporgezogen. // Und viele Herzen wurden mir gewogen / und schöner lebt ich auf in schönerm Klang, / mir hold begleitend meinen Wellengang; / doch ach – Weltlosung heißt zu oft betrogen !« (Das bezieht sich noch auf die Hoffmannsche Oper; aber nun kommts) : »Sie wolln jetzt, ich soll hüpfen auf den Brettern, / statt hinzuschweben leis in Melodien, / Und keine Ritter weihn sich mir zu Rettern. // Ich flieh ! Mein Trugbild gaukl' in Nebelwettern !...«

Die auch heute noch immer wieder aufgeführte Lortzingsche »Undine«, die ihre Uraufführung 1845 zum ersten Male erlebte, hat zu Fouqué selbst keine persönlichen Beziehungen mehr.

§ 45

Der andere Teil von Fouqués Produktion – der überhaupt laufend neben den großen poetischen Unternehmungen aller Jahre nebenher geht – ist die Arbeit für die Taschenbücher und Almanache jener Zeit. Einen Teil dieser Beiträge hat er in den letzten Bänden der »Erzählungen« selbst gesammelt; die größere Zahl ist in zum Teil schwer erreichbaren und selten gewordenen Bändchen verstreut geblieben, denn auch das Verzeichnis bei Goedeke ist durchaus nicht vollständig.

Es handelt sich um etwa einhundert Beiträge von durchweg geringem Umfang; manchmal sind es nur einzelne Gedichte; höchstens Erzählungen von etwa 30–40 Duodezseiten. Die meisten davon sind natürlich dichterisch nicht ernst zu nehmen, und sollten es wohl auch nie sein; ebenso wie bei ETA Hoffmann, der bekanntlich für sich selbst seine Produktion in zwei Klassen schied : die höhere, welche die »Brambilla«-Typen umfaßt, und die bloße mechanische Geldmacherei des »Meister Martin« oder ähnlicher öder Machwerke. Desgleichen muß man bei Fouqué verfahren, um den rechten Standpunkt für die Beurteilung des großen Scherbenberges zu gewinnen.

Abgesehen von den einzelnen gelegentlichen Gedichten kann man diese Kleinproduktion am besten der Form nach in drei große Gruppen scheiden :

Da sind erstens die Erzählungen, wie etwa »Adam Wiederbauer«, »Paul Pommer«, »Minerva« oder »Shakespeares Jubelfeier«, etc. Sie durchbrechen nie die übliche normale Form, und meist auch nie das Niveau dessen, was die andern fingerflinken Verfertiger von Almanachbeiträgen ebenfalls können; nur manchmal spürt man selbst in diesen Parerga den Überschuß an Formgefühl bei Fouqué : z. B. geschieht es ihm im »Waldfräulein«, daß ganze Sätze und Absätze im reinsten Jambenmaaß vorgetragen werden. Die Inhalte sind bunt durcheinander erfunden : Szenen aus der Modernen Welt, alle flach und hastig gearbeitet; Rittergeschichten in ewiger Wiederholung, aber hier meist ohne alle Poesie und nur ganz maniriert vorgetragen; Kindergeschichten – wie Kinder nie gewesen sind, so steif und bieder (manche wollen wohl gar auch schon für ihren König sterben, und werden sehr gelobt); seltsame Zusammentreffen und Wiederfinden spielen ihre gebührende Rolle; viele Obristen, Grafen und in Unkenntnis ihres Standes erzogene Fürstensöhnchen, die aber dann die Heldenkraft ihres uraltfeierlichen Stammes bei Gelegenheit recht herrlich und hoch bewähren – man sollte es sich versagen, diese Leistungen unseres Dichters allzunahe zu besehen ! Er hat sie auch zum größten Teil flüchtig und nur des Honorariums halber verfaßt – er konnte das Taschengeld wohl brauchen, wir wissen ja, daß er in Nennhausen ziemlich knapp gehalten wurde. Es wäre überhaupt nicht mehr als richtig und gerecht, bei jedem Dichter, sei es Poe, Hoffmann, Fouqué, Tieck usw. bis auf die allerneuesten, diesen Teil ihrer Produktion rein auszuscheiden, und gar nicht mehr in ihren eigentlichen Werken mit abzudrucken; wenn mir ein Schriftsteller ausdrücklich versichert, er habe solches Zeug nur aus schändlicher erbarmungswürdiger Not und um des blanken Lebensunterhaltes willen hingeschrieben, oder im Akkord Bücher übersetzt, dann weiß ich, daß ich die Ergebnisse gar nicht zu seiner Beurteilung heranziehen darf, und auch er selbst gewünscht hat, daß All das in Vergessenheit gerate, und zwar so schnell wie nur irgend möglich!

Die zweite Gruppe umfaßt die poetischen Beiträge: Balladen- und Romanzenkränze, Poetische Idyllen, kleinwinzige Epen. »Die drei Cliffords« sind so ein episches Gedicht in 3 Gesängen; oder die 62 Oktaven der »Rettung aus Herkulaneum«; die 15 Idyllen der »Sängerprüfung« ebenso wie die »Lieder vom König Sebastian«. Nordische Miniaturen erscheinen oft: der »Regner Lodbrog« wurde schon früher erwähnt; weitere Beispiele dieser Art sind »Der Eichbaum und die Weide«, altnordische Idyllen in der seltenen »Eidora«, dem schleswigschen Almanach (nach der Eider genannt), der deutsche und dänische Beiträge bringt; oder »Die Belagerung von Ancona« in fünffüßigen Jamben. Auch deutsche Sagenstoffe hat er hier behandelt, so einmal die Sage vom Schwanenritter Lohengrin (in der »Minerva« von 1816) oder die schlesische Sage vom »Hirten des Riesengebirges«, die Stammessage der Grafen Schaffgotsch, die den Greiffenkampf des Hirten Gottsche Schoff besingt, und auf Burg Greiffenstein bei Greiffenberg am Queis lokalisiert ist. – Trotz der anspruchsvolleren Form sind auch diese poetischen Kleinigkeiten meist herzlich unbedeutend, und dürften gern im Gesamtbilde fehlen; es ist nur bedauerlich, daß er sich immer wieder derartig zersplittert hat; nun, zumindest als laufende Übungen der Hand werden sie einen, wenn auch recht fragwürdigen, Wert für ihn gehabt haben.

Die dritte Gruppe ist der bei ihr angewandten Form wegen die bei weitem interessanteste; es sind die von ihm so genannten »Dramatischen Szenen«, eine Form, die er, vermutlich von Cramer ausgehend, recht eigentlich erfunden und bis ins Letzte durchgebildet hat; man spürt deutlich sein Interesse am neuen Formexperiment, hier hat er sich entschieden Mühe gegeben, und hier treffen wir demzufolge sogleich auch die wenigen lesenswerten Almanachbeiträge.

Es sind dramatisierte Erzählungen, oder, wenn man so will, Miniaturschauspiele in wenigen – etwa 4 bis 9 – Szenen, mit kurzen szenarischen Einweisungen, und sehr straffem bewegtem Dialog.

Schon früh hat er sich darin versucht; so ist bereits »Burg Geroldseck«, noch aus der Zeit nach dem tilsiter Frieden, ein erster zögernder Versuch in der neuen Art. Später hat er sie dann etwa ein Dutzend Mal angewendet; oft ist ihm ein tränenseliger romantischer Stoff dabei unter den Händen zerlaufen, wie z. B. in »Kloster Mariafrede«, das mit seinen 9

Äktchen viel zu lang geraten ist; oft hat er einen allzudürftigen, nur episodischen, Stoff ergriffen, und für eine solche Belanglosigkeit, wie etwa die »Theudelinde« oder den »Morgengruß« ist die Form dann wieder viel zu bewegt und anspruchsvoll. Aber manchmal gelingt ihm dabei auch ein in seiner Art einziges Gebilde, wie »Die Zaubrer und der Ritter«; hier ist Alles gelungen und nichts zu tadeln : ein echt poetischer Stoff (Der Deutschritter und die heidnischen Litauer); dichterische bilderreiche Sprache; tiefe Gedanken – etwa wenn der düstere Simuleit die steingewordene Geliebte *nicht* entzaubern will, um sie als ewiges, dem Verfall aller Welt nicht mehr unterworfenes, Bild gesichert zu wissen! Sparsamstes Personal : Erich Kanitz, ein junger Ritter (als jugendlicher Liebhaber) / Abrodat und Simuleit, Zauberer (und man akzeptiere es ohne Einwand oder Staunen als Beruf! Beide sind scharf unterschiedene Charaktere, der sanfte schwermütige Alte, Abrodat; und der junge heidnische Eiferer Simuleit) / Abrodite (die jugendlich schöne Tochter Abrodats, und prima donna des Stückchens) / Kaspar, ein Bauer (die »komische Figur«, und tatsächlich eine der ganz wenig komischen, die Fouqué geschaffen hat) / die Erscheinung des Mondmannes (unvergeßlich mit ihrer feinen stammelnden Hexenstimme). Erstaunlich ist auch der straffe Bau der 5 ganz kurzen Szenen; nur in seiner allerbesten Zeit hat Fouqué solche Konzentration noch erreicht. Dies jedenfalls ist ein gutes Beispiel, wie er auch im rein Formalen – leider nicht nachgeahmt – durchaus neue Wege zu gehen imstande war; eine solche dramatisierte Kurzgeschichte wäre auch heute noch vielleicht nicht ohne Nutzen zu versuchen.

Und nachdem er so viel für fremde Taschenbücher gearbeitet hat, kommt ihm der Antrag des nürnberger Verlegers Leonhard Schrag, der sich den berühmten Mann gern dafür sichern will, nun selbst ein eigenes Taschenbuch herauszugeben, schon recht. Es wird von vornherein sehr anspruchsvoll aufgezogen, und ist tatsächlich, neben der älteren »Minerva«, auch der bedeutendste dieser Almanache gewesen. »Auf des Buchhändler Schrag zu Nürnberg geäußerten Wunsch ersann Fouqué für ein neuherauszugebendes Poetisches Jahrbüchlein die Benennung ‹Frauentaschenbuch› und lud seine zahlreichen literarischen Freunde zur Teilnahme dafür in dem durch Titel und Tat angegebenen Sinne ein.«

1815 erscheint der erste Jahrgang – ein artiges Büchlein mit Goldschnitt und Kupfern, in Kassette; man hat sich nämlich mit Rücksicht auf die ungeheure Popularität der Fouquéschen Romane entschlossen, darin auch eine Bildergalerie zu seinen Werken zu geben (worüber sich manche Zeitgenossen nicht wenig erbosen, da man bisher solche Bilderreihen nur etwa zu Shakespeare kennt !); aber auch die Taschenbucherzählungen selbst werden nach altem Brauch illustriert, und um die Zeichner und Kupferstecher muß sich Fouqué als Redakteur bemühen. Rist treffen wir unter ihnen an und Kolbe, Schwerdgeburth und Döchling, und einmal schreibt er an Miltitz: »diesmal wo ein Teil der Zeichnungen aus Mangel an Zeit dem entsetzlichen Ramberg übertragen werden mußte« (Ramberg, 1763–1840, hat vor allem die großen Wieland-Ausgaben illustriert, und da, in Anbetracht des unseligen Formates und seiner anderen Zeitgenossen, so Übles nicht geleistet). Aber auch die Freunde beschäftigt er dabei: 1816 liefert Moritz Retzsch 7 Kupfer zum Jahrgang, und auch der Maler Wilhelm Hensel, ein Freund, der des öfteren in Nennhausen geweilt, wird mit herangezogen.

Die literarischen Mitarbeiter sind erstklassig; neben Fouqué und seiner Frau erscheinen da viele bedeutende Namen der Zeit: Gleich in den ersten Jahrgang liefert Uhland den »Kastellan von Coucy« und noch drei weitere Gedichte, darunter auch »Gesang und Krieg«, in dem es heißt: »Auch unsres deutschen Liedertempels Pfleger / sie sind dem Kriegesgeiste nicht verdorben, / man hört sie wohl, die freudgen Telynschläger, / und Mancher hat sich blutgen Kranz erworben. / Du, Wehrmann Leo, Du o schwarzer Jäger, / wohl seid ihr ritterlichen Tods gestorben! / Und, Fouqué, wie Du mir das Herz durchdringest! / Du wagtest, kämpftest, – doch Du lebst und singest.« (Aus welchem Jambenmaß nebenbei hervorgeht, daß man im Schwabenlande die erste Silbe seines Namens betont hat). Auch das nimmt Fouqué naiv und unbefangen mit auf; und auch dies wird ihm als Selbstglorifikation wieder übel ausgelegt – dabei gibt es ja nichts Schöneres, als wenn große Männer einander zuwinken; jedenfalls ists immer noch sinnreicher, als wenn die sogenannten »großen Staatsmänner«, die Völkerverderber, mit Fackelzügen gefeiert werden, oder unsere Zeitungen gar nicht genug Berichte über Fußball- und Boxgrößen bringen können. Aus diesem Jahrgang 1815 kann man nebenbei auch Friedrich Kind, den Textdichter des »Freischütz«, von seiner besten Seite kennen lernen; seine ländlichen Bilder sind derb und gut; und Gedichte wie »Das Blumenglas« (S. 196), »Der jungen Pächterin Frühlingsmorgen« (S. 205), »Herbstabend des alten Gärtners« (S. 209) und »Heumahd« (S. 218) gehören unbedingt zur beachtenswerten Naturdichtung jener Zeit.

Der Jahrgang 1816 bringt die vorhin besprochenen »Zaubrer und der Ritter«, und auf S. 187/88 auch das berühmte Gedicht ‹Trost›: »Wenn Alles eben käme...«.

Ab 1817 ist dann der Briefwechsel mit Schrag erhalten und gewährt interessante Einblicke in Fouqués Tätigkeit als Materialsammler und

Redakteur. Denn der Kreis der Mitarbeiter ist groß geworden : Miltitz sendet Novellen; Eichendorff Gedichte; Schwab, Halem, Rückert, Bernhardi, Schütz, Müller, Schenkendorff, Krug von Nidda, sind nur die bekannteren Namen. Viel Ungelegenheit gibt es mit ETA Hoffmann, der immer verspricht und nicht hält, und zur Lieferung seiner Beiträge (wie z. B. des »Rat Krespel«) stets angetrieben werden muß. Aber Fouqué hat auch *eine* Aufgabe eines berühmten Schriftstellers richtig erfaßt : die Förderung des Nachwuchses und der Unbekannten – auf seine Tätigkeit als Herausgeber fremder Werke komme ich noch ausführlich zu sprechen –; und in dieser Art ist das »Frauentaschenbuch« ganz besonders zu nennen. Zwar Luise Brachmann ist noch ein geläufiger Name; aber dann kommt eine lange Reihe : Reese, Prediger in Halberstadt; Heinrich Baron Schwerdtner; der Leutnant Georg Schulze in Merseburg (ein späterer Freund des Dichters und als Militärsachverständiger Berater an der Biographie seines Großvaters); Friedrich Raßmann, Privatdozent in Münster; Wilder (»muß erst noch von mir ausgefragt werden« setzt selbst Fouqué hinzu); Rudolf Hemann in Breslau; Besseldt\* (»kann ich aus meinem Gedächtnis nicht genau mitteilen; ich weiß nur, daß er bei einer Erziehungsanstalt im Kgr. Preußen – ich glaube in Jenkau – angestellt ist« fügt Fouqué dem Namen bei); Henriette Schubart,\*\* (»Durch Adresse an Professor Messerschmidt in Altenburg«); Breidenstein (»Zu erfragen beim Buchhändler Braun in Karlsruhe«). Dann kommen wieder geläufige Namen, wie Fanny Tarnow, Immermann, Schellhorn mit seinen Epigrammen, der unselige Franz Horn selbstverständlich. Und ein bisher völlig unbekannter Name erscheint hier zum ersten Male, ein Mann, der sich bedeutend mit Fouqués Leben verflechten sollte, und bisher nur zwei nichtssagende Zeilen im Anonymenlexikon gewidmet erhielt : Wildenhain aus Dresden (»Das Honorar wird an Hrn. Gebauer,

---

\* Wahrscheinlich Karl B., der – 1814 als 3. Oberlehrer in Tilsit – damals »vor einem interessierten Kreise« in Königsberg 8 Vorlesungen über das Nibelungenlied hielt.

\*\* (übrigens eine Schwester von Sophie Mereau-Brentano, und also Clemens' Schwägerin) war 1770 in Altenburg geboren, und lebte abwechselnd dort und in Jena, wo sie auch 1831 starb. Hauptsächlich hat sie aus dem Englischen übersetzt, Musgrave und Miss Opie, Schottische Lieder & Balladen, und einmal sogar eine – freilich ziemlich freie – Übertragung von Scott's ‹Lady of the Lake› geliefert. Sie war mit dem ebenfalls mehrfach erwähnten (z. B. S. 340) Prof. Messerschmidt, Altenburg, gut bekannt.

Regierungsreferendar beim kgl. preuß. geh. Legationsrat Himmly, in Frankfurt am Main, gezahlt«); dieser Wildenhain wird uns in einem der nächsten Paragraphen noch eingehend beschäftigen.

Bis zum Jahre 1821 hat Fouqué das »Frauentaschenbuch« herausgegeben – Sie werden die Gründe für seinen Rücktritt zur gegebenen Zeit ausführlich erörtert finden –; dann übernimmt es 1822–25 Friedrich Rückkert, und, als diesen seine Laufbahn andere Wege führt, Georg Döring (1826–31). –

Ehe ich zu der eigentlichen großen Dichtungsreihe dieser Jahre übergehe, sei hier noch das isoliert stehende Epos, der »Bertrand du Guesclin«, kurz besprochen:

Den Stoff hat Fouqué längst gekannt, zumal da seine Vorfahren vielfältig in die Händel jener Zeit mit verflochten waren; außerdem kannte er den 1802 erschienenen »Bertrand« Friedrich Majers (der aber in Prosa geschrieben ist). Der eigentliche Anreger zu dieser Arbeit war einer der militärischen Freunde Fouqués, der Major im Generalstabe Wagner, der ihn während des langen Krankenlagers 1818 oft besuchte, und ihm auch einmal die alte Chronik mit der Forderung, sie zu bearbeiten, mitbrachte.

Die Formung hat ihn über ein Jahr, vom Frühjahr 1819 bis in die letzten Julitage 1820 beschäftigt; am 31.7. kann er der Hoheit Marianne melden : »Mein Bertrand ist vollendet. Die vorletzten Stanzen, seine Totenfeier schildernd, schrieb ich unbewußt über dem Leichnam meines kleinen zahmen, mich rührend liebenden Kanarienvogels, den eine Unvorsichtigkeit meines Bedienten in meinem Schreibpult – gottlob *rasch* wenigstens, wie alle Umstände bewiesen ! – getötet hatte. Mein Schmerz nachher war groß !« Am 23. 5. 1821 kann er ihr das bei Fleischer in Leipzig erschienene Werk übersenden; gewidmet hat er es dem verehrten Gneisenau, der ihm am 12. 5. 1819 darüber schreibt : »Wenn Sie dereinst wieder eine liebliche, sanfte, kleine Dichtung, eine Idylle, oder auch selbst eine Undine zu Tage fördern, und Sie wollen ihr meinen Namen an die Stirne heften, so werde ich für diese Ehre sehr dankbar sein. Erschrecken würde ich aber, wenn ich mich in Gesellschaft eines Bertrand du Guesclin erblicken sollte. Denn mit Wahrhaftigkeit vor Gott muß ich ausrufen : domine, non sum dignus.«; und später schreibt ihm derselbe über das Epos : »Bertrand du Guesclin hat mich gewaltig angezogen. Eine geraume Zeit nachher war immer noch die Form meines Denkens in achtzeiligen Stanzen. Als Sittenbuch habe ich es alsbald meinem 17jährigen Sohn zum Durchlesen übergeben. Möge es gute Früchte tragen !« Ein anderer noch näherer militärischer Freund, der General Valentini, ehrt es in seiner »Lehre vom Krieg« mit der Bemerkung, es könne »dem Kriegsmanne Lehrgedicht sein«; auch eine ausführliche Rezension in den »Heidelberger Jahrbüchern« gesteht dem Streben des Dichters und der Ausführung die Anerkenntnis von etwas Tüchtigem, in dieser Art bisher noch nicht Dagewesenem zu.

Nun ist das allerdings nicht immer ein Lob, und die oben angeführten Stimmen haben tatsächlich auch schon alles zum Ruhme der Dichtung gesagt, was sich mit einigem guten Willen anführen läßt : man bekommt von den 25651 Zeilen allerdings den Oktavenschwindel, den ‹inneren Leierkasten›, sattsam in den Kopf. Ein Soldat mag sich vielleicht an den endlosen, genau beschriebenen Gefechten erfreuen können; ansonsten ist es weiter nichts als die allertrockenste Reimchronik, buchstäblich ohne auch nur eine Oase dichterischer Sprache oder poetischer Erfindungen. Die viele Seiten füllenden Anmerkungen bezeugen den Fleiß, den Fouqué auf die unselige Arbeit gewandt hat – man kann nur sagen : Leider ! Denn unter allen seinen epischen Dichtungen ist dieser »Bertrand« die bei weitem schlechteste.

Aber das bisher Erwähnte sind ja auch gar nicht die eigentlich nennenswerten Leistungen der vorliegenden Epoche; seine eigentliche Fülle und Dichterkraft hat er ganz bewußt einem anderen Riesenplane geweiht.

§ 46

Am 4. 9. 1817 wird von der königlich württembergischen Ober-Regierung (gez. Freiherr von Holzschuher) dieser Erlaß herausgegeben :

»Es hat der Buchhändler Joh. Leonh. Schrag zu Nürnberg unterm 29. August um ein Königl. Württembergisches Privilegium gegen den Nachdruck des in seinem Verlage in mehreren Bänden erscheinenden Werkes ‹Der Altsächsische Bildersaal› angesucht. Da nun demselben in seinem Ansuchen willfahrt, und ... das verlangte Privilegium auf sechs Jahre und zwar für jeden einzelnen Band, von der Zeit seines Erscheinens an, bewilliget worden ist; so wird hierdurch allen und jeden Untertanen, besonders aber allen Buchdruckern und Buchhändlern des Königreiches alles Ernstes verboten, besagtes Werk innerhalb dieser Zeit nachzudrucken ... widrigenfalls derjenige, welcher dagegen handeln würde, nicht nur mit einer Strafe von dreißig Reichstalern belegt, sondern auch die Confiscation aller Exemplare des unbefugten Nachdrucks zum Vorteil des Verlegers, und Erstattung des Ladenpreises der

Verlagsausgabe an denselben für die bereits abgegebenen Exemplare erkannt werden würde.« –

In der Vorrede zum ersten Teile dieses »Altsächsischen Bildersaales«, dem Heldenspiel »Herrmann« (so, mit zwei »r«, steht es auf dem Titel; im Stück selbst hat er die gewöhnliche Schreibweise verwendet) berichtet Fouqué selbst über die Veranlassung zu dem großen Plane:

»... im Oktober 1812 – kam mir ein Brief von Jemandem zu, dessen Name hier stehen sollte, aber es nicht darf, weil der Eigentümer es mir verbietet ... Folgende Stellen seines Briefes mögen hier Platz finden: ‹.... Auch noch andere Wünsche habe ich auf dem Herzen. Die älteste Geschichte Deutschlands, vor allem meiner Heimat zwischen Rhein und Ostsee (Altsachsen) war von jeher mein Lieblingsstudium. Ich könnte Ihnen mancherlei Materialien aus dieser noch wenig gekannten Provinz vaterländischer Geschichte liefern, welche unter gestaltender Hand zu Mitteln werden könnten, das neue Volk mit alter Kraft zu beseelen, und es wieder heimisch zu machen in seiner eigensten heimatlichen Natur. Darf ich Ihnen zuweilen solche Materialien zusenden?›« Nun schildert Fouqué, wie er und jener Ungenannte sich durch die Ereignisse des Jahres 13 aus den Augen kamen; erst zu Anfang 1815 werden die Mitteilungen erneuert; und so erklärt sich jetzt Ferdinand Beneke – denn er ist es, obwohl Fouqué niemals, auch in seinen zwei Autobiographien nicht, den Namen nennt – »Was ich gern bei Ihnen will, liegt in dem Wunsche, Ihnen durch allerlei Vorschläge und Skizzen aus der altsächsischen Geschichte zu Hülfe zu kommen. Indem der Dichter sich einen Zeitmoment auswählt, möchte ich ihm die allgemeinen historischen Merkmale desselben andeuten. In dieses Zeitpanorama soll er dann sein eignes freies, aber jener Zeit angemessenes Dichtungswerk hineinstellen, und so nicht das politische, sondern das Menschennatur-Gemälde jener Perioden Altsachsens hervorbringen; nicht als tote Zeichnung, sondern als frisches Leben. Jede Ähnlichkeit mit dem sogenannten historischen Roman, der sich die wirklichen Helden nach Belieben zurechtschreibt, bleibe verworfen. Erscheinen dürfen jene großen Gestalten wohl, aber gleichsam nur über den Hintergrund der Scene schreitend, nie in ihrem eigentümlich innern Wollen und Treiben angetastet und motiviert. Wenn Sie sich nun zu einer ganzen Reihenfolge solcher Schriften entschlössen, so würde auf diesem Wege allmählich für das künftige Ganze der eigentlichen Geschichte das Ganze einer poetischen Begleitung, oder vielmehr einer malerischen Anschauung (Bilder-Gallerie) entstehen.«

Und das ist das eigentliche Geheimnis Benekes, der eigentliche Grund, warum er in seinem Tagebuche immer wieder darüber klagte,

Fouqué nicht allein zu haben, ihn nicht immer mehr in diesem Sinne beeinflussen zu können ! Aber in guten Stunden ist es dem Juristen und Lokalhistoriker mit dem schmalen verkniffenen Sassengesicht über der langen dürren Gestalt dann doch gelungen, den großen Dichter für seinen Lieblingsplan zu gewinnen; vorsichtig hat er ihm zuerst leckere Einzelheiten serviert, alte Karten und Kostümbilder, historisches und geographisches, in langen Jahren liebhaberisch gesammeltes Material gezeigt. Dann, als er die also angeschürte göttliche Phantasie des Anderen aufglühen sah, hat er, immer wieder durch die Gastereien und den lärmenden Perthes gestört, mit ihm den Plan zum »Altsächsischen Bildersaal« skizziert; nun, in der intimen persönlichen Aussprache gewinnt der Riesenentwurf rasch Umriß und Inhalt.

Ungeheures ist erdacht : in zwanzig oder dreißig Romanen und Dramen soll die Geschichte – nein, eben nicht die »Hohe Geschichte«, sondern die »Privataltertümer« – Deutschlands dargestellt werden, von Anbeginn bis zum großen Friedrich. Fouqué will also schon damals das für Deutschland tun, was später – allerdings in viel kleinerem Maaßstabe – Gustav Freytag in den »Ahnen« versucht hat; was Scott für England unternahm; oder der große James Fenimore Cooper für Nordamerika tat (der freilich begünstigt durch die verhältnismäßig sehr kleinen Zeiträume, die er so redlich und düster schildert).

So viel ist zu tun, daß Fouqué selbst das Riesenwerk mit Gewißheit »als eine Ausfüllung für den Rest meiner schriftstellerischen Laufbahn betrachten kann«, oder, wie er es (29. 10. 16) an Collin formuliert »Sie sehen, ich kann – wenn Gott mir so langes Erdenleben bescheert – darüber zum Greise werden.« Als Beneke den Freund am 2. 7. 1815 zum Abschied umarmt, ist mit dem gemeinsamen Plan auch der Bruderbund zwischen ihnen geschlossen.

Noch sind die früheren »kleinen« Entwürfe abzuschließen; rasch wird der »Baldur« beendet, der dritte Teil des »Helgi« aufs Papier geworfen, die Aufträge der Prinzessin ausgeführt, und dem »Alethes« das fehlende vierte Buch hinzugeschrieben; – dann hat er die Hände frei.

Wie billig bei einem »deutschen« Dichter muß er mit einem »Hermann« beginnen; einem langen Brief vom 25./27. 5. 1816 an Beneke legt er den ausführlichen, literaturgeschichtlich äußerst wertvollen Prosaentwurf bei; und geht sogleich, begeistert ob des herrlichen, endlich gewagten Stoffes, an die Ausführung, trotz seiner Krankheit mit übersprudelnder Lust und Kraft. »Was liegt auf grüner Haide ? Was schimmert weiß im Wald ? / Das sind die Varusrotten, so bleich und starr und kalt. / Wer singet Leide, Leide ? Wer ist so trüb zu schaun / in lauter heißen

Tränen ? Das sind die stolzen Römerfraun !« so jubelt er am 29. 6. 16 bereits dem Freunde die ersten Verse des Vorspiels zu. Schritt für Schritt können wir aus den Briefen die Entwicklung nicht nur dieses »Hermann«, sondern überhaupt des ganzen »Bildersaales« genau verfolgen; am 26. 2. 1817 ist das umfangreiche Stück beendet.

Schon um des Stoffes willen gehört es zu den interessanten, um der Ausführung willen zu den besseren, Leistungen unseres Dichters, und braucht den Vergleich mit anderen Hermannsdichtungen – Klopstock, Kleist, Grabbe, etc. – nicht zu scheuen. Ziesemer hat recht, wenn er es eine »frische und originelle« Arbeit nennt. Merkwürdigerweise war Friedrich Stolberg mit dem Heldenspiel nicht zufrieden. »Verzeihen Sie mir die Ursache meines Stillschweigens; zu meiner Beschämung will ich sie Ihnen unumwunden beichten«, gesteht er am 23. 9. 1818 : »Ich war verlegen, Ihnen meine Meinung über Ihren Hermann und über die Heldenspiele zu sagen. Wären diese Gedichte Werke eines Anderen, so würde ich sie mit gutem Gewissen loben, weil viel Schönes darinnen ist. Aber als Gedichte meines Freundes Fouqué, der den Zauberring und Corona und Undine und Sintram, und so vieles, was das Siegel der Unsterblichkeit an der Stirne trägt, gedichtet hat, genügen sie mir nicht.« Nun ist Stolbergs Urteil allerdings durchaus quantité négligeable, wie die beiden »Dichterbrüder« denn überhaupt völlig überschätzt worden sind.

Einen Verleger für das große Unternehmen zu finden, ist bei Fouqués damaliger Popularität ebenfalls keine Schwierigkeit; zuerst bietet er es Cotta an, der sich eben stärker mit ihm engagiert hat – »Corona«, »Sängerliebe«, »Baldur« etc. erscheinen eben bei ihm –; schon am 2. 4. 1816 (also noch ehe er den »Hermann« überhaupt begonnen hat !) erwähnt er es so : »Für die Zukunft meiner nächsten Jahre habe ich mir vorgenommen, einen altsächsischen Heldensaal zu dichten : streng historische Trauerspiele, soweit die Kunden weisen, die ich von einem trefflichen Geschichtsforscher in reicher Fülle und großem Umfang erwarten darf. Die erste Dichtung wird Hermanns Tod, und vielleicht könnte ich sie Ihnen schon um Michaelis senden«; am 3. 3. 17 fragt er wieder an : der »Hermann« ist jetzt vollendet; aber erst muß der »Baldur« und die »Zwei Brüder« heraus, »dann würde ich Ihnen meinen Hermann als Vorläufer des altsächsischen Heldensaales in wenigen Wochen – er ist noch beim Abschreiber – senden.«

Interessant ist hier die Tatsache, daß Fouqué zuweilen durch Fremde Reinschriften von seinen Manuskripten anfertigen ließ; wir werden später noch lustige Einzelheiten darüber erfahren; doch ist dies ja nicht stets der Fall gewesen ! – Das Original des »Hermann« befindet sich noch heute als Cod. germ. 5044 in der Handschriftenabteilung der münchener Staatsbibliothek (Frels bezeichnet es fälschlicherweise als »Friedrich, ein Heldenspiel«). Das Manuskript hat 344 Seiten und ist vollständig und excellent erhalten; ein roter Folioband, handgebunden, mit Goldprägung auf dem Rücken : das ist der gleiche Band, den ETA Hoffmann in seinem Brief vom 3.4. 1817 erwähnt : »Daß ich, verehrtester Baron ! die Handschrift des Altsächsischen Heldensaals auf das sauberste einbinden lassen und Morgens am 26. März dem Freunde Hitzig überreicht habe, werden Sie wohl schon brieflich von ihm vernommen haben. Anliegend Wolffhardts Quittung über 7 Taler ...« und der Band trägt auf der Titelseite auch die Widmung : »Seinem innniggeliebten Freunde Julius Eduard Hitzig schenkt diese Urschrift einer gewagten Dichtung zum 26. März 1817 als Geburtstagsgabe der Verfasser.« Aus dem Hitzigschen Nachlaß ist das rare Stück dann in die Münchener Bibliothek gekommen, eines der seltenen Manuskripte von Fouqués Dichtungen. –

Da nun Cotta so unverständlich mit dem Erscheinen der erwähnten anderen Bücher zögert, bietet Fouqué jetzt den Verlag des ganzen »Bildersaales« Schrag an, der auch hurtig zugreift; am 17. 7. 17 hat Fouqué das erste Mal davon gesprochen – am 11.8. freut er sich schon über Schrags Bereitwilligkeit, und bespricht gleich mit ihm die näheren Einzelheiten : »Den Hauptteil des ganzen Werkes ‹Altsächsischer Bildersaal› setzen wir natürlich jeder einzelnen Dichtung voran. Ich wünsche aber, wie auch schon die Vorrede darauf hindeutet, keine so strenge Verknüpfung als der Ausdruck ‹erster Teil› usw. bezeichnen würde.«; schon früher hat er das Verhältnis der einzelnen Teile zueinander Cotta gegenüber hübsch so gekennzeichnet : »vorzüglich erheischt der Heldensaal eine sehr bestimmte Ordnung im Aufgehen seiner Kammern.«

Und künftig sind die Briefe an Beneke voll von Anfragen über altdeutsche Einzelheiten; er verlangt Landkarten mit den alten Ortsbezeichnungen; Kostümbilder; einmal braucht er ein Bild der Externsteine; lange debattieren die Freunde über Betonung und Sinn alter Namen.

Auch der Plan entwickelt sich während der Diskussion; zuerst ist als nächstes Stück ein kleines Epos »Ital« vorgesehen; am 26.2. 17 fragt er Beneke, ob ihm diese Art der Stofformung so recht wäre – dann einigt man sich doch darauf, daß die Geschichte vom Ital nur eine Episode im nächsten großen Roman »Welleda und Ganna« werden solle.

Auf ein Quartblatt hat Fouqué am 30.4. 1817 in hastiger Handschrift die allererste Notiz dazu hingekritzelt : »Winke für Welleda und Ganna« heißt die Überschrift : »Seelenliebe – so recht tiefe, stille, einander unendlich verstehende, oft wortlose Seelenliebe; – im Gegensatze reales, häusliches, kraftvoll blühendes Eheglück. – Dies Letztere in einem freien Bauernhaushalt, – jenes zwischen Ganna und einem Helden (Berthold, der sie auch zuletzt nach Rom und wieder zurück geleitet) – Aber über Allem die unendliche Wehmut heidnischen Dunkels, durch Alles hin das ängstliche Suchen des noch halb träumenden Geistes. – Ein Tag (wie der diesjährige 27. April) in wunderbaren Wolkenschatten und süßem Sonnenlichte wechselnd, kann die Szene eröffenen (Vermutlich fängt das Ganze mit einem Götzenumgang an, zu Bezeichnung und Behütung einer Mark) – von einer heilenden Zauberrose ist viel die Rede. Auch in furchtbaren Gegensätzen von Werwölfen, doch so, daß man ungewiß bleibt; sind sie wirklich da, oder bilden sichs die Leute nur ein ? Halfdan hat vorzüglich damit zu schaffen, auf gut nordländisch. – Wie weit selbst über jene Seelenliebe noch die heilige Gottesliebe gehe, stellt die Erscheinung des geflüchteten Christen dar. – Von Niemandem wird er ganz verstanden, von Einigen ahnungsvoll geliebt, aber doch auch mehr als billig gefürchtet; von den Mehrsten, mit dem gewöhnlichen Welthasse wider Gott und Christum, verabscheut, auch wohl verfolgt. – Ganna, das zarte Blümlein, wird erst im Werke selbst durch Welleda und andre wunderliche Leute zur Drude heraufgezogen. Mit der Zauberrose aber weiß sie beizeiten umzugehn. – Ein wahnsinniger Sänger liebt Welleda. – Das Werk umfaßt einen Zeitraum von etwa zweiundzwanzig Jahren.«

Der große historische Rahmen ist der Aufstand der Bataver unter Civilis, und ein Teil des Buches ist deshalb auch in der Rheingegend um Vetera Castra (= Xanten) lokalisiert; die Haupthandlung aber spielt wieder einmal in jenem selig-unseligen Weserwinkel : im Röckabusch und seiner Umgebung. Über den Namen des Haupthelden hat er eine kleine Differenz mit Beneke : er darf nicht Witke heißen, was »durch störende böse persönliche Erinnerungen« ein widriger Name für Fouqué geworden ist, sondern Berthold. (Vielleicht handelt es sich hier um Moritz Heinrich v. Wittke, 1751–2. 10. 1811, seinerzeit Hauptmann im Inf.-Rgt. v. Möllendorf ?).

Emsig arbeitet er daran, und der Stoff dehnt sich ihm unter den Händen; ursprünglich hatte er geplant, im Herbst damit fertig zu sein; aber am 3. 10. 17 kann er dem Freunde erst melden : »Schon ist Mummius Lupercus mit seinen 2 Legionen erschlagen; der Engern und Brukterer Krieg ist seinem Ausbruch nahe.« Und es dauert immer länger; das Jahr 17 vergeht, und im Januar 18 trifft ihn der große Krankheitsanfall. Aber eben der unterbricht kaum die Arbeit, sondern fördert sie vielmehr, da gerade die Erinnerungen jener Zeit schicksalhaft geweckt erscheinen; am 29. 3. 1818 kann er das Manuskript an Schrag absenden : »Ich war sehr ernst krank, mein geschätzter Freund, und leicht hätte es kommen mögen, daß die Sammlungen zum Frauentaschenbuch, sowie auch die Arbeit an Welleda und Ganna Ihnen nur als hinterbliebene Bruchstücke aus der Hand der Meinigen zugekommen wären ... Hierbei erfolgt die einstweilige Frucht meiner Genesung : die große Manuskripten-Lieferung zum Frauentaschenbuch samt beigefügter Reihenfolge, und das 4. und letzte Buch von Welleda und Ganna. – Hinsichtlich des letzteren Manuskriptes muß ich um einen vorzüglich achtsamen Korrektor bitten, indem die leibliche Schwäche mich einige Seiten sehr unleserlich schreiben ließ, zum kopieren aber keine Zeit mehr vorhanden war.« – 1818 im gleichen Jahre wie der »Hermann« erscheint der 688 Seiten starke Roman.

Er ist einer der besseren des Dichters geworden, wenn er auch nicht in die Reihe seiner ganz großen Leistungen gehört; dennoch ist ihm hier einmal gelungen, einfache Bauern und völkisches Selbstbewußtsein darzustellen, ohne daß ihm Landleute und Bürger wieder gänzlich zur demütig-einfältigen Folie für adlige Herrlichkeit entartet wären.

Als Nachklang der mächtig aufgeregten Erinnerung erscheint noch im gleichen Jahre das Märchen von Schön Irsa und ihrer weißen Kuh. Am 19. 7. 18 schon meldet er es Schrag an : »Von mir sollen Sie hoffentlich in einigen Wochen ein Märlein als Nr. III unseres Bildersaales erhalten, daran ich jetzt mit vieler Liebe schreibe.«; am 3. 9. sendet er bereits das kleine Manuskript, und bittet um umgehende Bestätigung des Eingangs : »Wie sicher auch jetzt die Posten sind : mir schwebt doch immer eine Möglichkeit des Verlorengehens vor, und besonders wenn ich, wie hier, keine Abschrift behalten habe.« – Das ist überhaupt ein häufiger Gegenstand des Scherzes für die Freunde : seine Angst, daß etwas bei der Post verloren gehen könne – man hat als Melancholiker schon seinen Ärger, von dem einfache Menschen gar keine Vorstellung haben !

Das anmutige Büchelchen (143 Seiten umfaßt es nur) ist vor allem deshalb wichtig, weil hier wieder einmal die »Undine«, Elisabeth von Breitenbauch, in ihrer Heimatumgebung erscheint : »Obs auch nicht eben alles wahr ist, ein wahrer Grund bleibt dennoch drin, und die Leute hören in den Herbst- und Winterabenden gern zu.« – »Mein Märchen von Schön-Irsa und ihrer weißen Kuh, Nr. III des Bildersaales, spielt nur etwa ein halbes Jahrhundert nach Welleda und Ganna, und bildet nur einen Nachklang jener Geschichte«, meldet er bescheidentlich am 29./30. 8. und 3. 9. an Beneke und fügt gleich, den über solches »Aus-der-Reihe-Tanzen« nicht sonderlich Erbauten zu beschwichtigen, hinzu : »Die 4 Brüder von der Weserburg beginnen.« –

Das nämlich wird, wie verabredet, der vierte Teil des großen Unternehmens, und wieder nimmt es fast ein volles Jahr in Anspruch; im Juli 1819 ist auch dieser umfangreiche Roman beendet; im Mai 1820 kann er die fertigen Exemplare versenden, so z. B. am 20. 5. an ETA Hoffmann.

Das ist ein in jeder Hinsicht großes Buch, die Abenteuer der vier Brüder Herland, Wildrik, Braun und Asamund in den Stürmen der Völkerwanderung ! Wieder liegt ihre Stammburg im Weserwinkel : »Die Weser rauschte ungestüm durch das tiefe stürmige Nachtdunkel aus dem Thale herauf, der Schnee trieb und kräuselte sich heftig im Gezweig der alten Tannen, welche vom Burgwall einzeln, wie riesengroße Schildwachen, über die Gegend hinragten; im Hauptturm der Veste schimmerte noch Licht aus dem Laden des höchsten Gemaches hervor.« Dort halten die Brüder noch einmal Rat, ehe sie auf Aventiure reiten. Und in mächtigen Bildern erfaßt Fouqué alle Hauptereignisse der wilden Zeit : Einer geht mit Hengist und Horsa nach Britannien; Einer reitet durch Deutschland im Heere Attilas; ein Andrer geht in die römischen Lande nach Gallien und Italien und erlebt dort die letzten Lichter römischer Kunst und Gesellschaft – das Gemälde ist durchaus kunstreich durchkomponiert ! Und auch die Ausführung im Einzelnen erreicht in manchen Stellen das Höchste, was Fouqué als Dichter möglich war; Kapitel, wie das in den Trümmerhallen von Selma – Fantasiestück in Ossians Manier – gehören unbedingt mit zu den Paradebeispielen romantischer Prosa. Wenn ihm auch nicht die tiefere Deutung der »Welt als Chaos« wie im »Zauberring« geglückt ist, so ist er diesem doch niemals weder vor- noch nachher in der eigenen Manier so nahe gekommen. Wieder erscheinen die Klippentäler in Wüsteneien; die wilden einsamen Völker; die chaotische schreckliche Vielfalt des Lebens, der Orte, der Jahreszeiten, zumal des goldfeuchten kalten Herbstes, des endlosen, rauschenden, nicht zu bändigenden. Mühselig schafft er wieder ein Gatter von Orthodoxie um sich her; aber wenn er schreibt, »hält« das alles nicht; dann tappt er ratlos durch Nebel und Graunacht nach Gekreuztem, weil vom höchsten Zauberwert. – Wenn man von dem ganzen »Altsächsischen Bildersaal« nur ein Stück auswählen könnte, müßte man unbedingt diese »Vier Brüder von der Weserburg« dazu erlesen.

Natürlich ist Beneke diesmal offen nicht mit der Behandlung des Gegenstandes einverstanden, wie Fouqué sie gegeben hat; er nörgelt hier und kritisiert da an den »Blumengärten« herum : er hätte sich ja allerdings schon aus dem »Zauberring« abstrahieren können, wie Jener, ein wahrer Poet, die Akzente verrücken würde, (wobei noch sehr fragwürdig ist, wer mehr Recht selbst im Exakten hat).

Dann sieht aber auch Fouqué ein, »es ist dem Unternehmen gewiß nützlich, daß sich die Bände nicht allzurasch folgen«, und schiebt jetzt erst einmal den »Bertrand« dazwischen.

Dann aber geht er ohne Zögern an den Fünften Teil; am 20. 7. 20 teilt er Beneke seinen Entschluß mit, diesen schon in Karls des Großen Zeit zu verlegen; am 3. 9. 1820 kann er an Schrag melden: »Die größte Hälfte des nächsten Manuskriptes zum Bildersaal hoffe ich Ihnen spätestens in der ersten Hälfte des Dezembers zu senden. Es gilt diesmal vorzüglich die Lösung eines mir vom seligen Friedrich Stolberg hinterlassenen Auftrages, weshalb auch eine Zueignung an diesen mir ewig lieben Freund und Vater voran stehen soll.«

Aber dieser Teil wird nicht mehr erscheinen – der Bruch mit Schrag läßt auch das ganze große Unternehmen völlig stocken. Über den genauen Inhalt dieses neuen Romans wird (zunächst!) fast nichts bekannt; der Held sollte ein »Graf Mirabilis« sein. (Allem Anscheinen nach sind aber große Teile davon in den »Verfolgten« übernommen worden, wenn er es nicht gar selbst ist.)*

Die Gründe aber für Schrags Rücktritt von dem Unternehmen mögen zunächst Anlaß sein, Fouqués Verhältnis zu seinen Verlegern überhaupt zu besprechen.

## § 47

Im Leben eines Autors spielen nun einmal Verleger die unheilvoll große Rolle, jene wunderlich zwiespältige Rolle des Vervielfältigers und Zwischenhändlers geistiger Produkte, eine Rolle, die gleichviel vom Himmel und der Hölle an sich hat; sie leben vom Handel mit den reinsten Blüten der Menschheit – mit denen man eigentlich solche Begriffe wie »Handel« gar nicht verbinden sollte –; sie »zahlen« ihrerseits den Dichtern – Wesen, mit denen man den Begriff »Zahlen« gar nicht verbinden sollte – : kurz, es

---

* Aus einem Brief an Halem vom 28. 6. 1816 geht der Titel eines weiteren geplanten Stückes hervor: »... In meinen altsächsischen Heldensaal bin ich seit mehreren Wochen eingeschritten. Glückauf zu Ihrem Wittekind! Es soll mich freuen, wenn wir einander auf diesem Felde begegnen. Bis ich zum Wittekind gelange, müssen freilich noch Jahre vergehen. – Können Sie mir etwa altsächsische Chroniken oder dergleichen zu Kauf oder Ansicht verschaffen, so werden Sie mich sehr verpflichten, und mein Unternehmen sehr fördern. ...«

ist ein recht symbolisch terrestrisches Verhältnis zwischen den Beiden : Irdenes und Himmlisches, ins bedeutend Allgemeine erhoben.

Ich erzähle die Geschichte Fouqués mit seinen Verlegern – ich erzähle die Geschichte vom Verleger und seinen Autoren überhaupt : als Anfänger sind sie froh, ihre Sachen in gedrucktem Format zu sehen, und betrachten sie mit liebevollen Vaterblicken; dann kommt die Zeit der Berühmtheit, wo die Verleger ächzend zahlen (weil sie anstatt 50 % nur noch 48 verdienen !); am Ende, in der großen Vergrauung, bittet der Autor wieder um ein Geringes, und schreibt ins ewig Leere – ich erzähle die Geschichte Fouqués mit seinen Verlegern.

An Anfang sind es unbekanntere Namen : Unger; die Realschulbuchhandlung, Berlin; G. A. Lange; Himburg, der auch noch den »Galmy« bringt.

Der »Alwin« erscheint bei Friedrich Braunes, Berlin, und noch am 15. 2. 1812 erinnert sich Fouqué (an Stechow, der ihm damals die Verbindung mit Thomas vermitteln will) : »Nur muß der Zahlungstermin genau angesetzt und gehalten werden. Du wirst diese Äußerung nicht befremdend finden, wenn ich Dir sage, daß mich Braunes mit dem Honorar für den ‹Alwin› ein ganzes Jahr und darüber herumgezogen hat, und mich an Prozeßkosten zur Erlangung meines Eigentums um mehrere Friedrichsdor gebracht.«

Dann tritt als Verleger der jüngeren romantischen Schule Hitzig ein, und ich kann durch einen glücklichen Zufall die Bedingungen der Verbindung genau angeben : Jener zahlt ihm theoretisch für den gedruckten Bogen 3 Friedrichdor (à 5 Thaler) außerdem erhält der Autor 25 Freiexemplare, davon 5 auf Schweizer Velin, 10 auf Schreib- und 10 auf Druckpapier.

Fouqué faßt auch das Verhältnis durchaus idealisch auf : am 4. 5. 1812 schreibt er an Hitzig : Der solle ja keine detaillierten Abrechnungen senden ! Sowas läse er doch nicht ! Unter Freunden heiße es ganz edelsimpel wieviel bin ich, oder bist Du schuldig, und damit gut ! – Er war wirklich rührend edel und naiv; wie sagt doch Scheffel ? : »Die Welt war damals harmlos noch. Man kannte nicht / des bürgerlichen Rechtes vielverschlungnen Pfad, / und selbst der Greis im Silberbart, er wußte nicht / die Antwort auf die Frage, was ein Darlehn sei ...« Das mag dem alten Itzig so geschmeckt haben ! – Denn Brentano weiß, daß der das gerade Gegenteil von Reimer ist : »geizig ins Äußerste; er druckt das Meiste ohne Honorar, z. B. den Sigurd, seine Almanache ... spricht immer von Liberalität, Eleganz und Forthelfen der Wissenschaft, und weiß nicht was er will, als daß es Geld ist, das ich ihm auch von Herzen wünsche.« Ja, als er

Brentano eine Kantate abbettelt, und dieser sie ihm endlich schenkt, kommt er doch gleich noch einmal um 10 Groschen Druckbeihilfe dafür – »I am afraid all booksellers are rascals« (Cooper, 18.1. 44 an seine Frau). –

Wenn man bedenkt, daß Fouqué das Honorar nur als eine Art »Taschengeld« anzusehen braucht, erscheint das nicht schlecht; ich muß zunächst eine Art Vergleichsmaßstab angeben.

Um die Währungen – besser : die Kaufkraft des Geldes – früherer Jahrhunderte mit unserer heutigen vergleichen zu können, bietet sich als der beste Maaßstab der Preis des Getreides dar (obgleich die Einführung der Kartoffel auch da eine bemerkenswerte Verschiebung mit sich gebracht hat); 1 Friedrichsdor ist gleich 5 Thaler (à 24 Groschen); und, nach dem Roggenpreis von Anfang 1952, ist um 1810/20 1 Thaler ungefährt gleich 10 heutigen D-Mark zu setzen.

Fouqué hat also etwa seit 1808 für die gedruckte *Seite* seiner Bücher nicht ganz einen Taler, also etwa gleich 9 D-Mark erhalten; ich setze es der einfacheren Rechnung halber gleich 10 Mark.

Als Hitzig wieder in den seinem ganz philiströs-sicheren Wesen viel angemesseneren Staatsdienst übergeht, reicht er Fouqué an einen der damals berühmtesten Verleger, an Cotta, weiter. Auch dieser Cotta ist ein rechtes Beispiel merkantilischer Geschäftigkeit : bald kann er Güter ankaufen, und sich als Freiherr Cotta von Cottendorf nobilitieren lassen; 1824 errichtet er die ersten Dampfschnellpressen in Bayern, gründet auch die Dampfschiffahrtsgesellschaften auf dem Bodensee und Rhein : er versteht es, mit seinen Autoren rechte Geschäfte zu machen (und ich muß schon sagen : ich schätze die Leute gar nicht die derart vom »Zwischenhandel« leben : das sind die eigentlichen Unnützen, die »Unproduktiven«, die sich lediglich geschickt zwischen Erzeuger und Verbraucher einschalten, also eigentlich überflüssig sind ! Schon Johannes Scherr hat einmal festgestellt, daß man grundsätzlich nur immer die Paläste von Verlegern sehen könne, bei Autoren sei keine Rede davon !).

Cotta übernimmt die Hitzigschen Bedingungen (siehe oben) und er zahlt auch redlich, z. B. im Jahre 1816 allein 265 Friedrichsdor = 1325 Taler = 13 000 D-Mark für die bei ihm erscheinenden Werke Fouqués (er bringt ja immerhin : ‹Corona›, ‹Sängerliebe›, die ‹Gesammelten Gedichte›, die ‹2 Brüder›, und die ‹Heldenspiele›).

Aber das Verhältnis zu Cotta ist nichts weniger als klassisch-reinlich und alle Teile befriedigend ! Abgesehen davon, daß Fouqué immer wieder bestürzt über der grauenhaften Handschrift Cottas grübeln muß – einmal (am 5. 5. 1815) fragt er vorsichtshalber Hitzig an, ob der Ort nun

Stuttgart oder Tübingen heiße? Man könne das aus Cottas Zügen nicht enträtseln! – gibt es auch so Ärger genug zwischen den Beiden. Am 17. 9. 1815 schreibt Fouqué an Perthes: »Cotta macht mich einigermaßen ungeduldig mit seinem verzögerten Druck von Sängerliebe ...«; und gar bei den »Zwei Brüdern«, die er doch so bald wie möglich der Hoheit Marianne vorlegen will, wird er ganz wild: am 17. 6. 1817 schreibt er an Militz: »Cotta hat schon einen recht anständig groben Brief von mir, der ihn bessern oder seine Verbindung zu mir lösen muß!« – das ist der Brief vom gleichen Datum an den Verleger, in dem es so heißt: »Und (ich) stehe nun dadurch, jener angedeuteten Verhältnisse wegen, in einer ganz wunderlichen Verlegenheit. An mein Heldenspiel und Gedicht scheint noch gar nicht zu denken zu sein. Natürlicherweise ziehe ich daraus den Schluß: meine Schreibseligkeit falle Ihnen bei Ihren vielen anderweitigen Unternehmungen zur Last.« Und er macht endlich einmal kurze Kehrtwendung: wenn Cotta ihm nun nicht fest versichere, daß der Hermann noch dieses Jahr ins Publikum komme, und regelmäßig die dazu gehörigen Dichtungen folgen: »So dürfen Sie mir es auch nicht verübeln, wenn ich mit diesem Unternehmen den vielfachen Anfragen anderer Buchhändler entgegenkomme. Auch in pekuniärer Hinsicht macht mir Ihre Verzögerung einen Querstrich, da ich für dies Jahr das Honorar für den Hermann – und zwar um Ostern schon die ungefähre Hälfte – zu beziehen dachte.«

Noch einmal renkt sich das Verhältnis einigermaßen ein; aber Cotta – auch Einer, der pfiffig jede Konjunktur verfolgt – nimmt langsam Abstand; noch bringt er ein paar Beiträge fürs Morgenblatt, noch erscheint ein Band der »Gedichte«. Für den letzten Band dieser Sammlung aber – bezeichnend – bietet er nur noch ein Honorar von 1 Friedrichsdor für den gedruckten Bogen = ein Drittel des früher gezahlten. Dann offeriert Fouqué nach und nach noch einige seiner Werke, bis der Herr Verleger sich schließlich Streiche mit ihm erlaubt, wie etwa diesen (Brief an Chamisso vom 11. und 12. 11. 1832): »Gustav Schwab hatte als Mitherausgeber des Morgenblattes eine Erzählung von mir empfangen, ‹Markloff und Galloway›, infolge einer mündlich in Berlin erfolgten Versicherung des preux Chevalier de Cottendorf, ehedem eques romanus Cotta: ‹Was ich als Beitrag zu seiner Zeitung senden werde, solle jederzeit willige Aufnahme finden›. Demzufolge blieb dann auch natürlich meine Dichtung jahrlang liegen. Als ich endlich danach fragte, bekam Gustav Schwab nur von einem andern Redakteur die (höflich zu sprechen) kühle Antwort, die Erzählung sei mir ja schon vorlängst wieder zurückgesandt. Das ist aber nie geschehen, auch seither nicht; obgleich seitdem abermal ein paar Dutzend Mondumläufe zustande gebracht sein mögen. Erst im Unwillen, dann in mannigfachem Kummer schwieg ich über die Sache. Die Dichtung aber liegt mir am Herzen. Sie war aus einem gottbeschiedenen Traum erblüht, und ich hätte sie gern wieder. Frage doch einmal bei G. Schwab – also steht er noch manu propria hier im Borkensitz eingeschrieben – ob man nicht ermitteln kann, wo mein mit Liebe und Lust und Wehmut gearbeitetes Werk hingekommen sei, und ob man dort nicht mindestens eine Geldentschädigung (die mir freilich den Schaden nicht ersetzen würde) billig findet. Jedenfalls erkläre ich Schwab unschuldig an der Unbill.« Die eigentliche Feinheit bei der Angelegenheit ist die : daß die Erzählung *noch heute* im Schiller Archiv zu Marbach im Briefwechsel Schwab–Fouqué schlummert ! Trotz der damaligen unverfrorenen Versicherung, sie sei längst zurückgesandt !

Als ihm der neue Baron zuletzt gar zumutet, Rezensionen militärisch-historischer Werke »unbeauftragt« einzusenden, also auf gut Glück ; da reißt nun dem Sängerkönig doch die Geduld ; am 20. 2. 1829 schreibt er dem ehemaligen Verleger : »Also : ich würde Ihnen zur Last fallen, ohne auch nur im mindesten meinen bescheidenen Zweck zu erreichen ... Gern überlasse ich meiner Frau das Vergnügen, ein schriftstellerisches Verhältnis zu Ihnen angeknüpft zu haben, meinerseits entschlossen, dem ersten Verleger Deutschlands nicht mehr als Poet oder sonst als Schriftsteller beschwerlich zu fallen.« Er legt noch einen Beitrag für seinen »lieben wiedergefundenen Gustav Schwab« bei : »vorausgesetzt, daß es Cotta nicht zuwider ist, mich als Schriftsteller im Morgenblatt zu erblicken.« – Das Ende ist also das üblich-klägliche : erst haben die Autoren ihn reich gemacht; dann ennuyieren sie den Literaturjobber ! –

Perthes ist nicht eigentlich unter die Verleger Fouqués zu rechnen; er hat nie eines der großen oder auch nur größeren Werke des Dichters gebracht; lediglich drei kleine Schriftchen : 18 die »Jägerlieder«, 19 den Essay über den »Deutschen Adel« und dann, 37, noch den frommen Traktat »von der Liebeslehre«. Das ist so zu erklären : in Fouqués Glanzzeit ist dieser so ziemlich bei Cotta und Schrag festgelegt; und danach will der Konjunkturritter Perthes natürlich auch nichts mehr haben, wehrt vielmehr laufend den »Freund« ab : am 21. 4. 1819 die Kotzebue-Jamben; dann bietet Fouqué ihm die Biographie seines Großvaters an : »... und wenn nun der hanseatische Major Perthes das vom preußischen Major Fouqué geschriebene Leben des Generals Fouqué verlegte, es gäbe ein echt militärisches Werk.« (20. 4. 23); aber Perthes ist viel zu kalt und berechnend, um den »Bertram« zu spielen. Am rührendsten ist es, als Fouqué sich, nun wirklich in ziemlich schlechter Lage, wieder einmal an ihn wendet (29. 11. 1838); »Du weißt, ich kann allerlei Kunststücke.« schreibt er verschämt, und zählt die vielen Sprachen auf, aus denen er übersetzen könnte : »Kannst Du nun aus alledem was zusammenbrauen, um mir Arbeit zu geben : Tu es !« Und die Antwort, die er aus Gotha erhält, ist typisch für den Verleger Jedermann überhaupt : »Du führst mir das Register Alles dessen auf, was Du kannst und weißt – mir ist das nicht unbekannt – wohl aber weiß ich, daß Du das Beste in der Liste verschweigst : Deinen Geist, Deine schöpferische Phantasie, Deinen strebenden reinen Sinn! Dennoch kann ich auf die Frage : ob ich von dem Allen etwas gebrauchen könne ? – nicht bejahend antworten. Seitdem ich mich dem Verlagshandel allein gewidmet habe, habe ich mich wohlweislich auf ein paar Fächer beschränkt um so ganz sichere Erfahrung daran zu erwerben« – die hat er ja jetzt, am 27. 1. 1831 noch nicht, der bescheidene Mann! Und so entschuldigt er sich eben mit einem »Verlagsprogramm«; zwar muß er zugeben, daß er eben eine Ausnahme mit einem historischen Roman »Erwin von Steinbach« macht – als ob Fouqué ihm nicht sofort einen historischen Roman liefern könnte! Aber – er macht ihm auch gleich die abkühlende Mitteilung, daß von der »Liebeslehre« bisher in zwei Jahren ganze 45 Exemplare abgesetzt worden sind – wenn es um Geld geht, hört eben Kaufmannsfreundschaft auf; das ist nun mal nicht anders; und Fouqués wackerer »Bertram« war ein derber Irrtum; denn hinter dem Rücken äußerte sich der noch ganz anders über seinen »Thiodolf«, der naiv genug ist, Perthes für einen Freund gehalten zu haben!

Während der gleichen Zeit ist Fouqué mit dem schon oft erwähnten Johann Leonhard Schrag (1783–1858) engagiert. – Auch bei ihm sind etwa die gleichen Bedingungen abgemacht worden : 3 Friedrichsdor für den gedruckten Bogen, und 15 Freiexemplare (5 davon auf Velin); für einzelne besonders gelungene Beiträge zum »Frauentaschenbuch«, zahlt Jener sogar 4 Friedrichsdor für den Bogen; woraus z. B. – wie auch aus den Zahlungen Schrags – sich ergibt, daß Fouqué für die 4 Bände des »Altsächsischen Bildersaales« rund 18.000 D-Mark vereinnahmt hat.

Das Verhältnis zu Schrag ist zunächst durchaus leidlich zu nennen; sie kennen sich auch persönlich, denn der nürnberger Buchhändler ist 1812 in Nennhausen als Freund empfangen worden; und solange Fouqué auf dem Gipfel der Popularität steht, ist Jener auch gefällig und flink, wie – nun eben wie ein Geschäftsmann. Aber schon Ende 1819 bremst Schrag ein wenig : die Bände des »Bildersaales« sollen sich nicht zu rasch folgen – das Publikum könnte sonst leicht übersättigt werden. Am 22. 3. 1820 schreibt Fouqué, das »Frauentaschenbuch« betreffend, willig : »Ihr die erste Sendung begleitender Brief muntert mich dringend zu sorgfältiger

Auswahl auf, damit der öffentliche Beifall für unser Unternehmen sich wieder steigere, der – wie Sie hinzufügen – nicht mehr die ehemalige Höhe behaupte. Das liegt nun, wie ich mit bestem Gewissen sagen kann, weder an mir, noch an den Mitarbeitern. Meine Auswahl habe ich stets treu und gewissenhaft angestellt, mit wahrlich nicht leichtem Aufwand von Kraft und Zeit. Manchen unnützen Eindränger habe ich ernst, manchen voreiligen Jüngling freundlich abgewiesen, manche kritische Änderung mit den eingegangenen Beiträgen vorgenommen und die Einwilligung des Verfassers dazu gewonnen. Mehr weiß ich in der Tat nicht zu leisten; meine eigenen Beiträge – namentlich den Adam Wiederbauer des letzten Jahrganges – zähle ich, und fast Alle, deren Urteil mir etwas gelten kann, zu den besten Arbeiten, die mir je gelungen sind. Sollte ich aber darin auch irren, und meine Dichtergabe schwächer geworden sein, so kann das doch unmöglich mit allen Mitarbeitern auf einmal zugleich der Fall werden, und – Hoffmann und Fanny ausgenommen, die nicht einmal von Anfang an fortdauernd in der Reihe standen – sind wir seit Beginn des Instituts in der Hauptsache dieselben geblieben. Ein paar feindselige Kritiken – zum Teil von den Herausgebern oder Mitarbeitern rivalisierender Taschenbücher geschrieben – treffen fast mehr noch – oder bisweilen mehr – die Käufer als die Aufsätze. Sind denn nun die bildenden Künstler auch gesunken? Der Vorwurf könnte wenigstens mich nicht treffen, aber ich nehme ihn meinerseits für gar keinen wirklichen an, da mich meine Augen eines Besseren belehren, sondern für das hergebrachte Geschrei des Neides über Alles, was in seiner Art gut zu sein sich bestrebt. Daß dies Geschrei mir störend und widerwärtig ist – daß ich für meine eigene Ruhe und Sorgenfreiheit schon oft daran gedacht habe, die ganze Sache aufzugeben, leugne ich nicht.«

Das ist aber das, was Schrag, auch ein Kenner der »Bedürfnisse des Publikums« eigentlich nur will; am 9. 5. 20 meldet er deshalb besorgt an Fouqué: »Der verminderte Absatz unseres Frauentaschenbuches hat sich in dieser Messe leider noch größer gestaltet, als bei 1.000 Stück zurückgekommen sind. Ich habe mich mit einigen Freunden darüber beraten, und unter anderem von dem wackeren Perthes bestätigt gefunden, daß die Überzahl der Gedichte ...« Und dann verbreitet er sich darüber. Was der wackere Perthes ihm gesagt haben wird, werden wir sogleich sehen; es ist Schrag auch nur darum zu tun, Fouqué auf gute oder schlechte Manier herauszumanövrieren. Der gibt ihm auch gleich die richtige Antwort (20. 5. 1820): »Daß es einige Gedichte mehr als andere seinesgleichen enthält ... könnte die Leser, die sich an poetischen Unternehmungen interessieren, nicht zurückschrecken, da ja doch immer ein beträchtlicher Überschwang an Dichtungen in ungebundener Rede vorhanden bleibt.« Und er hat auch klar die Hintergründe durchschaut : »Die Mode ist es nicht allein, ... die sich jetzt unserm Beginnen entgegenzustemmen versucht ... ist es dennoch nur in einer mehr abscheulichen und frech gewordenen Gestaltung. Diese heißt : Jakobinismus ! Glauben Sie mir : mein Wappenschild auf dem neuesten sehr schönen Titelblatt unseres Büchleins wird der harmlosen Gabe mehr Feinde und Verkleinerer – demzufolge auch mehr Abtrünnige – erwecken, als ein Plus von 30 Gedichten es zu tun vermocht hätte ! *Da* liegt der eigentliche Stein des Anstoßes !« Aber da er immer noch weitere Beiträge zum Taschenbuche schickt, und immer noch nicht verstehen will, muß Schrag doch zum Schluß ganz deutlich werden, streicht ihm auch einmal glatt die Beiträge, die Fouqué besonders akzentuiert und gepriesen hatte – (»ich verliere dabei einen großen Teil meiner Lust an dem diesmaligen Jahrgange, den ich eben so recht mit Dichtungen unserer älteren Sangesmeister auszuschmücken hoffte«) – freilich waren es aber auch solche poetisch-politische Fossilien wie Friedrich Stolberg und Klamer Schmidt, die Freunde Klopstocks (womit alles gesagt ist). Und endlich versteht der Dichter auch : »Ew. Wohlgeboren gebe ich jede Verpflichtung, die Sie mit mir eingegangen sind, zurück, nicht nur in Hinsicht des Bildersaales, sondern auch des Frauentaschenbuches, dessen Redaktion ich hiermit niederlege.« –

Viele Jahre später – 1837 – kommt dann noch einmal eine Annäherung zustande : Schrag will die Hartmannschen Umrisse zum »Zauberring« mit Erläuterungen in verschiedenen Sprachen herausgeben, und bittet Fouqué, diese Erläuterungen abzufassen; gern nimmt der nun schon völlig in Vergessenheit Geratene, und für jede Unterstützung Dankbare, die 5 Friedrichsdor an : »In freundlicher Erinnerung alter heiterer Tage ...« schreibt er am 22. 12. 1837; bietet auch hoffnungsvoll noch einmal gleich seinen Roman »Abfall und Buße« mit an ? – aber das ist ja von vornherein ohne Aussicht.

Nach Schrag sind es dann Fleischer in Leipzig (der vor allem den »Alethes« und den »Bertrand« bringt); und Anfang der Zwanziger Jahre Schlesinger in Berlin (»Stauf«, »Der Leibeigene«; »Der Verfolgte«; »Lalla Rukh« etc.), die ihm seine pausenlos geschriebenen Bücher abnehmen; dann rutscht er langsam an die Außenränder.

Obskurere Namen der Provinzstädte tauchen auf : Schwetschke in Halle; Schmidt in Nordhausen; Alberti in Danzig. Auch die ärgern ihn natürlich schon in rücksichtsloser Weise : im Oktober 1821 sendet er der Hoheit Marianne den ersten und 2. Teil des »Ritter Elidouc« : »mit dem

dritten läßt mich der Verleger auf eine fast lächerliche Weise im Stich!«
(das ist der Leipziger Hartmann, der auch die »Wilde Liebe« noch
gebracht hat). Reimer ist »ein entschiedener Demokrat«, und nimmt auch
nichts; am Ende findet er für keins seiner Produkte mehr einen Geburts-
helfer, und schreibt nur noch für sich.

Alles in Allem gerechnet muß Fouqué für seine im Druck erschienenen Werke ein Honorar von rund 15.000 Talern oder nach heutigem
Gelde etwa 150.000–200.000 Mark eingenommen haben, davon den
größten Teil in den Jahren 1814–20. Das hört sich groß an; aber rechnet
man 40 Jahre schriftstellerischer Tätigkeit, so kommen aufs Jahr durchschnittlich 4–5.000, auf den Monat also 350–400 Mark – : und nun kehren Sie's einmal um, und verlangen Sie von jedem Angestellten oder
Beamten mit diesem Gehalt eine »Undine« und einen »Alethes« ? –
Also! –

Fast unmittelbar nach 1820 läßt seine Popularität schlagartig nach;
und es ist ein recht nachdenkliches Kapitel, die Gründe dafür zu untersuchen und darzulegen.

## § 48

Zum Verständnis des Folgenden ist erneut ein kurzer geschichtlicher
Überblick erforderlich.

Ein Jahrhundert lang hat man den napoleonischen Krieg die »Freiheitskriege« genannt; erst in unserem Säkulum begann man sich der Ironie dieser Bezeichnung recht bewußt zu werden; und es besteht nunmehr
die Hoffnung, daß in weitern hundert Jahren der Begriff auch aus unseren
Schulbüchern verschwunden sein wird.

Die Deutschen jener Zeit, zumal die Preußen, waren nämlich zu
ihrer begeisterten levée en masse – die sich, da wir heute ihre Früchte ernten, als durchaus falsch erwiesen hat – durch eine äußerst geschickte Propaganda bewogen worden, die selbst vor den bedenklichsten Mitteln
nicht zurückscheute. Die Fouquéschen Recken waren noch die harmlose-
ste (weil durchaus nicht absichtlich geschaffene) Erscheinung in dem großen Reigen der Freiheitsdichter; in den Liedern der meisten andern, Körner, Arndt, etc. treibt die engstirnigste Teutomanie und primitivste
Scharfmacherei die entsetzlichsten Blüten : da wird der Königin-Luisen-
Mythos geschaffen (über den ich schon so viele einschlägige Zitate von
klugen Zeitgenossen gegeben habe); da heißt es vom verlotterten Geprinz

Louis Ferdinand* (den Massenbach einst aus den Armen seiner französischen hamburger Geliebten zum Dienst zurückholen mußte) : »Luise schwebe segnend um den Gatten; / Geist unseres Ferdinand voran dem Zug!« Da ruft der jugendliche Körner entzückt : »Der Himmel hilft, die Hölle muß uns weichen, / Drauf wackres Volk! Drauf! ruft die Freiheit, drauf! / hoch schlägt dein Herz, noch wachsen Deine Eichen. / Was kümmern Dich die Hügel Deiner Leichen? / Hoch pflanze da die Freiheitsfahne auf! – /«. Denn : »Es ist kein Krieg von dem die Kronen wissen; / es ist ein Kreuzzug, s'ist ein heilger Krieg!« Anstatt des Code Napoleon wollte man in echt deutscher Treue lieber wieder den Landgrafen von Hessen-Kassel mit dem Zopf; damit man wieder verkauft werden könne, wie in der herrlichen alten teutschen Zeit; denn wie rief der Sänger?: »Es ist ja kein Kampf für die Güter der Erde : / Das Heiligste schützen wir mit dem Schwerte!«; – dabei hatten sie bei der großen Parade in Breslau ganz deutlich hinter dem Preußenkönig und dem Russenzaren auch den hessischen Seelenverkäufer gar vergnüglich im Wagen die endlosen Scharen mustern sehen : Was müssen das für Ochsen gewesen sein, die sich den Fleischer zum König wählten! Aber anstatt der so hinterhältig disziplinierten Franzosenhaufen konnte man jetzt endlich den russischen Verbündeten umarmen : »Sprengt eure Pforten auf, ihr Kaukasusse, / und speiet Waffen! Brecht durch eure Dämme, / ihr Wolgaströme, macht aus Felsen Schwämme, / Braust über Deutschland hin in Siegsergusse!« – wie würde Rückert demnach erst heute jubeln, wo seine Prophezeiung so herrlich eingetroffen ist?!

Es ist unnötig, den Krieg und den ihn abschließenden hochtragikomischen Wiener Kongreß näher zu besprechen; das Ergebnis war kurz das Folgende : der letzte erfolgversprechende Versuch, Europa von Westen her ohne allzu großes Blutvergießen zu einigen, war an der Stur-

---

* Man hat mein Urteil über ihn unnötig hart genannt, und sich auf sein meisterliches Klavierspiel, und Ähnliches, berufen. Ich möchte betonen, daß ich mich nicht nur über Fouqué, sondern eben auch über seine Zeitgenossen möglichst zu informieren gesucht habe. Und wenn ich da auf Fakten stieß, wie etwa : daß er schon 1801, gerichtlich und öffentlich, zum Verschwender erklärt wurde – er ‹besaß›, nach heutigem Gelde, etwa 12 Millionen Schulden! – dann weiß ich, unter Berücksichtigung des Umstandes, daß man in der königlichen Familie dergleichen Eklat doch wohl, wenn irgend möglich, vermieden und vertuscht hätte, woran ich bin. Man verlange nicht von mir, daß ich nur nach Briefen oder ‹Memoiren› seiner Odalisken meine Meinung hätte bilden sollen.

heit Preußens gescheitert. Die westeuropäische Landkarte wurde neu eingeteilt, die Grenzen der Staaten hier und da berichtigt – ein Ergebnis, das recht wenig der großen nationalen Aufwallung entsprach – und endlich gar durch feierliche Übereinkommen der Großmächte der Entschluß gefaßt, diese »Neue Ordnung« als ewig und unabänderlich festzusetzen: keine Grenzveränderung sollte in Zukunft mehr erlaubt sein, sondern vielmehr mit Waffengewalt sogleich wieder auf den status quo ante zurückgeführt werden. So grub sich Westeuropa wiederum selbst sein Grab tiefer: denn die einzige Macht, die hiervon profitierte, war Rußland; das nunmehr sein noch unverhältnismäßig geringes Industriepotential in aller Ruhe ausbauen, seine Bevölkerung vermehren, zum »Russischen Koloß«, zur »Dampfwalze« werden konnte, die dereinst die unreifen Politiker und Splitterstaaten des Westens überrollen würde – eine Entwicklung, deren Zeugen wir heute sind; damals also bereitete man jene Einigung Europas von Osten her gründlich vor, die wir jetzt in die Tat umgesetzt sehen; damals machte man es durch die erwähnten unsinnigen Satzungen möglich, daß Rußland bald nicht nur jeden einzelnen westlichen Staat, sondern sogar auch die Summe aller dieser Gebilde überwiegen konnte – vielleicht ist es ja auch nur gut und richtig so.

Und um die deutsche Jugend recht für den Heiligen Krieg anzufrischen – der angeblich nicht um ihre Kronen ging – hatten sich die deutschen Fürsten aller Größenordnungen sogar nicht entblödet, von Konstitutionen zu sprechen, die sie anschließend freigebig gewähren wollten; es war ja wohl auch nicht mehr als recht und billig, daß »Das Volk« – dieses Volk, das immer noch den Staat ausmacht – und das man eben wieder so göttlich dumm machte, nun auch einmal einen Anteil an der Regierung bekommen sollte. Natürlich dachte kaum einer der Kronenträger ernsthaft an die Einlösung seines Versprechens; die Details sind zu traurig und widerlich, um sie im Einzelnen zu erörtern; ich begnüge mich damit, eine Stimme anzuführen, die am Jahrestage der Leipziger Schlacht, *nur drei Jahre später,* laut durch Deutschland rufen mußte, es ist der große Uhland: »Ihr Fürsten seid zuerst befragt!: / Vergaßt Ihr jenen Tag der Schlacht, / an dem Ihr auf den Knien laget / und huldigtet der höhern Macht? / Wenn Eure Schmach die Völker lösten, / wenn ihre Treue sie erprobt: / So ists an Euch, nicht zu vertrösten! / Zu leisten jetzt, was ihr gelobt!«

Vor allem die sogenannte »gebildete Jugend«, die, großenteils, freiwillig, auf den Schlachtfeldern von 1813/14/15 geblutet hatte, verlangte nun kräftig die Einlösung der verpfändeten Königsworte, eine Erfüllung ihrer Ideale von einem großen deutschen Reich (bis zu einem großen geeinten Europa hatte es leider in den Köpfen nicht gelangt!), von Freiheit und neuer reiner Luft. Arndt, Görres, Jahn sind muntere Namen jener Zeit. Zumal Jahn, von fratzenhaft überspanntem Patriotismus der alten Cheruskerzeit übervoll, wollte durch das bloße Turnen die neue Heldenjugend heranbilden: »tugendsam und tüchtig, keusch und kühn, rein und ringfertig, wehrhaft und wahrhaft« und wie die Wortklingklänge alle heißen mochten, in denen er unerschöpflich war – er war nicht umsonst Mitglied der berliner Gesellschaft für deutsche Sprache –; und seine groteske Erscheinung hat amüsante Niederschläge in der Literatur seiner Zeit, z. B. in einer Episode des »Klein Zaches« ETA Hoffmanns, gefunden.

Schon im Jahre 1815 hatte sich in Jena die »Deutsche Burschenschaft« gebildet, eine freie Vereinigung, wie es in der »Verfassung der allgemeinen teutschen Burschenschaft vom 18. Tage des Siegesmonds im Jahr des Herrn 1818« heißt; eine Verbindung, deren Mitglieder über alle deutschen Universitäten verbreitet, in Sitte, Bart und Haartracht, Kleidung und allerlei Abzeichen kenntlich, sich in einer großwortigen Opposition gegen die damaligen Regierenden gefielen. Aber es wurden auch ganz reale Probleme darin erörtert; so berichtet Kügelgen »ob aber z. B. die menschliche und vaterländische Tugend es gebot, zum Zweck der Herstellung eines einigen und freien Vaterlandes die sämtlichen deutschen Fürsten benebst ihren Helfern und Helfershelfern um einen Kopf zu verkürzen, oder ob es hinreichen würde, dieselben mit bescheidenen Pensionen – für den König von Preußen wurden in Jena 300 Taler vorgeschlagen – zu bourgeoisieren, darüber stritt man, wie über vieles andere.«

Aber ebenso erschien im Jahre 1815 noch eine Broschüre des preußischen Regierungsrates Schmalz über politische Vereine, in der unter anderem diese Sprachregelung geschaffen wurde, daß nicht die »sogenannte Begeisterung«, sondern nur das Pflichtgefühl des Volks, das gehorsam auf seines Fürsten Ruf zu den Waffen gegriffen habe, bei dem letzten Kriege von Wirkung gewesen sei; den gebührenden Lohn, einen Orden aus der Hand des preußischen Königs erhielt Schmalz sofort (und von dem württembergischen ventre-à-terre-Friedrich, der auf dem wiener Kongreß den Fürsten Radziwill als homosexuelle Einladung in den düsteren Hofburggängen in den Hintern kniff, zusätzlich auch noch einen): nun hatten die Freiheitskämpfer doch auch offiziell ihren Tritt weg!

Dieser Streit um Schmalz (ein Schwager Scharnhorsts, nebenbei bemerkt: ‹sage mir, mit wem Du umgehst ...›) – gegen den in den ersten Tagen nach dem Erscheinen seiner Schrift, sogleich viele entrüstete Stimmen laut wurden, z. B. von Niebuhr oder Schleiermacher in seiner besten Manier – regt zunächst sogar den fingerzahmen Fouqué auf: »Der arme

Schmalz soll dem kräftigen Niebuhr in diesen letzten Tagen geantwortet haben« berichtet er am 10. 11. 15 an Perthes, mit dem er überhaupt manche politica erörtert : »das wird aber die Sache für ihn höchstens verschlimmern, oder vielleicht sie gar nicht von der Stelle rücken. Es ist sehr betrübt, daß man überhaupt von dieser Angelegenheit hat sprechen müssen. Aber nun hilft nichts anderes als mein alter Wahlspruch : Frisch drauf, in Gottes Namen ! Die allgemeine Stimmung ist beinahe heftig gegen Schmalz.«; ja, er hat sogar (Brief vom 15. 1. 1816) den Gedanken gefaßt, »gegen Schmalz mitzuplänkeln«; aber »da verbot der König den Streit«, und damit ist der Fall für Fouqué erledigt, denn »ungeziemend wäre es für den Verfasser, wie für jeden Untertan, die Beweggründe seines regierenden Monarchen in öffentlicher Verhandlung ermitteln zu wollen« (Biographie Rüchels, II, S. 168) – tja, das waren noch Untertanen damals ! Nun, Fouqué ist so ganz aus einem Stück, daß man ihm einfach nicht böse sein kann ! (Wie wenig er seinen verehrten König kannte, geht aus der weiteren Bemerkung an Perthes hervor : »Wie mag man dem König den Orden für Schmalz nur abgeluchst haben ?« – dabei war der unsägliche Widerwille Friedrich Wilhelm III. gegen die ‹Freiheitskämpfer› so groß, daß ‹Lützows wilde verwegene Jagd› in seiner Gegenwart nicht erwähnt werden durfte : er verließ einmal ostentativ das Theater, als Louis Schneider aus Versehen ein paar Takte davon intonieren ließ !).

Nun wird von oben herab natürlich gleich der alte »Tugendbund«, und auch die »cinquième puissance«, Görres' »Rheinischer Merkur«, verboten – jetzt braucht man die Zentnerworte von 13 nicht mehr !

Die Unruhe der bürgerlichen und studierenden Jugend aber wird durch dergleichen bezeichnend-drohende Symptome nur noch mehr gesteigert : 1817 ergeht von Jena aus an alle deutschen Universitäten die Einladung zu einer Gedenkfeier an Reformation und Leipziger Schlacht auf der Wartburg, und von allen deutschen Akademien – außer dem fernen Königsberg und den österreichischen – treffen auch Abgeordnete ein. Nach dem Festmahl und einigen Reden wird am Abend noch auf der Höhe des Wartenberges, der Burg gegenüber, ein Oktoberfeuer entzündet – und die Teilnehmer stehen in Erinnerung an so viele Biwakfeuer im großen Kriege düster darum her – da tritt ein berliner Student, Maaßmann ist sein Name, mit einem großen Korb voller Bücher heran. Es ist nur Makulatur, denn die eigentlichen Werke anzuschaffen ist man zu arm; aber den aufgeklebten Titeln nach sind es Schmalzens sämtliche Werke, Kotzebues Geschichte des deutschen Reiches, von Kamptz' Kodex der Gendarmerie usw. und so fliegen sie, unter dem Jubel der Umstehenden zusammen mit noch anderen Symbolen : einem preußischen Gardeschnürleib, einem österreichischen Korporalsstock, einem hessischen Zopf, ins Feuer.

Zwar Fouqué schreibt am 28. 4. 1818 an Perthes : »Über die Wartburghistorie sind wir vollkommen einig : viel Herrliches bei den Jünglingen !« – das bezieht sich auf die vorhergehende fromme Feier und das Festmahl – »Viel dünkelvolle Tölpelhaftigkeit bei einigen alten Gesellen oder Lehrjungen, die sich einbildeten Meister zu sein, oder es durch diesen genialen Schlumpschuß zu werden.« – das betrifft das Autodafe; und es ist bezeichnend, wie Fouqué schon hier, in seiner unglaublichen politischen Naivität und Beschränktheit, den »Geist der Zeit« völlig verkennt.

Nicht so die Regierenden ! Sie nehmen die Sache sehr ernst, und sie haben durchaus recht; denn aus dieser Wetterecke wird einst der Wind wehen, der ihre ganze rocher-de-bronzene Herrlichkeit zerstäuben soll; sie nehmen das Ereignis zum willkommenen Anlaß, nunmehr energisch gegen alle solche Regungen mit der vollen Staatsgewalt einzuschreiten. Im September 1818 tritt ein Kongreß der Großmächte in Aachen zusammen, wo vor allem ein von dem russischen Staatsrat und Spitzel Alexander Stourdza verfaßtes Memoire »Über den gegenwärtigen Zustand Deutschlands« vorgelegt wird, in welchem der revolutionäre Geist, der in der Jugend der Universitäten herrsche, zur Unterdrückung empfohlen wird. Allein die Tatsache, daß man sich von einem russischen Spion über Deutschland belehren läßt, steigert die Gärung mächtig.

Ein junger Theologe, Karl Ludwig Sand\* aus Wunsiedel im Fichtel-

---

\* Im Zusammenhang mit der Ermordung Kotzebues durch Sand erfährt man von einer sonst nicht weiter bekannten Briefverbindung Fouqué's; im Schiller Nationalmuseum in Marbach befindet sich 1 Brief vom 17. Juni 1819 an
Frau Marie Wangemann in Wilsnack
»Hierbey ein Päckchen in Papier, worin Gedrucktes« steht noch neben dem Poststempel, Rathenow, den 18. Juni.

Anrede »Ew. Wohlgeboren«. / Fouqué bittet um Entschuldigung, daß seiner letzten Sendung – es ist also mindestens 1 noch voraufgegangen ! – der ‹Ruf an Deutschlands Jugend› nicht beilag; heute schickt er ihn nach; »ein ganzes Heer von Geschäften hielt mich umlagert.« / Frau Wangemann wäre nun zwar schon für den armen Sand eingenommen; aber er griffe die Person ja nur ganz mild, hauptsächlich aber die Tat an : Mord bleibt Mord, und absolute Versündigung gegen das göttliche Gebot; ausgenommen hiervon sei lediglich Krieg oder Zweikampf, wo es um die Ehre ginge. »Zwar der Verirrte soll wirklich den göttlichen Namen ange-

gebirge, dem Jean-Paul-Ort, läßt sich am 23. 3. 1819 bei dem gleichfalls russischen Staatsrat, Denunzianten und schwächlichen Lustspieldichter von Kotzebue melden, und stößt ihm mit den Worten : »Hier, Verräter des Vaterlandes !« dreimal den Dolch in die Brust. Auf der Straße angelangt, versucht er dann sich selbst zu töten, was aber mißlingt; mit festem Schritt, ohne Reue, besteigt er am 20. 5. 1820 das Schaffott. Gleich darauf findet er schon einen Nachahmer : am 1. 7. 1819 wird der nassauische Staatsrat von Ibell von dem Apotheker Löning meuchlerisch angefallen; und auch der Aufstandsversuch des verwirrten westpreußischen Försters von Hedemann gehört in die Serie. Jetzt werden die strengsten Maaßnahmen gegen die ‹Mörder› und ihre Verbindungen verhängt, und es gelingt noch einmal, für 30 Jahre den Ausbruch der Revolution zu verschieben; alle verdächtigen Vereine werden aufgelöst, zumal die Burschenschaft sogleich aufgehoben, ihre »altdeutsche« Phantasietracht, das wallende Haar, die Dolche an den eisernen Ketten, verboten. Und damit die erkämpfte Freiheit ja recht sinnfällig werde, wird eine strenge Zensur für alle Zeitungen und Zeitschriften eingeführt, und in Mainz hat die »Zentraluntersuchungskommission gegen demagogische Umtriebe« ihren Sitz.

Sogar die Briefzensur ist an der Tagesordnung; am 31. 12. 1816 fragt Fouqué bei Perthes an : »Nun aber eine Frage : vor einigen Wochen kam ein Brief von Beneke, über ein Vierteljahr alt. Es vereinigen sich mehrere Ursachen, um ihn für aufgebrochen und vielleicht hin- und herpräsentiert zu halten. Ob es meiner Antwort – ich schrieb umgehend – ebenso ergan-

---

rufen haben« – dann wäre sein Frevel aber umso entsetzlicher. Obenein wäre Sand ja Gottesgelehrter ! / Fouqué hofft, daß das andere Büchlein ihr eine erheiternde Stunde verschaffen könnte. / »Wohl wäre es meine Absicht, noch in diesem Jahre Herrn von Klitzing auf Demerthin zu besuchen; doch es steht noch gar viel dazwischen. Sollten sich die Hindernisse forträumen lassen, so würde ich die Nähe von Wilsnack gewiß benutzen ... um mich Ihnen persönlich vorzustellen.« Er empfiehlt sich dem Herrn Gemahl. –

Es wäre theoretisch möglich, daß sich hier noch einige weitere Notizen auffinden ließen; denn vermutlich ist es der Sohn dieser Frau Wangemann hier, der in jedem größeren Konversationslexikon (und in der ADB) auftaucht : Hermann Theodor Wangemann, geboren 27. 3. 1818 in Wilsnack; späterhin bekannt als lutherischer Missionar und Kirchenhistoriker; seine Biografie hat 1899 sein ältester Sohn ‹dargeboten›. – Vielleicht kann einmal ein Lokalhistoriker über die Familie arbeiten.

gen ist, will ich nun durch Dich erfahren. Melde mir also ja wenn möglich, ob Beneke meinen Brief hat oder nicht. Daß Du auf jeden Fall nur ihm von der Sache sagst, versteht sich. – Mögen sie meinetwegen lesen, was ich schreibe. Du weißt, meine politischen Ansichten und Gesinnungen bedürfen keines Mantels. Aber wissen möchte ichs doch, und vorzüglich, ob ich etwa Ursache hätte, über manch ein privates Verhältnis vorsichtig zu schreiben.« Zwar beruhigt er sich am 5. 3. 1817 wieder »Ich glaube nun auch nicht, lieber Perthes, daß an der Brieferöffnung etwas gewesen ist. Zum Teil brachte mich ein gewaltig großes Siegel, daß ich mich sonst auf Benekes Briefen gesehen zu haben nicht erinnerte, auf diesen Gedanken; zum Teil das Gerücht von einem anderweitigen Falle von dieser Art, an Jemandem verübt, für den meine innige Hochachtung und Anhänglichkeit bekannt ist. Doch mag auch das nur ein Gerücht sein. Und überhaupt läßt sich darüber mündlich besser sprechen.« Denn Fouqué ist ja zu loyal zum Kritisieren selbst der gröbsten Mißstände; deshalb sind ihm auch die satirischen Briefe des »Griechenmüllers« zuwider (so sehr er dessen volkshafte Lyrik sonst auch schätzt), so wenn Jener am 14. 2. 16 melden kann : »Es wird Ihnen vielleicht nicht unangenehm sein, eine durch die Herausgabe unserer ‹Bundesblüthen› veranlaßte Anekdote zu hören : unser Büchlein erschien nämlich unmittelbar nach der königlichen Verordnung wegen geheimer Bünde und ward mit beiliegenden Ankündigungsversen dem Censor, Hrn. geh. Staatsrat Renfner, überschickt. Dieser gab es aber ungelesen mit der Frage zurück : ob die Maurersche Buchhandlung das königl. Verbot nicht kenne ? Dieses Mißverständnis ward nun zwar bald gehoben; aber die Verse zur Ankündigung wollte der Zensor durchaus nicht passieren lassen, meinend, sie könnten mißdeutet werden ... Wir beschwerten uns deswegen bei dem Censor, aber er ließ sich verlauten, das Wort ‹Freiheit› käme zu oft in jenen Versen vor; und als ich ihm erwiderte : ob denn der König nicht selbst aufgerufen hätte, für die Freiheit zu kämpfen ? so meinte er : *Ja, damals !*« Und am 15.12. 1821 schreibt derselbe Müller unwillig und zürnend : »Worte und Zeichen werden mich nicht blenden, und sollte man auch wiederum Gott und das Kreuz in Proklamationen und Feldzeichen politisch handhaben und damit gelegentlich begeistern – *so lange es dienlich ist.*« (Goldene Worte, die zumal unsere Zeit wieder frisch beherzigen sollte). – Und die Buchzensur macht auch vor den Werken der getreuesten Paladine nicht halt; am 20. 2. 1827 muß Fouqué Vieweg ein Manuskript zum Druck anbieten (wahrscheinlich das Schauspiel »Kallias und Psycharion«), von dem es heißt :

»Ich hatte es der Pichlerschen Handlung in Wien, mit der ich schon sonst in Verbindung stehe, zum Druck übersendet. Da jedoch vor Kurzem ein Manuskript meiner Frau dort von der Zensur nach langem Erwägen zurückgewiesen wurde, fürchtet jene achtbare Handlung mit Recht, wenn der einmal verfehmte Name gleich unmittelbar wiederkomme, werde das schwunglose Kollegium ein da capo anstimmen.«

Für den Liebling Kotzebue veranstaltet der König eine große Totenfeier auf dem Theater, (3.7.19) und Graf Brühl tritt sogleich an Fouqué heran um einen Prolog zu dem anschließend vorgesehenen letzten Stück des Deutschrussen »Hermann und Thusnelda«. Den nun liefert Fouqué nicht rasch genug; wohl aber fühlt er sich zu einer Warnung an die, seiner Ansicht nach völlig verwirrte, Jugend Deutschlands berufen; im Sommer erscheint sein »Freundes Ruf an Deutschlands Jugend : Der Mord Augusts von Kotzebue«; in der heiligen Osterwoche hat er ihn verfaßt, und voller Salbung schildert er zunächst das heilig-trauliche Familienleben des Ermordeten : »Still, friedlich, sorglos in der Seinen Kreis / sitzt der Hausvater, harrend neuer Lust, / die ihm der weltumsegelnd kühne Sohn / durch seine Heimkehr nah bereitet hat. / Der Abend sinkt hernieder ...« (Bemerkt sei noch, daß er hier auf die durch Chamisso unsterblich gewordene Weltreise der Brigg »Rurik«, Kapitän Otto von Kotzebue, anspielt). Dann greift er in ehrlicher Entrüstung den Geist des politischen Meuchelmordes an – das ist schon recht und gut; obwohl sein geliebter Schiller ihn ja im »Tell« auch verherrlicht hat – schießt aber weit übers Ziel hinaus, und hat letzten Endes doch Unrecht : »Und tiefer lauert weit ein Schlimmrer noch : / des Übels Wurzel, schädlicher Alraun, / mit Nachtgeheul verwirrnd der Menschen Sinn : / Er hieß Voltaire, als er auf Erden stand !« – Voltaire ist für Fouqué wie billig immer ein verhaßtes Rätsel geblieben; wie hätte er auch die sehr achtungswürdigen Seiten des großen freien Geistes – vgl. den Fall Calas ! – sehen und würdigen können ?

Das Mißverständnis beruht letzten Endes darauf, wie Fouqué einfach nicht begreifen kann, daß dieses von ihm für naturgegeben gehaltene Staatsgefüge, in dem Adel und Thron die einzig Regierenden sind, grundfalsch sein könnte ! Er kann einfach nicht fassen, daß »das Volk« es ist, was den Staat ausmacht, und also auch das Recht haben muß, selbst über das zu entscheiden, was mit ihm im Großen und Kleinen angestellt werden soll ! Daß nicht er sondern sein Stiefsohn Gustav von Rochow erst das herrliche Wort vom »beschränkten Untertanenverstand« ausspricht, ist purer Zufall; gedacht hat Fouqué genau so; selbst bei den anerkannt Besten des deutschen Adels war die Standesmarotte unaustilgbar in die Seelen eingefressen, und Fouqués Schriften über den Adel gehören zu den bezeichnenden Äußerungen der Zeit.

Und so eitel ist er auch, daß er jetzt gar sich selbst noch, als den Vorkämpfer für König, Gott und »Recht« für gefährdet und sehr exponiert hält : »Doch kann, je mehr sich die Feindschaft in dieser Hinsicht gegen mich steigert – auch eben dadurch – bald wieder ein lebhafterer Absatz des Büchleins erwartet werden; vorzüglich, wenn es einem Sand II einfallen sollte, mich totzustechen oder totstechen zu wollen; denn so leicht als den armen, leicht erschreckten Greis Kotzebue zwingt man mich eben nicht.« schreibt er trotzig und auf das Äußerste gefaßt an Schrag (20. 5. 1820).

Was für Blüten in jener Zeit die »Demagogenverfolgung« treibt, kann man in reicher Fülle aus den damaligen Zeitungen entnehmen – z. B. wenn sich eine Bande von jugendlichen Räubern gebildet haben soll, und man sich sofort offiziell daran erinnert, daß bei Jahn in der Hasenheide so oft das bekannte Spiel »Räuber und Wanderer« geübt wurde – es ist kein Unsinn so absurd, daß er nicht einer Behörde einfallen könnte!

Vor allem werden auch die Führer der Freiheitsmänner beseitigt : der Turnmeister Jahn wird in ein kleines thüringisches Städtchen verwiesen; dem Professor Arndt in Bonn wird, als Lohn für seine Freiheitslieder während des Jahres 13, 20 Jahre lang der Lehrstuhl an der Universität verboten, so daß er »wie altes Eisen still liegt und rostet«. Und das, trotzdem selbst die angesehensten Männer im Stillen die Notwendigkeit einer Konstitution anerkennen – man vergleiche z. B. den Brief, den Gneisenau am 28. 8. 14 an Arndt schreibt.

Ein charakteristisches Ereignis jener Zeit ist auch der Streit, der zwischen dem Bürger Johann Heinrich Voß und seinem früheren Jugendfreunde Friedrich Leopold Graf zu Stolberg losbricht : es ist im Grunde die gleiche Auseinandersetzung nur auf anderem Gebiete. Als Stolberg 1817 zur Katholischen Kirche übertritt, verfaßt Voß gegen die ganze »retrograde« Richtung seine berühmte Schrift : »Wie ward Fritz Stolberg ein Unfreier«, in der er nachweist, wie eigentlich schon von Kindheit an, nur rezent durch Jünglingsfeuer verdeckt, in dem Grafen stets die Hochadelsnatur auf der Lauer gelegen habe, und nun die Herren, im Zuge der Reaktion den Augenblick gekommen meinten, in Deutschland Alles wieder auf den alten guten Fuß von 1200 zu setzen. Unbeschadet Fouqués Verehrung für den alten Homeriden Voß – wie hat er sich gefreut, als der ihm ein Exemplar der »Odyssee«-Übersetzung mit Widmung sandte ! – hat er keinen Augenblick lang Zweifel, auf welche Seite er sich zu stellen habe : bietet er doch sogleich Stolberg an, »mit dem ehemaligen Freunde, itzigen Widersacher« eine Lanze zu brechen; aber da rät Stolberg ihm doch ab : »Übrigens könnte ich es unmöglich zugeben, daß mein edler Freund sich in eine Fehde einließe, welche Voß bis zum letzten Atemzuge fortführen, und Ihnen das Leben verbittern würde.« Selbst der Witwe Stolbergs macht er nach dessen Tode (5. 12. 19) noch einmal die gleiche Offerte : »... Was soll, was darf ich in der Vossischen Angelegenheit für das irdische Verhältnis des Seligen tun ? ... Eine Antwort an Voss – sie darf nicht unterbleiben ! Denn nicht nur Graf Friedrich ist angegriffen, sondern noch Vieles, das wir hienieden nicht sinken lassen dürfen, mit. Der liebe Seelige schrieb mir, nur er könne antworten, weil nur er alles wisse. Nun hat ihn unser lieber Gott über die trübe Bemühung hinausgehoben, zugleich aber sie uns Nachbleibenden auferlegt. Gönnen Sie mir immer dieses stolz ‹uns› ! ... Befehlen Sie denn über mein ganzes Sein !« (16. 12. 19) – Und – selbst in diesem gespenstischen Briefwechsel verwunderlich zu lesen – Stolberg macht auch dem jüngeren Dichtergenossen milde Vorwürfe über seinen »Hieronymus Stauff« und »Welleda und Ganna« : »Auch tut es mir leid, daß es gerügt werde an der Ritterschaft, daß sie, um im Trüben zu fischen, die Teilung des Landes gewünscht habe; da gerade itzt dem Adel so viel harte und ungerechte Vorwürfe von allen Seiten her gemacht werden; daher auch in einigen Ihrer letzten Schriften, die Verherrlichung der Wehrfeste mir bedenklich geschienen hat. *Wir können jetzt nicht vorsichtig genug in unsern Äußerungen sein, nicht genug vermeiden, der guten Sache eine Blöße zu geben.*« : also Dem ist selbst Fouqué nicht orthodox genug ! Auch mit Perthes wird eifrig über diese Kontroverse Stolberg-Voß debattiert – d.h. nicht debattiert; man ist sich ziemlich einig – am 27. 3. 1822 schreibt Fouqué schaudernd : »Mir erscheint der furchtbare Greis mehr als ein Besessener, wie Einer, der sich dem Bösen absichtlich hingegeben hätte.«; vergebens mahnt der jüngere Voß ihn zur ernsthaften Prüfung der Dinge – genau so könnte er das Wasser zur ernsthaften Prüfung des Feuers auffordern – »Mein theurer Fouqué kennt die vossische Schrift über Stolberg nur vom Hörensagen und nimmt schon Partei ?« Hier wirkt nun allerdings wieder Voß selbst weltfremd, denn er hätte ja wissen müssen, daß Jener nicht Partei nimmt, sondern ist ! Und Fouqué »tut die Zeit so weh«, wie er am 24. 4. 19 an Perthes schreibt; »aber ich will und muß kämpfen dagegen«.

Und die Folgen für ihn bleiben denn auch nicht aus !

Die Volksschichten, die bisher recht eigentlich »sein« Publikum waren, nämlich die gebildete Jugend der bürgerlichen Stände, wendet sich von ihm ab; vor den Freiheitskriegen hatte man seine Bücher mit heller Begeisterung gelesen, entzündet von den herrlichen deutschen Helden –

man hatte übersehen, daß sie Alle sorgfältig vom hohen oder niederen Adel zu sein pflegten, und Bauern und Bürger nur als komische oder höchstens ehrenfeste Personagen auftraten. Man hatte das damals als historische Reminiszenz des echten alten Mittelalters harmlos gelten lassen, niemals vermeinend, daß ein vernünftiger Mensch diese Verhältnisse unverändert und konsequent auf die moderne Zeit würde übertragen wollen : jetzt sah das Lesepublikum die schauerliche Wahrheit : Fouqué war dies Alles gar kein poetischer Stoff gewesen ! Er hatte nicht nur die Phantasie der Hörer göttlich entzünden wollen ! Es war durchaus nicht »gleich« gewesen, daß die »Helden« seiner Dichtungen alle von Geblüt waren ! Der Mensch hielt tatsächlich auch heute noch – 1820 – den Adel für das unerläßliche Mark der Nation, eine buchstäblich von Gott gesetzte Einrichtung, als Mittler zwischen Volk und König ! Daß ein Volk sehr gut und sogar noch weit besser ohne König und Adel überhaupt florieren könnte, kam niemals in Fouqués Sinn !

Und schlagartig verlischt ein literarischer Ruhm, der nur durch ein »Versehen« so groß und leuchtend geworden war : das Publikum hatte den *Dichter* Fouqué geliebt; den närrischen Politiker und borniertene Baron wollte es nicht mehr !

Bereits 1815 (in Nr. 22 des II. Jahrganges der »Zeit-Blüthen«, vom 18. 3.) wurde das Ehepaar Fouqué in einer Rezension etwas von oben herab behandelt; und ich erinnere hier nochmals an das bereits früher zitierte Distichon der »Isis«, die »Sängerliebe« betreffend. Das ist aber nur der Anfang. So schreibt schon am 30. 9. 1818 der Odendichter Stägemann an die Rahel : »Fouqué gilt allgemein als komische Figur.« Oder Varnhagen meldet kurz an Uhland : »Fouqué sänge wohl noch; aber es mag es Niemand mehr hören; in der Gesellschaft wird er mit seiner Ritterwut fast wie ein Toller angesehen, und im Buchhandel sagt ihm jeder Verleger ab.« (24. 2. 1821). Selbst Prinzessin Marianne meldet betrübt an die Gräfin Dernatz (21. 10. 20) : »So auch geht es dem armen Fouqué, nach dem Sie mich fragen – so eingenommen man von ihm war vor einigen Jahren, so ist man wider ihn jetzt.« – Perthes besucht den alten Voß : »plötzlich aber fuhr, als Fouqués Name genannt war, ein Geist des Hasses, der mich erschreckte, in den alten Mann : auch diesen Fouqué, rief er aus, hat die Bubenrotte von Pfaffen und Adelsknechten verführt !«; das ist aber wiederum ein Irrtum Vossens : nicht Fouqué hat sich geändert; der ist zeit seines Lebens unverändert derselbe geblieben; aber das Publikum will nicht den Dichter von dem reaktionären Adligen trennen, und es mag freilich für Zeitgenossen schwerer sein, als für uns, die wir uns, ungehindert durch die politischen Absurditäten Fouqués, an seinen Schöpfungen erfreuen können.

Aber der »Freund« und wackere Meister Bertram, Perthes, urteilt doch auch bald derb anders über seinen Thiodolf : »Auch meinen alten Fouqué fand ich in Berlin«, schreibt er im Frühjahr 1825 : »Baron de la Motte, Cavalleriemajor von der Armee, auch Johanniterritter; geht in Berlin in Uniform; macht Front vor den königlichen Equipagen, die ich zur Gesellschaft mitmachte. Er ist seiner Natur und Art treu geblieben; aber was der Jugend gut ansteht, paßt nicht sonderlich für das Alter. Man freut sich seines früheren Dichtertalentes, liebt den ehrlichen Menschen; *aber um ihn lieb zu behalten, darf man ihn nicht gerade vor Augen haben !*«; – und das ist tiefer und wahrer geurteilt, als Perthes denkt : man sollte *nie* einen Dichter persönlich kennen; es sind nun einmal keine Götter, sondern »auch« Menschen, sehr Menschen (wobei freilich nicht außer Acht zu lassen ist, daß Herr Meier »nur« Mensch ist; erotisch wahlaffektioniert sind viele Männer, aber deswegen noch lange nicht Goethe !). –

Deshalb also haben ihn die »feinfühligen« Verleger etwa ab ·1820 restlos ausgebootet. Sie, die den Finger ständig am Puls des »Bedürfnisses« halten, haben genau seine Chancen abgeschätzt, und zögern nicht, die kommerziellen Konsequenzen daraus zu ziehen; und Fouqué selbst ist auch durchaus nicht blind über seinen Widersacher, den Geist der Zeit : »Glauben Sie mir«, schreibt er am 20. 5. 1820 an Schrag : »mein Wappenschild auf dem neuesten sehr schönen Titelblatt unseres Büchleins wird der harmlosen Gabe mehr Feinde und Verkleinerer erwecken«, als die zu vielen Gedichte, auf die Schrag vorsichtig hingewiesen hatte. Er ist sich ganz klar darüber, wie es bei den Jungdeutschen steht : »Nicht von einem würdigen Mitsammenbestehen der Stände sei dorten die Rede, sondern von einem absoluten zu Boden treten oder vielmehr Vernichten desjenigen, in welchem Gott ihn hatte geboren werden lassen.« oder an anderer Stelle : »Ach, in jener Zeit der Klingen / sah das Volk die Ritter gern; / hörte gern von Rittern singen, / gern vom ritterlichen Herrn ! / Trug das Kreuz am Landwehrhute, / sprach, was drauf stand, siegentbrannt : / ‹Nun mit Gott in frommem Mute ! / Nun für Fürst und Vaterland !› / – Jetzt ? ! : Gott ist Idee geworden. / Fürst ein unbequem Fanal. / Vaterland sind Burschenorden. / Ritterorden sind fatal. / Geifern müssen die Komödien, / wenn ein ‹Bravo› schallen soll. / Fluchen müssen die Tragödien, / möglichst sündhaft, möglichst toll. / – Das ist denn ein Gift für Ritter, / und sie ziehn vom Kampfplatz fort ...« – er vergißt nur wiederum gänzlich, daß er selbst einer der herbsten Verfechter der Adelsprivilegien ist, der z. B. die Offiziersstellen im Heere unbedingt nur dem

Adel vorbehalten will – und da wundert er sich, daß die Gegner nicht geduldig die Hälse hinrecken, und sich noch weitere Jahrhunderte lang wie die Hämmel scheren lassen wollen?

Aber solche Fehden wirken durchaus nicht förderlich auf seine dichterische Produktion; er fühlt sich verärgert, gehemmt, im Inneren gestört, und oft sehnt er sich nach einem stillen Leben, denn seine weiche Natur ist für die ewigen Zänkereien nicht geschaffen; am 21. 4. 1819 erzählt er Perthes eine Anekdote vom Kapellmeister Righini, wo man Abends, in Gesellschaft, einmal einen Apfel auf eine Gabel spießte, und Jeder einen Hieb mit dem Messer danach tun mußte: bei wem der Apfel fiel, Der zahlte die nächste Flasche Wein. Das erste Mal war Righini der Unglückliche; als sich der Apfel dem geizigen Italiener zum zweiten Male näherte, sagte er verdrießlich: ‹Ich habe satt von die Appelhaue!› – »so möchte auch ich manchmal sagen: ich habe satt von die Appelhaue«.

Aber das für Fouqué empörendste und ärgerlichste Erlebnis, bezeichnend für die Zeit und radikale Abwendung der jüngeren Generation von dem Dichter, ist die »Affaire Wildenhain«.

## § 49

Am 28. 6. 1820 kann Fouqué dem erstaunten Freunde Beneke die Mitteilung machen, daß er kurz vor einem Pistolenduell stehe! Ein Herr Wildenhain\* sei in der »berüchtigten Isis« aufs ungezogenste gegen ihn los-

---

\* (Die Schreibweise des Namens ist schwankend; selbst die Urkunden wechseln zwischen ...hain und ...hayn; doch scheint sich die Waage langsam zu Gunsten des ‹y› zu neigen. Eine entscheidende eigenhändige Unterschrift ist mir noch nicht vorgekommen.) –

Inzwischen habe ich wenigstens einige biographische Daten ermitteln können. – Karl Friedrich Wildenhayn ist am 7. 11. 1791, abends gegen 6 Uhr, zu Groß-Erkmannsdorf (bei Radeberg in Sachsen) geboren worden (getauft am 9.11.). Sein Vater, Ludwig Gotthelf W. (\* 23.12. 1753; † Dohna 11. 3. 1818), war bis 1795 dort Pfarrer; dann ist er als Magister und Oberpfarrer nach Dohna versetzt worden. Die Mutter war Christiane Wilhelmine, geb. Graf; der Ehe ‹entsprangen› 9 Kinder, 4 Söhne und 5 Töchter, (die sämtliche 1818, beim Tode des Vaters, noch lebten); unser Karl Friedrich war der zweite der Söhne. – In einem Studentenverzeichnis der Königl. Sächs. Bergakademie zu Freiberg findet sich im Jahre

1809, unter der laufenden Nummer 715, Carl Friedrich Wildenhayn; und dahinter der Vermerk : »† zu Colditz, war Vicehüttenmeister.« Leider findet sich in den Kirchenbüchern der Jahre 1825–66 Wildenhayns Sterbeeintragung nicht; auch erscheint er weder in den Sächsischen Staatshandbüchern noch in den Dresdener Adreßbüchern der Jahre 1811–40 – wo er sich doch notorisch in Dresden aufgehalten hat.

Im Widerspruch hierzu findet sich im ‹Neuen Nekrolog d. D.›., 1846, S. 1035, die Kurznotiz : »† 3.2. 1846 zu Freienwalde a. d. O. (Brandenburg) der kgl. Hütteninspektor am Alaunbergwerke Karl W. im 62. Jahre.« – Bei Abschluß des Druckes war die unverzüglich erbetene Auskunft aus Freienwalde noch nicht eingegangen.–

Ich verfolge die Spuren jedenfalls weiter.–

Eine interessante Schilderung W.'s fand sich in dem von L. Förster herausgegebenen Buch ‹Biogr. u. liter. Skizzen aus dem Leben und der Zeit Karl Förster's.› (Dresden, 1846) :

»Wildenhayn war wieder bei uns; er lebt fortwährend in der bittersten Noth, aber wie soll man Menschen helfen, deren mißverstandenes Ehrgefühl zu wirklichem Unsinn wird ? Ich habe ihn zu Unterrichtsstunden empfohlen, er soll morgen beginnen, ich nenne ihm die Bedingungen : ‹Was›, – ruft er empört aus – ‹für Geld soll ich ein Fräulein unterrichten; soll mich, die Wissenschaft, meine Kenntnisse, so sehr erniedrigen ? Nimmermehr ! Der Hunger ist schlimm; jenes wäre noch schlimmer. Die Stunden, die will ich geben; weil Sie es wollen, und um mich nützlich zu machen, aber ohne Honorar !› – Ich habe den wunderlichen Kauz wieder bestellt, wo er einiges von seinen Arbeiten meinem Urtheil wiederum vorlegen will. Der Mensch hat wirklich große Befähigungen, viele Kenntnisse und beharrlichen Fleiß; aber er ist durch und durch verschroben. Er sprach von seinen großen Ideen für die Reformen der Menschheit. ‹Reformiren Sie›, sagte L. freundlich zu ihm, ‹zunächst sich selbst, Ihren äußeren Menschen, tragen Sie die übliche Kleidung der Zeit, trennen Sie sich von dem auffälligen Bart, der, wie Sie selbst gestehen, Ihnen nur lästig und unbequem ist, und Anderer Mißfallen erregt. Entschließen Sie sich, den wohlerworbenen Sold anzunehmen; ein guter Arbeiter ist ja des Lohnes werth !–›. Er blieb still; ein schweigsamer Schmerz, ein stummer Zorn sprach aus allen Zügen; endlich stand er auf, brach in bittre Thränen aus und sagte : ‹Hier glaubte ich verstanden zu werden; hier, meinte ich, würde man erkennen, daß ich mich dem Gemeinwohl opfere, daß ich ein Märtyrer bin. O›, fuhr er fort, ‹in 20 Jahren wird Keiner anders, als in dem schlichten deutschen Rock Ihnen begegnen, und Keiner wird mehr fre-

gefahren. Am 20. 7. kann er noch weiter gehen : 30 Schritt Distanz sind die Bedingungen, avancieren auf 8 Schritt, Beide feuern gleichzeitig : »Mit der morgenden Post geht meine Ausforderung ab.« Am 11. 8. ist »eine Art Stillstand« in der Affaire Wildenhain eingetreten; aber auch Lorenz Oken, der große Herausgeber der herrlichen ‹Isis›, soll zumindest verklagt werden. Am 27. 9. berichtet Fouqué, daß er ein Ehrengericht angerufen habe : 5 Stimmen hätten gegen das Duell gesprochen, 1 dafür (ein herrlicher Brief eines seiner ehemaligen Jäger !), 1 steht noch aus. –

Auch an die Freundin Marianne meldet er die Angelegenheit und zwar ausführlicher; diesmal erfahren wir, Wildenhain »hat im Januar-Heft der Isis, die der berüchtigte Revolutionär Herr Oken herausgibt, einen frechen Ausfall gegen mich drucken lassen«, weil Fouqué nur einen Teil von dessen Gedichten ins »Frauentaschenbuch« aufnahm, die letzten aber – nach Ansicht des Verfassers die gelungensten – zurückstellte. Früher habe Fouqué eine günstige Meinung von Wildenhains Talent gefaßt; aber jetzt sandte er »tolle und gotteslästerliche Machwerke.« Erst vor 5 Wochen habe er dies Alles durch zwei wackere Dichterjünglinge, sonst die Genossen Wildenhains, erfahren, die sich aber nun sogleich von dem Frechen lossagten; er selbst lese Blätter wie diese »Isis« nie : Wildenhain sei zum Duell gefordert. (31. 7. 1820). Im nächsten Brief erfahren wir dann auch die Zusammensetzung des oben erwähnten »Ehrengerichtes« : es besteht aus dem General von Alvensleben, dem Obersten von Ste-

---

ventlich den naturgemäßen Bart verkürzen.› Er ging heftig fort, kam aber doch am Abend wieder, war aber nicht zu bewegen – wie wohl sonst zuweilen – an unserm kleinen Abendessen Theil zu nehmen. Er brachte eine Übersetzung mit – ‹Venus und Adonis› von Shakespeare. Die Übersetzung ist trefflich, treu im höchsten Grade wohlthönend, mit ungemeiner Gewalt der Reim ausgearbeitet; noch ist's unvollendet; zu dem Besten gehörend, was wir in dieser Gattung bis jetzt besitzen. Er las darauf ein Gedicht, ein Traum, den er nach seiner Genesung in Berlin, an dem Geburtstage Shakespeares, wo er zum ersten Male den ‹Hamlet› gelesen, gedichtet hatte – das Gedicht ist großartig; kräftig ! Dann recitierte er ein Gedicht an Werner in Freiberg, das ihm (die) Dankbarkeit eingeflößt, worin er die geognostischen Ansichten Werner's mit lyrischer Begeisterung darstellt. Ich riet ihm, dasselbe der Mineralogischen Gesellschaft zum Abdruck zuzuschicken. Vor einigen Tagen las er mir ein anderes schönes Gedicht vor, in metrisch vollendeten Distichen, voll Wohllaut und rhythmischer Vollendung, veranlaßt durch den Tod Hinkels, seines Freundes, eines hoffnungsvollen Jünglings.«

chow, dem Obersten von Pfuel (dem »Schwimmpfuel«), und seinen beiden Stiefsöhnen Gustav und Theodor von Rochow; später hat er noch einen seiner ehemaligen Jäger befragt und den Feldmarschall von Gneisenau (13. 8. 20); am 30. 8. kann er dann berichten, daß sich nur eine Stimme, eben die des Jägers, *für,* alle Anderen *gegen* das Duell ausgesprochen hätten; es bleibe also lediglich bei der gerichtlichen Verfolgung des Falles. –

Wer sich einmal näher mit der »berüchtigten Isis« bekannt gemacht hat, wird dies nie zu bereuen haben; denn sie ist eines der interessantesten und belehrendsten Blätter der ganzen Zeit, zumal der moderne polemische Teil nur den geringsten Raum beansprucht; die meisten Seiten füllen ausführliche und auch heute noch wertvolle naturwissenschaftliche Abhandlungen – systematische Darstellungen einzelner Gebiete der Biologie mit guten Kupfern – und tiefsinnige naturphilosophische Betrachtungen, die zum Teil in die große Entwicklungsreihe der Emanationstheorieen gehören : man lese nur einmal Okens Hypothesen vom »rotierenden Gott« nach; hier ist noch unendlicher Stoff für künftige Arbeiten. (Wie es denn zu den unauslöschlichen Schandflecken Goethes gehört, ein Verbot dieser wertvollsten ‹Isis› befürwortet und ekel-tatkräftig befördert zu haben !).

Allerdings ist sie auch das Organ der fortschrittlichen studierenden Jugend, wodurch ihre politische und soziale Tendenz sogleich gekennzeichnet ist; in einer Kritik über Fouqués »Briefe über den deutschen Adel« wird der »Gespensterkoch Fouqué« derb – und, wie wir wissen, auch durchaus mit Recht – hergenommen.

Einer der Mitarbeiter ist der dresdener Privatgelehrte Karl Friedrich Wildenhain, dessen eigentliches Fachgebiet die deutsche Sprache in ihrer Gesamtheit ist; seit langem beschäftigt er sich mit rhythmischen Studien, mit Untersuchungen über Vers und Verskunst; 1819 erscheint im literarischen Anzeiger der »Isis« ein Aufruf zur Subskription für sein Buch : »Rhythmik zur Vollbewegsamkeit der deutschen Sprache.« Aus der Ankündigung erfahren wir, daß »wer bis Weihnachten 1819 und Fastnacht 1820 an die Hillersche Buchhandlung in Dresden 1 Taler sächsisch einsendet, um Ostern 1820 das Werklein erhält.« In einer Nachschrift wird dieser Termin bis Pfingsten 1820 verlängert, da sich aber trotzdem nur 40 Subskribenten melden, muß das Projekt fallen gelassen werden. .(Wer an dieser Wildenhainschen »Rhythmik« interessiert ist, findet eine summarische Angabe des Inhalts in Heft V des Jahrgangs 1820, S. 201–212).

Aber Wildenhain ist nicht ein Mann nur der grauen Theorie – er entwirft, wie für jeden deutschen Dichter jener Zeit anscheinend unerläßlich (siehe Klopstock, Jean Paul, etc.) auch eine eigene Orthographie, so daß Oken einmal den Setzer scherzhaft sich öffentlich gegen die Vermutung oder den Vorwurf von Druckfehlern verwahren läßt – er versteht es auch, praktische Beispiele von dem zu geben, was er sich unter der kommenden deutschen Dichtung vorstellt, und Oken hat Gefallen an dem Kraftgenie gefunden, und läßt ihm oftmals Raum für seine Experimente: das ist sehr rühmenswert und wertvoll!

Einerseits sind es Übersetzungen aus dem Griechischen und Lateinischen, und Wildenhain macht es sich nicht leicht: er wählt grundsätzlich schwierigste und berüchtigte Exempel; 1820 (S. 49) erscheint die Passage der »Ilias« : »Hektors Abschied« und der Vergleich mit Voß ist äußerst belehrend; 1821 (S. 316) folgt eine Stelle aus der »Odyssee«; und wenige Seiten darauf »Catullus : Atüs« – und ich empfehle besonders das letzte Beispiel der Beachtung der Philologen und Übersetzer, denn es ist eine unveräachtliche Probe von Wildenhains Vermögen, wie auch 1824 (S. 57) »Pindars größter Siegesgesang«.

Aber er beschränkt sich, wie natürlich, nicht nur auf Übersetzungen; 1819 (S. 410) erscheint das Gedicht »Glückauf« – ein Nachruf auf den geliebten Lehrer, den Bergrat Werner, einen der größten Gelehrten nicht nur Sachsens und Deutschlands, sondern der ganzen damaligen Welt – »hätte er Lust, sein Vaterland zu verlassen«, schreibt Forster schon am 10. 7. 1784 an seinen Schwiegervater Heyne, »so würde man ihn in der ganzen Welt mit offenen Armen aufnehmen.« »Dein Name gilt im Bau der Norderwende, / ihn rühmt der Hüttner am Potosi-Schachte; / Dich preist, was einsam schifft an Südens Ende, / wer aller Ding und Sterne Lauf bedachte.« (Wildenhain); und so schreibt er in den Prosaerläuterungen zu seinem Gedicht: »Wenn ich den Grabstichel führte, so wollt ich ihn in alter Ehrentracht abbilden, in einer Felsenbrüstung, etwas zurückgelehnt, wie er wohl oft zu stehen pflegte, vorn das Gesicht vom Lichtguß einer abgewandten Blende seitwärts heran beleuchtet, den Blick in den gestirnten Himmel nördlich hinaus gewandt, die Rechte auf dem Ellenbogen und mit dem Stufenhammer ruhend, in der Linken aber ein streifiges Gangstück wägend, worauf ein Tessularsystem – in Krystallen halb sichtbar – eingewachsen wäre ...« (Ich gebe das Ganze als Probe im Anhang wieder). Einmal, am 17./18. Oktober 1819, unterzeichnet er einen übermütigen Beitrag mit »Gotlieb Heldunkel« und »aller freien Künste und schönen Wissenschaften alzeit freiwillig Beflissener in und auf allen geistfreien Reichsstädten des wahren Deutschlands, derzeit zu Dresden.« – Und, da man grundsätzlich beide Teile hören muß, resümiere ich jetzt die Darstellung Wildenhains zum Zwist mit Fouqué; also schreibt er 1820 im Januarheft:

»Kleinmeistereien in deutschen Schriftsachen:
Die Rüge solcher Anmaaßlichkeit, welche durch Antastung fremder Einzelschaft (Individualität) die heilig-deutsche Freiheit in Wort und Schrift und Willkür gefährden, wird allzeit ihrer Isis-Vorkämpferin würdig sein, die, ein Blatt des Tages, Alltagsgebrechen niederreden will, und auch im Folgenden die allgemeinsame Wahrheit anerkennen muß.

Von dem Krankenlager hatte mir im Frühling 1816 ein Jugendfreund allerlei Lieder abgetragen, mit so scherzhaft genommenen Verheißungen des Unterbringens, daß meine Freude nicht eben von Herzen ging, als später selbiger die Mitteilung: B. d. l. M. Fouqué lasse mir den freudigsten Dank für meine Dichtungen sagen, brachte, durch folgende Handschrift beglaubigt ...« Und nun zitiert er wörtlich einen Brief Fouqués, worin dieser 5 der Gedichte aufnehmen will, und hinzufügt, »daß mich diese Lieder recht erquickt haben, und daß ich glaube, dem Dichter hohes und fröhliches Gelingen prophezeihen zu dürfen.«

Wildenhain antwortet im Juni 1817 darauf, daß ihn der Beifall eines so anerkannten Dichters ehre, daß er der Kunst die reinsten Lebensfreuden verdanke und führt dann fort: »Wie wenig ich selbst meine Versuche überschätze, möge das Gestrichene beurkunden. Auch das Eingelegte gab ich nur als Lückenbüßer, besonders das Sonett, welches bloß eine Gesinnung aussprechen will.« Nun bringt Fouqué im Jahrgang 1818 seines »Frauentaschenbuches« diese Wildenhainschen Gedichte: ‹Waldos Tod; Frauenlob; Der Tausch; Während der Schlacht bei Lützen›; und im Jahrgang 1819 noch ‹Der Gottesbaum›.

Allerdings hatte Fouqué im Laufe seiner steigenden Berühmtheit die sehr üble Sitte angenommen, etwas allzu autorativ die Beiträge der jüngeren Mitarbeiter zu behandeln, z. B. Titel zu verändern, oder auch gar hineinzukorrigieren, was bei der pervers-frommen Richtung seiner späteren Jahre nicht immer zum Glücklichsten ausfiel; ich komme hierauf noch bei Besprechung seiner Herausgebertätigkeit zurück. Und so auch hier; am 15. 9. 1819 klagt Wildenhain an einen berliner Gelehrten:

»Erst heute ist mir das Frauentaschenbuch von 1818 zu Handen gekommen. Ich wage deshalb die Bitte, dafern Sie mit dem Baron d. l. M. Fouqué mittel- oder unmittelbar in Berührung kämen, denselben wissen zu lassen, daß er nie etwas als von mir Eingesandtes, weder in seinen Taschen- oder anderen Büchern, auch im nächsten Jahrgang nicht, soll abdrucken lassen.

1.     weil ich ihn nicht ursprünglich darum selbst ersucht, indem G .. b ...r

(August Gebauer, † 1852; Anm. d. Verf.) ohne mein Vorwissen den Vermittler gemacht hat,

2. weil es bei selbstständiger Bildung sehr jüngerhaft herauskommt, wenn das Mittelmäßigste zuerst gegeben, das Bessere drei Jahre und länger zurückgehalten wird, da man die Spenden eines jungen Dichters, der auftreten will, entweder ablehnt oder fördert.

3. Weil mein erster Blick auf ein paar Machereien fiel (»Frauenlob« : dieses versprach ich in einer des Stoffes würdigeren Form nachzuliefern; und »Tausch«), die ich nie anerkannt, die Eine nicht einmal betitelt hatte, und deren nur mutmaaßliche Mitteilung ich durch einen an Fouqué besonders gerichteten Brief, mit allen Formalien herkömmlicher Höflichkeit und Beisendung zweiter ächteren Stücke, deren eines in volkstümlich-antiker Form wenigstens neu war, abwenden wollte; sodaß ich den Abdruck gerade dieser Beiden als Absicht betrachten muß; für welche Niedrigkeit (dieselbe vorausgesetzt) ich dem Herrn Baron d. l. M. F. mit wahrer Seelenruhe, wenn er vor mir gestanden hätte, *eine deutsche derbe Ohrfeige* würde versetzt haben : nicht als ob dieser Mann auf solche Art mich beleidigen könnte, was ihm unmöglich, sondern weil es frech ist und schlecht, oder doch ein starker Dummdünkel dazu gehört, mit dem Eigensten was ein Mensch geben kann, willkürlich zu schalten, zumal da ich zumeist persönliche Mißdeutungen, die meiner unwürdig sind, damit vermeiden wollte. Aus letzterer Rücksicht ist es mein innger Wunsch, daß Sie das Historische der Sache in Ihrer deutschen Gesellschaft, sobald gelegentlich meiner Ankündigung (Rhythmik) auf meine Wenigkeit die Rede kommt, erwähnen möchten.«

Und, damit eine unbefangene Mit- und Nachwelt selbst zu urteilen vermöchte, legt er das, von Fouqué »gotteslästerlich und toll« genannte »Machwerk« vor. – Nun kenne ich das »Frauentaschenbuch« und die Qualität seiner Beiträge recht gut, und kenne vor allem auch die dort abgedruckten Gedichte Wildenhains, und ich kann nach unbefangener Prüfung dem kühnen Rhythmiker nur recht geben : wer die oben aufgeführten Beiträge anzunehmen, und den »Liedesgast« als »toll und gotteslästerlich« zu bezeichnen fähig war, verdient eine Zurechtweisung :

»Horch wies laut auftost : Waldstrom ist wilde geworden / Kennst Du das Silbergeblink : Risch dahinunter gesetzt ! / Eiskalt schäumts : arbeite Dich auf, arbeite getreu, Roß ! / Rudere flink Dich hinaus ...« so ruft er im Hufetakt dem Renner zu : »Greife gewaltiger aus, gut Roß, durchflieg den Nachtwind; / donnre brücküber hinein, immer im

Grunde hinum. /« Regen und Sturm hindurch jagt sein Reiter die weite nächtliche Bahn zur Geliebten: »S' eist mich selber im Eichgrund hier ...« und: »Unten im Hohlweg rennts: mein Hufschlag jagte Gewild auf!«; bis er endlich den Burgberg hinansprengt: »Hundegebell, horch, Wächtergesang, Windstille mit einmal: / Laß ab; vollmondhell raget das Elberaschloß!«: Hier ist ein unverkennbares und kühnes, wenn auch noch nicht ausgereiftes, Talent am Werke, und es gereicht Fouqué nur zur Schande, dergleichen dumm zurückgewiesen zu haben!

Ich weiß nicht, wie die Beleidigungsklage zwischen den Beiden ausgegangen sein mag; soviel aber steht fest, daß die »Affaire Wildenhain« Fouqué im Innersten zutiefst gekränkt und aufgeregt hat; immer wieder erwähnt er ihrer: in der Widmung zum »Bertrand« – also an so prominenter Stelle! – heißt es in den Oktaven an Gneisenau »Weißt Du, wie jüngst mir vor unreinem Dampfe / der Erdgewölke, vor der trüben Nacht / des Wahns die Seel ergraute? / Wie ich – was nie, gottlob! – im offnen Kampfe / mir abdrang Feindesmacht – / Sehnsüchtig von der Bahn zurückeschaute? – / Da sprachst Du: Nein mein Dichter, sing Du weiter! / Vor schritt ich auf Dein: Marsch! erstarkt und heiter.« Denn Gneisenau hat ebenfalls Wildenhain als für des Duells unwürdig erklärt.

Oder in dem schon einmal zitierten sehr seltenen Privatdruck »Psalm« vom Januar 1821, klagt er in der Rückschau auf das verflossene Jahr:

»Wie rief zu den Waffen mich's wild! / – Ach, nicht zu den Waffen der Schlacht, / den schönen goldnen Waffen, wo Psalm hineinklingt / mit seligem Ton: Ein feste Burg ist Gott! – / Nein, mit schmähendem häßlichem Mißlaut / lockte zu niedrem Kampfe mich frecher Hohn. / Ich sprach zum Herrn: Du mein Lenker, / lenke nach heiligem Wollen auch hier! Dein ist mein Blut! / Ob es im Schlachtfeld fleußt, ob in der Öde / heimlichen Busches, – soll es hinströmen, – o nimms! / Mag es sein, so wahre die Hand mir vor Blut! / Mag es nicht sein, so wasche sie mir von Blut! – / Rein blieb die Hand mir, – vor richtendem Heldenspruch rein die Ehre mir!«

Seitdem weiß er nun schier handgreiflich, daß er den Neueren nur noch als »Gespensterkoch« gilt. –

Über Karl Friedrich Wildenhain schweigen die bibliographischen Hilfsmittel; lediglich das Anonymenlexikon führt ihn in zwei Zeilen unter dem Decknamen »Musagetes« an; kennt jedoch seine Beiträge zur »Isis« gar nicht. Das alte Anonymenlexikon fügt noch hinzu, daß er in Dohna geboren sein soll; ich habe auf mehrfache Anfragen von dorther keine Antwort erhalten können; so steht also lediglich fest, daß er in den Jahren 1820–30 als Privatgelehrter in Dresden gelebt hat. Vielleicht kann ein Lokalhistoriker mehr über den doch interessanten Mann herausbringen.

# VI. BUCH

# FÜR THRON UND ALTAR

»Muß auch so sein, Ritter Maraviglia, muß auch so sein! : Sollen ja selbst in den himmlischen Heerscharen die Gottesboten unterschieden seyn als Erzengel, Thronen, und andre Herrlichkeiten : warum möchen wir uns über den irdischen Abglanz nicht freuen? Wozu hätten denn unsre großen Altvordern, wozu unsre herrlichen Fürsten, mit Blut und Leben Ritterorden und andre schöne Ehrenstiftungen begründet?!«

## § 50

In seiner weiteren »Entwicklung« – ich setze das Wort absichtlich in Anführungsstriche; denn es tritt ja bei ihm, wie bei allen stark Gläubigen, im fortschreitenden Alter eine Verengung des Geistes ein — schließt sich Fouqué also ganz konsequenterweise auch äußerlich völlig an den Teil des Publikums an, den er von jeher in seinen Schriften am meisten verherrlicht hat, und der ihm aus stofflichen Gründen stets treu geblieben ist: an Thron und Altar. Ich sage betont: um des *Stoffes* seiner Bücher willen; denn seine eigentliche dichterische Bedeutung kann, der fehlenden geistigen Voraussetzungen wegen, in den genannten Kasten nicht gewürdigt werden.

Eigentlich gehören beide Menschenklassen sogar unauflösbar zusammen; je einfältig- und kindlich-frommer ein Volk ist, desto leichter regiert es sich, sei es durch die Bereiter der religiösen Vorschriften selbst, oder irgendwelche anderen Herrscher. Um jedem Vorwurf der Voreingenommenheit zuvorzukommen, erkläre ich hier ausdrücklich, daß ich auch die heutzutage schick gewordenen »Weltanschauungen« nazistischer und kommunistischer Provenienz, mit ihren ausgerichteten und sorgfältig nach Dienstgrad dosierten »Erkenntnissen« zu solchen »Religionen« rechne. Und es scheint ja tatsächlich so zu sein, daß man bei dem augenblicklichen geistigen und moralischen Entwicklungszustand der Menschheit, und in Anbetracht ihrer leider Staatsgebilde erfordernden unsinnig hohen Zahl, solcher Praktiken und Arbeitshypothesen noch nicht entraten kann. –

Also finden wir unter Fouqués späteren Bekannten und Freunden die bedeutenderen Theologennamen jener Jahre.

»Geschrieben am Schreibpult meines sehr geliebten Freundes, des Hofpredigers Theremin«, heißt es vor einem Brief an Perthes vom 15.10. 1819 – oder, wie Fouqué es bezeichnenderweise datiert »Am Geburtstage unseres Kronprinzen«. Kurz vorher hat er an den Verlegerfreund einen Juden Gans empfohlen, den Theremin getauft hat, und der gern Musikalienhändler in Hamburg werden möchte. Jetzt sind es solche Gestalten, die in Nennhausen auftauchen; Mitte Juli 1819 macht der besagte Theremin seine Hanseatenreise, und steigt für einige Tage bei seinem »besten Fouqué« ab : »In einer solchen Umgebung, in einer so geistreichen Familie, bei einer so belebten und doch nie gezwungenen Unterhaltung hätte sich wohl ein Jeder glücklich gefühlt« schreibt er aus der Erinnerung am 22 7., und »mehr als dieses Alles hat mich unser sich immer mehr offenbarendes Einverständnis in demjenigen, was uns Beiden das Theuerste und Wichtigste ist, erfreut; und ich kann Ihnen sagen, daß, wenn ich Ihr schönes Talent, Ihre edle ritterliche Gesinnung immer geschätzt habe, ich mich Ihnen als Christ wahrhaft verbunden fühle.« Und er gibt für uns auch gleich ein speziöses Beispiel von dem, was in diesen Zirkeln »ein Jeder« unter Poesie versteht : »Doch gehört für mich der Tod Adams (von Klopstock) immer zu dem Höchsten, das jemals ist geschrieben worden. Schiller gehört einem großen Teil seiner Gesinnung nach zum göttlichen Reiche, welches hingegen von Goethe nur zu wenig weiß.« Woran sich zwanglos Jung-Stillings Stelle an Fouqué anschließt : »Über Wieland und Goethe will ich kein Urteil fällen aber gelobt sei der Herr, daß er mich nicht ein solches Werkzeug hat werden lassen!« (Als wenn es selbst der Herr vermocht hätte, aus Heinrich Jung den großen Wieland zu machen !). Aus solcher Geisteshaltung heraus geschieht es dann leider auch, daß Fouqué das zum Teil vollendete 4. und letzte Buch des kostbaren »Alethes« vernichtet, und durch das jetzige zahmere ersetzt; aus solcher Muckerstimmung heraus freut er sich sogar über Gustav Schwabs (mir allerdings unverständliche) sittliche Unzufriedenheit mit der Episode der spanischen Heidin in »Karls des Großen Geburt und Jugendjahre« – »Gottlob, lieber Gustav ! Ich würde das nun auch gewiß viel anders schreiben !« (9. 6. 17); und er scheint tatsächlich der Meinung : besser!

Ein besonders naher neuer Freund ist Gerhard Friedrich Strauß (1786–1863) »Der Sänger der Glockentöne und der Dichter von Helons Wallfahrt nach Jerusalem« wie Fouqué ihn vorstellt; die genauen Titel sind »Glockentöne, Erinnerungen aus dem Leben eines jungen Landgeistlichen« und »Helons Wallfahrt nach Jerusalem, 109 Jahre vor der Geburt unseres Herrn«. Fouqué hatte schon brieflich seine Bekanntschaft gemacht; am 30. 9. 1820 meldet er der hohen Herrin Marianne, daß er ein paar Lieder gedichtet habe »auf Veranlassung von Pastor Strauß in Elberfeld.« Als Jener dann 1822 als vierter Hof- und Domprediger, sowie als Professor für praktische Theologie an der Universität nach Berlin berufen wird, entwickelt sich sogleich ein lebhafter und intimer persönlicher Verkehr zwischen den Beiden. Am 2. 4. 23 empfiehlt er Perthes seinen Roman »Wilde Liebe« zur Lektüre, und kann den Zusatz machen »Zu höherer Empfehlung darf ich hinzufügen, daß die kleine fromme anmutige Frau (Johanna) meines Freundes Strauß ... es beinahe in einem Strich ausgelesen hat.« Vielleicht hatte sich die kleine Frau von der pikanten Überschrift etwas Einschlägigeres, Handfesteres versprochen (Fouqués Repertoire ist reich an solchen irreführenden Titeln : »Das Kloster der Liebenden«; »Der Normann auf Lesbos«, etc.; aber keine Furcht : die Helden behalten jetzt immer den Harnisch an). Wenn Fouqué in Berlin weilt, verfehlt er nie, bei dem Freunde vorzusprechen und ist ein gern gesehener Gast bei dessen kleinen Abendgesellschaften (Brief an Perthes vom 18./ 22. 4. 1831); als Fouqué dann in Halle wohnt, ist es Strauß, der ihn auf den Durchreisen besucht, so z. B. im Herbst 1835, wo er mit seinem Sohn bei ihm vorspricht. Auch korrespondiert wird eifrig; diese Freundschaft hat bis zu Fouqués Tod vorgehalten.

Andere persönliche Bekannte sind Tholuck, zu dem die eigentlich engsten Beziehungen erst im letzten Lebensjahrzehnt Fouqués in Halle sich entwickeln; Marheineke; Neander; Jänicke, dessen bewegtes Leben schon einen Vergleich mit dem Stillings aushält; von Fichte und Eylert war schon die Rede; später gesellt sich noch Hoßbach hinzu.

»Als rechte Hauptstütze meines Glaubens gleich zunächst der heiligen Schrift ist mir der herrliche Menken aus Bremen in seinen Homilien erschienen«, bekennt er Perthes, und : »Auch die persönliche Bekanntschaft des Baron Kottwitz, eines Freundes deines seligen Schwiegervaters, war mir sehr teuer und heilsam, und ich denke in den bevorstehenden Wintermonaten noch manchen Nutzen daraus zu ziehen« (6. 11. 1816).

Anfang 1823 schickt Perthes seinen Sohn Matthias zum Studium der Theologie nach Berlin, und Fouqué nimmt sich des »herrlichen jungen Reises« intensiv an : »Weil wir denn nun einmal bei Hauptstücken des Herzens sind«, berichtet er am 3. 4. 23 dem Bertramsvater, »da muß ich Dir noch durchaus berichten, daß es Tage gab während des vorigen Winters, – aber, gottlob ! vorübergegangene Tage – wo es mir um unsern Matthias in Hinsicht seiner theologischen Studien bange werden wollte. Ich fürchtete, um es von Freund zu Freund mit einem mir wahrhaft furchtbaren Worte herauszusagen : er möchte sich ‹verschleiermachern›. Ich verbarg ihm keineswegs meine Besorgnisse, und suchte dieselben durch mein schlichtes Glaubensbekenntnis zu stützen, und durch die Hindeutung auf Schleiermachers frühere noch nirgends öffentlich widerrufenen Irrwege zu rechtfertigen. Der junge Freund hörte mich liebevoll und bescheiden an, und erwiderte geistreich; doch so, daß er mir allerdings schon ein wenig von der kunstreichen Dialogik jenes Mannes bestrickt vorkam. Nun blieb mir ein Stein auf der Brust zurück, den mir aber schon nach wenigen Tagen der ehrwürdige Kottwitz erleichtern und tragen half, durch die Versicherung, Neander werde jedes von dorther drohende Übel schon zu heben und zu beseitigen wissen. Einig waren, wie sich das von selbst versteht, ohnehin Kottwitz und ich in dem Vertrauen auf den höchsten Beschützer und die Kraft des Gebetes, aus so mancher gottgefälligen Seele teils schon vorangegangen, teils noch im irdischen Leibe wohnend ... Matthias ist zum Gottesgelehrten bestimmt. Ich hoffe nun, ihn noch in diesem Frühling hier zu sehen, etwa in den Pfingstferien oder wenn er sonst will und kann«. Denn den Schleiermacher, der sich noch ein wenig scharfen Geist bewahrt hat, kann Fouqué gar nicht mehr leiden: »wer mit einem Schleiermacher verkehrt, umschleiert sich wohl unwillkürlich im Durchgehen etwas mit«, wiederholt er am 14. 6. 23 bei erneuter Besprechung von Matthias' »herrlichem, ernst-schönen Beruf« – wo ist die fröhliche Jugend hin, da sich die beiden Dichtergenossen der Schlegelschule schon durch ihre Freundschaft mit Hülsen verbunden gegenseitig die Werke zusandten? (vgl. Brief an Hitzig v. 30. 9. 08) – Jetzt bleibt nur noch: »Hengstenberg, Tholuck und das übrige Gesindel«, wie sich Varnhagen in den Tagebüchern einmal derb ausdrückt. (Bd. 3 S. 208). –

»In mein allerliebstes Inneres griff, bald nach der leiblichen Genesung« erinnert sich Fouqué, »eine geistliche zu vollbringen bemüht, ein jugendlicher Freund, der Gottesgelahrtheit beflissen, gewaltig, ja man möchte fast sagen *gewaltsam* herein. Er hatte den Freiheitskampf als Freiwilliger in einem rühmlich ausgezeichneten Infanterie-Regiment mitgefochten, und nebst einer ehrbaren Schußwunde auch den Offizierrang mit herausgebracht, war aber zu seinen theologischen Studien zurückgekehrt. Schon vor dem Kriege hatte ihn seine bedeutende Dichtergabe zu mir geführt, und es bestand in dieser Hinsicht zwischen ihm und mir das heiterste Verhältnis von Schüler zu Meister. Eines Tages aber schrieb er mir einen Brief gar anderer Gattung. Statt der erwarteten poetischen Mitteilungen, Anfragen, auch wohl gelegentlich Danksagungen für Ähnliches, gab es eine Bußpredigt, ihm aus einer plötzlichen Erweckung aufgegangen, über die Lauheit und Halbheit meines Wandelns und Ringens nach dem ewigen Heil. Ich schrak zusammen, waffnete mich jedoch bald wiederum mit gewissen bequemen Schildern und solchen Stützen und Krücken, welche das Hinken auf beiden Seiten – wie es der gewaltige Prophet Elias nannte – vor dem Hinkenden selbst unmerklich machen. Schon war ich im Begriff, dem Freunde zu antworten, er möge sich keine unnütze Unruhe machen meinetwegen. Zwischen meinem Gott und mir stehe Alles gar gut, – und was der selbstgefälligen Sprüche solcher Art es mehr zu geben pflegt. Es kam anders, und zwar auf Anregung meines bisher nur mehrst poetisch geliebten Jakob Böhme. – / Auch das gehört mehr in eine Beichte, als in eine Biographie.« (Natürlich sucht man bei Fouqué wieder den Namen des »Bruder Zelotes« vergeblich).

Es war einer der Mitarbeiter am »Frauentaschenbuch«, Johann Georg Seegemund, der seine ziemlich mediokren Schöpfungen einsichtsvoll mit dem Pseudonym Gottwalt tarnte. Er war am 9. 6. 1794 in Stettin geboren, hatte die dortige höhere Schule frequentiert und später in Berlin sich der Theologie beflissen. 1813 meldete er sich als freiwilliger Jäger, wurde der Nordarmee zugeteilt und am 6. 9. 13 bei Dennewitz verwundet. Bereits vorher hatte er sich als Schüler den Romantikern zugesellt; Isidor Loeben fragt schon am 27. 11. 1812 bei Fouqué an : »Was hörst du von Seegemund und Neumann ? Beide schweigen für mich seit undenklicher Zeit.« und wieder am 12. 12. 14 : »Unter Allen aber von Denen ich wissen möchte, liegt mir Keiner mehr am Herzen, als unser herrlicher, mein geliebter, Gottwald ... Von Seegemund hoffe ich bald etwas zu hören; sollte er bei Dir sein, oder zu Weihnachten kommen, so sage ihm, daß er mir einige Gaben sendet.« – Loeben gibt nämlich von Michaelis 1816 an die »Hesperiden« heraus = »Blüten und Früchte aus der Heimat der Poesie und des Gemüths«, zu dem auch Seegemund-Gottwald beigetragen hat (neben Schenkendorff, Schütz, der Chézy, Werner, Eichendorff, Kerner, Philipp Veit, etc.).

Bald darauf erfährt Jener den von Fouqué oben angedeuteten »religious turn«, und auch Loeben erhält eines dieser zur Umkehr auffordernden frommen Rundschreiben : »Was Du mir von Gottwald schreibst, freut mich innig«, berichtet Isidor dem Freunde Fouqué am 31. 3. 1815 : »er hat mir über sich selbst einen seltsamen Brief geschrieben, der mir nicht ganz erfreulich war. Gewiß hat er sein Inneres darin als strenger Asket beurteilt. Er nennt sich darin einen allzu sündig verdorbenen Menschen. Wohl sind wir das Alle; in dem speziellen Bezuge auf ihn, worin er es nimmt, kann es aber wohl nicht so sein !« Wenn sich schon der doch auch in puncto religiöser Schwärmerei seinen Mann stehende Loeben so von dieser Aktion Seegemund absetzt, muß es wirklich ein wenig derb ausgefallen sein. Selbst Fouqué kennzeichnet ihn am 9. 7. 17 gegenüber Gustav Schwab so : »Seegemund, der herbe und trübe gesinnt ist, dem alle weltliche Kunst als Sünde vorkommt, und der mit mir in geistlicher und geistiger Hinsicht gebrochen hat.« – Seegemund war in späteren Jahren dann Pfarrer in Krappitz O. S., Kreuzberg O. S., und, seit 1820, in Wernigerode; anschließend wurde er Schulrat in Frankfurt an der Oder –

und weiter habe ich ihn aus Ungunst der heutigen Zeiten nicht verfolgen können.

Aber das sind nur die »upper ten« im damaligen »Gods own country«; Fouqué und seine hochadeligen Bekannten verschmähen auch die niederen sektiererischen Zirkel nicht, wo weissagende Bauern und Witwen auftreten (vgl. den heidelberger Propheten). Ehrwürdig sind noch seine große praktische Mildtätigkeit, die ihn allerdings oft gerade in Berührung mit solchen bassermannschen Gestalten bringt. Schön und gut ist es, wenn er ein Bändchen »Geistliche Gedichte« zum Besten der Overdyker Anstalt herausgibt (deren Leiter es auch vice versa vergilt: »Der Graf von der Recke-Volmerstein zu Overdyk subskribiert auf 10 Exemplare ... : ist Hoffnung, das Unternehmen zustande zu bringen?« fragt Fouqué am 22. 9. 1821 bei Dümmler an, um Jenen zum Druck der Krügerschen »Predigten« aufzumuntern); oder für den Almanach »Der Waisenfreund«, dessen Ertrag dem halleschen Waisenhause zugutekommt, einen Beitrag liefert; wenn er für die Blindenanstalt in Halle bei Prinzessin Marianne um Geld wirbt oder um Unterstützung bittet. Aber wenn es dann auf den »frommen Löffler« zugeht, oder die so geschickt träumende Witwe Löwe – rührend ist es in den Briefen zu lesen: vom guten König hat sie was gesehen; und, schmeichelhafterweise, *wie Fouqué alle preußischen Truppen anführte!* – oder wenn er mit dem Notizblock in der Hand mit dem verrückten Professor Wolfart zusammen an den Betten der »Magnetisierten« und »Hellseherinnen« sitzt, und den höheren Blödsinn getreulich für die Hoheit Marianne mitschreibt – wenn er in den schon mehrfach erwähnten Privatdrucken seiner »Psalmen« sich zur scheußlichsten Salbung und Ekstase steigert, und sich einen letzten herrlichen Klimax erarbeitet, indem er »Moses und Elias, die höchsten der Menschen« nennt – dann gewinnt diese Seite seines Wesens eine so bedenkliche Rundung, daß man die Untersuchungen darüber besser abbricht.

§ 51

Altar und Thron!

Auch in den Beziehungen zum letzteren ist vortrefflich vorgearbeitet: »... da hiemit alle schneidenden Standesvorurteile, äußerlicher Religionseifer und erhitzte Hof- und Herrscherverehrung mit vielfach hohlen und darum nur desto gewaltsameren Ansprüchen wieder aufgenommen wurden, so eignete auch Frau von Fouqué sich dieses alles, was ihr ohnhin nahe genug schmeichelte, in ihren Büchern und in ihrem Leben begierig an; und gab ihm nach der Stärke ihres Wesens einen herberen vorgreifenderen Charakter, als es bei Fouqués weicher Sinnesart und Persönlichkeit je haben konnte. Sie lebte nun meistenteils am Hofe, und ihre künftige Rolle war hiermit unabänderlich festgesetzt.« (Varnhagen). Denn Frau Caroline ist nicht umsonst als Yolande, Diona, etc. von ihrem Manne dargestellt worden. Nunmehr, da ihnen Beiden das eigentlich fruchtbare Publikum verloren gegangen ist, bleibt, wenn sie aus ihrer schönen ländlichen Einsamkeit nach Berlin reisen, nur noch der Hof; und wenn sie keine Einladung zum Hofball etc. erhält, ist es um die herrschsüchtige Weltdame nicht auszuhalten, so daß sich selbst (die doch auch reichlich servilen) Kinder über sie mokieren.

Aber man weiß bei Hofe Fouqués unermüdliche Königspropaganda schon zu schätzen, und läßt ihn an den meisten großen gesellschaftlichen Ereignissen teilnehmen; – aus der langen Kette greife ich vor allem zwei der pittoresken Feste heraus.

Anfang 1821 besucht die Großfürstin Alexandra von Rußland (geb. Prinzessin Charlotte von Preußen, und spätere russische Kaiserin) wieder einmal ihre Heimat, und diesem hohen Besuche zu Ehren wird ein großes Kostümfest veranstaltet (kurz zuvor ist Thomas Moores romantischerhitztes Epos »Lalla Rukh« erschienen):

Abdallah, König der kleinen Bucharei, kommt auf einer Pilgerreise, die er nach dem Grabe des Propheten unternimmt, auch nach Delhi in Indien. Hier nimmt ihn Aurengzeb, Beherrscher von Delhi, mit großer Gastfreundlichkeit auf. Die Vermählung ihrer ältesten Kinder, des bucharischen Prinzen Aliris, und der Tochter des Großmoguls, Lalla Rukh (= Tulpenwange), wird beschlossen, und soll demnächst in Kaschmir, wo Prinz Aliris zurückgeblieben ist, vollzogen werden. Lalla Rukh verläßt deshalb Delhi und begibt sich mit großem Gefolge nach Kaschmir. Unterwegs wird sie durch die poetischen Erzählungen eines jungen Dichters, Feramors, unterhalten, der sich unter den Personen befindet, die ihr Prinz Aliris von Kaschmir aus zum Empfang entgegengeschickt hat. Vier Erzählungen sind es nun, die ganz besonders die Teilnahme der Prinzessin wecken : »Der verschleierte Prophet von Khorassan«, »Paradies und Peri«, die Geschichte von den »Ghebern«, und »Nurmahal und Dschehangir«. Zuletzt fällt die Maske, und Feramors erweist sich als Aliris.

Die Initiatoren des Festzuges, Herzog Karl von Mecklenburg – »vortrefflich nur als Mephistophel« – und Graf Brühl beschließen, die

Aufführung dahin zu regeln, daß das Erscheinen Abdallahs am Hofe Aurengzebs durch einen großen aus Bucharen und Indern bestehenden Festzug, der Inhalt der genannten 4 Erzählungen aber durch lebende Bilder, unter Vortrag eines angepaßten musikalischen Textes dargestellt werden sollte.

Unter den Klängen eines eigens für diese Feier komponierten Marsches setzte sich der aus 168 Personen bestehende Festzug in Bewegung, durchschritt die Paradesäle des Schlosses, trat in den weißen Saal ein, und nahm hier vor der errichteten Bühne Platz. Nun ging der Vorhang auf, und in rascher Reihenfolge sah man Bild auf Bild, im Ganzen 12. – Der Erfolg war der glänzendste, wie bei den Kräften, die mitgewirkt hatten, nicht anders zu erwarten stand. Die Dekorationen waren das Werk Schinkels, die Musikstücke vom Komponisten Spontini – von dessen italienisch-lärmender Musik Heine einmal behauptete, er wolle eine Oper mit obligaten Kanonen schreiben –; bei Festlegung der Kostüme hatte man die großen Werke von Forbes und Elphinstone benützt. Alles was Berlin und Umgebung an glänzenden Namen hatte, war geladen worden : 4.000 Gäste nahmen an dem Festspiele teil. (Die Aufgabe, die erwähnten lebenden Bilder zu arrangieren, war dem Maler Wilhelm Hensel – auch einem Freunde Fouqués, der oft in den Briefen erwähnt wird, mehrfach in Nennhausen war, und auch ein Porträt des Dichters hinterlassen hat, – übertragen worden; er hat durch Aquarelle und illuminierte Kupferstiche die Hauptmomente des Spektakels festgehalten. Für ihn war dies Fest der Wendepunkt in seinem Leben; er erhielt danach als douceur ein fünfjähriges Reisestipendium des Königs nach Italien). –

Das Verzeichnis der Teilnehmer ist für den Kenner jener Zeit amüsant genug zu lesen :

Aliris war natürlich der Knäs Nikolaus selbst (der aussieht wie mein Onkel Paul; typisch das, was man um 1900 einen »schönen Mann« nannte, groß und weiß und fett, mit pompösen Backen); Lalla Rukh wurde wie billig von seiner Gattin, Charlotte-Alexandra verkörpert. Der spätere König Friedrich Wilhelm IV. wirkte ebenso mit wie der noch spätere Kaiser Wilhelm I. Unter den »Damen im bucharischen Kostüm« finden wir Frau Caroline v. Fouqué, und ihre Schwiegertochter Karoline v. Rochow; die kleine Marie (jetzt schon 18 Jahr alt und längst bei Hofe eingeführt) marschiert bei den »Damen im indischen Kostüm«; als echter Inder schreitet Gustav von Rochow einher, und der siebente der Kaschmirschen Ritter ist unser Dichter : Baron de la Motte Fouqué !

»Fouqué, als kaschmirscher Ritter im Zuge mitgehend ...« erinnert er sich in seiner Biographie (S. 359); die Zeitungen bringen lange Berichte über das Ereignis der Saison; und die »Allgemeine« weiß schon zu berichten, daß Fouqué den königlichen Auftrag erhalten habe, die »Lalla Rukh« ins Deutsche zu übertragen.

Die Sache ist nämlich nicht ohne Folgen geblieben; um nun auch zu wissen, was man eigentlich da gemacht habe, empfängt Fouqué von der erhabenen Braut einen Wink, das Gedicht aus dem Engländischen ins Deutsche zu übertragen, und nimmt ihn »voll freudiger Begeisterung« auf – ich bespreche das Ergebnis bei Gelegenheit der Diskussion der Werke dieser Epoche. –

Das zweite dieser Feste ist das am 13. 7. 1829 gefeierte »Fest der weißen Rose« wiederum anläßlich eines Besuches der Tochter Friedrich Wilhelm III., Charlotte. Dies war in noch weit größerem Stile aufgezogen – es dauerte 12 geschlagene Stunden – und wurde damals und noch Jahre später als das größte Ereignis dieser Art überhaupt in den Erinnerungen der Teilnehmer gefeiert. Alle Zeitgenossen berichten ausführlich darüber, die Gräfin Bernstorff, die Rochows, Fouqué; sogar der fromme Bischof Eylert widmet ihm einige Seiten seiner Memoiren.

»So wurde auch diese Zeit mit dem schönsten großartigsten Fest beschlossen, was vielleicht die neuere Zeit aufzuweisen hat : jenem bekannten ‹Turnier der weißen Rose›, zu Ehren der Kaiserin, in dem sich alles vereinigte, was Einbildungskraft, Poesie, Kunst und Pracht erfinden konnten, um Ritterspiel, Theater, Tableaus, Musik, Deklamation, Quadrillen usw. in und am Neuen Palais zu vereinen. Alles, was Berlin, Potsdam und Umgegend nur irgend Präsentables aus allen Kreisen darbot, wurde dazu geladen« meldet Karoline v. Rochow.

»Alles was Beine hatte in der Stadt Potsdam, strömte hinaus« erinnert sich Eylert, »so daß die Dächer, Mauern und Bäume von Menschen angefüllt waren ... Vor dem Schlosse auf den breiten Treppen fanden unter Zelten die Eingeladenen einen bequemen Platz, und in der Mitte saß mit dem Hofe die Kaiserin.«

Vom »großen Karussell« selbst gebe ich zunächst die Schilderung der Gräfin Elise Bernstorff : »Im glühendsten Sonnenschein fuhr ich mit meinen zwei geputzten Dämchen gleich nach 5 Uhr (am 13. 7. 1829) in unserer großen Berline, mit vier Pferden bespannt, aus Potsdam zum Neuen Palais, nahm unterwegs Marie Radowitz, die Dame des Grafen Lynar mit, langte aber unter tröpfelndem Regen auf dem schön bereiteten Schauplatz der bevorstehenden Freuden an. Doch der Himmel ließ es bei dieser Drohung bewenden, klärte sich wieder auf, und gab einen einzig schönen Abend, und ein wahrhaft großartiges Schauspiel.

In den Höfen und Vorhöfen des Palais, in denen sonst größte Einsamkeit und Totenstille herrschten, stelle man sich ein buntes Gewimmel vor. Alles war ausgeschmückt mit Fahnen und Trophäen aus der Ritterzeit; doch was sich die Phantasie herrliches ausmalen kann, es wird ihr nie gelingen, das Bild der Wirklichkeit zu erreichen. Bald ordnet sich die schaulustige Menge auf den zu beiden Seiten des großen Hofes errichteten Tribünen; die nach und nach zusammenströmende Gesellschaft im Gefolge des Hofes bewegt sich langsam aus den Schloßthoren heraus, und verteilt sich auf der zu beiden Seiten des Hofzeltes fortlaufenden Tribüne. Der Anblick war köstlich, und da man in einem Nebenhofe ausgestiegen und in den Gemächern, die sich auf die Gärten öffnen, seine Cour gemacht hatte, auch vollkommen überraschend. Das Auge schweifte mit Entzücken von einem zum anderen und weilte mit nicht geringem Wohlgefallen auf dem zeltartig verzierten Balkon, den der König mit seinen Töchtern, Schwiegertöchtern und Nichten einnahm, Alle so schön oder doch so anmuthig, Alle so heiter, so glücklich! Da waren außer der Kaiserin die Erbgroßherzogin von Mecklenburg-Schwerin, die Prinzeß der Niederlande, die Prinzessinnen Wilhelm und Karl, die Tante Wilhelm, ihre Töchter Elisabeth und Marie, die Herzogin von Dessau, deren Mutter die Herzogin von Cumberland, die Stiefschwester Auguste von Schwarzburg-Rudolstadt, geb. Prinzeß Solms, der Schwager und die Schwägerin des Königs, die Strelitzer Herrschaften, und, wie mochte ich sie nicht zuerst nennen, unsere holdselige Kronprinzessin. Alle trugen zu Ehren der Kaiserin als Schmuck das Emblem des Festes, die weiße Rose. Ihre weiße Rose, ihr maiden-blush, ihre Blancheflour (vgl. »Zauberring«!), hatte man die Gefeierte früher in der königlichen Familie genannt; jetzt paßte dieser Vergleich nur noch halb, und zu einer großen Parüre kleidet diese farblose Königin der Blumen ebenfalls nur halb gut. Die tanzenden Damen hatten sich denn auch, um die Blässe der Rosen zu beschämen, dunkelrothe Mieder und Besätze und durchsichtige Schleier gewählt, und in Sophiens Quadrille nahmen nicht nur sie, sondern auch Emilie Gneisenau, Alexandrine Alopeus, und Augustine Maltzahn sich sehr schön aus. Meine Klara saß auf derselben Estrade, links von mir, mit den 23 anderen Ritterdamen; mein echter roter Shawl hing ihr leicht über die Schultern, und ein russischgrün und weißer Ritteranzug kleidete sie gut. Ich durfte auch keine Sorge um eine Erkältung hegen; denn der Abend war himmlisch und ward immer schöner, auch da noch, als der Duft der Abendkühle sich schon über die Landschaft legte. Die Atmosphäre war aufs Köstlichste erfüllt mit dem Balsam, den die Lindenblüten von allen Seiten her ausströmten. Nun ertönte eine Fanfare, ein Herold nebst Gefolge reitet in die Schranken ein, senkt seine Lanze vor der Königin des Festes und bittet sie in schön gesetzten Versen um gütige Erlaubnis für die Ritter, sich in edlen Spielen vor ihr zu zeigen. Dieser Abgesandte wird gnädig aufgenommen, doch in Erwartung des Kommenden beinahe mit Ungeduld angehört, und es folgt eine zweite Fanfare, es öffnen sich die Schranken, und herein reiten die 24 Bannerherren, alle mit einem reichen Gefolge von Knappen und Schildträgern, ein Anblick, durch den man sich gänzlich zurückversetzt glaubte, in die herrliche Ritterzeit. Als Blüte der Ritterschaft erscheinen die schönen Prinzen, als Krone der Liebe, der auch hier einzig allerliebste Kronprinz, den das Kostüm kleidet, als habe er nie ein anderes getragen, der auf seinem Kampfroß sitzt, als habe er nie ein anderes geritten, der sich so heiter und zuversichtlich umsieht, als sei er des Sieges gewiß, oder als kümmere er sich nicht sehr um den Siegerpreis.

Nach zweimaligem langsamen schönen Rundreiten des fast unabsehbaren Zuges begann das würdige und durch keinen Unfall gestörte Ringen und Kämpfen um den Sieg, ein herrliches Schauspiel! Dennoch blieb es hinter den Erwartungen zurück, zu denen man sich durch die großartigen Vorbereitungen, durch den Einzug der Ritter und ihres Gefolges berechtigt glaubte; denn dies Alles war eine vollendete Wirklichkeit gewesen, die uns aus schöner Gegenwart in noch herrlichere Vergangenheit zurückversetzt hatte; jenes dagegen war und blieb nur Spiel; ein artiges Spiel zwar, dem man es aber dennoch ansah, daß es nicht die gewohnte Beschäftigung der Teilnehmenden sei.

Als sich endlich der Sieg entschieden hatte, saßen die Ritter ab und führten ihre Damen in einem langen Zuge zurück in das Schloß, wo uns ein zweites, leider recht herzlich langweiliges Schauspiel bereitet war, ein allegorisches Festspiel, worin Genien und Nixen, Feen und Ritter, gute und böse Engel in einem unsinnigen Gemisch tätig waren, der Gefeierten viele Jahre des Glückes zu bereiten. Darauf sah man sie in dem Spiegel der Vergangenheit, Gegenwart und Zukunft auftreten, alles durch Tableaus dargestellt. Wir priesen uns glücklich, als wir der Gegenwart zurückgegeben wurden und einer frischeren freieren als der in dem engen Raum des sonst recht hübschen Theaters.

Jetzt wand sich der Zug durch endlose Gänge und manche Stiegen hinab bis in den Muschelsaal, der eine ungeheure Grotte bildete, die von 1000 Kerzen erhellt, sich wirklich schön ausnahm und kühl blieb. Nun folgte noch der figurierte Tanz, an dem Sophie und 19 andere Damen und 20 junge Herren teilnahmen, und endlich die Verteilung der Preise, die gewiß nicht das wenigst Hübsche vom Abend war. Knieend empfingen die feierlich aufgerufenen Sieger die Gaben, goldene Ketten, silberne

Pokale, türkische Säbel und dergleichen mehr aus den Händen der Kaiserin selbst. Graf Adolf von Arnim erhielt den ersten Preis, die goldene Kette, welche die hohe Herrin ihm sehr graziös umhing. Der zweite ward unserem guten Brandenstein zuteil. Auch Karl v. d. Busche ging nicht leer aus. Ein Stolberg bekam ebenfalls einen Preis, doch nicht unser Harz-Riese, der Erbgraf von Wernigerode; sondern Wilhelm, der Besitzer von Jannowitz in Schlesien.

Ehe jetzt der unendlich fade Ball mit seinem schläfrigen und steifen Tanzen begann, durfte man sich durch ein gut serviertes Souper erquikken; dann aber folgten Stunden, deren Länge nicht nur für die Mütter, sondern auch für die Tanzenden ermüdend war. Ich hielt mich meistens unzertrennlich an Marie Clausewitz; wir durchstreiften die Säle alle von dem Grottensaale aus, welcher der Schauplatz des Balles war; wir besahen das Zimmer mit dem Bilde Tamerlans im Käfig, und die 24 an den Pfeilern der Halle angelehnten Schilde, deren Mottos zum Teil hübsch, zum Teil aber auch abgeschmackt waren ...« (So stand auf dem des Kronprinzen »Tuis Victoria«; beim Prinzen Wilhelm : »Gott mit uns« etc. etc. Diese Schilde wurden später in den Sälen aufgestellt, und waren noch lange dort zu sehen, wie Eylert weiß. – Die Verse und Prologe wurden von dem Tausendsassa Herzog Karl von Mecklenburg geschmiedet).

Fouqué selbst hat für sich berichtet : »In diesen Tagen ... geschah es, daß die Anwesenheit der Kaiserin von Rußland Veranlassung zu einem Turnierfest in dem Schloßhofe des vom großen Friedrich unweit Potsdam erbaueten Palastes gab. Huldreich dazu eingeladen sah Fouqué mit freudigster Überraschung, wie die erhabensten Damen und Preisverteilerinnen des Turniers (und sie selbst erzeigten ihm die Ehre es auszusprechen) als Bilder des Zauberringes erschienen. Die Kaiserin Alexandra als Blancheflour verlieh ihm huldreichst eigenhändig das Silberzeichen der weißen Rose, sonst nur den unmittelbaren Teilnehmern des Festes ausgeteilt. Es waren hochfeierliche Stunden, denn ein echter Rittersinn webte durch das Ganze, die großen Zeiten der Urväter abspiegelnd in den Geistern der ringfertigen Enkel.«

Damit nicht genug, fühlt er sich wenige Tage danach gedrängt, auch poetisch das große Turnier zu verherrlichen : noch bewahrt die berliner Staatsbibliothek das Manuskript boruss fol. 738, wo er in Sonetten und Gedichten die einzelnen Momente des Festes für sich fixiert hat : »Gleichwie blankem Meer entsteigend / Halle dem undiner Mahl / Muscheln und Krystalle zeigend / prangt ein edler Grottensaal ... Durch phantastisch glühnde Wände / schwebt der bunte Reigen fort. / Rätsel reichen sich die Hände / scheint ja Rätsel selbst der Ort. / ... Blancheflour verteilt die

Preise / so wie Glück und Richtspruch fiel : / Güldne Ketten, Säbelklingen, / schöner Becher Silberpracht ...« und er fügt hinzu »Der Dichter des Zauberringes fühlte sich wunderbar genesen von allem früheren Krankheitsweh durch diese Anschauungen einer Großes und Schönes verheißenden ritterlichen Gegenwart.« (Man vergleiche auch den Folioband mit Hosemanns Illustrationen, Berlin 1829.)

Es sei hier ausdrücklich erwähnt, daß man auch in Wien einmal in ähnlicher Weise mit einem anderen Buche des Dichters verfahren ist, den »Vier Brüdern, die auch noch lange nach ihrem Erscheinen durch eine in jeglichem Sinn schöne Darstellung ihrer Hauptgestaltungen in der edlen Kaiserstadt Wien verherrlicht worden sind.«; vielleicht kann einmal ein Lokalhistoriker Näheres darüber mitteilen. – Als am 22.10. 36 Prinzessin Elisabeth, Mariannens Tochter, den Prinzen Karl von Hessen ehelicht, da wird als großes Ballett wieder die »Undine« Fouqués gewählt.

Man sieht aber eindringlich genug aus all solchen Beispielen, wie eng diese Wechselbeziehung zwischen Hof und Fouqué ist ! Sie ist gar nicht hoch genug anzuschlagen, und ich will jetzt etwas mehr in sie eingehen; ich habe schon früher mehrfach, z. B. im Kapitel Marianne geschildert, wie doch die fouquésche Nomenklatur dort Allen in Fleisch und Blut übergegangen ist, wie man unter sich die Namen »Minnetrost«, »Blancheflour« oder »Seekönig Arinbjörn« von den Bekannten verwendet. Einmal sprengt der Kronprinz 1813 an der Jägerschwadron der Brandenburger Kürassiere vorbei, und ruft ihnen zu: »Nun, was macht Heerdegen von Lichtenried ?!« und als die zweifelnd staunen, erläutert er : »Der mit der Schmarre auf der Stirn : Fouqué ! ?« (und man möge die Beziehung im »Zauberring« nachlesen). Überall wo nur Höfe sind, ist der getreue Paladin wohl gelitten : »Sie können wohl denken, daß wir auch in Bayern von ihnen wissen«, sagt ihm die bairische Kronprinzessin, und auch die Königin »würdigt ihn ihrer Aufmerksamkeit« (Brief an Weichselbaumer v. 5. 8. 27). Im Sommer 1823 sind beide Fouqués zum Großherzog Georg nach Strelitz eingeladen (Brief an Marianne vom 30. 9. 1820), und ein Snapshot, den er von dieser Fahrt an Perthes weitergibt, ist es wert, aufbehalten zu werden : »Ich reiste einmal mit meiner Frau« schreibt er ihm am 2. 4. 23, »über Rheinsberg nach Strelitz. Sie fand anfänglich die vielen kleinen Landseen allerliebst, und belegte sie mit allerhand hübschen poetischen Bei- und anderen Namen. Als sich aber die mecklenburgischen Meilen über das Gelände verlängerten und sie halb ängstlich und verdrießlich dem hereinbrechenden Abend entgegensah, da wollte ich sie durch die Hindeutung auf einen solchen kleinen Himmelsspiegel oder himmlisches Erdenauge oder wie die kleinen Seen vorhin geheißen hatten –

wieder erheitern, bekam jedoch die schier etwas unästhetische Antwort:
Ach, was hilft mir die alte Wasserpladrantsche?!« – Mit den Mecklenburgern ist man überhaupt gut befreundet, zumal mit dem Bruder des
regierenden Herzogs, dem vorhin schon gestreiften Herzog Karl v. M.,
dem Kommandeur der berliner Garden, und »auch« Dichter; anläßlich
seines Todes schreibt Marie v. Fouqué erinnernd: »Bei allen seinen ausgezeichneten Eigenschaften ist er indessen nicht geliebt worden. Man
fühlte zu oft durch, daß die Eitelkeit die Triebfeder mancher seiner Handlungen war. Er besaß einen empfänglichen Sinn für alles Schöne und
Erhabene; seine einsame Lebensweise in Monbijou ließ ihm Zeit, ein
angenehmes dichterisches Talent zu üben. / Solange meine Mutter lebte,
war er öfter in unserem Hause, und ich hatte häufig Gelegenheit, mich an
dem schnellen Austausch der Gedanken zu ergötzen, der zwischen ihm
und meiner lebhaften Mutter stattfand. Ich sehe Beide vor mir: meine
Mutter, eine noch immer schöne Frau, deren tiefer Blick bekundete, daß
sie den Verstand in die Region des Gefühles hineinzog, besaß Leichtigkeit
genug, um den blitzartigen Gedanken zu folgen und zu begegnen, die der
Herzog ihr oft spielend entgegenwarf. Sein Äußeres war auffallend sonderbar: eine hagere feine Gestalt, ein sehr kleiner Kopf mit dunklen, früh
ergrauten Haaren, die grell gegen die jugendlich rot und weiße Gesichtsfarbe abstachen, breite und gedrückte Züge. Ein großer Mund, der bei
häufigem Lächeln zwei Reihen starker weißer Zähne sehen ließ, gab dem
Gesicht leicht einen höhnenden Ausdruck, während die klugen Augen
den Worten einen zweideutigen Sinn zu verleihen schienen.« –

Des öfteren wird Fouqué zu den Mitgliedern des königlichen Hauses
geladen. Am 30. 1. 1829 berichtet Prinzessin Marianne an ihren Bruder
Philipp »Dein Graf Caboga aß heut mit uns, er gefiel mir im Gespräch
sehr wohl (der Prinz fand, daß er Chateaubriand glich, es ist auch wahr;
worauf er schnell erwiderte: das kommt wohl vom Genie); wir hatten
ihm den Feldmarschall nebst Töchtern invitiert und ein paar Dichter
(Houwald und Fouqué) und den Nostiz.« (Der hier erwähnte Feldmarschall ist Gneisenau). Auch den uralten Prinzen Ferdinand hat Fouqué
gekannt; und mit Mariannens Bruder, einem späteren Landgrafen Ludwig von Hessen-Homburg, geht er stundenlang im Tiergarten spazieren.

Nicht genug, daß man seine Bücher laufend liest und immer wieder
vornimmt: auch er selbst wird oft als Vorleser berufen: Am 8. 2. 1815
sind die königlichen Kinder zum Tee bei der Prinzessin Marianne, und sie
hat, »um ihnen ein Vergnügen zu machen, besonders dem Kronprinzen,
der sich daraus ein so großes Fest machte, den Baron von Fouqué, den
Dichter, eingeladen«, und er liest aus der »Sängerliebe« vor.

Eine amüsante Szene dieser Art ist uns in einem Brief der Prinzessin Luise Radziwill (der Schwester des bekannten Louis Ferdinand) vom 25. 2. 1831 an die Prinzessin Marianne aufbehalten : »Als ich von dort (Berlin) zurückkehrte, fand ich eine Einladung des Kronprinz zum Abend. Dort waren alle Geschwister und Fouqué, der seine Übersetzung der Athalia in Alexandrinern vorlesen sollte. Es war ein so imposantes Etablissement im weißen Zimmer gemacht, von Tischen und Lampen, daß ich froh war, nicht in des armen Fouqué Stelle zu sein, den man mit zwei Lampen und einem Glas Zuckerwasser dicht vor mir placierte. Es wurde so lange getrödelt und Tee getrunken, daß die Trommel von 9 Uhr sich hören ließ, als er begann. Ich finde, daß er das schwere Unternehmen über alle Erwartung gelöst, wenngleich manche Stellen neben dem Original matt klangen. Es war ½11 Uhr, als erst zwei Akte beendet waren, und die übrigen drei zu einer anderen Zusammenkunft aufgeschoben wurden. Fouqué liest sein Werk unglaublich schlecht und macht Töne-Veränderungen, die oft sehr kritisch sind; besonders nahm er zur Josabet und zu Joar solche feine Stimmen, daß ich des Effekts wegen ordentlich erschrak. Auch verschwand Prinz Karl beinah unter dem Tisch, und selbst der Kronprinzeß wurde schwach, sobald Joar sprach. Zum Glück war Fouqué so begeistert und der Kronprinz und ich hörten so emsig zu, daß seine Aufmerksamkeit nicht abgewendet wurde. Aber eine fatale Geschichte geschah doch : wir saßen auf dem großen Sofa an einem verlängerten Tisch, daneben noch 2 Hofdamentische, an diesem Marie Fouqué mit dem Rücken gegen die Tür gewendet. Der älteste Redern hat die Erlaubnis abends zu kommen, kömmt vom Theater spät, weiß nicht, was vorgeht, kann nicht bis zur großen Tafel dringen, geht zum kleinen Tisch, bückt sich zu dem Ohr von Marie Fouqué, die er für ich weiß nicht welche Hofdame hält, und sagt leise : Was liest denn der alte Geck da ? Marie sieht sich um, Redern war vernichtet, konnte sich den ganzen Abend nicht wieder erholen, so daß die Kronprinzessin immer sagte : Was ist nur dem Redern, der sieht ja so verstört aus ? !« (Dieser Redern war der Graf Wilhelm, der Generalintendant der Königlichen Schauspiele). – Das Gelächter bei Vorlesungen war anscheinend üblich am Hofe, denn Mariannens Tagebuch berichtet auch ständig von dieser Unart der Kinder; am 29. 1. 14 liest Delbrück vor, und sie muß mißbilligend notieren : »Wenn die Kinder nur nicht so in den Tag hinein lachten !«

Aber ein ehrliches wahres »Fest« macht sich immer der Kronprinz aus Fouqué, und er ist das eklatanteste Beispiel, wie der Dichter auf die Regierenden gewirkt hat. Nicht nur, daß der spätere König Friedrich

Wilhelm IV. leidenschaftlich die Rittergeschichten liest; sie sind ihm – ja, es wäre falsch zu sagen »in Fleisch und Blut« übergegangen – seinem ganzen angeborenen Wesen so nötig wie die Atemluft. Man hat diesen König den »Romantiker auf dem Throne« genannt; aber bisher den eigentlichen Initiator und Anreger dieser Romantik, nämlich unseren Fouqué, nicht genügend gewürdigt.

Es ist ja bekannt genug, daß der arme Mann ein total impotenter Zwitter war, (die Zeitungen des Auslands berichteten offen darüber; ein Schweizerblatt sagte es rund heraus : »Der Charakter des Königs, seine Person und Regierung, alles ist in einem Wort ausgesprochen : Impotenz!« Varnhagen spricht von einem Gutachten Hufelands »worin H. dessen Unvermögen, sowie die Einwirkung dieses Gebrechens auf Gemüt und Geist ohne Rückhalt geschildert hatte.«) und im Wahnsinn gestorben ist; seine Natur ist also ohnehin zu Extremen geneigt. Er ist begabt, allzubegabt, ein glänzender Improvisator und öffentlicher Redner, der fast immer ganz ohne Konzept spricht (oder sich doch zum Entsetzen seiner Minister nicht daran hält). Schwungvoll – allerdings ohne rechte Tiefe –, von Idee zu Idee in rhetorischer Selbstberauschung fortschreitend; ihm genügt es, wenn er irgend eine schöne und klingende Formulierung gefunden hat – das Problem selbst mag dann liegen bleiben. (Als man wieder einmal eine Verfassung, eine Volksvertretung, von ihm verlangt, antwortet er ablehnend : »Kein beschriebenes Stück Papier soll sich zwischen mich und mein Volk drängen!« – ihm genügt der bloße Silbenfall). Schon als Kronprinz, als Gouverneur der neugewonnenen Rheinprovinz, kann er manchen seiner Träume verwirklichen : wie er später den Kölner Dom fertig bauen lassen wird, so errichtet er jetzt schon an besonders romantisch gelegenen Punkten Kapellen im Schinkelstil von chinesisch verworrenen Miniaturparks umgeben (z. B. bei Kastel im Kreise Saarburg, einer in Deutschland noch viel zu wenig bekannten prächtigen Gegend) : die ‹Sächsische Schweiz› seines Geistes wird überall offenbar.

Und einem Lieblingswunsch tut er vor allem Genüge : er baut sich selbst, hoch in den Felsklippen überm Rhein eine eigene Burg! So schreibt er, der Schüler, davon dem Meister Fouqué – denn sie korrespondieren auch eifrig miteinander; vor mir liegt eines der Originale mit dem großen schwarzen Siegel – : »Kreuznach, den 28. Juli 1837. – Sie sammeln wahrlich feurige Kohlen auf mein Haupt, mein bester Fouqué, meiner wieder so freundlich gedacht zu haben, nachdem ich so lange in Ihrer Schuld war, in Betracht meines langen Stillschweigens. Ich muß mit vielen, vielen Entschuldigungen beginnen, und weiß wahrlich nicht, wie es wieder gutmachen... Verzeihen Sie mir also, und empfangen Sie meinen herzlichen Dank für den freundlichen Brief und die Gedichte, deren Inhalt mich zu lesen sehr interessierte, da es von Ihnen ist, von Demjenigen, dessen ritterliche Schriften meinen Sinn von lange her noch mehr auf diesen Sinn, der schönsten Zeit, wo der Mann die Schönheit und Liebe verteidigte, und mehr galt durch Wert und Treue als jetzt, hinleiteten. Dies war mit eine Triebfeder, meinem Gefühl Luft zu machen in der Erbauung einer zwar kleinen Burg am Vater Rhein, die aber mich ganz in die Zeiten versetzt, in denen ich so gerne mich träume. Wenn ich Sie nur einmal dort bewirten könnte, und Ihnen den gefüllten Humpen mit dem goldenen Saft vaterländisch deutscher Trauben vorsetzen und im hohen Rittersaal kredenzen könnte! Es würde mich sehr freuen.« – Und er fügt sogleich ein Beispiel an, wie er auch die kleineren Schriften des Lieblingsdichters am Schnürchen hat: »Da muß ich Sie aber um eine Auskunft bitten, die ich so lange schon gesucht, und nirgend mehr finden konnte: so viel mir erinnerlich ist, haben Sie, mein bester Fouqué, in früherer Zeit, es muß im Jahr 1814 oder 15 gewesen sein, eine Geschichte geschrieben, die hieß »Der Vorfechter«; es war darin die Rede von einem Engel auf weißem Roß, der einem Kaiser oder Könige in die Schlacht vorauffritt, sich in den Feind stürzte, und so den Sieg erfechten half. Worin steht denn das, und wie war das eigentlich? Mir liegt sehr viel daran, es zu wissen, da ich im Besitz eines alten Bildes bin, worauf diese Sache ganz so abgebildet ist, nur daß der Ritter in goldener Rüstung, dem Engel folgend, sein Schwert zerhauen hat, und ein anderer Engel vom Himmel ihm ein neues Schwert bringt. Ein rotes Kreuz ist am Himmel sichtbar. Eine dichte Schaar schwer gepanzerter Reiter folgen Dem in der Goldrüstung mit den Bannern Deutschlands, Frankreichs und sogar Schwedens und auch mit dem der Oriflamme, wie es mir scheint. Eine Stadt ist im Hintergrund, wo das Fußvolk ficht, und ein breiter Fluß zieht sich bei ihr vorbei. Sie können mir gewiß die beste Auskunft darüber geben, denn Niemand so wie Ihnen sind diese Legenden so eigen. Sie würden mich daher sehr verbinden, wenn Sie mir Auskunft darüber verschaffen könnten …« : so hat er also nach über 20 Jahren auch die obskureren Produktionen Fouqués noch am Schnürchen; denn der »Vorfechter« ist tatsächlich 1816 herausgekommen!

Man vergleiche zur näheren Beschreibung dieser Burg die fast ganz unbekannte Schilderung James Fenimore Coopers, der sie in den Hundstagen 1832 (17. 8.) sah.

Noch heute kann, wer will, Burg Rheinstein, eine Wegstunde nördlich von Bingen, besuchen, und in den Gemächern wandeln, in denen der krause Geist des kranken Königs so oft Zuflucht suchte.

Sie sehen aber schon hieraus, wie der Mann unter dem Banne des Ritterdichters stand; als er den Thron seiner Väter bestiegen hat, bricht das Übel nach vielen Richtungen aus.

Fromm ist er; »Ich und mein Haus wollen dem Herrn dienen«\* ist eine der anderen seiner klangvollen Formulierungen – dabei nimmt sein Glaube unheimlich genau die bei Fouqué vorgeschriebene Färbung an : »Erzählungen von des Königs abergläubischem Sinn; er glaubt alles Wunderbare, nicht nur religiöser Art, sondern auch irreligiöser, heidnischer, zauberischer Art : Geschichte von einem Zauberer in Lappland (!), die der König mit begeisterter Gläubigkeit, ja mit Tränen in den Augen vorträgt.« (verzeichnet Varnhagen grimmig im Telegrammstil). In schwierigen Lagen, schleicht er sich Nachts allein in den Schloßpark : »Die nächtlichen Promenaden des Königs, auf denen er sich nun schon zweimal übel zerstoßen hat, und von denen er sich bisher, aller Bitten der Königin ohngeachtet, nicht abbringen ließ, haben wie man versichert einen ganz besonderen Zweck : Er hofft auf eine Geistererscheinung, irgend eine himmlische Offenbarung; ein himmlischer Bote, ein Geist seiner Vorfahren, soll ihm eingeben, was er tun, wie er sich verhalten solle. Bisher mußte ihm, gegen seinen Befehl, der wachthabende Offizier stets heimlich nachfolgen.« –

Ich habe nur einige bezeichnende Züge zusammengedrängt; es wäre Gegenstand einer eigenen Monographie, diese ganz ungemein folgenschwere und bisher noch gar nicht gewürdigte Wirksamkeit Fouqués, die ja über diesen König zutiefst in die deutschen Schicksale eingegriffen hat, im Einzelnen zu belegen und zu erhärten.

§ 52

Auch in seinem mehr privaten Verkehr hat man stets jene zwei Gruppen der eigentlichen adeligen Freunde und Bekannten, und der bürgerlichen Künstlerkreise scharf zu scheiden.

Am liebsten dabei sind ihm natürlich die, die angeblich beide Eigenschaften in sich vereinigen, wie z. B. Amalie von Helwig (wie sie jetzt heißt, nachdem sie den schwedischen General H. geehelicht hat); mit ihr verkehrt der Dichter gerade in diesem Dezennium vielfältig : man über-

---

\* Frei nach Josua 24,12 : »... *ich* aber und mein Haus wollen Jahwe dienen!«

sendet sich gegenseitig die Produkte – Amalie ihre Übersetzung der
»Frithjof Sage« Tegners; Fouqué die seine von Livijns »Spader Dame« –
und trifft sich auch während der alljährlichen Winteraufenthalte in Berlin
im Hause des Ministers von Altenstein oder der Generalin Brause (einer
Cousine unsers Dichters). Auch nach dem Tode der »Lesbischen Muse«,
wie sie Fouqué zu nennen liebte, (17. 12. 1831), sieht er ihren Gatten noch
regelmäßig.

Oder da ist der Bojar Anton Fürst Radziwill, der eine preußische
Prinzessin Luise hat heiraten können, und dadurch große Karriere macht:
bis zum Statthalter der Provinz Posen bringt er es! Aber er komponiert
‹auch› »Gott lohne es ihm noch in der Ewigkeit, wie er mich oft mit den
Klängen seiner gewaltigen Compositionen erhoben und erquickt hat,
und mit sinnigen Gesprächen über die Kunst« beteuert der gutmütige,
dem Hochadel gegenüber stets kritik- und widerstandslose Fouqué; und
als er gar nicht mehr weiß, was er alles an dem »Kunstgeist« loben soll, da
rühmt er noch den »fremdartigen polnisch-deutschen Akzent«, der die
Faustrezitation des Schlachtschizen »noch auf eigentümliche Weise seltsam erhöht.«

Da ist der derbe Zelter schon ein anderer Mann, und auch ihn hat
Fouqué gekannt: »der kraftvolle Tönemeister, der vielleicht entspre-
chendste Freund für Goethe, schloß mir sein eben so künstlerisch freies,
als treulich altpreußisches Wesen und Sein in frischer Vertraulichkeit auf.
Das waren Stunden der Fülle, die ich mit ihm in seinen, wie magisch von
Melodien und Harmonien durchhallteten schönen Wohnräumen gelebt
habe. Oft hat michs umschwebt als Vision einer mythischen Novelle: so
ein klangesmächtiger Riese in seiner klingenden Burg, lieblich rätselhafte
Gebilde hin und wieder wallend – wer weiß, was noch geschehen kann.«

Einen besonderen Kreis bilden die militärischen Freunde, mit denen
er in regem Gedankenaustausch, sowohl mündlich als brieflich, immer
verbleibt.

Bedeutende Namen sind darunter: Gneisenau habe ich schon
erwähnt, obgleich speziell dieses Verhältnis immer durch die ehrerbietige
Verehrung Fouqués gekennzeichnet blieb, die ja keine Freundschaft auf-
kommen läßt. – Da ist der »mir herzlich befreundete General Rühle«
(Johann Jakob C. A. Rühle von Lilienstern, 1780–1847), ein äußerst interessanter Mann: bester Schüler des großen Christian von Massenbach und
seit 1822 selbst Chef des preußischen Generalstabes; wie sein Meister sehr
mathematisch, und seit 1844 Generalinspektor des Militärerziehungs-
und Bildungswesens. Zumal in der Geographie und Geschichte hat er
sehr schätzenswerte Bücher und Karten geliefert, und es sei besonders

hervorgehoben, daß er Einer der Wenigen war, die ihren Lehrer nie verläumdet haben : bis zu seinem Ende äußert er freimütig, daß an der Katastrophe von 1806 nur der König schuld sei, und daß man stets Massenbachs Ratschlägen hätte folgen sollen !

»Mein Freund, General Valentini« ist der Nächste; auch er einer der Lieblingsschüler Massenbachs; auch er 1815 Generalstabschef bei Bülow, auch er noch vor Rühle von Lilienstern Direktor des Militärbildungswesens (Clausewitz pflegte ihn, den sehr Klugen und Gebildeten, immer nur »den Schulmeister« zu nennen; jeder beanstandet das, was ihm fehlt !). Als Jünglinge haben sich Fouqué und er zuerst im Rheinkriege 1794 kennen gelernt, den Valentini im Jägerregiment mitmachte. »In frisch heiterer wissenschaftlicher Mitteilung geleiteten wir einander durch das Leben bis an das Ende des vielfach begabten Mannes.« Valentini war einer der wissenschaftlichen Berater des Dichters während der Arbeit an der Biographie seines Großvaters, und er ist es gewesen, der in seiner damals wichtigen »Lehre vom Krieg« auf den »Bertrand du Guesclin« als tüchtiges Soldatenbuch hinwies. – Es ist immer bemerkenswert genug, daß Massenbach so interessante Schüler herangebildet hat, und ja nicht gerade ein Armutszeugnis für einen Lehrer. –

Die anderen militärwissenschaftlichen Beiräte an seinen Werken waren außer Valentini und Gneisenau, v. Diericke und v. Diest, noch die Generäle Müffling und Knesebeck, mit denen Fouqué vielfach verkehrt hat. Besonders möchte ich noch den Hauptmann (1823) Georg Schulze (damals in Erfurt) hier erwähnen, der sich auch als Mitarbeiter am »Frauentaschenbuche« ausgezeichnet hat.

Aber während er gerade in diesen Jahren wieder Fühlung mit den alten Kameraden vom Regiment Weimar aufnimmt – Hagen vor allem, Danckelmann und Itzenplitz – muß er auch den Schmerz erleben, daß andere Freunde sterben. Sehr ergreift ihn der Tod der Gattin »seines ältesten und geliebtesten Jugendfreundes«, Jakob von Kleist, der sich, seitdem er die Tochter des Generals Rüchel, Albertine, geheiratet hatte, um den alten Namen nicht aussterben zu lassen, von Rüchel-Kleist nannte – es hat doch nichts genützt : nur drei Töchter sind der Ehe entsprossen; am 11. 2. 1831 stirbt Frau Albertine, und Fouqué nimmt an der Beerdigung teil. (Da sich hier evtl. noch wichtige Aktenfunde ergeben können, kurz die Daten :

1. Karl Kaspar v. Kleist, * 24. 9. 1734, † Segenthin 27. 11. 1808. – Heiratet Culsow 27. 4. 1767 mit Marie Luise v. Boehn, * 14. 10. 1739; † Segenthin 15. 5. 1803. – 2 Söhne :

   1/1. Karl (später ‹Kleist v. Bornstedt›), * 11. 10. 1772; † 11. 9. 1854.

1/2. Jakob Friedr. (später ‹v. Rüchel-Kleist›; dies Fouqués ‹liebster Jugendfreund› !), * Segenthin 25. 11. 1778; † Danzig 15. 3. 1848; kgl. preuß. General. – Heiratet Haseleu 1809 mit Albertine v. Rüchel, * 30. 9. 1790; † Stettin 11. 2. 1831. – 3 Töchter:

1/2/1. Elisabeth, * Stettin 7. 10. 1820.
1/2/2. Albertine, * Stettin 6. 10. 1821.
1/2/3. Luise, * Stettin 31. 1. 1824.)

In den Adelskreisen gilt Fouqué mehr denn je; einmal berichtet er ein hübsches und ihm sehr wohltuendes Erlebnis an Hitzig: als er krank im Garten wandelt, sieht er zwei Mädchen in der »Borkenhütte« – die also für die Kenner Nennhausens ein Begriff gewesen sein muß – zwei Mädchen, die mit feinem Messerchen etwas in die Wand eingraben; er zieht sich diskret zurück, und liest erst, nachdem die weißen Gestalten verschwunden sind, mit Entzücken seine eigenen Verse aus dem alten »Zauberring« : »Man geht aus Graus in Wonne / Man geht durch Nacht in Sonne / durch Tod in Leben ein«. Dann nennt er auch die Namen der beiden Verehrerinnen : Ottilie und Bertha von Rohr (ein v. Rohr war auch einmal Chef der Weimar-Kürassiere gewesen). –

Mit den literarischen Freunden und Bekannten ist der Umgang seit der großen Scheidung der Geister schwieriger geworden. Einige sterben ihm : Bernhardi war schon erwähnt worden; dann Halem; Friedrich Majer; die »unglückliche (selbstmörderische) Freundin Luise Brachmann«\*; die Helwig; ETA Hoffmann; die beiden Stolberge : »Nicht mehr

---

\* Verhältnis zu Fouqué nur erst wenig bekannt; ein, leider nicht mehr vorhandener, Briefwechsel hat stattgefunden. – Nach dem Luise Br. sich am 17. September 1822 in der Nähe von Halle in der Saale ertränkt hatte, erschienen 1 Jahr darauf (mit dem Datum 1824) ein paar Bände ihrer ‹Auserlesenen Dichtungen›, herausgegeben von dem Vielschreiber und Tausendsassa Friedrich Karl Julius Schütz (1779–1844) – seine 2. Frau war die berühmt-berüchtigte Madame Händel-Schütz, deren mimische Darstellungen Kügelgen in einem seiner entzückenden Mikro-Kapitelchen, der ‹Kindesmörderin›, so reizend schildert. Zum Verständnis des nun folgenden Briefes Fouqué's an den Verleger Jaspers, sei vorausgeschickt, daß F. ein Zueignungsgedicht für die ganze Sammlung geliefert hatte; und daß Schütz zu Anfang des 1. Bandes eine kurze dafür aber schlechte Biografie Luise Brachmanns gab. –

»Den 4. Dez. 1823. / Berlin; Unter den Linden, Nr. 67, eine Treppe. Ewr. Wohlgeboren mir gütigst vertrautes Exemplar von Luise Brachmanns Nachlaß, nebst Brief an I. Kgl. Hoheit die Prinzessin Marianne von Preußen, ist mir richtig zugekommen, und ich habe mich beeilt, beides während meines jetzigen Winteraufenthaltes in der Hauptstadt persönlich der erhabenen Fürstin darzubringen. Sie nahm es huldreich auf, obgleich ihr schon sonst 1 Exemplar des Werkes zugekommen war, direkt an sie abgesandt. Bei einem flüchtigen Vergleich beider Exemplare konnte ich keinen Unterschied zwischen denselben entdecken. Die Prinzessin meinte, das von mir überreichte erscheine ihr stärker; und ich dachte schon an das früher verbreitete Gerücht einer anderen, mit der Ihrigen in Wettkampf tretenden, Edition. Aber ich sah gleich mein Zueignungsgedicht auch vor jenem anderen Buche; und konnte mir die Verschiedenheit der Stärke beider Bände nur durch das vermutlich stärkere Velinpapier der von mir überreichten erklären.

Die Sache scheint geringfügig, und ist es auch vermutlich. Aber ich hielt mich verpflichtet, sie Ihnen anzuzeigen, da Ort und Zeit mir keine nähere Untersuchung gestattet haben, inwiefern jene frühere Sendung wirklich von Ihnen herkomme oder nicht. –

Nachher las ich das Leben der unglücklichen Dichterin, die mir öfters in ihren Briefen versichert hatte, meine Theilnahme und Anerkennung werfe heitere Lichtstrahlen in ihr umdüstertes Wandeln durch diese Welt. Daß Herr Professor Schütz zu Halle es nicht für gut befunden hat, meinen Namen unter den anderen, der unglücklichen Luise Befreundeten, mit zu nennen, hat mich ein bißchen gewundert, aber nicht eben verletzt. Dergleichen geht ja doch in seiner höchsten und eigenthümlichsten Beziehung nur auf das Jenseits. Daß Äußerungen in des Herrn Schütz biografischer Arbeit vorkommen, die geradezu, oder doch wenigstens als Seitenangriffe gegen mich gerichtet zu sein scheinen, kann freilich nur eigentlich Diejenigen irre machen, die da nicht wissen, daß ich dem Werke nach besten Kräften förderlich war. Indessen gehören zu diesen Nichtwissern fast sämtliche Leser des Buches, da ich nach Ew. Wohlgeboren Wunsch und von mir erbetener Erlaubnis der Frau Prinzessin das Zueignungssonett dergestalt umänderte, daß es ganz von Ihnen herzukommen schien, und also Niemand ahnen kann, ich habe irgendetwas mit dem Unternehmen zu schaffen gehabt. Denn sonst würde man eine so wunderliche innere Zwietracht ebensowenig für möglich halten, als *ich* sie für möglich halten will. Aber – wie gesagt – die Nichtwisser können doch manchen Schuß für auf mich gerichtet ansehen, vorzüglich Diejenigen, denen mein freundschaftliches Verhältnis zu der Verewigten nicht bekannt ist, und die nun vergeblich erwarten möchten, unter so vielen anderen Verhältnissen auch dessen mitgedacht zu sehen.

kannst Du ihm bringen Dein Lied, nicht jenem Geliebten, / seinem Genossen im Sang, wie auch in Wonnen und Weh. / Weil ihm nach er geschwebt, dem Bruder der liebende Bruder, / und um die Beiden

---

Was mich betrifft – Luise Brachmanns Briefe gelten mir natürlich unaussprechlich mehr als jede, auch die günstigste Erwähnung meiner in ihrer Lebensgeschichte. *Leidensgeschichte* könnte man hier wohl sprechen! Denn selbst ihr erster Aufenthalt in Weimar zeigte sich nicht so schmerzensfrei, als ihr Herr Biograph zu glauben scheint; wie ich denn aus sehr authentischen Quellen darüber unterrichtet bin. Aber wir wollen ihr mit Opheliens Worten nachsingen:
‹Friede sei mit ihrer Seele, / und mit allen Christenseelen!›
Und so soll denn wahrhaftig der armen Luise stilles Grab nicht durch mich zu einer Haderstatt entweihet werden. Nur wenn etwa ein anonymer oder sonst namenloser Schreier aufjubeln sollte, über ein oder das andere auf mich zu deutende Wort des Herrn Biographen, und solch ein Jubel mir zufällig bekannt würde, möchte es geschehen, daß ich die Sache in ihr wahres Licht setzte, dartuend, Herr Prof. Schütz habe unmöglich hinter meinem Zueignungssonette her gegen mich feindliche Ausfälle thun können. Oder vielleicht unterlasse ich auch das. Denn wo es nicht die äußerste Nothwendigkeit erfordert, werde ich mich wohl hüten, den Namen jener erhabenen Fürstin bei Gelegenheit irgendeines literarischen Kampfes unserer Zeit zu nennen, oder auch nur entfernt danach hinzudeuten. Offenheit aber ist der Wahlspruch meines eigenthümlichsten Lebens. Ich glaubte deshalb, Ewr. Wohlgeboren den wunderbaren Eindruck nicht verschweigen zu dürfen, den diese Anwendung meiner treuherzigen Bestrebung für die Werke der verewigten Luise Brachmann in mir hervorgebracht hat.

Dennoch danke ich Ihnen – wie sich das eigentlich von selbst versteht – aufrichtig für die Mittheilung des mir so tief bedeutsamen Buches, und freue mich innig, daß mir vergönnt ward, Ihnen zu dessen Ausstattung einigermaßen behülflich zu sein.

Mit schuldiger Hochachtung<br>Friedrich Baron de la Motte Fouqué.«

*

Wieder ein Beispiel mehr für die, bald ganz offene – siehe Wildenhayn – bald mehr versteckte Opposition, der Fouqué sich damals schon gegenüber sah. Leider sind Schütz und sein Kreis noch ganz ungenügend untersucht, so daß die Hintergründe seiner Aversion zur Zeit nicht näher angegeben werden können.

zugleich sehnende Träne Dir quillt«; der süßweiche Graf Loeben (1825). Aber er kann auch mit Friedrich Schlegels »Herkules Musagetes« seufzen: »Jene hat mir der Tod, Andre das Leben geraubt!«; denn viele der alten Freunde nehmen doch stark Distanz, seitdem er sich so ganz auf die Seite der extremen Rechten gestellt hat – ich zitierte schon Perthes' Abneigung gegen das Frontmachen vor den Hofequipagen, oder Miltitzens Abwendung; kühler wird das Verhältnis zu Chamisso, zu Truchseß, den Chézys, Eichendorff, Wilhelm Müller, Wilhelmi und dem entfernt verwandten Krug von Nidda.

Aber auch manch neues Gesicht tritt noch vor den Fünfziger hin: die Maler Wach und Hensel (mit ihren literarischen Schwestern Jeanette und Luise); der Zeichner Franz Kugler, und die bekannte Caroline Bardua; der Bibliothekar Diest; Weichselbaumer und Deinhardstein; Methusalem Müller, der Redakteur der »Zeitung für die elegante Welt«; die Frau von Montenglaut, die soeben die Guyon übersetzt; der »unangenehme junge Witte«, das Wunderkind, der mit 14 Jahren Doktor phil. ist, und später Dante-Spezialist (in Halle wird ihr Verhältnis dann wärmer); mit Caroline Pichler in Wien wird anläßlich des Erscheinens des »Gunlaugur« in der Buchhandlung ihrer Schwägerin ein Briefwechsel begonnen.

Die jungen Talente stellen sich noch zuweilen vor: Immermann und Heine; vor allem die Ausländer, die sich um die innerpolitischen Probleme Deutschlands den Teufel etwas scheeren, und nur die rein dichterische Leistung sehen: Atterbom und Öhlenschläger; Engländer mit unbekannteren Namen; und vor allem ein Russe, (aus dem Gefolge der Zarin Alexandra und ihr Russischlehrer) Wassilij Andrejewitsch Schukowski, der Spezialist für westeuropäische Literatur ist; als solcher übersetzt er Schillers »Jungfrau« ins Russische; Byron; dann, beauftragt wie Fouqué, die »Lalla Rukh«, und, was hier besonders interessiert, auch die »Undine« in russische Hexameter. Er war, auf gut östlich, das Kind einer gefangenen Türkensklavin und eines tulaschen Gutsbesitzers, der ihn in Moskau erziehen und ausbilden ließ; von 1808–10 war er Herausgeber des »Wjesstnik Ewropy«, des »Europäischen Boten«, und übersetzte schon damals fleißig, z. B. Grays ‹Elegy›, Gedichte von Goethe, Uhland und Bürger (Lenore = Ljudmilla), sowie auch die »Odyssee« und die »Äneide«. Nachdem Charlotte leidlich Russisch sprechen konnte, wurde er 1820 noch Erzieher des Thronfolgers, mit dem er später Europa bereiste; hier gefiel es ihm so gut, daß er 1841 die Tochter des Obersten von Reutern heiratete, und nicht mehr nach Mütterchen Rußland zurückkehrte; am 1. 4. 1852 ist er dann in Baden-Baden gestorben.

Ein besonderer Protegé Fouqués war der junge Heinrich Stieglitz

(1803–49); »Stieglitz, von mir so gut gekannt als wenige Menschen, ist ein verjüngter Zeune, ein Deutschan redivivus – harmlos in Absicht und Handlung wie ein Kind, weich und sich selbst anklagend, wie ein Beichtender. Winkelzüge hat er noch weniger als ich – wo möglich«, beschreibt er ihn am 30. 1. 1830 Hitzig. Ihre Bekanntschaft datierte von 1826, wo Saphir in seiner »Schnellpost« ein Glossenturnier veranstaltete, und Fouqué und der Dramatiker Adolph Müllner die Kunstrichter waren : der Preis wurde Heinrich Stieglitz zuerkannt. Als Jener dann als Kustos der königlichen Bibliothek nach Berlin kam, sah man sich mehrfach, zumal auch mit dessen Frau, der unselig-berühmten Charlotte Sophie Willhöft. Als Stieglitz seine »Söhne der Wüste« und »Bilder des Orients« herausgegeben hatte, schrieb Fouqué 1831 in den »Wiener Jahrbüchern« eine anerkennende Kritik des Werkes; dennoch muß festgehalten werden, daß Stieglitz höchstens Dichtung zweiter Hand geben konnte; Erfindungskraft, Temperament und Konzentration fehlten ihm fast ganz, und er empfand auch diesen Mangel selbst aufs bitterste. Seine völlig von ihm beeinflußte, krankhaft schwärmerische Gattin faßte den Tollmannseinfall, daß ein großer Schmerz den Geliebten zum ganzen Mann und Dichter reifen würde, und gab sich am 21. 12. 1834 deshalb durch einen Dolchstich selbst den Tod, ohne vorauszusehen, daß diese opferfreudige Verirrung auch den ganz konträren Effekt haben könnte : Stieglitz brach beinahe völlig zusammen; er lebte seitdem meist fern von Deutschland; vor allem in Venedig, wo er dann auch am 24. 8. 1849 an der Cholera starb. –

Ein anderer bekannter Schriftsteller, dessen erste Schritte Fouqué begleitete (der dann allerdings sehr bald von der Bahn des Meisters abwich, obwohl das Verhältnis zwischen ihnen stets leidlich geblieben ist), ist Willibald Alexis, der eigentlich Wilhelm Häring aus Breslau war, und noch eigentlicher der Sprößling einer französischen Réfugiéfamilie, die ihren Namen ‹Harenc› nur ungeschickt ins Deutsche übertrug; 17jährig machte er schon den Feldzug von 1815 mit (über den er auch »Erinnerungen« hinterlassen hat) und sollte dann Jura in Berlin studieren. Bald jedoch entsagte er der allerdings fragwürdigen Laufbahn und widmete sich lediglich der Literatur; zuerst gründete er ein großartiges Lesekabinett, dann gar eine Weile eine Verlagsbuchhandlung, doch waren dies alles nur Episoden und Vorspiele zu seiner sehr umfangreichen schriftstellerischen Tätigkeit. Früh hat er Verbindung mit Fouqué aufgenommen, und sich ihm literarisch mitgeteilt; bereits am 10. 8. 1820 fragt Jener bei Schrag an, ob er nicht : »eine Übersetzung der ‹Lady of the Lake›, von einem talentvollen jungen Dichter angefertigt« in Verlag nehmen wolle ?

Nach Fouqués persönlicher Ansicht übertreffe sie alles bisher im Ringen mit diesem Meisterwerk der W. Scottschen Muse Erschienene; am Ende nennt er auch den Namen: »Der junge Mann ist derselbe, welchen Sie aus unserem nächsten Taschenbuche unter dem Namen W. Alexis kennen lernen werden«; das Honorar soll Schrag nach Ermessen ansetzen. Bei Fouqués berliner Stadtaufenthalten trifft man sich öfters, zumal in der bekannten »Literarischen Gesellschaft«, wie ich noch schildern werde. Kurz vor Fouqués Tod hat dann Alexis eine recht treffende Gesamtbesprechung vom Oeuvre des Älteren gegeben (das ist die, welche Pfeiffer scherzhafterweise als »Nekrolog« bezeichnet, obwohl er selbst das Datum 1842 unten angibt). – Sehr lange sollte auch Alexis sein Wesen als Nachahmer Scotts und Verfasser ziemlich steifbeiniger brandenburgischer Romane nicht treiben; eben, als er sich in Arnstadt in Thüringen ein anmutiges Haus gebaut und ein Heim gegründet hatte, traf in 1856 ein Gehirnschlag, von dem er sich nie wieder völlig erholen konnte, und seitdem stockte seine Produktion völlig; gestorben ist er erst Ende 1870.

Drei Dichter der älteren Generation sind es noch, die sich in den 20er Jahren ihm enger anschließen:

Einmal Friedrich Rochlitz, einer »der ältesten und geliebtesten meiner noch lebenden Freunde ... in Glaube, Kunst, Wissenschaft und Leben mir innig nahe« wie er in der Widmung zu seiner zweiten Autobiographie von 1840 schreibt (und wobei die Reihenfolge der Gebiete kennzeichnend für seine Endeinstellung ist). Bei Betrachtung des Lebens des Leipziger Hofrates und Musikschriftstellers findet man allerdings nicht viel Ähnlichkeit zwischen dem glühenden Romantiker, und dem doch recht trokkenen Gesellen, der die »Allgemeine Musikalische Zeitung« herausgibt. Wohl hat auch er eine Reihe von Erzählungsbänden gebracht, in denen man gutmütig »feine Züge« und sogar psychologisch interessante Einzelheiten feststellen mag; aber ein Dichter ist er gar nicht, wenn auch Fouqué ihn »gleich den Weisen der Vorwelt wissenschaftlich fromme Tiefe eben so rein und reich in Instrumentalklängen, als in Worte der Dichtung erfassend« zu nennen beliebt.

Ein rechter Dichter ist aber Friedrich Kind aus Dresden, der Textdichter des »Freischütz«, des von Konradin Kreutzer komponierten »Nachtlager in Granada« und auch des viel zu früh vergessenen »Holzdieb« (vertont von Marschner). Auch er ursprünglich zum Jus bestimmt, auch er sich zunächst als Referendar und Advokat quälend, kann er sich endlich 1816 – schon 46jährig – von dem verachteten Gewerbe frei machen, und sich ganz der geliebten Dichtung widmen. Die Bekanntschaft mit Fouqué ist zuerst rein brieflich und leicht gestört durch Verleger- und Herausgeber-Differenzen; erst nach der großen Böhmenreise, wo sich Beide richtig kennen und schätzen lernen, wird die Verbindung enger, und knüpft sich bald zum Bruderbund. »Deine Gedichte waren und sind mir eine recht tieferquickende Gabe« schreibt Fouqué ihm am 13.10.24, »ich lese sie meist im Freien, wohin Du, lieber Kind, nach Deiner edlen Blumennatur ganz vorzüglich gehörst, während auch dieser wunderschöne Herbst mich aber- und abermal mit dem lieben Büchlein in meiner Tasche hinauslockt.«; und er hat recht : eben als Naturdichter ist Kind am schätzbarsten, wie er denn meinem Urteil nach eine vorsichtige Wiederbelebung durchaus verdiente; das wäre einmal eine verdienstvolle Leistung, wenn sich ein Verleger entschließen könnte : ein paar umfangreiche Sammelbände der unbekannten Dichter jener Zeit zu bringen, und so Arbeiten leichter zugänglich zu machen, die man heute mit unverhältnismäßig großem Aufwand an Zeit und Mitteln mühsam zusammensuchen muß. – Kind hat seinen Lebensunterhalt vor allem als Herausgeber von Taschenbüchern und Almanachen (z.B. der »Harfe« etc.) finden müssen; später hat er mit Theodor Hell zusammen die damals sehr bekannte »Abendzeitung« und dann auch die »Dresdener Morgenzeitung« als Redakteur herausgegeben; 1843 ist er, im gleichen Jahre mit dem Freund, gestorben, von der Nachwelt vergessen. Denn, wie er in einem Brief an Fouqué vom 1.7.1824 sehr treffend sagt : »Es ist in der Tat wunderbar in unserem lieben Deutschland ! Man klagt über Mangel an Originalwerken; wenn aber ein Dichter mit Liebe und Fleiß etwas vollendet hat, dann legt man ihm allenthalben Schwierigkeiten in den Weg, tadelt das Werk, noch ehe man es recht kennt – und gibt leichte französische Ware aus Übersetzungsfabriken. Vielleicht nach des Dichters Tode erkennt man es, daß sein Werk gut gewesen – wie jetzt in Berlin mit Kleists Käthchen der Fall sein soll – aber was hilft es dann dem, der unterm Hügel liegt, und der wohl noch Trefflicheres hätte leisten können, hätte man den Lebenden ermuntert – hätte man ihm nur Gerechtigkeit widerfahren lassen!« – Worte, die nicht auf 1824 beschränkt sind, sondern immerfort und überall und fast für jeden Autor gelten.

Der Dritte der Reihe ist Friedrich von Matthisson, der um 1800 gefeierte (sogar von Schiller, eigentlich seinem Antipoden, überschwenglich gelobte) »malende Naturdichter«, dessen Gedichte eigentlich sorgfältig ausgeführte Landschaften sind : herrliche Sonnenuntergänge kann man da sehen und Nachtstücke, viel Mondschein, Felsen und Eulengeschrei aus Klosterruinen – es ist durchaus zu verstehen, daß er mit seinen gesprenkelten Naturerscheinungen in der weichen Wertherzeit unmäßigen Beifall gewann, und auch er würde sich in der oben vorgeschlagenen großen Anthologie nicht übel ausnehmen. Er war erst eine zeitlang Lehrer an Basedows »Edukationshandlung« gewesen, und wurde dann der Seelenfreund der hochschwärmerischen und mystischen Herzogin Luise von Anhalt-Dessau, die sich von ihrem ebenfalls romantischen (er legte den schönen Park zu Wörlitz an) aber nebenher doch auch zugleich den derbsten erotischen Genüssen zugetanen Franz (z. B. die Grafen Waldersee verehren ihn als Initiator) zu einer permanenten Traubenkur nach Vevey am Genfer See absetzte, und den ätherischen Dichter mitnahm (es muß schon eine schöne Gegend sein, denn selbst der weitgereiste Cooper empfiehlt sie sehr). Nach dem 1811 erfolgten Tode seiner Mäcenatin trat er als Legationsrat in württembergische Dienste, war in praxi Hoftheater-Oberintendant und Oberbibliothekar; hier ward er auch nobilitiert, und zog sich dann 28 vom Dienst nach dem geliebten schönen Wörlitz zurück, wo er 1831 als Privatmann starb. – Die Bekanntschaft mit Fouqué beschränkte sich zumeist auf Korrespondenz; aber auch persönlich haben sie sich während der Wintersaison 1826 kennen gelernt. »Ich heiße Matthisson« war jener schlicht in das Haus, Unter den Linden Nr. 67, eingetreten, und in langen Zwiegesprächen ist man sich mehrfach näher gekommen. Der Abschied findet im Hotel »Stadt Rom« statt, wo Matthisson sein Quartier hatte. Und bald gehen die Briefe hin und her, immer wieder voll ehrerbietiger Erinnerungen Fouqués an die Zeit ihrer persönlichen Bekanntschaft; und er gibt dem berühmten Naturdichter manches plastische Bild vom Landleben in Nennhausen : »Es ist Erntefest draußen auf dem Hofe vor meinen Fenstern. Leute und Geigen jubeln im Tanze, kreischen auch wohl mitunter ein wenig.« beginnt er am 13. 8. 26; er stellt ihn auch der Prinzessin Marianne vor und hat ihm bald darauf seinen Roman »Mandragora« zugeeignet. – Auch den Schicksalsdramatiker Adolph Müllner (1774–1829) nennt er seinen »Freund«. Leider weiß ich über das Verhältnis nichts Näheres zu sagen, als daß Fouqué Mitarbeiter an dessen »Mitternachtsblatt« gewesen ist. Gleich ungeklärt muß ich zunächst leider auch noch die Beziehungen zu dem vielgereisten Apollonius von Maltitz (1795–1870) lassen, dessen Gedichte und Dramen recht unbefriedigend zu lesen sind; das beste Stück ist der humoristische Roman »Geständnisse eines Rappen mit Anmerkungen seines Kutschers«; oder allenfalls noch das »Triclinium«. Ende 1821 war Maltitz als Attaché bei der russischen Gesandtschaft nach Berlin gekommen, und hatte noch im gleichen Winter Fouqué kennen gelernt, für den er sogleich lebhafte Sympathie fühlte. Als er später nach Rio de Janeiro versetzt wurde, nahm er Abschied mit dem Sonett ‹An de la

Motte Fouqué› : »In's brausende Gewässer stürzt ein Schwimmer, / die Hand Dir drückend mit des Abschieds Zähre; / und wie verschlungen ihn die Wogenheere, / entschwunden scheint er Dir wie Schiffbruchstrümmer. / / Du schaust ihm nach, allein erspähst ihn nimmer. / Da tagt es fern, als ob es Morgen wäre, / Dein Freund erscheint auf dem gestillten Meere / und winkt Dir durch der Wellen Zauberflimmer. / / So bin ich Dir entflohn im Sturm der Trennung; / so wink ich Dir von fern in Wehmutsfrieden, / erhabener Freund, so ächt an Sängeradel ! / / O, wink auch mir in seliger Erkennung, / von jenem Ufer, wo wir sind geschieden, / Du Dichter ohne Furcht und Tadel !«. Sie korrespondierten nicht selten zusammen; wie aus einem langen Schreiben hervorgeht, das Fouqué Ende 1832 ihm nach Rio nachsenden läßt. 1836 kam Maltitz dann wieder nach Europa; zuerst nach München, dann, seit 1841, als Geschäftsträger nach Weimar, wo er die restlichen 30 Jahre seines Lebens verbrachte. Als letztes beredtes Zeichen seiner Verehrung für Fouqué, veröffentlichte er nach dessen Tode eine umfassende Würdigung seiner Autobiographie in den ‹Deutschen Theeblättern›.

Ein besonders zu behandelnder Zirkel ist der der schon vorhin genannten »Literarischen Gesellschaft« in Berlin, dessen Mitglied Fouqué ist; ja, er war sogar mit Alexis, Hitzig, Chamisso, Zeune, Varnhagen, Neumann, Stägemann, Contessa, Nicolovius, Holtei und Streckfuß bei der Gründung des Vereins anwesend. Der Sekretär dieser »Mittwochs-Gesellschaft«, Julius Curtius, 1802–49, hat, biographisch recht ergiebige, Erinnerungen an unsern Dichter hinterlassen. Zuerst hatte man in einem »Musenalmanach auf das Jahr 1826«, dem ein »Xenienanhang« beigegeben war, sich wie üblich naseweis gebärdet, und unter anderem auch Fouqué in 2 Distichen angegriffen. Z. B. »Glaubst Du, Du könntest allein durch ellenlange Gespräche / uns ennuyieren ? Das kann unsere Wäscherin auch !« jedenfalls : »In Folge dieses Almanachs, in Folge der Verwandtschaft, die Poet an Poet in eine große Kette reiht, vom Höchsten bis zum Geringsten, ward ich (Curtius) in diese ... Mittwochgesellschaft mit dem Prädikat für schöne Literatur aufgenommen. An einem der ersten Abende saßen wir in dem bescheidenen schmalen Saale des Englischen Hauses ... traulich zu Tische. Ich befand mich an der einen Ecke; das Schicksal hatte mich neben einen stattlichen Major placiert, welcher im rechten Winkel mir gegenüber saß, und dessen, auf seinem Gesicht deutlich ausgeprägte innere Heiterkeit mich anzog, mit ihm ein besonderes Zwiegespräch anzuknüpfen. Der Fremde, wenn auch bereits schneeweiß an Haupt und Bart, war doch noch ein rüstiger kräftiger Mann; das so zu sagen jungfräuliche Antlitz unter dem Greisesscheitel, das feine Rot auf den Wangen, der schöne kleine Mund unter dem weißen Schnurrbart und die saubere militärische Uniform machten seine Erscheinung überaus liebenswürdig. Ich habe selten in meinem Leben eine angenehmere Unterhaltung gehabt, als die dieses Abends. Wir sprachen viel von Goethe, den wir Beide vor einigen Jahren besucht, wir tauschten Gesinnung aus, in denen wir beiderseits erfreut waren, uns zu begegnen. Wir waren nur füreinander da und die ganze Tafelgesellschaft blickte auf uns, gespannt, wie die Sache enden werde. Jetzt wurde aufgebrochen. Wir standen auf, nachdem wir uns noch freundlich die Hände gedrückt; er wandte sich rechts, ich links an den Nachbar und fragte: wer der Nebenmann gewesen? So erfuhren wir unsere Namen, dachten Beide sogleich an die Xenien, und gingen, er mit halbem Groll und ich mit Beschämung, beide ohne ein Wort zu sagen, die Treppe hinab in die kalte Herbstluft.«

Er ist auch der Zeuge, wie Fouqué an der Tagespolitik in seiner Weise lebhaftesten Anteil nahm: »Ich erinnere noch daran, wie der verstorbene Freund mit zu jenen 12 poetisch-politischen Freunden gehörte, die in einer Zeit der Bewegung, welche die Mutter der unsrigen war, auf die Nachricht von der Erwählung Royer-Collards« – (Anfang 1838; einer der französischen »Doktrinäre« – nach Coopers Definition »a gentry, that believe in the possibility of having monarchy, aristocracy, and democracy all at once«.) – »zum Präsidenten der französischen Deputiertenkammer die ganze Nacht hindurch bis an den hellen Morgen im englischen Hause die Gläser klingen ließen. / Drei jener lieben Freunde sind uns bereits vorangegangen: zuerst Neumann, dann v. Chamisso, jetzt la Motte Fouqué. Die übrigen Trinker der schönen Nacht waren mein guter alter natürlicher Vater, wie ihn der Verstorbene immer scherzweise nannte: Zeune, Raupach, Streckfuß, Hermann, Gubitz, Fräzer, Simrock und ich. Dann saß damals schon Einer seitab an allen vier Ecken, aß und trank nicht, aber erzählte Anekdoten, wie noch jetzt, wie er es noch lange mag, unser teurer Julius Eduard Hitzig.«

Hier ist gleich ein ganzes Bukett neuer Freundesnamen vereinigt, und es wäre durchaus möglich, daß sich z. B. im Nachlaß Simrocks manches Einschlägige für eine große vollständige Biographie Fouqués finden würde. Auch Wilhelm Hauff hat er während dessen kurzen Berliner Aufenthaltes im Spätherbst 26 hier kennen gelernt. – Noch an andere Szenen in der Literaria erinnert Curtius: »Als der Deklamator Wolff, grausigen Andenkens, uns von dem Tantalus und Prometheus vordeklamierte, und uns bat, die Vase auf dem Ofen für den kaukasischen Geier anzusehen, saß Fouqué an meiner Seite und verlor alle Fassung. Die Deklamation machte ihn förmlich krank.« Und er schließt seinen wertvollen Bericht wehmütig : »Der gute Alte, wie er leibte und lebte, steht noch vor uns« – denn Curtius hat diese Erinnerungen wenige Tage nach dem Tode des Dichters niedergeschrieben – »mit seinem weißen Haupte, seinem stets heiteren freundlichen Gesicht;« – man betrachte das liebenswürdige Porträt von 1842\*, und erfreue sich an den im schönen Sinne ehrwürdigen Zügen. –

## § 53

Über Fouqués Lektüre ist im Allgemeinen sehr wenig bekannt; ich kann eigentlich kaum einen seiner großen Lieblinge nennen – die er ja doch gehabt haben muß ! – es sei gerade hinsichtlich des religiösen Schrifttums, über das er sich reichlich gegen ähnlich orientierte Freunde ausgelassen hat. (Gewöhnlich bestellt er beim Verleger und Buchhändler Dümmler; und gleich immer in mehreren Exemplaren, etwa : Roos »Christlichen Hausschatz«; Hiller »Liederbüchlein«; Marheineke »Geschichte der deutschen Reformation« oder dessen Traktätchen »Über das Brod im Abendmahl«; Harms »Postille«; und Becker »Erholungen«).

Dennoch hat er sehr viel gelesen, und zwar nicht nur studienhalber, sondern auch aus reiner Freude an dichterischen Gebilden (er war besonders dem kgl. Bibliothekar Joh. Erich Biester, der ihm meist die gewünschten Bände beschafft hat, verpflichtet); so kauft er sich z. B. Buchanan »Christian Researches in India«; A. C. Wedekind »Hermann, Herzog von Sachsen«; Möser »Vermischte Schriften« (herausgegeben v. Nicolai); Sailer »Briefe aus allen Jahrhunderten«; Tieck »Altdeutsches Theater«; Kappel »Geschichten teutscher Nation«; Kruse »Atlas der

---

\* Die Zahl 1842 trifft nicht zu – ich hatte sie seinerzeit auf Grund eines Briefes angesetzt, in dem er erwähnt, daß er ‹vermutlich zum letzten Male› einem Zeichner säße –; inzwischen ist ein zweites Exemplar aufgetaucht, das neben dem linken Ärmel die Signatur trägt, ‹Abb fec. 1837›.

Das Porträt von 42 muß also noch ein anderes gewesen sein. Bisher ebenfalls nicht aufgetaucht, ist das S. 325 erwähnte, von M. Retzsch gezeichnete Porträt. Das S. 362 erwähnte Ölbild der Caroline Bardua hat Geo v. Wilpert in seiner Sammlung wiedergegeben – kein gerade glücklicher Griff, da es wohl den Rekord an Unähnlichkeit halten dürfte (wodurch der reine Wert der Reproduktion nicht gemindert wird; endlich ist es wieder leicht erreichbar).

europäischen Staatengeschichte«; Kotzebue »Entdeckungsreise«; Scott »Kenilworth« (jedoch in deutscher Übersetzung !); oder Gourgauds »Militärwissenschaftliche Schriften«.

Gneisenau schenkt ihm »Nettelbecks Erinnerungen«, als Gegengabe für Jung-Stilling\*; den bei Schrag erscheinenden Hans Sachs studiert er voll Entzücken an dem putzigen Handwerkerdichter; Flaxmans Zeichnungen zur »Ilias« begleiten ihn seit 1804 schon und wecken immer wieder seine Bewunderung; Ewalds und Öhlenschlägers »Baldur« liest er zum Vergleich mit seinem eigenen Werk; aus Hormayr und Zschokke nimmt er historische Stoffe. Aber er verfolgt auch die Tagesliteratur : Tiedges »Urania« kennt er (schätzt sie aber nicht sonderlich); Schuberts »Symbolik des Traumes« gibt ihm manche Anregung, wenn er dem Buche auch nicht mit gleichem Enthusiasmus anhängt, wie etwa Hoffmann. Er verfolgt die englischen (Scott) und französischen Neuerscheinungen, und ringt sich einmal sogar die Übersetzung des Byronschen »Farewell« ab, obwohl er sonst vor der »satanischen Kraft« des Mannes zurückschreckt. Denn meist ist ihm die neuere Literatur fatal; Viktor Hugo ebenso wie das »Junge Deutschland« Heines und Immermanns (den er ja wegen seines »Münchhausens«, dieser bösen Satire auf Adliges, verabscheuen muß); Platen und Gutzkow mag er nicht rezensieren, wohl aber den böhmischen Epiker Ebert.

In diesem Zusammenhange ist es auch an der Zeit, eine bisher noch nicht gewürdigte Seite an Fouqués Schaffen näher zu erörtern – seine Tätigkeit als Herausgeber und Förderer junger Talente (abgesehen von dem, was bereits anläßlich der Redaktion des »Frauentaschenbuches« angeführt worden ist).

1813 sammelte er, was er von des alten Lehrers Hülsen philosophischen Fragmenten im Nachlaß noch finden kann, und gibt es mit einem kurzen Biogramm an Schelling weiter, der das Ganze in Heft 2 sei-

---

\* In das erwähnte Exemplar des ‹Jung-Stilling› schrieb Fouqué ihm die Zeilen : »Ob aufschauend gen Himmel mit kühnlich flammendem Glutblick / Adler messe die Bahn nächtig umwölkten Gestirns, / dann auch wieder dem Lauf der taghell strahlenden Sonne, / ungeblendet vom Glanz, folge zum Mittag empor, – / dennoch liebt er wohl auch das Grün idyllischer Büsche, / senket den Blick da hinab, wann es umsilbert der Mond; / horcht dem sehnenden Lied der friedlichen Sänger des Haines, / friedlicher, fröhlicher noch, weil sie sein Fittich umschirmt. – / Drum, o rühmlicher Aar, Du Licht in preußischen Schlachten, / thu ich dies Wäldchen Dir auf. Labe den Blick Dir sein Grün.«

ner »Allgemeinen Zeitschrift von Teutschen für Teutsche« dann veröffentlicht. (Und man bedenke immer, daß ein Novalis so über ihn geurteilt hat : »27. 5. 1799. – Heute früh hab ich recht meine Freude an Hülsen gehabt, den ich gelesen und extrahiert. Es war mir unbeschreiblich wohl mit ihm und durch ihn.«)

Für Chamissos berühmten »Peter Schlemihl« und Eichendorffs ersten großen Roman »Ahnung und Gegenwart« schreibt er Vorworte, und kann ihnen den Verleger vermitteln : Schrag bringt sie 1814 bzw. 15.

Von August Fresenius (25. 4. 1789–8. 12. 1813), der bereits 1812 in Darmstadt ein Bändchen Gedichte veröffentlicht hat, – nach den Vorbildern des jungen Goethe und der Hainbündler; auch Fouqué'sche Einflüsse erkennt man an mancher Maschinerie von Schlangen, Drachen und Höhlen – erscheint 1818 in Frankfurt a. M. als ‹Nachgelassene Schriften, I. Band› und ‹gedruckt auf Kosten der Mutter und Geschwister des Verfassers› ein nicht bedeutendes Trauerspiel ‹Thomas Aniello›; auf dessen Titelblatt ebenfalls Fouqué als Herausgeber erscheint; aber Vorwort und weitere Andeutungen fehlen. Über den jungen Verfasser selbst gibt Heinrich Voß jun. am 14. 6. 1814 einige Aufklärung : »Ihnen ist, wie ich erfahre, ein junger Fresenius bekannt geworden. Bald darauf, als er die Wonne gehabt hat, Sie zu sehen, ist er am Nervenfieber gestorben. Er war ein seltener Mensch, treu und gediegen und voll deutschen Sinnes, ein liebender Sohn seiner dürftigen Mutter, ein warmer Freund. Ich hatte das Glück, sein unbedingtes Vertrauen zu genießen. Als ich ihm den Zauberring zu lesen gab, war er wild vor Freude, und die Undine war sein rechter Herzensliebling. Ach, daß den der unerbittliche Tod geraubt hat, den kräftigen von Fülle der Gesundheit strotzenden Jüngling! Kurz vor seiner Abreise aus Heidelberg gab er mir ein Trauerspiel, das er mir umgearbeitet zurückzuschicken versprach. Es war ein ziemlich rohes Produkt, aber voll Geist und Leben; sowie Fresenius überhaupt einem rohen Diamanten glich, der mit seinem eigenen Staube noch nicht ausgeschliffen war.« Die Angelegenheit hat Fouqué längere Zeit beschäftigt; am 3. 5. 16 bittet er Voß : »Senden Sie mir nur recht bald Ihre Arbeit über des seligen Fresenius' Trauerspiel, und sagen sie mir Ihre Meinung darüber, ob wir es einzeln erscheinen lassen, oder besser auf die Gedichte warten, deren Bekanntmachung sich durch eine zarte Rücksichtnahme wohl noch – wie mir Professor Welcker aus Kiel schreibt – einige Zeit verzögern dürfte.« Von diesem erwähnten Briefwechsel mit Welcker habe ich leider nur in dem vom 13. 9. 15 eine Fresenius betreffende Stelle gefunden : »Von unserem verewigten Fresenius habe ich noch immer nichts, als den Mas Aniello in Händen. Sobald mir die verheißnen Abschriften zukommen, werde ich mich, Ihrer gütigen Erlaubnis zufolge, über das Nähere der öffentlichen Bekanntmachung mit Ihnen beraten.« – Es muß dann aber eine herbe Verstimmung zwischen den Verwandten des jungen Dichters und Fouqué eingetreten sein; denn am 1. 10. 1821 sagt er in einem Briefe nicht ganz klar, daß das »harte Schicksal der Frau Fresenius« zwar zu beklagen sei – »es hat aber zu viel vom Erdenstaube an sich …«; vielleicht ergeben spätere Brieffunde noch einmal etwas Näheres über die Gründe des Zerwürfnisses. (Aus R. Niederhoff: ‹A. Fresenius› – in ‹Volk & Scholle›, 1930 – ergibt sich, wie überhaupt, so auch in dieser Hinsicht, wenig).

Mehrfach schreibt er Vorreden zu Taschenbüchern für wohltätige Zwecke; so inseriert z. B. 1817 die Buchhandlung des Waisenhauses in Halle : »In unterzeichneter Buchhandlung ist erschienen und in allen übrigen Buchhandlungen zu haben : ‹Familienleben›. Ein moralisches Unterhaltungsbuch für Mädchen von reiferem Alter. Mit einer Vorrede von Herrn Baron de la Motte Fouqué. Erstes und zweites Bändchen. Preis 1 Thlr. 4 gr. – Das Vorwort eines unserer gelesensten Schriftsteller, eines Fouqué, wird schon hinreichend sein, dieses schöne, echt christlich dargestellte Familienleben allen, die Sinn dafür haben, zu empfehlen. Nicht ohne Gewinn kann es bleiben, wenn es Mütter, denen die religiöse Erziehung und Bildung ihrer Töchter das höchste Ziel ist, mit ihnen gemeinschaftlich lesen. Das dritte Bändchen wird nächstens folgen. Das Bild der frommen Luise, und was sie, durch die Kraft des Glaubens und der Liebe beseelt, wirkt und duldet, bis Gott sie selbst abruft, wird sich da erst vollständig entwickeln. Niemand wird ohne Rührung und Belehrung das Büchlein aus der Hand legen.« – Der Band ist anscheinend ziemlich rar geworden, da ich ihn trotz vielen Suchens nicht habe zur Einsicht erlangen können; ebenso wie »Werdelust«, in dem er Mitte der Dreißiger Jahre in Halle die dichterischen Versuche seiner damaligen Zuhörer sammelte und mit einem empfehlenden Vorwort versah.

1820 gibt er die hinterlassenen poetischen Schriften eines anderen jungen Freundes, des früh gefallenen Alexander von Blomberg heraus, die im wesentlichen aus dem Schauspiel »Konradin« bestehen. Er war am 20. 2. 1813 als Adjutant Tettenborns – es tauchen immer wieder die gleichen Namen auf – vor dem Schönhauser Thore zu Berlin gefallen, nachdem er, ein unruhiger Geist, schon zuvor an Schills Zuge teilgenommen hatte. Er hat mehrfach in Nennhausen verkehrt, und drei seiner Briefe an Fouqué, voller Witz und guter Laune, sind noch erhalten.

Andere Vorworte schrieb er zu Christian Ehrenfried Leberecht Blochmanns Drama »Gertha von Stalimene« (Danzig 1822), zu J. B.

Rousseaus »Spiel der Muse« (Frankfurt 1826 u. 29); zu Ernst Hoffmanns »Wanderlieder« (Greiz, 1828), sowie zu der deutschen Übersetzung des Ingemannschen dramatischen Gedichtes : »Tassos Befreiung« (Leipzig 1826); der Übersetzer war H. Gardthausen, der Herausgeber des schon früher erwähnten deutsch-dänischen Taschenbuches »Eidora«, und Fouqué von dorther bekannt. So versieht er 1838 Planitzers »Lehre von den Übergängen«, eine musiktheoretische Schrift, mit einer Vorrede; und Thünicks »Rose und Heinrich« wird eingeführt »Durch eine Reliquie de la Motte Fouqués«.

Das interessanteste Stück dieser Reihe aber ist das Bändchen mit den Gedichten Samuel Christian Papes, welches Fouqué mit einem für ihn ungewöhnlich guten biographischen Vorwort, und außerdem einer langen wehmütigen Anklage gegen harte Kritiker versehen hat; erschienen ist das Büchelchen 1821 bei Osiander in Tübingen. – Pape war ein echtes Kind der norddeutschen Haiden und Moore; seit dem dreißigjährigen Kriege bis heute ist die Familie im Winkel zwischen Nordsee, Weser, Aller und Elbe ansässig gewesen; nachdenklich auch, daß sich durch viele Generationen hindurch immer wieder die poetische Begabung offenbart hat. In Wulsbüttel b. Bremen, wo sein Vater zuerst Pfarrer war, ist Pape 1774 geboren; die für ihn entscheidenden Jahre seines Lebens hat er aber in Visselhövede zugebracht – einem kleinen Ort der lüneburger Heide, etwa gleichmäßig 70 km von Bremen, Hamburg und Hannover entfernt, wohin sein Vater 1783 versetzt worden war. Zeit seines Lebens hat er die schwermütigen nebelvollen Wälder, die seltsamen Wacholdersteppen, das Ostermoor, die einsamen Dörfer und Einzelhöfe des abgelegenen Landes als sein »Jugendparadies« bezeichnet. Denn er ist, wie Fouqué ja auch, durchaus Melancholiker und Hypochonder; obwohl äußerlich ein wunderschöner, kräftiger Knabe, läßt er doch bezeichnende Züge spüren : eine viel zu geringe Ruhefähigkeit; seltsame Neigung zum Wechsel : »Keinem Tische, keinem Bücherbrette, sofern sie von ihm abhängig waren, konnte er lange ihre Stelle gönnen. Selbst als Mann hat er seine Kleider und sonstigen Sachen immer bald wiederverkauft, um sich andere dafür anzuschaffen, und sobald er in seinen Kinderjahren mit andern Schulknaben in Verbindung trat, waren seine Bücher einem beständigen Tauschhandel unterworfen«. Stundenlang kann er im Herbst am Waldsaume stehen, in jeder Hand einen jungen Baum, und sich einnebeln lassen; immer wieder erscheint der visselhöveder Kirchhof in seinen Gedichten, mit der Quelle der jungen Vissel, die dort unter den Gräbern als starker Quell entspringt. Zunächst erhält er an dem schulenlosen Orte den Unterricht des Vaters, und kann dann nach ein paar Jahren zum Großvater nach Bremen geschickt werden, um dort die Domschule zu besuchen : auch hier sind die Lichtpunkte wieder nur die Ferien, wo er sich erneut schwermütig-rastlos Bilder für die öden Stadtmonate einsammelt. 1791 kehrt er dann nach Visselhövede zurück, um sich – wieder unter der Leitung des vielgelehrten Pfarrer- und Schriftsteller-Vaters (21 Nummern umfaßt das Verzeichnis bei Rotermund !) – noch 3 Jahre lang für die Universität vorzubereiten. Und noch einmal erlebt er, jetzt Jüngling und 17–20jährig, – welch eine Zeit ! – die schönen und öden Haiden. Die erste Liebe kommt, wie billig; und es ist natürlich – schwermütig-sicher legt sein Schicksal einen grauen Stein zum anderen – die unheilbar schwindsüchtige Friederike W., voll jenes zarten, hinfälligen Liebreizes, wie er solche oft auszeichnet – »Draußen auf der braunen Haide, / linker Hand zum Thor hinaus, / unter einer Pappelweide / liegt ein kleines Schäferhaus. / / Wo die hohen Pappelbäume, / wo das stille Häuschen liegt, / wurd ich oft in süße Träume / unter Thränen eingewiegt. / / In der Hütte wohnt ein Mädchen, / eine Lautensängerin; / öfters ging ich aus dem Städtchen / nach den Pappelweiden hin. / / Mußte dann das gute Mädchen, / an der Thür, mich wandern sehn, / ließ es wohl das Spinnerrädchen / in der Myrthenlaube stehn.« Und die unvermeidliche »Mutter« mischt sich natürlich auch noch ein, die ewig »Erfahrene« – anstatt die so sichtbar Unschuldigen getrost dort vorm Hause sitzen zu lassen; es ist ja doch nur ein kurzes Glück : Ostern 1794 bezieht er die Universität Göttingen; im September kommt er noch einmal auf kurzen Urlaub : »Täglich ging ich aus dem Städtchen / nach den Pappelweiden hin, / nach der Hütte, nach dem Mädchen, / nach der Lautensängerinn.« Und das liebe schmale Gesicht ist wieder noch blasser geworden, und die Laute klingt noch leiser; nach wenigen Tagen muß der Brotstudent sich wieder losreißen : »In die Fremde mußt ich scheiden – / weh mir ! im Septembermond.« – im November bereits erhält er die Nachricht vom Tode der Geliebten.

Drei Jahre lang bleibt er in Göttingen; eine neue Probe seines Talentes gibt er in einer poetischen Übersetzung des Buches »Hiob«, die 1797 mit einem Vorwort des damals berühmten Professors Eichhorn erscheint, und die nach dem Urteile auch späterer Kenner meisterhaft gelungen sein soll. Dann kehrt er noch einmal auf kurze Zeit zum Vater zurück; aber es ist nicht mehr die Stätte der Kindheit : im Oktober 1795 hat ein furchtbarer Brand den größten Teil von Visselhövede zerstört, auch das Pfarrhaus und die erlesene, 3500 rare Bände umfassende Bibliothek des Vaters, dazu noch sämtliche Kirchenbücher. Geblieben ist jedoch die nun im schweren Herbst ossianische Landschaft, der stürmende Wind und die weiten wirren Forste. »Wann der Nord durch kahle Wälder hallte, / durch die Haide, durch die tote Flur, / weilt' ich gern am Grabe der Natur !« – Mittelgroß schildert ihn ein Bericht von damals, ungewöhnlich breitschultrig; braunes krauses Haargelock umgibt das frischfarbige Gesicht; und – damit auch der letzte Zug des Melancholikers nicht fehle – wird sein »in Gesellschaften heiteres und munteres Temperament« zögernd erwähnt.

Schon am Ende des gleichen Jahres beginnt auch für ihn die unvermeidliche Hauslehrerzeit, zunächst beim Prediger Sartorius († 30. 6. 1800) in Grasberg (15 km NO von Bremen); und hier, in langen und harten Wintern, erfaßt ihn die Einsamkeit doppelt stark : denn der Ort hat noch 1812 (lt. dem »Jahrbuch f. d. hanseatischen Departements«) 2 Feuerstellen und 14 Einwohner, ringsher nur Moor und Himmel, und in weiter Ferne, kaum noch sichtbar, der Rauch einiger Einzelgehöfte : »Ich lebe vergnügt, wie ich selten gewesen bin.« (9. 3. 98, an Reinhard). (Schriefer in seinen ‹Worpsweder Bildern›, 1907, schreibt ihm möglicherweise das Lokalepos ‹Diedrich und Meta, oder wo de Weyerbarg herkummt› zu; falls es sich nicht um einen Irrtum handeln sollte – ich hatte noch keine Gelegenheit, stilkritische, bzw. Untersuchungen überhaupt darüber anzustellen – hat Pape während dieser seiner Grasberger Jahre zumindest unschätzbare Gelegenheit zu entsprechenden Landschafts- und Menschenstudien gehabt).

Seit 1790 etwa hat er begonnen, Gedichte zu schreiben; Balladen im Volkston, Liedhaftes, Romanzen und Elegien, auch vereinzelte Epigramme; und das meiste davon ist im ehemaligen Voß'schen »Musenalmanach«, dem alten Organ des »Hainbundes«, erschienen. Aber nun, da der Name ein wenig bekannter wird, machen sich ziemlich böswillige Kritiker, zumal Schlegel\*, darüber her, und vergällen ihm die Lust an solchen

---

\* Die erwähnte Schlegel'sche Rezension, die ihn verstimmte, steht in der ‹Allgemeine Literatur-Zeitung›, Nr. 13, vom Donnerstag, den 12. Januar 1797; die betreffende Stelle lautet : »... Indessen ist Rec. nicht oft etwas so starkes vorgekommen, als die Nachäfferey des altenglischen Balladentones, reichlich mit Reminiszenzen aus Bürger untermischt, in einer Menge Romanzen von einem gewissen *Pape*. Sie sind meistens mit *refrain, sans rime et sans raison*, verbrämt; (man sehe z. B., wie im A. v. 96, S. 190 u. f., die Zeile : ‹*Im ganzen weiten Italischen Land*›, in jeder Strophe wiederzukehren gezwungen wird.) Die Personen sterben darin häufig aus heiler Haut, und zum Überflusse ist über diese angeblich altfränkischen Gedichte eine Brühe der neumodigsten Empfindung ausgegossen. ...«

Produktionen gründlich. Leider scheinen ihm, als Antidotum, die durchaus ermutigenden Urteile des mit seinem Lob wahrlich nicht freigebig umgehenden großen Ludwig Tieck nicht vor Augen gekommen zu sein, der 1796 im ‹Archiv der Zeit› schrieb : »Auf einen Dichter, Pape, von welchem ich bisher noch nichts gelesen habe, möchte ich Sie aufmerksam machen. In seiner ‹Ahndung eines Gefangenen›, S. 30, sind außerordentlich schöne poetische Züge«; und noch einmal, 1798 am gleichen Ort : »Pape zeigt in seinen Gedichten poetische Anlagen, aber sie sind auch Beweise eines verworrenen Gemüthes; diese Schwermuth mag natürlich oder Maske seyn, so verträgt sie sich nicht mit dem schönen Gesange. Nur ein ruhiges Gemüth kann dichten; ein beengtes, verworrenes muß uns nicht seine Empfindungen aufdrängen wollen. Die Gedichte dieses Verfassers in den früheren Musenalmanachen waren auch bey weitem besser, als die er uns jetzt geliefert hat.« Dabei kann man wahrhaftig in den besten seiner Lieder weder nach Form noch Inhalt das Talent verkennen, das, wenn es Zeit zum Ausreifen gehabt hätte, durchaus Unverächtliches zu leisten imstande gewesen wäre. Gedichte wie »Des Gefangenen Ahndung«; »Der Königssohn«, die schon zitierte »Lautensängerin«; »Der Jäger«, »Die Abreise von Friedbad«; und das (allerdings befremdlicherweise nicht von Fouqué in die Sammlung aufgenommene) Lied »Die Kleine« (abgedruckt in v. Reinhards Nachtrag im Gubitz'schen »Gesellschafter« 1823, Nr. 202–206), könnten auch heute noch in einer Anthologie der Lyrik jener Zeit ihren Platz finden. –

Nun aber wird die Sprache nach und nach bitterer, der Ton schärfer : »In den Tagen frommer Jugend / hab ich einen Bund geglaubt / zwischen Erdenglück und Tugend; / dieser Wahn ist mir geraubt !«; und in den kommenden Jahren wird er stets schweigsamer, nur selten noch gelingt ihm ein Stück, wie etwa das tiefsinnige ‹Timoleon›, bei Tobackspfeife und Flasche verstummt er endlich, enttäuschter Hypochonder; den Rest seiner Manuskripte verbrennt er eigenhändig, wenige Tage vor seinem Tode.

Denn auch die letzten paar Jahre bringen ihm schweres persönliches Leid. Nachdem er noch ein wenig in Stade, beim Justizrat Spilker gehauslehrert hat, besteht er dort das Examen, kommt in die 2. Klasse der Kandidaten, und wird 1801 zweiter Pfarrer in Nordleda (15 km SO von Cuxhaven), wo er auch im Juni die Tochter des Primarius Lerche heiratet; nach 7 Jahren schon stirbt ihm die Frau, und auch 2 von den 4 Kindern. 1809 ehelicht er in Bremen Elisabeth Schneider, ebenfalls wieder eine Predigerstochter; von den 3 Kindern dieser Ehe finden 2 ebenfalls einen frühen Tod.

»Ich bin jetzt, seitdem ich Witwer bin, so äußerst hypochondrisch, und dabei so träge und faul, als ich nie gewesen bin, so daß ich mich kaum überwinden kann, die allernötigsten Geschäfte zu tun«, schreibt er am 26. 2. 1809 an seine Stiefmutter im geliebten Visselhövede. Und in seiner Pfarrstelle hat er nicht einmal den Trost der bescheidensten Landschaft: baumlos, nur nasse Marschen und geradlinige Deiche, dazu graues Wasser zeigt sich ihm überall, so daß er, der Pflanzenfreund, noch einmal aufklagt: »Am entfernten Meeresstrande / träum ich von dem bessren Lande / meiner Kindheit manche Nacht. / Ach, es ist ein Traum! Doch einer, / von den alten, der wie keiner, / immer täuschend glücklich macht. / / Ach, da seh ich sie schon wieder, / jene Büsche froher Lieder / auf der väterlichen Flur! / Und ich sah die Lämmer weiden / auf den freien braunen Haiden / meiner Heimischen Natur. / / Und ich sah die grünen Felder, / im Gehäge dunkler Wälder, / wo die Quelle murmelnd rinnt; / wo die Saaten reiner düften; / und wo droben in den Lüften / alle Wesen muntrer sind. / / Oft sieht mich die Morgenfrühe, / wie ich so von Träumen glühe, / eingewiegt in alte Lust. / Meine Jugendfreuden schweben / um mich her, und neues Leben / senkt sich in die kranke Brust.«

Denn er ist auch, den Körper gleichgültig vernachlässigend, und für das nasse Küstenklima sehr anfällig, schwindsüchtig geworden; Atembeklemmungen mit schrecklichen Beängstigungen kommen, an denen er sichtlich dahinwelkt; »er wollte seinen Mißmut bei der Bouteille verscheuchen«, meldet diskret die Chronik des nordledaer Organisten Beckmann (der auch Papes zweite Frau später ehelichte), »gebrauchte diese Kur aber zuletzt in einem solchen Übermaaße, daß er sein Leben dadurch verkürzte.« – Am 5. April 1817, morgens gegen 6 Uhr, ist Samuel Christian Pape gestorben. – »Friede mit Dir, du holde, du schmerzlich zertrümmerte Laute! / Liebe germanischen Volks deinem nachhallenden Klang!« singt ihm Fouqué übers Grab.

Ludwig Heinrich Pape, des Dichters jüngerer Bruder aus des Vaters zweiter Ehe, hat dann mit Fouqué, der die Gedichte des Verstorbenen längst kannte und schätzte, Verbindung aufgenommen, ihm Material übersandt, und so sind wenigstens die 150 armen Seiten in Buchform gerettet worden. Dieser Ludwig Pape, später Pastor in Buxtehude, hat dann auch selbst 1834 in Celle einen Band »Lieder und Elegien« veröffentlicht, der »dem Heldensänger Fouqué« gewidmet ist, und auch in der Einleitung noch dankbar der Bemühungen des großen Mannes gedenkt.

Ich habe an diesem einen Beispiel einmal absichtlich das Schicksal kurz angedeutet, das hinter einem bloßen Namen liegt; denken Sie immer daran, wenn Sie mit den Augen über den Text huschen, daß für diese Alle einmal die Sonne geschienen hat! –

Vielfach haben sich von allen Seiten junge Versemacher um Rat und Förderung an ihn gewandt, und immer hat er Keinem von ihnen Hilfe und Beratung versagt, wenn es nicht gerade so »tolle und gotteslästerliche Machwerke« waren, wie die Wildenhains – also geholfen, soweit seine beschränkte Einsicht ihn den Wert der Sachen erkennen ließ. Im germanischen Museum in Nürnberg liegt noch ein langer Brief an einen sonst wohl unbekannt gebliebenen »Herrn Heinrich Seiff, wohlgeboren, Privatlehrer im Hause des Herrn Generallandschaftsrat von Brandt in Rossen bei Braunsberg in Ostpreußen« vom 23. 9. 1819 : »An und für sich ist es mir schon ein erquickliches Gefühl, wenn einer meiner jüngeren Landsleute mit Vertrauen und Liebe sich an mich wendet um Rath für seine dichterische Bahn; noch weit erhöht aber wird mir diese anmutige Empfindung, wenn ich nach bester Überzeugung etwas Gutes und Ermunterndes zu antworten habe.« Und nach einiger wohlgemeinten Kritik entläßt er ihn mit der Hoffnung, im nächsten Jahrgange des »Frauentaschenbuches« etwas von ihm aufnehmen zu wollen. –*

---

* Ähnlich wie der S. 236 f. zitierte Passus aus einem Brief an Stechow, gibt auch eine Stelle des hier erwähnten Schreibens an Heinrich Seiff Nachricht von der Bedeutsamkeit, die F. noch in späteren Jahren Metrum und Rhythmus zumaß :

»... Es ist die Bitte um Deutlichkeit, um gänzlich bestimmte Klarheit des Ausdruckes. Ich weiß wohl noch, wie es mir selbst damit in meinen früheren Jünglingsjahren, ja bis gegen die Mannesjahre hinan, ergangen ist. – Ein anmuthiges Bild der Phantasie schwebt uns vor, und winkt : vorwärts ! Das ganze glühende Herz klopft dem Rufe nach ! Und da kommt uns nun Sprache und Metrum mit scheinbar kleinlichen Hemmungen in den Weg, – ‹frisch mit gleichen Füßen drüber hin !› denkt man. ‹Versteh' ich es doch selbst, und ein Begeisterter wird es schon auch verstehn ! An den Andren aber ist nichts gelegen !› – Selbst gegen den letztern Satz ließe sich viel Begründetes einwenden, aber auch der zweite ist durch und durch falsch. Was wir für Begeisterung neben der ächten mit aufnehmen, ist oftmal eine hin und wieder beschränkte Individualität, auch bisweilen unbeholfne Eilfertigkeit. Und durch nichts wird der begeisterte Leser schlimmer gestört, als wenn er auch nur augenblicklich fragen muß : ‹Wie meint das der Dichter eigentlich ?› Und nun vollends, wo uns ohnehin etwas zu rathen aufgegeben wird !« (Seiff hatte ‹Rätsel› eingesandt. – A. d. V.).

Den Übergang zur Besprechung von Fouqués eigenen dichterischen Werken dieses Zeitraumes mögen zwei geplante Unternehmungen bilden, die nur teilweise und unbefriedigend zustande gekommen sind:

Das erste war wieder einmal eine Zeitschrift; Anfang 1829 sendet er an Hitzig eine gedruckte Ankündigung der »Berlinischen Blätter für deutsche Frauen, herausgegeben von Friedrich Baron de la Motte Fouqué«\*\*, in der Alles Mögliche versprochen wird; mitunterzeichnet ist diese Erklärung von der Maurerschen Buchhandlung und datiert vom 26. 12.

---

»Dann möcht' ich auch wohl in Ihren Dichtungen das Metrum sorgfältiger behandelt sehn. Namentlich den Trimeter wünschte ich aus Ihren Räthseln und Charaden fort. Er kann im hohen Tragischen wohl bisweilen den fünffüßigen Jambus sehr erhöhen; in leichteren Dichtungen aber findet er keine passende Stellung, und vollends mit weiblicher Endung scheint er mir ein gänzliches Unding. Zwar findet man ihn so bisweilen bei unsrem großen Schiller, aber auch dort wünschte ich ihn weg, und in den spätesten, metrisch ausgebildetsten Arbeiten hat ihn auch Schiller meines Wissens nie mehr gebraucht. – Nicht daß ich in leichteren Sylbenmaßen den sechsfüßigen Jambus durchaus verwerfen möchte, aber ich reclamire dann für ihn den alexandrinischen Abschnitt, mit welchem er sich unter gewissen Umständen bisweilen recht angenehm macht. –«

\*\* Da das von Fouqué für diese seine Zeitung aufgestellte Programm einige sehr gewichtige Punkte enthält, die immer wieder – und auch gerade heute – gelten, gebe ich das sehr selten gewordene Flugblatt zunächst ganz wieder:

BERLINISCHE BLÄTTER
für deutsche Frauen,
herausgegeben von / Friedrich Baron de la Motte Fouqué.

Die Menge der bestehenden, zwar oft wieder vergehenden, aber ebensooft wieder neu entstehenden Zeitschriften, thut faktisch die Notwendigkeit solch einer Gattung schriftstellerischer Bemühungen für unser Zeitalter dar.

Gegen die Form eines an sich unbescholtenen Zeit-Erfordernisses anringen wollen, hieße Unnützes und eben deshalb Thöriges beginnen. Daher geziemt es dem Besonnenen, der seine Thätigkeit vorzüglich auf das schriftstellerische Feld angewiesen sieht, sich selbst zur möglichst klaren Anschauung der Grund-Ursachen zu verhelfen, die eine solche Stellung des gegenwärtigen Schriftsteller-Wirkens bedingen. Dann, wo sich die Gelegenheit günstig zeigt, stehe er bereit, auf seine Weise mit einzuwirken in das Weltgetriebe, damit er fördern helfe, was ihm nach bestem

Wissen und Ahnen als gut und schön aufgegangen ist. Vorausgesetzt bleibe dabei, daß immer der ewige Geist im Menschen sich dem Geiste seiner Zeit anders beuge, als mit klarem Bewußtsein göttlichen Wohlgefallens, und nie auch der Form seiner Zeit anders diene, als mit Beibehaltung des treulich ernsten Ringens nach höheren Formen, gültig für all und jede Zeit.

In diesem Sinne liefert fortdauernd der Unterzeichnete Beiträge für manche unserer bestehenden periodischen Blätter und Almanache. So auch übernahm er eine Zeitlang die Redaktion des ‹Frauentaschenbuches› und der Quartalschrift ‹Die Musen›, letztere im Verein mit seinem Freunde Wilhelm Neumann.

In demselben Sinne geht er jetzt auf den ehrenden Wunsch der mitunterzeichneten Verlagshandlung ein, die hier angekündigte Wochenschrift als Herausgeber zu leiten.

Es ist zunächst damit auf die Ausfüllung einer Lücke abgesehen, die in unserer Journalistik stattzufinden scheint, der beträchtlichen Anzahl und dem teilweis tüchtigen Gehalt ihrer Erzeugnisse unerachtet.

Ein äußerlich geringer Umfang unserer Zeitblätter im Einzelnen, will es fast nimmer zulassen, einen Beitrag, insofern er etwa die gewöhnliche Länge einer Romanze oder Ballade übersteigt, unabgebrochen aufzunehmen. Was oftmal den Leser im Beginn fast gründlich anziehen wollte, sieht er alsbald durch ein : ‹die Fortsetzung folgt› unterbrochen. Was ihn beim raschen Hineinblick lockte, stößt alsbald ihn wieder zurück, weil ‹Fortsetzung› darüber steht, und er keine Lust empfindet, in ein ob noch so anmutig blühendes Thalgewind hineinzuspringen, dessen Eingang ihm ebenso fremd blieb, als der Ausgang es ihm vermutlich bleiben wird. Ja, könnte auch die Überschrift : ‹Schluß› ihn ganz vollkommen über die Gewißheit eines nah erreichbaren Zieles zufrieden stellen, so empfindet er desto weniger Lust, sich in den Schluß-Akt einer Darstellung hineinzubegeben, wo alles längst Vorbereitete nun zum schönen Bau des Gipfels zusammenschießen und wohl gar den Beschauer mit dem plötzlich Klarwerden eines künstlich verschlungen angelegten Labyrinthes überraschen soll.

Jeder, welcher es liebt, sich an den Spielen der Muse zu ergötzen, hat schon mehr, denn einmal, mit vergeblicher Sehnsucht vor solchen halbaufgeschlossenen Bilder-Fenstern gestanden; und ist wieder davon zurückgewichen, als ein modern-momentaner Tantalus, im wehmütigen Gefühl der Unmöglichkeit, jener verheißenden Blüten und Früchte auf irgend genügende Weise froh zu werden.

Der Bewohner größerer Städte mag nun zwar allmählich durch einige Anstrengung sein erwachtes Verlangen nach einem vollständigen Überschauen des ihn lockenden Fragmentes noch befriedigen. Wie aber die bedeutende Mehrzahl solcher Leser, die in kleinen Städten oder auf dem Lande seßhaft sind ? –

Zum besten aller Solcher, die je von den hier angedeuteten Störungen verletzt wurden, ergriff die unterzeichnete Verlagsbuchhandlung den Gedanken einer Wochenschrift, wobei sich der Umfang aller einzurükkenden Aufsätze, durch freundliche Übereinstimmung der Mitglieder, dahin beschränkt, daß nie der Zusammenhang von einem Stück ins andre hinüber gezogen würde, sondern jegliches Wochenheft ein in sich abgeschlossenes Miniatur-Ganzes bilden müsse.

Wie sich aber im Thautropfen auch die Sonne zu spiegeln vermag, sofern er sich unzerrissen und rein erhielt, möge auch in unsrem beginnenden Unternehmen der äußerlich geringe Umfang der Aufsätze und Dichtungen nun und nimmer den Abglanz jenes höchsten Lichtes hemmen, um welches alle, ihrer eigenen ursprünglichen Echtheit eingedenke Menschen-Seelen kreisen, wie ja auch um die Sonne die Schaar der Planeten, und zwar jeglicher in seinem eigentümlichsten Gange, den lieblichrätselhaften Reigen zieht. –

Mit den Zeitschriften anderer Form gerathen wir dabei in keinen feindlichen Konflikt. Eben weil wir unsre Sphäre in ihrer Nothwendigkeit anerkennen, erkennen wir auch klar die von unsrer Bahn völlig abgesonderte Nothwendigkeit der ihrigen. Aus einer edel festgehaltenen Mannigfaltigkeit einzelner Richtungen erblühet und vollendet sich die reiche Schönheit des Ganzen. Das gilt für die gesamte Welt, und also zugleich für die Literatur.

Möge für Uns und Alle der Sinnspruch gelten :

‹All'samt Spiegel ew'gen Lichts; / eigenthümlich jeder Spiegel, / und an jeder Stirn ein Siegel : / Fried' am Tage des Gerichts !›

Wir einstweilen wollen uns mit dem Richten nicht abgeben, vielmehr was etwa davon auf unsern hier vorgezeichneten Kreis abgeschnellt würde, und eine durchaus unerläßliche Beantwortung nach den Rechten der äußern Welt erheischen sollte, niemals und unter keiner Bedingung in diesen ‹Berlinischen Blättern für deutsche Frauen› zur Sprache bringen. Eben ja, wie man auch in edler Frauengesellschaft sich nicht zu streiten pflegt, sondern nötigenfalls zum Ausfechten ernster Zwistigkeiten ein anderes, meist fern gelegenes Feld erkürt.

In unsren Gartengehägen aber finde Alles, was im edel reinen Sinn

1828. Wohl erschienen 1829/30 noch die Hefte Nr. 1–12; aber natürlich fanden sich aus den schon mehrfach angeführten Gründen keine Dauerinteressenten mehr für ein solches Unternehmen : »Fouqué hoffte von dieser Zeitschrift viel. Er hat nun ein Jahr hindurch vergeblich gearbeitet. *Der* Verlust ersetzt sich nicht«, schreibt Karoline an Varnhagen, und spricht weiterhin vom »mißglückten Unternehmen seiner Zeitschrift«. –

Dann beabsichtigt er, durch den Erfolg seiner militärischen Biogra-

---

erblühete, sei es mehr ernsthaften oder mehr scherzhaften Wesens, gern einen liebevoll zubereiteten Raum.

Somit laden wir Deutschlands Frauen ehrerbietig und freudig in unsre Gärten ein; sei es, daß sie nur als Lustwandelnde erscheinen, sei es als anmuthige Pflanzerinnen, wozu wir einstweilen vorzüglich Diejenigen zählen möchten, denen diese Zeilen unmittelbar zukommen. So gilt es auch für Deutschlands kunst- und schriftbegabte Männer.

Das Honorar für sämtliche verehrte Mitarbeiter kann erst nach dem Erfolge des ersten Jahrganges für das Künftige fest bestimmt werden. Eine Bedingung, in die sich natürlich auch der Herausgeber willig fügt. Dann aber soll dies Geschäft auf das Gründlichste seine Ordnung finden.

Einstweilen gehe bei uns, wie bei allem ernst-heiter und im Aufblick auf das Höhere Angefangene, ja wie bei all und jedem naturgemäßen Beginnen, das Säen dem Ernten voraus.

Berlin, am 26. Dezember 1828

Maurer'sche Buchhandlung / Friedrich Baron de la Motte Fouqué.

*

Läßt man die gewohnten Fouqué'schen Wortnebel und weltanschaulichen Spezereien weg, so ergibt sich, daß er ein auch bei uns wieder brennend akutes Problem gesehen hat : die aussterbende Erzählung !

Wenn heute ein Autor eine gute Geschichte von 20 oder 30 Seiten schreibt : dann lehnt sie jede Tageszeitung ab – sie ist zu lang. Und jeder Verleger lehnt sie ab : »Schrei'm Se ma 'n Dutzend solche Sachen, Meister; denn jibt det'n vernünftjen Band.« (Als wenn sich die ‹Regentruden› oder ‹House of Usher› so diarrhoemäßig hecken ließen !)

Es fehlt uns also an einer Mittelstufe verlegerischer Produktion, die dergleichen, und unzerstückelt, aufzunehmen imstande wäre : wer heute *nur* beste mittellange Erzählungen schreibt (Novellen meinethalben), der verhungert dabei ! – Und es folgt weiter, so sicher wie nur ein Schluß beim Aristoteles : Deshalb ist die ‹Erzählung› im Aussterben begriffen !

Daß Fouqué diese Lücke erkannt, und sich bemüht hat, hier Abhülfe zu schaffen, darin liegt der besondere Wert seines Unternehmens.

phien in Fachkreisen ermutigt, »auf der hier betretenen Bahn fürder zu ringen. Damit würde es sich nun gar wohl vereinigen lassen, ja mir zu einer desto günstigeren reicheren Umsicht verhelfen, wenn Sie mir politisch-militärische Werke, die ein allgemeines Ganze für die gebildete Lesewelt atmen, zur Beurteilung für das Morgenblatt einsenden wollten«, schreibt er am 17. 1. 1828 an Cotta : »Vielleicht finden Sie für die Geschichte nicht leicht eine just so eigen zusammengesetzte Mischung als in dem unterzeichneten Poeten und Kriegskundigen.« Da hat er allerdings recht; und eben weil diese Mischung so ganz unzeitgemäß »eigen« ist, verzichtet Cotta auch dankend. Zwar läßt er Fouqué die Möglichkeit offen, unaufgefordert seine Rezensionen einzusenden, und behält sich für jeden einzelnen Fall die Annahme vor; aber »das Resultat unserer gestrigen Unterredung näher erwägend«, muß Fouqué am 20. 2. 1829 ihm schreiben : »sehe ich ein, daß auf dem angedeuteten Wege das Ziel, welches ich bei meinem Vorschlag beabsichtigte, keineswegs erreicht wird; vielmehr möchte für mich gerade das Gegenteil daraus entspringen. Was ich nämlich wollte, war eine gewisse geregelte, fast amtlich gestaltete Beschäftigung, meinen Fähigkeiten und meiner Neigung angemessen, samt einem bestimmten, wenn auch nur kleinen jährlichen Zuschuß. Bei meiner Lust an geistiger Tätigkeit hätte ich noch vollkommen hinlänglich Zeit zu sonstigen literarischen Arbeiten gefunden, und somit eine Laufbahn angetreten, wie sie nach meinem Gefühl dem Manne im zweiten Halbjahrhundert seines Lebens am besten geziemt. – Ein unbeauftragtes Einsenden von kriegerischen Beurteilungen aber und ein Honorar nach Bogenzahl berechnet würde in Arbeit und Einnahme das Schwankende, dem ich zu begegnen dachte, noch vermehren.« Und er schließt vornehm und bitter : »Gern überlasse ich meiner Frau das Vergnügen ein schriftstellerisches Verhältnis zu Ihnen angeknüpft zu haben, meinerseits entschlossen, dem ersten Verleger Deutschlands nicht mehr als Poet oder sonst als Schriftsteller beschwerlich zu fallen ...« Mit diesem Brief endet das Verhältnis zu Cotta – »daß man eben den Buchhändlern lästig fallen kann, die man bereichern half, das will ihm nicht ein«, urteilt Caroline. –

Genau so geht es mit dem österreichischen Oberzensor und Redakteur der damals viel geltenden »Wiener Jahrbücher«, Ludwig Franz Deinhardstein (1794–1859); Ende 1829 hat er diesem seine Mitarbeit als Rezensent angeboten, und da er Deinhardsteins schwächliche Bühnenstücke arg lobte – dabei ist heute eigentlich nur noch das graziöse Voltaire-Stück »Die rote Schleife« nennenswert – hat ihm dieser zunächst auch geschmeichelt geantwortet und ihm einiges abgenommen. So z. B. die Kritiken von K. E. Eberts großem böhmisch-nationalen Heldengedicht »Wlasta«, einem düsteren und gewaltsamen Stück, das leider auch heute fast ganz vergessen ist; oder die Lieder des jungen Heinrich Stieglitz. Als dann aber Fouqué näher mit seinem poetischen Alterscredo herausrückt, zieht selbst der reaktionäre Zensor die Nase kraus : »Namen, die ich mir für Beurteilung der darunter gelieferten Werke durchaus verbitten muß, damit wir uns nicht mit unnötigem Hin- und Herschreiben aufhalten, sind : Raupach, Immermann, Grabbe, Graf Platen-Hallermünde und Heine. Saphir versteht sich wohl von selbst. Meiner subjektiven Überzeugung nach sind deren Werke rein verderblich für die Literatur, und dergleichen zu bekämpfen, fühle ich keinen Beruf in mir.« (11. 2. 30). Dafür schlägt er dann vor – und wir erkennen wenigstens seine Lektüre daraus – : Friedrich Kinds Schauspiel »Schön Ella«; J. Gründlers Drama »Friedrich der Große oder die Schlacht bei Kunersdorf«; seines Freundes, des Majors Wagner im Großen Generalstabe, »Betrachtungen über den Krieg«; Jarckes damals anonym erschienenes Werk über die französische Revolution von 1830; aber auch de Voeux's englische Übersetzung von Goethes »Tasso« ist dabei, und drei spanische Autoren; verbindlich macht er sich zum Schluß auch des öffentlichen Lobes der Deinhardsteinschen Muse erbötig. Der Toback – Heine, Grabbe, Immermann, Platen, ablehnen; dafür jedoch Gründler anpreisen – war aber selbst um diesen Preis allzustark; Deinhardstein schwieg fast ständig und lehnte die meisten Beiträge ab, so daß sich schon gegen den Sommer 1831 auch diese Verbindung wieder zerschlagen hat.–

Sehr richtig hat Fouqué angedeutet, daß im Leben jedes Schriftstellers einmal der Augenblick kommt, wo er sich gedrängt fühlt, sich an umfangreichen historischen Arbeiten zu versuchen. Die Erklärung hierfür ist recht einfach : einmal hat jeder ernsthaft Schreibende im Laufe seiner jahrelangen Vorarbeiten zu Dichtungen – »writing makes an exact man« seufzt schon Schopenhauer – sehr umfangreiche Materialien aller Art verarbeiten müssen; und, da er ja eine ausgesprochene Individualität mit starken und phantasiebetonten Zu- und Abneigungen ist, auch stets die ihm besonders gemäßen Menschen und Menschengruppen instinktiv bevorzugt. So kommt er zwangsläufig dazu, von manchen Gegenständen unverhältnismäßig viel zu wissen, und sie zudem noch aus einem neuen und unwiederholbaren Gesichtspunkt – nämlich eben dem seiner eigenen Persönlichkeit – zu sehen, so daß sich eine Neuschau wiederum rechtfertigt. Andererseits kommt ein metaphysisches Moment hinzu : er weiß zu gut und schwermütig um die Vergänglichkeit der Dinge, um das Vergessenwerden selbst der eigenartigsten Persönlichkeiten, als daß er sich nicht gedrängt fühlen sollte, wenigstens was an ihm liegt zu versuchen, um dieser trüben Entwicklung notdürftigen Einhalt zu tun; es mag sogar der geheime Wunsch mitsprechen, sich selbst einmal, wenn man schon lange tot ist, derart wieder erweckt zu sehen. Auch hat man in bedeutenden Kreisen verkehrt, kennt persönlich die Träger großer Namen, die wert wären, erhalten zu werden. Und es ist auch kein Wunder, daß solche historische Tätigkeit einsetzt, wenn die Haare langsam grau werden : das eigene Ende kündigt sich ja schon optisch an. –

Fouqués Arbeiten dieser Art beginnen fast mit dem ‹Bertrand›, von dem man zuweilen nicht weiß, ob man ihn in die poetische oder historisch-militärische Klasse einreihen soll.

Eine Gruppe für sich bilden : die eigene kurze Biographie von 1828; die umfangreiche »Geschichte der Jungfrau von Orleans«; die »Betrachtungen über Türken, Griechen und Türkenkrieg«, die Biographie Jakob Böhmes; und »Wahrheit und Lüge«. Ich behandle sie hier gesondert, weil sie die verdienstlosesten Unternehmen des beschriebenen Typs sind. So beruht zum Beispiel der 144 Seiten umfassende »biographische Denkstein« für Böhme auf keinerlei Quellenstudien, sondern ist lediglich aus schon gedruckten Büchern kompiliert; noch schlecht dazu, und kann höchstens als Beleg für die Verehrung dienen, die Fouqué dem Mystiker sein Leben hindurch erwiesen hat. »Was wäre ich ohne diesen erleuchteten Mann«* schrieb er einmal; und Jung-Stilling stellt fest : »Jakob Böh-

---

\* Weitere Kurzbelege von dessen Wirkung. –

I. Brief vom 4. 3. 1812 an Miltitz : »Die ‹Zwerge› bezeichnen einen mir teuren Moment, weil sich eben damals die Anschauung eines ebenso unvernünftig gelobten als getadelten alten Buches vor mir aufzuthun begann, und hernach Grundanschauung meines Lebens geworden ist.« – Demnach ließe sich das erste ernstliche Studium in das Jahr 1804 setzen.

II. Brief vom 2. 6. 1811 an Perthes : »... gar sehr gefreut ... meinen mir vor Allem ehrwürdigen Jakob Böhme so anerkennen, und an seinen rechten Platz stellen ... selbst heutzutage ... gewöhnliche Aufklärungsvorurtheile gegen ihn fest, und scheuen sich zwar, einen Blick in seine Bücher zu thun, nicht aber scheuen sie sich, ihn unbesehen zu verwerfen. Andre loben unbesehen, weil ihn einige große Dichter und Philosophen, die ihnen Autoritäten sind, gelobt haben. Noch Andere, frevelhafteste, stöbern in seinem heiligen Nachlaß nach poetischen Floskeln und wunderbaren Ausdrücken, ohne von dem Geist der darin weht, ergriffen zu werden, ohne es zu ahnden, daß hier von ihrem eigenen zeitlichen und ewigen Wohle die Rede ist, ohne an ihre Brust zu schlagen und zur Besserung einzugehen in sich selbst. Ich bin allerdings zu Anfang auf eine ähnliche

mes Schriften also waren das Menschennetz, daß Sie für den Herrn und sein Reich gefangen hat?« – Ähnliche Kompilationen oder Übersetzungen mit Anmerkungen sind auch die anderen erwähnten »Werke«; so gibt »Wahrheit und Lüge« fast nur eine wörtliche Übertragung des Werkes der Frau von La Roche Jaquelin über den Vendée-Krieg, begleitet von laufenden Bemerkungen Fouqués, die lediglich den Zweck haben, salbungsvoll nachzuweisen, wie immer auf Erden die Wahrheit über die Lüge siegt; und wenn doch einmal die Partei unterliegt, die nach Fouqués Meinung recht hat, dann sind die Motive Gottes halt undurchschaubar. Einzelne kriegswissenschaftliche Bemerkungen und Erinnerungen sind sparsam verstreut, die aber in der allgemeinen Wasserflut der Frömmelei völlig ertränkt werden. Man muß sich während der Lektüre ständig die anderweitigen großen Verdienste und Leistungen des Dichters ins Gedächtnis rufen, um hier nicht die Geduld mit ihm zu verlieren!

Die beiden einzigen wirklich wertvollen historischen Werke sind die Biographien seines Großvaters, und die des Generals Rüchel.

Zur Bearbeitung des Lebens des Generals Fouqué forderte ihn gewissermaaßen Alles gebieterisch auf (denn die 1789 erschienene »Lebensbeschreibung« des Sekretärs Büttner enthält eigentlich nur den Briefwechsel des Generals mit Friedrich dem Großen, und ist nicht als Biographie zu betrachten): Fouqué besaß im Familienarchiv ein unübersehbar zu nennendes Material; kannte persönlich noch viele Einzelheiten (z. B. durch Erzählungen seines Vaters!), die mit ihm verloren gegangen wären; Bekannte konnten Nachrichten liefern: lebte doch noch 1824 ein

---

Weise zu ihm gekommen; aber Gottlob, es hat nicht lange gedauert, bis er mich durch und durch ergriffen hatte, alle die Oberflächlichkeiten und Puppenspielereien des Geistes zerschellend, um derentwillen ich ihn hatte befragen wollen, und mir in furchtbarer Größe das Eine zeigend, was Noth ist ... Nichts in der Welt ist schuld, als das unselige Blättern, welches unserer Zeit so eigenthümlich als charakteristisch ist.

Stilling ... Sie gestehen ihm ja zu, was die Hauptsache ist. Für einen Propheten halte ich ihn selbst nicht. Oft zwar bin ich mit ihm versucht gewesen, an ein baldiges Näherrücken des Weltendes zu glauben; aber die über andere Welttheile noch wenig ausgebreitete Religion Christi, wie überhaupt die Unvollendung der Menschenbildung in Asien, Amerika, Neu-Holland und vorzüglich Africa, überzeugt mich, daß er irrt. – Seine Liederweisen nehme ich in meine romantische Vierteljahresschrift auf ... deren erstes Heft in diesen Tagen erscheint.«

94jähriger Veteran der Schlacht von Landeshut (1760), der Oberstlieutenant Franck, der ihm seine Erinnerungen aus jenen Tagen mitteilte!

So schreibt er denn auf der Wende der Jahre 1822/23 das über 500 Seiten umfassende Buch nieder. Am 20. 4. 1823 bietet er es schon Perthes zum Druck an: »Zur Belebung des Kolorits ausgelegt mit einer ziemlichen Menge von Anekdoten, die meist nur ich allein unter den Lebenden noch verbürgen kann. Nicht nur aus dem Leben meines Großvaters selbst, sondern auch aus dem Leben anderer gleichzeitiger Generale und Obristen. Ich bin unter den Augen und Atemzügen von Männern des 7jährigen Krieges aufgewachsen, und mein Gedächtnis ist beinahe lächerlich stark. Mit mir ginge diese ganze Kollektion unter die Erde. In dieser Rücksicht hatte ich es anfänglich im Sinn, ein ordentliches Anekdotenbuch aus des großen Friedrich Regierung zu schreiben; aber es gibt da allzuwidrige Nachbarschaften. Muß Einem ja doch die Haut grausen, wenn man an die gewöhnlichen Anekdotenjäger denkt! – Nun will ich meine Anekdoten in dies ernste Werk geziemend mit verflechten.« Und er berichtet über seine Vorstudien und Hilfsmittel zur Arbeit: »Die Berliner Plan-Kammer hat mich mit einem handschriftlichen Journal über die Operationen meines Großvaters in Schlesien von und bis zu seiner Gefangennehmung bei Landeshut (letzteres Gefecht natürlich mit eingeschlossen) unterstützt. Als ich dem Generalleutnant Müffling dafür dankte, sagte der sonst nicht komplimentierende Mann, er freue sich, diese Arbeit in meiner Hand zu wissen; er wird – da ich von der Plan-Kammer unterstützt bin, mein notwendiger Zensor, und versprach mir auch, überhaupt als Kritiker die militärisch-historische Durchsicht vorzunehmen.« Und er nennt auch die anderen Helfer und Beiräte, die schon erwähnten Gneisenau, Knesebeck, Valentini, Rühle, Schulze, Wagner. Allerdings: »einige Situationspläne würden wohl nötig sein, vielleicht nur der eine von Landeshut; ich bin für solche Überhäufungen nicht. Aber desto nötiger täte eine gute Generalkarte von Schlesien und Böhmen (Alles in Steindruck). Dann möchte ich auch gar zu gern das Bild meines Großvaters hinzufügen; es könnte leicht und nach einem schönen Gemälde von Pesne gezeichnet und unter Deiner Direktion in Kupfer gestochen werden.« Aber Perthes ist viel zu berechnend, um noch etwas an Fouqué zu wenden, und so erscheint das Buch denn 1824 in der Schüppelschen Buchhandlung zu Berlin. Er hat es dem »Allerdurchlauchtigsten, Allergroßmächtigsten, Allergnädigsten König und Herrn« widmen dürfen, und kann am 7. II. 1824 an Perthes melden: »Unser König hat mich für dieses Werk mit einer schönen goldenen Dose, und mit einer noch weit schöneren Zeile des Beifalls beschenkt. Unsere Fürsten und Feldherrn sind auch zufrieden. Die erhebendsten und schönsten Briefe habe ich bis jetzt vom Prinzen Wilhelm (Mariannes Mann), Bruder des Königs, und vom General Krauseneck.«

Ich muß nach sorgfältiger Prüfung von Fouqués Quellen – soweit sie mir noch zugänglich waren – dieses Lob stark einschränken.

Selbst aus dem sehr zusammengeschmolzenen Familienarchiv läßt sich noch heute nachweisen, daß Fouqué die Urkunden völlig unzulänglich benützt hat; so sagt er beispielsweise vom »Türken« nur : »Auch ward ihr jüngster Sohn als Page am Hofe (zu Celle) angestellt, und führte nachher sein Leben als hannöverscher Offizier ehrbar und heiter fort, bis er endlich als pensionierter Obristleutnant wiederum Celle zu seinem Wohnsitz erkor ...« – nicht nur, daß er das merkwürdige und bunte Leben seines Verwandten überhaupt nicht gekannt zu haben scheint, sogar die hier gegebenen Einzelheiten sind z. T. falsch, so war er Oberst (nicht Oberstleutnant) und ist nur ganz zu Beginn seiner Laufbahn hannöverscher Offizier gewesen.

S. 39 sagt er : der große Obelisk in Rheinsberg trage in der Mitte »Das Basrelief des großen Königs« (sic !) : dabei ist dieser Obelisk ganz prononciert gegen den König gerichtet : die Inschriften ringsumher feiern alle die, die bei Friedrich unbeliebt waren, und das Relief in der Mitte ist der von seinem großen Bruder zu Tode geärgerte August Wilhelm ! S. 40/41 wird ein ausgegrabener Stein mit Vogelgestalten erwähnt, und Friedrichs angebliche gelehrte Konjektur darüber – dabei war dieser Stein 1618 gefunden worden, und die betreffende Hypothese von der Gründung Rheinsbergs-Remusbergs durch Remus (!), stammt aus den Misc. Lipsiensa von 1717 ! Der Bayardsorden hat auch bei ihm (S. 47) nur 12 Mitglieder : während er doch selbst den eigenhändigen Brief seines Großvaters besaß, wo dieser die Zahl auf 24 angibt ! S. 52 läßt er den Vorfahren bei seiner Entlassung aus dem preußischen Dienst des Soldatenkönigs »mit der kleinen Karawane« (seiner Familie nämlich) nach Norden, nach Kopenhagen, ziehen : dabei ging er allein; Frau und Kinder blieben bei der Mutter in Celle. Usw., usw.

Noch liegen vor mir die Patrouillenberichte vom jüngsten Sohne des Generals, und ein altes Kriegstagebuch des Feldzuges von 1742, ein französisches Manuskript, das in Briefen den Gang der Operationen beschreibt, und das Fouqué fleißig ausgeschrieben hat; ihm entstammen z. B. Anekdoten wie die vom »Teufel in Kremsir«, etc.

Ein abschließendes Urteil muß also dahingehend formuliert werden : daß Fouqué zwar ein schätzenswertes Buch geliefert hat – insofern wir zweifellos ohne ihn viele Einzelheiten aus dem Leben seines Ahnherrn nicht mehr wüßten –, daß er aber nicht einmal die Dokumente, die in seinem Familienarchiv massenhaft lagen, richtig und vollständig ausgewertet hat, so daß selbst ich aus der Handvoll der heute noch erhaltenen Papiere ihm viele Fehler nachweisen kann.

(Ich möchte noch hinzufügen, daß der auf den Seiten 426/27 beschriebene Pokal, das Geschenk Friedrichs des Großen aus dem Nachlaß seines Vaters, noch heute existiert; und es ist schon ein schönes und rares Stück!)

Die zweite wichtige Biographie ist die des Generals Ernst Fr. Wilh. Philipp von Rüchel, der schon mehrfach in diesen Blättern erwähnt worden ist. Im Herbst und Winter 1825 hat Fouqué sie niedergeschrieben; am 14.10. teilt er Perthes mit, daß er »jetzt eben, abends zirka 8 Uhr, den ersten Zeitraum derselben mit des großen Friedrichs Tode unter heißen Tränen beendet« habe, und : »durch die Rüchels-Laufbahn wirds mich bald hindurch gerissen haben wie mit Adlerschwung.« Auch dieses offeriert er Perthes' »Bedürfnis-Anstalt«; auch dieses lehnt Jener ab, und es erscheint 1826 bei Maurer in Berlin.

Da Rüchel von 1754–1823 lebte, ist Fouqué noch zum größten Teil sein Zeitgenosse gewesen, hat ihn auch von Klein auf gekannt, hat selbst auf den Schlachtfeldern der Rheinkriege gestanden, und ist ihm auch später mannigfach begegnet.

An Materialien konnte er die vorhandenen Familienpapiere rückhaltlos auswerten – hatte doch sein liebster Jugendfreund, Jakob Kleist, die Tochter des alten Generals geheiratet, und die Familie ihn ausdrücklich zur Bearbeitung des Gegenstandes aufgefordert – außerdem konnte er die umfangreichen handschriftlichen Erinnerungen von Rüchels ewigem Adjutanten, dem Obersten von Brixen (1763–1836), benützen.

Und ein unschätzbarer Zufall hat uns dieses Schriftstück aufbehalten; es besteht aus rund 80 ganz eng und sorgfältig beschriebenen Folioseiten, und es ist außerordentlich belehrend, zu sehen, wie Fouqué mit dem Material verfahren ist. Den größten Teil – Erinnerungen aus den Jahren bis 1795 umfassend – hat er fast wörtlich verwendet; indiskrete Anekdoten des Verfassers, seine schneidenden Urteile über Massenbach, oder abfällige Bemerkungen über die Österreicher, über Generäle und Könige überhaupt, hat er weggelassen oder sehr redigiert. – Besonders merkwürdig ist diese Biographie Rüchels noch dadurch, weil sie (außer dem »Hermann«) das einzige Beispiel darstellt, daß ein großes Manuskript eines gedruckten Werkes Fouqués noch heute annähernd erhalten ist. Das Bruchstück umfaßt rund hundert Folioseiten – 210 von den gedruckten 460 Seiten des Buches – und gibt ein schönes Beispiel von des

Dichters Arbeitsweise, da es voller Streichungen, Überklebungen, Marginalien, etc., ist.

Zu den wirklich guten biographischen Arbeiten Fouqués rechne ich auch den immerhin 32 Druckseiten einnehmenden »Biographischen Versuch« vor den von ihm 1821 herausgegebenen Gedichten S. C. Papes, der mit ungewöhnlich viel Wärme und Vertiefung geschrieben ist, und ein recht eindrucksvolles Bild hinterläßt. –

Ich füge diesem Abschnitt noch die halbdichterische Übersetzertätigkeit Fouqués in diesen Jahren an. Außer der bereits erwähnten Übertragung des Byron-Stückes; einer Manzonischen Ode; der schon erwähnten – nebenbei nicht erhaltenen – Übertragung der Racineschen »Athalia«, und der ebenfalls schon angeführten »Lalla Rukh« – in der er sich große Freiheiten erlaubt hat, andererseits auch viele glänzende Proben seiner Übertragungskunst gibt – ist es vor allem ein merkwürdiges Buch, das er ins Deutsche verpflanzte.

1826 erscheint bei August Rücker in Berlin »Pique-Dame. / Berichte aus dem Irrenhause / in / Briefen / Nach dem Schwedischen / von / L. M. Fouqué.«

Es ist aber die »Spader Dame. / En berättelse i bref, funne pa Danneviken« des schwedischen ‹Phosphoristen› Klas Livijn (so genannt nach ihrem literarischen Organ, dem von dem auch schon erwähnten Atterbom herausgegebenen ‹Phosphorus›), eines Vertreters der schwedischen – an der deutschen erweckten und geschulten – Romantik. Klas Livijn war in Skemmingoe am 12. 11. 1781 geboren worden, studierte dann in Lund und Upsala; ging 1803 als Hauslehrer nach Stockholm – wo er reichliche Vorstudien zur »Spader Dame« gemacht haben muß; denn solche Bitterkeit erwirbt man nur praktisch –; 1813/14 nahm er als Auditor im Skaraborgregiment an dem Feldzug in Deutschland teil, kehrte dann nach Schweden zurück, und ist dort nach einem im Ganzen erfolglosen und unstäten Leben 1844 gestorben. Er war ein ausgezeichneter Kenner der deutschen Literatur, und hat manches meisterhaft übersetzt, zum Beispiel Tiecks »Gestiefelten Kater« – »Mesterkatten / eller Katten i Stöflar«; – außer der »Spader Dame« (1824) hat er 1817 noch einen größeren Roman »Axel Sigfridson« veröffentlicht. Er war eine groß und reich angelegte, aber durchaus disharmonische Natur, voller Pläne und Entwürfe, von denen er aber nur einen Bruchteil ausführte; er blieb bis ans Ende ein Stürmer und Dränger; Zeugnis hiervon gibt diese leider ganz unbekannt gebliebene »Pique-Dame« : »– – – Und überhaupt : Apollo trägt gar keine Perücke« beginnt das merkwürdige Produkt, das die Liebe, die große Liebe, des Hauslehrers Zachäus Schenander zum Waisenkinde

Marie behandelt, die von den rohen Pflegeeltern an den Schuft Kapitän Leyonbrak verschachert wird, bis der ohnehin durch die Menschen schon bizarr Gequälte endlich in Danneviken – (im Irrenhause) – landet – oh, Livijn kann schon etwas (und Fouqué macht es ihm trefflich nach) : »Ein Nebelgewölk ruhete über dem Strom. Ich bemerkte ein gewisses Regen und Bewegen dahinter, schob den Vorhang etwas auseinander, und kuckte hinein. : Auf der andern Seite des Flusses war Maskenball ! Blutlose Nebelhexen, Opfer und Bewohnerinnen der Nacht, erlustigten sich mit Tanz, und der Nix selber führte das Orchester an, welches aus lauter schwarzen Katzen bestand. Das gab eine mörderische Musik; gräßliche Töne flatterten wie Fledermäuse um einander her durch die Luft. Und der Ball selbst ? O das war eben ein förmlicher Luftball. Aus keinem Angesicht lachte die Liebe; aus keinem Auge glühte das Leben – ‹Nur drei Schritte vorwärts, und Du hast Dein Entréebillet bezahlt !› flüsterte ich zu mir selbst.« Da muß selbst Amalie von Helwig zugeben : »Ihre Übertragung liest sich ganz wie ein Original und gibt den Ton des seltsam tiefsinnigen Produktes doch getreu wieder.« – Es ist schade, daß sich noch Niemand zu einer näheren Lektüre oder gar Erneuerung des von Heine gerühmten wunderlichen Buches bereit gefunden hat. –

§ 55

Natürlich entstehen auch einige Bühnendichtungen, so das schon erwähnte Schauspiel von »Kallias und Psycharion«, aber außerdem sind es nur drei Gebilde dieses Typs, die er damals geschaffen hat.

Das erste ist der »Don Carlos«, schon um des Titels willen sogleich ins Auge fallend. Am 12. 2. 1821 schreibt er an Rochlitz : »Mir zieht ein Trauerspiel, Don Carlos, in der Seele herum«; gibt dann kurz die projektierte Anlage des Stückes, und schließt : »Will vielleicht Cnobloch das Stück verlegen ? Um Ostern könnte ich es liefern. 10 Louisdor möchte ich jetzt, und 20 bei Ablieferung des Manuskriptes. Oder ist das zu viel ? – Nun denn : bei Ablieferung des Manuskripts nur 15 oder nur 10. Machen Sie's, wies gehn will. Aber die 10 Louisdor hätte ich gern bald. Ich brauche hier ziemlich viel Geld, und die Armen brauchen noch mehr.« – Ein paar Tage später (am 26. 2. 21) bietet er ihn Cotta dann so an : »Sie werden vielleicht mit Schreck erwidern, daß das eine Ilias post Homerum sei, und so wäre es auch in der Tat, wenn mein Carlos dem Schillerschen im Mindesten ähnlich sähe. Aber dem zarten und hohen Ideal unseres verklärten

Dichters steht mein ganz historisch, vorzüglich aus dem Brantome geschöpfter, Don Carlos gerade entgegen. Wie der launenhafte, ungezogene, bitterwitzige aber dennoch heroische Jüngling sich und andere quält und verhöhnt, wie ihm die vorgeschlagene Heirat mit der französischen Prinzessin als etwas durchaus Lästiges und Abgeschmacktes erscheint, und er jubelt, ihrer los zu sein, da der König sich selbst als ihr Bräutigam erklärt – aber dann plötzlich der Anblick Elisabeths ihn durchstrahlt, die Liebe in seinem Herzen aufgeht, hold anfangs und ritterlich sanft, so daß ihn ein Wink der Königin zähmt, und dadurch vorzüglich sein Verhältnis zu dem jungen Hernandos Alba und Don Juan de Austria – früher ein ewiger Hader zwischen dem kriegberühmten jungen Helden und dem Kronprinzen, den man noch nie in ein Gefecht gelassen hatte – wie auch das sich mildert und versonnt. Aber bald bricht der junge Löwe wieder in Wut aus, – seine wild beschlossenen Unternehmungen ziehen das Schwert der Gerechtigkeit auf ihn hinab, – König Philipp läßt es mit tragischer Würde geschehen, aber doch zugleich den mildesten Tod für den verbrecherischen Sohn erklärend. Elisabeth stirbt, wie die Engländer sagen: on a broken heart. Eine Zueignung an Schiller soll meine Verehrung für den Dichter und Menschen aussprechen, und die Idee meiner Arbeit darlegen, allen Verdacht einer Anmaßung, als sei es auf einen Wettkampf mit Schiller abgesehen, beseitigend. – Um Ostern würde ich Ihnen die Dichtung fertig einschicken können«. Auch am 20. 3. 21 ist der »Don Carlos« Gegenstand von Verhandlungen mit Cotta; und am 18. 7. sendet er zur Probe den 1. Aufzug des fast fertigen Stückes: »Mein Ihnen früher eingesandter Entwurf sagt Ihnen desgleichen, wie mein wilder Carlos sich mehr und mehr vor der mildernden Erscheinung bisher ihm noch unbekannter Liebe verklärt, dann aber vor der Unmöglichkeit, das erst verschmähte Glück zu besitzen, in tragische Wut verfällt, die am Ausgang des Lebens sich wieder vor höherem Licht mildert, sodaß er als gereinigt erscheint, und sich mit seinem richtenden Vater versöhnt.« (Cotta hat natürlich abgelehnt, und das Stück ist dann bei Alberti in Danzig, 1823, erschienen.)

Aus dem skizzierten Inhalt geht schon mit Evidenz hervor, daß auch der Fouquésche Don Carlos nichts weniger als »historisch« zu nennen ist; ich gebe ganz kurz den wahren Tatbestand (nach Philippson):

Der am 8. Juli 1545 geborene, sogleich seiner Mutter durch den Tod beraubte Don Carlos, war von trefflichen Männern sorgsam erzogen und unterrichtet worden, aber ohne viel Erfolg. Er wurde ein schwächlicher, unliebenswürdiger, launenhafter und geistig zurückgebliebener Knabe. Mit 17 Jahren fiel er (im Begriff zu einem erotischen Rendezvous mit einer Dienerin zu eilen) die Steintreppe des Palastes von Alcala hinab, und erlitt dabei einen Schädelbruch; nach langer Todesgefahr wurde er durch den berühmten Arzt Vesalius geheilt, während er selbst seine Rettung der Wunderkraft heiliger Gebeine zuschrieb. Er huldigte überhaupt dem krassesten Aberglauben, wie seine hinterlassenen schriftlichen Auslassungen beweisen, und war also keineswegs irgend der Vertreter freierer religiöser Anschauungen seinem Vater Philipp gegenüber. Die schwere Verletzung wirkte noch ungünstiger auf das fernere Befinden des Prinzen; er blieb unberechenbar, grausam und verschwenderisch, oft von förmlicher Tollwut heimgesucht; auch körperlich war er klein, häßlich, ja verwachsen; man hielt ihn physisch selbst zur Heirat für ganz ungeeignet. Die einzige Person, für die er Achtung und Zuneigung bezeigte, war seine Stiefmutter, die dritte Gemahlin Philipps, die französische Prinzessin Elisabeth von Valois, die ihn mitleidig behandelte, wenn auch das angebliche Liebesverhältnis dieser würdigen – übrigens dunkelfarbigen und recht unschönen – Frau zu dem körperlich und geistig gleich elenden verkrüppelten Knaben eine Erfindung des skandalsüchtigen Anekdotenjägers Brantôme ist. Kaiser Maximilian wollte damals seine Tochter Anna mit dem Prinzen vermählen, und Carlos ging bereitwillig darauf ein, weil er sich dann größere Freiheit erhoffen konnte; aber Vater Philipp verschob stets alle Vermählungspläne seines Sohnes, weil er ihn in keiner Hinsicht zur Ehe reif hielt: in der Tat beging gerade damals der Infant die unsinnigsten Taten des Jähzorns und grundloser Grausamkeit gegen Menschen wie Tiere. – Nun faßte Carlos den Plan, als Vizekönig nach den Niederlanden zu gehen, um so mehr Bewegungsfreiheit zu erlangen, und als der Herzog von Alba dazu ernannt wurde, zog er den Dolch und suchte ihn niederzustechen; überhaupt tadelte er von nun an alles, was der Vater unternahm. Die Abneigung zwischen diesem und dem Sohn wuchs allmählich bis zum Haß. Zwischendurch traten, wie so oft bei Geisteskranken, wieder lucida intervalla ein; aber sie hielten nie lange an; bald versuchte er seinen Oheim, Don Juan de Austria, zu ermorden und sammelte Geld, um ins Ausland fliehen zu können. Endlich gestand er seinem Beichtvater in der Beichte die Absicht, den König selbst zu beseitigen, was dieser sogleich dem Monarchen mitteilte, der beschloß, nunmehr den Tollen unschädlich zu machen. In der Nacht vom 19./20. Januar 1568 ließ er persönlich Don Carlos in dessen Zimmer einschließen; dem ihn Beschimpfenden rief er die Worte zu: »Nicht mehr als Vater werde ich Euch behandeln, sondern als König!« – die lebenslängliche Haft des Prinzen wurde beschlossen. Carlos aber geriet in Verzweiflung; indem er tagelang nichts aß als ungeheure Mengen roher Pflaumen, und dazu Massen von Eis- und Schneewasser trank, und sich nackt auf die kalten Steinfliesen des Bodens warf, richtete er seinen ohnehin schwächlichen Körper vollends zugrunde. Philipp, der durch eine Öffnung in der Wand den Unglücklichen oftmals beobachtet hat, ohne sich ihm jemals bemerkbar zu machen, hat nichts getan, um das Vorhaben des Sohnes zu verhindern. Er hat vielmehr durch Zurückweisung von dessen Bitten um eine neuerliche Zusammenkunft die Verzweiflung des Unglücklichen noch gesteigert und dessen Entschluß zu sterben befestigt. Am 24. 7. 1568 ist Don Carlos erlöst worden. Gemordet direkt hat ihn sein Vater nicht, ihn aber durch Vorenthaltung jeder Freundlichkeit hartherzig zu jener Verzweiflung getrieben, die ihn zum Selbstmörder machte.

Aus dieser sachlichen Darlegung des wahren Tatbestandes mag jeder Leser selbst ablesen, was Schiller auf der einen und Fouqué auf der andern Seite nach eigenem Gutdünken verändert haben; und in der Tat haben beide den durchaus tragischen Stoff völlig unnötig entstellt – wie ich denn überhaupt eine Verfälschung psychologisch so interessanten Materials, wie es die Geschichte uns bietet, für absolut verfehlt halte; wie viel merkwürdiger ist z. B. der alternde, holländisch-bedächtige Bürger und Familienvater Egmont, als der Goethesche Leichtfuß! –

Er hat sein Schauspiel, wie billig, dem verehrten Schiller zugeeignet: ». . . Vorlängst – es war an Bades schattgen Bäumen / stand ich als Jüngling vor Dir, keck und bang, / ein ungepriesnes ungescholtnes Wesen, / Doch früh in Liebe nah Dir schon gewesen. / Erst ließest meinen Weg Du still mich wandeln, / und gabst nur kaum auf meine Reden acht; – / doch traf sichs bald im wechselnden Verhandeln, / daß rasch mein junges Wort war angefacht. / Von Hellas Lorbeern und von Spaniens Mandeln / sprach keck ich los – wohl etwas unbedacht, – / ja widerstreitend Dir – Du mochtest's hören, / nur zum Ergetzen Dir und nie zum Stören.«

So sind die 6 Aufzüge zwar sorgfältig gearbeitet, aber ohne jene spezifische poetische Schönheit, deren Fouqué mächtig war; der Stoff bot ihm keine Gelegenheit zu lyrischem Aufschwung, und zum scharfen Dialektiker fehlte ihm nicht weniger als Alles – so konnte er nur ein Exerzitium geben. –

Das zweite Bühnenspiel dieser Epoche ist nun zwar ein nordischer Stoff »Der Jarl der Orkney-Inseln« (1829 in Prag erschienen): – Udo hat den früher ausgesetzten Harold, den Bruder Willandurs, heimlich aufgezogen; nun, erwachsen, kämpft Harold mit dem Bruder um die Herrschaft über die Inseln und die schöne Yrswinda. Er besiegt zwar Willandur; tritt aber, edelmütig, Jenem die Herrschaft ab, und verläßt als Seekönig mit der errungenen Yrswinda die Heimat. Die Mutter der beiden streitenden Brüder ist ausgerechnet eine Perserin; Ismenis (wie ja auch Grabbe sich nichts daraus machte, einen Mohren Feldherrn der Finnen sein zu lassen, siehe »Gotland«). – Aber trotz all der Odinspriester, Wappner und streifenden Adler, trotz aller der zusammengeschlagenen Schilde und Heldenschädel hat dieses Stück nichts mehr von der früheren Frische und Kraft, wie sie im »Sigurd« oder »Baldur« unverkennbar war; es ist eine der vielen Wiederholungen, wie wir sie bei Fouqué so überflüssig antreffen. –

Eine Sonderstellung nimmt noch der 1828 bei Herbig in Berlin erschienene »Sängerkrieg auf der Wartburg« ein; »es scheint mir doch recht eigentlich für Dichter geschrieben«, urteilt Friedrich Kind von den 3 Abenteuern mit Vorspiel, »und ständ auch Dein Name nicht davor, ohne Widerspruch vom Dichter, vom Dichter Fouqué. Ich meine damit, daß nur Dichter die Dämonen in Dichterbrust so kennen können, und nur mein Fouqué diese Dämonen so bannen! Was ich Dir weiter darüber lieber sagen als schreiben möchte, kann ich nur stückweise geben. – Martin Brumm ist eine trefflich humoristische Figur; ich hab ihn fast stets ordentlich vor mir stehen sehen. – Sophie Biterolf ist ein holdes, liebes Herzenskind, kommt mir jedoch dann und wann ein wenig zu spielend vor, so wie Klaus Hellgreff auch allzu resigniert. Warum Du übrigens Beide so gehalten, glaube ich einzusehen – die übrigen Charaktere dünken mir durchgängig mehr; ganz vorzüglich aber dünken mir Ofterdingen, Reinmar von Zweter, Wolfram von Eschenbach und Klingsohr. – ... Übrigens sind auch die dann und wann durchziehenden Ahnungen, z. B. über Eschenbachs Enkel als Kaisermörder (historisch zu erweisen ist dieses wohl nicht), über die Explosion zu Eisenach, usw. ungemein poetisch, und bezeichnen vortrefflich die weissagende, zu Zeiten dämonische Dichter-Seele ... Mit den Versen verfährst du zuweilen etwas despotisch und wiederholst, wenigstens einmal, Gleichklänge, ohne daß ich einen Grund dazu finde, zumal, da es der eben nicht wohlklingende Klang ‹ei› ist.« Das ist das gleiche Buch, das Goethe las, und davon zu Eckermann urteilte, »Daß dieser Dichter sich zeitlebens mit altdeutschen Studien befaßt habe, und daß am Ende keine Kultur für ihn daraus hervorgegangen«; und nach der Lektüre muß man ihm beipflichten; (es ist nebenbei schade, daß Goethe meist nur die schlechtesten Stücke unseres Dichters lesen, und dann natürlich ein völlig schiefes Urteil über ihn gewinnen mußte). –

Zwischendurch schaltet er Gaben für seine beiden jetzigen Hauptrichtungen ein: einerseits »Geistliche Lieder«, andererseits »Feierlieder eines Preußen«, von denen es ebenfalls besser gewesen wäre, wenn sie uns nicht erhalten worden wären.

Das eigentliche Schwergewicht – oh, es ist leider nur noch ein Halbschwergewicht! – liegt auf seinen Prosagebilden. –

Zweimal versucht er in Erzählungen nun auch die anderen Elementargeister zu gestalten; in »Sophie Ariele« die Luftgeister, die Sylphen seines alten Freundes Paracelsus : Doktor Matthieu in Marseille heilt mit Hilfe seiner Sylphidengattin Sophie Ariele den schwedischen Obristen Gustav Gyllenskiold, einen Bekannten Swedenborgs, von verstörenden Träumen; in einem Gefecht mit raubenden Barbaresken bewährt Jener sich als echter Nordlandsheld. Er fällt 20 Jahre später, als er vor der afrikanischen Küste Gustav, den Sohn Matthieus und Sophiens, aus Seeräuberhand errettet. – Sophiens Darstellung ist trotz allen Aufwandes an süßen Täubchen, an Genebel und dunklen Andeutungen, gar nicht recht geglückt; der Erzählung fehlt jede sprachliche Kraft, und sie ist in keiner Hinsicht mit der früheren »Undine« zu vergleichen. Ein bis jetzt unbekanntes persönliches Erlebnis muß aber zugrunde gelegen haben; am 29. 4. 25 sendet er ein Exemplar an Friedrich Kind und verrät im Begleitschreiben : »Das Märchen ist nicht so durchaus Märchen, als es wohl manch Einer denken möchte. Vielleicht erzähl' ich Ihnen einmal dessen Geschichte.«; und in der Selbstbiographie hat er 1840 wiederum angedeutet, daß die Novelle »auf gar anmutige Veranlassung« begonnen wurde. Zugeeignet hat Fouqué sie dem »Herrn Obristen von Witzleben, genannt A. v. Tromlitz«, doch scheint diese Widmung nicht für den Druck bestimmt gewesen zu sein; ich habe sie jedenfalls in mehreren Exemplaren nicht finden können. Sie lautet : »Altpreußen Beide, suchten wir / im Schlachtensturm des kühnen Lebens / nach Waffenlust, – und nicht vergebens. – / Doch beiden uns auch nahte sich die Zier / der süßen Ahnung, taubengleichen Schwebens. / Zum Denkmal wohl gelungnen Strebens / weih' ich dies Sylphenlied, o Waffenbruder, Dir !« (Angemerkt sei noch, daß dieser August von Witzleben (1772–1839) nach abenteuerlicher militärischer Laufbahn – bald auf preußischer, bald auf napoleonischer Seite, bald in russischen Diensten, zuletzt Kommandeur der schon erwähnten »Hanseatischen Legion«, also gewissermaßen ein Nachfolger Fouqués – sich dann in seiner zweiten Lebenshälfte als Novellenschreiber (unter dem Pseudonym Tromlitz) betätigte. Von jedem seiner Produkte kann man, ohne es zuvor geöffnet zu haben, getrost voraussagen, daß es sich dabei um eine platte Liebesgeschichte mit dürftig koloriertem historischem Hintergrund handelt; wer Interesse daran hat, kann die 108 Bändchen, Dresden 1829–43, selbst überprüfen. Fouqué ist der Name wohl der

»Undine« wegen wert gewesen, und das ist dem Vielschreiber dann zugute gekommen).

Das gleiche gilt von der dem Fürsten Radziwill gewidmeten »Erdmann und Fiametta«, die schon im Titel die beiden hier personifizierten Elemente ankündigt: Erdmann, Frau Erdmuthes Sohn, lebt in einem abgelegenen Bergkessel des Harzes, von Kindheit an sich im Zeichnen und Malen übend; den letzten Anstoß zur Wahl des Künstlerberufes bringt die unvermutete Erscheinung des sizilianischen Bildhauers und Erzgießers Rosso-Giallo, der ihn in seine Werkstatt am Ätna einlädt.

Nach mannigfachen Hindernissen und Verzögerungen kommt Erdmann dort an, und findet Rossos schöne Tochter Fiametta – freilich auch einen Nebenbuhler in dem begabten aber wilden und gottlosen Maler Roderigo Ardente. Erdmann und Fiametta erfahren ihre Abstammung von Erd- bzw. Flammengeistern. Erdmann, zunächst als deutsch-pedantisch von Fiametta verschmäht, wandert in die Heimat zurück, in Albrecht Dürers Haus und Werkstatt Aufnahme und Arbeit findend. Eines Tages erscheinen, als Pilger ihre heidnischen Kunstanschauungen büßend, Fiametta und ihr Vater, dessen Werkstatt unterirdisches Feuer zerstört hat; auch Ardente ist den empörten Flammen zum Opfer gefallen, und Fiametta, nun Erdmanns Wert erkennend, wird gern dessen Gattin. – Diesmal hat die Fabel mehr Farbe und Bewegung, die Gestalten sind temperamentvoller und schärfer gezeichnet, die Situationen poetischer und suggestiver beschrieben, als in »Sophie Ariele«; aber dennoch muß auch »Erdmann und Fiametta« weit unter »Undine« gestellt werden – Fouqué hatte schon recht, »so was kommt einmal nur!« –

Die »Mandragora« hat Fouqué zwar auf dem Titelblatt eine Novelle genannt, aber sie ist mit ihren 320 Seiten schon ein rechter Roman; in dem zur Zeit Louis XIV. der Dragoneroffizier Edmé von Ribeaupierre mit seinem Jugendfreund Armand von Villaret und dessen schöner Geliebten (später Gattin) Victoire viele seltsame Abenteuer mit der glückbringenden aber Leichenduft aushauchenden Zauberwurzel besteht, bis sie sich ihrer zuletzt im freiwilligen Entschluß entledigen, und so den alrunischen Zauber durch gottgefälligen Mut besiegen. Das Buch ist regelrechter und straffer geformt, als es sonst Fouqués Art zu sein pflegte, und ist, wenn es schon nicht zu seinen guten Leistungen gehört, doch durchaus lesbar. Gewidmet hat er es dem neuen Bekannten und Dichtergenossen, Friedrich von Matthisson. –

Bezeichnend für die vorliegenden 10 Jahre sind eigentlich die 6 großen Romane, die jetzt entstehen.

Sie beginnen mit dem »Verfolgten«, der 1822 in Berlin bei Schlesinger herauskommt. Ich habe schon vorher angedeutet, daß ich dieses Buch für den bisher unbekannten fünften Teil des »Altsächsischen Bildersaales« halte, und hier sind meine Gründe dafür:

1. Am 20. 7. 1820 teilt Fouqué Beneke mit, daß er den 5. Band schon in die Zeit Karls des Großen legen wolle: – Karl und seine Ritter treten im »Verfolgten« auf. –
2. Der 5. Band sollte das »wunderbare weltlich-geistliche oder geistlich-weltliche« Leben eines Heldengrafen schildern – im »Verfolgten« wandelt sich Engelschall aus dem Sassenritter in den frommen Harfenmann der Alpen, der die Pilger über die Gebirgspfade leitet und sie aus den Abgründen rettet.
3. Beim 5. Bande »gilt es diesmal vorzüglich die Lösung eines mir vom seligen Friedrich Stolberg hinterlassenen Auftrages, weshalb auch eine Zueignung an diesen mir ewig lieben Freund und Vater voran stehen soll« (Brief an Schrag vom 3. 9. 1820): – im »Verfolgten« finden wir diese Widmung: »Den verklärten Brüdern Stolberg« vom 25. Mai 1821: »Niemand weiß es ja besser, als ich, wem dieses Dein Lied galt, / wer es in Dir hat geweckt, Ihm Dir es gönnte zu weihn! / Friedrich, den ich gekränkt vom ersten Erwachen des Lichtblicks...« spricht die Tochter zu Fouqué! Und ein »Stolbergsheld« beherrscht auch ein Gebiet im Harz; ebenso wie einer der Dienstmannen, Wernig, auf »Wernigsrodung« haust.
4. Auch die Entstehungszeit trifft genau zu; am 3. 9. 1820 hofft er: »die größte Hälfte des nächsten Manuskriptes zum Bildersaal Ihnen spätestens in der ersten Hälfte des Dezember zu senden« (an Schrag): – am 25. 5. 21, also vollkommen mit jener Angabe zusammenstimmend, heischt die Tochter den kindlichen Dank, »daß mir ein neues Gebild ... hatte nach ringendem Kampf fest sich gestaltet im Sang: / des ‹Verfolgten› Gebild.«

Hatten nun aber die ersten Teile des »Bildersaales« durchaus beachtliches dichterisches Niveau gehabt, so fällt dieser »Verfolgte« mächtig dagegen ab; farblos und süßlich frömmelnd sind Männer wie Weiber, zumal die vielen Ritter uniform, (wie sichs ja allerdings für Militärs geziemt) nur Eisen und Gemüt; und die Buntheit ist diesmal nur die verblaßter Tapeten, die Vielfalt ohne Tiefsinn, die Einfalt ohne Hochsinn – »Spielt im fröhlichen Vertrauen! / Kommt für Euch die finstre Nacht, / wird vom kaltgewordnen Rasen / heimwärts Euch der Schäfer blasen!« – das ist die milchige Art, wie Fouqué sich den Totentanz nunmehr verschleiert. Als endlose Ölhaut liegts über diesen späten Romanen: die Frömmelei; widerlich wie das gewölbte Genäsel des Hofpredigers; aus dem klingenden Katarakt von einst, ist ein gar betrübliches Altwasser geworden. Das Buch muß zu Fouqués schlechten Arbeiten gerechnet werden; denn es ist tatsächlich nur die trockene Aufzählung von Abenteuern ohne die poetischen Schönheiten, die sonst den Wert seiner Gobelins ausmachen. –

Im selben Jahre erscheint der »Ritter Elidouc«, eine altbretannische Sage; gleichermaaßen nach einem Lais der Marie de France (ich empfehle die alte literarische Dame einmal zur anmutigen Lektüre !) wie nach dem Historienbuch des Gottfried von Monmouth entworfen.

Es ist ewig schade, daß der »Elidouc« so flüchtig gearbeitet ist; denn selbst in seinem vorliegenden unvollkommenen Zustand vermittelt er einen großen Begriff von dem, was Fouqué bei einiger Sorgfalt daraus hätte machen können. Schon das Thema des Ritters zwischen zwei Frauen war ihm ja wie auf den Leib geschrieben, und die Beschränkung auf zwei große Schauplätze – Bretagne und Britannien – hätte ihn zu heilsamer Konzentration gezwungen. Schon so sind ihm wahrhaft dichterische Bilder gelungen : »Da wich am Ziel eines seltsam gewundenen Ganges ein tiefgrüner Vorhang an goldenen Schnüren vor des Knaben Hand; – mächtig rauschten die Töne; – und Elidouc stand in einer weiten hochgewölbten Halle, die ihm fast nur aus sprudelnden Wasserbogen zu bestehen schien, so reichlich und blendend strahlten und schäumten aus zahllosen Röhren Stromsäulen bald wie zum Kristall verdichtet empor, bald wie zu luftigen Hauchen verflüchtigt vom Gewölb in weite Silber- und Marmormuscheln hernieder; – und wo die mächtigsten Bogen sich hindurchwirbelten, saaß unter ihnen, von köstlichen Gewanden regenbogenfarbig umflossen, einen goldenen Kronenschmuck auf dem reichgelockten Haupte, welches sie innig nachdenkend und das Antlitz verbergend in die engelschöne Hand geneigt hatte, ein wundersames Frauenbild. Neben ihr stand eine goldbesaitete Harfe, – die tönte von selbst, – oder doch von dem Luftzuge der nahe herabrauschenden Wasser, – und ringsher erweckten diese fallenden Flutsäulen träumerisch-süße Klänge aus mannigfach gestimmten Marmor- und Silbermuscheln ...«; und noch tönt mir aus der Zeit herüber, wo ich das Buch zuerst las, das Abschiedslied der Seeleute ins Ohr : »Fahr denn wohl Du neblige Küste : / Fahre denn wohl, Du nordlich Land : / Wenn der Mensch, wo er hinzieht, wüßte, / hielte sein klopfend Herz nie Stand ! / «.
– Und zwischendurch schreitet der selig-unselige Ritter Elidouc, der beide Schönen zu gewinnen dachte, und am Ende Beide verlieren muß : »Fern und fern / Stern und Stern / Grüßen glänzend wohl sich gern : / Aber fern hält sie die Sphäre / blaugewebter Wolkenmeere.«;

und wieder hallt mir hinein der Matrosenchor : »Was die Leute Wolken heißen / soll uns vor den Leuten schirmen!«

Hätte Fouqué die dichterischen Bilder und sprachlichen Kleinode, die er auf drei oder vier solcher Geschichten zu verzetteln pflegte, in diesem einen großen Roman zusammengeschmiedet – es wäre ein Buch geworden, würdig neben seinen besten zu stehen. Auch so schon würde ich für seine Aufnahme in eine Auswahl plädieren, und hoffe vor allem, daß gerade der »Elidouc« einmal Gegenstand sorgfältigerer Untersuchung und Quellenforschung werden wird. –

Gleich im nächsten Jahre kommt »Wilde Liebe« heraus, ein Ritterroman aus der Langobardenzeit, wo Kunimund, soeben aus Persien zurückkehrend, – man spürt in den eingeflochtenen Balladen von Rustem und Sohrab den Einfluß der Persischstunden bei Tholuck ! – um die Königstochter Amala wirbt. Die eigentlich gelungenen Figuren sind hier das Gauklerpaar Agathyrsus und Monika : »Ohne daß man recht wußte woher, stand auf einmal im Kreise ein großer rothbräunlicher Mann, in ein seltsam buntes langfliegendes Kleid gehüllt, und neben ihm eine bleiche zierliche Frau in einfachen Gewanden«; und beide sind so vom Leben gequält worden, »daß, wie's die Leut auch mit ihm machen, / er nichts mehr kann, als lachen, lachen, lachen ! – und damit lachte er wunderlich in Gesang und Wort hinein, und die bleiche Frau an seiner Seite sang auf ganz eigen scherzhafte Weise mit : ja, lachen, lachen, lachen ! – und lachte so anmutig mit dazu, daß wieder die allgemeine Fröhlichkeit aufging.« In Brand und Not und Tod haben sie Alles, was ihnen teuer war, in ihrer griechischen Heimat verloren, Urbild ewiger »Flüchtlinge«, armer auf unaufhaltsamer Wanderschaft begriffener Intellektueller : »Und so gaukeln wir, als Doppelblüte / seltsam feurigen Abends durch den Erdrund : / Jene, Monika, dort; ich Agathyrsus.« Um dieses einen glänzend erfundenen und gestalteten Paares willen muß die sonst eben nicht sehr bedeutende »Wilde Liebe« aufgehoben werden – wieder muß ich beklagen : hätte Fouqué es über sich gewinnen können, aus einem halben Dutzend seiner Romane grundsätzlich *einen* zu machen – er wäre einer unserer größten Dichter überhaupt geworden; anstatt daß so immer wieder die Unzulänglichkeit und fatale Porosität von Fabel und Diktion störend fühlbar werden. –

Denn gleich im nächsten Jahr erscheint wieder ein umfangreicher Roman : »Der Réfugié« (oder »Heimat und Fremde, ein Roman aus der neuern Zeit« wie der Untertitel präziser angibt). Zeitgeschichtlich und vor allem biographisch ist die Geschichte des Marquis Robert de Langallerie (ein Name der auch in des Dichters Ahnentafel erscheint) nicht ohne

Interesse; vor allem der dritte Teil, der wieder einmal ziemlich getreu und anschaulich die Erlebnisse der letzten napoleonischen Kriege nachbildet. Ansonsten ist das Buch ermüdend breit und auch stilistisch sehr mäßig geraten, sodaß ich es selbst für eine Auswahl aus Fouqués Werken nicht geeignet halten würde. –

1826 erscheint die (in der zweiten Hälfte 1824 entstandene) »Sage / von dem / Gunlaugur, / genannt / Drachenzunge / und / Rafn dem Skalden. / Eine Islandskunde des eilften Jahrhunderts. / In drei Büchern wiedererzählt / von L. M. Fouqué.« Im Nachwort hat er sich über die Entstehung des Werkes selbst erklärt : »Vor einigen Jahren kam mir ein Bücherpaket von unbekannter Hand zu, mancherley des Wichtigen und Seltenen für alt-isländische Literatur enthaltend. / Vergeblich suchte ich nach einem Briefe des freundlichen Senders. Nur die zum Einpacken verwandten Bruchstücke eines in dänischer Sprache abgefaßten handschriftlichen Schifferberichtes gaben mir mit Wahrscheinlichkeit kund, die edle Gabe stamme aus unserem altverwandten Dänenlande her. Weitere Nachforschungen führten mich nur so weit : ein unbekannter Reisender habe wenige Meilen von hier das an mich überschriebene Paket abgegeben. Meine Danksagung und Bitte um nähere Bezeichnung und Mitteilung, durch die Hamburger Zeitung bekannt gemacht, blieb bis heute unerwidert.« Und er berichtet weiter, wie er sich zum »Weitersagen« der alten ‹Sagan af Gunnlaugi Ormstunge og Skalld-Rafni› kräftig angeregt gefühlt habe; lange hat er zwischen der Form des Epos und des Romans geschwankt (stellenweise klingt seitenlang das Jambenmaas heraus !) bis er sich endlich so entschloß : »Erzähle Du, wie so viele romantische Dichter erzählt haben, seit dem frühesten Beginne dessen, was ihr jetzt Romane nennt : mit Liebe und Treue sich an die Urschrift haltend, aber auch den inneren Eingebungen das Ausmalen und Mutmaassen verstattend.« Gewidmet ist das Buch »Der Gelehrten-Gesellschaft Islands zu Reykjavik und Koppenhagen ehrerbietig und dankbar zugeeignet von ihrem Mitgliede Friedrich Baron de la Motte Fouqué.«

Und das von Pichler in Wien wirklich – selbst typographisch – schön ausgestattete Werk verdient keinen schlechten Platz in der Reihe seiner Erzeugnisse !

Der größte Vorzug ist, daß Fouqué – sehr wider Willen steht mit guten Gründen zu vermuten – hier endlich einmal keine Gelegenheit fand, seine christlichen Mätzchen anzubringen; so ist der Ton des Buches einfach und stark geblieben, völlig im Klang der großen alten Sagas, ohne seine sonst üblichen Sentimentalitäten. Auch schöne und ergreifende Bilder – originell erfunden – fehlen nicht : man lese die Episode des alten unberühmten irischen Königs Sygtriggur Seidenbart. Eben weil die Erzählung so kunstlos und hart geraten ist, nimmt sie durchaus eine Sonderstellung in Fouqués Schaffen ein, und Keiner, der ihn »von allen Seiten« kennen lernen will, darf an ihr vorbeigehen. Wenn sie auch nicht zu seinen allerbesten Werken zählt, so bleibt sie doch immer bemerkenswert genug.

Der letzte der in diesen Jahren entstandenen großen Romane ist »Abfall und Buße / oder / die Seelenspiegel. / Ein Roman aus der Gränzscheide des achtzehnten und neunzehnten Jahrhunderts.« In der zweiten Hälfte des Jahres 1829 ist er niedergeschrieben worden; denn am 24. 8. meldet er der Hoheit Marianne, daß er daran arbeite, und ein Brief Carolinens an den einstigen Freund Varnhagen, vom 18.11. des gleichen Jahres, enthüllt noch einmal die ganze literarische Situation des Dichters:

»Lassen Sie mich ein inniges Wort zu Ihnen im Vertrauen sprechen!–« fängt Caroline an, dem Manne gegenüber, der schon vor 10 Jahren unseren Dichter wie einen »Tollen« betrachtet hat: »Ihr heutiger Brief an Fouqué hat diesen, in Bezug des mißglückten Unternehmens seiner Zeitschrift erschüttert, geschmerzt. Er ist zeither kränklich; es ist ihm mit allen literarischen Unternehmungen nur mühselig gelungen; sein Mut ist gebrochen, seine schöne reine Seele in Unfrieden mit der Welt. Er bedarf äußerlich viel, und innerlich nicht weniger. Daß man in Deutschland aus der Mode kommen kann, und ebenso schnell vergessen als anerkannt werden, – daß man eben den Buchhändlern lästig fallen kann, die man bereichern half, das will ihm nicht ein; er sieht Partheihaß und Verfolgung von einer Seite, die er sich feindlich gesinnt glaubt.« – (Ich schalte hier die Bemerkung ein, daß Fouqué mit dieser Ansicht im Grunde recht hat, wenn er auch anstatt Haß und aktiver Verfolgung, eigentlich nur berechtigte Ignorierung von seiten seines früheren Publikums erfährt, wie bereits weitläufig entwickelt wurde) –. »Dem sei nun wie ihm wolle. Sie sind sein Freund in jedem Falle: Sie sind redlich, treu und gefühlvoll.« – welche primitive Menschenunkenntnis spricht aus diesen Worten der angeblich so klugen und scharfsinnigen Seelenkennerin und Schriftstellerin! – »Helfen Sie mir, Fouqué aufrichten; ihm wieder Vertrauen zu dem inneren Berufe geben, dem ihn Gott durch Natur und Stellung in der Welt weihete. Er muß schreiben, will er nicht ersticken an der eigenen Unruhe der Phantasie; er muß schreiben, will er die Bande des tätigen Menschen in der Gesellschaft lebendig erhalten; er muß schreiben, will er im 55. Jahre« – sie verwechselt hier im rednerischen Feuer das Alter des Gatten mit dem eigenen – »nicht allen Gewohnheiten des Daseins entsagen. Wie machen wir es aber, daß der einst gefeierte Dichter nicht mit seinen Manuskripten wie ein Bettelmann umgehe, und dem vornehm gewordenen Buchhändler nachlaufe, der ihm achselzuckend den Rücken wendet, und zu dem Schmerze, dem undankbaren Deutschland anzugehören, noch die Demütigung des Übermutes gesellt ? ... Zudem hat er einen wirklich interessanten Roman, das Leben eines jungen ehemaligen preußischen Offiziers unter Bonaparte in Ägypten, fast beendet, und ein hellenisches Trauerspiel in Versen im Manuskript liegen – er hat den Mut verloren, es Irgendjemand anzubieten ...« (Noch am 20. 2. 27 hat er Vieweg von einem Manuskript bestimmt erklärt : »Ganz ohne Honorar gebe ich die Handschrift nicht !«).

Dies ist das schon erwähnte Stück von ‹Kallias und Psycharion›, das verlorengegangene; und auch ‹Abfall und Buße› hat er nicht mehr gedruckt gesehen : erst nach seinem Tode kann die Witwe es 1844 bei Enslin in Berlin unterbringen.

Dabei ist es wirklich nicht allzuschlecht geraten, wenn man sein Urteil über den künstlerischen Wert auch nicht durch das große biographische Interesse des Buches beeinflussen lassen darf; denn das Leben beim Regiment Weimar-Kürassier, in Bückeburg, auf der Klus, ist lebhaft dargestellt – hier aber nun mit der Wendung, daß er wirklich den damals nur erwogenen Entschluß, in die französische Armee einzutreten, bis zum bitteren Ende durchdacht hat. Er folgt Bonaparte nach Ägypten, muß dann gegen sein ehemaliges Vaterland, Preußen, kämpfen, und erliegt endlich den bei Auerstädt erhaltenen Wunden. – Wenn der Roman auch nicht so gut ist, daß er selbst für die schon oft projektierte ‹Auswahl› in Betracht käme, so ist er doch für den Freund Fouqués immer lesenswert, und ein nachdenkliches Beispiel dafür »Wie es auch hätte kommen können«, oder, anders ausgedrückt, wie sehr wir ein Spiel von jedem Druck der Luft sind.

Ein Wendepunkt aber ist das Buch eben dadurch auch, daß er jetzt zum erstenmale ein umfangreiches Manuskript einfach nicht mehr unterbringen kann; noch kann er 'stolz schreiben : »Ich bedarf des Honorars nicht, um heiter und behaglich zu leben« – noch kann er kühl erwägen : »ich täte in merkantilischer Hinsicht ohne Zweifel für den Vorteil der Meinigen klüger«, wenn er seine Manuskripte als oeuvres posthumes dem Betrieb eines ihn überlebenden poetischen Freundes überließe; – er hätte richtiger gesagt : »so klopft das Schicksal an die Pforte !«; denn die größte Veränderung seines Lebens steht ihm bevor; ihm der eben noch behaglich von seinem Fünfzigsten Jahre geäußert hatte : »Die stürmigere Halbschied der Wallfahrt pflegt alsdann hinter dem Pilgrim zu liegen«, – und er hat ja eigentlich auch noch nichts durchgemacht. –

§ 56

Denn das Leben in Nennhausen ging indessen »seinen« – wie wir wissen, nicht immer ganz glatten – Gang; eine schöne Schilderung gibt aus den ersten Novembertagen 1824 Wilhelm von Humboldt, der auf einer Reise nach Magdeburg dort übernachtet, an seine »Liebe süße Li«; d.h. seine Frau Caroline:

»Bei Fouqués kam ich so nach 2 Uhr an, es sind doch 9 Postmeilen, und ein fataler Weg, Sand und viele Steine, und Knütteldämme. Wäre mein Wagen nicht von so einer edlen Zähigkeit, weiß ich nicht, wie es gegangen sein würde. Bei Fouqués wurde ich mit vieler Freude und Güte empfangen, er besonders ergoß sich in den ausführlichsten Phrasen und wirklich bin ich den halben Tag sehr angenehm da gewesen. Das Haus hat ganz seinen alten Eindruck wieder auf mich gemacht. Von außen nicht. Aber innerlich hat es alles, was man von einem alten, bequemen und vornehmen Landsitz erwarten kann, obgleich das Ameublement, einige Zimmer ausgenommen, sehr altertümlich und wenig soigniert ist. Ich fand im Salon große Gesellschaft, in die ich mich mit unglaublicher Mühe gefunden habe. Besonders hat mir die bekannte Fräulein Ulrike sehr viel zu schaffen gemacht. Ich hatte mit ihr gegessen, sie den Nachmittag immer mir gegenüber gesehen, und erst am Abend ging sie mir wie ein Stern, obgleich ein etwas dunkler, auf. Auch war es Niemandem eingefallen, sie nur ein einzigesmal Fräulein zu nennen. Wie ich schon ganz über sie beruhigt war, und Sie schlechtweg für die Frau des Postmeisters aus Rathenow hielt, sprach einer mit ihr von ihrer Schwester, der Pfuel; da fielen mir die Schuppen von den Augen, und ich wurde nun sehr gesprächig, um alles wieder gut zu machen, habe es aber vermutlich eben dadurch verdorben. // In der Familie bin ich nie ganz hinaus gekommen, ich wußte aber, daß da ein Fräulein Rochow, ein Fräulein Fouqué, und ein Fräulein Briest im Salon herum gehen mußten, und nun habe ich die schwankenden Bilder nur immer ‹meine Gnädige› angeredet, und mich der gefährlichen Namen ganz enthalten. // Außerdem war eine Frau von Bornstedt da, die eine Hannoveranerin ist, und eigentlich eine ganz rathenowsche Coterie, nämlich diese Frau von Bornstedt, die dort mit ihrer Tochter wohnt, ein Herr von Retzow, (der Bruder der Feldmarschallin Kleist, aber von der letzten Frau seines Vaters, da die Feldmarschallin von der ersten ist, und es zwischen der ersten und der letzten 3 andere gab!) dieser Herr von Retzow hat ein Gut ohne Wohnhaus und lebt, bis er eins baut, in Rathenow. Er ist der bel esprit du canton, und las eben Scharaden vor, als ich hervortrat, hatte auch an diesem Tage ein Extra-Wochenblatt mit vielen Versen und Spässen zum Rathenower Wochenblatt drucken lassen, ist dabei ein bon vivant und erzählte bei Tisch, daß er die Entdeckung von Kaffee mit Vanille gemacht hätte, sonst ist er aber wirklich ein artiger lebendiger und angenehmer Mensch. Dann war der Postmeister da, der auch für das Extrablatt Hexameter gemacht hatte. Wenn der Mann nur nicht auch so poetische Pferde hätte! aber eins davon hat gestern früh durch übel angebrachte Sprünge die Reputation meines Wagens ganz nahe ans Verderben gebracht. Doch davon nachher. Dann war ein Arzt aus Rathenow da, der bei Tisch, wo es gar nicht so prächtig herging, sehr große Reden über die Nützlichkeit der Diät hielt; und 2 Offiziere, ein Herr von Arnim, und von Lüderitz. Der Salon nun, in dem das Alles zusammen war, ist sehr hübsch, ein weiter Saal, wenigstens so groß als unser tegelscher, und an den, wenn man hervortritt, rechts zwei Zimmer so stoßen, wie ich es nie gesehen, nämlich, daß man von einer der schmalen Wände des Saales durch 2 Türen in 2 Zimmer geht, die untereinander keine Verbindung haben. Dies gibt eine eigene Verbindung von Heimlichkeit und Gesellschaftlichkeit. Das Ameublement ist in den anstoßenden Zimmern hübsch und neumodisch, im Salon einfacher. Er hat auch außer dem Ofen einen mächtigen Kamin mit Stukkaturarbeit bis an die Decke, mit dem Briestschen Wappen. // Bei Tisch stand auf einem Porzellanpostament der Kartoffelsalat in der Mitte. Fouqué versicherte, daß da sonst immer ein Herkules stünde, und wirklich wurde der Herkules herbeigeschafft. // Die Frau von Bornstedt erkundigte sich sehr nach der Ramdohr und hat eine himmlische Szene erzählt, zwischen der Ramdohr, der Frau von Unruh, die in Pisa war, und der Schlabrendorf. Die Unruh hat nämlich der Ramdohr ordentlich Glück gewünscht, daß ihr Mann nun schon so alt sei, es sei viel hübscher und amüsanter Witwe zu sein, und diese Theorie hat sie so vollkommen appliziert, daß sie der Ramdohr geradezu gesagt hat, daß an ihrem Mann der doch nur ein erbärmlicher Mensch sei, gar nichts verloren wäre. Die Ramdohr hat das nicht ganz zugeben wollen, und der Tugendeifer der Schlabrendorf ist nun dazwischen gefahren.

Den Nachmittag und Abend habe ich bei der Fouqué gesessen, und eigentlich, ausgenommen wenn er sich dazwischen begab, nur mit ihr gesprochen. Ich habe mich recht gut amüsiert. Die übrigen spielten und fuhren um 10 nach Rathenow zurück. Ich ging zu Bett, aber in einer durchaus kalten Stube; das war eine harte Prüfung, doch war das Bett sehr gut.«

Die Orientierung Humboldts wurde vor allem dadurch erschwert, daß das genannte »Fräulein Ulrike« (= v. Luck, die ehemalige Geliebte

Hülsens !) *nicht* mehr lebte; und außerdem eben in diesen Tagen (am 2.11.) Clara von Rochow den »Jahnsfelder-Pfuel« geheiratet hatte, und daß also *kein* Fräulein von Rochow mehr dort »herumging«, sondern eine neu geschaffene Frau von Pfuel. (Die Ehe ist nebenbei sehr glücklich gewesen; ihr sind, bis 1829, 3 Söhne entsprossen, von denen besonders der Älteste, Alexander, geb. 16. 7. 1825, Fouqués Liebling war). Einmal meldet Caroline an Cotta (Ende März 29) : »Meine Tochter, Frau von Pfuel, ist seit 10 Tagen von einem dritten prächtigen Knaben entbunden; während dem kam eine von Neufchatel verschriebene Bonne hier an, die kein Wort Deutsch verstand, sich gleichwohl mit dem ältesten Knaben bekannt machen soll, wo ich nun vermittelnd eintreten mußte.« – Marie, die Tochter, wächst heran, und es wären allerlei amüsante Anekdoten von ihr zu berichten; einmal hat Fouqué einen neuen Schreibtisch bekommen, und weiht ihn mit einem Briefe an Hitzig ein (1. 4. 1822), da klopft es an die Tür und ein Bettelweib bittet erbärmlich um 12 Groschen – es ist die verkleidete Marie, die sie ihm »abluchst«; aber im allgemeinen hat Fouqué sie so gottselig und unnatürlich erzogen, daß es ein wahrer Jammer ist, wie sie schon mit 18 Jahren »zu einem frommen gottgefälligen Weib« heranwächst; außerdem gerät sie immer mehr unter den Einfluß der Mutter, und die öffnet ihr gründlich die Augen, wie es sich mit dem Vater »eigentlich« verhält : wie unpraktisch er ist; wie er niemals weiß, wieviel Bargeld er hat – über Dinge des realen Lebens kann man mit ihm überhaupt nicht sprechen – vor allem deswegen, weil es Niemand vernünftig versucht ! Dazu bleibt Mariens Äußeres unscheinbar; sie kränkelt oft, und bekommt keinen Mann. –

Auch der Tod reißt neue Lücken um den Dichter; am 21. 6. 27 schreibt er einen sehr merkwürdigen Brief an die Prinzessin Marianne : ein naher Verwandter, der Steuerrat von Madai in Potsdam, ist nach jahrelang anhaltendem drückendem Kampfe mit den Verhältnissen gestorben – die älteste seiner Töchter war blödsinnig seit ihrer Geburt ! Der Schwiegervater dieses Madai war der Bruder von Fouqués Mutter, »einer der Frühbeglückten, in welchen König Friedrich Großes keimen sah und anerkannte«, der aber später durch Intriguen verunglückte : auch dieser starb im Wahnsinn, und hier ist es, wo Fouqué auf das Familienerbübel der Schlegells deutlich anspielt.

Eine Quelle der Sorgen, zumal für die ehrgeizige Caroline, ist die Tatsache, daß ihre beiden Söhne so gar keine rechte Karriere machen; sie versucht alles Mögliche, läßt ihre Verbindungen spielen, schreibt alle bekannten Hoheiten an : 1823 klagt sie ihr Leid eben dem schon erwähnten Herzog Karl von Mecklenburg – Gustav hat keine sein Leben ausfüllende Tätigkeit, und scheint sich die Ungnade des Königs zugezogen zu haben; »schreckliche Tatenlosigkeit« heißt es wörtlich – denn was so ein rechter Altfrank (im Klopstockschen Sinne) ist, langweilt sich ja abscheulich, wenn er zu Hause sitzen muß. Nun, ihre Bemühungen haben Erfolg: als unter dem Kronprinzen und dem Minister von Voß 1822 die Beratungen über Wiederherstellung und Erweiterung der sogenannten Provinziallandstände (das Zerrbild einer Art von Landtag, mit hauptsächlich adligen Abgeordneten) zum Abschluß kamen, diente Gustav als Protokollführer; 1823 ernannte ihn der Kronprinz, bei seiner Vermählung, zum Kammerherren seiner Gemahlin, und nun war seine Karriere ziemlich gesichert. Rochow war außerdem bestimmt, ihm über die Anträge der nun zusammentretenden Provinziallandtage Vortrag zu halten, und zugleich erhielt er eine Stelle als Geheimer Regierungsrat und Mitglied der Staatsschuldentilgungskommission; 1826 wird er vortragender Rat für die ständischen Angelegenheiten im Ministerium des Innern; nun gibt er seine Stellung bei Hofe auf, und erhält 1831 die Berufung zum Regierungspräsidenten in Merseburg. Hier verlebt er 3 Jahre, während derer er z. B. die Verhandlungen mit dem Herzog von Sachsen-Koburg-Gotha wegen der Entschädigung für das Preußen abgetretene Ländchen St. Wendel leitet. Das wieder gibt ihm Gelegenheit zu persönlicher Berichterstattung beim König, der ihn hierdurch näher kennenlernt, und zwar als krassesten Verfechter aller Adelsansprüche und -vorurteile, einen Vollblut-Tory nach dem Herzen des Kronenträgers von Gottes Gnaden; einen absoluten Gegner jeder Volksvertretung, der sich so recht zum Minister des Inneren eignet, und das wird er 1834 denn auch. In dieser Stellung ist ihm dann das Wort gelungen, das seinen Namen unsterblich machen sollte: in einem Erlaß vom 15.1. 1838, worin er seinen gerechten Unwillen über eine Beifallsadresse ausspricht, welche die Bürger von Elbing an ihren Landsmann, den Professor Albrecht in Göttingen, einen der protestierenden »Göttinger Sieben«, gerichtet hatten. In Hannover war nämlich 1833 eine leidliche Volksvertretung geschaffen worden, die der anläßlich der Thronbesteigung der Queen Victoria zur Regierung dort gelangende neue König, Ernst August (Herzog von Cumberland, und Gemahl der erotischen Riesin Solms) mit einem Federstrich aufhob. Lediglich 7 Professoren der göttinger Universität – Albrecht, Dahlmann, die beiden Brüder Grimm, Gervinus, Ewald und Weber; Messieurs, wir erheben uns wieder einmal von den Plätzen! – hatten den Mut, zu erklären, ‹daß es ihnen, als Lehrern und Vorbildern der Jugend am wenigsten geziemen würde, mit Eiden zu spielen›; hier stellte sich der brutalen Gewalt endlich einmal das Pflichtgefühl des ehrlichen Mannes entgegen, das eben deshalb jene Namen uns ehrwürdig und unvergeßlich machen sollte. Der neue König, der – wie üblich in jenem Stande – Wissenschaft und ehrliche Überzeugung mit der zynischen Borniertheit des unwissenden Landjunkers und rohen Soldaten ansah (»Professoren haben kein Vaterland« schnarrte er einmal verächtlich Alexander von Humboldt an »die kann man überall für Geld haben, wie Huren und Tänzerinnen!«), machte kurzen Prozeß: ein Befehl, dem keinerlei Untersuchung vorausging, entsetzte die Sieben ihrer Ämter, und verwies drei derselben sogar des Landes; weil sie den Protest verbreitet, und sich dadurch des Verbrechens der Aufwiegelung schuldig gemacht hätten. Dies also war der schamlose Rechtsbruch, gegen den auch Professor Albrecht aufgestanden war, und wofür ihm seine elbinger Landsleute ihren Beifall zugerufen hatten. Und dies ist, was der Herr Innenminister Gustav von Rochow in dem erwähnten Erlaß auszusprechen sich bemüßigt fühlte: »Es ziemt dem Untertanen nicht, die Handlungen des Staatsoberhauptes an den Maaßstab seiner beschränkten Einsicht anzulegen, und sich in dünkelhaftem Übermut ein öffentliches Urteil über die Rechtmäßigkeit derselben anzumaaßen!«; und diese gottvolle Formulierung vom »beschränkten Untertanenverstand« soll den Namen des servilen Buben auch weiterhin verewigen. Da kann man es gut verstehen, wenn selbst Fouqué einmal von seinen beiden Stiefsöhnen zur Prinzessin Marianne äußerte: »Sie taugen Beide nichts!« (20. 4. 1842) – allerdings in anderem Zusammenhange gemeint. 1842 ist der beschränkte Gustav dann entlassen worden; und bereits 1847, der Unsterblichkeit nunmehr gewiß, gestorben. –

Auch der andere Sohn, Theodor, hat noch seine Karriere gemacht: langsam ist er im Dienstwege bis zum Generalleutnant hinaufgerutscht, und 1845 Gesandter in St. Petersburg geworden – »der dümmste Mensch auf dem wichtigsten Posten« (Varnhagen) – wo er dann auch 54 gestorben ist; wer Lust hat, kann noch in Bismarcks »Gedanken und Erinnerungen« über ihn nachlesen. –

Fouqués Bedienter, der schon früher erwähnte Wurch, ist inzwischen auch gestorben; und ein neuer, diesmal wieder ein Nennhauser Kind, namens Ilgenfeldt, an seine Stelle getreten.

Oft kommen Krankheiten ins Herrenhaus; Fouqué selbst hat sich seit dem Schlaganfall zwar leidlich wieder erholt, aber seine Gesundheit bleibt immer labil, er leidet oft an schweren Katarrhen und Brustbeklemmungen – einmal besieht er sich im Spiegel: so abgemagert ist er, daß er meint, den Don Quijote vor sich zu erblicken (Brief an Marianne v. 6. 6. 29); in der Hand hält er zudem noch den Brief, den letzten, seines alten Lehrers Sachse, den ihm der Sohn des soeben Verstorbenen überbracht hat; und der früh alternde Mann nickt sich grämlich zu. »Auch Fouqué kam, ganz weiß geworden von Haar und Bart« trägt Marianne nachdenklich am 3. 11. 1830 in ihr Tagebuch ein; aber auch – alte Liebe rostet nicht – »er brachte mir ein hübsches Gedicht an mich«.

Den ganzen Sommer und Herbst hindurch kränkelt er – selbst während des großen »Karussels« der »Weißen Rose« ist ihm gar nicht gut; aber das kann er ja auf keinen Fall versäumen; Ende Juni ist er »immer nur erst halb genesen und noch sehr schwach«; am 24. 8. 29 meldet er an die Prinzessin : »Immer noch schwach« und fügt ein betrübtes Gedicht hinzu »Gejagtes Wild im Wald der Welt / o meine Seele, zage nicht !« – Und zum Unglück bricht nun auch eben der härteste Winter an, den Deutschland damals seit 230 Jahren erlebt hatte, mit all seinen wundersamen Erscheinungen : wieder friert (als bestes Kriterium für wahrhaft große Winter) der Bodensee fest zu; am 21. 12. 1829 fallen 80 Zentimeter Schnee auf einmal; 94 Tage zeigt das Thermomether unter Null, und allein einen ganzen Monat lang ist die Durchschnittstemperatur unter −10 Grad, 11 Tage lang gar unter −15; der kälteste Tag der Saison ist der 29. 1. 1830 mit einem Tagesmittel von −20,4; in den Morgenstunden liest Fouqué sogar −25 ab, und da kann er doch die Prinzessin nicht besuchen »die Kälte bannt mich in meine Wohnung fest« schreibt er.

Denn man ist selbstverständlich jeden Winter in Berlin; Weihnachten und Neujahr verlebt man im alten Hause in Nennhausen – dann, ab Anfang Januar, wird die gemietete Stadtwohnung in der Residenz bezogen, die man bis März/April (manchmal auch noch länger) inne hat. Natürlich immer im fashionabelsten Teile der Stadt : zuerst (1820) ist es Unter den Linden Nr. 13; dann (21) Nr. 20; 1823 Nr. 54; 1824 bis 29 Nr. 67; 1830 und 31 dann Wilhelmstraße 68.

Denn »Meiner Schwiegermutter Geschmack lenkte sich der großen und vornehmen Welt zu«, erklärt die Frau des beschränkten Justav stolz; und Varnhagen kommentiert es in seiner Weise :

»Als nun aber Fouqué selbst in schneller Folge sank, und zuletzt sein erschöpftes Talent anstatt Beifall nur Mißachtung und Verspottung fand, da war die Schriftstellerei der Frau doppelt verloren. Der freien Geistesbildung, dem literarischen Fortschritte fremd geworden, fand sie in diesem Gebiete weder Anhalt noch Bedauern. In den Kreisen aber um derentwillen sie ihr Ächtes und Besseres verleugnet hatte, mußte sie den entschiedensten Haß und Hohn erfahren. Ihre Kraft erhielt sich persönlich wohl noch geltend, doch nicht ohne Anstrengung und oft rohen Kampf.« Und er nennt sie weiterhin : »in ihrem persönlichen Ehrgeize zurückgesetzt, auch durch die noch wenig glänzenden Verhältnisse ihrer Kinder keineswegs befriedigt, als Frau veraltet, und als Schriftstellerin vergessen, in ihrem Aufwande beschränkt und wegen der Mittel dazu oft beunruhigt, mit schmerzlichem Krankheitsleiden kämpfend und von dem Leben wenig mehr hoffend.«

Denn auch Caroline versteht es vorzüglich, das große schöne Gut des Vaters herunter zu wirtschaften; zumal noch die Auszahlungen an die nachgeborenen Schwestern hinzukommen; und desto knapper hält sie den Mann.

Auch die Krankheit, der sie einst erliegen soll, meldet sich ernsthaft an: Brustwassersucht! Schon am 23. 2. 1830 schreibt Marie an ihrer Stelle aus Berlin an die Frau v. Cotta, indem sie sich entschuldigt, daß sie die Feder führen müsse: »meine arme Mutter hat eben eine sehr ernste Krankheit überstanden, deren Folgen ihr noch nicht erlauben, selbst zu schreiben.« Zwar hat sie sich erotische Empfänglichkeit bis zum Schluß bewahrt (1828 notiert Marianne, daß Einer im Gefolge des Herzogs von Lucca »sein einer Marchese, den er mit hat, Bocilla, hat ein wunderschönes Gesicht: die Fouqué macht schon einen Roman daraus«); aber es ist doch nicht mehr das Rechte.

Noch einmal erholt sie sich in der Ruhe und Sommerluft und den Umgebungen der Kindheit; aber sie weiß, daß sie nicht mehr viel Zeit zum Genuß der geliebten »Großen Welt«, der ihr unentbehrlichen Hofluft, hat. Vor den Angehörigen verbirgt sie ihr Leiden möglichst; noch immer will sie als die bezaubernde schöne Frau gelten, wenn sie auch schon lange von schweren Atembeklemmungen heimgesucht wird. (Bereits anläßlich der großen Böhmenreise kann sie keinen Hügel besteigen). Sie ordnet kalt und klar ihre Verhältnisse, überprüft noch einmal mit einem geringschätzigen und wütenden Blick auf den Gatten – denn das kranke Männlein scheint ja tatsächlich sie, die vitale Schöne, überleben zu wollen! – ihr Testament: dann eilt sie noch einmal in die Residenz, den Becher bis auf die Neige zu leeren. Bewußt länger diesmal: man geht schon Ende Oktober und bleibt ein ganzes halbes Jahr lang, bis tief in den Mai hinein.

Ein schönes und seltenes Schauspiel gewährt ihnen hier die Natur: am 7. Januar 1831, um 18 Uhr, beginnt sich am Nordhimmel ein flacher dunkler Bogen zu wölben, aus dem breite grünlichblasse Strahlen bis in den Zenith schießen – zwei Stunden lang können sie eines der schönsten in Deutschland jemals gesehenen Nordlichter bei heiterem Sternenhimmel und 7 Grad Kälte beobachten; aus dem ganzen Reiche liegen Berichte darüber vor – für Fouqué ist es eines der großen Erlebnisse, eine Wunscherfüllung – wie oft hat er solches in seinen Büchern geschildert; nun darf er es selbst schauen.

Dann fühlt Caroline das Ende nahen – am 19. 5. 1831 meldet Fouqué der Prinzessin untertänig das Ende ihres diesmaligen Stadtaufenthaltes: die Frau ist erkrankt; es geht zurück nach Nennhausen.

Noch jetzt verhehlt sie mit dem Rest ihrer schwindenden Energie den Verfall so gut, daß Fouqué am 28. 6. erfreut an Beneke berichten kann, wie Caroline zwar seit einigen Monaten recht krank gewesen sei – aber nun beginne die Heilung endlich. – Das Ende kommt ihm wie ein Schlag:

»Am 20. Julius hatten wir uns noch heiter einander gute Nacht gewünscht. – Ja: Gute Nacht. –

In der ersten Morgenfrühe des einundzwanzigsten Julius erwachte ich von heftigem Türenschlagen und raschem Hin- und Hergehen in dem jetzt außerdem so tiefstillen Hause.

Erstarrendes Entsetzen fuhr durch meine Gebeine. –

Für einige Momente noch wagte ich zu hoffen, vielleicht hätte ich sonst überhaupt Langschläfriger nach gestrig langem Nachtlesen bis hoch in den Tag hinein geschlummert, und die Bewegung im Hause gelte vielleicht nur eben einem heiter unerwarteten Besuch am gastlichen Heerde, –
für einige Momente, –
länger nicht, –
denn über die unten geschlossenen Fensterladen dämmerte von oben das erste Morgengrau herein. –
Ich fuhr zitternd in die Kleider. –
Da, – die Tür geht rasch auf, – meine Tochter Marie steht drinnen, – Vater, – ruft sie mit bebender Tränenstimme, – Vater, komm! Ach, Mutter ist sehr krank! –
Und gleich darauf wieder hereinwankend, winselt sie:
Vater, eile Dich! Eile Dich! Sie stirbt! –
Ich eilte mich. – Ich kam. – Die geliebte Gattin starb unter meinen Hülfe leistenden, unter meinen betenden Händen. –
Kein Laut mehr von ihren süßen Lippen. –«

Und so sitzt denn der Vereinsamte um 4 Uhr morgens in dem verödeten Hause im Zimmer; er schlägt die Bibel* auf, (ein Sortilegium, und

---

\* Das von dem Dichter während seiner letzten 30 Lebensjahre benützte Exemplar ist noch in Familienbesitz erhalten, und wird so beschrieben: »Die Bibel enthält keine Eintragungen auf den Vorsatzblättern, im Text

eigentlich unchristlich), sein Auge haftet auf der Stelle 14. Johannis, Vers 16–21 : »Und ich will den Vater bitten, und er soll Euch einen anderen Tröster geben, daß er bei Euch bleibe ewiglich.« Noch nimmt er das Abendmahl bei dem treuen Ortspfarrer Lympius; dann ergreift er die Feder und meldet Allen, nahen und fernen Freunden, den Verlust – denn 30 Jahre Nebeneinanderleben ist doch nichts Kleines, wenn auch das Verhältnis kein ideales zu nennen war.

»Heute in der Morgenfrühe starb meine geliebte Frau« berichtet er der kurz zuvor noch gesehenen Prinzessin Marianne; jetzt erfährt er auch von der Tochter, daß der Arzt schon gestern Abend jede Hoffnung aufgegeben, allerdings noch mit vielleicht Monate dauerndem Siechtum gerechnet hatte.

Glücklicherweise sind die Verwandten vorher zusammengerufen worden : Theodor von Rochow ist gekommen, und die Pfuels; Friederike (v. Briest; Carolinens jüngste Stiefschwester) befindet sich im Hause und dazu ihr Bräutigam, der Freiherr von Bevernförde; so braucht der erschütterte Dichter wenigstens nicht noch die offiziellen Handgriffe und Formalitäten zu erledigen. Im Park von Nennhausen wird Caroline bei den anderen Frauen der Briests begraben, und der Stein gesetzt : »Hier ruhet Caroline de la Motte Fouqué, geb. von Briest. / Geb. 7.10. 1774, gest. 21. 7. 1831«; und Fouqué, abgehärmt und mager, Don Quijote ähnlicher als je, steht mit gefalteten Händen als Letzter an dem umbüschten und umbäumten Hügel; dann geht auch er langsam ins Haus zur Testamentseröffnung.

Und hier erfährt er mit dürren Worten, daß er so gut wie enterbt ist! Das Gut Nennhausen selbst erhält Theodor von Rochow; schon seit 1816 hat er sich, den alten Namen zu erhalten, »von Rochow-Briest« genannt. Das bare Geld wird unter alle Kinder verteilt – Fouqué erhält 40 Taler Taschengeld im Monat, und, solange er unverehelicht bleibt, hat er Anspruch auf einen ‹Witwersitz› in Nennhausen, d.h. freie Kost und Logis. Tja. –

---

aber zahlreiche Hinweise auf Parallelstellen, im NT sehr viel mehr als im AT. Außerdem sind eine ganze Reihe kleiner und kleinster Zettelchen darin. (Oft von Briefmarkengröße. A. d. V.). Das Titelblatt : Die Bibel oder die ganze Heilige Schrift Alten und Neuen Testaments, nach der deutschen Übersetzung D. Martin Luthers, mit beygefügten richtigen und sorgfältig nachgesehenen Schriftstellen. Neue, nach der jetzigen Ortographie verbesserte, Auflage. / Basel, 1814. Gedruckt bey Emanuel Thurneisen.«

Varnhagen notiert: »Fouqué beweinte sie heftig, und ihre leider zuletzt wegen einiger Erbansprüche mit ihr streitig gewesenen Kinder betrauerten tief den Verlust. Aber in der Hofwelt und im Publikum ging ihr Tod spurlos vorüber. Niemand erwähnte ihrer nur; keine Zeitung hatte ein paar Zeilen für sie: es war dies eine der demütigendsten Wahrnehmungen, die mir je vorgekommen!«

So fällt der Vorhang lautlos hinter Yolande-Diona.

## VII. BUCH

# DAS SECHSTE ALTER

»Leben ist ein Hauch nur,
ein verhallnder Sang;
ein entwallnder Rauch nur –
und wir sind das auch nur;
und es währt nicht lang.«

§ 57

Und nun steht er, allein mit der Tochter Marie, in dem großen hallenden Hause – welch eine Wandlung! Als er es betrat, lachte es von allen Stiegen: Mädchen, Kinder, Frauen; Freunde gingen hurtig aus und ein, Musik klang im großen Saal unten – man kann nur den Kopf schütteln: »I feel like one / who treads alone / a banquet-hall deserted / whose lights are fled, / whose garlands dead / and all but me departed.«

Am 8. 9. 31 heiratet noch Friederike von Briest ihren Verlobten, den schon erwähnten Freiherrn v. Bevernvörde, und nun hat Marie auch die letzte Gespielin verloren. Zudem erinnert alles im Hause an den Verlust Carolinens, die ja den ganzen Nennhauser Kreis in den letzten Jahren zusammengehalten hat – man entschließt sich, zu reisen. (Was ohnedem wegen der großen eben einsetzenden Choleraepidemie nur anzuraten ist; wieder – wie schon mehrfach vorher und nachher, und diesmal genau verfolgbar – kommt sie in großer Welle vom Osten her, durch Rußland und Polen, geht über Deutschland nach Westeuropa und fordert viele Todesopfer; Namen wie Hegel oder Gneisenau stehen auf ihrer schwarzen Liste). –

Als nächstes und natürlichstes Ziel bietet sich Spandau, wo der »Jahnsfelder Pfuel« (der 1824 Clara v. Rochow, Mariens Stiefschwester, geheiratet hat) als Festungskommandant sitzt; im September trifft man dort ein und wird freudig aufgenommen. Auch ins nahe Berlin werden, obschon der Seuche wegen sparsam, Besuche unternommen: Fouqué reicht nämlich Gesuch auf Gesuch um Wiederanstellung im Militärdienst ein. Schon 1830, bei einigermaßen kritischer politischer Lage, hat er sich von den Generalsfreunden offiziell auf seine Eignung als Festungskommandant hin prüfen lassen, und mit »Genügend« bestanden. Er hat nämlich die literarische »Appelhaue« satt; am 23. 11. 1831 schreibt er an Caroline Pichler in Wien: »Bald hoffe ich durch eine Anstellung im Kriegsdienst allen Unbilden der heutigen Druckwelt enthoben zu sein.« Man hat ihm die Lust am Dichten gründlich verleidet; und vor allem merkt er immer mehr, daß es Eines ist: das Honorar nur als Taschengeld gleichmütig zu betrachten; und ein Anderes: ernsthaft davon leben müssen – und das ausgerechnet zu einer Zeit, wo kaum noch etwas eingeht! »Ich habe jetzt Ursache, meine Ausgaben genauer zu regulieren, wie ehedem« bekennt er am 25. 12. 31 der Prinzessin Marianne.

So besucht er denn wiederholt Valentini; »seinen Minister«, den ihm gut befreundeten Altenstein; und den sehr einflußreichen Kammerherrn von Schilden. Noch am 6. 9. 1832 klagt er der Prinzessin Marianne sein Leid : ständig bitte er den König um Wiedereinstellung, erhalte aber keine Antwort, und er wolle doch noch nicht aufs Altenteil; sein Wunsch ist ihm auch nie gewährt worden, und wir können dafür nicht dankbar genug sein, denn so schafft er noch eine ganze Reihe von Dichtungen – Fouqué ist zu schade zum Gamaschendienst.

Aber am wohlsten ist es ihm doch bei »den anmutigen Spaziergängen um die alte Veste her« (an Hitzig v. 5. 10. 31); denn »Eine seit vielen Jahren in mir umgetragene Ritterdichtung, Parcival ... keimte mir jetzt auf.«

Und zur tiefen Nacht, oder am einsamen Abend, tritt Meister Wolfram ins Gemach zum Meister Friedrich : »Du müder Kämpfer, schaudernd blickst du vor Dich hin, / der Erde düsterdurstges Rundschild unter Dir; – / drobhin ists klar doch beinah sternenloses Blau, / so allgewaltig leuchtet hoch der kalte Mond. – / Zur Seite Dir die Kerze, fast herabgebrannt, / Dir gegenüber aus der Fensterscheib ein Bild, / verworrn die Züg in Mondlicht und im Kerzenstrahl; / so viel doch sieht man aber : 's ist ein alter Mann; – / und Du am seltsamtrüben Lächeln kennst Dich selbst! / ... und zum Genossen, Traurer, hast Du ein Gespenst!« Meister Wolfram schildert ihm auch das jetzt ganz verlassene Nennhausen ab : »... Dein getreuer Hund / lag ruhnd gestreckt in seiner Riesenkraft / vor dem Gemach im Schlaf.« – das ist der »Nelson«, der noch begegnen wird. – »Er träumte wohl / von Deiner Wiederkehr; denn freudges Winseln / drang aus der treuen, rauhbehaarten Brust / und die vier Pfoten zuckten wie im Lauf, / als spring' er einem hohen Ziel entgegen, / und wedelnd regte sich der mächtge Schweif. / Nun schreckt er auf, – sah wie erstaunt umher, – / erhob sich, – kratzte kraftvoll an die Tür, – / als drin es still blieb, ging er langsam fort. / Ich aber schwebt hinein. Dein Fürstenschwert, / der Mutter Urne, überwallt vom Wedel / aus bunten Federn, jüngst noch holdbewegt / von holder, selbst nun regungsloser Hand – / o weine nicht so sehr ...« –

Am Tage ist seine Lieblingsgesellschaft der kleine Alexander von Pfuel, sein »Herzblatt«, den er in echt ritterlich schiefem Sinne zu erziehen und bilden versucht. Zwei Monate vergehen so; dann ruft er dem eintretenden Meister Wolfram zu : »... zum letzten Mal besuche mich / im mir vertraut gewordnen hohen Burggemach!«; denn in den ersten Novembertagen verläßt man Spandau wieder und kehrt versuchsweise in die alte Heimat zurück.

Am ersten Tage schon setzt er die Feder an und klagt: »Träum nicht mehr von Jugendzeit, / wo noch Wang und Herz blüht hold; / nicht mehr träum von süßer Zeit, / eh des Lebens Schlei'r entrollt. / Wange hegt wohl Rosen noch, / mahnend an den Lenzbeginn – / doch des Herzens Blütenglanz / ist dahin!«; und er will es, überdrüssig, auch gar nicht mehr anders: »Nehmt den glühnden Becher fort! / Wem nur würd er eingeschenkt? / Matter Mund, sich wendend ab, / trübe Stirn, der Blick gesenkt. / Freud und Hoffnung lächelnd einst, / Scherz für Mahles heitren Sinn, / Freunde sammelnd sich zum Kreis, / Sind dahin.«

Auch Marie – nun schon Ende Zwanzig – fühlt sich einsam und lustlos, und so beschließt man, eine Gesellschafterin für sie zu suchen: jung soll sie sein (damit sie nicht etwa Prätensionen irgendwelcher Art machen kann); als Vorleserin muß sie geeignet sein (vor allem soll sie gut französisch sprechen können); gutes bescheidenes Wesen versteht sich von selbst (sie kann auch aus dem Bürgerstande sein – das ist vielleicht sogar am besten) – also sieht man sich um und fragt im Bekanntenkreise nach. Am 3. 12. 1831 schon kann er an »seine« Prinzessin melden: »Gott hat meiner Tochter eine heiter-anmutige Gesellschafterin beschert, Fräulein Albertine Tode, der vor einer früh erworbenen Lebensbildung sich eine wahrhaft kindliche Fröhlichkeit nicht verschleiert hat. ... Wir führen ein seltsam stilles und heiteres Leben mitsammen, und meine Tochter ist vollkommen zufrieden mit dieser liebenswürdigen Gefährtin.«; auch Ottilie von Goethe gegenüber rühmt er brieflich die »anmutige junge Dame« (20. 12. 31).

Ja, sie erfüllt alle Voraussetzungen: geboren ist sie, wie sie angibt, 1810; Französisch spricht sie ganz ausgezeichnet, besser als Fouqué und seine Marie zusammen, denn sie ist schon mit 15 Jahren zu ihrer Schwester nach Bordeaux gekommen, und vier Jahre dort geblieben, hat sich auch die Kenntnisse als Lehrerin oder Erzieherin für ein Mädcheninstitut erworben; und hübsch ist sie auch noch – so hübsch, daß schon zwischen Weihnachten und Neujahr Meister Wolfram ihn vor »Syrenenlockung« warnt, und »neuer Liebe« – so alt ist Herr Huldbrand eben doch noch nicht, daß er nicht wüßte »was ihm dräut.«

Nun, den Weihnachtsabend verlebt man wieder in Spandau, und kehrt erst am 6. Januar 32 in die ländliche Einsamkeit zurück.

Nach Jahresfrist hat sich aber für Albertine Tode endlich auch eine Stelle als Erzieherin – also in ihrem eigentlichen Beruf – gefunden: ein

Kammerrat Döring in Droyssig bei Zeitz will sie als Lehrerin seiner Kinder aufnehmen, und die Eltern des Fräulein Tode bitten den großmächtigen Herrn Baron als »Schirmvogt« sie dorthin zu geleiten. Fouqué willigt ein – was kann es Schöneres geben, als wenn edle Pflicht und leise Zuneigung so herrlich übereinstimmen ? – und am 13. 1. 32 berichtet er nähere Einzelheiten darüber an die Prinzessin Marianne. Von Droyssig aus will er dann nach Giebichenstein bei Halle zum Freunde Eberhard gehen, und den Rest des Winters dort verleben; während die Tochter Marie erneut in Spandau bei der Stiefschwester weilt. Natürlich ist es Fouqués Ritterpflicht, sich ab und zu nach der Schutzbefohlenen zu erkundigen; (vergebens sieht er in Halle die allererste Schwiegermutter – die von Schubaert – wieder, als memento mori); zumal hat sich das sonst so heitere Geschöpf auch für seine religiöse Führung und Belehrung ganz reizend empfänglich gezeigt, und Fouqué erkennt den Auftrag Gottes ! Am 26. 2. 1832 sendet er ihr einen seiner öligen Psalme von 1824 : »Und wie mir die Klänge des Liedes, / des Gottbeschiedenen Psalmenklanges, / neu aufsteigend begegnen, / am Tage des Herrn, / send ich betend sie hin / in kindlich jungfräuliche Seele. – / Möchten sie schmücken helfen / den geistigen Tempel / zum Empfange dessen, / der da war, der da ist, der da sein wird ! / O du, der alle Himmel füllet mit Herrlichkeit : / Auch in der zarten Seele des Mädchens / wohne Du ewiglich lieb und hold ! / Amen !« – (Wieder später, am 3. 4. 33, schwärmt er vom ewigen Heil und dem Erlöser : »Gottlob, meine Bertha, er ist ja nun auch Dein. Und heil mir ! Ich ward gewürdigt, Dir die Bahn dazu zeigen zu helfen !«).

Anfang Februar, als er wieder einmal in Droyssig weilt, nimmt Albertine Urlaub von der widerstrebenden Familie Döring nach Nennhausen – es hat sich nämlich durch Fouqués Vermittlung (über die Prinzessin Marianne) eine neue Aussicht eröffnet, und die gilt es ja zu verfolgen; so können die Dörings nicht allzuviel dagegen haben.

Auch Marie nimmt die ehemalige Gesellschafterin freundlich wieder auf, und abends kann Fouqué dem alten Freunde, Meister Wolfram, anvertrauen : »... weil ich allein bin : Die zwei Damen, die mich gewöhnlich umblühen, haben heut einmal Schmetterling gespielt, der scharfen Winterkälte zum Trotz, und sind nach Elfenmanier hinausgeflattert, durch mond- und sternflimmernden Abend.«

Endlich kann er auch ihren Geburtstag herausfragen : »Zu meinem Geburtstage, den ich eigentlich verschwiegen hatte (!), dichtete mir der Baron de la Motte Fouqué untenstehendes Gedicht. Ich schreibe es Dir ab, meine liebe Mutter, da es Dich vielleicht interessieren wird, von einem so großen und berühmten Dichter etwas zu lesen, und vorzüglich Worte, die er ganz aus seiner Seele zu mir sprach :

> Von der Zither ungefeiert / rannst, o Tag, Du Deinen Pfad, /
> weil mir sie dich hielt verschleiert, / die an dir ans Licht einst trat.
> Ja, ans Licht ! Sie selbst ein Leuchten / kindlich holder Blumenart : /
> so in tauiger Tränen Feuchten / als mit Sonnenglanz gepaart.
> Vielen Wesen strahlt sie Freude / Frühlingstochter hold und lind; /
> auch mir wintrigem Gestäude, / stürmgen Februarius-Kind.
> Doch im schneeverhüllten Innern / lebt mir noch ein Herz voll Mai, /
> tönt mir Ahnung und Erinnern / von dem Sturm der Zeiten frei.
> Und in Meistersang soll tönen / Dir zum Preis dies blühnde Herz; /
> Neu Dich stets mit Liedern krönen, / lieber sechster Tag des März. «

Aber bei solchen Huldigungen wird es der Tochter nun doch langsam verdächtig. Sie stellt den Vater zur Rede, und als jener nur milde, allgemein mitteleuropäische Wendungen vorbringen kann, gibt es einen neuen scharfen Bruch; nur mit Mühe wird er, und unter Vermittlung der Gräfin Louise von Voss – das sind alte Bekannte; der Graf August v. V.*

---

* War ein Enkel der seinerzeit berühmten ‹Gräfin Voß›, der burschikosen Hofmeisterin der ‹Königin Luise›. Er heiratete 1800 – im gleichen Jahre, als er gegraft wurde – ein Fräulein Luise v. Berg (Tochter der älteren Luise v. Berg, die mit Gentz, Müller, Stein, im Briefwechsel stand); aber seine Verhältnisse waren ziemlich derangiert. Er war eine zeitlang preußischer Gesandter in Neapel; lebte jedoch auf allzu großem Fuße, sodaß man ihn endlich als ruinierten Mann zurückberufen mußte. Er starb 1832 und hinterließ 1 Sohn (Felix, 1801–81), sowie 2 Töchter, von denen die eine den General Radowitz (Joseph Maria v. R., 1797–1853), die andere einen dänischen Grafen Reventlow-Altenhof heiratete (und zwar den S. 366, Zeile 20 v. o. erwähnten Eugenius, den Fouqué seinerzeit auf der ‹Hanseatenreise›, 1815, kennen gelernt hatte. Sie selbst hieß Elisabeth Gfn. Voß, geboren 3. 8. 1812).

Zur Charakterisierung des – anscheinend recht freundschaftlichen – Verhältnisses gebe ich 3 Schreiben (darunter das auf S. 330, Zeile 4–5 v. o. erwähnte) :

1.) 4. Januar 1822

> »Allerdings, mein lieber Voß, / Du, des günst'ger Quell mir floß /
> oftmahls so recht sehr erquickend, / sprech ich, ganz behaglich nikkend, / zu der Ladung, die geschah / mir durch Dich, ein frohes : Ja ! /
> Nur bestimm' genau die Stunde, / wo sich eint die Tafelrunde. / Denn du weißt ja, man vari'iert / in Berlin damit. – ‹Kutschiert !› / heißt es

dann mit Hengst und Stuten; / und die kleinste der Minuten / mißt' ich ungern nur bei Dir! / Drum: die Stunde künde mir. / – Wie ich gern durch That und Name / ganz bin eigen Deiner Dame, / weißt Du wohl. Sie merkt's wohl auch – / leicht merkt Dame solchen Hauch; / aber, nach altedlem Brauch, / bitt' ich, künd' Du es ihr auch. – / Und was Dich, mein Voß, betrifft – / Jeder weiß, mit wem er schifft. / Drum weißt Du: von Kopf zu Zeh / bin ich treu

Dein Freund Fouqué.«

2.) Am 8. Februar 1828, abends.

»Gehst Du wider Erwarten morgen ab, so komm ich heut noch auf ein Viertelstündchen. Oder komm' Du auf ebensoviele Zeit – denn die übrige läuft Dir natürlich unter den Händen fort – zu mir. Sonst komm' ich morgen vormittags; denn sehen muß ich Dich noch durchaus. Dein alter treuer

Fouqué

(Die Wahrheit zu sagen, ginge ich heute lieber nicht mehr aus – mir ist so rheumatisch zu Sinn.)«

3.) 9. September 1822.

»Mein herzlich geliebter Freund. / Schon einmal fiel ich Dir beschwerlich wegen der Versorgung meines ehemaligen Freiwilligen, – damals ließ sich die Sache nicht nach der von mir gewünschten Weise ausführen. Jetzt bietet sich eine andere, und, wie ich glaube, leichtere Weise dar, demselben Menschen zu helfen. Er liegt mir zweifach am Herzen: als ehemaliger Waffengefährt, und auch als mein gewesener Bedienter und Pfleger in meiner letzten Krankheit. Da den Freiwilligen das Versprechen erteilt wurde, inskünftige vorzugsweise auf sie bei Anstellungen Rücksicht zu nehmen, darf ich wohl hoffen, man werde folgenden billigen Wunsch meines Klienten – Christian Kemnitz mit Namen, und hier wohnhaft – erfüllen. Er war vor einigen Monaten an den Staatsrath von Lavière in Magdeburg zum Examen gewiesen, und bestand es nicht. Nun, da er sich zum neuen Examen gemeldet hat, wünscht er, vor ein anderes Tribunal zu kommen; theils weil er den einmal auf den Examinator gemachten ungünstigen Eindruck fürchtet, theils wegen der natürlichen Scheu, die einen Verunglückten bei Erneuung desselben Experimentes ganz unter denselben Umgebungen natürlicherweise befällt, theils auch, weil der Herr Staatsrath von Lavière ihm schon vor jenem Examen alte Ansprüche zur Versorgung im Magdeburger Bezirk absprach. Er kam daher um eine andre, ihm zu bestellende

ist sein Duzbruder – noch einmal gekittet. »Mir hat ein liebes Tochterherz / Mild wiedrum aufgetan sein Leben. / Neu fühl ichs nun, daß Gott gegeben / Mir hat ein liebes Tochterherz. / Erblüh's auch nur vorerst wie März – / Zum Mai, zum Sommer, wird sichs heben. / Mir hat ein liebes Tochterherz / mild wiedrum aufgetan sein Leben.« So heißt das Triolett, das er der Gräfin Voss am 11. 4. 32 von Spandau schickt mit der Anmerkung : »So gebe ich denn Ihnen, dankbar aus tiefster Seele für Ihre gütige Vermittlung, die Kunde, von meines Kindes Wiederkehr zu mir, gern durch das obige Blütenkränzlein. Und was etwa noch nicht ganz so ist, wie es sein sollte, wird unter Gebet und Liebe schon vollends gedeihen.« –

 Endlich ist es auch soweit, daß die Audienz bei der Prinzessin stattfinden kann. Am 12. 4. 1832 führt der Schirmvogt seine junge Schutzbefohlene nach Berlin; und – rührend genug heute zu sehen – auf einen Chausseegeldzettel gekritzelt sind zwei Eintragungen : die Erste

---

Behörde ein, erhielt aber nur die wiederholte Verweisung an Herrn von Lavière. Jetzt meint er, der Oberforstmeister von Schleunitz, Mitglied der Examinationskommission zu Frankfurt, könne es bewirken, daß man das Examen dorthin verlege. Herr von Schleunitz soll viel in Deinem Hause gewesen sein, wie der Kemnitz mir versichert; da bitte ich Dich denn recht brüderlich : leite die Sache bald ein, so gut es Dir nur immer möglich ist, und gieb mir recht baldige Antwort. Eines *Beweises* Deiner brüderlichen Liebe und Freundschaft bedarf es bei mir freilich nicht; aber ein besonders erfreuliches *Zeichen* derselben würde es bei mir sein, wenn Du mir in dieser Angelegenheit helfen, und bald helfen könntest. – Hinc illae lacrymae ! muß ich nur allzuoft seufzen, wenn ein Freiwilliger mir klagt, wie lau manche Behörden jenes königliche Versprechen erfüllen. Könnte es mir doch nur einmal gelingen, dazu mitzuwirken, daß meines geliebten Königs Wort nach der Absicht seines erhabenen Gebers ins Leben trete ! –
Empfiehl mich Deiner verehrten Frau Gemahlin und Schwiegermutter zu Gnaden, und allen Damen Deiner Familie, auch Gräfin Liesbeth ja nicht zu vergessen ! – Gott mit Uns !
Mit herzlicher Liebe           Dein treuer Fouqué.«

---

Vielleicht könnte sich in den Archiven der oben genannten Familien noch Einiges finden lassen – so die Tagebücher der jungen Gräfin Elisabeth, späteren Gfn. Reventlow, wären gar keine üble trouvaille. (Auch an die erwähnte ältere Frau v. Berg existiert im Goethe-Schiller Archiv zu Weimar noch 1 Billettlein Fouqué's.)

»Unterwegs« : »Du sahst voll stiller Schmerzensfeier hinauf ins Mondeslicht ...«; Die Zweite, (»Auf der Heimfahrt«,) beginnt mit den alles sagenden Zeilen : »Dein und meine Seele / sind nun ewig Eins ...« – sie haben sich ihre Liebe gestanden; oder präziser : Fouqué ihr die seine. Noch bleibt das Verhältnis ganz verschwiegen, und man bespricht sich »ohne alle Hoffnung, daß man sich je gehören könnte« – denn Albertine ist sehr klug ! Auch die Audienz ist ohne rechtes Resultat verlaufen; der Eindruck, den Albertine machte, war nicht vom Besten – die unbefangene Prinzessin sieht wesentlich schärfer als der verliebte alte Dichter.

Die Sommermonate vergehen im Warten auf irgend eine Entscheidung über Albertinens Zukunft – sie hat der Prinzessin die Errichtung einer Erziehungsanstalt für junge Mädchen auf königliche Kosten proponiert – nun, zum mindesten kann sich das Verhältnis unter den schon mißtrauischen Augen Mariens festigen; aber ewig geht das ja auch nicht. So bleibt denn endlich doch nichts übrig, als wieder zu den Dörings nach Droyssig zurückzukehren; am 10. 7. 1832 reist Fouqué mit den beiden jungen Damen zu einem vierwöchentlichen Aufenthalt nach Merseburg, wo der »beschränkte Gustav« Regierungspräsident ist : von dort holt Frau Döring die Hauslehrerin selbst ab. Den Fleischmannschen Porträtstich Fouqués hat Albertine in der Tasche; schon am 9. 6. 32 hat er ihn durch Chamisso beschaffen lassen : »Ich möchte diesen Schatten gern einem überaus geliebten Wesen mitgeben, auf die Fahrt durch die nächtigen Wogen unserer nebligen Welt.« Anfang August, kurz ehe man Merseburg wieder verläßt, sieht Fouqué noch einmal nach der Geliebten, und begleitet dann die Tochter nach dem Pfuelschen Familiengut, Jahnsfelde, wo man den ganzen Herbst verlebt. Nur ab und zu wird eine Besuchsfahrt nach Berlin eingelegt.

Und Fouqué braucht lange, um sich seiner absoluten Freiheit nach so vielen Jahren der Bevormundung durch die strenge Caroline bewußt zu werden; mit Befremden beobachten die Verwandten, wie er da so munter hin- und herreist; wie er kurz mitteilt, daß er nach Halle fahren will; wie er sich mehr einschenkt als gewöhnlich – »haltloser Charakter« murmeln sie buchstäblich unter sich; »dem Trunke ergeben« fällt ihnen ein, wenn er die zweite Flasche Madeira entkorkt – und so nehmen sie es denn auch steif zur Kenntnis, als er ihnen seine Absicht mitteilt, Anfang November wieder einmal den alten Freund Eberhard in Giebichenstein zu besuchen, und Karl von Madai – aber die »Undine« wird er nicht mehr dort finden; am 9. 7. schon hat er an Beneke von seinem eigenen nahen Ende geschrieben : »... es wird wohl noch beschleunigt durch die unerwartete Todeskunde einer edlen Frau, die meine erste reinste Liebe war, durch eingedrungene Klätschereien damals von mir getrennt, aber ohne daß Eins am Anderen irre werden konnte.« – am 28. 5. 1832 hat man die ewige Undine in Glaucha bei Halle in die Erde gebettet. –

Und in Giebichenstein ists schön : die Geschenke der Verwandten sind mitgegangen oder treffen mit der Post ein – von Marie ein kleines Oktavbüchelchen mit Goldschnitt und vielen weißen Blättern – das sogenannte »Marienbüchlein«; er schreibt stolz hinein : »Geschenk von meiner lieben Tochter Marie zum Weihnachtsheiligabend empfangen aus Freund AG Eberhards Bruderhand, 1832; Giebichenstein«, und er beginnt sofort mit den poetischen Eintragungen, die sich darin bis Anfang 1835 hinziehen werden. Ja, und dann ist Giebichenstein auch so nahe bei Droyssig, daß man – die Pflicht gebeut's – auch nach Albertine leicht sehen kann. Am 13. Januar 33 schon trifft er im Hause des geehrten Kammerrates Döring ein.

Hier empfängt ihn eine trostlose Albertine : »Verleumdung hat ihren Ruf beschmutzt«, schreibt er entrüstet an Marianne v. Hessen-Homburg; und nun kann er ja nicht anders, als ihr seine Hand offiziell anbieten. Zuerst will Albertine nicht : er wolle sie doch nur der öffentlichen Meinung wegen jetzt nehmen, und nicht aus Liebe ! schürt sie ihren Bewerber immer mehr an – bis er sie dann doch überzeugen kann, überreden kann, bestürmen kann, endlich einzuwilligen :

»Droyssig bei Zeitz, am Morgen nach dem 15. Januar, dem Tag unserer Verlobung« ist das feierliche Sonett datiert : »Du schöne Maid, der in den dunklen Locken / die Myrthe grünt, der Welt noch unsichtbar, / Du, meine Braut – Ihr Engel, ist es wahr ? / Ich hör Eu'r Ja ! ich staune, süß erschrocken ! – / / Willst, schlankes Lilienreis, den Winterflocken / Dich einen, silbernd mir bereits das Haar ? / Du lächelst ernst, Du sprichst : O Freund, fürwahr, / nicht schloß ja unsern Bund nur irdsches Locken. / / Wahr sprichst Du : seelge Himmelsbürger schauen / in unser Glück, und atmen Gottvertrauen / durch unsre Seelen, seelig schon hienieden. / / Und wie einst Julia sprach im nächtgen Grauen / zum Freund, sprech ich zu Dir : So süßer Frieden, / als in der Brust mir wohnt, sei Dir beschieden !«

Die Dörings nehmen liebevoll gerührten Anteil, und die Zukunft wird zunächst dahingehend geregelt : Albertine bleibt noch einige Tage bei Jenen; dann soll sie – da es ihr als der künftigen Baronin Fouqué nicht mehr ansteht, zu arbeiten, zu ihrer Schwester nach Berlin; so geht der erste Brautbrief noch nach Droyssig, der zweite schon an »Fräulein Albertine Tode, Berlin, Behrendstr. 38, bei Madame Kunth aus Bordeaux.«

Aus Dresden gratuliert der alte Duellfreund Danckelmann : »... so wie er mich kenne«, zitiert Fouqué aus dessen Schreiben : »habe er das eigentlich schon im vorigen Sommer gewußt«; Fouqué war also als »Huldbrand« unter den Kameraden wohl bekannt!

Man übersehe vor allem nicht, was der Entschluß äußerlich für ihn bedeutet! Und während er in der Postkutsche nach Merseburg sitzt, um den nächsten Verwandten das junge Glück zu melden, rechnet er sorgenvoll nach : seine Pension als verabschiedeter Major – das macht 380 Taler im Jahr; dazu kommen die 480 jährlich, die ihm Caroline vermacht hat; 140 Taler aus anderen Quellen – ja, im Ganzen hat er 1000 Taler jährlich fest : soviel hat er früher als reines Taschengeld verbraucht, während er frei und leicht in Nennhausen lebte! Und dann ist da noch die Klausel vom »Witwersitz« – nun, die Stiefsöhne werden ja Einsicht haben...

Eine derbe Probe von dem, was ihm bevorsteht empfängt er sogleich in Merseburg : »Ich sah mich aber auf eine Weise empfangen, die ich gern aus meinem Gedächtnis vertilgen möchte.« klagt er entrüstet der Prinzessin Marianne. Zum Abschied verstummen die Vorwürfe kalt, und als er probeweise sagt : »Auf Nichtmehrwiedersehn?« – da scheinen das Alle ohnehin vorausgesetzt zu haben, als verstehe sich das wohl von selbst. Denn sie hat die Liebe nicht blind gemacht!

Das rechte Unwetter aber erwartet ihn in Nennhausen : Theodor weist ihm sogleich die Tür in den schärfsten Ausdrücken : wie er sich unterstehen könne, ihrer Mutter als Nachfolgerin eine solche bürgerliche Avanturieuse zu geben; und auch Marie sagt sich von dem »toll gewordenen Vater« los – da steigt Fouqué in die nächste Postkutsche und begibt sich wieder zu den letzten treuen Freunden : nach Halle, zum Vetter Karl.

Hier wird in Beratung mit dem weltkundigen praktischen Manne etwas wie ein Lebensplan für die nächsten Jahre festgelegt : Fouqué soll versuchen, als Lektor bei der Universität – völlig außerplanmäßig natürlich – Vorlesungen über Literatur und Zeitgeschichte zu halten; etwas Geld wird von den Zuhörern schon eingehen. Dann : eine kleine Wohnung! Ein Zimmer muß er unbedingt möbliert vermieten – das deckt manche Unkosten – und mit der sehr praktischen Albertine wird auch eine Fortepiano-Vertretung erwogen. Dazu kommt als Fundament die Pension; und – vielleicht ergeben sich doch noch einmal irgend welche Honorareinnahmen, wie? Zuerst denkt er sogar immer noch einen Bedienten zu halten; aber das redet ihm der Vetter Karl doch energisch aus!

Unterdessen wird die »Schönste aller Bordelaisen« (von Bordeaux) nicht vergessen; die »Schönste unter allen Baroninnen de la Motte Fouqué, die jemal gelebt haben – seit dem 13. Jahrhundert her, selbst meine seelige Mutter nicht ausgenommen, der Du doch so ähnlich siehst!« Das Aufgebot wird entzückt besprochen – als sei's das erste Mal für ihn – in Droyssig und Nennhausen muß es auch verlesen werden: »Nennhausen? Ich werde mutmaaßlich nie wieder dahin zurückkehren, auf keine Stunde mehr; aber: die Besitzer ausgenommen giebt es doch im Dörflein Niemanden, der mich nicht herzlich lieb hätte.« Nelson, der große treue Hund – ja, das ist ein trauriges Kapitel: er muß in Nennhausen bleiben, nicht im Gutshause, sondern bei seinem ehemaligen Diener Ilgenfeldt; in Halle hätte er seine Pflege und sein regelmäßiges Bad, seinen rechten Auslauf und überhaupt seine Bequemlichkeit nicht.

Und die späte Liebe treibt die üblichen wunderlichen Blüten; was soll man davon denken, wenn man so etwas liest: »Wie du mich verstehst, meine Bertha, so ganz in der tiefsten Wurzel des Lebens, hat mich eigentlich noch Niemand verstanden, – wenn Du auch manchmal über meinen Vorlesungen eingenickt bist, Bertilchen, Dummchen, lieb Engelsdummchen!« Auch Fouqué hat all die Instinktlosigkeit des alten Mannes, der einfach nicht im Stande zu sein scheint, sich zu sagen, daß ein Altersunterschied von »mehr denn Dreißig Jahren« gleichzeitig auch einen derartigen körperlichen und Entwicklungsunterschied bedingt, daß eine Katastrophe fast zwangsläufig erfolgen muß.

Seltsam mutet es an, wenn er ihr dankt, daß er jetzt wieder ein paar ehrwürdige Eltern habe (sic!), und dabei vergißt, daß die Mutter so ungefähr sein Jahrgang ist! Er freut sich über Alles: »Tanzgesellschaften gibts auch hier nicht allzuselten, und ich werde mein schönes schlankes Elfchen also öfters fliegen sehn durch den leuchtenden Saal: die Bewunderung der Anderen erregend, und das Entzücken Deines beglückten Troubadours, lieblichstes Kind!« Kurz: er ist ganz glücklich. So unvernünftig glücklich, so kritiklos und jünglingshaft, daß man seine Briefe an Albertine nicht ohne Rührung lesen kann – zumal, wenn man die Dame näher kennt! »So bin ich noch nie geliebt worden, als von dieser jugendlichen Schönheit« bekennt er Beneke gerührt (22. 5. 33).

»‹Wohl hundert Launen kraus und hold / umflattern täglich meine Traute. / Bald weint, bald lacht, bald kost, bald schmollt, / bald klimpert sie auf ihrer Laute›, usw.

– Das soll mir eine Glückseligkeit nicht stören oder trüben, die in ihrem tiefen, heiligem Grunde die ewige Liebe selbst ist, nur auf der Oberfläche bisweilen krause Wellchen wirbelnd, und dadurch nur noch anmutiger erscheinend im Getriebe der Zeit.

Überhaupt, Kind, ich hoffe in keinem Augenblick das wunderbare, doch schöne Verhältnis zu vergessen, in welchem sich unsrem Friedrich Strauß unsre Liebe offenbarte : Deine Jugendblüthe, sich an meinem festen Alter emporrankend zur ernsteren Anschauung des Ewigen ! Mein Halbsäkulumsleben wiederum kindlich heiter erblühen vor Deiner holdseeligen Blumennähe ! – So gewiß ich Dir stets ein zärtlich Liebender bleiben werde, – Dir gegenüber ist's ja keine Kunst, auch wenn ich über die Barriere des Greisenalters, Nummer 60, werde hinübergekrebst sein, – so gewiß will ich auch nie vergessen, daß mir zugleich väterliche Lust geziemt an Deiner kindlich niedlichen Fröhlichkeit. Sollte der alte Bär einmal brummen wollen, so zeig' ihm dieses Blatt, und er wird gleich wiederum metamorphosiert vor Dir stehen, oder nach Befinden der Umstände knien, als galanter Kavalier, – welches ja auch im Grunde sein eigenthümlichstes Wesen ist, nur daß die alte Hexe, die Zeit, anfängt, ihm einen Eisbärenpelz überzuwerfen, Tu a beau dire : ‹ein Dichter altert nicht›. Und freilich meinte das ja Deine liebenswürdige Gönnerin und Freundin, Frau von Witzleben, auch, in dem schönen Briefe, durch dessen Mittheilung Du mich an meinem vorigen, so seltsam im Chiaroscuro gefeierten Geburtstage erquicktest. Aber wenn ich auch beiden verehrten Damen mit großen Freuden Recht gebe, so bleibt doch bei der fortwährend geistigen Jugendlichkeit eines Dichters, und wohl just um derentwillen, noch so manche Grille und Wunderlichkeit an ihm zu ertragen, daß mein armes Dämchen noch manche Noth mit endesunterzeichnetem Wunderling auszustehen haben wird. Meine verewigte Gönnerin, Fürstin Juliane von Bückeburg, hatte in ihrer Jugend, einen alternden Mann heirathend, gesagt : ‹j'aime mieux supporter les caprices d'un vieillard, que les fantaisies d'un jeune homme›. Aber bei einem Poethen hat es nun vollends mit den fantaisies und Phantasien, ja mit dem Phantasieren sogar, durchaus kein Ende, armes Dingelchen Du ! Da steht Dir eben nicht zu helfen. Sollte jedoch der vieillard seine caprices anrücken lassen – da erinnere ihn nur mit Einem Spruch an die Thränen, die Du in der schmerzlich süßen Verlobungsstunde vergoßest, ach und an so viele, viele Thränen auch sonst, um mich aus Deinen dunkeln Sonnenaugen geregnet, – und es wird noch schönere Wunder bewirken, als das auf der vorigen Seite empfohlene Mittel. Auflösen in Weichheit und Liebe wird sich mein ganzes Wesen, und nicht nur einen galanten Kavalier wirst Du vor Dir sehn, – mehr, weit mehr : ein im seeligsten Bereuen seine Fehler fortweinendes und auslöschendes Kind ! –

O wie gern und wie klarbedacht geb' ich Dir die Waffen wider meine Mängel in die reinen zarten Händchen, meine jungfräuliche Engel-Bertha !« (An Albertine, 3. 4. 33.)*

* Ich gebe, der Kuriosität halber, die ganze Serie, soweit ich ihrer habhaft geworden bin; es sind zwar zuverlässig weit mehr gewesen, aber das Bild ist auch so reichlich gerundet:

1.) »An Fräulein Albertine Tode, / Wohlgeboren, / in Droyssig bei Zeitz. / Im Haus des Herrn Kammerrath / Döring.

Giebichenstein am 1sten Februar 1833.

    Du lieber, schöner, zweiter Mai,
o, Du mein Ehrentag der heißen Schlacht von Lützen,
wie schwebst Du jetzt so hold herbei,
mir kündend, mein Beruf bald sei,
mein wunderholdes Lieb als Gattin zu beschützen!
Nicht sing' ich: ‹Flügle, flügle Dich!›,
wie auch mir Seel' und Leib von Sehnsuchtswonnen beben.
Gott gab so viel mir freudiglich, –
wie sollte dankbar nun nicht ich
auch in mein hoffend Harr'n mich froh und still ergeben?
Der Du mich hielt'st im Schlachtgewühl,
daß kühn ich los mich rang von meinem todten Rosse,
der Du mir gabst ein Schmerzgefühl
heiß in der Welt, so starr, so kühl,
der jetzt mich hold erlabt, daß neu mein Leben sprosse:
o lieber, lieber Gott, nun sei
für mich das Leben stets im Arm der treuen Holden
ein zweiter seel'ger Liebes-Mai!
Doch woll'st vor All'm ihr kummerfrei
den ersten Liebes-Mai mit Himmelglanz vergolden!

                  \*

O, Dein Engelsbrief, der gestern zu mir kam, Bertha!

Nicht hatt' ich mich so weit an Dir versündet, mein Tinchen, daß ich gewähnt hätte, Du könntest durchaus nicht anders glücklich mit Deinem Troubadour sein, als in Berlin. Aber Du hattest Dich ja doch so kindlich, so natürlich, so niedlich auf das Wohnen dort gefreut, Püppchen. Ich meinte, ohne ein schmerzlich liebliches Zucken des schönen Gesichtchens – Du weißt ja, wie unaussprechlich tief mich das immerdar rührt – werde es nicht abgehn. Nun aber ist Dein holder Brief ja lauter Lieb' und Freude.

Gieb Acht, Kindchen, es soll Dich nicht gereuen.

Gestern Abends, als mich Dein allerliebstes Geklire anlächelte, kam ich von einem Diner beim Postdirektor Görschel zurück, wo man

Deine Gesundheit mit dem freudigsten Jubel getrunken hatte, und Hausfrau und Tochter Dich mit dem innigsten Verlangen erwarten. Vorgestern Abend hatte mich mein Neffe Otto Madai in eine musikalische Gesellschaft geleitet, die mit ausgezeichneter Trefflichkeit Gesangsstücke aus Mozarts ‹Clemenza di Tito› ausführte, und sodann eine Symphonie Haydns. O mein tönendes Kind, wie wirst du in jene Reigen schön mit einklingen! TanzGesellschaften giebt's auch hier nicht allzu selten, und ich werde mein schönes schlankes Elfchen also öfters fliegen sehn durch den leuchtenden Saal: die Bewunderung der Andern erregend, und das Entzücken Deines beglückten Troubadours, lieblichstes Kind!

*

Abends nach 5 Uhr. – Da kommt Dein liebes Briefchen, Herzchen, und schilt mich anmuthig aus, wegen meines dummen Zeichnens. Warte, Dummchen, ich will Dir's noch einmal hinklieren, Dein künftiges Wappen, und im Großen; Du, nun bald die Schönste unter allen Baroninnen de la Motte Fouqué, die jemals gelebt haben – seit dem 13. Jahrhundert her – selbst meine seelige Mutter nicht ausgenommen, der Du doch so ähnlich siehst.

Das Barett Gold, die Kugel im Wappen auch, die Schnüre am Barett Perlen, die Edelsteine dazwischen bunt, wie Liebchen Lust dazu findet, die innere Seite des Barettes, die gestrichelte, roth. Weißt Du es nun, und findest es practicabl' und bist raisonabl', allersüßestes, aller allersüßestes Dummchen?–

O, der liebe, holdseelige Mutterbrief, den Du mir sendest! Wie sollte es unsrer Ehe an Segen fehlen, von solchen Segnungen umschwebt!–

Deinen lieben Brief an Marieen sende ich zu morgen ab, und füge ein paar Herzensworte hinzu. Empfiehl mich unsren verehrten Eltern auf's innigste. Ach Gottlob! nun hab' ich ja wiederum Vater und Mutter: wie reich Du mich beschenkst, Herz!–

Nur wenn Du von Deinem Kränkeln sprichst, zuckt ein blitzähnlicher Schmerz mir durch Seel' und Leib. Aber um Gotteswillen: sei *ganz* aufrichtig gegen mich. Müßte ich fürchten, Du seiest kränker, als Du es sagst, – ich verginge vor Angst! Wahrheit, liebes Leben! O, in Allem Wahrheit, wie es ja auch unsre Liebe ist!–

Morgen Vormittag füge ich Dir noch ein paar Zeilen hinzu.

*

5 hs

So eben habe ich, nach meines edlen Freundes und Gönners Schilden Anleitung, den Brief entworfen, der unsrem geliebten Könige unsre Verlobung anzeigen soll.

Nun muß noch an Schilden geschrieben werden, noch an Prinzessin Marianne, an Prinz Wilhelm, zugleich auch der Königsbrief kopirt, dann auch noch ein paar Worte an Marie Deinem lieben Schreiben hinzugefügt, und Alles durch Ilgenfeld, Deinen Knappen, bei guter Zeit zur Post spedirt. – Also behalte ich mir Alles, was noch für dieses Blatt bestimmt war, auf das nächste Mal vor. Lebe wohl, süßestes Seelchen, Licht meines Erdenlebens, unzertrennlich für Zeit und Ewigkeit von Deinem durch Dich unaussprechlich beglückten Verlobten

LMFouqué

nachmittags

So eben kam mir noch ein Glückwunsch von meinem edlen Freunde Danckelmann: männlich und froh. So wie er mich kenne, meint er, habe er das eigentlich schon im vorigen Sommer gewußt, und sei also nicht eigentlich überrascht, sondern nur erfreut. Er empfiehlt sich Dir ehrerbietig und innigst.«

2.) »An / Fräulein Albertine Tode / Wohlgeboren / in / Berlin / Behrendstraße 38 / bei Madame Kunth aus Bordeaux.

Halle, am 10ten Maerz, 1833.

Mein Herzens Berthchen, vor dem 20ten April kann ich wahr und wahrhaftig nicht kommen. Theils muß ich nothwendig noch zuvor für den Minister eine Arbeit fertig machen, um ihm so mit rechter Freudigkeit vor's Auge treten zu können; theils auch würde es mir – also *uns*, mein Liebchen – wegen der Kosten einen gewaltigen Unterschied machen; denn Eberhard hat sich's ausdrücklich und feierlichst ausbedungen, ich solle, vom April an, *als Gast* bei ihm leben. Und in unsrem brüderlichen Verhältnis *kann,* ja *muß* ich das von ihm annehmen, wenn ich ihn nicht verletzen will. Sodann: lebe ich in Berlin 3 Wochen vor der Hochzeit, welch ein störendes Verhältnis zu meiner dissentirenden Familie dort? Komme ich eben 8 Tage – oder soi disant 8 Tage, wenn's auch elfe sind – vorher, so macht sich's von selbst, daß ich jene Leute nicht sehe. Aber ein langer Aufenthalt als Unverehelichter stellt Dich und mich in störende Verhältnisse. Liebchen, sage nur dasmal nicht: ‹Bitte, bitte, bitte!›. Denn Du weißt ja, sonst thäte ich es am Ende dennoch, und das wäre für uns Beide nicht gut.

Madai's sind auch dieser Meinung, und bitten Dich, meinen Urlaub nicht abzukürzen. Unser ehrlicher Vetter Karl kommt gewiß zur Hochzeit, wenn er irgend kann. Aber ein Briefchen seiner kleinen Kröte an ihn könnte keinesfalls schaden und würde ihn jedenfalls sehr erfreuen. Und wahrhaftig, Süßkindchen, das hat er doch wohl um uns verdient. Alle Madai's grüßen herzlich. Zwei der Jüngeren werden es bald in Person thun.

Unsrem ehrwürdigen Vater, der holden Schwester Auguste, allen Lieben, meine innigsten Grüße.

Heut geb' ich dies Gekliere bald zur Post, damit SüßDummchen nicht ungeduldig wird.

Empfiehl mich noch ganz insbesonders der mir sehr werthen Familie Witzleben, deren gütige Theilnahme mich im tiefsten Herzen erfreut.

Aus ganzer Seele / Dein Dich unendlich liebender / LMFouqué.

Fortepiano-Handel, Chambre garnie – Alles, Alles, wie du willst. Ja, ich sehe diesmal sogar ein, – sogar *ich,* denke, Kind – daß es vortrefflich ist!«

3.) »Giebichenstein, am 20sten März 1833.

Wie so schön das ist, meine EngelBertha, daß Du so lieblich ernst unsren und der holden Schwester Auguste gemeinschaftlichen Abendmahlgang vorbereitest! Ich will uns gleich in den nächsten Tagen vorläufig dazu bei Freund Strauß anmelden, und ihm dann auch das Aufgebot übertragen, zugleich anfragend, ob wir auch in Nennhausen aufgeboten werden müssen und in Droyssig. Zu dem letzteren Punkt sagt nun Liebdummchen im Voraus : Nein. Aber Liebdummchen ist doch immer nur Dummchen in gewissen Dingen, und ich mag nicht das Mindeste in dieser schönsten, für Zeit und Ewigkeit beseeligendsten Angelegenheit meines ganzen Lebens verabsäumen – Nennhausen ? Ich werde muthmaßlich nie wieder dahin zurückkehren. Auf keine Stunde mehr. Aber : die Besitzer ausgenommen, giebt es doch im Dörflein Niemanden, der mich nicht herzlich lieb hätte! Und dann von der Kanzel herab, wo uns so oft gemeinschaftlich das Wort des Herrn verkündet ward, unsre Namen zusammen ausgesprochen, Albertine, und der Segen des Herrn auf uns herabgefleht durch den Mund unsres ehrwürdigen Freundes und Seelsorgers Lympius, im Gotteshaus, wo er uns das Heilige Mahl reichte! – Ja, dort, meine, meine Albertine, müssen wir durchaus aufgeboten werden, mag es nun Kirchenregel und Weltsitte nothwendig machen oder nicht. Nicht wahr, mein frommes, Du auch ja so gern als ich in heiligsten Erinnerungen lebendes und webendes Kind ?

Mariens Herz scheint sich mir immer zarter und tiefer wiederum zuzuwenden. Ich hoffe, sie wird uns dermaleinst noch ganz verstehen. –

Du hast Recht, Herz : ich will mich nicht mehr *arm* nennen. Auch in der allergewöhnlichsten Hinsicht nicht. Haben wir ja doch ein Einkommen, worauf andre Verehelichte nicht rechnen dürfen, und dennoch ganz heiter und sorgenfrei leben. O, und wenn Du erst so um mich herumkramen wirst, während ich schreibe oder sonst geistig arbeite – wie mich damals in Nennhausen plötzlich in Deinem Stübchen ein seeliger Traum anflog – weißt Du noch ? –

»Wo Du bist, ist Alles Lieb' und Güte, / wo Du bist Natur !« sang einst Vater Goethe eine Geliebte an. *Darin,* wahrhaftig werde ich ihm nie nachstehen, oder ich wäre der Allerundankbarste unter allen Sterblichen. –

Was unsren ehrlichen Nelson betrifft, – wir wollen's noch mündlich überlegen. Freilich könnte er sich, wie der Tyrann Dionys in Schillers Ballade, gewissermaßen einführen als :

»– in unsrem Bunde der Dritte !« –

schon seit Du in unsrem Wilhelmstraßenquartier über ihn wegtanztest, ihm doch zugleich ein wenig tretend, und er doch nur : »Au !« sagte, statt zu knurren, die künftige Herrin seines kampfgerechten Herrn schon in Dir im Voraus anerkennend.

Auch hier in Halle, in der Stadtwohnung, möchte es ihm doch gar sehr misfallen, vorzüglich da ich ihn nur selten ins Wasser schicken könnte, – denn ich muß ja zu diesem Experiment immer selber mitgehn, – und doch ist das seiner Gesundheit ebenso nothwendig, als seinem friedlicher gestimmten Charakter in Bezug auf andre Hunde.

In Nennhausen dagegen gehört er in den treuen Schutz der Ilgenfeldschen Familie, und Dein treuer Altknapp Ilgenfeld wohnt künftig fortdauernd dort, so daß Nelson in meiner Pensionsverpflegung unabhängig bleibt von der neuen Burgherrschaft. Aber wie gesagt : wir wollen's noch überlegen.

Ein Bißchen lachen magst Du wohl über diese ausführliche Hundeverhandlung; aber *auslachen* wirst Du doch nicht so ganz eigentlich Deinen wunderlichen Freund. Ach nein ! Das sagt mir ja schon Deine holde Sorge, mit welcher Du den alten Hund so gern in des alten Ritters Nähe schaffen willst.

Wie *Du* mich verstehst, meine Bertha, so ganz in der tiefsten Wurzel des Lebens, hat mich eigentlich noch Niemand verstanden, – wenn Du auch manchmal über meine Vorlesungen eingenickt bist, Bertilchen, Dummchen, LiebEngelsDummchen. Das Alles ist ja Dein süßestes, allerwunderlichstes, allerkindlichstes Selbst, Du Süße, von der an meiner

Wiege gewiß schon Engel sangen, mehr denn dreißig Jahre, ehe du geboren wurdest.

Und nun blüht Sperling vor uns auf, als ein unser wunderbares Glück in seiner Freundlichkeit süß ahnendes Blümchen.

Grüß das Engelchen tausendmal von mir. Bald hoffe ich es zu umarmen. Ewig und innig.

Dein durch Dich beseeligter Verlobter / LMFouqué

Herzliche Grüße von allen Lieben und Guten.«

4.) »Giebichenstein, am 22sten März 1833.

Wie mich Dein liebes, gestern angekommenes Briefchen erquickt hat, meine Bertha! Gestern, als ich aufstand, lag es schon auf dem Tisch, und ich sah es anfänglich nur für ein schon ausgehülstes Couvert an – oder vielmehr: ‹Couvert›, Süßeste aller Bordelaisen! – Da sah ich auf einmal: es war ja noch versiegelt! Nun drüber hin, wie ein Falk über seine Beute! Ach nein, der Falk hat ja seine Beute nicht lieb, und streichelt sie nicht, und küßt sie nicht. Das Alles thu ich aber bekanntlich mit Dir, Berthchen, und, ach, wie oft mit Deinem lieben Gekliere auch! – Und wie liebliche Worte mir's absonderlich dasmal brachte! Schon daß Dich jene schlimmen Zahlungsverzögerungen meiner Dränger und cidevant Zwingherrn – Gottlob nur cidevant! – in keine hemmende Verlegenheit wegen Deiner Ankäufe bringen, ist eine gar hübsche Botschaft. Zunächst und über Alles, weil's Dich und Deine süße Freudigkeit in Deinen Hochzeitsvorbereitungen betrifft, Allerliebstchen! Dann aber auch, weil ich mir nun nicht so ganz und gar mehr vorkommen darf, wie ein gehetzter Hirsch, als wozu meine Widersacher mich gern gemacht hätten. Nein, ich kann jetzt in stolzer Liebeshoffnung mich ergehen unter den Vorhallen meines künftigen Glückes, immer näher, immer freudiger klopfenden Herzens, dem beseeligenden Ziel. Ach, meine Bertha, meine EngelBertha, wer hätte noch vor einem Halbjahr gehofft, daß wir uns je über schon hienieden so hochbeglückende Dinge berathen könnten! –

Und dann Deine schönen, versöhnenden Worte über Marie! Ja, mein Herzenskind, auch in dieser Hinsicht wird es sich rein und hold an uns bewahrheiten: Dieu volt. – Mariens Briefe werden immer besser und milder. Sie mißbilligt ihres jüngsten Stiefbruders Benehmen, und versichert mich, die andern Stiefgeschwister dächten eben so. Ach, lieber Gott, seitdem Du mir die Liebe meiner Bertha bescheert hast, eine Liebe, deren glühende Reinheit und reinjungfräuliche Gluth ich wohl kaum in meinen schönsten poetischen Träumen nur *ahnen* durfte, – seitdem ja ist auch mein Herz so frei und innig und groß zum Liebesumfang für alle Welt, und doch wiederum zugleich so kindlich still. Oder vielmehr : es *wird* das Alles nun erst recht, bis auf den tiefsten Grund herein seeligstes Gefühl, das mich noch jemal auf meiner irdischen Pilgerbahn ergriffen hat! Nun erst, o nun erst recht wird es eine Himmelsbahn! –

Gestern vor dem Aufstehen klangen folgende Verse in mich herein : Und ob die Hölle / noch droh'nder schwölle : / sie thut mir nichts. / Aus dem Gewimmel / ring' ich gen Himmel, / ein Kind des Lichts. / / Und Lichtes Seegen / Strömt mir entgegen / auf düstern Lauf, / und Lichtgefieder / senkt einst sich nieder, / und hebt mich auf. / / Dann werd' ich schauen / auf ew'gen Auen / mein seel'ges Theil. / Hier laß' nicht rauben / Dir Schmerz den Glauben / und Schmerz wird Heil. –

Und als ich nun Dein liebes Blättchen gelesen hatte, strömte mir's hinterdrein aus jubelnder Seele als Nachklang :

Ich sang's in Demuth, / in heitrer Wehmuth; / da kam ein Brief, / der blum'ge Freuden / aus Dorngestäuden / in's Leben rief. / / Und süß von oben / fühlt' ich gehoben / mir Muth und Schritt. / Die Saiten rauschten, / und Engel lauschten, / und sangen mit.

Sing' auch mit, EngelBertha, holdseelige Gottesbotin, und grüße die Schwester und Kunth und den Vater und die Mutter und die zwei Nichtendämchen und den Sperling und Alles von

Deinem Dich seeligliebenden / LMFouqué.

Schönste Grüße von Allen. – Da Du nun einen Bedienten auf der Spur hast, kümmre ich mich hier nicht mehr drum, ich Faulpelz.

Aber ich überlasse ja so gern Alles Dir, lieb Herz ! – Nur nicht die Vertheidigung meiner künftigen Festung. –«

5.) »Giebichenstein, am 25sten März 1833.

Meine EngelBertha,

Herz und Seele voller Frühlingsduft und Frühlingsluft komm' ich soeben aus der überaus ...

Und da kam der Herr von Beföhlen, und legt sich seiner holdseeligsten Tante zu Füßen, und wir sprachen unaussprechlich viel von Dir; denn wer kann Alles aussprechen, wenn ihm einmal die Seele aufgegangen ist, von Dir zu reden, Lieblichste ! Und er brachte mir Dein liebes Gekliere, Schönhändchen ! –

Aber nun weiter im Text ! –

Also da capo, oder vielmehr dal segno, liebes unmusikalisches Kind ! – ... anmuthigen ...

Beföhlen war schon wieder hier. Er hatte seine Dose vergessen, und konnte mir nun auf Befragen, was ich vorhin versäumt hatte, melden,

Deine lieben Briefchen seien richtig und zu großer Freude bei Madai's angekommen.

dal segno nun : –

... Gartenwelt meines treuen Eberhard zurück. –

Halte Deinen Freund nicht für etwas tollgeworden, Berthchen, wegen des obigen, allerdings etwas stark verwunderlichen Satzes. Du kennst mich ja : heiße Wehmuthsthränen und kindisches Lachen und glühende Begeisterung gränzen so nah in meiner Seele zusammen. Wie wollt' ich denn auch mit Dir auskommen, viel- und wunderlich-begabtes Kindsköpfchen, wenn ich nicht auch bisweilen ein Stücklein Janusnatur an mir hätte ! – Aber dafür sind auch wiederum unsre Herzen, unsre beiden Herzen, nur Eins, mein allersüßestes Kind, mein Glück, meine Sangeswonne, mein Spielwerk, und doch mein so tief ernst geheiligtes Leben Du !

Nun aber vernimm, was mir die Muse droben auf dem schönsten und schroffesten Felsenabhange, oder vielmehr -absturze, des Gartens bescheerte, und was ich Dir eigentlich von Anfang herein hatte mittheilen wollen :

PSALM.

Wie er hinflutet, / der edle Strom, / in ihm sich spiegelnd / die goldne Sonne ! Aus ihm auftauchend / die lieblichsten Bilder meiner Kindheit all ! / Über ihm schwebend / die Engel meiner zukünftigen Seeligkeit ! / Und auf den Felsen lauschen gar schaurig hold / die Kinder der guten Altmutter Sage. – / Lieber Gott, wie Du so süß mich beglückst ! / Wie du wiederum heilst das geknickte Reis ! / O, Deinen fürderen Seegen / über die blühende Braut und mich ! / O, Deinen lohnenden Seegen / über den gastlichen Freundesheerd, der mich empfing ! / Eh' diese Felsen Du bautest, / Ewiger, dachtest Du mein / in aussprechlicher Liebe. / Wann einst diese Felsen verwittert sind, / sing' ich voll preisend seeliger Liebe noch, / und die verwandte Seele der frommen Braut stimmt ein, / in den Sphärenklang ein : / Halleluja !

*

Am 26sten; vormittags, nach 11 Uhr.

Nun ist es, als wolle der Frühling mit leiser, linder SeegensMacht, wie in mein neu aufblühendes Leben, auch hereingezogen kommen in das Land.

Reinblau und sonnig spannt sich der Himmel über uns aus, und leuchtet die liebe Saale zu ihm empor. Der Schnee ist vergangen bis auf einzelne Spuren, die uns nur eben zu mahnen scheinen : ‹Seid froh ! Seid recht von Herzen froh! Das liegt nun hinter Euch, und die schöne Zeit beginnt.› –

Ich lerne jetzt glücklich sein, liebe Bertha. O, des anmuthigen Studiums! Aber so ganz leicht vollbringt sich's doch nicht, wenn Eins so sehr, sehr lange so unaussprechlich unglücklich war, als ich. Bisweilen, wenn mich trübe Wolken umziehn, will sich's schmerzlich in mir regen, als sei mein Innres doch schon unheilbar geknickt für diese Welt, und nur einem Nachsommer der Freude höchstens noch zugänglich hinieden. Aber mit freudigen Donnern dann tönen die Prophetenworte mich an:

‹Die auf den Herrn harren, kriegen neue Kraft, daß sie auffahren mit Flügeln wie Adler, daß sie laufen und nicht matt werden, daß sie wandern und nicht müde werden.›

Ja, meine Bertha, ich lerne wiederum glücklich sein! In Gottes Kraft lerne ich es: durch Dich und für Dich! Für Zeit und Ewigkeit!

\*

Gott mit Dir, meine unaussprechlich geliebte Braut! – –

Den Vater, die Mutter, die Schwester, die Nichten – ich muß doch Sperlingchen immer ausdrücklich mit nennen – grüße ich auf's ehrerbietigste und innigste! Und Kunth, und Bruder Martin!: Ach, ist denn noch immer keine Kunde von ihm da? – Gott erhalte mir auch diesen, mir so aus ganzer Seele Theuern, in meinem neu aufblühenden FamilienReichthum! –

Ewig und innig
    Dein Dich unaussprechlich liebender / La Motte Fouqué.

Herzliche Grüße von Allen! – Jetzt, bald nun gegen 5 Uhr Abends, gedenke ich unter anmuthigsten Frühlingshauch zu Madai's hineinzu lustwandeln; unterwegs aber noch den Oberlandesgerichtsdirektor v. Gerlach zu besuchen, oder Wilde, oder Blanc, – um abermal von Dir zu sprechen, süßestes Lieb!«

6.) »Giebichenstein am 3ten April 1833.

Was irgend mit der Zeit vergeht, / ist Schein. / Was fort in Ewigkeit besteht, / ist Sein. / *Schein* bleibt, was Feindes Zorn ersinnt / und List. / Doch unsre Liebe, süßes Kind, / die *ist!* –

Diese Verschen, mir schon vor einigen Tagen bescheert, gaben und geben mir eine gar wundersame Kräftigung und Haltung für jeden schmerzlichen Augenblick; – so auch dafür, daß noch immer kein Briefchen von Dir da ist. Gestern schon hätte eines kommen können und sollen, nach der gewöhnlichen Rechnung. Aber ich will nicht hadern wie ein verwöhntes

Kind. Zudem ist es noch Vormittag. Vielleicht erfreut mich noch heut wiederum Dein allerliebstes Gekliere.

Doch seh' ich wieder einmal bei dieser Gelegenheit recht wie himmelweit der Unterschied ist, zwischen Predigen und Predigtbefolgen. Wie oft hab' ich mit Dir gerechtet, LiebBerthchen, um solche kleinliche Ängstlichkeitsrechnungen auf Tag und Stunde – und geht's mir nun besser?–

Nein. Denn der Sieg, den ich über meine schwächlichen Sorgen erringe, der Sieg des Gebetes, – Gottlob, meine Bertha, er ist ja nun auch Dein. Und, Heil mir !, ich ward gewürdigt, Dir die Bahn dazu zeigen zu helfen.

Ja, Kind, unser Bund kam vom HErrn. Und zuversichtlich: ER wird uns helfen, ihn heiter und schön bewahren, bis an's Ende, – was ja doch wiederum nur der eigentliche Anfang ist, für eine Liebe wie die unsrige.

So hoffe ich denn heut auch einer MittagsGesellschaft, die Freund Eberhard geladen hat, – wohl zugleich eine Art Abschiedsfest für mich, – recht heiter beizuwohnen, ich Glückseligkeitsbeflissener. Ja wohl, Deine Liebe ist eine hohe GlückseligkeitsSchule, meine EngelBertha, und ich hoffe nun recht bald zum Professor /: zu Deutsch auch *Bekenner* übersetzbar :/ darin zu gedeihen, dankbarfreudig vor Gott und Menschen bekennend: Ja, ich bin überaus glücklich, als der Ehemann meiner allerholdesten Geliebten!–

Und hätte ich dann auch fort und fort /: wie keineswegs unwahrscheinlich :/ mit Bürger's Liede zu singen...« (Hier ist die längere Stelle S. 511, Zeile 8 v. u. bis 512, Zeile 1 v. u. einzuschalten. – A. d. V.)

»... Nun will ich anfangen, mich zu putzen, – /: bei *dem* Worte lispelt Dummchen immer ein bißchen :/, – denn die Gäste werden wohl bald anrücken. Oder es hat gar wohl schon eine Avantgarde Posizion genommen, wenn ich nicht irre.

*

Nachmittags.

Die Post eilt, SüßBerthchen. Dein liebes Briefchen ist da. Gottlob: es kam noch vor Tische, und gab mir volle Freudigkeit für ein heitres Mittagsmahl, wobei sich mir noch für meine künftige Thätigkeit hier allerhand sehr günstige Aussichten eröffneten. Ja, Kind, meines Lebens Wonn' und Weh: der HErr ist unverkennbar mit uns, auch wo ER uns prüft!–

Absonderlich grüßt Dich ehrerbietig und innig der alte Geheime Rath Vogtel, dies Ebenbild Deines ehrwürdigen Schwagers Kunth.–

Meine AufgebotesAnzeigen hier und nach Droyßig sind besorgt.–

Über vieles Andre das nächste Mal. Nicht etwan, als hätte ich äußerlich Besonderes mitzutheilen. Aber wer spräche nur je zu seinem Herzen, und spräche nur gleich Alles vom Herzen fort! Und Du bist ja mein bestes Herz, lieb Herz! – Die ehrerbietigsten Grüße an Vater und Mutter, an Schwester Auguste, an Alle.! Daß Sperling nur ja ihren Onkel nicht vergesse! –

Voll der innigsten, seeligsten LiebesSehnsucht unwandelbar

Dein / treuer La Motte Fouqué!«

7.) »Giebichenstein, am 9ten April 1833.

Lieb Berthchen,

Vetter Karl meint, –

und Du weißt, Vetter Karl ist eine Autorität für mich; dagegen auch weiß ich, Vetter Karl ist eine Autorität für Dich, schon weil wir Beide ihn so aus ganzer Seele lieb haben, wie denn auch er uns aus ganzer Seele lieb hat; außerdem aber ist er in allen Angelegenheiten dieser Welt noch mindestens um 99 Prozent verständiger als ich – nur im Kriegsfach lasse ich mir nichts nehmen, obgleich auch er ein tüchtiger Kriegsmann war – und Du wirst wohl jenen Vorzug auch schon vermerkt haben, und überdem wissen: solch ein Lob im Verhältnis zu Deinem alten Bären ist noch keineswegs exzentrisch. –

Aber nun weiter im Text:

Vetter Karl meint, wir hätten den Bedienten nicht miethen sollen. Hier hielte fast Niemand ein solches Kreatur, und es würde uns überschwere Sorge machen, Selbiges durchzufüttern. Ich sagte gleich vom Herzen: ‹Weg damit!›. Wenn nur Berthchen nicht Sorge und Ärger damit hat, ihn wiederum los zu werden! Sonst mag er allenfalls auf 1 Vierteljahr mit uns herkommen, länger aber auf keinen Fall. Denn gäbe mir der König auch vielleicht bald eine Zulage: die möchte ich doch lieber, *unermeßlich lieber,* für Deinen Einkauf in irgendeine Wittwen- oder Lebensversicherungsanstalt verwenden, als für irgendetwas in der Welt sonst. Es kostet mich gar keine Überwindung, ohne einen solchen Nachtreter zu leben, den ich ja doch erst kennen lernen müßte, um ihn lieb zu gewinnen, und ich sehe nun einen Wink des Himmels darin, daß der treue Ilgenfeld nicht bei uns bleiben kann, sondern nach Nennhausen geht, und den treuen Nelson pflegen hilft, der sich auch gewiß ausnehmend zu ihm freuen wird. Also, Süß-Berthchen, HoldKlugchen – denn manchmal bist du das wirklich, im vollen Gegensatze zu Deiner niedlichen Dummchenhaftigkeit – lies Vetter Karls, dieses treuesten Menschen, Abhandlung, welche er Dir über diesen Gegenstand auf meine Bitte schreiben will, mit

Aber Andere kennen sie näher, sehen klarer, urteilen hart : »Fouqué schreibt mir den Abend, hat sich würklich mit der Tode verlobt – es ist unglaublich, wie die junge schöne Person es eingehen konnte – wohl um Baronin zu werden. Es ist wieder ein ähnliches Verhältnis wie mit der früheren Frau, nur daß er damals wenigstens selbst jung war – Beide haben so ein kaiserliches herrschsüchtiges Aussehen gehabt.« (Tagebuch der Prinzessin Marianne vom 23. 1. 1833).

---

heitrem Bedacht, und entscheide in *dem* Sinne, daß mir ein Seufzer künftiger Sorge von Deinen süßen Lippen schmerzlicher fallen würde, als *jegliche* Entbehrung. Und dies ist umso minder eine solche, als man wirklich hier in Halle nur in ganz großen Häusern Bediente zu sehen gewohnt ist.

Du schriebst ja noch letzthin so lieb : ‹Haben Wir Zwei uns einander, was mag uns fehlen !› –

O, süßestes Kind, im Paradiese braucht man keinen Bedienten.

*

Wenn Du nur ganz gesund erst wiederum wärest, süßestes Herz ! –

Nun, Gott, der Gott der Liebe, ER, der uns so wundersam und unverkennbar bis hierhergeführt hat, ER wird ja auch fürderhelfen, hierin und in allen Dingen, uns, seinen Ihm vertrauenden, gläubigen, demuthvollen Kindern. –

Und in wenigen Tagen darf ich zuversichtlich hoffen, bei Dir zu sein ? O der Wonne ! Und dann soll ein neues, ein kindlich seeliges Leben beginnen für mich, im Widerschein Deiner eignen süßen Kindlichkeit, mein lieblichstes Kind, mein Herzchen ! –

Und eben aus dieser Kindlichkeit soll mir dennoch eine neu erfrischte, echt männliche Thätigkeit erblühen, an der es, Gottlob !, meinem Leben und Wirken bisher, so in Krieg als Frieden, noch nicht eben gemangelt hat, die doch nun aber gottgefälliger und schöner und klarer aufleuchten mag, als noch je bisher.

‹Werdet wie die Kinder !› ist der für all und jeglichen Beruf gültige Seegensspruch unsres Heilandes und Herrn.

Und in diesem Lichte kommt mir plötzlich der Unterschied unsrer Jahre wie etwas nicht nur Unschädliches für unser Glück vor, sondern auch wie ein dazu Gehöriges. Und nun erst meine ich den Seegen unsres Friedrich Strauß in seinem früheren Briefe über unsre Verbindung vollständig zu verstehen.«

8.) Als vermutlich letztes Stück dieser Serie findet sich noch ein Briefumschlag an Frl. Albertine Tode, mit dem Poststempel ‹Halle, 12. 4. 33›. Am 19. ist er dann zur Hochzeit nach Berlin abgefahren.

Die Hochzeit kann gar nicht rasch genug erfolgen; am 19. 4. reist er nach Berlin; (»vorhin war Fouqué bei mir als glücklicher Bräutigam« trägt Marianne am 21. 4. ein); die Heiratslizenzen sind beschafft : »Die Braut ist 23 Jahre alt (sic!) und hat die Einwilligung ihres Vaters« heißt es amtlich. Am 25. 4. 1833 werden die Beiden von dem Prediger an der Jerusalems- und Neuen Kirche, Hoßbach, getraut; von Fouqués Familie nimmt an dem Ereignis Niemand teil. –

Und wer ist diese Albertine Tode nun eigentlich?!

## § 58

Es ist vielleicht nicht mehr ganz allgemein bekannt, daß es in Norddeutschland ein Stück Land gibt, das einmal, fast zweihundert Jahre lang, zu Schweden gehört hat; seit dem großen Friedensschluß zu Osnabrück bis zum Sturze Napoleons gab es ein Schwedisch-Vorpommern, etwa mit dem Zentrum Stralsund. – Seiner Lage am Meer und seinen überseeischen Bindungen entsprechend hat dieser Landstrich seit vielen Jahrhunderten Seefahrer hervorgebracht; die Ostsee ist ihnen geläufig wie die Fläche ihrer Hand; aber sie haben auch das Patent für große Fahrt, für Frankreich, Lissabon, Afrika und Brasilien. – Man lese nur einmal wieder die derben Erinnerungen des Kapitäns Nettelbeck, der Salzfahrer war und Sklavenhändler.

Aus dieser Wetterecke Deutschlands, aus solchen Schifferfamilien, stammt auch Maria Albertine Tode. Da es nach Fritz Reuter ein Kennzeichen der Leute vom benachbarten Fischland ist, daß dort Jedermann Klas heißt, so finden wir, wie billig auch unter ihren Ahnen eine Barbara Clas; die Männer waren immer Seefahrer.

Väterlicherseits kommen die Vorfahren aus Barth. Der Großvater, Johann Jakob Tode, ist Konsumtionsbesucher und Schiffvisitier – also wohl eine Art Zollbeamter; sein Sohn ist Carl Bernhard Tode, der etwa 1764 in Barth geboren wird. Er wird Chirurgus und schwedischer Militär-Oberarzt zur See.

In Schweden regiert damals Gustav III., der durch einen Gewaltstreich die übermäßige Macht des schwedischen Adels gebrochen, und der Krone wieder die alten Vorrechte verschafft hat; seine Regierung ist zunächst für das Volk segensreich, denn er stellt Ordnung und Recht her, schafft die Tortur ab, muntert Bergbau, Handel und Ackerbau auf, die Finanzen werden geordnet, und der König ist beim Volke sehr beliebt.

Aber persönlich verschwendet er viel Geld, und muß deshalb, um die stets leeren Kassen wieder zu füllen, auch zu bedenklicheren Mitteln, zur Einrichtung von Monopolen, greifen – und schon findet der Adel wieder Gelegenheit zu opponieren. 1788 beginnt er einen Krieg gegen Rußland, der, wie immer in jener Zeit, um Finnland und die Besitzungen Schwedens im botnischen Meerbusen geht; die Feldzüge verlaufen im ganzen unglücklich; aber am 9. Juli 1790 siegt die schwedische Flotte unter der persönlichen Führung Gustavs über die russische bei Svenskasund – und Arzt auf dem schwedischen Flaggschiff, in der unmittelbaren Nähe des Königs, ist: Carl Bernhard Tode. Wie hat Fouqué den Erzählungen des alten Mannes gelauscht: »ein Mann, ganz nach meinem Herzen, auf dessen Verwandtschaft und Liebe ich stolz bin!« schreibt er am 10. 5. 1834 an Perthes. – Das Ende des Schwedenkönigs kommt überraschend genug: am 15. 3. 1792 wird er auf einem Maskenfest durch einige vermummte Edelleute angefallen, und von Ankarström tödlich verwundet – das ist das Motiv zu Verdis bekannter Oper »Un ballo in maschera« geworden. – Gleich darauf quittiert Tode, enttäuscht und unwillig, den schwedischen Dienst, und läßt sich in seiner Heimatstadt Barth als Chirurgus nieder; am 5. 6. 1793 schwört er dort den Bürgereid, und heiratet schon am 4. 7. 1794 Margarete Dorothea Wallis.

Margarete Wallis ist eines der 15 Kinder des Schiffers Martin Wallis; alle ihre Brüder sind irgendwie mit der christlichen Seefahrt liiert, entweder als Kaufleute, oder Händler, oder Kapitäne direkt; einer ist auch Gastwirt – Matrosen trinken gern.

40 Jahre leben sie in Barth zusammen, und 5 Kinder ‹segnen› die Ehe: der Älteste ist ein Sohn, Johann Martin Tode, die nächsten vier sind Töchter, von denen zwei, Caroline und Cristiane Marie, anscheinend bald wieder sterben; so bleiben den Eltern nur 3 Kinder: der eben erwähnte Sohn (geb. 22. 4. 1795); die Tochter Auguste (getauft 27. 11. 1796) und das jüngste der Kinder: Maria Albertine, geb. am 6. März.

Ja, und das Jahr?! –

Aus der Heiratsurkunde geht hervor, daß Albertine damals – 1833 – 23 Jahre alt war; d. h., sie ist also 1810 geboren. Die Todesurkunde gibt an: gestorben am 28. 2. 1876 morgens 3 Uhr in Hannover, Hildesheimerstr. 31, im Alter von 65 Jahren, 11 Monaten, 22 Tagen – d. h. also: geboren 1810! – Aus einer handschriftlichen Urbevölkerungsliste der Stadt Halle von 1840 ergibt sich das gleiche Jahr. Und endlich liegen noch zwei Briefe Fouqués vor, in denen er sich über das Alter seiner Frau ausläßt.

Am 20. 3. 1833 schreibt er in einem der ekstatischen Brautbriefe: »... Du süße, von der an meiner Wiege gewiß schon Engel sangen, mehr denn 30 Jahre, ehe Du geboren wurdest ...«; und da er 1777 geboren ist, macht sich die Anwendung auf 1810 von selbst. – Das zweite Mal berichtet er noch genauer in einem Brief an Perthes vom 10. 5. 1834 : »Meine liebe Frau, Bertha Tode mit Namen, ehe sie mir die jungfräuliche Hand reichte, ist ein schönes, zart blühendes, gebildetes Wesen, absonderlich mit schönem Sinn für Musik begabt, erst 24 Jahre alt ...« – also wiederum : 1810 geboren.

Dabei ist das Alles gar nicht wahr !

Albertine Maria Tode ist, laut Eintragung der barther Kirchenbücher, am 6. 3. 1806 – also vier Jahre früher geboren ! Und die Eintragung wird sogleich gesichert durch das Datum der Taufe 15. 3. 1806; und noch zusätzlich durch die Konfirmation, die in allen evangelischen Ländern ja mit 14 Jahren erfolgt : 1820 wird sie in Barth eingesegnet.

Es ergibt sich also der erstaunliche Tatbestand, daß selbst Fouqué nicht gewußt hat, wie alt seine Frau eigentlich ist, und daß sie während der restlichen Zeit ihres Lebens vier Jahre stets unterschlagen hat. (Die Eltern haben von dem Betruge gewußt : denn der Heiratsschein, der ihr Alter auf 23 Jahre ausweist, ist vom Vater unterzeichnet !).

Ich kann aus Mangel an weiteren Daten keinen Erklärungsversuch unternehmen; ich will annehmen, daß es fast zufällig damals beim Engagement durch Marie Fouqué sich ergeben hat, (vielleicht sollte die Gesellschafterin nicht über 21 sein ?) – obwohl man zunächst alles offen lassen muß, zumal nach den speziösen Proben, die weiterhin von ihrem Charakter erfolgen werden.

Sogleich nachdem sie konfirmiert wurde, wird ihr Lebensplan »festgelegt« – wie man sichs im Leben immer einbildet – sie wird zum Onkel Wallis auf eines der Schiffe gesetzt, die Salz aus Noirmoutiers zu holen pflegen, und geht ab zur Schwester Auguste nach Bordeaux, um dort die französische Sprache vollendet zu erlernen; denn sie soll sich einmal ihr Brot als Erzieherin verdienen können.

Diese Schwester Auguste nämlich hat einen Herrn Karl Kunth geehelicht; sie ist »Madame Kunth aus Bordeaux« geworden, wie wir in der reinlichen Handschrift Fouqués auf den Briefumschlägen lesen können; und wieder ergibt sich eine Anmerkung :

Diese Familie Kunth nämlich hat keinen schlechten Namen in Deutschland; ein Staatsrath Kunth ist der Erzieher der beiden Humboldts gewesen : das ist der Bruder dieses eben erwähnten Karl Kunth. Er ist jedenfalls in Leipzig geboren, hat dort zuerst bei Brockhaus den Buchhandel erlernt, und ist dann nachdem er falliert hatte – das kann jedem passieren ! – Kaufmann in Bordeaux geworden. Dort also wächst Albertine heran – im Institute einer englischen Lady (?), wie sie später ehrbar an die Prinzessin Marianne berichtet – und kehrt dann nach Berlin zurück, wo sie zunächst in einer der Branchen der Familie Witzleben (hieß nicht die »Undine« so ?) Aufnahme findet. Anschließend geht sie dann – es fehlen mir 5 Jahre die irgendwo dazwischen liegen – als Gesellschafterin zu Marie Fouqué.

Es erübrigt, noch den einzigen Bruder, Johann Martin Tode, kennen zu lernen. Ein hilfreicher Zufall hat einen großen umfassenden Brief dieses Bruders aufbewahrt; er liegt vor mir, datiert vom 12. März 1838 aus dem Kriegshafen Calmar in Schweden, und aus ihm ergeben sich alle wünschenswerten Relationen.

Er ist Kapitän in der schwedischen Kriegsmarine (Am 26. 5. 1818 hat er die Schwedische Staatsbürgerschaft nachgesucht und auch sein Schifferexamen an der Navigationsschule in Göteborg abgelegt), und er klagt darüber, denn er rostet während des ewigen Friedens im Hafen. Er hat eine Frau und zwei Söhne, Martin und Gustaf; und jetzt, da er einen so berühmten und bekannten neuen Verwandten hat, schlägt sein Herz höher : er will wieder in deutsche Dienste, will fahren, wie früher, nach Brasilien, nach Lissabon : ob ihm der mit so hohen Persönlichkeiten bekannte Schwager nicht eine Anstellung in preußischen Diensten verschaffen könnte ?

Und was macht Schwester Auguste ? Die hat nämlich 3 Töchter, und die älteste davon, Karoline Kunth, zeigt gute Anlagen als Künstlerin : auf Kosten des Königs (durch Fouqué vermittelt) wird sie als Sängerin in Wien ausgebildet. Am 4. Dezember 1836 tritt sie zum ersten Male im Wiener Kärntnertor-Theater als Elvira im Don Giovanni auf; zuletzt am 10. 3. 37 als Elvira in der Stummen von Portici; 1845 habe ich sie noch einmal als verehelichte Valesi als belgische Hofopernsängerin gefunden. Anfang Mai 1837 gibt sie ein großes Konzert in Halle, und erntet allgemeinen Applaus (Fouqué an Prinzessin Marianne vom 12. 5. 1837) – das ist der in den Brautbriefen immer wieder erwähnte »Sperling«.

Denn Fouqué bemüht sich sehr um die neuen Verwandten; er schreibt und spricht mündlich vor. Er läßt seine Verbindungen spielen; bei Perthes –

»Lieber Perthes –« schreibt er am 26. 6. 1840 – »hiermit bitte ich dich um deinen bewährten Rat, wo's gehen will, durch Tat gekräftigt, für einen wackeren vom Unstern verfolgten Handelsmann, der sich wohl früher mit gutem Recht unter die Kaufherren zählen durfte. Er heißt Kunth, und ist dir schon von ehedem aus seinem Verhältnisse zu der brockhausschen Buchhandlung bekannt – wie er hoffen darf : günstig. In seiner Vaterstadt Leipzig ist ihm die allgemeine Achtung, wie ich dessen selbst vor kurzem wahrnahm, geblieben, seines äußerlichen Sinkens unerachtet, oder vielmehr : eben deswegen, weil er aus der Feuerprobe rein und völlig unbescholten hervorging.« Er versucht es ebenso bei Hitzig. Und der Bruder Tode schreibt naiv :»Ich kann Dir es nicht sagen und es mit Worten ausdrücken, welche Wonne ich fühlte, als Fouqué mich darauf aufmerksam machte, wie es ihm vielleicht möglich wäre, durch seine Bekanntschaft und Gunst hoher Personen, mir ein brauchbares Werkzeug zu werden.« (sic !) – Und er bemüht sich wirklich sehr; er empfiehlt nach allen Seiten : nach Köln, an die preußische Seehandlung, an alle Welt.

Und er nimmt sich der Familie Tode auch praktisch an; am 12. 8. 1833 schon berichtet er an die Prinzessin Marianne, daß eben, um 19,30 Uhr seine Schwiegermutter, Dorothea Wallis, hereintrat, »aus engelländischem Stamme, mit Spuren großer Schönheit.«, und einige Wochen dableiben wolle : diese einigen Wochen haben dann bis zu ihrem Tode, am 9. 4. 1843 gedauert.

Der Vater, der Chirurgus, scheint irgendwie mit der Familie zerfallen zu sein; am 18. 9. 1837, abends 16 Uhr, stirbt er in Bernau an Entkräftung; verlassen von Allen, und wird am 21. 9. auf dem dortigen Friedhofe beerdigt. Die Eintragung im Kirchenbuche besagt weiter, daß die Erben unbekannt waren, daß er aber doch leibliche Kinder hinterließ – auch hier mag noch ein mir unbekannter Zwist verborgen liegen.*

---

* In einem Brief der Prinzessin Marianne an Fouqué, datiert Berlin, den 13. Januar 1833, findet sich folgende, mir immer noch dunkle, Stelle :

»Wegen der Frau Todes Töchterlein, über welche Sie mir so poetisch schrieben, muß ich leider antworten, daß Sie im Irrthum sind, und ich keiner Erziehungsanstalt hier vorstehe. – Die Kronprinzeß hat viele Schulen, deren sie sich annimmt. Wie alt ist denn das Kind ? Ob es nicht eher nach Weimar zu geben sey, in eine Anstalt; wenigstens könnte man dort sich nach dem Vater erkundigen. Das hat seine Richtigkeit, daß ich oft mit Kindern mich abgab, wenn ich sie in Monbijou fand.«

Und noch einmal, im selben Brief, weiter unten :

»Wenn Sie das Kind nicht nach Weimar schicken wollen, wo gewiß die Großfürstin sich seiner annehmen würde – so schreiben Sie, oder lassen Sie den Präsidenten von Rochow an die Kronprinzeß darum schreiben; das ist mein unmaßgeblicher Rath.«

Für den Kenner ergibt sich sogleich ein solcher Rattenkönig von Fragen, Vermutungen, Hypothesen, daß ich lieber gar nicht erst damit

Dies also sind die Antezedenzien der Frau, die Fouqué in dritter Ehe geheiratet hat.

Hübsch genug ist sie mit ihren 27 Jahren, das hat ihr ja schon Marianne bestätigt, und ihr Bild bekräftigt es : das volle Gesicht mit der kunstvollen Schmetterlingsfrisur darüber ist nicht ausgesprochen schön zu nennen, dazu sind die Umrisse zu weich und die Augen zu kalt, also mag es schon ähnlich sein.

Immerhin fragt man sich, ebenso wie die Prinzessin : warum die »junge schöne Person« Fouqué genommen hat ? Seine physische Unansehnlichkeit ist ihm schon mehrfach bescheinigt worden, und sie dürfte mit dem Alter ja nicht gerade abgenommen haben; einmal, zu Perthes, zitiert er Bürgers ‹Lenore› : »Sie raufte sich ihr Rabenhaar.«, und fügt voller Galgenhumor hinzu, er selbst habe allerdings jetzt »grauweißes, dem es ohnehin zum Ausraufen an Fülle fehlt.« Und wenn auch das Altersporträt durchaus ein gutmütig-ältliches Männchen zeigt, (nur dem Wissenden ehrwürdig und groß als Hülle eines unsterblichen Geistes), so dürfte es doch kein kleiner Irrtum seinerseits gewesen sein, anzunehmen, daß er noch nie so geliebt worden sei ! Dazu ist die norddeutsch lispelnde Albertine eine viel zu gute Rechnerin und Wirtschafterin. –

Zunächst wird jedenfalls erst einmal das Haus in Halle, Rathausstraße Nr. 233, eingerichtet und bezogen, in dem Grundstück, das später mit dem angrenzenden zum Bauerschen Gasthof vereinigt wurde; sogar ein Garten ist dabei, in dem er zuweilen zu sitzen und zu schreiben pflegt.

Den Kreis der Hausgenossen können wir nach einer alten Haushaltsliste angeben : Da ist einmal er selbst, mit Albertine; dann die Schwiegermama, Margarete Tode; und endlich 3 (drei) weibliche Dienstboten : Louise Gilling (geb. 1816), Therese Herrmann (geb. 1816) und Marie Mitsching (geb. 1823) – so heißen sie wenigstens im Jahre 1840. Aus dieser Tatsache der drei Hausgestellten geht jedenfalls hervor, daß die Fouqués auch damals ein durchaus respektables Haus machten.

---

anfange. – Eine der gutartigeren Erklärungen wäre die, daß Frau Margaretha Tode (Albertines Mutter) im vorgeschrittenen Alter noch ein Töchterlein, von einem anderen Vater, in Kurs gesetzt hätte; wodurch sich nicht nur die, sonst befremdlichen, Wendungen des o. a. Briefes würden verstehen lassen, sondern auch die Trennung von dem alten Tode. – Eine weit bösartigere Hypothese wäre es natürlich, auf einen kleinen Fehltritt Albertinens zu tippen; wodurch dann die Verjüngungskur und die frühe Frankreichreise eine nachdenkliche Erklärung fänden – es kann aber auch eine der anderen Schwestern gewesen sein; ich weiß es nicht !

Auch der späte Kindersegen bleibt nicht aus; zuerst ist es wieder eine Frühgeburt, wie er betrübt der Prinzessin Marianne melden muß : am 22. 10. 1834, abends um 7 Uhr kam ein totes Töchterchen, 4 Monate zu früh, zur Welt, und Albertine hat viel auszustehen, wie sie denn überhaupt zarter Gesundheit ist und oft kränkelt. Aber endlich, am 29.10. 1839 morgens 8 Uhr, wird ihm »ein blühend frischer Knabe« geboren, bei dem die Prinzessin die Patenschaft übernimmt, und der in der Taufe die Namen Karl Friedrich Wilhelm erhält : der Name Fouqué wird *nicht* aussterben ! (Die Geburt des zweiten Sohnes hat er dann nicht mehr erlebt).

Das Geld ist knapp; und es ist betrüblich zu lesen, wie dem Thema immer breiterer Raum in den Briefen an die Prinzessin gewährt werden muß. Die 1000 Taler reichen nicht hin und nicht her; denn wenn auch Albertine in engen Verhältnissen aufgewachsen ist, so hat sie doch gehofft, daß sie jetzt als Baronin nicht mehr zu rechnen brauche. Außerdem kostet der Arzt ständig Geld; alle möglichen frommen Vereine bitten laufend um Beiträge, und Fouqué ist unermüdlich, wirbt hier und da, bittet bei Marianne von Hessen-Homburg bald für zwei arme adlige Fräulein; Lympius Sohn will studieren und braucht ein Stipendium; dann wieder für die hallische Blindenanstalt, oder für den Frauenverein, dessen Direktor er geworden ist. So heißt es denn am 25. 12. 1833, abends nach 5 Uhr, im poetischen Tagebuch »An Bertha : Wir hatten wenig uns zu schenken ...«; und wenn der König Friedrich Wilhelm III. – der sich nebenbei standhaft weigert, die Pension seines Anbeters und Verehrers auch nur um einen Groschen zu erhöhen – wieder einmal eine Geldspende sendet, ist die Freude rührend : am 11. 12. 1834 sind es 300 Taler; am 18. 2. 36 : 100; am 21. 2. 37 wieder 300; am 1. 2. 38 einmal 150; ebenso am 10. 1. 39; und am 19. 10. des gleichen Jahres wieder 100. Die größte Freude aber ist es, als endlich der Nachfolger, der Fouqué-König, Friedrich Wilhelm IV., gleich nach seiner Thronbesteigung seine Pension aus freien Stücken um 300 Taler jährlich erhöht, vom 21. 8. 1840 ist der Brief, mit dem er das freudige Ereignis an seine Prinzessin meldet. – So muß Fouqué noch im Alter erfahren, wie bitter es ist, auf Einnahmen aus schriftstellerischer Arbeit angewiesen zu sein, und er kann Gott und dem König nicht genug für die feste Pension danken; denn ohnedem hätte er wirklich einmal Not kennen gelernt; so aber bleibt ihm wenigstens dieses Äußerste erspart.

§ 59

Ein neuer Kreis von Freunden und Bekannten bildet sich in den 8 Jahren in Halle.

Eberhard und Vetter Karl, die Alten, verstehen sich von selbst; auch »mein innigster Freund hier ist der Konsistorialrath Tholuck«, der alte Orientalist und Theologe, der tatsächlich einmal die Episode von Emir Nureddin aus dem Zauberring ins Arabische übersetzt hat, »einem Großen aus Tunis zu Gefallen.«

Eine Gruppe für sich sind die hallenser Patrizier und Stadtnotabilitäten, so z. B. der Bürgermeister und Musikamateur Bertram (der Fouqués Nachtwächterlied vertont); der Landgerichtsdirektor von Gerlach, der auch eine gar fromme pietistische Seite hat; der Oberpostdirektor Carl Göschl von der Leipzigerstraße; der Historiker Voigtel, verschrieen wegen seiner »Kollaboration« in der »westfälischen Zeit« der Stadt. Dazu kommen der Bischof Dräsicke, der Pfarrer von Tippelskirch, und mehrere junge Geistliche, z. B. ein Prediger Constantin Schiff, dem er mehrfach Verse im »Marienbüchlein« gewidmet hat, und ein cand. theol. Risel »mehr als 30 Jahre alt, bereits Prediger in Halle.«

Eine andere Gruppe sind die Professoren und Lehrer der Universität; ich hatte schon erwähnt, wie er, zum Teil in seiner Wohnung, zum Teil in einem Saal der Hochschule seine Vorlesungen über Literaturgeschichte und Zeitgeschichte hält. So kommt er denn zwangsläufig und auch gern mit den ordentlichen Professoren in Berührung.

Der früher schon erwähnte Karl Witte, Jurist, von dessen Debüt als Wunderkind und Auspfiff Fouqué einst Zeuge war, wird ihm jetzt sympathischer, als in der politisch so verseuchten Atmosphäre der Nachkriegsjahre; da ist der Professor der Theologie, Ludw. Gottfr. Blanc, zugleich der Prediger der französisch reformierten Gemeinde; der Bibliothekar Pernice tritt ihm sonderlich nahe (Duzfreund!) und versorgt ihn mit den nötigen Büchern. Ein enger Freund wird Professor Heinrich Niemeyer vom königlichen Pädagogium, ihm schon während seines Aufenthaltes im Jahre 1832 »sonderlich lieb geworden« wie er an die Prinzessin berichtet; mit ihm verhandelt er auch wegen der später noch zu erwähnenden französischen Ausgabe des »Zauberrings«. Aus seinem Hörerkreis bildet sich eine weitere Gruppe; seine Tätigkeit als Lektor hat er am aufschlußreichsten dem Leipziger Romanisten, Hofrat Keil, ihm auch persönlich aus den weimarer Tagen bekannt, geschildert : »Was ich noch außerdem an günstigem Gewinn daraus schöpfe, liegt einstweilen in den Gemütern des kleinen und erlesenen Kreises bewahrt, welcher sich hier das ganze Jahr entlang um mich für poetische Betrachtungen zweimal in der Woche versammelt, während meine politischen (sogenannten Zeitungs-)Vorlesungen eine ausgedehntere Zuhörerschaft, die ich doch aber in der sehr überwiegenden Mehrzahl gleichfalls mit vollem Recht erlesen benennen darf, nur in den Winterhalbjahren beschäftigen. Deren Blüten erscheinen seit nun 4 Jahren unter dem Titel ‹die Weltreiche› in kleinen Broschüren poetischen Inhalts, worauf ich mir bei dieser Veranlagung erlaube, Ihre Aufmerksamkeit zu lenken.« (Brief vom 1. 6. 1838). – Es sei hier schon vorweggenommen, daß er vollauf Recht hat : »erlesen« ist der Kreis insofern, als es sich fast grundsätzlich um adlige Zuhörerschaft handelt, die seine hahnebüchenen politischen Einfälle mit Behagen und voller Zustimmung anhören; und auch »Blüthen« ist die völlig korrekte Bezeichnung für die später noch ausführlicher zu schildernden ‹Weltreiche›. – So besuchen z. B. die in Halle verweilenden Prinzen Otto und Heinrich von Schönburg Fouqués Haus und Vorlesungen, oder der Herr von Beföhlen; nur selten ist ein Bürgerlicher unter seinen Zuhörern, und dann sind es meist Theologen, also auch wiederum das gottgegebene Auditorium für seine knolligen Hypothesen. Natürlich ist er bei seinen Schülern sehr beliebt; zum Geburtstage bringt man ihm Ständchen : eine Motette und ein Chor sind es 1835.

Zuweilen kommen durchreisende Freunde und Freundinnen : 6 Wochen lang ist Anfang 1837 eine Bruderstochter des Dichters Novalis, und Albertine »sehr befreundet«, bei Ihnen zu Gast. Einmal kommt auch der alte Freund der heiteren ascherslebener Zeit, Karl Kolumbus von Hagen, der seine Tochter ins Fräuleinstift bringt : »Bedenk es wohl, mein alter wackrer Hagen, / daß wir in kurzem Allezwei, / wenn nicht noch früher winkt der Sensenmann : Vorbei ! / ein jeglicher sein Schock von Jahren mit uns tragen. / Und Adam Riese lehrt, der sichre Rechenmeister, / daß dann durchs Land der staubumhüllten Geister / der größte Teil der Fahrt zu Ende sei. / Bedenk es wohl, und mach Dich auf, / im ritterlichen, raschen Lauf – / um nicht durch spätre Reu zu büßen, – / hienieden noch einmal den alten Freund zu grüßen. / Du warst ja sonst so zögernd nicht, / wenns hieß : Nun, Hagen, frisch, den Fuß in' Bügel ! / Und schwand uns auch der Jugend Maienlicht, / doch weht in Herz und Geist der ewigen Jugend Flügel. / Bedenk es wohl : Dir winkt zugleich das Angesicht / des holden Töchterleins ! Komm ! Grüble nicht ! / Sonst meintest Du : ‹Wenn : Marsch ! mein Hasper spricht, / hält seinen Bomsen, mich, kein Zügel !› / – Ists anders nun ? Gedenk der Bundespflicht, / und trennten Alpen uns. Nun sinds ja kaum nur Hügel ! / Laß uns, entfremdet dem Geklügel / mattherziger Welt, erneun der Jugend Licht. / – Frisch, Hagen Bomsen, zögre nicht ! / Der Deine stets in Lust und Weh ! / Jetzt wie vordem : / Hasper Fouqué.« So versucht er nochmals am 30. 1. 1836 den alten Freund zu sich zu rufen; der vielbeschäftigte Landrat kann sich aber nicht so losmachen, wie der freie Literat es kann und fordert. Sie haben sich lebend dann nicht mehr wiedergesehen; am 8. 12. 1837 stirbt Karl von Hagen, und Fouqué kann nur noch bewegt in das Stammbuch des Sohnes Gotthardt v. H. am 17. 12. eintragen : »So weilst Du nun bereits in jener Welt ... / An Rhein- und Mainesufern ritten wir / zum erstenmal vereint ins Kampfrevier ... / ich ringe noch, Du schläfst schon friedlich aus.« – Wieder ist einer der alten Getreuen dahin; denn auch Danckelmann ist nun schon jahrelang tot.

Einmal wäre Fouqué ihnen fast vorangegangen : in den Weihnachtstagen 1833 ist er schier an Kohlendunst erstickt; die zufällig eintretende Albertine hat ihn schon bewußtlos gefunden und in einer Viertelstunde wäre er tot gewesen; so gelingt es den vereinten Anstrengungen der Frauen und des sogleich herbeigeeilten Hausarztes, Dr. Guticke, ihn wieder zu beleben.

An Reisen wird in jenen Jahren wenig unternommen; zweimal ist man in Berlin bei den Verwandten. Zuerst Mitte Juni 1836, und damals muß sich die früher angeführte Szene mit »dem Holzpüppchen«, der Tochter Marie\*, abgespielt haben, von welcher der schon erwähnte ver-

---

\* Der hier erwähnte Brief vom Anfang Juni 1836 (aus dem ich S. 170, Zeile 8–11 v. o. eine Stelle angeführt habe) lautet in extenso :

»... Ich war auf ein paar Tage hier, und wollte zu Dir kommen.« (Hitzig soll als Remplacement Kunth annehmen). – »... Was mich betrifft – : der König wird helfen, oder der Tod; da giebt es kein Drittes ! – am wenigsten Die, welche Du einmal meine Antigone nanntest. Die gute Person ist die personifizierte Unpoesie selbst, und kommt sich damit klug vor, und *eben deswegen* klug. Ich könnte ebensogut einer Holzpuppe meine Verse vorlesen, als ihr; und hört eine Andre lebendiger zu, so läßt sie sich wohl gar was einfallen wie Eifersucht. Sie wäre komisch, wäre sie nicht meine Tochter. So aber zerreißt sie mir das Herz. Du fühlst, wie unaussprechlich elend ich bin, Eduard ! Das hätte ich nimmer gedacht, als ich dies Holzpüppchen an meinem Herzen aufzog, als ich es mit mir nahm nach Hamburg, Windebuy, Lübeck, Bremen, um es edleren Duft einatmen zu lassen, als die erstickende Nennhauser Luft. Aber ich hoffe dennoch eines schönen Todes für König und Vaterland zu sterben, und dann wundert sich Mariechen vielleicht ordentlich. / Ja, *ordentlich* für ihr Seelenheil ! Denn besser diesseits geweint, als jenseits geheult. / Ad interim

wilderte Brief an Hitzig berichtet; die Trennung ist absolut zwischen den Beiden, obwohl Marie noch einmal, Anfang September 1837, auf einer Reise ins Bad (sie hatte sich die Hand verletzt, und reiste zur Kur nach Karlsbad), auf Stunden beim Vater vorspricht. Sie hat sich vollständig den Brüdern, zumal dem Minister, angeschlossen, und nimmt »den regsten Anteil an den Plänen des Bruders, der gern das, was ihn erfüllte, mit ihr besprach. Er bildete den Mittelpunkt ihres Daseins, und so erschienen ihr Verhältnisse und Menschen hauptsächlich in ihren Beziehungen zu ihm bedeutsam.«

Es ist hier der Platz um ihr weiteres Leben gleich bis zum Ende zu skizzieren; ein andauerndes körperliches Leiden fesselte sie fast immer an Bett oder Sofa; aber sie wußte sich sehr zu beschäftigen, führte einen ausgedehnten Briefwechsel, zeichnete sorgfältig ihre Gedanken und Erlebnisse auf (leider sind alle diese Tagebücher im letzten Kriege verloren gegangen!); auch berichtet uns Varnhagen, daß sie ihn einmal bat, ihr englische Bücher, selbst politische, zum Übersetzen zu verschaffen. Nach dem Tode des beschränkten Gustav zog sie zur Stiefschwester Klara nach Jahnsfelde, wo sie erst am 18. 2. 1864 gestorben ist. (»Die Liebe höret nimmer auf« läßt sie auf ihren Grabstein meißeln; der heute noch, halb versteckt in einer Hecke, neben dem Pfuelschen Erbbegräbnis zu sehen ist). Eine Verwandte charakterisiert sie so: »Sie war eine der geistreichsten und gebildetsten Frauen, die mir begegnet sind; zugleich durch große Herzensgüte ausgezeichnet, eine der wenigen ganz liebenswürdigen alten Jungfern, eine wahre Freundin der Jugend.« Heute sind alle diese Namen natürlich nur im Zusammenhange mit Fouqué noch wertvoll; er hat sie mit sich genommen, »in die große schöne Ewigkeit«, wie Asmus singt. Bezeichnend für die »Güte« der »kleinen Marie« ist noch der Umstand: daß von den Kindern oder Enkelkindern Fouqués Niemand von der Existenz einer Schwester, oder »Tante Marie« etwas gewußt hat!

Das zweite Mal ist man mit großen Hoffnungen in Berlin: auf einen Wink der Kaiserin Alexandra eilt man im Juni 38 in die Residenz, und tatsächlich erhält auch Albertine durch Vermittlung der Prinzessin Marianne eine Audienz bei der hohen Dame.

---

bin ich unglücklicher als Napoleon auf St. Helena. ... / Solltest Du etwa hören, ich sei hienieden verrückt geworden, so verwundere Dich nicht allzusehr: il n'y'a rien d'étonnant. Einem russischen Dichter ist vor kurzem dasselbe passiert – und ich glaube, der hatte nicht einmal eine Tochter!«

Das Verhältnis zu Marianne bleibt jetzt unverändert wohltemperiert; zum Geburtstag gratuliert man sich unermüdlich; Fouqué liefert Gelegenheitsgedichte zu allen Anlässen im hohen Hause, zumal den freudigen, Geburt und Hochzeit; hat ihn doch anläßlich der Meldung seiner beabsichtigten Heirat der Minister von Altenstein »väterlich umarmt, und der König war huldvoll wie noch nie.« Auch sendet der Monarch ihm die goldene Denkmünze auf die Hochzeit der Prinzessin Elisabeth (22. 10. 1836), einer der Töchter Mariannes, mit dem Prinzen Karl von Hessen, und die Mutter selbst berichtet in einem langen Brief an den Hofdichter darüber. Dem König wird ein gesticktes Bändchen mit einigen Gedichten überreicht, und der hohe Herr läßt durch seinen Kammerherrn von Schilden danken : »Euer Hochwohlgeboren habe ich die Ehre ganz ergebenst anzuzeigen : daß ich ihr Gedicht in seiner schönen Einfassung Sr. Majestät überreicht habe, nebst Ihrem Schreiben. Allerhöchstdieselben nahmen es sehr gnädig und wohlwollend auf ...«, (und so windet sich der widerliche Floskelstil weiter über zwei volle Seiten; amüsant ist noch dieser Witz darin : »Es kann Niemand so (wie Sie) das tatenreiche (sic !) Leben des Königs darstellen.«; und ich erinnere hierzu nur an das Urteil des energischen Marwitz). – Während dieses letzten Berliner Aufenthaltes sind die Fouqués auch bei Besser, dem Kompagnon Perthes', zu Gast, vermittelt durch Otto Beneke (den in Berlin studierenden Sohn des ausführlich behandelten Ferdinand), der nebenbei auch an der Hochzeitsfeier 1833 teilgenommen hatte.

Und auch Albertine trifft den Ton der höheren Abderiten ausgezeichnet, wenn sie am 3. 11. 1837 rührende Züge von ihrer Geschäftigkeit im hallenser Wohltätigkeitswesen erzählt : »es ist sehr schwer gewesen, die Anstalt durch den Winter zu bringen« berichtet sie von der Blindenanstalt, und wie sie in dem kleinen Kreise »als die Gesandtin Eurer Hoheit« (= Prinzessin Marianne) angesehen werde; wie erbaulich sie den Unterricht begutachtet : die Lehrer erziehen meist nur zum mechanischen Auswendiglernen, nicht zum Denken; vor allem fehlt es am einfältigen klaren Glauben in der Religion, »die doch als Basis von allem Wissen« angesehen werden muß ... »daß wir ohne den höheren göttlichen Halt recht elend wären, das habe ich in der letzten Zeit meines Lebens ... recht lebhaft empfunden.« schreibt sie gefühlvoll – wir werden diesen ‹höheren Halt› gleich darauf kennen lernen.

Einmal, im Juni 1840, reist man auf 4 Wochen nach Leipzig »meine Adresse ist Am Schützenhause, im Haus des Drechslermeisters Gehe, bei Herrn Dr. Folkmann«, meldet Fouqué an Perthes nach Gotha; hier ist es vor allem der Hofrat Keil, mit dem er romanische Literatur durcharbeitet. –

Ich weiß nicht, ob er sich in Leipzig einmal die Eisenbahn, das neue Wunder der Zeit, angesehen hat, hierin ganz unähnlich dem alten Freunde Chamisso, der gar nicht schnell genug »mit vorgespanntem Zeitgeist« fahren konnte. Er hat anscheinend überhaupt gar kein Verhältnis zu der Technik seiner Zeit, vor allem der umwälzenden Erfindung der Luftschiffahrt, gehabt, die doch den größeren Kollegen, Jean Paul, zu so wunderbaren Gebilden begeisterte, wie etwa dem ‹Giannozzo›. In all seinen Briefen oder Manuskripten habe ich bisher nie auch nur eine Zeile solcher Dinge auffinden können, und an Phantasie hat es ihm doch wahrlich nicht gemangelt. –

Die Einzigen, die ihn jetzt unbefangen – d. h. unbeeinflußt von den innerdeutschen Stänkereien – als Dichter würdigen, sind wieder die Ausländer, die oft durch Halle reisen, und fast Keiner, ohne den großen Dichter – denn das ist ihnen, die seine späte fatale Wendung nicht kennen und auch gar nicht kennen wollen, Fouqué, und mit vollem Recht – zu besuchen. Sie würdigen ihn am reinsten, lediglich auf Grund seiner großen poetischen Leistungen der früheren Jahre. Freilich sind es auch unbekannte Namen : die Schweizer Nünkel, Wattenwyl und Geisler werden namentlich erwähnt. Harry Lumsdon und Robert Bremner, die Schotten; ein Engländer G. Man, der uns auch ein Bleistiftporträt des Dichters hinterlassen hat; oder Mr. Sears aus Nordamerika.

Auch die nordischen Länder stellen manchen wichtigen Besucher; einmal, im September 37 ist bei ihm ein Pfarrer Caderström zu Gast. Der große Geiger des Nordens, Ole Bull, wird ihm bei seinem Aufenthalt in der Stadt »auch als Mensch so lieb«, und bei dem wundersamen Klange seines Instrumentes erwacht ein längst vergessener literarischer Plan aufs Neue : dem ‹Sintram› die damals, vor 25 Jahren, versprochene Fortsetzung zu geben. Am engsten wird die Freundschaft mit dem dänischen Dichter Bernhard Severin Ingemann, mit dem ein eifriger Briefwechsel später läuft; Fouqué hat ja auch einige seiner Novellen ins Deutsche übersetzt; leider habe ich nur einen Brief von Ingemanns Frau, Luzie Maria, einsehen können; aus dem sich aber doch wichtige Einzelheiten, z. B. einer geplanten Nordlandreise Fouqués ergeben; ausführlich läßt er sich über die beste Reisezeit in Norwegen beraten, und den einzuschlagenden Weg, natürlich soll er auch nicht vergessen, in Sorö vorzusprechen. Noch in der kleinen Auswahl seiner Werke merkt Fouqué beim Sigurd an : daß ihm diese Klänge viele Freunde im Norden gewonnen haben, »worunter ich vornehmlich die Freundschaft des edlen Dichters Ingemann zu schätzen weiß, und die Huld von dessen mit Griffel und Malerfarbe lieblich begabter Gattin.« –

Und allmählich wird es natürlich Zeit, daß sich bei König Marke und Isolde unter so viel interessanten Gesichtern ein Tristan einfindet; und wenn er auch nicht immer direkt Tristan heißt, so genügt ja schließlich auch einmal Charles Fournel.

## § 60

Charles Theodor Fournel – das ist der, den Goedeke Fournet nennt, und von dem Dr. Pfeiffer in seiner Undinen-Dissertation bekannt hat, nichts ermitteln zu können; das scheint selbst heute noch in Fachkreisen keine Schande zu sein, denn die romanischen Seminare dreier deutscher Universitäten haben mir auf meine Anfrage hin das Gleiche gestanden. Ich gebe deswegen zunächst kurz das ‹offizielle› Biogramm, kondensiert aus dem Lebensabriß, den Frederic Amiel dem posthumen Werk Fournels, den »Essais dramatiques« (Genf 1878), vorangestellt hat:

Fournel stammte aus einer ehrbaren Familie, die lange Zeit in dem lothringischen Ort Géniecourt beheimatet gewesen war; sein Vater (Henry) war 30 Jahre lang Chef eines der Büros der Militärverwaltung in Metz gewesen. Hier in dieser kriegerischen Stadt wurde am 24. 3. 1817 Charles Fournel geboren. Er hatte einen älteren Bruder und zwei Schwestern; der Bruder (1813–46) wurde Lehrer für Naturgeschichte und Mitglied der Metzer Akademie; die beiden Schwestern lebten noch 1878, eine von ihnen pflegte die Musik, die Andere die Malerei mit Hingebung.

Charles Fournel besuchte zuerst die Schulen seiner Vaterstadt, und wurde dann, seine Bildung abzuschließen, zum Studium nach Paris geschickt; der 1837 erfolgte Tod seines Vaters zwang ihn jedoch, es abzubrechen, ohne einen akademischen Grad erlangt zu haben. Bei so veränderten Umständen mußte er jetzt für seine Existenz selber zu sorgen suchen; es gelang ihm, Sekretär beim österreichischen Gesandten, dem Grafen Keiserling, zu werden; der ihn auch auf Reisen mitnahm, die ihn über Venedig und Wien nach Berlin führten, wo sich später ein so großer Teil von Fournels Laufbahn abspielen sollte. Am Beginn der Karriere stand jedoch für diesmal ein Unwetter.

Kaum war er durch den Grafen Keiserling bei dem Baron de la Motte Fouqué eingeführt und von diesem neuen Beschützer sehr günstig aufgenommen worden – bald durfte er in seinem Hause wohnen, und hat später dessen berühmtes Werk »Undine« in Frankreich bekannt gemacht (ein Irrtum; Anm. d. Verf.) – kaum hatte er also festen Fuß in der preußischen Hauptstadt gefaßt, als er von der Polizei den Befehl erhielt, die Stadt und das preußische Staatsgebiet zu verlassen; auf Grund falscher Vermutungen hatte man ihn für einen französischen Agenten gehalten.

Mit guten Empfehlungen versehen ging er nun als Flüchtling nach Frankfurt am Main – damals noch eine sogenannte »Freie Stadt« (obwohl sie z. B. in den Fällen ETA Hoffmann oder Massenbach untertänigst an Preußen auslieferte.) – und machte sich 1839 zum ersten Male dem Publikum bekannt : einmal hielt er öffentliche Vorlesungen über französische Literatur, und veröffentlichte sein erstes Gedichtbändchen, die »Ombres et Rayons«, die er der Baronin Albertine de la Motte Fouqué gewidmet hat.

Bald darauf wieder nach Berlin zurückgekehrt, machte Fournel dort die Bekanntschaft Paul Ackermanns, des Mitarbeiters von Charles Nodier. Ackermann interessierte sich für den jungen Dichter; ermutigte ihn und wurde bald sein Mentor; er hat auch ein Vorwort zu dem zweiten Gedichtbande Fournels, den »Lais et Ballades« geschrieben (1844). Ackermann, damals an einem schweren Brustleiden erkrankt, (dem er dann auch 1846 erlegen ist), und gezwungen allen Unterricht aufzugeben, empfahl seinen Schützling an Alexander von Humboldt weiter, und zwar als Ersatzmann, um den Französischunterricht bei Hofe zu übernehmen. Es gelang, ihn dort zu lancieren; und er hat nun bis 1854 die königlichen Prinzen und Prinzessinnen – z. B. den späteren deutschen Kaiser Friedrich und dessen Schwester Luise, danach Großherzogin von Baden – in französischer Sprache und Literatur instruiert.

Während dieser Jahre veröffentlichte er einen dritten Band Gedichte, die »Poésies« – 77 Stücke auf 300 Seiten – in dem er die besten Gedichte seiner ersten beiden Veröffentlichungen mit verwertet hat. Schon damals wandte er sein Hauptinteresse den Meßbüchern zu, der Chrysographie (= Malerei auf Goldgrund), dem mittelalterlichen Theater, und Puppenspielen mit politisch-aristophanischem Hintergrund.

Das Jahr 1854 wurde entscheidend für ihn; die Erziehung seiner vornehmen Schüler war beendet; er mußte nunmehr an eine anderweitige feste und gesicherte Zukunft denken. Bei seiner Herkunft aus dem Grenzland, und einer dadurch bedingten leidlichen Beherrschung des Deutschen – obwohl er zeitlebens durchaus französisch orientiert war – hatte er die Wahl : entweder in Berlin als Französischlehrer zu bleiben, oder aber evtl. als Deutschlehrer nach Frankreich zu gehen; oder endlich ein Leben als freier Schriftsteller zu versuchen. Er wählte das Letztere und reiste mit seiner Familie – er hatte 1854 geheiratet (am 5. 7. 1854 hat, laut Eintragung der St. Matthäuskirche in Berlin, »Professor« Karl Theodor

Fournel, wohnhaft Berlin, Mohrenstr. 37, katholisch, Sohn des verstorbenen Henry Fournel zu Metz, sich mit Pauline Marie Sophie Eyrich, Köthenerstr. 8, geb. 24. 2. 1830, Tochter des Schlawer Chirurgen Ernst August Eyrich, verheiratet. Anm. d. Verf.) – nach Frankreich ab; zunächst nach Metz, wo auch sein erster Sohn geboren wurde. Er erlebte indes harte Enttäuschungen. Zwar war er 1855 Leiter der preußischen Abteilung bei der großen Weltausstellung; aber im Sommer 1856 treffen wir ihn in der bescheidenen Position eines Anwärters auf die Stelle des Deutschlehrers; seinem Vorwärtskommen im Unterrichtsfach stand jetzt der Umstand im Wege, daß er in seiner Jugend keinen akademischen Grad hatte erwerben können. Gleich darauf erscheint er als Deutschlehrer in dem kleinen Städtchen Tournon-sur-Rhone, wo er die restlichen 13 Jahre seines Daseins verbracht hat.

Während des stillen Lebens dort wurde ihm noch eine Tochter geboren, die jedoch früh wieder starb. Er führte nun eine recht zurückgezogene Existenz; seine Freizeit füllten Fischfang und weite Wanderungen aus; seine große Leidenschaft und eigentliche Erholung blieb die Dichtung. 1859 hat er die »Folles Images«, eine Satire auf den damals neuen Realismus in der Kunst, anonym herausgegeben; und 1862 die, seiner ehemaligen Schülerin, der preußischen Prinzessin Luise, gewidmeten, »Légendes dorées« : Auf dies letztere Werk hatte er 6 Jahre des Fleißes und der emsigen Politur verwendet; es erzählt in raffinierter Schlichtheit 42 Legenden, von der Geburt Christi an bis zur heiligen Elisabeth von Ungarn. Daraufhin erhielt er 1863 aus Berlin den Orden der Krone Preußens, zusammen mit einem schmeichelhaften allerhöchsten Briefe.

Seit längerer Zeit Leber- und Magenkrank ging er 1869, die Bäder von Vals (Ardèche) zu gebrauchen; aber es war schon zu spät : am 13. 6. 1869 starb er, 52jährig, in Tournon an einem Blutsturz.

Nach seinem Tode gab Frederic Amiel noch 1878 4 dramatische Versuche heraus; (im Katalog der großen pariser Bibliothek finde ich außerdem noch ein Buch »Le Denil et l'esperance« (Paris 1872) erwähnt, das Amiel jedoch nicht aufführt; ich selbst habe es nicht erreichen können). –

Soweit also die ‹offizielle› Ansicht von Fournels Leben; allerdings gibt sein Biograph zweimal deutlich zu : »Über sich selbst, seine persönlichen Umstände und seine Vergangenheit war er mehr als verschwiegen; ich habe erst sehr spät und nur von Anderen die wenigen biographischen Details erlangt, die ich hier folgen lasse«; und wieder : »Eine Art Helldunkel umgab ihn im Beginn unserer Bekanntschaft.«; allerdings hatte Amiel seine Details aus dem Munde von Frau und Kind des Verstorbenen, also immerhin leidlich sicheren Quellen. Dennoch erklären sich so die vielen und groben Fehler, die ich zum Teil soweit berichtige, als sie Fouqué betreffen : Herr Fournel hatte sein späteres Chiaroscuro schon nötig ! –

Ende Oktober 1838 erscheint also in Halle (nicht Berlin !) der junge Mann »hochschlank von Gestalt, von eleganter Haltung und hübsch von Gesicht; der Teint spanischdunkel, Haar und Schnurrbart schwarz, die Augen groß und voll südlichen Feuers«; und er weiß auch, wie man auf die dummen Deutschen, zumal die Weiber, Eindruck machen kann : einen spanischen Edelmann nennt er sich, Charles Fournel de Géniecourt; allerdings für seine Schriften wähle er das ‹Pseudonym› Charles Fournel, erklärt er Fouqué bescheiden. Er ist also Adliger etwa so, wie wenn sich ETA Hoffmann »Herr von Königsberg« genannt hätte; und er hat auch die entsprechende Vergangenheit parat :

»Ein junger Franzos spanischer Abkunft – oder vielmehr ein junger Spanier auf französischem Boden geboren (sonst wär er mutmaaslich mir Altfranken minder lieb !) – hat sich für einige Zeit hier heimisch gemacht« berichtet Fouqué am 30. 10. 1838 an Hofrat Keil in Leipzig, »um mit deutscher Sitte und Literatur bekannter zu werden, als es ihm sein bisher ziemlich umschweifendes Leben möglich gemacht hat. Er war durch fast 3 Jahre lang (sic !) ein Mitkämpfer in des Königs Carlos – (ich kenne bekanntlich keine andre königliche Gewalt in Spanien !) – Heeren. Seine dadurch erschütterte Jünglingsgesundheit macht ihm einige Ruhe zur Pflicht, und diese soll in dem sehr poetisch begabten Geiste ganz absonderlich zunächst poetischen Forschungen gewidmet sein. Da er auf meine Leitung Einiges gibt, rate ich ihm zuvörderst, sich mit der Altspanischen, altitalischen und altfranzösischen Dichter- und Historien-Welt vertraut zu machen. (Von dem neufranzösischen Getriebe seit Louis XIV. bis auf Victor Hugo incl. weiß er mehr, als mir lieb ist).« Und dann bittet er Keil um Bücher : »Ausführlicheres behalte ich künftiger Beratung vor, indem wir, durch geförderte Entfaltung dieses Genius, der Literatur einen echten Dienst leisten können.«

Aus diesem unschätzbaren Brief ergibt sich also, daß Fournel die ‹Chrysographie› nicht erst später erlernt hat; schon jetzt versteht er es virtuos, sich mit jener Aureole zu umgeben, die anscheinend unwiderstehlich ist – spanischer Edelmann; Kämpfer für die ‹Carlistos› in Spanien, und dazu der interessante bildhübsche Mensch ! Krapülinski und Waschlapski kamen also nicht nur aus Polen, wie Heine irrig anzunehmen scheint. Kein Wunder, daß in dieser Zeit der Demagogenriecherei und der Burschenspürer auch die brave hallenser Polizei auf die zweideutige Gestalt aufmerksam wird, und ihn im August 1839 aus dem preußischen Staatsgebiet entfernt. Dennoch verwendet sich Fouqué auch späterhin für ihn; am 8.6. 1840 berichtet er Perthes von dem Fall Fournel; von dessen, Albertine gewidmeter, Gedichtsammlung; von den Paßschwierigkeiten des zur Zeit sich in Frankfurt befindlichen jungen Mannes; und ob Perthes da nicht auch seine Beziehungen spielen lassen könnte? –

Soweit die uns erhaltenen Auslassungen Fouqués über den »jungen spanischen Edelmann«; aber die schrecklichste Überraschung – erschütternd belehrend über das späte Eheglück des greisen Sängerkönigs, und wie ihn seine jugendliche Schöne liebte – ergibt sich aus dem Aktenstück IC 12 des Stadtarchivs Halle, vom 4. August 1839: oh, Heine hatte doch recht! »Und da Keiner wollte leiden, daß der Andre für ihn zahle, zahlte Keiner von den Beiden ...«; und: »Ja, sie haben sogar Wäsche! / Jeder hat der Hemden zwei, / ob sie gleich zwei edle Polen, / Polen aus der Polakei!« – und wenn sie einmal *keine* Hemden haben, dann ist immer noch Frau Albertine da, die einspringt. –

»An den Herrn Oberbürgermeister Schröner, Hochwohlgeboren.

Euer Hochwohlgeboren sehr geehrten mündlichen Aufträge zufolge, verfehle ich nicht, hinsichtlich des hier sich aufhaltenden Spaniers de Géniecourt, Folgendes gehorsamst anzuführen:

Der de Géniecourt ist beinah 1 Jahr hier, und hält sich beim Herrn Major von Fouqué auf. Seine Verhältnisse zu der Frau des letzteren können nur vertrauliche genannt werden, da Alles, was darauf sich bezieht, sogar in die Rechte eines Ehemannes schlagen. Geldmittel scheint er nicht zu besitzen, denn für alle Bedürfnisse sorgt die Frau Baronin, und sie ist ängstlich bemüht, daß ihm in Allem gewillfahrt werde. Sie weiß auch ihren Ehemann und ihre Mutter, die verwitwete Dr. Tode, welche bei ihr wohnt, so abzuhalten, daß sie von ihnen des de Géniecourt wegen nicht behindert werde. Sie tobt und flucht auf ihre Angehörigen und glaubt, hierdurch den Respekt aufrecht zu erhalten. So leidet sie nicht, daß ihr Ehemann zu einer anderen Zeit, als beim Mittagessen und Abends beim Thee in ihre Stube komme; dagegen ist der Géniecourt fortwährend bei ihr, und Beide sind durch dazu gekommene Dienstboten schon mehrmals unvermuthet in verdächtiger Situation überrascht worden. Er begleitet sie bis ins Bett und hilft bei der Toilette, und als er kürzlich damit noch nicht ganz fertig gewesen (nachts 12 Uhr) ist ohne Anmeldung Herr v. Fouqué eingetreten, um schlafen zu gehen; woraufhin sie ganz wüthend ihm zugeschrien ‹Ochse! siehst Du nicht, daß ich noch nicht ausgekleidet bin und erlaubst Dir früher zu kommen? Marschiere so lange in Deine Stube !› Herr v. Fouqué hat sich zurückgezogen und ungeachtet aller Müdigkeit beinah eine Stunde lang aus dem Fenster gesehen, bis er gerufen worden; allein jetzt ist erst der Spektakel angegangen und das

Schimpfen hat bis früh gedauert. Sie hat ihm mehrmals zugerufen : ‹Du besoffener Schweinehund !› pp. und jemehr er ihr gütlich zugesprochen, desto schlimmer hat sie raisoniert. Er trinkt nämlich 2 Flaschen Wein, einige Gläser Madeira und 3–4 Bouteillen Bayer'schen Bieres täglich und ist fortwährend in seinem Arbeitsstübchen beschäftigt.

Vor einigen Tagen ist bei Tische großer Zank entstanden, wobei de Génicourt der Frau Baronin beigepflichtet und den Herrn v. Fouqué zu schlagen gedroht.

Die Baronesse weiß es, daß man über ihr Verhältnis zu Génicourt im Publiko spricht, glaubt aber, auf solche Redereien nicht viel achten zu dürfen. Sie ist in gesegneten Umständen und wird gegen Ende September niederkommen. Der Major v. Fouqué freut sich, daß sein heißer Wunsch, von seiner Frau noch mit einem Kinde beschenkt zu werden, in Erfüllung gehe; und de Génicourt achtet mit Zärtlichkeit auf Alles, was seine Gönnerin angeht, weil er etwas anderes auch nicht zu thun hat. Er führt auch die Aufsicht über das Wirtschaftswesen, und da es etwas knapp und geizig mit den Eßwaren hergeht (darüber haben zeither alle Dienstboten geklagt), so weiß er sich hierin recht gut in die Gesinnungen der Frau Baronin zu fügen. Dabei aber lassen Beide sich selbst nichts abgehen. Ein Beispiel, wie sie selbst gegen ihre eigene Mutter gesinnt ist, möge von ihrer Bildungsstufe noch mehr Zeugnis geben. Als Letztere kürzlich sich ein Butterbrot gemacht und solches verzehrt, kommt die Baronin dazu, besieht das Brodschnitt und sagt:

‹Friß Dich nur recht satt, Du› pp ... und zankt hinterher noch lange darüber, währenddem sie für Génicourt Leckerbissen zubereitet.

Génicourt hat jetzt hebräischen Unterricht.

Alles obige ist aus guter Quelle und zu verbürgen.

gez. Hesse»

Dem Aktenstück ist noch dieser Bericht der Universität beigefügt:

»Ew. Hochwohlgeboren

kann ich auf Ihre geehrte Anfrage vom 5. d. M. so viel auf das Bestimmteste versichern, daß der sich hier aufhaltende angeblich Spanische Edelmann de Génicourt bey der Universität weder immatrikuliert ist, noch sonst die Berechtigung Kollegia zu besuchen erlangt oder auch nur jemals nachgesucht hat, und daß er ohne eine oder die andere derartige Legitimation verfassungsmäßig zu keinem Kollegio admittirt werden darf.

Ob er dennoch unter der Hand, folglich mißbräuchlich, dergleichen hörte, oder ob er unter der Leitung hiesiger Professoren Privatstunden betreibt, darüber ist mir zwar nichts bekannt; ich bezweifle aber Beydes, indem ich sonst wohl gesprächsweise, wenn von dem Manne die Rede war, davon gehört hätte. Nähere Erkundigungen darüber würden gerade von meiner Seite auffallen oder doch erst nach längerem Zeitverlauf vielleicht ein zuverlässigeres Resultat gewähren. Sollte nicht Herr Pr. Ulrici darüber Etwas wissen, oder mit Leichtigkeit ohne Aufsehen Etwas erfahren können?

Mit großer Hochachtung / Ew. Hochwohlgeboren / ganz ergebenster /

gez. Dr. Delbrück

Halle, den 6. August 1839« – –

Tatsächlich: so ist Fouqué allerdings in seinem Leben noch nie geliebt worden, obschon sich ja auch Caroline jede Freiheit genommen hatte; nun, er erhält die Quittung für die Instinktlosigkeit, mit der er sich einbilden konnte, ein alter Mann könne mit einer jungen Frau eine glückliche Ehe führen – die Natur rächt sich grundsätzlich.

Auch haben die Beziehungen von Tristan und Isolde mit dem Jahre 1839 nicht etwa aufgehört; vor mir liegt ein winziger Briefumschlag von Albertinens kritzeliger Hand, »Herrn Charles Fournel de Géniecourt / Hochwohlgeboren / per Adr. Herrn Adolf Dupuy, Redakteur des französischen Journals / Leipzig« (vom Juli 1840); es ist ihre Antwort auf die Zusendung der ihr gewidmeten »Ombres et Rayons«; keine Zeile liegt darin – nur ein Lorbeerblatt! (Und dieser ihr eigener Umschlag kann ja nur später wieder in ihre Hände geraten sein, später, als Fournel mit ihr in Berlin zusammen war. Quod erat demonstrandum.) –

Jetzt liest sich die Novelle des Zauberrings vom Messer Donatello und der jungen Frau doppelt nachdenklich! –

Und unter dem Einfluß von neuem Leid und tiefster Kränkung, von Ablehnung durch das Publikum und die Verleger; wieder einmal – zum letzten Male – ganz auf sich selbst zurückgewiesen, allein im Arbeitsstübchen bei der tröstenden Flasche, erfährt Fouqués Dichtung eine unerwartete und bei seinem Alter sehr anerkennenswerte Vertiefung; jetzt, wo er wieder, wie im Anfang, nur für sich allein schreibt, erhebt er sich weit über die Leistungen des vorangegangenen Jahrzehnts. –

§ 61

Was in dieser letzten Epoche an Büchern wirklich *öffentlich* erscheint, ist allerdings nur wenig Neues.

Aus dem Dänischen übersetzt er Andersens »Bilderbuch ohne Bilder« und 3 Erzählungen Ingemanns; für Zeitschriften dritten Ranges liefert er Manches, so z. B. Gedichte für »Lappes Musenalmanach«, oder den »Bremer Kirchenboten«; im »Anzeiger« Tholucks erscheint eine halb poetische, halb religiös orientierte Arbeit über die »autos sacramentales« der Spanier; die »Berliner militärische Zeitschrift« bringt einen Aufsatz über die Freiwilligen des Jahres 13; für ein »Musikalisches Konversationslexikon« schreibt er den Artikel »Matthias Claudius« – er muß den literarischen Flickschuster machen, froh, wenn er überhaupt noch irgend etwas bekommt.

Für seine »erlesenen« Zuhörer gibt er in den Jahren 1835–40 alljährlich die »Weltreiche« heraus, kleine Heftchen von durchschnittlich 50 Seiten, in denen er in politischen Gedichten die besprochenen Ereignisse des Vorjahres noch einmal resümiert. Und hier ist es, wo man den besten Blick in seine selbst damals schon wahrhaft antediluvial anmutenden Ansichten gewinnt. So, wenn er die berüchtigte »Heilige Allianz« fromm preist : »Derweil im Ost, dreifach verbunden, steht / ein frommes Licht voll heilger Sühnungs-Kraft«; wenn er dem herrlichen, wohleingerichteten, europafreundlichen Rußland wärmsten Beifall zollt – instinktlos bis zur Selbstaufgabe, gleich seinem inferioren König; oder wenn er kindlich zufrieden das »liebe Österreich« abschildert, wie da so alles gut und wohleingerichtet ist, die lieben Kinder, von Venedig bis Ungarn und Böhmen – obwohl sich längst der Zerfall des »Kolosses auf tönernen Füßen« angekündigt hat, und selbst der »gute Kaiser Franz« ahnungsschwer äußerte »Mi und den Metternich holts no aus !« Oder wenn er – völlig unkundig der grausigen Unterdrückung der Iren durch England, die noch heute Jedem der davon liest, die Fäuste ballen macht – von dem zur Verzweiflung gefolterten Volke verlangt : »Jetzt zum Gehorsam erst wend, Irland sich ... Doch nichts erzwingen darf die Rebellion !« »Festen Mut, Ihr Carlos Krieger !« ruft er den Spaniern seines Hausgenossen Fournel zu, denn die hatten ja, als nichts andres mehr half, die Heilige Jungfrau zur Generalissima ernannt – und selbst dann mußte Carlos noch auf den Thron verzichten. Von Ost-Indien her läßt er einen Brahmanen im Namen seines Volkes sehnsuchtsvoll nach den Christentume rufen – als ob sich dort jemals mehr als höchstens ein paar käufliche Subjekte vom Buddhismus abwenden würden; er hatte ja auch keine Ahnung von fremden Religionen, wozu auch : er besaß ja ohne viel Forschen die Wahrheit ! Wie der alte Kaiser Karl sich über das »frische fromme Wunder« des deutschen Bundes freut – nur gut, daß Fouqué nicht mehr den preußisch-österreichischen Krieg erlebt hat, sonst wäre ihm doch wohl das edle dumme Herz gebrochen. Am niedlichsten ist das Lied ‹Preußen› wo der Große Friedrich zufrieden auf sein Land heruntersieht; und hier erfahren wir auch genau, wie Fouqué sich so eine ‹Volksvertretung› dachte : »Auf allen Landtagen geöffnet den Ständen der Mund / zum Spruch.« – die lieben Kinder sagens vertrauensvoll dem Vater – »Und der König hört es gern, / und ordnets danach, dem Ganzen zum Heil«, und dann am Schluß der Tagung : »Auf allen Landtagen feierlich kund der Wille des Königs und Herrn ! So recht !« – die »Weltreiche« sind wirklich besser humoristisch zu lesen, obwohl man nie dabei vergessen sollte, daß solche Gesinnungen tatsächlich einst furchtbare Wirklichkeit waren (Nachtrag d. Verf. 58 : Und sind !).

Das kleine, nur 4 Bogen umfassende, Traktätchen »Von der Liebeslehre« hat noch einmal Perthes 1837 herausgebracht; im Ganzen sind davon 45 Stück verkauft worden, und ich kann den Widerwillen des Publikums verstehen.

Zum Tode seines geliebten Königs veröffentlicht er »Preußische Trauersprüche und Huldigungsgrüße für 1840«, und die »Denkschrift über Friedr. Wilh. III.«, worin wenigstens einiges biographisches Material enthalten ist; und ebenso als eine Art Vorläufer zu seinen Erinnerungen die Monographie »Goethe und einer seiner Bewunderer«, worin er seine drei Zusammentreffen mit dem großen Manne schildert, und dann – da ihm Goethes Urteile in den Gesprächen mit Eckermann bekannt geworden sind – eine gutmütig-schwächliche Auseinandersetzung ihrer divergenten »Weltanschauungen« gibt.

1840 erscheint seine »Lebensgeschichte«; sie ist, wie schon vorher erwähnt, Friedrich Rochlitz gewidmet, und gibt auf ihren rund 370 Seiten ein gutes Exempel, wie Erinnerungen nicht sein sollten. Denn die meisten Bilder sind verschwommen gezeichnet; ängstlich vermeidet er, Namen oder Daten zu nennen, selbst an Stellen wo es einfach keinen Grund mehr dafür gibt; religiöse Betrachtungen füllen ein Drittel des Buches; die Reihenfolge der Erlebnisse ist wenig beachtet, so daß man nur mit Mühe das Kontinuum herzustellen vermag; das Übelste für den Biographen – und Leser – ist, daß 340 der Seiten der Zeit bis 1813 gewidmet sind; die folgenden 30 Jahre werden auf 28 Blättern (und wiederum in der beschriebenen unvollkommenen Manier) abgetan; Fouqué hatte nun einmal keine Veranlagung zu historischen Arbeiten. Am deutlichsten werden die Mängel seiner »Erinnerungen«, wenn man sie mit großen Mustern dieser Gattung vergleicht.

Es fehlt ihnen völlig die unvergleichliche Bildschärfe Kügelgens, zu der allerdings wohl ein Malerauge gehört; es fehlt ihr die psychologische

Tiefe des unheimlich-rührenden »Anton Reiser«, der, immer noch viel zu wenig gewürdigt und bekannt, ja überhaupt ein seelisches Hochland für sich in unserer Literatur bildet; es fehlt ihr die Weite, Fülle und Ordnung von »Wahrheit und Dichtung«; die derbe Aufrichtigkeit Nettelbecks; die Klarheit und politische Übersicht Rists.

Nur ganz selten findet man ein paar Goldkörner in der Masse tauben Gesteins; wer Zeit und Interesse hat, mag das Buch mit dem hier vorliegenden ersten Versuch einer Biographie selbst vergleichen, um bestätigen zu können, daß mir diese »Erinnerungen« keine grundlegende Vorarbeit sein konnten.

1841 kann er, ebenfalls bei Schwetschke in Halle, 12 Bändchen »Ausgewählter Werke« herausbringen (schon einmal, 1828, hat er mit dem Verleger Meyer vom bibliographischen Institut in Gotha über ein ähnliches Unternehmen verhandelt), und zwar erst nach mühevollen Verhandlungen mit Schrag, der ungern seine Rechte aufgeben will. Zur Charakterisierung dieser »Auswahl« sei bemerkt, daß sie lediglich etwa 2000 Seiten klein Oktav umfaßt; 3 von den 12 Bändchen füllt allein der »Zauberring«, den Rest der »Held des Nordens«, »Undine«, »Sintram«, »Eginhard u. Emma«, und ein paar kleinere Erzählungen. Es ist also nur ein Bruchteil des Fouquéschen Lebenswerkes, der hier erscheint. Von einer »Ausgabe letzter Hand« zu reden, wie es mehrfach der Fall gewesen ist, wird angesichts der Handvoll Seiten wirklich lächerlich; eine rechte »Auswahl« von den Werken des Dichters soll erst noch kommen – von »Gesammelten Werken« (die allerdings meiner Ansicht nach auch unnötig sind) ganz zu schweigen.

Auch der »Zauberring« hat noch einmal eine Art Renaissance erfahren; Schrag gibt »Umrisse« heraus, die ein junger Künstler Namens Hartmann zum Zauberring gezeichnet hat, und trägt Fouqué an, die kurzen erläuternden Texte dazu zu schreiben. Am 22. 12. 37 dankt ihm der Dichter schon für die Zusendung der Zeichnungen und macht sich sogleich an die Arbeit; »in freundlicher Erinnerung alter heiterer Tage« grüßt er den ehemaligen Verleger. Da das Buch gleichzeitig auch in französischer Sprache erscheinen soll, fragt Schrag auch an, ob Fouqué etwa die Übersetzung der Erläuterungen in dieser Sprache vermitteln könne, und dieser wendet sich zuerst an den jungen Freund, Professor Niemeyer in Halle, ob es etwa der französische Sprachlehrer des Pädagogiums übernehmen könne und wolle ? Der Nächste ist der alte Freund Chamisso; aber auch der muß ablehnen, denn »Das Französische für den Druck zu schreiben ist eine Kunst, die gelernt sein will« bekennt der Deutschfranzose, »und die ich nicht gelernt habe... Ich habe zwar noch jetzt ein Préface à mon Corps descendant mit Grammatik und Lexikon geschrieben, aber ich zittere noch, wenn ich daran denke!« (Brief vom 12. 1. 1838). Am Ende muß sich Fouqué an den »jetzigen französischen Gesandten in München, Herrn Bourgoing,« wenden, mit dem er während des berliner Aufenthaltes in heitere, fast freundschaftliche Verhältnisse gekommen ist – und er bittet auch gleichzeitig um das Honorar (15. 1. 38). Als Schrag ihm postwendend die 5 Friedrichsdor schickt, bekommt Fouqué gleich wieder Mut, und bietet ihm das noch immer ungedruckt daliegende »ungeheuerlich umfangreiche« Manuskript von »Abfall und Buße« an – es ist deshalb so riesig geworden, weil er es damals (noch in der »reichen« Zeit, 1829) von zwei Dorfschulmeistern hat kopieren lassen, die das bescheidene, pro Seite verabredete, Honorar durch unmäßiges Dehnen der Buchstaben wettzumachen wußten! – aber da winkt Schrag doch gleich wieder ab; erst nach des Dichters Tode kann Albertine das Stück an Enslin verkaufen.

Die eigentlichen poetischen Erzeugnisse, die während der jetzt behandelten 12 Jahre im Druck erscheinen, sind »Fata Morgana« – eine seiner bürgerlich prosaischen Novellen, obwohl eine der leidlichen; die dramatischen Szenen »Der Pappenheimer Kürassier« – angeregt durch die Gestalt aus »Wallensteins Lager«, und auf manchen Seiten von unverächtlicher Kraft; und endlich die – wiederum erst nach seinem Tode erschienenen beiden Geschichten »Joseph und seine Geige« und »Kaiser Karls v. Angriff auf Algier«. Selten hat ein Band zwei Erzählungen von so ungleichem Wert vereinigt; der »Kaiser Karl« ist eine steife Fürstengeschichte ohne jedes Verdienst; während der »Joseph« eine echte Künstlernovelle geworden ist, voll Feuer und stellenweise echter Poesie – sie stammt aber auch noch aus Fouqués guter Zeit, d.h. den Jahren kurz nach dem napoleonischen Kriege; sie dürfte in keiner Auswahl fehlen! – Die nach seinem Tode noch von Albertine und ihren Bekannten edierten »Geistlichen Gedichte«, »Christlicher Liederschatz« u. ä. sind ohne jedes Verdienst, zum mindesten in künstlerischer Hinsicht; religiösen Wert mögen sie immerhin haben, was ich nicht beurteilen will noch kann. Sie sind fast sämtlich seinem »Poetischen Tagebuch« entnommen, das er während der letzten 10 Jahre etwa geführt hat, und von dem ich im Anhang eine Probe gebe.

Seit 1840 betätigte er sich auch wieder als Herausgeber – allerdings in der einzigen Richtung, die ihm noch möglich war; nämlich als Redakteur der »Zeitschrift für den deutschen Adel«. Der bisherige Herausgeber, Gustav v. Alvensleben, war gleichfalls ein federflinker Edelmann, der eine unglaubliche Anzahl plattester Unterhaltungsromane fabriziert hat, und endlich nach mancherlei Abenteuern in Wien (wo er sich z. B. 1848 an der Verteidigung der Stadt beteiligte, was ihm ein Jahr Festung eintrug) 1868 gestorben ist. Dieser also trat ihm sein Amt als Chefredakteur ab, was den alten Turnvater Jahn, der die Probeblätter der Zeitung auch gesehen hatte, zu folgendem Protest an Fouqué veranlaßte : »Der Sänger des Sigurd, der Gebrochenen Burg, und mancher von Mund zu Mund getragenen Lieder darf sich nicht einen G. Alvensleben zum Schriftordner (sic !) beigesellen ! Der Mann von deutschem und europäischem Ruf darf mit G. Alvensleben keine schriftstellerische Kameradschaft machen ! Der Baron und Ritter kann nicht mit G. Alvensleben verkehren, und der preußische Major und Untertan muß es nicht ! ... Wem sein Adel im Vaterlande abgesprochen, darf ihn nirgends im Auslande führen. Er mag sich unter der Menge verlieren und wieder ehrlich leben ... Selbst wenn A. eine Begnadigung von unserem König erlangt hätte und völlige Vergessenheit des Geschehens, auch völlige Nichtzurechnungsfähigkeit, so würde doch wegen seiner früheren Geschichten ein starkes Bedenken obwalten, ob er zum Ordner einer Zeitung für den Adel zuzulassen sei.« Es scheint also im Leben des Vielschreibers noch diverse unklare, manchem bedenkliche, Punkte gegeben zu haben. – Fouqué lieferte zu der Zeitschrift auch selbst einige Beiträge, so z. B. in Nr. 1 von 1840 ein »Vorwort an unsere Leser« – eine der politischen Reflexionen, wie sie oben angedeutet worden sind; oder in Nr. 51 des gleichen Jahrgangs den »Nachruf auf Fr. W. III.«; dem Beckerschen Rheinlied setzt er in Nr. 21 (1841) einen »Widerhall aus verwandter Seele« hinzu; in Nr. 11 (1841) gibt er eine biographische Notiz über den Freund des Jahres 13, Graf Gustav Münster; interessant ist seine in den Nr. 11–13 von 1842 erscheinende Untersuchung : »Wann hörte der Norddeutsche Adel größtenteils auf, in Niederdeutscher Mundart zu sprechen ? Und wo redet er in selbiger noch jetzt ?« Andere Mitarbeiter sind Wilh. v. Schütz, Friedr. v. Sydow, Carl Graf Hülsen, F. v. Löhneysen und L. B. v. Medem. Die Nr. 8 des Jahrgangs 1843 bringt die Todesnachricht Fouqués mit der Anmerkung des Verlages, daß die vorliegende Nummer noch ganz von dem Verstorbenen selbst redigiert worden sei. – Wo aber ist die eigentliche »große Produktion« unseres Dichters ? Gewiß, er hat viele und vielerlei ablenkende und zeitraubende Tätigkeiten ausgeübt, wie die hallenser Vorlesungen, oder die Redaktion der Adelszeitung; gewiß : er hat seine ‹Lebensgeschichte› niedergeschrieben, und kleine Erzählungen nebenher; er hat übersetzt und ein umfangreiches Tagebuch zusätzlich zu seiner, auch jetzt noch großen, Korrespondenz geführt – aber das war früher auch der Fall, und dennoch sind vielbändige Werke entstanden; vor allem vergesse man nicht, daß es sich immerhin um 12 Arbeitsjahre handelt.

Veröffentlicht worden ist außer dem schon Erwähnten weiter nichts; sofern also große Werke entstanden sind, haben sie immer nur im Manuskript existiert.

## § 62

Dies führt von selbst zu einer Erörterung desjenigen, was von uns unbekannten Manuskripten Fouqués existiert haben mag.

So sind schon zuvor erwähnt worden: der alte Roman »Die Minnesinger« aus der Frühzeit, sowie die Schauspiele über Heinrich IV.; jedoch ist hierbei zu berücksichtigen, daß das erstgenannte Jugendwerk einem Freunde geschenkt wurde und so irgendwie verschwand; und das zweite nach dem eigenen Willen Fouqués das Licht der Welt nicht erblicken sollte. Die eigentliche Reihe der hierher gehörigen Manuskripte beginnt 1829 mit dem ebenfalls schon näher besprochenen Schauspiel »Kallias und Psycharion«, und der Übersetzung der Racineschen »Athalia«, von denen bis jetzt nichts aufgefunden worden ist.

Wenn man für diese letzten Jahre von 1829 bis zum Tode des Dichters, 1843, etwa seine normale Produktion annimmt, so müßten in den 14 Jahren ungefähr 20 größere Werke entstanden sein. Subtrahiert man hiervon die beiden zuletzt oben Genannten, sowie »Abfall und Buße« und die »Lebensgeschichte«, meinetwegen auch noch den »Pappenheimer Kürassier«; und bringt man das vorgerückte Alter Fouqués und seine hallenser Lehrtätigkeit etc. in Anschlag, so will ich die Zahl bis auf die Hälfte reduzieren lassen: *wo aber sind diese 10 Werke?!* –\*

---

\* Immer wieder kommt Nachricht von einzelnen Blättern des ‹Poetischen Tagebuches›, die irgendwo im deutschen Sprachraum aufgefunden werden (was sich im Ausland befinden mag, läßt sich noch gar nicht überblicken!) – eine Erscheinung, für die ich keine Erklärung weiß; es sei denn Frau Albertinens Mentalität; sie muß die Tagebücher buchstäblich blattweise verschenkt, verschleudert haben. In einem dieser Fragmente aus dem Jahr 1828 (dies ausnahmsweise einmal in Familienbesitz) taucht in den Tagen vom 14. bis 29. Februar – viel mehr umfaßt das Bruchstück nicht – bei 7 Gedichten am Rande der Vermerk auf: ‹Für die Theodulia›. Ich kenne in jener Zeit keinen Almanach dieses Namens, und auch keine religiöse Zeitschrift, die sich so nannte; ebenso ist mir die geäußerte Hypothese eines intimen Zirkels von ‹Gottesknechten› wenig überzeu-

Am 9. 7. 1832 schreibt Fouqué einen in jeder Beziehung sehr wichtigen Brief an den hamburger Freund Beneke, und teilt ihm unter anderem auch mit, daß er einen umfangreichen Briefroman fast fertig habe : »Die Sage der Vorwelt in den Pyrenäen, eine Geschichte aus dem 19. Jahrhundert«. Schon am 20. 3. 32 hatte er Chamisso gegenüber geäußert : »dann lauscht mir bereits eine andere Dichtung – gleichfalls von sehr eigentümlicher Form – über die Schulter, und sieht mich etwas schauerlich, aber zugleich recht lieb und innig an, eine seltsam ferne Vorwelt mit der Jetztwelt zusammen webend.«; dies sind die bisher einzigen Andeutungen auf ein uns verloren gegangenes Stück. –

In einem Brief an Perthes vom 22. 4. 1839 erfahren wir von einem weiteren Unternehmen, diesmal hochreligiöser Art : »Aber nun mit meiner Anfrage : Soll ich an Draise schreiben ? »Darüber« mein ich, denn ich fühle mich jedenfalls getrieben ... ich bin jetzt auf der 56ten gebrochenen groß 8° Seite meines Manuskriptes; es schreitet regsam fürder, und Gegenstand auf Gegenstand keimt im meiner Seele fürs Künftige auf. / Hier das bisherige Verzeichnis / : 1. Einleitung; 2. Singet und spielet dem Herrn in Eurem Herzen (Eph. 5, 19); 3. Reise (könnte auch überschriftlos bleiben); 4. Darf ich ? Darf ich nicht ? Soll ich ? Soll ich nicht ?«, und so geht es noch eine Weile gottselig weiter. –

Unter den wenigen Seiten, welche die Veste Coburg von Fouqués Hand besitzt, findet sich ein merkwürdiges Blättchen; es lautet wörtlich : »Zur Vorlesung f. d. 18ten November. / Schluß des ‹Gartenunholds›. – Ulysses als Tonsignal-Erfinder. S. 316 u. w. S. 318 großer Charakter d. Achilles, mitten in der phantastischgaukelnden Umgebung *wahrhaft erhaben*. – Dann S. 319 Deidamiens Antwort : ‹Bei mir ...› usw. – Dann Deidamia und Achilles, vorzüglich S. 327–28 und Lidorus, rasch, *aber nicht undeutl*. (bis zum Abschluß zu lesen). – / *Dritter Aufzug :* Das kunstr. Duo zw. Achilles und Deidamia ganz vorzutragen. – Auch die Hauptpunkte aus dem folgenden Romanzengespräch. – Dann die Gartenkonfusion, und Lidorus dem Ulysses endlich allein gegenüber. – Ulysses Ratschlag : S. 360 uw. – Die Kaufmanns-Szene : S. 368 uw. – Achilles die Waffen wählend : S. 374 uw. – Ulysses sah einen *wunderbaren Frauengeist :* S. 378. Ebenda uw. von der *ertränkten* Asträa. Beginnende Vor-Hochzeit. Dann (S. 383) Trommel und Trompete und deren *seltsaml. Effekt.* –

---

gend : davon hätte sich doch wohl etwas auch in anderen Briefen von oder an F. etwas gezeigt. Es erscheint mir daher noch am glaublichsten, daß es sich um ein, zumindest geplantes, bisher unbekanntes Werk Fouqués handelt.

Achilles *momentanes* Vonsichschleudern der Verhüllung : S. 384–85. Dann die Heroenstrenge des Ulysses. – Nach dem verliebten Streite der *schweigende* Achill, S. 391. – Ulysses *sieghafte* List : S. 392 uw. – Achilles Verwandlung : S. 398 uw. – Liebes- und Ehrenkampf : S. 404 uw. – Achilles im Heldenzorn, Ulysses als Schützer. Jener : Schwert. Dieser : Schild. S. 407 uw. – Die Erscheinung der Thetis. Heitere Lösung.« – Ich wage nicht zu entscheiden, ob es sich bei dieser – leider unvollständigen – Leseanweisung um ein neues eigenes Schauspiel Fouqués gehandelt hat, oder um das Werk eines Anderen; vielleicht kann ein Kenner der Literatur, unterstützt durch die Angabe der Seitenzahlen, entscheiden, um was es sich bei diesem »Gartenunhold«\* handelt. –

Als einen Fingerzeig, daß Fouqué eben wirklich nicht mehr Manuskripte zur Verfügung hatte, könnte man allenfalls seinen Brief vom 15. 2. 1838 an Schrag auslegen, in dem er Jenem nur den Roman »Abfall und Buße« anbietet; aber dem widerspricht der oben mitgeteilte Brief an Beneke : es *hat* mehr Romane gegeben; und außerdem werden wir ja gleich eine Anzahl noch erhaltener Buchmanuskripte sehen, die *auch* 1838 alle schon fertig dalagen; ergo entfällt ein solcher Schluß vollständig. Ich kann nach jahrelangen Bemühungen nur sagen, daß wir über diesen Punkt ganz im Dunkeln tappen; andererseits kann jeder neu auftauchende Brief weitere Hinweise bringen, und wieder wird der Verlust der umfangreichen berliner Bestände doppelt schmerzlich fühlbar. –

An unveröffentlichten vollständigen Manuskripten Fouqués besitzen wir zur Zeit noch 5 Stücke der ehemaligen preußischen Staatsbibliothek (z. Zt. in Tübingen); wozu in den letzten Jahren noch ein weiteres großes Schauspiel (Privatbesitz) gekommen ist. Es sind dies – der Reihenfolge ihrer Entstehung nach – »Das Brandenburgisch-Preußische Heer« (1828); der »Parcival« (1831/32); »Andreas Hofers Gefangennahme und Tod« (1832); »Ludwig der Springer« (1833/34); »Gelimer« (1837); und das letztgenannte Schauspiel, vollständig bis auf die Titelseite, dem ich die Überschrift »Griechisches Feuer« (1838) geben will, obgleich man es ebensowohl »Die Belagerung von Byzanz« nennen könnte.

---

\* Man hat mich darauf aufmerksam gemacht, daß es sich hierbei vermutlich um einen ‹Achilles auf Skyros› handeln dürfte – zweifellos; wem sagt man das ? ! Aber der Fall wäre dadurch mit nichten klarer geworden, wenn ich das, von Fouqué ja doch wohl mit Absicht als ‹Gartenunhold› bezeichnete Stück, anders überschrieben hätte. Die Angelegenheit harrt also nach wie vor der Klärung.

Das »Brandenburgisch-Preußische Heer« nimmt innerhalb von Fouqués historischen Schriften insofern eine Sonderstellung ein, als er hier bewußt ein ‹Volksbuch› schaffen wollte; und das Flachrelief von huldreichen Fürstenanekdoten und ehrenfester Mannentreue ist ihm denn auch schon rein äußerlich so flink und glatt geleckt aus der Feder gelaufen, daß der Kenner sogleich den Mund verziehen muß, bei der Erinnerung etwa an das Schriftbild des »Rüchel« mit seinen endlos zähen Durchstreichungen, Verbesserungen, Randbemerkungen, Überklebungen und nachträglich eingearbeiteten Ergänzungen. Gleich im Vorwort (vom 22. 10. 1828) ruft er mit Kernworten die »Kameraden« von 13 an : »ein Soldatenbuch wünschte der Verfasser zu liefern« – anstatt zu erspüren, daß die nun endlich ihren wohlverdienten Anteil an Regierung und Verwaltung des Staates begehrten, und die Dummheit von damals längst bereuten ! – Den Inhalt giebt ausreichend die Gliederung des Buches so an :

1. Zeitraum : »Seit dem Eintritt des Stammes Hohenzollern in die Kurmark bis zur Regierung des Großen Kurfürsten« (66 S.)
2. Zeitraum : »Unter der Regierung des Großen Kurfürsten« (70 S.)
3. Zeitraum : »Unter der Regierung Kurfürst Friedrich III.« (nachher König Friedrich I.) (54 S.)
4. Zeitraum : »Unter der Regierung König Wilhelm I.« (54 S.)
5. Zeitraum : »Unter der Regierung des Großen Friedrich. –
    1. Abt. : Bis zum 7-jährigen Kriege.« (86 S.)
    2. Abt. : »Der 7-jährige Krieg.« (174 S.)
    3. Abt. : »Bis zum 17. 8. 1786. (78 S.)
6. Zeitraum : »Unter der Regierung Friedrich Wilhelm II.« (90 S.)
7. Zeitraum : »Unter der Regierung Friedrich Wilhelm III.« (308 S.)

Hoffen wir, daß wenigstens er sich bei den endlosen 1000 Seiten amüsiert hat; wahrscheinlich gehörte es zu seiner geistigen Ökonomie und Diätetik, daß er nach Epochen poetischer Hochspannung sich an der vordergründigen Uniformbuntheit erholte; nach sprachlichen Hochseefahrten an der undulatorischen Sicherheit homiletischer Flachmeere.

Den geringsten poetischen Wert unter den anderen 5 Werken haben die beiden Einakter »Andreas Hofers Tod« und »Andreas Hofers Gefangennehmung« (40 S.); das letzte zeigt am Ende die genaue Zeit seiner Entstehung an : »Angefangen am 14. 4. 1832, Abends nach 8 Uhr. Beendet am 4. 5. 1832, Abends nach 8 Uhr.« Die Stücke mögen des Themas wegen Interesse bei Literarhistorikern finden; ihr künstlerischer Wert ist recht gering; wem das Original nicht zugänglich ist, findet einige nähere Angaben in einem Aufsatz W. Deetjens in der Vossischen Zeitung, 1908,

Nr. 21. (Bereits früher einmal hatte er das Thema in der, auch noch unveröffentlichten, Novelle von ‹Galloway und Markloff› anklingen lassen.) – Beide Einakter waren zumindest am 6. 9. 1832 fertig, denn an diesem Datum spricht er davon in einem Brief an die Prinzessin Marianne.

Über »Ludwig den Springer« sagt Fouqué in seiner »Lebensgeschichte« anläßlich der Erwähnung des Hagemannschen älteren Schauspiels gleichen Namens : »Sonst freilich hatte jener Poet eine ziemlich unhistorische Seite der Sage aufgefaßt, oder vielmehr sich zurecht gemacht. Jetzt dagegen, im Beginn der Sechziger meines Lebens, liegt eine nach gründlich historisch angestellten Studien von mir erfaßte Dichtung über diesen echt romantischen Gegenstand druckfertig da.« Und so liegt sie auch noch heute, und – wie ich leider sagen muß – : wohl mit Recht. Das umfangreiche Manuskript (417 S.) gliedert sich in 3 Bücher : I. Buch (147 S.) mit 31 Szenen; II. Buch (129 S.) mit 34 Szenen; und III. Buch (141 S.) mit 44 Szenen; hinzu kommen noch der Prolog »Der Dichter tritt auf«, und ein Schlußsonett. Ein eigenartiges Dilemma ergibt sich bei der Datierung, die knapp und klar besagt : »Beendet 20. 11., abends nach 6 Uhr« – leider fehlt nur das Jahr ! Ich habe es nach einer Eintragung des »Marienbüchleins«, wo es am 19. 10. 1834 heißt : »Abends nach 6 Uhr. Adelheids Gebet. Aus Ludwig dem Springer.« in dieses Jahr zu setzen gewagt. – Das Ganze macht bei der Lektüre den Eindruck großer Trockenheit; und vergebens hat der Dichter versucht, den Ereignissen dadurch Interesse einzuhauchen, daß er die Namen vieler Vorfahren und Freunde mit hineinverflochten hat : so tritt häufig sein Ahn mütterlicherseits, von dem die Familie den Namen herleitete, Wolff Schlegell, darin auf; II, 21 wird auch einmal ein Miltitz erwähnt, usw. Ich habe jedenfalls dem Werke wenig Geschmack abgewinnen können. –

Dagegen sind die nunmehr zu besprechenden restlichen drei Stücke durchwegs von hohem Interesse und solch dichterischer Frische und Kraft, daß sie im Vergleich mit der Produktion der vorhergehenden Dekade nicht nur durchaus bestehen, sondern an vielen Stellen sogar den Vorzug verdienen.

Da ist zunächst der »Parcival«, das große Rittergedicht. Es umfaßt 6 Bücher von insgesamt 512 Seiten (88, 96, 72, 64, 110, 82), wurde begonnen am 17. 8. 1831 und beschlossen in den letzten Apriltagen 1832.

In seiner Lebensgeschichte sagt der Dichter nach dem Tode Carolinens : »Die Muse verließ mich nicht. Eine seit vielen Jahren in mir umhergetragene Ritterdichtung, Parcival, nach des alten Wolfram von Eschenbach Epos, aber in völlig eigentümlicher freier Darstellung unter den mannigfachst wechselnden Formen der Poesie keimte mir jetzt am Grabe der geliebten Entschlafenen auf, und ward vollendet. Möglich, daß die sehr umfassende Arbeit nun erst über meinem Grabe ans Licht treten mag. Druckbereit liegt sie jedenfalls.« Auf Grund der noch bekannten Briefe läßt sich verfolgen, daß er tatsächlich viele Jahre lang den Stoff mit sich herum getragen hat.*

Die erste Erwähnung des Themas überhaupt geschieht meines Wissens in einem Brief Friedrich Stolbergs an Fouqué, am 5. 5. 1815, wo es heißt: »Ich habe umsonst im Saxo Grammaticus nach dem Heiligen Graal mich umgesehen, und bekenne meine Unwissenheit. Das doppelte ‹aa› im Namen (welches die Dänen einsylbig wie ein deutsches o aussprechen) findet man im alten Deutschen nicht. Darum, und Ihrer gerechten Vorliebe wegen für alte scandinavische Poesie, vermuthe ich, daß er ein Sohn des Nordens sein müsse. Mich verlangt danach, liebster Freund, ihn in einem romantischen Epos von Ihnen zu sehen. Itzt weiß ich nichts von ihm.« Dann in einem Brief Fouqués vom 11. 11. 1815 an Miltitz: »... Nun berief ich mich anfänglich auf ihre (der Prinzessin) Bewilligung zu meinem bevorstehenden Epos vom heiligen Graal, und sie fand sich auch darin, daß dieses vorangehen müsse; aber als ich noch einmal um ganz ausdrücklichen Befehl nachfragte, erklärte sie sich für das Trauerspiel« (das waren die ausführlich besprochenen »Zwei Brüder«). Und wieder schreibt er am 6. 12. 15 an Denselben: »An den Vorstudien zum heiligen Graal arbeite ich so lebhaft, als es mir meine Kränklichkeit und die damit verbundene leibliche Trägheit nur immer verstatten will. Ich hoffe, das soll der Gipfelpunkt meiner ganzen poetischen Laufbahn werden. Schon der tiefe fast strenge Ernst, womit mich das ganze Gebilde ansieht, bürgt mir dafür!« Aber: »Mit meinem heiligen Graal liegt es jetzt noch sehr im Weiten« teilt er (29. 10. 16) dann dem neugierigen M. v. Collin mit, »an dessen Stelle ist ein altsächsischer Heldensaal getre-

---

* Ich weiß wohl, daß Fouqué schon am 20. 1. 1811 in einem Brief an Perthes so schreibt:

»Daß der Parzival und die Köhlerfamilie Ihnen lieb sind, ist mir eine rechte Labung; vorzüglich der letztere Aufsatz, den ich ganz eigens durch Sie und Ihr Institut angeregt gedichtet habe. Es versteht sich, daß Sie damit ganz nach Belieben verfahren können; wie überhaupt – ich wiederhole es – mit allem, was meine Poesie für Ihre Zwecke hervorzubringen fähig ist.«

Unnötig zu sagen, daß es sich hierbei *nicht* um das große Epos handelt.

ten ... Aber dann in Greisenlocken den heiligen Gral als Schwanengesang! – Es wäre wohl sehr wünschenswert, so zu enden.« Fast ist es ihm so geworden:

»Das walte Gott! – Ich geh an ernstes Werk.« schreibt er am 17. August 1831, Abends um 7 Uhr, die erste Zeile des Prologes, und wählt als Motto des Ganzen die Verse 31772–73 des alten Kollegen: »Alsus vert die mennischeit / hiote fröude, morgen leit.« (Nach welcher Ausgabe Fouqué hier zitiert hat, weiß ich nicht anzugeben; in meiner Lachmann'schen – 5. Aufl., 1891 – hat der ‹Parzival› überhaupt nur 24.694 Verse).\*

Stofflich hält er sich dicht an Wolframs Fabel, und erlaubt sich nur wenige Erfindungen und Ausmalungen; aber es kann nichts interessanteres – und ich muß schon sagen: nichts geschickteres! – geben, als die Fülle der Formen, deren Fouqué sich bedient hat, um den unablässig wechselnden Schauplätzen der 172 Szenen gerecht zu werden: da wechseln Nibelungenverse und Jamben mit 4, 5 und 6 Füßen (genauer Trimeter); Sonette, und Trochäen von mancherlei flinken Füßen; Gespräche und Romanzen mit freien Rhythmen; einmal heißt es »Knaben, nach dem Ballspiele in einer Waldlichtung ausruhend«, und ein Mädchen liest ihnen aus einem alten Buche weiter vom Ritter Gawan vor – ein ebenso kühnes wie einfach-geniales Mittel, die Handlung weiter zu fördern! Zwischendurch sind mit römischen Zahlen bezifferte Szenen eingestreut, wo sich »Meister Wolfram« und »Meister Friedrich« mit einander beraten – schlicht und selbstverständlich setzt Fouqué sich neben den Alten, und er ist mehr im Recht, als er vielleicht selbst meint: da werden die Tagesereignisse durchgesprochen, sein Leid klagt der Vereinsamte, und empfängt immer wieder Trost und Ansporn von dem mächtigen Geist. (Vgl. die früher schon angeführten Beispiele).

Und viele schöne Wortgefüge und poetische Bilder sind ihm in dem großen Werk gelungen, das, wäre es uns wirklich als Relikt vom Jahre 1200 erhalten, den allergrößten Beifall finden würde. Die Beschreibung der Mohrenstadt Patelamund, wo die weißen Ankömmlinge als »Spukgestalten« angesehen werden, gelingt ihm ebenso wie die »Wüste Trümmergegend vor Bagdad«; und wieder stellen sich die alten großen Bilder der Einsamkeit um ihn, an denen seit frühester Kindheit schicksalhaft sein Herz hängt: wohl sind wir oft in Schlössern, Soltane und Kanvoleis, Bel-

---

\* Die beiden Zeilen stehen in meiner, dort erwähnten Ausgabe zu Ende des II. Buches; und zwar auf S. 58, Spalte b, die beiden letzten Verse – in der Gesamtzählung sind es 3072–73.

ripar und Mont-Salvaz, Kardigan und Grahars, und wie die bezaubernden alten Namen alle heißen. Aber ebensooft ist es : »Sturmfahrt«, und »Wüste Trümmergegend«; »Einsame Waldgegend in Wales« und »Wilde Felsgegend«, »Im Forst zu Plimicoel«, »Wilder Wald« und »Wüstes Klippental«. »Haidegegend mit einzelnen Bäumen : Gawan reitet langsam durchhin.«, ist ein Szenarium; »Buschiger Anger« ein anderes. Und zwischendurch immer wieder reiche Gezelte und Burgkapellen, festlich erleuchtete Hallen; und aus den Fenstern sehen großäugige verzauberte Fräulein heraus, bis einem der Kopf vor der unendlichen Bilderfülle schwankt. Aber schön ists und anregend, und führt die Seele in Unbetretbarkeiten, und läßt wieder einmal die große goldene Spur im Werke des Alten aufleuchten, die so lange Jahre nur mühsam zu finden war.

Es ist bezeichnend für unsere Zeit und Geisteshaltung, daß wir Unsummen für Fußballwahnsinn, Politikergewäsch und Remilitarisierung verschwenden; und Niemand die 100 Mark übrig zu haben scheint, um dieses eine, einzigartige, Exemplar wenigstens durch Mikrofilm vervielfältigen zu lassen, und es so der Nachwelt zu erhalten ! Es ist wahrhaftig in unserer Irrsinnswelt wunders genug, daß sich das große Gedicht über hundert Jahre durch alle Kriegsstürme komplett erhalten hat (d.h. eine Szene, Nr. 20 des letzten Buches = S. 53–56, fehlt schon heute im Manuskript als memento mori !); möchte sich doch endlich Jemand finden, der das geringe Geld daran wagt : ich habe es leider nicht, sonst hätte ich es, weißgott, längst getan. (An einen Abdruck ist bei der Mentalität unserer Verleger zur Zeit ja gar nicht zu denken. Vgl. S. 616 ff.)

Das zweite durchaus bemerkenswerte Stück ist der »Gelimer« (der von irgendeinem Kenntnislosen als »Belisar« betitelt worden ist; dabei tritt der das erste Mal auf S. 74 auf, und überhaupt nur vergleichsweise wenig in Erscheinung ! Der eigentliche Hauptheld, von Anfang bis Ende ist aber einwandfrei der Vandalenkönig !); die Handschrift trägt die Datierung : »Beendet am 17. (22. ?) 7. 1837, Nachts«, und gibt auf seinen 166 Seiten ein Vorspiel, 5 Aufzüge und das Nachspiel.

Das Thema ist der bekannte Untergang des Vandalenreiches, und der vergebliche Kampf seines letzten Königs, Gelimer, gegen den oströmischen Kaiser Justinian und dessen Feldherrn Belisar, historisch recht sorgfältig nach dem Bericht des Prokopius gearbeitet, (der auch persönlich im Spiel auftritt).

Auch hier hat Fouqué eindrucksvolle dichterische Visionen gestaltet, von glühendem Wüstensand und den geheimnisvollen Burgen der Araber. Die Schlachtszenen sind wild und bewegt, wie in seiner besten Zeit, wie ihm denn überhaupt seit dem »Hermann« kein Spiel so gelungen ist.

Auch die Schlußwendung zeigt seltsame Größe : schon ist der riesige Scheiterhaufen errichtet, auf dem sich Gelimer mit den letzten seines Volkes verbrennen will – da wirft er die Fackel aus der Hand : er hat gesehen, wie ein Knabe seines Volkes einem Araberbüblein den letzten Bissen Brot aus der Hand riß – da sein Volk so tief gesunken sei, verdiene es nicht mehr als den Untergang, und diesen nicht in der beabsichtigten heroischen Form ! –

Zusätzlich zu den im Vorstehenden besprochenen Manuskripten ist vor einigen Jahren nun noch ein weiteres Schauspiel, »Griechisches Feuer«, aufgetaucht; es trägt die Datierung : »Beendet am 3ten Juli 1838, Abends gegen 8 Uhr«; und behandelt in der gleichen äußeren Einteilung wie das vorhergehende (= Vorspiel, 5 Aufzüge, Nachspiel) auf seinen 121 Seiten die Geschichte der ersten Belagerung von Byzanz durch die Araber (668 bis 75) und die Errettung der Stadt durch die Erfindung und den erstmaligen Einsatz des sogenannten »Griechischen Feuers«. Die Handlung ist mit der gewohnten Buntheit gewoben; bald ist man im belagerten Konstantinopel, bald im arabischen Lager, bald unter Norder-Helden; die nach alter Germanensitte auf beiden Seiten mitkämpfen. Man meint tatsächlich eine Fortsetzung zu Fouqués altem »Thiodolf« zu lesen; und viele Ereignisse vollziehen sich denn auch parallel : hier wie dort wird im Amphitheater ein Mythenspiel aufgeführt; hier wie dort fangen die zuschauenden Recken schließlich an, mitzuspielen. Aber während im Thiodolf ziemlich unpassend Sigurds Drachenkampf als Einlage erschien, ist es hier weit angemessener die Sage vom König Athamas, und den Verfolgten Ino und Melikertes, die ins Meer springen, und als weissagende Seegötter künftig Leukothea und Palaimon heißen werden.

Die Germanenhelden sind reichlich mit allem Zubehör an Berserkerwut und dergleichen ausgestattet, und haben die allgemeine fouquésche Familienähnlichkeit; der eigentliche Eindruck aber geht von dem wehmütig-schönen Bilde der zerfallenden Griechenwelt aus, und ihren Repräsentanten, dem ungleichen Paar Kallinikos – der düstere skeptische Chemiker und Erfinder der tödlichen Brandsätze – und der rührenden Gestalt der schönen Tänzerin Lybellis mit ihren schwebenden Liedern und ihrem Schmetterlingsschritt. Gleich das gut gelungene Vorspiel, das die Weltuntergangsstimmung in der belagerten Stadt zum Gegenstande hat, fesselt den Leser heute.

Besonders bemerkenswert ist aber die rein formale Seite des Stückes; denn Fouqué hat wechselndes Versmaß verwendet, und es ist – hier wie im »Parzival« – doch recht nachdenklich, daß seine Kühnheit im Experimentieren mit den Jahren immer noch zunahm. –

Ich kann jedenfalls abschließend nur noch einmal wünschen, daß die hier zuletzt besprochenen drei Stücke entweder durch den Druck dem Leser – oder aber zumindest durch Photokopien dem Forscher – recht bald zugänglich gemacht werden; vielleicht ist gerade noch Zeit dazu.

## § 63

Im Sommer 1841 siedelt Fouqué nach mehr als 9 jährigem Aufenthalt in Halle nach Berlin über; die Gründe dafür kann ich nicht angeben, aber es ist anzunehmen, daß sie mit dem Thronwechsel zusammenhängen, und der Neigung des neuen Königs, die alten großen Dichter seiner Jugend huldvoll mit Pensionen und Zuwendungen zu versehen – wie Z. B. auch Tieck – und in seine Nähe zu ziehen. Aus dem Buche Eylerts wissen wir, daß Friedrich Wilhelm IV. sogar die Absicht hatte, dem verehrten Dichter Sacrow, das Paradies seiner Jugend, »zum angenehmen Sommeraufenthalte« anzubieten – wenn nicht Fouqués Tod plötzlich dazwischen getreten wäre.

Die Wohnung wird jetzt in Nr. 23 a der Karlstraße genommen, wo der Dichter auch gestorben ist; mit ihm sind Frau Albertine, der kleine Sohn Carl, und die Schwiegermutter. –

Wieder hält er vor einem neuen und kleineren Kreise seine Zeitungsvorlesungen; wieder beschäftigt ihn die Redaktion der Adelszeitung; aber die Stille um ihn wird doch immer größer. Wieder muß er Charles Fournel im Hause verkehren sehen; eine Zeitlang macht man Bekanntschaft mit dem Publizisten Theodor Mundt, aber der offenbart am Ende doch zu liberale Gesinnungen, und so schläft das Verhältnis wieder ein. Da bleibt denn bis zum Ende treu nur die Dichtung und die Flasche Madeira – es ist ein erschütterndes Bild, das des greisen Sängerkönigs, wie er, langsam verfallend, durch die Straßen schlurft.

Die Hoheit Marianne wird regelmäßig besucht, obwohl nur noch der Eingeweihte die Namen Alearda und Arnald in den runigen Gesichtern lesen kann. Und das treue Tagebuch hält bis zum Ende durch: »20. 4. 1842, Berlin : Fouqué sagte mir heut von seinen beiden Stiefsöhnen Rochow : aufrichtig gesagt, sie taugen Beide nicht ! – es war ein wenig arg; und diese Täuschung, daß er auch sagte : wäre er mein Stiefsohn nicht gewesen, wäre er jetzt nicht Minister.« So arg, wie die Prinzessin meint, ist die Täuschung aber nicht : es gilt für sie Alle, die Nebengestalten : wäre Fouqué nicht, sie würden heute nimmermehr erwähnt !

Dennoch nimmt er Anteil an den Geschehnissen der Außenwelt, wie es ein Dichter soll: am 5. Mai 1842, Nachts um 1 Uhr, bricht ein Riesenbrand in der Stadt Hamburg aus: 61 Straßenzüge werden in Asche gelegt, 1992 Häuser und 498 Buden; viele der ihm bekannten repräsentativen Gebäude brennen ab, St. Peter und die Johanniskirche, das Rathaus, die alte Börse und die Bank; Tausende durchirren obdachlos die Außenbezirke der Stadt, und erschüttert setzt er sich mit Perthes in Gotha in Verbindung. Auch der Ausbruch des Ätna vom 27. 11. 1842 wird notiert; und wenn er ihn auch nicht an der Güte und Weisheit Gottes zweifeln macht, wie es dereinst Goethe beim Erdbeben von Lissabon erging, füllt es ihn doch mit frommer Trauer. –

Am 21. Januar 1843 tritt er in Albertinens Zimmer, wohler und heiterer als die Tage zuvor: »Er scherzte mit Carln«, berichtet die Witwe am 8. 2. 43 an die Prinzessin Marianne: »als ihm auf einmal die heißen Thränen über die Wangen rollten; seine Seele war so leicht ergriffen und bewegt, daß ich ihn öfter beim Anblick des Kindes hatte weinen sehen, indes fiel es mir dennoch auf, als seine Thränen gar nicht aufhörten. Als ich ihn fragte: warum er denn so besonders ergriffen sei, gab er mir zur Antwort: weil ich Euch bald verlassen werde! und somit ging er, mir einen angefangenen Brief an des Königs Majestät zu holen, worin er noch manche Wünsche für Carlchens Zukunft auszusprechen gedachte, und ihn in den kgl. Schutz gab, zuletzt auch noch mich der kgl. Gnade empfehlend, auf gnädige Verheißungen beider hohen Monarchen sich beziehend; und dann übergab er mir den Brief, den er am selben Abend zu vollenden glaubte, mit dem ausdrücklichen Auftrag, daß, wenn eine Hinderung eintrete, diesen Brief zu vollenden vor seinem Heimgang, ich denselben unbeendet eigenhändig nach dem Tode in die Hände Sr. Majestät befördern solle.« Das schmeckt allerdings sehr nach posthumer Frisierung, wenn es nicht gar Hitzigs, des alten Freundes und Witwentrösters Hand verrät; der denn auch mit Geschick des »höchst merkwürdigen Umstands« gedenkt, daß Fouqué am Morgen vor seinem Weggehen noch in sein poetisches Tagebuch eingetragen habe: »Am 21. Januar (Morgens beim Aufstehen und gleich nachher): Heil, ich fühl es, der Herr ist mir nah, doch nah auch der Tod mir, / doch weit näher der Herr: Heil mir der seeligen Näh!« – Hitzig hätte solche Verse und Eintragungen Fouqués seit dessen 10ten Lebensjahre habituell finden können wodurch sich der Wert der Merkwürdigkeit wesentlich verringert.

Da ist der Bericht der Prinzessin Marianne, die er an jenem letzten bewußten Tage seines Lebens ebenfalls unter andrem mit besucht hat, bedeutend wertvoller: »23. Januar 1843, Berlin: Am 21 wollte ich noch in die Luft, ehe ich um 4 zur Kirche ging, wo die Jahresfeier des Bisthums von Jerusalem gefeiert wurde – als mir Fouqué gemeldet wurde – es war mir etwas fatal, doch dachte ich: die Treppe wird ihm gewiß sauer, ich will ihn lieber anhören und die Luft aufgeben. Wie freue ich mich jetzt darüber! Er kam, war weniger schwach wie jetzt als – wir waren paarmal recht gerührt – als er von des lieben Königs schönem Zug mir erzählte, wie er ihm am H. Abend 100 Taler bescheert: mit so allerliebsten Worten von seiner Hand in dem Papier des Rouleaux. Wie schön – keiner denkt mehr an Fouqué, dachte ich, und er, der an dem Tag so viel zu thun hatte! Wie dankbar und froh war er dadurch! Wir sprachen viel darüber – doch auch wegen s. Vorlesungen, die ich ihm abrieth – er sollte eine nur halten über Poesie. Von Wanda sprachen wir, die ihn angeredet bei der Cour, weil ich ihr s. Geschichte hatte lesen lassen – das war ihm auch so lieb gewesen, darüber sprach er so viel von Radziwill, von Elisa mit Thränen. Zuletzt sagte er, (er) wolle den Prinz zu Gevatter bitten – dann von seinem Carl, meinem Pathen, den er mir bringen mögte – wie er blätterte in s. Bibel, die ich ihm geschenkt, so gern David und Goliath besehen, und dann ein kleines Gedicht von Claudius, was er mir vorsagte, dabey hersagte – und war das letzte – als er heraus ging, rief ich noch: vergessen Sie nicht zu Wanda zu gehen – ja, dieser Tage geh ich hin, das war das *letzte* Wort. (Vorher hatte ich ihm noch eine Übersetzung von Gedichten und Sagen der Bretagne angerathen, worüber er von s. Schloß in der Normandie sprach und von seinem Freund Chamisso allerhand erzählte, und wenn sie stritten und er dann nochmals zu ihm sagte über eine Äußerung: comme c'est français usw.) Heut abend beim Thee kommt die Münster, sagt, er sey jenen 21. nicht nach Hause gekommen bis Mitternacht, wo er auf der Treppe fiel und ohne Besinnung liegen blieb – und heut morgen starb. Wahrscheinlich also (da er leider manchmal trank und den Tag wohl zum essen in ein Caffee Haus gegangen war) waren es die letzten Worte aus dem Herzen, die er im Leben sprach bey mir, und auch das letzte Gedicht brachte er mir den Tag, zum neuen Jahr an mich. – Es ist doch eigen, denn er hat mich doch einmal sehr geliebt und auch lieb behalten – Gott gebe seiner Seele Frieden und ewige Seeligkeit. Amen! Es hat mich doch sehr bewegt – wieder jemand so ganz fort, der sich mir mittheilte im Leben – doch wohl ihm, denn er war doch sehr heruntergekommen, der Arme.«

Das hier erwähnte »Bisthum Jerusalem« war auch wieder so eine verrückte Gründung des romantischen Königs; und die »Wanda« des Tagebuches ist die Prinzessin Czartoryski (1813–45), eine Tochter von Fouqués alter Bekannten, der preußischen Prinzessin Luise (Radziwill).

Bezeichnend an dem Bericht ist auch die Tatsache, daß er »trank« – man hat wahrlich überflüssig Anlaß in der Welt, sich das anzugewöhnen – und daß er öfters im Kaffeehaus speiste; was man ihm bei der Häuslichkeit ja auch nicht direkt verdenken kann.

Jedenfalls findet ihn die Frau um Mitternacht bewußtlos, von einem neuen – dem letzten – Schlaganfall getroffen auf der Treppe des Wohnhauses. Er wird auf sein Bett gelegt; sprechen kann er nicht mehr, obwohl die Besinnung noch einmal wieder kommt : »Was er später noch zu sagen versuchte, war mir unverständlich,« berichtet Albertine in dem schon zitierten Brief : »und dies selbst fühlend, versuchte er nicht mehr zu sprechen, sondern ließ sich die Hände zum stillen Gebet falten, was er auch nicht bis zum letzten Augenblick unterbrach. Die Umstehenden glaubten mich zu beruhigen und zu trösten, wenn sie mich versicherten, der Leidende hätte kein klares Bewußtsein, und fühle nicht seine Schmerzen. Ich konnte aber diese Überzeugung nicht gewinnen, denn wenn ich zu ihm trat und ihm die Hand reichte, fühlte ich, wie er sie zu drücken versuchte, und wenn ich zu ihm sprach, ebenfalls durch Zeichen mir zu verstehen gab, er könne nicht antworten, und so sein Gesicht wieder abwandte, indem er öfter Zeichen des Kreuzes auf seiner Brust machte, und die Lippen leise im Gebet bewegte. An seinem Sterbebette, an seiner Leiche habe ich mir Trost geholt, wenn ich glaubte ganz zu vergehen, und in den Augenblicken meines großen Schmerzes schöpfe ich jetzt noch Trost in der Erinnerung seines schönen christlichen Todes, der einen himmlischen Seelenfrieden in seinen Zügen zurückgelassen hatte.«

In den frühen Morgenstunden des 23. Januar 1843 stirbt so Friedrich Heinrich Carl Baron de la Motte Fouqué, Baron de Thonnayboutonne, Baron de Saint Surin, Seigneur de la Greve, Major a. D. und Ritter des Johanniterordens; am 26. Januar 1843 wird er auf dem Garnisonkirchhof in der Linienstraße begraben; laut Kirchenbuch hinterläßt er die hochschwangere Ehegattin und einen minorennen Sohn; von der Tochter Marie ist keine Rede. Drei Tage später, am 29. 1. 1843 gibt Albertine einem zweiten Sohn, Friedrich Wilhelm Waldemar, das Leben. Ein Vierteljahr später stirbt, noch in der Karlstraße, am 9. 4. 43 dann auch ihre Mutter im Alter von 72 Jahren. –

Es bleibt übrig, kurz die weiteren Schicksale der Witwe und der Familie zu skizzieren.

Mit Hilfe jüngerer Freunde – z. B. des Dr. Kletke – versucht Albertine die nachgelassenen Manuskripte des Gatten im Buchhandel zu lanzieren, und mit einigen gelingt es ihr auch : im November 43 erscheint, mit der Jahreszahl 44, der Roman »Abfall und Buße«; Anfang Oktober 44 kann sie der Prinzessin »Joseph und seine Geige« senden; im Laufe der Jahre wird sie noch einige Bände »Geistliche Gedichte« absetzen können. Wie sie das Werk und den Nachlaß »gehütet« hat, geht schlagend aus einem ihrer Briefe an den Verleger Potthast (vom 24. 2. 1857) hervor: »Zufällig wurde ich neulich beim Durchlesen von Fouqués Biographie darauf aufmerksam, daß in seinem Nachlaß noch die Bearbeitung des Parzival vorhanden sei, worauf der Dichter selbst viel Gewicht zu legen scheint. Ich habe nun nachgesucht, und finde ein Manuskript in 6 Büchern nebst Gesprächen zwischen dem Dichter und Wolfram von Eschenbach. Diese Gespräche sind in den 6 Büchern mit einbegriffen, und könnten, wenn Sie es nicht zum Druck passend finden, weil es doch nur auf des Dichters inneres Leben Bezug hat, füglich wegfallen, ohne daß die Dichtung im Geringsten darunter leiden würde.« Ich hebe hier nur hervor: daß Albertine 14 Jahre nach Fouqués Tode »zufällig« auf die Existenz eines seiner bedeutendsten Werke aufmerksam wird; daß sie »suchen« muß – weh: wieviel mag an Handschriften noch vorhanden gewesen sein! – um die »Bearbeitung« zu finden, eine »Bearbeitung«, auf die der Dichter selbst »viel Gewicht« zu legen schien, haha!; sie findet den herrlichen ‹Parzival› auch, »nebst« Gesprächen – dabei sind diese untrennbar eingearbeitet! Ich könnte nun allenfalls verstehen, wenn der Verleger als Voraussetzung zum Druck auf der Streichung dieser Dialoge bestanden hätte – daß Albertine *dann, schweren Herzens, um des lieben leidigen Geldes willen, aber immer protestierend,* darauf hätte eingehen müssen: aber dergleichen von vornherein dem Verleger anzubieten: dadurch wirds zur gefühllosen Barbarei eines Automatenherzens!

Auch betätigte sie sich selbst schriftstellerisch; 1857 gibt sie eine neue französische Übersetzung der »Undine« heraus (wie auch von A. G. Eberhards »Hannchen und ihre Küchlein«), »da diese Sprache mir zur zweiten Muttersprache geworden ist«; und 1865 erscheint ein Roman von ihr bei Reichardt und Zander in Berlin »Reinhold. Eine Erzählung aus dem wirklichen Leben.«, 2 Bände in 8° mit 381 Seiten – ich habe ihn leider nicht einsehen können, ob sie etwa Fouquésche Materialien dazu verwendet hat; erkennen würde ich den Stil des Alten dann schon! Nach Kürschners Angabe soll sie dafür im Alter noch Pensionärin der »Deutschen Schillerstiftung« gewesen sein. Daß jedenfalls das Geld immer knapp war, bezeugen ihre Eingaben um teilweise Rückgabe des seinerzeit 1760 (sic!) dem General Fouqué in Glatz von den Österreichern expropiierten Eigentums, die natürlich ohne jeden finanziellen Erfolg geblieben sind, obgleich sich die Unterlagen dadurch wahrscheinlich so lange intakt erhalten haben.

Vergeblich auch versucht sie immer wieder in langen ausführlichen und nicht uninteressanten Briefen die Prinzessin Marianne für die Gründung einer hochchristlichen Erziehungsanstalt für junge Mädchen zu gewinnen – mit sich selbst als Leiterin, natürlich – und legt ihren Schreiben detaillierte Pläne bei – es hilft nichts. Auch die Wohnung wird laufend gewechselt: Oktober 43 ist es Luisenstr. 31; Ende 43 siedelt sie in Marienstr. Nr. 3 über; Ende 45 finden wir sie in Nr. 31 der Buchenstr. – Die Söhne werden sobald nur irgend tunlich in die letzte Zuflucht der verarmten Adligen, das Kadettenhaus, gegeben, wo sie die langwierige Offizierslaufbahn einschlagen, in welcher der Jüngere bis zum Generalmajor aufsteigt.

Am 28. 2. 1876, morgens 3 Uhr, ist die letzte der Gattinnen Fouqués in Hannover, Hildesheimerstr. 31, in ihrer Wohnung, verschieden. –\*

Von den Söhnen des Dichters starb der Älteste, Karl, nach kinderloser Ehe bereits in der Nacht vom 14./15. Oktober 1874 in Charlottenburg als kgl. preuß. Hauptmann und Kompagniechef im 1. R. 8. Der jüngste, Friedrich Wilhelm Waldemar, († als Gen.-Major, 1921), der den Vater nicht mehr gekannt hat, hat die Familie fortgepflanzt, deren Mitglieder heute weit im deutschen Sprachraum zerstreut wohnen.

---

\* Es wird sehr, sehr schwer sein, jemals ein auch nur annähernd gerechtes Porträt von Fouqué's dritter Gattin zu zeichnen.

Über ihren ersten 25 Jahren liegt Dunkel; über dem Zeitraum zwischen 1831 bis 43 nur allzuviel Licht; dann taucht sie wieder für 33 Jahre unter; einzelne überlieferte Äußerungen ihrer Söhne sind von größter Bitterkeit und Härte.

Aber selbst wenn man berücksichtigt, daß es nicht leicht ist, die Frau eines großen Mannes zu sein, und den betreffenden Damen zur Austarierung des immer-drohenden Persönlichkeitsverlustes das Doppelte der normalen weiblichen Aggressivität zubilligt – selbst dann bildet Frau Albertine, mit anderen dieser funkensprühenden Mazönchen, etwa Caroline Herder, verglichen, eine extrem-peinliche Erscheinung.

Ich bin gern bereit, ihr das biologische Dilemma zwischen ihren lebenslustigen dreißiger Jahren und dem greisen Gatten, der sich erotisch vermutlich schon arg aufs Altenteil zurückgezogen hatte, zugute zu halten – aber sie hätte dieses Dilemma getrost diskreter lösen dürfen. Und viel sei ihrer früheren und späteren Dürftigkeit verziehen: wer arm ist, kann sich fast nie Charakter leisten.

Hoffen wir, daß später einmal Funde – für die ich leider so gut wie keine Richtung angeben kann; allenfalls die Schillerstiftung, oder Kletke's

Nachlaß, falls es dergleichen giebt – die, vermutlich kleinlichen Geheimnisse dieses immerhin merkwürdigen Frauenlebens erhellen werden. Ich gebe hier noch einige umfangreiche Auszüge aus Briefen, die Albertine im ersten Jahr nach dem Tode ihres Mannes an die Prinzessin Marianne richtete, und die in ihrer Mischung aus krampfhafter Plänemacherei, frömmelnder Heuchelei und devoter Bettelei, die Bedrängnis der Frau wiederzuspiegeln geeignet erscheinen. –

Berlin, den 8. 2. 1843 (schwarzumrandeter Brief) : »... Euer Kgl. Hoheit wollte ich es wagen, mich brieflich zu nahen, gleich nach den Tagen, wo mich das härteste und schwerste Ereignis meines Lebens traf, meinen lieben Mann zu verlieren, um Trost in dieser Mitteilung zu finden, wissend, daß Ew. Kgl. Hoheit, die den Heimgegangenen kannte, meinen Schmerz verstehen und anerkennen würden. Diese Absicht aber ward gehindert, da meine Niederkunft mit einem Knäbchen mich am 29. vorigen Monats überraschte, um 14 Tage früher, wie ich es erwarten konnte, und wovon ich mir erlaube, Ew. Kgl. Hoheit die untertänigste Anzeige zu machen. Das, was unter glücklicheren Umständen Freude und neues Leben in unserer kleinen stillen Häuslichkeit verbreitet haben würde, erweckte neuen Schmerz bei mir, und wunderbar fühle ich, wie der Herr mich in meinem Leiden stärkt; denn nur von ihm kann die Kraft kommen, das zu tragen, was mir von seiner Hand auferlegt ward. Es ist eine ernste Aufgabe, wenn man mit dem Manne Halt und Stütze im Leben verlor, eine ungewisse, noch ungesicherte Zukunft vor sich, und die Sorge für den Unterhalt und die Erziehung zweier Kinder auf der Seele, wovon das eine schon als Waise die Welt erblickte. Doch der Herr spricht : Ich will Euch nicht Waisen lassen. Und so wird sein Wort sich auch an uns bewähren.

Zunächst bin ich durch eine Kabinettorder des Hochseligen Königs Majestät, von des jetzt regierenden Königs Majestät bestätigt, auf eine Pension angewiesen, im Falle ich Witwe würde, und auch für meinen Carl hatte sein Vater die gnädige Zusicherung Se. Majestät, daß 300 Thaler, welche mein seeliger Mann aus der Kgl. Schatulle als Zulage bezog, bei dessen Tode auf den Kleinen übergehen sollten, und so darf ich, auf die Kgl. Gnade bauend, hoffen, mein Geschick wird sich so gestalten, daß ich bei strenger Wirtschaftlichkeit nicht mit zu bangen Nahrungssorgen zu kämpfen haben werde. Mein guter seliger Fouqué fand hohen Trost darin, seine Familie unter dem Schutz eines gnädigen Königs zu wissen, von dem er so viele Beweise Kgl. Gnade und Huld empfangen, daß es ihm bis in den letzten Augenblicken die Sorge um die Zurückbleibenden erleichterte. Waren doch seine letzten Worte, die er zu mir mit vollem

Bewußtsein sprach : ‹Ich gehe von Dir, mein Kind, aber verzage nicht, wenn Du auch bisweilen zagen solltest, ich lasse Dir einen starken Schutz, Gott und meinen lieben König.› « (Hier sind jetzt die Zeilen S. 562, 8 v. o. bis 17 v. u. einzuschalten. Albertine fährt fort) : »Fouqué hat seinen Tod geahnt, und sprach öfter mit mir darüber; wie er aber sah, daß ich schmerzlich davon ergriffen wurde, wollte er wahrscheinlich mich nicht betrüben, sondern schwieg darüber; selbst, wenn ich ihn in der letzten Zeit leidend sah, wollte er es mir nicht eingestehen, sondern behauptete, er fühle sich wohler, wie je. Nur den letzten Morgen, wo ich ihn wohl sah – es war am Sonnabend, den 21. Januar – als er des Morgens in mein Zimmer trat, fand ich ihn wirklich wohler und heiterer.« (Hier einzuschalten S. 560, Zeile 13 v. o. bis Zeile 13 v. u. Es geht weiter) : »Und so geschah es denn auch. So tief wie auch mein Gemüth von dem herben erlittenen Verlust erschüttert war, so nahm ich alle Kraft meiner gebeugten Seele zusammen, und überreichte Sr. Majestät mit meinem alleruntertänigsten Schreiben diesen nachgelassenen Brief meines seeligen Mannes, indem ich zugleich mein Geschick und das seiner Kinder in Höchstdessen Hände legte. Dieser höchsten Entscheidung, worauf meine ganze Zukunft sich gründet, sehe ich nun täglich entgegen, und hoffe, daß ich gewiß nicht mehr lange Zeit in dieser trüben Unsicherheit meiner Existenz schweben werde.

Mein Brief ist fast zu ausgedehnt, und bitte ich um die Nachsicht Ew. Kgl. Hoheit – geht mir doch das Herz Ihnen gegenüber auf, im Bewußtsein, daß mein lieber seeliger Mann sich so oft der Theilnahme, und Beweisen des hohen Wohlwollens seiner erhabenen Herrin zu erfreuen hatte. Gewiß bewahren auch Ew. Kgl. Hoheit dem Heimgegangenen ein gnädiges Andenken, und werden auch seiner Witwe den Trost und Beistand nicht versagen, der mir so nöthig sein wird, um nicht in meinem Schmerz und Verlassensein unterzugehen. Habe ich erst wieder Kraft gewonnen, und nimmt mich die Krankenpflege meines Carl, der erst gestern wieder einen starken Anfall der häutigen Bräune hatte, nicht mehr in Anspruch, so wage ich es wohl, Ew. Kgl. Hoheit die Bitte zu Füßen zu legen, Ihr meine untertänigste Aufwartung machen zu dürfen; manches bleibt mir noch in der Seele, was ich diesem Brief, seiner ungebührlichen Länge wegen, nicht hinzufügen kann. Auch erlaube ich mir dann, Ew. Kgl. Hoheit die Abschriften von einigen kleinen Versen zu überreichen, die der Seelige noch am letzten Morgen unseres Beisammenseins geschrieben.

Geruhen nun Ew. Kgl. Hoheit noch die Gesinnungen, mit denen ich zu verharren die Ehre habe, als Ew. Kgl. Hoheit alleruntertänigste
    Albertine, verw. Baronin de la Motte Fouqué.«

Dieser Schrieb verrät von Anfang bis zu Ende die Hand Hitzig's – bald versucht er auf nüchtern-ölige Art das Herz der Leserin zu zerreißen, durch Zitierung ‹letzter Worte›, Schilderung der weinenden Waisen, das geschickte Arbeiten mit ‹Vorahnungen› und die diskrete Anspielung auf die einstige ‹Herrinnenrolle›; bald unternimmt er, mit der Technik des Juristen, die nochmalige briefliche Bestätigung von ‹Vertragspunkten› unauffällig herbeizuführen – ein vielleicht nützliches, aber ausgesprochen widerliches Gemisch. – Der nächste ist ebenfalls aus Berlin, vom 3. 5. 1843 : »Ew. Kgl. Hoheit hatte die Gnade, mir zu erlauben, jenes kleine Gebetlein, welches mein verewigter Mann als das Gebet unseres kleinen Carl bezeichnet hatte, aufzuzeichnen, und somit bin ich so frei, es hiermit allerunterthänigst zu überreichen. Es ist aber nicht von Claudius, darinn irrte sich Fouqué, sondern ward es dem Kleinen nebst anderen frommen Sprüchen von meiner jetzt auch verewigten Mutter gelehrt. Ebenso habe ich es auch gewagt, einige Liedesworte hinzuzufügen, die ich in der Bibel meines Mannes fand. Darin pflegte er gewöhnlich die Verse zu legen, die ihm besonders lieb waren. Auch sind sie vielleicht schon Ew. Kgl. Hoheit bekannt, da sie schon früher gedruckt in die zuletzt erschienen gesammelten Werke aufgenommen wurden. ‹Trost› hatte der Seelige sie benannt, und ich kann in Wahrheit sagen, daß ich in dieser trüben Zeit, die ich wohl eine Zeit der Thränen für mich nennen kann, vielen Trost darin gefunden habe. Auch Tholuck wandte dies Liedchen sehr schön an, als er in Halle seinen akademischen Gottesdienst hielt.

Überhaupt finde ich in Fouqué's Tagebuch viel trefflich Schönes, meistens Lieder und Sprüche religiösen Inhalts, wo, wenn es mir nicht gelingen sollte, eine Ausgabe davon in den Druck zu bringen, ich wohl einige davon auswähle, und als Abschrift um die Gunst bitte, es Ew. Kgl. Hoheit zu Füßen legen zu dürfen. Ich habe mich selbst bei der großen Arbeit gemacht, die Papiere zu ordnen; es ist für viel Mühe auch viel Lohn, denn es ist wirklich Herrliches vorhanden, einige recht bedeutende Dichtungen, wo ich mir Mühe gab, sie in Verlag zu bringen; es ist für mich aber schwierig, da ich beinah so gar nichts vom Buchhandel verstehe; indes ist es mir doch schon gelungen, einen Roman, ‹Abfall und Buße› genannt, einem sehr zuverlässigen Buchhändler zu negociiren, welcher zum Herbst erscheinen wird, und wo ich auch das Versprechen erhielt, wenn der Absatz gut wäre, so wolle er mehr in Verlag nehmen. Dies muß ich nun erwarten, und habe ich einstweilen nur das Ziel im Auge behalten, zu der Möglichkeit zu gelangen, den wirklich recht gelungenen Dichtungen Bahn zu verschaffen, und habe jeden pecuniairen Vortheil unberücksichtigt gelassen.

Als ich die Ehre hatte, Ew. Kgl. Hoheit meine allerunterthänigste Aufwartung zu machen, erwähnte ich auch, wie ich den Plan, damals nur noch Wunsch, hatte, mir einen Wirkungskreis zu eröffnen, wodurch ich über meine trüben Verhältnisse hinweggehoben, und ich von Neuem mit der Welt in Berührung träte, die fast durch meine gänzliche Zurückgezogenheit, nur allein der Pflege von Mann und Kind lebend, wie abgebrochen zu betrachten war. Seit dieser Zeit hatte der Herr mir noch Schweres auferlegt, indem er meine Mutter, die bei mir lebte, nahm; mit ihr schien mir nun noch der letzte Halt entschwunden, denn wo findet man Theilnahme für seinen Schmerz, wie beim Herzen einer Mutter, die man in allen Stürmen und Trübsalen des Lebens stets in unveränderter Treue erfunden. Seit nun auch sie heimgegangen, fühle ich mich sehr vereinsamt mit meinen beiden kleinen Kindern, zumal da Carl viel kränkelt an stets wiederkehrender Bräune, die gefahrdrohend ist, und ich selbst nach allen Anstrengungen, die wohl über meine Kräfte waren, anfange, an der Brust zu leiden, so daß ich meinen kleinen Fritz einer Amme übergeben soll. Dies ist in meinen jetzigen Verhältnissen ebenso unmöglich, als auch die Cur, welche der Arzt für meine gänzliche Wiederherstellung verlangt, durchzusetzen, und will ich nur alles nach Kräften aufbieten, für Carln die Mittel anzuwenden, nach welchen mir Genesung für ihn verheißen ist. Für mich bin ich überzeugt, so wie ich erst über meine Zukunft beruhigt sein werde, wird sich auch meine Gesundheit wiederfinden, da mein Gemüth dann beruhigt sein wird, und ich mich überhaupt mehr werde schonen können. Oft preßt der Gedanke mir das Herz, daß mit Fouqué's Tod auch seiner verwaisten Familie der Untergang bestimmt ist; doch wird ja dies der HErr nicht zugeben, er, der Versorger der Witwen und Waisen ...« (Sie will nun versuchen) : »mir, und zum Besten meiner Kinder, eine Existenz durch Gründung eines Instituts zur Bildung junger Mädchen zu verschaffen. Schwer wird es sein, darüber täusche ich mich nicht; indes verläßt mich nicht die Hoffnung, daß des Königs Majestät geruhen wird, mir die gnädigst verheißene Pension zu bewilligen, wodurch ich in den Stand gesetzt werde, diesen Plan ins Leben treten zu lassen, weil ich (dann) abwarten könnte, und nicht gänzlich für meine Existenz darauf angewiesen wäre. Ich habe zu dem Zweck einen Plan, wenn ich es so nennen darf, entworfen, den ich mir erlaube, Ew. Kgl. Hoheit zur gnädigen Beurteilung allerunterthänigst vorzulegen. Sollte Ew. Kgl. Hoheit mich der Ehre würdig erachten, und das folgende Blatt durchlesen, so wird meine Absicht Ihnen dadurch deutlicher dargelegt sein, als es mir vielleicht gelungen ist bei der mündlichen Auseinandersetzung ... Wollte Ew. Hoheit mich mit diesen meinen Bestrebungen unter Ihren Hohen Schutz nehmen ...« (usw., usw. viel Weihrauch). »... was der Name Ew. Kgl. Hoheit vermag, als ich den Frauenverein für die Blinden in Halle gründete: es war, als strömte der Seegen mir zu, von dem Augenblick an, wo ich sagen durfte, daß Ew. Hoheit dies wohlthätige Unternehmen beschütze. ... gewiß nicht weniger gottwohlgefällig, weil ein ernster Sinn, und der Wunsch eines würdigen Wirkens mich dazu treibt; und je mehr ich über meine Vergangenheit und auch über die Gegenwart nachdenke, scheint es wohl auch Bestimmung für mich zu sein, auf ähnliche Weise zu wirken, da es mich nicht glücklich machen könnte, auch in den günstigsten Verhältnissen mein Leben so unthätig hinzubringen; zumal dann, wenn meine Kinder das Alter erreicht haben, wo sie hoffentlich ins Cadettencorps aufgenommen werden. Dies ist nun freilich noch lange hinausgesehen, indes, reibt meine Gesundheit sich nicht ganz auf in bangen Nahrungssorgen, so läßt sich doch erwarten, daß ich es erlebe, und dann bin ich doch immer noch in einem Alter, wo man nur durch Täthigkeit sich zufrieden fühlen kann, und bis dahin würde ich auch in der Erziehung meiner Kinder sehr erleichtert sein, da sie mit Hilfe der Lehrer viel gediegeneren Unterricht empfangen könnten, als sollte ich sie in einer fremden Schule unterrichten lassen. Alle meine Verhältnisse scheinen mich für dieses Unternehmen zu bestimmen ...« (Sie bittet nochmals um den Allerhöchsten Schutz). »... Bei den einzelnen Liedchen, welche ich in Fouqué's Bibel fand, war auch das Gedicht vom 15. Oktober vorhanden. Soviel ich weiß, ist es nicht im Druck erschienen, und somit wahrscheinlich S. Majestät noch unbekannt; ich habe aber nicht gewagt, es einzusenden, da ich nicht weiß, ob es von mir auch gnädig aufgenommen worden wäre, und ob ich dadurch nicht vielleicht indiskret erscheinen könnte, zumal jetzt, wo ich noch immer der Allerhöchsten Entscheidung über meine Verhältnisse entgegensehe. Es ist aber gewiß aus Fouqué's tiefster Seele gedrungen, bei der innigen Ergebenheit und Verehrung, welche ihn für seinen erhabenen Monarchen durchdrang, und so darf ich wohl wagen, dies Lied Ew. Hoheit zu Füßen zu legen, und die Gesinnungen der tiefsten Ehrerbietung hinzuzufügen ...« (usw. Der Schlußschnörkel.)

Das wäre auch noch eine nicht unergiebige Untersuchung, einmal die Archive der Hohenzollern auf Fouquéiana durchzusehen – vom Patenbrief Friedrichs des Großen an, bis zu den Verfügungen Friedrich

Wilhelm IV. über die Pension für die Witwe – da würde sich manch Datum nicht nur verifizieren lassen, sondern auch neu ergeben, und viele kleine Gelegenheitsdichtungen würden zum Vorschein kommen; selbst die Korrespondenz der Monarchen und Prinzen, von der der -innen und -essinnen noch ganz zu schweigen, könnte interessanteste Details liefern. Freilich würde auch manch Krauses auftauchen. – Aus der ‹Beilage› nur einige Stellen:

»*Entwurf zur Gründung eines Instituts für junge Mädchen höheren Standes.* ... Schon in meinem 19ten Jahre fühlte ich mich zu dem ernsten Beruf der Erziehung getrieben, und hatte auch die Freude, daß man mir hier in Berlin, in einem vornehmen Hause, die Erziehung zweier junger Mädchen von sehr verschiedenem Alter anvertraute. Die Eine, meine eigentliche Elevin, war 9 Jahre, und ihre Verwandte, die mir um 1 Jahr später übergeben ward, 17 Jahre alt, und hatte Letztere bis dahin ihre wissenschaftliche Ausbildung in einem hiesigen Erziehungsinstitut empfangen. Die Jüngere, vermöge ihrer besseren Auffassungsgabe, hielt vollkommen gleichen Schritt in den Unterrichtsstunden mit der Älteren, und hatte ich mich des Lobes und der Anerkennung der Angehörigen zu erfreuen. Ihnen hatte es genügt, daß Beide in der Geschichte, Geographie, Mythologie und anderem mehr, ihren übrigen Genossinnen voranstanden, auch ein eleganteres Französisch sprachen, wie andere Kinder ihres Alters; nur recht viel lernen sollten sie, das war besonders die Aufgabe, die ich zu lösen hatte, und somit war ich, anstatt Erzieherin, Lehrerin geworden.

Diese Vielwisserei hatte aber schon damals nichts Genügendes für mich; ich fühlte einen Mangel in dieser Erziehung, wovon ich mir keine Rechenschaft zu geben vermochte. Später, nach ernsterem Nachdenken, ist es mir aufgegangen, es fehlte die einfache religiöse Grundlage, die unbedingt zuerst Keim im jungen Gemüth haben muß. Ich hatte zwar meinem Erziehungssystem diese Basis geben wollen, allein man wies es bald zurück, als veraltet und außer Mode. Ich selbst war noch nicht mit der inneren Kraft und Festigkeit ausgerüstet, deren es bedurft hätte, gegen ähnlichen Indifferentismus anzuringen, und neigte mich sehr dahin, zu glauben, meine Erziehung sei im veralteten Prinzip geleitet und geführt, und ich müßte mich der neueren Mode anschließen. Seit nun der Glaube an Gott und meinen Erlöser mich weniger durchdrang, kamen auch Momente, die ich früher nicht kannte; jede Widerwärtigkeit brachte mich zum Verzagen, und mein Leben ward ohne freudige Zuversicht auch ein freudearmes, und mein Gemüth wie ein schwankendes Rohr, bewegt von jeglichem Lufthauche, weil mir eben der feste Anhaltspunkt für Zeit und Ewigkeit fehlte. Einige Jahre ging mein Leben so dahin, denn mit dem Eintritt in das ernste Leben ward ich gleichsam durch Erfahrung und Verhältnisse dahin gedrängt, Den zu suchen, welchen die Mode hatte verdrängen wollen; und glücklicherweise war mir mein Erlöser nicht so fremd geworden, daß ich nicht sogleich bei ihm Schutz suchte, mich umso inniger an ihn anschloß, und den Trost fand, den ich hoffte. . . .

Den wissenschaftlichen Unterricht würde ich gänzlich geprüften Lehrern übertragen, die nach freiem Vortrag unterrichten, ausgenommen den Unterschied in der französischen Sprache. Hierin glaube ich selbst den Anforderungen Genüge leisten zu können, da diese Sprache mir zur zweiten Muttersprache geworden ist; weil schon in meinem 15ten Lebensjahr mich Familienverhältnisse ins südliche Frankreich nach Bordeaux hinzogen, wo ich in dem Institut einer englischen Lady meine weitere Ausbildung erlangte; somit nach englischer Weise, aber in französischer Sprache, in der die ganze Erziehung sowie der Unterricht geleitet wurden. Der einfache klare evangelische Glaube war der Grund von und in allem Wirken. . . .

So wie vom 10ten Jahre an die wissenschaftliche Ausbildung beginnen muß, läßt sich auch schon zugleich der Unterricht der feineren und künstlichen weiblichen Handarbeit damit verbinden; damit vom 14ten bis 15ten Jahre an, die jungen Mädchen mehr zu dem Praktischen geführt, auch das Nützliche im Haushalt, feines Nähen der Wäsche, selbst das Zuschneiden derselben, zum Herausgeben für die Küche unter guter Leitung und Führung des Ausgabenbuches, welches von 8 zu 8 Tagen nach abgelegter Rechnung von Einer zur Anderen übergehen soll. / Keineswegs, solange sie in der Anstalt sind, soll der wissenschaftliche Unterricht darunter leiden; im Gegenteil soll es mein Bestreben sein, mit dem Fortsetzen des Unterrichts bei den Lehrern, sie in die Literatur einzuführen, wozu unser eigenes Vaterland uns die reichsten Mittel darbietet. Haben sie darin die Fähigkeit des richtigen Auffassens erlangt, dann mögen wir uns zur englischen Literatur wenden, die sich an Sinn, Ernst und Tiefe der unseren anschließt. Frankreich bietet nur Einiges zur Auswahl dar; jedoch darf es ihnen nicht ganz fremd bleiben, da im Ganzen den Franzosen nicht der Geschmack, Feinheit des Ausdrucks, und Eleganz des Stiles abzusprechen ist, welches sie wohl auch nur beanspruchen, da, einige Autoren ausgenommen, die neuere Produktion wohl für den Augenblick interessieren, aber keinen tiefen und bleibenden Eindruck zurücklassen kann. / Überhaupt werde ich mich bemühen, daß die Erziehung eine häusliche, mithin praktische wird, wo die höhere Richtung dennoch immer voran steht. Musik, Gesang, Tanz, soll nicht ausgeschlossen bleiben; indes würden die Elevinnen diesen Unterricht nur empfangen, wenn ich ausdrücklich zur Erteilung solcher Stunden von den Eltern beauftragt würde. / Außerdem würden sich die zu erteilenden Unterrichtsstunden auf Religion, Geschichte vom Anfang der Bibel begonnen, Mythologie, Naturgeschichte, Geographie, Rechnen und Schönschreiben, Deutsch, Französische Sprache, wird es verlangt, auch Englisch, beschränken; zu deren Erteilung, mit Ausnahme der französischen Sprache, ich Lehrer verpflichten würde. ...« (datiert, Berlin, den 18. 4. 1843).

Wem der hochkirchliche Faltenwurf des Trauerschleiers in allzu krassem Gegensatz zu der darunter verborgenen ‹Lustigen Witwe› zu stehen scheint, möge berücksichtigen, daß man damals – genau wie heute! – um zu reüssieren, sich als Gottsucher gebärden mußte; zumal dem Nicht-Volk gegenüber, das die Renten und Druckposten zu vergeben hatte. – Der nächste Brief kam am 3.12. 1843 aus der Marienstraße: Weihnachten stand vor der Tür:

»Ew. Kgl. Hoheit erlaube ich mir, beifolgenden Roman aus Fouqué's Nachlaß ganz unterthänigst zu Füßen zu legen, bittend, Ew. Hoheit wollen dieser Dichtung gnädige Aufnahme schenken. Freilich kommt es jetzt wohl schon einige Wochen verspätet, da dies Buch schon im Buchhandel erscheint, und ich gewünscht hätte, früher als dies geschehen, dasselbe Ew. Hoheit überreichen zu dürfen. Aber ich wußte nicht, wohin ich es zu senden hatte. Somit zog ich vor, die Rückkehr der Hohen Herrschaften von Schloß Fischbach abzuwarten, damit nicht durch langes Hin- und Hersenden noch mehr Zeit verloren ginge, und so verzeihen Ew. Hoheit mir gewiß gnädigst diese Verzögerung. / Dürfte ich nun noch hinzufügen, wie es uns Verwaisten bis jetzt ergangen, so kann ich nur sagen, still und trüb geht mir ein Tag wie der andere hin. Bald nun habe ich 1 schweres Jahr durchrungen, und immer neu bleibt der Schmerz um den Verlorenen, wenn die Erinnerung mich in die Vergangenheit zurückführt, wenngleich gemildert durch den festen Glauben an den Herrn. ... Habe ich doch in dieser trüben Zeit manchen erhebenden Augenblick gehabt, durch so manche Beweise der Theilnahme und Anerkennung für den Verewigten. Der Kgl. Gnade verdanke ich es, daß für die nächsten Jahre die dringendsten Sorgen von mir genommen sind; und wenngleich meine fernere Zukunft keineswegs gesichert ist, so verscheuche ich doch alle Besorgnisse, die sich mir bisweilen aufdrängen möchten. ... finde ich doch im Gedeihen und Heranwachsen meiner beiden Söhne ein neues Leben. Ihre Pflege nimmt jede meiner Stunden in Anspruch, und geht mein Streben dahin, auch ihre spätere Erziehung ganz in dem Sinne zu leiten, wie ich es so häufig mit Fouqué besprochen. Er legte mit so viel Vertrauen Alles in meine Hand, wie sollte ich sein Andenken nicht darin ehren, mit aller Anstrengung meiner geistigen und auch physischen Kräfte seinen Wünschen nachzukommen. Noch beim Durchsuchen der nachgelassenen Papiere fand ich unter meiner Adresse ein Codizill, welches dem Testamente angehängt werden sollte, und Bestimmungen über die künftige Erziehung von Carl, für beide Kinder also gültig, enthielt. Es ist von Fouqué's eigener Hand geschrieben, und verfehlte nicht seinen tiefen Eindruck. Als wir einst mitsammen das Heilige Mahl in Halle feierten, hatte er es an demselben Tage aufgezeichnet. Sehr wohl erinnere ich mich dieses ernsten Tages, wo Fouqué tief bewegt und ergriffen in der Vorfeier dieses Heiligen Genusses, mit mir über die Möglichkeit seines baldigen Scheidens sprach. Gott der Herr nur weiß es, wie ähnliche Andeutungen mir stets das Innerste meiner Seele mit namenlosem Schmerz füllten; und dennoch lag in dem Unterschied unseres Alters die Wahrscheinlichkeit so nahe, weshalb der nun Selige mich gern an den Gedanken gewöhnen wollte, damit die Wirklichkeit mich einst nicht zu schmerzlich unvorbereitet fände. Aus ebenso einem Moment kommt auch diese schriftliche Bestimmung, und würde Ew. Kgl. Hoheit, wenn es mir vergönnt wäre, Höchstihnen dieses Blatt zur Beurteilung und Durchsicht vorzulegen, die weiche Seele Fouqué's vereint mit so ritterlichem Sinn und tiefem Ernst aus den Ew. Hoheit so (sehr ?) bekannten Schriftzügen wiedererkennen. / Auch bin ich im Begriff, einzelne Lieder und Sprüche, die noch ungedruckt sind, zu sammeln und abzuschreiben; meistens finde ich solche vereinzelt in den Bibeln liegen, wo jedesmal das hineingelegt ward, was dem Dichter so recht aus dem Herzen gequollen war. Gern hätte ich solche diesem Buche beigefügt; indes hätte dies noch länger verzögert, und somit könnte ich nachlässig in der Ausübung einer mir obliegenden Schuldigkeit scheinen. Habe ich aber einige noch gesammelt, darf ich mir dann es heraus nehmen, sie Ew. Kgl. Hoheit zu Füßen zu legen ? / Und so erlaube ich es mir noch, die innigst empfundenen Glückwünsche zum herannahenden Jahre für Ew. Hoheit hinzuzufügen...«

Dann werden die Briefe seltener. –

Am 26.10. 1844 schickt sie noch einmal 2 Novellen aus Berlin an die Prinzessin (sie wollte sie schon am 13.10. senden; das ist also der ‹Joseph› gewesen). Carl litt seit August viel an Nervenfieber, ist aber geist gut entwickelt. Fritz »blüht.« Sie bemüht sich, in Beiden »die Ehrfurcht vor das Hohe zu befestigen.« Auch entschuldigt Albertine sich ob ihres Verkehrs mit Frau Clara Mundt : seitdem deren Mann, der Dr. Theodor M., vergangenes Jahr seine demagogischen Vorträge hielt, hat sie selbstverständlich sogleich den Verkehr mit Jener abgebrochen. – ‹Jene› (‹Luise Mühlbach› war ihr Name, wenn sie schrieb; sie war eine geborene Müller) war eine der fruchtbarsten und, was sich trefflich damit vereinbaren läßt, gleichzeitig flachsten Schriftstellerinnen der Welt – nur bei Engländerinnen trifft man ab und zu noch auf den gleichen schnöden Fleiß. Sie hat rund 200 Bände hinterlassen, mit denen jeder Leser so viel Zeit verlieren wird, wie er darauf verwendet; mich reuen die 2, die ich angeblättert habe, heute noch. Theodor Mundt war natürlich ein paar Größenklassen besser; vielleicht kann ein Spezialist im Nachlaß der Beiden noch etwas über Albertine, oder gar Fouqué selbst, auftreiben.

Der letzte Brief ist am 18. 12. 1845 aus der Luisenstraße geschrieben : nach Beratung mit Hofprediger Strauß will sie jetzt eine Sammlung Geistlicher Lieder Fouqué's veranstalten; die Auswahl wird durch Dr. Kletke geschehen, »welcher als geistlicher Dichter bekannt ist.« Sie bittet Marianne, ihr diesen Band zueignen zu dürfen. – Außerdem erscheinen gleichzeitig 2 Bändchen ‹Briefe an Fouqué›. – Carl besucht seit Michaelis die Höhere Stadtschule. –

Im April 1846 ist Prinzessin Marianne dann gestorben.

# ANHANG

## VORBEMERKUNG

Selbst auf dem beschränkten Raum eines Taschenbuches kann bei einer Erstbiographie nicht auf alle exakten Beigaben verzichtet werden; ich dränge deshalb auf den nächsten Seiten einiges an Namen und Daten zusammen, was das zur Zeit immer noch wichtigste – nämlich die weitere Herbeischaffung von Material – zu erleichtern geeignet scheint.

Das sind, zum Beispiel, die Offizierslisten der Regimenter, bei denen Fouqué 10 Jahre lang gedient hat; oder die weit verzweigten Stammbäume seiner Verwandten : hier sind überall noch die überraschendsten Funde möglich; ganze unbekannte Buchmanuskripte können auftauchen; Briefkonvolute; Tagebücher mit wertvollstem Detail an Erinnerungen; usw. usw.

Die ‹Zeittafel zur Entstehung der Werke› ist, auch in der jetzigen kondensierten Gestalt, unerläßlich; weil zu 90% auf ungedrucktem Material beruhend. Nicht minder die Anmerkungen zum ‹Goedeke›, aus denen sich ergibt, daß die Fouqué-Bibliographie noch mannigfaltiger Nachbesserungen bedarf.

Besonders möchte ich auf meine, Manchem womöglich unnötig erscheinenden, Vorschläge zu ‹Ausgewählten Werken› Fouqués hinweisen. Zur Zeit besteht keinerlei Aussicht auf eine Gesamtausgabe, die, nach meinen schon vorher geäußerten Ansichten, auch nicht nötig wäre; (da gäbe es wahrlich Gewichtigeres zu drucken; etwa die alte ‹Insel Felsenburg›, oder die erste Auflage der ‹Dya-Na-Sore› !). Eine brauchbare Auswahl aber wäre nicht mehr und nicht weniger als eine Anstandspflicht; einem Dichter gegenüber, der, und jahrzehntelang, die größte Breitenwirkung von allen Romantikern ausgeübt hat; und der sich in seinen Spitzenleistungen, etwa dem ‹Alethes›, getrost neben den Besten von ihnen stellen darf. Da dürfte es doch immer, und sei es als Vorarbeit, nützlich sein, das Urteil eines Mannes zu hören, der sich über 25 Jahre lang mit dem Stoff beschäftigt hat.

An ungedruckten Fouqué-Autographen habe ich mich hier bewußt auf die Wiedergabe kleinerer Abschnitte aus seinem ‹Poetischen Tagebuch› und den ‹Träumen› beschränkt. Weiterzugehen, und unsere sämtlichen Exzerpte aus den ungedruckten Buchmanuskripten, 500 bisher unbekannten, in Archiven und Privatbesitz verstreuten Briefen, Auszüge aus Urkunden aller Art, sowie Porträttafeln und Karten beizugeben, hätte zwei weitere Bände, wie den vorliegenden, erfordert – ich habe also davon jetzt gänzlich Abstand genommen; und verweise ‹zum Appetitmachen› auf die sehr zahlreichen, in den Textteil eingearbeiteten, Proben.

Von den mancherlei, oftmals hier zuerst in das trübe Licht der Literaturgeschichte tretenden Gestalten, habe ich die zwei mir interessantesten ausgewählt. Von Wildenhain, Fouqués präsumtivem Duellgegner, gebe ich als Ergänzung der im Buch erwähnten, noch äußerst kümmerlichen, Lebensdaten zwei Gedichte; von Pape – Fouqués bedeutendster herausgeberischer Leistung – liefere ich einen Auszug seines Stammbaumes : auch bei diesen Beiden ist an Funden noch Alles möglich.

## FOUQUÉ

Wappen : in Blau ein goldener Balken, unten begleitet von einer goldenen Kugel.

— — —

Charles de la Motte-Fouqué. * 1625; † den Haag 20. 10. 1701. – Heiratet am 14. 12. 1692 in den Haag mit Suzanne de Robillard, * 1670; † Celle 28./29. 9. 1740. – Kinder : 3 Söhne :
1. Henry Charles, * den Haag etwa 1695; † Eisleben 21. 7. 1742; sächs. Oberstlt.
2. Henry Auguste, * den Haag 4. 2. 1698; † Brandenburg 3. 5. 1774; kgl. preuß. General. – Heiratet in Halle 8. 5. 1733 mit Elisabeth Madeleine Masson, * Berlin 18. 5. 1696; † Glatz 3. 4. 1753. – 8 Kinder :
    2/1. Heinrich August Karl, * Halle 15. 8. 1727; † Lentzke 25. 1. 1798. – Heiratet Brandenburg 1. 5. 1767 mit Marie Luise v. Schlegell, * Magdeburg 14. 4. 1740; † Lentzke 28. 11. 1788. – 2 Söhne :
        2/1/1. Friedrich Heinrich Karl (= der Dichter), * Brandenburg 12. 2. 1777; † Berlin 23. 1. 1843. – Heiratet dreimal :
            a) Bückeburg 20. 9. 1798 mit Marianne v. Schubaert, * Bayreuth 28. 3. 1783, † Kosten 1862. – (In zweiter Ehe verheiratet mit Fouqués Vetter, Karl v. Madai).
            b) Nennhausen 1. 9. 1803 mit Caroline Philippine v. Rochow, geb. v. Briest, * Berlin 7. 10. 1774; † Nennhausen 21. 7. 1831.
            c) Berlin 25. 4. 1833 mit Albertine Maria Tode, * Barth 6. 3. 1806; † Hannover 28. 2. 1876. –
            Kinder Fouqués aus den Ehen b) und c) :
                2/1/1/b/1. Marie Luise Caroline, * Nennhausen 13. 9. 1803; † Jahnsfelde 18. 2. 1864.
                2/1/1/c/1. (Tochter, * und † Halle 22. 10. 1834.)
                2/1/1/c/2. Karl Friedrich Wilhelm, * Halle 29. 10. 1839, † Charlottenburg 14./15. 10. 1874; kgl. preuß. Hauptm. u. Komp.-Chef im IR 8.
                2/1/1/c/3. Friedrich Wilhelm Waldemar, * Berlin 29. 1. 1843; † Hannover 22. 12. 1921; kgl. preuß. Gen.-Maj. a. D.
        2/1/2. Karl Heinrich August, * Sacrow 15. 4. 1782; † Juni 1782.
    2/2. Henriette Auguste Wilhelmine, * Halle 30. 7. 1729; † ? (vermutlich Halle 1808). – Heiratet in Glatz 23. 10. 1753 mit Christoph Wilh. v. Nimscheffsky, * 16. 6. 1710; † Glatz 10. 10. 1764; kgl. preuß. Oberst u. Rgts./Kdr. – 2 Töchter :
        2/2/1. Henriette, * Glatz 30. 3. 1756; † ? (vermutlich 1793 ?). – Heiratet etwa 1783 mit Karl Christoph v. Wulffen, * Grabow 12. 7. 1753; † Grabow 6. 5. 1813. – (Siehe Nimsch. 1).
        2/2/2. Wilhelmine Dorothea, * Glatz 23. 10. 1757; † Berlin 12. 1. 1808. – Heiratet Brandenburg 11. 9. 1774 mit Wilhelm v. Klitzing, * Demerthin 11. 9. 1754; † Berlin 23. 11. 1811. – (Weiteres siehe Nimsch. 2).
    2/3. Heinr. Aug. Friedr. Ludw., * Halle 4. 2. 1731; † Lieben b. Crossen 1792; kgl. preuß. Hauptm. – Heiratet am ? in ? mit Henriette v. Knobeldorff, * ?; † ?. – Die Ehe blieb kinderlos.
    2/4. Susanne Henr. Friederike, * Halle 4. 11. 1733; † Halle 16. 8. 1736.
    2/5. } Zwillinge (Söhne), * und † Halle 4. 1. 1735.
    2/6. }
    2/7. Gustav Christ. Heinr., * Halle 29. 2. 1736; † Halle 19. 8. 1736.
    2/8. Henriette Wilh. Elisabeth, * Halle 10. 9. 1737; † Halle 21. 4. 1738.
3. Henry Charles Frederic, * den Haag 1699; † Celle 27. 1. 1779; kgl. preuß. Oberst.

*Anmerkungen :* 1. und 3. blieben unverehelicht. / 2. erzeugte noch im hohen Alter mit seiner

Haushälterin ein Kind – Henry, * Brandenburg 1766, das dann nach seinem Tode weiter bei 3. erzogen wurde. Die ferneren Schicksale dieses Sohnes sind bisher nicht bekannt geworden (siehe Textteil); vielleicht geben Aktenfunde in Celle einmal nähere Auskunft.

## SCHLEGELL.

Wappen (mehrfach vom Dichter seinen Helden verliehen) : in Silber ein roter Pferdekopf samt Hals. Auf dem gekrönten Helm mit rotsilbernen Decken ein mit 3, mit den unteren Spitzen nebeneinandergestellten, roten Wecken (Rauten) besteckter roter Schlegel.

– – –

Lebrecht, * 5. 2. 1673, † Zehringen 23. 5. 1728; Herr auf Zehringen u. Merzien, kgl. preuß. Kammerpräsident in Halberstadt. – Heiratet Zehringen 26. 1. 1697 mit Juliane Henriette v. Esebeck, * Gr. Salze 26. 12. 1676, † Halberstadt 20. 3. 1726. – 10 Kinder :
1. Christiane Henriette, * 20. 2. 1699, † 27. 7. 1749. – Heiratet Dessau 1720 mit Max Friedr. v. Brösigke, * ?; † ?; kgl. preuß. Oberst.
2. Karl Ludwig, * ?; † 14. 12. 1732; kgl. preuß. Kriegs- u. Domänenkammerrat. – Heiratet 8. 5. 1729 mit Joh. Charl. v. Walditz, a. d. Hause Coste. – Kinder : 1 früh † Sohn.
3. Wolf Friedrich, * Zehringen 16. 12. 1703; † Dessau 21. 1. 1766; Herr auf Zehringen, kgl. preuß. Kpt. a. D., Fstl. Anhalt-Dess. Hofmarsch. u. Unterdirektor. – heiratet Dessau 6. 12. 1736 mit Anna Luise v. Korff, * Törten 22. 5. 1706; † Dessau 5. 11. 1765. – 6 Kinder :
    3/1. Leopold Ludw. Friedr., * Zehringen 30. 1. 1738; † Magdeburg 2. 2. 38.
    3/2. Luise Marie, * Magdeburg 14. 4. 1740, † Lentzke 28. 11. 1788; (Mutter des Dichters).
    3/3. Henriette Charlotte, * Zehringen 24. 10. 1741; † Halle 24. 7. 1819 (siehe Madai 1.)
    3/4. Leopold Lebrecht, * Norkitten, Opr. 9. 10. 1742; † Brandenburg 13. 1. 1780; kgl. preuß. Hptm. a. D. – Heiratet Brandenburg 3. 7. 1774 mit Albertine Therese Gräfin Schmettau, * Berlin 21. 1. 1744, † Potsdam 3. 12. 1802. – 3 Töchter :
        3/4/1. Albertine Karol. Friederike, * Zehringen 13. 7. 1775; † Kl. Öls 10. 3. 1845. – Heiratet Potsdam 29. 12. 1803 mit Johann v. Brause, * ?; † Berlin 10. 4. 1836; kgl. preuß. Gen.-Major, u. Dir. d. Kriegsschule. – (Töchter : Berta, * 3. 6. 1807, Pauline, * 29. 9. 1815).
        3/4/2. Luise Josephine, * Halle 24. 8. 1776; † Halle 18. 2. 1777.
        3/4/3. Leopoldine Agnes Kath. Henr. Luise, * Potsdam 17. 9. 1777. – (Siehe Madai 1/10.)
    3/5. Sophie Friederike, * 13. 1. 1744; † Halle 6. 12. 1780. – (Siehe Posern 1.)
    3/6. Friedrich Christian, * Norkitten 28. 7. 1745; † Erfurt 2. 1. 1804; kgl. preuß. Oberstlt. a. D. – Heiratet Halle 1. 10. 1788 mit Henriette Wilh. Maria v. Madai, * Güsten 8. 3. 1768; † Halle 26. 2. 1822. – (Tochter Henr. Luise, * Halle 12. 7. 1790; † etwa 1830).
4. Leopold, * 2. 2. 1705; † 7. 10. 1746; kgl. preuß. Kpt. (gefallen b. Preußnitz).
5. Eleonore Charl., * Merzien 29. 4. 1707; † Gr. Salze 27. 5. 1790. – Heiratet 12. 7. 1745 mit Friedr. Karl v. Boeltzig, * ?; † Gr. Salze 19. 8. 1785. – (Tochter Henriette Rosamunde, * ?; † ?; heiratet später Thilo Leberecht v. Trotha, 1733–1809).
6. August Gust. Wilh., * 10. 8. 1708; † (gef. bei Czaslau) 7. 5. 1742; kgl. preuß. Lt.
7. August Leberecht, * 16. 3. 1710; † Zehringen 18. 10. 1743; kgl. preuß. Lt.
8. Charlotte Friederike, * 14. 1. 1712; † Gr. Salze 11. 3. 1745.
9. Leopold Maximilian, * 15. 9. 1714; † ?; Herr auf Kähmen, Major a. D., und Landrat d.

Kreises Crossen a. O. – Heiratet 15. 5. 1743 mit Helene Luise v. Sommerfeld u. Falkenhayn, * 5. 12. 1726; † ?. – 2 Kinder :

9/1. Friederike Helene, * Crossen 16. 9. 1751; † Ottendorf 30. 12. 1795. – Heiratet 24. 11. 1774 mit Heinr. v. Schkopp, * 26. 7. 1749; † 24. 3. 1791; Herr auf Ottendorf, Ulbersdorf u. Günthersdorf, Landesältester d. Fstt. Glogau u. Sagan. 8 Kinder.

9/2. Juliane Philippine, * ?; † ?. – Heiratet ... Wüsthoff, Rgts.-Feldscher im Natalis'schen Rgt.

10. Julius Hubertus, * 15. 6. 1716; † Havelberg 1785; kgl. preuß. Kriegsrat u. Zollinspektor (Fouqué hat ihn gekannt, u. mehrfach besucht). – Heiratet Friederike Luise v. Berg, * 1725; † ?.

## v. MADAI.

Wappen : in Blau ein laufender natürlicher Fuchs, oben begleitet rechts von einem zunehmenden goldenen Halbmonde, links von einem goldenen Sterne.

– – –

David Samuel v. Madai, * Kemnitz (Ungarn) 4. 1. 1709; † Benkendorf b. Halle 2. 7. 1780; Dr. med., Fstl. anhalt-köth. Hofrat und Leibarzt. – Heiratet 2. 2. 1733 mit Anna Maria Marg. Richter, verw. Becker, * ?; † ?. – 3 Kinder :

1. Karl August, * Halle 3. 8. 1739; † Halle 31. 10. 1816; Herr auf Benkendorf, Dr. med. u. Fstl. Leibarzt. – Heiratet Zehringen 11. 2. 1766 mit Henriette Charl. v. Schlegell, * Zehringen 24. 10. 1741; † Halle 24. 7. 1819. – 10 Kinder :

1/1. (Tochter), * und † Halle 20. 11. 1766.

1/2. Henriette Maria Wilh., * Güsten 8. 3. 1768; † Halle 26. 2. 1822. – Heiratet Halle 1. 10. 1788 mit Friedr. Christ. v. Schlegell, (siehe Schlegell 3/6.)

1/3. Charlotte Luise Marg., * Güsten 30. 11. 1769; † 22. 5. 1808. – Heiratet am ? mit ... Vitzthum v. Eckstädt, * ?; † 27. 2. 1808; Herr auf Woitsdorff.

1/4. Helene Karoline Christiane, * Güsten 23. 6. 1771; † 20. 6. 1834. – Heiratet
a) 1792 mit Heinr. Friedr. v. Neitschütz, * ?; † 4. 5. 1803; preuß. Hptm.
b) 4. 7. 1804 mit Karl Heinr. Ehr. v. Könneritz, * ?; † 17. 12. 1817; preuß. Kammerherr.

1/5. David Siegm. Friedr., * Güsten 12. 1. 1773; † 7. 3. 1796.

1/6. Sophie Rosamunde Alb. Rebekka, * Güsten 28. 11. 1775; † 31. 3. 1834. – Heiratet 28. 6. 1796 mit Karl v. Brandenstein, * 3. 1. 1774; † 13. 10. 1839. – (Sohn : Gustav, * 26. 5. 1797).

1/7. Karl Wilh. Samuel, * Güsten 25. 12. 1777; † Halle 20. 11. 1851; Dr. med., Fstl. anhaltköth. Hofrat u. Leibarzt. – Heiratet Aschersleben etwa 1805 mit Marianne de la Motte Fouqué, geb. Schubaert, (vgl. Schubaert 3/4.), * Bayreuth 28. 3. 1783; † Kosten 1862. – 4 Kinder :

1/7/1. Hermann, * Halle 10. 5. 1807; † Halle 8. 12. 1807.

1/7/2. Klara, * Halle 22. 7. 1808; † Halle 28. 3. 1810.

1/7/3. Guido, * Halle 31. 1. 1810; † 24. 11. 1892; Pol.-Präs. v. Berlin, u. wirkl. Geh. Rat. – Heiratet in Kliecken 1835 mit Marianne v. Lattorf, * 23. 1. 1811; † Berlin 19. 11. 1880. – (3 Kinder : Mathilde, * 1836; † 15. 9. 1842 / Kurt, * 1840 / Klara, * 19. 6. 1842).

1/7/4. Max, * Halle 17. 4. 1812; † Halle 22. 11. 1891; preuß. Oberstlt. a. D. – Heiratet Kliecken 19. 10. 1843 mit Marie v. Lattorf, * Kliecken 7. 3. 1817; † Halle 19. 11. 80.

1/8. Friedr. Wilh. Gottl. Aug., * Halle 1. 1. 1781; † 27. 8. 1825; preuß. Kammerger.-Ass. – Heiratet 11. 2. 1806 mit Johanne v. Ückermann, * ?; † ?.
1/9. Wilh. Franz. Luise Doroth. Leop., * Halle 10. 11. 1782; † 31. 3. 1817. – Heiratet am ? mit Heinr. Friedr. v. Neitschütz, * ?; † 4. 5. 1803; preuß. Hptm. (vgl. 1/4).
1/10. Aug. Jos. Heinr. Wilh. Friedr. Ludw., * Halle 6. 8. 1784; † Potsdam 9. 6. 1827; kgl. westf. Steuerrat. – Heiratet Zscherben 26. 8. 1807 mit Leopoldine v. Schlegell, (siehe Schlegell 3/4/3.), * Potsdam 17. 9. 1777; † Potsdam 5. 11. 1844. – 4 Kinder :
1/10/1. Pauline Charl. Alb., * Zscherben 8. 1. 1808; † ?.
1/10/2. Otto Karl, * Zscherben 29. 5. 1809; † Gießen 4. 6. 1850; Prof. a. d. Univ. Gießen. – Heiratet Halle 15. 9. 1836 mit Emilie Reuter, * Halle 11. 10. 1818; † Potsdam 8. 10. 1890. – (Tochter : Olga, * Dorpat 31. 12. 1837; † ?.)
1/10/3. Anna Luise, * Zscherben 14. 11. 1811; † Halle 10. 9. 1866.
1/10/4. Auguste Leopold., * Halberstadt 28. 4. 1813; † Halle 1882 als Stiftsdame.
2. Wilhelmine Tugendreich, * ?; † ?. – Heiratet am ? mit Freiherrn v. Wolff; Herr auf Dölzig, * ?; † ?.
3. Friederike Henriette, * ?; † Dölzig 1. 3. 1801. – Heiratet
a) am ? mit ... v. Zanthier, * ?; † ?.
b) Dölzig 6. 10. 1784 mit Joh. Heinr. Ferd. v. Brandenstein, * 21. 1. 1719; † Klein-Dölzig 23. 1. 1792; Herr auf Zöschen und Zscherneddel.
aus Ehe a) eine Tochter :
3/a/1. Alexandrine Charl. Rachel, * Güsten 8. 3. 1777; † Merseburg 25. 5. 1862. – Heiratet 20. 9. 1798 mit Heinr. v. Brandenstein, * Zöschen 4. 12. 1775; † Merseburg 29. 10. 1852. – (2 Söhne : Karl, * 20. 6. 1799; und Moritz, * 13. 4. 1810).


v. POSERN.

Wappen : ein gekrönter Löwenkopf. – Die Familie war seit dem 13. Jahrh. in der Meißener Gegend ansässig.

– – –

Christoph Karl v. Posern, * ?; † Serba 20. 3. 1749. – Heiratet Thierbach 7. 5. 1724 mit Christiana Sophie v. Stutterheim, * ?; † Naumburg 10. 3. 1782. – 1 Sohn :
1. Wilhelm Heinrich, * Eisenach 21. 3. 1741; † Thierbach 5. 7. 1778; Herr auf Thierbach. – Heiratet Reinsdorff b. Köthen 7. 9. 1767 mit Sophie Friedr. v. Schlegell (siehe Schlegell 3/5/.), * 13. 1. 1744; † Halle 6. 12. 1780. – 7 Kinder :
1/1. Friedr. Wilh. Christoph, * Thierbach 20. 6. 1768; † ? (wahrscheinl. gefallen b. Leipzig, auf Napoleonisch-sächs. Seite).
1/2. Luise Charl. Sophie, * Thierbach 22. 8. 1769; † Thierbach 8. 8. 1776 (Ruhr).
1/3. Karoline Aug. Friederike, * Thierbach 24. 10. 1770; † Thierbach 6. 8. 1776 (Ruhr).
1/4. Leopoldine Christ. Doroth., * Thierbach 14. 5. 1772; † Lentzke 8. 10. 1800. – Heiratet
a) Lentzke 13. 9. 1795 mit Daniel Friedr. Kriele, * 25. 2. 1752; † Lentzke 3. 4. 1797; Pfarrer in Lentzke.
b) Lentzke 3. 3. 1799 mit August Ludwig Hülsen, * Aken 2. 3. 1765; † Stechow 24. 9. 1809; Schriftsteller. (Fouqués dritter Hauslehrer.)
1/5. Maria Albert. Sophie, * Thierbach 17. 4. 1774; † Thierbach 27. 7. 1776 (Ruhr).
1/6. Luise Caroline Alb., * Thierbach 9. 12. 1776; † ?.
1/7. Charlotte Wilh., * Thierbach 2. 6. 1778; † Thierbach 21. 8. 1778.

– – –

Bemerkenswerte Paten der Kinder :
   zu 1/2. : Herr Hauptmann de la Motte Fouqué (also Fouqué 2/3.)
   zu 1/4. : Frau Luise Marie de la Motte-Fouqué, geb. v. Schlegell (des Dichters Mutter).
   zu 1/5. : Frau Luise Marie d. l. M.-F. (des Dichters Mutter); und Frau Obristin Henriette v. Nimscheffsky, geb. d. l. M.-F.


## v. LUCK.

1. Wilhelm, * Müllrose 6. 1. 1742; † Nennhausen 27. 2. 1820; kgl. preuß. Präs. d. Reg. zu Cleve. – Heiratet Tempelberg 29. 11. 1768 mit Friederike Christ. Sophie v. Görtzke, * 30. 6. 1738; † Berlin 15. 11. 1801. – 8 Kinder :
   1/1. Friedrich, * Müncheberg 18. 10. 1769; † Münster 16. 4. 1844; Major a. D.
   1/2. Wilhelmine, * Müncheberg 6. 1. 1771; † Berlin 30. 5. 1826. – Heiratet
      a) am ? mit Friedr. v. Pape, * ?; † Berlin 27. 1. 1799.
      b) Schmarse 17. 9. 1805 mit Ernst Friedr. Freiherr v. Troschke, * 18. 10. 1741; † 17. 9. 1809.
   1/3. Karl, * Müncheberg 16. 5. 1772; † Münster 11. 10. 1838; Oberst a. D. – Heiratet Hannover 8. 6. 1806 mit Engel Schulz, * 1788; † 1829. – (7 Kinder).
   1/4. Friederike, * Müncheberg 16. 5. 1772; † Nennhausen 24. 7. 1818. – Heiratet Nennhausen 21. 3. 1804 mit Philipp Friedr. Aug. v. Briest (den ‹alten Briest›), * 3. 10. 1749; † Nennhausen 7. 1. 1822. – (2 Töchter; siehe Briest 1/b/1 und 1/b/2.)
   1/5. Hans, * Müncheberg 1773; † Müncheberg 1774.
   1/6. Hans, * Müncheberg 26. 3. 1775; † Potsdam 8. 1. 1859; kgl. preuß. General. – Heiratet Paris 8. 11. 1815 mit Cecile Candide de Saint-Luce, * 1798; † 1857. – (4 Kinder).
   1/7. Charlotte Luise, * Müncheberg 15. 11. 1776; † Nennhausen 17. 8. 1820.
   1/8. Karoline Leopoldine Ulrike, * Müncheberg 26. 2. 1778; † Nennhausen 17. 8. 1822.


## v. BREITENBUCH – v. WITZLEBEN – DIE ‹UNDINE› :

Das Geschlecht erscheint zuerst urkundlich 1147 in Naumburg a. d. Saale. Bis 1530 lautete der Name ‹Breitenbuch›; danach verderbt zur Form ‹Breitenbauch›; seit 1906 führt die Familie wieder den alten Namen. – Wappen : in Blau zwei rote Sparren : auf dem Helm zwei Hörner, blau und rot.

– – –

Franz Traugott v. Breitenbauch, * 6. 1. 1739; † Minden 5. 5. 1796; Herr auf Ranis, Brandenstein, Lichtentanne, Schmiedeberg und Wickendorf, kgl. preuß. Kriegs- und Domänenkammerpräsident. – Heiratet
a) 1763 mit Philippine Albertine Winter von Marbach, * Stuttgart etwa 1740 ?; † Minden 26. 1. 1794. –
b) 3. 2. 1795 mit Antonie Agnese Jacobine v. Gustedt, * 6. 1. 1766; † 25. 1. 1814.
   aus der Ehe a) entstammen 13 Kinder :
   1. Franz, * Stuttgart 16. 11. 1764; † Darmstadt 24. 1. 1781; Fhjkr.
   2. Antoinette, * Berlin 25. 12. 1766; † ?. – Heiratet 16. 7. 87 mit Heinr. Fr. Ludwig Senfft v. Pilsach, * ?; † Breslau 20. 5. 1815; Stadt- und Polizeidirektor.
   3. Friedrich, * 30. 6. 1767; † vor 1817.
   4. Wilhelmine, * 21. 2. 1768; † vor 1817.
   5. Eleonore, * 16. 12. 1772; † ?.

6. Luise, * Minden 30. 6. 1773; † Hess. Oldendorf 21. 6. 1812. – Heiratet Minden 17. 3. 1796 mit Karl von Mengersen, * Oldendorf 11. 8. 1762; † Oldendorf 24.12. 1810; kgl. preuß. Hauptmann.
7. Clamor Werner, * 12. 5. 1775; † 24. 6. 1800. – Heiratet am ? mit v. Schilling.
8. Albert, * Minden 18. 8. 1776; † Brandenstein 24. 4. 1852; Herr auf Ranis, Brandenstein, Taubenhain und Petzkendorf; kgl. preuß. Landrat d. Kreises Ziegenrück. – Heiratet
   a) Gräfendorf 25. 2. 1805 mit Karoline v. Brandenstein.
   b) Burg Ranis 9. 12. 1821 mit Julie v. Breitenbauch.
   Nur dieser Albert pflanzt diese Linie der Br. fort!
9. Hugo, * 19. 1. 1778; † vor 1817.
10. Friedrike Sidonie Klementine, * 23. 4. 1779; † vor 1817.
11. Friederike Lisette Auguste Eberhardine Ernestine (genannt Elisabeth), * Minden 7. 5. 1780; † Halle 27. 5. 1832. – Heiratet 14. 5. 1800 mit August v. Witzleben, * Wolmirstedt 11. 8. 1768; † Halle 28. 2. 1821; kgl. preuß. Hauptm. a. D. – Kinder:
    11/1. August, * Halberstadt 29. 3. 1802; † Potsdam 5. 2. 1842. – Heiratet 6. 4. 1833 mit Karoline v. Meisenbug. – Kinder:
       11/1/1. Elisabeth, * Quedlinburg 19. 1. 1834; † ?.
       11/1/2. August, * Quedlinburg 5. 9. 1835; † ?.
    11/2. Elisabeth, * Halberstadt 20.11. 1803; † Halberstadt 12. 7. 1809.
    11/3. Antoinette, * Halberstadt 24. 5. 1805; † Halberstadt 10. 7. 1809.
12. Zwillingsschwester von 11, * Minden 7. 5. 1780; † gleich nach der Geburt.
13. Philippine, * Minden 17. 4. 1782; † Breslau 4. 2. 1864. – Heiratet in Breslau 8. 7. 1802 mit Friedr. Gottl. Moritz v. Thielau; Major; * Lampersdorf 30. 5. 1765; † Breslau 20.12. 1821.


v. SCHUBAERT:

Wappen: in Gold ein schwarzer Löwe, überdeckt von einem silbernen Balken.

– – –

Wilhelm Burkhard v. Sch., * am ? in Benzrode; † 6. 5. 1757 (gefallen als preuß. Fähnrich bei Prag). – Heiratet am ? mit ?. – 3 Kinder.
1. Carl, * März 1741; † Päpinghausen bei Bückeburg im Juli 1796; kgl. preuß. Oberstleutnant; unverheiratet.
2. Philippine, * Zschepen b. Delitzsch etwa 1742; † ? (nach 1782). – Heiratet am ? mit Georg Heistermann v. Ziehlberg, * Höxter 11. 5. 1719; † Gr. Keula 1. 3. 1796. – Kinder:
   2/1. Luise, * Gr. Keula 1772; † Bursfelde 10. 2. 1809. – Heiratet 1789 (?) mit Otto v. Voigt; kgl. hannoverscher Oberamtmann (1757–1840).
   2/2. Jeanette, * Gr. Keula 2. 3. 1776; † Cassel 27. 5. 1862. – Heiratet etwa 1810 mit Otto v. Voigt (siehe 2/1.)
   2/3. Friedr. Georg Ernst, * Gr. Keula 25. 7. 1778; † Brunsfelde 15. 8. 1815; kgl. preuß. und herzgl. braunschw. Offizier.
   2/4. Charlotte, * Gr. Keula 10. 4. 1780; † Berlin 30. 7. 1869. – Heiratet am ? mit v. Schmidt
   2/5. Georg Karl Ludwig, * Gr. Keula 17. 11. 1782; † Minden 20. 9. 1847.
   2/6. ?
3. Ernst Gottfried Eberhard, * Appenrode 10. 11. 1744; † Schloß Schönkirch 13. 9. 1829; kgl. preuß. Gen.-Major a. D. – Heiratet am 16. 6. 1773 in Bayreuth mit Wilhelmine Friederike Karoline Ernestine Freiin v. Künsberg, * Bayreuth 31. 12. 1756; † Halle 20. 9. 1834. – 7 Kinder:

3/1. Marianne, * Bayreuth 16. 6. 1778; † früh.
3/2. Friedr. Aug. Heinr. Ludw., * Bayreuth 19. 11. 1779; † Hohenberg 13. 4. 1820; kgl. bayer. Rittm. – Heiratet etwa 1803 in Aschersleben mit Luise Henriette Eleonore v. Brüningk, * Hohenberg 4. 12. 1786; † München 11. 7. 1832 (heiratet in zweiter Ehe v. Muck). Kinder:
3/2/1. Marie, * Aschersleben 24. 2. 1804; † Schleiz am ? als verehel. Henning.
3/2/2. ?
3/2/3. ?
3/3. Karl, * Aschersleben 1781; † Schleppen 14. 1. 1846; kgl. preuß. Hauptm. – Heiratet am ? Karoline v. Reitschütz.
3/4. Marianne Charlotte Wilhelmine Caroline, * Bayreuth 28. 3. 1783; † Kosten 1862. – Heiratet a) Fouqué 2/1/1. – b) Karl v. Madai 1/7.
3/5. Julie Karoline Eleonore Sophie, * 1785; † Lübbersdorf b. Friedland (Mecklbg.) 24. 12. 1864 – Heiratet Aschersleben am 26. 12. 1805 mit Fr. Aug. v. Balthasar, * 13. 3. 1777; † Stargard 21. 8. 1811. – (2 Töchter: a) Bernhardine, 1811–13 / b) Auguste, 1809–1879; heiratet Wilh. v. Örtzen).
3/6. Elizabeth Karoline Friedrike, * Aschersleben 24. 4. 1789; † Bayreuth 5. 4. 1866.
3/7. Bernhardine Karoline Edmundine, * Aschersleben 22. 7. 1792; † München 18. 4. 1873. – Heiratet 1816 Franz Freiherr v. Podewils (1779–1842).

Zusätzlich zu den oben Aufgeführten fand ich in einer alten handschriftlichen Offiziersliste des KR 6 noch folgende, im Augenblick nicht näher einzuordnende, Familienmitglieder:
1. Friedrich Ernst v. Sch., * etwa 1738 / Diensteintritt 20. 1. 1757 als Kornett.
2. Wilhelm Johann v. Sch., * etwa März 1752 / Diensteintritt 66 / Cornett 11. 1. 71.

## BRIEST – ROCHOW – PFUEL.

Briest'sches Wappen: ein blauer Anker zwischen zwei roten Rosen in weißem Felde. Helm: gekrönte, weiße, nach hinten abhängende Mütze mit rotem Stulp, zwischen zwei weißen (oder braunen) unten spitz zusammengesetzten dürren Baumästen, deren jeder außerhalb zwei rote Rosen an grünen Stengeln trägt. –

Das Geschlecht derer von Briest erlosch am 7. 1. 1822 durch den Tod des ‹alten Briest›; am 20. 4. 1816 hatte sein Enkel, Theodor von Rochow, die Genehmigung zur Mitführung des Briest'schen Namens erhalten; da seine Ehe jedoch ohne Söhne blieb, erlosch mit seinem Tode, am 19. 4. 1854, der Name endgültig.

– – –

1. Philipp Friedr. Aug. Wilh. v. Briest, * 3. 10. 1749; † Nennhausen 7. 1. 1822; Rittm. a. D. – Heiratete zweimal, und zwar:
a) etwa 1772 mit Karoline Wilhelmine v. Zinnow, gesch. v. d. Schulenburg, * 18. 7. 1751; † Nennhausen 7. 3. 1800.
b) Nennhausen 21. 3. 1804 mit Friederike Marie Helene v. Luck, * Müncheberg 16. 5. 1772; † Nennhausen 24. 7. 1818.
Kinder: aus Ehe a) 1, aus Ehe b) 2 Töchter:
1/a/1. Caroline Philippine, * Berlin 7. 10. 1774; † Nennhausen 21. 7. 1831. – Heiratet
a) Nennhausen 20. 12. 1791 mit Friedr. Ehrenreich Ad. Lud. Rochus v. Rochow, * Jeserig 28. 7. 1770; † (Selbstmord) Jungfernheide 16. 6. 1799. – Aus dieser Ehe 2 Söhne und 1 Tochter; siehe unten.
b) Nennhausen 9. 1. 1803 mit Friedrich Baron de la Motte Fouqué, * Bran-

denburg 12. 2. 1777; † Berlin 23.1. 1843. – Aus dieser Ehe 1 Tochter; siehe unten.

1/a/1/a/1. Gustav, * Nennhausen 1. 10. 1792; † Aachen 11. 9. 1847; preuß. Minister (der ‹beschränkte Gustav›). – Heiratet in Berlin 20.11. 1818 mit Karoline v. d. Marwitz, * 19. 8. 1792; † Berlin 1857. – Kinderlose Ehe.

1/a/1/a/2. Theodor Heinr. Rochus, * Nennhausen 21. 4. 1794, † St. Petersburg 19. 4. 1854; General und Gesandter. – Heiratet Carow 2.11. 1818 mit Mathilde, Gräfin Wartensleben, * Carow 29.11. 1798, † ?. – 2 Töchter:

1/a/1/a/2/1. (Name unbekannt), * ?; † ?. – Heiratet am ? in ? mit … v. Rochow, * ?; † ?.

1/a/1/a/2/2. Elisabeth Caroline Luise, * Berlin 14. 5. 1822; † Frankfurt a. M. 26. 8. 1896. – Heiratet Juni 1845 mit Joseph Graf Ugarte, * 26.10. 1804; † 27. 7. 1862.

1/a/1/a/3. Klara (nach Varnhg. Tochter d. Grafen Lehndorff), * Nennhausen 2. 11. 1796; † Jahnsfelde 15.1. 1865. – Heiratet Nennhausen 2. 11. 1824 mit Friedr. Heinr. Ludw. v. Pfuel (der ‹Jahnsfelder Pfuel›; Bruder des ‹Schwimm-Pfuel›), * Jahnsfelde 2. 10. 1781; † Karlsbad 16. 7. 1846 – 3 Söhne:

1/a/1/a/3/1. Alexander, * 16. 7. 1825. – (Fouqués Liebling).

1/a/1/a/3/2. Richard Balduin Ernst, * 1827.

1/a/1/a/3/3. Gustav Felix Eberhard, * 24. 3. 1829.

1/a/1/b/1. Marie (Fouqués Tochter), * Nennhausen 13. 9. 1803; † Jahnsfelde 18. 2. 1864 (unverheiratet).

1/b/1. Karoline Friederike Auguste, * Nennhausen 6.11. 1804; † ? (nach 1818).

1/b/2. Friederike Klara Charlotte, * Nennhausen 13. 10. 1806; † 14. 2. 1885. – Heiratet Nennhausen 8. 9. 1831 mit Karl Freiherr v. Elverfeldt, gen. v. Beverförde-Werries, * 6. 4. 1795; † 24. 5. 1863; kgl. preuß. Kammerherr. – (Da speziell dieser Zweig heute noch unverändert auf seinen westfälischen Besitzungen lebt, und also die Wahrscheinlichkeit besteht, daß das Hausarchiv noch vorhanden und intakt sein könnte, würde eine Nachsuche – etwa nach den so wichtigen Tagebüchern dieser Friederike; oder ihrem Briefwechsel mit Schwestern, etc. – evtl. sehr lohnend sein. Ich allerdings habe auf mehrfache Anfragen keinerlei Antwort erhalten; vielleicht ist ein Anderer glücklicher).

TODE:

Carl Bernhard, * Barth 1764; † Bernau 18. 9. 1837, abends 4 Uhr. – Schwedischer Militäroberarzt. (Sohn d. kgl. Konsumtionsbesuchers und Schiffsvisitiers Johann Jak. T., 1729–98; und der Friderica geb. Schäfler). – Heiratet in Barth 4. 7. 94 Margarete Dor. Wallis (Tochter d. Schiffers Martin W., † um 1786; der etwa 1751 Barbara Augusta geb. Clas ehelichte), * Barth 2. 8. 1771; † Berlin 9. 4.1843. – Kinder:

1. Johann Martin, * Barth 22. 4. 1795; † ?; Kapitän u. Schiffseigner. – Heiratet mit ? – Kinder: Martin (* etwa 1820) und Gustaf (geb. etwa 1825).

2. Auguste Margarete Johanna, * Barth ? (get. 27.11. 1796); † nach 1840. – Heiratet etwa 1816 Karl Kunth; * Leipzig ?; † nach 1840. – Insgesamt 8 Kinder; davon die Älteste, Caroline Kunth, in Briefen erwähnt (die spätere Sängerin).

3. Caroline Sophie Catharina, * Barth ? (get. 2. 3. 1800); † ?

4. Christine Marie Johanne, * Barth ? (get. 15. 9. 1801); † ?

5. Albertine Maria, * Barth 6. 3. 1806; † Hannover 28. 2. 1876. – Heiratet 25. 4. 33 Fouqué.

– – –

Ich möchte hier festhalten, daß Herr Dr. Erich Gülzow, Lokalhistoriker in Barth, einige meiner Ergebnisse in einem Aufsatze verwertet hat, ohne seine Quelle anzugeben.

## v. NIMSCHEFFSKY (WULFFEN-KLITZING):

Christoph Wilhelm v. N., * 16. 6. 1710; † Glatz 10.10. 64; kgl. preuß. Oberst u. Rgts.-Kdr. – Heiratet in Glatz am 23. 10. 1753 Henriette Augustine Wilhelmine de la Motte-Fouqué, * Halle 30. 7. 1729; † ? (wahrscheinlich in Halle um 1808). – Kinder:
1. Henriette, * Glatz 30. 5. 1765; † ? (etwa 93). – Heiratet um 83 (?) Karl Christ. v. Wulffen; * Grabow 12. 7. 1753; † Grabow 6. 5. 1813; kgl. preuß. Lt. a. D. (10.11. 95 zum zweiten Mal verheiratet mit Friederike Therese v. Blumenthal). – Sohn:
    1/1. Karl Wilh. Heinrich, * Wutike 1. 12. 1785; † Pietzpuhl 24. 4. 1853.
2. Wilhelmine Dorothea, * Glatz 23. 10. 1757; Berlin 12. 1. 1808. – Heiratet Brandenburg 11. 9. 1774 mit Wilh. Christ. Kasp. Friedr. v. Klitzing, * Demerthin 11. 9. 1754; † Berlin 23. 11. 1811. – Kinder:
    2/1. Wilhelm, * Drewen 3. 12. 1775; † ?.
    2/2. Wilhelmine, * Drewen 30. 3. 1776; † ? zu Engelholm in Schweden. (Veröffentlichte 1826 ‹Gedichte› – lt. Rezension ein ‹Tollhauswerk›). – Heiratet Demerthin 11. 9. 1803 mit Fritz Karl Leopold v. Bornstedt, * Vollenschier 8. 4. 1766; † Graudenz 6. 7. 1825.
    2/3. Emilie, * Demerthin 6. 6. 1778; † Demerthin 13.1. 91.
    2/4. Bogislav, * Demerthin 14. 9. 1779; † ?
    2/5. Hans, * Demerthin 2. 10. 1780; † Berlin 5. 3. 1840; kgl. preuß. Rittm. a. D. – Heiratet Fretzdorf 5. 11. 1807 mit Auguste v. Karstedt, * 7. 8. 1787; † Berlin 30. 5. 1836. – (12 Kinder).
    2/6. Lebrecht, * Demerthin 11. 2. 1783; † Charlottenhof 16. 8. 1866; kgl. preuß. Domänenrat u. Rittm. a. D. – Heiratet Winningen 9. 2. 1812 mit Karoline Bennecke, * Athensleben 2. 7. 1787; † Lüben Wpr. 10. 4. 1874. – (9 Kinder).
    2/7. Ludwig, * Demerthin 31. 5. 1786; † Demerthin 14. 5. 1867; Ritterschaftsrat. – Heiratet Demerthin 14. 6. 1812 mit Agnes Bennecke, * Winningen 24. 12. 1792; † Demerthin 7. 4. 1871. – (3 Kinder).
    2/8. Ernst, * Demerthin 26. 8. 1788; † ?.
    2/9. Emil, * Demerthin 22. 5. 1791; † Görlitz 8. 1. 1868. – Heiratet Büstedt 9. 1. 21 mit Minette v. Plessen, * Büstedt 16. 1. 1796; † Görlitz 27. 1. 1888. – (4 Söhne).
    2/10. (Sohn), * Demerthin 2. 3. 1795; † Demerthin 3. 3. 1795.
    2/11. Rudolf, * Demerthin 18. 6. 1796; † Donnbeck 13. 8. 1839; kgl. preuß. Lt. – Heiratet Vehlow 16. 7. 1819 mit Klara v. Blumenthal, * Vehlow 21. 8. 1797; † Demerthin 22. 9. 1874. – (1 Sohn).

### Daten zum Lebenslauf des Wilhelm Heinrich Albrecht Fricke:

17. 10. 1752 Der Hildesheimer Bürger und Schuster Johann Konrad Fricke heiratet Maria Agnese Auen, Tochter des Gärtners Johann Wilhelm Auen zu Amt Coldingen, und hat mit ihr folgende Kinder:
    1.) 12. 7. 1753 * Martin Ulrich Ludwig / 2.) 29. 8. 1755 * die Zwillinge Johann Michael Heinrich und Christian Andreas Wilhelm / 3.) 15. 2. 1759 *

|  |  |  |
|---|---|---|
|  |  | Wilhelm Heinrich Albrecht / 4.) 22. 2. 1761 * Maria Elisabeth / 5.) 4. 12. 1767 * Ludolph Valentin / 6.) 12. 5. 1770 * Dorothea Caroline. |
| 15. | 2. 1759 | * Wilhelm Heinrich Albrecht in Hildesheim (St. Georg); unter den Gevattern ein »Müntze-Meister Willerding«. |
| 11. 10. | 1779 | Immatrikulierung bei der Universität Halle (gleichzeitig mit ihm ein Hildesheimer Schneiderssohn, Wilhelm Gerhardt Köhler). |
|  | 1782 | Hauslehrer bei Fouqué in Sacrow bei Potsdam. |
| 30. 12. | 1782 | Wahl zum Conrektor in Peine (ergibt sich anläßlich einer Urlaubsreise nach Hause). |
| 10. 1. | 1783 | Einführung in dieses Amt. |
| 8. 1. | 1784 | Resignation des Amtes (nennt sich bereits »Pastor in Limmer«, berufen durch den Grafen von Kamecke). |
| 8. 2. | 1784 | Einführung in sein Amt als Pastor in Limmer (b. Alfeld). |
| 26. 2. | 1784 | Heiratet Johanna Sophie Willerding (getauft 15. 7. 1753), die jüngste Tochter des Brauers, später Münzmeisters, Johann Heinrich W. aus Hildesheim, der 16. 11. 1743 in St. Martini mit Maria Dorothea Böhmen, der Tochter des Kauf- und Handelsmanns Caspar Peter B. »am Panthaleonsturme« in Hildesheim, getraut wurde. – (Die Willerdinge waren eine bekannte, und mannigfach verzweigte Familie in Hildesheim; schon der Großvater von Frickes Frau, Ulrich Andreas W., war Münzmeister der Stadt). – Der Ehe Frickes sind folgende Kinder entsprossen : 1.) 1. 12. 1784 * Friedrich Alexander (genannt nach dem Grafen von Kamecke) / 2.) 17. 7. 1786 * Dorothea Marie (augenscheinlich nach Frickes Schwiegermutter genannt) / 3.) 12. 1. 1788 * Henriette Friederike Juliane. |
| 13. 10. | 1788 | Wird aus 27 Bewerbern zum Pastor in Elze (bei Gronau) erwählt. |
| 14. 12. | 1788 | Einführung ins neue Amt. – Hier in Elze weitere 3 Kinder : 4.) 29. 5. 1789 * Amalie Henriette Caroline / 5.) 10. 8. 1790 * Elisabeth Henriette Wilhelmine / 6.) 22. 4. 1792 * Johanne Sophie Juliane (genannt nach seiner Frau). |
| 25. 4. | 1792 | † seine Frau an den Folgen der Entbindung. – Trotzdem nun Fouqué versichert, ihn im Februar 1797 mit seiner Frau in Hildesheim getroffen zu haben, ist in Elze nichts von einer zweiten Frau oder Kindern mit einer solchen, bekannt ! |
| 24. 4. | 1797 | † Wilhelm Heinrich Albrecht Fricke als Pastor Diaconus zu Elze und Mehle. |
| 27. 4. | 1797 | Am Morgen sein Begräbnis. |

– – –

Der im Text S. 41 erwähnte Grabstein von Fouqués Brüderchen befindet sich nicht mehr im Schloßpark; sondern auf dem nahen kleinen Friedhof. Der Stein ist rechteckig, und trägt oben eine Art Urne. Leider ist die Schrift nur noch unvollkommen zu lesen; der größte Teil vor Verwitterung gar nicht mehr zu entziffern. Die Inschrift beginnt jedoch – abweichend von Fouqués, wohl nur aus der Erinnerung niedergeschriebener Angabe – wie folgt : »Schon welktest Du hin, noch unentwickelte Knospe, / nahmst Kräfte zu herrlichen Tugenden ins Grab. / Doch Gott, der kaum Dich erschuf und bald Dich ...« (dann wird die Schrift undeutlich). Auf der Rückseite finden sich folgende Angaben : »Karl Heinrich August Baron ... Fouqué«; und dann noch, weit links unten, auch schon fast unlesbar, das Wortstück »Jun ...« Da dieser Bruder nun, laut Sacrower Kirchenbuch, am 15. April geboren ist, kann es sich wohl nur um das Todesdatum handeln.

## DITHERICH ARNOLD FRIEDRICH SACHSE

Eltern : Leopold Ernst Sachse, * Nienburg a. d. Weser 16. 4. 1720, 1751–81 Konrektor am Archigymnasium in Soest, heiratet 14. 11. 52 mit Marie Elisabeth Kypcke, * 7. 4. 1731 in Soest, als Tochter des Waisenhausinspektors Christoph K. –

| | |
|---|---|
| 18. 3. 1762 | Ditherich Arnold Friedrich Sachse getauft in Soest (Geburtstag unbekannt) |
| | Schulzeit auf dem Archigymnasium Soest. |
| 31. 10. 1780 | Matrikeleintragung bei d. Universität Halle als stud. theol. |
| Sommer 1783 | bis Sommer 1789 Hauslehrer bei Fouqué in Sacrow u. Lentzke. |
| August 1789 | Pfarrer in Protzen (Gutsherrschaft : Herr von Kleist). |
| 1791 | heiratet Johanna Friederika Seeger, * 1772, als Tochter des Superint. Johann Christoph S. (1739–92) in Bechlin. |
| 30. 3. 1793 | * Gustav Friedrich (getauft 2. 5.) |
| 3. 6. 1793 | Frau stirbt an den Folgen der Entbindung (7. 6. beerdigt). |
| etwa 1795 | heiratet Karoline Schale, * Brandenburg 11. 6. 1768. |
| 22. 4. 1796 | * Friedrich Wilhelm (getauft 13. 5.) |
| 12. 11. 1797 | * Karl Eduard (getauft 5. 12.) |
| 26. 3. 1800 | * Leopold Ferdinand (getauft 25. 4.) |
| 13. 4. 1802 | * Karolina Friederike Wilh. (getauft 15. 4.) – heiratet 26. 1. 1832 mit Karl Ludw. Matth. Wilh. Sachse (1806 bis 68), einen Bruderssohn unseres Ditherich Arnold. – stirbt bereits 18. 12. 1832 in Werder bei Ruppin. |
| 5. 11. 1804 | * Leopold (getauft 16. 11.) |
| 1826 | Sachse erleidet einen Schlaganfall. |
| 7. 11. 1827 | Frau Karoline stirbt. |
| 9. 5. 1829 | Sachse stirbt in Protzen, und wird daselbst beerdigt. |

– – –

(Biographica über Hülsen, den dritten Hauslehrer Fouqués, erspare ich mir; weil er der Literaturgeschichte längst angehört; möchte jedoch zur Rektifizierung der Angabe der ‹Allgem. Deutsch. Biogr.› nochmals darauf hinweisen, daß H. am 2. 3. 1765 zu Aken a. d. Elbe geboren wurde.)

## REGIMENTSLISTEN

Die folgenden Verzeichnisse geben der Reihe nach : die laufende Nummer; den Namen (dahinter in Klammern Geburts- und Todesjahr); zwischen / . . . . . . / die Zeit der Zugehörigkeit zum Regiment, soweit sie für Fouqués Dienstzeit von Interesse sein könnte; notfalls folgen noch Bemerkungen.

– – –

I.) Kürassierregiment Herzog v. Weimar (auch vacant Weimar; v. Byern v. Quitzow) für die Zeit von 1794–1803 :
1. FROREICH, Carl Ulrich v. (1739–1801). / 19. 12. 1792–15. 6. 99, Oberst u. Kdr. / Mehrfach in der Selbstbiographie von 1840 erwähnt.
2. SCHUBAERT I, Carl Christoph v. (1741–96). / 1758–Juli 96; Oberstl. / Onkel von F.'s erster Frau.
3. SCHUBAERT II, Ernst Gottfr. Eberh. v. (10. 11. 1744–13. 9. 1829). / 1760 bis zur Auflösung Ende 1806; als Gen.-Major entlassen / F.'s Schwiegervater.
4. HEILIGENSTÄDT, George Heinr. v. (1746–1817). / 1762 bis Auflösung; Major /.

5. DRESKY (?), Joh. Gotth. v. (in manchen Listen auch ‹v. Dresden›) (1743–?). / 1763–6. 6. 1803; als Oberstlt. entl. /.
6. WEDELL, Christian v. (1750–1812 ?). / 1766–Auflösung; erst Rittm.; 26. 7. 96 Major /.
7. KROPFF, Ferd. v. (1752–1809). / 1768–Okt. 94; Rittm. /.
8. SEELHORST, Friedr. v. (1755–1812) / 1769–Auflösung; erst Rittm.; 25. 3. 98 Major /. Erwähnt in der Selbstbiographie.
9. KALCKREUTH, Adolf v. (Nov. 1753–?). / 1770–1806; Rittm. /.
10. PUTTKAMER, Moritz v. (Juli 1755–2. 10. 97). / 1771–97; Rittm. / Gest. in Amorkamp b. Bückeburg am Schlaganfall; erwähnt in Selbstbiographie als »der Mann mit dem schwarzen Gesicht« – als solcher mehrfach in F.'s Büchern auftretend.
11. LETTOW, Adam v. (1756–?). / 1772–1. 1. 1800; Rittm. / Bringt März 95 die letzten Ersatzmannschaften aus Aschersleben nach Hamm.
12. RAUCHHAUPT, Wilh. v. (1757–1805). / 1771–Jan. 95; Rittm. /.
13. OPPEN, Friedr. v. (1762–1834). / 1776–17. 7. 98; Sec. Lt. / F.'s Schwadronchef; mehrfach in d. Selbstbiogr. erwähnt.
14. SALLET, Ernst v. (1765–?).* / 1779–Aufl.; Prem.-Lt. u. Werbeoffizier /.
15. LETTOW, Wilh. v. (1765–1823). / 1780–15. 8. 97; Prem.-Lt. /.
16. RINOW, Georg v. (1764–?). / 1780–Nov. 94; Prem.-Lt. /.
17. FLOTOW, Friedr. Heinr. v. (1765–1827). / 1781–Aufl., Prem.-Lt. / Seit 15. 10. 98 Inspektionsadjut. beim Herzg. v. Weimar. Geb. in Aschersleben. Heiratet 10. 12. 97 in Bückeburg mit Wilhelmine Luise Sack.
18. VOSS, Lud. Theod. v. (1766–?). / 1781–17. 7. 98; Prem.-Lt. /.
19. GOTSCH, Gotth. Friedr. v. (1767–1859). / 1782–Aufl.; Prem.-Lt. / Geb. in Aschersleben; heiratet dort 27. 1. 1795 die gebürtige Ascherslebenerin Henr. v. Beyer.
20. FLOTOW, Ernst v. (1769–?). / 1783–Mai 96; Sec.-Lt. /.
21. ITZENPLITZ, Fr. Aug. Heinr. v. (1769–1842). / 1785–18. 6. 1801; Sec.-Lt. / Der ‹Hotspur› in F.'s Erinnerungen, mit dem er späterhin Briefe gewechselt hat (ob erhalten ?).
22. FRITSCH, Ludwig Freiherr v. (1772–1808). / 1787–März 95; Sec.-Lt. / Freund F.'s; mehrfach erwähnt in Selbstbiogr.
23. SCHULENBURG, Werner Hans Günther Graf v. d. (1772–1806). / 1789–1806; Sec.-Lt. /.
24. BRÖSIGKE, Friedr. v. (1772–12. 8. 94). / 1787–94; Sec.-Lt. / Wird als gefallen beim Gefecht vor Kl. Karlebach in F.'s Biographie erwähnt (‹Lebenslauf im Voraus›).
25. WELCK, Ludw. v. (25. 5. 1773–24. 8. 1851). / 1789–19. 7. 1803; Sec.-Lt. / Als ‹Freund Standfest› in F.'s Biogr. mehrfach erwähnt. Herr auf Schloß Oberrabenstein. Heiratet a) Karoline v. Byern († 1803) und b) am 1. 5. 1817 Rosalie v. Schönberg (1801 bis 91); Söhne dieser Ehe b) : Otto, * Meißen 31. 5. 1818 und Robert, * Oberrabenstein 27. 2. 1828. – F. besuchte Welck noch 1822, und beschrieb den dortigen Aufenthalt in der ‹Sachsenreise› (zuvor war W. schon in Nennhausen gewesen. Aufschlußreichste Brieffunde mögl.)
26. BREDOW, Carl v. (1774–?). / 1789–Apr. 96; Sec.-Lt. /.
27. ÖRTZEN, Jaspar v. (1769–1827). / 1793–Aufl.; Sec.-Lt. / Erwähnt in F.'s Biogr. als Mahner und Helfer bei Spielschulden.
28. WINDHEIM, Fr. v. (1773–1827). / 1790–Aufl.; Sec.-Lt. /.
29. BECHTOLSHEIM, Carl Freiherr v. (1775–1811). / 1790–Aufl.; Sec.-Lt. / Freund F.'s in Bio erwähnt; späterhin auch seine Mutter u. Witwe im Briefwechsel. – Funde möglich.
30. WARTENSLEBEN, Leopold Graf v. (1775–1840). / 1792 bis Aufl.; Kornett, usw. /.

---

* er starb am 22. 10. 1795 in Aschersleben; letzter Dienstgrad Rittmeister. – Ob und inwieweit er mit dem späteren Dichter Friedrich v. S. (1812–1843) verwandt ist, weiß ich nicht zu sagen; es könnte evtl. der Onkel gewesen sein, denn der Vater des Dichters starb 1814 als Ingenieur-Hauptmann in Neiße. Übrigens ebenfalls eine Hugenottenfamilie.

31. SCHUBAERT, Friedr. v. (1778–1820). / 1792–Aufl.; Kornett, usw. F.'s Schwager.
32. HEILIGENSTÄDT, Carl v. (1780–1841). / 1793–Aufl.; Kornett, usw. /.
33. VOGELSANG, Wilhelm v. (1777–?). / 1792–Aufl.; Kornett usw. /
34. GROLMAN, Christian v. (1776–1826). / 1793–Aufl.; Kornett usw. /
35. COUDENHOVEN, Edmund v. (1780–etwa 1855). / 1793–04; Fähnrich usw. /
36. LÖWENCLAU, Chr. v. (1778–etwa 1830). / 1793–Aufl., Fähnrich usw. /
37. SCHWICHOW, C. Fr. v. (1772–?). / 1793–15. 2. 98; Fähnrich usw. /
38. BAUMBACH, Philipp v. (1778–1828). / 1793–23.12. 1803; Fähnrich usw. /
39. GRONE, Rudolph v. (1776–etwa 1845). / 1793–Aufl.; Fähnrich usw. /
40. HAGEN, Karl Kolumbus v. (24. 3. 1780–8. 12. 1837). / 19. 10. 1793–19. 2. 1801; Fähnrich bis Sec.-Lt. / F.'s Freund ‹Bomsen›; wichtige Brieffunde bei der Familie wurden ausgewertet.
41. DANCKELMANN, Wilhelm Hektor Bonaventura Freiherr v. (12. 3. 1778–29. 4. 1833). / 1794–1. 2. 1802; Fähnr. bis Sec.-Lt. / – Freund F.'s; Duell mit ihm in der Bio erwähnt; auch später noch mehrfach persönl. Verkehr : wichtige Funde möglich ! – D. war in Chinsura bei Hugly (in Indien) geboren, und starb auf seinem Gute Lodersleben bei Querfurt. Er heiratete a) 14. 11. 1802 Amalie v. Rheden (1784–1816) und b) 24. 11. 16 Henr. v. Wangenheim (1793–1859); ein Sohn aus Ehe b) war Ludwig, * 11. 1. 1822 in Lodersleben.
42. FOUQUÉ, Friedr. Baron de la Motte (1777–1843). / 17. 2. 1794 bis 8. 11. 1802; Kornett bis Sec.-Lt. /
43. PLESSEN, Ernst v. (1780–1845). / 1794–9. 11. 99; Kornett /.
44. BYERN, Carl Wilhelm v. (7. 3. 1737–5. 6. 1800). / 29.12. 1794 bis zu seinem Tode; Gen.-Major u. Chef d. Rgt. / Von Kindheit F.'s an dessen väterlicher Freund; mehrfach erwähnt in Bio (besonders der überraschende Tod). – B. war später Herr auf Lentzke, dem ehemaligen Familiengute d. F.'s; und mit Friederike Ulrike v. Zinnow verheiratet. Seine Söhne – sämtl. Spielgefährten F.'s ! – waren Karl († 1813); Friedrich († 1835); Ludwig († 1812); Rudolf († 1820); Eugen (6. 3. 1789–14. 4. 1866) und Eduard († 1814); auch hatte B. mehrere F. ebenfalls gut bekannte Töchter : wichtige Brieffunde möglich !
45. BYERN, Vorname unbekannt, aber einer der o. a. Söhne (?) ?–18. 6. 1801; Stabsrittm. /
46. TREUENFELS, Vorname ? (?–11.12. 02). / 1795–1802; Kornett /
47. HÖFISCH, Vorname ? (?–?). / ?–10. 2. 1804; als Sec.-Lt. entlassen /
48. BUTLAR, Ernst v. (1771–1826). / ?–23. 10. 1804; Sec.-Lt. /
49. BERNBURG-SCHAUMBURG, Franz. Prinz v. (1769–?). / ?–1. 1. 1806; Major /
50. QUITZOW, Chr. Heinr. v. (1738–1806). / Juni 1800–Ende 06; Gen.-Major u. Chef. d. Rgt. /
51. LOEBELL, Carl v. (1777–1841). / Herbst 1794–Aufl.; Sec.-Lt. / In Bio erwähnt; F.'s Rgts.-Kdr. in d. ‹Völkerschlacht› bei Leipzig.
52. WERDER, Moritz v. (?–lebt noch 1841 als Major). / ?–?; Sec.-Lt. /
53. HORN, Carl v. (?–lebt noch 24 in Mansfeld). / ?–?; Sec.-Lt. /
54. LÖWENCLAU II, Ludwig v. (?–† vor 1841). / ?–?; Sec.-Lt. /
55. WEISSEN, Friedr. v. (?; geht 09 mit d. Corps d. Herzg. v. Braunschweig nach England). / ?–?; Sec.-Lt. /
56. DASSEL, George v. (1783–1826). / ?–?; Sec.-Lt. / Ist 1812 Prem.-Lt. bei den ‹Brandenburger Kürassieren›; siehe dort.
57. DONOP, Carl v. (1781–1842). / ?–?; Sec.-Lt. /
58. MÜNCHHAUSEN, Aug. v. (1784–?). / ?–?; Sec.-Lt. / † nach 1827.
59. RHEDEN, Aug. v. (1786–1828). / ?–?; Sec.-Lt. /
60. BOTH, Hermann v. (?–14. 10. 1806). / ?–1806; Sec.-Lt. /
61. BOJANOWSKY, Carl v. (?–† vor 1842). / ?–?; Sec.-Lt. /
62. DITFURTH, Jul. Ferd. v. (1785–1815). / ?–?; Sec.-Lt. /
63. STAFF, Emilius v. (?–1813). / ?–?; Sec.-Lt. /

64. SINGENDONCK, Friedr. v. (?–† nach 1808); / ?–?; Sec.-Lt. /
65. HECKEREN, Heinr. v. (?–?). / ?–07 entlassen; Kornett /
66. SCHULTZ, Carl (1761–?). / 1786–Ende 1804; Regimentsquartiermeister. / Nov. 1799 stirbt ihm ein Kind in Elze; 1805 ist Sch. Kriegsrat in Halberstadt.
67. OVERBECK, Vorname ? (1765–?). / 1790–Ende 1804; Feldprediger /. Danach ‹Inspektor› in Calbe.
68. FLOTOW, Wilhelm v. (1767–1813). / 1790–?; Auditeur /. Geb. in Aschersleben; heiratet dort am 9. 1. 1795 Joh. Sophie v. Röder (1768–1837); seine zwei Söhne sind in A. geboren worden : Wilhelm (24. 11. 1796) und Hans (29. 8. 1798).
69. VOSS, Friedr. (1753–?). / 1777–?; Rgts.-Chirurgus /
70. VOIGT, Karl (?–† vor 1842). / ?–?; Rgts.-Chir. /
71. SCHLIEBEN, Christian (1762–?). / 1791–?; Stallmeister /
72. MÄRKER, Friedr. (?–† nach 1812). / ?–?; Stallmeister /

In einer d. verschiedenen Ranglisten werden noch als ‹Dienstanwärter› aufgeführt : Carl Ludwig v. MECKLENBURG; v. WERTHERN; v. RANTZAU; ich weiß jedoch nicht zu sagen, ob sie jemals dort gedient haben.

– – –

II. Brandenburgisches Kürassier-Regiment : die Nr. 1–21 geben das reguläre Offz.-Korps d. Rgt. nach dem Stande vom April 1813; Nr. 22–33 die sogenannten ‹aggregierten› Offz.; Nr. 34–47 enthalten die Offz. der Jäger-Eskadron, wie sie sich allmählich ergaben. Nr. 48–50 dann das restliche Stammpersonal, den sogenannten ‹Unterstab›. –

1. HACKE, Gustav Graf (1776–1838). / Mai 1790–?; Major u. Kdr. / Erwähnt in F.'s Bio.
2. LOEBELL, Karl v. (1777–1841). Vgl. ‹Weimar-Kür.› Nr. 51
3. LOBECK, August v. (1769–?). / 1791–Juli 1813; Major /
4. BREDOW, Wilh. v. (1781–1813). / 1799–1813; Rittm. /
5. MEYER, Wilh. v. (1776–1824). / seit Aug. 1789–?; Stabsrittm. / † in Rathenow.
6. LÖWENCLAU, Karl v. (1776–1813). / 1791–?; Stabsrittm. /
7. ZIETEN, Hans v. (1782–1839). / 1795–?; Stabsrittm. /
8. MANSTEIN, Gustav v. (1784–† nach 1842). / 1799–?; Prem.-Lt. /
9. BÜLOW, Wilh. v. (1788–† nach 1843). / 1802–?; Sec.-Lt. /
10. GILLERN, Leopold Freiherr v. (1788–nach 1843). / 1805–?; Sec.-Lt. /
11. DANNENBERG, Julius v. (1789–1862). / 1806–?; Sec.-Lt. / Erscheint als Schlüsselfigur in F.'s ‹Sängerliebe›.
12. EGLOFFSTEIN, Heinrich Freiherr v. (1790–1876). / 1806–?; Sec.-Lt. /
13. REITZENSTEIN, Karl Friedr. v. (1791–1845). / 1806–?; Sec.-Lt. /
14. WRANGEL, Wilh. v. (1790–1813). / 1804–?; Sec.-Lt. /
15. PLOTHO I, Wilh. v. (1788–1817). / 1805–?; Sec.-Lt. /
16. FLOTOW, Karl v. (1791–1871). / 1805–?; Sec.-Lt. /
17. PLOTHO II, Otto v. (1792–† nach 1843). / 1809–?; Sec.-Lt.
18. HÜTTEL, Eduard v. (1794–1838). / 1811–?; Sec.-Lt. /
19. MÜNCHHAUSEN, Ernst v. (1792–† nach 57). / 1806–?; Sec.-Lt. /
20. ARNIM, Leopold v. (1795–† nach 1843). / 1812–?; Sec.-Lt. /
21. BREDOW, Karl Graf v. (1791–1864). / 1811–?; Sec.-Lt. /
22. KALBEN, Otto v. (1776–1829). / Stabsrittm. /
23. MÜNSTER-MEINHÖVEL, August Graf v. (1782–1839). / 1803–?; Stabsrittm. / F.'s »liebster Freund beim Regiment«; nach dessen ‹Stammessage› entsteht ‹der Bischof und der Ritter›. – Brieffunde möglich.
24. ALVENSLEBEN, Ferdinand v. (1782–1862). / 1800–?; Prem.-Lt. /
25. SYDOW, Colmar v. (1784–1854). / 1798–?; Sec.-Lt. /
26. MÜNCHHAUSEN, August v. (1782–1813). / 1804–?; Sec.-Lt. / Gefallen bei Lützen.
27. BLUMENTHAL, Hans Eduard v. (1785–1813). / 1805–2. 5. 13 (gefallen bei Lützen) /.

28. WOLDECK, Eduard v. (1788–nach 1843). / 1803–?; Sec.-Lt. /
29. WOLFF, August v. (1789–nach 1843). / 1803–?; Sec.-Lt. /
30. KEFFENBRINCK, Wilh. v. (1789–1813). / 1805–?; Sec.-Lt. / Gef. b. Leipzig
31. MONTETON, Wilh. Freiherr v. (23.1. 1787–5. 3. 1844). / 1802–44; zuletzt Oberstlt. / – F.'s Freund; und Historiker des Kür.-Rgts. der die wertvollste Veröffentlichung zu dem Thema geliefert hat. Auch vielfacher persönlicher Umgang mit F. seit dessen Jugendzeit – die M.'s saßen auf Priort! – wichtige Funde möglich!
32. PODEWILS, Aug. v. (1791–1813). / 1803–13; Sec.-Lt. gefallen bei Lützen /
33. FISCHER V. RYCHENBACH, Siegmund (?–† nach 43 in Bern). / Mai 1813–2. 5. 14; Sec.-Lt. /
34. ZGLINITZKI, Karl v. (1. 6. 1781–8. 4. 58). / 1795–?; Abschied als Major /. Führer der ‹Freiwilligen Jäger›.
35. FOUQUÉ. / Ende 1813 als Major entlassen /.
36. ZIETEN, Ernst v. (1783–1828). / ?–?; Sec.-Lt. /
37. MÜLHEIM, F. v. (?–nach 1843). / ?–?; Fähnr. /
38. CALBO, Ferd. v. (1794–?). / 1812–?; Fähnr. /
39. SCHICKFUSS, Leop. v. (1792–?). / 1812–?; Fähnr. /
40. WINNING, August v. (1794–1872). / Mai 1813–Dez. 14; Fähnr. /
41. LÜDERITZ, Gustav v. (1796–nach 1843). / Mai 1813–?; Fähnr. /
42. BEULWITZ, Karl v. (1796–1839). / Mai 1813–?; Fähnr. /
43. HOYM, Ludwig Graf v. (1794–1865). / Jan. 1813–?; Fähnr. /
44. MUTIUS, Karl v. (1790–1858). / Febr. 1813–?; Fähnr. /
45. STEGMANN, Ferd. v. (1791–1866). / Apr. 1813–?; Fähnr. /
46. BREDOW, Graf. v. (Vorn. ?) (?–?). / ?–?; Fähnr. /
47. BAUMANN, Vorname ? (?–?). / ?–?; Fähnr. /
48. VEIT, Philipp (13. 2. 1793–18.12. 1877). / Juli 1813–2. 5. 14; Sec.-Lt. / Der bekannte Maler (Stiefsohn Fr. Schlegels); und Freund F.'s.
49. KUNOW, W. v. (1790–1862). / Febr. 1813–2. 5. 14; Sec.-Lt. /
50. ROCHOW, Gustav v. (1.10. 1792–11. 9. 1847). / Febr. 1813 bis 15; Sec.-Lt. / F.'s Stiefsohn; als Innenminister der ‹beschränkte Gustav›.
51. GRAAF, Christian (1783–?). / 1805–?; Rgt.-Quartiermeister /.
52. PETERMANN, Heinr. (1777–?). / 1794–?; Rgt.-Chirurg /
53. MEYER, Julius (1769–?). / 1800–?; Stallmeister /.


# KARL ALBERT KOLUMBUS WERNER VON HAGEN:

ELTERN: Karl Ernst v. H., Landrat des Fürstentums Halberstadt, * Magdeburg 2.12. 1749, † Haus Nienburg 15.1. 10; die Mutter war Charlotte Sophie Gräfin v. Schlitz, genannt v. Görtz und Wrisberg, verw. Freifrau v. Hagen

24. 3. 1780 Karl Albert Kolumbus Werner in Haus Nienburg geboren (getauft 16. 4.) Erzogen im Elternhause und auf dem Pädagogium Halle.
19. 10. 1793 tritt als Estandarten-Junker beim Kürassier-Regiment Weimar ein.
8. 11. 1794 Beförderung zum Kornett.
1795 Beförderung zum Leutnant.
1801 nimmt Abschied, um Landwirt zu werden.
1804 tritt in den Dienst des Kurfürsten (späteren Königs) Friedrich von Württemberg; wird dort als Leutnant bei den Garde du Corps und als Kammerherr eingestellt.
1806 nimmt seinen Abschied aus württembergischen Diensten, um nicht gegen Preußen kämpfen zu müssen. – Lernt auf der Rückreise die Tochter des

|  |  |
|---|---|
|  | fürstl. würzburgischen Majors und Kammerherrn, Luise von Soden kennen (* 1782 in Bischelbach/Franken, † 1860); und entführt sie, da der Vater Schwierigkeiten macht. |
| 10. 4. 1807 | Heiratet in Düsseldorf die katholische Luise v. Soden. |
| Anfang 1807 | Geht auf dem Wasserwege über die Ostsee zur preuß. Armee nach Memel; wird im Rovenschen Kavallerie-Detachement eingestellt, und macht dort die Gefechte von 1807 mit, wird nach dem Frieden von Tilsit ins Husarenregiment Nr. 2 einrangiert. |
| 1809 | Scheidet aus, um sich und seinen Eltern keine politischen Schwierigkeiten zu machen (Halberstadt ist nämlich inzwischen zum Königreich Westfalen gekommen), und wird als Rittm. entlassen. – Kauft sich ein kleines Gut in Gerblingerode bei Duderstadt/Eichsfeld. |
| 26. 10. 1812 | Ruft zur Bildung eines Freikorps auf (etwa 120 Mann). |
| 13. 1. 1813 | Rückt mit diesen Jägern zur Blockade von Magdeburg ab; hat 23. und 25.1. Zusammenstöße mit dem Feinde. Erhält anschließend den Befehl, mit seinen Leuten zur Armee Blüchers zu stoßen, und macht dort einen Teil des Feldzuges mit. |
| 2. 7. 1814 | Auflösung der Truppe in Halberstadt; hat 13. 2. das EK erhalten. – Nimmt auch am Feldzug 1815 als Rittmeister beim Husarenregiment Nr. 10 teil; 16.10.16 als Major wegen angegriffner Gesundheit verabschiedet. Wird sogleich als Landrat des Kreises Mühlhausen in der Zivilverwaltung angestellt. |
| 1821 | kauft ein Gut bei Treffurt, wohin auch das Landratsamt verlegt wird. |
| 1826 | Verleihung des Johanniterordens. |
| 1835 | Die älteste Tochter wird in das Fräuleinstift zu Halle eingeführt; der Vater wohnt der Einführung bei : hier Wiedersehen mit Fouqué. – Der älteste Sohn, ein Tunichtgut, muß nach Amerika auswandern; verschollen. |
| 8. 12. 1837 | Stirbt um die Mittagsstunde an einem Herzschlag (11.12. beerdigt). – |

*Persönlichkeit Hagens* : »Kaum die Mittelgröße erreichend, jedoch von untersetztem Körperbau, im Gesichte durch die in der Jugend überstandenen Pocken gezeichnet, schon in seinen besten Mannesjahren kahlköpfig, war Landrat von H. nichts weniger als eine sogenannte männliche Schönheit ... Sein lebhaftes Temperament konnte wenigstens in jüngeren Jahren wohl auch zuweilen eine cholerische Färbung annehmen ... was seine wissenschaftliche Bildung anbetrifft, so war er unzweifelhaft Autodidakt« – Zunächst religiöser Rationalist, späterhin gottesfürchtig, ließ er alle seine Kinder evang. erziehen. Ansonsten ein fleißiger altpreuß. Beamter, der im Sommer schon früh um 5 Uhr am Schreibtisch saß.

### Die Jäger-Eskadron des Brandenburgischen Kürassier-Regimentes :

Die Uniform bestand aus einem grünen Kollet mit kornblumenblauem Kragen und gelben Knöpfen, Schuppen-Epauletten, Kavallerie-Tschakos, grauen Beinkleidern, schwarzem Lederzeuge; die grünen Litewken und der graue Mantel hatten ponceaurote Kragen. –

(Namensliste der Freiwilligen) :
F. v. Zglinicky / F. Baron de la Motte-Fouqué / Ernst v. Zieten († 12. 2. 28 als Rittm. b. d. Gensdarmerie) / Baron v. d. Goltz / W. v. Kunow (Mai 14 wirkl. Präsident beim Kammergericht) / W. Krüger / L. Zechling / P. Ravené / E. Braumann / L. Gf. v. Bredow / W. Spaltholz / A. Reclam / C. Hertel / F. Arndt / A. Stropp / F. Bernhardi / H. Block I / F. Semmler / A. Brückmann / W. Witte / L. Dietrich / G. v. Rochow / L. v. Walter / F. v. Roehrs / Adolf Graf von Westarp, * 6. 4. 1796, † 4. 5. 1850 / W. Gf. v. Schwerin / P. Veit / L. v. Bülow / H. Wimmel / L. Ossent / E. v. Vietsch / L. Kober / C. Meißner / F. Müller I /

C. Block II / J. Altmann / F. Gf. v. Bredow / W. Bade / G. Bindewald / H. Block III / J. Bröske / W. Branke / A. Baath / F. Bismaro / H. Bärmann / F. Becker / J. Claas / W. Claasen / H. Dieme / W. Döbbelin / L. Dionisius / W. Donda / P. Ebers / W. Engelhard / H. Frieschmuth / C. Gerhard / C. Grieben / C. v. Grävenitz / H. Graf / E. Höhl / C. Heubner / F. Hausmann / C. Heyer / C. v. Horn / F. Hagemeister / A. Jacobi / F. Chemlin / G. Keßler / L. Kreuzmann / L. Klügge / C. Kemnitz (Fouqué bemüht sich späterhin, ihm eine Zivilstellung zu verschaffen) / C. Könker / C. Kublank I / C. Kessel / A. Köllner / Köhler / F. Kublank II / W. Körner / C. Lucke / A. Moll / F. v. Mühlhain (Guhden bei Frankfurt O.) / H. Manger / C. Max / F. Müller II / D. Michaelis / C. Mädike / R. Markus / F. Müller III / Nicolai / J. Neel / W. v. Niekisch / L. Otto / F. Penninz / F. Petsch / C. Rumpf / E. Rohrschneider / W. Reuter / C. Reckert / C. Reichardt / W. Röttscher / A. Schlösser / F. Spieske / C. Schötz / C. Sorge / G. Semmler II / A. Schmilinsky / C. Schwinzer / F. Steindorf / A. v. Stößel / C. Troll / E. Tzschinscher / L. Utemann / W. Utemann / W. Voigt / F. Viebeg / F. Wittstock / F. Wolf / G. Wiegel / H. Wesenberg / F. Witte II / F. Wienicke / C. Wilhelmi / J. v. Zieten / C. Zemlin / G. Zander / A. Rechow / F. Rattmann / H. Graff / L. Apfelstädt / C. Müller IV / E. Schulze / D. Lehmann / A. Writtenbach / F. Sorge / Haase / C. Kuhn / T. Elten / J. v. Hennig / W. Leonhard / L. Herold / A. Hennig / S. Seydel / G. Arendt / C. Österreich. (Die beiden letzten waren Trompeter; der Seydel Student und Esk. Chirurgus, dessen medizinische Kenntnis zwar nicht weit reichte, der aber dafür ein unvergleichlich passionierter und ausgezeichnet braver Soldat war; trotz des Verbots alle Attacken mitmachte, und endlich beim Angriff der Stadt Meul in Holland, tödlich verwundet wurde). – Zu dieser Eskadron wurden vom KR kommandiert: Lt. v. Dannenberg, als besonders guter Ausbilder; u. d. Uffz. Paproth v. d. 2. Schwadron.

## ZEITTAFEL ZUR ENTSTEHUNG DER WERKE

Im folgenden wird – geordnet nach Jahren von 1803–42, in denen Fouqué als ernsthafter Schriftsteller zu betrachten ist – eine Übersicht gegeben, hinsichtlich Planung, Niederschrift, Druck, seiner größeren Werke, soweit sich darüber sichere Daten ermitteln ließen. Zuweilen sind es erst nur Grenzwerte, die sich durch weitere Funde noch werden verbessern lassen. Von denjenigen Titeln, die man in der Liste vermissen sollte, ist mir, bezüglich ihrer Entstehungszeit, über bloße bibliographische Angaben hinaus (die man bei Goedeke, etc. nachschlagen kann) nichts bekannt geworden.

1803 : ‹Rübezahl› (aus den ‹Dramatischen Spielen›) : 13. 11. fertig.
1804 : ‹Dramatische Spiele‹ : 13. 2. der Druck hat begonnen; »für jetzt beschäftigt mich der ‹Falke› außerordentlich« (Br. an Schlegel).
1805 : ‹Ritter Galmy›
1806 : ‹Heinrich IV.› (unveröffentlicht und unbekannnt).
  ‹Alwin› : im Spätherbst begonnen; beendet im Frühjahr 07.
1807 : ‹Alwin› : im Frühjahr.
  ‹Die Pilgerfahrt› : im Sommer; (gedruckt erst 16!).
  ‹Alethes von Lindenstein›, Teil 1–3 im Herbst (Vgl. auch 1816).
1808 : ‹Der Held des Nordens› : 18. 7. erster Teil fertig (= Sigurd der Schlangentöter); sendet am 30. 9. die Druckbogen zurück. / 6. 10. zweiter Teil fertig (‹Sigurds Rache›). / 23. 11. Entwurf zum dritten Teil (‹Aslauga›). Sendet 6. 5. 1810 die fertig gedruckte komplette Trilogie an Jean Paul.
  ‹Numancia› (Übersetzung aus dem Spanischen des Cervantes) : 9. 11. übernimmt »mit Freude« den Auftrag; (Arbeit daran z. B. 8. 6. 09).
1809 : ‹Undine› : Frühsommer (?).
  ‹Karls des Großen Geburt und Jugendjahre› : 14. 8. Arbeit daran; 4. 4. 10 fertig.

‹Coriolan› (Übersetzung nach Shakespeare) : beginnt im August; fertig im Juni 10.
1810 : Erste Jahreshälfte noch Arbeit an ‹Karl d. Gr.› und ‹Coriolan›
‹Waldemar› : 20. 8. fertig; (14. 2. 11 »Druck hat begonnnen«; 15. 7. 11 werden Exemplare versandt).
‹Helgi› : 30. 8. sind die beiden ersten Teile fertig; (der dritte wird erst Nov./Dez. 15 hinzugefügt).
‹Eginhard und Emma› : 15. 11. Schrag nimmt es an.
‹Der Todesbund› : 29. 11. Frage an Hitzig (der es als Verleger las) : »Wie steht es damit ?«. (14. 2. 11 an Chamisso : »Vor kurzem ist der Todesbund erschienen« / am 14. 3. 11 werden fertige Exemplare verteilt).
1811 : ‹Der Zauberring› : 14. 2. arbeitet daran / 18. 3. gibt an Fichte ‹die Idee des Romans› / Nacht vom 21. zum 22. 6. der Traum, der den Plan zum dritten Teil liefert / 15. 7. fragt, ob der erste Teil des MS etwa verloren gegangen sei ? / 1. 10. schreibt am letzten Teil / 28. 11. nähert sich dem Ende / 11. 12. beendet (gleiche Mitteilung auch in einem weiteren Brief vom 14. 12.) / (1. 3. 12 schickt Schrag die Aushängebogen des ersten Teils / 5. 6. 12 ist der dritte Teil immer noch nicht fertig gedruckt) / 28. 6. 12 3. Teil fertig gedruckt. / 21. 8. 12 Wagner hat ihn bereits gelesen.
‹Die Jahreszeiten› : 7. 3. Plan dazu; 27. 6. Versendung von fertigen Exemplaren.
‹Taschenbuch der Sagen und Legenden› : 25. 4. Plan dazu (ebenso 16. 6.) / am 26. 6. hat er dafür den ‹Siegeskranz› angefangen.
‹Alboin› : 12. 12. Beginn der Arbeit daran / 14. 12. schreibt daran.
1812 : noch ‹Alboin› : 1. 3. ist »die Beendigung nicht mehr fern.«
‹Die beiden Hauptleute› : schon am 12. 12. 11 hatte er »den Entwurf im Kopfe« / 1. 3. die Arbeit geht rasch vorwärts / 8. 3. ein Teil des MS an Hitzig gesandt / 15. 3. beendet.
‹Die Familie Hallersee› : 1. 3. ausführlicher Entwurf / 15. 4. schreibt daran.
‹Undinen-Oper› : 20. 8. will »heute Nachmittag damit beginnen« / 2. 9. arbeitet daran / 7. 9. ist in der 3. Scene / 17. 9. erster Akt beendet
‹Thiodolf der Isländer› : Beginn im Juli / 24. 7. arbeitet daran / 20. 8. greift die Arbeit »mit neuer Kraft« an / 6. 9. erster Teil beendet / 16. 9. 12 mit dem »6. Kapitel des zweiten Theiles« fertig / 25. 1. 13 »soll womöglich noch diesen Monat fertig werden« / 29. 1. »etwa 8 Tage oder drüber« wird es vermutlich noch dauern. / 11. 2. 13 Hitzig soll den fertigen Teil des MS an Campe senden / 15. 2. 13 schickt den Rest des MS an Hitzig / 20. 6. 13 Frau Caroline mahnt Campe, und bittet um rückständiges Honorar; C. schickt 14 Thaler, und entschuldigt sich, daß das MS wegen der Zeitumstände nicht gedruckt wäre, und dies ganze Geschäft um 1 weiteres Jahr hinausgesetzt werden müsse. / (22. 2. 1815 wird »endlich gedruckt« !).
‹Runenschrift› : 18. 10. arbeitet daran.
‹Die Heimkehr des Großen Kurfürsten› : 17. 11. bereits fertig, denn er sendet einen Nachtrag zum MS.
1813 : ‹Corona› : im Januar erste Anregung durch Gemälde / Ende Juni–Anf. Juli Beginn der Niederschrift / Sept. Arbeit an 1,3 und 1,4 / Dezember 1,5 / Ende Dezember 1,6. – (Vgl. weiter 1814).
‹Die Zauberer und der Ritter› : 19. 10. liest bei Apel den Anfang vor.
‹Aslaugas Ritter› : 20. 12. arbeitet daran. / (Ebenso 14. 2. 14 / 10. 3. 14 sendet er das MS an Verleger).
1814 : ‹Corona› : 1. 1. arbeitet daran / 3. 3. schreibt an 1,11 / 21. 3. beendet das erste Buch / 2. 5. dichtet daran »in voller Glut«. / 4. 6. Arbeit an II,10 / 30. 8. vorletzter Gesang beendet. / Anf. September beendet. – 25. 8. Vertrag darüber mit Cotta. – 27. 11. letzter Druckbogen wird korrigiert.
‹Gesammelte Erzählungen› : 31. 1. Sammelarbeit beginnt / 7. 2. Inhaltsverzeichnis zum ersten Bande / 10. 3. schreibt »mit Siebenmeilenstiefeln« an der ‹Heilung›.

‹Sintram› : 18.10. arbeitet daran.

‹Sängerliebe› : 3.10. teilt Cotta den Plan dazu mit (hat schon vor 8 Wochen darüber mit Haas in Wien verhandelt) / 24.11. hat soeben die Einleitung beendet / 30.11. »rückt sehr schnell vor«. / (weiteres im nächsten Jahr)

1815 : noch ‹Sängerliebe› : 4.1. ist »bis zum zweiten Buch gediehen« / 17.1. arbeitet »rasch und glühend« daran / 8.2. liest bei Prinzessin Marianne aus dem MS vor / 19. 3. sendet dem Verleger das MS des ersten Buches; das 3. Buch »naht sich dem Ende«. / 1. 5. alles fertig und schon beim Abschreiber. / 4. 5. sendet den Rest des MS an Cotta. / 28. 9. Cotta »verzögert den Druck« ! / (7. 3. 16 hat C. mit dem Druck begonnen / 27. 6. erhält F. seine Freiexemplare.)

‹Baldur› : Mitte Mai Beginn / 28.12. fertig (dazu der dritte ‹Helgi›). / (28.1. 1816 Vertrag darüber mit Cotta).

‹Gesammelte Gedichte› : 10.1. Beginn der Sammelarbeit / 4. 5. sendet das MS des ersten Bandes. / (Kann am 26. 6.16 ein geheftetes Exemplar an Halem senden).

‹Adler und Löwe› : im Herbst fertig.

‹Die zwei Brüder› : 5.12. Prinzessin Marianne sendet den Stoff. – (Weiteres siehe 1816).

1816 : noch ‹Zwei Brüder› : im Frühjahr Arbeit daran / 22. 5. beendet / 27. 6. Anfrage deshalb bei Cotta. – (Weitere Angaben über Druckgeschichte im Texttteil).

‹Gesammelte Gedichte› : 15. 2. Sammlung der ‹Gedichte aus dem Mannesalter› / 2. 4. wird sie bald senden können. / 9. 6. sendet das MS ab. / 5.12.17 empfiehlt er Perthes das gedruckte Exemplar »aus den Fächern (seiner Buchhandlung) herauszunehmen«.

‹Alethes von Lindenstein› : (vgl. auch 1807) / 9. 8. Beginn der Arbeit am 4. Buch / 19. 8. arbeitet daran / 28. 8. »Liegt mir eben auf dem Schreibtisch« / 5.10. fertig. / (5. 3. 17 schon fertig gedruckt. 7. 4.17 sendet er 1 fertiges Ex. an Stechow. / (Übrigens sei darauf hingewiesen, daß S. 43 des Romans, zwischen den Zeilen 11 und 10 v. u., ein kurzer Absatz versehentlich vom Setzer ausgelassen worden sein muß, irgendein helles kurzes Gelächter der schönen Yolande – bei einem Nachdruck müßte, in schicklichen Klammern, eine bescheidene Konjektur gewagt werden.)

‹Herrmann› : 25.–27. 5. ausführlicher Entwurf an Beneke / am 28. 6. »in meinen Altsächsischen Heldensaal bin ich seit mehreren Wochen eingeschritten.« / 29. 6. Arbeit daran hat begonnen / 9. 8. Vorspiel fertig, und erster Akt begonnen / 28. 8. Arbeit daran / 11. 9. »ich ringe schon mit der zweiten Abentheure«. / 28.11. Arbeit am dritten Akt. – / 18. 2. 17 »nähert sich der Vollendung‹ / 26. 2. beendet. / (17. 7. 17 sendet er das MS an Schrag / 11. 8. Schrag hat angenommen.) / Sendet Anf. Okt. 18 ein fertiges Exempl. an Voß jun.

1817 : ‹Regner Lodbrog› : 22.1. arbeitet daran / 1. 2. noch nicht fertig / 22. 2. beendet.

‹Welleda und Ganna› : 20. 3. hofft, es in diesen Tagen zu beginnen / 30. 4. erster Entwurf / 1. 6. Arbeit daran / 17. 7. verspricht Schrag das MS zur Ostermesse / 3.10. im Anfang des dritten Buches / 8.11. »schreitet rüstig vor« / 8.12. das dritte Buch ist fertig / 14.12. sendet das MS der ersten drei Bücher an Schrag. / (Dann tritt Anfang 18 die Serie der Schlaganfälle dazwischen; dennoch kann F. das Werk am 29. 3. 18 als beendet ankündigen). / Am 8. 9.18 bittet er Dümmler, einige Exemplare davon an Büsching zu senden.

1818 : ‹Hieronymus Stauff› : arbeitet im Sommer daran.

‹Schön Irsa› : 12. 7. beginnt damit / 19. 7. arbeitet daran / 3. 9. fertig, und Absendung des MS.

‹Jäger und Jägerlieder› : 31.10. Perthes nimmt es an.

‹Die vier Brüder von der Weserburg› : 29.–30. 8. beginnt damit / 14.10. ist »im Anfang der Arbeit« / 24. 9. hofft er das MS Anfang künftigen Jahres senden zu können. – (Weiteres siehe nächstes Jahr).

1819 : noch ‹4 Brüder› : Frühjahr und Sommer Arbeit daran / 18. 7. hat das MS vor einigen Tagen abgesendet. / 8.11. Druck ist beim vierten Buch angelangt. − / (7. 5. 20 schreibt F. die Widmung in das Freiexemplar für Beneke).
‹Kotzebue› : Anfang April.
‹Gesammelte Gedichte› : im Frühjahr Materialzusammenstellung.
‹Vendéekrieg› : 12. 8. arbeitet daran.
‹Bertrand du Guesclin› : Hauptarbeit der zweiten Jahreshälfte / 28. 6. schreibt daran / 29. 8. ist ein Teil fertig. − (Weitere Daten im nächsten Jahr).

1820 : noch ‹Bertrand› : Hauptarbeit der ganzen ersten Jahreshälfte / 13. 4. »in einigen Wochen hoffe ich ihn zu vollenden.« / 31. 7. beendet. − (23. 5. 21 schickt er ein Widmungsexemplar an die Prinzessin Marianne).
‹Der Leibeigene› : 9. 6. »erscheint bald«. / 22. 6. erwartet er ihn »am nächsten Posttage«.
‹Der Verfolgte› : (ursprünglich als fünfter Band des ‹Altsächsischen Bildersaals› projektiert) / 20. 7. Plan dazu / 11. 8. bittet F. um mehr Material bei Beneke / 3. 9. arbeitet daran, und hofft, zwei Drittel des MS im Dezember senden zu können. − (Vgl. nächstes Jahr).

1821 : noch ‹Der Verfolgte› : Arbeit daran im Frühjahr / 22. 5. 21 fertig. / Am 21. 9. liest Prinzessin Marianne in Homburg bereits 1 fertiges Exemplar.
‹Don Carlos› : 12. 2. »zieht ihm in der Seele« / 26. 2. Plan und Anfrage an Cotta / 20. 3. arbeitet daran / 18. 7. »fast beendet«.
‹Ritter Elidouc› : Hauptarbeit der zweiten Jahreshälfte / beendet in den ersten Monaten 22. / Dazwischen auf kgl. Bestellung eingeschoben die Übersetzung der ‹Lalla Rukh› : Spätherbst.

1822 : ‹Wilde Liebe› : arbeitet daran Frühjahr bis Spätsommer.
‹Der Réfugié› : Herbst- und Wintermonate. / 26. 4. 23 bereits im Handel.
‹Sachsenreise› : arbeitet, zusammen mit seiner Frau, in Spätherbst und Winter daran.

1823 : ‹Biographie des Generals Fouqué› : Hauptarbeit der ersten Jahreshälfte / 14. 6. beendet.

1824 : ‹Der Bischof und der Ritter› : Frühjahr / 16. 3. Absendung des MS.
‹Gesammelte Gedichte› : 15. 4. stellt Material dafür zusammen.
‹Gunlaugur› : beginnt im Sommer / 15. 8. Arbeit daran / Spätherbst Arbeit daran.

1825 : ‹Erdmann und Fiametta› : erste Monate des Jahres. / 13. 10. hofft »dieser Tage« fertige Ex. davon zu erhalten. / 20. 11. sendet 1 fertiges Exempl. an Fr. Kind.
‹Gesammelte Gedichte› : Materialzusammenstellung / 19. 2. sendet das MS zum 4. Bd.
‹Pique Dame› : übersetzt im Sommer daran / 12. 10. beendet.
‹Sophie Ariele› : 29. 4. schickt ein Exemplar an Fr. Kind.
‹Biographie des Generals Rüchel› : begonnen im Herbst / 14. 10. ‹erster Zeitraum› davon beendet / vollendet in den Wintermonaten.

1826 : ‹Der Sängerkrieg auf der Wartburg› : Frühjahr.
‹Mandragora› : Sommer / 25. 9. beendet. / 4. 12. sendet ein Exemplar an Matthisson.

1827 : ‹Kallias und Psycharion› : Anfang des Jahres.
‹Der Jarl der Orkney Inseln› : Herbst ?

1828 : ‹Berlinische Blätter für deutsche Frauen› : Vorbereitungen zu dieser groß angelegten Zeitschrift / Ende des Jahres Ankündigung bei Maurer.
‹Eines deutschen Dichters Halbjahrhundert› : die erste kleine Selbstbiographie*/ 30. 10.

---

* Auf S. 3 dieser Schrift sagt Fouqué bezüglich der Entstehung :
»Eine von außen gekommene Veranlassung erregte (?) dem Schreiber dieser Zeilen solche Gedanken, als er soeben seine goldene Hochzeitsfeier mit dem Erdenleben gehalten hatte und zugleich auch ungefähr die silberne mit dem sogenannten Autorleben. / Aus jenem, ihn zuerst anregenden Unternehmen ward nachher nichts...«

Das ‹Unternehmen›, auf das F. hier hindeutet, ist Folgendes:

Jedermann kennt (bzw. kannte) ‹Meyer's Conversationslexicon›, und zumal dessen erste Auflage in 52 Bänden ist ein nie genug zu rühmendes Nachschlagewerk – wenn man Jemanden sonst nirgendwo findet: dort findet man ihn! (Das nächst beste jener alten großen Nachschlagewerke, ist die 2. Auflage des ‹Pierer› von 1840 mit ihren 34 Bänden; während die ersten Auflagen des ‹Brockhaus› enttäuschend ärmlich sind, mit ihren ganz wenigen umfangreichen Artikeln mehr ein behäbiges Buch zum Nachlesen über Tagesereignisse, überdies stockkonservativ, ja, reaktionär.)

Der Verleger jenes Lexicons war Joseph Meyer (1796–1856), einer der rührigsten Literaturmanager seiner Zeit. Es giebt kein größeres Schmunzelvergnügen, als seine Biographie in (irgendeinem beliebigen) Meyer-Lexicon nachzulesen, wo er als halber Heiliger erscheint, der nach einem ebenso tatenreichen wie entsagungsvollen Leben, in die Ewigkeit doppelspaltiger Nachschlagewerke einging – und damit das Biogramm desselben Mannes in einem Konkurrenzunternehmen, etwa dem schon genannten ‹Pierer›, zu vergleichen, wo er mit dürren Worten als Bankerotteur, Nachdrucker und fahriger Tausendsassa porträtiert ist. Sein ‹Programm› bestand darin, daß er platterdings *Alles* druckte; und zwar startete er unzählige ‹Reihen› – 4 allein von Klassikern, antiken und deutschen, und neueren Deutschen; einen ‹Christlichen Familientempel› ebenso wie ‹Brehms Tierleben›; eine ‹Bibliothek der Kanzelberedsamkeit› mit der rechten, eine für ‹Naturkunde› und ‹Geschichte› mit der linken Hand; geografische Werke, Bildbände – zwischendurch gründete er rasch ein paar Eisenbahnen, Steinkohlengruben, Hüttenwerke – kurzum: war so unangenehm ‹tatkräftig›, wie Perthes und Cotta zusammengenommen. (Obwohl ihm unvergessen sei, daß er ein leidlich guter linker Mann war, und anläßlich 1848 wegen Preßvergehen im Gefängnis.) Unter diesen befand sich auch eine ‹Groschenbibliothek der Deutschen Classiker für alle Stände›, 300 entzückende alte Schmökerchen, Format 6 × 10,5 Zentimeter, (und wen der Druck dieses vorliegenden Bandes zu klein deucht – mir sind Klagen darüber zugekommen; andererseits auch Dankschreiben von Optikern – der möge sich jene Schriften einmal ansehen, ich glaube, man nennt sie Nonpareille bis Diamant!); der Umfang jedes Bändchens beträgt zwischen 80 und 128 Seiten; und wenn man die Reihe einmal erwischt hat, freut man sich alsbald, denn man besitzt dann eine Sammlung von älteren Werken, – und seien es auch manchmal nur sorgfältig gearbeitete Digests – die man sonst nicht so leicht beisammen findet. Ein ähnliches Unternehmen war die ‹Encyclopädie deutscher Klassiker›, und Meyer hatte mit der bekannten verlegerischen (bzw. allgemeiner: herausgeberischen) Unverfrorenheit alle lebenden Autoren, die er um Beiträge anging, zur selben Zeit auch schon offiziell als Mitarbeiter angekündigt – und an dieser Stelle setzt nun Fouqué's Brief ein; (genauer: ein *Briefentwurf*, halb Rüge, halb Vertrag; und oben links am breiten Rand steht: »Brief an Hrn. Dr. Meyer, Vorsteher des bibliogrph. Institutes zu Gotha. Abgegangen am 2ten Sept. 28. Mitgetheilt und anvertraut zu jeder Verfügung meinem Freunde Friedrich Perthes.« Es ist nämlich mit seinem halben Hundert Durchstreichungen und Korrekturen, auch mehreren Marginalien, unverkennbar das Brouillon der am nächsten Tage abgegangenen Reinschrift.):

»Nennhausen bei Rathenow, in der Kurmark Brandenburg, am 1sten September 1828.

Wohlgeborener Herr,

Sehr geehrter Herr Doktor,

Wenn gleich mein am 30sten Julius d. J. an Ew. Wohlgeboren abgesendetes Antwortschreiben auf Dero gütige Zuschrift vom 15. desselben Monates mir die näheren Bestimmungen, welche ich mir hinsichts des mir gewordenen Antrages erbat, nicht brieflich verschafft hat, sehe ich doch aus einer schon im Julius durch Sie ergangenen, mir zufällig vorgekommenen, Ankündigung, daß Sie sich für einig mit mir erklären. Mag dabei eine

Datumsverwechslung stattfinden, oder haben Sie im billigen Vertrauen vorausgesetzt, ich werde zu allem Gutgemeinten nach Kräften gern die Hand bieten –: gleichviel. Konnte und kann doch auch ich ohne Weiteres voraussetzen, daß Sie nur insofern eine Sammlung meiner vorzüglicheren Gedichte und Novellen durch mich wünschen, als dabei die Rechte andrer Ehrenmänner – hier meiner früheren Verleger – ungekränkt bleiben. Die in meinem oberwähnten Schreiben bezeichnete Anfrage an würdige Männer des Buchhandels, und seiner Rechte kundig, brachte mir im Wesentlichen die Antwort, es fuße sich dabei nur gar oft auf Hergebrachtes, in Ermanglung hinlänglich bestimmter Gesetze; folglich müsse wegen eines Wiederabdrucks mit jedem rechtmäßigen Verleger insbesondre unterhandelt werden. Zugleich ward mir bemerklich gemacht, da von *klassischen* Novellen und Gedichten in der Ankündigung die Rede sei, werde das Publicum in der Sammlung Manches, z. B. Undine, erwarten, das doch schon längsther andern Verlegern unbestreitbar angehöre. So auch mehrere für klassisch gerühmte Gedichte in der bei Cotta gedruckten Sammlung, und zwar theils schon dort zum zweitenmal aus Taschenbüchern usw. erschienen. – Das ist die eine Seite der Sache, keineswegs aber die von mir aufgefaßte, als welche ich mir viel mehr auf der folgenden zu entwickeln verstatte. –

Ein Dichter, welcher die güldene Hochzeit mit dem Erdenleben, und fast die silberne mit seinem Schriftstellerleben vor Kurzem gefeiert hat, oder doch feiern konnte, mag sich geehrt fühlen, wenn ihm eben da Veranlassung geboten wird, das von ihm selbst für das Beste aus seinen Gärten anerkannte, zusammenzulesen, und dem Publicum diese Äpfel – ob just goldene, entscheide Selbiges selbst – in reiner SilberSchale darzubringen. Und auch darüber erfreut mag er sich fühlen, daß man diese Ehre noch bei seinem Leibes-Leben seinen Werken zudenkt, und also zur fleißigen Treue gern verpflichtet sein, bei dem anmuthvollen Geschäft.

Früchte, die bereits in Jedermanns Händen sind, kann er nicht wiederholt ausbieten, ohne sich von dem Publicum den Vorwurf eines unaufgeforderten Da-Capo Spielers zuzuziehn. Ihm kommt also zu, dasjenige mit Sorgfalt aufzusuchen und darzubringen, was etwa minder bekannt geworden sei, ihm selbst aber nach bester Überzeugung und ernster Berathung mit der Muse von gleichem Werth mit dem allgemeiner Anerkannteren erscheint.

Zugleich soll er das Beste von dem, was ihm seither, noch gänzlich unbewußt der Lesewelt, von der Muse beschert wird, in seine Gabe einflechten.

Dazu gehört eine ernstheitere Einleitung des Ganzen, worin er über seine Stellung als Dichter und Mensch überhaupt – insofern der Lesewelt und ihm selbst eine solche Erklärung geziemet – vornehmlich in Bezug auf das gegenwärtige Unternehmen sich ausspricht.

Zu alle dem bin ich gern bereit, und der Vorrath früher gedruckter, aber mir nach Journal- und AlmanachRecht noch gänzlich disponibler Novellen und Gedichte, wie auch noch ungedruckter, läßt mir eine Wahl frei, die ich mit all der Sorgfalt anstellen werde, wozu mich Ew. Wohlgeboren gütige Aufforderung und meine Dichter-Ehre verpflichtet. Da nun ohnehin die Richtung meines Wirkens im zweiten Halbjahrhundert des Lebens sich, wenn auch nicht ausschließlich, doch weit vorherrschend, auf militairisch-historische Arbeiten lenken wird, muß es mir umso willkommener sein, diesen Zeitabschnitt auf die von Ihnen ehrend gewünschte Weise zu bezeichnen. Auch darüber würde mein Vorbericht das Nöthige aussprechen.

Auf diese Weise kann ich gern am Eingange Ihrer Encyclopädie erscheinen, da zugleich von selbst dargethan wird, wie ich keinen Theil an anderweitigen Bestrebungen habe, welche meinen ebenso pflichtgemäß von mir verehrten als mit persönlicher Innigkeit geliebten König veranlaßten, Allerhöchst Seine Mißbilligung auszusprechen – ich erfuhr das erst in seinem eigentlichen Umfange, als Ihre Ankündigung der Encyclopädie vor meine Augen kam. In dem jetzt vorliegenden Beginnen aber erkenne ich etwas sehr Heilsames für die

beendet. / 10. 7. 29 bis 6. 11. 30 erfolglose Versuche, durch Vermittlung Fr. Kinds einen Verleger dafür zu finden. (Gedruckt erst 1930).

‹Das Brandenburgisch-Preuß. Heer› : 22. 10. Vorwort dazu niedergeschrieben / (vgl. nächstes Jahr).

1829 : noch ‹Brandenbg.-Preuß. Heer› : Hauptarbeit der ersten Jahreshälfte / 980 MS-Seiten. Noch ungedruckt.

‹Abfall und Buße› : Frühsommer begonnen / 24. 8. Arbeit daran / 18. 11. »fast beendet«. / 3. 12. 1843 sendet Albertine 1 fertiges Exempl. an Prinzessin Marianne, mit d. Anmerkung, daß es bereits seit mehreren Wochen im Handel sei.

1830 : ‹Athalia› : (Übersetzung nach Racine) / Anfg. Januar liest F. daraus bei Hofe vor.

1831 : ‹Von der Liebeslehre› : Frühsommer.

‹Parcival› : 17. 8. Beginn der Niederschrift / 2. 10. erstes Buch beendet / 21. 11. zweites Buch beendet / 17. 12. Arbeit am vierten Buch. – (vgl. nächstes Jahr).

1832 : noch ‹Parcival› : 12. 2. Arbeit am fünften Buch / 22. 3. Arbeit am sechsten Buch / 17. 4. noch am sechsten Buch / Ende April vollendet. – Noch ungedruckt.

‹Die Sage der Vorwelt in den Pyrenäen› : im Mai begonnen / 9. 7. »fast fertig«. – (MS bisher nicht aufgetaucht).

‹Andreas Hofer› : Mai.

1833 : ?

1834 : ‹Ludwig der Springer› : Frühjahr begonnen / 29. 11. beendet. – Noch ungedruckt.

1835 : ?

1836 : ‹Der Pappenheimer Kürassier› : ?

---

deutsche Literatur, wenn es in der Absicht fortgesetzt wird, die Ew. Wohlgeboren Brief gegen mich angiebt, das Publicum den übrigen Werken der von Ihnen enzyklopädisch aufgeführten Schriftsteller um so lebhafter zuzuführen.

Einer näheren Eröffnung bald entgegensehend, und vorläufig gutbereitet auf das, was nach Ehre und Recht mein Eigen ist – ein Schelm giebt mehr, als er hat ! sagt das alte Sprüchwort, auch mich entschuldigend – wiederhole ich Ihnen nur die Erklärung, daß ich die Honorarbestimmung ganz Ihrer Billigkeit überlasse, und verharre mit schuldiger Hochachtung       Ew Wohlgeboren

ganz ergebener Diener
Baron de la Motte Fouqué
Major und Ritter.«

Die Formulierungen tauchen zum Teil wörtlich in jener ersten kleinen Selbstbiografie wieder auf; das ‹Halbjahrhundert› des Briefes hat sogar den Titel hergegeben. Die erwähnten ‹würdigen Männer des Buchhandels› waren Perthes und Hitzig; die Korrespondenz darüber mit Hitzig ist noch nicht aufgefunden; mit Perthes berät er sich deswegen in 2 Briefen, vom 29. 7. 1828 – aus dem erfahren wir, daß es zunächst um ‹3 Bändchen Gedichte› ging; und daß zugleich »ein Regenbogen eben jetzt zu meinen Fenstern herein« sah; und einer vom 14. 8. des gleichen Jahres. Interessant auch, daß Herr Friedrich Wilhelm sich sogleich bemüßigt fühlte, Allerhöchst-Sein Mißfallen an der Verbindung seines getreuen Knappen mit den ‹Roten Kreisen› auszudrücken – die üblichen Einmischungsversuche der Regierungen.

Abgesehen von der knolligen Einstellung Fouqué's, daß ‹Ausgewählte Werke› eines Dichters nun gerade die unbekannten erfassen sollten, ist der Brieftext für den Kenner, der selbst Verlagsverträge en masse unterschrieben hat, bzw. dem Verleger die einzelnen Zusicherungen brieflich-kunstvoll aus der Nase ziehen mußte, recht ergötzlich zu lesen – damals waren freilich die Urheberschutzgesetze noch überaus dürftig; heute würden sich wahrscheinlich Beide, Fouqué wie Meyer, wundern, was sie sich da so Alles schriftlich gegeben hatten !

1837 : ‹Gelimer› : Frühjahr und Sommer / 17. 7. beendet. – Noch ungedruckt.
‹Umrisse zum Zauberring› : 22.12. begonnen (vgl. nächstes Jahr).
1838 : noch ‹Umrisse› : 11.1. will sie »in diesen Tagen vollenden« / 15.1. Absendung des MS. – 8. 3. sendet er die Korrekturbogen zurück.
‹Griechisches Feuer› : Frühjahr und Sommer / 3. 7. beendet.
1839 : ?
1840 : ‹Lebensgeschichte› : Frühjahr und Sommer / beendet etwa August.
‹Adelszeitung› : ab Sommer laufend die Redaktion.
1841 : ?, und Adelszeitung.
1842 : ?, und Adelszeitung.

*Bibliografische Anmerkungen :*

Das verdienstvolle Literaturverzeichnis bei Goedeke weist, außer einzelnen Fehlern, auch noch manche Lücken auf.

So ist z. B. Goedekes Nr. 58, ‹Reidmar und Diona›, die er als gesonderten Roman Fouqués aufführt, nichts weiter als der Wiener Nachdruck des ‹Todesbundes›; der nach dem in ähnlichen Fällen befolgten Notierungssystem nur als Anmerkung bei Nr. 18 hätte erscheinen dürfen. An weiteren Nachdrucken kennt G. die um 1818 bei E. Bruzelius in Upsala erschienenen schwedischen Nachdrucke nicht, die mindestens 4 Bände umfaßt haben. Die Nr. 117, ‹Wilde Liebe›, läßt G. 1822 erschienen sein; und Nr. 118, ‹Ritter Elidouc›, 1823 – was genau umgekehrt richtig ist.

In einem der neuesten Bände (14. Bd.; 1955; 42. Lief. d. Gesamtwerkes) wird auf S. 199 unter Nr. 60 angegeben, daß im zweiten Band der ‹Kindermärchen› die ‹Kuckkasten› von Fouqué herstammten; der Irrtum scheint auf den alten H. v. Müller zurückzugehen, der im 11. Bd. von Hoffmanns Briefwechsel (S. 290, Fußnote 2 u. 3) diese Behauptung aufstellt (wenn er nicht gar auf einen noch älteren Vordermann zurückgeht) – Der Tatbestand ist folgender : die ‹Kuckkästen› sind von Contessa; während von Fouqué ‹Das Schwert und die Schlangen› stammt. Abgesehen davon, daß schon der bloße Titel den Verfasser hätte verraten müssen – von Tonfall und Inhalt noch ganz zu schweigen – ist es auch, mit der Angabe von F. als Verfasser, 1821 ins schwedische übersetzt worden (siehe unten).

Mit absoluter Gewißheit ist nunmehr das im Anonymenlexikon aufgeführte Buch, ‹Der Bischof und der Ritter. Eine ächte Sage aus Altdeutschland, von A. L. T. Frank. Berlin, 1824, bei Cawitzel›, Fouqué zuzuschreiben; da er sich zweimal in Briefen an Freunde als dessen Verfasser bekennt. (Siehe auch Textteil).

Auf weitere 30, bisher bibliographisch nicht registrierte, Stücke werde ich – samt Inhaltsangaben und Bewertungen – an anderer Stelle eingehen. Es handelt sich dabei durchweg um dichterisch völlig belanglose Produkte, außer 5 Novellen sind es Gelegenheitsarbeiten von meist nur geringem Umfang : Vorreden, Rezensionen, Privatdrucke von ‹Psalmen›, einzelne Gedichte, u. dgl.

Weitere zahlreiche Miscellen dieser Art werden mit Gewißheit in – heute nur mit Glück noch erreichbaren – Zeitschriften jener Jahre, deren Mitarbeiter F. war, zu finden sein; ich nenne nur einige : der ‹Bremer Kirchenbote›; der ‹Niederelbische Merkur›; K. Lappe's ‹Musenalmanach›; die ‹Zeitung f. d. Elegante Welt›; Tholuck's ‹Anzeiger›; Müllners ‹Mitternachtsblatt›; Gubitzens ‹Gesellschafter›; auch in den damals vielgeltenden ‹Heidelberger Jahrbüchern› mögen noch Beiträge stehen (er zeichnete dort mit der Chiffre ‹MDSS›). –

– – –

Das Verzeichnis Fouqué'scher Autographen bei Frels ‹Deutsche Dichterhandschriften› enthält im Einzelnen natürlich ebenfalls Fehler und Lücken, wie bei solchen Arbeiten schlechtweg unvermeidlich.

So nennt er z. B. das schöne Manuskript des ‹Herrmann› in der Münchener Staatsbibliothek ‹Friedrich, ein Heldenspiel›; oder kennt von den rund 160 Briefen Fouqués an die Prinzessin Marianne (Darmstadt, Staatsarchiv : hier ergab sich nach 2 Jahrzehnten spannender Spürarbeit endlich der Name der ‹Undine› !) nur ein Dutzend; usw. Auch hier werde ich später, und ausführlich, Berichtigungen und Supplemente geben. –

Ausdrücklich aber sei darauf hingewiesen, welche Verdienste man sich in literaturgeschichtlicher Hinsicht um die großen ungedruckten Dichtungen und Briefsammlungen Fouqués, und relativ leicht, erwerben könnte. Wo ist der Industrielle, der die wenigen hundert Mark auswirft, um den einzigen ‹Parcival› auf Mikrofilm aufnehmen zu lassen, und das wertvolle Stück so zu retten ? ! Wo sind die Höheren Schüler oder die Emeritierten, die in ihren Mußestunden solche Stücke kopieren, sei es mit der Schreibmaschine, sei es auch nur mit der Hand ? : Hier wäre auch für den Ungeübten die wohlfeile Möglichkeit, sich einen Platz in den Annalen der Literaturgeschichte zu sichern. – In der Hoffnung auf Unternehmen dieser Art ist es, daß ich nachstehend ein Verzeichnis der umfangreichsten Autographenkomplexe gebe, mit Angabe des Ortes, wo sie sich um 1950 befanden:

1. Poetischer Blumengarten. 1822–28. 274 Ss. (Brandenburg).
2. Das Brandenburgisch-Preußische Heer. 1828. 980 Ss. (Berlin).
3. Parcival. 1831. 512 Ss. (Tübingen).
4. Andreas Hofers Gefangennehmung u. Tod. 1832. 78 Ss. (Tübingen).
5. Graf Ludwig von Thüringen. 1834. 417 Ss. (Tübingen).
6. Gelimer. 1837. 166 Ss. (Tübingen).
7. Griechisches Feuer. 1838. 121 Ss. (Marbach).
8. Galloway und Markloff. Novelle, 58 Ss. (Marbach).
9. Briefe an Beneke und Perthes. (Hamburg).
10. Briefe an Prinzessin Marianne v. Hessen-Homburg. (Darmstadt).
11. Briefe an Cotta. (Überlingen).
12. Briefe an Hitzig und Schrag. (München).
13. Briefe an Dümmler und Böhringer. (Berlin).

– – –

Ein wichtiges und vieler interessantester Folgerungen fähiges Kapitel wäre die Untersuchung der Wirkungen, die F. auf ausländische Dichter und Leser, zumal des nordischen und angelsächsischen Kulturkreises, ausgeübt hat.

(Wohl wurde die ‹Undine› – die schließlich in alle Sprachen übertragen worden ist – auch mehrfach ins Französische übersetzt (biographisch bedeutsam die Arbeiten von Charles Fournel, 1844; und von Albertine d. l. M.-F., geb. Tode, Leipzig 1857, 105 Ss., mit 8 Bildern, davon 4 farbig; aber die eigentlichen großen Romane sind dem gallischen Publikum nie zugänglich geworden.)

Als Beleg für die Ausstrahlung nach Westen wurde im Text bereits Edgar Poe zitiert; er hat außer der selbstverständlichen ‹Undine› mindestens noch ‹Thiodolf den Isländer› gekannt und kurz besprochen: »It is admirable of its kind – but its kind can never be appreciated by Americans.« Scott als bewußter Undinen-Imitator wurde ebenfalls erwähnt; unter den Übersetzern erscheint Thomas Carlyle.

Fast noch größer, und vor allem früher noch, zeigte sich begreiflicherweise die Teilnahme in den skandinavischen Ländern, über die einiges bei R. G. Berg nachzulesen ist (‹Novalis och Fouqué i Sverige›, Upsala 1908; S. 163–185). Beleg für Fouqués große Beliebtheit im Nordland, waren außer den mehrfach im Text erwähnten Besuchern (z. B. Öhlenschläger, Atterbom; B. S. Ingemann, der Geiger Ole Bull, u. a.) auch die zahlreichen Übertragungen ins Schwedische und Dänische. –

Zur Verifizierung der damals im germanischen Sprachraum kursierenden Übersetzungen, und zur Erleichterung einer Weiterarbeit in dieser Hinsicht, teile ich im folgenden Verzeichnisse mit, wie sie sich mir während der Arbeit ergaben (ohne einen Anspruch auf erschöpfende Vollständigkeit zu machen):

A) Übersetzungen ins Englische:
1. Undine. 1818; 1830; u. ö.
2. Sintram and his companions. By J. C. Hare. London 1820 (auch 1870, 1901, 1908; u. ö.).
3. Minstrel Love. By C. Soans. London 1821. / New Translation, London 1845, 333 Ss. mit 9 Zeichnungen v. Dalziel.
4. The magic Ring. Edinburgh, 1825. / New Translation by A. Platt, 1846.
5. The mysterious Invalid. – The Lantern in the Castle-yard. – The Vow. (1826).
6. Aslauga's Knight. Translated by Th. Carlyle. 1827.
7. The Seasons. 1834; 1867; u. ö.
8. Wild Love. – Rosaura. – The Oak of the Idols. – The Field of Terror. (1844).
9. Thiodolf the Icelander. – Aslauga's Knight. 1845 (Wiley & Putnams ‹Library of choice reading›, Foreign Series. No. 60).
10. Red Mantle. (= Köhlerfamilie). 1845.
11. Sir Elidouc. An old Breton Legend. London, 1849.

B) Übersetzungen ins Schwedische:
1. Den Vansinnige. (= Ixion). Uppsala, 1814.
2. Romanteska Berättelser. Stockholm, 1816. – Enthält: Olofs Saga / Kolarfamiljen / Saint Meran og Manon (= Die Heilung) / Fürstens Svärd / Hämnderskan (= Die Rächerin) / Skräckfeltet (= Das Schauerfeld).
3. Dödsforbündet. (= Der Todesbund). Stockholm, 1816.
4. Galgungen. (= Das Galgenmännlein). Stockholm, 1816.
5. Undine. Stockholm, 1817, 1819, 1829. / Außerdem Übersetzungen von S. O. Wahlström, Örebro, 1840; und von B. J. Törneblad, Stockholm, 1852.
6. Svärdet og Ormarna. (= Das Schwert und die Schlangen). Falun, 1821.
7. Historien om Rübezahl, Stockholm, 1824.
8. Historien om de tre poträterne. (= Geschichte v. d. 3 Bildern). Stockholm, 1824.
9. Alethes af Lindenstein. Übers. v. A. Pettersson, Jönköping, 1832.
10. En natt i skoge. (= Eine Nacht im Walde). Übers. v. Sigurd Tern, Kalmar, 1867.

C) Übersetzungen ins Dänische:
1. Undine. Übers. v. A. C. Rasmussen, Kopenhagen, 1818; 1858; u. ö.
2. Ridder Thüring og hans Sönner. (= Die Pilgerfahrt.) Übers. v. M. F. Liebenberg, Kopenhagen, 1828.
3. Dödspagten. (= Todesbund). Übers. v. P. S. Möller, Kopenhagen, 1832.

*Anregung:*

Ich habe bei Besprechung der Fouqué'schen Dichtungen gern mit der Hypothese ‹Ausgewählter Werke› gearbeitet; und gebe nun im Folgenden ein Verzeichnis dessen, was sich mir nach intensiver Beschäftigung mit dem Gegenstande als der Aufbewahrung würdig darstellt.

Ich habe mich bei solcher Zusammenstellung lediglich von dem dichterischen Wert der uns erhaltenen Stücke leiten lassen; um meinen Standpunkt unmißverständlich zu präzisieren, möchte ich betonen, daß ich z. B. von ETA Hoffmanns Dichtungen den Preis diesen zuerkenne: der ‹Prinzessin Brambilla›, dem ‹Goldenen Topf›, dem ‹Klein Zaches›, ‹Meister Floh›, usw.; und die, in gewissen Kreisen höher geschätzten, ‹Meister Martin› oder ‹Doge und Dogaressa› als bocksteife Notstandsarbeiten ansehe, handgreiflich um des lieben Geldes willen zurecht gezimmert.

Ich unterscheide im Nachstehenden die ‹Kleine Auswahl›, die etwa 3.000 Seiten umfassen, und das wirklich nur Allernotwendigste bringen würde; und die ‹Große Auswahl›, die zusätzlich das ebenfalls noch Gute und Interessante auf ihren 5.000 Seiten vereinigte; (diese, zur ‹Kleinen Auswahl› also evtl. noch hinzutretenden, Dichtungen sind am Ende der einzelnen Abteilungen in Doppelklammern ((...)) gesetzt). – Für die Berechnung der hinter jedem Werke in einfachen Klammern beigefügten Seitenzahl wurde die einbändige Ziesemer'sche Auswahl (etwa 1910, in ‹Bong's Klassikern›) zugrunde gelegt.

– – –

*Abt. I, Erzählungen* : Undine (67) / Adler und Löwe (18) / Sintram (96) / Die beiden Hauptleute (46) / Der Todesbund (103) / Joseph und seine Geige (70) / Schön Irsa (78) / Die 14 glücklichen Tage (20). –
((Die eifernden Göttinnen (7) / Die Köhlerfamilie (10) / Das Galgenmännlein (25) / Geschichten vom Rübezahl (5).))

*Abt. II, Romane* : Alethes von Lindenstein (198) / Der Zauberring (350) / Die vier Brüder von der Weserburg (387) / Alwin (230) / Sängerliebe (257) / Welleda und Ganna (377). –
((Ritter Elidouc (273) / Gunlaugur Drachenzunge (314) / Thiodolf der Isländer (276) / Abfall und Buße (300) / Wilde Liebe (203).))

*Abt. III, Epen* : Parcival (220). –
((Corona (170).))

*Abt. IV, Schauspiele* : Der Held des Nordens (255) / Baldur der Gute (106) / Helgi (100) / Gelimer (70) / Hermann (180) / Eginhard und Emma (30) / Die Familie Hallersee (50) / Die Pilgerfahrt (79). –
((Alf und Yngwi (25) / Griechisches Feuer (54).))

*Abt. V, Dramatische Szenen* : Die Zauberer und der Ritter (21) / Burg Geroldseck (8) / Die Nordlandshelden im Sandmeer (3). –

*Abt. VI, Gedichte* : zusammen höchstens 10 Seiten; darunter : Der Eichbaum in der Mark Brandenburg / Trost / An Chamisso / Geisterkunde / Sinnspruch / usw.


SAMUEL CHRISTIAN PAPE :

*Stammreihe :*

A. um 1650 Töpfer in Duingen

B. Barthold, * um 1650; † ?; Gastwirt in Ärzen bei Hameln.

C. Jost Henrich, * 1686; † Sommer 1760; hannoverscher Kavallerist (Höchstädt, 13. 8. 1704); später Soldat und Mauermann in Bremen. Heiratet a) mit ?; b) mit Margarete Barrenbrook.

D. Johann, * Bremen 8. 4. 1719; † Bremen 8. 12. 1802; erst Soldat (Sergeant); dann Auktionator und Notar in Bremen. Heiratet a) 22. 2. 1744 mit Metta Vagets; * 10. 2. 1725; † 20. 7. 1762 : aus dieser Ehe entstammen 3 Kinder; siehe unten. – b) Bremen 23. 8. 1763 mit Rebekka Nonne, geb. Strahlen; * ?; † 1772. – c) etwa 1773 mit Anna Catharina Wolf, geb. Buschmann; * ?; † 1805.

1. Henrich, * Bremen 9. 3. 1745; † Visselhövede 18. 4. 1805; Pfarrer zu Wulsbüttel (71–83) und Visselhövede (83–05). – Heiratet

a) Bremen 17. 9. 1771 mit Luise Marg. Henr. Lappenberg (Tochter d. Pfarr. zu Lesum, Sam. Chr. L., 17. 8. 1720–15. 8. 87 und der Juliane Judith Lammers, 1723–86); geb. Bremen 11. 1. 1751; † ?; (die Ehe wurde zwischen 81 und 94 gesch.; daraus 5 Kinder).

b) Visselhövede 19. 3. 1794 mit Marie Sophie Bartels (Tochter d. Reg.-Chirurgen B. im IR v. Scheither; später in Rethem a. d. Aller); * 29. 1. 1764; † Visselhövede 22. 3. 33. – Aus dieser Ehe 3 Kinder. –

1/a/1. Johann, * Wulsbüttel 6. 8. 1772 (get. 10. 8.); † Rethem 15. 4. 33; Advokat und

Notar in Bremen und Rethem. Heiratet Holtorf 18. 6. 09 mit Marg. Dor. Harries; * Holtorf 7. 11. 1783; † Rethem 28. 9. 51. – Sohn :

1/a/1/1. Johann Aloys, * Rethem 18. 4. 1808; † 23. 10. 80; Tischlermeister. Heiratet Rethem 21. 6. 35 mit Marie Sophie Wilkening; * 12. 8. 1816; † 5. 10. 87. (4 Kinder)

1/a/2. SAMUEL CHRISTIAN PAPE, * Wulsbüttel 22. 11. 1774 (get. 23. 11.); † Nordleda 5. 4. 1817, morgens 6 Uhr (beerdigt 11. 4.); Pfarrer zu Nordleda und Dichter. Heiratet

a) Nordleda 21. 6. 1801 mit Amalie Johanne Gustave Lerche (Tochter d. Pfarr. Rudolf Aug. L. zu Nordleda, 1753–1. 10. 1826; und der Christine, geb. Pflaumenbaum; * ?; † 12. 7. 07); * Nordleda 17. 9. 1783; † Nordleda 18. 7. 08 (beerdigt 22. 7.). – Aus dieser Ehe 4 Kinder.

b) Bremen 9. 10. 1809 mit Johanna Marie Elisabeth Schneider (Tochter d. Pfarr. Joh. Matth. Schn. zu Nordleda, 1735–20. 4. 01; und der Henriette Katharine, geb. Bromberg, 12. 3. 1751 – etwa 1840 ?); * Nordleda 19. 9. 1787; † 13. 7. 39 (heiratet in 2. Ehe den Küster und Organisten, später Schultheiß, Heinr. Georg Ludw. Beckmann, 1787–2. 11. 52). – Aus dieser zweiten Ehe 3 Kinder :

1/a/2/a/1. Katharine Marie Amalie Agathe, * Nordleda 20. 2. 1803 (get. 27. 2.); † Nordleda 15. 6. 04 an den Blattern.

1/a/2/a/2. Aug. Heinr. Joh. Justus, * Nordleda 7. 3. 1804 (get. 12. 3.); † ? (lebt 34 in New Orleans, USA.)

1/a/2/a/3. Ludw. Heinr. Gustav Eugen, * Nordleda 11. 2. 1806 (get. 16. 2.); † ?. Heiratet ... Laue (Tochter d. Pfarr. Joh. Bernh. L. zu Nordleda, 1775–20. 5. 24).

1/a/2/a/4. Johanne Gustave Amalie Agathe, * Nordleda 15. 4. 1807 (get. 19. 4.); † Nordleda 4. 12. 07 an der Schwindsucht.

1/a/2/b/1. Alexander Joh. Matth. Eduard, * Nordleda 21. 7. 1810 (get. 29. 7.); † Nordleda 28. 10. 1810.

1/a/2/b/2. Henriette Katharine, * Nordleda 10. 4. 1812 (get. 15. 4.); † Nordleda 6. 6. 20 (beerdigt 10. 6. 20).

1/a/2/b/3. Elisabeth Juliane Marie, * Nordleda 27. 1. 1814 (get. 6. 2.; † 5. 3. 90; als ‹Marie von Hadeln› Lokaldichterin. Heiratet Bremen 1838 mit Carl Math. Müller; * 1808; † Eutin 23. 4. 69; Pastor zu Eutin.

1/a/3. Metta Rebekka, * Lesum 29. 1. 1776 (get. 31. 1.); † 23. 8. 62. Heiratet 1813 mit dem verw. Oberdeichgrafen Friedr. Emanuel Kehrer in Harburg; * ?; † 1819. Er entstammte einer lokal recht bekannten Familie im Darmstädtischen und wurde am 20.10.1776 als Student der Mathematik in Göttingen immatrikuliert. Angeblich sollen Familienakten noch reichlich erhalten sein; vielleicht ergeben sich – er war immerhin Papes Schwager – noch Details. (Geboren in Erbach?)

1/a/4. Juliane Judith (gen. Julchen), * Lesum 18. 10. 1777 (get. 20. 10.); † ?. Heiratet Bremen 1808 mit dem Kaufmann Hermann Wulsen, * ?; † ?.

1/a/5. Luise Marg. Henriette, * Lesum 13. 8. 1781 (get. 17. 8.); † 14. 7. 62. Heiratet Bremen 1806 mit d. bremer Kaufmann Herman Deetjen, * 18. 11. 1773; † 17. 12. 38.

1/b/1. Anna Catharine Marie Sophie, * Visselhövede 9. 2. 1795; † Estebrügge 9. 9. 65. Heiratet Visselhövede 27. 9. 1819 mit Steuereinnehmer Friedr. Aug. Matthies; * ?; † nach 28. An Kindern bekannt :

1/b/1/1. Ludwig Friedrich, * Beverstedt 17. 3. 1825; † ?.

1/b/1/2. Henrich Friedrich, * Beverstedt 10. 6. 26; † ?.

1/b/2. Ludwig, * Visselhövede 25. 3. 1797; † das. 10. 10. 1801.
1/b/3. Ludwig Matthias Henrich, * Visselhövede 14. 1. 1802; † Buxtehude 27. 5. 1872; Pfarrer zu Buxtehude, Dichter, Korrespondent Fouqués und Bekannter Geroks. Heiratet Stade 22. 1. 1830 mit Sophie Henriette Christiane Willemer; * 7. 1. 1809; † Buxtehude 22. 11. 91. – (Kinder).
2. Justus Hinrich, * um 1750 ?; † ?. – (Studierte zusammen mit seinem Bruder (1) in Göttingen die Rechte. Er wurde am 18. 4. 1768 in Göttingen als stud. jur. immatrikuliert. Vielleicht Pate zu 1/a/2/a/2 ?)
3. Rebekka Margarete, * vor 1762; † ?. – Heiratet in Bremen mit Joh. Christian Lülmann, * Burlage 21. 9. 1748; † Hollern 3. 9. 1828; bis 85 Lehrer, auch unseres Dichters, in Bremen; dann Pastor zu Hollern. – Kinder:
3/1. Johann Christian, * Hollern 7. 7. 1786; † ?.
3/2. Hinrich Dieterich, * Hollern 4. 6. 1788; † ?.
3/3. Katharina Dorothea, * Hollern 18. 5. 1790; † ?.
3/4. Anna Margareta, * Hollern 31. 3. 1793; † ?.

## WILDENHAIN

Als Proben von C. F. Wildenhains eigenen Dichtungen führe ich die beiden folgenden an:
A. »Isis«, Jahrgang 1819, 1, Lieferung III, S. 410

*Glückauf!* Ein Nachruf an Abraham Gottlob Werner.

1. Nur hoch voran, ich folg, o Meister, kecklich, / auf Kuppenschnee, durch starres Eisgefilde; / in Wolken zürnt Altmutter See dort schrecklich / und malmet an der eignen Schoß Gebilde: / In Lüften heult die Braut, doch unerweklich / schläfts hier im Hölenohr: die Fahrt wird milde. / Der Firne Wunder hab ich satt betrachtet: / So zeige nun was in der Teufe nachtet.

2. Und seigre Fahrt gings ab in frischen Wettern, / Rad und Gezeuge schnarchten sehr und gossen; / wohl auf und ab sah man die Lichtlein klettern / in Ganges Strich, wo die Geschicke sprossen; / Gezähe klang; fern hallte dobrig Schmettern: / »Glückauf« erscholls in Firsten, Ort und Strossen; / Glückauf, gesunde Schicht in Gottes Namen! / »Das walte ja Got Vater, Sohn, Geist, Amen!«

3. Und aus dem Tiefsten gings in andre Tiefen, / in Flötz hinauf, durch Pflanz Getrümmer Schichten, / drin Elefant und Mammuth feste schliefen, / Und träumten uranfängliche Geschichten: / wie mählig ab die Algewässer liefen, / Seit Feste sich aus Meer begann zu lichten; / Vom alten Graus und Lebens erster Wekung / und neuem Wust in neuer Flutbedeckung.

4. Und weiter gings: o nicht so nah den Düften / wo Wasser ächzt im Sud und Schwindel packen / weil ewig Feuer kracht in Hölengrüften, / Erdbebenschwanger, daß die Wände schlacken: – / Wo kühle Salzquelzüge gehn aus Klüften / Las uns hinunter, in die festen Wacken, /

da Muschel noch und Pflanzentier sich halten / und stille Seen ihr stilles Reich gestalten :

5. Da standen wir im Urgestein, wos mächtig / und meilenfern gelagert sohlig streichet; / der Ruh Gebild, gedrusig hel, so, trächtig / des glauen Erzes, Alpentief entweichet. / Die Ruthe schlug : Blickhelle quols, wie prächtig / demantgeperl auf aus Smaragden steiget. / »Nun trinke hier !« Ich tats; da ward in Jugend / mein Auge heil von Urquels Eisentugend.

6. Und sah den Agt in Schöpfung liebedienen / mit Kusbegattung; Silberbäumlein krochen / Goldfrüchteschwer von Blüteglanz beschienen; / sah blitzig Blut und Kiesgeäder pochen, / Kobolds Gefüge star in Geistermienen; / Weltauge schien in Wonnetod gebrochen, / wie farbenhel sich los die Töne rangen : / allda belauscht ich, was die Geister sangen.

7. Wort war Gestalt, und die Gestalt Bewegung. / Ein tiefes Lied weissagte, klar wie Träume, / aus allen Werdekeims geheimer Hegung / Welturbeginn : ja jauchzten all die Räume, / ward Sturmgesaus die Geisterstille Regung, / jegliches Sandkorn ward zum Weltenkeime. Iach auseinander stobs in Himmels Dunkel / auf krachte weltaussaatend-Sterngefunkel.

8. Und wie ich schau, versenkt in selig Ahnen / aus Lichte Licht, Gestirn aus Sonne zücken, / und klingen aus in helgeschliffne Bahnen, / und Gottgefühle, die mich hoch beglücken, / nun an des Führers Mitgefühl gemahnen : / da mußt ich ihm die Händ voll Liebe drücken. / Sein bieder Antlitz strahlte von Gedanken : / wie hub ich an, o Meister, soll ich danken ?

9. Dein Name gilt im Bau der Norderwende, / ihn rühmt der Hütner am Potosi-Schachte, / Dich preist, was einsam schifft an Südens Ende, / wer aller Ding und Sterne Lauf bedachte : / wilst Du Gesang ? Arm ist der Armen Spende ! / Ihn glomm Gelächel an und ich – erwachte. / Was klopft ? Herein ! So früh, und nasse Wangen ? / »Ach, ernste Botschaft : Werner – heimgegangen !« –

B. »Isis«, Jahrgang 1820, 1, S. 1–7

LIEDES-GAST.

Frischauf, tummele dich gut Rößlein, über die Heide !
    Müssen gen Elberaschloß hinte so weit noch hinaus.
Liebchen in Elberaburg, schneeweiß lehnt's oben im Erker,
    Schaut ins düstre Gethal minnebeklommen hinab.

Hofft »er machte sich auf, o gewiß mit der Abendröte;
　　»Wie ließ er Treulieb schmachten alleine daheim ?
»Trag' ihn wacker o Roß, du geschweigsam Dunkel umhüll' ihn,
　　»Leuchtet o Sternlein bald heimlich in Osten herauf!« –
Heisa, nun renne dahin durch Nacht und Nebel o Rößlein;
　　Ebene Bahn waldein; Wipfelgesause voraus.
Horch nur; Fitticheschlag : wies durch die Gewölk anwimmelt!
　　Kraniche sinds; wohinaus ? Glückliche Reise voran!
Windschnell Kranicheflug, blitzschnell sind Minnegedanken;
　　Jage Du Roß blitzschnell hinte gen Elberaburg.
Liebchen im trauten Gemach facht warme, lebendige Glut an,
　　Spricht wol, niedergebückt schnürend das helle Kamin :
»Hu wie's friert; laut sausen die Burghoflinden im Herbstwind,
　　»Plötzlicher Regen, oweh, klirret die Scheiben herab!
»Leuchtete Volmond nicht die Gehäg' und Schluchten herunter,
　　»Wäre die Nachtwalfart heute doch alzugewagt!
»Aber, gelangt' er anheim, sol Nachtherberge bereit seyn,
　　»Für die bestandne Gefahr desto 'ne seligere.
»Schlinge die Ärmlein beyd' inbrünstiglich um den Erfrornen,
　　»Gebe dem Rößlein auch goldenen Haber genug!« –
Hurra, Du Roß, darum eil' unermüdsam brause von hinnen,
　　Thalab steinige Bahn, Regengeprassel voraus,
Felsen hinan; Abgründ entlang : krachts unter den Hufen :
　　Rücke die Trens' alsbald schwingstu gelenk dich hinan.
Horch, wie's lautauftost: Waldstrom ist wilde geworden.
　　Kenstu das Silberge blink ? frisch dahinunter gesetzt!
Eiskalt schäumts; arbeite dich auf, arbeite getreu Roß,
　　Rudere flink dich hinaus, rüstige Wage gewint!
Wogte die See statt Nebel umher aldurch die Gebirge :
　　Flöge von Höhe zu Höh Liebe doch ohne Gefahr.
Pfeilschnel Wogenergus, blitzschnel sind Minnegedanken :
　　Jage du Roß blizschnel hinte gen Elberaschloß.
Liebchen im öden Gemach, gar kleinlaut, stützet das Häuptlein,
　　Herzchen im Busen, es schwillt bänglicher immer empor.
Hofft und fürchtet und hofft. Burgmütterchen aber daneben,
　　Sizt und spinnt langaus, trübe vom Lämpchen erhellt,
Unter'm Spillegesur grauhaftige Wundergeschichten,
　　Wie Frau Holla genug nächtliche Reuter gelokt;
»Hold anfangs, mit dem Irrlichtlein, jedoch al die Bethörten
　　»Fand man am Felsabsturz, oder gewürgt im Morast.«

'S wüthende Heer tobt über die Burg; unheimlicher Umgang,
    Tür- und Fenstergekrach regt sich im alten Gebäu.
Tritfest schreitet es an; treppauf; nun klinkt es – Er ist es : –
    Ha, sein Geist nur trit blutigen Hauptes herein,
Hebt die bedrohliche Hand; sinkt ein – aufächzet die Arme;
    Tödlichen Falls Wahnbild schaut die Gepeinigte. –
Greife gewaltiger aus gut Roß, durchfliege den Nachtwind;
    Donnre brücküber hinein, immer im Grunde hinum.
Hörstu den Uhuruf? 'S ist Mitnacht; leise, bedünkt mich
    Säusle, so wittere nur Geistergelispel um uns.
'S Eist mich selber im Eichgrund hier. Vielfältige Geister
    Walten in Feu'r und Luft, Wasser und Erde gewis.
Menschenbehülfliche sinds, – auch bösliche wol : jedoch al der
    Übergewaltigen ist Minne die Bändigerin! –
Unten im Holweg rents; dein Hufschlag jagte Gewild auf
    Roß warum also gebäumt? – Spürstu die Geister etwa?
Solst verschnaufen ja bald, müd Roß, ha siehe, Du dampfest!
    Dies allereinzigemal halte nur, halte noch aus.
Sieh, dich empfängt, mit der eigenen Hand liebkost die Geliebte
    Dir, dieweil du getreu Liebe befittigetest. –
Hundegebell, horch, Wächtergesang; windstille mit einmal :
    Laß ab; volmondhel raget das Elberaschloß!

## POETISCHES TAGEBUCH

*Beispiel für Fouqués »Poetisches Tagebuch« (wahrscheinlich 1838?) :*
Vom 12ten zum 13ten Januar *Es ist das Wort gar nahe bei dir, in deinem Munde und deinem Herzen, daß du es tuest.*

*Am 13ten Januar.*

(Morgens um 9 Uhr) Du suchest, und wer sucht, soll finden, / Du klopfst : Und dem, der klopft, wird aufgethan. / Du bittest. Und wer bittet, soll empfahn. / So wall denn glaubensfroh, und wär's in Nachtgewinden, / Entlang die Pilgerbahn.

(Vormittags zw. 11–12 Uhr) Errege dich in mir, hochheil'ges Wort / In meinem Herzen! Dring empor zum Munde, / Und ström' in gliederreich verwebter Kunde / Als Lied, als Spruch, als Rede machtvoll fort!

Doch was nur blüht im Schall, wär' leicht verdorrt, / Ständ's nicht mit wack'rer That im treuen Bunde, / Und keimt' es nicht zu all und jeder Stunde / Tiefwurzelnd fürder stets im Seelenport.

Wohl webt und lebt das Reich des Herrn auf Erden, / Wo Rath und

That und Sinn und Sang sich eint, / Zu ringen wider innr' und äußern Feind.

Da muß zum seel'gen Sein erblühn das Werden, / Ja ist schon seel'ges Sein, ob an Geberden / nach außen Wen'ges vor der Welt erscheint.

(Abends vor dem Schlafengehn. Empfangen schon in der Morgenfrühe): Mahnet dich jeglicher Tag an das nahende Sterben, so mahnt auch / Jeglicher Tag an das Heil ewigen Lebens Dich, Christ.

Vom 13ten zum 14ten Januar: *Der HErr ist Gott.*

*Am 14ten Januar.*

(Vormittags gegen 11 Uhr. Empfangen schon beim Aufstehen): Auch mir ward ja geboren / der liebe Heiland Jesus Christ! / Auch ich bin ja erkoren, / Zu sein auf ewig, wo Er ist! / Drum walle du mit Freuden, / Mein Geist, gen Kanaan. / Doch hüt' dich, zu vergeuden / das Manna, quill'nd auf deine Bahn.

Du sollst es fromm genießen / Als deines Gottes Gab' und Gunst. / Und aus dir werden fließen / Liedquellen, reich an Kraft und Kunst. / Und innen wird's Dich treiben / zu manchem gottgefäll'gen Thun; / und Feind muß fern Dir bleiben, / Und süß am Ziel einst wirst Du ruhn.

Dich hat dein Gott entsündet, / Und rings im wüsten Welt-Revier / sind Engel treu verbündet / Mit güld'nen Schirmeswaffen Dir. /

Weltblick mag sie nicht schauen / lang' schon umstaubt von Last und Lust. / Allein voll Gottvertrauen / Ahnt sie, wer glaubt, in seel'ger Brust.

(Zwischen 11 und 12 Uhr): *Zum 17ten Januar:* / Friedrich hat die Königskrone / Sich zuerst gesetzt auf's Haupt, / Sie vererbend wack'rem Sohne / Und den Enkeln, unberaubt, / Oft von Müh'n und Kampf umstaubt, / Stets doch wied'rum siegbelaubt. / Ja, der Sieg wird dem zum Lohne, / der da liebt und hofft und glaubt. / Heut auch leuchtet auf dem Throne / Liebe, Glaub' und Hoffnung mild, / Stark beschirmt vom Adlerschild, / Und mit edlem Ölzweiglaube / Schwebt um uns die Friedenstaube, / Heil'ger Wonnen seel'ges Bild.

(Abends gegen 10 Uhr): Lebe Lieb' und Ehr' und Friede! / Nicht allein im Spruch und Liede, / Nein, auch in der Wirklichkeit. / Und bekämpft verworrne Zeit / Außen Lieb' und Ehr' und Friede, / Reif' es dir, befreit vom Streit, / Innen für die Ewigkeit.

Vom 14ten zum 15ten Januar: *Der Friede Gottes, der höher ist, als alle Vernunft, bewahre unsere Herzen und Sinnen in Christo Jesu zum ewigseeligen Leben.*

*Am 15ten Januar.*

(Abends gegen 10 Uhr. – nach dem Altfranzösischen des Troubadour Folquard von Saintes): Aus allen Zonen, / Aus Palm' und Flieder, /

Wo Menschen wohnen, / Von Hütt' und Thronen, / Tönt klagend wieder / Das Lied der Lieder / Von falscher Liebe Grausamkeit, / Derweil sich Lieb' entstellt in Leid.

Ja, die entstellte, / Verstellte Liebe, / Die schlimm vergällte. / mein Lied, die schelte! / doch nie dem Triebe / der seel'gen Liebe / Magst Du entsagen, Herz und Lied, / die Himmelan uns Beide zieht.

Vom 15ten zum 16ten Januar: *Es ist noch eine Ruhe vorhanden dem Volke Gottes.*

*In der Nacht zum 16ten Januar.*

(Vor dem Einschlafen): Man muß auf dieser Erden / Inmitten der Beschwerden / Tief innen fromm, froh, seelig werden. / Träuft ins Gewimmel zwischen Wetterschlägen / Und Thränenregen / Der Himmel ja Heilsblüthen uns entgegen! (Zwischen 4 und 5 Uhr)

I. : Heil! Der geboren ward im dunkeln Stalle, / Hirten und Kön'gen winkend himmelwärts, / Er würdigt auch dies dunkle Menschenherz, / Es sich zu weih'n zur lichten Feierhalle.

Und jedes Gräuelbildniss drin zerfalle, / wie Februarius-Schnee vor heitrem März, / Und wie abfällt vom Kern aus Güldin-Erz / Die Schlacke vor des Meisters Hammerschalle!

Ja, es zerfällt zum ew'gen Heilsgewinn / Ringt jede Lebenskraft, die einst darnieder / Matt sank, nach Staubes Flitterspenden hin.

Die seel'gen Kindheitstage kehren wieder, / Und jeder Anklang meiner Sprüch' und Lieder / Tönt Psalmendank, daß ich so seelig bin.

II. : Aus sünd'ger Liebe dräut Entweihung, / Aus echter Liebe keimt die Heilseinweihung.

*Am 16ten Januar.*

(Um 11 Uhr Vormittags): Du klagst »Wohin wend' ich / Im Dunkel den Schritt, / den wankenden Tritt!« / Wiß: Engel geh'n mit. / Und Gott spricht: Sie send' Ich, / Durch Ihn, der beständig / Nun herrscht, weil er litt, / Und Heil Dir erstritt.

(Zwischen 11–12 Uhr Vormittags): *An Albertine Herrschel.*

Leuchtende Blumen mit blinkenden Blättern, / Wie man es ahnt aus Edenischem Hain, / Zierlich gefestigt auf zierlichem Schrein, / Drin Liederzeilen in tönenden Reihn / Und Briefsiegel mit sinnigen Lettern, / Brachtest ins Neujahr Du mir herein. / O, gefall es dem Gott ob den Göttern, / Dich zu behüten vor stöhrenden Wettern, / Reich Dich zu segnen mit holdem Gedeihn: / Ringsher labend sonniger Schein, / Innen das ew'ge, das seelige Sein!

(Abends um 8 Uhr): Schwer ist, oft gar schwer das Leben / Hier in dieser dunkeln Welt, / Doch just so hat's Gott gegeben. / Heil ! Gescheh', was Gott gefällt.

Vom 16ten zum 17ten Januar : *HErr, wohin sollen wir gehn ? Du hast Worte des ewigen Lebens.*

Am 17ten Januar.

(Gegen 11 Uhr Vormittags; empfangen schon vor einigen Nächten) : Wer suchet, der soll finden. / Wer bittet, soll empfah'n. / Wer anklopft, dem wird aufgethan. / Du, der Du oftmal traurig gehst / In Weltlaufs Irrgewinden : / Du klopfest an, Du suchst, Du flehst. / Frischauf denn ! Himmelan führt Deine Bahn.

(Etwas später) : *An Luise Kornemann.*

Läge Neiße, / Leipzig gleich, am Strand der Pleiße, / Wär ich von dem Strand der Saale / längst schon freudig hingeeilt, / fromm und froh, / hätte Dir aus voller Liederschale / Musentränke mitgetheilt. – / Aber so ! – / Dennoch über Berg' und über Thale / Schwebt und zieht / Lerchengleich ein fromm und frohes Lied. / Zieh' und schweb' auch Du, mein kleines Lied' / Und nimm mit dir andre Lieder. / Und aus holder Jungfraunseele / Hallt' Ihr wieder !

(Abends vor dem Schlafengehen) : HErr, bescheere zur Nacht mir selige Träume ! Die Träume / Sind nicht Schäume. Sie sind Engel, wenn, HErr, Du sie schickst.

Vom 17ten zum 18ten Januar : *Wie hat Er die Leute so lieb !*

Am 18ten Januar.

*Glosse*   (Angefangen nach 12 Uhr Mittags)
*Thema* : Eitles denken, eitles Wagen, / Jedes denken, ach ! bethörth. /
        Schweigend laßt uns leben, tragen, / Weil das Wort dem
        Herrn gehört.

(Apollonius v. Maltitz, nach Lamartine.)

usw., usw.

Ich füge hier noch ein paar psychologisch und biographisch schätzenswerte »Träume« Fouqués aus einem poetischen Tagebuch früherer Jahre, dem »Poetischen Blumengarten«, etwa aus dem Jahre 1825, hinzu:

1. »Ich war in einer heiteren Gesellschaft, aber so todmatt, daß ich mich kaum aufrecht erhalten konnte. Endlich sank ich nieder. Meine Frau legte mein Haupt in ihren Schoß und weinte sehr. ‹Es wird eine Ohnmacht›, sagte ich, und dachte dunkel in mir : ‹Es wird wohl mehr !› – Da war Alles wieder vorüber, und ich geleitete meine Frau von einem Spaziergang nach einer Stadt zurück (ich glaube, es war Potsdam). Der einzige Weg führte durch eine offenstehende Kirche; ich hielt sie für leer und trat unbedenklich hinein. Da flüsterte meine Frau : ‹Nicht

doch! Er steht ja schon auf der Kanzel und wir stören›. Ich führte sie durch eine Seitenhalle hinaus, aber ein hoher stufenloser Absatz hemmte uns. Draußen lag ein schöner Garten; ich glaubte, es sei der, durch den großen Friedrich in Potsdam angelegte Lustgarten, aber dieser im Traumgesicht blühte und leuchtete weit schöner. Ich glitt den Absatz entschlossen hinunter, und fühlte zu meinem Erstaunen, daß mein voriger Schwindel mir ganz vergangen war. Fest aufrechtstehend redete ich fröhlich und lachend meiner Frau zu, mir zu folgen. Sie zögerte. Da kam ein allerliebster kleiner Knabe herbei, tat sehr freundlich mit mir, und bot ihr sein Händchen dar, um als auf eine Stufe darauf zu treten. Sie tat es. Aber er führte sie auf einer anderen Seite nach der Stadt zurück. Beide waren mir aus den Augen, und indem ich ihnen rasch auf einem Umwege – unmittelbar gings nicht – folgen wollte, rief mir eine wohlbekannte Stimme scherzend nach: ‹Ei, wohin denn so eilig, mein Herr Baron?›. Es war mein lieber seliger Schmettau, und wir freuten uns sehr zueinander und über die schönen Blumen um uns her. Aber ich wollte dennoch meiner lieben Frau folgen, – da stand ich an einer Mauer, und Schmettau sagte: ‹Hier kannst Du nicht durch. Aber wir wollen sehen, –›. / Da verschwand der Traum in Unbestimmtheit und ich fand mich ohne Schmettau in einer bekannten Gesellschaft wieder, wo man eben zu Tisch gehen wolte. Ich bot einer Dame den Arm; sie schien mich nicht zu bemerken. ‹So muß ich denn wohl meine eigene Frau führen›, sagte ich lachend. Es war auch, als wende sie sich freundlich zu mir, dann ging sie doch mit einem Anderen. Heftig aufwallend ging ich allein. Aber meinen Jähzorn mir vorwerfend, kam ich damit viel leichter zustande als gewöhnlich, und freute mich darüber. Meine Frau saß bei Tische sehr weit von mir, winkte mich aber freundlich an. Meine Tochter sah ich in meiner Nähe. Aber sie sah mich nicht. Derselbe schöne freundliche Knabe von vorhin gab herrlich leuchtende Früchte herum, aber mir ging er vorbei. Da rief ich ihm zu – ich wußte damals seinen Namen, auch im Erwachen noch, habe ihn aber seitdem vergessen –: ‹Wie nun, Du hattest mich vorhin so lieb und verhießest mir soviel Schönes, und nun giebst Du mir nichts?›. Er aber sagte ernst-freundlich: ‹Das ist nicht für Dich. Das ist die beste Sorte noch nicht. Die kommt erst.› – Mein Kind hatte von den Früchten genommen und sie gekostet, mit Lachen darauf zu ihrer Nachbarin sprechend: ‹Wer sich überreden läßt, davon zu essen, als von was Köstlichem, ist eine rechte Törin.› Da erfaßte mich meine alte närrische Franzosenheiterkeit und ich sagte: ‹Gieb mir davon, Marie. Ich bin nun lange genug ein Tor gewesen; ich möchte wohl einmal zur Abwechslung eine Törin sein.› – Sie hatte mich nicht gehört, auch wohl nicht gesehen. Darauf erwachte ich mit einem Gefühl unaussprechlicher Heiterkeit und Befriedigung, das auch gottlob jetzt noch (mittags gegen 12 Uhr) anhält. (Man wolle zugleich auch die gestrige Abend- und heutige Morgenandacht in Roos' Christlichem Hausbuch nachsehen; jene über 2 Petri 1, 11; diese über Lukas 23, 53). / Als ich Obiges überlas, und die angegebene Stelle im Hausbuch nachschlagen wollte, fand ich zuerst eine schöne und für diese Veranlassung tief bedeutsame Betrachtung für den 12. Mai morgens über Ap. Gesch. 12. 11. : ‹Nun weiß ich wahrhaftig, daß der Herr seinen Engel gesendet hat und mich errettet.› / Nachklang : War es nur ein Labungsgruß am Wege ? / War es selger Ruf : ‹Zieh bald herein !› ? / Wie Gott will. Im bunten Weltgewühl / und im selgen Lichtziel / bin und bleib ich sein !«.

2. »Ein fremdes glänzendes Fürsten- oder Grafenhaus, wo ich sehr ehrend empfangen war, umgab mich. Es mochte etwa in den Rheingegenden sein. Ernster Sinn für alles Höhere tat sich in der Familie kund. Aber es kamen immer noch der Gäste mehr. Die Säle füllten sich; die Gespräche senkten sich in die gewöhnliche Sphäre. Da hörte ich nebenbei einen Disput, ob ein besprochenes Bild den Luther darstellen sollte, oder den Minister Herzberg. Obgleich sich beide Ehrenmänner nicht voreinander zu schämen brauchten, kam mir das Dilemma doch beinahe spaaßhaft vor, spaaßhafter noch die Gründe. Ein Sprecher unter anderem verfocht seine Behauptung, es sei des Ministers Porträt, mit einer Charakterschilderung desselben, die eben auf Luther paßte. Neugierig trat ich hinzu, mich nach dem Bild umsehend, und vorläufig ein paar ernst-freundliche Worte mit einwerfend. Da faßte ein Greis von mir abstoßender Physiognomie höflich meinen Arm und fragte, mich in eine Fensterbrüstung leitend : ‹Sagen Sie mir doch, wes Glaubens Sie eigentlich sind. Ich hoffe doch, Sie sind ein Deist ?›. ‹Behüte !› entgegnete ich : ‹Ein Christ bin ich; ein so ernster Christ bin ich, als es meine Gebrechlichkeit zulassen will›. ‹Das wird sich geben› sprach er hohnlächelnd. ‹Ich bin ein Halbjahrhundert alt› erwiderte ich ernst; worauf er mir das Beispiel eines Mannes anführte, welcher noch später umgewandelt sei. ‹Gott wird mich davor behüten !› entgegnete ich lebhaft. Da stand zu meiner anderen Seite ein lieber freundlicher Greis, sprechend : ‹Sie sehen mir auch wirklich nicht danach aus, als ob Sie sich so gar leicht hin- und herschieben ließen›. – / Munter und erfrischt schlug ich die Augen auf. – Ich hatte Gott vorhin im Wiedereinschlummern um einen schönen Traum aus dem Jenseits gebeten,

unwilling vieler Wirklichkeitsspektren, die mich fast die ganze Nacht durch umdrängt hatten. Nun fühlte ich mein Gebet erhört, obzwar viel anders, als ich gedacht hatte.«

## PARCIVAL

Da noch nicht abzusehen ist, ob Fouqués bedeutendste epische Dichtung jemals im Druck erscheinen wird, gebe ich im folgenden das Szenarium der 6 Bücher in Stichworten. Bei jedem Buch hat man zwischen den (mit römischen Zahlen bezeichneten) Gesprächen von ‹Meister Wolfram› und ‹Meister Friedrich› und den (mit arabischen Zahlen bezeichneten) Szenen der eigentlichen Handlung zu unterscheiden. Dem ganzen Epos voran gehen das auf S. 556 angeführte Motto, und ein Prolog. –

### ERSTES BUCH:

I. Der ‹Schreiber› (= Fouqué) wird von einem ‹Fremden› (= Wolfram v. E.) besucht, und zu seinem Werk angeregt und gespornt.
   1. Gamurets Sturmfahrt. / 7 Nibelungenverse; doch stets ohne die letzte Hebung der vierten Zeile.
   2. Gamurets Gespräch mit dem Steuermann. / Bootsleute. / Eine Mohrenstadt kommt in Sicht.
   3. Die Mohrenkönigin / 6 Nibelungenverse.
   4. »Großer Platz in der Mohrenstadt Patelamund. Viele Frauen und Männer laufen zusammen und durcheinander.« / Gamuret und Pelikane.
II. Die Meister Fr. und W.: Gneisenau ist gestorben.
   6. 15 Nib.-Verse.
   7. »Auf dem Schloßplatz zu Patelamunt. Großes Volksgedränge, Jubeln und Festmusik. Zwei Reisige Gamurets stehen Wache vor dem Schlosse.«
III. Die Meister Fr. u. W. – Gespräch teils in Jamben, teils in Prosa.
   8. Zwischenspiel; etwa 20 Zeilen 5-füßiger Jamben.
   9. Im Schlosse zu Patelamunt / Königin Pelikane und ihre Fräulein.
   10. Gamurets Schiff auf dem Meere. G. neben seinem Steuermann. Er verläßt Pelikane.
   11. Nib.-Verse: Pelikane hat ein »Manneskind« geboren.
   12. Im Brittenlande in Wales.
   13. 4 Nib.-Verse.
   14. Königliches Schloß zu Kanvoleis. Gamurets Gemach.
IV. Die Meister Fr. u. W.: »Ich suchte Dich im Trauerhaus vergebens ...« (hier das Zitat S. 502, Zeile 15–5 v. u.). / F. ist in einer »Feste« (= Spandau); Marie begleitet ihn und wird »geschwisterlich« gepflegt.
   15. »Wüste Trümmergegend vor Bagdad. Nacht. Zwei Mohrenhauptleute im Dienst des Heidenkaisers Baruch.«
   16. »Im Schloßgarten von Kanvoleis um Mittagszeit. Herceloyde mit ihren Hoffräulein.« (Perisgestalten erscheinen ihr in den Wolken).
   17. Zwischenspiel: 1 Sonett.
   18. Herceloydens Wiegenlied.
V. Die Meister Fr. u. W.
   19. »Einsame Waldgegend in Wales.« / Zwei Kriegsknechte. Parcival tritt zum ersten Male auf.
   20. Romanze von den Vöglein.

21. »Vor der Burg Soltane. Herceloyde sitzt auf einer Ruhebank.« / (Gespräch mit Parcival).
22. 8 Zeilen Zwischenspiel.
23. »Maimorgen. Ackerleute ziehen mit ihrem Gerät zur Arbeit aus dem Schlosse Soltane.«
24. 6 Nib.-Verse.
25. »Gemach in der Burg. Herceloyde mit ihren Fräulein.«

VI. Die Meister Fr. u. W.
26. »Schloßgarten der Burg Soltane. Das Tor nach dem Freien ist offen.« / Parcivals Ausritt.

VII. Die Meister Fr. u. W.

### ZWEITES BUCH :

I. Die Meister Fr. u. W. : »Bist Du es, Meister Eschenbach, der da auf der zertrümmerten Bastei umhergeht ?...«
1. »An einem Frühlingsabend in der Spätdämmerung. Eine Mutter im Gemach am offenen Fenster, ihr Kindlein auf dem Schoß.« / (Erzählt ihm, um den Gang der Handlung zu fördern; häufig verwendete Technik F.'s in diesem Epos.)
2. »Das Innere eines prachtvollen Gezeltes. Morgenfrühe. Eine Dame liegt schlummernd auf dem Ruhebett.«
3. 3 Nib.-Verse : Parcival und Jecute.
4. »Wilde Felsgegend.« : Parcival und Sigune.

II. Die Meister Fr. u. W. / »Hübscher stiller Abend« / F. war inzwischen in Berlin.
5. »Nacht. Wüste Strandgegend mit einer Fischerhütte.« / Parcival und ein Fischer.
6. Zwischenspiel. 12 Nib.-Verse.
7. »Vorhof im Schlosse Kardigan.« / Beim König Artus. / Iwanet.
8. Zwischenspiel. 6 Nib.-Verse.
9. »Wiesenplan vor Schloß Kardigan. Parcival steht kopfschüttelnd vor dem erschlagenen Ither von Cumberland.«

III. Die Meister Fr. u. W. / (Hier das Zitat S. 502, Zeile 17-25 v. o.) / »Sahst ja vorhin im Aufgehn blutigrot den Mond, von schwärzlich blauer Wolkenscheide wie zerspellt ...«
10. »Parcival unterwegs.« / Gespräch mit einem Ackersmann.
11. Gurnemanz und Parcival
12. »Im Schloßhof zu Burg Grahars. Parcival zu Roß, Knappen und Reisige des Ritters Gurnemanz um ihn her.«
13. »Gemach in der Burg Grahars. Fräulein Liace mit ihrer Kammerfrau.«
14. »Große Halle. Parcival sitzt dem Gurnemans gegenüber zu Tisch. Aufwartende Diener stehen umher.«
15. Zwischenspiel von 9 Zeilen.
16. »Im Schloßgarten in Burg Grahars. Sonnenaufgang. Gurnemans sitzt in einer Laube von Ostern, in einem großen Buche lesend.«

IV. Die Meister Fr. u. W.
17. »Offene Halle vor der Burgkapelle in Schloß Grahars. Gurnemans und Parcival treten nach dem Gottesdienst heraus«.
18. Zwischenspiel.

V. Die Meister Fr. u. W. : ein anderer Dichter, ebenfalls Witwer, hat F. einen Trostesgruß gesandt.
19. »Abend. Große Halle in Burg Grahars, festlich erleuchtet. Aufwartende Zofen und Diener. Am Oberende eine Tafel mit drei Gedecken auf Stufen erhöht.« /

Parcival, Gurnemans und Liace.
20. Zwischenspiel.
21. »Vor Schloß Grahars. Parcival reitet von hinnen. Gurnemans gibt ihm zu Roß das Geleit.«
22. 5 Nib.-Verse als Zwischenspiel.
23. Jamben.
24. »Burghalle. Conduiramur; Parcival; Gefolge.« / Kyot und Manfliot.

VI. Die Meister Fr. u. W.
25. Zwischenspiel aus 6 Nib.-Versen: Belripar.
26. »Schloßgarten in Belripar. Conduiramur allein.«
27. »Laubforst in der Nähe des Schlosses Kardigan. König Artus, Königin Ginevra, Cunard, Anthenor, Seneschall Kay. Damen und Ritter, Waidmänner, Knappen. Alles in Jagdkleidern bei einem Jägermahl.«

VII. Die Meister Fr. u. W.: hier Zitat S. 502, Zeile 1 v. u. und S. 503, Zeile 1 v. o.:
28. »In der Burg zu Belripar. Aus der Schloßkapelle treten Parcival und Conduiramur mit bräutlichen Myrtenkränzen im Haare.«
29. Zwischenspiel.
30. »Im Lager des Königs Klamide. Klamide und seine Hauptleute.«
31. »Halle im Schloß zu Belripar. Conduiramur und ihre Hoffräulein.«
32. 9 Zeilen Zwischenspiel.

VIII. Die Meister Fr. u. W.: »Halt, winterlicher Herbstessturm, den Odem an! Nicht also wild umtose mir des Freundes Dach ...« / Hier das Zitat S. 30, Zeile 7–5 v. u. / »Heut, an dem stillen Totenfest im Kirchenjahr ...«
33. »Vor dem Schlosse Belripar. Parcival an den Torpfeiler gelehnt, in tiefem Sinnen; zu ihm Conduiramur.«

IX. Die Meister Fr. u. W.: Der Hund, Nelson, freut sich, daß F. wieder daheim ist.

DRITTES BUCH:

I. Eine MS-Seite 5-füßige Jamben.
1. »Parcival unterwegs.«
2. Zwischenspiel (6 Vierzeiler aus 4-füßigen Jamben).
3. »Die Wunder des Schlosses.« (Hieraus das Zitat S. 43, Zeile 13–10 v. u.)
4. »In der Burg zu Mont-Salvaz.«

II. Die Meister Fr. u. W.
5. »Parcival unterwegs.« / Parcival und Sigune.

III. Die Meister Fr. u. W.
6. »Parcival unterwegs.« / Parcival und Orilus.
7. »Höhlenwohnung Trevrisents des Einsiedlers. Trevrisent allein.« / Später Parcival und Trevrisent.
8. Zwischenspiel.
9. »Im Vorhof des Schlosses Kardigan. Kingrun und Kay begegnen einander.«
10. »Im Forst zu Plimicoel.«
11. »In König Artus' Reiselager beim Forste Plimicoel. Morgenfrühe. Ein Knappe kommt vorgelaufen.«

IV. Die Meister Fr. u. W.
12. »Unweit vom Lager des Königs Artus vor dem Forste Plimicoel.«
13. »Garten in Burg Soltane. Herceloydens Grabstatt unter hohen Lindenbäumen. Zwei Fräulein am Grabe mit Harfen.«
14. »Eine Braut und ihre Schwester.«

V. Die Meister Fr. u. W.

15. »Gastmahl im Freien an König Artus' Hofhalt ...« / Cundrie la Sorcière erscheint.
VI. Die Meister Fr. u. W.

VIERTES BUCH :

I. Die Meister Fr. u. W. : Vorgesang.
   1. »Freier Platz vor dem Schlosse Kardigan. Ritter Gawan mit mehreren Rossehändlern und Waffenschmieden.«
   2. Zwischenspiel : 7 Vierzeiler aus 4-füßigen Trochäen.
   3. 5-füßige Trochäen.
   4. »Eine Braut und ihr Bräutigam.«
   5. »Ein Hügel unweit der Burg Beaross. Gawan unter einem Baum auf dem Rasen sitzend und nach der Feste hinüberschauend. Sein Gefolge ist beschäftigt, ihm das Zelt aufzuschlagen.«
II. Die Meister Fr. u. W. : Amalie v. Helwig ist gestorben (= 17. 12. 1831 + Posttage).
   6. »Saal im Schloß Bearos. Fräulein Obye und das Zitherweib.«
III. Die Meister Fr. u. W. : »Wie hast vollendet Du Dein Weihnachtsfest ? ...«
   7. Zwischenspiel in 4-füßigen Jamben.
   8. Garten in der Burg Bearos. Obye und Melianz mitsammen lustwandelnd.
IV. Die Meister Fr. u. W. : Hier W.'s Warnung vor »neuer Liebe« (siehe Zitate S. 503, Zeile 8–6 v. u.)
   8. (Doppelzählung Fouqués !) : »Wilder Wald. Parcival vom Rosse steigend.« (Freie Rhythmen.)
   9. »Königlicher Palast zu Askalon; hernach die Prinzessin Antigonie, Schwester des Königs Vergulath von Askalon.« / Dort Gawan.
   10. Freier Platz in Askalon vor der königlichen Burg. Volksgedränge. Verwirrtes Geschrei um einen Schloßturm her.«
V. Die Meister Fr. u. W. : »... hier in der Burgveste, wo ich abermal ein paar Wochen verlebt habe, und wiederum für morgen den Aufbruch erwarte, nach meiner ländlichen Einsamkeit zurück.« (Vgl. S. 503, Zeile 3 v. u.)
   11. »Frühlingsaue im Walde, mit darüberhingefallenem Nachtschnee. Morgenfrühe.« / Parcival und Pilger.
   12. »Waldklause im wüsten Klippenthal. Eine Frau in Trauerkleidern sieht aus dem Fenster.«
   12. (Neuerliche Doppelzählung F.'s !) : »Höhlenwohnung Trevrisents, des Einsiedlers. Nacht.«
VI. Die Meister Fr. u. W.
   13. Ein Sonett als Zwischenspiel.

FÜNFTES BUCH :

I. Prolog.
   1. »Vor der Felsenkapelle des Einsiedlers Trevrisent. Parcival und Tr. kommen aus der Pforte.«
II. Die Meister Fr. u. W. : Totenklage F.'s um einen Freund.
   2. »Romanze von den Dioskuren.«
   3. »Haidegegend mit einzelnen Bäumen. Gawan reitet langsam durchhin.«
   4. »Blühende Gebüsche. Inmitten ein Brunnen.« / Parcival und Orgelliuse.
   5. »Parcivals Traum.«
   6. »Zwei junge Fußsoldaten am Biwakfeuer« : Gawans Abenteuer werden vorgelesen.

III. Die Meister Fr. u. W.
    7. »Auf der Haide wie früher. Dame und Ritter unter Baumschatten.«
IV. Die Meister Fr. u. W.
    8. »Die verzauberten Fräulein an den Fenstern des Schlosses Maraviglia.«
V. Die Meister Fr. u. W. : Traumerzählung.
    9. »Wilder Forst. Parcival langsam hindurchreitend.«
    10. »Gegend unweit des Blumenthales. Orgelliuse und Gawan reiten nebeneinander.«
    11. Zwischenspiel.
VI. Die Meister Fr. u. W. : Einladung »zum Jägermahl der Tapfren aus dem Freiheitskampf.«
    12. »In des Fährmanns Hause. Gawan auf einem Ruhebett ...«
    13. Zwischenspiel.
    14. »Knaben, nach dem Ballspiele in einer Waldlichtung ausruhend.« Ein Mädchen liest weiter vom Ritter Gawan vor. (Vgl. S. 556, Zeile 18–20 v. o.)
    15. (Neuerliche Doppelzählung !) : »Prachtvolles Gemach in Burg Maraviglia. Gawan liegt ohnmächtig, Schwert und Schild in den Händen, auf dem erlegten Löwen.«
VII. Die Meister Fr. u. W. : »Gruß zu Deinem Wiegenfeste Fünfundfünfziger« (= 12. 2. 1832) / »Blumen brachte mir die Tochter, ewgen Frühlings Bild«; auch sandte ein Freund einen Brief.
    15. »Hohe Klippengegend am Meer. Stille Sternennacht. Ein Astrolog, gen Himmel blickend, und mitunter Zeichen und Tafeln schreibend. Parcival kommt geritten.«
    16. Zwischenspiel.
    17. »Wilde Berggegend. Orgelliuse und Gawan nebeneinander herreitend.«
    18. »Am Zauberbaume.«
VIII. Die Meister Fr. u. W. : (Hier das Zitat S. 504, Zeile 8–5 v. u.) / Hat Nachricht vom »Jägerfest« bekommen : 220 Teilnehmer feierten es; auch dem abwesenden F. wurde ein Hoch gebracht.
    19. »Wilde Berggegend wie früherhin. Orgelliuse im ohnmachtähnlichen Schlummer auf einer Moosbank.«
    20. Zwischenspiel : ein Sonett.
    21. Gawan und Itonie.
    21. (Neuerliche Doppelzählung) : »Parcival ruhend auf blumigem Anger. Um ihn weidet sein Roß.«

SECHSTES BUCH :

I. Prolog.
    1. »Lichte Morgenfrühe. Laubhain, unweit Schloß Kardigan, mit einer Kapelle. Königin Ginevra aus dem Gotteshause tretend.«
    2. »Schloßhof in Burg Kardigan. Seneschall Kay und seine Genossen beim Frühmahle.«
II. Die Meister Fr. u. W.
    3. »Garten in Burg Soltane. Herceloydens Grabstatt unter hohen Lindenbäumen.«
    4. »Wüste Berggegend bei dem Baum des Garmoflans.«
    5. Zwischenspiel.
III. Die Meister Fr. u. W.
    6. »König Artus' Hoflager bei Joflians. In dem königlichen Gezelt. König Artus, Königin Ginevra, Gawan.«

7. Zwischenspiel.
  8. Zwischenspiel.
  9. »Ebene bei Jaflans. Von der einen Seite das Lager des Königs Artus; von der andern das Lager des Garmoflans. Morgenfrühe.«
IV. Die Meister Fr. u. W.
 10. »Des Königs Artus Lager bei Jaflans. Gawans Gezelt. Parcival und Gawan.«
 11. »In der ersten Frühe des Tages darauf. Parcival in seinem Zeltgemach allein, sich waffnend.«
 12. »In Gawans Zelt. Itonie und Frau Lona legen dem Gawan das Rüstzeug an.«
 13. »Auf dem Kampfesplane bei Jaflans. Gawan, Parcival, Garmouflans.«
V. Die Meister Fr. u. W.
 14. »Parcivals Zelt in König Artus' Lager. Nacht. Parcival auf einem Ruhebett, im Entschlummern redend, später im Traum.«
 15. Zwischenspiel.
 16. »Waldgegend. Parcival kommt geritten.«
 17. Zwischenspiel.
VI. Die Meister Fr. u. W.
 18. »Buschiger Anger. Hirten mit ihren Schafen.«
 19. Zwischenspiel.
 20. = die Seiten 53–56 im MS : fehlen ! ! / (Hoffentlich besteht noch die Möglichkeit, daß eine der Doppelzählungen des 4. oder 5. Buches hierhin, wie auch nach Szene 5 des Ersten Buches, gehört. – Abgesehen davon, daß meine Frau und ich damals zur Bestandsaufnahme der 1200 tübinger MS-Seiten nur 3 Tage aufwenden konnten, bemerkte ich den Defekt erst anläßlich der Übertragung meiner Bleistiftnotizen in Maschinenschrift).
VIII. Die Meister Fr. u. W. : »Hier, in dem hohen Burggemach, das ich nun wieder für einige Tage bewohne ...« / »Heute ist »Frühlings-Himmel-Bläue.« / Auf dem Wege hierher haucht ihn der Todesbote doppelt an : einmal Goethe (hier die Szene aus F.'s ‹Goethe u. e. s. B.›, S. 41–42); und überdem ist einem Freunde die Frau, die jüngst vor wenigen Wochen ein Kind bekam, gestorben.
 21. »Halle in der Burg Montsalvaz. Amfortas krank auf einem köstlichen Lager. Ritter und Sänger um ihn her. Sanfte Musik.«
IV. Die Meister F. u. W. : Geschrieben am 17. 4. 1832. (Erwähnung des Geburtstages von F.'s Mutter = 14. 4.)
 22. »Im Walde Plimicoel, unweit der Burg Montsalvaz. Conduiramur kommt mit ihrem Oheim Kyot und Gefolge geritten. Kyot hebt sie vom Rosse.«
 23. »Halle in Burg Montsalvaz. Amfortas auf seinem Lager liegend. Ritter und Frauen um ihn her.«
 24. »Im Walde Plimicoel. Conduiramur mit ihrem Oheim Kyot; Meister Trevrisent und Gefolge.« Schlußgedicht.


# GELIMER

(Vgl. hierzu S. 557.) – An Vorstudien hat Fouqué gelesen, bzw. nachgelesen :
1. Procopius von Cäsarea; obwohl ich nicht anzugeben vermag, ob auf byzantinisch, oder in der Kanngießer'schen Übersetzung (Greifswald 1827–31). Fast möchte ich annehmen, in der letzteren; denn es ist ja bekannt, daß er Kanngießers Arbeiten aufmerksam verfolgt hat.
2. Die ‹Geschichte der Vandalen› des Konrad Mannert (Leipzig, 1785; ein kleiner Oktavband). – Auch ich möchte diese Gelegenheit ergreifen, und Mannert meinen Dank

abstatten : ich verdanke seiner mächtigen, 14bändigen, ‹Geographie der Griechen und Römer› manche Anregung. Obwohl im Einzelnen vielfach veraltet und überholt, ist er dennoch einzig in seiner Verbindung von Geographie und Geschichte – wie vor ihm Strabo; nach ihm noch Niemand –; außerdem ist er einer der ganz wenigen *Männer* in unserer Literatur. Wer meine Empfehlung, wie es mehrerenorts Mode geworden ist, für bizarr halten möchte (Varianten : ‹abwegig›, ‹verschroben›, ‹unlesbar und undiscutabel›), dem geben vielleicht Herders Worte in den ‹Ideen› (IV. Theil, 18. Buch) zu denken : »Mannerts ‹Geschichte der Vandalen› ist ein nicht unwürdiger Jugendversuch dieses Mannes, der sich durch seine ‹Geographie der Griechen und Römer› ein bleibendes Denkmal stiftet.« (Herder hat ihn persönlich gekannt; Männer wie Tieck pflegten ihn verehrend zu besuchen, wenn sie durch Nürnberg kamen.) – Ich will meiner Ketzerei auch nur gleich die gewohnte Krone aufsetzen, und hier im Druck niederlegen, daß ich interessante Träumer à la Toynbee, mit ihren, wie Petriconi so nett sagt, ‹zum Teil eigens zu diesem (ihrem) Zweck erfundenen Kulturen› für recht kleine (Irr-)Lichtlein halte, im Vergleich mit Konrad Mannert. (Daß er ausgerechnet Konrad heißen muß, steht nicht zu ändern.)

3. Felix Papencordts ‹Geschichte der Vandalischen Herrschaft in Africa› hat ihn mit Sicherheit *nicht* mehr beeinflußt; denn abgesehen davon, daß dem die sehr verschiedene Schreibweise der Eigennamen widerspricht, ist auch Fouqués ‹Gelimer› am 17. 7. 1837 beendet worden, d. h. begonnen vermutlich schon April–Mai – während Papencordt sein Vorwort vom 28. Juni 37 datiert hat. Er scheidet also aus; wie wohl auch Louis Marcus. / Daß er Gibbon nachschlug, versteht sich.

4. Dagegen ist es bei der Art von Belesenheit, wie sie Fouqué besaß – zumal, wenn man seine immer wieder überraschende Kenntnis des ‹Altdeutschen›, (wie man die damals ziemlich ungegliederte Masse noch nannte), in Erwägung zieht – gar nicht ausgeschlossen, daß er nicht auch scheinbar abgelegene Quellen und Monographien ausgewertet hat : die Hauptsachen sind bei ihm nur zu oft falsch gesehen; aber in Minutien kann er von geradezu aufreizender Genauigkeit sein ! Es wäre also durchaus möglich, daß er in Einzelheiten Victor Tunensis gefolgt ist, Morcellis ‹Africa christiana›, oder ähnlichen botanischen Kuriositäten – wer Lust hat, mag's untersuchen.

\*

Titelblatt und Personenverzeichnis sind auch in diesem Falle verschwunden – ob nun aus Gedankenlosigkeit des früheren Besitzers; der Fingerfertigkeit eines Autografensammlers; oder Frau Albertinens Trägheit, die beides vielleicht einem Verleger zur Kurz-Kenntnisnahme offeriert, und dann vergessen hat, zurückzufordern. Die Reihenfolge der Personen im anschließenden Verzeichnis ist also post festum von mir hinzukonstruiert, und nicht die von F. selbst gegebene – das ist schade; denn dergleichen gibt immer wertvolle Aufschlüsse über Rangordnungen, von Anfang an Geplantes, und später Hinzugekommenes. –

PERSONEN :

HILDERICH, König der Vandalen
GELIMER, erst Thronanwärter; dann König der Vandalen
AMMATAS } Gelimers Brüder; Feldherren
ZADSON
GIBAMUND, Gelimers Neffe
RUTLAND, Gelimers Schwestersohn
HOAMER, vandalischer Feldherr
HELIODORA, Griechin, seine Geliebte
EUAGEIS, Hoamers Bruder

DEIDON, Negersklave Heliodoras
ABDUL  
HAMED } arabische Führer
HARUN, Araberknabe, Freund Rutlands
BELISAR, byzantinischer Feldherr
ANTONINA, seine Gemahlin
PROCOPIUS von Cäsarea, Belisars Rechtsberater und Geheimsekretär
NIKEPHORUS, byzantinischer Gesandter
ARCHELAUS, byzantinischer Offizier
FARA, Herulischer Anführer, in byzantinischen Diensten
BLEDA, hunnischer Anführer, in byzantinischen Diensten.

– – –

1 Hauptmann / 1 Greis / 1 Bauer mit Weib und Söhnlein / 1 Knappe / Schmiedeknechte / Mönche / Sklavinnen und Tänzerinnen / Sklaven / Araber, Griechen, Karthager, Vandalen, Hunnen / Weiber, Bauern, Greise, Bewaffnete / Volk.

VORSPIEL

»/ : Nacht. – Großer Platz in Karthago, theils von prächtigen Gebäuden umgeben, theils mit Trümmern aus uralter Zeit. Etwas entfernt zur Seite eine Kapelle. Im Hintergrunde die Pfalz des Wandalerkönigs Hilderich, mit hochliegender offener Säulenhalle, von wo eine breite Quadertreppe an den Boden herab führt. In der Halle, festlich erleuchtet, ein prachtvolles Mahl; König Hilderich obenan, Hoamer unter den Gästen. Unten auf dem Platz, im unsicheren Mondgefunkel, ist vieles Volk aller Art versammelt. : /«

König Hilderich zecht mit Gästen; sie feiern ein Fest. Ab und zu eine Stimme aus dem Volk, die den Feldherrn Hoamer hochleben läßt; im Gegensatz dazu tritt ein Bewaffneter auf und ruft : »Zu Boden mit dem Feldherrn, der das Feld nicht hielt !«. Ein zweiter Bewaffneter erscheint von der andern Seite, und verteidigt Hoamer : »... weil unser Feldzug wider das arab'sche Heer, / das durch die Wüst' umschweifende, nicht glücklich war ? / Solch Volk hat seine wunderliche Kampfesart / und stellt sich nicht zur regelrechten Schlacht / ... / und uns entgegen toste Wind und Staubgeroll / so unversehen ...«. Der erste Bewaffnete bleibt dabei : »Wer unvorsichtig kriegt, mag fallen !« Der zweite dagegen : »Doch Feldherr und Geschwader haben so gekämpft, / daß selbst der Neid uns preisen muß !« Fortgesetzter, zunehmend schärferer Wortwechsel; man zieht die Waffen – der zweite Bewaffnete erkennt am ersten Streich seines Gegners, der ihm sogleich das Schwert aus der Hand schlägt, daß jener Fürst Gelimer, der Neffe und Thronerbe Hilderichs, ist, und giebt den Kampf auf. Zwischenein Stimmen aus dem Volk : »... will den Feldherrnruhm erwecken / seines Ahn, des Geiserich? / ... Ach, das sind so Heldenträume; / ja, die stören manche Lust. – / Geiserich hat uns erobert / und für uns taugt der Genuß. / Und für uns beginnt der Handel: / doch im Krieg gedeihet der nicht ... / ... Hoch leb' König Hilderich; / hoch leb' der Monarch des Friedens!« Das den zornmütigen Kriegsfürsten fürchtende Volk verstummt, und geht auseinander; auch Gelimer ab. – Hoamer tritt aus der Halle oben auf den nun leeren Platz, und spricht vor sich hin: das Fest ist ihm zuwider, zumal, daß man ihn lobt, wo er doch gar nicht gesiegt hat. Sie preisen ihn als ‹Achilleus der Vandalen›, »... weil ich noch da bin, / weil mein Gebein nicht bleichet in der Öde Staub.« Anders wird man in Wallhall denken, »... von wo hernieder schaun die alten Helden der Vandalen, / hernieder schaut mein Ahnherr Geiserich / mit richtend funkelnden Augen auf / der Enkel matt hinwelkend weichliches Geschlecht.« Erneut tritt Gelimer herzu, und drückt Hoamer seine Freude aus, über die eben gehörten Gedankengänge; der streitet jedoch ab, daß dies seine wirkliche Meinung sei, erklärt es nur für eine vorübergehende Verstimmung, und lädt Gelimer vielmehr ein, doch mit ihm zum Fest zurückzukehren. Gelimer lehnt ab, und wirft Hoamer vor, daß sie dem Nicht-Feldherrn Justinian Tribut zahlen müßten. Hoamer: Aber Belisar schwinge doch ein tapferes Schwert für ihn. Gelimer: Er solle es erst einmal am Germanenschwert prüfen! Es nenne sich wohl Alles noch Roma, wäre aber keine Roma mehr: »Jetzt Byzanz! / Sie selbst nicht wissend, ob sie Römer sind, / im Aug des Fuchses Schlauheit, oder Griechen!«. Nur die angeworbenen Germanen hielten noch das Reich dort zusammen: »Ein tücht'ger Ruck gemeinschaftlicher Kraft / von uns, und unser wär die ganze Welt!« Hoamer entgegnet: »Karthago *ist's*. Was hilft ein wär'? / Genießen laß' uns froh das *ist*!«. Gelimer zürnend ab. – Hoamer bleibt nachdenkend zurück, grübelnd, warum er sich Gelimer gegenüber eigentlich so unzugänglich gezeigt habe, hätten doch auch ihn dessen Heldenworte erfreut: »und fühl' ich ihren ritterlichen Nachklang doch!« – Ein vermummtes altes Weib schreckt Hoamer auf; dann wirft sie die Verkleidung ab, und steht da als Heliodora, seine Geliebte, die die Verhüllung nur angelegt habe, um zur Nacht unbehelligt ihrer Stern-Wahrsagekunst nachgehen zu können. Hoamer redet die strahlend schöne Geliebte an als: »Du hold auf Lesbos aufgeblühtes Hellas-Kind? / Du Nichte Kaiser Justinians«. Heliodora will ihres ‹Mars› Geschick aus den Sternen lesen: zwar Mars glänzt hoch und strahlend hell; aber weiterhin droht finsteres Gewölk – das gelte sicherlich erst dem Ende der Heldenlaufbahn; Schlachtfeldtod bedeute es nun eben nicht, aber die strahlende Heldenlaufbahn sei gesichert. Heliodora redet Hoamer zu, die

Nachfolge Hilderichs doch selbst anzutreten; die Thronfolge für den schwachen Greis würde immer akuter; sie habe Alles bei Justinian vorbereitet, man sei in Byzanz damit einverstanden, ihn als Vandalenkönig anzuerkennen und notfalls zu unterstützen. Hoamer : Nein; nach Vandalenrecht gebühre Gelimer die Nachfolge, weil der Geiserich näher verwandt sei; er selbst stamme ja nur aus einer jüngeren Linie. Außerdem, was gelte er schon als Barbar am Griechenhofe ? Heliodora : Da irre er sich; man schätze ihn dort sehr, ja, bewundere ihn als Held. – Gemeinsam blicken sie in die Sterne; Liebesflüstern; sie entschließen sich, diese Stunde durch ein eigenes Fest zu feiern, es fehlt nur ein Bote, der voraus, in Heliodoras Villa, eilen könne : schon huschte aus dem Schatten der schnellfüßige Deidon, Heliodoras ergebener Negersklave, heran, der seiner Herrin von fern nachschlich, um notfalls immer schützend zur Hand zu sein. Man sendet ihn ab, das Fest zu bestellen. Und schon erscheinen nach kürzester Frist tanzende Sklavinnen Heliodoras und holen die Beiden, sie mit Blumengirlanden umwindend, ab. – Währenddessen hat sich die Kapelle erhellt; leiser Chorgesang dringt heraus : »Das Gewühl des sünd'gen Spottes . . .« – Ammatas und Zadson, Gelimers Brüder treten auf; dann auch dieser selbst, der sie zu einem Überfall auf Hilderich beredet. Zunächst Zaudern; dann wird man sich einig, hätte doch der alte Vater Gelar ihnen als Weisung hinterlassen : »Seid einig, ihr drei Heldenkinder, immerdar; / der Jüngste ehr' des ält'sten Bruders Hauptmannsrecht.« Sie beschließen, die günstige Gelegenheit, wo oben alles vom Fest bezecht ist, zum sofortigen Staatsstreich zu nützen. – Euageis, den Festkranz im Haar, tritt oben aus dem Saal, ruft trunken zur Kapelle hinüber : die singenden Mönche möchten stille sein. Er sucht seinen Bruder Hoamer hier draußen, findet ihn jedoch nicht, und tritt in den Saal zurück, der hinter ihm verschlossen wird. Die Lichter in der Kapelle sind schüchtern erloschen; Mönche ziehen paarweise daraus hervor, und über den Platz unten von hinnen; leise murmelnd verschwinden sie zwischen den Trümmern. – Plötzlich Kampfgeschrei von oben. Euageis taumelt blutend aus dem Saal; ebenso Zadson und Gelimer, aus Versehen gegeneinander fechtend, sie erkennen sich jedoch bald, sind zum Glück unverwundet, und nehmen Euageis gefangen. Auch Ammatas tritt auf, und bringt den von ihm überwältigten Hoamer; berichtet jedoch fast beschämt, daß das kein sonderliches Heldenstück gewesen sei : man hätte die festlich erleuchtete Villa umstellt, und dann zu ihm hinaufgeschrieen; sofort sei er auf den Balkon geeilt, und von oben herab mitten unter sie gesprungen. Heliodora habe ihn zurückhalten wollen; er aber habe sich losgerissen, und »niedertaumelnd sank er hin ins Gras, / und keck empor sich stemmend ans gezückte

Schwert / zersprang die spröde Kling' ihm unter seiner Wucht.« Zuerst sei man ob des kühnen Sprunges zurückgewichen; als man aber das Schwert zerbrechen sah, habe man ihn leicht überwältigen können. Gelimer hat also auf der ganzen Linie gesiegt; er »verkündet laut die Rückkehr jener großen Zeit, / wo vor dem Schwert sich der Vandaler beugte recht !«; er wird nach altem Brauch auf den Schild gehoben, und jubelnd von dannen getragen. – Heliodora und Deidon treten auf. Sie macht sich Selbstvorwürfe, an Hoamers Unglück schuld zu sein, weil sie ihn zurückzuhalten versucht hat; deshalb wäre er im Schwung gehemmt worden, schief gefallen, und so sein Unglück gekommen. Deidon soll als ihr Bote an Justinian nach Byzanz eilen. Beide ab. – Der inzwischen beträchtlich vermehrte Feierzug mit dem auf dem Schild stehenden Gelimer kommt wieder vorbei; Zadson und Ammatas gehen ihm je zu einer Seite; Gesang und kriegerische Musik, Jubel und Zusammenschlagen von Waffen. Deidon, Heliodoras »Schwarzer Pfeil«, rennt blitzschnell in Gegenrichtung über die Bühne.

ERSTER AUFZUG

»/ : Im Hafen von Karthago. – Abendstunde. – Ein griechisches Schiff vor Anker, aus welchem Nicephorus und Procopius mit Gefolge ans Land steigen, wo sie ein Hauptmann Gelimers empfängt. : /«

Der vandalische Hauptmann begrüßt die Ankömmlinge als »Gesandte Kaiser Justinians, / zu dem mein König Gelimer sich Gut's versieht«; er geht ab, sie zu melden; die Griechen verweilen am Strand, schaun sich um und reden zusammen – es ist ihnen hier, bei dieser Kombination von Afrika und Germanischem, nicht wohl »... dieser Libya-Strand ... heißer Wüstenbrand ... / und ist's, als brüllten Löwen heiser in mein Ohr, / und seegelten gespenst'ge Strauße vor ihnen her.« Procopius: »Der Eulen Kunden aus uralter Zeit / umheulend dies Karthago ... selbst ja dachtest Du / an Didos Scheiterhaufen, an Äneas Flucht« (er läßt weiter die Geschichte der Stadt vorüberziehen; die Phönizier; Hannibal): »... auf ihren Trümmern trauert Marius dann, / er selbst ein Bild erlegner Romas-Herrlichkeit. / Viel später stürmt aus seiner Asiawelt / – vielleicht auch ganz wo anders her; wer mißt den Sturm ? – / dies Volk der kühnen Wandaler an diesen Bord ... / ... und graunvoll rauscht im Westen nie durchforschtes Meer, / verhüll'nd vielleicht gespenstisch Land, / vielleicht auch wohl / ein Paradies an gold'nen Wunderdingen reich; / doch unerreichbar für der kühnsten Meerbewält'ger Kiel. / ... Im Südwest eine Wüstenwelt, umwölkt vom Staub, / durchheult von Löw' und Schakal, und durchhüpft vom Strauß, / durchsprengt von dem Zentaurenvolk der Araber – / : Wie wird es Dir, Nicephorus, an diesem Strand ?« Nicephorus : »Seltsam.« – Der Hauptmann kehrt zurück, und bietet ihnen guten Empfang und gastliche Bewirtung. Chorgesang jauchzender Jünglinge. Alle ab. Zwei Araber treten auf, sehen Jenen nach, und erinnern sich, in bedeutsamem Kontrast, »der lieben Wüste, weiser Märchen voll.« Szenenwechsel : »/ : Gemach in König Gelimers Burg. Auf der einen Seite ein Ruhebett; auf der andern ein Tisch mit Pergament und Schreibzeug, daran ein Schreiber, emsig beschäftigt, sitzt. Eine Zither hängt über dem Ruhbett von der Wand hernieder. : /« – Gelimer hat einen schrecklichen Traum gehabt : von einem glühenden Goldschild, der den blendete, der hineinschaute. –

Szenenwechsel : »/ : Große Vorhalle im Gefangenenthurm. Im Hintergrund eine Doppelthür mit Stufen; zu beiden Seiten kleinere Pforten. Hoamer und Euageis mit Zithern in den Händen. – Die Thürflügel gehen langsam auf, und zeigen ein von der Morgensonne durch ein großes farbiges Fenster her erleuchtetes Gemach. In der Thür steht König Hilderich, ein hoher Greis in langen faltigen Gewanden. : /« – Hoamer und Euageis bedienen den König und wollen ihn durch Zitherspiel erfreuen. –

Szenenwechsel : Prachtvoller Baumgarten König Gelimers mit Springbronnen und glänzenden Vogelhecken ausgeschmückt. Im Hintergrund ein ‹Blumenhaus› mit verschlossener Doppeltür. Deidon klettert über das hohe Gartengitter her, ersteigt einen Baum, und verbirgt sich in dessen Krone. Schmiedeknechte, einen glühroten Schild an einer Erzstange tragend, erscheinen im Hintergrunde; Gespräch, ob auch genügend Kohle, »zu wecken die Gluth«, noch vorhanden ? Sie tragen den Schild in das Blumenhaus, das hinter ihnen wiederum verschlossen wird. – Nicephorus, Procopius, und der sie geleitende Hauptmann treten auf, die Gesandten in glänzendem Schmuck. Gelimer geht im Hintergrund auf und ab, in tiefem Sinnen mit sich selbst redend; er entfaltet endlich das Sendschreiben, und liest darin. Dann und wann späht Deidon aus seiner Baumkrone hervor. Endlich kommt Gelimer rasch sporenklirrenden Trittes aus dem Hintergrund nach vorn, und stellt sich dicht vor die Gesandten hin, das Pergament halb zerknüllt in den Händen. Er fragt, ob sie wüßten, was der Brief enthalte ? Nicephorus : Gewiß; Kaiser Justinian gebiete, den Hilderich wieder als König einzusetzen. Gelimer : Justinian könne ihm nichts befehlen. Procopius : »Es spricht durch mich der weise Kaiser Justinian ...«; Gelimer solle sich doch nicht mutwillig ins Unrecht setzen : nach des greisen Hilderich Tode, den er deshalb doch wirklich abwarten könne, falle ihm der Thron ja ohnehin zu. Gelimer läßt sich lachend auf einen Sitz nieder, und legt nunmehr seinen Standpunkt dar : Hilderich wäre ein schwacher Greis, unter dem das Volk entarte, Africa bedürfe gerade jetzt einer starken Hand. Nachdem die Gesandten ihn auf die Konsequenzen seiner Weigerung hingewiesen haben, gehen sie ab. –

Gelimer hat einem Diener befohlen, zwei gefüllte Pokale herbei zu bringen; diese erscheinen jetzt und werden auf einen Steintisch gesetzt. Diener ab; Deidon stärker hervorspähend. Gelimer führt Hoamer aus der Kulisse herbei; der geht gesenkten Haupts einige Schritte hinter ihm, ohne Schwert. Dann und wann blickt Gelimer prüfend auf ihn; endlich lädt er ihn ein, mit ihm zu trinken, ihn als König anzuerkennen, und, gemeinsam mit ihm, den alten Vandalenruhm zu erneuen. Hilderich solle nichts geschehen; er solle, abgedankt, irgendwo in der Einsamkeit in Frieden leben und altern. Auch entwickelte er nochmals seinen früheren Plan vom germanischen Groß-Weltreich; sich selbst daran begeisternd nimmt er beide Pokale vom Tisch, leert den seinen mit anfeuernden Worten, Hoamer jedoch hält den seinen ablehnend in steifer Hand, er will Gelimer nicht anerkennen; noch wäre Hilderich der König. Als Gelimer ihn auch weiterhin überredet und zum Trinken nötigt, schüttet Hoamer den Inhalt des Kelches auf den Boden, mit einem feierlichen Schwur und Fluch bekräftigend, daß er bei Hilderich aushalten wolle. Gelimer fährt entsetzt zurück. Hoamer ruhig abwartend. Gelimer leise, halb für sich : er könne, wolle er es, Hoamer auch wohl zwingen, er sei ja in seiner Gewalt; könne ihn, zum Beispiel, vor den schon glühenden Blendschild führen ... er winkt; weit und rasselnd fliegen die Türen des Blumenhauses auseinander : zwischen den Blütenranken und -zweigen vorn, flammt im Hintergrund grausig-hitzig der Goldschild. Hoamer, trotzig entflammt, ruft ihm zu, er lasse sich von keinem Menschen drohen und zwingen; was über ihn verhängt wäre, wolle er freiwillig tun. Er rennt, die Arme weit ausbreitend, auf den glühenden Schild los. Gelimer, schaudernd ob solchem Trotz, ruft ihn zurück. Zu spät : schon taumelt Hoamer rückwärts, die Hände vor die Augen schlagend. Gelimer, zu ihm tretend, fragt entsetzt, warum er das getan, er habe ihm doch nur drohen wollen. Hoamer, dumpf : einem Helden dürfe man nicht drohen. Deidon gleitet langsam vom Baum nieder, und schmiegt sich Hoamer an; spricht zu Gelimer; flüstert in Hoamers Ohr. Gelimer giebt Hoamer als nunmehr unschädlich-Blinden frei. Deidon führt Hoamer in die Pflege Heliodoras; Beide ab.

Gelimer allein, in finsterem Sinnen. Zadson und Ammatas treten auf. Gelimer unterrichtet sie, daß auf Sardinien der vandalische General Godas, »zum Tribut / verpflichtet an das Reich der Vandaler hat / sich selbst gekrönt als Herrscher / und in Justinians Schutz begab er sich.«

Zadson erhält den Auftrag, sich mit einem Heer zur Niederwerfung des Aufstands nach Sardinien zu begeben.

ZWEITER AUFZUG

»/ : Heliodoras Villa vor Karthago. Ein anmutiger, von edlen Gesträuchen und Blumen dicht eingehegter Rasenplatz. Heliodora sitzt in offener Marmorhalle, die Zither rührend und singend; zu ihren Füßen schläft auf reichen Teppichen Hoamer, den Kopf in ihren Schoß gelegt. Hinter ihr, an einem zierlich besetzten Kredenztisch, steht Deidon, auf ihren Wink lauschend. : /«

Heliodora singt dem schlummernden Geliebten ein Lied zur Zither. Dann Unterhaltung, in wehmütig-liebevoller Stimmung. Hoamer drückt die Gewißheit aus, er sei nun am Ende seiner irdischen Laufbahn, und fühle den Tod nahen. Heliodora darob schmerzlich betroffen, aber durchaus verständnisvoll; sie vermöchte vielleicht vermittelst ihrer Sternenkünste das Ende noch aufzuhalten, wagt es jedoch nicht. Hoamer läßt sein Haupt in ihren Schoß zurücksinken und stirbt. Heliodora und Deidon tragen zusammen den Leichnam fort. –

Szenenwechsel : »/ : Reich geschmückte Prachthallen in Hermiana. Offene Bogengänge im Hintergrund führen auf üppige Gärten hinaus. Großes Fest. Gelimer mit seinen Helden, nach römischer Weise auf Polsterkissen um eine Tafel her gelagert; Gibamund, sein Neffe, ihm zunächst. Sklavinnen reichen Getränke herum. – Zwei Boten eilen von der Gartenseite in die Halle, bleiben plötzlich stehen und neigen sich tief vor Gelimer. : /«

Boten : »... Gelandet ist die Römermacht in Africa !«. Gibamund, aufspringend, drückt seine Freude an den bevorstehenden Schlachten aus; auch die andern Mahlgenossen haben sich erhoben und murmeln untereinander. Fünf Tagereisen von hier wären die Griechen gelandet, in Caputuada; und »weil unversehns ein frischer Quell der aufgewühlten Erd' entsprang«, hätte man das als günstiges Vorzeichen gedeutet, und wäre rasch weiter vorgerückt. Gelimer düster lächelnd, ob solchen Aberglaubens; unter den Vandalen jedoch betroffene Bewegung. Weiter »gar strenge Mannszucht hält der Belisar«; die Truppen raubten und plünderten nicht, sondern bezahlten vielmehr Alles, was sie brauchten, sogar gut, weswegen ihnen die einheimische Bevölkerung nur so zuströme, und ihnen mehr zutrüge, als sie überhaupt brauchten. Gelimer, wütend auffahrend : das sei nichts als griechische Tücke, um das Volk für sich zu gewinnen; später würde man's ihnen schon anders zeigen. Debatte, ob

Gelimers Geheimschreiber Bonifacius sicher. – Plötzlich tönt aus den Gärten Knabengesang herauf, ein uraltes Verslein, wie erst ein ‹G› ein ‹B› treibe, dann aber umgekehrt – Gelimer deutet's düster auf sich und Belisar. Der kleine Sänger kommt, und ist Gelimers Schwestersohn, Rutland.

Gelimer braucht Boten, und übergeht dabei die zwei eben gekommenen Vandalen, er wählt dafür lieber Araber. Die Vandalen erst beleidigt, ob des Vorzugs, den Jene erhalten; aber Gelimer beschwichtigt sie: sie wären doch bereits ermüdet, und deshalb die landeskundigen und noch frischen Araber weit schneller. Schon treten diese auf: »Hier sind wir, Pfeile der Wüste, und wie der Glutwind rasch, und wollen ausrichten, Meister, was Du gebieten magst.« Sie berichten anschaulich von ihrem Wüstenleben in der fernen Klippenlandschaft Pappua, deren Gipfel die ganz uralte Stadt Medenus trägt; sie laden Gelimer ein, sie doch durch »der Wüste Trümmergraus« einmal zu begleiten und in Pappua zu besuchen, alle Bewohner dort würden ihn gern aufnehmen. Gelimer, der inzwischen einige Brieflein geschrieben hat, lehnt dankend ab; die Araber schütteln die Köpfe, und flüstern heimlich miteinander. Gelimer schickt sie zu Ammatas und Gibamund: sie sollen ihre Reiter sammeln und zu Flankenangriffen bereit halten; man wolle den Feind möglichst von der See, und von seiner Flotte abschneiden. Jubelnd schlagen die Vandalen an die Schilde, und eilen ab; Gelimer blickt in stolzer siegesgewisser Haltung ihnen nach. – Knaben kommen hereingelaufen; als ihr Anführer der kleine Rutland, ein gleichaltriges Araberbüblein, Harun, an der Hand; atemlos berichtet er, wie sie erst miteinander gekämpft, dann aber Frieden geschlossen hätten. Gelimer erkundigt sich lächelnd, wer denn gewonnen habe – Jeder der Beiden schreit ‹Ich!›, und sie geraten sich von Neuem in die Haare. Gelimer beschwichtigt sie, und führt sie an das zurückgelassene, kaum berührte Mahl. Die Knaben drängen sich lüstern-fröhlich darum her. – Ein vandalischer Hauptmann tritt auf, und meldet: Sieg in Sardinien! –

Szenenwechsel: »/ : Baumgarten im Sommersitz Gelimers zu Grasse. In der Ferne ein prächtiges Schloß. Allerwärts sind Krieger aus Belisarius Heer gelagert; theils Griechen, theils Hunnen, theils andere bundesverbündete Geschwader. Reisighütten und Gezelte der Krieger ringsumher. : /«

Griechen und Hunnen in neckendem Gespräch. Die Griechen nennen die Hunnen ‹Massageten›; die fassen das ihrerseits als Schimpfwort auf, und fragen die Griechen höhnisch zurück, wie's bei Abydos war. Der Streit artet in Handgreiflichkeiten aus; schon greifen einzelne zu den Waffen, hunnische Säbel blitzen; da tritt der Führer der Hunnen, Bleda, zwischen die Streitenden, und es gelingt ihm, etwas wie Frieden zu stiften; aber gleich darauf geht das Gestichel erneut los, und nun wird es selbst Bleda zuviel – beide Parteien bereiten sich zur blutigen Schlägerei. Da ertönt plötzlich fröhliche Kriegsmusik; die Streitenden halten staunend inne : Fara mit seinen Herulern zieht von der Seite herein, so, daß er die einander Bedrohenden trennt. Ein Gesang der Heruler mit Hörnerbegleitung ertönt, die edle Dame Antonina verherrlichend. Fara winkt mit dem Schwert; die Heruler schwenken ein, die Zugänge deckend. Fara tritt zwischen die Hunnen und Griechen, und überredet sie, doch Frieden zu halten, zumal in Gegenwart der Gattin des Feldherrn. Die Hadernden weichen murrend aber scheu auseinander. Auf der Treppe des Palastes wird oben Antonina sichtbar; Fara neigt sich tief, und zieht mit seinen Truppen von hinnen. Hinter ihr tritt Procopius heraus, und wandelt neben ihr die Stufen herab, bis zum Vordergrund. Die – völlig verzeichnete ! – Antonina schwärmt von den Germanen : »Ja, recht wie Engelswächter kommen sie mir vor, / die blonden Lichtgestalten, und selbst Belisar, / weißt, führt seine Herkunft von Germanen ab.« –

Belisarius tritt nun – übrigens hier zum ersten Mal – persönlich auf, bei ihm Archelaus und andere Kriegsoberste; er erteilte Befehle : Archelaus soll die am Strand hinziehenden Proviantkolonnen decken. Archelaus ab. Fara soll die Reise Antoninas nach dem nächsten Lagerplatz, dem Hügelpaß bei Decimum, schützen – der findet den Auftrag zwar enorm ehrenvoll, möchte aber doch lieber einen Platz, wo es ein wenig heißer her und zu ginge. Belisar beruhigt ihn; er traut dem Feinde nicht recht; es würde auch dort genug harte Arbeit für ihn geben. »Der Feind ist heut so ziemlich allerwärts.« – Bleda mit den Hunnen soll sich auf den linken Flügel begeben, und dort, mit weit, bis zum Wüstenrand auseinandergezogenen Schaaren dafür sorgen, daß kein Feind durchbreche, bzw. durchsickere. Johannes der Armenier, Belisars Hofmarschall, soll die Vorhut gegen Karthago führen. – Trompetenklang. Alle in bedeutendem Zuge nach verschiedenen Richtungen ab.

Szenenwechsel : Vor Karthago, in der Nähe von Heliodoras Villa. Ammatas hält zu Roß, in prachtvoller Rüstung. Die ins Feld rückenden Schaaren ziehen an ihm vorüber; ihr Gesang : »Durch die Welt einher, / mit sicherm Speer, / mit sicherm Schwert, / über Hof hin und Heerd, / ziehn die Vandalerscharen. / Sie fahren und fahren / von uralt-eis'gem Norderstrand, / durch Land in Land, / hinein in des Südens heißen Brand : / Hei Ho ! – Hei Ho !« – Eine Frauenstimme tönt aus der Villa : Heliodora tritt auf den Balkon hervor, und verflucht die hinausziehenden Schaaren. Der Gesang bricht ab; man stutzt. Wortwechsel mit Ammatas, wegen

Hoamers Tod. Ammatas sprengt wild von hinnen – seine Truppe ihm nach, jubelnd in die Kriegsmusik einstimmend : Hei Ho, Hei Ho ! – Heliodora sinkt zurück in die Arme ihrer herbeigeeilten Frauen.

Szenenwechsel : Freies Feld, schon unfern der Wüste, aber noch von einzelnen Gehäcken und Ackerstücken belebt. Ein Bauer mit Weib und Söhnlein aus der Hütte tretend; man bespricht sich : ob's früher besser war, ob jetzt ? Von weitem sieht man Araber ankommen : die sollen lieber zum Nachbar gehn; von dem könnte man's dann ja auch erfahren, und liefe selbst keine Gefahr. Sie bergen sich schnell wieder im Haus; man hört innen Riegel vorschieben. – Abdul kommt mit einem geschmückten Gefolge feierlich geritten; von der anderen Seite sprengt Hamed mit einigen Reitern rasch heran. Beide bleiben einander gegenüber halten. Hamed : »Nun, Du woher so feierlich ?« Abdul : »Du woher so wild ?« Hamed : »Aus dem freien Wüstengefild ! ...« Abdul überbringt seinem Emir Geschenke der Griechen, und zählt sie umständlich auf, goldnes Gewand, usw., also praktisch Bestechung. Beide kommen überein, daß Neutralität wohl das Sicherste wäre. Hamed zu den Seinigen : »Wohlan : fliegt zu !« Abdul zu den Seinigen : »Ihr : zieht mir nach in Würd' und Ruh.« Nach beiden Seiten dementsprechend ab. – Wieder lauscht der Bauer aus seinem Gehöft hervor; ein Nachbar schleicht heran : ein Vandalerläufer ist durchgekommen mit der Nachricht, Gelimer habe zwei silberne Byzantiner auf jeden Feindeskopf gesetzt. Die Beiden beraten sich, wo's da am wenigsten Gefahr gäbe, bei Weibern, Kindern und Schlafenden, Kopf wäre ja wohl Kopf; sie wollen so viel liefern, wie nur möglich : »'s gilt ! : 's gilt !«. – Beide ab.

Szenenwechsel : Hügelgegend unweit von Karthago. Auf schrofferem Hügel in der Mitte ein Wartturm; Gibamund zu ihm hinaufgehend, und ins Thal zurücksprechend. – Oben auf dem Turm erscheint Bleda, seinen hunnischen Bogen gegen Gibamund richtend. Gibamund, den Turm für leer haltend, dringt ein; aus dem Innern sogleich Kampfgeschrei und Waffenklirren. Bledas Stimme : »Ihr Abgrundmächte, flink hervor !« Gibamund, schwer verwundet aus der Pforte taumelnd : »Her, was frei funkelt klar von Tageslichtern : her zum Streit !«. Bleda ihm nach, den blutigen Säbel hoch geschwungen; Gibamund will ihn anfallen, sinkt jedoch machtlos zu Boden. Gibamund stirbt; Bleda sieht ihm hohnlachend zu, und rennt dann laut jubelnd den Hügel hinunter. Szenenwechsel : Schlachtfeld unweit des Engpasses Decimum. Alles ist vorüber, und still geworden. Ammatas, schwer wund, sitzt auf einem Stein, beide Hände über seinem Schwertknauf zusammengestützt. Erschlagene liegen umher. – Ammatas : »... riß es mich fort, den Paß vorbei an Decimum, ins freie Feld, / wo bald ich überflügelt von den Feinden ward – / gar anders hieß mich's Gelimer; wird schelten nun, –« er lacht leise : einen Toten könne Gelimer ja nicht mehr schelten. Er sieht, um sich blickend, wen er Alles so erschlagen hat; »ein Kämpfer aus dem Nebelland, / das hoch sich hinziehn soll in nordscher Welt« war der Glanzpunkt seiner Leistungen. Oder hatte der ihn verwundet? Er weiß es nicht mehr, und stirbt.

Belisar mit Hauptleuten und Gefolge. Johannes wird schon weit voraus sein, und verfolgt seinen Zug. Ein Kriegsoberster meldet : »... denn schon steigt in der Richtung von Hermiona / gewalt'ger Staub von riesigen Geschwadern auf, / herstürmend und in großer Zahl und großer Eil'!« Die Massageten haben sich abdrängen lassen, »und nun befällt uns unversehns der Gelimer mit großer Macht.« – Belisar, nach scharfem ruhigem Umblicken entscheidet : das käme noch darauf an, wer jenen Hügel dort zuerst besetzen könne; er sendet sogleich Truppen ab. Nachdem er längere Zeit schweigend abgewartet hat, ruft er : »Halt !«; ein Signal der Salpinx, mehrfach von fern wiederholt – es ist das Rückzugssignal, weil er erkannt hat, daß Gelimer jenen Höhenzug würde eher besetzen. Belisar : »... Und wir Alle zu Roß! / Auch wir jetzt rückwärts; hoffend, in verstärkter Kraft / bald wied'rum vorzudringen.... Jetzt keine Schlacht! Um alles nicht!« Geht rasch ab; die anderen mit ihm. – Kampfrufe, Rosseswiehern, Hörnergetön und Waffenklirren, immer näher heran brausend.

Gelimer zu Pferd, ein Knappe hinter ihm, erscheint auf einer Höhe, gezücktem Schwerts nach vielen Seiten hinwinkend; er befiehlt : »Drauf, ich will's, durch diesen Thalgrund!«. Sein Blick fällt auf den Grund, er sieht den toten Bruder, und steht wie erstarrt; wirft das Schwert in die Scheide, und schwingt sich vom Roß; im langsamen Herniedersteigen vom Hügel : »... ach, in diesem Augenblick / wüßt' in der Welt ich Lieb'res nicht als Dich, nur Dich.« Vandalenkrieger kommen feierlich mit gesenktem Banner geschritten, legen Ammatas' Leichnam darauf. Trauermusik auf Kriegshörnern. Längere Feiern. Gesang der Krieger : »Wackrer Held, gefallen / in der Waffen Drang; / Trauerklang uns Allen, / Dir ein Ehrenklang! / Die nie wollten weinen, / fest gleich Felsgesteinen, / weinen bitterlich, / lieber Held, um Dich.« Ein Vandalerhauptmann erscheint zu Roß auf der Höhe; er mahnt zum Weiterziehen und zur Schlacht; gerade jetzt sei die Gelegenheit günstig. Gelimer : »Mag sein. – Du aber störe unsre Feier nicht.« Auf nochmaliges Anmahnen des Hauptmanns, entgegnet Gelimer unwillig : ob sie denn Unmündige wären, und nicht schon immer allein, ohne ihn, dreinschlagen könnten? Hauptmann reitet von hinnen. – Abermals verhüllt Gelimer sein Antlitz. Die Krieger versenken den Leichnam; ein Chor singt dazu: »... aber unsre Klingen / weihen wir am Stein, / um sie frisch zu schwingen, / wenn es heißt: ‹Haut ein!› / Bis auch wir einst fallen, / fall'n ja gilt's allein; / All' wir einst gesellt, / Dir, Du treuer Held.« – Ein hereinstürmender Bote bringt die Nachricht von Gibamunds Tod. Gleich darauf ein Kriegsoberster auf der Höhe, im Gesicht blutend: »König, nun zu spät! Zu spät nun! / All dein Heer verwirrt... Flieh nun selbst!«; er eilt vorüber. Gelimer, zusammenzuckend, und dem in Sturm und Staub Verschwindenden seltsam nachschauend: »Hu! – Wär's Hoamer gewesen, der Geblendete?«. Alle ab. Kampfeslärm.

Nach einiger Zeit Belisar zu Roß auf der Höhe: »Victoria! – Nun den linken Flügel vorgeschwenkt, / den flücht'gen Feind abdrängend von der Hauptstadt! / Haut nach! Treibt zu der staub'gen Wüst ihn fern hinaus! / Derweil rückt von Karthago frei das Fußvolk vor. –: Victoria!–«

Szenenwechsel: Garten in Heliodoras Villa. Nacht. Unter Tränenweiden das Grab Hoamers. Heliodora sitzt darauf, rührt die Saiten ihrer Zither, und singt: »... Nur daß ich's erst erwarten muß, / bis dieses Grab wird frei sein von der Zwingherrschaft / des Gelimer. Bis dahin muß ich Wächt'rin sein...« Sie betrachtet Hoamer als ihren Gatten, der ihr durch den Tod angetraut wurde. In Richtung Karthago spähend: »Die Stadt erglänzt im wunderbaren Lichterschein / und Musik steigt wohllautend draus in Feierklang / zum Himmel; – doch wehmütig. Das ist Jubel nicht / von siegsberauschten Schaaren. Dieser stille Glanz / ist nicht aus Fakkeln beutegier'ger Schaar entbrannt. / ... / Nun, bist Du da, mein schatt'ger Herold?«; sie meint Deidon, der ihr die Nachricht bringt: alle Stadttore stünden offen, und der Feind davor. Keiner wage sich hinein, und Keiner heraus. Die Kirchen wären voll Knieender; alle Lichter angezündet: »Und kommt kein Feind doch je hineingerückt, und Niemand wagt / hinaus zu rücken, hinaus zu blicken, zu kucken kaum. – / Das ist mir 'ne tolle, 'ne wirre, 'ne ganz verhexte Stadt!« Belisar seinerseits fürchte einen Hinterhalt, und noch mehr, daß die eigenen Truppen im Dunkeln plündern könnten: »Eh gottgefäll'ger Untergang, als sünd'ger Sieg!« Heliodora: »Daran erkenne ich den Christenhelden Belisar.« Deidon: »Und sagte ihm, wie Du hier einsam weinst, aber geehrt. / Und er nahm die Zeichen des Weges, und sandte mich dann voraus« (sich mit über der Brust gekreuzten Händen tief neigend): »Und hieß er mir's, mich neigen vor Dir.« Heliodora: »Und hier auch bricht 'ne Welt zusammen, rettungslos; / fehlt's doch an Heldenarmen, zu beleben neu / dies wild in Blut ertrunkne Reich der Vandaler. – / Ob künft'gen Morgens Frühlicht – – –?« Sie schüttelt den Kopf und hält inne; dann, mit tiefem Seufzer : »... auch mir schwand der Geist, / der dichterisch weissagende, dies Werk Apolls, / seitdem im Rasenhügel schläft, was lieb mir ist.« Sie beugt sich bitterlich weinend über das Grab hin. Die Nacht beginnt zu schwinden. Von fern erschallen einzelne Klänge der Legionarstuba, die sich endlich zu einer feierlichen Marschmusik verweben und entfalten. Belisar und Antonina kommen in feierlichem Zuge, begleitet von reich gewaffneten Leibwächtern. Belisar neigt sich ehrerbietig vor Heliodora (Fouqué hat hier versehentlich Antonina geschrieben) : sie wäre es, die den Willen des Kaisers entzündet hätte, durch flammende Briefe; nur so habe er den Schwung dieses Riesenunternehmen gegen Africa gewagt. Heliodora sieht verzückt am Himmel das Sternbild der ‹Augensterne Hoamers› aufstrahlen und dann verbleichen; sie sagt, daß ihr Liebstes auf der Welt hier in diesem Grabhügel ruhe; und sie nun, wo Belisar da sei, nichts mehr zu wünschen übrig habe. Sie sinkt mit ausgebreiteten Armen über das Grab hin und stirbt. Deidon will fürderhin als Wächter an der Gruft der Beiden wohnen bleiben.

Ein Kriegsobrist tritt auf, und meldet : »... nur staunend sehn die Bürger / sich gesichert vor jedwedem Übermuth des Heers. ... Willst Du ganz / das Friedensbild verwirklichen in dieser kaum erst bangen Stadt, die jetzt vertrau'nd aufatmet : Komm, genieß des Mahls / bei offnen Thüren.«

Belisar und Antonina ziehen von hinnen; während die Zurückbleibenden sich unter Deidons Aufsicht zur Grablegung anschicken.

### DRITTER AUFZUG

Gelimers Lager in der Ebene von Bulla, an der numidischen Grenze. Die Kriegsleute unter Zelten und Laubhütten hin und wieder gelagert. Gelimer im Vorgrunde heftig auf und niederschreitend : der blinde Hoamer scheint ihn ständig zu verfolgen : »Wenn es nur keine tollen Träume gäbe !«. Er schlägt beide Hände vor die Augen, und bleibt so, wie in Erstarrung stehen.

Von fern kommt Anruf und Antwort von Heeresposten. Dann einzelne Hornesklänge. Gelimer feurig empor, die Hand am Schwert : ? : Bruder Zadson ist gelandet, und führt sein gesamtes Heer aus Sardinien zur Hilfe heran : »Erlegen ist der Godas seinem Heldenarm.« Da Gelimers Heer sieglos blieb, will man ihn nicht mit Waffenklang empfangen; und auch Zadson rückt, mit Rücksicht darauf, ohne Musik an. Gelimers Mannen starr, mit gesenktem Blick. Zadson erscheint mit Kriegsleuten auf der Höhe. Langes Schweigen von beiden Seiten. Dann reißt Gelimer Zadson an seine Brust: »... da hab' ich, statt zu kämpfen, kind'sch geweint, / mir fortgeweint den nahen Sieg – oh, Mensch ist schwach! / Jetzt will ich, darf ich weinen!«. Sie stehen still und reglos; ebenso beider Gefolge und die sonst anwesenden Krieger. Einige Araber zeigen sich auf der Höhe, und ziehen sich stumm wieder zurück. Endlich richtet Gelimer sich wieder gefaßt empor, und die Hauptleute wollen herzu treten; aber er winkt sie noch zurück, erst will er in Zadsons Brust sein herbstes Weh hauchen. Leise: »... ist schrecklich wahr: die alte Heldentugend unsres Volkes / ward matt... Obgleich sie Alles, was ein Leben schmückt / für edle Menschengeister, lichten edlen Ehrenruhm, / der Weiber und der Kinder Freiheit, eignen Heerd, / obgleich sie das verloren sehen allesamt... / Schaamroth steh' ich, mißtrauend meinem eignen Volk, / zerrissen von der grausen Schmach der Vandaler, / ich unbeglückter Geis'richsenkel vor Dir, Held.« (Hier, wie schon zuvor, ergibt sich übrigens aus dem Versmaaß, daß Fouqué sich des öfteren die Freiheit genommen hat, die erste Silbe zu akzentuieren.) – Die Hauptleute treten bescheiden wieder vor: »... König, keines Fluchworts Donner / schüttert uns so fest das Herz, / als Dein grabestiefumhüllter, / kaum nur ausgehauchter Schmerz ...« – Kriegsmusik und das unvermeidliche Zusammenschlagen der Waffen. Alle ab. Szenenwechsel: Halle im Palast zu Karthago. Antonina vor einem Gewebe sitzend und arbeitend. Fara, zierlich gerüstet, in einem Fensterbogen.

Fara: »Grimm, wie aus seiner Kluft verdrängter Tieger, / zeucht jener Gelimer heran. / Und Euer Gatt', obgleich nur jüngst erst Sieger, / weilt, wißt Ihr, noch mit Roß und Mann / hier in Karthago... Die Mauern um Karthago, fast zerfallen / durch jener Vandaler nachlässig eitlen Trutz, / sie hat mit eifrigem Umwallen / zu Eurem und all Unbewehrter Schutz, / Eur' rastlos tät'ger Held / rasch wieder hergestellt... Baut Adler recht genau sein Nest, / gedenkt er bald recht kühn auf Raub hinaus zu schweifen.« Draußen, ungesehen, Belisars Stimme und die von einigen seiner Krieger; er spricht anfeuernde Heldenworte: »Weilt nicht!«. Gleich darauf freudiges Rufen der Scharen und Geschmetter der Kriegsmusik. (Zur Austarierung dieser ewigen anfeuernden Heldenworte sei mir erlaubt, Gibbons Ansicht zu zitieren: »The historian has inserted, and the reader may easily supply the speeches of the commanders, who, by arguments the most apposite to their situation, inculcated the importance of victory and the contempt of life.« Oder, wie es der weise Holberg ausdrückt: »es sey nöthig, daß in jeder wohlbestellten Republik wenigstens der halbe Theil Narren seyn sollten ... Es werden Eure Soldaten aller Gefahr vor ihr Vaterland sich zu unterwerfen aufgemuntert, weil sie versichert sind, daß ihrer auch nach dem Tode in den Geschichtsbüchern gedacht, und ihre Namen in beständigem Andenken erhalten werden : unsere Leute hingegen halten dies vor ein bloßes Gespötte der Ohren.«). Antonina kniet begeistert nieder : »Schwer ist mein Leben ! Herrlich doch – ich dank' Dir, Gott !« – Sie geht mit Fara ab.

Szenenwechsel : Verschanzte Lagerstellung Gelimers unweit von Karthago. Im Vorgrund Greise, Weiber und Kinder. Im Hintergrund das Lagertor, durch welches Vandalerschaaren zum Kampf hinaus ziehen. Gelimer steht in voller Rüstung auf dem Wall, und nimmt gewissermaßen ihre Parade ab. Gesang der Scharen : »Wir wollen zurück erringen, / was Unglück uns nicht errang, / an Mahl und Fest uns laben, / an Schauspiel und Gesang. / Und sollt' es nicht gelingen, – / Hei, frisch in Todesnacht ! / Hin durch die Nacht in's Lichtreich, / wo schon manch sonniges Antlitz lacht !«. Gelimer muß sich abwenden; er murmelt : »Du, mit den ausgebrannten Augen, fort !«; dann, wieder zu seinen Scharen gewendet : »Gesichert hier im Lager in der Wagenburg / bleibt Euer Liebstes allzumal, das Euer noch.« Die zurückbleibenden Weiber singen hinterher : »Hinaus zieht, wackre Fechter ! / Hinaus zu Ehr' und Sieg. / Jedwedem tapfren Falken / ruft unser Sang : Nun flieg ! / Doch Jedem, der da weiche, / dem fluchen mit Geheule / wir, ihn bei Gott verklagend, / jedwed' ihm eine Toteneule !« – Gelimer anfeuernd : »Kämpft Mann an Mann !« Zadsons Scharen schließen sich an, und singen stolz, sie hätten Sardinien erobert. Gelimer eilt, die Waffen schwingend ebenfalls hinterher, den Wall hinunter.

Weiber : Wer soll für uns Wache halten ? Ein Greis erbietet sich dazu, und besteigt den Wall. Von weit her Hornesruf, entfernte Befehlsworte, kurz Schlacht-Akusmata. Der Greis schildert nun also das Treffen : »Sie stehn; sie schaun einander furchtbar fragend an / von beiden Seiten, in noch unbestaubter Pracht / der Waffen und Paniere … Auf dem schneeweißen Barbar (= Berberhengst wohl) sprengt Gelimer / kühn herrlich funkelnd durch die Reihen auf und ab. / Der jetzt Karthago streng bewält'gend inne hat, / der mächt'ge Belisarius hält auf schwarzem Roß, / still, einem ehr'nen Bildnis gleich, ganz regungsbaar …« Schildert die Lanzen; dazwischen des beschildeten Fußvolks viel : »ein Banner flattert über ihnen : / Purpur, aus eines Silberadlers Schnabel wallend : / das sind die Prätorianer, griech'schen Heeres Kern. / Sind sie geschlagen – freilich zwar fällt das was hart – / so streut man leicht den übr'gen Rest wie Spreu hinaus.« Der Frauenchor : »O, zerstäub' sie, / Geist unsrer gewaltigen Väter, / Du von Odinszeiten urkraftvoll schon, / zerstäub' sie, donnernder Asageist !«. Die Hunnen hielten sich noch wie unentschlossen zwischen den Heeren : demnach schwanke der Sieg noch, denn »schaurig klugen Blicks hätt' es die lauernd list'ge Hunnenschar / bereits erspäht, sich wendend hin, wo lockt das Glück.« (Dieser Zug stimmt; es war Gelimer gelungen, mit Belisars massagetischen Hülfsvölkern, die man byzantinischerseits mehrfach um die versprochene Entlassung geprellt hatte, Verbindung anzuknüpfen. Immerhin verpflichteten sie sich, an der bevorstehenden Schlacht keinerlei tätigen Anteil zu nehmen; sondern sich erst nach gefallener Entscheidung der siegenden Partei anzuschließen. – Die heldischen Fouqué'schen Frauenchöre und Germanenrecken erscheinen übrigens in beträchtlich anderem Licht, wenn man weiß, daß sie zehnmal so stark waren, wie die Truppen Belisars : wenn schon Jemandem Bewunderung gebührt, dann ist es der ‹Beli-Zar› (denn der Name ist vermutlich slawisch, und heißt ‹Weißer Fürst›.))

Zwischen den Heeren fließt ein Flüßchen. Die Frauen fordern den Greis auf, mehr zu berichten : »Es trifft Entscheidung nie so herb, als Angst«. Der Alte : »Ein Held führt das prätor'sche Mitteltreffen an, hoch / von wundersamem Roßhaarschmuck sein Haupt umwallt / um seine Schulter wall'nd ein Löwenfell – das ist Joannes.« (= Johannes der Armenier). Die Frauen fragen nach Zadson, von dem Gelimer wollte, daß er, Sardiniensieger, zur Aufmunterung der ‹Leute› das Treffen leite : »Wie stellt er sich dar, der rühmliche Zadson, der glückliche Zadson ? / Und wie sein Schlachtgaul ? / : Siegsweissagung liegt in der Helden Aussehn. / Siegsweissagung in ihrer Rosse Gestalt und Gang.« Und der Greis schildert begeistert :. »Wie unter ihm sein glühend Schlachtroß haut und stampft, / geschwellt die Nüstern, flackernd ihm sein Augenpaar, / doch leicht annoch gezügelt von des Helden Hand. / Ihn selbst bedeckt sein Schuppenharnisch silberblank ... und hoch ob seinem Goldhelm prangt ein Federwald. / Grad leuchtet sein gewaltig Schlachtschwert himmelan, / im Sonnlicht funkelnd als ein Cherubsstrahl.« Frauen begeistert : »Das ist er, der Siegesheld !«

Plänklergefechte. Wieder greift Johannes mit den Garden an. Der Greis entsetzt : »Weh ! Weh ! zerrissen, zersprengt, das Leben des kräftigen Helden so rasch, / das Leben des rühmlichen Zadson !« Ein allgemeiner Aufschrei des Entsetzens : »... und staunend starrn die beiden Heere wie versteint. – / Oh, eitle Menschenherrlichkeit, was bist du nur.« Die Griechen drängen auf die schockierten Vandalen ein; schon wanken deren beide Flügel. Gelimer will zürnend vorspringen; aber nur ganz Wenige traben ihm nach. Die Weiber und Kinder kommen bestürzt den Wall herauf geeilt; wilderes Kampfesgetose und näher-lauter. Ein Felsstück kommt geflogen, und schmettert den Greis zu Boden : »Wohl mir !« er stirbt. Ein anderer Greis nimmt seine Stelle ein : »Ihr aber, Frauen, Kinder, die ihr oben steht, / nun feuert unsre Krieger an, nun gilt's !« Die Frauen und Kinder schreien und anfeuern vergeblich. Eine Frau rühmt noch den Gelimer : »Einer heißt der einzig Eine. / Kühn auf seinem schneeweißen Roß / beut er oftmal den nachhauenden Feinden / Stirn und Schwert und Herz; / und wer ihm andringt zu nah, der stürzt.« Das Lagertor im Hintergrund klafft plötzlich weit auseinander, und flüchtige Kriegsleute drängen sich herein. Die Frauen, zu ihnen gewandt: »So verlaß Euch Gott, / wie Ihr verlaßt / das kaum erst noch ruhmvolle Schlachtfeld : / Ihr, die Ihr verlaßt den König zu gleich !« (Vergleiche hierzu S. 225, Zeile 4–3 v. u.). Beinahe wäre jener zweite Greis von flüchtigen Kriegsleuten zertreten worden; jetzt fassen sie sich, und beginnen sich zu ordnen. Die Frauen weichen rechts und links auseinander, von Wall und Gang zurück. Zahlreiche Krieger rücken hinauf, und ordnen sich oben. Der König reitet ein; hinter ihm wird das Tor geschlossen. Gelimer sitzt ab, und übergibt sein Roß einigen Kriegern, die es zur Seite führen; langsam kommt er in den Vordergrund geschritten, und läßt sich dem Greis gegenüber auf einigen zusammengehäuften Bagagestücken nieder : »Ich bin todmatt, will rasten ... Ich bin ja der Getrieb'ne« (nämlich von Hoamers Geist) : »nach Pappua, dem grausig öden Berggestein. / Medenus hieß die große Stadt ...«, von Magiern erbaut : »mir haben streifende Araber davon erzählt, / zur Zeit, als ich noch machtvoll hielt Karthagos Thron.« Aufspringend : »Hui ! Nach Pappua ! / Nach den Pappua-Bergen, nach Medenus' Graus ! ... Ich bin ja doch ein von Gespenstern toll gehetzter Mann. / Sie treiben mich – nun munter fort in ihrer Bahn !« Er ruft, rennend und dazu ins Horn stoßend. Es ist dunkler geworden. Wildes Treiben und Drängen im Hintergrund des Lagers. Geheul von Weibern, Gekreisch von Kindern; Waffenklirren und Rosseswiehern. Der Greis : »Weh uns ! Weh uns ! Weltuntergang ! Wenn wo ein Reich zusammenkracht, bricht jedem Einzelnen eine Welt !« Ein Hauptmann eilt auf Gelimer, der sich soeben aufs Roß schwingt, mit der Meldung zu, daß die Griechen sich zum Lagersturm anschickten; Gelimer sprengt von hinnen. Überall wildere Flucht und Verwirrung. Die griechische Tuba ertönt in der Nähe. Das Lagertor wird von außen eingedrückt; feindliche Leichtbewaffnete strömen herein, und spähen, rasch dahinlaufend, nach links und nach rechts; während andere den nunmehr leeren Wall ersteigen und besetzen. Dann rücken geordnete Griechenkolonnen im Geschwindschritt ein, und umstellen den Schauplatz. Der Greis hat sich niedergelassen, und ist regungslos sitzen geblieben. Belisar tritt auf mit Gefolge, darunter Johannes.

Belisar im Gespräch mit dem Greis; dieser rät ihm Mäßigung : »weil hinter jedem Sieg auf dieser Welt / gern lauscht der Unsieg; gleich wie hinterm Tag die Nacht.« Belisar faßt diese Rede als Mahnung zu rechter Zeit auf, und schickt sogleich Johannes auf sofortige Verfolgung Gelimers : »nicht wird ein Feuerbrand wie Gelimer so leicht vertilgt. / Zudem hätt' ich ihn lebend, als Bezwung'nen gern / mit nach Byzanz geführt.« Dann, nach einigem Überlegen, sendet er auch noch Fara zusätzlich hinter Johannes drein : nur der Germane könne den Germanen besiegen.

VIERTER AUFZUG

Auf dem Gebirge Pappua. Die mächtigen Trümmer der Wüstenstadt Medenus. Gelimer allein in der Mitte stehend, auf sein Schwert gestützt. Rutland, aus einem Gewölbe hervorschreiend; er hätte im Dunkeln ein so schrecklich glühendes Augenpaar gesehen ! Der kleine Araberknabe Harun gesellt sich zu ihnen, und sagt zu Rutland, er solle doch den König bitten, wieder einmal eine so schöne Tafel wie seinerzeit zu halten; er habe so großen Hunger. Gelimer leise vor sich hin : jetzt möchte er wieder mit Hilderich tauschen, jetzt könne der seinethalben König sein.

Araberkrieger von der einen, Vandalenhauptleute von der anderen Seite. Wortgefecht. Die Vandalen möchten wieder ein ruhiges behagliches Leben führen; die Araber höhnen : »Wer ohn' dergleichen nicht mehr leben kann, / rück' nicht ins Feld !« – Gelimer : »Willkommen mir aus tiefstem Herzen, Freundin Schlacht !«. Er geht mit hochgeschwungenem Schwert ab, gefolgt von dem übrigen Anwesenden. Fernher Kriegsruf und Kampfgetöse.

Szenenwechsel : Karthago. Auf der Zinne eines Turms. Belisar mit Antonina. Procopius tritt auf, und meldet die jüngsten Ereignisse : ein griechischer Pfeilschütze habe aus Versehen den eigenen General, den Johannes, erschossen; dieser habe sterbend gebeten, der Mann möchte deswegen nicht bestraft werden. Dadurch hätte Gelimer erneut entkommen können. Jetzt will man abwarten, ob Fara Pappua zu erstürmen vermöge – Schon kommt der nächste Bote, ein Heruler, und bringt die Nachricht, daß Faras erster Angriff mit 110 Mann Verlust zurückgeschlagen sei. Ein griechischer Hauptmann erscheint, und nachrichtet sehr von Aufwiegelungsversuchen unter der Bevölkerung. Man müsse sich vor Verrat hüten; vor allem auch vor der Arianischen Ketzerei.

Szenenwechsel : Auf dem Gebürge Pappua, in den Trümmern der Stadt Medenus. Nacht. Vandalerkrieger liegen schlafend umher. Sie reden im Traum von Wein und Liebchen, Amfitheater und Wohlleben.

Einige erwachen, und machen einander Vorwürfe, sich gegenseitig aus so schönen Träumen gerissen zu haben. Schlafen wieder ein. Der Araberknabe Harun schleicht mit seiner Mutter heran und zwischen den Schlafenden herum; sie wollen dem »weitmäuligen, weitmagigen Volk« was Eßbares stehlen : »Wir hielten gut Haus; / doch nun ist mit unserem letzten Vorrat es aus, / und der Hunger, er grinzet uns an mit entsetzlichem Graus !« Plötzlich bleibt die Mutter gebückt bei einem Schlafenden stehen : »Gefunden ! Ein Brödtlein !« Sie will es unter ihrem Mantel bergen; Harun greift hastig danach, und will das steinharte verschlingen. Die Mutter währt ihm, das wäre ungenießbar. Harun : Dann solle man's dem Manne doch lassen. Mutter : Nein, nein; man müsse's einweichen, und dann könne man's essen; er solle nur warten. Harun : »Ich will's. – Aber, Mutter, da fällt mir noch etwas bei : / Da ist des Königs Neffe, der Rutland; / der hat oft, froh und frei, / zu Karthago mich gastieret mit Kuchen und Wein : / Wie wär' es, lüd ich anjetzo auf's Brödtchen den mit ein ?« Die Mutter redet ihm den Einfall aus : Rutland habe damals in Saus und Braus gelebt, und sich, was er ihm gegeben, nicht abgedarbt. Das Brödtlein hier wäre auch viel zu klein; und wenn Jener so wenig gehabt, hätte er sicherlich nicht mit Harun geteilt. Harun : »Wie schlau Du bist, Mutter !« Sie sagt ihm auch im Vertrauen, sie besäße noch 1 Handvoll Mehl, davon könnten sie sich noch ein zweites Brödtlein rösten. Harun : »Wie reich Du bist, Mutter !« Er solle aber ja Niemandem etwas davon sagen. – Ein Krieger beginnt im Schlafe zu sprechen : es ist ihm, als gingen Vampire um ? Die Beiden huschen lautlos davon.

Gelimer tritt auf, langsam, gebeugten Haupts, die Arme übereinander geschlagen. Hörnerruf von draußen. Gelimer, über die matten Schläfer hinweg, freudiger emporblickend. Ein Krieger bringt ihm die Meldung, Fara wolle ihn sprechen. Gelimer will ihn hier empfangen. Der Bote gibt zu bedenken, daß Jener dann die Mattheit der Krieger sähe; aber Gelimer beruhigt ihn : die würden bis dahin entfernt sein. Bote ab. Gelimer weckt die Schläfer, und sagt ihnen, sie sollten sich nach den innersten Bergesgrotten verfügen; Alle langsam ab.

Fara kommt in glänzender Rüstung, und bittet Gelimer, sich zu ergeben : »Beut Senatorenrang der Kaiser Dir, / vielleicht des Patriziates höchste Würde gar, / samt schönen Ländereien in dem blüh'ndsten Theil / des Reiches, und der Goldessummen fürstlich viel.« Gelimer ablehnend : »Du hörtest wohl die Kunde, wie Numancia fiel, / durch Scipios Macht umbollwerkt rings zum Hungertod ?« Er bietet Fara den Zweikampf an; der lehnt ab : dazu habe er keine Vollmacht. Gelimer bitter : da sähe er, was für ein freier Krieger er wäre; Sklave des Kaisers. Fara und Gelimer, die sich als Nordländer Beide nicht unsympathisch sind, debattieren, obzwar ergebnislos, weiter. Zum Abschied erkundigt sich Fara, ob Gelimer nicht einen erfüllbaren Wunsch habe? Gelimer tut den berühmten, nach 1 Zither, 1 Schwamm und 1 Brod. : »Ein Brod?: Ich will noch tafeln mal zuguterletzt. / 1 Schwamm? Mir haben Thränen heiß den Blick genetzt, / trockn' ich sie nicht, wird mir das Licht noch ausgeätzt. ...« Fara: »Edler Held, stirb wohl.« Geht ab.

Harun kommt leise und scheu gelaufen; Rutland hastig ihm nach. Harun, über die Achsel umblickend : »Hinter mir drein noch immer? / Wahrhaftig der Überlästige rennt!«. Rutland : »Ich folg' wie Dein Schatten Dir nach, und ging's in das Grab!« Harun : ob Rutland etwa dächte, er habe etwas zu essen? Er habe nichts. Rutland : Warum er dann so laufe? Harun : Er tue das nur so zum Spaaß. Rutland : Aus Spaaß laufe sich Niemand halbtot, und dadurch noch hungriger. Er habe ihn doch immer bewirtet; jetzt solle er ihm auch einmal was geben. Beide rennen vorüber.

Szenenwechsel : Unterirdisches Trümmergewölbe. Gelimer am Boden sitzend. Das gezückte Schwert im Schoß, den Rest eines Brotes aufzehrend; eine Zither an seiner Seite; einen Schwamm auf der andern. Er sitzt und sinnt und singt zur Zither; trocknet sich die rinnenden Zähren mit dem Schwamm; und blickt dann nach langem Schweigen wieder empor.

Szenenwechsel : Höchster Gipfel des Berges Pappua. Viele Vandaler- und Araberkrieger um einen ungeheuren Scheiterhaufen her, eifrig beschäftigt, ihn noch höher aufzutürmen. Alle ordnen sich auf dem Scheiterhaufen zu einer feierlichen Gruppe – hinten in der Mitte soll der König sitzen. Gelimer kommt rasch, in wilder Bewegung die Stufen des Scheiterhaufens ersteigend, und schaut noch einmal um sich her. Der ihm zunächst stehende Vandale reicht ihm eine brennende Fackel hin. Gelimer schwingt sie herausfordernd ums Haupt, und ruft Fara herbei : er solle zusehen, wie Nordlandshelden zu sterben vermöchten, durch Hunger besiegt, durch Waffen nicht.

Plötzlich erstarrt der König, späht in eine bestimmte Richtung – dann schleudert er die Fackel von sich, in einen Klippenabgrund zur Seite : »und Fluch Dem, der dies Werkzeug neu mir zünden will!« – In einer höhlenartigen Grotte habe er eine alte Araberin erblickt, wie sie an einem Feuer aus Teig ein winziges Brödlein geformt; neben ihr, gierig zusehend, die Knaben Harun und Rutland. Ab und zu habe die Alte böse auf Rutland geblickt, den Überlästigen. Plötzlich – das Brod sei noch längst nicht gar gewesen – wäre Rutland aufgesprungen, hab es aus dem Feuer gerissen, und es vor den Augen der beiden Anderen verschlungen. Wenn es so weit mit dem Königsgeschlecht der Vandalen gekommen sei, müsse er mit Beschämung weichen : »Ich darf nicht länger ringen; ich ergebe mich / dem unverstandnen Walter in den Wolken dort.«

Alle senken die Häupter und die Waffen; Viele knieen. Gelimer winkt und ruft nach der Ebene hinaus, und bietet Fara an, seine damals gestellten Bedingungen nunmehr zu akzeptieren. Vor allem fordere er »Huldempfang« seiner tapferen Schaar mit Weibern und Kindern. Fara : »Und Du Gelimer, Du Starker, / sammt der Zahl all Deiner Krieger, / Weiber, Kinder : steig' herab.« Gelimer : »Ja, herab heißt unsre Losung. ...«. – Alle steigen langsam von dem Scheiterhaufen hernieder, und gehen von hinnen. Feierliche Hornesklänge in allen Fernen.

### FÜNFTER AUFZUG

Terrasse vor dem Schloß Aklas, einem Landsitz Belisars, unweit Karthago. Im Hintergrund das ferne Meer. Ein erhöhter Thron zur Seite für Belisar und Antonina. Alles mit Blumengehängen, Teppichen, usw. festlich geschmückt. Antonina geht mit ihren Dienerinnen nachdenklich im Vordergrunde auf und nieder : »Wo Großes fällt, fällt's unter Thränenbächen.« Antonina hat Angst vor Gelimers Anblick, will sich dem aber doch nicht entziehen; Belisar rät ihr, unter solchen Umständen dann doch lieber fern zu bleiben; er wolle erst erkunden, wie Gelimer sich darstelle, und sie dann gegebenenfalls rufen lassen. Alle ab ins Schloß. – Griechische Kriegsleute treten von mehreren Seiten her auf, teils in Geschwadern, den Platz einhegend, teils einzeln und unbewaffnet; desgleichen auch einzelne Araber, Hunnen, Karthager, Weiber und Kinder. Ein Araber : »Ist er denn wirklich gekommen ? / Hat er denn wirklich ergeben / sein Heldenleben, das ehdem war so gewaltig entglommen / in dem Drange der schmählichen Zeit ?« Gespräch mit Griechen. Pöbel, von einer seitlichen Höhe herab schreiend und kreischend : »Da kommt er, da kommt der bewältigte Vandalertieger !« Griechen und Araber drohen hinauf : »Still da, still ! Wenn eins von Euch seinen Anblick noch erleben will !« – Tiefes Schweigen oben und unten.

Belisar tritt, von Procopius begleitet, aus dem Schloß; zu Fara : »Und wie erträgt dies riesige Geschick sein Geist ?«. Fara : »Wie wer, der noch größer ist als sein Geschick.« Belisar läßt nun durch einen Krieger seine Antonina herbeiholen. Fara vergleicht Gelimers Leidensweg mit Odhins Gang zum Weisheitsbrunnen : »Vielleicht sind Thränenquellen unsre Weisheitsbrunnen, / daraus wir allesamt zu schöpfen haben, Mensch um Mensch. / Das kam mir ein, als ich in seine Augen sah.« Antonina ist herzugetreten und hört ihn mit wachsendem Erstaunen an. Sie und Belisar setzen sich : »denn sieh, er naht.« Kurze Stille. Dann kommt Gelimer, langsam-feierlichen Schritts, die Arme über der Brust gekreuzt, den Blick fest nach dem Firmament empor gerichtet. Fara ihm ehrerbietig entgegen. Gelimer hält vor dem Thronsitz an, und richtet fest den Blick auf das Siegerpaar. Belisar spricht ihn an, und versichert ihm, er könne sich alles wünschen vom Kaiser, sich jeden beliebigen Wohnsitz wählen – als Gelimer schweigt, hält er inne. Nun spricht Antonina mitleidig; aber immer noch schweigt Gelimer. Nun Procopius, der Belisar rühmt, den größten Helden unsrer Zeit, dem zu unterliegen nicht Schande sei. Gelimer lacht gellend auf; dann, mit furchtbar feierlicher Gebärde : »Eitelkeit aller Eitelkeiten : Alles eitel : eitles All!«; auch : »Wer steht, bewahr vorm Fallen sich.«

Belisar bewundert Gelimer, und Dieser Jenen. Dann wird G. zu der für seine Abreise schon bereitgehaltenen Flotte geführt.

## NACHSPIEL

Wohnsitz Gelimers in Galicien. Rutland von einer Schlange gebissen (?). Ein wandernder Mönch : Belisar ? Freundschaftliche Gespräche zwischen den beiden Gestürzten : Vanitas Vanitatum. / (Nur sehr mangelhafte Kenntnisnahme von diesem Nachspiel möglich, da die Umstände es nicht erlaubten.)

## GRIECHISCHES FEUER

(Vgl. hierzu S. 558). – Vor nun über 1 Dutzend Jahren haben meine Frau und ich das komplette Stück für uns kopiert (und handschriftlich dazu : 120 eng beschriebene Quartseiten ! Holder Jugendwahnsinn !); ich gebe im Folgenden einen Auszug (mit einzelnen Textproben, ‹schönen Stellen›, usw.) der den Gang der Handlung erkennen läßt. – Das ‹Personenverzeichnis›, das Fouqué sich ja angelegt haben muß, war nicht mehr vorhanden; ich habe das hier gegebene nachträglich, nach dem Stück selbst, zusammengestellt. – Als charakteristische Eigentümlich Fouqué'scher Interpunktion sei erwähnt, daß er grundsätzlich, auch in Briefen, anstelle der normalen Klammern (.....) vielmehr / :..... :/ verwendet hat; ich habe diese Eigenheit absichtlich hier einmal wiedergegeben –

### PERSONEN :

IRENE, Nichte des Kaisers
RURIK } Helden der kaiserlichen Leibwache
HAROLD
EDITHA, Harolds Weib
MINA, Ihre Tochter

MORNA, deren greise Wärterin
ARMOD  
WITHULF } Hauptleute eines Nordlandschiffes  
SWANHILD  
WOLA, isländische Zauberin, Armods Pflegeschwester
HALLUR, ihr Bruder; auf sarazenischer Seite
ISIDORA, ägyptische Zauberin
LYBELLIS, Tänzerin
KALLINIKOS, byzantinischer Kriegshauptmann; Erfinder des ‹Griechischen Feuers›
BASILIKOS, ein blinder Abt, von einem Knaben geleitet
ALEXIS, geblendeter Jüngling; geleitet von einem Reh!
EUTHANASIA, Nonne; früher als Alexis Braut, Zoë geheißen
THAUMATHEOS, Hofastrologe
JOHANNES, ein Eremit; Prinzessin Irenes geistlicher Berater
POLYMORPHOS, ein Schauspieler
INO  
ATHAMAS } Personen des ‹Mythenspiels im Spiel› im Amphitheater
SOPHI, Emir der Sarazenen
ABDUL-HUSSEIN, Derwisch und Sophis Berater
ABU BEKUR, sarazenischer Feldhauptmann

– – –

Ein Gaukler / ein greiser Wucherer / ein byzantinischer Soldat / ein Arbeiter / ein Schulmeister / ein Sarazene / zwei Krämer / eine Nereide. – Jünglinge / Mädchen / Tänzerinnen / Gassenbuben / Werkleute / Mönche / Hofdamen / Kriegsleute / lustige Zecher / Gärtner und Gärtnerinnen / Fischer und Fischerinnen / Nereidenchöre / Volk.

\*

VORSPIEL :

»/ : Byzanz; am Ufer des Goldenen Hornes. Zur Seite der glänzende Palast Magnaura. Ihm gegenüber ein Thurm, auf sarazenische Art in schlankdurchsichtigen Schwibbogen aufgebaut. Am Ufer entlang, doch sich nach dem Meere senkend, terrassenähnlich, so daß sie die Aussicht frei lassen, blühende Gärten und bunte Lusthäuser. In der Ferne die arabische Flotte, den Hafen einschließend. Mannigfaches Gewimmel von Käufern und Verkäufern, Tanzenden, Zechenden, Gauklern, usw. im Vorgrunde. : /«

(Gesang von Zechenden, à la ‹laßt Uns fressen und saufen›).

»EIN GAUKLER / : über die Bühne laufend, 2 Metallspiegel im Sonnenblitz gegeneinander schwingend und leuchten lassend : / Vor mir Blendung! Hinter mir Nacht! Laufe mit mir frisch, wer gern lacht! / Dicht rasch bei mir, so schadet's ihm nicht : / Wer fernher starrt, den blendet das Licht !

/ : Mehre Jünglinge gesellen sich laut jubelnd zu ihm. Vor den Spiegelblitzen werden weithin Andre geblendet, wanken und fallen : /

EIN GREISER WUCHERER / : Mit seinem Geldtisch, davor zusammenstürzend : / . . . . . «

(Gassenbuben raffen ihm Münzen fort, die Trinker johlen und schelten; Mönche in Bußgewanden ziehen über die Szene, und mahnen zur Einkehr. Das Volk teils beeindruckt, teils unwillig ob des memonto mori. Der Gaukler und 1 Soldat protestieren vorsichtig gegen die Gaben sammelnden »Uhus«.)

»/ : Lybellis kommt singend und hüpfend, an der Spitze von andern Tänzerinnen, unter Flöten- und Pfeifenspiel : /

LYBELLIS LIED : Leben ist ein Hauch nur, / ein verhall'nder Sang; / ein entwall'nder Rauch nur – / und wir sind das auch nur, / und es währt nicht lang, / bis es all' verklang ! / Zündet üpp'gen Rauch nur, / athmet luft'gen Hauch nur / all Eu'r Leben lang.

CHORUS DER TÄNZERINNEN : Hold in Sang und Klang / athmet luft'gen Hauch nur, / zündet üpp'gen Rauch nur : / Leben rollt nicht lang, / aber bunt und blank ! – / : ziehn vorüber : /«

(Jünglinge und Mädchen schließen sich dem Zuge an. – Kallinikos, der düstere Chemiker und Feuerwerker, ganz wissender ‹Atomfachmann›, kommt von der Seite herein, den blinden Abt Basilikos leitend, den eiskalten, altersfrechen Großdiplomaten, der den Erfinder der ‹Neuen Waffe› durch einen Botenmönch aus Syrien gegen die zahllosen Araberschwärme zu Hilfe holen ließ ...)

»BASILIKOS : Wo blieb der Mönch ?

KALLINIKOS : Ein Tiger packt' ihn an im Schlaf; / zerriß ihn, eh' ich helfen konnte.

BASILIKOS : Gut.

KALLINIKOS : Gut ? –

BASILIKOS : Auch schlimm. Denn doppelseitig ist all Ding der Welt. / Schlimm : weil fortan mir vielgewandter Bote fehlt; / gut : weil nun manch Geheimnis ruht bei mir allein ...«

(Sie besprechen die prekäre Lage der blockierten Hauptstadt; rügen verächtlich die verweichlichten Griechen; im Gegensatz dazu ein riesenhafter Waräger. Kallinikos, durch das Wiedererscheinen der Lybellis abgelenkt, gibt dem darob zürnenden Basilikos zerstreute Antworten.)

»LYBELLIS / : bleibt in der Mitte stehen, auf einem etwas erhöhten

Stein, in zierlicher Stellung. Der Reigen umkreist sie. : / ...« Schaukelnde / Bilder im fröhlichen Tanz : / folgt mir nun wieder als gaukelnde / Stäubchen im sonnigen Glanz. / Schließt Euch an mich ! / Sprüh'nd Ihr als Funken : Kometstern ich ! / : Sie tanzt vorüber, der Chor ihr nach : /

KALLINIKOS / : vor sich hinredend : / Mir war's, als hätt', hinschwebend, sie nach mir gegrüßt ? .....«

(Wird von dem unwilligen Basilikos abgeführt. 2 Krämer, die Teile des Gesprächs abgehört haben, flüstern untereinander vom schlimmen blinden Großpolitiker ...)

»1. KAUFMANN : Drum haben sie die Augen ihm rein ausgeglüht.

2. KAUFMANN : Ein Blinder träumt gar furchtbarlich ...

1. KAUFMANN : Husch ! Halt Dich still. Wenn plappern Dich solch Zeug man hört !

2. KAUFMANN : Hast Recht. – An Kram und Elle : das ist unser Reich. / : treten auseinander, in ihre Buden zurück. : /«

(Polymorphos, ein Schauspieler tritt mit einigen Genossen auf; er sucht Vorbilder für seine künftige Rolle des Athamas, und findet sie in den vorbeikommenden germanischen Leibwächtern Harold und Rurik – hier übrigens ein kleiner anachronistischer Irrtum Fouqués : das Stück spielt um 670; da war aber an ‹Islandshelden› noch nicht zu denken; die Insel wurde überhaupt erst nach 870 bevölkert. Poetisch belanglos, gewiß; aber er hat das Stück anderweitig, geografisch und historisch, so fest verankert, daß es mich stets gestört hat : er hätte ja die Auswahl unter genügend anderen ‹Langbärten› gehabt. – Sie haben von hoher Warte aus ein ‹Norderschiff› erspäht, und erwarten, daß es, die Blockade durchbrechend, Byzanz anlaufen wird. Auf einem Balkon erscheint Prinzessin Irene. Unten verkündet der Hofastrologe Thaumatheos dem Volk ein nahendes Meeresgebilde; über seine halb christliche, halb mythische Ausdrucksweise schütteln die Germanen die Köpfe ...)

»HAROLD : Das wundert Dich ? Du solltest doch ihr Mengungsspiel / nachgrade kennen. Just'ment davon lebt Byzanz : / ob's Küche gelt', ob Waffenkunst, ob Gottesdienst.«

(Swanhild, Armod und Withulf steigen aus dem ‹Drachen› ans Land, und werden von Harold und Rurik mit einem Willkommenstrunk empfangen; jeder stammt aus einem andern germanischen Lande ...)

»ARMOD : ... Island heißt mein Mutterstrand.

WITHULF : Wo sich die Harz-Gebürg' erheben, thalgefurcht, / bis sie als Krone tragen, hohen Zaubers voll, / die Brockenpracht, hab ich das Licht der Welt erschaunt ...

SWANHILD : Mich hat geboren Rügen's heil'ges Innselland ...

RURIK : ... An meinem Ostsee-Strande, wo die Reussenwacht / den Slawen-Völkern abgerungen hat das Reich, / lebt's winterlicher, kälter sich, doch frischer meist ...

HAROLD : ... sehnend heimwärts sich zum Angelnland ...«

(Rurik und Armod geraten sich sogleich, der Prinzessin Irene wegen, in die Haare, und verabreden einen sofortigen kleinen Holmgang, an dem auch Harold und Withulf zur Gesellschaft teilnehmen wollen. Swanhild verhindert den Unfug; Thaumatheos naht sich ihr begeistert, und grüßt sie, er, der Greis, in verdächtiger Glut, als die, die ihm nun, endlich, »sein tiefstes Leben anzündet.« Nach seinem Weggang kommt das Gespräch auf den Kaiser – keiner seiner Leibwächter hat ihn noch von Nahem gesehen : »Und Ihr, Leibwächter, schautet nimmer noch den Leib, den Ihr bewacht ?«. Weitere Germanen gesellen sich zu ihnen, und führen einen Waffentanz auf; die 5, hingerissen, mischen sich ein Gelegenheit zu einem ‹Quintett mit Chor› : in fast allen Schauspielen Fouqués ist ein opernhaftes Element unverkennbar. Rascher fliegen die Speere; schon sind Einige verwundet; da erscheint auf einem Mauervorsprung die isländische Zauberin Wola – ihr gegenüber gleichzeitig die »ägypt'sche Schwester« Isidora; sie grüßen sich, und verbinden sich in magischer Hilfe für die Kaiserstadt. Der Waffentanz, gestört, nimmt ein Ende. Noch einmal legen die 5 die Hände ineinander zum Bunde.)

I. AUFZUG :

»/ : Gartenraum im Pallaste Magnaura, dessen prächtige Gebäude von fern herüberragen; im Hintergrund eine Kapelle, von welcher ein schattender Baumgang führt. Im Gotteshause verhallende Chorgesänge. Irene und Johannes treten aus der Kapellenpforte. : /

(Der fromme Johannes erinnert sich wehmutsvoll seiner lieblichen Wüsteneinsamkeit, und schilt die verweltlichten Byzantiner, »entzweind bis zur Gewaltthat sich um Kutscherkunst«; sein Gespräch mit der wieder einmal mehr verdächtig Marianne-gleich dreinblickenden Irene unterbricht Armod, den die Eunuchenwache scheu durchgelassen hat. Auch Alexis kommt vorbei, und klagt sein Leiden : daß er, gegen des Kaisers Willen um Zoë werbend, schließlich einen Aufstand versucht, jedoch unterlegen, und geblendet worden sei : »Ein im Purpur Geborener und sein Elend ...«; Zoë ward in ein Kloster gesteckt, wo er sie täglich 1 Stunde sprechen darf. – Irene vertraut endlich Armod ihren Herzenswunsch ...)

»IRENE : ... Unfern von diesen Goldpalästen grünt / und blüht und fruchtet in naturgemäßer Huld / ein Wiesenthal, von hohen Felsen schroff umhegt. / Das Thal der süßen Wasser heißt man es.

ARMOD / : *Leise wie verzückt emporschauend* : / Das Thal der süßen Wasser!

IRENE : Freilich. Denn es rollt durchhin / die labungsreichen Wellchen sanft, in Windungen / voll lieblich krausen Eigensinns, ein kleiner Fluß / – Barbyssus heißt er – klein're Brünnlein rechts und links / nach Springbornweise weckend aus dem blum'gen Grün. / Platanen, Oleander, Myrthen breiten rings / die sonndurchblitzten Schatten. Manch ein laub'ger Sitz / empfängt den Wandrer gastlich, in den Windungen / des Thales immer neuen Ausblick bietend, hold / und reich. Und als getreue Riesenwächter sehn / die Felsen, weltallgraue Bilder, moos'gen Haupts, / ernstfeiernd auf das ird'sche Paradies herein...«

(Dort also – wo zur Zeit ungefähr das arabische Zentrum lagert – möchte die liebe Unschuld sich wieder einmal ergehen; Armod verspricht sogleich, in ungekünstelter Begeisterung, für die Erfüllung dieses Wunsches zu sorgen. / Szenenwechsel.)

»/ : In einer hohen Baumlaube. Harold führt Editha herein. : /«

(Editha klagt um ihr vor Jahren am Strande von Naxos verlorenes Töchterlein. Harold tröstet sie. – Ihr Gespräch unterbricht das Alarmhorn der Germanenschar. Harold ab. / Szenenwechsel.)

»/ : Unterirdisch hohes Gewölbe; vergitterte Fenster oben an den Schwibbogen. Herde und Öfen mit Instrumenten mannigfach rätselhafter Art umher. Kallinikos, und viele Werkleute, deren Arbeit er, hin und her wandelnd, leitet. : /«

(Chöre der Arbeiter. – Lybellis lauscht am Gitter, und neckt Kallinikos; bis die Nordlandshörner sie von dem »Verdrießlichen« – aber Interessanten ! – wieder weiterlocken. Auch droht die Glut in der Werkstatt überhand zu nehmen; Kallinikos muß zu Hilfe eilen; doch ist er Manns genug, »beide Gluten« zu zwingen. / Szenenwechsel.)

»/ : Sarazenisches Lager vor Byzanz. Viele bunte kioskähnliche Gezelte, mit Halbmonden auf den Gipfeln. Araber, Perser und andere morgenländische Kriegsleute gehn im bunten Gewimmel hin und wieder, oder sitzen vor den Zelten. : /«

(Hallur, beim Schwertschleifen von Abu Bekur angesprochen, trägt ebenfalls Prinzessin Irene im Sinn, jedoch rein platonisch (wie übrigens Armod und Rurik auch). Abu Bekur dagegen, ein ausgesprochen sensueller Bursche, empfiehlt ihm die Wonnen von Mohammeds Paradies – Jeder hält den Andern für leicht meschugge. Ein verwundeter Araber unterbricht den fruchtlos-kuriosen Dialog, und teilt ihnen mit, daß der

Feind einen Ausfall in Richtung ‹Thal der süßen Wasser› unternommen, und dieses bereits besetzt habe. Getümmel und Aufbruch. / Szenenwechsel.)

»/ : Im Thal der süßen Wasser. Eine anmuthreiche Gegend. – Irene, von Armod geleitet, edles Gefolge von Frauen und Kriegern, sowohl Normannen als Griechen, ihnen nach, tritt auf Sanftfeierliche Kriegsmusik, von den Hügeln und aus den Gebüschen des Thales erklingend. : /«

(Irene freut sich, in Terzinen, ihr geliebtes Tal wiederzusehen. Armod, als ihr Beschützer, verspricht ihr, Wacht zu halten : »Du aber spiel hier mit den Schmetterlingen ...« – es wäre eine Studie für sich, einmal sämtliche Fouqué'sche Frauengestalten in Gruppen vorzuführen, es würde ein gar befremdlicher Reigen; (aber Jean Pauls weiße federleichte Jüngferlein sind letzten Endes genau solche Mißgeburten !). – Auch Johannes gesellt sich zu den also Wandelnden, und beschwört den aus einer Höhle im Opiumrausch hervortaumelnden Abdul Hussein von dannen. Alle Drei begeben sich in eine nahe Kapelle.)

2. AUFZUG :

»/ : Das Gezelt des Emir Sophi, prachtvoll ausgeschmückt. – Sophi sitzt nach orientalischer Weise auf Polsterkissen, in tiefes Nachsinnen versunken; vor ihm stehen Hallur und Abu Bekur; Jener in ruhigstolzer Haltung auf sein Schwerdt gelehnt, Dieser mit gesenktem Haupt, die Arme über der Brust gekreuzt. : /«

(Beratungen, wie die Stadt, trotz des Verlustes des Tals der süßen Wasser, zu erobern sei. Zusammenstoß zwischen Hallur und Abdul Hussein : der Germane erbietet sich, kalt, mit seiner Schar, wenn man ihn lange hier foppe, in byzantinische Dienste überzugehen; der Araber haßliebt ihn; Sophi versöhnt sie mit Mühe. Hallur und Abu Bekut ab, den neuen Angriff vorzubereiten. Sophi beschwichtigt seinen heißblütigen Derwisch-Berater : nach geglückter Eroberung mag Hallur fallen – obwohl das nicht ganz einfach sein dürfte; und er schildert dessen Berserkerwut ...)

»EMIR SOPHI : ... Wenn der machtwilde Zorngeist über Jenen kommt, / da ziehn sich ihm die Braun hochstolz empor, und doch, / doch preßt sich ein Stirnrunzeln, schräg, verworrn, drobhin, / derweil die Nüstern athmen, wie ein Roß im Zorn / grimm dampfend schnaubt. Die blauen Augen füllt ein Blitz, / die frischen Lippen beißen sich, erbleichend ganz, / herb ineinander, engend eins des andern Spur, / und Todtenblässe lagert sich auf Wang und Stirn; / derweil das goldne Haargelock, wo's nicht der Helm / verdeckt, rebell'schen Flammen gleich, gen Himmel starrt, / Ja, manchmal von sich schleudernd selbst den erznen Helm. / Dann schwillt auch Ader, Muskel, Nerv, gewaltig an / in Arm und Bein. Als trügen Fittig' ihn erhebt er sich, / strebt auf, und schleudert Speer auf Speere wild ringsher, / wie Sonne Strahlen schleudert durch Gewitternacht, – / ob's Feind', ob Freunde treffen mag, für ihn gleichviel. / Und fehlt's an Speeren, funkelt in furchtbarer Faust / die Kling' ihm auf; – doch Niemand hat das noch gesehen, / und nachher sprechen können. Seinen Lauf alsdann / bezeichnen Todte nur und Sterbende.«

(Die Finesse, daß Jener mit dem Haar den Stahlhelm abwerfen kann, ist extra wohlgefällig-nachträglich am Rande eingefügt – es war wahrscheinlich *zu* schön : das hätte Fouqué wohl auch können mögen ! – Abdul Hussein hat der gräßlichen Schilderung sinnend gelauscht, und resümiert, auffahrend : »Des Nordmanns Tod muß werden ich; sonst wird er's mir !«. Dann lädt er Sophi »zu des innerm Zeltes stillem Rund, / wo Deiner harrt als Labung edler Opiumtrank, / Dich flügelnd zu Visionen glüh'nder Mahomsspracht...« / Beide ab. – Szenenwechsel.)

»/ : Große Halle im kaiserlichen Palaste zu Byzanz, in Mitten durch ein prachtvolles Erzgitter geschieden. – Isidora und Wola treten von zwei verschiedenen Seiten auf. : /«

(Euthanasia-Zoë hat die beiden Zauberinnen herbeschieden, ob sie vielleicht ihrem Liebling Alexis – eben kommt er, denn es ist seine Stunde – das Augenlicht wiedergeben könnten ? Sie machen sich dazu anheischig; freilich hätte ihre Methode nichts mit Christentum zu schaffen, und erfordere einigen festen Willen seitens Euthanasia. Da verzichtet diese : lieber blind aber fromm, als durch Heidenzauber sehend. / Irene tritt ein, sich mit Alexis und Euthanasia zu beraten : der Kaiser, von Skrupeln wegen einer etwaigen Anwendung der neuen Waffe geplagt, möchte ihre Meinung hören. Alexis spricht für treud'gen Heldenkampf, und erwärmt sich in der Erinnerung früherer Raufereien, »Mann dicht an Mann. Und Tuba schmettert fröhlich drein !« Da läßt sich Basilikos hereinführen, der »Schreckensmann«, und gibt den Ausschlag für die »Hexenglut« des Kallinikos : »Von Heidenhunden handelt sich's, aus Mahoms Brut. / Laßt die verkommen, achtlos, machtlos, freudenlos, / so wie sie trifft, nach Höchstem Rat, Kallinikos. – Ich kam nur, guten Willens, Euch zur Warnung her, / daß Ihr nicht etwan unnütz, klein-geheimer Rat, / den Kaiser mit Gewissensskrupeln plagen mögt. / Beschlossen ist's, beschlossen schon nach meinem Spruch : / durch's nächste Nachtgraun lodert griech'sche Siegerglut !« – Die

Andern, kopfschüttelnd, waschen ihre Hände in Unschuld; gehen auseinander. / Szenenwechsel.)

»/ : Laubiger Anger im Thal der süßen Wasser. – Harold und Editha sitzen auf einer Rasenbank, vor ihnen ein klarer Teich. : /«

(Erneute Klage der Eltern um ihr verlorenes Kind – da tanzt Wina, eben die Verlorene, plötzlich aus dem Gebüsch, und schmiegt sich an der Mutter Knie. Ihr nach ihre greise Wärterin Morna, die, nachdem die erste Rührung vorüber, des Breiten berichtet, wie das Kind auf Naxos einst von »Turbansmännern« entführt wurde. / Lybellis kommt zwischen dem Gebüsch hervorgegaukelt; ihr nach schreitet langsam der »Feuermann«, der »Salamander«, nun »Schmetterlingsjäger« – das seltsame Paar findet sich allmählich näher zusammen. Lybellis will die liebliche Wiedersehensszene demnächst auf dem Theater tanzen, also künstlerisch auswerten. / Auf der Höhe, zwischen Johannes und Armod, erscheint Prinzessin Irene, und segnet unten die Eltern und ihr Kind.)

### 3. AUFZUG :

»/ : Amphitheater. – Withulf und Swanhild treten herein, geleitet durch Rurik. : /«

(Rurik erklärt den beiden staunenden Nordlandsgästen, zu welchem Behuf dies merkwürdige Gebäude hier stehe; da er aber selbst kein allzu routinierter Theaterkenner ist, und auch der vorbeikommende Thaumatheos mit manchem dunklen Rätselwort die Lage mehr verwirrt als erhellt, bleibt das Meiste unbegriffen. Zum Glück schickt man sich gerade zu einer Vorstellung an; Zuschauer strömen herein; Rurik greift sich einen Schulmeister, der ihnen die Vorgänge auf der Bühne kommentieren soll : »Kleinling, sprich los!«. Er berichtet ihnen, und dem sich ebenfalls herzudrängenden Armod die Mythe von Ino-Leukothea und Melikertes-Palaimon, die sich gleich darauf unten auf der Bühne darstellt. – Nereidenchöre; Ino; der Schauspieler Polymorphos als rasender Athmas, von den Nereiden kunstreich mit ihren Schleiern irre gemacht und geblendet, will die verfolgten Kindlein fassen – als Armod (Don Quijotegleich vom Bühnenzauber ergriffen) sich einmischt : »Er dringt mit geschwungener Klinge blitzschnell die Orchestra hindurch, rennt die Stufen zur Bühne hinauf, und steht plötzlich dem Athamas bedrohlich gegenüber.« Die Vorstellung ist unterbrochen; vergeblich ruft Polymorphos die Zuschauer auf, die Schändung des Festspielhauses zu ahnden. Auch Harold und Wola treten noch herzu. Sie Alle unterbricht Basilikos, der sie zum Kampf ruft; sie sollen gleich nach den ersten Salven des Griechischen Feuers in den Feind brechen. – Basilikos, allein, singt einen verwilderten Hymnus seiner Blindheit und seiner Rache; der Knabe, der ihn führt, vergeht schier vor Angst; und geleitet endlich den vor Rachlust Erschöpften hinweg.)

### 4. AUFZUG:

»/ : Sarazenisches Lager vor Byzanz, wie im 2. Aufzug. Jetzt aber Nacht. – Allgemeine Stille. : /«

(Hallur, schon wieder einmal beim Schwertschleifen, monologisiert über das im Opiumschlaf umherliegende Mohrenvolk; dessen Einer ihn herauszufordern wagt, und, nachdem er den entsprechenden Doppelnelson erduldet hat, belehrt davonkriecht. – Fernes, sich immer mehr entsetzt verstärkendes Rufen der Lagerwachen : »... Was funkelt so furchtbarlich güldigroth?!«, in Luft und Wasser wie auch auf dem Lande brennt das Griechische Feuer; Schiffe lodern auf. Hinzu kommt der Ausfall der germanischen Leibwächter aus der Stadt. Hallur, hochgeschwungenen Schwertes in jener Richtung ab. Wildes Getümmel. / Szenenwechsel.)

»/ : Hohe Blumenterrasse im Pallaste Magnaura, durch farbige Lampen erleuchtet. Von weitem, aus dem nächtigen Dunkel, steigen die Gluthen des Griechischen Feuers empor; ferner Kriegsruf und Waffenlärm. – Irene und ihre Hofjungfrauen treten auf. : /«

(Den Fragen der verstörten Mädchen setzt Irene unerschütterlich die Hypothese entgegen : »Eins weiß ich ... / Von Gott kommt Alles. Alles, was Gott schickt, ist gut.« Hinter seinem Reh her tastet sich auch Alexis heran, und klagt, daß er nicht dort sein kann, wo die Prügel am dichtesten fallen; auch diesen »lieben Träumer« tröstet sie. / Lybellis flattert heran, glücklich, »daß er mich liebt! So Einer mich liebt! So ein Magusheld!« es schmeichelt ihr nicht wenig, daß der eigentliche Sieger, Kallinikos, um sie wirbt. Alexis warnt die Glückliche ...)

»ALEXIS : Acht' auf jenen rasenden Laut, / der die Terrassen herandringt fürchterlich.

LYBELLIS : Weh! Mir graut!

HALLURS STIMME : Auf, Nordmannen im Sturmlauf! Auf nun! / Grauen schauert durch Meer und Heer aus! / Auf, hinauf, zum Kampfes-Strauß nun! / Siegs-Strauß erzwingen mir will ich aus Graus nun!«

(Berserker Hallur ersteigt, unter grauslichen Assonanzen auf ‹au›, die Terrasse, und will Irene mitnehmen, die ihn jedoch hoheitsvoll zurückweist : »Du Heidenmensch, verwegener Wildling, fleuch!« Als Jener nicht abläßt, entreißt der (blinde, wohlgemerkt) Alexis ihm die Streitaxt, und trifft ihn, Gotts Wunder, betäubend auf den hohen Scheitel; wohl wird er selbst von den Kriegsleuten Hallurs niedergemacht, hat aber erreicht, daß Jener sich fortführen läßt. / Nacheinander treten nun Armod, Johannes, Withulf, Rurik, auf, und verkünden Sieg und Befreiung der Stadt. Wohlgefällig vernimmt Lybellis das Lob ihres Kallinikos. Da tönt fluchend von unten, strandher, Hallurs Rufen; er verhöhnt die gefahrlosen Sieger oben, und rühmt sich seiner eigenen Unbesiegtheit – sogleich machen sich die Helden oben zum Duell fertig. Kallinikos tritt auf, vernimmt staunend, daß man sich hier, obwohl der Sieg total ist, noch einmal völlig unnütz wagen will; und macht sich erbietig, den tollen Herausforderer vermittelst Griechischen Feuers rasch und schmerzlos zu beseitigen – die Germanen lehnen solch unheldisches Verfahren entrüstet ab. Auch Johannes warnt den allzu selbstsicheren Techniker, der sich eben kopfschüttelnd mit seiner Lybellis abwenden will, als ihn ein letzter verirrter Pfeil in die Brust trifft. Lybellis wirft sich verzweifelt über den Sterbenden; dann, als es vorbei ist, »mit heißen Thränen vor Johannes niederknieend : Ich will zur Klosterjungfrau werden lieber Mönch.«)

## 5. AUFZUG :

»/ : Trümmer eines altgriechischen Tempels am Meeresgestade. – Wola, Withulf und Isidora stehen beisammen. : /

ISIDORA : So ward Byzanz gerettet sonder mag'sche Macht ? / Nur eben durch des Feuerwerkers Gluthenspiel ? / Berechnet Alles ? Klügelnd im Verstand erdacht ?«

(Sie sind zusammengekommen, dem Holmgang zuzuschauen. Auch Abdul Hussein kriecht, scheu sich versteckend, zwischen Gebüsch und Säulentrümmern umher. – Hallur rudert sich an ein vorgelagertes grünes Inselchen; auch Armod naht, kampfbereit; Nordmannen als Zuschauer. Zunächst schlägt Armod den Hallur zu Boden; der aber erzeugt flink in sich die Berserkerwut : »Wuth, füll' mich ! / Durchbrüll' mich !« – er rast auf, und ersticht den Armod. Abdul Hussein reibt sich die Hände, daß sich 2 so renommierte Mahomsfeinde gegenseitig selbst unschädlich machen. Prinzessin Irene, von Johannes geleitet, ein prächtig-kriegerisches Gefolge ihr nach, landet ebenfalls. Hallur stürzt sich ins Meer; schwimmt aber, von Irene kommandiert, wieder an Land. Armod, über den sich Irene neigt, spricht als letzten Wunsch den aus, im Tal der süßen Wasser begraben zu werden, was ihm zugesagt wird. Johannes bekehrt ihn noch rasch; und auch Hallur, nachdem ihm zugesichert worden ist, daß einst Alle im Himmel versöhnt beisammen sein werden, beginnt, sich mit christlichen Gedankengängen zu befreunden. Alle in feierlichem Zuge ab.)

### NACHSPIEL:

»/ : Szene des Vorspiels. Getümmel und Getreibe, wie dort. Aber der Hafen ist frei von den sarazenischen Schiffen im Hintergrunde. : /«

(Fischer und Fischerinnen, Gärtner und Gärtnerinnen, ziehen, froh des wiedergewonnenen Friedens in zierlichen Zügen vorüber : »Die lustigen Zeiten sind wieder gekommen / die goldene Zeit und die silberne Zeit ...« Bürger und Kriegsknechte handeln behaglich-gelehrt den überstandenen Feldzug ab. Johannes, Blick und Hände wehmütig gen Himmel gerichtet, lächelt schmerzlich ob der kurzsichtig-bunten Weltlust. Abdul Hussein, der sich bis hierhin durchgeschlichen hat, stürzt sich, nachdem er den Gesprächen Prinzessin Irenes mit Harold, Editha, Wola, Withulf, Isidora und Hallur entnommen hat, daß nunmehr Alle dereinst selig werden werden, vor Überdruß und Langerweile ins Meer. Hallur, Wola und Isidora gehen zu Schiff, um dem Norden die Heilsbotschaft zu bringen. Wechselchöre zwischen denen am Ufer und den Davonschiffenden. Das Schlußwort spricht Johannes : hat Abdul Hussein sich mit wild ablehnendem »Nein !« ins Meer gestürzt; so heißt es ihm vielmehr »beseel'gend, freudig, kindliches Mysterium : Ja !«).

Lieder zum Turnierfeste der
### WEISSROTHEN ROSE
von
Friedrich Baron de la Motte Fouqué

(Vgl. hierzu S. 431 oben, bis 435 oben. – Ich gebe das bisher ungedruckte Stück komplett, daß der Leser auch diese Seite von F.'s Tätigkeit zu begutachten vermöge; ernsthaften Schriftstellern zur Warnung, knospenden Hofsängern – à la ‹Ein Abend im Palais Chambourg› – zum ansportnenden Studium.) –

\*

### VORSPIELE

I

Die Fee des Ost erschien auf luft'ger Welle :
thauklar, vom lichten Demantschmuck umwallt
die hohe, schlanke, schwebende Gestalt;
und trat eines edlen Gartens Schwelle.

Dort blühten weiße Rosen fromm und helle;
nicht reich an fernhinstrahlender Gewalt,
doch reich an Lieb' und Demuth; als ihr Halt
umzog ein Dornhag kräftig-stark die Stelle.

Und wie nun auf die stillen Kelche nieder
der hohen Ostlands-Herrin Abglanz fiel,
da spiegelten sie dämmernd leis' ihn wieder.

Sie blickte hold zum freundlichen Gekose,
und nannte gern fortan im heiteren Spiel
die Fee sich von der dämmernd blüh'nden Rose.

2

Ihr kennt die Bilder, seltsam sich verzweigend
von Schein in Sein, – man heißt sie Arabesken –
den Träumen gleich, doch nicht nur den burlesken,
auch oft empor zu edler Hoheit steigend.

Vor jener Fee, zum Gartenzaun sich neigend,
rang aus den Dornen, glänzend von grotesken
Gebilden, wie von Rittern und Moresken,
ein Heer sich los, der Herrin Ehr' erzeigend.

Und es beginnt ein krieg'risch Lustgewimmel:
viel Speere sieht man blitzen, Klingen funkeln,
und heil'ger Ernst lauscht unter heiterm Lachen.

Die Kämpfer hier allsamt – ob nun der Himmel
wie jetzund leucht', obs donnr' in Wetterdunkeln –
dräun, meist schon sieggeprüft, dem alten Drachen.

3

»Wo erst 1 Sternbild durch die blauen Weiten
versendet seinen hoch erglühten Strahl,
versammeln sich am Firmamentes-Saal
der Sterne mehr, das Huldlicht zu geleiten.

So auch gesellt sich hier von allen Seiten
zur Rosen-Fee viel andrer Feen Zahl:
Heil Euch beglückten Rittern allzumal,
in solchem Abglanz um den Kranz zu streiten!

Heil Jedem, dem auch nur ein Ruhmesblick
zufällt aus jenem Kreis holdseel'ger Sterne!
Heil, dreifach, Dem, der Sieg errungen hat!« –

So sang ein Troubadour, jetzt krankheitsmatt,
doch Kampfgluth noch im tiefsten Herzens-Kerne,
und labte still im Festglanz sich von ferne.

4

Der königliche Herr des Gartens winkte
dem Troubadour. Aus matter Krankheits-Kluft
rang der sich freudig, wie wenn Tromba ruft;
die Wange glüht' ihm, und die Zither blinkte.

Und was ihm seinen Gang zum Lauf beschwingte,
ja, neu ihn hübe, naht' er schon der Gruft:
er athmete den mag'schen Rosenduft,
drob er, fast Greis, sich wied'rum Jüngling dünkte.

Ihr fragt: Weshalb vom Einzlen das erzählen? –
Das Einzle gilt, steht es als Bild des Ganzen,
des Ganzen voller Treukraft und Erhebung.

Jetzt freilich nur im Spiel hier blinken Lanzen;
doch sollt' einst Fürst und Fee uns neu erwählen
zum Ernst, wird Alles Kraft, Muth, Sieg'sbelebung.

### DER KÄMPFER EINRITT

Weit prangt der Hof der Pfalz, vom Schrankengitter
umhegt, beglänzt vom prächt'gen Baldachin,
durchweht von Bannern edler Kampfes-Ritter.

Und im Halbrund, von jenseit her, umziehn
mehr denn ein Tausend freudiger Beschauer
den Platz, der mit Turnier-Recht ward beliehn.

Wer war des Kreises mächtiger Erbauer?
Wer formt' im Voraus Stein- und Erz-Gewalten
als Bühn' und Schranken von fast ew'ger Dauer?

Der hat wohl einst hier manch Turnier gehalten
im Spiel, das er zum Liebling sich erkor;
voran beim Ringen, Stechen, Helmzerspalten?! –

O, Frager, wie Dein Blick sich hier verlor!
Zwar kühn umdrängt von edlen Schlachtgewittern
hat oft der Held geführt den Sieges-Chor;

doch zwischen Rennbahnstaub und Lanzensplittern
hat nimmer er gerungen nach dem Kranz.
Das überließ er gern der Vorzeit Rittern.

Doch was er that, that groß er stets und ganz;
drum ward auch hier das Leben vielgestaltig
und schoß noch übers' Ziel hin seinen Glanz.

So steht noch jetzt sein Prachtbau frohgewaltig,
auch da bereit zu Freud' und Herrlichkeit,
wo die ihm fremd're Muse spricht: ‹Hier walt' ich!›

Die Muse neu erstand'ner Ritterzeit,
nicht mehr in alt-uralten Formen zünftig,
doch stets Gott, echtem Herrn und Fraun geweiht.

Die Welt sei weise, witzig, klar, vernünftig –
wir preisen's; doch nur Schwungkraft der Begeist'rung
bleibt Lebens Leben, vormal, jetzt und künftig.

Drum was nur je in strahlender Bemeist'rung
die Herzen hat mit echter Kraft durchwallt,
blüht endlos fürder, trotzend der Entgeist'rung. –

Die Muse wirkt, und die Trompete schallt.
Ein Herold-Dreiblatt naht dem Platz zum Rennen,
sich neigend vor der hohen Lichtgestalt –

die Muse darf sie Blancheflour benennen –
und fleht für edle Ritter um Vergunst,
zu nah'n sich in der Waffen Licht-Entbrennen.

Sie neigt ihr Haupt bejah'nd der edlen Kunst.
Die stählt den Mann zum herrlichen Beruf
des Rettersiegs in Krieges Flammenbrunst.

Da tönt auf's neu der Kriegstrompete Ruf;
da zieht herein die Schaar mit Marsches Klängen,
nach denen zierlich tanzt der Rosse Huf.

Voran das Banner Preußens, aus Gedrängen
schwerdroh'nder Zeiten glorreich stets entrafft,
ein Schutz, ein freud'ges Ziel auch den Gesängen.

Ihm folgt des Niederlandes Heldenkraft,
früh groß im Lied uralter Niebelungen,
jetzt neugestützt auf neubewährten Schaft.

Dann kommt, was längst ein Heldenarm errungen
als deutsches Lehn, der Schmuck der deutschen Kur,
daraus manch Kranz für Deutschland ist entsprungen,

und wo in Zaubern pranget die Natur,
aus einem Land voll Thälern, Klippen, Schlünden,
zieh'n Schlesier froh heran zur Kampfes-Flur.

Das alte Brandenburg, drin sich begründen
soviel der Thaten, groß in Fried' und Streit,
schickt Helden-Söhne her, sich anzukünden.

Drauf rücken Wenden vor, sonst grimm entzweit
mit Deutschland; jetzt, wo Krieg mit zorn'gem Kollern
aufrast, zu Hülf und Sieg stets treubereit.

Dann, ringend treu nach vollen, immer vollern
Siegskränzen, wie der Adler ringt zur Sonne,
zeucht her das Lichtpanier von Hohen Zollern.

Von wo aus unerklärtem Heilungsbronne
das Meer die Küsten Mecklenburgs umwebt,
mehrt eine freud'ge Schaar die Festes-Wonne.

Dem Bürgersinn, der sich zu gründen strebt
im Fürstenschutz, verheißt hier froh Gedeihen
der Burggraf Nürnbergs, kampfesfrisch belebt.

Der Heldenlöwe Braunschweigs schließt die Reihen.
Im reichen Zuge ziehn viel edle Knappen,
auch edle Ritter, die sich dienstfroh weihen

den Herrn, auf Brust und Helm ihr eignes Wappen.

## DIE SCHILDE

Was zum Sieg in Schlacht und Fest-Spiel
edler Helden Herz recht groß macht,
ist ein hohes Bild im Sinn.
So auch hier erbat am Hofhalt
mancher Ritter zum Turnier sich
von manch edler Frau den Vorrang,
ihrer Farbe Band zu tragen,
draus zu schöpfen Sieges-Vollkraft.
Doch was Aller Seelen füllte
zu manch künftig ernster Großthat,
war ein noch weit höh'res Bild,
war die Rose, der kein Dorn ward,
weil der eig'ne Glanz sie schirmet,
samt der Krone heil'ger Obmacht:
Blancheflour, die Lichtgestalt,
die holdmächt'ge Fee vom Ostland.

Und weil gern nach alter Sitte
Rittersinn dem Schild ein Wort sagt,
offenbarend, was mit schönstem
Muth uns hebt zum Ehren-Vortanz,
sprachen hier die Schild' in Bildern
allsammt von der Glanz Aurora
künft'ger Tage, der das Heut
schon erblüht als sonn'ge Goldsaat.
Und zwei edlen Kampfes-Richtern
ward zur Schildes-Prüfung Vollmacht.
Schild und Bilder würdig findend,
ordnete mit weiser Sorgfalt
sie das Richter-Paar in Reihen
vor der Hosen-Herrin Thron-Pracht,
daß, ob ihren Preis-Gebilden
Preis gewinnend, sie hervorstrahlt,
Blancheflour, die Lichtgestalt,
die holdmächt'ge Fee vom Ostland.

## DAS RINGELRENNEN

Die Herrin hat gebilligt des Wettstreits edlen Bund.
Die Herrin hat's bewilligt, zu schaun in Kampfes-Rund.
Der Wappenkönig leitet die Ordnung in dem Strauß,
und wie er ruft, so reitet vierfach gesellt man ein und aus.

Er ruft viel edle Namen von Fürsten und von Herrn.
Die grüßten ihre Damen, mehr noch den Feenstern,
den Stern der Weißen Rose; dann prüfte Kraft und Glück
man frisch am Wechsel-Loose des Kampfs durch manch ein Ritterstück.

Erst galt's nach Blumen-Ringen den Stoß mit Speeres Schaft;
den Wurfpfeil dann zu schwingen mit zielend sich'rer Kraft.
Wer gut da hat getroffen die Scheib' im raschen Lauf,
dem sproßt als blüh'ndes Hoffen ein weißer Rosenzweig herauf.

Dann zog man blanke Klingen aus eh'rnen Scheiden blos,
um rüstig sie zu schwingen zum Hieb und auch zum Stoß.
Rings standen Mohrenhäupter beturbant auf dem Sand;
die wurden stets bestäubter, auch sieghaft meist aufs Schwert gerannt.

Gar rühmlich ward geritten von der viel-edlen Schaar.
Der Flor der Rittersitten ward leuchtend offenbar.
Selbst wo ein Roß sich scheute voll schnell erwachtem Trutz,
wo sonst ein Unfall dräute, – die Ritterkraft ward selbst sich Schutz.

Auch die zwei Kampfes-Richter sie sprangen bügelein;
da theilten sich die Fechter des Kampfs in zwei Parthein,
und kamen aufeinander so rüstig losgerannt,
wie zwei Geschwader Brander zur See im vollen Kampfes-Brand.

Einmal mit ihren Lanzen, und zweimal mit dem Schwert.
Dann galt's ein Rosses-Tanzen um friedlich edlen Heerd.
Bei der Trompeten Schmettern zog nun die ganze Macht,
nach wohlbestand'nen Wettern des Kampfs, vorbei in Feier-Pracht.

Derweil erklang ein Tönen des Sang's in reinem Chor;
die Ritter und die Schönen sah'n ahnungsvoll empor.
Die Schaar der Kämpfer führte – jedweder ein Genoß
der Frau'n, wie sich's gebührte – dem Klang die Damen nach ins Schloß.

## DAS FEIER-SPIEL

Mysterien hieß man jene Klanges-Lichter,
vordem vom edlen Troubadour vernommen,
und meist nach jedem Ritterspiel begonnen,
das ausgekämpft war vor dem Blick der Richter.

Auch hier ersann solch Lied ein edler Dichter,
nachspiegelnd der Vergang'nen Weh und Wonnen,
bescheid'ne Schleier zieh'nd vor künft'ge Sonnen, –
Sein Lied hebt an, und eignen Kranz sich flicht er.

Was hold er sang, ziemt mir nicht nachzusingen.
Kein Dichter sei der Wiederhall des Andern;
nein, baue Jeder selbst sich sein Hesperien.

Hier gilt es, kühn durch Waffenpracht zu wandern,
durch Klingenschwung mehr, als durch Liederklingen,
und jene Lieder bleiben uns Mysterien.

### DIE PREISVERTHEILUNG

Gleichwie blankem Meer entsteigend,
Halle dem Undiner Mahl,
Muscheln und Krystalle zeigend,
prangt ein edler Grottensaal.

Dort versammelt sich zum Feste
neu, was man zum Fest lud ein;
und viel jugendliche Gäste
fügen sich zum Tanzes-Reih'n.

Durch phantastisch glüh'nde Wände
schwebt der bunte Reigen fort.
Räthsel reichen sich die Hände;
scheint ja Räthsel selbst der Ort.

Doch es ruft zum ernst'ren Kreise
uns das wieder ernst're Spiel.
Blancheflour vertheilt die Preise,
so wie Glück und Richterspruch fiel.

Güldne Ketten, Säbelklingen,
schöner Becher Silberpracht,
mit noch sonst manch edlen Dingen,
wird den Siegern zugedacht.

Und sie dürfen Preis empfangen
aus der hohen Fürstin Hand,
und sie nah'n mit glüh'nden Wangen,
gehn, mit Herzen, siegentbrannt.

Und weil über'm Kampfgetose
Glück nicht immer mild regiert,
schenkt sie eine Silberrose
All'n, die sonst kein Sieg-Preis ziert.

Hoher Sinn ehrt edles Streben,
ob nicht vom Erfolg gekrönt.
All der Kämpfer künftig Leben
wird vom Rosen-Licht verschönt.

So erging es auch dem Sänger,
jetzt gehemmt vom Krankheits-Bann,
der im Krieg nun, ach!, nicht länger
leistet, was er kühn begann.

Weil er in prophet'scher Ahnung
früh von Blancheflour einst sang,
giebt als Sangs- und Kampfes-Mahnung
sie auch ihm den Rosen-Dank.


### SCHLUSS-AKKORD

Hielt uns nur schöner Sagen-Traum umwunden?
Nein. Ros' und Rosenblättlein silberklar
zeugt: was geschah, war silberrein und wahr.
O, klarer noch hat's Euer Herz empfunden.

Stark fühlten, fühlen ewiglich verbunden
auf's Neu wir uns, des Festes Krieger-Schaar,
zum schönen Kampf, der Sieg pflückt aus Gefahr:
manch Herz rief tapfrem Herzen zu: ‹gefunden!›.

Und zweifelt wer – / : man denkt's kaum; doch die Herzen
sind einmal schwankend oft im Menschen-Chor,
vom Nord zum Süd, von Lima bis nach Istria :/ –

so siegelt Gott das Blatt mit Sieges-Kerzen :
vor Blancheflours Gemahl verschleußt sein Thor
ein Mahoms-Ort – laut ruft der Ruhm : ‹Silistria !›
\*

(Die türkische Festung Silistria hatte am 30. Juni vor den Russen kapituliert; und die Nachricht davon war – wie bestellt – kurz vor dem, am 13. Juli abgewickelten, Mammutfest eingegangen. Fouqué ließ sich unverzüglich von devotem Siegestaumel ergreifen, und verwob das schwierige Reimwort pflichtgemäß in seine kunstvolle Reportage : weiter ist es nämlich letzten Endes nichts, und ließe sich unschwer in ein heutiges, Prinzessin-Margaret-mäßiges Illustriertengemauschel übersetzen – nur daß man eben in jenen alten fleißigen Tagen solidere, künstlichere Arbeit lieferte.)

## WELCK
### und die Aschersleber Garnison 1795

Über Ludwig Georg Freiherrn von Welck, den Regimentskameraden Fouqué's bei den Weimar-Kürassieren, den Freund und Bekannten auch der späteren Jahre, ist mir seit Erscheinen der 1. Auflage dieses Buches wertvollstes Material zugegangen.

Die nur in 40 Exemplaren hergestellte Familiengeschichte der ‹Lebensbilder› (1943) – dem Forscher also praktisch sonst unerreichbar, und auch mir nur durch die rühmenswerte Aufgeschlossenheit des Herrn Alfred Freiherr von Welck zugänglich – ergab bezüglich Genealogie vollkommene Klarheit; hinsichtlich Lebenslauf und Charakter bedeutsame Korrekturen des bisher (S. 268 f.!) bekannten Bildes des Mannes; d. h. was eine allgemeine Übersicht anbelangt; die speziellen Beziehungen zu Fouqué sind dort ungenügend behandelt.

Einen wahrhaft herzerfreuenden Fund für den der Fouqué-Forschung Beflissenen stellen jedoch die – aus dem größtenteils im Osten verlorengegangenen Familienarchiv zufällig geretteten – Bruchstücke von Welcks Tagebüchern dar; vor allem das von Oktober bis Dezember 1795. Es liefert die nahezu unübertrefflich typische, oft plastische, Schilderung des Garnisonslebens eines Offiziers überhaupt; das Aschersleben und Umgebung jener Jahre mit seinen Notabilitäten (aber nicht nur diesen) ersteht in einer, selbst dem Lokalhistoriker – dessen Quellen gerade für das Ende des 18. Jahrhunderts spärlich zu fließen scheinen – ergötzenden Gestaltenfülle; und endlich erscheint mehrfach, oft in bezeichnenden Situationen und schon sehr charakteristischer Beleuchtung, der Mann, dem das ganze vorliegende Buch gilt : Fouqué ! Schlechthin unschätzbar, wenn man bedenkt, daß über diese Frühzeit des großen Romantikers – war er doch damals erst 18 Jahre alt; unberühmt und unbeachtet – so betrüblich wenig bekannt ist, und wenig Aussicht auf mehr besteht. –

Ich gebe also im Folgenden:

I. Eine kurze genealogische Übersicht. (Sie ist nicht unwichtig; weil Fouqué fast alle Aufgeführten gekannt hat, und – der vorliegende Fall beweist es wohl eindringlich genug ! – eventuelle Funde an Briefen und Tagebüchern möglich sind.)

II. Eine Resümee des in der o. a. Familiengeschichte gegebenen Lebensbildes.

III. Das Tagebuch von 1795 (mit nur ganz kurzen Auslassungen).

IV. Eine Kurznotiz aus einem anderen Tagebuch von 1804.

I. WELCK

(Hierdurch ist die auf S. 590, Nr. 25, gegebene Aufstellung zu ergänzen.)
Karl Wolfgang Maximilian, * Pappenheim 27. 7. 1743; † Meißen 10. 12. 1809; (Freiherr seit 22. 6. 1792). – Heiratet
a) Leipzig 25. 5. 1772 mit Rahel Amalie Siegert, * Chemnitz 4. 8. 1754; † Meißen 15. 10. 90
b) Kreynitz 27. 4. 1791 mit Wilhelmine Friederike Henriette Gräfin von Seydewitz, * Fülswerda 14. 12. 1770; † Meißen 26. 4. 1855; (wieder vermählt 26. 11. 1821 mit K. W. V. v. Golssenau). – Kinder :

a/1. Ludwig Georg, * Meißen 26. 5. 1773; † Dresden 24. 8. 1851; (Freund Fouqué's.) – Heiratet
    a) 6. 9. 1797 mit Friederike Karoline v. Byern; * Berlin 13. 1. 1778; † Aschersleben 19. 3. 1803. – (1 Sohn).
    b) 1. 5. 1817 mit Rosalie Albertine Adelheid v. Schönberg; * Krummenhennersdorf 17. 9. 1801; † Dresden 3. 5. 1891. – (7 Kinder). –

*

    a/1/a/1. Julius, * Aschersleben 20. 2. 1803; † Meißen 5. 11. 1806.
    a/1/b/1. Otto Karl, * Meißen 31. 5. 1818; † Grimma 20. 4. 1902; (mit ihm stirbt diese Linie aus !).
    a/1/b/2. Hermann Ludwig, * Oberrabenstein 8. 9. 1819; † Dresden 11. 9. 1840.
    a/1/b/3. Hugo Georg, * Oberrabenstein 19. 6. 1821; † Dresden 15. 9. 1840.
    a/1/b/4. Eduard Kurt, * Oberrabenstein 15. 4. 1823; † Dresden 5. 6. 1843.
    a/1/b/5. Robert Heinrich, * Oberrabenstein 27. 2. 1828; † Zittau 22. 7. 1880; (2 Söhne, mit denen jedoch auch diese Linie ausstirbt).
    a/1/b/6. Rudolf ⎫
    a/1/b/7. Ida ⎭ sterben sogleich nach der Geburt

a/2. Emilie Sophie Henriette, * Meißen 28. 8. 1780; † Meißen 14. 5. 1818. – Heiratet Oberrabenstein 6. 9. 1801 mit K. W. V. v. Golssenau († Meißen 1848; der später die Stiefmutter – siehe oben unter b) – heiratet).

a/3. Heinrich Maximilian, * Meißen 13. 9. 1781; † (gefallen) Ebelsberg a. d. Tr. 3. 5. 1809.

b/1. Robert Kurt, * Meißen 31. 1. 1798; † Oberlößnitz 14. 6. 1866. Heiratet Thoßfell 31. 12. 1825 mit Emma Luise Freiin v. Beust, * Thoßfell 13. 11. 1805; † Serkowitz 27. 1. 1892. – 6 Kinder (darunter 2 Töchter, Edith und Elisabeth, die nacheinander von a/1/b/5, Robert, geheiratet werden).

II. LEBENSBILD GEORG LUDWIG FREIHERR VON WELCK.

Geboren 25. 5. 1773 in Meißen; als Sohn des chursächsischen Hofrats und Kreisamtmanns Karl W. M. v. W., der dort seinen dienstlichen Wohnsitz hatte; die Mutter, Amalie Rahel, war die Tochter des Chemnitzer Kauf- und Handelsherrn Johann Georg Siegert (1710–83) auf Oberrabenstein.

1785, im Alter von 12 Jahren, wurde Ludwig Georg dem Pädagogium in Halle anvertraut, jener berühmten, im Geiste ihres Gründers A. H. Francke geleiteten, Erziehungsanstalt; er verdankte ihrem Einfluß viel; mit ihrem Direktor Niemeyer (später Kanzler der Universität Halle) blieb er viele Jahre lang im Briefwechsel.

Nach nur 4 Jahren Schule trat er 1789, noch nicht 17jährig, als Kornett bei den Weimar-Kürassieren ein. Herzog Karl August v. Weimar schickte ihn noch einmal, von Juni 89 bis März 90 nach Halle auf die Schule. Aus dem folgenden Jahr hat sich in der Staatsbibliothek Weimar eine kleine Ausarbeitung erhalten : ‹Marschroute eines Detachements leichter Truppen›, auf Grund einer gestellten Aufgabe entworfen, 31. 8. 1791.

Er nahm an der ‹Campagne in Frankreich› teil; und konnte, hocherfreut, am 2. 2. 1793 seinem Vater die Ernennung zum Offizier anzeigen. Auch an den Gefechten bei den ‹Weißenburger Linien› nahm Welck teil.

1795 wurde er Regimentsadjutant. 1796 verlobte er sich mit der ältesten Tochter seines Chefs, Friederike v. Byern; und 1 Jahr später, im Herbst 1797 gründete er mit ihr seinen Hausstand in Aschersleben. – Schon im Oktober 90 hatte er die Mutter verloren; die neue Stiefmutter war nur 2 Jahre älter als er (siehe Genealogie). – 1798 wurde er zum Premierleutnant befördert; und noch nicht 3 Jahre später erhielt er das Patent als Stabsrittmeister.

Über jene schönen Jahre in der Garnison, inmitten eines Kreises von Kameraden und befreundeten Familien, berichten zahlreiche Briefe an den Vater nach Meißen. (Leider sämtlich verloren. A.d.V.). Eine große Freude brachte der Besuch der Eltern mit dem kleinen, damals 4jährigen Robert und der Schwester Emilie im Mai 1802 in Aschersleben. Die Vorbereitungen dazu werden schon mehrere Wochen vorher in den gegenseitigen Briefen besprochen: »Meine Frau freut sich, Ihnen ihre kleine Ökonomie zeigen zu können.« (Brief an den Vater vom 1. 5. 1802).

Die Stiefmutter führt nun für den kleinen Robert ein Tagebuch über diesen Besuch in Aschersleben – leider enthält die Familiengeschichte nur ganz kurze Notizen darüber :

24. 5. 1802 : »Um 9 Uhr fuhren wir auf den Exercierplatz; das Regiment war beysammen; ich (d. h. der kleine Robert ! A. d. V.) war ganz Auge und Ohr. Nachmittag kam die ganze Gesellschaft in den Garten und noch viele Offiziers, die sich Alle mit mir abgaben, und denen ich versprach, Preuße zu werden.«

26. 5. 1802 : »Um 9 Uhr gingen wir, um das Regiment, das heute zum letzten Male exercirt hatte, und deshalb mit Pauken und Trompeten hereinmarschirte, vorbeireiten zu sehen. Louis kam voran, und nahm mich vor sich auf sein Pferd. Zu Mittag aßen wieder viele Officiers bey uns.«

Wichtig ist, daß – wie auch bei Fouqué – mehrfach in Welcks Briefen der Wunsch zum Ausdruck kommt, seine Bildung durch ein Studium wissenschaftlich zu vertiefen.

Sein häusliches Glück schien vollendet, als ihm 1803 ein Sohn geboren wurde – da erkrankte die junge Frau im Wochenbett, und wurde ihm, 1 Monat nach Geburt des Kindes, durch den Tod entrissen. Obwohl er wenige Wochen später, in einer für damalige Verhältnisse ungewöhnlich raschen Beförderung, zum wirklichen Rittmeister und Eskadronschef ernannt wurde, erbat er doch unmittelbar darauf seinen Abschied, und erhielt ihn, mit der Erlaubnis zum Tragen der Regimentsuniform. Er löste nun seinen Hausstand in Aschersleben, der ihm in 14 Jahren lieb gewordenen Garnissonsstadt, auf; übergab sein Söhnchen der Pflege der Eltern in Meißen; und ging im Herbst nach Leipzig, um den Winter über an der Universität Vorlesungen zu hören.

Ende Mai 1804 trat er eine große Auslandsreise an, die ihn nach der Schweiz, Oberitalien, Südfrankreich und Paris führte. Das (heute noch vorhandene A. d. V.) Tagebuch dieser Reise bezeugt, mit welcher Gründlichkeit und Aufgeschlossenheit er alle Eindrücke auffaßte. In Bern besuchte er das Waisenhaus; im nahen Buchsee die berühmte Pestalozzi'sche Erziehungsanstalt. Er besichtigte Zucht- und Irrenhäuser; Fabriken und landwirtschaftliche Betriebe. Ausführliche Schilderungen z. T. bedeutender Einzelheiten verleihen seinen Aufzeichnungen dauernden Wert. Im Frühjahr 1805 sah er in Paris die große Parade, die Napoleon unmittelbar vor seiner Abreise nach Mailand abhielt, wo er sich zum König von Italien krönen lassen wollte. Staunend sah er die aus den eroberten Ländern nach Paris gebrachten Kunstwerke.

Ende April 1806 trat er die Rückreise an; und reichte wegen der angespannten politischen Lage ein Gesuch um Wiedereinstellung in der Armee ein. Er erhielt vom König die Erlaubnis, einen etwaigen Feldzug als Volontär in der Suite mitzumachen. Wochenlang wartete er auf dem Gut seiner Schwiegermutter bei Rathenow (oder gar Lentzke ? A. d. V.) den Gang der Ereignisse ab, faßte aber seine letzten 3 ‹Zivilistenjahre› so zusammen: »Ich bin zufrieden, und möchte diese 3 Jahre um nichts in der Welt eintauschen. Sie haben mir eine Menge Menschen- und Weltkenntnisse gegeben, die ich in einer einsamen Garnison, bei den ewig einförmigen Beschäftigungen des Militärstandes, nie würde erlangt haben, und die doch gewiß nötig sind, um eine richtige Ansicht des menschlichen Lebens und des Zwecks unseres Hierseins zu erlangen.«

Am 19. 8. 1806 konnte er Friedrich Wilhelm III. persönlich ein erneutes Gesuch um Wiedereinstellung vortragen; der König war sehr wohlwollend, und überwies ihn vorläufig einem Karabinier-Regiment.

Welck nahm an der Schlacht von Auerstädt teil; und rettete hier den Prinzen Wilhelm von Preußen (den Mann der so oft erwähnten Prinzessin Marianne ! A. d. V.) aus französischer Umzingelung, und damit vor drohender Gefangennahme. Das Tagebuch über den Rückzug bis Pasewalk, wo die 5 Kavallerieregimenter kapitulierten, ist verloren. In Lentzke bei Fehrbellin fand er bei den Schwiegereltern für die nächsten Wochen ein notdürftiges Unterkommen; hier erreichte ihn auch am 20. 11. der Brief aus Meißen, der ihm den Tod seines Sohnes meldete.

Nach einem Kurzaufenthalt in Meißen, im Winter 1806/07, begab Welck sich im Frühjahr über Kiel und Kopenhagen, und weiter, auf einem englischen Schiff, nach Memel, und von dort nach Bartenstein, wo er vom König freundlich aufgenommen wurde. Er erhielt Weisung, sich dem General Blücher zur Verfügung zu stellen; reiste also von Pillau nach Rügen, und erhielt dort von Blücher den Auftrag, eine Eskadron ‹Königin-Dragoner› aufzustellen – der Friede von Tilsit setzte all dieser rastlosen Geschäftigkeit ein Ende.

(Hier nun ist die Varnhagen'sche Schilderung, S. 192 f., einzuschalten. – A. d. V.)

Am 18. 7. 1808 mit dem Rang als Major offiziell entlassen, zog Welck sich nunmehr nach Schloß Oberrabenstein zurück, und übernahm, gemeinsam mit dem Halbbruder Robert, den vom 1809 verstorbenen Vater ererbten Besitz. Er mußte Zeuge sein, wie Sachsen zum Rheinbund trat, und sein König einer der treuesten Anhänger Napoleons wurde.

Als die Freiheitskriege inszeniert werden (und hierzu die Notizen auf S. 251 und 268 f.) beteiligt sich nun auch Welck eifrig an der in ganz Sachsen einsetzenden Freiwilligenwerbung, zumal im meißnischen und erzgebirgischen Kreise. Er stellt eine Eskadron reitender Jäger in Chemnitz auf; und erfindet unter anderem ein sinnreiches Prämiensystem für Sachsens Bewaffnung, das je nach der Größe der vaterländischen Spende eiserne Ringe und Kreuze von verschiedener Größe zur Verteilung vorsieht. Auf seine Anregung stiften die Frauen des erzgebirgischen Kreises eine Standarte, die ein grünseidenes Kreuz in breitem Eichenkranz und die Inschrift ‹Für Recht und Vaterland› aufweist; sie war noch bis 1945 im Besitz der Familie. Am 3. 12. 1813 wurde er zum Oberstleutnant bei der Kavallerie des Banners ernannt, und vom Zaren Alexander in diesem Range bestätigt.

Am 13. 2. 1814 wurde die Chemnitzer Eskadron feierlich in der Kirche vereidigt, um am nächsten Tage ins Feld zu rücken. Sie hat dann, unter Welcks Führung, an der Belagerung von Mainz und dem Einzug in die Stadt teilnehmen dürfen; und wenn sie auch nicht mehr Gelegenheit fand, entscheidend mitzuwirken, so ist ihrer Haltung doch damals von den Vorgesetzten das beste Lob ausgesprochen worden. Im Juni 14 kehrte man in die Heimat zurück; und am 23. 8. 14 erhielt auch Welck seinen Abschied, unter Verleihung des St. Wladimirordens.

Er war jedoch inzwischen ein einsamer Mann geworden. Da beschloß er im Jahre 1816, noch einmal einen neuen Hausstand zu gründen : am 6. 10. verlobte er sich in Krummenhennersdorf (bei Freiberg) mit Rosalie v. Schönberg, der zweiten, eben 15jährigen Tochter des Kammerherrn August v. Sch. (1773–1832). Am 1. 5. 1817 fand im engsten Kreise die Hochzeit statt; und seitdem war ihm ein glückliches Familienleben beschieden – sah er doch zunächst 5 Kinder um sich aufwachsen. Auch eine lohnende Lebensaufgabe fand er in der Bewirtschaftung und Verwaltung des ererbten großen Besitzes in Oberrabenstein; einige Zeit hat er auch der 1. Kammer der Ständeversammlung angehört. (Hier ist nun die Schilderung von Fouqué's Besuch auf Oberrabenstein, Ende August/Anf. Sept. 1822, S. 339 einzuschalten.)

1837, als die heranwachsenden Söhne nach und nach das Elternhaus verlassen hatten; als die Beschwerden des Alters sich bemerkbar machten, und mancherlei Rücksichten den Tausch mit einer Stadtwohnung nahelegten, entschloß sich Welck, Oberrabenstein zu verkaufen, und nach Dresden zu ziehen; die Übersiedlung fand Ende Mai 38 statt. Otto, der älteste Sohn, hatte gerade zu Ostern die Fürstenschule St. Afra verlassen und bezog die Universität Leipzig, um dort Jura zu studieren. Hermann war beim 1. Garderegiment zu Fuß in Potsdam eingetreten, und dort im Frühjahr 38 Leutnant geworden. Eduard, dessen Kränklichkeit viele Sorge machte, lernte in einem kaufmännischen Betrieb in Leipzig. Da traf die Familie ein furchtbarer Schicksalsschlag: im Herbst 40 erkrankten Hermann und Hugo schwer, und binnen 4 Tagen ereilte sie Beide nach kurzem Krankenlager der Tod. 3 Jahre später folgte ihnen noch Eduard nach langem Leiden. So blieben Welck auch im Alter die schwersten Prüfungen nicht erspart. Mit 78 Jahren entschlief er, am 24. 8. 1851, in Dresden.

### III. TAGEBUCH 1795.

*1. Oktober 1795:* Pünktlicher kann Niemand von seinem Urlaub wiederkommen, als ich; ich sollte den 1. wieder hier seyn, und exercirte diesen Morgen schon mit; denn dieser Monat ist ganz den militärischen Übungen gewidmet, wo unser Oberst sehr darauf hält, daß kein Officir dabey fehlt; dies ist auch deswegen sehr nötig, weil der Oberst sehr häufig Veränderungen macht, die uns freilich nicht immer sehr vorteilhaft scheinen; übrigens aber wären so viele Officiers bey diesem Exerciren gar nicht nöthig, da wir einen Tag und alle Tage dieselben höchst langweiligen Sachen machen. Jetzt vermissen wir unsern vorigen Chef, den Herzog, sehr; bey dem war es ein Vergnügen zu exerciren. Da wurden aber auch alle Tage verschiedene manoeuvres gemacht, von denen unsre jetzigen Hrn. Chefs gar keine Idee zu haben scheinen.

*2. Okt.:* Den Mittag aß ich beym General. / Nach Tisch eine Parthie auf Rothensberg (?) wohin ich mit Chasot fuhr; spielte in meiner gewöhnlichen Gesellschaft mit Ch., R., (Fl. ? St. ?) und Schulz l'hombre; den Abend tanzten wir nach einer herumziehenden Orgel mit Tambourett.

*3. Okt.:* Den Morgen exercirt; Mittag beym General gegessen; und nachher mit Flotow jun., Löpell (= Loebell. – A. d. V.), Fouqué und Couttenhoven (= Couden ...; späterhin schreibt er es dann auch meist korrekt. – A. d. V.) ein Glas Wein bey mir getrunken, wovon wir Alle etwas munter wurden. Gegen Abend fuhr ich Alle auf's Schießhaus, und hatte nachher das Unglück, ein Mädchen beynahe umzufahren; sie war von meinen Pferden dicht an die Mauer gedrängt, doch ging es noch ohne großes Unglück ab. Soupiert bey Rauchhaupt, der morgen mit Oppen, Itzenblitz (sic, mit ‹b›; wie man denn überhaupt der dissoluten Ortographie sämtlicher Urkunden jener Zeit Vieles nachsehen muß. – A. d. V.)

und Schulenburg nach Leipzig reist – könnt' ich doch diese Parthie mitmachen!

*4. Okt.:* Coffee- und Abendgesellschaft beym Oberst, wozu ich auch die Ehre hatte, eingeladen zu werden. Es war uns unangenehm, bis 5 Uhr auf die Generalsfamilie warten zu müssen; außerdem war aber die Gesellschaft sehr angenehm, nicht sehr steif, und der Oberst (= Froreich. – A. d. V.) machte einen sehr guten Wirth. Ich spielte l'hombre mit Seelhorst, Flotow und Schulze. Beim Abendessen hatte ich das unverhoffte Glück, zwischen unsern beyden Schönheiten zu sitzen, Fräulein Rieckchen und Liesichen, denen ich nicht umhin kann, die Cour etwas zu machen – wieviel Theil mein Herz daran nimmt?????

*5. Okt.:* Früh exercirt; den Mittag in Gesellschaft des Rittm. v. Seelhorst, Lt. v. König von Gensdarmes, Dr. Michaelis, Rath Fager (?), Rath v. Baier, Voß, Bechtolsheim und Loebell beim Major von Dresden sehr gut gegessen und getrunken. (Wodurch nun endlich die Form ‹v. Dresden› ziemlich gesichert erscheint; vgl. auch weiter unten. – A. d. V.). / Unsere Lesegesellschaft (vgl. S. 132 – A. d. V.), die auf Anstiften des dazu erwählten Präsidenten v. Chasot errichtet worden, hat heute ihren Anfang genommen. Chasot und Flotow haben deren Einrichtung übernommen; sie wird montags und donnerstags auf dem Logensaal, den sich die Gesellschaft zu diesem Zweck hat meubliren lassen, gehalten. Es sind bereits 25 Mitglieder, und wir haben uns viel Gutes davon zu versprechen. Den Abend aßen wir daselbst sehr gut.

*6. Okt.:* Der von dem größten Theil der hiesigen Bürger so lang (herangesehnte?) Tag des Freischießens. Nach 9 Uhr zog die ganze Schützencompagnie mit ihren Fahnen und klingendem Spiel auf die Herrenbreite, wo der bisherige Schützenmeister Vogel eine ganz gute Rede hielt. Es sind dies 3 Schießtage, fest- und freudenvolle Tage; aber auch verderblich, weil in diesen Tagen der Verdienst von vielen Monaten verschwendet wird; vorzüglich kostbar für den Schützenmeister, der alle die 3 Tage die Schützen tractiren muß. / Unsere Herren Chefs waren heute auf die Jagd nach Ballenstedt; daher ich mich mit Windheim in Wilsleben zu Gast bat, wo wir sehr gut aufgenommen wurden, und dessen Bruder aus Halle fanden. Man lebt daselbst ganz ungenial; die alte Frau v. Windheim ist eine gute würdige Frau, die sich freut, andern Menschen Vergnügen zu machen. / Wir fuhren beyzeiten weg, um noch von dem Freischützenball zu profitiren; der Schießhaussaal war so voll, daß man sich kaum durchdrängen konnte. Von Regimentsdamen war niemand da; dennoch eine recht angenehme Gesellschaft. Ich nahm mir gleich vor, einige Angloisen zu tanzen, damit die Bürgerlichen nicht glauben soll (wohl

Schreibfehler. – A. d. V.) man tanze aus Stolz nicht mit ihnen. Ich tanzte daher gleich noch vor Tisch eine Angl. mit Louise Frauendienst. Ich fing mir an daselbst so zu gefallen, daß ich nachher fast keinen Tanz überschlug, mit Frl. v. Baier, Dr. Goldhagen und Actuarius Schotter, ehemalige Mdsl. Günther. Letztere war in alten Zeiten eine besondere Inclination von mir, doch hatte ich sie in meinem Leben noch nicht gesprochen; sie gefiel mir heute wieder recht gut; ich sagte ihr allerlei hübsche Sachen, und tanzte außer der Angloise noch die Gallopade mit ihr; es ist schade, daß sie sich nicht beständig hier aufhält. Von Fremden waren noch da eine Mdsl. Hinze aus Helmstedt, ein hübsches Mädchen, Cousine von Zemmens, ihr Bruder wird Hofmeister bey Schubaerts (vgl. S. 140 – A. d. V.); und ein Frl. Bürgermeister Herz aus Osterwieck, Schwiegertochter des hiesigen Müller Herz, eine hübsche junge Frau mit großen schwarzen Augen, die viel feurige Liebe aussprachen; ich tanzte auch mit ihr, und fand, daß wohl mehr Unterhaltung zu pflegen sey. Der alte Flotow schien sich sehr an sie zu attachiren. Der Ball dauerte bis nach 2 Uhr, und schien Allen sehr contentirt zu haben; ich habe mich auf keinem so amusirt, als auf dem heutigen, wozu 2 Umstände viel beytrugen : einmal, daß die Gesellschaft unserer Regimentsdamen, vorzüglich der Frau Generalin, doch sehr steif sind; und nachher – – – – S. n. g. – – – (Vielleicht ‹Schotter nachhaus gebracht› ?. – A. d. V.)

*7. Okt. :* Der gestrige Ball, oder vielmehr der Punsch, waren mir sehr übel bekommen; ich habe dann die fürchterlichen Kopfschmerzen bekommen, die mir beym Exerciren diesen Morgen sehr lästig waren, doch linderten sie sich nach Tisch etwas. Es kam die beau-monde den Nachmittag auf die Herrenbreite, und amusirte sich in den Buden mit Ausspielen allerlei Kleinigkeiten, auch Pfefferkuchen. Ich spielte nachher mit Flotow und Schulze l'hombre, und hatte ein Unglück ohne alle Grenzen, die größten Spiele verlohr ich; dagegen Flotow ein unüberwindliches Glück hatte.

*8. Okt. :* Der letzte und eleganteste Tag des Freischießens; alle Honoratiores von Militär und Bürgerschaft erschienen auf dem Schießhaus. Der Ball fing gegen 5 Uhr an; es war ganz erstaunend voll, daher ich auch nicht tanzte, dafür die Ehre hatte, mit der Frau Generalin, Fr. v. Rauchhaupt und König Casino zu spielen. Ich hatte zwar dieses Spiel noch nie gespielt, auch gar kein Idee davon; ich bewies aber viel Gelehrigkeit, da das Spiel erstaunend wenig attention nöthig hat, und mir sehr dazu gemacht scheint, in einer tumultuarischen Gesellschaft gespielt zu werden. Nach Tisch verliefen sich viele Tänzer, der General und Maj. Schubaert gingen mit ihren Familien fort; und ich tanzte noch mit Frl. Baier,

Fr. Dr. Goldhagen und Actuarius Schotter; mit letzterer sogar zweymahl, das Weibchen gefällt mir sehr, auch schien ich ihr nicht ganz gleichgültig zu seyn, ich war so glücklich, einen Kuß von ihr zu bekommen, so recht, wie ich ihn mir wünsche, ohne alle Ziererey; sie ist überhaupt in ihrem Umgang recht natürlich, aber gewiß nicht coquett; es thut mir sehr leid, daß sie morgen schon weggeht. Im Ganzen hat es mir heut doch nicht sogutgefallen, als vorgestern; und wäre die Actuarius'sche nicht da gewesen, so würde ich nicht einmal das Ende, um 2 Uhr, abgewartet haben.

*9. Okt.* : Meine gestrige gesunde Lebensart – indem ich wenig getanzt, keinen Punsch, sondern einige Glas Rheinwein getrunken – ist mir sehr gut bekommen; ich war beym Exerciren diesen Morgen ganz munter und wohl, zog heut auf die Wacht, eigentlich aus Eitelkeit oder wie ich es nennen soll, denn ich vertauschte sie mit Wartensleben, um bey dieser Gelegenheit S. noch einmal zu sehen, und war unglücklicherweise in dieser Hoffnung getäuscht. Den Nachmittag besuchte ich die Frau v. Gotsch, die gestern nicht auf dem Ball gewesen war; um den Versuchungen zum Tanzen, das ihr nicht gut bekommt, besser zu widerstehen, fuhr sie mit ihrem Mann und dem Frl. Baier spatziren, und brachte den Abend in der Lesegesellschaft zu, die heute durch die Gegenwart des Hrn. Obristen u. Maj. v. Schubaert sehr glänzend war; spielte mit Flotow, Chasot und Schulze l'hombre, und verlohr, wie gewöhnlich, das Geld, doch konnte ich den heutigen Verlust noch verschmerzen – ich muß künftig an Tagen nach einem Ball nicht spielen, weil ich dann immer verliere.

*10. Okt.* : Unsere Hrn. Chefs waren heute auf die Jagd, daher wir nichts zu essen hatten. Ich fuhr nach Endorf, wo ich den Amtmann Bucher etwas krank fand; er hat einen Anfall von der gelben Sucht, doch ist er noch gantz munter, und die Familie wohlauf; ich spielte nach Tisch mit ihm, und noch einem Fremden dessen Name mir entfallen, l'hombre zu 1 (Groschen ?) Einsatz.

*11. Okt.* : Den Abend an meinen Vater geschrieben. Beim General gegessen. Heute ist in Hecklingen die Verlobung des Lt. v. Itzenplitz mit dem jüngsten Frl. v. Trotha feierlichst begangen worden. Er kam den Abend noch auf die Resource, und empfing unsere allerseitigen gratulationen.

*12. Okt.* : Früh wegen Regenwetter nicht exercirt. Bei Schubaerts gegessen. Unsere Lesegesellschaft wurde heut durch einen Thee und Soupé beym General gestört; es waren daselbst der größte Theil von Officiren, Oberstens, Rauchhaupts, Oppens, Schubaerts außer der Majorin, die noch in (Wochenbett ? ?) ist, und Baier, außer ihm die Frau B. Die

Gesellschaft ist daselbst immer durch des Generals Betragen sehr animirt. Die jungen Leute spielten Gesellschaftsspiele, an denen ich gern theilgenommen; es widerfuhr mir aber die Ehre, mit dem General, Maj. Schubaert und Rath Baier Tarock zu spielen; der Rath Baier nahm uns Allen das Geld ab. Es ward bald soupirt, und Punsch, der gar nicht besonders war, servirt. Fräulein Rieckchen hatte heut einen bösen Tag, sie sah sehr blau aus, und klagte über Kopfweh; ob es nun daher kam, daß ihr lieber Coudenhoven nicht da war, oder ist sie würklich krank, das mag der Himmel wissen, aber in ihrem vortheilhaftesten Licht hat sie sich nicht gezeigt. Nach der Gesellschaft spielte ich noch mit Flotow, Windheim und Chasot Casino, und verlohr in den ersten zwei (Runden?) 27 Parthien à 2 Rthl.

*13. Okt. :* War ich zwar vom Exerciren suspendirt, hatte aber dafür mit Schulenburg das unangenehme Geschäft, die Feuerstellen zu besichtigen; bey welcher Gelegenheit ich in manches elende Hüttchen kam, und die Armuth so vieler Leute sah, die dabey doch glücklich und vergnügt leben. Den Nachmittag ritt ich mit dem General, Obersten, Maj. Schubaert, Rauchhaupt, Oppen und Puttkammer auf die Hetze, in die Gegend von Schierstedt. Diese Jagd macht mir viel Vergnügen, nur ist es für die Pferde sehr nachtheilig, wenn die Hunde so schlecht sind. Der General hatte 5 junge vom Fürst von Bernburg zum Geschenk erhalten, sie taugen aber nicht viel, die Hetzen dauren zu lange, und den zweiten Hasen ließen sie gar laufen. Hiermit mußte dann natürlich auch die Jagd aufhören, denn es ist nicht raison, nach einem Fehlhetzen noch einen Versuch zu machen.

*14. Okt. :* Diesen Morgen vollendete ich die angefangene recherche der Feuerstellen; es war uns nur noch im kleinen (K. f. ??) übrig geblieben. / Der Mittag aß ich beym Major Schubaert eine delicate Kramsvogelsuppe, und trank ein gutes Glas Wein. Es war ein schöner Nachmittag, den wir auf der Herrenbreite unter den Linden zubrachten. Den Abend vollendete ich mein Journal bis hierher.

*15. Okt. :* Früh exercirt. Mittag beym General gegessen. Auf den Nachmittag war ich nach Wilsleben gebeten, wo gestern Erndtetanz ist gehalten worden; ich konnte aber nicht davon profitiren, weil mich der General zur Hetze invitirte, welches mir mehr Vergnügen macht; doch hätte ich heute wenig versäumt, indem wir nur Fehlhetzen machten. Die Hunde sind noch zu jung, und wenn sie auch den Hasen herumwerfen, so ist keiner dabey, der greift; überdem ist das Terrain hier nicht besonders, weil sich die Hasen nach Schierstedt zu wenden, wo viele Berge und Hohlwege sind. Es war heute Lesegesellschaft, oder, wie solche jetzt genannt wird, ‹Casino›; wo ich mit Flotow, Chasot und Secretair Kruse Wisth spielte, und eine Kleinigkeit gewann.

*16. Okt.* : General und Oberst sind heute nach den auswärtigen garnisons (d. h. bei den andern Schwadronen; vgl. S. 100 – A. d. V.); ich benützte die Gelegenheit, nach Pesen, dicht hinter Alsleben, zu fahren, wo ich gehört, daß der Oberamtmann (Brauer ?) ein paar gute Windhunde zu verkaufen habe; hiermit dachte ich dem General eine Freude zu machen. Ich machte schon manchen schönen Plan, die aber sehr bald in ihr Nichts zurückfielen, da ich in Pesen den Oberamtmann nicht zuhause fand, und vor ihr erfuhr, daß die gesuchten Windhunde nicht mehr da wären. Ich kehrte gleich wieder um, ließ meinen Pferden im Alslebener (Fähr- ?) haus etwas Brod geben; und erfuhr bey dieser Gelegenheit, daß der Amtmann Nordmann in Schuchenthal sehr gute Windhunde (wohl zu ergänzen ‹hätte›. – A. d. V.). Ich entschloß mich daher zu dieser retour, um doch nachzufragen ob er welche verkaufe, fand ihn aber nicht zu Hause; sein Sohn aber ersuchte mich sehr, meinen Mittag dort zu machen, und nahm mich sehr gastfrei auf. Eine gute Mahlzeit, ganz ohne Compliment, war mir sehr gelegen. Ich lernte 3 junge Herren kennen, alles artige bescheidene Burschen, und ein Mädchen, nicht hübsch, aber ein recht gutes Mädchen; sie ist musikalisch und hat ein gutes Instrument von (Stutzhorn ? ?) aus Kroppenstedt. Ich bin auf künftige Woche zu einer Hetze eingeladen. Nach 4 Uhr war ich wieder zu Hause.

*17. Okt.* : In einer ziemlich großen Gesellschaft auf dem Keller gegessen. Nach Tisch auf dem Schießhaus Billiard gespielt; ein wenig suppirt und ein halb Stündchen mit der Goldhagen discourirt. / Ich erhielt heute durch den Rittm. v. Seelhorst aus Leipzig einen Brief und eine Büchse von meinem Vater.

*18. Okt.* : Diesen Morgen besuchte ich den Gottesdienst in der großen Kirche; fand mich (aber) in meinen Erwartungen betrogen, indem nicht der Hr. Consistorialrath v. Baier, sondern ein junger Cand. predigte. Doch war die Predigt ganz gut, eine üble Sprache ausgenommen : Kein Stand und keine Verbindung entbindet uns von den Pflichten der Religion. / Nach der Kirche wollte ich zum Rittm. v. Seelhorst gehen, begegnete dessen Fr. Gemahlin unterwegs, und war so galant, sie in die Garnisonkirche zu führen, in der Hoffnung, sogleich wieder herausgehen zu können; da ich aber den Hrn. Obersten daselbst fand, so wollte sich dies nicht gut thun lassen, und ich mußte nolens volens noch eine Predigt anhören, die mit dem ziemlich wahren Spruch anfing : der Mensch sey gewöhnlich in seiner Lage unzufrieden, und glaube in so mancher andern Lage, anderm Stand und Verhältnis zufrieden zu seyn; dies sey aber sehr schwierig, die Zufriedenheit des Menschen liege in ihm selbst, und hänge nicht von seiner äußeren Lage ab. Der Mensch müsse sein Inneres ändern, um sicher zufrieden zu seyn. Dies mag wohl ganz wahr seyn, und ich kann mir manche gute Lehre daraus nehmen, da ich auch schon den irrigen Wahn nähre, in einem andern Stande würde ich zufriedener leben, als im Militär. / Hr. Lion ist mit einer Gesellschaft Springer, und einer Sammlung Wachsfiguren hier angekommen. Letztere habe ich nicht gesehen, die Springer aber zeigten ihre Kunst diesen Abend in der Reitbahn mit ziemlichem Beifall. Es war sehr voll. Ein paar Kinder von Hrn. Lion machten den Anfang auf dem Seil; dann ein Knabe von 13–14 Jahren; und nachher ein junger Engländer von 20 Jahren, ein kleiner, aber sehr gut und musculös gebildeter Mann, der sehr viel Fertigkeit besaß, über 4 (Leinen ? Linien ? Longen ?) hintereinander wegsprang, und über alle Vier zugleich, rückwärts auch; zum Schluß machte ein Bajatzo seine Kunst, ziemlich plump. Hierauf wurde gesprungen; hier übertraf Bajatzo beynahe den Engländer, sie sprangen Beide sehr gut, machten Beide den Trampolirsprung, den ich mir vorgenommen habe auch zu lernen, und zuletzt machte der Engländer noch ein paar Stückchen seiner Stärke, legte sich auf den Rücken, und hielt auf seinen Händen und Füßen einen Tisch, worauf wohl 12 Menschen saßen.

19. Okt. : Nach dem Exerciren fing ich mit Coudenhoven meine leçon bey dem Engländer an, um den Trampolinsprung zu lernen; und ohngeachtet der guten Anstalten, die zu einem bequemen Fallen durch untergestreutes Stroh gemacht wurden, fiel ich so unglücklich, daß ich mir das linke Bein verrenkte. Ich sprang zwar noch öfters, hatte aber nachher viele Schmerzen, so daß ich kaum gehen konnte. Den Mittag aß ich beym Maj. v. Rauchhaupt, wo der Hauptmann v. Dieskau (Friedrich Wilhelm v. D.; sehr interessante Familie; der Vater focht als französischer General in Canada gegen die Britten, und kommt mehrfach bei Cooper vor, z. B. im ‹Letzten der Mohikaner›; auch der hier erscheinende Sohn wanderte später nach Amerika aus; eine seiner Schwestern wird in einem meiner nächsten Bücher eine der Hauptrollen spielen. – A. d. V.) vom Thaddenschen Regiment und Hr. v. Pirck waren. Nach Tisch mit dem Hrn. General auf die Hetze geritten, aber nichts bekommen; und nachher auf das Casino gegangen, mit Flotow, Chasot und Löbell Casino gespielt, und daselbst soupirt.

20. Oktober. : Mein gestriger Fall ist mir so übel bekommen, daß ich heute nicht ausgehen kann; ich darf mich mit meinen Füßen auf dergleichen gymnastische Übungen nicht mehr einlassen. Das ist traurig ! ! / Den Mittag aß ich wieder beym Maj. Rauchhaupt, mußte aber hin fahren;

außer der gestrigen Gesellschaft waren noch der Herr v. Kotze (1764 bis 1831. – A. d. V.) aus Klein-Oschersleben und seine Frau und Schwester, und der Rittm. v. Seelhorst mit seiner Frau da; wir fanden den Mittag sehr gut, und tranken ein excellent Glas Bischoff. / Den Nachmittag fuhr ich mit Seelhorst nach Sandersleben, um Pircks, der auch dahin fuhr, und von da nach Holchstädt (?) will, den Weg zu zeigen, hatte aber wenig Dank davon : Pircks ist ein junger Windbeutel, der kein Pferd schont, und sich eine Ehre daraus macht, ein Pferd tot zu jagen. Diesem konnte ich nicht rasch genug fahren; und ohnerachtet ich in 1 Stunde diese 2 Meilen fuhr, that er doch, als wenn meine Pferde nicht von der Stelle könnten. Wenn er Lust hat, die seinigen todt zu jagen, kann er es in Gottes Namen thun, krumm und schief sind seine, ich will meine gern conserviren, und werde nie auf die tolle Idee kommen, mit ihnen Wette zu fahren. / In Sandersleben lernte ich den Cammer-Rath Morgenstern kennen, einen reichen alten Beamten, der ein Anhaltisches Gut gepachtet hat. / Wir fuhren bey einem schönen Abend recht gemächlich nach Hause, ließen uns das Pfeifchen gut schmecken, und plauderten eins zusammen. Den Abend hatte ich einigen Besuch; auch kamen noch Chasot und Flotow, um eine Parthie l'hombre mit mir zu spielen, wobey ich einige Thaler verlor.

*21. Okt.* : Mein Schmerzen im Fuß hat sich ziemlich gelegt, doch blieb ich heute noch ein, und benützte die Zeit, ein Brechmittel zu nehmen, das mich etwas angegriffen hat. Den Abend fuhr ich nach der Reitbahn, um die Springer zu sehen; es war sehr leer; doch war die Fr. Generalin mit ihrer Familie da, dies gab der Sache noch einiges Ansehen. Die arme Frau dauert mich auch, denn ich bin gewiß, daß sie mit Mühe vom Hrn. General die Erlaubnis zu dieser fête erhalten, und hatte heute wenig Spaaß dafür : die Balken, woran das Seil befestigt war, rissen aus, und es dauerte sehr lange, ehe dieser Schaden wieder repariret ward, und nachher konnte das Seil doch nicht ganz straff angezogen werden, daher nur wenige Stücke konnten gemacht werden. Der Engländer machte aber nachher einige sehr schöne Sprünge, worunter sich einer ganz vorzüglich auszeichnete : er ließ 3 Tische übereinander stellen, und hinauf einen Fauteuil, dessen Lehne ziemlich auf die Balkenrichtung heraufstieg, und sprang von oben herab, und zwar aufwärts in die Luft überschlagen; diesen höchst gefährlichen, oder genauer kühnen, Sprung machte er zweymahl. Auch zeichnete sich der Bajatzo (Spanier) durch einen sehr schönen Sprung aus : er überschlug sich auf der Erde, und als er das zweytemahl mit den Händen auf der Erde war, überschlug er über ein Seyl, das so hoch gehalten wurde, als er groß war. Doch war der heutige Tag zum Unglück; er schlug bey einem der ersten Sprünge auf am Trampolin, brach ein Brett desselben, der Engländer fiel, riß im Fallen den Menschen um, auf dessen Schultern ein Kind stand, das aber doch unbeschädigt blieb; und fiel so derb auf die rechte Hüfte, daß er lahmte und nicht mehr springen konnte. Doch erlaubte ihm sein Ehrgeiz nicht, ganz aufzuhören; er machte noch einige Stücke seiner Stärke, so sauer es ihm auch ward – wenn der Fall nur keine üblen Folgen für den armen Teufel hat!

*22. Okt.*: Den Mittag aß ich mit Mehreren auf dem Keller, und fuhr nach Tisch mit Chasot und Fouqué spatziren auf die Alte Burg; beym Herunterfahren nahm sich Chasot, unser Fuhrmann, so wenig in Acht, ließ die Pferde in starkem Trab bergab um eine Krümmung, so daß wir nothwendig umstürzen mußten. Der Fall war aber so unglücklich, daß der Wagen sich zweymahl umschlug, die Räder zu oberst, so daß wir alle Drei unter dem Wagen lagen, und Keiner hervorkommen konnte. Ich lag mit am unglücklichsten. Der Wagen lag mir auf dem Kopf, sodaß ich anfangs gar keine Besinnung hatte; wie ich zu mir kam, konnte ich gar keine Luft bekommen; mit dem Kopf arbeitete ich mich vor, nun lag mir aber der Wagen auf der Brust, und so mußte ich die schrecklichste Viertelstunde meines Lebens hinbringen. Kein Mensch war da, der helfen konnte; wir lagen alle Drei fest, und ich glaubte alle Augenblicke, ersticken zu müssen. Ich war in dem fürchterlichsten Zustande, und schrie die Möglichkeit um Rettung; endlich gelang es Chasot und Fouqué sich loszumachen; sie waren eifrigst bemüht, auch mir zu helfen, sie waren aber nicht instande, den Wagen in die Höhe zu bringen; doch gelang es insoweit, daß ich Brust und Kopf frei bekam; dafür kam der Fuß unter den Wagen, und ich litt unaussprechliche Schmertzen davon, bis es ihnen gelang, mir auch diesen zu befreien; nun lag ich in der Mitte des Wagens; durch das heftige Anspannen meiner Kräfte ganz entkräftet, konnte ich kaum Luft schöpfen, als Chasot den glücklichen Einfall bekam, die Wagenthür aufzumachen. Dies war für mich im glücklichen Augenblick. Ich kroch heraus; konnte aber für Entkräftung nicht ganz herauskommen, und es dauerte lange, ehe ich mich einigermaßen wieder erhohlte. Nachdem wir uns Alle selbst gerettet hatten, kamen der Secr. Kruse und noch andere Leute, uns zum succours. Ich ward nach Hause geführt, wo ich auch recht matt ankam, man ließ mir gleich zur Ader, und dies schaffte mir viel Erleichterung. Mein Fuß (der rechte) hat eine bloße Quetschung bekommen; übrigens habe ich am Kopf und der linken Schulter Schmertzen; die Brust mag das meiste gelitten haben. Chasot hat sich den linken Arm ausgefallen; Fouqué ist ganz wohl; und an dem Wagen nicht das Geringste gebrochen.

*23. Okt.*: Ich habe eine gute Nacht gehabt, und befinde mich ganz leidlich; der Fuß ist besser, und ich kann wieder darauf gehen. Schulter und Brust schmertzen am heftigsten. Ich habe Glaucher Salz, das mir sehr gut bekommen ist, genommen. Ich erhielt einen Besuch, der mir die Zeit angenehm passiren machte.

*24. Okt.* : Befinde mich wieder fast ganz wohl. Da die Hrn. Chefs heute auf der Jagd sind, so hatte ich Schulenburg, Bechtolsheim, Fouqué und den Chirurgus (Krai??) den Mittag bey mir; wir tranken ein gutes Glas Punsch zusammen. Den Nachmittag wurde der Rittm. v. Sallett, der den 22. früh, gegen 8 Uhr, gestorben ist, mit allen militärischen Ehrenzeichen begraben. Ich fuhr mit Flotow jun. hinaus, um diesen spectacul anzusehen. Der Mann hat die letzte Periode seines Lebens viel ausstehen müssen, ihm ist wohl. Hätte ich vorgestern noch 1 Viertelstunde in der Mausefalle stecken müssen, so wäre ich wahrscheinlich heute sein Begleiter gewesen. Das Leben des Menschen hängt an 1 Fädchen, und wir sind keine Viertelstunde Eigentümer dieses uns anvertrauten Guths; wohl Dem, der es so anwendet, daß er jeden Augenblick seine Rechnung schließen und vom Schauplatz abtreten kann. / Chasot scheint am meisten gelitten zu haben; sein Arm ist so bald nicht zu heilen, weil die Muskeln so erschlafft sind, daß der Arm nicht in der Kugel bleiben will; er hat heute die Rose ins Gesicht bekommen.

*25. Okt.* : Den Nachmittag fuhr ich hinaus zum Adjutanten v. Flotow, der auch seit einigen Tagen krank ist; ich fand ihn wieder ziemlich besser; auch hat er heute wieder appetit zum Essen bekommen. Von da fuhr ich zu den Springern, die heute schöne Stücke machten; es ist vor einigen Tagen ein neuer Bajatzo angekommen, der sehr gut auf dem Seil tanzt, und in Feuerwerken viel Geschicklichkeit hat. Er befestigte Schwärmer an seinen Füßen, und tanzte so damit, wobey er sich aber auch den Fuß tüchtig verbrannte. ...

*26. Okt.* : Ich bin ziemlich ganz wieder hergestellt, und würde auch wieder ausgehen, wenn mich das verdammte Exerciren bey jetziger Jahreszeit nicht abschreckte. / Den Nachmittag war ich auf dem Casino, nahm Flotow jun. im Tarock einige Gulden ab; und ging den Abend zu den Springern, die heute das letztemal springen. Der Engländer machte den größten Sprung, den ich je gesehen, d. h. er machte den saltum mortale auf dem Seile, so daß er mit den Füßen wieder aufs Seil zu stehen kam. Zuletzt sprang der Spanier durch ein Faß, das ganz feurig war, durch Raqueten, deren Strahl sich im Faß stauchte. Die heutige Einnahme war ganz für den Engländer; morgen gehen sie von hier weg.

*27. Okt.* : Den Nachmittag spielte ich mit Voß und dem Trompeter Boos einige Trios von Just, die sich ganz gut ausnahmen. Wir bekamen mehrere Zuhörer : Mj. Rauchhaupt, Egloffstein, Schulenburg, Flotow und Mehrere waren hier. Die Musik ist eine der schönsten Vergnügungen; mein Clavier hat mir schon sehr viel angenehme Stunden verursacht. / Den Abend ließ ich mich noch überreden, hinaus zu Flotow zu gehen, wo wir, die beiden Flotows und Bechtolsheim, Tarock spielten, nachdem wir vorher ein frugales Mahl eingenommen.

*28. Okt.* : Heut war ich den ganzen Tag entlassen; zuletzt fing mir doch an, die Zeit lang zu werden, und ich ging gegen Abend zu Chasot, wo ich den Adjut. Flotow und Puttkammer fand; es wurde viel über den Rückzug der Franzosen gesprochen, und verschiedene militärische Evolutionen abgehandelt. Chasot muß noch das Bett hüten, sein Gesicht ist noch sehr geschwollen. Den Abend auf dem Keller Casino gespielt.

*29. Okt.* : Heute ging ich zum ersten Mal wieder auf die Parade; der General und Oberst waren auf der Jagd. Das Gehen ward mir doch ziemlich sauer; auch sieht man mir meinen Unfall noch sehr an. Den Mittag aß ich noch zuhause; nach Tisch ging ich auf das Casino, wo ich in den heutigen Zeitungen wenig Neues fand. Spielte mit Adj. v. Flotow, Coudenhoven und Löbell Casino, und hatte einmahl das Glück, 2 Rthl. zu gewinnen.

*30. Okt.* : Diesen Morgen ward zum letzten Mahl exercirt; ich dispensierte mich diesmal noch davon, und war damit sehr zufrieden, da es ein abscheuliches Wetter war. Auf Parade meldete ich mich bey die Hrn. Stabsofficirs, wobey ich denn manche gratulation, Condolation und gute Lehre erhielt, auch den Mittag bey Generals. Den Nachmittag war Gesellschaft auf dem Schießhaus, und ob ich mich gleich davon dispensiret hatte, so mußte ich doch Theil daran nehmen, weil mich die Fr. Generalin den Mittag zu einer Parthie Casino eingeladen hatte, die ziemlich ennuyant ablief, da die gn. Frau so wenig attention auf das Spiel hat, weil sie beständig mit ihren Augen auf dem Tanzsaal ist; wer weiß, welchen angenehmen Gegenstand sie daselbst zu beobachten hatte. Sie konnte auch würklich nur einen Robber aushalten, ließ nachher den Hrn. General spielen, und setzte sich auf den kalten staubichten Saal, um nur das Tanzen der Tänzer und Tänzerinnen zu sehen. Eine sonderbahre Frau. Die übrige Spielgesellschaft waren die Fr. Maj. v. Schubaert und Maj. Rauchhaupt. Ich verlohr 11 Thlr. Gleich nach dem Essen, das für 6 Thlr. ziemlich schlecht war, ging Alles nach Hause, und ich folgte bald diesem guten Beyspiel. Im ganzen finde ich wenig Vergnügen an diesen Freitagsgesellschaften, die meiner Idee nach durch das Tanzen viel verloren haben; es ist doch nichts Ganzes und nichts Halbes. Das einzige Angenehme ist, eine Menge Leute beysammen zu sehen, und hie und da mit einem hübschen

Mädchen zu plaudern; nur hat man sich dabey sehr für das leidige Cour-Machen in Acht zu nehmen, wobey manche Unannehmlichkeiten herauskommen können, vorzüglich bey mir, da man schon etwas Gesetztheit von mir verlangt, und sich bey meinem Cour-Machen schon etwas Ernsthafteres abstrahirt; und hiervon bin ich eben kein Liebhaber.

*31. Okt.* : Den Mittag nach Endorf gefahren; der Amtmann war zwar von seiner gelben Sucht noch nicht völlig wieder hergestellt, war aber doch auf dem Wege der Besserung. Der Dr. Michaelis kam nach Tisch auch hinaus. Ich hielt mich nicht lange da auf; war um 5 Uhr wieder zuhause; und besuchte den Abend noch Chasot, der noch immer im Bett liegt, und anfängt, üble Laune zu bekommen.

*1. November 1795* : (= Sonntag. – A. d. V.) Bey Flotow dinirt, in Gesellschaft des Kriegsraths Kunow. Wir hatten einen ganz vergnügten Mittag; für mich war der Nachmittag aber etwas unangenehm : wir gingen zusammen aufs Schießhaus, wo ich in einen unangenehmen Wortwechsel mit Fouqué kam; wir mochten uns dabey Beide etwas übereilt haben, er vielleicht mehr wie ich. In einer Gesellschaft von Bürgerlichen sind dergleichen Streitigkeiten nicht zum Besten beyzulegen, daher eine feierliche Ausfoderung geschah. In meinem Quartier ward die Sache durch Flotow, Bechtolsheim und Schulenburg ziemlich gut beygelegt, und das Finale davon war eine Parthie Casino. / Den Abend auf dem Keller.

*2. Nov.* : Beym Maj. Schubaert gegessen. Nach Tisch mit Löbell auf die (Walk ?) mühle gefahren, um einige contrebande zu defraudiren; nachher auf dem Casino Casino gespielt, mit Maj. Schubaert und Flotow, und einige Kronenthaler verloren.

*3. Nov.* : Beym General dinirt. Nach Tisch auf dem Schießhaus l'hombre gespielt mit Flotow 1 und Regimentsquartiermeister, und Beiden das Geld abgenommen.

*4. Nov.* : Beym Oberst dinirt. Nachmittags die gestrige Parthie l'hombre continuirt, und etwas von dem gestrigen Gewinn verlohren.

*5. Nov.* : Den Morgen Briefe nach Hause, nach Halberstadt, und an den Hrn. v. Brandenstein abgeschickt. Beym General dinirt. Nach Tisch eine visite bey Baiers gemacht; die Fräulein spielte und sang sehr gut eine Ballade von Bürger, ‹Die Pfarrerstochter von Taubenhain›. Nachher auf dem Casino die gestrige Parthie l'hombre gemacht, und viel Geld verlohren, das ich aber nachher in einem Wagen glücklich wieder gewann.

*6. Nov.* : Beym Obrist dinirt. Der Obrist hat einen Brief von meinem Vater bekommen, worin er ihm von dem solemnen Einzug des Herrn v. Wedell mit seiner Fr. Gemahlin meldet. Sie haben ihm einige Ehrenpforten gebaut, ihn zu Pferde mit blasenden Postillions eingeholt, und ein großes Diné oder Soupé gegeben. / Den Abend war Theegesellschaft beym Oberst, wozu alle Officirs eingeladen waren. Ich spielte anfangs Wisth mit Frl. v. Byern sen. (die Welck – was übrigens von dem slawischen ‹wlck› = Wolf kommt – später geheiratet hat. – A. d. V.) und Frl. Baier sen. und Bechtolsheim; ließ aber nachher Flotow für mich spielen; amusirte mich ein wenig am Vingt-et-un-Tisch, und ließ mir nachher unten bei die Herren, welche l'hombre und Tarock spielten, das Pfeifchen recht gut schmecken. Das Abendbrod war sehr gut; eine excellente Pastete, und außerdem Alles im Überfluß. Punsch war in Menge da, und ich habe es mir recht gut schmecken lassen. Ich suchte mich hinter ein paar hübsche Damen zu placiren : Charlotte v. Baier und Albertine v. Byern, die mich Beide so gut verproviantirten, daß mir nicht nur der Rock, sondern auch die Hosen geplatzt sind. Örtzen ist heute hier angekommen und war von der Gesellschaft.

*7. Nov.* : Beym General dinirt. Den Nachmittag mit der Fr. Dr. G. auf der Herrenbreite herum promenirt; auf dem Schießhaus Billiard gespielt, und den Abend auf dem Keller das Geld verlohren. Gegen 11 Uhr machten wir uns den Spaaß, Wartensleben eine visite zu machen. Wir schlichen uns Alle auf seine Stube. Oerzen nahm ein langes Bettuch um, und erschien ihm so als ein Geist – er schien doch ziemliche Angst bey diesem Spaaß gehabt zu haben.

*8. Nov.* : Den Vormittag war in der Garnison-Kirche Communion, woran unsere Hrn. Stabsofficirs Theil nahmen. Den Nachmittag waren wir bey Fouqué versammelt, der uns mit einem guten Glas Franzwein regalirte. Den Abend bey Flotow gegessen, wo wir einen sehr vergnügten Abend hatten. Ich hatte mich auf den Nachmittag auf einen Punsch, Oerzen zu Ehren, zugeschickt; und da hieraus nichts geworden, so ließen wir den Citronensaft herausbringen, und machten eine Pohle (sic. – A. d. V.) warmen Punsch, die uns recht gut schmeckte. / Es wartete unser diesen Abend noch ein großes Fest : Wartensleben hatte die unglückliche Idee, sich für das gestrige Gespenst zu revanchiren, und wollte mich diesen Abend auf ähnliche Art schrecken. Man brachte mir hievon Nachricht, und ich legte eine Contremine an, die ganz gut ausfiel. Nachdem ich mich auf dem Keller ein wenig betrunken angestellt hatte, ging ich bald nach Hause, versteckte mich in der kleinen Kammer, und ließ meinen Jungen ins Bett legen. Aus meinem Schlupfwinkel bis unter das Bett hatte ich einen kleinen Pulvergang gemacht, an dessen Ende eine Pistole lag. Als Wartensleben vor dem Bett seine Oration anfing, zündete ich das Pulverfaß, und er taumelte ganz bestürzt in die Stube zurück. Ich erschien nun in einer langen weißen Kleidung, einen Topf voll Wassers und einen düchtigen Plumpsack in der Hand, mit dem ich W. die Stockfische aufzählte, mit denen er seine Rede beschloß. Doch wie ich bey aller Gelegenheit zu kleinen Unfällen bestimmt bin, so ging es auch hier; W. kam mit einem tüchtigen Schreck und blauem Buckel davon; die Gesellschaft hatte einer lustigen Szene mit beygewohnt; und ich schlug mich so derb an einen Topf, den das Gespenst zum Schrecken bey sich hatte, daß ich mir einen Finger bis an den Knochen lädierte. Doch war der Spaaß wohl eine kleine Blessur werth.

*9. Nov. :* Beym General gegessen; nach Tisch auf dem Casino. / Heute sind unsere Reitbahn Exercicien angegangen. Der Oberst ließ selbst in Gegenwart der beiden ältesten Officirs einer jeden Exercir-Dienst-Abtheilung reiten, und zeigte, wie er es in Zukunft will gehalten haben. Für die Officirs, die bloß zum Zusehen dabey sind, ein etwas langweiliges Vergnügen. / Der General und Oberst beehrten heute das Casino mit ihrer Gegenwart, aber nur auf eine kurze Zeit.

*10. Nov. :* Beym Oberst dinirt, und von ihm zu einer Jagdparthie auf morgen eingeladen. / Der Factor Schmuhl aus Dessau war mit einigen 20 Reitpferden heute hier; er hatte einige passable Pferde, nur meist von kleinem Schlag. Der Maj. Schubaert hat ein paar gehandelt. Ich hatte auch Lust, mir einen Braunen zu kaufen, dessen schöne Figur mich bald verführt hätte; er mochte aber wohl innerlich krank seyn, daher aus unserem Handel nichts ward.

*11. Nov. :* Den Morgen um 7 Uhr ging es auf die Jagd. Der Oberst fuhr mit Seelhorst und Oppen; mit mir fuhr der Adjut. Flotow und Sec.-Lt. v. Baumbach, den wir als Koch mitnahmen. Hinter Wilsleben stiegen wir aus, und fingen unsere Jagd auf den See an, wo wir 1 Hasen bekamen, und auf ein sehr starkes Volk Hasen stießen, wonach 3 Fehlschüsse gethan wurden, ohnerachtet wir schon vorher den Platz wußten, wo die Hasen lagen ... (ab jetzt nur noch Auszüge der wichtigeren, typischen oder lokalhistorisch und biografisch interessanten Stellen. – A. d. V.)

*12. Nov. :* Auf die Wacht paradirt. / Ich war heute zur Hochzeit eingeladen bey meinem neuen Wirth, dem Becken Müller, der eine Tochter des Becken Hirschfeld heyrathet. Nach 11 Uhr ging ich hin, und fand da eine Menge Bürger und Bürgerinnen ... versammlet. Braut und Bräutigam standen vor der Thüre, und empfingen da ihre Gäste. Die Bürger saßen in der Stube, den Hut auf den Kopf und lange Pfeifen im Maul; eine allgemeine Stille. Nach 12 Uhr kam der Hr. Rath v. Baier und celebrirte die Trauung, die erste, die ich gesehen. Nachher ging es zu Tische, und zu meinem großen Vergnügen erhielt ich meinen Platz neben dem Rath

Baier, auf dessen anderer Seite der Factor Rosentreter, der eigentlich den Sprecher hier abgab, den Vorleger und Gesundheits-Ausbringer agirte. Ich hatte einen sehr vergnügten Mittag. Das Essen war gut und kräftig, der Wein schmeckte mir sehr, nur behagte mir das lange Sitzen nicht, denn es dauerte wohl bis 6 Uhr. Die mancherley eigenen Sitten und Gewohnheiten bey solchen fêten sind mitunter sehr auffallend, als das Nachhauseschicken der Essen, wer solches nicht aufißt, usw. Im Ganzen herrschte in dieser Gesellschaft viel Anstand, und dabey eine recht herzliche Zufriedenheit. Rosentreter amusirte mich vorzüglich durch seine Beredsamkeit, durch die man nicht wenig Eigenliebe erblickte. Nach dem Essen ward guter Coffee getrunken, und noch ein paar Pfeifchen mit dem Consistorialrath geraucht, worauf wir uns empfahlen; ich aber versprechen mußte, wieder zu kommen. Dies geschah denn auch; ich machte einen Ehrentanz mit der Braut, tanzte auch noch mit ein paar hübschen Mädchen, die da waren, unterhielt mich mit einigen recht artigen Bürgern, und war im Durchschnitt sehr vergnügt. Um 10 Uhr ward statt des Abendbrods Coffee und Kuchen gegeben; und nach 12 Uhr retirirte ich mich en bonne ordre; und schlief recht gut.

13. Nov. : Beym General gegessen, wo ich denn mancherley von meiner gestrigen Hochzeit erzählen mußte. Nach Tisch fuhr ich mit Baumbach nach der Walkmühle, um ein (Kistchen ?) für Schulenburg hereinzubringen. Weg und Wetter waren uns aber nicht günstig, und wir wurden schrecklich zugerichtet. Den Abend war gewöhnliche Freitagsgesellschaft; ich spielte mit dem Oberst, Majorin Schubaert und Pastor Dachen Wisth; tanzte auch nachher mit Frl. Ulrike eine Angloise, worüber ich ein kleines demelé mit der Dr. G. bekam, die ich im Grunde auch beleidigt hatte. Den Abend gab's Gänsebraten, der mir an der Seite von Frl. Tinchen ganz gut schmeckte.

14. Nov. : Den Mittag beym Oberst gegessen; es wurde mancherley über das gestrige Tanzen gesprochen. Dem Oberst ist es sehr auffallend, daß keine Bürgerlichen mehr auf unsre Ventredie (= Freitagsgesellschaft. – A. d. V.) kommen, und ist sehr unzufrieden mit den Officirs, die daran Schuld sind. Er hat darin auch ganz Recht; es sind abscheuliche Grobheiten mit unterlaufen, und geschehen deren jetzt noch, durch das verdammt Cour-Machen, was eingerissen ist. Dadurch werden unsere meisten Gesellschaften verdorben, und doch sind es nur wahre Kinderstreiche; denn gerade Diejenigen, die dadurch das Gesellschaftliche stöhren, sind am wenigsten sérieux. Es ist nun sogar soweit gekommen, daß die Frau v. Seelhorst ist beym Tanzen beleidigt worden, und nicht mehr herauskommen wird. Generals sind auch sehr daran schuld, daß die

Einigkeit nicht wieder hergestellt wird; sie haben einen absourden Stolz, und ihren kleinen Anhang unter den jungen Officirs; aber ich wünschte nur, daß die Generalin einmahl ein Tischgespräch, wie unser heutiges war, mit anhören müßte; ihr Stolz sollte doch ein wenig mehr gedemüthigt werden. Der Oberst denkt darin sehr vernünftig; ich hätte es nicht immer geglaubt, da sein Äußeres mehr Stolz verräth; er sprach aber heute ganz ordentlich darüber. / Den Nachmittag bey Fouqué einige Bouteillen Wein getrunken, mit Flotow jun., Coudenhoven, Schubaert und Bechtolsheim, und bis den Abend da zusammen geblieben.

*15. Nov.* : Gesellschaft beym Major Schubaert. ... (Welck spielt sich so fest, daß er von der Gesellschaft nichts sieht – man muß den Spielern das Essen herunter schicken. – A. d. V.)

*16. Nov.* : (ab hier, bis zum Ende des Tagebuchbruchstückes, die Eintragungen in Französisch – wohl zur Übung. Ich gebe zahlreiche Zitate, um das Offiziersfranzösisch zu charakterisieren; das im Falle Welck übrigens noch ganz passabel war; viele seiner Zeitgenossen, schrieben es nur fonetisch. – A. d. V.) Diné chez le Colonel. Bechtolsheim étoit de la compagnie, et le Colonel étoit fort bien disposé ... c'est un bon compagnon, quand on cagnole son orgueil, et son caractère est la meilleure, qu'on puisse trouver. (Spielt im Casino Casino, mit Oppen, Flotow und Chasot, der zum erstenmal wieder seit dem Sturz aufgestanden ist.)

*17. Nov.* : (Beim General gegessen. Betrachtungen über die Frau Generalin) : »C'est une vaine et présomptueuse vieillarde, qui veut encore builler (?), et qui est pourtant bien laide, et pour moi tout a fait insupportable ! Je la soupçonne même amoureuse encore ... elle a toujours le ton décisif, et n'aime jamais être contredit.« / (Nach dem Essen noch zur Taufe eines kleinen Oppen, Karl Georg.)

*18. Nov.* : (Auf dem Schießhaus mit Oppen und Bechtolsheim Billard gespielt) : »C'est une de mes folies, de jouer avec ces messieurs, qui jouent avec beaucoup plus d'adresse que moi.«

*19. Nov.* : (Bei Schubaerts dinirt) : »... Madame Sch., que j'estime extrêmement, peutêtre, que je serois amoureux d'elle, si elle étoit encore jeune«. (Er gesteht weiter: »Trotz ihres vorgeschrittenen Alters erscheint sie mir als die hübscheste und scharmanteste von allen unseren Damen. Sie ist kultiviert und voller Esprit, ihre Sitten jedoch keineswegs angekränkelt, wie nur zu oft in der großen Welt. Sie ist die zärtlichste Mutter, und zwar nicht nur ihren Kindern gegenüber, sondern bei Allen, für die sie sich interessiert. Sie hat seinerzeit in Hochheim sehr für mich gesorgt, so daß ich sie ehre und achte mein Leben lang. Sie ist allzeit lustig, graziös und schlechthin bezaubernd.« – Eine Schilderung von Fouqué's erster Schwiegermutter, umso unschätzbarer, als sonst fast nichts über all diese Verschollenen bekannt ist. – Am Nachmittag nimmt Welck an dem barbarischen ‹Vergnügen› Teil, zuvor gefangene Hasen mit Hunden auf der Herrenbreite hetzen zu lassen ! – A. d. V.)

20. Nov. : . . . »Le corporal Mädchen s'est éclipsé aujourdhui.«

21. Nov. : (So abscheuliches Wetter, daß er seiner häuslichen Einsamkeit recht froh ist : »Toute la journée il pluit.« / Dann bei Flotows, die einen von Welck geschossenen Fasan zu einer Pastete verarbeitet haben) : »Je suis toujours très satisfait du séjour dans cette famille; ce m'est la compagnie la plus agréable. Toute la famille consiste des membres, qui se distinctent par leur probité et leur état d'honnêteté.«

22. Nov. : (Abends Soiree beim Obersten v. Gotsch – Am besten gefällt ihm Tinchen Byern.)

23. Nov. : (Diner beim Oberst. / Abends Spiel. – Hagedorn hat ihm ein neues Queue gemacht, mit dem er besser Billard spielt, als jemals.)

24. Nov. : (Die Stabsoffiziere sind zur Jagd nach Ballenstedt. Da fuhren Welck, Flotow und Windheim nach Wilsleben, zur Frau v. Windheim. Rückfahrt abends 8 Uhr bei Mondschein.)

25. Nov. : (Diner beim General, der erst heute morgen von der Jagd zurückkehrte.)

26. Nov. : (Eine Hochzeit findet statt; weswegen) ». . . notre casino fut transferé à la grande cave (= Keller), ou je fis la connoissance de Mr. le Comte de Schmettau, le tuteur fameux de Fouqué, un homme, qui me plait; il parle un peu inclair, c'est que lui manquent plusieurs dents; mais il parle très bien.«

27. Nov. : (Nach Endorf zum Diner. Heftiger Wind, und erster Schnee dieses Winters : sogleich wird mit den Kindern des Amtmanns eine Schneeballschlacht veranstaltet. / Abends zurück zu dem unvermeidlichen Tanz und Spiel – jetzt, mit dem neuen Queue, schlägt er endlich einmal Bechtolsheim im Billard, und zwar triumfal !)

28. Nov. : (Beim Quartiermeister Schulze wird heute eine Tochter getauft; an der anschließenden Feier nehmen teil : der General, Oppen, Welck, Chasot, usw. Die ältere B. – wohl v. Baier ? – nimmt nicht teil; es heißt, sie sei krank; Welck meint, sie verstelle sich, weil C. – sicher Coudenhoven – nicht teilnimmt.)

29. Nov. : »J'ai dejeuné avec mon ami de Flotow quelques douzaines d'huitres; et diné chez Mrs. le Colonel. L'après-midi j'ai joué une parthie de l'hombre avec Oppen et Chazot, et perdu quelque florins.« (Das ist die ganze Tageseintragung – aber sie kann schon stellver-

tretend stehen, für das ‹erfüllte Leben› der Kriegerkaste aller Zeiten ! – A. d. V.)

*30. Nov. :* (Geht mit Rauchhaupt, Oppen, Voß und Bechtolsheim nach Altstadt, wo zur Zeit Herzog Karl August von Weimar jagt. Diese Tage, vom 30.11. bis 4.12. 1795, wo Welck im Jagdgefolge des Herzogs sich herumdrückte, sind anscheinend von der Goethe- bzw. Weimar-Forschung noch nicht erfaßt worden, könnten aber durchaus eine kurze Jahrbuch-Notiz verdienen. Die Schlaglichter auf die Rüpel-Suite des Herzogs sind recht bezeichnend. Es werden genannt : »Seebach, Fritsch, le Forestier de Stein et Cotter, Lyncker, Seebach« (also zweimal Seebach !); weiterhin »Luck, Egloffstein, Reitzenstein, Seckendorf,« der Riese Beulwitz, 85 pouces groß – also rund 2.20 – und zweimal so schwer wie selbst Oppen, der doch auch athletisch gebaut war, so daß er kein Pferd für sich findet, nimmt aber an allen Jagden leidenschaftlich teil. – Im Einzelnen die Tage) :

*1. Dezember 1795 :* (Im Gefolge des Herzogs; am Abend Spiel und Krach) : »Stein y jouit la première rôle, et fit tant de bruit, qu'il nous n'était pas possible, de dormir !«

*2. Dez. :* (Jagd. Verirren sich bei schlechtem Wetter im Walde, und geraten erst 2 Meilen von Ziegelrode, wo man sich treffen wollte, wieder heraus.)

*3. Dez. :* (Wetter derartig schlecht, daß keine Jagd möglich. Spielt mit Oppen, und verliert enorm. Nachmittags und Abends mit dem Herzog zum Tanz nach Steinbach.)

*4. Dez. :* (Wiederum keine Jagd möglich. – In der Nähe des Herzogs wagt keiner zu rauchen.)

*5. Dez. :* (Heute abgereist. Um 16 Uhr wieder in Aschersleben; hier sensationelle Nachrichten interner Regimentsskandale) : »La première nouvelle, que j'y attendoit, n'étant pas encore avec pied à terre, c'est que le Major de Dresden n'est plus commandeur de notre escadron ! Il se sont passés des choses terribles, qu'on n'ose pas écrire. Les capitaines de Seelhorst et d'Oppen et le Lt. Bredow sont placé à notre escadron. Le Maj. de Dresden chez Schubaert; Voß chez l'escadron du Colonel; et Wartensleben à la place de Bredow.«

*6. Dez. :* (Hat einen neuen Ofen in sein Zimmer gestellt bekommen. Speist beim General. Schläft früh und viel.)

*7. Dez. :* (Speist beim Major v. Schubaert, wo eine »cousine, une jolie fille« anwesend ist. / Abends Spiel und »1 écu« gewonnen.)

*8. Dez. :* »J'avois la garde.« (Schlechtes Wetter. Abends Spiel.)

*9. Dez. :* (Speist beim Oberst. Nachmittags bei der Versteigerung der Habseligkeiten des neulich verstorbenen v. Sallett; Welck erwirbt daraus 1 hübsche Pfeife für 2 Taler, und 2 kleine Gläser. / Abends Spiel beim General) : »Ce ne m'est plus possible de jouer avec Oppen, car il a un bonheur insupportable !«

*10. Dez.* : (Beim General diniert; zusammen mit Wedell und Kalckreuth, die auf Befehl des Obersten herüber gekommen sind, um sich die Ausbildung in der Reitbahn anzusehen.) »L'après-dîner il y avoit une agréable société chez Mrs. de Baier; j'en avertis Bechtolsheim, qui écrivit une ordre-lettre a Mr. de B., et y annonça ALCIBIADES (le nom, qui s'est donné lui même), le LIBERTIN Welck, l' ADONIS Coudenhoven, le PARLEUR Fouqué, et le MANGEUR Schubaert.« (Man empfängt sie in bester Laune. An Damen sind anwesend Frau v. Gotsch, 3 Fräulein Byern, Frl. v. Schubaert mit ihrer Cousine und Frl. Riquet – vgl. S. 140, Gouvernante bei Schubaert's. Welck kann sich nicht erinnern, jemals angenehmere Stunden hier verlebt zu haben. Frl. B. giebt einiges auf dem Klavier zum Besten. Dann folgt, leider nur in Buchstaben, eine Notiz über Herzensverhältnisse) : »C. jouissit encore tout le bonheur de sa adorée R., qu'il faut bientôt quitter, car son part est destinée au 16. de ce mois; F. avec Mdsl. S.; et B. n'etoit pas ? ? ?« (C. muß wohl ‹Coudenhoven› sein, der ein ziemlich enges Verhältnis mit einem der Fräulein Baier unterhielt – worüber noch später einiges Näheres erfolgt. / Dann wohl sicher ‹Fouqué und Mademoiselle Schubaert›. / Und B. könnte die älteste Byern sein, die Welck später heiratete.)

*11. Dez.* : (Großes Diner beim Oberst, zu Ehren der Hauptleute der Garnisonen von Croppenstedt und Oschersleben. Außerdem anwesend der General, Maj. Schubaert, Dresden und Rauchhaupt; »le maître de bourgoisie« – also wohl der ‹Bürgermeister› gemeint, der ‹maire› – »le conseiller d'accise Seger«, Puttkammer, Oppen, Seelhorst, und die beiden Flotows. Alle bleiben bis zum Abend. / Dann 1 ganze Seite Schilderung des abendlichen Kartenspiels – Landsknechtssorgen.)

*12. Dez.* : (Schreibt 6 Stunden lang Briefe nach zuhause; »le soupé fut aussi mon dîné«. Abends Spiel mit Chazot und den beiden Flotows.)

*13. Dez.* : (Beklagt zuerst seine Schwerfälligkeit im Umgang mit jungen Damen; er sei kein Causeur, und hält sich deswegen lieber ganz zurück.) »Ich empfinde wirkliches Mitgefühl für Coudenhoven, der in 2 Tagen Aschersleben und seine Geliebte verlassen muß; für ihn mag es zum Glück ausschlagen; für das arme Mädchen aber, das ihn grenzenlos liebt, nur zum Unglück. Ich will hier nicht die Beweggründe der Eltern untersuchen, die diese Liebe haben entstehen sehen; aber mir scheint, daß sie auf keinen Fall die rechten Vorsichtsmaßnahmen getroffen haben, denn allem Anschein nach kann C. nie daran denken, das Mädchen zu ehelichen. Ich wünsche ihnen alles nur denkbare Glück. – L'amour de F. ne me plaît non plus; mais je luis crois assez honnête, et plus confident que C.; et peut-être que ce sera avec le temps un couple heureux.« (Dies letztere Pärchen also aller Wahrscheinlichkeit nach Fouqué und die kleine Schubaert.)

*14. Dez.*: »J'ai diné chez le General; sa famille me parut bien triste: le départ de C. s'approche, et avec ça la tristesse s'augmente.« / (Casino mit Oppen, Chazot, Itzenplitz. / Abends bei Gotsch gut amüsiert mit Flotows, Baier, Mad. Bertram, Itzenplitz und Schulenburg.)

*15. Dez.*: (Promenade mit Madame Goldhagen auf der »Grande Prairie« – also der großen Wiese, der ‹Herrenbreite›. Danach Spiel mit Oppen: »son bonheur surpasse toute l'idée!«. Welck verliert Alles, was er bei sich hat, nämlich 7 Louisdor, und zwar in »la cave«, im Ratskeller beim Pharao, wo Chasot die Bank hält.)

*16. Dez.*: (Ich übersetze): »Heut war der für mehrere unserer Damen so traurige Tag, wo Coudenhoven abreiste. Bechtolsheim, Schubaert, Schwichow, Fouqué, Baumbach und ich begleiteten ihn noch bis Hechtsheim. Er erschien mir nicht so betrübt, wie ich angenommen hatte. Wir haben den Tag recht zusammen verbracht. Mein Bursche hatte uns ein gutes Diner vorbestellt, und der Wein regte unsere Lebensgeister an. Ein Unglück passierte allerdings: als wir unsere Besitztümer zusammenzählten, überstieg die Summe nicht ganz 20 Taler, dabei hatten wir gelebt wie die Fürsten, und konnten uns gut und gern auf eine Rechnung von 30 gefaßt machen. Ich übernahm die Sorge für die Bezahlung, und Jeder gab mir zu diesem Zweck vorher sein Portemonnaie. Unser Wirt hatte aber die Rechnung mit solcher Mäßigkeit aufgesetzt, daß uns sogar noch etwas Geld übrig blieb, und uns die Hunde nicht anpißten. Aber schon nahte sich das nächste Unglück: wir hatten derb Wein und Punsch getrunken, und Jedermann, mich allein ausgenommen, war nahezu betrunken. Als erstes Anzeichen fing man ob der Abreise Coudenhovens zu weinen an. Wohl wahr, daß der junge Mensch die Liebe verdient hat, deren er sich seitens aller Offiziere erfreute; aber ohne den Wein hätte die Trauer doch wohl nicht solche Formen angenommen, denn sie konnten gar nicht aufhören zu schluchzen. Am meisten war wohl Fouqué gerührt, es war ja stets sein Busenfreund, und er hat Grund dessen Verlust zu bedauern. Ich konnte nicht gänzlich teilnahmslos bleiben, und will nicht leugnen, ebenfalls geweint zu haben, ein Umstand, der bei mir sehr selten eintritt. Wir sagten uns endlich ein freundschaftliches Lebewohl; und ich versuchte, unser Auseinandergehen zu beschleunigen. Unterwegs zeigten sich die Wirkungen des genossenen Weines noch deutlicher : Baumbach fiel vom Pferd ... Schubaert und Schwichow ebenfalls; aber alle Drei, ohne sich weiter Schaden zu tun. Baumbach stieg auf Chasots Pferd, das dieser Coudenhoven geliehen hatte; und wir kamen endlich glücklich wieder daheim an, was mir überaus angenehm war, denn ich habe immer die größte Angst, daß einer von uns sich Schaden zufügen könnte. – Im Ganzen ist uns der Tag recht angenehm vergangen; wir haben uns amüsiert, haben getrunken, ohne Streit zu bekommen, was immer das beste Zeichen ist, daß Eintracht unter uns herrscht. Obgleich wir 16 Flaschen Wein getrunken hatten, und alle Übrigen, der Eine mehr, der Andre weniger, betrunken waren, habe ich mich doch gut gehalten, und keinerlei Beschwerden vom Wein verspürt.«

*17. Dez.* : (Morgens mit Seelhorst in der Reitbahn. Mittags beim General. – Es geht das Gerücht, daß Coudenhoven noch einmal heimlich zurückgekommen ist, und die Nacht bei einer der Damen verbracht hat; die Betreffende kann auch kaum die Augen offenhalten!)

*18. Dez.* : (Kopfweh; eine Wagenfahrt bringt Besserung. / Abends Freitagsgesellschaft : Generals erscheinen nicht, weil C. nicht mehr da ist.)

*19. Dez.* : (Zusammen mit Schulenburg und Bechtolsheim beim Topf heißen Rotweins mit Orangen : die ganze Stadt spricht davon, daß Coudenhoven diverse Nächte bei Fräulein v. B. – wohl Baier; der Tochter des Konsistorialrats – zuzubringen pflegte, und auch von Hechthausen zu diesem Zweck noch einmal zurückgekommen sei) : »Cette histoire est scandaleuse, mais malheureusement elle est vraie. C. n'y pas fait l'honnête homme ! – – – J'en ai souvent parlé a Fouqué quit prit vivement la parthie d'une telle amour, dont le fin est souvent malheureux, comme c'est ici le cas« (Die Eltern haben nicht genügend Acht gegeben; die Mutter vielmehr womöglich gar noch die Komplizin gemacht. Nach Wedells Mitteilung hat Coudenhovens Mutter – übrigens die Geliebte Se. Hochwürden, des Erzbischofs und Kurfürsten von Mainz – dem Sohn befohlen, auf dem kürzesten Wege heimzukehren. Dem Mädchen verbleibt nichts als ein übler Ruf – hoffentlich haben die nächtlichen Konversationen nicht noch schlimmere Folgen!)

*20. Dez.* : (Die Chefs abwesend in Hecklingen – also Spielchen, von Morgens bis Mitternacht.)

*21. Dez.* : (Brief des Vaters geht ein; er antwortet. / Abends mit Schulenburg bei Flotow eingeladen, »auf eine Schüssel Kartoffeln«.)

*22. Dez.* : (Ritt nach Dessau. – Im Theater dort spielt eine Truppe den ‹Grafen Essex›.)

*23. Dez.* : (In Köthen. – Eine Soiree mit schönen Jüdinnen.)

*24. Dez.* : (Nachmittags in Bernburg. Gegen 16 Uhr wieder in Aschersleben. – Abends, wie üblich, mit Unglück gespielt.)

*25. Dez.* : (Weihnachten. – Die Chefs sind eingeladen nach Gänsefurth (?); Welck fährt nach Endorf zu Buchers. Abends bei hellstem Mondschein zurück.)

*26. Dez.* : »Le Colonel donnoit aujourdhui un grand diné... avec une magnificence, qu'il aime extrèmement.« (Dauert bis 5 Uhr nachmittags; Welck sitzt zwischen Madame Schilz (?) und Jeannette, der schon mehrfach erwähnten ‹Cousine› der Schubaerts – die sich also nunmehr als Jeanette Heistermann v. Ziehlberg (= Stammbaum Schubaert 2/2; S. 584) herausstellt. / Abends großer Bürgerball im Schießhaus.)

(Hier bricht das Tagebuchfragment ab.)

### IV. TAGEBUCH VON 1804

(Welck kommt auf seiner großen Italien- und Frankreich-Reise durch Hohenberg am Fichtelgebirge; und besucht hier den ehemaligen Regimentskameraden, Schubaert jun. – den, jetzt schon ehemaligen, Schwager Fouqués. – Zu den Personen vgl. S. 585, Nr. 3/2 und Frau.) –

*5. Juni 1804* : »... In Hof erkundigte ich mich nun gleich nach dem Gut des Kammerherrn von Brüning, von dem ich wußte, daß es in der hiesigen Gegend liegen mußte; ich erfuhr, daß es 2 Stunden weit sey, und Hohenberg heiße. Ich nahm einen Wagen, und kam nach 8 Uhr hin; fand meinen Freund Schubaert mit seiner Braut und Julie Schubaert im Garten. Sie hatten große Freude, mich zu sehen, sowie auch ich sehr froh war, alte Bekannte und Freunde wiederzusehen. Ich lebte wieder froh auf, da ich den Tag ziemlich verdrüßlich gewesen, und mich noch gar nicht an die weite Entfernung von meinen Verwandten gewöhnen kann. Ich wollte den Abend wieder wegfahren, man bat mich aber so sehr, da zu bleiben, daß ich es sehr gern that, und Schüßlern schriftlich bat, seine Reise fortzusetzen, ich wolle übermorgen mit Extrapost nachkommen. Gegen Abend kam auch der Kammerherr nach Hause, der mich sehr freundschaftlich empfing. Ganz vor kurzem ist seine Frau gestorben; eine Schwester desselben, Frl. v. Reitzenstein, eine sehr gute, würdige Persohn, führt seine Wirtschaft. Ich brachte den Abend sehr vergnügt unter ihnen zu; schlief bey Schubaert, mit dem ich noch den Abend ein langes über Aschersleben plauderte, und ziemlich spät zur Ruhe kam.

*6. Juni 1804* : »Gegen Morgen kam ein starkes Gewitter, das ich aber feliciter verschlief, und mich bis 7 Uhr durch nichts in meiner Ruhe stöhren ließ. Nachher machten wir unsere toilette, und brachten den Vormittag zusammen, theils im Garten, theils in der Stube zu. Hohenberg hat eine sehr schöne Lage; aber das Haus liegt ganz allein auf einer Höhe. Aus dem Garten neben dem Hause hat man links das Fichtelgebirge, und vor sich im Thal ein sehr schönes Dorf, das, wie ich glaube, Loose heißt. Das Haus wäre wohl recht gut, allein es ist inwendig nicht gut ausgebaut; die Stuben sind hoch und schön, aber seit langem sind keine Reparaturen an Thüren und Fenstern, und das Haus ist dem Winde gewaltig ausgesetzt. Wir plauderten wieder von unsern aschersleber Bekannten; Schubaert erzählte mir manches Geschichtchen, unter anderm, wie man glaubt, daß sich Windheim in Wilsleben wollen scheiden lassen, wenigstens der Wunsch der Frau ist es. Nach Tisch war die Gesellschaft etwas schläfrig, theils der Hitze wegen, theils weil die Damen des Gewitters wegen aufgewesen waren. Gegen Abend ließ mich Schubaert nach Hof fahren, mit ein paar ausrangierten Rappen vom Regiment, die sehr gut liefen. ... Schubaerts Hochzeit wird in einigen Wochen seyn, wahrscheinlich wenn sein Vater kommt, der nach Eger gehen will, und seine Mutter, die nach Bayreuth gehen will. Im August geht er mit seiner Frau nach Aschersleben. ...«

# DANKSAGUNG

Allen, die mir ihre Beratung und Hilfe zuteil werden ließen, danke ich für ihre Mühe; freundliche Mitteilung wichtiger Einzelheiten und sonstige Unterstützung verdanke ich vor allem den nachstehend Aufgeführten:

Dr. v. Bahrfeldt, Berlin
W. Barner, Alfeld
Prof. Dr. J. Baxa, Wien
Rolf Becks, Bocholt
Berendt, Pfarrer in Obersdorf
Dr. Dieter Berger, Hamburg
Dr. Gerda Berger, Hamburg
v. Breitenbuch, Remeringhausen
Bruns, Pastor in Nordleda
Catenhusen, Pfarrer in Fahrland
Clarenbach, Superint. i. R. in Soest
Dr. Clemm, Darmstadt
Elisabeth Dette, Kiel
Dr. H. Eckert, Sehringen
v. Ekrenkrook, Wrisbergholzen
Dr. Fischer, Oldenburg
Elsa Baronin de la Motte-Fouqué, Hamburg
Karl Baron de la Motte-Fouqué, Hamburg
Dr. Großmann, Maaslingen
Dr. Gülzow, Barth
W. Haack, Pfarrer in Nennhausen
W. v. Hagen, Babenhausen
v. Hanfstaengel, Superint. in Elze
Dr. Hintzsche, Bern
Hoppe, Pfarrer in Protzen
J. Huck, Elze
Jacobshagen, Konsist. in Ilfeld
Janssen, Pastor in Visselhövede
Heinz Jerofsky, Görlitz
W. Jessen, †, Eckernförde
Jung, Pastor in Celle
Lucy Kiesler, New York
W. Kintzel, Oberkirchenrat in Bernau
Dr. Krieg, Minden
Fr. Lange, Berlin, Akademiearchiv
Dr. L. Lohrer, Überlingen

Dr. Luther, Göttingen
Dr. v. Maltzan, Frankfurt a. Main
Kurt Marti, Niederlenz (Schweiz)
Meusel, Pfarrer in Weißenborn
Dr. Michel, Bückeberg
W. v. Mohl, Bad Segeberg
Dr. Claus Nissen, Mainz
J. v. Owstien, Quedlinburg
G. Pape, Pastor i. R. zu Burweg
Dr. v. Pfuel, Bonn
G. v. Pfuel, Capelle/Rügen
J. Peiper, Pfarrer in Lentzke
Fr. W. Pollin, Aschersleben
Fr. Prillwitz, Halle
W. Quandt, Pastor in Stedtfeld
H. J. Ramelow, Pastor in Wulsbüttel
Dr. v. Reibnitz, Tübingen
Reinhardt, Pfarrer in Hessisch-Oldendorf
Erna Rose, Berlin-Adlershof
Prof. Ruf, München
Rump, Peine
Dr. Schäfer, Halle
Matthias Graf Schmettow, Büderich
Scholl, Pfarrer in Schönebeck
Werner Steinberg, Leipzig
J. Strauß, Pfarrer in Babelsberg
Dr. Teck, Hamburg
A. Ulmer, Nürnberg
Hanns Ulbricht, Mainz
Heinrich Watermann, Rethem
Weber, Münster
Dr. Ingeborg Weber-Kellermann, Berlin-Charlottenburg
Alfred Frhr. v. Welck, Bad Godesberg
Wöller, Pfarrer in Zöschen
Hans Wollschläger, Bamberg
Wörpel, Pfarrer in Alfeld

# I. REGISTER:

## FOUQUÉS WERKE

Vorbemerkung : Das zur Zeit vollständige Verzeichnis findet sich bei Goedeke, Bd. VI, Ss. 115–131 (die Berichtigungen auf S. 803–804, sowie der rund 1 Seite umfassende Nachtrag in Bd. XI/1, Ss. 490–492 sind belanglos; der neueste Bd. XIV, Ss. 188–203 erfaßt zumeist die Kleinstliteratur der letzten 25 Jahre); es ist im Großen und Ganzen recht brauchbar und verläßlich, obwohl mit der bekannten nichtsnutzigen ‹Treue im Kleinen› gearbeitet, ‹die unter dem Vorwande der Vollständigkeit das Wiederholte wiederholt›. (Germanistische Akribie meinethalben in allen silbenstecherischen Ehren; aber die Maßstäbe für Wichtiges bzw. Unwichtiges sind nur allzuoft auf Hochschulen und in Fachkreisen aufs beklagenswerteste verloren gegangen. Was würde man wohl zu einem Kaufmann sagen, der Aufträge über Millionen zurückstellte, um erst ein Schock andere über je 10 Pfennige zu erledigen? Angesichts des mehrfach erwähnten, unsagbar traurigen Tatbestandes, daß bedeutende Dichtungen F.'s seit hundert und mehr Jahren im Manuskript daliegen müssen, berührt dergleichen falschgerichtete mikrologische Betriebsamkeit nur peinlich.) Ein besonnener Auszug aus dem VI. Band des Goedeke, verbunden mit einer Revision der Daten und ergänzt durch Fehlendes im Sinne meiner Ss. 602ff., wird hoffentlich nicht allzulange ein frommer Wunsch bleiben. –

Es folgt hier das Register der im Textteil ausführlich besprochenen, oder doch wenigstens erwähnten, Arbeiten Fouqués; und zwar – um eine wenigstens annähernde Parallelität sowohl mit Leben und Entwicklung des Dichters, wie auch mit der fortlaufenden Seitenzahl zu erreichen – der zeitlichen Reihenfolge nach geordnet. Die Spalten geben der Reihe nach an : das Jahr des Erscheinens (bzw. bei MS das der Niederschrift); Titel; Seite; nur im MS vorhandene (bzw. vorhanden gewesene) Werke sind durch ein ‹†› gekennzeichnet. Am Schluß werden, als besondere Gruppe für sich, die im Text erwähnten übersetzerischen Arbeiten F.'s aufgeführt. – [Zahlen in Klammern bezeichnen indirekte Erwähnungen.]

---

| | | |
|---|---|---|
| vor 1803 | † Werner von Walbeck | 84 |
| | † Guglielmo | 155 |
| | † Artus | 156 |
| | † Die Minnesinger | 156, 550 |
| 1803 | Der gehörnte Siegfried in der Schmiede | 162, 178, 297 |
| | † Des heiligen Bonifatius Berufung, Sieg und Martyrtod | 180 |
| 1804 | Dramatische Spiele | 179, 290, 595 |
| | davon einzeln : | |
| | Johannes Nepomucenus | 290 |
| | Rübezahl | 595 |
| 1805 | Romanzen vom Thale Ronceval | 178, 194 |
| | Zwei Schauspiele : | |
| | Der Falke | 178, 595 |
| | Das Reh | 178 |
| | Die Zwerge | 178, 469 |

|      |   |
|---|---|
|       | † Kaiser Heinrich IV.   182, 550, 595 |
| 1806  | Schillers Totenfeier   180 |
|       | Burg Geroldseck   195, 297, 378, 605 |
|       | Ritter Galmy   178 f., 182, 211, 392, 595 |
|       | † Francesco Sforza   190 |
| 1807  | (Mitarbeit an ‹Versuche u. Hindernisse Karls›   180, 210) |
|       | Alwin   118, 130, 179, 193 ff., 224, 240, 286, 292, 298 f., 351, 392, 595, 605 |
| 1808  | Der Held des Nordens   197, 216, 219, 595, 605 |
|       | und die einzelnen Stücke der Trilogie : |
|       | Sigurd der Schlangentöter   13, 165, 175, 197 f., 203, 213, 219, 266, 358, 363 ff., 392, 479, 537, 549, 595 |
|       | Sigurds Rache   197, 595 |
|       | Aslauga   197, 595 |
| 1809  | Der Eichbaum i. d. Mark Brandenburg   297, 605 |
| 1810  | Das Galgenmännlein   140, 197, 201, 202, 296, 332, 604 f. |
|       | Die gebrochene Burg   202, 549 |
| 1811  | Der Todesbund   52, 135, 198, 202 f., 296, 301, 428, 496, 596, 602, 604 f. |
|       | Eginhard und Emma   201, 547, 596, 605 |
|       | Vaterländische Schauspiele   219, 238, 596 |
|       | davon im einzelnen : |
|       | Waldemar der Pilger   84, 181, 219, 238, 283, 596 |
|       | Der Ritter und die Bauern   219, 238 |
|       | Undine   15, 126 ff., 134 ff., 162, 170, 198 ff., 213, 230, 234 f., 291, 327, 332, 338 f., 351, 358 ff., 374 ff., 382, 386, 389, 399, 435, 446, 455, 481, 508 f., 538, 547, 563, 583 f., 595 f., 603 ff., 662 |
|       | † Die Tartarenschlacht   236 f. |
|       | Die Jahreszeiten (allgemein)   156, 219, 234, 296, 596, 604 |
|       | (siehe im einzelnen unter : Undine / Die beiden Hauptleute / Aslaugas Ritter / Alpin und Jucunde / Sintram). |
| 1812  | Das Schwert des Fürsten   604 |
|       | Die beiden Hauptleute   234, 350, 596, 605 |
|       | Das Schauerfeld   92, 604, 362 |
|       | Die Musen (Zeitschrift)   210, 234 |
|       | Taschenbuch d. Sagen u. Legenden (2. Bd. 1817)   155, 158, 235, 596 |
|       | daraus einzeln : |
|       | Der Siegeskranz   596 |
|       | Die Nacht im Walde   604 |
|       | Richard und Blondel   155 |
|       | Die Götzeneiche   604 |
|       | Die Frauen am Grabe d. Heilands (gedruckt erst bei O. E. Schmidt, ‹Apel, M. F.›)   240, 347 |
|       | Die 14 glücklichen Tage   296, 605 |
|       | Ixion   199, 213, 604 |
| 1813  | Alboin   235, 596 |
|       | Gespräch zweier Edelleute üb. d. deutschen Adel   213, 395 |
|       | Dramatische Dichtungen f. Deutsche   219, 238 f., 596 |
|       | davon einzeln : |
|       | Alf und Yngwi   239, 605 |
|       | Irmensäule   238 |
|       | Runenschrift   135, 238, 596 |
|       | Die Heimkehr d. Gr. Kurfürsten   72, 238 f., 373, 596 |
|       | Die Familie Hallersee   239, 596, 605 |

Der Zauberring 84, 102f., 114, 120, 124, 138, 170, 172, 203ff., 228, 230, 235, 240, 247, 249, 267, 269, 292, 296, 301, 311, 338, 351, 362, 386, 390, 398, 432, 434f., 443, 455, 532, 544, 547, 596, 602, 604f., (659)

1814 Aslaugas Ritter 234f., 296, 596, 604

Alpin und Jucunde 156, 235

Sintram u. seine Gefährten 204, 235, 296, 325, 386, 537, 547, 597, 604f.

Olafs Sage 604

Corona 274f., 283, 291, 293ff., 305, 325, 347f., 386, 393, 596f., 605

Die Köhlerfamilie 296, 555, 604f.

Der unbekannte Kranke 140, 332, 604

Die Nordlandshelden im Sandmeer 297f., 605

Folko und Isula 128, 325

Die Laterne im Schloßhof 604

Kleine Romane und Erzählungen (bis 1819; siehe auch einzeln) 219, 596

Die Heilung 596, 604

1815 Das Frauentaschenbuch (bis 1821; siehe auch die einzelnen Beiträge) 240, 285, 297f., 324, 333, 362, 365, 379ff., 389, 396ff., 412f., 417f., 427, 442, 447, 454, 461

Die Belagerung von Ancona 378

Theudelinde 235, 379

Geschichten vom Rübezahl 604f.

Tassilo, d. Bayernherzog 298, 360, 372f.

Thiodolf der Isländer 61, 235f., 241, 301, 311f., 321, 396, 411, 504f., 558, 596, 601

Der Normann auf Lesbos 425

1816 Die Zaubrer und der Ritter 286, 297, 379ff., 596, 605

Die Geschichte v. d. drei Bildern 604

Shakespeares Jubelfeier 377

Totenliebe 367

Die Invaliden 368

Eine rheinische Sage (= Schwanenritter) 378

Der Vorfechter 439

Adler und Löwe 296, 347, 597, 605

Sängerliebe 79, 91, 138, 180, 195, 217, 221, 259, 294, 298, 301, 347f., 367, 386, 393, 410, 421, 436, 559, 592, 597, 604f.

Die Pilgerfahrt 138, 195, 218, 595, 604f.

Karls d. Gr. Geburt u. Jugendjahre 203, 218, 223, 424, 595

Gedichte (bis 1827 in 5 Bd.) 249, 325, 393, 597ff.

1817 Das Schwert und die Schlangen 602, 604

Rosaura 604

Paul Pommer 377

† Bühnenbearbeitung v. Shakespeare's ‹Heinrich IV.› 373

Die zwei Brüder 347, 368ff., 373, 386, 393f., 482, 597

Alethes von Lindenstein 128, 138, 170, 195ff., 199, 232, 271, 300, 327, 385, 398f., 424, 577, 595, 597, 604f.

Liebesrache 371

1818 Kloster Mariafrede 378

Die eifernden Göttinnen 296, 605

Der Hirt des Riesengebirges 378

Das Waldfräulein 377

Regner Lodbrog 347, 371, 378, 597

Jäger u. Jägerlieder 269, 282, 395, 597

|   | Heldenspiele |
|---|---|
|   | im einzelnen: |
|   | Baldur der Gute  81, 367, 385f., 454, 479, 597, 605 |
|   | Die drei Helgis  203, 367f., 385, 394, 596f., 605 |
|   | Das Gelübde  604 |
|   | Altsächsischer Bildersaal (allgemein)  135, 323, 326, 383ff., 387, 482, 597 |
|   | (siehe auch im einzelnen: Herrmann / Welleda u. Ganna / Schön Irsa / Vier Brüder) |
|   | Herrmann  325ff., 384ff., 389, 394, 473, 557, 597, 602, 605 |
|   | Welleda und Ganna  123, 128, 135, 301, 332f., 387f., 409, 597, 605 |
|   | Schön Irsa  128, 135, 389, 597, 605 |
| 1819 | Das Kloster der Liebenden  425 |
|   | Die Lieder vom König Sebastian  378 |
|   | Hieronymus Stauff  371, 398, 409, 597 |
|   | Bilder, Gefühle und Ansichten  175, 368 |
|   | Der Mord Aug. v. Kotzebue  404, 407, 598 |
| 1820 | Die Vier Brüder von der Weserburg  23, 135, 156, 204, 300, 389f., 435, 597, 605 |
|   | Adam Wiederbauer  377, 397 |
|   | Sängerprüfung  378 |
|   | Der Leibeigene  371f., 398, 598 |
|   | Wahrheit und Lüge (= Vendée-Krieg)  469, 598 |
| 1821 | Der Morgengruß  379 |
|   | Minerva  377 |
|   | Franz und Fritz  362 |
|   | Der Verfolgte  235, 391, 398, 481f., 598f. |
|   | Bertrand du Guesclin  73, 382f., 391, 398, 419, 442, 469, 598 |
| 1822 | Betrachtungen üb. Türken, usw.  469 |
|   | † Poetischer Blumengarten (bis 1828 fortgeführt)  603, 613 |
|   | Ritter Elidouc  180, 398f., 483, 598, 602, 604f. |
| 1823 | Wilde Liebe  60, 235, 364, 399, 424, 484, 598, 602, 604f. |
|   | Der Eichbaum u. d. Weide  378 |
|   | Feierlieder eines Preußen  479f. |
|   | Geistliche Lieder  479 |
|   | Reiseerinnerungen (zusammen mit Frau Caroline)  335ff., 590, 598 |
|   | Don Carlos  475ff., 598 |
| 1824 | Die drei Cliffords  378 |
|   | Der Bischof und der Ritter  276, 592, 598, 602 |
|   | Der Réfugié  41, 83, 179, 191, 269, 300, 378, 484f., 598 |
|   | Lebensbeschr. d. Generals Fouqué  367f., 395, 442, 470ff., 598 |
| 1825 | Sophie Ariele  61, 291, 480f., 598 |
|   | † Gartenunhold (??)  551f. |
|   | Die Rettung aus Herculaneum  378 |
| 1826 | Erdmann und Fiametta  154, 481, 598 |
|   | Geschichte d. Jungfrau v. Orleans  469 |
|   | Gunlaugur Drachenzunge  180, 366, 446, 485, 598, 605 |
|   | Mandragora  191, 450, 481, 598 |
| 1827 | † Kallias und Psycharion  84, 406, 475, 487, 550, 598 |
| 1828 | Der Sängerkrieg auf der Wartburg  291, 479, 598 |
|   | † Das brandenburgisch-preußische Heer  552f., 601, 603 |
|   | † Galloway und Markloff  394f., 454, 603 |
|   | † Theodulia (??)  550 |

|      | Eines deutschen Dichters Halbjahrhundert (1. Selbstbiografie; erschienen erst 1930) 598 |
|---|---|
|      | Biographie des Generals Rüchel 291, 403, 470, 473, 553, 598 |
| 1829 | Der Jarl der Orkney-Inseln 478f., 598 |
|      | † Weiße Rose 431ff., 655ff. |
|      | Berlinische Blätter f. Deutsche Frauen 463ff., 486, 598 |
| 1830 | † Poetisches Tagebuch (schätzungsweise 1830–43) 548, 550f., 577, 610ff. |
| 1831 | Jakob Böhme 469 |
|      | † Der Parcival 30, 43, 198, 368, 502ff., 552ff., 563, 601, 603, 605, 616ff. |
|      | † Marienbüchlein 418, 454, 509 |
| 1832 | † Andreas Hofer 552f., 601, 603 |
|      | † Die Sage d. Vorwelt i. d. Pyrenäen 551, 601 |
| 1834 | † Graf Ludwig v. Thüringen (gen. ‹d. Springer›) 23, 47f., 552f., 601, 603 |
| 1835 | Die Weltreiche (fortgeführt bis 40) 533, 545f. |
| 1836 | Fata Morgana 155, 548 |
| 1837 | † Gelimer 552, 557, 602f., 605, 621ff. |
|      | Von der Liebeslehre 395f., 546, 601 |
| 1838 | † Griechisches Feuer 61, 499, 552, 558, 602f., 605, 644ff. |
| 1840 | Preußische Trauersprüche u. Huldigungsgrüße 546 |
|      | Goethe 546 |
|      | Lebensgeschichte (II. Selbstbiografie) 546f., 549f., 554, 589ff., 602 |
|      | Zeitschrift f. d. dt. Adel (fortgeführt bis 43) 548f., 602 |
| 1842 | Denkschrift üb. Friedr. Wilh. III. 55, 546 |
|      | Der Pappenheimer Kürassier 548, 550, 601 |
| 1844 | Abfall und Buße 135, 142, 292, 300, 398, 486f., 548, 550f., 562, 567, 572, 601, 605 |
| 1845 | Joseph und seine Geige 548, 563, 573, 605 |
|      | Kaiser Karls v. Angriff auf Algier 548 |
| 1846 | Geistliche Gedichte 548, 563, 574 |
| 1862 | Christlicher Liederschatz 548 |

## ÜBERSETZUNGEN:

Aus früheren Jahren datieren die (verlorengegangenen) zum Teil sehr umfangreichen Versuche seiner Übersetzungen des Homer, Xenophon, Camoens; auch sind Veröffentlichungen wie die über den ‹Vendee-Krieg› oder die ‹Jungfrau v. Orleans› als kommentierte Parafrasen französischer Texte anzusprechen; weiterhin hat er – in heute nicht mehr, oder doch nur zum geringsten Teil, zu erahnender Weise – beständig die Hand geübt an Dänen wie Ingemann, Engländern wie Byron, Lateinern wie Tacitus. Im Text wurde des näheren hingewiesen auf:

|      | Xenophon ‹Anabasis› 156, 175 |
|---|---|
|      | Homer ‹Odyssee› 175 |
|      | Camoens ‹Lusiaden› 175 |
| 1809 | Shakespeare ‹Coriolan› 175, 596 |
| 1813 | Cervantes ‹Numancia› 175, 219, 595, (641) |
| 1822 | Thomas Moore ‹Lalla Rookh› 175, 398, 429, 431, 474, 598 |
| 1826 | Klas Livijn ‹Spader Dame› 175, 396, 474, 598 |
| 1828 | Alessandro Manzoni ‹Ode auf Napoleons Tod› 175 |
| 1830 | Racine ‹Athalia› 175, 437, 474, 550, 601 |
| 1842 | H. Chr. Andersen ‹Bilderbuch ohne Bilder› 175, 545 |

## II. REGISTER:

### PERSONEN, SACHEN, ORTE

Vorbemerkung: Personen sind, soweit möglich, durch Hinzufügung der abgekürzten Vornamen sowie des Todesjahres (in Klammern) bezeichnet worden; zumindest wurde ein erläuterndes Stichwort beigegeben. Die Hunderte von Adelsgeschlechtern wurden zumeist nur, mit dem Zusatz ‹Fam.› (= Familie), allgemein erfaßt; falls F. nachweislich zu einem der Mitglieder in näheren Beziehungen gestanden hat, ist dieses gesondert aufgeführt. Bei gleichlautenden Namen, z. B. ‹Friedrich›, rangiert – nach dem Vorgang des schätzbaren DDR-Lexikons – der Maler vor dem König; ich sehe nicht ein, warum ich Drohnen und Schlägern, bestenfalls Gallionsfigurigem, den Vortritt vor fleißigen Künstlern oder Arbeitern zugestehen sollte. / Geografische Angaben sind durch ein vorgesetztes Sternchen (\*) kenntlich gemacht; sie wurden reichlich gegeben; weniger aus schnurriger Freude an gelehrter Mitteilung, sondern um den – ebenfalls oft erst in gröberen Linienzügen bekannten – Peregrinationen F.'s leichter nachgehen zu können.

---

### A

* \* Aa (Fluß) 124
* \* Aachen 404
* Aal (Rezensent) 194
* Abaris 84
* \* Abbotsford 200
* Ackermann, Paul (1846) 539
* Aerostiers (Ballontr.) 115
* \* Ahnsen 135
* \* Aken a. d. Elbe 76
* Alba, Hzg. v. (1582) 477
* Alberti (Verlg.) 398, 476
* Albrecht, W. E. (1876) 491 f.
* Albrecht d. Bär (1170) 63
* Alexander d. G. (323 v.) 182
* Alexander I. (Zar; 1825) (250 f.), 273, 318, 342, 400, 667
* Alexandra, Zarin (siehe Charlotte)
* Alexis, Willib. (1871) 220, 447 f., 451
* Alfieri, Vitt. (1803) 26
* Ali-Pascha (1822) 159 f.
* \* Aller (Fluß) 457, (605)
* \* Alsenborn 106
* \* Alsfeld 256, 288
* \* Altenburg 253, 256 ff., 284, 340, 381
* \* Altenhof 321
* \* Altenkirchen 124
* Altenstein, K. Frhr. v. (1840) 441, 502, 536
* \* Altona 319
* Alvensleben (Fam.) 73, 238, 283, 289, 341, 417, 592
* Alvensleben, Gust. v. (1868) 548
* Ambert (Frz. Gen.) 106
* \* Ambras (Schloß) 249
* Amiel, Fred. (1879) 538 ff.
* \* Amsterdam 121
* Andersen, H. Chr. (1875) 175, 545
* André, Joh. (1799) 28, 62
* Anhalt, Fürsten (Fam.) 41, 98, 450
* \* Anklam 97
* \* Annweiler 107
* Apel, J. A. (1816) 230, 242, 259, 286, 295, 307, 324, 596
* ‹Apollo› (Reitpferd) 99, 103
* \* Appenrode (Harz) 143
* \* Arbissau 338
* \* Ardennen 196
* Arndt, E. M. (1860) 399, 402, 408
* Arnim, v. (Fam.) 41, 263, 434, 489, 592
* \* Arnoldsmühle 236
* Ariosto, Lod. (1533) (175), 293, 295
* Aristophanes (539)

Aristoteles 77, 466
* Arnstadt i. Thür. 448
* Aschersleben 97ff., 124, 130ff., 153f., 159f., 162, 250, 292, 300, 331, 333, 581, 585, 590, 592, 664, 685ff.
Atterbom, P. D. A. (1855) 362, 375, 446, 474, 603
Attila 300, 390
* Auerstädt 116, 177, 189f., 228f., 341, 487, 667
Auerswald, v. (Fam.) 266
Auerswald, Alfr. v. (1870) 342
August Wilh., Prinz v. Pr. (1755) 30, 67
Axen, v. (Fam.) 308, 312, 323f.

## B

Babo, J. M. (1822) 140
* Baden-Baden 446
Bahls, G. 154
Baier, v. (Fam.) 669, 672, 679
Balthasar, v. (Fam.) 585
Balzac, H. de (1850) 354
* Bamberg 167, 332, 359, 374
Barclay de Tolly, M. Fürst (1818) 254, 272
Bardua, Caroline (1864) 362, 446, 453
* Barth 525, 579, 586
Barthélemy (schwz. Ges.) 120
Basedow, J. B. (1790) 450
Baseler Friede (1795) 86, 116, 120, 124, 132
* Baudmannsdorf 272
Baumbach, v. (Fam.) 591, 681, 688
Baur, Wilh. (1897) 344
* Bautzen 252f., 257, 265, 268, 271
Bayards-Orden 21, 472
* Bayreuth 143, 579, 581, 584, 690
Bechtolsheim, Emil v. (1811) 104, 110f., 126, (292), (590), 669ff.
Becker, Nik. (1845) 549
Becker, Wilh. G. (1813) 453
Beckmann, H. G. L. (1852) 461, 606
Beföhlen, v. (Fam.) 519, 533
Behrenhorst, G. H. v. (1814) 144
* Beinum 133
Beireis, G. Chr. (1809) 186f.
Belisar 557, 623ff., (638)
* Belle-Alliance 230, 322
Benda, G. (1799) 28, 61
Beneke, Ferd. (1848) 135, 231, 239, 241, 307ff., 330, 363, 365, (384), 385ff., 405f., 412, 482, 495, 508, 511, 536, 551f., 597, 603
Benisch 56
* Benkendorf b. Halle 46
Bennigsen, L. A. Gfv. (1826) 288
Benzler, Prof. (1810) 137, 143, 175
Berg, v. (Fam.) 505ff.
Berger, J. E. (1833) 148f., 160, 222, 225, 320
* Berka 288, 256
* Berlin 28, 36, 53, 61, 64, 70, 73, 75, 78, 83, 88, 92, 107, 115, 121, 125, 132, 162f., 167, 172, 186, 189f., 193, 207, 212, 218, 220, 225f., 228, 233, 239f., 243, 247f., 252f., 273, 281, 299, 305, 321, 327f., 331, 336, 343f., 349f., 353f., 357, 361, 366, 369f., 372ff., 392, 394, 398, 402, 411, 414, 417, 424, 429ff., 443, 450ff., 456, 463f., 471ff., 479, 481, 487, 493f., 501, 505, 508f., 513, 529f., 534f., 539f., 544f., 548, 559f., 564, 579, 584, 603, 617
Bernadotte, J. B. Prinz (1844) 102, 182, 276, 351
* Bernau 529, 586
Bernburg-Schaumburg, Prinzen (Fam.) 591, 672
Bernhardi, A. F. (1820) 172f., 179f., 207, 211, 216, 331, 381, 443
Bernhardi, W. (1878) 193, 207ff.
Bernstein, Caroline (1838) 218
Bernstorff, Luise Gfn. 431
Berthier, Alex. (1815) 192
Bertram, C. A. W. (1868) 532
Besselt, Karl (?) 342, 381
Besser (Buchh.) 311ff., 319, 323, 536
Beulwitz, v. (Fam.) 593, 685
Beust, Frhr. v. (Fam.) 665
Bevernförde-Werries, Frhr. (Fam.) 496, 501, 586
* Beverstedt 606
Beville, v. (Fam.) 64
* Bialokosch 271
* Biel (Pfalz) 114
Biester, J. E. (1816) 234, 453
* Bingen 110, 439
* Bischleben b. Erfurt 289
Bischoffswerder, J. R. v. (1803) 68, 86f.
Bismarck, v. (Fam.) 353
Bismarck, Otto Fürst v. (1898) 492

Blanc, Ludw. G. (1866)   521, 532
Blochmann, Chr. E. L. (1840)   456
Blomberg, K. A. v. (1813)   228, 364, 456
Blücher, G. L. Fürst v. (1819)   106f., 109, 111, 119, 122, 253, 258, 260, 263, 273, 276, 282, 321, 342, 364, 594, 667
Blumenthal, v. (Fam.)   53, 264, 592
Bock v. Wülfingen, v. (Fam.)   150
* Bodensee   75, 393, 493
Bodmer, J. J. (1783)   27
* Böbingen   109
Böhlendorff (Fam.)   149
Böhme, Jakob (1624)   183, 194, 257, 272, 427, 469f.
Böhringer, Aug. (1846)   331, 353ff., 603
Böttiger, K. A. (1835)   336
Boguslawski, v. (Fam.)   114
Boitzenburg a. Elbe   307, 323
Bojanowsky, v. (Fam.)   591
Bollmann, I. E. (1821)   222f., 234
Bombelles (Fam.)   364
Bonaparte, Ludw. (Kg. v. Holland; 1846)   292
Bonet (frz. Gen.)   261
* Born   408
Borstetten, K. V. v. (1832)   139
Bordeaux   16f., 503, 509, 515, 527, 571
* Borna   253, 256, 268, 340
* Bornhofen a. Rh.   369
Borrstedt, v. (Fam.)   488f., 587
Botenlauben, Otto v. (1244)   176
Both, v. (Fam.)   591
Bourgoing, Paul de (1864)   548
Bousmard, A. de (1807)   189
Bouterweck, Fr. (1828)   118
Brabeck, Fr. M. Gf. (1795 ?)   153
Brachmann, Luise (1822)   362, 381, 443ff.
Brand, v. (Fam.)   462
* Brandenburg   21, 29, 31ff., 36, 43, 53, 70, 84, 97, 130, 233, 240, 242, 579ff., 603
Brandenburgisches Kürassierregiment   233, 250ff., 261, 272f., 276, 288f., 298, 435, 577, 592ff.
Brandenstein, v. (Fam.)   582f., 680
* Branderstein i. Thür.   128
Brands Haide (Fleming)   49
Brantôme, P. de (1614)   447f.
* Braubach   103

Braun (Verl. i. Karlsruhe)   381
Braunes, Fr. (Verlg.)   392
* Braunsberg i. Ostpr.   462
* Braunschweig   266
Brause, v. (Fam.)   247, 441, 580
Bredow, v. (Fam.)   73, 234, 238, 247, 280, 590, 592ff., 685
Brehm, Alfr. (1884)   598
Breidenstein, v. (Fam.)   381
Breitenbauch, v. (Fam.) Stammbaum   583f./128, 188
Breitenbauch, Albert v. (1852)   (126), 128, 583f.
Breitenbauch, Elisabeth v. (die ‹Undine›; 1832)   (125f.), 128ff., 143, 155, 188, (195), 339, 389, 508, 528, 583, (603)
Breitkopf (& Härtel, Verlg.)   325
* Bremen   170, 308f., 321f., 425, 457f., 460, 543, 545, 603, 605
Bremner, Rob.   537
Brenning, Emil (1915 ?)   270
Brentano, Clemens (1842)   179, 206, 215, 219, 363, 372, 381, 393
* Breslau   97, 229, 236f., 243, 247, 276, 381, 400, 447, 583f.
Bretzner, Chr. Fr. (1807)   61f.
Briest, v. (Fam.) Stammbaum   585f. / 73, 239, 489, 583
Briest, Caroline v. (Tochter d. ‹Alten Briest› aus zweiter Ehe; † nach 1818)   171, (493), 586
Briest, Friederike (geb. v. Luck; zweite Frau d. ‹Alten Briest›; 1818)   171, 330, 335, 344, 583, 585
Briest, Friederike Klara (Tochter d. ‹Alten Briest› aus zweiter Ehe; 1885)   171, 189, 220, (329), (335f.), 488, (493), 496
Briest, Philipp v. (der ‹Alte Briest›; 1822)   130, 149, 160ff., 170f., 189f., 211, 329f., 335f., (341), 359, 365, (494), 583, 585
Brixen, J. v. (1836)   473
* Brockendorf   272
Brockhaus, Fr. A. (1823)   258, 284, 319, 326, 527f., 589
Brösicke, Fr. v. (1794)   117, 590
Brühl, K. F. M. P. Gf. (1837)   359f., 363, 369, 372ff., 407, 429
Brüning, v. (Fam.)   585f., 689f.
* Brüssel   267

Bruzelius, Em. (schwed. Nachdrucker) 602
Buchanan, Cl. (1815) 453
* Bückeburg 121, 128, 133 ff., 142 ff., 147, 151, 175, 188, 203, 300, 309, 363, 487, 579, 584, 590
* Budin 255, 277
Bülow, v. (Fam.) 592, 594
Bülow v. Dennewitz, Fr. W. v. (1816) 276, 442
Bürger, G. A. (1794) 27, 39, 64, 101, 203, 446, 459, 522, 530, 679
Büsching, J. G. G. (1829) 173, 197, 200 f., 228 f., 248 f., 602
Büttner 470
Bull, Ole (1880) 537, 604
* Bunzlau 236 ff., 249, 252, 254
Burkhart, J. D. (1830) 154, 156
Busche, v. d. (Fam.) 434
Butlar, v. (Fam.) 591
* Buxtehude 461, 607 f.
Byern, v. (Fam.) 73, 238, 251, 305, 342, 589 ff., 665 ff.
Byern, Karl W. v. (1800) 122, (133), 140, 153, 339, 589, 591 f., 669 f.
Byron, G. N. G. Lord (1824) 258, 446, 454, 474
* Byzanz 15, 235, 552, 558 f., 624, 645

C

Caderström (schwed. Pfarrer) 537
* Caja 259 f.
Calbo v. (Fam.) 593
Calderon, P. de la Barca (1681) 176
Camoens, Luiz de (1580) 175
Campbell, Sir... (?) 322
Campe, Aug. (1836) 236, 307, 311, 329, 596
Canouville, Jules de 192
Capet, Hugo (996) 176
Caracci (Malerfam.) 187
Carlos (span. Kg.; 1855) 541 f., 545
Carlyle, Thom. (1881) 235, 601
* Carow 331
* Cassel 122, 158, 222, 248, 252
Catull 416
* Caub 103
Caulaincourt, A. A. L. v. (1827) 274
* Celle 17 ff., 22, 30, 461, 472, 579 f.
Cervantes, Mig. de (1616) 61, 175, (286), (348 f.), (363), (492), (496), 595, 652

* Chalons 87
Chamisso, Ad. v. (1838) 72, 90, 132, 180, 188, 193, 198, 203, 205, 210 f., 213, 219 f., 292 f., 323, 358 f., 394, 407, 446, 451, 455, 508, 537, 547 f., 551, 561, 596
Charlotte, Prinz. v. Preuß. (= Zarin Alexandra) 251, 351, 429 ff., 432, 434, 446, 535, (655 ff.)
* Charlottenburg 182, 225, 574
Chateaubriand, Fr. R. (1848) 436
Chazot, Ludw. Gf. (1813) 234, 669 ff.
* Chemnitz 339 f., 667
* Cherson 107
Chézy, A. L. v. (1832) 228
Chézy, Helmina v. (1856) 205, 210, 228 f., 295, 356, 427, 446
Clary, Karl Gf. (1831) 338
Clausewitz, Karl v. (1831) 442
Clausewitz, Marie v. 296, 434
Claudius, Matthias (1815) (220), 231, 313, (425), (535), 545, 561, 567
* Cleve 97, 121, 129, 185
Cnobloch (Verlg.) 475
* Coburg 551
* Coesfeld 124
* Colditz 253, 268, 413
Collin, Matth. v. (1824) 365, 373, 385, 555
Colomb, P. v. (1854) 280
Condé, L. v. (1686) 92
Contessa, C. W. Salice- (1825) 228, 359, 361, 451, 602
Cooper, J. F. (1851) 385, 393, 439, 450, 452, 674
* Coppenbrügge 133
* Coppet b. Genf 188
Cornelius, Peter (1867) 158, 235
* Cosel 233
Cotta, J. Fr. (1832) 84, 138, 203, 220, 227, 230, 236, 296 f., 301, 325, 362, 367, 370, 386 f., 393 ff., 467, 475, 490, (494), 596 f., 600, 603
Coudenhoven, v. (Fam.) 591, 668 ff.
Cramer, C. G. (1817) 82 f.
Crantz, David (1777) 37
Curtius, Jul. (1849) 451 f.
* Cusel 105, 107
Cuvier, G. de (1832) 115
* Cuxhaven 460

Czartoryski, Wanda Prinz.
(1845) 561 f.
Czernitscheff, A. J. Fürst (1857) 168,
274

## D

Dahlmann, Fr. Chr. (1860) 491
Danckelmann, v. (Fam.) 64
Danckelmann, W. H. B. Frhr. v.
(1833) 146, 442, 510, 515, 534, 591
Dannenberg, J. v. (1862) 250, 298,
592, 595
Dante Aligh. (1321) 328, 446
* Danzig 107, 189, 376, 398, 443, 456,
476
* Dardesheim 100
Dareios III. (330 v.) 182
* Darmstadt 120, 124, 344 f., 445, 583,
603 f.
Dassel, v. (Fam.) 591
Davoust, L. N. Marschall (1823) 288,
316 f., 338
Debry, Jean (1834) 185
* Deidesheim 106, 109
Deinhardtstein, J. L. (1859) 446,
467 f.
Delbrück (Prof. i. Halle) 544
Delbrück, J. Fr. G. (1830) 350, 437
* Demerthin 31, 587 f.
Denis, Mich. (1800) 81
* Dennewitz 256, 280, 427
Dernath, Gfn. (Fam.) 410
Desaix, L. Ch. A. (1800) 106
* Dessau 19, 98, 305, 345, 688
Devrient, Ludw. (1832) 363
Diericke, Chr. O. v. (1819) 442
Dieskau, v. (Fam.) 674
Diest, H. v. (1847) 354, 442, 446
Dietrich (Kond.) 359
* Dissen 124
Ditfurth, v. (Fam.) 591
Döbbelin, K. Th. (1793) 61
Döberitz, v. (Fam.) 70, 222, 229, 305
Döchling (Kupf.-Stecher) 380
Döring (Fam.) 504 f., 508 f., 513
Döring, Ge. (1833) 382
Dörnberg, v. (Fam.) = siehe Gröben,
Carl v. d.
* Dörnberg (Schloß) 289
Dohm, Chr. W. v. (1820) 34
* Dohna 412, 419
Dolffs, v. (Fam.) 259, 261, 272

Dombrowski (tschech. Volks-
kundler) 339
Dombrowsky, J. H. (1818) 107
* Domsen 262
* Donau 127, 200
Don Carlos (1568) 476 ff.
Don Juan de Austria (1578) 476
Donop, v. (Fam.) 591
* Doppelburg 338
Dostojewski, F. M. (1881) 107
Dräsicke, J. H. B. (1849) 532
Draise 551
* Draysdorf 339
* Dreißigacker 82
Dreißigjährig. Krieg 193, 195
Dresden, v. (Fam.) 590
* Dresden 18, 36, 61, 129, 147, 172, 215,
231, 240, 252, 254, 257, 277 ff., 284,
288, 290, 328 f., 336, 362, 381, 413,
415 f., 420, 449 f., 480, 510, 668 f.,
685 f.
* Drontheim 307
* Droyssig 504 f., 508 ff., 512 f., 516
Dück (Lustspielverf.) 140
Dümmler, Ferd. (1846) 296, 355, 364,
428, 453, 597, 603
* Dürckheim 106, 109
Dürer, Albr. (1528) 174, 235, 250, 481
* Duisburg 124
Dumouriez, Chr. Fr. (1823) 88 f.
Dupuy, Adolf (Rd.) 544
* Dux i. Böhm. 338

## E

* Eberbach a. N. 124
Eberhard, Chr. A. G. (1844) 48, 102,
156, 504, 508 f., 515, 520, 522, 532, 563
Ebert, J. A. (1795) 40
Ebert, K. E. (1882) 454, 467
Eckermann, J. P. (1854) 288, 479, 546
* Eckernförde 320
Edda 81, 198 (vgl. auch Baldur, etc.)
* Edenkoben 107 f.
* Edesheim 114
* Eger 280, 283, 338
Egloffstein, v. (Fam.) 592, 678
* Ehrenbreitstein b. Koblenz 103
* Eichelsdorf (Hess.) 257, 288
Eichendorff, J. Frhr. v. (1857) 276, 297,
359, 381, 427, 446, 455
Eichhorn, Joh. G. (1827) 458
* Eichsfeld 185

* Eider (Fluß) 378
* Eilsen 135
* Eine (Fluß) 101
* Eisbach (Gew.) 109
* Eisenach 102, 256, 288, 292, 479, 582
* Eisendorf 236
* Eisleben 18
* Elbe 257, 262, 266f., 279, (313), 317, 321f., 337, 457
* Elberfeld 353, 424
* Elbing 491f.
* Elbkostelitz 255, 277
* Eleusis 84
Elisabeth v. Hessen (Tochter Mariannes; 1885) 432, 435, 536
Elisabeth, Kgn. v. Preußen (1873) (432), (435ff.), 491, (529)
Elisabeth, Kgn. v. Span. 447f.
Ellinger, Ge. (1939) 219
Elphinstone, M. (1859) 430
* Elster (Fluß) 252, 262, 268
* Elze 39, 124, 133, 150f., 588, 592
* Emckendorf 321
* Ems (Fluß) 122, 124
Enslin, Th. Chr. Fr. (1851) 487, 548
Erckmann-Chatrian (1899-1890) 262
* Erfurt 185, 256, 289, 442
* Erlenkopf (Berg) 108
Erman (ref. Pfarr.) 80
* Ermlitz b. Halle 326f.
* Ermsleben 100
Ernst Aug., Kg. v. Hann. (1851) 491
Eschenburg, J.J. (1820) 62, 83
* Estebrügge 607
Eunicke, Johanna (1856) 363, 374f.
* Eutin 307, 319, 334, 374, 606
Ewald, Heinr. (1875) 491
Ewald, J. (1781) 367, 454
* Externsteine 387
Eylert, R. Fr. (1852) 56f., 182, 248, 330, 425, 431, 434, 559
Eyrich, Pauline 540f.

F

‹Facardin› (Hund) 81
Faggyas, Katharine v. (verehel. Oppen) 104f.
Falk, J. D. (1826) 172
Faust, B. Chr. (1842) 137f.
* Fehrbellin 70, 72, 100, 238, 323, 667

Ferdinand, Pr. v. Preußen (1813) 32, 67, 89, 436
Ferino, P. M. B. Gf. (1816) 106, 111
Feuerbach, Ans. v. (1851) 289
Fichte, Joh. G. (1814) 77, 148, 152, 160, 213, 216f., 225, 234, 240, 293, 298, 425, 596
Fischer v. Rychenbach (Fam.) 593
Flaxman, John (1826) 454
Fleck, J. F. F. (1801) 62
Fleischer, G. (Verlg.) 366, 382, 398
Fleischmann, Fr. (1834) 508
* Fleming 49
Flor u. Blanscheflur 176
* Floßgraben 262
Flotow, v. (Fam.) 590ff., 668ff.
* Flottbeck b. Hambg. 312
Folard, Ch. de. (1752) 92
Folkmann, Dr. 536
Folquard v. Saintes (Troub.) 611
Fontane, Theod. (1898) 37
Forbes (engl. Reisend.) 430
Forstenburg, Gf. 114
Förster, Karl (1841) 431f.
Fouqué (sämtl. Familienverhältnisse auf den Dichter bezogen) / Stammbaum 579ff.
Fouqué, Albertine (geb. Tode; dritte Frau; 1876) Stammbaum 586 / 308, (487), 503ff., 513ff., 524, 530ff., 539ff., 548ff., 550, 559, 564, 569, 574, 586, 603, 612, 622
Fouqué, Caroline (geb. Briest; zweite Frau; 1831) Stammbaum 585f. / 127, 131, 162f., 167ff., 170f., 182f., (186), 189, 192, 194f., 199f., (202), (203), 211, 220, 226, 241, 242, (248), 250, (274), 288, 291, 329, 334ff., 343, 352f., 358f., 364, (380), (395), (407), (410), 429f., 435, 466f., 486f., 490f., 493ff., 501f., 508ff., 524f., 544, 554, 579, 585, (597), 601, (613f.)
Fouqué, Charles (Urgroßvater; 1701) 17
Fouqué, Charles Henry Aug. (Brüderchen; 1784) 41, 58, 579, 588
Fouqué, Elisabeth Madeleine (Großmutter; 1753) 20
Fouqué, Friedrich Wilhelm Waldemar (posthumer Sohn; 1921) 562f., (564), 568, (572), 574, 579

703

Fouqué, Henry Auguste (der ‹General›; Großvater; 1774) 17, 19ff., 30ff., 35, 64, 70, 83, 90, 138, 147, 239, 367, 395f., 442, 470ff., 563, 579

Fouqué, Heinrich Aug. Friedr. (Onkel; 1792) 22, 82, 472, 579, 583

Fouqué, Heinrich August Ca. (Vater; 1798) 30ff., 36ff., 44, 50f., 57, 64, 71f., 74, 80, 83, 89f., 99f., 131, 140ff., (305), (470f.), 579

Fouqué, Henry Charles Frederic (der ‹Türke›; Großonkel; 1779) 18f., 21, 30, 32, 345, (472), 579

Fouqué, Karl Friedrich Wilhelm (erster Sohn; 1874) 531, (543), 559f., 565f., 568, 572f., 574, 579

Fouqué, Marianne (geb. v. Schubaert; erste Frau; 1862) 101, 127, 130f., 142f., 147, 151ff., 155, 163, 194, (291f.), (305), 341, 579, 581, 585, 686f.

Fouqué, Marie (Tochter; 1862) 169ff., 172f., (186), 220, 236, 242, (248), (274), 292, 305ff., 309, 311, 319, 322, 325, 329f., 335, 364, 430, 436, 437, (482), 488ff., 494f., 501, 503ff., 508ff., 514ff., 518, 528, 530, 534, 562, 574, 579, (586f.), 614ff., (620)

Fouqué, Marie Luise (geb. v. Schlegell; Mutter; 1788) 31, 35, 42, 44, 50f., 53, 57, 60, 64, 69, 71f., 74, 76, 80f., 121, 173, 229, (305), (502), (511), 514, 579f., 583

Fouqué, Suzanne (geb. de Robillard; Urgroßmutter; 1740) 17f., 472, 579

Fournel, Charles (1869) 538ff., 559, 603

Frazer 452

Fraise (Arzt) 25, 42ff.

Francke, A. H. (1727) (47), 665

\* Frankenweiler 106

\* Frankfurt/M. 88, 102f., 108, 120ff., 125, 252, 256, 271, 288, 344, 357, 361, 382, 455, 539, 542

\* Frankfurt a. O. 233, 427, 507

Franz II. (öst. Kais.; 1835) 87, 545

\* Freiberg i. Sachs. 82, 414f.

\* Freienwalde (a. d. Oder) 413

Frels, W. Vorw. 387, 602

Fresenius, Aug. (1813) 455f.

Freytag, Gust. (1895) (65), 73, (140), 385

Fricke, W. H. A. (1797) Stammbaum 587f./38f., 51f., 89, 150f.

\* Friedberg 102, 256

Friederike (zuletzt Kgn. v. Hann.; 1841) 92, 339, 491

Friedrich, Casp. D. (1840) 337f.

Friedrich I. (erster Kg. v. Preuß.; 1713) 553, 611

Friedrich I. (Kg. v. Württ.; 1816) 402, 593

Friedrich II. (gen. ‹d. Große›; 1786) 19ff., 25ff., 30ff., 36f., 44, 56, 64ff., 70, 86, 97, 115, 184, 217, 221, 234, 248, 277f., 385, 468, 470ff., 490, 546, 553, 569, 614

Friedrich (dt. Kaiser; 1888) 539

Friedrich Aug. III. (Kg. v. Sachs.; 1827) 306

Friedrich Wilh. (gen. ‹d. gr. Kurfürst›; 1688) 72, 553

Friedrich Wilh. I. (d. sogen. ‹Soldatenkönig›; 1740) 471f., 553

Friedrich Wilh. II. (d. ‹Dick Willem›; 1797) 55f., 67, 69, 86f., 103, 107f., (142), 145, 167, 184, 553

Friedrich Wilh. III. (d. ‹Mann d. Kgn. Luise›; 1840) 55f., (92), 145, (162), (180), 181, 184f., 225, (232), (234), (243), (247ff.), (265), (271), (273), (278f.), (283), (285), 292, (295), (306), 335, (345), (348), (351), (357), 373f., 400, (403f.), (407), (429), 431ff., (471), (491f.), (507), (515f.), (523), (528), 531, (536), 546, (549), 553, 600, 657ff., 667

Friedrich Wilh. IV. (der Fouqué-König; 1861) 68, (181), (248), (298), 352, (374), (423), 430, 433ff., 444, (491), (531), 559ff., 565ff., 569f.

Fritsch, Ludw. v. (1808) 104, 110f., 590, 685

\* Fröhner Hof 119

Froreich, C. U. v. (1801) 98ff., 104f., 111f., 119, 121f., 133, 153, 589, 669ff.

\* Fürstenwalde 278, 255

G

Gallus, G. T. (1807) 84

Gardthausen, H. G. (1845) 457

Gaudy, Fr. v. (1846) 362

Gebauer, Chr. Aug. (1852) 381, 418

Gedicke, Fr. (1803) 85

Geisler 537
Generalstab (Veröff. d. Gr. Gen.) 26, 212, 233, 260, 262, 279
* Genf 538
* Géniecourt 538, 542
Gentz, Fr. v. (1832) 505
Georg, Hzg. v. Meckl., Strelitz (1860) 435
* Georgenbad 338
Gerard, E. M. Gf. (1852) 288
Gerlach, E. L. v. (1877) 521, 532
* Germersheim 107
Gern, J. G. (1830) 363
Gerok, Karl (1890) 206, 607
Gervinus, G. G. (1871) 491
Gibbon, Edw. (1794) 156, 622, 636 ff.
* Giebichenstein b. Halle 47, 504, 508 f., 513, 516, 518 ff.
* Gierbigsdorf 257
* Gieshübel 338
* Gießen 582
Gillern, v. (Fam.) 592
Girschner, Karl (1860) 376
* Glashütte 255, 278
* Glatz 20, 22, 31, 233, 271, 563, 579 f.
* Glaucha b. Halle 129, 509
* Glauchau 253, 257
* Glienicke 50, 53
* Glogau 249 f.
Glover, Rich. (1785) 40
Gluck, Chr. W. v. (1787) 28, 375
Gneisenau, A. W. A. N. v. (1831) 216, 258, 261 f., 273 f., 364, 382, 408, 415, 419 f., (432), 436, 441 f., 454, 471, 501, 616
* Gnesen 107
Godefroy (hamb. Fam.) 312, 315, 323
Göcking, L. F. G. v. (1828) 89
Goedeke, K. (1887) Vorw. 276, 298, 301, 377, 538, 577, 595, 602 f.
* Göllheim 106
* Görlitz 252 f., 257, 272
Görres, J. v. (1848) 234, 363, 365, 402 f.
Göschen, G. I. (1828) 338
Göschl, Karl 514, 532
Goethe, J. W. v. (1832) 27, 62, (78), 82, 88, 98, 104, 128, (132), (148), 157 ff., 177 f., 200, 203, 213, 215, 218, 234, 236 f., (282), 287 ff., 344, 361, 411, 415, 424, 441, 446, 452, 455, 468, 478 f., 517, 546, 560, 621, 685
Goethe, Ottilie v. (1872) 291, 503

* Göttingen 209, 242, 308, 458, 491, 607
Goldsmith, Ol. (1774) (144)
Golssenau, v. (Fam.) 665
Goltz, Gfn. v. d. (Fam.) 120, 250, 254, 269, 594
* Goslar 185
* Gotha 149, 292, 319, 396, 536, 547, 560, 599
Gotsch, Fr. R. v. (1803) 98, 101, 104, 131, 590, (671)
Gotter, Fr. W. (1797) 61, 337
Gottfried v. Straßbg. (538), (544)
Gourgaud, Gasp. de (1852) 454
Gozzi, Carlo (1806) 63, (157)
Grabbe, Chr. D. (1836) 218, 386, 468, 479
* Gräninger See 90
Grävenitz, v. (Fam.) 595
* Grasberg b. Bremen 459
* Graupen 280, 338
Gray, Thom. (1771) 446
* Greiffenberg (Schles.) 378
* Greiffenstein (Burg) 240
* Greiz 457
Grimm, Jakob (1863) 175, 198, 228, 248, 295, 491
Grimm, Wilh. (1859) 363, 491
Gröben, Carl v. d. (1876) 266 ff., 289, 298, 347 f.
Gröben, Wilh. v. d. (1813) 266
Grolmann, v. (Fam.) 591
* Gronau 39, 150 ff., 588
Grone, v. (Fam.) 591
Gropius, K. W. (1870) 374
* Groß-Beeren 280
* Groß-Gerau 120
* Groß-Görschen 259, 261 f.
* Groß-Keula 584 f.
* Groß-Neuhausen 215
Gründler, J. D. (1845) 468
* Grünstadt 106, 111 f., 113 f.
Gruner, Just. (1820) 133, 135
* Guben 249
Gubitz, Fr. W. (1870) 26, 184, 452, 460, 602
* Güsten b. Aschersleben 581 ff.
Gustaf Adolf (schwed. Kg.; 1632) 327
Gustaf III. (schwed. Kg.; 1792) 525 f.
Guticke, Dr. (Arzt) 534
Gutzkow, Karl (1878) 454
Guyon, Jeanne M. B. de la Motte (1717) 446

# H

Haas, F. (wiener Nachdr.) 301, 596
Hacke, Gust. Gf. (1838) 253, 256, 264f., 289, 364, 592
Hagemann, Fr. G. (nach 1830) 121, 554
Hagen, Fr. H. v. d. (1856) 197, 201f., 228, 248f., 363
Hagen, K. Col. v. (1837) Stammbaum 593f./83, 116, 140, 442, 533f., 591
* Halberstadt 100, 124, 129, 133, 176, 188, 381, 584, 592ff., 679
Halem, v. (Fam.) 319
Halem, G. A. v. (1819) 196, 307, 319, 334, 373, 381, 391, 443, 597
* Halle 20, 22, 32, 34, 38, 44ff., 49f., 71, 76, 91f., 101, 121, 129, 147, 156, 172f., 236, 291f., 305, 326, 330, 340, 362, 398, 425, 428, 443f., 446, 456, 504, 508ff., 517, 524, 526, 528ff., 536f., 541ff., 547, 549f., 559, 567f., 572, 579ff., 584, 588, 593f., 665, 669
Ha ling, Karl 218
* Hamburg 149, 170, 212, 231, 236, 239, 252, 257, 276, 288, 307ff., 317, 329, 342, 369, 373, 375, (400), 423, 457, 485, 534, 551, 560, 603
* Hameln 188, 605
Hamilton, Ant. Gf. (1720) 81
* Hamm i. W. 122
* Hampton Court 48
* Hannover 18, 92, 132, 150, 186f., 294, 312, 457, (472), 491, 526, 579, 587
Hanseatische Legion 308, 314ff., 342, 480
* Harburg 322, 606
Hardenberg, v. (Fam.) 129
Hardenberg, K. A. Fürst (1822) 108, 120, 247, 252f., 306, 362
* Hardt (Geb.) 107
* Harl (Geb.) 135, 147
Harms, Claus (1855) 453
Hartmann, C. H. F. (Verlg.) 398
Hartmann, Ferd. (1842) 399, 547
* Harz 327, 482, 648
Hauff, Wilh. (1827) 83, 205, 290, 452
Haugwitz, Chr. A. H. K. v. (1831) 124, 145
* Havel 36f., 41, 47, 50, 63, 65, 70, 111, 225 (234), 242
* Havelberg 32, 35, 581
Haxthausen, v. (Fam.) 364
Haydn, J. (1809) 28, 514

Haym, Rud. (1901) 156
* Haynau 252ff., 272, 295, 299
Heckeren, v. (Fam.) 592
Hedemann, ... v. 405
Hegel, G. W. Fr. (1811) 501
* Heidelberg 179, 195, 356, 383, 455, 602
Heiligenstädt, v. (Fam.) 99, 589, 591
Heim, E. L. (1834) 252
Heine, Heinr. (1856) 174, 200, 225, 297, 430, 446, 454, 468, 475, 541f.
Heinke, Ferd. 290
Heinrich IV. (Kais.; 1106) 182, 550, 595
Heinrich, Pr. v. Preuß. (1767) 67, 182
Heinrich, Pr. v. Preuß. (1802) 19, 34, 67
Heinrich v. Ofterdingen 479
Heinrich v. Veldeke (um 1200) 176
Heinse, Wilh. (1803) 118
Heistermann v. Ziehlberg (Fam.) 584, 689
Heldenbuch 176f.
Hell, Theod. = siehe Winkler, G. Th.
* Helmstedt 186, 670
Helwig, Amalie v. (1831) 158, 235, 284, 295, 440, 443, 475, 619
Hemann, Rud. 381
Hengist & Horsa 390
Hengstenberg, E. W. (1868) 426
Hennig, v. (Fam.) 595
Hennings, Aug. (1826) 32
Hensel, Luise (1876) 446
Hensel, Wilh. (1861) 362, 380, 430, 446
Herakles 84, 489
Herbart, J. Fr. (1841) 149
Herbig, Fr. Aug. (1849) 479
Herder, J. G. v. (1803) 27, 135, 144, 157
Hermann (?) 452
Hermann d. Cherusker 85, 325ff., 384ff., 389, 394, 437, 557, 597, 602, 605
Hermes, Joh. Tim. (1821) 82
Herodot 84
Herschel, Sir William (1822) 28, 613
* Hersfeld 102, 256, 288
Hertel, Carl 264f., 594
Hertzberg, E. Fr. Gf. (1795) 615
Herzfeld (hamb. Fam.) 312, 323
Heß, J. L. v. (1823) 315
Hesse (hall. Poliz.) 543
* Hessisch-Oldendorf 584
Heyne, Chr. G. (1812) 416
Hildebrand 374

Hildesheim 38, 124, 133, 143, 150, 174, 185, 508 f.
Hiller (Verlg.) 415
Hiller, J. A. (1804) 28
Hiller, Ph. Fr. (1769) 453
Himburg (Verlg.) 392
Himly (Leg.-Rat) 382
Hinze (Hauslehrer u. Schauspieler) 140, 670 f.
Hippel, Th. G. v. (1843) 281
Hirsch, Marianne v. 354
* Hirschenstand 339
Hitzig, Jul. Ed. (1849) 170, 179 ff., 197, 202, 213 f., 218 ff., 229 f., 235, 240, 248, 283 f., 292 f., 296, 305, 322 f., 330, 333 f., 355, 358 ff., 365, 374, 387, 392 ff., 426, 443 f., 451, 463, 490, 502, 529, 534 f., 560, 566, 596, 601, 603
* Hochdorf 106
Hoche, Lazare (1797) 89
* Hochheim 103
* Hochkirch 97
* Höchst 124
* Höchstädt 97
Höfisch, v. (Fam.) 591
Hölderlin, Fr. (1843) 159
Hölty, L. H. Chr. (1776) 27, 63
Hoffmann, Ernst 457
Hoffmann, E. T. A. (1822) 167, 198, 201, 214, 218 ff., 235, 241, 277, 281, 287 f., 296, 298, 332, 352, 358 ff., 363, 366, 372 ff., 376 f., 381, 387, 390, 397, 402, 443, 454, 539, 541, 602, 604
Hohenlohe-Ingelfingen, Fr. L. Fürst (1818) 106 f., 109 ff., 113 f., 115, 118, 189, 271
Hohenlohe-Kirchberg, Fr. W. Fürst (1796) 106
Holbein, Franz v. (1855) 375
Holberg, Ludw. (1754) 637
* Hollern 607
Holtei, K. v. (1880) 357, 451
Holzschuher, K. (1867) 383
* Homburg (Hessen) 247, 256, 288, 343 ff., 436 (vgl. auch Prinzessin Marianne v. H.-H.)
* Homburg (Niederrhein) 124
* Homburg (Rheinpfalz) 107
Homer 78, 100, 152, 161, 175, 408, 416, 446, 454, 475, (551)
* Hopfgarten 256, 287
Hord, Graf 36, 70

Hormayr, J. v. (1848) 454
Horn, Franz (1837) 40, 85, 195, 217 f., 295, 321, 328, 358, 361, 381
Horn, Fr. G. C. (1844) 311, 321
Horn, v. (Fam.) 591
* Hornburg 101
* Horschowitz 339
Hosemann, Th. (1875) 435
Hoßbach, P. W. (1846) 425, 525
Houwald, E. Chr. Frhr. v. (1845) 337, 361 f., 436
* Hoya 234
Hoym, Gfn. (Fam.) 593
* Hoym 133
* Hubertusburg 21
Hülsen, Aug. Ludw. (1809) 51, 76, 78 ff., 84, 89, 91, 100, 145, 148 ff., 156, 160 ff., 222 ff., 305, 312, 320, 426, 454 f., 490, 582, 589
Hülsen, Chr. G. 223 f.
Hülsen, ? 365
Hülsen, Carl Gf. 549
Hülsenbeck (hamb. Fam.) 323
Hüser, H. v. (1857) 258, 333
Hüttel, v. (Fam.) 592
Hufeland, Chr. W. (1836) 438
Hugo, Victor (1885) 454, 541
Humboldt, Alex. v. (1859) 492, 527, 539
Humboldt, Wilh. v. (1835) 257, 284, 306, 364, 489, 527

I

Ibell, Karl Frhr. v. (1834) 405
* Iburg 124
* Idstein 124
Iffland, A. W. (1814) 140, 159, 241
Ilgenfeldt (Diener) 330, 492, 511, 515, 517, 523
* Ilm 111, 157
Immermann, K. L. (1840) 365, 381, 446, 454, 468
Ingemann, B. S. (1862) (307), 457, 537 f., 545, 603
Ingemann, Lucie Marie 307, 537
Ingersieben v. (Fam.) 73
* Inkebach 119
Insel Felsenburg 204, 577
Isidorus Orientalis = siehe Graf Loeben
Isis (Zeitschrift) 301, 410, 415 ff., 607 f.
* Island 180, 236 f., 281, 366 f., 485 f., 647 f.

Itzenplitz, v. (Fam.) 99
Itzenplitz, Aug. H. Fr. v. (1842) 103f., 442, 590, 668ff., 687

## J

Jacoby, Joh. (1877) 213
Jänicke, Joh. (1827) 330, 425
Jagow, v. (Fam.) 73
Jahn, Fr. L. (1852) 257, 364, 402, 408, 549
\* Jahnsfelde 340f., 535, 579, 586
Jancke, K. E. (1852) 468
Jaspers (Verlg.) 286, 326, 443
Jean Paul, Fr. R. (1825) 45, 144, 162, 167, 180, 194ff., 201, 230, 234, 365, 405, 416, 537, 595, 650
\* Jena 116, 148, 154, 177, 189f., 381, 402f.
\* Jenkau 381
Johann, Kg. v. Sachs. (1873) 328
\* Johanniskreuz 108
Jordan, J. L. v. (1841) 185
Joseph II. (öst. Kais.; 1790) 85
\* Josephstadt 283
Jourdan, J. B. (1833) 110, 142
Jüngaß, v. (Fam.) 253, 260
Juliane, Fürstin v. Schaumbg.-Lippe (1799) 133ff., 512
Jung-Stilling, J. H. (1817) 211, 227, 230, 236, 424f., 454, 469f.
Justinian (oström. Kais.; 565) 557, 624

## K

\* Kaiserslautern 89, 105ff., 109, 118
Kalben, v. (Fam.) 592
Kalckreuth, v. (Fam.) 590, 686
Kalckreuth, Fr. A. v. (1818) 99, 105, 330f., 335
Kamecke, Gfn. (Fam.) 39
Kamptz, K. Chr. A. H. v. (1849) 403
Kamke, J. A. (1824) 230, 236
Karmegießer, K. L. (1861) 202, 281
Karmgießer, P. Fr. (1833) 236, 621
Kant, Imm. (1804) 25, 144, 152, 312
Kapp, Fr. (1884) 222
Kappel 453
Karl, Prz. v. Hessen (1877) 435, 536
Karl, Hzg. v. Meckl. (1837) 429, 434f., 490
Karl d. Große (814) 203, 218, 223, 301, 424, 482, 545

Karl August, Hzg. v. Sachsen-Weimar (1828) 98, 157, 344, 589, 665, 668, 685
Karl Ferd., Hzg. v. Braunschw. (1806) 69, 86f., 105, 132, 145, 152, 434
\* Karlsbad 335, 339, 343, 535, 586
\* Karlsruhe 381
Karschin, Anna L. (1791) 228
\* Kastel / Saar 438
Katharina II. (Zarin; 1796) 107
Katte, v. (Fam.) 53, 104, 119
\* Kattern 251
\* Katzbach 280
\* Katzweiler 106
Kaunitz, W. A. Fürst (1794) 85
Keffenbrinck, v. (Fam.) 593
Keil, J. G. (1857) 289, 532, 536, 541
Keller, Gottfr. (1890) 219, 343
Kellermann, Fr. Chr. (1820) 87
Kemmnitz, Chr. (Diener) 330, 506f., 595
Kerner, Just. (1862) 205, 230, 239, 248, 301
\* Kesselsdorf 97
\* Kiel 148, 161, 319, 455, 667
Kind, Fr. (1843) 336, 380, 448, 468, 479, 598, 601
\* Kirchheimbolanden 106
\* Kirrweiler 114
\* Klappendorf 336
\* Klein-Görschen 250
Kleist, v. (Fam.) 52f., 67, 73, 76, 589
Kleist, Franz v. (1797) 85
Kleist, Heinr. v. (1811) 172, 226, 237, 341, 344, 386, 449
Kleist, J. F. v. (1848) 54, 442, 473
Kleist-Nollendorf, Fr. v. (1823) 80, 271, 274, 276, 278ff., 289, 488
Klenau, J. Gf. (1819) 288
Kletke, H. (1885) 562, 564, 574
Klinger, Fr. Max. (1831) 27, 152
Klingsor 479
Klitzing, v. (Fam.) Stammbaum 587f. / 22, 31, 225, 247, 405, 579
Klitzing, Wilhelmine v. (nach 1826) 587
Klitzing, Wilhelmine Doroth. (1808) (22), 31, 225, 579, 587
Klöden, K. Fr. v. (1856) 182
Klopstock, Fr. G. (1803) 27, 54, 78, 81, 386, 398, 416, 424, 491

* Klus b. Bückeburg 136, 140f., 309, 487
Knebel, K. L. v. (1834) 65
Knesebeck, K. Fr. v. d. (1848) 442, 471
Knie (Blindenlehrer) 353
Knobelsdorf, v. (Fam.) 89, 92, 106, 364
* Knoop 321
* Koblenz 87f., 99, 104f., 110
Köckeritz, C. L. v. (1821) 145, 181
* Köln 438, 529
König, v. (Fam.) 670
* Königsberg 213, 376, 381, 403, 541
* Königstein i. Ts. 88
Körner (Lit.-Hist.) 176, 182
Körner, Theod. (1813) 282, 399f.
* Köthen 46, 688
* Kolberg 236, 273
* Kolin 97, 104
* Kondorf 262
* Kopenhagen 20, 472, 485, 604, 667
Koreff, Ferd. (1851) 227, 353, 361, 364
* Korinth 84
Kornemann, Luise 613
Kosciusko, Thadd. (1817) 107
* Kostedt 133
* Kosten 292, 579, 581
* Kottbus 229
Kottwitz, H. F. v. (1843) 353, 425
Kotze, v. (Fam.) 675
Kotzebue, A. v. (1819) 121
Kotzebue, Otto v. (1846) 180, 395, 403 ff., 454
* Krappitz O.S. 427
Krause, L. W. (nach 1846) 331
Krauseneck, W. J. (1850) 472
Kreutzer, Conr. (1849) 448
* Kreuzberg O.S. 427
* Kreuznach 438
Kriele, D. F. (1797) 74, 80f., 160, 582
Kropff, v. (Fam.) 590
* Kroppenstedt 100, 673, 686
* Krossen a. O. 82
Krüdener, Juliane v. (1824) 357
Krüger (Pastor) 428
Krug v. Nidda, Fr. A. F. (1843) 362, 381, 446
Krummacher, Fr. Ad. (1845) 329
* Krupa 339
Kruse, Chr. (1827) 453
* Kübelberg 107
Kügelgen, Wilh. v. (1867) 172, 189, 231, 267, 306, 336f., 402, 443, 546

* Küstrin 20, 249, 271
Kugler, Franz (1858) 446
* Kulm 232, 254f., 278, 289f., 338
Kunow, v. (Fam.) 280, 593 f.
Kunth, Auguste 509, 515f., (519ff.), 527ff., 586
Kunth, Caroline (518), (519), (521 ff.), 528, 586
Kunth, Karl (nach 1840) (519ff.), 527f., 534, 586
Kunth, G. J. Chr. (1829) 509
Kunz, C. Fr. 167, 332, 359
* Kynast 240
* Kyritz 307

L

Lachmann, Karl (1851) 556
* Lähn (Schles.) 229, 236
Lafayette, M.-I. M., Gf. (1834) 222
Lafontaine, A. H. J. (1831) 181, 241
Lamartine, Alph. de (1869) 613
* Landau 89, 99, 111
* Landeshut 20f., 32, 90, 368, 471
* Landskrone (Berg) 242, 257
Lang, W. (geb. 1832) 248
Lange, G. A. (Verlg.) 392
* Langenbielau 236
Lappe, Karl (1843) 545, 602
Lappenberg (Fam.) 605
Laßberg, ... v. (1821) 171, 330
Lattorf, v. (Fam.) 581
* Lauban 75
* Lauchstädt 44f., 54, 172 f., 186
Lauckhardt, Fr. Chr. (1822) 88
* Lauenburg 223
Laun, Fr. (1849) 324
* Laun 256f., 284, 338
Lauriston, A. J. B. de (1828) 261
* Lausnig 268
Lavière, v. (Fam.) 506f.
Lehndorf, Karl Gf. (1854) 168
Leibniz, G. W. (1716) 25, 225
* Leipzig 197, 208f., 230, 242, 256, 259, 261, 284, 286, 295, 305, 309, 313, 324ff., 338, 340, 366, 382, 398f., 401, 403, 448, 457, 527f., 537, 541, 544, 586, 603, 613, 666, 668f., 673
* Leisnig 252, 268
Lemperiere (frz. Oberst) 191
Lentzke, v. (Fam.) 72
* Lentzke 70ff., 74, 76, 80, 91, 99f., 117,

130f., 140, 142, 147ff., 152f., 160, 163, 222f., 305, 341, 579f., 582f., 591, 666
Leopold II. (öst. Kais.; 1792) 86
Lerche, Amalie (1808) 460, 606
Lessing, G. E. (1781) 25, 27
* Lesum b. Bremen 606f.
Lettow, v. (Fam.) 590
* Leupnitz 277
* Leuthen 97, 104, 251
Levezow, Konrad (1835) 362
Lichtenau, Wilhelmine Gfn. (1820) 67, 375
Lichtenberg, G. Chr. (1799) 28
Lichtenstein, M. H. K. (1857) 234
* Lichtentanne i. Thür. 128
* Lieben b. Krossen 82
* Liebenau 278
* Liegnitz 104, 249, 252, 254
* Limburg a. d. Lahn 124, (215)
* Limmer 39
* Lingenfeld 106
* Lippstadt 122
Liselotte v. d. Pfalz (1722) 344
Livijn, Clas (1844) 175, 441, 474f.
Livius 91
Lobeck, v. (Fam.) 592
Loebell, C. v. (1841) 250, 256, 262ff., 286, 591, 668f., 678f.
Loeben, O. H. Gf. (1825) 214ff., 242, 300, 427, 446
Löffler (Frommer) 353, 428
Löhneysen, F. v. (1878) 549
Löning, K. (1819) 405
Löwe (fromme Witwe) 428
Löwenclau, v. (Fam.) 591ff.
Lombard, J. W. (1812) 146
* London 312f.
* Longwy 87f.
Lortzing, Alb. (1851) 376f.
Lottum, v. (Fam.) 97
Louis Ferd., Pr. v. Preußen (1806) 32, 55, 80, 99, 103f., 112, 140, 186, 189, 400f., 437
Luck, v. (Fam.) Stammbaum 583 / 160, 171, 181, 331, 349f., 685
Luck, Ulrike v. (1822) 160, 488, 583
Ludwig, Pr. v. Preuß. (1796) 92
Ludwig XIV. (Kg. v. Frankr.; 1715) 16, 481, 541
Ludwig XVI. (Kg. v. Frankr.; 1793) 87f.

* Ludwigslust 307
* Lübben 249
* Lübeck 170, 267, 319, 534
Lüderitz, v. (Fam.) 489, 593
* Lüneburg 17
* Lüttich 306
* Lützen 252f., 257, 264ff., 272, 283, 292, 295, 298, 345, 417, 513
Lützow, v. (Fam.) 274, 282, 403
* Luhdener Klippen 155f.
Luise, Ghzg. v. Baden 539f.
Luise (d. ‹Königin L.›; 1810) 92, 145, 180f., 186, 225, (248), 258f., 298, 339, 347, 399f., 505, (667)
Lumsdon, Harry 537
Luther, M. (1546) 496, 615
Lympius, Chr. Fr. (1852) 173, 190, 365, 496, 516, 531
Lynar, Gfn. (Fam.) 431
Lyncker, v. (Fam.) 685


M

* Maas (Fluß) 88
Maaß, Karl (um 1830) 264, 298
Madai v. (Fam.) Stammbaum 581ff. / 23, 32, 34, 38, 46, 49, 79, 92, 101, 292, 305, 327, 330, 340, 490, 514f., 520f.
Madai, Henriette v. (1822) 121, 580f.
Madai, Karl v. (1851) 22f., 46f., 101f., 206, (292f.), 330, 508, 510, 515, 523, 532, 579, 581, 585
* Magdeburg 31, 97f., 157, 186, 236, 298, 488, 506
Magnusson, Fin. (1847) 366
* Main 102f., 534
* Mainz 88, 98, 103f., 110, 119, 405, 668, 688
Maison, N. J. (1840) 272
Majer, Fr. (1818) 158, 201f., 289, 382, 443
Malmesbury, J. H. Lord (1820) 108
Malsburg, E. v. (1824) 158, 215
Maltitz, Fr. A. v. (1870) 210, 450, 613
Man, G. 537
Manderlöh 167
Mannert, Konr. (1834) 622
Manessische Handschrift 175
* Mannheim 106, 357
Manstein, v. (Fam.) 592
Manzoni, Al. (1873) 175, 474

Maraviglia, Arnald v. (Troub.; um 1200) 180 (vgl. ‹Sängerliebe›)
* Marbach 128, 267, 395, 404, 583, 603
* Marburg 122
Marcus, Louis (Hist.) 622
Margaret (Prz. v. Gr.-Brit.) 664
Marheinecke, Ph. K. (1846) 38, 425, 453
Maria Lud. Beatr. (öst. Kaiserin; 1816) 205
Marianne, Prinz. v. Hessen-Homburg (1846) 168f., 207, 213, 247f., 275, 293, 296, 298f., 305, 325, 331f., 335, 343ff., 361, 365ff., 374, 376, 382, 385, 394, 398, 410, 414, 424, 428, 432f., 435ff., 443f., 450, 472, 486, 490, 492ff., 502ff., 509f., 515, 524f., 528ff., 536, 554f., 559, 564ff., 571, 574, 597f., 601, 603, 648, 667
* Mariaschein (Kloster) 280, 338
Marie de France (um 1150) 179, 483f.
* Marienborn b. Mainz 103
* Mariensee 134
* Mark (Grafsch.) 121
* Marlachgraben 106
Marmont, Aug. V. de (1852) 260, 262
Marquardt, v. (Fam.) 53
Marschner, Heinr. (1861) 448
* Marseille 480
Marwitz, v. d. (Fam.) 586
Marwitz, Fr. A. L., v. d. (1837) 68, 180f.
* Marxburg 103
Massenbach, Chr. v. (1827) 25, 57, 69, 79, 86ff., 109, 114ff., 119, 146, 152, 181, 185f., 189, 231, 270f., 400, 441, 473, 539
Massenbach, Wilh. v. (1813) 295
Maßmann, H. F. (1874) 403
Matthisson, Fr. v. (1831) 110, 449f., 481, 598
Maurer (Verlg.) 406, 413, 463f., 473, 589
* Maxen 97, 255, 278
Maximilian (dt. Kais.; 1519) 477
May, Karl (1912) 236
Maync, H. (Lit. Hist.) 199
* Meckenheim 106, 111
Medea 61f.
Medem, L. B. v. 549
* Mehle 39, 588

Meier (Maler) 229
Meier, Dr. (aus Rathenow) 229
* Meisenheim 106, 344
* Meißen 242, 253, 268ff., 309, 324, 336, 665f.
Meißner, A. G. (1807) 82, 140
Mengersen, v. (Fam.) 584
Menken, G. (1831) 328, 425
Merck, J. H. (1791) 25
Merlin 90
* Merseburg 46, 381, 491, 508f.
Messerschmidt (Prof. i. Altenbg.) 258, 340, 381
Metternich, C. W. L. Fürst (1859) (314), 545
* Metternich 104
Mettlerkamp (Fam.) 312
* Metz 538, 540
* Meudon 258
Meunier (frz. Gen.) 109
* Meuselwitz 207, 253, 258
Meyer, Ernst 236
Meyer, Heinr. (1828) 261f., 333
Meyer, Josef (1856) 547, 599ff.
Meyer, v. (Fam.) 592
Meyern, Fr. W. (v.) (1829) 316, (577)
Michaelis, J. G. (1828) 154, 156, 669, 679
* Michelsdorf 272
Mihes, Julie (Malerin) 249
Miloradowitsch, M. A. v. (1825) 266
Millet (Abt) 369
Miltitz, K. B. Frhr. v. (1845) 214, 240ff., 247, 268, 282, 286, 291f., 298, 305ff., 321, 323ff., 346ff., 351, 360f., 364, 368f., 371, 380f., 394, 446, 469, 554f.
* Minden 124ff., 128, 130, 133f., 137, 143ff., 155, 188, 308f., 583
Minerva (Almanach) 378
Mirabeau, H. Gf. (1791) 65, 69
* Modelsdorf 272
Möllendorf, W. v. (1816) 105ff., 121, 388
Mörike, Ed. (1875) 199
* Mörs 185
Möser, J. (1794) 123, 453
* Mohrungen Opr. 330
* Moldau 338
Molière, J. B. P. (1673) 200
Moltke, v. (Fam.) 366
Moltke, H. Gf. (1891) 316

Monmouth, G. v. (um 1140)  180, 483
Montenglaut, Henriette v. (1838)  365, 446
Monteton, Frhr. (Fam.)  41, 53
Monteton, Wilh. v. (1844)  252, (262), 263, 363, 593
Montgolfière  28
Moore, Thom. (1852)  175, 429, 501
* Moorlautern  106
Morcelli, St. A. (1824)  622
Moreau, J. V. (1813)  141
Moritz, J. A.  37, 42, 50, 70
Moritz, K. Ph. (1793)  82, 547
* Moritzburg (Schloß)  336
Moscherosch, H. M. (1669)  195
* Mosel  103, (107)
* Moskau  243, 446
Mozart, W. A. (1791)  27, (61 f.), (102), (266), 514, (528)
Müffling, Fr. K. F. v. (1851)  258, 306, 342, 364, 442, 471
Mühlhain, v. (Fam.)  595
* Mühlhausen  185, 594
Mühlheim, v. (Fam.)  266, 593
Müller (Kartogr.)  278
Müller (Kapellm.)  259
Müller, Adam (1829)  208 f., 226 f., 505
Müller, Fr. v. (1849)  289 f.
Müller, Hans v. (1944) Vorw.  219, 290, 602
Müller, Joh. v. (1809)  138 f., 143, 180
Müller, J. A.  356 f., 363, 428
Müller, Meth. (1837)  446
Müller, Wilh. (1827)  365, 381, 406, 446
Müllner, Ad. (1829)  447, 450, 602
* Müncheberg  583 f., 585
* München  220, 371, 387, 451, 548, 585, 602 f.
Münchhausen, v. (Fam.)  19, 264, 591 f.
Münchow, v. (Fam.)  53
Münster, Gfn.  348, 561
* Münster i. W.  124, 185, 381
Münster-Meinhövel, Aug. Gf. (1839)  276, 549 (?), 592
* Mummelsee  199
* Mundenheim  106
Mundt, Clara (1873)  573 f.
Mundt, Theod. (1861)  559, 573 f.
Musäus, Karl (1787)  203
* Muskau  270
Mutius, v. (Fam.)  263, 593

N

* Namur  97
Napoleon I.  116, 141 f., 150, 184, 186, 189, 192 ff., 231, 234, 237, 243 f., 259 ff., 273, 277 f., 288, 300 f., 306, 310, 316, (322), 329, (340 ff.), 343 f., 357, 399 f., (480), (485), 487 f., 525, 548, 666 f.
Naubert, Benedicte (1819)  118, 203
* Nauen  354
Neander, Aug. (1850)  425
* Neiße  19, 233, 254, 590, 613
Neitschütz, v. (Fam.)  581
‹Nelson› (Hund)  502, 511, 517, 523, 618
* Nenndorf (Bad)  186 f.
* Nennhausen b. Rathenow  73, 130, 149, 160 ff., 169 ff., 173, 177 f., 180 ff., 186, 189 ff., 209, 211, 214 ff., 220 f., 226, 228 f., 240 ff., 248 f., 251, 274, 292, 298, 305, 307, 310, 312, 323, 327, 329 f., 333 ff., 340 f., 343, (354), 355 f., 359 ff., 364 f., 380, 396, 423, (429), 430, 443, 450, 456, 488 ff., 493 ff., 502 ff., 510 f., 516, 523, 534, 579, 583 f., 585 f., 590, 599
Nettelbeck, J. (1824)  454, 525, 547
* Nettlingen  135
* Neuenburg (= Neufchâtel)  342 f., 490
* Neu-Lobitz  228
Neumann, Fr. W. (1834)  180, 192 f., 210, 234, 427, 451 f.
* Neumarkt/Schles.  243, 249, 252
* Neumünster  321
* Neustadt a. d. Hardt  106, 109, 114
* Neuwied  105
Ney, Mich. Fürst (1815)  260 f., 272
Nibelungenlied  (81), 176 ff., 197 f., 240, 249, 381 (siehe auch ‹Sigurd›, etc.)
Nicolai, Chr. Fr. (1811)  25, 194, 217, 234, 453
Nicolovius, G. H. L. (1839)  363 f., 451
Niebuhr, B. G. (1831)  402
Niemeyer, Heinr.  532, 547, 665
Nietzsche, Fr. (1900)  178
Nikolaus, Zar (1855)  351, 430, (664)
Nimscheffsky, v. (Fam.) Stammbaum  587 f. / 22, 41, 225, 579 f.
Nimscheffsky, Henriette (v. 1808 ?)  22 f., 31, 53, 81 f., 100, 131, 579 f., 583, 587
Nodier, Ch. (1844)  539

* Nördlingen 124
* Nollendorf 278, 338 (vgl. auch Kleist-N.)
 Nolte, L. C. (1879) 294
* Nordhausen 185, 398
* Nordleda 460, 606f.
 Nostiz, v. (Fam.) 436
 Novalis (1801) 98, 145, 156, 455, 533, 603
 Nünkel 537
* Nürnberg 230, 297, 379, 383, 396, 462, 622

O

* Oberrabenstein (Schloß) 242, 339, 590, 665ff.
 Octon-Well 140
* Oder (Fluß) 82
 Öhlenschläger, A. G. (1850) 358, 367, 446, 454, 604
 Oelsner, K. E. (1828) 357
 Örtzen, Jasp. v. (1827) 140, 590, 680f.
 Oetzel 365
* Oggersheim 106
 Ohlau 251 f.
 Oken, Lor. (1851) 301, 414ff.
 Olbers, H. W. M. (1840) 116
* Oldenburg 334
* Oldendorf 124, 133
* Olmütz 97, 222
 Opitz, M. (1639) 176
 Oppen, Fr. v. (1834) 98, 104f., 590, 668ff., 681, 686
* Oppenheim 110, 119
* Oschatz 336
* Oschersleben 100, 686
* Osnabrück 122, 525
* Osseg 338
 Ossian 329, 390
* Osterwieck 100, 124, 133, 670
* Ottmachau 254, 275
* Overdyk 428

P

 Paalzow, Henriette (1847) (336), 446
* Paderborn 185
* Päpinghausen 133, 584
 Paer, F. (1839) 337
 Palmachom (Freiw.) 281
* Pansin 82
 Pape, Henr. (1805) 457f., 461, 606

 Pape, Ludw. M. H. (1872) 461, 607
 Pape, Sam. Chr. (1817) Stammbaum 605ff. / 145, 457ff., 474, 578
 Papencordt, Felix (Hist.) 622
 Paracelsus (1541) 199, 480
* Paretz 53, 351
* Paris 87, 192, 196, 257, 342, 345, 538, 540, 666
 Passow 362
* Pegau 262
* Peine 38
 Pellegrin (F.'s Pseudonym) 179f., 188f., 195
 Pernice, Ludw. (1861) 532
 Perthes, Fr. (1843) 202, 212, 231, 239, 282, 306ff., 333, 366, 369, 373, 375, 385, 394ff., 403ff., 409ff., 423ff., 435, 446, 469, 471ff., 526ff., 536f., 542, 546, 551, 555, 560, 597, 599, 601, 603
 Pesne, Ant. (1757) 90, 471
 Pestalozzi, J. H. (1827) 666
 Petermann, Heinr. 284, 593
* Petersburg 312, 492, 586
 Petershagen a. d. Weser 145f., 185
* Peterswalde 337f.
 Petriconi, H. (Lit.-Hist.) 622
* Pfaueninsel 56, 351
* Pfeddersheim 106, 109, 117
 Pfeffel, G. K. (1809) 266
 Pfeifer, Wilh. 127, 199, 447, 538
 Pfitzner, Hans (1949) 375
 Pfuel, Alex. v. (1898) 490, 502, 586
 Pfuel, Ernst v. (= ‹Schwimm-Pfuel›; 1866) 171, 190, 228, 305, 315, 340ff., 359, 415, 496, 586
 Pfuel, Fr. H. L. v. (= ‹Jahnsfelder-Pfuel›; 1846) Stammbaum 586 / 171, 190, 228, 340ff., 359, 364, 488f., 496, 501, 508, 535
 Philidor, F. A. (1795) 345
 Philipp II. (Kg. v. Spanien; 1598) 477ff.
 Philippson, M. (Hist.) 476
 Pichegru, Ch. (1804) 109, 121, 141
 Pichler, Carol. (1843) (407), 446, 501
 Pichler (Verlg.) 485
 Pierer, H. A. (1850) 599f.
* Pillnitz 86
 Pindar 416
 Pirch 362
 Pirks, v. (Fam.) 674

* Pirmasens 88, 106
Planitzer, J. C. 457
Platen-Hallermünde, Aug. Gf. (1835) 454, 468
Plato 77, 161
Plessen, v. (Fam.) 591
Plötz, Minette v. 326 f.
Plotho, v. (Fam.) 592 f.
Podewils, v. (Fam.) 263 f., 585, 593
Poe, Edgar All. (1849) 48, 59, 127, 148, 194, 199 f., 224, 358, 377, (466), 603
Poißl, J. N. v. (1853) 362
Polybios 92
* Porta 135, 238
* Posen 107, 291
Posern, v. (Fam.) Stammbaum 582 f. / 22 f., 32, 580
Posern, Fr. W. v. (1813 ?) 23, 32, 35, 582
Posern, Leopoldine (1800) 32, 78, 131, 149, 160, 282 f., 305
Posselt, E. L. (1804) 132
* Postelberg 256, 280, 283 f.
* Potsdam 35 f., 41, 50, 64 f., 70 f., 75 f., 80, 92, 125, 129, 131, 137, 162, 186, 228, 233, 248, 330, 431, 434, 490, 614, 668
Potthast (Verlg.) 563
* Prag 97, 104, 255, 338, 375, 478
* Praga 107 f.
* Premnitz 76, 161
* Prenzlau 189, 271, 281
* Priegnitz 190
Primisser, Alois (1827) 249
* Priort 41, 53
* Probstheida 285
Prokopios v. Kais. (nach 562) 237, 557, 623 ff.
* Protzen 51 ff., 67, 73, 85, 589 f.
Pückler, Hermann (Fürst; 1871) 362 f.
* Pultawa 107
Puttkamer, v. (Fam.) 99, 590
Puttkamer, Moritz v. (1797) 140, 590 f., 672, 678, 686
Pythagoras 78, 84

Q

* Quedlinburg 584
* Queich (Flüßch.) 106
* Queis (Flüßch.) 254
Quitzow, H. Chr. v. (1806) 153, 589, 591

R

Racine, J. B. (1699) 175, 474, 550, 601
Radowitz, v. (Fam.) 431
Radziwill, Anton Fürst (1833) 217, 376, 402, 441, 481
Radziwill, Luise (1836) 32, 80, 437, 441, 461 f.
* Rahna 259, 261 f.
Ramberg, J. H. (1840) 380
Ramdohr, v. (Fam.) 364, 489
Ramin, v. (Fam.) 132
Ramler, K. W. (1798) 217
* Ramstein 105
* Ramstorf 321
* Ranis i. Thür. 128
Rappard, v. (Fam.) 57
Raßmann, Fr. (1831) 381
* Rastatt 185
* Rathenow 76, 130, 190 f., 193, 229, 488 f., 666
Rauchhaupt, v. (Fam.) 590, 670 f., 678 f.
Raupach, E. (1852) 452, 468
* Ravensberg 121
Reck, v. d. (Fam.) 129, 228
* Reckahne 331
Recke-Volmerstein, Gf. (1878) 353, 428
Redern, v. (Fam.) 437
Reese (Pastor) 381
* Rehbach 106
* Reichenbach 97, 273
Reichsdep.-Hauptschluß 185
Reimer, G. A. (1842) 218, 392, 399
Reinecke Fuchs 43
Reinhard, K. (v.) (1840) 459 f.
Reinhard, K. Fr. Gf. (1837) 234 ff.
Reinhold, K. L. (1823) 148
Reinmar v. Zweter (um 1230) 479
Reißiger, K. G. (1859) 329
Reitzenstein, v. (Fam.) 592, 685, 689
* Rethem a. d. Aller 605 f.
Retzsch, M. (1857) 241, 296, 324 ff., 337, 380, 453
Retzow, v. (Fam.) 80, 488
Reventlow, Gfn. (Fam.) 318, 321, 366, 505, 507
Reuter, Fritz (1874) 525
Reutern, v. (Fam.) 446
* Reykjavik 366 f., 485
Rheden, v. (Fam.) 591

* Rhein 101, 103, 106f., 110f., 116f., 119ff., 124, 142, 203, 256, 368f., 384, 388, 393, (403), 438, (442), 473, 534, (549)
Rheinbund 186
* Rheinhessen 105, 110
* Rheinrod 288
* Rheinsberg 30, 32, 82, 435, 472
* Rheinstein (Burg) 439f.
* Rhin 72, 127, 147, 149
Ribbe, Gottfr. (Diener; 1784 bis 1816) 171, 248, 307, 329
Richert, Luise 323
Righini, V. (1812) 92, 239, 412, (501)
Rinow, v. (Fam.) 590
Riquet (Gouv. u. Schausp.) 140, 686
Risel (cand. theol.) 532
Rist (Kupferst.) 380
Rist, J. G. (1847) 77, 148f., 161f., 212, 217, 222, 224, 308, 310, 312, 315ff., 547
Robert, E. F. L. (1832) 180, 214, 226
Roche-Jacquelin, Marie de (1857) 470
Rochlitz, J. Fr. (1842) 144, 207, 209, 252, 365, 448, 475f., 546
Rochow, v. (Fam.) Stammbaum 585 / 131, 167f., 238, 586, 594
Rochow, Caroline (geb. v. d. Marwitz; 1857) (169), 226, 331, 340ff., 346f., 351f., 430f., (493), (508), 585
Rochow, Clara (1865) 167f., 171, 334, 343, 488f., 501, (504), 535, 586, (617)
Rochow, Fr. E. A. L. R. v. (1799; erster Mann Carolinens v. Briest) 168, 585
Rochow, Gustav v. (1847; der ‹beschränkte Justav›) 149, 168f., 171, 189, 227, 242, 252, 256, 265, 276, 331, 333, 340, 347, 407, 415, 435, 490ff., 508, (529), 535, 559, 586, 593
Rochow, Mathilde (geb. Gfn. Wartensleben; 1898) (169), 331, 586
Rochow, Theod. (1854) 149, 168f., 171, 331, 415, (490), 492, 496f., 510, (518), (559), 585
* Roda 257
* Röcke b. Bückeburg 133f., 136, 144, 188
Röder, Wilh. v. (1813) 280, 285, 288
Roehrs, v. (Fam.) 594
Rohr, v. (Fam.) 443
Roland (Brandbg.) 29, 43, 60
Rolland (Emigr.) 141f.

Romberg, v. (Fam.) 97, 106
* Romsdal 307
Roos, Mg. Fr. (1803) 453, 615
Rosamunde (Langobardin) = siehe ‹Alboin›
* Roßbach 86, 104
* Rotenburg (Hann.) 321
Rotermund, H. W. (1848) 458
Rothschild (Fam.) 252
Rousseau, J. B. (1867) 457
Rousseau, J. J. (1778) 67, 149
Royer-Collard, P. P. (1845) 452f.
* Rudolstadt 313, 345
Rüchel, v. (Fam.) 171, 222
Rüchel, Ernst v. (1823) 54, 56f., 89f., 106, 186, 222, 364, 442, 473f.
Rüchel-Kleist: siehe Kleist, J. Fr. v. (1848)
Rücker, Aug. (Verlg.) 474
Rückert, Fr. (1866) 198, 234, 295, 298, 362, 365, 381f., 400
* Rüdesheim 103
* Rügen 194, 647, 667
Rühle v. Lilienstern, J. C. A. (1847) 441f., 471
Runge, Phil. O. (1810) 172, 313
Runge, Joh. Dan. (1856) 212, 313, 323
* Ruppertsberg 106

S

* Saale 47, 177, 520, 613 (siehe auch Halle)
* Saalfeld 189
* Saarburg 438
* Saarlouis 343
Sachs, Hans (1576) 454
Sachse, D. A. F. (1829) Stammbaum 589 / 44, 49, 50f., 54, 58, 62, 65, 67, 76, 85, 144, 490
Sack, Fr. S. G. (1877) 92
* Sacrow 36ff., 42, 44ff., 49f., 53f., 56, 59, 62f., 70ff., 130f., 559, 579
Sagan 249, 270
Sailer, J. Mch. (1832) 453
Saint-Cyr, L. Gf. (1830) 288
Salis-Seewis, J. B. v. (1834) 110
Sallet, v. (Fam.) 590, 677, 686
Sand, K. (1820) 404ff.
Sander, J. P. (1825) 363
Sandrecky, v. (Fam.) 236
Sangerhausen, Chr. Fr. (1802) 132
* St. Helena (Insel) 300

* St. Martin 109
Saphir, M. G. (1858) 447, 468
Sarto, Andrea del (1531) 324
Sartorius, J. H. (1800) 459
Schadow, J. G. (1850) 69, 181
* Schänzel (Berg) 108f.
* Schallodenbach 106
* Scharffenberg b. Meißen 242f., 305, 324ff., 336
Scharnhorst, G. v. (1813) 116, 258ff., 276, 402
Schefer, Leop. (1862) 270
Scheffel, J. V. v. (1886) 392
Scheffner, J. G. (1820) 179
* Schellendorf 272
Schellhorn, Andr. (1845) 381
Schelling, F. W. J. (1854) 77, 225, 230, 454f.
Schenkendorff, Max v. (1817) 276, 281f., 285f., 381, 427
Scherr, Joh. (1886) 393
Schickfuß, v. (Fam.) 593
Schiff, Const. 532
Schilden, v. (Fam.) 502, 515, 536
Schill, Ferd. v. (1809) 234, 456
Schiller, Fr. v. (1805) 62, 115, 132, 144, 154, 156f., 173, 177, (259), 290, 367, 369, 395, 407, 424, 446, 449, 463, 475, 478, 517, (548), (563)
Schinkel, K. F. (1841) 374, 430, 438
Schipp, v. (Fam.) 113
Schlabrendorf, v. (Fam.) 489
* Schlaun 339
* Schlawe 540
Schlegel, Aug. Wilh. (1845) 145, 150, 152, 156, 160f., 172ff., 194, 207, 293, 373, 426, 595
Schlegel, Dorothea (1839) 230, 282, 352
Schlegel, Friedr. (1829) 150, 152, 156, 160f., 178f., 183, 205, 230, 235, 239, 295, 342, 352, 371, 446, 459, 593
Schlegell, v. (Fam.) Stammbaum 580ff. / 23, 31f., 46, 222, 229, 247, 490, 554 (siehe auch Fouqué, Marie Louise v.)
Schlegell, Fr. Chr. v. (1804) 121, 580
Schleiermacher, Fr. D. (1834) 149, 160, 227, 402, 425f.
Schlenkert, Fr. Chr. (1826) 82
Schlesinger (Verlg.) 398, 481
* Schleswig (Prov.) 161
Schleunitz, v. (Fam.) 507

* Schmalkalden 115
Schmalz, Th. A. H. (1831) 402f.
Schmettau, Gfin. (Fam.) 32, 36, 80, 229, 247, 580
Schmettau, Friedr. Gf. v. (1807) 30, 32, 34, 37, 42, 56, 70, 72, 74, 81ff., 89f., 92, 100, 115, 131, 138, 171, 186, 189f., 220f., 221ff., 298, (330), 614, 684
Schmidt (?) 369
Schmidt (Verlg.) 398
Schmidt, Fr. W. A. (= ‹v. Werneuchen›; 1838) 90
Schmidt, Gg. (gen. ‹v. Lübeck›; 1849) 267
Schmidt, Heinr. (1857) 376
Schmidt, Klamer (1824) 398, 196f.
Schnabel, J. G. (nach 1750) (204), (577)
* Schneeberg 339
Schneider (Musiker) 229
Schneider, Elisabeth (1839) 460, 606
Schneider, Louis (1878) 403
Schönberg, v. (Fam.) 665, 667
Schönburg, Fürsten (Fam.) 533
* Schönhausen (Schloß) 348
* Schönwaldau 236
Schopenhauer, Adele (1849) 290
Schopenhauer, Arthur (1860) 59, 178, 225, 290, 319, 468
Schopenhauer, Johanna (1838) 289f.
* Schottland 203, (537)
Schrag, Leonh. (1858) 196, 230, 297f., 325, 333, 379f., 383, 387ff., 395ff., 408, 411, 447, 454f., 482f., 547, 552, 596f., 603
* Schreibersdorf i. Böhm. 254, 275
Schreyvogel, Jos. (1832) 205
Schriefer, Heinrich 459
Schröder, Sophie (1868) 61, 337
Schröner (Bürgerm. i. Halle) 542
Schröpfer, J. G. (1774) 68
Schrötter, Ferd. v. (1863) 281f.
Schubaert, v. (Fam.) Stammbaum 584f. / 353, 668ff.
Schubaert, Carl v. (1796) 133, 142, 584, 589
Schubaert, E. G. E. v. (1829) 100, 130, 140, 142, 152, 155, 584, 589, 670ff., 685ff.
Schubaert, Fr. A. H. L. v. (1820) 100, 584, 591, 670ff., 689f.
Schubaert, Marianne v. (1862) siehe Fouqué

Schubaert, Wilhelmine v. (1834) 101, 143, 504, 584, 679, 684, (690)
Schubart, Chr. (1791) 119
Schubart, Henriette (1831) 381
Schubert, G. H. v. (1860) 454
Schuchbauer, Margarete 239
Schüppel (Verlg.) 471
Schütz, Fr. K. J. (1844) 443 f.
Schütz, Wilh. v. (1847) 110, 180, 210, 362, 381, 427, 549
Schukowski, W. A. (1852) 446
Schulenburg, Gfn. v. d. (Fam.) 99, 585, 590, 669, 672 ff.
Schultz 99, 668 ff.
Schulze, Georg 381, 442, 471
Schuster, Jos. (1812) 240
Schuwalow, P. A. Gf. (1825) 274
Schwab, Gust. (1850) 362, 381, 394 f., 424, 427
* Schwanebeck 100
Schwarzenberg, K. Fürst v. (1820) 276, 277, 283
* Schweidnitz 97 f.
Schwerdgeburth, C. A. (1878) 380
Schwerdtner, Heinr. Frhr. v. 381
Schwerin, Gfn. v. (Fam.) 594
Schwerin, Sophie, Gfn. 347 f.
Schwetschke, K. A. (1839) 398, 547
Schwichow, v. (Fam.) 591, 687 f.
Scott, Sir Walter (1832) 85, 200, 381, 385, 448, 454, 603
* Scriwan 255, 283
Sears (USA) 537
Seckendorf, v. (Fam.) 685
* Sedentz 255, 280
Seebach, v. (Fam.) 685
Seegemund, J. G. (nach 1830) 427 f.
* Seekamp b. Kiel 161, 223
Seelhorst, Fr. v. (1812) 100 f., 590, 669, 673 ff., 682
* Segenthin 54, 442
Seiff, Heinr. 462 f.
* Sellendorf 361
Senfft v. Pilsach, v. (Fam.) 583
* Sentzke 234, 247
Seydel, S. (1815) 595 f.
Seydewitz, v. (Fam.) 665
Shakespeare, William (1616) (26), 27, 48, (62), 67, 83, 173, 175, 198, 217 f., 286, 293, 373, 377, 379, 414, 596
Sheldon (engl. Offz.) 140, 143
Shelley, P. B. (1822) 200

* Siebeneichen b. Lauenburg 223
* Siebeneichen (Sachsen) 336
Sieveking (hamb. Fam.) 234, 311
* Silistria 664
Simrock, K. (1876) 452
Singendonck, v. (Fam.) 592
* Sizilien 154 f.
* Slobna 255, 283
Smidt, Joh. (1857) 322
* Söder b. Hildesheim 153
* Soest 49, 589
Solms, Fürsten (Fam.) 364
Soult, Nic. (1851) 189, 191
Spallanzani, L. (1799) 332
* Spandau 36, 80, 233, 343, 501 ff., 616, (619), (621)
Spekter 312, 323
* Speyer 88, 107 f.
* Speyerbach 108 f.
Spiegel v. Pickelsheim, v. (Fam.) 129
Spieß, Chr. H. (1799) 82
Spilker, Fr. A. G. v. 460
Spontini, G. (1851) 430
* Stade 460
Stägemann, Fr. A. v. (1840) 363, 410, 451
Staël, Germaine de (1817) 173, 180 f.
Staff, v. (Fam.) 591
* Stalingrad 21
* Stargard 228
* Starsiedel 260, 264
Stechow, F. Fr. v. (1852) 191, 214, 223, 229 f., 236, 249, 342, 392, 414, 462, 597
* Stechow 76, 161, 223 f., 236, 582
Steffens, Hendrik (1845) 78, 226, 250
Stegemann, Ferd. v. (1866) 283, 451, 593
Stein, Charl. v. (1827) 344, (685)
Stein, K. Frhr. v. u. z. (1831) 184, 257, 284, 306, 505
* Steineck 108
* Steinhuder Meer 134, 186
Sternberg, Gfn. (Fam.) 338 f.
* Stettin 82, 343, 427, 443
Stevenson, R. L. (1894) (346)
Stieglitz, Heinr. (1849) 446 f., 468
* Stockholm 474, 604 f.
Stößel, v. (Fam.) 590
Stolberg, Gfn. (Fam.) 364, 434
Stolberg, Friedr. Leop. Gf. (1819) 27, 39 f., 46, 152, 170, 196, 198, 205, 231, 295, (320), 386, 391, 398, 408 f., 443, 482, 555

Stolberg, Christian (1821)  27, 46, 170, 198, 231, 295, 307, 317f., 320ff., (364), 434, (482)
Storm, Theod. (1888)  45, (466)
Stourza, Alex. (1854)  404
Strabo (Geogr.)  622
* Strahow  339
* Stralsund  20, 234, 525
Strauß, Fr. (1863)  215f., 353, 424, 512, 516, 524, 574
Streckfuß, A. Fr. K. (1844)  451f.
* Strelitz  435
Struensee, K. A. v. (1804)  152
Suworoff, A. W. Fürst (1800)  25, 107f., 150
Sydow, v. (Fam.)  592
Sydow, Fr. v. (1845)  549

T

Tacitus  175
Tarnow, Fanny (1862)  365, 381, 397
Tasso, Torqu. (1595)  293, 295, 348, (457), (468)
Tegner, Es. (1846)  158, 441
* Teplitz  255, 282f., 335, 338
* Tetschen  279, 324
Tettenborn, K. v. (1845)  211, 252, 257, 314f., 342, 456
Thadden, J. L. v. (1800)  121, 674
* Tharandt  336
Theremin, Fr. (1846)  353, 423f.
* Thierbach  23, 582f.
Tholuck, Fr. A. G. (1879)  353, 364f., 425f., 532, 545, 567, 602
Thomas (Verlg.)  392
Thomson, J. (1748)  144
Thorarensen, Bj. (1841)  366
Thormälen (Fam.)  223, 225
* Thorn  107
Thünick  457
Thun, Gfn. (Fam.)  324
Tieck, Ludw. (1853)  61, 145, 150, 152, 156f., 160f., 172ff., 176, 201, 239, 249, 266, 288, 336, 356, 358, 362f., 372, 377, 453, 460, 474, 559, 622
Tieck, Sophie (1833)  173, 207f.
Tiedge, Chr. A. (1841)  454
* Tilsit  177, 342, 378, 381, 594, 667
Tippelskirch, Fr. v.  532
Tischbein, J. H. W. (1829)  307, 319
Tode, Albertine (1876) : siehe Fouqué / Stammbaum  586
Tode, Carl B. (1837)  504, 514, 516, (519ff.), 525ff., 529, 586
Tode, Joh. Mart. (nach 1835)  456ff., 567, 586
Tode, Margarete (geb. Wallis; 1843)  504, (514), (519ff.), 525ff., 529f., 542f., 559, 562, 567, 586
Torfaeus, Th. (1719)  197, 367
* Torgau  171, 336
* Torna  277
* Tostedt  321
* Tournon-sur-Rhone  540
Toynbee, A. (Hist.)  622
* Trachenberg  275
Trautschke  32
Treuenfels, v. (Fam.)  591
* Trier  88, 107, 109
* Trippstadt  107f.
Truchseß, Chr. v. (1826)  198, 204, 295, 365f., 446
* Tübingen  457, 552, 603, 621
* Türpitz  275

U

* Überlingen (Bodensee)  603
Uhland, Ludw. (1862)  201, 205, 230, 234, 239, 380, 401, 410, 446
* Ulla  287
Ulmenstein, Chr. Fr. v. (1840)  137f., 147, 151, 188
Ulrici, Herm. (1884)  544
Unger, Fr. G. (1804)  392
* Ungstein  106
Unruh, v. (Fam.)  489
Unzelmann, K. W. F. (1832)  338
* Upsala  474, 602, 604
* Urach  199

V

Valentini, G. W. v. (1834)  382, 442, 471, 502
* Valmy  87
* Vals (Ardèche)  540
Vandamme, D. J. v. (1830)  278f.
Varnhagen v. Ense, K. (1858)  103, 167ff., 174, 180, 188, 192f., 198, 210ff., 215, 234, 314ff., 342, 357, 410 426, 429, 438, 440, 451, 466, 486f., 492ff., 497, 535, 667
Varnhagen, Rahel (1833)  168, 198, 211ff., 316, 410
Vauban, S. P. de (1707)  92

Vehse, Ed. (1870)   27, 79
Veit, Phil. (1877)   230, 269, 274, 276, 280, 282, 298, 352, 427, 593 f.
* Vendée   470
* Venedig   447, 538
* Venningen   109
Verdi, G. (1901)   526
* Verdun   87
Verne, Jules (1905)   73
Victor Tunensis (Hist.)   622
Vietsch, v. (Fam.)   594
Vieweg, Fr. (1835)   487
Villehardouin, Gottfr. v. (1213)   15
Vinci, Lion. da (1519)   293
Vincke, v. (Fam.)   129
Vincke, Ludw. v. (1844)   137, 363
Virgil   (446)
* Visselhövede   457 ff., 605 ff.
Voeux, de   464
Vogel, Henriette (1811)   226
Vogelsang, v. (Fam.)   591
* Vogelsberg   257, 288
Voigt, v. (Fam.)   585
Voigtel, Tr. G. (1843)   522, 532
Voltaire, F. M. (1778)   82, 140, 407, 467
Voß, Fr. (Rgts.-Arzt)   153, 592
Voß, Heinr. jun. (1822)   92, 195, 204, 365, 409, 455, 597
Voß, Joh. Heinr. (1826)   27, 92, 144, 152, 180, 198, 236, 297, 365, 408 ff., 416
Voß, v. (Fam.)   505 ff., 590, 669, 677
Voß, O. K. Fr. v. (1823)   491
Voß, Aug. Gf. (1832)   330, 505 ff.

## W

Wach, K. W. (1845)   336, 446
* Wadern   107
* Wagersrott   161, 222
Wagner, Ad. (1835)   230, 236, 259, 326, 601
Wagner, Aug. (Mil.-Schriftst.)   382, 468, 471
Wagner, Rich. (1883)   200, 230
Waldersee, Gfn. (Fam.)   450
Wallmoden, L. G. Th. Gf. (1862)   257
Walther u. Cronegk, v. (Fam.)   265, 594
* Wandsbeck   231, 313
Wangemann (Fam.)   404 f.
Wangenheim, v. (Fam.)   228 f., 591

Wangenheim, K. A. v. (1850)   229, 365
* Wannsee   226
* Warburg   122
* Warschau   107 f., 179, 218, 359
* Wartburg   102, 288, 403 f.
Wartensleben, Gfn. (Fam.)   99, 331, 586, 590, 671, 680 f.
Washington, Ge. (1799)   24, 57
Wattenwyl   537
Watzdorff, v. (Fam.)   215, (240), 282, 328
Weber, C. M. v. (1826)   228, 336, 362, 374 f., (380), 448
Weber, Veit (= Wächter; 1837)   82, 311 f.
Weber, Wilh. (1891)   491
Wedekind, A. Chr. (1845)   453
Wedell, v. (Fam.)   99, 133, 363, 590, 679, 686
Wegner (Kinderfrau; 1783)   32, 58
* Weichsel   107
Weichselbaumer, K. (1871)   435, 446
* Weimar   84, 97, 104, 157, 177, 256, 287, 289 ff., 339, 445, 451, 507, 529, 532, 665
Weimar-Kürassiere   95, 97 ff., 111, 116, 119 f., 124, 130, 132, 136, 147, Buch II   234, 442 f., 487, 577, 589 ff., 665
Weißen, v. (Fam.)   591
* Weißenburg   88 f., 107, 666
* Weißenfels   177, 259
Weißer, Fr. Chr. (1836)   227
Welck, Ludw. v. (1851)   192, 228, 242, 251, 268 f., 339 f., 590, 664 ff.
Welcker, K. Th. (1869)   320, 365, 455
Wellington, A. W. Hzg. v. (1852)   321
* Werben   262
* Werden   124
Werder, v. (Fam.)   591
Werner, A. G. (1817)   414, 416, 607 f.
Werner, Zacharias (1823)   179 f., 183, 220, 427
* Wernigerode   427, 434, (482)
* Weser   125, 128, 132 ff., 136, 145, 147, 184, 203, 332, 388 f., 457
Westarp, Gfn. (Fam.)   265, 594
Westphalen (Hamb. Fam.)   312
Weygand (Verlg.)   286
Wezel, J. K. (1819)   27
Wibel (1807)   222
Wichmann   215

Wickram, Jörg (um 1560) 179
Wieland, Chr. M. (1813) 25f., 27, 82f., 126, 157, 172, 380, 424
* Wien 107, 226, 230, 301, 306, 400, 402, 407, 435, 446f., (467), 485, 501, 538, 548, 597
* Wiesloch b. Heidelberg 357
Wilczek, v. (Fam.) 238
Wildenhain, K. Fr. (1846?) 210, 381f., 412ff., 445, 462, 578, 607ff.
* Wildenthal 339
Wilder, J. Chr. (1838) 381
Wilhelm, Gf. v. Schaumbg.-Lippe (1777) 134, 146
Wilhelm IX., Kurf. v. Hessen-Kassel (1821) 252f., 400
Wilhelm, Prinz v. Preußen (1851) 182, 248, 260, 262, 298, 331, 345ff., 434, 472, 515, 667
Wilhelm I. (dt. Kais.; 1888) 430
Wilhelmi, H. F. (1860) 446
* Wilhelmsburg 315
* Wilhelmstein 134
Willerding, (Fam.) 39, 588
Willhöft, Charl. Sophie (1834) 447
Wilpert, Gero v. 453
* Wilsnack 404f.
* Wimpfen 124
* Windebuy 170, 320f., 534
Windheim, v. (Fam.) 590, 669, 684, 690
Winkler, K. G. Th. (1856) 449
Winning, v. (Fam.) 53, 593
* Winnweiler 106
Winter, P. v. (1825) 339
Winterfeld, v. (Fam.) 167
Wintzingerode, Ferd. v. (1818) 259f.
* Wipper 124
Witte, Karl (1883) 446, 532
* Wittenberg 305, 353, 356
Wittgenstein, L. A. P. Fürst (1843) 259ff.
Wittke, M. H. v. (1811) 388
Witzleben, v. (Fam.) 510, 512, 528, 583f., (570?)
Witzleben, Aug. v. (d. Mann d. ‹Undine›; 1821) 129, (188), 480, 584
Witzleben, Aug. Fr. v. (1839) 480
Wöllner, J. Chr. v. (1800) 68
* Wörlitz b. Dessau 450
Woldeck, v. (Fam.) 593
Wolf, Fr. A. (1824) 51, 77

Wolfart, K. Chr. (1832) 227, 333f., 356, 361f., 428
Wolff, v. (Fam.) 593
Wolff, Amalie (1851) 290
Wolff, Chr. v. (1754) 225
Wolff, O. L. B. (1851) 83
Wolff, P. A. (1828) 290, 356, 452
Wolffrath, v. (Fam.) 97, 107
Wolfram v. Eschenbach (um 1220) 479, 502ff., 552, 556, 563, 616ff. (siehe auch Parcival)
* Wolmirstedt 129
* Worms 88, 117
* Worpswede 459
Wrangel, v. (Fam.) 592
* Würzburg 374
Wulffen, v. (Fam.) Stammbaum 587 / 22, 362, 579
* Wulsbüttel 457, 605f.
* Wunsiedel 404
Wurch, Heinr. (Diener) 330f., 335, 492
Wurmser, D. S. Gf. (1797) 88
* Wust 53

X

* Xanten 388
Xenophon 156, 175
Xerxes 40, 60

Y

Yorck, H. D. L. v. (1830) 258, 276

Z

Zach, Fr. X. v. (1826) 281
Zahn, J. Chr. (1818) 177
* Zehiest 337
* Zeitz 253, 504, 509, 513
Zelter, K. Fr. (1832) 376, 441
* Zerbst 76
Zeune, Aug. (1853) 239f., 447, 451f.
Zglinitzki, Karl v. (1858) 253, 258, 269, 280, 593f.
* Ziegenhain 257, 288
* Ziesar 161
Ziesemer, W. (1950) 203, 294, 386, 605
Zieten, v. (Fam.) 249ff., 254, 265, 269, 272, 279f., 592f.
Zimietzki, v. 295
* Zörbig 18, 46
* Zorndorf 107
Zschokke, Heinr. (1848) 197, 371, 454
* Zürich 145, 149